Clarián de Landanís

Juan de la Cuesta
Hispanic Monographs

Series: *Ediciones críticas,* Nº 7

Clarián de Landanís

An early Spanish book of chivalry

by Gabriel Velázquez de Castillo

edited by
GUNNAR ANDERSON
University of Hawaii

Juan de la Cuesta
Newark, Delaware

Dedicated to

DANIEL EISENBERG,

who provided me with microfilm,
bibliographic help, and most of all,
the inspiration to undertake this edition.

Table Of Contents

Introduction

larián de Landanís, a book of chivalry by Gabriel Velázquez de Castillo, was first published in Toledo in 1518, placing it within the category of early books of chivalry, preceded by *La corónica de Adramón*, the *Amadís* cycle, the beginning of the *Palmerín* cycle, *Floriseo*, and *Arderique*. While Velázquez states in his prólogo that the "hystoria contiene en sí tres libros" he is the author of only the first of the six book Clarián cycle.[1] Beyond the brief information he himself provides no further data seems available about the author, although Daniel Eisenberg has identified and described his patron.[2]

The early appearance of *Clarián de Landanís* alone does not justify this first modern edition and study; however, when we examine several contemporary judgements cited by Henry Thomas in his *Spanish and Portuguese Romances of Chivalry* we see that *Clarián* has been paired with *Amadís* for both praise and ridicule by several sixteenth-century writers, including Alonso de Fuentes in his 1547 *Summa de philosophia natural*, where he notes the delusions of an insane man who "assí començó a discurrir, loándonos algunos auctores que avía leydo: assí como Reynaldos de Montalvan, diez o doze d'Amadís: y don Clarián: y otros semejantes..."[3] Thomas also quotes Melchor Cano, a theologian, in his *De locis theologicis libri duodecim* of 1564, who defends the 3veracity of books of chivalry by adducing *Clarián* as a positive model: "Quo sanc argumento permotus animum induxit credere, ab Amadíso & Clariano res eas vere gestas, quae in illorum libris commentitijs referuntur."[4] Also discovered by Thomas is a condemnation in the *Historia Imperial y Cesarea*, 1547, by

---

[1] Book II, Alvar Pérez de Guzmán, first edition 1522; Book II, Jerónimo López, first edition 1550; Book III, Jerónimo López, 1524; Book IV, Jerónimo López, 1528. See Daniel Eisenberg, *Romances of Chivalry in the Spanish Golden Age*, (Newark, Delaware: Juan de la Cuesta, 1982) for the basic bibliographic information, and esp. pp. 113-114 regarding the curious problem of the two separate versions of Book II. Eisenberg has also come across a reference to Book V and VI of *Clarián* (which will no doubt appear in his upcoming expanded *Castilian Romances of Chivalry in the Sixteenth Century*) which are apparently lost.

[2] Eisenberg, p. 113.

[3] Henry Thomas, *Spanish and Portuguese Romances of Chivalry* (Cambridge: University Press, 1920), p. 90.

[4] Thomas, p. 152

Pedro Mexia, of the "trufas y mentiras d'Amadís, y d'Lisuartes, y Clarianes..."[5] It is noteworthy that these quoted texts are all fairly late, yet in spite of the spate of new romances of chivalry that had appeared since the 1518 publication of *Clarián*, they continue to identify it along with *Amadís* as the principal two representatives of the genre.

In attempting to determine the importance of this text, a factor more compelling than these quotes must be examined: textual evidence suggests that Cervantes himself read and drew inspiration from *Clarián de Landanis* for his masterpiece *Don Quijote*. While *Clarián* is not mentioned in the famous scrutiny of Don Quijote's library, Rodríguez Marín proved in his article "El Caballero de la Triste Figura y el de los Espejos"[6] that Book III of the *Clarián* cycle inspired Cervantes to put the Caballero de la Triste Figura into his work. Several episodes in Book I likewise appear to have caught Cervantes' eye, and will be discussed in the next section.

Clarián is in most respects a typical early Romance of Chivalry. It follows all the conventions associated with the genre: a peripatetic knight who seeks adventures that serve the triple purpose of proving his devotion for his lady, raising the reknown of the Emperor and his court, and defending and "ensalçando" Christianity. The enemies are principally the race of pagan "jayanes," who not only constitute a threat in their own right, but have allied themselves with the non-Christian Eastern powers who have sworn the destruction of Christianity and its most stalwart champion, Clarián. Among the common narrative devices employed most liberally we see interweaving, authorial comment, and digression. Some distinctive features in Clarián deserve special comment, principally those episodes that may have drawn Cervantes' attention to the parodic potential of the work as a direct model for at least one of Don Quijote's adventures.

A. Possible Influences on *Don Quijote*

1. The beating of Andrés

The most decisive indication that Cervantes may have read and been influenced by *Clarián de Landanís* can be seen in an episode that prefigures Don Quijote's adventure with the whipping of Andrés (Book I, chapter 4, referred to again in chap. 31). A farmer, Juan Haldudo, is beating his servant Andrés, whom he has tied to a tree. Don Quijote comes upon the scene and threatens Haldudo with a battle unless he desists. Haldudo not only releases Andrés, but promises to compensate the boy for damages, "un real sobre otro, y aun sahumados." Don Quijote, satisfied that justice has been restored, happily goes on his way.

The analogous episode from *Clarián* corresponds specifically enough to the *Quijote* version for the former to be considered its direct predecessor, as the following excerpt will show.

---

[5]   Thomas, p. 158
[6]   *Boletín de la Real Academia Española*, 2 (1915), 129-136.

Ca. LXIIII. como don Clarián mató a Quinastor & de lo que después en un castillo le avino.

…un día don Clarián llegó ante un fuerte castillo que estaba puesto en un otero, e baxo en una vega cerca de un río que por aí corría, vido estar un gran caballero armado de unas armas jaldes e pardillas; el yelmo había quitado, e tenía ante sí un escudero desnudo en camisa colgado por los braços de un árbol e fazíalo açotar a dos villanos con correas muy fuertes.

El caballero le dezía: "¡Por buena fe, don mal escudero! Vos harés lo que yo os digo o morirés." El escudero respondía: "A Dios plega por su merced que yo pueda suffrir hasta la muerte las cruezas que en mí hazes antes que por mí sea hecha tal traición." Cada vez que esto dezía le daba el caballero con una lança que tenía tal palo en la cabeça, que la sangre le hazía correr por muchos lugares.

Cuando don Clarián esto vio fue movido a tanta piedad del escudero que las lágrimas le vinieron a los ojos e dixo: "Agora veo el [LXVIIIv] más desmesurado caballero que nunca vi." Dexando la carrera que levaba, fue contra allá. Como a ellos llegó salvó al caballero e díxole: "Por Dios e por cortesía, señor caballero, no seáis tan cruel contra este escudero. Si vuestro es e os lo tiene merescido, castigaldo de otra manera en parte que no haga lástima a los que passan por la carrera."

El caballero —que la faz había robusta— volvió con semblante muy sobervio, e dixo: "Don caballero, vos os tornad por vuestro camino e no digáis cosa alguna a quien poco precia vuestro ruego; que por buena fe, tanto de enojo me habés hecho que en poco estoy de os castigar."

Don Clarián, que era muy manso e mesurado, respondió: "Señor caballero, aunque por mi ruego esto no hagáis, hazeldo porque os ruego cosa que os está bien: que es no hazer villanía; e de castigar a mí no curés, porque mejor haré yo lo que vos quisierdes por otra manera."

El caballero se ensañó desto más e dixo: "Mal hayan vuestras razones: que por hablar, poco acabarés comigo. Porende os id; si no, sed cierto que quitaré al escudero de donde está e porné a vos, y entonces os escucharé mejor."

A don Clarián le creció ya cuanto de saña de aquesto e de ver la gran sobervia del caballero e respondió: "Si Dios me ayude, don bravo e descortés caballero, yo quiero ver a cuánto se estiende vuestra sobervia." Esto diziendo, metió mano a la espada e cortó la cuerda con que el escudero estaba atado. Como los villanos esto vieron, echaron a huir contra donde estaba el caballero, que por su yelmo que en otro árbol estaba colgado fuera; poniéndoselo en la cabeça, abaxó la lanca e movió contra don Clarián, el cual lo salió a recebir, e diéronse tan grandes encuentros que las lanças fueron quebradas. El escudo de don Clarián fue falsado y esso mesmo la loriga —aunque no le prendió en la carne, mas las armas del caballero —a la fortaleza del encuentro de don Clarián— no tuvieron pro; que más de un palmo de lanca le entró por el cuerpo. El caballero cayó en tierra muy gran caída, e fue la ferida tan mortal que luego rindió el spíritu.

Don Clarián volvió sobre él, e como vio que se no levantaba, descabalgó del caballo; quitándole el yelmo, vio que era muerto, e dixo: "Si vos, caballero, quisiérades, esto fuera escusado; mas vuestra sobervia no os dexó hazer otra cosa, e Dios por su merced quiera perdonar vuestra ánima." Entonces puso sobre él una cruz de dos troços de lança, e cató por los otros; e vio que los villanos iban huyendo contra un bosque. El escudero se vino para él, y echándose ante sus pies, quísoselos besar. Mas don Clarián lo levantó, diziendo: "Amigo, a Dios Nuestro Señor agradesced vos esto, e sin falla yo bien vos quisiera librar sin muerte deste caballero."

"Ay señor," dixo el escudero, "no os pese de haber quitado del mundo al más sobervio caballero que en él había."

Don Clarián le demandó cómo había nombre.

"Señor," dixo él, "Quinastor: él me tomó cuanto yo tenía, e me ha tenido en prisión seis meses dándome muchos días tales como éste...

The common nucleus between these two episodes includes the following:

1. A boy, naked from the waist up, tied to a tree.
2. An unjust beating by a social superior.
3. The intervention of a knight who chances upon the scene.
4. The similarity of names associated with the antagonist: in *Clarián* the villain is named Quinastor; in *Don Quijote* he is from Quintaner.

Cervantes' parodic intent in recalling this episode is of course explicit, as it is throughout *Don Quijote*. The episode, originally serious, is placed into a context where it becomes grotesque. Haldudo continues to beat the boy as soon as Quijote leaves them: not only has the knight failed to restore justice, but has made the situation worse for the innocent victim.

While it is true that *Clarián de Landanís* is not mentioned in the famous examination of Don Quijote's library of romances of chivalry, the similarities between these two beating episodes indicate that Cervantes likely knew *Clarián* well, and considered it to be sufficiently representative of the genre to select this passage for a lampoon treatment. It also seems improbable that Cervantes would have preserved the villain's name identification—Quintaner/ Quinastor— unless he felt that this would be picked up and understood by readers as a specific reference to the well-known work *Clarián*.

By the early seventeenth century the conventions of the romance of chivalry had become totally stylized and outmoded, as Cervantes' parody makes clear. But the legacy of the genre in the narrative patterns of subsequent literature still stands as one of the basic models of prose fiction, and a primary source of narrative materials for Cervantes, who was perceptive enough to recognize and exploit the ripe parodic potential of certain conventions of the romance of chivalry. Clarian's cavalier remark that if the boy indeed deserved a beating that Quinastor could continue as long as he did it out of view of the public—who would be discomfited by the spectacle—possibly drew Cervante's attention as emblematic of the contradictions inherent in the figure of thc knight.

2. The cave of Montesinos

Several sources for the episode of Don Quijote's adventure in the "cueva de Montesinos" have been examined and discussed by Daniel Eisenberg,[7] who suggests that the *Espejo de príncipes* was the primary source. A similar adventure occurs in *Clarián de Landanís*, and while undoubtedly not Cervantes' main inspiration, there are some interesting similarities that perhaps deserve attention. Clarián desires to enter the forbidden cave of Hercules—an episode which is itself based on earlier fifteenth-century material, specifically the legends regarding Hercules' exploits in Spain, and the sealed house that he constructed in Toledo.[8] When Clarián is about to enter the cave he explains that he is doing so because if he passed up this adventure he could never again face his lady Gradamisa having "dexado por temor cosa ninguna de las que en el mundo hallasse que tan alta senora como ella con mayores servicios ha de ser servida que otra ninguna..."(CLXXVr). Don Quijote likewise directs his thoughts towards Dulcinea in prayer before entering the cave of Montesinos (Book 2 ch. XXII). Both descend into the caves, and immediately have to rest: Clarián "acostóse a un cantón del patio por descansar" (CLXXVv) —just as don Quijote later relates: "determiné entrarme en ella y descansar un poco" (Book II ch. 23). Once Clarián has disappeared into the cave his comrades shout to him, but he hears nothing "aunque le davan voces no respondía"; when don Quijote enters the cave he shouts to his comrades them but they are unable to hear him: "Di voces... pero no debistes de oírme." Both don Quijote and Clarián enter a palace within the cave: don Quijote one of crystal, Clarián one of metal. Within the cave Montesinos has been waiting for Quijote to arrive and fulfill his mission; likewise Clarian's arrival had been foreseen by the magic dwellers of the cave of Hercules. One of the fearful apparitions within calls Clarián by name, and knows who he is: "Don Clarián, no te valdrán aquí los amores de la princesa Gradamisa" (CLXXVIIIr). In both cases the knights see literary figures from the past, figures that they had read about. Clarián sees the statues of heroic figures: Lançarote, Ginebra, Jassón, and Theseo while don Quijote sees Durandarte, Montesinos, and Belerma.

Perhaps the most striking similarity between these episodes is the element of doubt

---

[7] *A Study of Don Quixote* (Newark, Delaware: Juan de la Cuesta, 1987) pp. 5-6.

[8] King Rodrigo, driven by curiosity, enters the locked house built by Hercules where he finds a banner within a chest which bears the prophecy that when the banner is unfolded, that Spain will be conquered by the Moors. See Pedro del Corral, *Crónica Sarracina*, ed. Ramón Menéndez Pidal (Madrid, 1926); Juan Menéndez Pidal, *Leyendas del último rey godo* (Madrid: de la Revista de Archivos, Bibliotecas y Museos, 1906); Diego Catalán y María Soledad de Andrés, *Fuentes cronísticas de la historia de España* (Madrid: Seminario Menéndez Pidal / Editorial Gredos, 1974).

on the part of both protagonists. Clarián fears that the perils that he underwent will not be believed as there were no witnesses present: "mas no sé cuál será aquel que me pueda creer lo que aquí es acaescido: que aunque lo diga me lo ternán a gran locura e vanidad e me dirán que fui encantado" (CLXXXr). Don Quijote also doubts his own experience in the cave of Montesinos to the point that he must consult Maese Pedro's "mono adivino" to determine whether the adventure was real or imaginary.

3. Don Quijote's view of knighthood

Don Quijote's stoic view of his own misfortunes may also owe something to Clarián, as can be seen when a group of commoners encounter Lantedón, a knight, (Clarián's father) walking down the road, whose horse was previously killed in battle. After they taunt him he replies: "Por buena fe, bien mostráis que no sois cavalleros de muy alto fecho... pues os maravilléis de los cavalleros andantes: que sus aventuras les avienen de muchas maneras" (Vr). This is much the same response that don Quijote gives whenever he is mocked, as when he is left hanging by one arm at the inn, and challenges some passersby, who jeer at his condition: "Sabéis poco del mundo," replicó don Quijote, "pues ignoráis los casos que suelen acontecer a la caballería andante" (Book I, ch. 43).

Clarián explains to his escudero Manesil about the knights' lot in life: " Muchas vezes me vieras no poseer más riqueza de unas armas e cavallo, pudiendo estar en los reinos de mi padre con mucha grandeza de estado como bien sabes: lo mismo verás e habrás visto a muchos hijos de grandes príncipes & altos hombres" (LIXr). This is also similar to the many discourses Quijote pronounces on the life of sacrifice that a knight must adopt due to his high calling.

A panic-stricken woman approaches Clarián, pleading with him to break up a fight between her husband and her brother. Clarián beats them furiously and threatens to kill them unless they stop fighting: "La dueña, que ovo pavor que los matasse, fuesse para él e rogóle por Dios que les no hiziesse mal" (CXLVIv). This contradictory turn of events —not presented in an ironic way— would have appealed to Cervantes as being both characteristic of these works as well as patently absurd.

4. Freeing the "galeotes"

In Book I, ch. 22, early in their adventures, don Quijote and Sancho come upon a group of galley prisoners, among them Ginés de Pasamonte, being escorted off to "las señoras gurapas" as punishment for their crimes. Quijote, after freeing them, orders them to "os pongáis en camino y vais a la ciudad del Toboso, y allí os presentéis ante la señora Dulcinea del Toboso, y le digáis que su caballero el de la Triste Figura se le envía a encomendar, y le contéis punto por punto todos los que ha tenido esta famosa aventura hasta poneros en la deseada libertad: y hecho esto, os podréis ir donde quisiéredes, a la buena ventura."

While we see freed prisoners once in *Amadís* (Book I, ch. XIX) they leave freely after their liberation— no promise is exacted from them: "Señor, aquí somos en la vuestra merced; ¿qué nos mandáis facer? que de grado lo faremos, pues que tanta razón para ello hay." "Amigos," dijo él, "que cada uno se vaya donde le más agradare e más provecho sea... Con esto se fueron, cada uno su vía, cuanto más pudieron..." Similarly in *Esplandián* (ch. XLIV), Esplandián suggests that his freed prisoners present themselves to the emperor of Constantinople, but he also says that they are free to go elsewhere if they wish. Both of these episodes are somewhat undetailed, and certainly don't stand out as exceptional knightly exploits.

Clarián, on the other hand, practically makes a career out of freeing prisoners held by either giants or renegade knights. After defeating the giant Dramades he releases from the dungeon:

"por todos ciento y veinte cavalleros, cuarenta dueñas & donzella: y veinte escuderos: éstos eran sin otros muchos que por muy crueles prisiones que ovieran eran muertos. Todos los más dellos salían desnudos & desfigurados que grande lástima era de ver... todos aquellos presos a don Clarián salvaron, diziendo a grandes bozes: 'O cavallero bienaventurado: el Señor del mundo te dé el galardón por tanto bien como hoy nos has fecho.' ...los unos le besavan las manos, los otros los pies, otros la falda de la loriga, otros tocavan las manos en él y las besavan, e todos dezían: 'Mandanos señor, que tuyos somos...'" (CVIIv).

Clarián instructs them to proceed to "la corte del emperador Vasperaldo, e os presentés ante la emperatriz e ante la princesa Gradamisa, su hija, (his secretly pledged true love) de parte de don Clarián." Another of many such similar exploits sees Clarián free prisoners held by the giant Danilón el Grande:

"fueron por todos dozientos: entre cavalleros & dueñas & donzellas y escuderos. Algunos había que de la larga prisión que tuvieron en las colores e disposiciones parescían muertos... don Clarián mandóles que todos juntamente partiessen otro día e se fuesen a la corte del emperador Vasperaldo e que se presentassen de su parte ante la emperatriz Altibea contándole en qué guisa fueran libres" (CLXCIIIIv).

We see several groups of these prisoners eventually present themselves at court, to the admiration of all. The far greater emphasis on freeing captives, the more detailed descriptions, and the sheer number of such episodes suggest that Cervantes may have been parodying *Clarián* specifically in this episode.

5. Magic spells

Magic spells and charms are certainly an important feature of *Amadís* and indeed all books of chivalry. Several passages concerning magic in *Clarián de Landanís* may have caught Cervantes' eye as material to be parodied: Galián (Clarián's brother) and Girarte are prevented from fighting their enemies by "una niebla muy escura que entre ellos se puso... cuando la escuridad fue passada acordaron e halláronse ellos e sus escuderos en una gran floresta... "¡Sancta María!" dixo don Galián, "¿Qué extraña &

maravillosa aventura es ésta? " "Sin falla," dixo Girarte, "encantados fuimos…" (CIIr). An evil knight plans to send a woman to destroy Clarián: "Ella por arte de encantamiento tomará tal forma que don Clarián piense que es una donzella de la reina su madre…" (CLXv) Trapped in Hercule's cave, Clarián attempts to escape, but is blocked by evil spirits: "queriendo salir por una puerta que allí había, fue lançado hasta en medio del palacio sin que él viesse quién se lo estorvava" (CLXXVIIv). These specific passages —as well as similar ones from other books of chivalry— may have helped Cervantes create the idea of don Quijote's obsession with wizards and spells.

6. Giants

Clarián's main foes are giants. While Amadís and Esplandián certainly square off with many giants—principally Famongomadan, Madarque, Balán, and Andandona, Clarián fights dozens of them. We see detailed descriptions of these giants: Candramón el Dessemejado is: "de altura más de diez y ocho pies… la frente tenía ancha cerca de un pie, e sus cabellos parescían una espessa mata de aliaga. Sus ojos, que eran mayores de un gran animal, parescían que echavan de sí fuego. Sus narizes eran de anchura de un xeme, e las ventanas como de un caballo. Su boca era espantable, que los labrios había muy negros & retornados afuera, tan gruessos como una mano, e los dientes de demasiada grandeza. El era tan gruesso por la garganta como un cavallero por la cinta. Sus manos eran espantosas, ca los dedos pulgares eran tan gruessos como muñecas de otro hombre; e todo era cubierto de vello muy largo y espesso" (CXIIIr). Given that the episode of Andrés and the cave of Montesinos seem to be Clarián-inspired, the adventure of the giants' transformation into windmills could well have drawn upon the stock presence of giants in Clarián.

B. Standard Features of *Clarián*

1. Discovery/Secrecy

According to Frank Pierce,[9] the basic opposition of discovery and secrecy is an important device in *Amadís*. Perhaps Pierce understates this deceptively simple principle; certainly in *Clarián* this feature is even more important, where it functions as the basic textual generator: all events and denouement stem from this simple device. Clarián sneaks away from tournaments to conceal his identity, disguises himself in borrowed armor to avoid recognition, and yet his identity is eventually discovered; he struggles to interpret prophecies and prophetic dreams, puzzles over baffling inscriptions, and through time all meaning is revealed; he castigates himself harshly for inconstancy when his unendurable love pains cease due to a magic potion he unknowingly imbibed, and is later relieved when the cause is revealed. A concealed love letter from an enamoured princess, a secret half-brother, a hidden passage that

---

[9] Frank Pierce, *Amadís de Gaula* (Boston: Twayne Publishers, 1976), pp. 74-5.

leads to his beloved Gradamisa's bedchamber, his saving the life of a sworn enemy whom he fails to recognize, are all examples of this feature.

This device can futher be seen in a peculiar pair of episodes that have a parallel in the *Corónica de Adramón,*[10] and appear to be a type of convention. The formula concerns a "good knight" forced to fight another from the same court, because the first is seen leaving the scene of an illicit tryst. In all cases (two in Clarián, one in *Adramón*) there is the element of non-recognition of the "transgressor" knight, who escapes, having physically harmed the other is some way. The truth of the encounter never comes out, thus the transgressor knight is never punished. Gastanís fights Palamís (LXXXIIr), Clarián attacks Palamís, (CLIIIr) and Adramón confronts the palace guard (p. 378) all following the same pattern.

2. Metatextual aspects

The metatextual dimension of the Spanish book of chivalry has been amply studied: the emphasis on the creation of the work, the sources used, the self-questioning of text itself regarding its own veracity, has all been duly noted. Ihab Hassan, in *The Dismemberment of Orpheus* (regarding postmodern vs. modern tendencies) labels this characteristic as an obsession with writerliness as opposed to readerliness; with process versus finished creation.[11] This type of metatextuality, characterized by self-doubt, is an earmark of the Spanish romance of chivalry from the outset: Montalvo in Book I of Amadís (ch. XL) provides the reader with the famous "variant" regarding Amadís making love to Briolanja in order to gain his release from prison, only to reject this very hypothesis as spurious. Throughout *Amadís* we see references to texts and writing: Book IV of Amadís terminates with the manuscript of the book magically appearing in Amadís' own hands (ch. CXXXIII). In *Esplandián* (ch. XVIII) the reader is informed about how maestro Elisabat was commissioned by the king to produce the very chronicle at hand.

This same insistence on presenting the text as a text is a salient feature in *Clarián de Landanís*. The origin of the work is presented in great detail: "el emperador... mandó llamar a Vadulato de Bondirmague, obispo de Corvera, su coronista, que era hombre de buena vida & de mucho crédito, a quien el mandara poner por escripto estensamente las grandes fiestas que en su corte se hizieran... (The emperor insists to his knights) que las aventuras... —que dignas de memoria sean—se pongan por escripto porque viniendo a noticia de nuestros sucessores les pongan cobdicia de subir a otras grandes hazañas... que partiendo algún buen cavallero (from the court) cuando buelva sea tenido de jurar todas aquellas aventuras que a cavallería toquen: por qué haya passado sin quitar ni poner cosa alguna por bien ni por mal que le haya avenido...

---

[10] *La corónica de Adramón*, ed. Gunnar Anderson (Newark, Delaware: Juan de la Cuesta, 1992)

[11] Ihab Hassan, *The Dismemberment of Orpheus* (Madison: The University of Wisconsin Press, 1982), pp. 277-268.

E assí mismo quiero & vos ruego que algunos de vosotros jurando digáis lo cierto de las cosas que hasta aquí por vos han passado..." This condition forces the modest knight Clarián to recount his exploits against his will: "Comoquiera que a él no pluguiese de dezir cosa alguna que oviesse hecho, óvolo de hazer" (LXVIr). This account of the collection of source material justifies and explains how it is that we know about these knights' adventures when modesty would normally prevent them from boasting. Clarián, grudgingly complies with the imperial command: "después en secreto dixo todas aquellas aventuras que se le acordaron por él haber passado... e como quiera que de sus amores no dixo cosa: ya vino tiempo que Vadulato lo supo." Clarián won't talk about his love affair, but somehow the chronicler found out the details that Clarián had sought to suppress. The chain of transmission of events is painstakingly explained to us, but this one weak link is pointed out to us by the author/translator (the text is said to have been translated from German to Italian to Spanish) himself. The author deftly inserts a note of ambiguity after taking great pains to assure the reader of the text's solid reliability.

This is the aspect of the books of chivalry that Cervantes really parodies with his explanation of the Arabic source, the mudejar translator, and the very text of Don Quijote found independently in two sections. This constant play between doubt and belief in the purity of the text can be seen throughout *Clarián*. The author insists on his faithful stewardship of Vadulato de Bondirmagues's original (as translated by one Faderico de Maguncia): "E puesto que yo en alguna manera del pie de la letra salga, a éste sigo no quitando ni poniendo cosa de sustancia" (XXIXr). He admits, nonetheless, that he shifts the order of the account: "E porque a cualquiera le sería menester trastornar muchos libros para quedar bien satisfecho desta dubda, lo que Badulato & Faderico de Maguncia—obispos— en la tercera parte desta hystoria escriven, yo lo porné en la primera, pues es conveniente lugar contándolo así como ellos lo dizen" (XIr). Even Vadulato, the original composer of the text, is unsure of the narrative, and invites the reader to judge events independently. Palamís and Gastanís are engaged in a fierce battle that ends with the pair locked in a frozen death grip on the ground, both seemingly deceased: "E Vadulato, obispo de Corvera, escrive que porque él no se supo determinar a quál dellos diesse más honra en ella, que lo dexa a la opinión de los lectores" (LXXXr). The author introduces an alternative reading at one point, and then immediately rejects it: "E algunos tienen opinión que este Delfange se tornasse cristiano por amores de Alteranda, sobrina del emperador, con quien después casó. Mas Vadulato dize no ser así: porque si lo tal fuera no se partiera de la corte del emperador..." (LVIIv).

Thus the author constantly questions his primary sources, and even introduces ancillary ones which throw the textual tradition into doubt: "Porque según dize la hystoria este Lantesanor venía por embaxador de Constantinopla: llamado Rocas & por otros Focas..." (XXXVIIv). "Mas porque esto no haze a esta hystoria no se dirá más dello: salvo que en la crónica deste Eraclio emperador se dize que era de tanta fortaleza & poderío que los leones algunas vezes con las manos sin otras armas matava," (XXXVIIv). Regarding Lantedón's (Clarián's father) adventures: "...la presente historia no haze mención. Mas quien las quisiere en su historia las fallará" (12v).

"E Faderico de Maguncia, obispo de Lanchano —segundo traduzidor desta hystoria— escrive que en algunas historias italianas que el leyó se haze memoria de la gruta de Ercoles." Here we see not just references to the pseudo-sources of Clarián, but pseudo-references to non-existent works —the *crónica de Eraclio*, the *crónica de Lantedón*— that are brought in as testimony to reinforce the veracity of the text. The effect created is one of patchwork: source overlapping source, but not quite in a seamless manner. There are gaps, questions, doubts, inconsistencies that the author himself raises and brings to our attention. The author more than once points out the imperfection of the written word as a vehicle for expression, as when describing the liberation of Celacunda and Gradamisa from Danilón el Grande: "la muy crecida alegría que... sintieron... por cierto esto más con sentida consideración que por letra se podría alcançar" (CLXCIIIIr).

Almost every action in the work sets up a cause and effect chain reaction, and the reader is prodded by means of "previews" of upcoming episodes to bear in mind that even the most insignificant actions will later prove to be of critical importance: "parió un fijo... Manesil: de quien la historia adelante gran minción hará" (XVIv). Such foreshadowings are an integral part of these works. They are constant and deliberately set up the "grand scale" of the action.

Clarián and Galián: "se amaron mucho más que si hermanos fueran, *como la historia lo cuenta adelante*" (XVIv).

(Argán): "el cual amó mucho a don Clarián dende en adelante *según que la historia lo cuenta*" (XXIIr).

"E la causa porque el donzel se ponía a combatir con cavalleros, siendo esto contra orden de cavallería, *la historia lo contará adelante cuando tiempo sea*" (CIv).

"E por cierto muy gran daño fue aquel día que don Clarián perdió este anillo (mágico) que mucho pesar le vino por ello— *como adelante en la segunda parte desta historia se dirá*" (CCVr).

"Mas ya vino tiempo que quebraron esta jura *como en la segunda parte desta historia se dirá*" (CXXXVIIr). These general non-specific foreshadowings stimulate interest in the text by creating an expectation for greater and more astounding developments.

Often these foreshadowings do not merely serve as vague premonitions regarding hazy future events, but are quite specific: "E sin falla gran daño fue aquel día que don Clarián perdió este anillo: que si él lo tuviera cuando aquel esforçado cavallero Riramón de Ganayl fue ferido a muerte, por aventura no muriera assí como en la segunda parte desta historia se cuenta" (CXXXr). We are told specifically what will occur in the next book(s) on more than one occasion.

Authorial comments often serve as a vehicle for moralization in *Clarián*, these being introduced after most key events. The immediate predecessor for this format is undoubtedly *Amadís*, where we see many direct appeals exhorting the reader to understand the application of the story to daily life. Two of the most notable moralizations in *Amadís* concern hubris (Book I, ch. 13) and feudal obligations (Book

IV, ch. 133).

In *Clarián* the "enxiemplos" are not directed to the reader, but rather to the book's patron, the "illustre señor," identified by Daniel Eisenberg as Charles de Lannoy, (1482-1527)[12] the "caballerizo mayor" of Carlos V. Most of these moralizations concern ruling wisely, rewarding loyalty, tempering justice with clemency, etc.

In a long didactic digression the emperor Vasperaldo is described as a model sovereign:

"Pues o cuán bien andantes, muy magnífico señor, pueden llamar aquellos que semejantes príncipes o señores alcançan: como sea gloria e bienaventuranca muy cumplida para ellos en este mundo, y cuánto los tales deven amar y servir con gran fe, amor y lealtad & firmeza: que por cierto los que son súbditos de príncipes o señores justos, piadosos, liberales, francos & graciosos: con tan justa razón deven ser contentos & loarse, cuanto plañirse y quexarse los que al contrario los tuvieren" (XXXVIIv). This fulsome indirect praise for the patron —the señor— is seen throughout in these textual asides.

The cruel count Quinar overwhelms the defenses of a poorly defended duchess, whose few defenders refuse to surrender: "Aquí illustre señor, todos los que hoy son pueden tomar enxemplo de fe e lealtad para con sus reyes o señores: mayormente aquellos que cumplidos los alcançan de bondad, como las que vuestra señoría posseen e por señor lo tienen, porque bien assí como la lealtad es debida del súbdito al señor, cualquier que sea" (XCIIr). The evils count's inevitable defeat prompts another lesson to be gleaned from the episode: "Donde claramente se muestra, illustre señor, cuánto los que con sobervios e grandes poderes fuerças e agravios enprehenden hazer deven recelar e temer la sentencia de aquel soberano Juez..." (XCIIIr).

3. Textualizing

Inscriptions found on tablets, statues, doors and elsewhere are a common feature of Spanish books of chivalry. This insistence on textualization, on actions becoming words and conversely words becoming action is notable in *Amadís,* especially the inscriptions found on the Insola Firme, around the Arco de los Leales Amadores, inscriptions which both serve as a warning and a challenge to knights (Book II, ch. 63-64). When Amadís passes safely through the Arco both his name and Oriana's are magically incised into the jasper stone. Amadís and Oriana's son Esplandián is born with red and white letters on his chest, which are only later deciphered and fully understood. At the end of Book IV Amadís reads two statues: "un ídolo de metal con una gran corona en la cabeza del mesmo, la cual tenia arrimada a sus pechos una gran tabla cuadrada... en ella escritas unas letras asaz grandes, muy bien fechas, en griego... E Amadís las comenzó a leer..." (ch. 130). He later finds another statue of a maiden with a pen in hand, frozen in the act of writing. Writing is seen when Urganda la Desconocida insists that her prophecy be copied down so that its truth will later be

---

[12] Eisenberg, p. 113.

verified (Book II, ch. 60).

Not only does Clarián encounter many tablets and emblems bearing warnings, challenges and admonitions,[13] but he himself is textualized, made repeatedly into an inscription. After Clarián defeats the giant Bracazonde de las Ondas, the emperor orders that a statue be sculpted of the event, to be placed in the Torre de las Grandes Hazañas. The heroic act of defeating the enemy must be made into an inscribed statue: "para que en perpetua memoria quedassen... mandó que fuesse entretallado el bulto de don Clarián y él del gigante, y la justa cómo passara" (Lv). The event becomes a text: a statue with narration.

We often see actions and deeds textualized in *Clarián*. There is a notable insistence on fixing history in a permanent medium: "Por las paredes de la torre & por las del puente estaban puestos todos los grandes fechos que guardando aquella puente Boraldán hiziera, dellos entretallados de piedra e dellos pintados. Allí estaba la batalla que oviera con el gigante e cómo lo matara e otros muchos grandes fechos... E al cabo de la puente estava pintada una gruessa lança con un pendón que había figurado un león e letras escriptas que dezían *Esto ovo la victoria*." (LXXXIXr).

Having penetrated the inner chamber of Hercules' palace Clarián examines the statues of great heroes of the past including Bruto, Jasson, Theseo, and Paris: "Don Clarián que siendo niño se diera mucho a leer las historias e hazañas de aquéstos e de otros que mucho en virtud de fortaleza prosperaron: lo cual le endereçó e puso en gran desseo de bien obrar... e sobre todo se pagava de catar a Hector, a quién él era más afficionado que a todos aquellos de quien grandes cosas había leído" (CLXXVIIIv). Reading inspires good by instilling a desire to imitate the "enxemplo." These statues are all readable- they have inscriptions on the arm. His examining the statues is allegorical for his reading about literary heroes of the past. This sentence "about whom he had read" plus the previous "he had read histories" ties all this together as allegorical. The whole adventure is fraught with readable emblems, Hercules one even predicts: "con gran razón e crecida gloria serás puesto en el cuento de los seis más en virtud de coracón fortalecidos (whose statues are in the inner chamber)" (CLXXIXr). This prophecy is realized after Clarián defeats the phantasms in the cave. At the conclusion of the Hercules adventure Clarián sees his own adventure inscribed on a rock which will serve as "cierto testimonio." "E assí mesmo estaba escripto de letras de oro todo cómo passara" (CLXXXIr). Clarián himself becomes a text; one that he himself reads: "un testimonio en que venía por escripto todas las cosas que a don Clarián en la gruta de Ercoles avinieran..."(CXCVIIIr).

4. Feudalism

The book of chivalry presents a triumphalistic vision of an aristocratic world; the

---

[13] Clarián comes upon a marble column bearing the inscription: "Ningún cavallero ni dueña no venga por esta carrera si no quisiere su muerte o su gran deshonra." Las donzellas (along with Clarián) que sabían leer, leyeron las letras... XXIIIIr.

setting is in every case an idealized bygone time. The status quo is always threatened by instability and destruction by pagan forces from outside, and menaced from within by dishonorable knights who don't follow the chivalric code. This state of jeopardy is the stage where the hero attempts to reestablish order by demonstrating and proving the validity of the dominant social order. No good deed remains unrewarded, no bad action ever escapes punishment.

Pierce, describing *Amadís*, says: "We find (in Amadís) universal and unquestioned acceptance of the two pillars of an older society, namely the monarchy and the church" (p. 90). Certainly there is a strong current of reactionary defense of archaic values in the book of chivalry. Ardián, the dwarf, reacting to the report that his master Amadís is dead: "hacía gran duelo con la cabeza en una pared..." (ch. 48). We see many such episodes in *Clarián*, passages that affirm basically medieval social values.

Manesil, Clarián's squire, pledges his loyalty: "Pues yo no pienso ni pensaré en ál que en serviros en tanto que viviere, e jamás dello cansaré hasta que deste mundo me parta; y en tanto que Dios a esto me diere lugar, nunca de otro bien de mí será cobdiciado" (LIXv). Carestes, Clarián's auxiliary squire, likewise wishes to emulate "la gran lealtad con que Manesil lo sirvía e propuso en sí desde allí de trabajrse en servir tan lealmente que de su señor meresciesse ser amado assí como éste lo era" (CLXIXv).

Clarián encourages a group of cowardly knights to defend their mistress against the evil usurper Quinar by recalling to them their feudal obligations: "Señores, bien sabéis que la duquesa e su hija son vuestras naturales señoras, porque dexado lo que debés a virtud de cavallería sois obligados a servirlas e morir por ellas" (XCIIr).

Commentary on social aspects more germane to the Renaissance can also be seen throughout the text, remarks that pertain to the world of the courtier, on seeking a patron or royal favor:

"O, pues cuánto devría ser loada la gran nobleza e virtud deste emperador Vasperaldo, e la bondad e cortesía con que de los cavalleros de su corte eran tratados; los estraños que a ella venían: que éste era un lazo para prender sus voluntades, tal que olvidando sus propias naturalezas los tenía muy firmes en servicio deste príncipe, que la virtud del señor por la mayor parte se sigue bondad en los servidores" (LXIIr). This moralizing passage fairly describes the new situation of the courtier, who chooses to attach himself to a suitable lord, unlike the previous feudal system where one had little choice in the matter.

The emperor at one point seeks to persuade a worthy knight to enter his service: "que un tal hombre como éste finque en su corte: que por ello será más honrada e por conoscer un tal cavallero muchos otros buenos vendrán a ella, como fasta aquí algunos han fecho" (LXVv). The emperor is explaining why a court needs valerous knights, but this actually reads like a description of the renaissance court, which must attract notable artists, writers, thinkers, in order to gain renown. "Assí que quien se llega a los nobles e virtuosos no puede ser sino bien andante como fizo este Argán de Fugel, que de un pobre cavallero vino a alcançar tan grande estado: esto solo por la nobleza e grande virtud de don Clarián que le quiso hazer este bien..." (CXXXIv). In these passages we see these feudal values updated to make them more applicable to the situation of the courtier who must seek a patron in order to rise and gain prominence. The attitude is less one of longing for the erstwhile feudal system than a description of the new state of affairs and a plea for sponsorship.

"Clarián no tenía en voluntad de le demandar cosa alguna para sí... y desto era causa la condición de los passados tiempos, de entonces muy diferentes de los de agora" (CXLIXr). Here we see a nostalgia for the "pure" values of the past. It's not a coincidence that books of chivalry are set in a past epoch; they are by nature nostalgic and backwards—looking. At they same time they do reflect the concerns of the present readership; in this case a bourgeois class looking for respectability, the same privileged mantle previously held by the nobility.

C. Debt to Amadís/Esplandián

1. Conventional battle formulae

Clarián is directly indebted to the *Amadís* cycle, on both a structural and stylistic level. Perhaps the most salient imitation is in the use of battle formulae that are copied verbatim from these texts. The following examples taken from *Amadís* also recur in virtually every joust in *Clarián*.

"el caballero no entendía en ál sino en se cobrir de su escudo."
"diole un tal golpe por cima del yelmo que gelo hizo torcer en la cabeza."
"encontráronse en los escudos tan fuertemente que los falsaron."

He was so wounded "que no hobo menester maestro."
He received "tal golpe que le hizo abrazar al cuello del caballo." "y en poca de hora fueron sus armas de tal guisa paradas que no había en ellas mucha defensa."
The next list of conventional phrases comes from *Clarián* but are immediately recognizable to any reader of the *Amadís* cycle:

"muchos cavallos salieron de la prissa sin señores" (VIv).
"le dio tal golpe por encima de pecho que la cabeça le hizo juntar con los pechos" (VIIr).
"començaron entresí una tan brava batalla que en poca de hora vieran por tierra muchas rajas de los escudos e mallas de las lorigas..." (XXv).
"diéronse tan grandes golpes por cima de los yelmos que las cabeças se hizieron abaxar contra los pechos" (XXIXr).
"salía tanta sangra que las yervas del campo fazía teñir" (CXLVr).

2. Parallels and borrowings from *Amadís*

Several adventures, motifs and characters in *Clarián* seem to derive directly from *Amadís*. The shadowy figure of the enchantress "la Dueña Encubierta" is clearly analagous to "Urganda la Desconocida." Both issue prophecies that are fully realized. Galaor, Amadís' unsuspected brother, has a counterpart in Riramón de Ganayl,

Clarián's half-brother whose identity had been concealed by his mother.

Once the two true lovers Amadís and Oriana make love in the magic room on the Insola Firme the enchantments finally come to an end. (Book II ch. 63) The same is true of Celacunda's magic bedroom, which will lose all its supernatural properties after the two true lovers, Clarián and Gradamisa, make love within. Both chambers are defended by an array of magic effects at their entrances, and all weapons must be left behind before proceeding.

The battle between Amadís and the monster Endriago —the fruit of horrible incest— is recast in the defeat of the nameless incest—associated monster that Clarián must face in Hercules' cave.

D. STYLISTICS
1. Standard stylistic features.

The book of chivalry follows a rigid model, as noted both Eisenberg and Pierce, generally utilizing the same devices and conventions:

1. interlacing
2. digression
3. authorial voice and presence which controls and directs our perception through intercalated passages of commentary.
4. omission— the cutting short of peripheral adventures.
5. epistolary passages

Clarián is no exception, and conforms closely to the pattern established by *Amadís*. The only remarkable stylistic innovation is the use of present tense to describe battle scenes.

2. Battle scenes in the present tense—a special feature of *Clarián*.

In *Amadís* battle scenes are exclusively presented in the past tense. There are a few authorial asides commenting on the battle in present tense: " Así que se puede dezir con mucha razón que por la fortaleza del rey... fue esta batalla vencida..." (Book III, ch. 5) but the action scenes themselves contain no present tense. In *Clarián*, however, dozens of present-tense battle descriptions occur:

> "esta dura batalla començó que no *puede* haber fin sin mucho daño, porque cada uno dellos *quiere* la honra para sí. El uno del otro estaban maravillados..." (CXLVr).
> "Otra cosa no veía allí sino caer cavalleros por tierra muertos... assí que la batalla *es* cruel & mortal de ambas las partes" (CXXVIIv).
> "metieron mano a las espadas & *acométense* muy bravamente, así que la batalla començó entrellos..." (CXLIIIIv).
> " se acometieron... e *comiençan* entre sí una tan brava batalla..." (LVv).
> " assí que agora *entra* en su coraçón toda braveza, que nunca se vio más sañudo"

(CCIIIIr).

"Allí fue grande la priessa: unos de se levantar, otros de tornar a cabalgar, otros de salir a la hastería por las lanças; *comiénçanse* muchas batallas a pie, y el torneo era tan bravo..." (VIIIv).

"Allí *se rebuelve* la muy cruel & brava batalla, que muchos *mueren* de ambas partes" (CXXv).

"Allí fue gran rebuelta & gran bozería por todo el real: *comiénçase* a tocar muchas trompas e atabales e todos *se meten* a las armas a gran priessa" (CXXv).

"Dende a una pieça los que daban el rebato por una partee Ruger, sobrino del rey Drumesto, con otros cient caballeros por otra, *acometen* a los de la guarda en tal guisa que los pusieron en gran sobresalto" (CXXVIv).

This use of the present tense in a field of imperfect and preterite seems to be an recitative device, the same characteristic that we observe in the Spanish romances; that of abruptly shifting tenses as a means of producing a pleasing attention-getting effect, one suggesting immediacy and presence, urgency, of creating a more vivid narration. It seems to represent an archaic formulaic pattern, as the text usually employs some form of "Comiénçase" or "se revuelve."

3. Oral presentation/ authorial comment

The rather common device of oral presentation formula where the author directly addresses the audience also seems to derive if not from the romances at least from the public recitation tradition.

"Mas a esta sazón *hevos aquí* do viene Dotegal" (VIIr).

"*Heos aquí* do viene don Felisarte de Jaffa "(XXVIIv).

"don Palamís *he aquí do* entra en el campo" (CLVIIv).

"Tan mansamente *como oís* fabló Lantedón" (IIIr).

Por todo el campo *viérades* passear muchos altos hombres & cavalleros" (Vv).

"Todos los andamios e miraderos fueron llenos de muchas gentes: donde *viérades* dueñas & donzellas muy hermosas" (VIr).

"Pues la infanta Damavela: *os digo* que todas las veces que se le offrecía lo miraba con tanta gracia" (VIIIv).

We also see a characteristic dose of authorial comments and asides:

Concerning a battle between Lantedón and Gedres: "E si alguno me demandasse quién era el caballero: yo le diría que era el rey Gedres del Fuerte Braço..." (XIIIv).

"aunque cierto a mi ver no es cordura de ningún buen caballero ponerse con jayán en batalla si la puede escusar" (XCVIv).

"¿Pues quién os podría dezir el pesar e tristeza que Damavela tenía en ver que no

podía ser casada con quien tanto amaba?" (XIIIr)
"el rey de Polonia: que como vos habemos contado aún no había entrado en el torneo" (XLIIIr).
"¿Quién os podría dezir las grandes alegrías que aquella noche allí se hizieron?" (CXIIIIv)
Referring to the reputation of the amorous knights of the court: "E como quiera que la tal opinión como ésta en mi pequeño entendimiento assí se assiente: yo lo remito al juizio de otros: que como mayor acuchillados, mayor esperiencia dello ternán" (Lr).
"bien se puede dezir haber acabado don Clarián un gran fecho de armas" (LXXIVV).
"Empero tanto se dirá aquí que un día.." (LXXVIIIv).
"Ya se puede pensar lo que don Palmís desto sintiría..." (LXXXr).
"Pero si don Felisarte no es acorrido él está en peligro de muerte" (LXXXIIIIr).

4. Alliteration/parallel constructions

Several instances of alliteration occur throughout *Clarián de Landanís*. Some could be attributed to happenstance, but the text seems to present a deliberate pattern of usage of alliteration.

"hasta ser el sol salido" (CXCVIIIr)
"Bien sin ser sentido" (CXCVIIIr)
"sin su señor" (CLXXIIv)
"sossegadas sin sentir" (CLXXIr)
"sin ser sabidores" (CLXIIIIv)
"allí alvergaron aquella noche" (CLXXv)
"morir mala muerte" (CXIIIr)
"como esse traidor traía una gran traición" (CLXVIv)
"los caballeros cayeron de los caballos" (XLVIIr)

We also see many simple parallel constructions, possibly constructed following the model of fifteenth-century "cancionero" poetry:

"si vos con vuestra sabiduría distes a Gastanís la vida, él con su fermosura me ha causado la muerte" (LXXXIv).
"Doblado dolor es él que siente mi ánima en saber que la vuestra va condenada" (CXXIXv).
"Flordanisia... que no menos dolor secreto que el público tenía por su buen amigo don Galián" (CLVIIr).

This "cancionero/ novela sentimental" influence is even more obvious in the following passage, where Arminda, rejected by Clarián, laments: "O coraçón atribulado y encendido de vivas llamas acompañado de raviosas cuitas, por Dios fazte ya cercano a la muerte pues cruel e aborrecible te será la vida no podiendo haber efecto tu desventurado desseo" (XCIIIr).

E. Editorial Criteria

Punctation has been added in as conservative and unobtrusive a way as possible. The original text used colons and slashes (/) heavily, and had no commas, accents or quotation marks.

My general principal has been to let the text stand in its original form by substituting colons, semicolons and commas and periods for the colons and slashes present in the 1518 text. In cases where the addition of punctuation could clarify reading, I have added it:

"El, sacando de la buelta de un chapeo —que sobre la cabeça traía— una carta, diola a don Clarián: la cual dezía assí... " (CCXVv). Without modern punctuation such a passage is quite difficult to make out.

All quotation marks, question marks, exclamation points, paragraphing, and accent marks are my editorial intervention. Some random capitalization was already present, although in most cases it is also my intervention.

I have regularized orthography in cases where the pronunciation would not be altered. This orthographic consistency hopefully makes the text more approachable, and eliminates the unnecessary distraction caused by the vagaries of sixteenth-century spelling. The imperfect of "ar" verbs such as "andava" becomes "andaba"; "dever" has likewise been modernized. Various forms of "haber"—originally written as "ay," "aya" "avrá," "avía"— have all been regularized, excluding "ovo" whose modern form would change the original pronunciation. The original cedilla —"ç"— has been retained in all cases. "Qu," as in "qual," and "quando," has been modernized, as has the use of "y" in "ygual," "reyr" etc. The ampersand has been replaced with "e." The split future and split conditional with appended pronouns has been written (yo) *consejarvos-ia* where the original was completely separated *consejar vos ya.*

The bulk of the footnotes indicate flawed readings in the original text. Rather than write footnotes for the few textual lacunae that the text presents, I have incorporated my suggested readings for these lacunae directly into the text, set within brackets { }.

The Vienna and Torino copies of the 1518 first edition were used as the basis for this present redaction. The book measures 12 1/2 by 8 1/2 inches, and runs to 218 folios. There are a two illustrations, the title page printed in red and black ink.

Con Previllegio
Las Historias
del muy noble y esforçado cavallero don Clarián
de Landanís, hijo del rey Lantedón de Suecia.
Tassado por su alteza en siete reales.

El rey

Por cuanto por parte de vos, Gabriel Velázquez, vezino de la ciudad de Guadalajara, me fue fecha relación diziendo que bien sabías como por una mi cédula vos di licencia para que pudiéssedes hazer imprimir e vender en estos mis reinos vos, o quien vuestro poder oviesse, un libro por vos compuesto que se intitula la historia de don Clarián de Landanís. Con tanto que no llevássedes por él más de lo que por mí fuesse tassado, según que en la dicha mi cédula más largamente se contiene. Por ende que me suplicávades e pedíades por merced mandasse tassar el dicho libro e declarar el precio que por él habéis de llevar, o cómo la mi merced fuesse. E porque yo mandé ver la primera parte del dicho libro a algunos del nuestro consejo para que tassassen lo que justamente por ella se debía llevar, los cuales la vieron e me hizieron dello relación. Por esta mi cédula declaro e mando que vos, el dicho Gabriel Velázquez—o quien vuestro poder para ello oviere— podáis llevar e llevéis por el dicho libro en que se contiene la primera parte de la dicha historia dozientos e treinta e ocho maravedís e no más. So pena que si más llevardes lo paguéis con el cuatro tanto para la nuestra cámara. De lo cual vos mandé dar la presente firmada de mi nombre. Fecha en Valladolid a diez e ocho días del mes de março de mil e quinientos e diez e ocho años. Yo el rey. Por mandado del rey. Francisco de los Cobos.

Que vuestra alteza declara e manda que por la primera parte del libro e historia de don Clarián de Landanís que dio licencia para imprimir a Gabriel Velázquez —que la compuso— lleve dozientos e treinta e ocho maravedís e no más.

Prólogo

Aquí comiença la primera parte de la historia del muy noble e valiente caballero don Clarián de Landanís, hijo del buen rey Lantedón de Suecia: e de la reina Damabela su muger: en que se recuenta de muchas de las grandes caballerías, muy famosos e notables hechos de armas que fizo, e de los muy leales amores que tuvo con su señora Gradamisa, hija del emperador Vasperaldo, e de la emperatriz Altibea. La cual historia contiene en sí tres libros. Fue sacada de lenguaje alemán en italiano por Faderico de Maguncia, obispo de Lanchano, por mandado del sereníssimo rey Fernando de Nápoles, primero deste nombre, e traducida e vuelta de italiano en vulgar castellano por Gabriel Velázquez de Castillo. Dirigida al illustre e muy magnífico señor Charles de Mingoval, mussiur de Sanzela, etc. Gran caballerizo del rey don Carlos, nuestro señor. Por merescido renombre Mussiur le gran.

Prólogo

En tanto que la mortal vida en peligroso y obscuro valle deste mundo da fin a su breve jornada, los que por la carrera de virtuosas e políticas obras han de prosseguir por el militar exercicio, como acto que es de mayor excelencia, consiguen mayor grado y perfición de nobleza. E assí en la antigüedad los que a seguir la virtud de caballería se dieron fueron mucho estimados y preciados, y aquellos que más famosos hechos fizieron no solamente fueron por sus contemporáneos con gran premio e loor ensalçados, mas aún pareciéndoles cosa muy justa sus altas proezas en perpétua memoria dexaron, considerando que assí como dellos o por ventura más lo serían de los que después viniessen cuando sus hazañas oyessen, e creyendo assí mismo que la claridad de las notables y resplandescientes obras suyas alumbrarían e guiarían a aquellos que por la virtuosa carrera immitándoles seguir quisiessen. Pues si en los passados tempos —que la virtud de todos o por la mayor parte tan amada, seguida y galardonada era— los tales de tanto premio y loor fueron merescedores, en los nuestros de agora que no tan amada y preciada, mas antes olvidada y desgradescida se podría dezir que es. Los que agora con nobleza por la derecha vía della siguen si serán tan dignos de loor, sin dubda justamente a los semejantes se les debe atribuir aun mayor que a los otros. Demando, pues, agora si de las grandes hazañas que de los famosos antiguos varones se recuentan podemos no sin causa tener alguna dubda, sospechando que los cronistas o oradores, por les ser afficionados, o por escrevir casos admirables, a mucho más de lo que en efecto de verdad passase se alargassen. Hallándose al presente entre nos alguno cuyas obras sin fición alguna, consideradas bien según la calidad de los tiempos, nos paresciessen, y las juzgássemos por tan altas, tan grandes y extremadas como las de mayor admiración que leemos: este tal, ¡cuánto ensalçado y preciado de todos debe ser, y de cuán gran gloria, loor y excelencia es digno! Verdaderamente en lo que yo agora en este examen mejor pienso acertar es remitirlo al juizio de los discretos y virtuosos, que bien lo querrán considerar. Pues como a todos los caballeros y gentiles hombres, para mayor perfición dar en su vivir les sea conviniente y necessario tomar espejo en los más claros e nobles hechos presentes y exemplo en los passados, leyendo las famosas obras militares —que son cosas que induzen y atraen los ánimos a seguir la virtud e agradable de oír a todos aquellos en quien virtuoso desseo o nobleza de coraçón consiste— e porque de toda obra fundada sobre acto de bondad se puede colegir e sacar provechosa doctrina, tomando con discreción los lectores aquello que más provechoso ser les pueda e por consiguiente apartándose de lo dañoso (si algo les pareciere) e assí yo, todo esto considerando e conosciendo no ser por mi influencia dado de emplearme en otras obras de más profundo saber, acordé de ocuparme en la tradución désta, creyendo que si por algunos mi simpleza reprehendida fuesse, que por los virtuossos sería dado algún premio a mi desseo. E poniendo en execución mi propósito, entendí que me restaba procurar de alcançar aquello que otros muchos —exercitándose en semejantes obras o en mayores— cobdiciaron, como es conseguir aquel efecto que de su trabajo mayor consolación e contentamiento darles pudiesse. Es a saber empleando bien y decentemente sus obras en el dirigimiento y presentación dellas. Y pues ésta es obra de caballería ¿a quién puede ser assí justa y debida mente endereçada como a vos, illustre y muy magnífico señor Charles de Mingoval, mussiur de Sanzela? etc; que tan grandemente en la facultad que en los tiempos de agora es dada, della habéis usado y usáis, siendo cierto que si en el presente tiempo que posseemos, fuesse avida por costumbre loable la manera que los excelentes varones antiguos solían acostumbrar en el exercicio de las armas, no siendo puesto más impedimiento a las voluntades que a ellos se lee que les era: con él que más digno y merescedor de loor dellos fue, sería vuestra señoría igualado, dando muy claro testimonio de ser assí esto la gran gracia, desemboltura, ligereza y denuedo que vuestra señoría en el exercicio de las armas tiene, lo cual mostráis e habéis mostrado bien abierta e conoscidamente en los torneos, justas, passos e otras cosas en que os habéis hallado: en todo lo cual os traéis e habéis habido con tanta gracia y ventaja sobre otros que da causa a que de lo estraños de vuestra nación seáis loado y se os dé renombre. Pues las burlas cessando; vuestra persona se ha mostrado tan valeroso en las batallas, reencuentros e otras cosas que se os han ofrecido, que abiertamente hazéis verdadero lo que arriba tengo dicho. Por cierto vos sois aquel de quien antes se ha hablado; cuyas muy grandes e notables hazañas en armas en la mayor parte de la cristiandad divulgadas nos hazen dar crédito a otras de quien por parecer admirables gran dubda se tenía e con razón ponerlas en olvido. Assí que claramente se conosce que en otro alguno de los que en el mundo son, siendo esta obra de caballería, no puede ser mejor empleada que en vuestra señoría. O illustre señor, digno de immortal memoria, cuánto sin recelo podría discurrir por el mar de vuestras grandes alabanças tan justamente debidas sin temor de ser habido por lisongero de ningún claro e virtuoso entendimiento, si la flaca varquilla de mi juizio con el govierno de mi torpe lengua osasse enteramente por él navegar. Mas el golfo es tan grande que no me atrevo a perder de vista de tierra por no ser tenido por mal mareante, porque podría ser antes reprehendida mi torpedad que favorescida de mi grande atrevimiento. Por ende remito lo demás que dezir se podría a aquellos que se precian y exercitan en escrevir de las cosas dignas de mayor loor y memoria;[1] que con las gruessas naves de su mucha discreción y elocuencia y expertos goviernos de sus subtiles e agudos ingenios naveguen, si quisieren, por este profundo piélago, y lleguen, si podrán, al cabo de su jornada. Pues ¿qué se puede, assí mismo, de vuestra señoría dezir de gentileza, disposición, e auctoridad de persona; de fortaleza y esfuerço de corazón; de nobleza y modestia de costumbres; de lealtad, magnanimidad, liberalidad y franqueza, de gracia, prudencia, discreción y cordura? Por cierto tanto, que a mi ver, si el entendimiento lo conosce, dubdo por entero la lengua lo pueda expressar. Y puesto que de todo lo que he dicho, con mucha razón las crónicas españolas, francesas e alemanas hablan e hablarán muy complidamente, si los cronistas quieren (como pueden) muy larga y castamente estender sus plumas: que la pluma corta e voluntad maliciosa encubren gran parte de la virtud como éstas a largos tiempos parescan, yo he trabajado que en esta mi simplezica y ruda obra se expliquen e parezcan algunos de los loores que os son

---

[1] memomoria

debidos, para que a las presentes y venideras gentes sea manifiesto haber sido vuestras obras notables hechos y gran nobleza tan grandes y tales que si no con premio muy soberano no podrían ser por la fortuna colocados en la silla que merescen —aunque haya sido haber hablado yo en ellos como dar pequeña señal en cosa de muy crescido precio, e no cumplir lo restante— como quiera que es premio de gran excelencia para vuestra señoría ser merescedor de más crescidos loores: a la cual humilmente suplico que desta pobre y mal ordenada obra mía quiera servirse, no mirando el pequeño presente, mas acatando a mi voluntad desseosa de su servicio— que es disculpa de mi yerro y color de toda mi falta. En la cual obra yo no olvidando del todo el estilo antiguo —por ser cosa que algunos agrada y que mucha auctoridad a las tales historias pone— tampoco sigo el moderno por entero, porque de cada hora parescen en nuestra Castilla muchos tractados con mayor ornamento de palabras y polideza dellos escriptos, que este por mí podría ser. Y los defectos e yerros que en la trasladación dél se hallaren (que creo no serán pocos) a vuestra señoría illustre suplico los quiera rescebir benignamente, mandándolos emendar con aquella gran abundancia de discreción de que la providencia divina le ha doctado. Y si en la historia algunas cosas dubdosas de creer parescerán —que a mí assí parescieron también admirables— bien debo ser en ello habido por escusado, pues digo lo que hallé escripto sin exceder en cosa que de substancia sea: cuanto más que en otras crónicas e historias —que también por aucténticas se tienen— se leen cosas muy extrañas, y algunas en mucha diferencia de las que agora passan. Mas bien pudo y puede ser, pues cosa alguna no se hizo ni haze sin la gracia de aquel muy alto Señor que con algunos quiso por su divina providencia más que con otros comunicarla. Porque invocando muy humilmente el divino auxilio cuyo acorro assí en las pequeñas obras como en las grandes se debe invocar, hará principio la historia como se sigue.
[F. I r]

Comiença la historia

En Suecia, que es una provincia que confina con Dacia e Nuruega —la cual antiguamente fue muy noble e la gente della tan belicosa e fuerte en armas —que con ésta se lee que el gran Alexandre haber tenido contendor— reinó un rey llamado Tanabel, muy noble y esforçado e complido de todas buenas maneras, que su tierra mantenía en mucha pas e justicia. Este rey ovo de la reina Leandia, su muger —que assí fue llamada, que muy hermosa e virtuosa dueña fue— dos hijos: el mayor ovo nombre Lantedón y el otro Gedres. Este —porque tenía el braço derecho ya cuanto más largo que el otro y tenía en él la fuerça más aventajada que en ningún otro miembro de su persona— fue después llamado Gedres del Fuerte Braço. Por el nascimiento de cada uno de estos infantes —que muy fermosos eran— se fizieron grandes alegrías y fiestas por todo el reino. E como fueron en hedad de aprender las letras, fueron en ellas por un gran sabio bien enseñados. Assí mismo les fue mostrado el juego de todas las armas cuando en más fuerça crecieron. Los dos hermanos lo tomaban tan bien que maravilla era. El rey e la reina daban muchas gracias a Dios porque tales hijos les había dado; amábanlos sobre todas las cosas, e a Lantedón mucho más que al otro porque él era estrañamente hermoso e complido de todas buenas maneras. Por honra destos infantes el rey fizo venir a su corte muchos donzeles, hijos de altos hombres e caballeros de su reino que en ella se criassen; desta guisa cada día los viérades ensayar a luchar, correr, saltar, cabalgar a caballo, jugar de todas armas, justar e tornear. Lantedón se extremaba sobre todos ellos porque a él no se hallaba par de fuerça, ligereza e ardimiento. En Gedres había otrosí gran bondad; e como quiera que en todo Lantedón más que él se extremase, en la fuerça de braços fallaba en él gran igualeza porque Gedres tenía en el braço derecho la fuerça demasiada. Grande era el plazer e alegría que toda la corte tenía con estos infantes, que de todos eran muy amados.

Assí se criaron en casa del rey su padre hasta que fueron en tal hedad que Lantedón había cerca diez y ocho años, e levaba a su hermano Gedres no más de diez meses. En esta sazón Lantedón tenía gran desseo de ser caballero; platicávalo esto muchas vezes con su hermano Gedres. El rey Tanabel, siendo desto sabidor e teniendo recelo que Lantedón —a quien él e la reina su muger en desigual grado amaban— se partiría en breve dellos, tomóle un día por la mano e levándole para la cámara de la reina; le dixo: "Amado hijo, tu madre me ha rogado que los dos juntamente te demandemos un don: por ende te rogamos que nos lo otorgues." Lantedón respondió con mucha humildad: "Señor, no hay cosa que demandarme quisierdes que assí por me la pedir tales dos personas —como por ser este el primer don que me habéis demandado— que yo no haga." "Pues, mi buen fijo," dixo el rey, "el [Iv] don que te pedimos es que no recibas orden de caballería ni partas de nuestra corte por el espacio de un año." Oído esto por Lantedón pesóle mucho, mas aunque contra su voluntad otorgólo. Gedres del Fuerte Braço, como esto supo, viendo que el rey su padre dél no se había acordado ni hecho mención, y considerando que aquel reino después de sus días era de Lantedón, y que a él por el valor de su persona le convenía alcançar bien y honra en este mundo, e acordó de ser luego caballero e partirse de allí. Yéndose para el rey, que en su palacio con muchos de sus ricos hombres estaba, hincándose de hinojos en tierra, le pidió que le armasse caballero. El rey, como quiera que se escusó mucho dello, fue dél assí aquexado que se lo ovo de otorgar.

Sabido por Lantedón que su hermano —siendo menor que él— quería ser caballero y meterse a buscar las aventuras y que a él convenía a estar mal de su grado, mucho pesar ovo en su coraçón por le no poder hazer compañía. Pues en aquella noche Gedres veló las armas en una capilla de la reina su madre, donde otro día por el rey su padre fue armado caballero con mucha fiesta e honra. Esto fecho, Gedres estuvo cinco días en la corte; después tomó licencia del rey e de la reina e de Lantedón su hermano, del cual no se pudo partir sin muchas lágrimas del uno y del otro. E cabalgando en su caballo, armado de todas armas, metióse a su camino con no más de un escudero que lo acompañaba. A todos pesó mucho de su partida, aunque el rey e la reina no mostraron mucho sentimiento por ello, pues que Lantedón con ellos quedaba.

Capítulo primero de cómo Gedres del Fuerte Braço fue en la pequeña Bretaña y de las grandes cosas en armas que en ayuda del rey Yracoldo hizo.

Así como Gedres del Fuerte Braço partió de la corte del rey Tanabel su padre, puso en sí de ir en Alemaña porque a la sazón imperaba en ella el emperador Macelao, que era uno de los mayores príncipes cristianos e nunca le fallecían guerras, porque en aquel tiempo tanta era la muchedumbre de los infieles paganos y tan grande el poderío de los bravos e esquivos jayanes que con grande execución se trabajaban de destruir la sancta fe cathólica; que assí a este emperador como a todos los otros príncipes de cristianos en defensión della les era necesario exercitar las armas en largas guerras e continuas batallas. Los buenos caballeros por alcançar en este uso y exercicio más victoria e fama e nombradía metían sus cuerpos a todo peligro e trabajo, buscando las peligrosas e bravas aventuras donde más prez e honra pudiessen ganar; e cuanto mayor e más noble era el caballero e de mayor estado, tanto por más obligado a ello se tenía, teniéndolo a cualquier caballero mancebo que lo assí no hiziesse a gran vicio e abaxamiento. Assí que con el continuo exercicio venían a obrar tan maravillosas hazañas, que venidas a nuestros oídos se nos haze muy duro de creer, como cosas que en nuestros tiempos semejantes dellas muy raramente se veen ni se oyen dezir. Mas no solamente se puede fallar que con el continuo exercicio de las armas subiessen estos caballeros en tan grandes fechos, mas aún —como negar no se puede— con alcançar mayores fuerças, que ya de cada día se muestra la natura más frágil e la edad viene en diminución e las fuerças de los hombres en gran menoscabo.

Empero tornando a la historia: Gedres iba con desseo de ver esta corte del emperador Macelao: mas en el camino supo nuevas que el rey Yracoldo de la pequeña Bretaña, que era hombre anciano, tenía cruel guerra con algunos de sus vasallos que le habían alçado contra él, e habían metido paganos en el reino en su ayuda. Como Gedres tuviesse gran voluntad de en semejantes cosas por esperimentar su valor [IIr] e tomó su camino para allá, e por hazer menos tardança metióse por la mar e fuese derechamente para la ciudad de Enantes —que es una de las mejores del reino. Allí estaba el viejo rey retraído, e sus enemigos le tenían puesto campo: que otra cosa no les fincaba por ganar sino aquella ciudad. Como Gedres allí arribó e supo de la manera que el rey estaba, ovo gran compassión dél; e assí por esta causa, como porque supo que el rey tenía una fija muy fermosa, heredera de su reino —que había nombre Latena— acordó de le servir e ayudar; e tuvo tal manera que entró en la ciudad armado de todas armas, e assí se presentó ante el rey, que enfermo en el lecho estaba con mucho pesar e cuita de ver su reino perdido.

Gedres se quitó el yelmo, e fincando los hinojos en tierra le dixo: "Señor, yo soy un caballero novel natural de Suecia e vengo de muy lueñe con desseo grande de os servir: e porque vos, señor, estáis en tiempo de tener necessidad de lo que os querrán servir, ruégovos que assí lo fagáis de mí como de un caballero destos vuestros."

El rey lo cató e pagóle mucho dél; haziéndole levantar, le respondió: "Caballero, vuestra venida y desseo vos agradezco mucho, y de Suecia siempre salen buenos caballeros, porque bien creo que seréis vos tal aunque vuestra edad es muy tierna." Entonces el rey mandó llamar a su fija Latena, e venida, cuando Gedres la vio tan hermosa —que a su parecer otra que tanto lo fuesse no había visto— fue preso de su amor. Latena se pagó mucho dél, viéndole tan apuesto. El rey le dixo: "Hija, fazed honra a este caballero por la gana que tiene de servir a mí e a vos." Latena fizo entonces mucha honra a Gedres e fízole desarmar en una cámara e mandóle dar ricos paños que se vistiesse, y en pocos días que allí estuvo el rey e todos estaban muy pagados dél, e sobre todos Latena.

Una noche Gedres ordenó de dar en el campo de los enemigos con hasta quinientos caballeros; no más porque muchos ovo que no quisieron salir con él, teniendo en poco lo que podría fazer. Al salir de la ciudad Gedres esforçó mucho aquellos que con él iban e dieron muy reziamente en la guarda de los enemigos de guisa que todos fueron muertos e desbaratados. La grita e bozería fue muy grande por todo el real e començaron a tomar armas, mas Gedres e los de su parte les daban tal prissa que los iban matando e degollando —dormiendo e como quier que los hallaban. Un conde, de los que habían seido traidores al rey, recogió consigo mucha gente e juntóse con Gedres: aquí se començó gran batalla. Gedres se dexó correr para el conde e diole tal encuentro que no le prestó armadura alguna e dio con él muerto en el campo, e metió mano a la espada e començó a dar tan mortales golpes por todas partes que pocos había que lo osassen atender: assí que tanto fizo Gedres con su compaña, que como era de noche y el salto fue muy rezio, los enemigos desmampararon el campo, huyendo unos por acá y otros por allá. Gedres fizo recoger el campo donde se falló muy rico despojo. Al ruido que traían en la batalla que en la ciudad fue oído todos se pusieron por el muro para lo defender, cuidando que sus caballeros eran muertos. Dezían muchos que el rey había fecho mal en dexar salir aquella gente con un caballero novel que no conocía. Como Gedres e su compaña llegaron a la puerta, fuéronles corriendo abrir, pensando que venían huyendo, mas sabidas las nuevas todos fueron maravillados de lo que Gedres había fecho. El rey fue muy alegre cuando lo supo, bendiziendo el día que tal caballero a su casa había venido; e como llegó abraçólo y besólo, e mandó que de allí adelante toda su gente le obedeciesse por su capitán general e mayor caudillo, e dende adelante Latena lo amó de todo su coraçón. Sabido este vencimiento que el rey había fecho, muchas villas e castillos se levantaron contra los enemigos e todos los del reino cobraron gran ánimo para servir a su rey e señor. Mas porque no atañe a esta historia no se detiene en esto mucho el cuento: salvo que tanto fizo Gedres que venció otras dos vezes los enemigos en campo e echó del reino e resti [IIv] tuyó al rey en su tierra que tenía perdida, faziendo grandes cosas en armas.

CAPÍTULO II. DE CÓMO EL REY YRACOLDO CASÓ SU HIJA CON GEDRES, Y ÉL SE LE DIO A CONOSCER, E CÓMO EL REY FUE MUERTO E GEDRES ALÇADO POR REY DEL REINO.

Como el rey Yracoldo viesse los grandes servicios que de Gedres había recebido, no sabiendo con que los satisfazer e pagar sino con dalle a su hija Latena por muger, acordó de lo fazer assí: esto fue con consejo de todos los ricos hombres de su reino. Assí se fizieron las bodas de ambos con mucha fiesta e alegría e con grande plazer de sus coraçones. Entonces Gedres se dio a conoscer al rey e a todos —lo que fasta allí no había fecho— de lo cual al rey plugo mucho teniendo por grandemente casada su hija con él. Pues acaesció assí que yendo un día el rey Yracoldo a caça fue muerto por un osso, e Gedres —que en aquella hora allí arribó— ovo muy sentible dolor de ver al rey muerto, que en igual grado que a su padre lo amaba, e mató el osso. El rey fue levado a la ciudad, el cual después de ser enterrado con mucha tristeza, Gedres fue alçado rey con grande alegría. Todas estas cosas que por Gedres passaban, e de cuán bien obraba caballería se sonaba en Suecia, de lo cual el rey su padre e la reina su madre, e Lantedón, su hermano, con toda la corte eran muy alegres. Mas cuando las nuevas de como era rey vinieron en Suecia Lantedón no era aí, que ya era caballero e se había partido de allí. E por cuanto Gedres fue rey tan mancebo por onde ovo de dexar las aventuras y entender en la governación de su reino, dexa la historia agora de fablar dél mas de cuanto siempre hazía en su corte muchas justas e bastecía muchos torneos por exercitar las armas e provar su persona, y en todo se mostraba de gran bondad.

CA. III. CÓMO YENDO LANTEDÓN FUE CABALLERO E SE PARTIÓ DE LA CORTE DEL REY TANABEL SU PADRE.

Dize la historia que Lantedón estaba en casa del rey su padre mucho contra su voluntad fasta ser cumplido el plazo del don que había prometido, e cada día le crescía más el desseo de rescebir la orden de caballería, oyendo dezir cuánto Gedre su hermano había fecho e fazía en armas. E passado el tiempo fuesse un día para el rey, e los hinojos hincados le dixo: "Señor, yo he estado en vuestra corte todo el tiempo que habéis mandado, forçando mi voluntad porque la vuestra se cumpliesse. Por ende, señor, yo vos ruego e pido de merced que de hoy más me queráis armar caballero, pues ya sería razón que lo fuesse." Oído esto por el rey pesóle mucho, ca de todo su coraçón lo amaba y escusóse dél, rogándole que por entonces se dexase de aquella demanda. Mas Lantedón lo aquexó tanto sobre ello, que fuera de su voluntad le ovo de otogar lo que pedía; e díxole que atendiese ocho días porque con más fiesta e honra le armase caballero. Luego el rey mandó llamar muchos de sus altos hombres.

Estos venidos, Lantedón veló la noche armado en la capilla del rey e con él la reina su madre e otras muchas dueñas e donzellas que por honra dél allí estuvieron. E venida la mañana fue levado Lantedón con gran fiesta a la iglesia donde juró de mantener todo aquello que era costumbre de jurar los que en aquel tiempo rescebían orden de caballería, e por mano del rey su padre fue luego armado caballero —el cual como le ovo ceñido la espada, abraçólo e besólo con mucho amor. Al rey e a la reina les vinieron las lágrimas a los ojos considerando como en breve lo habían de ver de sí apartado: e todos se pararon tristes.

En aquel punto era allí la Dueña Encubierta, hermana bastarda del rey Tanabel, la cual había este nombre porque sabía mucho de encantamentos, y era muy sabia en todas las otras cosas, e contino vivía encerrada en dos castillos que ribera del mar [IIIr] tenía, en guisa que bien había quinze años que a la corte no viniera sino a aquella sazón por honrar a su sobrino. E como esta viesse la turbación e tristeza que todos mostraban, dixo en alto: "Rey Tanabel, sin falla si tú supiesses lo que yo agora sé, con más razón alegre que triste serías porque Lantedón, tu fijo, sea caballero, no mirando la soledad que causarte puede su ausencia, porque bien te digo que él será tal que honrará mucho su linaje por su valor, e más porque dél procederá tal fruto que ensalçará su honra e nombradía, e la de sus passados en la más alta cumbre que ser podrá. Y éste será tal que domará los más fuertes caballeros, e dél los esquivos e bravos jayanes avrán pavor, y éste será aquel que todas las gentes dessearán conoscer. Agora cata si te debes tener por bien andante, pues de ti procedrá tal simiente." Como esto dixesse, la Dueña Encubierta callóse. Todos pararon mientes en lo que dixera porque gran crédito daban a sus palabras. El rey e la reina fueron consolados con aquesto, e con grande fiesta e alegría se fueron para el palacio donde las mesas fueron puestas, e assentáronse a comer e fueron muy altamente servidos. E los manteles alçados, vinieron instrumentos de diversas maneras con que dançaron muchos caballeros e dueñas e donzellas: duró la fiesta cinco días, en cabo de los cuales Lantedón tomó licencia del rey e de la reina, que con mucha tristeza que de su partida tenían se la dieron. Después de armado de todas armas cabalgó en su caballo, e tomando consigo un escudero de quien él mucho se fiaba, partióse de la corte.

CAPÍTULO IIII. DE CÓMO LANTEDÓN ENCONTRÓ CON UN CABALLERO QUE DEMANDÓ JUSTA E JUSTÓ CON ÉL.

Ansí como Lantedón partió de la corte del rey Tanabel su padre, anduvo cuatro días sin aventura fallar que de contar sea, de que él tenía gran pesar; e al quinto día le avino que encontró un caballero armado de todas armas sobre un caballo ruano, que le dixo: "Caballero, en las sobre señales me parescéis novel," —porque en aquel tiempo todos los caballeros noveles traían las sobreseñales blancas.

Lantedón respondió: "Soy tan novel que no ha más de diez días que soy caballero, e fasta agora no he fallado aventura ninguna donde provar mi cuerpo."

El caballero se rió como en desdén, e respondió: "Por buena fe vos la habéis fallado tal que vos fuera mejor no venir por esta carrera, porque en todas guisas yo quiero justar con vos e derribaros por ver si a los caballeros noveles les pesa tanto de perder la silla como a los que son usados en las armas."

Lantedón respondió: "Señor caballero, pues a vos plaze de justar conmigo, a mí no pesa dello; mas no sé cómo averná." Entonces se arredraron el uno del otro e abaxaron las lanças e movieron contra sí lo más rezio que pudieron: el caballero encontró a Lantedón en guisa que la lança fizo bolar en pieças, mas no le movió de la silla. Lantedón lo firió tan duramente que falsó el escudo e la loriga e fízole una llaga en los pechos e dio con él en tierra tan gran caída que el caballero no sabía de sí parte. Lantedón volvió sobrél, e como assí lo vio estar no curó dél más, empero díxole: "Por cierto, don caballero, si más orgullo deste no mostráis: ya por esta vez ni yo perderé la silla ni vos sabréis lo que queríades." Después partióse dél, e aquella noche fue a alvergar a un castillo donde le fue fecha mucha honra. E e otro día partióse de allí.

CAPÍTULO V. DE CÓMO LANTEDÓN MATÓ A UN CABALLERO QUE IBA EN COMPAÑÍA DE UNA DONZELLA, Y ÉL SE FUE CON ELLA POR SE HALLAR EN UN TORNEO QUE EN NURUEGA SE HAZÍA. [IIIv]

Dize el cuento que yendo un día Lantedón por su camino cató a su diestro e vio estar la ciudad de Landanís, que era la cabeça de todo el reino de Suecia e la más principal que en él había; e como la vio no quiso entrar en ella por no ser conoscido.

Dexó aquella carrera e tomó otra que iba contra la mar, e yendo por ella alcançó un caballero armado e una donzella muy ricamente guarnida, con ellos iban dos escuderos sobre buenos caballos: el uno dellos llevaba una hermosa arqueta ante sí. Como Lantedón llegó a ellos salvólos muy cortesmente; la donzella e los escuderos a él otrosí, mas el caballero no le fabló. Antes le cató de través e díxole: "El salvar que deben fazer los caballeros noveles es demandar justas por provar sus cuerpos, mas vos me paresce que por covardía de no combatir fabláis cortesmente porque ninguno juste con vos: mas esto no vos valdrá, que justar os conviene conmigo."

A Lantedón plugo de oír aquello, e respondió: "Señor caballero, no sé por qué vos tenéis a covardía no demandar justa donde no hay razón para ello, e nunca vi la cortesía menospreciada si agora no: cuanto más que aunque en voluntad tuviera de combatirme con vos lo dexara por no estorvar a essa señora donzella su camino, pues vais en su compañía."

El caballero, que era muy sobervio, respondió: "Por buena fe, don mal caballero, no sois vos tal que por yo combatirme con vos pierda ella un passo de su camino por atenderme." Esto diziendo, movió contra Lantedón, que como assí lo vio venir lo rescibió sañudamente; e diéronse tan grandes encuentros que ambas lanças bolaron en pieças, pero la justa fue muy mala para el caballero porque cayó en tierra herido por enderecho del coraçón de un tal morte golpe que luego fue muerto.

Lantedón volvió sobrél e descabalgando; quitóle el yelmo de la cabeça: como lo vio assí, pesóle que no le quisiera hazer tanto mal, e dixo: "Por cierto, caballero, a mí pesa de vuestro daño, mas vuestra fue toda la culpa."

Cuando la donzella vio el caballero muerto, començó de hazer gran duelo, diziendo: "¡O caballero que en fuerte hora os juntastes con nosotros, que yo he perdido mi compañía por vuestra causa!"

Lantedón, que mucho le pesaba de lo que la donzella hazía, le dixo: "Por Dios, señora donzella, perdonadme: que si Dios me ayude yo no quisiera daros enojo; mas ya vistes cómo este caballero fue causa de todo su mal, e si compañía perdistes, yo estoy aquí, que vos acompañaré si por bien tuvierdes."

Tantas otras cosas le dixo que la donzella volvió de mejor talante, e Lantedón cabalgó por ir en su compañía; ella le dixo: "Señor caballero, pues os plaze conmigo ir, sabed que la jornada tenemos larga porque habemos de ir en reino estraño."

Lantedón respondió que doquiera que ella mandasse holgaría de ir. Después demandóle: "Señora donzella ¿dónde sois, o a qué tierra habemos de ir?"

Ella le respondió:[2] "Yo soy donzella de la infanta Damavela, hija del rey de Nuruega, que es una de las fermosas donzellas que en esta sazón en el mundo se puede fallar. Yo vine en Suecia a ver a mi padre e a mi madre, que son señores de cuatro castillos muy buenos; e quisiera levar conmigo un hermano mío que es muy buen caballero en armas porque se hallase en un torneo que con los caballeros de su corte el rey de Nuruega bastece contra todos los altos hombres de su reino que a él querrán

---

[2] recsonder

ir; e porque no he fallado a mi hermano, acompañéme con aquel caballero que vos matastes que iba para allá."

Cuando Lantedón aquesto oyó plúgole mucho de ir en aquella jornada por se hallar en una cosa tan señalada, que él bien pensaba que muchos buenos caballeros de todas partes vernían allí; e díxole: "Señora donzella ¿qué es lo que lleváis dentro de aquella arqueta que aquel escudero lleva?"

Ella le dixo: "Llevo muy ricas donas que la condessa Sistea, muger del conde Amarreo, [IIIIr] que es natural de Nuruega, embía a Damavela mi señora."

Después la donzella rogó a Lantedón que le dixesse su nombre; él le respondió: "Buena señora, yo soy —assí como vos— natural de Suecia: mas mucho vos ruego que mi nombre no queráis saber porque yo soy un caballero novel de muy poca nombradía." La donzella, que vio que se quería encobrir, no le demandó más. Lantedón mandó a su escudero que tomase el caballero muerto ante sí e lo llevase a soterrar a una hermita que acerca se parecía, y él e la donzella e sus escuderos movieron por su camino. Lantedón llevaba el yelmo quitado e iba hablando con la donzella de muchas cosas, la cual iba muy pagada de verle tan niño e tan apuesto e fablar tan graciosamente.

Desta guisa llegaron ribera de la mar donde estaba un navío que atendía a la donzella, y ellos atendieron fasta que llegó el escudero de Lantedón. Embarcándose todos, començaron de navegar. El tiempo les hizo tan bueno que en breve arribaron a Nuruega, e saltando en tierra cabalgaron en sus caballos e tomaron su camino para la ciudad donde el rey estaba —la cual había nombre Regis— e había fasta allá seis jornadas el torneo se hazía dentro de diez días. Yendo desta guisa por la carrera hablando, la donzella dixo a Lantedón: "Señor caballero ¿tenéis voluntad de hallaros en el torneo?"

"Sí, si a Dios plugiere," respondió él, "que por esto e por vos hazer compañía soy venido e no por ál, que yo soy caballero novel e querría trabajar en cuanto pudiesse por ganar prez e honra."

"Por buena fe, señor caballero," dixo ella, "en otra parte que más de ganar honra cierto estuviérades, quisiera que fiziérades essa prueva, porque los caballeros de Nuruega son tales que toda la quieren para sí, e como en el torneo entréis lo veréis muy bien; demás si Dotegal, hermano del rey de Nuruega aí se hallare: que éste es tenido por uno de los buenos caballeros del mundo. Empero si todavía os pluguiere de tornear consejarvos-ía que seáis de los de la parte del rey: que éstos se cree que llevarán la honra porque son muy preciados caballeros; demás desto escusaros-eis de hallaros con Dotegal, cuyos encuentros e golpes son peligrosos de atender —de lo que por aventura os podría avenir mal."

Lantedón respondió riendo: "Señora donzella, si los caballeros de Nuruega valen tanto cuanto vos dezís, por muy buenos se deben tener. Pero a los caballeros de Suecia no los he yo por tan flacos e covardes que por esse temor dexen de adelantar su honra mientra pudieren. E como yo me tenga por uno de los menos nombrados della, no tengo en pensamiento de ganar tanta honra que les quite a los de Nuruega que no ganen cuanto ellos pudieren; que assaz es para mí hazer lo que mis fuerças alcançaren, aunque son bien pequeñas. E si Dotegal es tan valiente caballero como vos dezís, si ha de alcançar prez e honra sobre todos los otros, no es mucho que lo alcance comigo si con él me encontrare; e yo conozco en esta tierra tan poco que no tengo más razón de ser de una parte que de otra." Tan mansamente como oís fabló Lantedón, que jamás le plugo de alabarse por mucho que en armas fiziesse. Desta manera anduvieron tanto que llegaron a cuatro leguas de la ciudad de Regis donde el rey era; e aquella noche alvergaron en un castillo do les fue fecho mucho servicio.

CA. VI. CÓMO YENDO LANTEDÓN POR UNA FLORESTA CON SU DONZELLA CUATRO CABALLEROS SE LA QUISIERON QUITAR E SE COMBATIÓ CON ELLOS.

Otro día, assí como el sol salió, Lantedón e su copaña tomaron su camino para la ciudad de Regis, e veían ir la carrera llena de caballeros, dueñas, e donzellas que al torneo iban; otrosí se pudieran ver muchos caballeros muy ricamente guarnidos que de diestro llevaban gran fardaje de tiendas e pavellones, todas las necessarias. No era passada una compaña cuando llegaba otra; [IIIIv] e por esta causa, dexando aquella carrera, tomaron otra que iba más encubierta por una muy fermosa floresta de muchos árboles. Lantedón iba cuidando en cómo no conoscía en aquella tierra a alguno ni tenía tienda ni pavellón ni cosa alguna de las había menester.

La donzella, que lo vio ir assí pensando, le dixo: "Señor caballero ¿qué cuidar es el vuestro que assí venís?" Lantedón le descubrió su pensamiento; la donzella le dixo: "Porque vos, señor caballero, en todo este camino que habemos traído me habéis parescido muy bien y en todo mostráis haber en vos bondad, yo remediaré en esto vuestra necessidad." Entonces dixo a uno de sus escuderos: "Ve al castillo de mi hermana e dile que yo soy venida e que le ruego que me embíe una tienda o pavellón e todas las cosas necessarias para un caballero, nuestro pariente, que de Suecia comigo viene, e que cuando yo la vea le diré quién es." Lantedón se lo agradesció mucho: la donzella le dixo que su escudero fuesse con el otro porque más cierto estuviesse de haber buen recaudo; Lantedón se lo mandó assí. Ambos los escuderos se partieron para el castillo de la hermana de la donzella.

Lantedón con la donzella y el otro escudero siguieron su camino yendo por un gran llano que en la floresta se hazía; vieron venir cuatro caballeros armados de todas las armas. Como a ellos llegaron Lantedón los salvó muy cortesmente, mas ellos no a ellos; antes el uno de los caballeros —que mayor de cuerpo que los otros era— tomó la rienda del palafrén a la donzella e díxole: "Yo quiero fazer de vos mi amiga, e alvergando con vos esta noche yo tornearé por vuestro servicio en el torneo."

La donzella ovo desto gran pavor, e paróse tal como muerta: mas Lantedón les dixo: "Señores, no seréis tan descorteses que queráis la donzella por fuerça e contra su voluntad, porque viene en mi compañía de lueñe tierra."

Los otros caballeros le respondieron: "Ora vos id a mala ventura; que si nuestro compañero quiere la donzella, nosotros queremos vuestras armas y caballo, que gran menosprecio es traerlas vos." De aquesto fue Lantedón muy sañudo, e baxó la lança; firiendo el caballo de las espuelas dexóse ir para ellos: los caballeros otrosí para él: él encontró al que a la donzella quería tomar tan duramente que dio con él en tierra muy gran caída; quebrando su lança feriólo en el costado siniestro. Los dos de los otros lo encontraron y quebraron en él sus lanças mas no otro mal no le fizieron; e metiendo mano a su espada lançóse entre ellos e començólos a ferir de grandes golpes. A esta hora levantándose él que cayera, cabalgó en su caballo e vino muy sañudo a ayudar a sus compañeros: por manera que la batalla andaba muy brava entrellos, dándose muy grandes golpes por todas partes.

La donzella, que gran pavor tenía que Lantedón fuesse vencido, dixo al escudero: "¿Qué te parece de nuestro caballero?"

"Que se combate muy bien," respondió él.

"Por buena fe," dixo la donzella, "mucho me temo no le avenga mal e que yo sea deshonrada, porque a mí me paresce que nos debemos ir pues la ciudad está cerca."

El escudero —que no menos miedo que ella tenía— le dixo: "Hágase, señora, como por bien tuvierdes." Entonces tomaron su camino cuanto más pudieron.

A esta sazón los caballeros se combatían muy bravamente, e bien lo hazían los cuatro, que eran buenos; mas Lantedón que de muy gran fuerça e coraçón era los lastimaba tanto con sus golpes, e andaba tan bravo e sañudo con ellos que al fin los caballeros —los más dellos heridos— le desmampararon el campo viendo que si más porfiaban todos morirían; e fuyeron contra la floresta cuanto los cabailos los podían llevar. Lantedón fue empós dellos, mas no se alongó mucho cuando su caballo desmayó e a poco rato fue muerto. Lantedón, maravillándose qué sería aquello, cató su caballo e falló que era ferido de una punta de espada por las tripas, e dixo entresí que peor fuera que en la batalla le [Vr] faltara. Después dixo: "Por buena fe menos cobdiciosos de honra son estos caballos de Nuruega que la donzella me dixo: no sé si son tales."

E mirando por la donzella no la vido allí donde la dexara ni por todo el llano, de que fue muy triste e dixo: "Si Dios me ayude no sé qué covardía vio aquella donzella en mí porque assí se fue: bien creo que pensó que no bastara yo a defenderla, e de verse assí a pie y en tierra que no conocía, y el torneo será tercero día." No sabiendo dónde pudiesse haber caballo tomó tan gran pesar, que mayor no podía ser; empero como era hombre de gran coraçón metióse por el camino adelante, ansí armado como estaba.

No anduvo mucho que llegó a una fuente, e allí se quitó el yelmo; lavándose las manos e la cara del polvo bevió del agua. Estando assí pensando, no sabiendo qué se fazer, vio venir diez hombres a pie que traían diez poderosos caballos de diestro muy ricamente guarnidos. Detrás destos venía una gran conpaña de gente. Como los hombres llegaron e le vieron estar a pie, començaron a fazer escarnio dél, diziendo que muy pocas aventuras fallaría de aquella guisa que estaba, mas Lantedón no curó de ellos. Como los primeros caballeros llegaron, algunos dellos fazían burla también dél. Cuando él vio que caballeros eran los que dél escarnecían, respondió: "Por buena fe, bien mostráis que no sois caballeros de muy alto fecho, antes de poca bondad e mesura, pues os maravilláis de los caballeros andantes: que sus aventuras les avienen de muchas maneras. E si hay alguno entre vosotros que quiera comigo decendir a pie, yo le combatiría que perdí mi caballo, no ganando desonra alguna." Esto dixo ya cuanto sañudo.

Capítulo VII. DE CÓMO EL CONDE BELANO DIO UN CABALLO A LANTEDÓN POR QUE FUESSE EN EL TORNEO DE SU PARTE.

Mas estando en estas razones allegó el señor dellos con gran compaña de gente, el cual era un conde que iba al torneo: había nombre Belano. E tornóse airado contra sus caballeros por el escarnio que del caballero andante hizieran. Llegándose a Lantedón —que en su gesto le paresció que debía ser buen caballero e mesurado— díxole: "Caballero ¿dónde sois, o cómo habéis nombre?"

Lantedón —que el conde le pareció de gran guisa e señor de todos los otros— respondió muy cortesmente: "Señor, yo soy natural de Suecia e puesto que mi nombre os dixesse no soy tal que por él me conozcáis. Veniendo por esta carrera[3] con una donzella: cuatro caballeros saliéronme al camino por me la quitar. Yo me combatí con ellos e al fin me desmamparon la plaça. Mi caballo fue muerto e la donzella se fue de temor, estando yo en la batalla: desta guisa estoy cual me veis."

El conde, que muy pagado fue dél, le dixo: "Por cierto, caballero, yo creo que vos dezís verdad porque el gran guarnimiento de vuestro caballo trae aquí un caballero de los míos. Mas yo quiero daros el mejor de aquellos caballos que de diestro llevan, por tal pleito que seáis comigo en el torneo que al tercero día se haze."

Lantedón le agradesció mucho lo que hazía, e respondió: "Señor, yo no conozco en esta tierra por qué deba ser más de una parte que de otra: por ende otorgo de hazer lo que me mandáis en aquesto y en todo lo de más que de mí os pluguiere servir." Entonces el conde le mandó dar un caballo, el mejor de todos —Lantedón cabalgó. El conde iba hablando con él, muy pagado de su hermosura e buen parecer.

A muchos pesaba desto, e dezían: "A un caballero de poco valor que no conosce ha dado un tal caballo e viene hablando con él como si fuesse el mejor que aquí viene." Tales había que dezían: "Por buena fe por vencer tales cinco como éste no me ternía por más honrado." Desta guisa murmuraban muchos de Lantedón.

Tanto anduvieron que llegaron cerca de la ciudad de Regis. Ribera de un río estaban armadas muchas tiendas e pavellones muy ricos e fermosos; alli fueron [Vv] armadas las tiendas del conde Belano e de sus caballeros. Por todo el campo viérades passear muchos altos hombres e caballeros: cual a pie, cual a caballo. Las mesas fueron puestas en la tienda del conde Belano, el cual se assentó a cenar con muchos de sus caballeros e fizo sentar cerca dél a Lantedón —que por no le saber otro nombre le llamaban el caballero estraño. Desque ovieron cenado un donzel vino al caballero estraño e le dixo que dos escuderos lo atendían de fuera. El se fue luego para ellos e vio que eran su escudero y él de la donzella, los cuales traían una tienda, e todo lo necessario en ella.

Lantedón los recibió muy alegremente, e mandó armar la tienda, e después de armada la dicha tienda el escudero de la donzella demandó a Lantedón por nuevas della. El le contó todo lo que le acaesciera.

"Pues assí es," dixo el escudero, "yo sé bien que en la ciudad la fallaré." E tomó

---

[3] carera

licencia de Lantedón, el cual le dixo que le rogaba que dixesse a la donzella ¿qué covardía viera en él porque assí se fuera? —que esto no le perdonaría fasta saber della la verdad. Assí como Lantedón salió de fuera el conde fincó hablando en él, diziendo que estaba dél muy pagado e que parecía en sí ser de gran guisa e muy buen caballero. Mas algunos que dél tenían embidia dezían al conde mucho mal dél. Desta guisa passaron aquella noche.

CAPÍTULO VIII. DE CÓMO TODOS LOS ALTOS HOMBRES ENTRARON EN LA CIUDAD, DONDE LANTEDÓN FUE PRESO DE AMORES DE DAMAVELA.

Venido el día siguiente, el rey —que había nombre Polisterno— embió a rogar a todos sus altos hombres e caballeros que entrassen en la ciudad a hablar con él sobre el fecho del torneo. E cada uno dellos cuando lo supo se vistió lo más ricamente que pudo e llevaban consigo muy gran compañía. El conde Belano cabalgó luego con todos los suyos, e demandó que adónde estaba el caballero estraño: el cual vino luego vestido de unos muy ricos paños que parescía tan hermoso y tan apuesto que todos habían mucho plazer e alegría de lo mirar. El conde Belano tuvo por bien de lo llevar cabe sí. Desta manera entraron todos juntamente en la ciudad con tantas trompetas e añafiles e atabales que era cosa muy estraña de mirar e oír, e assí fueron por las ruas della, estando todas las finiestras llenas de muchas dueñas e donzellas muy hermosas e ricamente ataviadas que los miraban. E sin falla alguna el caballero estraño fue allí muy mirado dellas que muy apuesto iba.

Llegados al palacio del rey, todos los altos hombres —e con ellos otros muchos caballeros— descabalgaron, e fueron a besar las manos al rey. E como con el rey ovieron estado hablando una gran pieça tomaron licencia dél. E a la salida que salieron del palacio muchos de aquellos caballeros arremetían con sus caballos por una muy grande plaça. Y el caballero estraño, como los vio, arremetió assí mismo con el suyo con mucha gracia, como aquel que lo sabía muy bien fazer, dando muy grandes saltos e haziendo tan grandes caballerías sobre él, de tal manera que todos quedaron maravillados, diziendo que jamás en su vida vieran quien tan bien paresciesse en la silla.

Despúes que Lantedón ovo corrido con su caballo una gran pieça assosególo. E como lo ovo ya assosegado miró contra las finiestras del palacio, e vido estar a Damavela, a la cual él mucho ver desseaba por las nuevas que della había oído con muchas de sus damas e donzellas. La cual estaba tan hermosa e tan ricamente guarnida que no parescía sino que era una muy reluziente estrella entre las otras. Como Lantedón la mirasse —paresciéndole tan hermosa que jamás dueña ni donzella que a la su gran [VIr] beldad se acostase había visto— fue luego a la ora de una cruel frecha de amor tan duramente ferido que el coraçón le traspassó, no se hartando de la mirar. E por mejor podello hazer fuesse a un cantón de la plaça, puestas las manos sobre el coraçón que le daba tan grandes saltos que parescía que del cuerpo le quería salir.

Y estando assí, muchos de los caballeros le fueron en torno porque a todos había parescido muy bien. Unos le demandaban que de dónde era, otros cómo había nombre. Mas él se encubrió de todos, diziendo que era un caballero estraño de luenga tierra, e que cuando su nombre les oviesse dicho le conoscerían menos. Damavela, que mucho en él tenía las mientes, volvióse a una donzella, camarera suya, que era la que con Lantedón de Suecia viniera, e demandóle si conoscía a aquel caballero que tan apuesto era. La donzella —que lo cató más que de ante— conosciólo, e díxole: "Señora, éste es el caballero que comigo vino, de que vos ya dixe que lo dexé en batalla con cuatro caballeros con gran pavor que tuve." Entonces le contó cuanto con él le acaesciera. E díxole como no sabía su nombre, mas de cuanto era muy cortés e gracioso e que en todo parescía de gran guisa. Damavela puso los ojos en él más que de ante.

A esta ora todos los de fuera se tornaron para sus tiendas, y el conde Belano hizo mucha más honra al caballero estraño que muy pagado estaba dél. E como las mesas fueron puestas hízolo assentar más cerca de sí que la noche de ante. E desque ovieron comido el caballero estraño se fue para su tienda; echóse sobre su lecho con gran cuita como aquel que de amor era tormentado, e cayéndole muchas lágrimas de los ojos començó a dezir contra sí: "O cuitado de ti, Lantedón ¿cómo en la ciudad entraste libre e vienes captivo? ¿Cómo entraste sano e vienes ferido? ¿Cómo entraste por ver e vienes ciego? ¿Cómo fueste por tomar plazer e alegría vienes lleno de dolor e tristeza? No sé quién todo aquesto te pueda haber causado sino aquel cruel Amor, contra quien ningunas fuerças son poderosas." Y estando diziendo estas cosas e otras muchas su escudero entró.

Como lo vio assí llorar maravillóse mucho e díxole: "¿Señor, qué cosa puede ser ésta? ¿Quién nunca vido llorar un caballero tal como vos y de tan gran coraçón?" E como quiera que el caballero era estraño, se quisiera encobrir de su escudero no pudo, porque fue tan ahincado que lo ovo de dezir la verdad. El escudero, que mucho a su señor amaba, pesóle por le ver metido en tal passión. Pero como era entendido consolólo lo[4] mejor que pudo. Venida la noche, cuando el conde Belano quiso cenar mandó llamar al caballero estrano: un donzel fue a lo llamar. E como dél supiesse que no se sentía bien, volvió a lo dezir al conde, e muchos que dél burlar les plazía dixeron que lo hazía por no tornear.

CAPÍTULO IX. DE CÓMO SE COMENÇÓ EL TORNEO E DE LAS GRANDES CABALLERÍAS QUE EL CABALLERO ESTRAÑO EN ÉL HIZO.

Assí como otro día rompió el alva començáronse a sonar las trompetas e atabales dentro en la ciudad e fuera en el campo, que maravilla era de oír todos los caballeros. De la una parte e de la otra fueron armados, e puestos a caballo por el campo muchos de los caballeros de la corte traían empresas de sus amigas, e parescían tan bien assí los unos como los otros que gran sabor era de los mirar. Los caballeros de las cortes serían dos mil e dozientos, e los de fuera eran bien más de tres mil.

El rey salió a esta ora de la ciudad muy bien acompañado: con él venía su hija — que venía tan fermosa que maravilla era de la mirar —acompañada de muchas dueñas e donzellas. Y este rey Polisterno no tenía muger —que gran tiempo había que era

---

[4] consolo lo mejor

muerta. El rey e su hija se pusieron a un miradero muy fermoso que para aquello mandara hazer. Todos los otros andamios e miraderos fue [VIv] ron llenos de muchas gentes, donde viérades dueñas e donzellas muy hermosas. El rey, que para aquella ora esperaba a su hermano Dotegal, bien quisiera que el torneo no se començara sin él, mas los altos hombres no quisieron atender. El conde Belano estaba a caballo con todos los suyos con el caballero estraño, el cual le dixo: "Señor, si a mí creyéredes, vos con vuestra gente habréis más honra que ningunos de cuantos tornearen." El conde le demandó que cómo sería aquello. El respondió: "Que no mováis hasta que el torneo esté mezclado; desta guisa los vuestros se señalarán muy bien." El conde —que le parescía buena razón aquella— tovo por bien de lo hazer assí, e apartóse con todos los suyos a un cabo.

Mas a esta sazón tocaron todas las trompetas e atabales de amas las partes. Los caballeros movieron contra sí a más correr de sus caballos, e juntáronse unos con otros tan bravamente que muchas lanças bolaron en pieças por el aire, e muchos buenos caballeros perdieron las sillas, e muchos caballos salieron de la prissa sin señores. E comiénçase un tan bravo e ferido torneo que maravilla era de lo ver: que muchos caían de encuentros de lanças; otros se ferían de grandes golpes de espadas, a pie e a caballo. El estruendo que del golpear resonaba era tal que muy lueñe de allí se podía oír. Tan grandes eran las priessas que muy poco vagar se daban los unos a los otros. E muchos salían por lanças a dos hasterías que en el campo había. Así que el torneo era tan bien ferido que mejor no se podía ser. E puesto que muchos se señalassen muy bien de amas partes, sobre todos torneaban dos caballeros del rey, que ambos eran hermanos: el uno había nombre Penelo y el otro Calpino, porque éstos hazían muy buenas justas; derribaban muchos caballeros; delibraban muchas prissas e hazían grandes caballerías. E tan bien torneaban los del rey que aun eran menos que los de fuera, levaban lo mejor del campo y empuxaron muy reziamente a los otros, e muchos había que dezían que ¿qué hazía el conde Belano que no movía? Mas a esta hora el caballero estraño dixo al conde: "Señor, de hoy más es tiempo." Esto diziendo, firió el caballo de las espuelas e abaxó la lança e movió cuanto más rezio pudo, siguiéndolo el conde con todos los suyos.

El caballero estraño encontró un caballero de los del rey tan duramente que dio con él y con el caballo en tierra muy grande caída; después firió a otro tan bravamente que lo derribó assí mismo con la silla en el campo, e luego fue a juntar con otro de guisa que lo batió en tierra del caballo —allí quebró su lança. Como los caballeros del conde venían tan folgados firieron tan rezio en los del rey que muchos dellos derribaron por tierra, e socorrieron muy bien a los suyos que a más andar perdían el campo. El caballero estraño —que la lança había quebrado— metió mano a su espada e lançóse por la mayor prissa e començó a dar muy grandes golpes a diestro e a siniestro, derribando caballeros por todas partes, hendiendo e passando por medio de todos. Tales cosas en armas fazía que en poca de hora fueron muy conoscidos sus golpes, que eran tan ásperos de sufrir que pocos los atendían de buena gana, assí que todos le daban lugar por donde passasse. Tales maravillas fazía que con su ayuda e de los del conde Belano el torneo estuvo en peso tan rebuelto e mezclado como de ante.

El rey Polisterno e cuantos miraban estaban maravillados de lo que el caballero estraño fazía. El rey demandó por su nombre, mas no se lo supieron dezir. La donzella, camarera de Damavela, dixo: "¿Aún si será éste el caballero que comigo vino de Suecia?"

Damavela respondió: "Si éste es no tuvistes razón de huir como me dexistes, que bien guardada veníades," —de aquesto començaron ambas a reír. Mas a esta sazón el caballero estraño andaba firiendo e derribando cuantos antes sí fallaba, delibrando las prissas e socorriendo los suyos, enpuxando a los contrarios e fazien [VIIr] do tales cosas que todos le daban el prez e honra del torneo.

El rey, a quien desto pesaba, dixo: "Por buena fe, según lo que este caballero haze no querrá que los nuestros lleven hoy la honra del torneo." Esto diziendo, vio passar junto al miradero a Calpino, e mandóle que fuesse luego a justar con el caballero. E movió luego para allá con pensamiento de derribarle muy ligeramente.

Muchos dixeron: "Assaz hará el caballero estraño si por Calpino no pierde la silla." Todos pararon mientes en aquella justa.

Calpino se dexó ir muy rezio al caballero estraño, que muy bien lo salió a recebir. Encontráronse tan bravamente que las lanças fueron quebradas e los escudos falsados; mas Calpino fue en tierra de tan gran caída que por una pieça no se pudo levantar. El caballero estraño quedó tan firme en la silla como si cosa alguna no hiziera: de lo cual todos fueron muy maravillados, e al rey pesó mucho. Empero el caballero estraño se metió por la mayor priessa, dando tan duros golpes a todas partes que no había quien los osasse atender. ¿Qué se dirá sino que tales maravillas hazía, que viéndolo los de fuera cobraron tanto coraçón torneando tan reziamente que llevaban lo mejor del campo?

A aquella hora el caballero estraño se halló con Penelo junto al miradero; las espadas alçadas, se fueron el uno para el otro. Penelo le dio tal golpe por encima del yelmo que la cabeça le hizo juntar con los pechos: de lo cual el caballero estraño fue muy sañudo por ser en parte que de Damavela podía ser visto. Alçándose sobre los estribos dio a Penelo tales tres golpes de toda su fuerça, que por fuerte que era vino a tierra. Al rey pesó mucho desto e dixo: "Si Dios me ayude, este caballero debe ser el diablo, que tales cosas haze."

El conde Belano, quien maravillado estaba de la bondad del caballero estraño, fue llamado por el rey para que le dixiesse quién era. Mas el conde no le supo dezir otra cosa de lo que dél sabía: "Dígovos que muchas dueñas e donzellas hablaban del caballero estraño, diziendo que si era tan fermoso como valiente y esforçado, que bien andante sería la que amasse."

En este comedio el caballero estraño e los de su parte empuxaron tan reziamente a los del rey que los llevaron del campo e los metieron por los fossos de la ciudad, temorizados mucho de los golpes del caballero estraño.

Mas a esta sazón evos aquí do viene Dotegal, que por mucho que había caminado no pudo llegar más aína. Al rey pesó porque ante no era venido, que bien pensaba que si él aí se hallara los suyos ovieran llevado lo mejor; e díxole: "Hermano, si antes viniérades no ganara tanta honra con los nuestros un caballero estraño como ha ganado."

Dotegal, que era soberbio de coraçón e se pensaba que mejor caballero que en el mundo no oviese, tomando una lança, dixo: "¡Ea sus caballeros! Ora vía a ello y enmendemos las falta que nuestra tardança ha causado; que si Dios me ayude los caballeros de la corte no se podrán alabar ante sus amigas del prez e honra que hoy han ganado. E si yo me hallo con esse caballero que dizen no se irá assí —como cuida— alabando." Entonces movió contra allá muy furioso, e con él todos los cien caballeros que por bozes que el rey le daba que por aquel día más no se fiziesse no quiso volver.

Damavela dixo: "Agora veremos perder la silla al caballero estraño si con mi tío Dotegal justare," e lo mismo dezían todos los más. Empero algunos estaban tan aficionados al caballero estraño que les pesara de verle caer. Dotegal encontró uno de los caballeros de fuera tan duramente que dio con él en tierra: e metióse con sus cien caballeros por medio dellos haziendo grandes caballerías, derribando muchos por tierra. Como los del rey los conoscieron cobraron gran esfuerço e salieron de tras las barreras, e renovóse el torneo como de primero.

Dotegal esforçaba los suyos, diziendo: "A ellos, caballeros, a ellos; que no se haze esta fiesta para que nos no llevemos la honra." Esto diziendo, fallóse con el caballero estraño e ambos [VIIv] tenían lanças: y endereçaron el uno para el otro, dexando todos de mirar el torneo por ver aquella justa. Los caballeros se encontraron tan poderosamente que las lanças volaron por el aire muy altas: juntáronse el uno con el otro de los cuerpos de los caballos e de los escudos, de guisa que el caballero estraño perdió ambas las estriberas, mas Dotegal fue en tierra tan desacordado que estaba tal como muerto.

Por todo el campo dieron una gran grita, diziendo: "El caballero de las armas blancas haze maravillosos encuentros: por que tales como os digo las traía él."

Cuando el rey vio a su hermano que no fazía minción de se levantar— quitóse de la finiestra muy sañudo, diziendo: "En mal punto bastecí este torneo si mi hermano es muerto."

Mas el caballero estraño —que por estar delante de aquélla que tanto amaba— mucho más quisiera hazer; se lançó por medio de los caballeros del rey. E con saña de ver que el torneo había sido desbaratado se renovara con la venida de Dotegal, començó a ferir de su espada derribando caballeros a diestro e a sinistro: tales maravillas hazía que no parecía sino que entonces entrasse en el torneo. Tanto fizo que con el ayuda de los de fuera los del rey tornaron a perder el campo, e se metieron por las barreras de la ciudad. A essa hora sonaron las tronpetas, e los de fuera se tiraron.

Como el caballero estraño vio el torneo vencido, tomó un caballo a un donzel del conde Belano, e yendo por delante del miradero donde el rey e Damabela estaban, arremetió el caballo por el campo, faziendo tan grandes caballerías como si no oviera fecho cosa —de lo cual fueron todos maravillados.

Damabela dixo a todas las damas: "Si Dios me ayude, de gran bondad es este caballero e bien creo que quedan hoy dél contentos, mas yo preciara mucho que fuera de nuestra parte porque sé que el rey mi padre habrá pesar por no haber los suyos lo mejor." Aquesto oyó el caballero estraño porque propuso en sí de ser otro día con los del rey, pues que ya él había conplido su promesa con el conde Belano. Llamando a su escudero mandóle que tomando todo lo que en su tienda estaba —que suyo fuesse— viniesse enpós dél contra una hermita que desde allí le mostró. El escudero fue a cumplir su mandado. El caballero estraño saliendo de entre la gente muy cubiertamente fuese contra la hermita sin que ninguno parase en él mientes.

CAPÍTULO X DEL GRAN PESAR QUE TODOS LOS ALTOS HOMBRES OVIERON POR NO SABER QUÉ SE HIZIERA EL CABALLERO ESTRAÑO.

Acabado el torneo, el rey e su fija entraron en la ciudad muy acompañados. Dotegal fue llevado al palacio tan desacordado como si muerto estuviesse; fue echado en un lecho. Todos fablaban como por maravilla del caballero estraño: el cual como a la hermita llegó descabalgó de su caballo; entrando dentro fizo su oración. Desque la ovo fecho vino a él el hermitaño e demandóle si venía del torneo. "No, padre," respondió él, "antes venía con gran voluntad de me hallar en él e no he podido llegar a tiempo —de lo que me pesa. Pero atenderé a tornear en él que se fará mañana." El hermitaño le dio feno para su caballo e pan e agua para él —que otra cosa no tenía. El caballero estrañ o —que de aquella vianda no le plazía comer— lavóse la cara e las manos del polvo. E después de desarmado, entróse en un vergel que el hermitaño tenía, fablando del torneo con su escudero, que ya llegado que no poco alegre era por lo que a su señor viera fazer.

Entonces arribaron a la hermita dos donzeles, sobrinos del hermitaño: los cuales, como conoscieron las armas, dixeron al hermitaño que les dixesse cúyas eran. El respondió que de un caballero que en el vergel estaba. "Por buena fe," dixeron ellos, "vos tenéis en vuestra casa el mejor caballero del mundo; por ende os trabajad de le fazer honra e mucho servicio." Después contáronle cuanto dél habían visto. Oído por el hermitaño, fuesse para el caballero estraño e tanto le ahincó que le dixesse quién era, que él se lo descubrió, rogándole mucho que a ninguno lo dixesse. Luego el hermitaño enbió sus dos sobrinos a la ciudad para que traxessen [VIIIr] qué comiesse. El caballero estraño le encomendó que a nadie diessen nuevas dél.

Ambos los donzeles fueron a la ciudad e vinieron a la noche con todo recaudo, e dixeron al caballero estraño que assí en el campo como en la ciudad se daban todos a los buscar e que habían oído dezir que el rey fazía grandes promessas a quien nuevas dél truxese. Bien assí era, porque assí como los de fuera fueron en sus tiendas, todos los altos hombres e otros muchos caballeros fueron a la tienda del conde Belano, dándole todos mucha honra diziendo que por él era vencido el torneo por traer tal caballero consigo. Assí mesmo le dixeron: "Mucho nos pesa de que vos, señor, no nos diéssedes a conocer un caballero de tan alto fecho, para que de nos rescibiera la honra que era razón: como quiera que él merece tanta cuanta nosotros no le podríamos hazer." E rogáronle mucho que lo mandasse llamar; que por ál no eran venidos allí que por le ver.

El conde, que mucho estimaba la honrra que todos le daban por amor del caballero estraño, les respondió: "Si Dios me ayude, señores: yo no le conozco tampoco como vosotros, e cierto a mí pesa por no haber hecho dél aquella cuenta que debiera." Entonces les contó todo lo que con él acaesciera. Después mandó a un donzel que lo fuesse a llamar a su tienda. El cual, como en ella entró e no fallase a ninguno, volviólo a dezir; entonces lo començaron a buscar por todo el campo porque todos los altos hombres lo atendían en la tienda del conde Belano, y en ninguna guisa quería cenar sin él. E quien mayor voluntad de ver al caballero estraño mostraba el duque de Tronde, que era el mayor señor de Nuruega, e como viessen que no lo podían fallar fueron muy tristes. El conde ovo muy gran pesar.

Estando desta guisa llegó un caballero que les dixo que el rey les embiassen a dezir el nombre del caballero que tanto en armas hiziera, porque le quería conocer para le hazer toda honra. De aquesto pesó mucho al conde, e respondió: "Caballero, dezid al rey que él es un caballero estraño como yo le dixe, e que agora que lo esperávamos conocer se es ido; que ningunas nuevas dél podemos saber, de que mucho nos pesa." El caballero se volvió con tal respuesta. Todos los altos hombres estuvieron en la tienda de conde hasta media noche; como vieron que el caballero estraño no venía, fuéronse con gran pesar para sus tiendas, que no quisieron cenar allí.

Al partir, el conde les dixo: "Por cierto, señores, bien me ha demostrado el caballero estraño que no era yo merecedor de le tener en mi compañía, haziéndole tan poca honra." Como todos fueron idos el conde se volvió muy sañudo contra aquellos caballeros que del caballero estraño burlaran, e maltráxolos mucho, diziendo que por su causa no lo honrara él mucho más. Desta guisa passaron aquella noche.

CAPÍTULO XI. DEL SEGUNDO TORNEO, E DE LO QUE EL CABALLERO ESTRAÑO EN ÉL HIZO.

Otro día de gran mañana el caballero estraño se levantó; púsose a la puerta de la hermita por ver si vernía algún caballero con quien cambiasse sus armas para entrar en el torneo encubierto que ninguno lo conosciesse. Assí estando, vio venir un caballero armado de unas armas verdes partidas con oro. El caballero estraño se fue para él e díxole: "Señor caballero ¿queréis trocar essas armas con otras?—porque a mí no me arman bien." El caballero le respondió que las quería ver primero: el caballero estraño se las mostró. Como el otro las vio pagóse dellas ca eran muy ricas; desarmóse de las suyas e diolas al caballero estraño. E armándose las otras —que muy bien le vinieron— se fue para el torneo. El caballero estraño se armó las armas verdes; cabalgó en su caballo e defendió a su escudero que no fuesse al torneo, o si ir quisiesse, fuese tan encubiertamente que de los del conde [VIIIv] Belano no fuesse conocido; e tomando los dos sobrinos del hermitaño se fue para el torneo.

Allá llegados fallaron que el rey y su hija Damavela estaban en el miradero e todos los otros puestos en sus lugares. Todos los caballeros que habían de tornear estaban en el campo, e muy bien parecían a quien mirar los quisiesse— los de la corte con gran vergüenza de lo passado, e a los de fuera eran venidos trezientos caballeros aquel día. A essa hora sonaron las trompetas e atabales; de una parte e de otra los caballeros movieron unos contra otros: juntáronse de tal guisa que más de mil caballos salieron sin señores. Allí fue grande la priessa: unos de se levantar, otros de tornar a cabalgar, otros de salir a la hastería por las lanças. Comiénçanse muchas batallas a pie, y el torneo era tan bravo vuelto e ferido que gran sabor era de lo ver: en muchas partes había grandes priessas, y muy mayores ante el miradero donde el rey e su hija estaban. En este comedio entró en el torneo el caballero que con el caballero estraño trocara las armas e firió un caballero de los del rey, de guisa que lo derribó en tierra; e assí hizo a otros dos. Como todos esto vieron dixeron: "Este es el buen caballero estraño que ayer llevó lo mejor del torneo."

El rey dixo: "Si Dios me ayude no me escapará otra vez que no le conozca." E mandó poner guardas por todos los caminos que otra cosa no hiziessen sino mirar donde se acogía. El torneo era en aquella hora muy bravamente ferido, mas los de fuera llevaban lo mejor, que gran favor habían cobrado el día de antes. A esta sazón el caballero que traía las armas del caballero estraño se juntó con Calpino: e ambos a dos se encontraron muy duramente; mas el caballero fue a tierra. Todos se maravillaron, pensando que fuesse el caballero estraño, e Calpino assí lo creía, por lo cual andaba nombrándose muchas vezes.

Damavela, que siempre le agradaba tomar plazer con la donzella su camarera, le dixo riendo: "Veis a vuestro caballero en tierra, e bien creo que lo ha causado el pesar que tiene de cuan poco favor le dais."

La donzella respondió: "Si este es el caballero que comigo vino no creo yo que de mí está enamorado, porque si lo estuviera harto tiempo tuvo para me lo dezir. Mas pavor tengo, señora, que de vos lo está más cierto según el mirar tenía cuando a la finiestra estávades."

Con esto rieron ambos a dos e Damavela respondió: "Ora no faze más menester, que si más le conocemos dél se podrá saber la verdad aunque vos queráis encubrir comigo vuestros amores."

Entonces uno de los donzeles se fue al caballero estraño —que tan embebecido e desacordado estaba mirando la fermosura de Damavela que en ninguna cosa paraba mientes— e díxole: "Señor ¿si venistes acá para tornear, cómo dexáis passar el torneo?" El acordó en sí e vio que había tardado mucho, e no atendiendo más, dexóse ir para el torneo muy de rezio. Bien pensó herir en los de fuera, mas Calpino, que una lança tenía, le salió al encuentro; e diéronse tan grandes golpes que las lanças hizieron pieças —empero Calpino fue en tierra. El de las armas verdes metió mano a su espada e lançóse por la mayor priessa, hiriendo en los de fuera a diestro e a sinistro, derribando caballeros y caballos por todas partes de guisa que en poca de hora fueron conocidos sus golpes.

El rey demandó: "¿Quién es este caballero que primero era contra los nuestros e agora es de nuestra parte?"

Muchos ovo que dixeron: "Sin falla éste es el buen caballero estraño que agora trae las armas verdes por no ser conocido."

Otros dezían que si no era él, que en bondad de armas no le debía nada. Mas el de las armas verdes andaba hiriendo e derribando cuantos ante sí hallaba: delibrando la plaça por doquiera que iba tales maravillas hazía que los de la corte viendo aquesto cobraban gran coraçón e torneaban tan bien que iban ganando el campo. El conde Belano se dexó ir al de las armas verdes, e diole un gran golpe por encima del yelmo; mas él no le quiso ferir, antes passó adelante. El conde [IXr] lo siguió e firiólo otra vez: ni por esso el de las armas verdes no volvió. E bien assí lo firió el conde cuatro vezes que nunca el de las armas verdes le dio golpe, e a muchos desplazía porque no se volvía contra él: mas el de las armas verdes no se curaba dél; antes se metió por la mayor prissa dando grandes golpes por todas partes firiendo e derribando y empuxando cuantos ante sí paraban. ¿Qué se dirá sino que tanto fizo el de las armas verdes aquel día que a todos fazía tomar espanto? —por lo cual los del rey que con gran coraçón torneaban dieron tan de rezio en los de fuera que los arrancaron del campo e los metieron por sus tiendas a mal de su grado. Como el de las armas verdes vio el torneo acabado, tomó consigo sus donzeles e fuesse para la hermita, mas no pudo ir tan encubierto que de las guardas que el rey tenía puestas no fuesse visto, las cuales miraron bien do entrara e volviéronlo dezir al rey.

CA. XII. CÓMO EL REY FUE A VER AL DE LAS ARMAS VERDES E LO CONOSCIÓ E LO TRAXO CONSIGO, E DAMAVELA SE ENAMORÓ DÉL.

Como el torneo fue partido el rey Polister entró en la ciudad muy alegre porque los suyos levaron lo mejor. Todos dezían gran bien del caballero de las armas verdes, e había muchos que dezían que este fuesse el caballero estraño; otros que no creían que él fuesse: debatían muchos sobre cuál dellos sería mejor caballero. Como los altos hombres de fuera fueron en sus tiendas el duque de Tronde e otros muchos dixeron al conde Belano: "Por buena fe, si poca cuenta entre nos se fizo del caballero estraño, él nos ha dado el pago dello el día de hoy." E de oír esto pesó mucho al conde. Vueltas las espías—que el rey sobre el caballero estraño tenía puestas— dixéronle cómo lo dexaban en la hermita. Luego el rey cabalgó encubiertamente e con él cuatro caballeros ancianos.

Como a la hermita llegó mandó a un donzel que entrasse e dixesse al de las armas verdes que el rey lo atendía de fuera e que le rogaba que quisiesse salir a fablar con él. Oído por el de las armas verdes este mandado —aunque mucho no le plugo— con él salió assí como estaba, contra do el rey lo atendía: ante él llegado, fincó los hinojos e quísole besar las manos mas el rey no se las dio; antes lo levantó e lo abraçó e recibió muy alegremente, diziéndole: "Caballero, en vos hay tanta de bondad que por sólo veros fuera muy lueñe cuanto más allegar fasta aquí: por ende yo os ruego que comigo queráis venir a mi corte para que más nos conozcamos, e recibáis de mí toda aquella honra que vos merescéis."

El de las armas verdes —que vio que más no podía fazer sin que en vergüença cayesse— le respondió: "Señor, como quiera que yo tenga en otra partes mucho que fazer todavía me paresçería gran yerro rehusar el mandamiento de un tan alto príncipe como vos." Luego hizo traer sus armas e su caballo. En tanto que se armaba el rey e los otros caballeros habían gran sabor de lo mirar maravillados como era tan apuesto e fermoso, e de la gran bondad que en él había siendo tan niño. Como fue armado cabalgó en su caballo e movieron contra la ciudad, el rey Polister con él e rogóle mucho que le dixesse su nombre; él, viendo que no era razón de se encubrir dél, le descubrió toda su hazienda.

Sabido por el rey quién era, fue muy más alegre que antes; echándole los braços al cuello le dixo: "Señor Lantedón, si yo n'os he fecho aquella honra que era razón rueg'os que me perdonés que la causa ha sido no conosceros." Assí fueron fablando fasta la ciudad, e como a ella llegaron mucha gente los siguía por ver a Lantedón. Llegados al palacio Lantedón fue desarmado e vestido de ricos paños; fuele fecha aquella noche gran fiesta, mandando el rey adereçar todas las cosas para se la fazer otro día muy mayor, e fue adereçado un rico lecho do Lantedón durmió aunque el sueño no fue muy sossegado. El rey enbió aquella noche a todos los altos hombres que otro día entrassen en la ciudad porque él quería fazer gran fiesta e honra a Lantedón: que era el caballero estraño que ellos no conocieron, que fasta entonces ninguno sabía su nombre ni quién era si no el rey e los que con él fueron. Sabido esto [IXv] por los altos hombres mucho se maravillaron de que éste fuesse el hijo del rey Tanabel de Suecia, empero fueron muy alegres con estas nuevas. E los que más se aquexaban porque la mañana viniesse para ver a Lantedón eran el duque de Tronde y el conde Belano.

Venido el día cabalgaron todos muy ricamente guarnidos e acompañados de muchos caballeros. Assí entraron por la ciudad de Regis con muchas tropas e atabales; como ante el rey fueron todos le fizieron su acatamiento e rescibieron a Lantedón con aquella cortesía que se debía hazer. El duque de Tronde y el conde Belano tomándose por las manos ante Lantedón e humilláronsele mucho. El conde le dixo: "Señor, de mí no recebistes el servicio que yo quisiera averos fecho; ruégovos que me perdonéis, que a mí ha pesado y pesa mucho porque caballero de tan alta guisa como vos sois estuviesse en mi tienda tan mal conocido."

Lantedón lo abraçó riendo, e díxole: "Señor conde, de vos recebí yo tanta honra cuanto un caballero tal cual vos me hallastes podía recibir, por do quedo muy obligado a fazer cuánto mandardes." Desta guisa se començó la fiesta e alegría por todo el palacio; tanta era la caballería que por ver a Lantedón vino que apenas cabían en él: a todos parecía tan bien e tan apuesto que maravilla era. Después de haber oído missa en la capilla del rey las mesas fueron puestas, e por fazer mayor fiesta a Lantedón el rey embió por su fija para que comiesse con ellos, la cual vino acompañada de muchas dueñas e donzellas. Ella venía tan fermosa e tan ricamente guarnida que no parescía sino angel del cielo.

Como Lantedón la mirasse su coraçón fue puesto en gran sobresalto como aquel que veía delante de sí a quien tanta passión le causaba; saliendo contra ella recibiéronse ambos con gran mesura e cortesía, mas cuando Damavela bien miró a Lantedón e la gracia y fermosura que en él había, fue a la hora assí cruelmente herida de su amor que su delicado coraçón fue traspassado, quitándosele y poniéndosele una color muy encendida en su muy resplandeciente faz que mucho en su fermosura acrecentaba — pero ella lo dissimuló lo mejor que pudo. El rey e Lantedón e la infanta Damavela se sentaron a una tabla y en otra el duque de Nurberet y el duque de Tronde y el conde Belano; assí por orden se sentaron muchos otros ricos hombres e caballeros; fueron servidos con gran fiesta e diversidad de manjares. Mas Lantedón en todo aquel comer estuvo con gran trabajo porque no podía apartar los ojos de quien tanto amaba, siéndole menester estar atento para responder algunas cosas que el rey le demandaba.

Pues la infanta Damavela: os digo que todas las vezes que se le offrecía lo miraba con tanta gracia que Lantedón —que en ella paraba mientes— estaba cassí fuera de su sentido. Assí que ambos dieran pocas señas de lo que allí comieron. Los manteles alçados, vinieron instrumentos con que dançaron; a ruego del rey, Lantedón dançó con la infanta Damavela —comoquiera que no fue poca turbación para su ánimo— mas de tal guisa dançaron que todos fincaron muy pagados dellos.

Desta guisa estuvieron con gran fiesta e plazer; una pieza estuvieron del día fasta que Damavela con sus damas e donzellas se retraxo a su aposento. El rey tomó por la mano a Lantedón e fuesse con él para donde Dotegal estaba, el cual yazía en el lecho. Lantedón começó a fablar con él muy cortés e graciosamente, mas como Dotegal estuviesse muy triste por haber sido dél derribado —siendo ante tenido por el mejor caballero de Nuruega e aun de otras partes— respondíale a algunas cosas tan desgraciadamente que Lantedón conoció dél que no lo amaba. Desque allí una pieça estuvieron tornáronse para el palacio donde todo el día estuvieron con gran fiesta. La noche venida, todos los altos hombres se volvieron a sus tiendas. El rey e Lantedón se retraxeron a sus cámaras, que ya era hora de dormir.

Pues assí como Damavela fue en su lecho começó a pensar en Lantedón y en la bondad y hermosura que en él había; cayéndole muchas lágrimas de sus muy fermosos ojos, dezía: "O Damavela, que de hoy más puedes saber qué cosa es amor: el cual si a todos se muestra assí [Xr] cruel e duro atormentador como a tí no sé cómo podrá padecer sus furiosas rabias que el seso o la vida no pierdan." Desí dezía: "O donzella, ¿por qué amándoos yo tanto truxistes con vos mi muerte?" Diziendo estas cosas e otras muchas passó con gran trabajo aquella noche —que no menos trabajosa fue para Lantedón.

Desta guisa el rey fizo estar a todos los altos hombres en la corte diez días por fazer mayor fiesta a Lantedón; en cabo de los cuales dio licencia que todos se fuessen. Al despedir muchos dellos presentaban a Lantedón muy ricas joyas, mas él no quiso tomar sino un fermoso caballo que le dio el duque de Murbet —que era sobrino del rey— e unas ricas armas que le dio el duque de Tionde, e una muy buena espada que le dio el conde Belano. En este tiempo Dotegal se levantó del lecho, e como a Lantedón desamase, viendo que su hermano tanta honra le fazía, partióse de allí sin le fablar e fuesse para la corte del emperador Macelao de Alemaña donde lo más del tiempo solía estar.

C. XIII. CÓMO DAMAVELA DESCUBRIÓ SU CORAZÓN A LA DONZELLA QUE CON LANTEDÓN VINIERA, LA CUAL TUVO MANERA QUE AMBOS SE FABLASSEN.

Dize la historia que Lantedón quedó con el rey Polister por un espacio de tiempo; el rey trabajaba de le fazer mucha honra. Como él cada día viesse a Damavela e con la continación cresciesse el amor e con el amor la passión, era tan cuitado que más no podía ser; Damavela, no menos encendida en sus amores, padecía gran pena. Acaeció assí que estando ella un día sola en su cámara derramando muchas lágrimas, como aquella que fuerça de amor se lo fazía fazer, la donzella camarera suya entró e díxole: "Señora, nueva cosa es ésta para vos; rueg'os que me digáis la causa porque tal duelo fazéis." E aunque Damavela quisiera encubrir las lágrimas e la causa dellas fue tan afincada de Guiralda —que assí había nombre la donzella— que le ovo a descubrir la causa de qué procedían.

Guiralda, que era muy entendida, como viesse la passión tan crecida que su señora tenía, no curó de reprehenderla; ante la consoló lo mejor que pudo, diziendo: "Señora, si vos queréis yo terné manera de remediar vuestra cuita."

"Amiga Guiralda," dixo ella, "la pena que yo tengo es tan grande que bien pienso con ella acabar mi vida: mas yo dexo e pongo mi coraçón en vuestras manos para que dél fagáis lo que por bien tuvierdes, puesto que sin falla mucho me refrena vergüença que tengo de aquel caballero sea por vos primero sabidor de mi voluntad que yo de la suya —porque a las mugeres no es assí dado descubrir su passión como a los hombres— como quiera que yo tengo conoscido dél después que aquí está que me tiene parte del amor que yo a él tengo."

Guiralda respondió, riendo por la consolar: "Essa vergüença, señora, yo la tomo sobre mí e no os afligáis tanto, que no sois vos tal que cualquier persona del mundo no tenga por gran bienaventura ser de vos amada." Tantas otras cosas le dixo que ella se conortó ya cuanto.

Otro día por la mañana Guiralda tomó una rica camisa que Lantedón se vistiesse e fuese para su cámara; fallando a la puerta al escudero de Lantedón, como ella fuesse discreta, quiso sentir algo del escudero. Entrando en fabla con él, entre otras cosas que le dixo, demandóle: "Dezidme escudero, por cortesía ¿vuestro señor tiene su amor en alguna parte? —que los tales como él siempre suelen amar porque hallan en sí gran causa para ser queridos."

El escudero, que era bien entendido, dixo: "Por Dios, señora, fasta agora jamás he conocido dél que de tal amor ninguna ame, mas ya que lo fiziesse desde que en esta corte entró no sería mucho porque hay razón para ello."

A ella plugo oírlo, e dexado aquella plática e fablando con el escudero otras cosas con buena dissimilación, entró do Lantedón yazía en el lecho; salvóle cortesmente y él a ella otrosí. Ella le dio la rica camisa e díxole que su señora Damavela la había labrado; él, que oyó nombrar a su señora, dio un pequeño sospiro entresí. Guiralda, que bien atenta estaba, conosció lo que en el coraçón tenía; detúvose dezir su enbaxada e después de haber mucho reído con él fablando en cómo huyera dexándolo en batalla —como habéis oído— le dixo: "Señor, bien parece que estáis libre [Xv] de pena de amor, porque si así no fuesse no durmiríades tan folgado a tal hora como está."

"Señora donzella," dixo Lantedón, "quien en mi coraçón estuviesse bien sabría si está fuera desta passión que dezís que bien os digo que aun menos supiesse de tal cuita no perdería nada," e calló que no dixo más.

Guiralda —que en aquellas razones conoscía que había de levar buen despacho de su embaxada— tuvo tan discreta manera que supo de Lantedón toda su poridad, porque conociendo él que no la podía dezir a persona ninguna de que Damavela más se confiasse, no le quiso encubrir cosa. Antes cayéndole las lágrimas de sus ojos muy a menudo con la gran fuerça de amor que se las hazía derramar le dixo: "Por Dios, señora donzella, habed de mí piedad, e pues vos fuistes la primera causa de mi pena y dolor en traerme a esta tierra, sed el remedio de mi vida —que yo perderé— si Damavela, mi señora, no se duele de mí; e lo que yo os ruego es que me ayudéis solamente para que ella me resciba por su caballero, que con esto me terné por bien andante."

Guiralda, que estaba muy alegre en haber sabido dél lo que él había de saber della, le dixo: "Señor, yo vos prometo por la fe que debo a Dios que en cuanto en mí fuere yo vos seré buena ayudadora, puesto que mi señora está bien inocente desto yo se lo faré saber todo por estenso." Después despidióse dél, dexándolo ya cuanto consolado, e fuesse para su señora tan alegre que cuando Damavela la vio en su alegría conoció que traía buena respuesta, e cerrada la puerta de la cámara porque ninguno no entrase, Guiralda le contó todo lo que había passado.

Damavela, que en lo oír estaba llena de gozo, le echó los braços al cuello e la besó en la faz diziéndole: "Buena amiga, si yo presto no muero vos seréis de mí bien galardonada por los grandes servicios que siempre me fezistes e de cada día me fazéis, que si con vos traxistes a mi muerte en traer aquel caballero con esta respuesta habéis remediado mi vida." Finalmente porque los amores de Lantedón e de Damavela no atañe a este cuento, la historia no cura de alargarse más en ello, salvo que Guiralda tuvo tal manera que Lantedón fabló con su señora Damavela por un jardín del rey su padre, donde ambos se descubrieron abiertamente sus coraçones passando entrellos muchas amorosas razones, las cuales, por lo que ya tengo dicho, se dexan aquí de escrevir. Damavela lo recibió por su caballero e Lantedón le besó las manos, e con un gracioso beso se partieron de aquella habla.

CAPÍTULO. XIIII. CÓMO LANTEDÓN SE PARTIÓ DE NURUEGA E SE FUE EN ALEMAÑA, E COMO FUE BIEN RECEBIDO DEL EMPERADOR MACELAO E DE TODOS LOS DE SU CORTE.

Ansí como la historia dize estuvo Lantedón en la corte del rey Polister un espacio de tiempo tomando mucho plazer: muchas vezes el rey iba a monte e mataba muchos ossos, jabalines blancos e otros animales de que aquella provincia es muy abundosa; él fablaba con Damavela, su señora, todas las vezes que lugar se offrecía. Mas como viesse que menoscababa su honra en no ir a buscar las aventuras, siendo caballero novel, acordó de partirse de allí, demandando primero licencia para ello a su señora, la cual se la dio, viendo que más no podía hazer —como quiera que no fue sin muchas lágrimas de ambas partes. Ella le rogó que lo más cedo que pudiesse la viniesse a ver porque fasta entonçes siempre estaría con mucha pena.

"Señora," dixo él, "pues conmigo no va otro desseo sino de serviros y éste terné en tanto que el alma en el cuerpo me durare, escusado es que esto me digáis, que entanto que de vos estuviere alexado nunca seré alegre." Besándole sus muy fermosas manos muchas vezes, encomendóla a Dios rogándole que estuviese siempre alegre en tanto que Dios les diesse manera para que pudiesen estar juntos, e con esto se despidió della, offreciéndose mucho a Guiralda.

Otro día, tomando licencia del rey Polister, partióse de allí con su escudero, e ya era de todos [XIr] tan amado en aquella corte que mucho les pesó de su partida.

Lantedón —antes que del reino de Nuruega saliesse— fizo muchas e grandes caballerías, de las cuales aquí no se faze mención. E después passó en Alemaña e fuesse derechamente a la corte del emperador Macelao, el cual estaba en la ciudad de Colonia, que en aquel tiempo era una de las buenas del mundo, e agora es muy principal ciudad en la provincia de Franconia. En ella están sepultado los tres reyes Magos e sancta Ursula con la mayor parte de las onze mil vírgenes e otros muchos cuerpos sanctos. Es ciudad de grandes edificios y está assentada sobre la ribera del Rin. Pues Lantedón, a ella llegado, fue muy bien recebido assí del emperador como de la emperatriz e del príncipe Vasperaldo e de todos los altos hombres que en la corte había. Esta era en aquella hora una de las mayores e mejores cortes que entre todos los príncipes cristianos fallarse podía, y en mayor alteza fue puesta cuando Vasperaldo, fijo del emperador Macelao, subcedió en el imperio en tiempo que en ella estuvo aquel tan estremado e bien andante caballero, como adelante se dirá.

C Mas por cuanto, illustre señor, a esta historia podrían contradezir otros algunos libros, especialmente aquellos que hazen memoria de la genealosía de los emperadores, començando desde Julio César, primero emperador, hasta todos los otros que después subcedieron, como es no hazer memoria de que en este tiempo oviesse emperadores en Alemaña, pues a largos tiempos después desto la iglesia traspassó el imperio de los franceses en los alemanes, quitándolo de la stirpe Carolina que lo posseía. E porque a cualquiera le sería menester trastornar muchos libros para quedar bien satisfecho desta dubda, lo que Badulato e Faderico de Maguncia, obispos, en la tercera parte desta historia escriven, yo lo porné en esta primera —pues es conviniente lugar— contándolo assí como ellos lo dizen: para lo cual primeramente conviene que Vuestra Señoría illustre sepa que en este tiempo la iglesia no se empachaba del imperio ni había eletores como agora los hay ni los ovo dende a grandes tiempos después. E los emperadores tenían su silla del imperio en Constantinopla después que aquel glorioso emperador Costantino Magno traspassó su silla imperial en Costantinopla, dexando a Roma con toda Ytalia e otras provincias al bienaventurado Papa San Silvestre. E Goliano, padre que era de Macelao, rey que era de Franconia; e Lotoringia, duque de Austria e Mecina e señor de otras provincias, sintiéndose muy poderoso con acuerdo e consentimiento de muchos príncipes e altos hombres sus súbditos e amigos titulóse de emperador de Alemaña assí como en nuestra España otros algunos reyes de Castilla fizieron.

E después que ovo tomado la corona muchos que de ante le eran contrarios vinieron a su obediencia. E como quiera que Justiniano, primero deste nombre —que entonce imperaba en Grecia— le embiasse a dezir e a requerir que no se llamase emperador, por esso Goliano no dexó el título que había tomado; antes usaba del triunphante e poderosamente. Adereçando el emperador Justiniano su armada para le fazer guerra, adoleció de enfermedad que murió. Goliano quedó pacífico aunque no vivió mucho tiempo. Después desto Justiniano segundo —que a Justiniano en el imperio subcedió— también tuvo diferencias sobre esta causa con Macelao, fijo de Goliano, e algunas vezes ayuntaron sus gentes el uno contra el otro, mas no ovieron rompimiento de guerra porque Justiniano, emperador de Grecia, tuvo siempre gran contienda con los Lombardos, e Macelao, emperador de Alemaña, estaba muy poderoso e muy amado de sus súbditos porque era muy noble príncipe, e no menos lo fue su padre. Muerto Justiniano, subcedió después dél Tiberio segundo, que fue muy piadoso e cristianíssimo príncipe. E como el emperador Macelao supiesse que en este emperador Tiberio tenía muy cruel guerra con el grande rey de Persia, e que tenía aplazada batalla, embió muy gran caballería en su ayuda.

En aquella batalla fue [XIv] el emperador Tiberio vencedor e prendió e mató muchos de los persianos, e por esta buena obra e gran ayuda que del emperador Macelao rescibió hizo paz muy firme y entera con él; e de dos fijas que tenía —que a la mayor llamaban Constancia e a la otra Altibea— dio la una dellas por muger a Vesperaldo, fijo del emperador Macelao: esta fue Altibea, que fue muy fermosa e cumplida de buenas maneras. Con esto los dos emperadores Tiberio e Macelao fueron muy amigos dende a delante. (E assí, muy generoso señor) como aquí se ha dicho cuenta la tercera parte desta historia que en este tiempo ovo emperadores en Alemaña e que en esta guisa subcedieron algunos después deste Macelao —de quien agora se fabla— fasta que Eraldo, fijo de Phelipo —que fue el sexto después del emperador Macelao— que había de ser coronado por emperador e por ser de pequeña hedad no bastante a governar y regir tan gran señorío, se revolvieron tan grandes guerras en las Alemañas que él fue desobedecido, e perdió el título de emperador con gran parte de su propio señorío. E passó assí gran tiempo que en sus decendientes no ovo emperador fasta que vino Otón, fijo de Enrique, duque de Xaxonia —el cual Otón fue muy noble e glorioso emperador y ensalçó mucha la sancta fe cathólica— decendió ligitimamente de los emperadores aquí ya dichos que en Alemaña imperaron. Ovo el imperio después que la iglesia le traspassó de los franceses en los alemanes. E porque esto no haze a este cuento no se dirá aquí más dello, e lo que se ha hablado ha sido por evitar la dubda ya dicha.

CA. XV. CÓMO EN UN TORNEO QUE EN LA CORTE DEL EMPERADOR MACELAO SE FIZO LANTEDÓN MATÓ A DOTEGAL, HERMANO DEL REY DE NURUEGA.

Pues en esta partida dize la historia que como Lantedón a la corte del emperador Macelao oviesse llegado e dél de todos fuesse bien recebido —como ya se ha dicho: el príncipe Vasperaldo, viéndolo tan hermoso e apuesto, aviendo oído dezir muchas de sus grandes caballerías, pagóse mucho dél. Fízole gran honra ca lo fizo posar consigo e dende adelante amávalo más que a otro caballero alguno de la corte del emperador su padre. Lantedón en poco tiempo fue assí del emperador como de la emperatriz e de todos los otros muy amado, salvo de Dotegal —que éste sin falla lo desamaba, como quiera que Lantedón no fazía assí a él. Antes, por ser tío de Damavela, su señora, tenía gran pesar porque aunque él en ello mucho se trabajaba no lo podía atraer a que lo amase.

Pues como en la corte oviesse grande e noble caballería que no entendían siempre sino en exercitar las armas y en tomar plazer, el príncipe Vasperaldo hordenó un torneo para que en él entrassen los caballeros más preciados. De cada parte se allegaron bien cuatrocientos caballeros, todos de gran fecho de armas. De los unos era caudillo el príncipe Vasperaldo; de los otros lo eran el rey de Polonia y el rey de Zelanda, que eran caballeros mancebos súbditos del emperador que contino residían en su corte. Los que eran de la parte del príncipe Vasperaldo llevaban por divisa una corona de oro entera, e los otros la levaban partida por medio. Dotegal, como a Lantedón desamasse e lo viese de la parte de Vasperaldo —que fazía más cuenta dél que de otro alguno— salió aquel día con los dos reyes de Polonia e de Zelanda. Todos los que habían de tornear se pusieron en una gran plaça que ante los palacios del emperador había, el cual con la emperatriz e muchos altos hombres dueñas e donzellas de gran guisa estaba a las finiestras, e no quedó dueña ni donzella que este torneo no viniessen a mirar. El emperador rogó al duque Pelirán de Guncestre —que era buen caballero a maravilla— que entrasse en el torneo: el cual gran tiempo había que en ningún torneo entraba por haber muerto en uno a un primo suyo que él mucho amaba, mas por complazer al emperador óvolo de fazer; púsose de la parte de Vasperaldo. El duque Pelirán era casado con una hija bastarda del emperador, que era muy hermosa e gran sabidora [XIIr] de encantamientos, e había nombre Celacunda. E como todos los caballeros que oviessen de tornear estuviessen juntos, cada uno en su lugar, allí pudiera ver quien mirar quisiesse muy ricas armas, muy fermosos caballos ricamente guarnidos, e caballeros de gran guisa e de gran bondad de armas. Entonces sonaron las trompas e atabales de ambas las partes, e movieron unos contra otros muy de rezio; juntáronse de tal guisa que muchos buenos caballeros de una parte e de otra perdieron las sillas. Vasperaldo e Dotegal se encontraron tan reziamente que ambos vinieron a tierra de los caballos. Lantedón encontró al conde de Bresón assí duramente que dio con él en la tierra. El rey de Zelanda y el duque Ylibe se firieron tan bravamente que ambos vinieron a tierra. Pelirán, duque de Guncestre, encontró al conde de Lubet de guisa que dio con él del caballo abaxo. El rey de Polonia y el duque de Verona se dieron tales encuentros que ambos perdieron las sillas.

Muchas otras hermosas justas se fizieron de ambas partes, e comiénçase un torneo tan rebuelto e mezclado, firiéndose los unos a los otros de grandes golpes, que no parescía sino diez mil caballeros oviesse en la plaça. Allí pudiérades ver justas maravillosas e bravas batallas a pie. Pelirán, duque de Guncestre, y el duque Briel de Jaffa se combatían de las espadas tan bravamente que todos habían gran sabor de los mirar. Vasperaldo andaba haziendo tan grandes caballerías, e no menos Dotegal: que éste daba golpes tan señalados que muchos por su causa perdieron aquel día las sillas. E sin falla si Dotegal no fuera sobervio era buen caballero a maravilla. Mas quien a Lantedón en aquella hora viera bien pudiera dezir que no andaba de vagar; antes iba firiendo a diestro e siniestro e derribando caballeros por todas partes, e tan fuertes golpes daba a los que ante sí fallaba que bien demostraba que con razón merescía ser loado. Assí todos le daban muy gran prez e honra, e se maravillaban de lo que veían hazer. E como de ambas partes oviesse muy buenos caballeros el torneo era muy rebuelto e ferido. E Dotegal —que las grandes caballerías que Lantedón fazía miraba e dello tenía gran pesar— tomó una gruessa lança e dexósse correr para él. Lantedón lo salió a rescebir; diéronse ambos tan grandes encuentros que quebraron en sí las lanças. Passaron el uno por el otro muy rezios e sañudos por no haber se derribado, e tomaron otras sendas lanças e dexáronse venir contra sí, y encontráronse tan bravamente que las lanças bolaron en muchas pieças; e juntándose uno con otro de tal guisa que Dotegal e su caballo fueron a tierra e por pocas estuvo que el caballo de Lantedón no cayesse con él. Dotegal se levantó tan sañudo por haber caído que casi estaba fuera de entendimiento; cabalgó encima de su caballo, e con gran saña se dexó ir para Lantedón, que de la espada se combatía con un buen caballero llamado Golinces —hijo del duque de Benarda— e diole tan grande golpe de la espada por encima del yelmo que la cabeça le fizo juntar con los pechos. Mas por esso Lantedón no dexó su batalla. Dotegal le dio otro golpe de punta de espada por el braço siniestro de guisa que le hizo una llaga que bien la sintió.

Entonces fue Lantedón muy sañudo, e no pudiendo más sofrir alçó la espada e dixo: "¿Cómo, Dotegal, passáis las condiciones del torneo e me queréis assí matar? Pues agora vos digo que sabréis cómo hiere mi espada." E dicho esto, alçó el espada e diole un tan desastrado golpe entre la juntura del yelmo y el ombro, que la cabeça le echó muy lueñe y el cuerpo cayó en tierra. Entonces se movió muy grande buelta entre los caballeros que todos corrieron hazia aquella parte, e oviera de haber entre ellos muy mortal batalla porque a muchos pesó mucho de la muerte de Dotegal, e por esta causa los caballeros se acostaron los unos a una vanda e los otros a otra. Lantedón estaba a caballo e la espada en la mano, esperando si algún caballero [XIIv] lo acometiesse, mas el príncipe Vasperaldo —que mucho lo amaba— se puso antél, e rogóles e mandóles que ninguno fablasse más en este fecho en aquel lugar, y el torneo cessó. Al emperador le pesó de la muerte de Dotegal porque lo amaba por el gran tiempo que había estado en su corte e porque era buen caballero, el cual fue luego llevado a soterrar muy honradamente.

CA. XVI. DE LAS PALABRAS QUE LANTEDÓN DIXO ANTEL EMPERADOR MACELAO SOBRE LA MUERTE DE DOTEGAL.

Como el torneo cessó con la buelta que entre los caballeros ovo, el príncipe Vasperaldo llevó consigo a Lantedón a su posada, el cual era muy triste por la muerte de Dotegal; e cuando consideraba el pesar que su señora Damavela habría dello, tenía tan gran dolor e tristeza que el coraçón le quería quebrar. Desarmados, el príncipe Vasperaldo y él fueron para el palacio del emperador. Lantedón se puso de rodillas antél e díxole: "Señor, si de mí habéis rescebido enojo por la muerte de Dotegal, sea la vuestra merced de me perdonar, pues ya todos vieron como él me quisiera matar e me acometió con dañada voluntad, combatiéndome yo con otro e me firió de punta de espada, en lo cual todo iba contra las costumbres e posturas con que en Alemaña tornean; e señor, si él era vuestro servidor, no me tengo yo por menos, e bien podéis creer que ni yo pensé hazer tal golpe ni lo quisiera haber fecho por cosa ninguna. Mas si aquí hay caballero alguno que quiera dezir que yo maté a Dotegal falsamente, yo le combatiré lo contrario —de mi cuerpo al suyo."

Todos cuantos en el palacio eran callaron, que no respondieron cosa alguna. Entonce el emperador lo levantó por la mano e díxole: "Mi buen amigo, puesto que a mí ha pesado deste fecho yo os perdono todo mi enojo: e assí os perdonaría aunque el yerro fuera mayor, porque a mí plaze mucho de que vos estéis en mi corte, que por ello tengo yo que está ella en mayor honra, e también porque en defensión de vuestro cuerpo obligado érades a fazer lo que pudiérades, pues que Dotegal os quería matar." De lo que el emperador dixo plugo mucho al príncipe Vasperaldo.

Desta guisa estuvo Lantedón en la corte del emperador Macelao gran tiempo, e si algunos había que le querían mal por la muerte de Dotegal, dende en adelante lo amaron porque él era tal que de todos se fazía amar. E de las grandes caballerías que Lantedón —assí en la corte como por otras muchas partidas fizo— la presente historia no haze mención, mas quien las quisiere saber en su historia las fallará.

CAPÍTULO XVII. CÓMO LANTEDÓN SE PARTIÓ DE LA CORTE DEL EMPERADOR MACELAO E SE FUE A SUBCEDER EN EL REINO DE SUECIA POR LA MUERTE DEL REY TANABEL SU PADRE, E CÓMO CON TORMENTA QUE EN LA MAR OVO ARRIBÓ EN LA PEQUEÑA BRETAÑA.

Pues dize la historia que un día estando Lantedón en el palacio del emperador, entró por la puerta un caballero todo vestido de negro: éste, después de se haber humillado al emperador se fue para Lantedón. Fincando los hinojos en tierra le dio unas letras; él las tomó, e leyéndolas supo por ellas que el rey Tanabel su padre era muerto, de que ovo tan gran pesar que si en tal lugar no estuviera las lágrimas de sus ojos mostraran el sentimiento del coraçón, e con semblante muy triste se salió del palacio. El príncipe Vasperaldo, que bien en aquello miró, se salió empós dél; apartándolo por unos corredores rogóle que le dixesse la causa de su tristeza. Lantedón le contó todo el fecho cómo passaba e díxole: "Señor, a mí me es forçado de irme en mi reino; que todos los altos hombres dél me embían a llamar, e mucho me pesa de me apartar de vos, pero el caso es de tal suerte que no da lugar a que otra cosa se pueda fazer, porque muy aína mi ausencia daría causa a que [XIIIr] las gentes de aquella tierra revolviessen entre sí guerras y escándolos, como por muerte de otros mis antecessores algunas vezes en aquel reino assí se ha hecho."

Cuando Vasperaldo esto oyó ovo gran pesar, e díxole: "Buen amigo, Dios sabe cuánto a mí me pesa de vuestro enojo, e más de vuestra partida. Mas en fecho que tanto os cumple, no sería en rogaros otra cosa, e si Dios me ayude yo sería muy alegre de que vos o cosa vuestra me tornássedes a ver." Después que una pieça estuvieron hablando fuéronse para el emperador. Lantedón le contó las nuevas de la muerte del rey su padre e le demandó licencia para irse en su tierra. El emperador se la dio, pesándole assí a él como a todos de su partida, ca le preciaban de gran bondad e mesura sobre cuantos caballeros había en la corte. Lantedón, despedido del emperador, de la emperatriz, del príncipe Vasperaldo e de todos los otros, se fue a su posada, e armándose de todas sus armas cabalgó en su caballo; tomando consigo al caballero que las nuevas traxera e a su escudero, sin otra compañía, entró en su camino, derramando por él muchas lágrimas por la muerte del rey su padre: desta guisa anduvo tanto por sus jornadas que llegó a la ciudad.[5] Allí se embarcó, haziendo alçar velas navegó la vía de Suecia con buen tiempo dos días, mas al tercero el viento se les volvió muy contrario: la mar se embraveció de tal guisa que a mal de su grado de los marineros ovieron de correr por la alta mar do la ventura los guiaba con gran peligro de las vidas. Bien assí corrieron tormenta seis días, en cabo de los cuales arribaron a árbol seco a unas montañas muy altas. Los marineros reconocieron la tierra, e dixeron a Lantedón que aquélla era la pequeña Bretaña. Como él del mar estaba enojado, mandó sacar sus armas e caballo para tomar plazer e reconoscer mejor la tierra, e si en voluntad le viniesse, ir a ver a su hermano que era rey de aquel reino.

CAPI. XVIII. DE CÓMO LANTEDÓN SE COMBATIÓ CON UN CABALLERO E LO CONOCIÓ EN LA BATALLA.

Salido Lantedón en tierra, armóse; cabalgando en su caballo con el su escudero tomó su camino por un gran llano, e no anduvo mucho que vio ante sí una muy hermosa floresta de muchas arboledas: estando mirando, vio salir della un gran ciervo, empós dél muchos canes; detrás dellos un caballero armado de todas armas, que no le fallecía sino lança. Su caballo venía tan cansado que como cerca de Lantedón llegasse dio consigo gran caída en la tierra. El caballero salió dél muy ligeramente; baxando la visera del yelmo —que traía alçada— fuesse para Lantedón e díxole: "Caballero, yo vos ruego por cortesía que me deis este caballo con que siga mi caça, que tanto que della sea buelto yo os daré el vuestro e otros dos los mejores que vos quisierdes."

Lantedón se sonrió de oír lo que dezía, e respondióle: "Por Dios, caballero, no quiero yo tan mal mi caballo que no estime más tenerlo agora que no despúes los que vos me prometéis de dar; por ende podéis seguir vuestra caça de pie —e correr si por bien tuvierdes— que cierto a mí de mal se me faze."

Desto fue el caballero muy sañudo, e díxole: "Por buena fe vos sois descortés, caballero, e mal fablado, e bien mostráis que sería más caro por ruego haber de vos esse caballo que tomándooslo de otra manera."

"Por aquésta," dixo Lantedón riendo, "no lo llevaréis, e por otra provadlo si quisierdes." El caballero, que estaba sañudo, no atendió mas; antes puso mano por su espada e dexóse ir para él. Lantedón, que a caballo no le quiso acometer, saltó presto en tierra; embraçando su escudo metió mano por su espada, e acométense el uno al otro con gran coraçón, firiéndose de tales golpes por cima de los yelmos que grandes llamas de fuego hizieron salir de entrellos e las espadas. Después començaron entre ambos una tan brava batalla que el escudero de Lantedón —que la mira [XIIIv] va— estaba maravillado, e no sabía qué remedio poner; mas los caballeros no curaban de ál que de ferir de muy espesos e duros golpes por todas partes. E tan gran priessa se dieron que por fuerça les convino folgar. Cada uno dellos se hazía maravillado de la fuerça e ardimiento del otro. E no ovieron mucho descansado cuando tornaron a su batalla como de primero, firiéndose tan duramente e con tanta fuerça que desmallaban sus lorigas,

---

[5] Torino copy: handwritten in margin "de Accer."

rajaban los escudos, empeoraban los yelmos, assí que el campo donde se combatían, en muchas partes era tinto de la sangre que dellos corría.

E si alguno me demandasse quién era el caballero, yo le diría que era el rey Gedres del Fuerte Braço, que muchas vezes acostumbraba ir a caça armado. Tales se pararon de la segunda batalla que el más rezio dellos había bien menester holgar, e assí les convino por fuerça hazer. Entonces el rey Gedres començó a dezir entre sí: "O señor Dios, ave piedad de mi ánima, que el cuerpo en condición lo veo, porque este con quien me comhato no puede ser sino el diablo que assí menosprecia mis golpes."

Lantedón, faziendo su oración, dezía: "O señora virgen María, ruega a tu hijo precioso que mi ánima quiera perdonar: que el cuerpo sin honra no quiero que salga vivo desta batalla." Con gran saña que tenía de verse llagado dexóse ir al rey Gedres, que muy bien lo salió a recebir: comiençan entre ellos la tercera batalla tan cruel e peligrosa, que no oviera ninguno que lo viera que gran piedad no tomara. Ya se habían parado tales que en las armas había poca deffensa e las espadas no cortaban a su plazer —como quiera que la espada de Lantedón era mejor que no la del rey— e por esta causa el rey era peor ferido. Desta guisa se combatían los dos hermanos como mortales enemigos. Como el rey Gedres se viese tan mal llagado e que su espada no cortaba como él quería, dexóse ir para Lantedón. Echóle los braços muy fuertemente; Lantedón otrosí a él: cada uno puso su fuerça —que bien le hazía menester. Ansí abraçados anduvieron una gran pieça luchando por el campo, mas al fin Lantedón tomó al rey debaxo, e como estaba con muy gran saña, quísole quitar el yelmo de la cabeça por se la cortar; mas el rey —que su vida vio en mucha aventura— esforçóse lo más que pudo, e travó a Lantedón por el braço tan fuertemente que por mucho que trabajase no le podía desenlazar el yelmo.

En aquella hora Dios —que no desempara a los suyos— tráxole en mientes a su hermano, el rey Gedres. E como estaba en su tierra pensó en sí que muy aína podría ser aquél, porque otro ninguno no había visto él que más aventajada fuerça toviesse en el braço derecho; e por esta causa acordó de quitarse de sobre él, llevando consigo ambas las espadas. El rey Gedres se levantó: el cual más quisiera ser muerto que verse ansí de aquella guisa, e adereçaba para se tornar si pudiesse abraçar con Lantedón. Empero Lantedón le dixo: "Caballero, vos me habéis hecho tanto mal, e sacado tanta sangre de mí, que sería muy gran razón que os matasse, mas porque yo sepa con quién me he combatido quiero saber vuestro nombre."

El rey respondió: "Si yo pensasse que por ello perdía punto de mi honrra en menos ternía perder la vida que dezíroslo. Empero porque creo que sois desta tierra e os podría venir mal porque lo que habéis fecho e por lo que más faríades si la ventura os diesse poder, sabed que os habéis combatido con vuestro señor: que yo soy el rey Gedres del Fuerte Braço, como quiera que no lo tengo tan fuerte como yo hasta agora pensaba."

Cuando Lantedón esto oyó no atendió más; dexando caer en tierra las dos espadas quitóse el yelmo de la cabeça e fue corriendo a lo abraçar, diziendo: "¡O mi buen señor hermano, qué gran mal fuera si por tal desaventura entrambos nos matáramos!" Como el rey lo conosció la mayor alegría [XIIIIr] del mundo entró en su coraçón; abraçáronse ambos con muy grande amor, llorando por se haber parado tales. No es ninguno que pudiesse dezir el plazer que consigo tenían, e las razones que en uno passaban. El rey rogó que cabalgassen e se fuessen a la ciudad que aí cerca era, porque la reina, su muger, de cosa ninguna no sería tan alegre como de velle. Lantedón cabalgó en el caballo de su escudero e dexó el suyo al rey. Ellos, queriendo mover, allegaron muchos monteros e caballeros que en busca del rey andaban: a los cuales él dixo cómo aquel caballero era su señor y hermano Lantedón. Después de haber embiado un donzel del rey e al escudero de Lantedón do la nao quedaba —para que allí atendiesse fasta tanto que Lantedón volviesse— fuéronse para la ciudad donde fueron muy bien recebidos e curados de sus llagas.

Grande era el plazer que la reina Latena ovo con la venida de Lantedón, su cuñado. Cuando él la vio tan fermosa mucho fue alegre, e vínosele en la memoria de su señora Damavela —que jamás olvidaba— e dixo entre sí que no quería mayor bien aventura que ser assí casado con ella. Después de haber hablado los dos hermanos de muchas cosas el rey demandó a Lantedón la causa de su venida. El cual le contó lo que passaba, e cómo su padre era muerto: por lo cual entre él y la reyna su mujer derramaron muchas lágrimas. El rey quisiera mostrar mucho sentimiento por la muerte de su padre, mas Lantedón le rogó que no lo hiziesse hasta que él fuesse partido —el cual estuvo allí bien cuarenta días. Después despidióse del rey e de la reina, e no quiso levar ninguna gente aunque el rey le rogaba que fuesse acompañado. Antes con el caballero que las nuevas le traxera, e con su escudero, se tornó a su nao: y en poco tiempo arribó en Suecia.

CAPÍTULO XIX. CÓMO LANTEDÓN FUE CORONADO E ALÇADO REY, Y EMBIÓ SUS EMBAXADORES AL REY DE NURUEGA QUE LE DIESE A DAMAVELA, SU FIJA, POR MUGER; E DE LA RESPUESTA QUE EL REY DIO A LOS MENSAJEROS.

Llegado Lantedón a Suecia fue de todos los altos hombres del reino con grande alegría recebido; después de haber consolado mucho a la reina su madre, fue alçado por rey, rescibiendo la corona en Landanís, con muy gran fiesta que todos fazían por cobrar tal señor. El embió luego por embaxadores al rey Polister de Nuruega, al conde Amarlo e al obispo de Ealma para que le dixessen que él había siempre amado y amaba sobre todas las cosas del mundo a su hija Damavela, que le rogaba que se la quisiesse dar por muger; que él le sería en todo bueno e obediente hijo. Los embaxadores llegados a Nuruega dixeron su embaxada al rey. Mas él les respondió muy sañudamente, diziéndoles que se fuessen luego a la hora de su reino, que él no quería dar su hija a quien le había muerto un tal hermano; mas que antes le dixessen de su parte que él lo desamaba mortalmente, e que lo tuviesse por enemigo. Oída esta respuesta por los embaxadores, el conde Amarlo —que era buen caballero e tenía gran parentesco con el rey Lantedón: ca era su cormano— respondió al rey de Nuruega algunas palabras que a él no plugo de oírlas: por lo cual fue dél tractado asperamente de palabra, puesto que la muger deste conde Amarlo era sobrina del rey Polister. Con tanto los embaxadores se volvieron. ¿Pues quién os podría dezir el pesar e tristeza que Damavela tenía en ver que no podía ser casada con quien tanto amaba?

Como los embaxadores llegaron a Suecia dixeron al rey su señor todo lo que en el rey de Nuruega habían fallado: el cual —como lo supo— fue muy triste e sañudo. Llamó luego cortes en la ciudad de Landanís, e rogó a todos sus ricos hombres e súbditos que le ayudassen a recebir emienda de la poca cuenta que el rey de Nuruega dél había fecho, e de las amenazas que le había embiado dezir. Todos respondieron que estaban prestos de morir por [XIIIIv] su servicio do quiera que él mandasse. Luego el rey Lantedon començó ayuntar su hueste para ir sobre el rey de Nuruega: el cual como recelasse mucho al rey Lantedón no estuvo descuidado, porque luego partidos los embaxadores hizo su concierto e liança con el rey de Inglaterra para que los dos juntamente fuessen sobre él. El rey de Inglaterra vino luego en ello, porque grandes tiempos había que estaba gran enemistad entre el rey de Suecia e de Ynglaterra. Aparejadas las dos huestes de los dos reyes, passaron en Suecia —assí por mar como por tierra— e començaron a destruir muchas villas e castillos.

Como el rey Lantedón esto supo vino luego contra ellos con todo su poder. Ambas las huestes se juntaron en un llano día de Sancta María de agosto, pero los del rey Lantedón eran la mitad menos que los otros. E ordenadas las hazes de ambas partes como convenía, tocaron todas las trompetas e atabales e movieron las batallas unas contra otras. Juntáronse de tal guisa que muchos buenos caballeros cayeron por tierra e muchos caballeros salieron de la prissa sin señores, muchos escudos fueron falsados, e muchas lorigas rotas e foradadas, e de amas partes muchos perdieron las vidas. E comiénçase una tan cruda e mortal batalla, que en poca de hora viérades poblar los campos de muertos: grande era la prissa que aí había. E assí se mataban unos a otros como mortales enemigos: cual sería de lança, cual de espada, cual de porra. Tan gran mortandad se siguía de ambas partes que todo el campo parescía cubierto de sangre — sin falla ésta fue una cruda e dura batalla.

Allí podríades ver al rey Lantedón, la espada en la mano, toda tinta de sangre de los caballeros que fería e mataba. El cual iba discurriendo por todas las partes esforçando los suyos, poniendo gran temor a los enemigos, socorriendo donde más era menester, delibrando las prissas, matando e firiendo cuantos ante sí hallaba: que ál que una vez su espada alcançaba tanto le era como la muerte. Finalmente esta batalla duró desde hora de prima fasta medio día, mas al fin como los de Suecia fuessen la mejor caballería del mundo e oviessen tal caudillo fueron vencedores, e sus enemigos fuyeron desmamparando el campo. El rey Lantedón, con gran plazer desta victoria, siguió el alcance; mató e prendió muchos dellos. El rey de Nuruega fue preso y el rey de Inglaterra se escapó con muy poca gente. Y el rey Lantedón mandó recoger el campo donde se fallaron grandes riquezas. E mandó fazer en aquel lugar do la batalla se dio una abadía de monjes en reverencia de Nuestra Señora la Madre de Dios.

Después partióse para la ciudad de Landanís, llevando consigo al rey Polister de Nuruega; el cual no llevaba poco temor de que el rey Lantedón le fiziesse cortar la cabeça. Mas esto estaba bien apartado de su pensamiento, que antes en la ciudad de Landanís le fizo mucha honra e fiesta. Hizieron ambos su abenencia de tal guisa que el rey de Nuruega se volvió en su reino e le embió su hija Damavela para que la tomasse por muger. Damavela vino muy acompañada de muchos caballeros, dueñas e donzellas. Como el rey Lantedón supo su venida salióla a recebir bien treinta millas con muchos ricos hombres e caballeros. Quien oviesse de recontar por estenso las cosas que en uno pasaron y el plazer que entrambos ovieron de se ver sería para no acabar. Por ende solamente se dirá que se volvieron para la ciudad para la ciudad de Landanís donde con muy gran fiesta fueron recebidos.

Capi. XX. Cómo el rey Lantedón tomó por muger a la infanta Damavela, hija del rey de Nuruega.

Luego que el rey Lantedón fue llegado con su señora Damavela a la ciudad de Landanís mandó llamar a todos los altos hombres de su reino: los cuales veni [XVr] dos, gran corte fue ayuntada, e con muy gran fiesta e honra el rey recibió por muger a la infanta Damavela. Aquel día cantó la misa el obispo de Calina en la iglesia mayor de aquella ciudad, e hízose en muy fermoso torneo entre los caballeros de la corte. Venida la noche —que del rey Lantedón era muy desseada— en un muy rico lecho fueron echados los dos que tanto se amaban, donde allí con gran gozo de entrambos fueron cumplidos sus desseos e hecha dueña la que antes era donzella. Duraron las fiestas veinte días, haziéndose torneos que entre aquellos buenos caballeros fueron mucho de mirar porque en aquel tiempo la caballería de Suecia florescía más que la de ninguna otra provincia del mundo. Desta guisa fue el rey Lantedón casado con aquella que tanto amaba, viviendo a muy gran plazer e descanso, dexando ya las cosas de las armas e governando su reino con tanta paz e justicia que ningún rey ovo en Suecia que assí lo governasse, ni que tan amado de sus vasallos —que muchas gracias daban a Dios porque tal señora les diera, porque ella no tenía par de bondad e de mesura. Era tan hermosa e humana, tan amigable e agradable a todos, que ninguna en su tiempo con tanta razón mereció ser amada. Nunca en la reina Damavela se falló crueza ni sobervia; antes toda piedad e llaneza: era muy limosnera; hazía mucho bien a todos aquellos que en necesidad estaban, tanto que por todo su reino se hazían cada día grandes oraciones e rogativas por ella. No tardó mucho que se hizo preñada, de lo cual el rey e todos ovieron gran plazer cuando lo supieron. El rey se daba más a la caça de monte que a otra cosa ninguna.

Capi. XXI. Cómo el rey Lantedón fue un día a monte e con él la reina su muger, y en una floresta la reina parió un hijo estrañamente hermoso.

Dize el cuento que el rey Lantedón ordenó un día una gran montería para que la reina fuese allá a tomar plazer. E mandó a sus monteros que toviessen guisado como él hallase toda manera de caça, los cuales lo hizieron assí. Vinieron al rey e dixéronle que todo estaba adereçado. El rey rogó a la reina que fuesse allá —como quiera que ella se sintiesse muy agrabada de su preñez, como aquella que estaba en tiempo de parir— porque al rey plazía mucho dello. Cabalgó con muchas de sus dueñas e donzellas; fueron a la espessa floresta —que assí se llamaba, la cual era siete millas de la ciudad. Como a ella llegaron pusieron sus paradas e començando la caça no tardó mucho que vieron salir un gran puerco. Allí viérades soltar canes de todas partes: comiénçasse una grita e una bozería tan grande que plazer era de oír. El puerco —que era muy ligero— començó de huir, e todos los canes empós dél. El rey lo seguía e muchos otros caballeros otrosí. De otra parte de la floresta levantaron un gran venado al cual echaron muchos canes, e tanto lo siguieron que la reina e sus damas quedaron solas; yendo por la floresta, buscando al rey e a sus gentes que muy alongados estaban, a la reina tomaron dolores del parto. Las damas no sabían qué se fazer. Empero tomaron a su señora como mejor pudieron; decendiéronla del palafrén e tendieron muchos paños en que se echasse allí —aunque con gran trabajo. La reina parió un fijo tan hermoso cual nunca jamás se vio semejante dél, el cual nasció con una maravillosa señal que tenía en los pechos una estrella tan hermosa e bien tallada que maravilla era de ver: la cual era tan blanca que sobre la blancura de las carnes del niño, aunque muy blancas eran, hazía gran differencia.

Cuando todas aquellas dueñas e donzellas vieron criatura tan estrañamente hermosa mucho fueron maravilladas; emvolviéndolo en los mejores paños que al pre [XVv] sente allí tenían mostráronle a la reina, la cual como tan hermoso le viesse, con gran gozo e alegría le tomó entre sus braços; besólo muchas vezes, diziendo: "Hijo mío, no era razón que cosa tan fermosa como vos naciesse en la floresta donde no suelen nascer sino brutos e desemejados animales." E como del parto se sintiesse muy fatigada dixo: "Ruégote Señora Virgen María que te plega por tu clemencia e piedad darme gracia para vivir e gozar de un tan fermoso hijo, el cual no sin causa el tu precioso fijo quiso hazer tal." Mostrando tan gran plazer e alegría la reina con su hijo —cual no se podría dezir— e dezía assí: "Hijo de mi coraçón, si Dios os hiziesse tal como a vuestro padre nunca sería muger en el mundo tan alegre como yo." Assí estaba tan llena de gozo que no sabía si era en la ciudad o si era en la floresta.

Las mugeres que allí estaban le tomaron el niño porque el sobrado plazer no le causasse alteración: una le tomaba e otra le dexaba, besándole muchas vezes, no hartándose de lo mirar. Pues ellas estándo desta guisa, salió de una espessura un grande osso muy bravo y espantable. Como las mugeres lo vieron venir desampararon a la reina e al infante e huyeron contra las matas espessas, escondiéndose con gran temor. ¿Quién podría dezir la cuita e gran pavor de la reina? que doliéndose más del niño que de sí mesma llamaba a Nuestra Señora a grandes bozes que los acorriesse. El osso se fue derechamente al niño, mas Dios no quiso que assí muriesse porque para mucho bien estaba guardado. En este comedio paresció entre los árboles un caballero del rey, muy bueno en armas y en toda bondad, que había nombre Argadón, el cual conosció a la reina e vio que el osso quería tomar el niño; diole muy grandes bozes e fue contra él corriendo. El osso dexó al niño e vino para él muy sañudo, e saltóle en el cuello de su caballo con tanta fuerça que todos tres vinieron al suelo. Mas Argadón saltó de pies en tierra e diole tal golpe de la espada que la cabeça le echó a lueñe. Después limpió su espada e metióla en la vaina. Tomando el niño, fuesse para la reina, diziéndole: "Señora, no temáis nada, que tal manjar como éste no lo hizo Dios para tan bruto animal como lo quería comer."

La reina, que del gran miedo había pensado morir, le dixo: "Buen amigo Argadón, vos me habéis hecho tan grande servicio que del rey e de mí seréis muy bien galardonado." Argadón llamó a las donzellas: las cuales salieron con grande vergüença de lo que habían hecho. La reina les dixo: "Por buena fe, señoras, quien con vosotras queda acompañada no debe temer ninguna cosa."

Ellas, que muy grande plazer habían de cómo la reina y el niño escaparan, respondieron riendo: "Señora, mandadnos combatir con veinte caballeros e no con un tan fiero animal."

Después de venidos algunos caballeros e monteros con que la reina quedó acompañada, Argadón cabalgó e fue a demandar las albricias al rey, al cual falló cerca de una laguna e con él muchos de los suyos que estaban encarnando los canes en el puerco que habían muerto. Argadón se puso de hinojos ante el rey e contóle las nuevas que traía, de que el rey ovo tan grande plazer e alegría que mayor no pudo ser, e díxole: "Argadón, por el gran servicio que hoy me habéis hecho seréis de mí tan bien galardonado que vos quedéis muy contento e satisfecho."

El rey, cabalgando luego, lo más presto que pudo, fuesse donde la reina estaba. E como allá llegó descabalgó muy aína de su caballo; fuesse para ella, e con muy grande amor la abraçaba e besaba, demandándole si oviera gran pavor en el grande peligro que poco antes había passado. Después tomó el niño en sus braços. Cuando bien lo miró e lo vio tan estrañamente hermoso, muy grande gozo e alegría entró en su coraçón, besándolo muchas vezes le dixo: "Si Dios me ayude, hijo, muy pobre fue vuestro nascimiento pa [XVIr] ra según en vos se muestra que merescéis." Bolviéndose a Argadón díxole: "Pues vos escapastes assí al infante, yo quiero que vos sea dado encargado con un muy buen castillo que vos yo daré." Argadón le besó las manos por ello.

Luego cortaron madera de que se hizieron unas andas en que llevaron a la reina a la ciudad. Como en el palacio fueron, la reina fue echada en muy rico lecho. Sabido por la ciudad que la reina había parido un tan hermoso hijo muchos caballeros, dueñas e donzellas venían por le ver. El rey lo mandó desembolver e mostrar a algunos dellos para que viessen la maravillosa señal que en los pechos tenía —acordándosele entonces de lo que su tía, la Dueña Encubierta, dixera al rey su padre cuando le armó caballero, como la historia lo ha ya contado. Luego aquel día el infante fue dado a aquel caballero Argadón que de muerte lo librara. E mandóle dar el rey un muy hermoso castillo con una villa que era a nueve millas de la ciudad de Landanís. La muger de Argadón —a quien una hija se le había muerto pocos días había— començó a criar el infante.

CAPI. XXII CÓMO FLORANTEL VINO A LA CORTE DEL REY LANTEDÓN, SU CUÑADO, Y EL INFANTE FUE BAPTIZADO, E OVO POR NOMBRE CLARIÁN DE LANDANÍS.

Dende a ocho días que el infante fue nascido, estando el rey a la tabla —ya que los manteles habían alçado— entró por la puerta un caballero que le dixo: "Señor, nuevas traigo que Florantel, vuestro cuñado, entra hoy en vuestra corte." Al rey plugo mucho desto, e salióle a recebir con muy gran caballería. E cuando el rey lo vio, abraçólo, recibiéndolo muy bien, e fue dél muy pagado porque Florantel era caballero hermoso e de tan pequeña hedad que no passaba de diez e siete años; venía bien acompañado. Llegados a la ciudad Florantel fue muy bien recebido de la reina, su hermana. E como él vio al infante su sobrino mucho fue maravillado de su hermosura.

Dende a pocos días que Florantel allí llegó, fueron venidos muchos altos hombres del reino e mucha otra caballería, e con gran fiesta e honra el infante fue baptizado: pusiéronle nombre don Clarián de Landanís —e como este apellido de aquella ciudad que era cabeça de toda aquella provincia de Suecia e reino por sí con su comarca. En toda la corte se hizieron grandes fiestas e alegrías aquellos tres días. En un torneo que se basteció entró Florantel e hízolo tan bién que el rey e todos lo preciaron mucho.

Acabadas las fiestas, Florantel demandó licencia al rey Lantedón para se ir a la corte del emperador Vasperaldo de Alemania, que por muerte del emperador Macelao, su padre, en el imperio había subcedido, diziendo assí que con tal voluntad era partido de la corte del rey Polister su padre. El rey Lantedón dixo que a él le plazía mucho de aquello. Rogóle que al emperador saludasse mucho de su parte porque él lo amaba de todo su coraçón, e tenía gran razón para ello. Florantel se partió luego sin otra compañía sino la de su escudero. Algunos de los que con él vinieron quedaron en Suecia; otros se tornaron a Nuruega.

E de las aventuras que en este camino le avinieron, como cosa agena desta historia en ella no se haze mención, mas del rey Lantedón diremos que quedó en su corte muy alegre por el hijo que tenía, con esperança que —según las grandes cosas de la Dueña Encubierta e otros muchos sabios habían fablado— éste sería el mejor caballero del mundo si luengo tiempo viviesse. El rey lo amaba tanto que muy poco espacio del día podía estar sin le ver.

Dende a tres años la reina parió una hija que ovo nombre Belismenda, e fue una de las hermosas mugeres del mundo, por el nascimiento de la cual se hizieron grandes fiestas. Boliesa, muger de Argadón —que a don Clarián criaba— se hizo preñada de un fijo, e por esta causa le fue quitado el [XVIv] infante, por lo cual ella hizo grandes llantos. Argadón traxo una sobrina suya a su casa: aquésta dio la teta a don Clarián, fasta tanto que Goliesa parió un fijo que ovo nombre Manesil, de quien la historia adelante gran minción hará. Luego Goliesa tornó a dar teta a don Clarián hasta tanto que della no tuvo necessidad, e dio ella a criar a su hija a una ama. Cuando don Clarián vino a ser de hedad de cuatro años su hermosura era tan grande que por maravilla era de todos mirado e dezían que Dios le había fecho en aquello más extremado que a otro ninguno.

CAPITU. **XXIII.** CÓMO EL REY GEDRES DE LA PEQUEÑA BRETAÑA EMBIÓ A SU HIJO DON GALIÁN A LA CORTE DEL REY LANTEDÓN SU HERMANO.

Dize la historia que estando el rey Lantedón un día en su palacio entraron por la puerta una compañía de caballeros todos bien guarnidos, traían consigo un pequeño donzel muy apuesto e ricamente guarnido. Puestos de rodillas ante el rey besáronle las manos e dixéronle que el rey Gedres su hermano le embiaba mucho a saludar a él e a la reina, e les embiaba a su fijo don Galián del Fuerte Braço para que se criasse en su corte en compañía de don Clarián su cormano. El rey los rescibió muy bien; al donzel abraçó e besó con mucho amor, agradesciéndolo mucho al rey su hermano porque se lo embiaba. Como a don Clarián le dixeron que aquel donzel era su cormano, salió de entre los braços de Argadón su amo e fuelo abraçar. Los dos niños se recibieron tan bien que el rey e todos tomaron gran plazer e dende aquella hora se amaron mucho más que si hermanos fueran, como la historia lo cuenta adelante.

Assí se criaban juntos los dos cormanos con quien toda la corte plazer recebía; ellos no partían de sí a Manesil, hijo de Argadón, a quien don Clarián mucho amaba. El rey e la reina en aquel grado amaban a don Galián como su hijo fuesse. Cuando vinieron a hedad de aprender las letras a los dos juntos les fueron mostradas. Assí se ocupaba e trabajaba don Clarián en oír y entender las sanctas doctrinas que de todos por el donzel del mundo que más pura e castamente traía su vida era tenido. Otrosí se daba a leer hechos famosos de caballería, que en gran cobdicia le ponían de los seguir. E por causa de su hijo el rey embió por muchos donzeles fijos de los altos hombres y caballeros de su reino para que se criassen en su corte. Entre muchos que vinieron aquí se dirá de tres, porque la historia adelante dellos haze mención: que el uno fue Genadís de Suecia, hijo del conde Amarlo, cormano del rey Lantedón; el otro Cardisel de la Vanda, fijo del duque de Salina. Este Cardisel e Genadís eran primos cormanos, e también el duque era primo del rey Lantedón. El otro, Olvanor, hijo de un rico hombre e de Guiralda —la donzella de quien la historia de suso ha contado— ca el rey Lantedón e la reina Damavela la habían casado con aquel caballero mucho a su honra.

Assí como don Clarián creció en edad, assí iba creciendo en hermosura, fuerça, maña e ligereza y en todas las otras cosas, que tan maravillados estaban todos de tanta gracia como Dios le diera en todo que dezían que si viviesse e llegasse a ser caballero que sería de los mejores del mundo. El era cortés, manso, mesurado, gracioso, amigable e franco con todos aquellos que con él trataban, assí que de todos más que ninguno que en el mundo fuesse era amado. Fueron conoscidas en don Clarián —cuando se criaba mucho— estas señales, de que todos se maravillaban: que la frente e la estrella blanca que en los pechos tenía se le paraban muy coloradas y encendidas y entonces estaba él muy sañudo. Como en la corte oviesse muchos donzeles no entendían en ál que en saltar, luchar, aprender todas mañas e provar fuerça [XVIIr] los unos con los otros; mas grande era la vantaja que a todos fazía don Clarián; después del con don Galián ninguno se igualaba, el cual de todos era muy amado e preciado.

CAPITU.XXIIII. CÓMO LA DUEÑA ENCUBIERTA VINO A LA CORTE DEL REY, E DE LAS PALABRAS QUE DIXO A SU SOBRINO DON CLARIÁN.

{A}viendo don Clarián de diez e ocho años, la Dueña Encubierta, tía del rey su padre, vino a la corte, la cual assí dél como de la reina fue muy bien rescebida. Ella hizo luego venir ante sí a don Clarián, e como lo vio tan fermoso e apuesto tomólo entre sus braços, abraçándolo e besándolo muchas vezes[6] le dixo: "Sobrino, vuestros amores me traen acá porque sin falla si de todos fuésedes conoscido como de mí, vuestras cosas serían estimadas como era razón, porque vos seréis espejo en que toda la caballería se mirara, e vos seréis aquel de quien todos muy altamente fablarán, e muchos morirán con lástima de no conosceros; e si el rey vuestro avuelo os conosciera

---

[6] ve veces

antes de su muerte, e pudiera ver vuestras caballerías, por muy bien andante se tuviera. Porque assí como Dios vos dio por señal tan maravillosa essa estrella que en los pechos tenéis, assí os fará espejo e luzero de toda caballería, e vos, mi buen sobrino, sois más obligado de servir aquel todo poderoso Señor que por su clemencia e bondad tal os quiso fazer que otro ninguno."

Estas e otras muchas razones dezía la Dueña Cubierta a don Clarián, de que todos cuantos aí estaban se hazían maravillados. Ella sacó de su dedo un muy hermoso anillo con una piedra muy rica, la cual era un coraçón que se ardía en llamas, el resplandor del cual era tan grande que no parescía a quien bien lo mirasse sino que propio fuesse, mas él era por tal arte fecho que no era maravilla; después diolo a don Clarián diziendo: "Sobrino, éste os doy yo porque en tiempo que vuestro coraçón semejare a éste os acordéis de mí." El rey e todos cuantos aí estaban eran maravillados de lo que la Dueña Encubierta dezía, e no podían entender aquellas palabras —mas todo fue assí como ella dixo.

Después que ella ovo fablado muchas cosas de don Clarián tomó consigo a don Galián e díxole: "Pues vos, sobrino, no merecéis ser olvidado, que aquel muy alto Señor os fará tal que muchos amarán vuestra compañía." Estando la Dueña Encubierta con mucho plazer que tomaba con sus sobrinos, encontraron Genadís de Suecia e Cardisel de la Vanda con otros donzeles. Genadís dio un gavilán que en la mano traía a don Clarián, e a don Galián un muy hermoso arco que su padre le embiara. La Dueña Encubierta le dixo: "Genadís, bien hazés de amar a los dos cormanos porque en dos cosas que tu vida darás por perdida serás dellos bien socorrido." Como quiera que don Clarián e los otros donzeles oyeron estas palabras no pasaron mucho mientes en ellas; antes se fueron por una huerta adelante tomando plazer. La Dueña Encubierta estuvo en la corte algunos días; después tomó licencia del rey e de la reina Leandia que con su nieta Belismenda —que ella criaba aquella sazón— allí viniera; después partióse de la corte.

Como don Clarián fue de mayor edad començó a deprender el juego de las armas e todas las otras cosas que a caballero convenían: tomávalo tan bien que todos se maravillaban. En la corte podíades ver cada día entre estos donzeles saltar, correr e luchar, e provar todas maneras de fuerça e jugar de las espadas, ensayarse las armas, justar, tornear e tomar todas maneras de plazer por donde la corte era en mayor alegría que nunca fue. Algunos de los donzeles aprobaban bien, mas don Clarián se extremaba sobre todos porque él no tenía par de fuerça, ligereza y ardimiento, y era tanta la gracia que en todas las cosas tenía que todos dezían que perfectamente sin fallecerle nada le hiziera Dios complido de todo. El rey e la reina lo amaban más que a sí [XVIIv] mismos; otrosí don Galián era de todos muy preciado. Desta guisa se crió don Clarián fasta ser de edad de diez y siete en el cual tiempo él tenía muy gran desseo de ser caballero.

CAPI. XXV. CÓMO EL REY LANTEDÓN FUE A CAÇA A LA ESPESSA FLORESTA E DE LO A ÉL E A DON CLARIÁN ALLÁ LES ACAESCIÓ.

Cuenta la historia que el rey fue un día a monte a la espessa floresta, e con él don

Clarián su fijo e don Galián su sobrino, e otros muchos caballeros e donzeles; como en la floresta fueron, començaron su caça, e no tardó mucho que levantaron un grande venado. Los canes començaron de ir empós dél, mas el venado —que era muy ligero— se alongó de todos ellos; el rey e todos ellos lo siguieron e tanto corrieron empós dél que el rey e don Clarían e su cormano se perdieron de todos los otros. Mas el rey —que tenía mejor caballo— siguió el venado con tanta cobdiscia que se alongó dellos en guisa que lo perdieron de vista. El venado corrió tanto que llegó a una laguna e lançóse dentro por guarescer, mas allí fue muerto por los canes. El rey descabalgó y encarnándolos en él, tocó su cuerno porque sus monteros acudiessen allí, mas él estaba tan apartado de todos que no lo podían oír. Como el rey vio que no venía ninguno, echóse sobre la yerva verde para los atender.

Estando desta guisa vio venir una leona, la cual derechamente se fue para el venado e tomólo en la boca e començóse de ir con él. Los canes con temor no osaban a ella llegar. Mas el rey tuvo que era covardía si assí se lo dexasse llevar; se levantó e fuesse contra ella. La leona —que lo vio venir— dexó el venado e vínose para el rey, el cual le lançó el venablo tan de rezio que le passó ambos costados. La leona saltó contra él por le coger entre las uñas. Mas el rey se desvió e diole tal golpe de la espada que la cabeça le derribó en tierra. Fecho esto tornó a tocar su cuerno, mas ninguno venía.

A esta sazón arribó aí un hermitaño que su hermita cerca de allí tenía, e como vio muerta la leona volvióse para el rey e salvándole le dixo: "Señor caballero ¿matastes vos esta leona?"

"Sí maté," dixo él, "porque me quería llevar mi caça."

"Si Dios me ayude," dixo él hermitaño, "vos hizistes gran bien y el rey de esta tierra vos terná que agradecer porque gran daño hazía en todo el ganado de sus súbditos."

El rey respondió: "Por buena fe yo haría tanto por el señor desta tierra como por mí mismo."

El hermitaño le dixo: "¿Dónde es vuestra compaña, señor caballero, o por ventura venís assí solo?"

"Por Dios," dixo el rey, "aunque yo la traigo, bien creo que por esta noche la habré perdido."

El hermitaño le rogó entonce que se fuesse con él a su hermita aquella noche, porque era tarde e a otra parte no podría ir. El rey se lo otorgó e quedó aquella noche en la hermita, e sin darse a conocer al hermitaño se fue otro día para la ciudad; e después de allá llegado demandó por don Clarián e por don Galián su primo, mas no le supieron dezir cosa alguna dellos —de que el rey ovo gran pesar; e mandó que los fuessen luego a buscar, otrosí que hiziessen venir muchos caballeros e monteros que en busca del por la floresta andaban.

CAPÍTULO XXVI. CÓMO DON CLARIÁN LIBRÓ UNA DONZELLA DE DIEZ VILLANOS QUE LA QUERÍAN FORÇAR E QUITAR UNA ESPADA E UN ESCUDO QUE LA REINA LEANDIA SU AVUELA PARA ÉL EMBIABA.

Dize el cuento que assí como don Clarián e su cormano perdieron al rey de vista, començáronlo de buscar por la espessura de la floresta, e ya sus caballos levaban muy cansados. Andando desta guisa oyeron a su diestro bozes como de muger que se quexaba.

Don Clarián dixo a su cormano: "¿Oís vos lo que yo oigo?"

"Sí," dixo don Galián.

"Pues agora vamos allá," dixo don Clarián, "e vea [XVIIIr] mos qué es." Entonces movieron corriendo contra allá. Como el caballo de don Galián fuesse ya muy cansado al saltar de un barranco cayó en tierra muy gran caída, mas don Clarián passó adelante, e no anduvo mucho que se falló en un pequeño llano e vio estar diez villanos a pie que tenían una donzella entre sí e querían la forçar. Mas ella se defendía cuanto podía, llamando a grandes bozes a Nuestra Señora que la acorriese. E como don Clarián esto vio ovo della gran piedad, e plúgole porque eran hombres en quien podía poner las manos, pero que no llevaba otras armas sino un venablo e una espada, empero assí como estaba se fue para ellos, diziéndoles: "Viles hombres ¿por qué hazéis tanto mal a una donzella?"

Ellos —que lo vieron tan niño e con tan pocas armas hablar tan osadamente— dixéronle: "En mal punto venistes acá, que no podéis escapar de muerte," e con cobdicia que tenían de le tomar el caballo e todo lo ál —porque de aquello vivían gran tiempo había— tomaron sus espadas e hachas e dexáronse ir para él. Mas aquél a quien esfuerço no faltaba lançó el venablo al uno dellos por medio de los pechos tan de rezio que lo passó de la otra parte. El villano cayó muerto en tierra. Todos los otros lo tomaron en medio, mas don Clarián puso mano a la espada, metiéndose por ellos muy sañudo, dio a otro tal golpe que la cabeça le hechó muy lueñe. Tan ligero andaba entre ellos que por mucho que los villanos trabajaban no le podían ferir a él ni al caballo. El se dexó ir a uno que más lo aquexaba e diole tal golpe que el puño con el espada le derribó en tierra. E como los otros estos golpes vieron ovieron gran pavor e començaron a fuir contra las matas espesas, diziendo que aunque aquel donzel figura tuviesse de ángel, los hechos tenía de diablo.

Don Clarián volvió la cabeça e vio venir a su primo don Galián corriendo a pie, la espada en la mano, muy encendido del trabajo; e como a don Clarián llegó apenas podía fablar, mas él lo fue abraçar, diziendo: "Cormano ¿por qué tomastes tanto trabajo?"

"Señor," dixo él, "por el peligro en que os veía, mas a Dios merced que mi ayuda no ha sido menester." Mirando don Galián los golpes que don Clarián hiziera dixo entre sí que si viviesse e llegasse a ser caballero que sería mejor que su padre.

Don Clarián le dixo: "Cormano ¿en qué pensáis?"

"Señor," dixo él, "miro lo que aquí habéis hecho, e no me maravillo de los golpes por ser los hombres desarmados, mas del esfuerco que tuvistes en los acometer no teniendo más armas de aquéssas; e por buena fe que si llegáis a ser caballero a todo vuestro linaje passaréis de bondad."

Don Clarián le dixo: "Cormano, dexemos esso, que si como al menor de mi linaje Dios me hiziesse, yo sería muy alegre; mas yo os prometo que sea presto caballero porque ya siento en mí lo que puedo ser."

Don Galián le respondió: "No lo seáis sin mí e sea cuando quisierdes." El se lo prometió assí.

Entonces se fueron para la donzella —que de la hermosura de don Clarián e de lo que le viera hazer estaba maravillada. El le dixo: "Señora donzella ¿por qué os querían hazer mal aquellos villanos?"

"Señor, por me quitar una espada y un escudo que la reina Leandia embía a don Clarián, su nieto, y embíale a rogar que con éstas reciba orden de caballería." Después mostróle la espada y el escudo que acostadas a un árbol estaban.

Don Clarián lo tomó e plúgole mucho con ello: la espada era muy rica y el escudo muy hermoso; díxole: "Donzella, yo soy el que vos demandáis, e mucho me pesara si no me fallara a tiempo de poderos socorrer, e ruégovos que queráis venir a la corte para que yo pueda hazer vos alguna honra por el trabajo que por mí habéis recebido."

La donzella respondió: "Sin falla yo os debiera conocer por las nuevas que me habían dicho que érades el más hermoso donzel del mundo, y pues que vos he fallado en tal lugar no me haze menester ir a la corte; antes me quiero volver para mi se [XVIIIv] ñora, que sé que habrá gran plazer de oír lo que vos le contaré."

"Donzella," dixo don Clarián, "pues que a vos assí plaze, a Dios vayáis. Saludadme mucho a mi señora la reina e dezidle que Dios me dexe servirle las mercedes que de cada día me haze, que con esta espada e con este escudo recibiré orden de caballería si a Dios plugiere: e que por cierto tengo que adelantaré mucho en mi honra con ello por me lo haber ella embiado." La donzella cabalgó en su palafrén que allí tenía y encomendándolos a Dios fuesse por su camino adelante. Don Clarián e su cormano fueron donde estaba el caballo de don Galián, el cual cabalgó en él. Aquella noche fueron alvergar a una hermita —que no acertaron a volver a la ciudad— e otro día tomaron su camino para allá.

CAPÍTULO XXVII. DE LAS PALABRAS QUE PASSARON ENTRE DON CLARIÁN E ARGÁN DE FUGEL E CÓMO APLAZARON BATALLA ENTRAMBOS DOS.

Ellos yendo por la gran floresta, hablando de muchas cosas, vieron entre unos árboles un caballero arrendado e a par dél un palafrén. Don Clarián —que lo cató— conosció que era él de la donzella, e dixo a su cormano: "No me creáis si éste no es el palafrén de la donzella que ayer hallamos."

Entonces se fueron para allá: y vieron estar un caballero grande de cuerpo armado de todas armas, fueras el yelmo: el cual trabando por los cabellos a la donzella, la tiraba contra sí diziendo: "Por buena fe, doña mala donzella, vos me daréis lo que os demando o moriréis por ello."

Don Clarián, que ovo piedad della, dixo a su cormano: "Agora veo el más descortés caballero que nunca vi; nosotros no podemos hazer ninguna cosa sino con ruego, que en otra guisa perderíamos orden de caballería por ello," e llegándose más, don Clarián le dixo: "Señor caballero, por Dios e por cortesía no fagáis tanto mal a una donzella que por ventura no vos lo merece."

El caballero respondió: "Cierto, esso no dexaré yo de hazer por ninguno, que aunque la matasse ella lo merece muy bien: que ha sido causa que yo fiziesse un gran mal e dirévos cómo. Yo e un mi primo cabalgamos ayer por esta floresta a buscar unos ladrones que en ella andan; encontramos esta donzella que llevaba una espada e un escudo muy hermosos; mi primo quísolas tomar para sí: yo le dixe que no lo hiziesse, que cuando algo se oviesse de hazer más pertenecían para mí. El me respondió que él los merescía también como yo, porque ovimos de venir a batalla: mi primo fue muerto en ella. E pues esta donzella fue causa que yo a mi primo matasse, e no trae el espada ni el escudo, no me escapará que no la mate."

La donzella —que a don Clarián conosció— dixo llorando: "Por Dios e por merced libradme deste caballero, que aunque yo le quiero dezir a quién di la espada y el escudo no me lo quiere oír ni creer."

Don Clarián dixo: "Donzella, a vos no os haze menester dezirlo, que en cuanto yo pudiere no recibiréis por esto mal ni daño." Volviéndose al caballero díxole: "Señor, por Dios e por mesura que dexéis ir libremente a esta donzella, que no os tiene culpa; porque lo que vos le demandáis, no os puede ella dar porque yo lo traigo aquí: porque a mí era embiado, e si vos mano en la donzella ponéis todo el mundo os lo terná a gran fealdad."

El caballero, que bien el espada y el escudo conosció, le respondió: "Agora vos id e agradecedme que no os lo tomo, e no curéis de rogarme otra cosa porque en ninguna guisa lo haré."

"No hay razón," dixo don Clarián, "porque yo os agradezca que no toméis lo que es mío, e si caballero fuera como vos, bien os lo cuidara defender cuando hazerlo quisiérades, mas de la donzella os digo que si no la dexáis ir su camino haréis gran villanía, e si Dios me dexa llegar a ser caballero, en toda parte que yo os halle e conozca tomaré de vos la enmienda."

El caballero lo cató [XIXr] más que de antes: como lo vio tan hermoso e de tan tierna edad maravillóse de oír le assí fablar, e díxole: "Como donzel, no siendo caballero, fabláis tan osadamente; cierto si dado me fuese yo os castigaría muy bien vuestra locura. Mas yo dexaré la donzella e a vos lo que ella os dio, con tal que me prometáis que siendo caballero me buscaréis para combatir vos comigo. Esto fago porque veo en vos el más atrevido donzel que nunca vi."

Don Clarián le respondió: "Lo de la donzella os agradezco, mas de lo ál ya os he respondido; e porque más cierto estéis de mi batalla, yo os prometo de ser con vos en hoy en treinta días a la cruz blanca que cerca es de aquí."

El caballero —que de oír lo que dezía se sonrió— dixo: "Donzel, si yo no os castigasse a mi plazer nunca sería alegre, e mirá bien con quien habéis aplazado lid: que sabed que a mí llaman Argán de Fugel." Este caballero era natural de Suecia, de gran bondad de armas.

Don Galián, que de oír sus palabras no estaba poco sañudo, le dixo: "Caballero, no mostréis aquí tanta sobervia; dexad aquí algo para el día de la batalla, e si con vos queréis meter otro, yo me combatiré con él."

Argán de Fugel le dixo: "¿Vos sois caballero?"

"No," dixo él, "que si lo fuera e viniera armado no passaran aquí tantas razones."

"Cierto," dixo Argán de Fugel, "a mí gran vergüença me sería si por tales seis como vosotros metiese otro comigo, porque si los dos contra mí vinierdes yo vos hago ciertos que no me pesara." Después cabalgó en su caballo, e dixo a don Clarián que le dixesse su nombre porque él lo pudiesse mejor fallar si de lo prometido le faltasse.

"Esso no os conviene de lo saber agora," respondió don Clarián, "mas tened creído que mi promessa yo la cumpliré." Argán de Fugel se fue con tanto por su camino.

Don Clarián dixo contra la donzella: "Buena amiga ¿a vos dónde vos plaze más ir?"

Ella respondió: "Señor, ya no creo que tengo más de quién me temer, e quiérome volver para la reina mi señora; e sin falla si he passado trabajo por vuestro servicio bien me lo habéis galardonado, pues dos vezes me habéis delibrado de muerte o deshonra."

Don Clarián le tomó entonces juramento: que a la reina su senora, ni a otro ninguna de aquella batalla que él había aplazado no dixesse cosa alguna. La donzella lo hizo assí, y encomendándolos a Dios partióse dellos. Don Clarián rogó mucho a su cormano que desta batalla que él había de fazer en la corte no contasse, porque si en otra manera lo fiziesse él se vería en grande confusión e caería en gran falta.

Assí anduvieron tanto que llegaron a la ciudad donde dieron gran plazer a todos con su venida, que se recelaban que algún peligroso caso les oviesse acaescido. Manesil, que sirvía a don Clarián, andaba con aquellos que por la floresta los buscaban, e hazía el mayor duelo del mundo por su señor pensando que fuesse muerto o perdido, e recelávalo mucho porque habían llegado en aquella parte donde don Clarián la donzella de los villanos librara e vieran allí aquellos hombres muertos e no hallaban rastro dellos. Mas sabido por ellos que ya a la ciudad eran venidos, volviéronse con gran plazer. Don Galián contó al rey todo lo que a don Clarián aviniera, solamente le encubrió la batalla que con Argán de Fugel aplazara, e todos tuvieron en mucho este fecho.

CAPÍTULO **XXVIII**. CÓMO DON CLARIÁN RESCIBIÓ ORDEN DE CABALLERÍA E CON ÉL DON GALIÁN SU PRIMO E OTROS DONZELES.

Cuenta la historia que ocho días estuvo don Clarián después que con Argán de Fugel aplazara su batalla que cosa ninguna no dixo al rey en lo que tocaba a su caballería. Muchas vezes hablaba en poridad con su cormano sobre este fecho. E sin falla don Galián recelaba tanto esta batalla considerando la poca hedad de don Clarián e la gran valentía que en el otro le parescía haber, que si no temiera de enojarle e perderle pa [XIXv] ra siempre, él descubriera al rey todo lo que passaba para que en ello pusiera remedio, mas por esta causa se calló: ca no quisiera por cosa alguna que entre don Clarián y él oviesse discordia ni desamor: porque tanto se amaban los dos cuanto jamás se amaron hermanos. Parecíanse assaz, mas don Clarián era más blanco e más alto de cuerpo, e puesto que don Galián era caballero muy hermoso, en aquello le fazía mucho vantaja. E como en esta historia muchas vezes de la gran apostura y fermosura de don Clarián se hable Vadulato de Bondirmagus, obispo de Corvuera, que por mandado del emperador Vasperaldo lo escrivió, pone en esta parte la escusa dello

—porque a los letores no parezca en alguna manera cosa prolixa— e dize que conviene hazer dello gran mención porque don Clarián era caballero muy extremado en hermosura de caballero, que todos los que lo miraban eran puestos en gran admiración. El obispo Vadulato escrive esso mesmo que de la extremada bondad de armas, apostura y fermosura de la persona de don Clarián, habla muy largamente en un libro *De belo germánico* que recuenta la gran caída e pérdida de Eraldo, que el título de emperador con gran parte de su tierra perdió.

Pues tornando al propósito: los ocho días passados, estando el rey un día con muchos de sus altos hombres passeándose por una huerta, don Clarián, tomando por la mano a su cormano, fuéronse ambos para el rey; puestos de hinojos ante él don Clarián dixo: "Señor, sea la vuestra merced de me otorgar un don."

El rey, que mucho los amaba, hízolos levantar e díxole: "Mi amado hijo, pide lo que quisieres, que yo te lo otorgo."

Don Clarián le besó las manos por ello e díxole: "Señor, el don que me habéis de dar es que nos arméis caballeros a mí e a mi cormano don Galián."

El rey —que siempre aquel día había recelado— ovo gran pesar porque el don le otorgara e díxole: "Mi buen hijo, lo que tú demandas con mucha razón se te debe negar porque a aquel que es caballero luego le conviene meterse a las armas por ganar prez e honra en ellas, e para esto vosotros dos sois aún de tan tierna edad que no os es dado poneros en ello."

"Señor," respondió don Clarián, "pues éste es el primero don que os he —ante vuestros altos hombres— demandado, plegaos de no me lo negar porque a mí me conviene ser caballero, e bien podéis, señor, pensar que aquel desseo que vos teníades antes que lo fuéssedes tengo yo agora."

Como quiera que el rey se escusasse de la promessa con muchas razones, fue de don Clarián tan aquexado sobre ello que contra su voluntad lo ovo de otorgar, e díxole: "Hijo, pues assí te plaze, yo quiero —por honra tuya e de tu cormano— armar otros muchos donzeles caballeros, de los cuales he seido muy rogado, mas yo lo dexaba porque a ti no te moviesse cobdicia de ser caballero." Desta guisa don Clarián quedó muy contento, mas el rey no muy alegre se fue para la cámara de la reina, e díxole: "Señora, vuestro hijo quiere ser caballero, que por ningún ruego que yo le haya fecho no se quiere apartar de su propósito." La reina —que más que a sí lo amaba— fue de aquesto muy triste; faziendo venir ante ella a don Clarián e a su cormano, ella sola con ellos en su cámara con muchas lágrimas e muy piadosas razones rogó a don Clarián que por entonces cesasse de aquella voluntad que tenía; que aún era assaz niño para ser caballero; e tomaba por tercero en esto a don Galián, el cual convencido por el ruego de la reina lo mismo, rogaba a don Clarián. Sin falla él fue allí tan aquexado que si por la batalla que aplazada tenía no fuera, no recibiera orden de caballería ya por entonces. Mas como quisiese antes morir que faltar de su palabra escusóse de la reina lo mejor que pudo.

Visto el rey que esto se convenía hazer, como muchos altos hombres de su reino estuviessen allí en aquella sazón, mandó adereçar la fiesta desta caballería. Venida la víspera de la fiesta del Apostol Sanctiago, don Clarián e su cormano e Genadís de

Suecia, [XXr] Cardisel de la Vanda e Olvanor e otros veinte donzeles velaron las armas
en la iglesia mayor de la ciudad, que era del apostol Sanctiago. ¿Quién podría dezir
cuán bien parescía don Clarián armado? Por les fazer mayor honra la reina con todas
las damas de la corte e otra mucha caballería veló en la iglesia. En toda la noche don
Clarián no hizo ál que hazer su oración a Dios e a su bendita Madre que siempre le
endereçassen en las cosas de su servicio e le diessen honra e victoria en aquellas cosas
que començasse en guisa que por él no se menoscabasse la honra e gran nombradía de
su padre.

Venida la[7] mañana, el rey con muchos altos hombres vino a la iglesia, puesto un
libro de los sanctos evangelios en las manos del obispo de Calina; don Clarián e don
Galián, su primo, e todos los otros juraron de mantener todo aquello que era costumbre
de jurar los que recibían orden de caballería. El rey armó caballero a don Clarián;
ciñiéndole la espada besólo en la faz, e dándole su bendición le dixo: "Hijo, Dios te
faga tal cual mi coraçón dessea," e las lágrimas le vinieron a los ojos —e assí mismo
a todos por ver con la compassión que el rey lo dezía— el cual armó luego caballero
a don Galián; abraçólo e besólo con mucho amor, diziendo: "Sobrino, no os haga Dios
peor que a vuestro padre que desta guisa en vos será caballería bien empleada."
Después armó a Genadís de Suecia e a Cardisel de la Vanda e Olvanor e a los otros
donzeles.

Dicha la missa muy solenne, tomáronse todos al palacio con muy gran fiesta e
alegría, la cual turó ocho días: todos habían gran plazer porque don Clarián era
caballero, diziendo: "Agora veremos aquel de quien tantas cosas la Dueña Encubierta
e otros muchos sabios han fablado." Por otra parte les pesaba porque sabían que presto
les convenía partir de allí. Aquel día se hizo un torneo en la corte; todos los noveles
entraron en él salvo don Clarián e don Galián su cormano, e acabado, Cardisel de la
Vanda, Genadís de Suecia e Olbanor e los otros noveles se partieron de la corte a
buscar sus aventuras. Don Clarián e su cormano estuvieron en ella fasta tanto que no
faltaba sino dos días del término de la batalla; entonces ellos demandaron licencia al
rey e a la reina, lo cual fue causa de muchas lágrimas que la reina derramasse.

El rey les dixo: "Pues que tan presto os plaze partir, si la ventura os levare en
Alemaña juntos, o a cualquier de vos, mucho vos ruego que veáis al emperador
Vasperaldo e lo saludéis de mi parte: que lo amo mucho e tengo gran razón," —ellos
se lo prometieron. Con tanto le besaron las manos, e a la reina assí mesmo, e
despidiéronse dellos. Cuando fueron a fablar con Argadón e su muger Goliesa, antes
de su partida, el duelo que Manesil —que aquella sazón en el lecho estaba— fazía, por
no poder ir con su señor, era cosa de gran lástima, mas don Clarián lo consoló mucho,
rogándole que tanto que bueno estuviesse lo fuesse a buscar. Después armáronse
cabalgando en sus caballos e partiéronse de la corte. El duque de Calina y el conde
Amarlo con gran caballería salieron con ellos fasta tres millas, e de allí se volvieron.

---

[7] la la

Capitu.**XXIX**. de la batalla de Don Clarián e Argán de Fugel, e de lo que a don Galián avino con dos caballeros.

Aquel día que don Clarián e su cormano partieron de la corte, fueron alvergar a una hermita; otro día tomaron su camino para la cruz blanca. Allá llegados no hallaron ninguno, e descabalgando de sus caballos, quitándose sus yelmos, assentáronse allí con gran plazer de ser caballeros; fablaban de muchas cosas. Desta guisa atendieron fasta hora de tercia, entonces cataron fazia un gran llano e vieron venir un caballero armado de unas armas verdes; traía una gruessa lança en sus manos: éste era Argán de Fugel, el cual como a ellos llegó sin los salvar les dixo: "¿Cuál de vosotros o entranbos os habéis de combatir comigo?"

Don Clarián le respondió: "Yo soy él que os prometí de venir aquí, e deste otro [XXv] podéis ser bien seguro." Entonces se enlazó el yelmo, cabalgando en su ca{va}llo, tomó su lança e su escudo.

Argán de Fugel dixo a don Galián: "Vos, caballero, más creo que dexáis por covardía de ayudar a vuestro compañero que por otra cosa."

Don Galián, que estaba con gran saña de oír sus palabras, le respondió: "No dexéis passar el día en alabanças; que yo fío en Dios que mi ayuda será escusada." Empero, por cierto a él bien le pesaba porque Argán de Fugel no traxera otro caballero consigo.

Mas en aquella hora los caballeros abaxaron las lanças e movieron contra sí al más correr de sus caballos. Argán de Fugel encontró a don Clarián por manera que le falsó el escudo e la loriga, mas no le prendió en la carne, e quebró en él su lança. Empero don Clarián lo firió tan duramente que falseándole todas las armas lo llagó en el costado siniestro; la lanca boló en pieças: el encuentro fue tan rezio que rompiéndose las dos cinchas Argán de Fugel con su silla cayó en el campo. Este fue el primer encuentro de lança, e comienço de caballería que don Clarián hizo. Argán de Fugel se levantó muy presto —no con tanta sobervia como de primero— e maravillado del fuerte encuentro que recibiera, e dixo: "Por buena fe, caballero, bien os podéis alabar de justa, que yo nunca justé con caballero que assí me derribasse, mas venid luego a la batalla de las espadas, que en ella cuido ligeramente venceros."

"Pues sufríos un poco," dixo don Clarián, "que en ella seremos e averná como a Dios pluguiere." Entonces descabalgó de su caballo; metiendo mano a su espada embraçó su escudo e movió contra Argán de Fugel, que muy bien lo salió a recibir; dándose muy grandes golpes començaron entresí una tan brava batalla que en poca de hora vieran por tierra muchas rajas de los escudos, mallas de las lorigas, no cessando de se ferir por todas partes punaba cada uno por haber la mejoría, porque tales se pararon en la primera batalla que a fuerça les convino folgar. Don Clarián dezía consigo que Argán de Fugel era de gran fuerça, mas él estaba espantado de los fuertes golpes de don Clarián que si de antes no lo oviera visto no pudiera creer que éste fuesse el donzel con quien su batalla aplazara.

No ovieron mucho holgado cuando se acometieron como de primero, dándose tan grandes golpes que despedaçaban las armas, descubriendo las carnes por muchos lugares, haziéndose llagas de qué les corría mucha sangre. Tan brava era la batalla entre ellos que don Galián —que los miraba— estaba maravillado de la ver. Mucho preciaba a su cormano de fuerça e ligereza, mas él bien veía que Argán de Fugel combatía muy diestramente de la espada como aquel que mucho la había usado, porque con dolor e pesar que tenía de ver a don Clarián en tal trance dezía entresí: "¡O rey Lantedón! cuánto dolor e pesar avrías si alguno agora te dixesse que tu amado hijo está cerca de tu corte en una tan peligrosa batalla como ésta, combatiéndose con un caballero súbdito e natural suyo. O cómo tú, rey, te querrías hallar al remedio desto, e yo que aquí estoy que no pueda apartar esta batalla, que aunque lo quisiesse hazer, ellos no consentirían, de qué tengo gran pesar."

Los caballeros no curaban de nada desto; antes, se combatían muy bravamente. Pues ellos estando desta manera don Galián —que cató por la carrera— vio venir dos caballeros armados: el uno traía ante sí un caballero tan malamente ferido que por todo el camino iba corriendo del sangre; e como emparejaron donde la batalla se hazía, passaron muy rezios adelante sin dezir cosa ninguna. Mas el caballero ferido dixo contra don Galián: "¡Ay señor caballero! Por Dios e por honra de caballería acorredme, que me llevan a matar a gran traición." Cuando don Galián esto oyó no supo qué hazer: que por una parte veía que si se fuesse dexaba a su cormano en batalla, que no sabía cómo della le podría avenir; que por otra miraba que no socorriendo al caballero, iba contra el juramento que hiziera cuando recibiera orden de caballe [XXIr] ría. Pues él estando en esta confusión encomendóse a Dios que El le pusiesse en coraçón de hazer aquello que fuesse mejor, e vínole a la voluntad de ir a socorrer al caballero, porque encomendando en su coraçón a Dios don Clarián dio espuelas a su caballo e fuesse a más correr empós de los caballeros.

A esta sazón los dos caballeros que se combatían quedaron solos en el campo, no haziendo ál que ferirse de muy grandes golpes por doquiera que más mal se podían hazer el uno al otro. Argán de Fugel estaba ya mal ferido, saliendo dél tanta sangre que otro caballero que tal no fuera no se pudiera tener en pies, porque tirándose afuera dixo a don Clarián: "Señor caballero, yo e vos por pequeña cosa nos avemos combatido, tanto cuanto ya vos habéis visto, e porque vos habéis complido lo que me prometistes, e sois buen caballero —tal que si vuestra caballería va adelante, no escaparéis de ser buen hombre— yo quiero hazer tanto por vos que dexemos esta batalla e os vais a buena ventura; que gran daño sería que aquí muriéssedes."

"Argán de Fugel," respondió don Clarián, "no es razón que batalla començada por un tal caballero como vos sois no se llegue al fin, porque no cessemos de nos combatir, ni es menester de holgar hasta que el uno de nosotros finque aquí o se vea el cabo deste fecho."

Mucho pesó a Argán de Fugel desto, empero díxole: "Yo dezía esto por vuestra pro, mas de hoy más vuestra muerte está en mis manos." Entonces se acometieron muy airadamente andando tan bravos en la batalla que maravilla era; mas como Argán de Fugel tuviesse las armas rotas por muchos lugares y el escudo despedaçado, y le corriesse mucha sangre de las llagas que tenía, començó a empeorar de tal guisa que ya no fazía ál que cubrirse de su escudo e mampararse de los golpes.

Como don Clarián assí lo vio, començólo de aquexar de tal manera que a Argán de Fugel le parescía que entonces entrasse en la batalla. Tanto enduró e tanto sofrió

Argán de Fugel que desapoderado de toda su fuerça, no podiendo se más tener en las piernas, cayó ante los pies de don Clarián amortecido, el cual fue luego sobre él, e quitándole el yelmo de la cabeça dexóle estar hasta que tornó en su acuerdo, e como quiera que no tuviesse en voluntad de lo matar, díxole: "Argán de Fugel, muerto sois si no os otorgáis por vencido, e hazéis cuanto yo vos mandare."

El, con pavor de muerte e viéndose tan cercano a ella, dixo: "Ay señor caballero, por Dios no me matéis, que si yo agora muriesse mi ánima iría perdida; que yo me otorgo por vencido e faré todo lo que por vos me fuere mandado, e sin falla puedo dezir que lo he sido por mano de uno de los mejores caballeros del mundo."

Entonces don Clarián lo levantó, e díxole: "Argán de Fugel, pues vos habéis de ir antel rey Lantedón e presentarvos a él de parte de don Clarián, su hijo. Otrosí me habéis de prometer de nunca meter mano en dueña ni donzella por desaguisado ni villanía que vos haga; y esto no se haga grave de otorgar, que condición es esta que todo buen caballero debe vivir."

Argán de Fugel lo otorgó assí todo, e díxole: "¿Cómo, señor? ¿Vos sois don Clarián, hijo del rey Lantedón?"

"Sí sin falla," respondió él.

"Por Dios, señor, perdonadme," dixo Argán de Fugel, "el yerro que he fecho en combatirme con vos, pues yo no os conocía; e bien os podéis, señor, tener por buen caballero, porque aunque yo poco valgo jamás me avino en batalla lo que agora con vos." Después que otras muchas razones entre ellos passaron don Clarián miró por su cormano, e como no lo vio demandó a Argán de Fugel por él. El dixo que lo viera empós de dos caballos.

"Por Dios, cabalguemos," dixo don Clarián, "e vamos allá, que recelo tengo no le avenga algún mal."

Entonces cabalgaron —aunque Argán de Fugel cabalgó a grande afán— e fueron contra donde don Galián fuera: el cual como de donde la batalla se fazía se partió, apresuróse tanto [XXIv] que alcançó los caballeros en un llano, e dio bozes de lueñe, diziendo: "¡Volved, caballeros, volved! que no llevarés el caballero assí como cuidades." Ellos volvieron las cabeças, e como vieron que no era más de uno, el que llevaba el caballero ante sí le puso en tierra —mas él estaba tal que no se pudo tener en pies, antes cayó en el campo amortecido. E los dos caballeros se dexaron correr contra don Galián: él otrosí para ellos. El uno dellos lo firió de guisa que su lança boló en pieças. El otro fallesció del encuentro, mas don Galián a aquel que lo encontrara tan duramente que le falsó el escudo e la loriga; llagólo mal en los pechos e dio con él del caballo abaxo, quebrando en él su lança. El otro caballero volvió sobre don Galián e diole un golpe de la lança a dos manos tal que le fizo una llaga en las espaldas, mas don Galián —que desto fue sañudo— metió mano a la espada e firiólo por de suso del yelmo por manera que en el caballero no ovo tanta fuerça que no viniesse a tierra de gran caída. Don Galián fue luego sobre él de pie e quitóle el yelmo de la cabeça. Entonce el caballero le demandó merced.

"Tú la habrás," dixo don Galián, "por ser el primer caballero que me la demanda."

Después hízole prometer que faría lo que por él fuesse mandado, e lo mismo hazer al otro su compañero que mal llagado estaba. E yéndose para el caballero que ellos traían, quitóle el yelmo de la cabeça, mas estaba tal del polvo e de la sangre que no lo pudo conocer. Don Galián, que gran piedad dél ovo, alimpióle la cara muy bien.

El caballero acordó entonces e dixo: "O señor Iesu Cristo, ave merced de mi ánima que presto partirá deste mundo." Después dixo: "O cuitado de ti, caballero, cuán poco gozaste de tu caballería, e sin falla cuando en la corte del rey Lantedón fuere sabida mi muerte a muchos les pesará della."

Cuando don Galián esto oyó estremecióse todo; católo más que de antes, e tanto lo miró que conosció ser éste Genadís de Suecia, de que fue tan triste que más no pudo ser, e haziendo gran duelo començó a dezir: "¡O mi buen cormano e buen amigo Genadís! ¿Qué fuerte ventura ha sido la vuestra que a tal estado os ha llegado?"

Genadís, esforçándose cuanto pudo, dixo: "¿Quién sois vos, señor caballero, que tanto os pesa de mi mal?"

Respondió: "Yo soy don Galián, vuestro cormano, que muy gran pesar tengo de vuestro daño."

"Señor," dixo Genadis, "muchas gracias do a Dios por haberos visto antes de mi muerte," e calló, que no pudo más hablar.

Don Galián lo besaba en la faz assí como estaba, haziendo tal duelo que los caballeros habían gran temor que los mataría por el pesar que tenía; e volviéndose a ellos díxoles: "O malos caballeros, cierto si yo no os oviera tomado a merced luego aquí os matara por el mal que a este caballero habéis fecho; mas agora me dezid cómo tal lo parastes e dónde lo llevávades."

"Señor," dixeron ellos, "nos os lo diremos. Este caballero mató un cormano nuestro en batalla ante un tendejón; nos llegamos aí a caballo. Hallamos a él de pie herido de algunas llagas, e como vimos a nuestro cormano muerto acometímosle ambos. El se nos defendió por una pieça, mas al fin dimos con él en tierra malamente llagado; por le fazer morir más cruel muerte llevábamosle a un castillo nuestro donde cierto tomáramos dél vengança, si por vos, señor caballero, no fuera."

"Si Dios me ayude," dixo don Galián, "dignos érades de gran pena. Mas agora me dezid si hay acerca en algún lugar donde este caballero pueda guarecer."

"Señor," dixeron los caballeros, "cerca de aquí a una milla está una abadía de monjes donde lo guarescerían —si por razón puede vivir." Entonces don Galián cabalgó en su caballo, tomó a Genadís antesí e fueron todos contra allá. Como al abadía llegaron fueron bien recebidos. Genadís fue luego desarmado y echado en un lecho; un monje que le cató las llagas dixo a don Galián que si en alguna cosa recelaba de su vida, era por la mucha sangre que había perdido, pero que fiaba en Dios de lo guarecer. E tales ungüentos le puso que Genadís de Sue [XXIIr] cia tornó en su acuerdo; fabló de algunas cosas con don Galián, e demandóle por nuevas de don Clarián.

Don Galián le contó en qué manera lo dexaba, e que le convenía ir luego allá. E llamando a los caballeros díxoles: "Vosotros irés a la corte del rey Lantedón; presentaros-éis de mi parte ante el conde Amarlo, padre de Genadís, que aí fallaréis, e contalde lo que comigo os avino; e yo fio dél tanto que ningún mal os fará." Como quiera que de aquesto a los caballeros pesó, prometieron de lo hazer assí. Don Galián, encomendando mucho a los monjes que mirassen por Genadís de Suecia, fuesse contra donde dexara a su cormano con gran desseo de lo hallar vencedor, e no anduvo mucho que lo vio venir corriendo cuanto más podía, y empós dél venía Argán de Fugel. Cuando don Galián esto vio mucho fue turbado, no sabiendo qué cosa pudiesse ser ésta, firiendo el caballo de las espuelas movió corriendo contra allá; e como el uno al otro llegaron abraçáronse con gran amor.

Don Galián le demandó por qué venía con tan gran priessa; respondió don Clarián: "Porque en un llano que allá atrás dexo vi mucha sangre e pensé que algo os oviesse acaescido." E don Galián le contó entonces todo cuanto le aviniera, e del mal de Genadís pesó mucho a don Clarián. E después díxole en qué guisa pasara la batalla entre él e Argán de Fugel, e cómo era buen caballero. Argán de Fugel llegó; entonces rogóles mucho que quisiessen ir a su castillo de Fugel a recebir honra e servicio: ellos lo otorgaron, e allá llegados fueron muy bien servidos. Argán de Fugel se echó en un lecho, e fue curado de sus llagas; don Clarián otrosí de las suyas. Los dos cormanos estuvieron allí ocho días bien servidos, después encomendaron a Dios a Argán e partiéronse del castillo.

Al partir Argán de Fugel dixo a Clarián: "Señor, tanto que yo pudiere, yo os iré a buscar para os servir e conoscer más."

Don Clarián le respondió: "En mí, Argán de Fugel, hallaréis buen amigo todos tiempos." Assí como lo dixo Argán de Fugel assí lo fizo. E desque fue guarido de sus llagas presentóse ante el rey Lantedón contándole la batalla cómo fuera e por qué razón. Todos tovieron por muy alto comienço de caballería éste de don Clarián, según que Argán era buen caballero, el cual amó mucho a don Clarián dende en adelante según que la historia lo cuenta; la cual por agora dexará de fablar más del rey Lantedón. E lo que dél ha contado ha sido como en sumas porque a este cuento haze.

CA. XXX. DEL LO QUE A DON CLARIÁN E A SU CORMANO ACAECIÓ CON UN CABALLO CAÇADOR.

Cuenta la historia que un día yendo don Clarián e su cormano por un fermoso llano vieron atravesar por la carrera un ciervo, y empós dél venían bien veinte canes que lo aquexaban mucho. A los caballeros tomó cobdicia de lo seguir como aquellos que eran monteros de coraçón; dieron de las espuelas a los caballos e atajaron el ciervo. Don Galián lo pensó ferir a dos manos con la lança, mas su caballo se le fue un poco e dio a un can —de los mejores— tal golpe que lo passó de la otra parte. Don Clarián llegó a essa hora e firió al ciervo de tal guisa que lo atravessó por ambas espaldas: derribólo muerto, e descabalgando encarnó los canes, e dixo riendo contra don Galián que el freno de su caballo estaba adereçando porque otra vez no se le fuesse: "Cormano, buena caça habéis fecho."

Don Galián —que estaba corrido de lo que le acaeciera— respondió: "Por buena fe toda la culpa de aquesto pongo yo a mi caballo."

Ellos en esto estando, vieron venir un caballero desarmado que traía una espada ceñida e un venablo en la mano: venía cuanto el caballo lo podía levar, e llegando a ellos sañudamente les dixo: "¿Quién os fizo osados de seguir mi caça e habéis me muerto un can, el mejor que tenía? Por mi fe en poco estoy que no os corto las cabeças, mas por el can que avés muerto este caballo será mío." E tomándolo e llamando sus canes, començóse de ir.

Don Clarián, que desto reía, dixo: "Caballero, por cortesía no toméis el caballo a mi compañero, que no tiene otro, e serále forçado ir a pie."

El caballero respondió: "Callá vos e agradecedme que no os tomo el vuestro."

E don Clarián, riendo mucho le [XXIIv] respondió: "Señor caballero, yo os lo agradezco tanto como si me lo diérades, dado según que os veo venir aparejado."

Mas don Galián le dixo: "Señor caballero, yo maté vuestro can, de qué mucho me pesa, e ruégovos que me perdonéis. El caballo no me lo queráis llevar porque no tengo otro; antes tomá de mí otra cualquier satisfación que vos quisierdes."

El caballero respondió: "Pues vos dexo la vida debéis os tener por pagado."

Desto fue don Galián muy sañudo e dixo: "Por buena fe nunca vi caballero tan descortés como vos, y pues por cortesía no lo queréis hazer, vos lo haréis de otra guisa." Entonces travó por las riendas de su caballo tan de rezio que el caballero por tenerlas oviera de venir a tierra, de que él fue muy airado, e puso mano a su espada, e dio con ella a don Galián un gran golpe por cima del yelmo. Entonces él no pudo más sofrirse, e alçando la lanca dio con él en tierra amortecido; e dixo: "Si Dios me ayude, don caballero sobervio, vos me hezistes ser descortés, mas la culpa y el daño todo es vuestro." Don Clarián lo quisiera levantar, mas don Galián le rogó que lo dexasse. E cabalgando en sus caballos fuéronse por su camino.

No anduvieron mucho que vieron levantar el caballero, e los canes se venían a él; ellos no curaron más de este fecho pero a hora de medio día ellos —que querían entrar por una floresta— sintieron detrás de sí estruendo de caballos, e volviendo las cabeças vieron venir diez caballeros armados, los cuales les dixeron: "No os cale fuir, traidores, que muertos sois por la villanía que hezistes." Cuando ellos se oyeron llamar traidores, volvieron contra ellos muy sañudos, e los caballeros los fueron ferir. Don Clarián encontró a uno de ellos tan duramente que este tal no ovo menester maestro, e don Galián firió a otro de tal guisa que no le prestó armadura ninguna e dio con él muerto en tierra, quebrando en él su lança. Assí passaron por ellos, como quiera que los caballeros rompieron en ellos cuatro lanças e los llagaron ya cuanto, mas los dos cormanos volvieron sobre ellos. E don Clarián, que la lança tenía sana, firió a un caballero de guisa que le passó de un costado al otro, e derribólo muerto en tierra. Como allí quebrasse la lança metió mano a la espada e dio a otro tal golpe por encima del yelmo que se lo hizo saltar de la cabeça: este caballero començó de fuir, e don Clarián lo siguió. Como don Galián solo quedasse con todos los otros, tomáronlo en medio e començáronlo a ferir de grandes golpes de lanças e de espadas, trabajándose por lo traer a muerte. Mas él se defendía maravillosamente, e daba tan mortales golpes a los que allí se allegaban, que no había ninguno aí que se osase llegar a él. Entonces uno de los caballeros firió con una lança a su caballo por manera que lo hizo caer muerto, mas don Galián saltó dél muy ligeramente e dio tal golpe de la espada a aquel que el caballo le matara, que toda la pierna derecha le cortó. El caballero dio una boz e cayó muerto en el suelo. Como los otros le viessen a pie, aquexávanlo de muy grandes golpes por todas partes, mas don Galián se acostó acerca de su caballo; allí se defendió muy bravamente pero que bien le fuesse menester la ayuda de don Clarián, que habiendo tomado el caballero a merced a gran correr venía, e como mirasse cuán bien su cormano se defendía mucho lo preció en su coraçón, e dixo contra los caballeros: "¡A traidores! que no tenéis poder de matar tan buen caballero." Como ellos lo vieron venir ovieron gran pavor de sus golpes e desmampararon el campo, huyendo cuanto más podían; entonces don Clarián se fue para su cormano e demandóle cómo se sentía.

"Señor," dixo él, "yo soy ferido aunque no muy mal, pero por mucho que lo estuviesse no lo ternía en nada con el plazer que tengo de ver vuestras caballerías."

"Señor cormano," dixo don Clarián, "las vuestras son tales que co [XXIIIr] sa os debe parecer mucho." Entonces cabalgó don Galián en un caballo de los caballeros muertos, e fuéronse a un monesterio de frailes que cerca de aí era, donde fueron muy bien recebidos. Don Galián fue curado de sus llagas, y entre tanto que guarecía, don Clarián habló de penitencia con unos de los frailes que era de muy sancta vida, e rescibió el cuerpo de Nuestro Señor antes que de allí partiesse —esto acostumbraba él hazer muchas vezes en el año. Ca según Badulato de Bondirmague, obispo de Corvera escrive, don Clarián fue hombre de buena vida e muy devoto de Nuestra Señora, e assí la historia en muchas de sus cosas lo muestra. E dize assí mesmo que era muy cortés, manso, mesurado e cumplido de todas las virtudes que un caballero puede alcançar. Otrosí era gran músico; enojávase pocas vezes, mas cuando era muy airado —según que la historia ha dicho— la estrella que en los pechos tenía e la frente se le tornaban de muy encendido color; entonces tenía él tan sobrada la saña, sino que muy presto se le passaba. Pues como don Galián fue guarido encomendaron a Dios a los frailes e partiéronse dende.

CAPI. XXXI CÓMO DON CLARIÁN E SU CORMANO SE PARTIERON DE EN UNO, E DE LO QUE ACAESCIÓ A DON CLARIÁN CON CUATRO CABALLEROS QUE UNA DUEÑA LLEVABAN PRESA.

Desta guisa andovieron los dos cormanos de consuno por un espacio de tiempo haziendo grandes caballerías, las cuales la historia aquí dexa de contar. Un día les avino que encontraron un enano que venía haziendo muy gran duelo. Don Galián le demandó que por qué causa lo hazía. "Señor," dixo el enano, "porque yo traía un hermoso caballo para un mi señor que está en un castillo a cuatro millas de aquí, e dos caballeros que acá atrás quedan en un tendejón me lo tomaron, e como yo sepa que no me cumple ir sin el caballo, hago este duelo porque no hallo quien me remedie."

Don Galian se volvió contra su cormano diziéndole: "Señor, plégaos de me otorgar esta aventura, e si tan presto no nos juntaremos no os pese; que si yo, señor, con vos de consuno anduviesse no me era de agradecer cosa que hiziesse ni acometiesse, e en vos todo el esfuerço del mundo no acrecienta ni mengua: porque será bien que yo prueve para cuanto valgo solo."

Don Clarián, que assí mesmo vio que más honra se seguiría buscando las aventuras solo que en compañía, respondió: "Señor cormano, puesto que a mí se me faga muy

caro partirme de vos, hazed lo que por bien tovierdes, que por cierto a ningún caballero
que con vos anduviese no le era de tener en mucho cualquier cosa que hiziesse."
Don Galián le dixo: "Señor ¿dónde nos podremos juntar, cuando a Dios
pluguiere?"

"Assí Dios me ayude, buen cormano," dixo don Clarián, "yo no lo sé, porque yo
no entiendo reposar en parte alguna por agora, empero trabajaré por ir a la corte del
emperador Vasperaldo de Alemania por complir lo que el rey mi padre me mandó."
Entonces se abraçaron, llorando ambos, como aquellos que mucho se amaban: ca según
la historia dize éstos fueron los dos cormanos que más en el mundo se amaron:
parescíanse en muchas cosas, siendo cuasi de una edad, comoquiera que don Galián era
mayor de tres meses.

Con tanto don Galián se fue con el enano por le hazer haber su caballo. E don
Clarián se metió por la carrera que antes llevaba: andovo por ella hasta hora de
vísperas. Entonces vio venir por el camino cuatro caballeros armados; e traían una
dueña en un palafrén desnuda en camisa e un escudero venía a las ancas que la tenía.
El uno de los caballeros traía un enano ligadas las manos e atado a las cinchas de su
caballo: la dueña y el enano venían haziendo tan gran duelo que lástima era de oír.
Como don Clarián a ellos llegó salvólos muy cortesmente; la dueña que lo vio díxole
llorando: [XXIIIv] "Ay, por Dios, señor caballero, si nunca ovistes piedad de dueña o
donzella habedla de mí agora, que me llevan a morir de muy cruel muerte, e rogad a
estos caballeros que no me quieran assí cruelmente matar, pues soy muger e no lo
merezco."

Don Clarián —que era muy piadoso— ovo tan gran duelo della que las lágrimas
le vinieron a los ojos; dixo a los caballeros: "Por Dios, señores, e por honra de
caballería que me queráis dar essa dueña; que si della habéis recebido enojo, pequeña
es la vengança que en una muger se puede tomar, e grande la deshonra e crueldad que
de matar la verná. E si por mí la dexáis no hay cosa que vosotros me mandéis que yo
no haga."

El uno de los caballeros respondió muy sañudo: "Nunca vi más loco caballero que
vos, que dais consejo a quien no os lo demanda, porque os id por vuestro camino; si
no fazeros hemos tal escarnio que para buen tiempo se os acuerde."

De aquesto fue don Clarián muy sañudo, e desasióse del enano que por la falda
de la loriga le tenía trabado, rogándole que no lo dexasse llevar, e dixo contra ellos:
"Por buena fe, viles caballeros, agora veré cómo llevaréis la dueña." Esto diziendo
travó por la cuerda con que el enano venía atado, tan rezio que la quebró. E como el
enano se vio suelto començó de fuir por el campo. Los caballeros se dexaron correr
contra él; él otrosí para ellos, y encontró a uno dellos por medio de los pechos de guisa
que dio con él muerto en tierra. Los otros tres caballeros quebraron en él sus lanças,
e fiziéronle una pequeña llaga en la pierna, mas no le movieron de la silla. Don Clarián
volvió sobre ellos e hirió a otro de la lança tan bravamente que el fierro paresció de
la otra parte con gran pieça del hasta, e dio con él muerto en tierra, quebrando en él
su lança. Entonces uno de los caballeros que quedaban dio a don Clarián un golpe muy
grande por encima del yelmo, mas don Clarián metió mano al espada e firólo sobre

la pierna de guisa que se la cortó casi toda; el caballero cayó en tierra. Cuando el otro vio estos golpes no osó atender, mas antes començó de huir cuanto su caballo lo podía llevar. Don Clarián se fue para la dueña, e vio que el escudero que la llevaba la había desamparado.

La dueña se echó a sus pies e quísoselos besar, mas él la hizo levantar. Ella le dixo: "Ay, señor caballero, de Dios hayáis el galardón de tanto bien como me habéis fecho."

"Señora," dixo don Clarián, "a Esse que vos dezís lo agradeced, que no a otro." E faziéndola subir en el palafrén fuese para el caballero de la pierna cortada que a grandes bozes le rogaba que le ayudasse a subir en su caballo porque pudiesse ir a confessar a alguna parte.

Don Clarián le ayudó a cabalgar; él dixo: "Ay señor caballero, que mi sobervia me ha muerto."

Don Clarián le respondió: "Por Dios, caballero, a mí me pesa de vuestro mal; e todo esto fuera escusado si vos quisiérades." Entonces el caballero se partió. Don Clarián se fue a la dueña e díxole: "¿Señora, dónde queréis que os lleve para que podáis estar segura?"

"Señor," dixo ella, "a un mi castillo que es cerca de aquí." Entonces movieron contra allá; don Clarián le demandó qué era la causa porque aquellos caballeros assí la llevaban. "Yo os lo diré, señor," dixo ella. "Yo soy casada con un buen caballero que ha por nombre Leonadel, el cual en días passados mató en batalla un cormano destos caballeros que me llevaban, por lo cual ellos lo desamaban mucho. Mi marido se guardaba dellos; e acaesció que hoy fue a caça armado. Ellos vinieron a mi castillo por lo aguardar e fallando la puerta abierta entraron dentro e como a él no hallassen, tomaron a mí, diziendo que en mí tomarían la vengança. Aquel enano, como me viesse assí llevar, daba grandes bozes porque prendieron a él también, e sin falla ambos fuéramos muertos si por Dios e por vos, señor caballero, no fuera."

"Por buena fe," dixo don Clarián, "ellos querían hazer gran tuerto."

Yendo assí hablando, vieron venir un caballero armado [XXIIIIr] al más correr de su caballo, y éste era Leonadel, el marido de la dueña; el cual como llegó decendió a pie, e fincó los hinojos ante don Clarián e díxole: "Ay, señor caballero, que vos habéis fecho tanto por mí cuanto yo no os podría servir," y quiso le besar las manos; mas don Clarián lo hizo levantar, e demandó a la dueña que quién era aquel caballero; ella le dixo:

"Señor caballero, más que esto quisiera haber fecho por vos e por vuestra dueña."

Entonces Leonadel cabalgó, e fuese para su muger, abraçándola e besándola le dixo: "Por buena fe, amiga, no era pequeño el daño que aquellos caballeros me querían fazer en quereros assí matar." Después movieron por su camino. La dueña contó a su marido cómo a don Clarián aviniera con los caballeros; e volviéndose a él Leonadel díxole: "Señor, vos me habéis quitado los mayores enemigos que yo tenía." Tanto andovieron que llegaron al castillo, donde aquella noche don Clarián fue muy servido. Tanto le rogaron Leonadel e su muger que les ovo de dezir su nombre, e fincaron con ellos dos días porque les hizieron mucha más honra e servicio, sabido quién era.

Estando a la tabla don Clarián dixo al enano que por qué huyeron sin más esperar lo que avernía. "Señor," dixo él, "como yo vi que ellos eran cuatro, vos solo, temí que os mataran, e acordé de escaparme porque todos no muriéramos." De aquesto que el enano dixo rieron mucho todos. Passados los dos días don Clarián encomendó a Dios a Leonadel e a su dueña e partióse del castillo.

CAPÍTULO XXXII CÓMO DON CLARIÁN DE LANDANÍS LIBRÓ A GENADÍS DE SUECIA DE LA PRISIÓN DE TARCÓN EL SOBERVIO QUE ERA BRAVO GIGANTE.

Bien assí andaba don Clarián por do la ventura lo guiaba, faziendo tan grandes cosas en armas que por muchas partes corría su gran nombradía, e avínole que yendo un día por su camino alcançó dos donzellas bien guarnidas encima de sus palafrenes, e como a ellas llegó salvólas muy cortesmente, ellas a él otrosí. Don Clarián les dixo: "Señoras donzellas ¿contra dónde es vuestro camino?"

"Señor caballero," dixeron ellas, "nos vamos a casa del duque de Jafa con donas a don Felisarte de Jafa, su hijo: las cuales le embía una tía suya que es muger del conde de Lubet; e mucho nos tememos de una floresta que está acá adelante que es peligroso de passar."

"Señoras," dixo don Clarián, "yo os acompañaré, assí por amor vuestro como por amor de este caballero que de oídas mucho amo, porque en muchas partes le he oído loar de gran bondad."

"Por buena fe," dixeron ellas, "don Felisarte es uno de los buenos caballeros que en la corte del emperador Vasperaldo hay, e nos sabemos que agora está en casa del duque su padre." Ellos yendo, fablando en estas cosas, llegaron a un padrón de mármol que en medio de la carrera estaba y estaban en él letras escriptas que dezían: *Ningún caballero ni dueña ni donzella no venga por esta carrera si no quisiere su muerte o su gran deshonra.* Las donzellas, que sabían leer, leyeron las letras e dixeron a don Clarián: "Caballero ¿entendéis lo que estas letras dizen?"

"Sí entiendo," dixo él.

"¿Pues qué acordáis de fazer?"

"Que vamos adelante," respondió el caballero.

Dixeron ellas: "Nosotras no osaremos ir, porque él que esto aquí puso bien debe sentir en sí de lo poder fazer, e queremos bolvernos."

"Señoras," dixo don Clarián, "si yo me oviesse de espantar por lo que aquí está escripto no debría traer armas: por ende vos ruego que vamos adelante; que yo querría que vosotras cumpliéssedes vuestro mensaje porque el caballero no perdiesse assí las donas que le traedes. E a los caballeros que tales costumbres —como éstas— con grande e desmesurada sobervia suelen mantener, Dios les da aquel castigo que ellos merecen [XXIIIIv] algunas vezes."

Con esto que don Clarián dixo las donzellas fueron con él aunque con gran temor, e íbanle diziendo por el camino: "Catá, señor caballero, que si algo fuere ¿vos seáis tal que por falta de vuestro esfuerço no recibamos nosotras vergüença?"

El respondió: "Cuando esso viniere yo haré cuanto la fuerça me alcançare."

"¡Ay, cuitadas de nos!" dixeron ellas, "cuando tanta mansedumbre tenéis en el hablar antes que ninguna cosa veáis ¿qué haréis en el hazer si peligro se recreciere? —porque os id a buena ventura, que nos no iremos con caballero tan manso."

Cuando don Clarián esto oyó fue algún tanto turbado por no saber qué les dezir, empero díxoles: "Señoras, ¿qué queréis que os diga? ¿Que mi poder es tan grande que os librare de todo el mundo si contra nos viniere? Esto sería gran sobervia: debía bastar que os digo que antes tomaré la muerte que vosotras recibáis vergüença."

"No basta," dixeron ellas, "porque según el temor que nosotras tenemos más nos habíades de esforçar e dezir que de cosa ninguna no temiéssemos, porque de ir con vos recelamos mucho e de bolvernos assí nos pesa."

Don Clarián les dixo: "Pues venid comigo, señoras, que mayor peligro os será tornar a passar assí solas la floresta que hemos passado." E tanto les dixo —alabándose más de lo que era de su condición— que ovieron de volver con él.

No andovieron mucho que llegaron a un castillo muy hermoso e bien labrado cercado de muy fuerte muro, e ceñíalo el mar en torno por tres partes, e por la otra corría un gran río sobre el cual había una puente ancha e muy fuerte. Al entrada della había una torre, a la puerta de la cual estaban muchas lanças acostadas. Don Clarián entró por la puente con las donzellas, e como ovieron dentro entrado sintieron cerrar la puerta. Don Clarián volvió por ver quién la cerrara; vio que era un hombre que tenía dos llaves en su mano, e demandóle: "Dime ¿por qué cerraste la puerta?"

"¿Por qué?" dixo él, "aun quebrados creo que teníades los ojos cuando acá venistes, pues no vistes las letras del padrón."

"Sí vi," dixo don Clarián.

"Pues muchos locos como vos," dixo el hombre, "pagaron por no creer a las letras e assí será de vos."

"Agora dexa de aquesso," dixo don Clarián, "e no fables tan osadamente, que si caballero fuesses no te lo consentiría: mas dime ¿quién es el señor deste castillo e cuál es la costumbre que en él se mantiene?"

"Yo os la diré," dixo el portero, "no tanto por os hazer plazer como por que sepáis de vuestro mal. Sabed que el señor deste castillo es un bravo gigante que ha por nombre Tarcón Sobervio: tiene consigo dos sobrinos suyos de contino, que mejores caballeros que ellos no se podrían hallar, e la costumbre que aquí se mantiene para los caballeros es que el caballero que aquí viniere ha de dexar su caballo e su escudo, e tiene de jurar que ayudará a Tarcón contra todos los hombres del mundo e que verná a su llamado. Si esto no quiere hazer, conviene que se combata con los dos sobrinos de Tarcón, e si a éstos venciesse, hase de combatir con el jayán, que es tan bravo que no hay caballero que un solo golpe le ose atender. Mas sus sobrinos se han mostrado tales hasta aquí que al jayán no ha sido menester tomar armas sino por su voluntad.

"Pero tanto vos digo que ha cuatro días que arribó aquí un caballero que mató uno de los sobrinos de Tarcón en batalla, de que poco no nos maravillamos todos. El jayán lo tiene preso e lo quiere quemar. Esta que vos he dicho es la costumbre de los caballeros, donde muchos son muertos e muchos deshonrrados. La costumbre para las donzellas es tal que el gigante yaze con ellas, e después todos los suyos, e cuando se van, dexan aquí el mejor vestido que traen por memoria de su venida; e bien os digo

que con éstas me plaze porque son hermosas: que ya sé que no puedo librar tan mal
de aquesta aventura que no me alcance buena parte, e vos id e dexad vuestro caballo
y escudo e complid la costumbre del [XXVr] castillo si mi consejo queréis tomar."
  "Assaz has dicho," dixo don Clarián, "e tu consejo por agora no me paresce
bueno." Entonces movió contra el castillo llevando ante sí las donzellas, las cuales de
temor iban temblando. Desta guisa passaron por una gran plaça e catando don Clarián
contra la puerta del castillo vio muchos escudos colgados, y en ellos escriptos los
nombres de cúyos eran, y entre todos miró uno que dezía: *Este es de Sabitor de la
Falda, caballero de la mesnada del emperador Vasperaldo.* E al cabo de todos vio estar
otro escudo que tenía letras nuevamente escriptas que dezían: *Este es de Genadís de
Suecia* e cuando don Clarián esto vio luego entendió que aquél era el caballero de
quien el portero le dixera, porque le plugo más de su venida allí, poniendo en sí de
morir o librarlo.
  Estando en esto vio tocar un cuerno un enano que sobre la puerta estava, e no
tardó mucho que vio salir un caballero armado encima de su cavallo que le dixo:
"¿Cuál diablo os dio ardimiento para venir acá?"
  "El vuestro me paresce a mí ardimiento de diablo," respondió don Clarián, "según
que lo muestra vuestra sobervia." E no curando de más razones dexáronse correr el uno
para el otro; el caballero lo firió de guisa que le falsó el escudo, mas la loriga no pudo
passar, que era de muy fuerte malla, e hizo bolar su lança en pieças. Mas don Clarián
lo firió tan bravamente que armadura ninguna que sobre sí traxesse no le valió, e dio
con él muerto en tierra, quebrando allí su lanca.
  Entonçes el enano, que sobre la puerta estava, començó a dezir a grandes bozes:
"¡Salid, señor, salid, que vuestro sobrino es muerto!"
  Luego a essa ora salió del castillo un gigante desarmado, asssí bravo e dessemejado
que pavor era de lo catar, e dixo en boz ronca e muy gruessa: "O captivo caballero,[8]
$$yo no sé quién te dio tanta osadía que pudiesses hazerme tan gran enojo, más sé bien
cierto que yo te tomaré vivo para fazer en tí y en otro que acá tengo tantas cruezas que
mi coraçón sea bien vengado, y essas donzellas serán de mí cruelmente muertas por
sólo venir en tu compañía."
  De aquestas palabras que el jayán dezía ovieron las donzellas tan gran pavor que
en poco estuvieron de caer de los palafrenes, mas don Clarián respondió al gigante,
diziendo: "Bestia mala e dessemejada, fechura e miembro del diablo —que tus obras
a él son conformes— vete a armar, que yo espero en Dios que hoy será quebrada la
gran sobervia tuya e la mala costumbre que aquí mantienes."
  El jayán fue desto tan sañudo que por las narizes le salía un humo muy negro y
espesso e dixo: "O Dioses ¿por qué consentís que de un astroso caballero oya yo tales
palabras?" Después entróse a gran passo en el castillo.
  Entonces don Clarián escogió una muy fuerte lança entre aquellas que a la puerta
de la puente acostadas estavan. No tardó mucho que el gigante salió, e venía armado

---

  [8] cavavallero

sobre la loriga de unas fojas muy fuertes, en su cabeça un muy fuerte yelmo, traía en sus manos una pesante maça de fierro; venía sobre un gran caballo, e sin falla no oviera tal caballero que dél gran pavor no tomasse. Luego tras él salió un donzel membrudo de cuerpo más que otro, pero no era el jayán; e dixo al gigante: "Padre, por los nuestros dioses os ruego que queráis tomar esta lança y este escudo que yo traigo; no queráis menospreciar la fuerça e ventura de los caballeros, e acordadvos de lo que os dixo aquel gran sabio que vos aquí preso tuvistes: que de un caballero que menos que a otro preciaríades seríades muerto."

El jayán, que lo amaba, le dixo: "Por tu amor, hijo, tomaré el escudo, aunque para diez tales como éste no me hazían menester armas ningunas." Entonces tomó el escudo, que era muy grande, e guisóse de ir contra don Clarián, el cual comoquiera que en alguna manera su batalla recelasse —por ser el primer gigante con quien se había combatido— esforçóse mucho y encomandándose a Dios endereçóse bien en la silla e apretó la lança en la mano e movió contra él muy de re [XXVv] zio. El gigante se dexó venir para él assí furiosamente que parescía que la tierra quería hundir. Don Clarián lo encontró por entre las fojas tan fieramente que le falsó la loriga e metióle la lança por medio del cuerpo, y el fierro se detuvo en las fojas de la otra parte: el encuentro fue tan grande que rompió el arzón trasero e dio con el jayán tan gran caída que no paresció sino que una torre venía abaxo. El caballo de Tarcón, que era poderoso, encontró de los pechos al de don Clarián, de guisa que le quebró una espada, e dio con él las ancas puestas por tierra, mas don Clarián salió muy ligeramente, e fuesse muy presto contra el gigante, e quitándole el yelmo de la cabeça fallólo muerto. Como él esto vio, hincóse de rodillas en tierra e dio muchas gracias a Dios porque tal ventura le diera; después lançóse dentro en el castillo —porque los que estaban querían cerrar la puerta— e vio un villano que tenía un manojo de llaves en la cinta, el cual como a don Clarián vio tan cerca de sí púsose de rodillas ante él e pidióle merced.

"Yo la habré de ti," dixo[9] don Clarián, "mas cumple que me traigas el prisionero que el jayán tenía."

El villano dixo: "Señor, esso luego será fecho." Algunos de los sirvientes del jayán huyeron del castillo, e otros vinieron a merced de don Clarián. El villano se fue para la prisión do Genadís era e tráxolo —assí atado como estaba con una gruessa cadena al cuello— el cual bien pensó que lo sacaban para matar; e venía haziendo gran duelo. Como don Clarián lo vio assí venir, las lágrimas le vinieron a los ojos, e no se pudo más sofrir, e quitándose el yelmo de la cabeça fuele corriendo abraçar.

Pues cuando Genadís de Suecia lo conosció, si ovo plazer no es de demandar. Hincó los hinojos ante él e —que quiso o que no— le besó las manos, diziendo: "Sin falla, señor, en tiempo me habéis librado que mi vida del todo daba por perdida." Don Clarián le fizo levantar, e mandóle quitar la cadena. Genadís le dixo: "Señor ¿qué fue de Tarcón? ¿No es en el castillo por ventura?"

Don Clarián lo tomó por la mano e díxole: "Yo os lo mostraré." E levólo donde

---

[9]　di dixo

estaba.

Cuando Genadís vio a Tarcón muerto mucho fue maravillado; sobre el jayán estaba el donzel, su hijo —que Timadón de Caneroy había nombre— haziendo muy gran duelo, e dezía: "O padre ¿cómo los dioses me han confundido en consentir que seáis muerto por un solo caballero? Mas si por mi mano no habéis de ser vengado nunca ellos me dexen llegar a recebir orden de caballería."

Algunos que al gigante desamaban dixeron a don Clarián que lo matasse y escusasse ya un mortal enemigo; don Clarián respondió: "Nunca Dios quiera, ni yo lo haría por todas las cosas del mundo; que si agora lo matasse, no mataría a mi enemigo, mas a un donzel que poco puede; e gran covardía sería si por miedo de lo que él me puede hazer le fiziese ningún mal," e yéndose para él, alçólo por la mano. Timadón era assaz más grande que no él e mucho más menbrudo. Don Clarián le dixo: "Donzel, por hazer duelo no tornarés a vuestro padre vivo, mas antes os apartad del camino que él en este mundo siguió, e tornaos cristiano, porque haziéndolo desta guisa salvarés vuestra ánima, e dexaros he libremente vuestro castillo e seros he siempre buen amigo."

El donzel le respondió: "Caballero, dezirme vos que sea cristiano es en vano, porque aunque lo oviesse de fazer no lo faría por vuestro amor porque ni quiero de vos el castillo ni que me fagáis obras ningunas sino como a mortal enemigo; e si matarme quisierdes, poder tenéis para ello al presente."

Don Clarián, que tan endurecido lo vio, díxole: "Donzel, de mí no recibiréis muerte, empero de Dios la podéis recibir como vuestra dureza merece," e dexándolo fuese para las donzellas, que de ver lo que había fecho e verlo tan niño e tan fermoso estaban maravilladas; él les dixo: "Señoras ¿habéis perdido el temor?"

Entonces ellas fincaron las rodillas ante él, e dixéronle: "Señor, perdonadnos por la poca confiança que en vos poníamos, que no pensávamos traer compañía de tan alto caballero como vos." El las fizo levantar y entráronse en el castillo do fueron servidos de todo lo que les complía; estando a la tabla con mucho plazer, Genadís dixo a don Clarián como en aquella hora se acordaba [XXVIr] de lo que la Dueña Encubierta le dixera cuando viniera a la corte del rey Lantedón. Assí estuvieron con gran plazer dos días en el castillo, los cuales passados don Clarián rogó a Genadís de Suecia que por su amor acompañasse aquellas donzellas fasta casa del duque de Jaffa; e comoquier que Genadís mucho quisiera ir en su campañía otorgó de lo fazer assí, e partióse con las donzellas. Don Clarián se partió del castillo dexándolo libremente a Timadón, que otra cosa no tomó sino el caballo de Tarcón por el suyo que era muerto. De aqueste Timadón —que no era del todo gigante porque no era hijo de jayana, antes de una noble dueña con quien el gigante contra su voluntad della casara— el cual fue mortal enemigo de don Clarián como adelante se dirá.

CA. XXXIII. DE LO QUE ACAESCIÓ A DON CLARIÁN CON LOS CABALLEROS DEL DUQUE DE JAFFA.

Agora dize la historia que don Clarián anduvo discurriendo por muchas partes, acometiendo todas las peligrosas aventuras que fallaba, e de todas lo sacaba Dios con tan crecida victoria que todas las gentes hablaban dél muy maravillosamente. Avínole que un día fue alvergar a casa de una dueña viuda donde supo nuevas que el duque de Jaffa estaba a cinco millas de allí, e tenía puesto campo sobre una villa donde era señor un caballero pagano, súbdito suyo, que contra él se había alçado: porque como quiera que el emperador Vasperaldo en la mayor parte de las Alemanias estuviesse muy enseñoreado, y él e los otros príncipes cristianos, sus súbditos e amigos, mucho ensalçassen la sancta fe cathólica, todavía ellas en aquel tiempo estaban assaz ocupadas de paganos —assí reyes como grandes señores.

E puesto que al emperador Vasperaldo la mayor parte dellos le fuessen subjetos, nunca fasta el tiempo de entonces a los príncipes cristianos habían fallescido contiendas con ellos; e aun entonces no fallecían; e por causa de evitar estas guerras e bollicios, todos los más príncipes christianos de aquella región fueron de acuerdo de titular a Goliano —de quien ya se ha dicho— por emperador, porque siguiendo e obedesciendo todos a éste fuessen señores sobre sus enemigos los paganos. E por estos tener señorío en las Alemanias ovo mayor lugar la caída del emperador Eraldo, que el título de emperador con gran parte de sus tierras perdió, quedando los paganos assí enseñoreados en aquellas partidas, que vinieron a ser más poderosos que los cristianos fasta el tiempo que Bonifacio, obispo de Maguncia, todas las Alemanias a la sancta fe cathólica sojuzgó.

E al propósito tornando, como don Clarián supiesse estas nuevas e fuesse muy aficionado a don Felisarte de Jaffa, sabiendo que a aquella sazón allí estaba, acordó de ir allá otro día a ayudar al duque en todo lo que pudiesse. Venida la mañana tomó su camino para allá, e llegando cerca del campo del duque vio cuatro caballeros ricamente armados que andaban a caça. Don Clarián quisiera mucho fallar a quién preguntar por sus nombres; yendo con este desseo encontró una donzella e salvóla muy cortesmente, y ella a él otrosí. Don Clarián le demandó: "Dezidme, señora donzella ¿saberme—íades dezir quién son aquellos cuatro caballeros que andan allí a caça?"

"Yo os lo diré," dixo la donzella, "por tal que fagáis por mí una cosa que poco vos costará."

"Yo tengo tanto desseo de lo saber que aunque mucho costasse lo faría."

"Pues agora sabed," dixo la donzella, "que el uno de aquellos caballeros que más ricamente está armado es don Felisarte, fijo del duque de Jaffa; el otro de las armas verdes es Calidor de Venarde, su primo, fijo del conde de Lubet. Los otros dos son amigos suyos." E mostrándole un caballero que iba por la carrera le dixo: "Lo que por mí habéis de fazer es que aquel caballero —que allí va— me tomó un gavilán que yo levaba para un amigo mío: que me lo fagáis dar."

"Señora," dixo don Clarián, "más quisiera que me de [XXVIv] mandárades otra cosa, porque el caballero debe ser el duque e no querría que fuesse descortés en no queréroslo dar; empero yo se lo rogaré." Entonces anduvieron tanto que alcançaron el caballero. Don Clarián lo salvó, e díxole: "Señor caballero, ruégovos por cortesía que queráis dar a esta donzella su gavilán porque vale poco, e la fuerça paresce mucha en ser fecha a una muger; e si esto hazés yo os tendré mucho que agradecer, e quedaré muy obligado por ello."

El caballero respondió: "Poco aprovecha vuestro ruego, que yo no haré nada por él e si no viene ella no llevará el gavilán desta vez." E bolviéndose contra la donzella díxole: "Todo esto traíades pensado: por buena fe, si por vergüença no me fuesse yo os tomaría el palafrén e os faría ir a pie."

"No faríades, señor caballero," dixo don Clarián, "pues ella viene comigo, e si el gavilán no le queréis dar, bien mostráis que queréis la batalla."

El caballero —que era sobervio— fue desto sañudo, e dixo: "Pues el gavilán queréis, assí lo habéis de levar," e travándole por las piernas dio con él a don Clarián por cima del yelmo tal golpe que el gavilán se fizo dos partes.

Desto fue don Clarián tan sañudo que en aquella hora la estrella de los pechos e la frente como fuego se le encendieron, e metiendo mano a la espada —que lança no tenía— con sobrada ira se dexó ir para el caballero, el cual como assí lo vio venir no lo osó atender; antes començó de fuir contra las tiendas e don Clarián iba empós dél. La donzella le daba bozes diziendo que se tornasse, que ella le daba por quito, e como vió que no bolvía ella se tornó por su carrera.

Don Clarián aguijaba mucho a su caballo por alcançar al caballero; el caballero fuía cuanto más podía, e como ambos levassen los caballos ligeros fueron desta guisa fasta entrar por la tiendas. El caballero se fue contra la tienda del duque por escapar aí, mas don Clarián lo alcançó entonce e diole tal golpe por cima del yelmo que se lo fizo saltar de la cabeça. El caballero se quisiera dexar, mas él le dio luego otro golpe tal que lo fendió fasta los dientes. El caballero cayó muerto, e don Clarián se baxó por su lança, entendiendo que de allí no se podría partir sin gran riesgo. Salióse de entre las tiendas, e como la ira le fuesse ya passada pesábale por haber muerto al caballero. Como el duque aquella sazón a la puerta de su tienda con muchos de sus caballeros estuviesse, vio bien todo esto e fue muy sañudo porque el caballero fuera muerto ante él, e demandó quién era aquel caballero que tal atrevimiento tuviera.

Los caballeros le respondieron que no lo conoscían, mas que sin falla lo que él había fecho había sido gran osadía e menosprecio.

"Por buena fe," dixo el duque, "si él no fuesse castigado yo habría gran desplazer porque sea escarmiento a otros que lo tal no hagan ante mí." Entonces mandó armar diez caballeros, e dixo: "Id empós de aquel caballero e traédmelo preso, e guarda no le matéis, porque yo le quiero dar el castigo que meresce."

Los caballeros dixeron: "Señor, esso ligeramente es fecho." Entonces cabalgaron en sus caballos e fueron empós de don Clarián; e alcançáronlo muy presto e dixéronle: "Volved caballero, que no irés assí como cuidades sin ser castigado de vuestra locura." Como él los vio e no quisiesse en ninguna manera darse a conoscer al duque por lo que ante él le aviniera, no curó de responder a lo que le dezían; antes volvió muy rezio contra ellos, e los caballeros movieron contra él.

El firió al primero que alcançó tan duramente que dio con él muerto en tierra: los caballeros quebraron en él cinco lanças, mas no lo movieron de la silla. Don Clarián volvió sobre ellos y encontró a otro tan bravamente que más de tres palmos de lança le echó de la otra parte e derribólo muerto en tierra; e poniendo mano a su espada lançóse por medio dellos muy sañudo e començólos a ferir de mortales golpes. Tan bravo e tan ligero andaba entrellos que los caballeros se maravillaban, empero feríanlo de grandes golpes por todas partes e dezíanle que viniesse a la prisión del duque. "Agora lo verés," dixo él. Entonces alçó la espada e dio a uno dellos tal golpe en los pechos que todas las armas con la carne e los huessos le cortó: el caballero cayó muerto, e después dio [XXVIIr] a otro tal golpe junto al ombro que el braço con la espada le derribó en tierra, e començó a ferir por los otros assí mortalmente que de pavor que dél ovieron desmampararon el campo e fueron huyendo contra las tiendas. Don Clarián se ligó dos pequeñas llagas que allí ovo e tomó una lança de las que en el campo estaban e fuese por su camino, pesándole de todo aquesto por ser con caballeros del duque.

Como los caballeros fueron en la tienda del duque él les demandó que cómo no traían el caballero. "Señor," dixeron ellos, "no es tan ligero de traer como pensáis, que bien habéis menester de levantar el campo e ir con toda vuestra gente para traerlo, porque sin falla nos nunca vimos quien tan fuertes golpes diesse; e vuestro fijo don Felisarte no creemos que tal pudiesse fazer como éste." Entonces le mostraron el caballero que el braço tenía cortado e dixéronle que los otros fincaban en el campo muertos e feridos.

El duque fue desto tan sañudo que más no pudo ser. Denostó mucho a los caballeros e dixo: "Si yo deste caballero no tomasse vengança nunca sería alegre." Luego a la ora mandó armar veinte buenos caballeros e defendióles que ante él no viniessen sin le traer muerto o preso el caballero. Los caballeros respondieron que assí lo farían.

"No es tan ligero de fazer como cuidades," dixeron los que primero habían ido.

Los veinte caballeros fueron empós de don Clarián e tanto se apressuraron que lo alcançaron en un llano; cuando él los vio venir, no le plugo e dixo contra sí: "Pues lo fecho es fecho, no me daría a conocer aunque supiesse recebir muerte." Con saña que tenía abaxó la lança e dexóse correr para ellos; los caballeros se maravillaron cuando assí lo vieron venir, e movieron todos contra él. Don Clarián firió a uno dellos de tal golpe que éste no ovo menester maestro: muchos de los otros caballeros lo encontraron dellos en el escudo e dellos en el cuerpo, por manera que el caballo fizieron ahinojar en tierra con él, mas él lo firió de las espuelas e lo fizo salir adelante e volvió sobre ellos, y encontró a otro tan duramente que dio con él en tierra tal que nunca más se levantó. Desta buelta quebraron en don Clarián seis lanças e fiziéronle dos llagas; él metió mano a la espada, que la lança había quebrado. Lançóse por medio dellos tan sañudo que no parescía sino bravo león entre ganado; e començó a dar tan grandes golpes que a unos llagaba mortalmente, a otros derribaba por tierra e a otros hazía arredrar de sí. Tan bravo e tan ligero andaba entre ellos que no lo podían ferir como querían, pero los caballeros lo aquexaban de grandes golpes cada vez que lo alcançaban, mas él fizo tanto que en poca de hora tenía los seis dellos por tierra muertos e feridos, e como quiera que su caballo era muy bueno, estaba ya ferido en el rostro e salíale mucha sangre, por lo cual no andaba tan ligero como antes.

Los caballeros que sabían que ante el duque, su señor, no les complía ir sin lo prender o matar, aquexávanle por todas partes firiéndole muy a menudo, e habíanle llagado en tantos lugares que le corría mucha sangre; mas él andaba tan sañudo que cosa no sentía e feríalos tan mortalmente que ál que su espada alcançaba no podía escapar de muerto o mal ferido. Tales cosas fazía que los caballos tomaban espanto, e si por vergüença no les fuera ellos se tornaran porque como a la muerte lo dubdaban e temían. Don Clarián se lançaba cada vez por medio dellos, assí furiosamente que maravilla era de ver, esparziéndolos a una parte e a otra. Como esto vieron los caballeros arredráronse dos dellos e dexáronse venir contra él. Encontraron a su caballo de guisa que dieron con él muerto en tierra, mas él salió dél muy ligero; con gran pesar que tenía de verse a pie firió a uno dellos de tal golpe sobre la pierna que toda se la derribó en tierra: el caballero cayó e don Clarián se quisiera acoger a su caballo, mas aquella hora los caballeros lo firieron por todas partes de tal guisa que no le dieron lugar a cabalgar, que le daban grandes golpes de lanças e de espadas. Entonces él se acostó acerca de su caballo e de dos caballeros que muertos estaban por mejor se defender: allí le creció tanta saña en verse a pie e ferido que començó a dar muy mayores golpes que en todo el día había dado. Por manera que llagaba, derribaba, e lastimaba a todos aquellos que se le llegaban, assí que como a [XXVIIv] la muerte lo temían, e si tales los caballeros no fueran, desmamparado ovieran la plaça.

No oviera ninguno que en aquella hora a don Clarián con tantos caballeros en el campo viera que no se maravillara porque todos éstos se trabajaban de lo matar o prender, e ver como él tenía ante sí caballeros e caballos muertos, e otros muchos heridos, escudos, espadas e lanças de aquellos que derribaba, e tanta era la sangre, mallas de las lorigas, rajas de los escudos e pieças de armas que allí do se combatían había, que no parescía sino que una gran batalla de mucha gente allí se fiziesse. Como los caballeros eran buenos, gran vergüença tenían que un solo caballero tanto les durase, e ponían todo su poder por lo matar o prender. El fazía assí dura e cruel defensa que al que una vez alcançaba no osaba más tornar. El, pues estando desta guisa, heos aquí do viene don Felisarte de Jaffa y empós dél muchos caballeros derranchados por el campo. Cuando don Clarián los vio venir, mucho les pesó, e dixo: "Si Dios me ayude, yo veo cercana la mi fin; empero antes que muera mi muerte será muy caramente comprada."

Los caballeros dixeron unos a otros: "¡Ea señores, qué gran vergüença es que don Felisarte vea que un solo caballero tanto nos dure! Por ende o todos muramos o le matemos o prendamos."

Entonces se apearon ocho dellos, e las espadas en las manos se dexaron ir para don Clarián, el cual ovo tan gran saña desto que los salió a rescebir bien tres passos fuera de su reparo. Los caballeros le acometieron bien animosamente, mas tres golpes que él les dio les pusieron mucho temor, porque tres caballeros derribó en tierra: el uno muerto, los dos malamente feridos. Empero ellos se affrentaban assí de don Felisarte que con todo su poder lo aquexaban, mas los golpes de don Clarián eran tan mortales que les ponían tanto temor para no aquexarle como don Felisarte vergüença para acometerle, el cual como todo esto viesse santiguóse como por maravilla diziendo: "Agora veo el mejor caballero e mejor feridor de espada que jamás vi, e si tal hombre como éste ante mí yo dexo matar, podiéndolo escapar, de todo el mundo sería con gran razón profaçado." Entonces dixo a sus caballeros: "Tiraos afuera vosotros e dexadme a mí solo con este caballero."

Ellos lo fizieron assí, plaziéndoles mucho dello, porque sin falla por ellos si más no vinieran don Clarián no fuera muerto ni preso, el cual como a don Felisarte esto oyó bien pensó que lo quería acometer, e dixo entre sí: "Venga lo que viniere que a todo me porné por no ser conoscido."

Don Felisarte le dixo: "Caballero, yo no sé quién vos soís, empero habéis fecho tanto enojo al duque mi padre e tanto daño en sus caballeros que yo debría tomar de vos la emienda; e podéis creer que si de primero en las tiendas yo me hallara, otro ninguno no viniera contra vos sino yo. Mas viendo el estado en que estáis no me sería honra combatir con vos, ni en os podría consentir que ante mí fuéssedes muerto, porque tengo por bien que os vayáis a buena ventura, e del daño que habéis recebido me pesa; e ruégovos que me digáis vuestro nombre porque yo conozca un tan buen caballero como vos soís."

Vista por don Clarián la gran cortesía de don Felisarte no supo qué le dezir, que en ninguna guisa quería ser conoscido por el empacho que tenía de ir ante el duque, empero respondióle: "Sin falla, señor don Felisarte, con mucha razón sois loado y esto que agora vos por mí hazéis rescibo en muy grande cortesía, e os tengo mucho que agradescer e servir, e mi nombre en ninguna guisa lo puedo por agora dezir porque os ruego no os pese dello; que esto e todo lo que más mandardes sabréis de mí de donde esta noche fuere a alvergar."

Como don Felisarte assí le oyesse hablar bien pensó que era caballero de gran guisa, pues assí se encobría; e respondióle: "Señor caballero, vos me habéis parescido tan bien que como vos lo quisierdes me plaze a mí fazerlo." Entonces le man [XXVIIIr] dó dar un caballo: don Clarián cabalgó en él e despidióse de don Felisarte, el cual se volvió para las tiendas. ¡Si a los caballeros plugo desto no es de demandar! —e como quiera que al duque le pesó porque el caballero no fuera muerto ni preso, no lo quiso mostrar por amor de su hijo.

Don Clarián se fue a un monesterio que cerca de allí era, e fue echado en un lecho e curado de sus llagas; que aunque eran muchas, ninguna era peligrosa; e luego embió un ome de los frailes a don Felisarte que le dixesse que le rogaba que quisiesse venir allí a fablar con él. Don Felisarte vino otro día por la mañana y entrando donde don Clarián estaba salvólo muy cortesmente; él a él otrosí.

Don Felisarte le dixo: "Señor caballero, yo tengo tanto desseo de saber vuestro nombre e conosceros que no lo podría dezir porque os ruego que me digáis quién sois."

Don Clarián se endereçó en el lecho e díxole: "Señor don Felisarte, yo os amo tanto que ni del duque vuestro padre ni de vos me encubriera sino por lo que ante él me acaesció, no teniendo yo tanta culpa cuanta allí paresció." Entonces le contó todo cuanto le aviniera, e con la voluntad que a su campo venía; al cabo díxole: "Sabed, señor, que a mí llaman don Clarián de Landanís, e soy fijo del rey Lantedón de Suecia."

Oído por don Felisarte que éste fuese don Clarián levantóse de una silla en que sentado estaba e fuelo a abraçar, diziendo: "Por Dios, señor, perdonad que el enojo que de los caballeros del duque mi padre recebistes, que si yo os conosciera no se hiziera tal aunque a él oviérades muerto."

Ambos a dos ovieron gran plazer por se conoscer; don Felisarte estaba maravillado de la fermosura de don Clarián, e bien conosció que a todos los caballeros de la corte del emperador Vasperaldo tenía en aquello gran ventaja; e hablando de muchas cosas díxole cuánto todos los caballeros en la corte del emperador le desseaban conoscer. Don Clarián respondió: "Yo les agradezco mucho a essos señores la voluntad que me tienen sin se lo yo merescer."

Bien assí con mucho plazer estuvo allí don Felisarte dos días, e sabiendo que la villa se entraba, despidióse de don Clarián yendo tan pagado dél que dezía que en todas las virtudes le había hecho Dios más perfectamente cumplido que a otro alguno. E como el duque de Jaffa supo quién era el caballero, dixo: "Si don Clarián es de tan gran bondad bien tiene a quién parescer, que el rey su padre fue uno de los mejores caballeros que en la corte del emperador Macelao había en tiempo que él usaba las armas." Mas agora dexa el cuento de fablar de don Galián del Fuerte Braço, su primo.

CA. XXXIIII. DE LO QUE ACAESCIÓ A DON GALIÁN CON LOS DOS CABALLEROS QUE EL CABALLO AL ENANO TOMARON.

Ansí como don Galián se partió de su cormano fuesse por la carrera que el enano le mostraba, él cual le iba diziendo: "Señor, mucho me temo de ir allá porque los caballeros me parecieron grandes de cuerpo."

"No temas," dixo él, "que tú habrás tu caballo o yo no podré más fazer." E no anduvieron mucho que llegaron al tendejón, a la puerta del cual estaban dos caballos arrendados. Don Galián dixo: "¿Enano, cuál de aquellos caballos es el tuyo?"

"Aquel caballo overo," dixo él.

"Pues velo a tomar," respondió don Galián.

"O señor, que no lo osaré hazer," dixo el enano.

"No temas," dixo don Galián, "que yo te defenderé."

Entonces el enano fue a su caballo e començólo a desatar, e con temor que había tenía las manos en las riendas e los ojos en la puerta del tendejón por ver si alguno salía. A essa hora salió un hombre, e dixo: "¿Cómo, don traidor enano, assí tomáis el caballo?" Esto diziendo, travóle por los cabellos. El enano, que vio que no era caballero, travóle otrosí a él, e començaron entrambos una tal pelea que don Galián, que los miraba, no podía estar de riso.

El hombre tomó al enano debaxo e dávale grandes golpes en la faz, el enano a grandes bozes dezía: "¡Acorredme señor, que me mata este traidor!"

Entonce don Galián dixo al hombre que lo dexasse, mas él no quiso. Como don Galián esto vio diole tal palo con la lança que dio con él en tierra, e fízole una llaga de que le corría mucha sangre. Luego salió de la tienda un caballero armado que le dixo: [XXVIIIv] "En mal punto feristes el hombre que valía más que vos, mas de tanto sed cierto que yo haré que dél mismo como el enano seáis castigado."

"Mas yo fío en Dios," respondió don Galián, "que os será menester que él me ruegue por vos." El caballero se acogió luego a su caballo; amos a dos abaxaron las lanças e se dexaron correr contra sí. El caballero del tendejón encontró a don Galián de guisa que le falsó el escudo e fizo volar su lança en pieças; mas él lo firió tan duramente que le falsó el escudo e la loriga: hízole una gran llaga en los pechos e dio con él en tierra que no hazía mención de se levantar.

Entonces salió del tendejón otro caballero mayor de cuerpo, e dixole: "Por buena fe, don mal caballero, vos comprarés caramente la muerte de mi sobrino." E cabalgando en el caballo de su sobrino dexósse correr para don Galián, e don Galián otrosí para él. El caballero lo encontró de guisa que su lança quebró en él, mas no lo movió de la silla. Don Galián lo firió tan duramente que le falsó el escudo e le metió el fierro de la lança por el braço siniestro: dio con él del caballo abaxo e fue luego de pies sobre él e quitóle el yelmo de la cabeça; el caballero le demandó merced que lo no matasse, que él se otorgaba por vencido: don Galián se la otorgó e tomó dél la espada. Fuese para el otro que ya se levantaba e travóle por el yelmo tan de rezio que se lo levó de la cabeça; fízole dar de manos en tierra e diole con él tal ferida porque se levantaba, que mucha sangre le hizo salir. El caballero dixo: "¡Ay por Dios, señor, merced! No me matéis, que yo me otorgo por vencido."

"Por buena fe," dixo don Galián, "tú no puedes escapar si no hazes que tu hombre me venga a rogar por ti."

Entonces el caballero dio grandes bozes al hombre que viniesse a rogar por él, si no que era muerto; el hombre vino e fincó los hinojos ante don Galián, e díxole: "Señor, bien veo que esta merced que me hazéis es más por vuestra virtud que por mis merecimientos; empero ruégovos por cortesía que no matéis este caballero, pues se otorga por vencido."

Don Galián dixo: "A mí plaze por amor de vos, mas cumple que ellos den el caballo al enano, e más que esto, querría fazer por vos porque me perdonéis el enojo que os fize."

El hombre le dixo: "Señor, de Dios seáis perdonado, que de mí ya lo sois."

Entonce don Galián fizo levantar el caballero; el caballo fue dado al enano, el cual estaba todo descabellado e mal parado, e dixo contra don Galián: "Señor, Dios os agradezca lo que por mí habéis hecho, mas bien os digo que a mí caro me cuesta que todos los dientes de la boca se me quieren caer de los golpes que recebí."

Don Galián hizo que el enano y el hombre fuessen amigos e se abraçassen, e los caballeros le rogaron que fincasse con ellos aquella noche, mas él no lo quiso hazer; antes acompañó al enano tres millas por le hazer más seguro; e cuando dél se partió violo como iba corriendo por el campo, que parecía que todo el mundo fuesse empós dél, de lo cual tomó gran plazer. Aquella noche fue alvergar a un castillo, e otro día partió se de allí a buscar las aventuras.

CA. XXXV. DE CÓMO DON GALIÁN JUSTÓ CON DOS CABALLEROS E DE LAS PALABRAS QUE CON ELLOS PASSÓ.

Pues un día le avino que yendo por un llano vio estar dos caballeros armados a par de una fuente: el uno se puso en la carrera e díxole: "¿Señor caballero, querés justar comigo?"

"Sí," dixo don Galián, "pues que a vos plaze." Entonces se dexaron correr el uno para el otro. El caballero quebró su lança en él, mas otro mal no le fizo. Don Galián lo encontró de guisa que dio con él en tierra por cima de las ancas del caballo, e hízole una llaga en el cuerpo.

Essa hora vino el otro caballero, e díxole: "Señor caballero, pues derribastes mi compañero, quebrad comigo vuestra lança."

"Pues que assí queréis," dixo don Galián, "no os fallesceré de justa en tanto que a caballo estuviere." E dexándose correr contra sí muy de rezio diéronse tan grandes encuentros que las lanças fueron quebradas, empero el caballero e su caballo fueron en tierra. Don Galián fue luego sobre él, diziéndole que se otorgasse por vencido.

El respondió: "Señor caballero, no me demandáis razón en esso, que si yo os desafiara, o nos combatiéramos por alguna causa, entonces había lugar lo que vos de [XXIXr] zís; mas yo os demandé justa e pues vos me derribastes, no me debéis pedir ál salvo si más no nos combatiéssemos."

Don Galián que vio ser aquella buena razón le dixo: "Señor caballero, perdonadme si os demandé cosa que no debía: porque yo soy caballero novel e aún no sé bien estas cosas, e mucho os agradezco la buena razón que de vos he aprendido."

Desí cabalgó e fue empós de los caballos de los caballeros que en el campo andaban, e traxóselos; encomendándolos a Dios, partióse dellos. Desta guisa anduvo por muchas partes don Galián, haziendo grandes caballerías —de las cuales aquí no se haze mención, mas en otros libros *Espejo de caballerías* llamados se cuentan muchas dellas, assí como de otros caballeros. Que según dize Vadulato de Bondirmague —pues esta historia es de don Clarián— no se deben por estenso escrevir las cosas de los otros caballeros, que aun dél no se escrive con gran parte lo que fue, e assí lo affirma Vadulato, según yo fallé que Faderico de Maguncia, obispo de Lanchano escrivió: el cual esta historia de lenguaje alemán en italiano sacó. E puesto que yo en alguna manera del pie de la letra salga, a éste sigo, no quitando ni poniendo cosa de sustancia.

CA. XXXVI. DE LA BATALLA QUE OVO ENTRE DON GALIÁN E GALINOR DE MONSERRÁN CABALLERO DE CASA DEL EMPERADOR VASPERALDO.

Dize la historia que yendo don Galián un día por su carrera, a quinze millas de la ciudad de Colonia —donde la corte del emperador Vasperaldo estaba— vio venir un caballero bien armado sobre un hermoso caballo ruano: el caballero parecía bien en la silla. Como amos a dos se viessen, demandáronse iusta, de que a cada uno dellos plugo. Arredráronse cuanto un tiro de piedra el uno del otro; diéronse de las espuelas a sus caballos, e dexáronse venir contra sí muy de rezio e diéronse tan grandes encuentros que las lanças bolaron en pieças. Juntáronse uno con otro de tal guisa que ellos e sus caballos[10] cayeron en tierra muy grandes caídas. Estuvieron una pieça que no se levantaron, mas cuando fueron en pie con la saña que habían cobrado el uno contra el otro, no curaron de al sino de meter mano a las espadas e diéronse tan grandes golpes por cima de los yelmos que las cabeças se hizieron abaxar contra los pechos.

---

[10] ca cavallos

Començóse entrellos una tan brava batalla que no oviera ninguno que la viera que mucho no se maravillara porque ellos no quedaban de se ferir muy apriessa por todas partes, mostrando cada uno su fuerça e ardimiento: tanto se combatieron de la batalla que queriendo o no les convino folgar.

Don Galián dezía entre sí: "Sin falla yo he encontrado tal caballero que para sí no querrá la vergüença, porque me conviene ser tal que lleve la honra de la batalla, o morir en el campo."

El caballero dezía consigo: "Por buena fe yo me he combatido con muchos de los caballeros de la corte del emperador —que son tenidos por de los buenos del mundo— mas yo conozco que los golpes deste caballero son de hombre de gran fuerça."

No tomaron mucho descanso cuando se acometen el uno al otro con gran saña, firiéndose de muy duros e pesados golpes, de guisa que el campo do se combatía estaba en algunos lugares cubierto de mallas de las lorigas e de rajas de los escudos, e las yervas tintas de sangre que dellos corría; e otros caballeros —que tales no fueran— ya no pudieran más combatir, mas ellos eran de tan gran bondad que cosa no sentían; antes se aquexaban tanto el uno al otro que a cada uno convenía mostrar su valor. E tanto se combatieron de la segunda batalla que por fuerça les convino holgar.

Entonces el caballero dixo consigo: "O señor Jesu Cristo, ayúdame contra este diablo, que por buena fe tal debe ser éste con quien me combato."

Don Galián dezía: "Señora Virgen María, ayúdame contra este caballero, que si Dios me ayude yo querría antes morir cien vezes —si tantas pudiesse— que salir sin honra desta batalla." E con saña que cobró dexóse ir para el caballero, el cual como lo vio venir díxole:

"Suffríos un poco, caballero, que yo os quiero fablar," e díxole: "Caballero, yo e vos nos habemos combatido tanto e nos hemos fecho tanto daño que solo por esto es razón de dar fin a nuestra batalla: [XXIXv] empero porque yo sepa quién me mata,—o a quién mato— querría saber vuestro nombre: que tal podéis ser que no me combata más con vos, e tal que no dexe mi batalla en ninguna guisa, porque quiero que sepáis mi nombre. Sabed que a mí llaman Galinor de Monferrán: soy hijo del duque de Borbón e caballero de casa del emperador Vasperaldo; e pues mi nombre sabéis, ruégovos que me digáis el vuestro."

Don Galián, que en ninguna guisa quería que la batalla assí cessasse, sintiéndose dello por afrontado, respondió: "Caballero, no he rescebido yo de vos tan poco daño que mi batalla dexe desta manera: e mi nombre no curés de saber, que yo soy un caballero de tan poca nombradía que aunque os los dixesse no me conoceríades por ello, porque conviene dar fin a nuestra batalla."

"¿Cómo, caballero?" respondió Galinor de Monferrán. "¿Tan desmesurado seréis que no me diréis vuestro nombre, aviéndoos yo dicho el mío? Pues yo moriré o lo sabré." Entonces se acometieron con mayor ira que de ante, hiriéndose muy a menudo por do quier que se alcançaban. Tanto se combatieron que ya se habían parado tales que en las armas había poca defensa, y en ellos no tanta fuerça como de primero, e nunca se conoscía ventaja entre ellos fasta tanto que don Galián le dio un golpe en el braço derecho que le cortó las armas e las carne fasta los huessos: lo cual hizo gran daño a Galinor de Monferrán, que no podía ferir con fuerça, e desde allí adelante començó a empeorar.

Don Galián —que sañudo estaba porque tanto le duraba— dixo contra sí: "Por buena fe poco me debría preciar quien me viesse tanto contender con un solo caballero," e con ira que desto ovo començó a lo aquexar de tan grandes golpes que todo el escudo le deshizo en el braço; e ya andaba tal Galinor de Monserrán que otra cosa no hazía sino mampararse como mejor podía —e sin falla otro caballero, por bueno que fuera, no pudiera tanto durar. Como don Galián assí lo vio pensó en sí diziendo: "Este caballero es tal que antes morirá que otorgarse por vencido. Pues si lo mato todo el mundo me lo terná a mal, demás él me ha dicho su nombre, e todos dirán en la corte del emperador que conosciéndole le maté." Porque entonces don Galián fizo una gran cortesía para colorar lo passado: que tomó la espada por la punta e fuéssela a dar, diziendo: "Señor Galinor de Monferrán, si me he combatido con vos tanto, ha sido porque un caballero de poca nombradía como yo soy, hallándose en batalla con un tal caballero como vos, si al principio la dexara, no dixeran sino que lo hazía de covardía; e pues he complido lo que debía y he visto vuestra gran bondad, yo os doy la honra de la batalla. E sabed que a mí llaman don Galián del Fuerte Braço: soy fijo del rey Gedres de Bretaña e primo cormano de don Clarián de Landanís, porque os ruego me perdonéis si de primero no vos dixe mi nombre."

Cuando Galinor de Monferrán tan gran cortesía vido díxole: "Señor don Galián, si Dios me ayude bien se parece en vos que sois con razón loado. La cortesía que aquí me hazés es mucha, e la honra de la batalla es vuestra, e yo, señor, assí os la do."

Entonces se abraçaron con gran plazer. Galinor de Monferrán le rogó que se fuesse a un castillo de un amigo suyo que a seis millas de allí era. Entonces cabalgaron e fueron para allá. El señor del castillo los recibió muy bien, el cual era un caballero anciano que había nombre Boeles: había sido caballero andante, e bueno en armas. Allí fueron curados de sus llagas fasta ser guaridos; desí fuéronse ambos a la corte del emperador Vasperaldo, donde fue don Galián —assí dél como de todos— muy bien recebido.

El emperador e muchos otros caballeros de gran cuenta le demandaron por nuevas de su cormano don Clarián, a quien todos desseaban conocer por su gran nombradía; mas don Galián no supo dél dezir nueva ninguna. Cuando él vio la corte del emperador mucho fue maravillado, e como fue a besar las manos a la emperatriz Altibea, assaz fue mirado de todas las dueñas e donzellas. Mas cuando él vio a Gradamisa, hija del emperador, nunca en su vida viera cosa de que tanto se maravillasse porque a la beldad y hermosura desta señora ninguna del mundo se podía acostar; e dixo en su coraçón que aunque no por otra cosa sino por ver a la princesa Gradamisa todos los del mundo debrían venir a aquella corte. Y en poco tiempo fue don [XXXr] Galián de todos amado e preciado, e no se osaba partir de allí esperando saber nuevas ciertas de don Clarián para lo ir a buscar. Mas agora dexa el cuento de hablar dél por contar de don Clarián, que en el monesterio quedaba como se ha dicho.

CAPITUL. XXXVII. CÓMO DON CLARIÁN FALLÓ A MANESIL SU ESCUDERO E DEL GRAN

PLAZER QUE CON ÉL OVO.

Cuenta la historia que como don Clarián fue guarido de las llagas que los caballeros del duque de Jaffa le fizieron, acomendó a Dios a los frailes e partióse dende. E anduvo por do la ventura lo guiaba, haziendo tan grandes cosas en armas, que por todas partes se fazía nombrar e corría su fama. Discurriendo por muchas tierras vínose a fallar en la provincia de Franconia acerca de la corte del emperador Vasperaldo. E como quiera que él toviera por bien de ver al emperador e a su corte, no tenía el aparejo que le fazía menester para entrar en ella porque su caballo llevaba entonces flaco e cansado, las armas cortadas e abolladas de los golpes.

Yendo pensando dónde podría fallar remedio para aquello, alcançó un escudero encima de un caballo e traía cubierto el rostro por el calor que hazía. Antél iba un hombre a pie que llevaba por las riendas un muy hermoso caballo muy ricamente guarnido. El caballo era de color muy estraña, porque de medio adelante era blanco como la nieve, e de medio atrás muy negro. Por lo blanco tenía unas pequeñas ruedas negras muy espesas, assí mesmo por lo negro otras muy blancas. El guarnimento era todo verde e labrado de oro. Detrás del escudero iba otro hombre que llevaba una bestia cargada, cubierta con un paño. Como don Clarián a ellos llegó salvólos: el escudero le salvó a él muy cortesmente.

Don Clarián le dixo: "Dezidme buen escudero, si Dios os ayude —¿dónde sois e cómo habéis nombre?"

"Señor," respondió el escudero, "yo soy natural de Suecia."

Cuando don Clarián oyó nombrar aquella tierra rescibió en su coraçón muy gran plazer, como aquel que entonces no tenía razón porque olvidarla —como adelante tovo— e díxole: "Dezidme por cortesía, escudero, cúyo fijo sois de essa tierra, porque yo he estado en ella algún tiempo."

"Señor," dixo él, "yo soy hijo de un caballero que se llama Argadón, amo de don Clarián, hijo del rey Lantedón, e cuando él de Suecia partió no pude venir con él; mas agora vengo a buscalle a la corte del emperador. Tráigole este caballo e unas armas muy ricas que el rey su padre le embía, las cuales ganó del rey de Golandia en una batalla que con el rey de Luconia su padre e con él, e con el duque de Exilia, su hermano, ovo: donde ellos traxeron un gran poderío de gentes. Mas el rey Lantedón los venció e prendió, e los soltó con tal partido que le den grandes parias cada año. E a Dios merced, que por donde he venido he oído dezir muchas de las grandes caballerías de don Clarián, de que todos le dan gran loor."

Cuando él esto oyó dezir no pudo más suffrir; quitóse el yelmo e fuelo a abraçar con tanto plazer que las lágrimas le vinieron a los ojos. Cuando Manesil vio a su señor, su alegría fue tan grande que no se podría dezir. Besóle muchas vezes las manos. E tan gran plazer mostró don Clarián con él como si su hermano fuera, porque en aquel grado lo amaba. Manesil dio una carta que traía a don Clarián, el cual la leyó e halló ser verdad todo lo que él le dixera, e dio muchas gracias a Dios por la victoria que el rey su padre oviera. Desí demandó a Manesil por nuevas de la reina su madre e de su hermana Belismenda, e de la reina su abuela, e de su amo Argadón; de otros muchos de la corte. El le dixo que todos estaban buenos, mas que la corte nunca torna [XXXv] rá en el plazer que era cuando él en ella estaba. Don Clarián mandó a los hombres que desde allí se volviessen, e escrivió con ellos al rey su padre e a la reina su madre. Manesil tomó por las riendas el hermoso caballo e la bestia que traía las armas ante sí, e fuéronse por su camino hablando de muchas cosas.

CAPITU. **XXXVIII.** CÓMO DON CLARIÁN ENCONTRÓ UNA DONZELLA DE ESPAÑA, E CÓMO DE OÍR NOMBRAR A GRADAMISA FUE PRESO DE SU AMOR.

Pues ellos yendo desta guisa encontraron una donzella muy ricamente guarnida sobre un fermoso palafrén, con ella dos caballeros ancianos e cuatro escuderos e otras dos donzellas que la acompañaban, todos bien encabalgados: la donzella era muy hermosa. E como don Clarián a ella llegó salvóla muy cortesmente: ella a él otrosí. Don Clarián, que en lenguaje que bien no entendía, la oyó hablar, díxole: "Señora donzella, vuestro lenguaje muestra que seáis de estraña tierra."

La donzella, que en lenguaje español —que por entonces don Clarián no entendía— le había hablado, volvió en lengua francesa e díxole: "Caballero ¿qué me demandáis?"

Don Clarián, que el francés hablar sabía, díxole: "Señora, querría —si a vos pluguiesse— saber de dónde sois, o a qué tierra is."

"Señor caballero," dixo ella, "yo soy donzella de la reina de España, muger del rey Ricaredo, que es tía de la emperatriz Altibea, hermana de su madre, e vine con mandado de la reina mi señora, a ella; e sin falla —aunque la corte del rey Ricaredo es muy noble y buena— bien puedo dezir que he visto la mejor corte del mundo en ver ésta del emperador Vasperaldo, porque aunque aquí no oviesse fallado sino sola una cosa voy tan maravillada que para toda mi vida terné assaz que contar, y esto es que sobre haber yo mirado —a mi cuidar— en ella, tan gran hermosura de dueñas e donzellas, que más dezir no se podría, he visto a la princesa Gradamisa, fija del emperador, que es la más extremada donzella en hermosura y en todas las virtudes que muger pudo alcançar, de cuantas en el mundo son nascidas ni creo que nascerán, e bien mostró Dios parte de sus grandes maravillas cuando tal persona quiso hazer."

Oído por don Clarián nombrar esta señora supitamente fue ferido de una tan cruel frecha de amor que su muy duro e fuerte coraçón fue traspassado, quedando el nombre de aquella princesa en lo más secreto de sus entrañas, donde nunca perdió aquella morada fasta que el ánima del cuerpo se la partió. Pues fue tan duro e fuerte este nuevo sobresalto para don Clarián que a muchas cosas que la donzella le dixo no pudo dar respuesta. Cuando más tornó en sí díxole que si era servida dello que la acompañaría fasta donde ella mandasse. Ella se lo agradesció mucho e lo encomendó a Dios e partióse dél, e según que cuenta la historia esta donzella venía con mandado de la reina de España a la emperatriz Altibea sobre un casamiento que se trataba de Loyba, fijo primogénito del rey Ricaredo, con Gradamisa, hija del emperador. El casamiento viniera en efecto, mas cessó porque el rey Ricaredo murió presto, y el rey Loyba, su hijo, vivió poco después dél.

Pues tornando a don Clarián: él iba assí fatigado de aquel nuevo huésped que en su coraçón era aposentado, que en la silla de su caballo no podía fallar reposo; antes se revolvía a un lado e a otro, e cuanto más procuraba por volver en la disposición que antes tenía e assossegar su ánimo, tanto más su pensamiento, olvidando todas las cosas en aquella que nuevo señorío sobre él començaba a tener, contemplaba e se ocupaba. Entonces él, conosciendo su nueva dolencia, dixo contra sí: "Ay de mí, que otros encuentros no passaban el escudo, e si el escudo, no la loriga; mas a éste no ha prestado armadura ninguna e ha me ferido a muerte, que ya yo veo robada mi libertad sin mi consentimiento. Pues, o cuitado de ti, don Clarián, cuando en oír nombrar a aquella señora solos los oídos te causaron tal pena ¿qué harán los ojos cuando la vean? —que éstos suelen ser muchas vezes porteros traidores del coraçón. Por cierto yo creo que te no darán solamente vida de un hora, e si te la dieren será para más penar." Desí dixo: "O Amor [XXXIr] ¿quién te dio tanto poder, que a mí —que más ajeno de ti tenías— más como tuyo me vas ganando." Assí iba don Clarián tan pensativo por el camino que palabra no hablaba, ni respondía a Manesil que algunas cosas le dezía, de lo cual él iba maravillado.

Assí fueron hasta llegar al castillo de aquel caballero anciano —Boeles llamado— del cual don Clarián fue muy bien recebido, e fuele fecho mucho servicio aquella noche. Allí supo él de la batalla de su cormano e de Galinor de Monferrán. Otrosí le fue dicho cómo el emperador Vasperaldo e la emperatriz Altibea e la princesa Gradamisa, su hija, con toda su corte habían estado, era venido un embaxador del emperador de Costantinopla, y el emperador e la emperatriz eran venidos a la ciudad de Colonia —diez días había— para que mejor aquel embaxador pudiesse ver su gran estado. E Gradamisa, que en la ciudad de Acos había quedado, había de pasar otro día por cerca de aquel castillo, porque muchos de los caballeros habían ido por ella. A él le plugo mucho desto. E venida la hora del dormir acostóse en su lecho, mas aquella noche no durmió el nuevo amador como solía, antes estuvo muy fatigado de pensamiento hasta que vino la mañana.

CA. XXXIX. CÓMO DON CLARIÁN JUSTÓ CON LOS AGUARDADORES DE GRADAMISA.

Venida el alva don Clarián levantó e mandó a Manesil sacar las armas de las fundas, las cuales eran éstas: una espada, la hoja muy limpia e clara, la guarnición esmaltada sobre oro e muy ricas piedras, por ella el guarnimiento era colorado, labrado de filo de oro de muy sotiles labores; un escudo todo azul, el campo de oro y en el un águila, la correa e las embraçaduras eran moradas, labradas muy ricamente; el yelmo era muy fino e bien tallado, muy claro e limpio, tenía todos los cercos de oro, e por ellos mucha pedrería; el pendón era de colores, roxo e jalde; había figurados en él siete leones menudos: éstos y el águila en el escudo traía el rey de Golandia, fijo del rey de Laconia, porque se pensaba ser el mejor caballero del mundo; la loriga era de muy fuerte malla. Todas las otras armas que a caballero convenían eran tan fermosas e bien labradas —con oro donde les hazía menester— que maravilla era; las sobre señales eran de las colores del pendón e muy ricas. Cuando don Clarián vio las armas fue dellas muy pagado. Armóse muy bien, de qué todo armado, parescía tan bien que no oviera hombre que de verlo mucho no se deleitara; e no llevando las sobre señales sobre las armas, cabalgó en aquel fermoso caballo; la silla del cual era muy rica, e todo el guarnimiento. Otrosí mandando a Manesil que guardasse la espada que su aguela la reina Leandia le embiara; dio todas las otras armas y el caballo a Boeles, que mucho se lo agradesció. Salió por la puerta del castillo a la hora quel sol salía, e como daba el sol en las armas resplandecían mucho.

Don Clarián parescía tan bien que Manesil, que lo cataba, dezía que no podía ser cosa más fermoso de mirar en el mundo. Don Clarían arremetió su caballo por el campo por saber qué tal era. Fallólo tan ligero e furioso que fue dél muy pagado, e como ya no se fallasse él que de antes era, todas las cosas le parescían nuevas, e nuevamente se le figuraba ir por el campo, e buscando manera para desechar aquel nuevo pensamiento, iba poniendo los ojos en las flores e rosas e arboledas que en aquel llano había —ca era entonces por el mes de mayo. Mas ni le valía mirar las flores ni las rosas, que luego era fatigado de aquel que las fuerças de su libertad del todo iba prendando, e como assí fuesse cuidoso una pieça del día. Manesil le dixo: "Señor ¿quién será esta gente que acá atrás viene?"

Entonces don Clarián volvió la cabeça: como tanta gente vido, luego conoció que allí venía Gradamisa. Su coraçón fue combatido de grandes sobresaltos, temiendo la fuerte batalla de su primera vista; empero detóvose por ver aquella compaña. [XXXIv] Gradamisa venía desta guisa que aquí se dirá: ella venía en un muy rico carro de marfil todo labrado de oro, con ella quinze dueñas e donzellas hijas de reyes e altos hombres todas muy ricamente guarnidas. El carro tiraban doze caballos muy grandes e hermosos; sobre el carro venía un paño de oro muy rico, alçadas las alas de una parte e de otra por la calor que fazía. Gradamisa era tan ricamente guarnida como hija de tan alto hombre pertenecía; con el encendimiento de la calor —que era grande— acrecentaba tanto en su hermosura que aunque don Clarián de lueñe la miraba, los rayos de su resplandesciente faz le parecían quitar la vista de los ojos.

En torno del carro venían muchos caballeros armados, otros sin armas. E detrás de toda esta compaña venian bien veinte donzellas sobre hermosos palafrenes ricamente guarnidos y éstos eran para cuando Gradamisa e las damas entrassen en la ciudad. E aunque allí venían muchos caballeros, aquí no se dirá sino los nombres de algunos de los más principales dellos: que el uno era el embaxador de Grecia, Lantesanor llamado, hijo de Nuruega, tío de don Clarián; e don Galián del Fuerte Braço; don Palamís de Ungría, hijo del rey de Ungría; Girarte de Yrlanda, hijo del rey de Yrlanda; don Felisarte de Jafa; e Flor de Mar, hermano de don Palamís; Grisabor cormano de Girarte, hijo del duque de Lancia; Galmor de Monferrán; Genadís de Suecia; Elistrán de la Bella Guardia, caballero español; Artelod el Ligero. Todos estos doze venían armados: eran de muy gran bondad de armas, y entre ellos había algunos que eran de los mejores caballeros que assí en la corte del emperador como en gran parte del mundo se podrían fallar, e puesto que don Clarián no pudiesse dar fin al deleite de sus ojos en mirar a Gradamisa —como cerca los vido llegar— apartóse del camino e començóse de ir por un llano, su caballo se iba contorneando a todas partes. Como era de color tan estraña, y él iba tan ricamente armado, todos pararon en él mientes, pareciéndoles tan bien assí a ellos como a ellas, que gran sabor habían de lo mirar, e demandávanse unos a otros quién podría ser aquel caballero.

"Quienquier que sea," dixo Florantel de Nuruega, "él va muy ricamente armado e lleva muy estraño caballo. E si Dios me ayude, a mi parecer yo nunca vi caballero que paresciesse tan bien a caballo. Yo creo que debe ser de estraña tierra e va con mandado al emperador."

Lantesanor, el embaxador del emperador de Grecia —que era orgulloso de coraçón— dixo: "Antes creo que se apartó de nos pensando que alguno de nos le demandara justa, e por buena fe, si este caballero fuera de los de mi tierra por de poco valor se toviera si no provara su cuerpo con cualquier de nos, mas todos no son tales como los caballeros de Grecia."

"Cierto," dixo don Florantel, "los caballeros de Grecia pueden ser buenos, mas los desta tierra no menoscabarían su honra por covardía; que antes trabajan por buscar las justas e aventuras que procuran de huir dellas, e si vos bien los conociéssedes, otra manera los preciaríades; pero si yo no me engaño el caballero no es tal cual a vos parece."

Lantesanor, que mucho de sí se preciaba e tenía gran voluntad de mostrar su valor —antes allí que en otra parte ninguna— dixo: "Yo quiero que veáis prueva por donde creáis mi pensamiento; que yo embiaré por aquel caballero e veréis como por no justar viene luego acá." Entonces llamó un su donzel e díxole: "Ve a aquel caballero, e no le diziendo quién viene aquí ni menos quién soy, porque sabiendo cualquier cosa déstas, si a mi mandado viniesse, dirían que lo hazía antes de cortés que de covarde; mas dile que un caballero que aquí viene le embía a mandar que venga luego acá, si no que se apareje a la justa." Todos cuantos lo oyeron tovieron a Lantesanor por sobervio.

El donzel fue a cumplir el mandado de su señor. Como don Clarián lo vio venir plúgole dello que bien cono [XXXIIr] sció que no venía sin alguna causa, e fuese deteniendo en su passo. Llegado el donzel a él, sin le salvar le dijo su mandado. Cuando él lo oyó fue muy alegre e dixo entre sí: "Esto es lo que yo esperaba, pues se puede fazer sin cargo mío," e respondió al donzel: "Buen amigo, según que vuestro señor embía assí a mandar a quien no conoce, en mucho fe se debe tener, y en ir yo allá aventuraba tan poco que por le complazer holgara de hazerlo. Mas pues él me embía a amenazar de justa, todos los que allí van me lo ternían a covardía si allá fuesse, porque le podéis dezir que sería mejor si a él pluguiesse dexarme ir mi camino. Mas si todavía él la justa querrá, yo no la rehusaré con tanto que con él ni con ninguno de los que allí vienen no me sea demandada batalla de espadas ni justar más de una vez: que aquesto no lo haré si fuerça no me querrán hazer." Esto dixo él porque tenía recelo que aí viniessen Florantel, su tío, e don Galián, su primo e otros amigos suyos con quien en ninguna guisa querría combatir ni justar.

Oído esto por el donzel volvió a su señor e díxole ante todos la respuesta del caballero, la cual a todos paresció muy bien —salvo a sólo Lantesanor, el cual luego tomó su escudo su yelmo e su lança e movió muy de rezio contra don Clarián: mas él, que guisado estaba de lo atender, abaxó la lança e movió contra él muy bien cubierto de su escudo e tan apuestamente que todos se maravillaron de lo ver venir. Lantesanor quebró su lança en el escudo de don Clarián e otro mal no le hizo, mas don Clarián lo encontró tan duramente que le falsó el escudo e la loriga; fízole una pequeña llaga e dio con él piernas arriba en el campo tan gran caída que del todo fue desacordado. Después tornóse a su lugar tan gentil continente como si ninguna cosa hiziera. Todas las damas rieron mucho de como Lantesanor cayera, no les pesando dello porque les venía diziendo muchas locuras por el camino. Gradamisa no pudo estar que también no riesse, y encubrió ya cuanto el rostro porque no la viessen. Assí mesmo a ninguno de los caballeros pesó de ver a Lantesanor en tierra; antes dixeron que él tenía su merecido.

Florantel dixo: "Si Dios me ayude, Lantesanor fue muy sobervio y el caballero lo ha fecho tan bien que lo debríamos dexar ir en paz, mas porque éste es embaxador e de estraña tierra e aun también porque el caballero no me parece que está contento con lo que ha fecho —pues allí atiende— razón será que a Lantesanor vayan a levantar, e que uno de nos juste con el caballero."

Entonces fueron por Lantesanor e truxéronlo muy desacordado. Artelot el Ligero tomó la justa: mas a los primeros encuentros él e su caballo fueron por el suelo. Todos preciaron mucho al caballero e dixeron qué fermosos dos encuentros hiziera. Luego Elistrán de la Bella Guardia, caballero español que era de la mesnada del emperador e bueno en armas, se dexó ir para don Clarián; encontrólo en el escudo —que era tan fuerte que la lança no prendió en él— mas don Clarián lo sacó de la silla e dio con él en el campo muy gran caída. De ver aquesta justa tomaban gran plazer todas las damas, e los caballeros dieron la justa a Genadís de Suecia, a quien todos tenían por buen caballero. Como don Clarián lo vio venir, conosciólo en el escudo, e por no le fazer mal hízose fallecer del encuentro. Genadís lo firió de guisa que su lança hizo bolar en pieças, mas no lo movió de la silla. Don Clarián, que muy rezio venía, se juntó con él por manera que lo derribó en tierra de tal caída que no se pudo ligeramente levantar, e tornóse a su lugar mostrando que se quexaba por haber fallecido del encuentro.

Los caballeros dixeron: "Por buena fe mucho mejor es el caballero que Lantesanor dezía." Entonces Galinor de Monferrán movió contra don Clarián: él lo salió a recebir, e firiéronse tan reziamente que las lanças fueron quebradas, mas Galinor de Monferrán fue a tierra mal llagado en los pechos.

Como todos esto vieron dixeron que el caballero era de gran bondad e que era mucho que tales caballeros oviesse derribado, mas todas aquellas señoras que con la princesa Gradamisa venían no podían tener la risa e dixéronle: [XXXIIv] "Por Dios, señora, poco a poco nos van faltando nuestros aguardadores." E como quiera que ella holgasse de ver como el caballero justaba, mostraba que {no} le plazía.

Los caballeros enbiaron una lança con un donzel a don Clarián rogándole que pues tan bien justaba que no les falleciese de justa, que tal justaría con él que le haría bien menester tenerse en la silla. Esto dezían por don Galián e Florantel e don Palamís e don Felisarte e Girarte de Yrlanda: que estos cinco eran de los más preciados caballeros de toda la corte del emperador. Don Clarián, tomando la lanca, dixo al donzel: "Amigo, dezid a essos señores que no sé por qué quieren ganar honra con un caballero de poca nombradía como yo soy; empero, que pues a ellos assí plaze de justar, no les falleceré en tanto que en la silla estoviere." Buelto el donzel, Grisabor, hermano de Girarte, movió contra don Clarián y encontrólo cuanto más rezio pudo e quebró en él su lança, mas él lo firió tan duramente que por fuerte que Grisabor era, vino a tierra. A los caballeros ya no les plugo de ver esto, e Flor de Mar movió contra don Clarián. El lo salió a recebir: Flor de Mar lo encontró tan duramente que por fuerte que era el escudo se lo falsó e prendió en la loriga ya cuanto e quebró en él su lança, mas don Clarián lo firió por tal manera que rompiendo el arzón trasero dio con él en tierra, e tornóse a su lugar, diziendo que deste caballero recibiera muy fuerte encuentro.

Cuando los caballeros vieron como Flor de Mar cayera ovieron gran pesar e dixeron: "Aun si querrá este caballero ganar hoy honra con todos nosotros, ya sin falla es vergüença de tales caballeros como ha derribado."

"Por buena fe," dixo Girarte, "a mí plaze me de le ver justar tan bien, mas no querría que assí nos afrontasse." Esto diziendo, dexóse correr para don Clarián, el cual lo recibió muy bien: encontráronse ambos tan bravamente que las lanças fueron quebradas. Juntáronse con otro, de guisa que Girarte e su caballo fueron en tierra, y el caballo de don Clarián se hizo un poco atrás de la fuerça del encuentro. Girarte se levantó con gran pesar, e todos se maravillaron de aquesto, diziendo que el caballero era diablo que tales encuentros hazía, aviendo vergüença porque assí caían delante Gradamisa e algunos delante sus amigas que aí venían. A Gradamisa e a todas las otras parecía muy bien el caballero, y estaban muy pagadas dél, riendo tanto de ver caer sus aguardadores que los caballeros se avergonçaban ya dello.

Florantel —que era bien hablado e caballero muy alegre— dixo: "Por cierto si a estas señoras les plaze de lo que aquí pasa no lo encubren, empero suyo es el plazer, e nuestra la vergüença."

Entonces la princesa Gradamisa se volvió a ellas e díxoles muy passo que dexassen el reír, pues no sentían el trabajo de las caídas de los caballeros. Los cuales embiaron a don Clarián cuatro lanças, rogándole que no le pesasse de justar con otros cuatro dellos: que más no le demandarían. Las tomó e dixo consigo: "Agora me conviene poner toda mi fuerça, pues estoy delante aquella señora que no tiene par en el mundo, demás si los que agora comigo quieren justar son tan fuertes como éste con quien agora he justado." E como él estuviesse assí preso y encendido de amor vínole al coraçón un tan gran favor y esfuerço que no pensaba que fuerca ninguna le pudiesse resistir, estando delante aquella que tan gran tormento en tan poco tiempo le causaba.

A esta ora movió contra él don Felisarte de Jaffa, e diéronse ambos tan grandes encuentros que las lanças bolaron por el aire e los troços dellas quedaron metidos por los escudos —mas ninguno dellos fue ferido. E juntáronse de los cuerpos de los caballos tan reziamente que a don Felisarte quebraron ambas las cinchas e cayó con la silla en el campo, empero levantóse muy presto, maldiziendo su ventura por haber caído ante tal compañía como allí venía —como quiera que la culpa fuera de las cinchas— e tornándose dixo a los otros: "Señores, yo [XXXIIIr] ya he salido con mi honra; no sé a vosotros cómo averná," esto dixo riendo.

Todos, haziéndose maravillados, dezían que tal caballero como aquél no podía ser en el mundo —que antes creían que fuesse algún diablo que se les pusiera delante. Don Palamís, que de gran bondad era, se dexó ir contra don Clarián, e los encuentros fueron tan grandes que las lanças fueron hechas pieças. Juntáronse ambos de los cuerpos de los caballos e de los escudos uno con otro, de guisa que el caballo de don Palamís puso las ancas en tierra. El travó por las riendas tan rezio que lo hizo enarmonar e caer con él, e don Clarián perdió el un estribo. Pues quien entonces mirara a Belaura —que a don Palamís de cordial amor amaba— en su semblante conociera el pesar que desto sintió. Mas don Palamís se levantó, diziendo: "Cuando Dios quería no solía yo assí perder la silla."

Entonces Florantel se dexó correr para don Clarián: él otrosí para él. Ambos ados quebraron en sí las lanças, mas Florantel e su caballo fueron en tierra. El caballo de don Clarián —que por bueno que era, estaba cansado— se hizo atrás bien tres passos, empero él no hizo ninguna mudança. Florantel se levantó e començóse de sanctiguar de la maravilla que veía; don Clarián le dixo: "Caballero ¿de qué os sanctiguáis?"

"Si Dios me ayude," dixo Florantel, "yo pensé que fuéssedes diablo, e que de aquí fuérades. Mas pues que aí estáis yo creo que sois su hijo: que si tal no fuéssedes no habríades hoy hecho tanto."

"Caballero," respondió don Clarián, "no me tengáis por esso por diablo; que a cualquier debe ser más agradable estar en la silla que provar el suelo que es muy duro."

"Por buena fe," dixo Florantel, "yo creo que hoy vos no os verés en él por encuentro de otro sino es de algún diablo como vos." Desí volvióse.

Don Galián, que gran voluntad tenía de justar, se dexó ir para don Clarián, e ambos se firieron tan duramente que las lanças fueron quebradas, e passaron el uno por el otro muy rezios. Don Clarián paró cerca del carro, e todas las damas sacaron las cabeças de fuera, alçando el paño de una parte e de otra parte por lo mirar, e dezían: "Por Dios éste es el mejor caballero del mundo e que mejor parece armado." Y en tanto que don Clarián allí estovo no partieron dél todas los ojos, mas como él y don Galián oviessen tomado otras sendas lanças, don Galián le dio bozes diziendo: "Caballero, aunque esto vaya contra la postura que vos pusistes ruégovos que justemos esta vez." Don Clarián no le respondió; antes movió contra él. Encontráronse tan duramente que rompieron en sí las lanças, e juntáronse uno con otro por manera que Don Galián fue fuera de la silla, e don Clarián tomó un tal revés con su caballo que en poco estuvo de caer. Don Galián, que las riendas llevara en la mano, tornó tan presto a cabalgar que apenas paresció haber caído, mas él, que no poco pesar dello ovo, dixo: "Si Dios me ayude, caballero, aunque yo tengo el nombre del Fuerte Braço, en vos está el fecho todo." Por aquello conosció don Clarián que éste era su primo, empero hizo que no lo oía: e començóse a ir su passo contra donde Manesil estaba. "Caballero," dixo don Galián, "¿no me diríades vuestro nombre por cortesía? —pues fuerça no basta."

"No," respondió él desta vez, "pues assí habés todos querido estorvar me mi camino."

"Si Dios me ayude," dixo don Galián, "no hay en parte que yo os pensase hallar que no os fuesse a buscar para me combatir con vos de las espadas."

"Si me buscáredes," respondió él, "bien cerca de aquí me podéis hallar." Desí començó de mover por el llano adelante.

Como todas las damas lo vieron ir mucho les pesó, diziendo: "Ay Dios ¿cómo se va el mejor caballero del mundo sin ser conocido?" Todos los caballeros quedaban con gran pesar e mucho maravillados de ser assí derribados por un solo caballero, e gran razón había para ello, porque tales había entre[11] ellos que nunca de aquella guisa perdieran las sillas. Dezían unos a otros quien esto dixesse en la corte del emperador no sería ligeramente creído.

Florantel, que con más gracia en este fecho ha [XXXIIIv] blaba, volviéndose a Lantesanor —que ya acordado estaba— le dixo: "Señor Lantesanor, otro día abrid los ojos para conoscer mejor los caballeros, que sin falla mucho os engañastes en éste." El, que sin vergüença estaba, no respondió cosa ninguna. Florantel dixo a don Galián: "Por aventura si será este mi sobrino, don Clarián, que tanto nombrado es."

"No sé," dixo él, "mas cierto en el tiempo que yo con él anduve aunque muy grandes cosas en armas le vi fazer, no creo que bastasse a fazer lo que éste ha fecho."

"Si Dios me ayude," dixo don Felisarte, "de don Clarián os sé dezir que cuando con los caballeros del duque mi padre combatió conoscí dél ser el mejor feridor de espada del mundo."

"Agora quiero salir desta dubda," dixo Florantel. Entonces se fue para la princesa Gradamisa; díxole: "Señora, si por conocer aquel caballero cualquier de nos con él se combatiesse haríamos gran tuerto e desaguisado e por que, vos, señora, no podéis hazer al emperador vuestro padre, mayor servicio e plazer que darle a conoscer un tal caballero. Todos os pedimos merced que con una donzella le embíes a rogar que venga hasta aquí, e assí lo podremos conocer: que yo creo que pues en él hay tanta fuerça e valentía, también habrá cortesía e mesura para venir a vuestro llamado."

Gradamisa —a quien dixo esto— no pesaba; dixo: "A mí me plaze dello," e mandando a una su donzella cabalgar en un palafrén díxole lo que había de dezir. Ella se apressuró tanto que presto alcançó a don Clarián, el cual iba hablando con Manesil, que de lo que le viera hazer estaba maravillado; e dezíale que los cinco caballeros que a la postre con él justaran le habían dado los más fuertes encuentros que él jamás recibiera, e que bien creía que la gran fortaleza de las armas le había mucho ayudado. Como la donzella allegó salvólo: él a ella otro sí muy cortesmente.

Ella le dixo: "Señor caballero, mi señora —que es una donzella de tierra estraña que va en aquel carro a la corte del emperador— os embía mucho a saludar como al mejor caballero del mundo, y embíaos mucho a rogar que queráis llegar allá, que no os demandarán cosa que contra vuestra voluntad sea; e que aquí quiere ver si sois tan cortés que aproveche más para con vos su ruego que no la fuerça de los caballeros que con vos han justado."

De aquesta embaxada fue don Clarián muy alegre por hallar tan buena manera para ver aquella que tanto señorío en tan poco tiempo sobre él tenía, e respondió: "Señora donzella, el mandado de cualquiera dueña o donzella cumpliría yo de grado —demás él de vuestra señora— que según lo que yo veo debe ser de tan gran guisa que en más que esto la debría servir; e para tanto como lo que ella me embía agora a mandar,

---

[11] ente

escusado fuera que sus caballeros quisieran mostrar sus fuerças comigo."

"Señor," dixo ella, "la honra que ganaron visto la habéis, mas del enojo que os hizieron se sienten por muy culpantes."

Entonces don Clarián mandó a Manesil que lo atendiesse allí, que tanto que viesse lo que aquella señora mandaba luego se tornaría. Esto hizo él porque no fuese conocido por él.

Desí él movió con la donzella contra allá. E como todos lo vieron venir dixeron: "Agora se puede dezir muy bien que el caballero es acabado, assí en cortesía como en bondad de armas." Empero tal le embió a llamar que no se hallara bien dello ante que la noche venga.

CAPIT. XL. CÓMO LA PRINCESA GRADAMISA FUE PRESA DE AMORES DE DON CLARIÁN CUANDO LO VIDO.

Llegado don Clarián ante la princesa Gradamisa salvó a ella e a su compañía, no con el acatamiento que se debía fazer, mas mostrando que no la conocía. Desí díxole: "Señora, por esta vuestra donzella me fue dicho que viniesse a vuestro mandado, y esto e cualquier otro servicio que yo, señora, pudiesse me parecería muy pequeño según vuestro gran merecimiento muestra. Por ende pid'os de merced que si de mí algo os pluguiere servir me lo mandéis luego porque me es necessario ir en otras par [XXXIIIIr] tes." Cuando don Clarián esto dezía todos los caballeros vinieron en tornó dél, e todas aquellas señoras no partían dél los ojos mirando la lindeza e riqueza de sus armas, la estrañeza de su caballo y el hermoso parecer suyo. Entonces él, mirando contra ellos, conoció a don Galián e a don Felisarte e a Genadís de Suecia.

La princesa Gradamisa le dixo: "Si a vos plugiere, señor caballero, no serés tal que antes que os váys no nos digáis vuestro nombre e parte de vuestra fazienda." Cuando ella esto dezía, don Clarián, que su muy crecida hermosura miraba, veía conoscidamente que por ninguna en ausencia podía ser juzgada por mucho que la subiesse, e puesto que sobre la primera llaga otra ninguna podía más empecer, muy más fuerte batalla era la que al presente con su coraçón tenía que la passada, porque desacordado, mirando tan estraña hermosura enmudeció sin cosa ninguna poder hablar. Assí que bien se puede dezir que de ninguno se lee que tanto como este caballero por oídas enamorado fuesse.

Florantel, que mucho le deseaba conoscer —como vio que no respondía— temía que no quería otorgar lo que le era demandado, e díxole: "Señor caballero, porque vos sois tal que yo no querría que por desconocencia cayéssedes en falta, sabed que quien esto os ruega es la princesa Gradamisa, fija del emperador Vasperaldo, a quien todos servimos e aguardamos."

Don Clarián, que vio que ya otra cosa no se podía hazer, dixo: "Si Dios me ayude, el mandado de tan alta señora no passaré yo en ninguna guisa, e dezir mi nombre no haze menester porque hasta quitarme el yelmo para ser conocido de algunos, que si yo antes conociera fuera escusada la justa." Entonces descabalgó de su caballo e quitóse el yelmo, debaxo del cual traía un bonete de escarlata apretado en la cabeça. Los cabellos —que él más hermosos había que ningún otro caballero— le cayeron sobre los hombros, e con el encendimiento del justar estaba tan hermoso que a todos hizo maravillar y estuvieron turbados sin palabra hablar.

Mas como don Galián lo reconoció, fuelo a abraçar diziendo: "Por Dios, señor cormano, mal me mostrávades el parentesco e amor que comigo tenés en la justa."

Don Clarián lo abraçó con gran plazer. Desí fuese para la princesa Gradamisa, e poniéndose de hinojos ante ella díxole: "Señora, si yo no fablé con aquel acatamiento que debía sea la vuestra merced de me perdonar, pues no conoceros a mí quita de culpa e manifiesta la causa, porque no se debe creer[12] que yo haría menos que todos los del mundo deben hazer, que es servir a tan alta señora como vos sois."

Entonces le quiso besar las manos, mas ella las tiró a sí, echándole sus muy hermosos braços al cuello para lo hazer levantar, con tanta turbación —como aquella que a la ora que lo viera tan apuesto e tan hermoso cruelmente de su amor fuera ferida— sin podello resistir su gran hermosura ni merecimiento e la voluntad todos fueron conformes a dar la entrada para que el tirano Amor su delicado coraçón traspassasse. El cual —como nunca sobre esta señora pudo tener señorío, ni aun solamente della ser estimado— quiso, aviendo hallado aparejo, cuánto más grandes era su valor y hermosura mayores mostrar sus fuerças.

Empero tornando en sí Gradamisa hizo levantar a don Clarián e díxole: "Señor don Clarián, vos seáis muy bien venido, que del emperador mi señor e de todos los de su corte era mucho desseada vuestra vista e conocimiento." Todas las damas no se hartaban de mirar a don Clarián, maravilladas de tal hermosura de caballero.

El tornó a cabalgar; entonces allegó Florantel e dixo a Gradamisa: "Señora, sea la vuestra merced de dar nos parte deste caballero para lo conocer," e fuelo abraçar. Don Clarián —que ya su primo le dixera quién era cada uno dellos— se le omilló mucho. Florantel dixo: "Señor sobrino, nunca yo perdí la silla que tanto me pluguiesse como agora por haberos conoscido, e sin falla por vos solo debemos preciar más el deudo que con vuestro padre el rey, el rey [XXXIIIIv] mi padre e yo tenemos, que si lo tuviéssemos con el más alto príncipe del mundo."

Lantesanor, que de lo passado por muy culpado se tenía, sabiendo que aquél fuesse don Clarián —que tan nombrado era— puesto que muy corrido estuviesse, con la mejor dissimulación e manera que pudo, llegó con todos los otros caballeros a hablar a don Clarián, el cual dellos fue muy bien recebido —aunque maravillados todos de haber visto por obra; que ellos antes no creyeran que era que entre ellos no oviese tan buenos caballeros e mejores que don Clarián. El habló con todos con mucha cortesía, diziendo que le pesaba de primero no avellos conocido. E como quiera que algunos dellos mucho les pesó de ser assí por él derribados e tenía voluntad de se provar con él más largamente, cuando más lo conocieron se apartaron desta intención e lo amaron mucho. Otrosí aunque algunas de aquellas señoras de antes mala voluntad le toviessen, porque habían perdido todo su mal talante. Todos e todas lo estaban mirando, e sobre todos los ojos de Gradamisa, que ya convencidos de amor ál no podían hazer: cuyos encuentros eran más fuertes en el coraçón de don Clarián que los passados que en el

---

[12] crer

cuerpo recibiera.

Florantel le dixo: "Buen señor sobrino, a la princesa Gradamisa e a todos estos caballeros, parece que en enmienda del detenimiento que a vuestra causa aquí se ha fecho la acompañés hasta la ciudad de Colonia."

"Por cierto señor," respondió don Clarián, "no solamente esso más cualquier otro servicio que yo hazer pudiesse es pequeño para en satisfación de algún enojo si le he hecho."

Si de oír esto a Gradamisa plugo, no es de demandar. E llamando a Galinor de Monferrán díxole: "Buen amigo, vos estáis mal llagado porque os ruego que os vais a la ciudad e digáis al emperador que yo le llevo a su corte el mejor caballero que hay en el mundo: que es don Clarián de Landanís, e contalde todo lo que ha passado."

"Cierto, señora," dixo Galinor de Monferrán, "esso podré yo muy bien dezir." Entonces movió a gran passo contra la ciudad, e Gradamisa con su compaña fueron de su espacio. Cuando Galinor de Monferrán fue en el palacio contó al emperador todo lo que passaba, que cosa no faltó.

E como por todos esto fue oído hiziéronse muy maravillados. El emperador dixo: "Galinor de Monferrán, vos me dezís cosa muy grave de creer."

"Señor," respondió él, "vos podéis ser dello bien cierto, que yo fui el uno dellos que con él justaron e vengo malferido." Entonces descubrió el lugar donde tenía la llaga.

El emperador dixo: "Agora vos digo que cuanto dél se dize e más que se dixesse sería con gran razón." E mandó que luego saliessen a recebir a su hija e al buen caballero que con ella venía el duque de Clive, el duque de Guerles y el duque de Lorregne y el duque de Baviera, con la caballería de la corte. Lo cual assí fue fecho: entre los cuales había muchos caballeros de gran bondad, mancebos e apuestos. Unos salían muy ricamente guarnidos donde se podían ver muchas ricas armas e atavíos e mucho fermoso caballo ricamente arreado. Esta compaña hizieron muy buen recebimiento a la princesa Gradamisa e a los que con ella venían. Cuando don Clarián vio tan hermosa caballería mucho fue maravillado, empero más lo fueron ellos de su gran bondad e hermosura; e cada uno quisiera ir más cerca dél por mejor lo mirar. E puesto que él a todas partes mirasse, no partía mucho los ojos de su señora, que a ninguna terrenal comparar se podría. Pues por largo que el camino fuera nunca Gradamisa se enojara de lo andar, tanto sus ojos se deleitaban en lo mirar.

Desta guisa fueron hasta llegar a la ciudad, donde Gradamisa decendió del carro, otrosí todas aquellas damas que con ella venían, e cabalgaron en sus palafrenes. Allí los salieron a recebir el rey de Polonia, mayordomo mayor del emperador, y el rey de Zelanda, su maestresala, los cuales venían acompañados con muchos altos hombres [XXXVr] de la corte. Los dos reyes rescibieron a don Clarián con gran plazer, agradeciéndole mucho su venida de parte del emperador. El rey de Polonia tomó la rienda del palafrén de Gradamisa, e muchos de los otros señores e caballeros tomaron las riendas de los palafrenes de las otras señoras, e fuéronse contra la puerta de la ciudad. E tanta era la gente que por ver a don Clarián era salida, que todo el campo della parecía estar cubierto, assí mismo todo el muro, e no había parte donde mirar se pudiesse que no estuviesse lleno de gente. Desta guisa entraron por la ciudad con muchas tropas e atabales. E por todas las calles donde passaban era colgados muy ricos paños de las finiestras, las cuales —assí por ver al buen caballero como por mirar como Gradamisa entraba— estaban llenas de muchas dueñas e donzellas muy hermosas e ricamente guarnidas.

E si don Clarián aquí fue mirado no es de demandar: el cual llevaba la cabeça e las manos desarmadas, puesto un chapeo muy rico que su tío Florantel le mandara traer. Y era tanta la gente que por lo ver había que apenas podían ir por las calles. Empuxávanse unos a otros por lo mirar, y en passando una calle corrían luego a otra porque no se tenía por contento él que no le veía. Assí fueron hasta el palacio donde a la entrada fueron recebidos con muy suave música de diversas maneras. La princesa Gradamisa decendió del palafrén en braços de los dos reyes. E llegados cerca del aposento de la emperatriz, ella se despidió de los caballeros e se entró dentro. Don Clarián quedó como aquel que mirando una cosa en que mucho se deleita le es apartada la luz o candela. Mas Florantel e Lantesanor lo tomaron en medio e se fueron para el gran palacio del emperador. Todos los más de los caballeros de gran cuenta lo acompañaron, e sin falla él estaba maravillado assí de la riqueza del palacio como de la nobleza de la ciudad e grandeza de la corte, e no menos lo estaba el embaxador Lantesanor.

Entrados en el gran palacio vieron al emperador que estaba sentado en una muy rica silla, vestido de una muy preciosa vestidura e una corona de gran valor en la cabeça, e bien parecía en él que aun de mayor estado era merecedor. Con él estaban tantos altos hombres e caballeros que no parecían hazer falta los que de fuera habían salido.

Don Clarián fue ante él; hincados los hinojos le dixo: "Señor, como quiera que yo siempre he tenido mucho desseo de os servir e venir a vuestra corte para os besar las manos: que esto por el rey mi padre —que vos mucho ama e dessea servir— me fue mandado, nunca el tiempo me ha dado lugar de lo complir hasta agora, e aunque al presente no tengo poder para os servir como yo querría, por ser necessario ir en otras partes donde tengo mucho que hazer." Esto dicho, quísole besar las manos, mas el emperador no se las dio; antes lo hizo levantar, maravillado de ver su hermosura e su gran bondad seyendo tan niño, e le pesó mucho porque le oyera dezir que le convenía ir en otras partes: esto porque no había cosa en el mundo que él no diesse porque don Clarián quedasse en su corte.

Después de avelle hecho ser muy cerca de sí díxole: "Buen amigo, a mí me plaze mucho con vuestra venida, e vos la agradezco mucho, e si vos os conformáis con el amor e amistad que yo con el rey vuestro padre tuve e tengo bien creo que holgaréis de conocer me más: porque yo pueda hazer por vos como por un caballero que mucho amo," e dexando de hablar más en aquello —porque en todas guisas pensaba tener manera como él quedasse en su corte— començóle a demandar de otras cosas. Después de haber con él una pieça hablado le dixo que fuesse a ver a la emperatriz porque de aí se iría a reposar.

Don Clarián tomó licencia dél, e fuesse para el aposento de la emperatriz, e con él los caballeros con quien justara e otros muchos, salvo Lantesanor e Florantel, a los cuales el emperador mandó quedar aí. Salido don Clarián todos hablaban en él diziendo que perfectamente le hiziera Dios en todas las cosas que a caballero convenía complido. El emperador dixo a Florantel: "¿Cómo no podríamos todos hazer que vuestro sobrino quedasse en mi corte?"

"Por [XXXVv] Dios, señor," respondió él, "yo le conozco tan poco que creo que por mí hará menos en este caso que por otro, mas a mí paresce que la emperatriz se lo debe esto de rogar." E aquello acordó el emperador que sería bien.

Pues como don Clarián fue ante la emperatriz vióla estar en un muy rico estrado, e con ella más de dozientas dueñas e donzellas tan hermosas que maravilla era de ver. Entre ellas había muchas hijas de reyes e de altos hombres, e como quiera que allí viesse él tan hermosa compañía que no parescía sino que toda la hermosura del mundo era aí junta, bien vio que a la beldad de la princesa Gradamisa ninguna con gran parte igualaba —la cual entonces no estaba aí. E como todas aquellas damas sabían que don Clarián había de venir a ver a la emperatriz, habíanse vestido los más ricos paños que tenían, assí que ninguna cosa podía ser vista que fuesse más hermosa de mirar que ellas. Don Clarián se puso de hinojos ante la emperatriz, e tanto porfió que le ovo de besar las manos. La emperatriz lo hizo ser a par de sí, e començó a hablar con él de muchas cosas. ¿Quién podría dezir cuán pagadas estaban todas dél e cuánto dellas era mirado?[13] Muchos ovo que bendixeron la venida de don Clarián, porque tuvieron lugar de fablar con aquellas que más querían.

Tanto que él allí una pieça ovo estado, tomó licencia de la emperatriz, e acompañado de muchos caballeros se fue a su aposada, que era en unos hermosos palacios que cerca de su casa real el emperador tenía, los cuales mandó para esto adereçar. Con él quedaron a cenar muchos caballeros de gran cuento, e fueron muy bien servidos de todo cuanto les hizo menester porque el emperador lo había mandado proveer muy largamente. Después de haber aí estado con mucho plazer —como aquellos que todos eran mancebos e de gran bondad— fuéronse a sus posadas, quedando con él solamente don Galián su cormano, donde aquella noche en el lecho estovieron hablando de todas las cosas que por cada uno dellos habían passado desque se partieran.

CA XLI. DE LAS COSAS QUE DON CLARIÁN E LA PRINCESA GRAMISA PASSARON CADA UNO CONSIGO AQUELLA NOCHE.

Retraída la princesa Gradamisa aquella noche a su aposento no quiso que con ella dormiesse la infanta Menaldia como solía; antes mandando matar dos hachas que continamente en su cámara solían arder gran parte de la noche, quedó sola en su lecho, e dando bueltas por él —como aquella que en su coraçón ningún sosiego reinaba— començó a dezir contra sí: "¡Ay de ti, Gradamisa! ¿qué es de tu grandeza de estado? ¿Qué es de tu altiva presunción con que siempre amor menospreciaste? Como ya todo

---

[13] mirarado

esto y aquello que favor te daba para ser de ti amor estrañado es ya huido e apartado, quedando este que tú en poco tenías, sobre ti enseñoreado, amenazándote con crueles pasiones e sobradas cuitas; e para esto ninguno te puede poner remedio si solo Dios no, o aquel que es flor y espejo de toda bondad e hermosura." Desí dixo: "¡Ay don Clarián, en todo más extremado que cuantos nascieron! Cuanto plazer a todos ha dado vuestra venida, e a mí, que mayor lo rescibo, me lo ha mezclado con gran pena e triste fatiga. ¡Ay cuitada de mí que yo mesma embié a rogar a quien muerte me causase!" Otrosí dezía: "¡Ay don Clarián, de mí tan amado! ¡Cuán sosegadamente dormís vos agora! como quien desta cuita que yo padezco está bien apartado."

Mas cierto —aunque ella esto dezía— muy al contrario era, que al buen caballero mal sosegado se le aparejaba el sueño. Porque tanto que don Galián se adurmió començó a pensar en aquella que de su coraçón apartar no podía, considerando que según su beldad —de todas las nascidas era extremada— que viéndola cada día sería imposible mucho tiempo sostener la vida si remedio no toviesse. Dezía consigo: "¡Ay Dios! que no fue mi ventura que esta corte yo viese para dela grandeza della poder gozar, libre de tanta passión como agora posseo. ¡O cuitado, que yo muero con lo que otros debrían vivir: que es viendo a quien no tiene par en el mundo! ¡Ay Dios, cuán poco duró mi [XXXVIIr] libertad! porque ninguno se piense estar tan poderoso de obra o de pensamiento que ésta en breve no le pueda ser robada, e aun si la ventura tal me hiziera como el atrevimiento forçoso me ha dado en poner mi coraçón en tan alta señora algún remedio esperara, mas el amor me ha tratado estraña e regurosamente, que me fizo muy grande la llaga, e me puso el remedio de ella muy alto." Diziendo estas cosas e otras muchas passó aquella noche.

CAPITU. XLII. CÓMO POR RUEGO DE LA EMPERATRIZ ALTIBEA DON CLARIÁN OVO DE QUEDAR POR ENTONCES EN LA CORTE DEL EMPERADOR.

Venido otro día don Clarián se vistió unos muy ricos paños que el emperador le embió, e a su posada vinieron todos los caballeros que con él justara —salvo Galinor de Monferrán, que estaba ferido. Assí mesmo vinieron Ermión de Caldonga, hijo del rey de Norgales, e Armales de Laque, hijo del rey de Frisa, Guirlaniz del Boscaje, e Laucamor el Esforçado, hijos del buen duque de Autarrixa; Don Danirteo de Gueldres; don Laurgel de Auriscón e otros muchos caballero, que todos éstos se querían dar a conocer a don Clarián. E de aí juntamente se fueron al palacio del emperador donde se pudiera ver mirando a ellos muy hermosa compañía, porque todos iban muy ricamente guarnidos, y eran mancebos e muy hermosos.

Por las calles donde passaban todas las dueñas e donzellas se ponían a las finiestras por los mirar. Muchas dellas dezían por don Clarián: "¡O cuán bien andante será aquella que de tal caballero fuere querida!" Llegados al palacio del emperador que en su silla imperial estaba assentado, e acompañado de muchos altos hombres fueron dél muy bien recebidos. Cuando todos vieron a don Clarián desarmado, mucho fueron maravillados de su gran hermosura. Después de haber oído missa fueron puestas las mesas en el palacio. El emperador se assentó a una tabla; a otra el rey de Polonia y el rey de Zelanda, e otros grandes señores. Don Clarián e don Galián, su primo

Lantesanor, Florantel de Nuruega, don Palamís de Ungría e otros caballeros de gran cuento se assentaron a otra e todas las otras mesas fueron llenas de altos hombres e caballeros donde fueron tan altamente servidos que mejor no pudo ser.

Después de haber comido y estado una pieça con mucho plazer, la emperatriz Altibea embió por don Clarián, e fueron luego allá él e Lantenor e otros muchos caballeros; los cuales la emperatriz muy bien recibió, e hizo ser a don Clarián cerca de sí e de la princesa Gradamisa, la cual estaba tan hermosa que no parecía muger terrenal, porque aunque muchas oviesse en el palacio estremadamente hermosas, tal differencia hazía entre todas como la luna entre las estrellas. Don Clarián, que la miraba, estaba tan fuera de sí que apenas sabía dó fuesse, e según era desacordado, gran bien le hizo para no caer en falta que Lantesanor hablaba con la emperatriz; como quiera que todas el día de antes a don Clarián oviessen visto, agora que lo veían desarmado no podían dél partir los ojos, mas la gracia e dissimulación con que Gradamisa lo miraba —cada vez que se le offrecía tiempo hiziera— maravillara quien en ello parara mientes. E cuanto más lo veía más se encendía en sus amores.

Después que la emperatriz ovo un poco con Lantesanor fablado, volvióse a hablar con don Clarián de muchas cosas, el cual, aunque muy conviniente respuesta le diesse, siempre echaba los ojos donde tenía el coraçón, tanto que Gradamisa paró bien mientes en ello. Finalmente allí con graciosa manera la emperatriz demandó un don a don Clarián: que fue que por su amor por entonces de la corte no partiesse, e cuando se oviesse de ir no fuesse sin su licencia, que nunca ella tanto lo deternía que a él viniesse pesar. E aunque don Clarián mostró que esto se le fazía grave, mucho le plogo de lo otorgar porque de tal manera estaba preso: que en otra parte no podría él mucho tiempo estar; e si desto plugo a la princesa Gradamisa, no es de demandar. Pues esto fecho, la emperatriz embió a dezir al emperador como ella tenía acabado aquello que él mucho desseaba, de lo cual él fue muy alegre e todos los de la corte otrosí. Desta guisa quedó don Clarián en la corte del [XXXVIIv] emperador Vasperaldo, adonde en poco tiempo fue de todos tan amado que más no podía ser. Porque él era tal que muy desmesurado había de ser aquel que bien no le quisiesse e amasse. Lantesanor fue despachado de su embaxada, no llevando conclusión della como la quisiera aquél por quien él era embiado. Porque según dize la historia este Lantesanor venía por embaxador de parte del emperador de Constantinopla —llamado Rocas e por otros Focas— el cual con buelta e remor de los caballeros fuera levantado emperador, habiendo él muerto al emperador Mauricio griego —que mucho dél se fiaba e muchos bienes e mercedes le había fecho. Este emperador Mauricio había casado con Costancia, hermana de la emperatriz Altibea, hija del emperador Tiberio. Como el emperador Rocas oviesse assí falsa e traidoramente muerto al emperador Mauricio, su señor, e recelasse del emperador Vasperaldo —por ser tan poderoso príncipe— contra él se moviesse, pues tanto este fecho a él e a la emperatriz su muger tocaba —que ya otro más ligítimo heredero no quedaba del imperio de Costantinopla que la emperatriz Altibea— embió por embaxador a Lantesanor para que tratasse paz e concordía entre él y el emperador Vasperaldo, e que le darían gran parte de aquellas tierras. Mas el emperador no lo quiso hazer; antes trataba con los príncipes e altos hombres del imperio de Grecia para les ganar las voluntades e después moverse contra él con todo su poder. E con muy desabrida respuesta que el emperador a Lantesanor dio se partió, aunque él fue bien contento del emperador. E puesto que por mano del emperador Vasperaldo este Focas no recibió mucho daño —por otras cosas que a él sucedieron en qué se ocupasse— no olvidó Dios de darle castigo que su muy inorme maldad merecía: que Eraclio, sobrino del emperador Mauricio, se levantó contra él e lo destruyó e mató, tomando el imperio para sí. Mas porque esto no haze a esta historia no se dirá aquí más dello, salvo que en la crónica deste Eraclio emperador se dize que era de tanta fortaleza e poderío que los leones algunas vezes con las manos sin otras armas mataba.

CAPIT. **XLIII** DE LAS GRANDES FIESTAS QUE EL EMPERADOR VASPERALDO ESTABLES-CIÓ, E QUIÉN FUERON LOS QUE A ELLAS VINIERON.

Cuenta la historia que en gran alteza e alegría era puesta la corte del emperador Vasperaldo por los muchos valientes e nobles caballeros que en ella estaban, cuya fama e nombradía por la mayor parte del mundo volaba, e por la extremada hermosura de las princesas e grandes señoras, dueñas e donzellas que assí mesmo en ella se hallaban, cuyo loor tanto se estendía que esto causaba a que todos los buenos caballeros desseassen venir allí, poniéndolo muchos dellos por obra. Como el emperador viesse su corte en tanta sublimación puesta, que de otra ninguna más ni tanto en el mundo se podía hablar, como muy noble príncipe, desseoso de aún más su fama estender que de allegar grandes tesoros, acordó —que por cuanto él había recebido corona día de Nuestra Señora de Agosto, e siempre solía fazer en aquel día gran fiesta— hazer aquella que se esperaba tal que por todo el mundo fuesse sonada. E luego mandó pregonar por todos sus senoríos que para aquel día de Nuestra Señora serían mantenidos tres torneos, los cuales se darían de ocho en ocho días en la ciudad de Colonia, a todos los estrangeros que a ellos quisiessen venir. Assí mesmo mandó fazer llamamiento a todos los príncipes e altos hombres de su imperio que estuviessen prestos de venir acompañados para entonces. Otrosí mandó apercebir toda su caballería, la que más alongada estaba dél. Rogó e mandó a todos caballeros de su corte que ninguno se partiesse della hasta ser la fiesta passada. Luego mandó hazer unos hermosos palacios fuera de la ciudad para mirar los torneos, en los cuales ovo tanta prissa que muy presto fueron hechos. Mandó fazer así mesmo tantas lanças que bastassen para cuantos viniessen a tornear e tantos eran los maestros e la prisa de las labrar, que no por ocupar la ciudad se salieron fuera a las hazer.

Pues ya cuando el tiempo de la fiesta se fue acercando ¿quién podría dezir cuánta era la prissa de hazer andamios e miraderos? —no menos de hazer armas, que no parecía sino que todos los herreros del mundo [XXXVIIr] fuessen aí assonados. Allí se pudieran ver otrosí hazer muchas e fermosas sobreseñales, pendones, yelmos e nuevos escudos muy ricos guarnimientos de caballos; todos los más de los caballeros de la corte hazían para aquel día nuevas armas e nuevas invenciones en ella. Mas don Clarián no hizo otras que las suyas, salvo que mandó hazer unas muy ricas y hermosas sobreseñales de colores morado e blanco, y en su escudo hizo figurar una donzella en campo blanco que tenía un coraçón apretado en la mano. E cuando él esto hizo hazer, bien se acordó del anillo que le diera la Dueña Encubierta, tía del rey su padre, e de las palabras que le dixera cuando se lo dio —maguer que las oyera assaz niño.

Pues el emperador, considerando que a esta fiesta gran muchedumbre de gente vernía, mandó proveer de todas las cosas e de gran abundancia de vituallas, por lo cual tantos eran los navíos que en la ribera del Rin había que apenas se parescía el agua. El emperador hazía grandes gastos y espensas por manera que la fiesta se aparejaba muy grande. Todos los caballeros de la corte estaban con gran desseo de que ya aquel día viniesse, como aquellos que eran de gran bondad.

En este medio tiempo Genadís fue a Suecia a traer una hermana suya a la princesa Gradamisa, la cual ella quería para su camarera. Hazíalo esto Gradamisa porque esta donzella era de tierra de don Clarián e de su linaje, considerando que mejor de aquélla que de otra alguna se podría fiar, si su poridad descubriesse. A la hermana de Genadís llamaban Casilda: era assaz hermosa e muy buena donzella. Empero antes que Genadís fuesse a traerla lo fabló con don Clarián: él lo tuvo por bien, que ya en esta sazón assí él como la princesa[14] Gradamisa conocían de si amos ser el uno del otro amados. E como quiera que por la lengua no les era manifiesto, ya los ojos de cada uno —que muy aficionadamente se miraban— lo habían dado a conocer.

Como el tiempo de la fiesta más se acercasse era tanta la gente que a ver los torneos venían, que maravilla era; de guisa que en poco tiempo fueron tantos venidos que después de armadas sus tiendas a la una parte de la ciudad no parescía sino que el mayor exército del mundo fuesse allí junto. Luego assí mesmo vinieron el rey de Borgoña, ministrador mayor de la justicia de todo el imperio y el mayor en el consejo del emperador, el cual traxo consigo a Honoraldo de Borgoña, su hijo, el buen caballero, que ya tomaba armas e iba cobrando fuerça de una larga enfermedad que había tenido. Este rey traxo consigo dos mil e quinientos caballeros. El rey de Suevia con la reina su muger, con dos mil caballeros; con él vino Roselao de Suevia, su hijo, que era un esforçado caballero. A este rey era dado criar e tener en cargo el príncipe primogénito heredero del imperio. Otrosí vino el rey de Frisa con la reina su muger, e dos mil e trezientos caballeros. A este rey era dado de armar caballero al príncipe que había de ser emperador; que de mano de otro alguno no podía recebir orden de caballería, siendo gran camarero del emperador. Otrosí era capitán general de toda la hueste del emperador. El rey de Dignamarca traxo consigo la reina su muger, e mil e quinientos caballeros. Este rey había de recebir juramento del emperador cuando se oviesse de coronar; que guardaría e mantenía todos los privilegios, fueros e buenas costumbres de sus señoríos después por sus manos recibía el emperador la corona.

Otros algunos príncipes súbditos del emperador no pudieron venir a esta fiesta, empero vinieron muchos otros grandes señores con gran caballería: ansí como era el duque de Jaffa, el duque de Babiera, el duque de Gueldres, el duque de Loregne, el duque se Saboya, el duque de Autarrixa, el duque de Clive, el duque de Bolsán, el duque de Bondirmague; el conde de la baxa Borgoña, hermano del rey de Borgoña; el

---

[14] pricesa

duque de Colanda, hermano del rey de Frisa; el duque de Denarda, el duque de Verona, el duque de Rostoch, el duque de la ínsula de Janglante, el conde de Bresón, el conde de Gramonte, el conde de Tirol, el conde Trisnaldis, el conde de Lubet, el conde de Corvera, el conde de Yxpruc, el conde Ramua, el conde de Loban, e otros muchos altos hombres, los cuales todos fueron del emperador e del la emperatriz muy bien recebidos. Otrosí vinieron a estas grandes fiestas la reina Mirena, muger del rey de Polonia, e otras grandes señoras. [XXXVIIv] Esta reina Mirena era muy noble dueña e muy hermosa. Pues cuarenta días antes del día de la fiesta fue allí ayuntada toda la caballería que había de tornear: que serían por todos veinte mil caballeros muy buenos e bien adereçados, dispuestos e usados en armas e desseosos de ganar honrra.

El emperador, cuando tan buena caballería vio, fue mucho alegre e bien pensó que assaz bastaba para el torneo; mandó que todos los que en la ciudad cupiessen se aposentassen dentro, e los otros que armassen sus tiendas junto a la ciudad porque los estrangeros estuviessen por su parte en el campo. Quien entonces viera la ciudad de Colonia pudiera bien ver una cosa muy noble e maravillosa, porque todos días eran aquellas calles llenas e ocupadas de altos hombres e caballeros, dueñas e donzellas tan ricamente guarnidos que no parescía sino que la flor del mundo era allí junta. En esta sazón Genadís vino de Suecia e traxo a su hermana Casilda, que de la princesa Gradamisa fue muy bien recebida e honrrada. En compañía de Genadís vinieron Cardisel de la Vanda, su cormano, hijo del duque de Caligna, e Olvanor con otros veinte caballeros mancebos de la corte del rey Lantedón, por se hallar en una cosa tan señalada como ésta se esperaba que sería.

C. XLIIII. CÓMO MUCHOS PRÍNCIPES E ALTOS OMBRES ESTRANGEROS CRISTIANOS E PAGANOS VINIERON A ESTAS FIESTAS CON GRAN CABALLERÍA.

Por todas partes fue sabida esta gran fiesta que el emperador Vasperaldo estableció: e como quiera que algunos lo tuvieron por bien, otros lo tomaron a mal, diziendo que era gran menosprecio e sobervia desafiar para un torneo a todo el mundo —mayormente los que esto dixeron fueron aquellos que al emperador Vasperaldo no tenían gran amor. Como muchas vezes acaeçe que de la prosperidad de un príncipe suele pesar a los otros, y esto bien ha lugar cuando el tal príncipe con orgullo y altivez del gran poderío que alcança es sobervio, duro e áspero con sus comarcanos, sin tener razón para ello; e no contento con el gran señorío que possee, en los agenos quiere tener dominio, no dexando a los señores dellos gozar en pacífica paz de sus tierras. Mas él que es bueno e justo, así con los suyos como con los estraños, injusto es el desseo de aquellos que su abaxamiento e destruición querrían. Como quiera que no debe ser habido por inconveniente que el príncipe amado de sus súbditos sea desamado de los estraños; que a esto puede dar causa la imbidia —que en todas gentes tiene ganar[15] parte e más en los mayores estados que en los otros. Que assí era deste noble emperador Vasperaldo, en el cual otra causa para lo desamar no se podía hallar si no

---

[15] ganr

era tener embidia de la gran sublimación de su estado, puesto que a los que no le amaban más les acompañaba condición no virtuosa que razón que para ello tuviessen, porque él era muy noble e tan gracioso para con los estraños, que con toda su grandeza a ninguno molestaba ni hazían fuerça ni agravio alguno, pues ya para con los suyos era tan benigno e humano, franco, liberal, magnánimo e justiciero que de todos ellos, no como señor, más como padre, era querido e amado.

Pues, o cuán bien andantes, muy magnífico señor, pueden llamar aquellos que semejantes príncipes o señores alcançan, como sea gloria e bienaventurança muy cumplida para ellos en este mundo, y cuánto los tales los deben amar y servir con gran fe, amor y lealtad e firmeza, que por cierto los que son súbditos de príncipes[16] o señores justos, piadosos, liberales, francos e graciosos, con tan justa razón deben ser contentos e loarse, cuanto plañirse y quexarse los que al contrario los tuvieren.

E a la historia tornando, dize assí: que treinta días antes de la fiesta fueron venidos estos príncipes e grandes señores que aquí se dirán e otros muchos: los más dellos no con sana voluntad, ni por honra del emperador mas con intención e propósito de le hazer cobrar gran mengua, e si el tiempo a ello diesse lugar aún passar más adelante. E començando por los paganos, que primero que otros algunos vinieron éstos: Delfange, hijo del rey de Avandalia, traxo consigo dos mil e quinientos caballeros, Lartamón, hijo del rey de León —que este reino por los alemanes es llamado [XXXVIIIr] Lubret— con dos mil caballeros; Bruceres, fijo del rey de Noxina, con mil e setecientos. De la provincia de Alania vinieron Mordán e Geraldín, su cormano: que amos eran fijos de reyes con tres mil. Todos estos príncipes con algunos otros altos hombres que con ellos vinieron, cuyos nombres la historia no haze mención, eran paganos. E los príncipes e altos hombres cristianos que a esta fiesta vinieron aquí se dirán los nombres de los más dellos, los cuales eran déstos: Guideraldo de Belmunda, hijo del rey de Maguesia —capitán que era del emperador Rocas de Brecia— vino con tres mil e quinientos caballeros. A este Guideraldo embiaba el emperador Rocas para que si el emperador Vasperaldo en alguna discordia o necessidad con estos príncipes estrangeros viniesse se lo hiziesse saber, porque él con todo su poder procurasse de lo destruir; e si en otra manera las cosas subcediessen tratasse con él sus pazes e amistades. Otrosí vino Gariscondo de Inglaterra, sobrino del rey de Ynglaterra —duque que era de Bristol— con gente del rey, su tío, e con la suya traxo dos mil e quinientos. Pinamón de la Entrada, hijo del rey de Escocia, con mil e quinientos; Silagón de Ybernia, hijo del rey de Ybernia, con mil e ochocientos; Grinesán, hijo del rey de Lombardia, entre él e su tío, el duque de Aste, traxeron dos mil e quinientos. Nurcandes, hijo del rey de Licesania, con mil e seicientos. Un capitán de Roma llamado Camilo Pompeo traxo dos mil e trezientos. Garnides, hijo del duque de Taranto e Olanquer, su cormano, hijo del conde de la Basilicata traxeron amos mil e quinientos. Ruberto Claudio, duque de la Marca, con cuatrocientos. El duque Olinces de Deypa, sobrino del rey de Francia, con gente suya e del rey su tío; e con Acaspes, hijo del

---

[16] pricipes

duque de Normandia —que en su compañía vino— traxeron tres mil e quinientos; el duque Roquelis de Proencia con cuatrocientos; Horabín, señor de Picardia, con quinientos. De España no vino gente con caudillo salvo un buen caballero llamado Alcides, primo del duque de Cartago, que vino con no más de cien caballeros de los suyos; empero vinieron algunos caballeros aventureros.

Todos estos príncipes e altos hombres cristianos —e otros que aquí se dexan de dezir— vinieron a esta fiesta por manera que con la gente que éstos e los paganos traxeron e con los aventureros que venían fueron por todos treinta e ocho mil caballeros. E después de armadas sus tiendas ribera del Rin, eran tantas e tan hermosas que por maravilla se podían mirar. El emperador Vasperaldo —como quiera que no mostrasse tener en mucho tanta caballería como era venida, para recelar de les dar el torneo— mucho fue maravillado de como tantos e tan grandes príncipes se habían juntado, mas diez días antes de la fiesta vino el rey de Panonia —que era poderoso príncipe— con cuatro mil caballeros, e don Glandines de Bohemia, hijo del rey de Bohemia, con dos mil e trezientos. Sigredis de Dacia, hermano del rey de Dacia con dos mil. Soramonte, duque de Aquileya, hermano del rey d'Esclavonia con mil, e tanta otra caballería vino que llegaron a XXII mil caballeros, de guisa que con éstos e con los que de primero estaban fueron LX mil caballeros. Este rey de Panonia no venía por ál que por honrar su fiesta al emperador, e assí algunos de los otros, aunque eran pocos. Las tiendas déstos armadas, quien entonces mirara el campo de los estrangeros y él que tenía la gente que el torneo venía a mirar, no dixera sino que todo el mundo estaba sobre la ciudad de Colonia; ningún rey cuyo hijo estuviesse en la corte del emperador Vasperaldo no embió gente aquel torneo.

El rey Lantedón se aparejaba para venir a él, por honra del emperador, mas como supo de la intención que estos estrangeros traían, cessó de venir. Pues como el emperador tanta caballería vio assonada, en mucha confusión fue puesto e pesóle por no haber ayuntado toda su gente, recelando la vergüença que su corte podía rescebir. E después de haber mandado a don Clarián e algunos de los otros caballeros de gran cuento, que con la caballería de la corte saliessen a rescebir al rey de Panonia e agradescelles de su parte su venida a él e a todos los príncipes estrangeros, entró en consejo con muchos de aquellos príncipes e altos hombres, a los [XXXVIIIv] cuales el emperador habló desta guisa:

"Mis buenos e leales amigos: en esta fiesta que aquí se quiere hazer, fue por mí establescida con buena intención e con voluntad de solenizar este día de Nuestra Señora, en el cual —como todos sabéis— yo recebí corona. E mi voluntad no se endereçó a otra cosa sino a ganar la amistad de todos aquellos que a ella viniessen, e la mía quisiessen. Mas yo veo tanta gente contra nos ayuntada que no sé si su intención e la nuestra son conformes. E porque yo no querría, ni por cosa alguna nos faría menester, que mi corte recibiesse vergüença, mucho vos ruego que pues esta fiesta será por todo el mundo sonada, mirés bien en este fecho e me digáis vuestro parescer sobre ello; e si será bien que el torneo no se dé al día prometido, por atender mucha más caballería que yo tengo mandada llamar," e desí dixo: "Vos, buen amigo, rey de Frisa: dezidme si habéis de entrar en el torneo; porque estos días no os sintíades bueno —para que si en él no fuéredes se dé el cargo de regir toda la caballería a quien nos parescerá ser sufficiente para ello. Sobre esto vos demando otrosí vuestro parescer e consejo."

Oído por todos lo que el emperador dixera, muchos pareceres ovo, diferentes unos de otros, e quedando para otro día de dar el torneo o no, porque la determinación dello no se podía ni debía assí ligeramente acordar. El rey de Frisa, respondiendo a lo que el emperador le dixera le habló desta guisa: "Señor, verdad es que yo no siento en mí la disposición que querría para tornear, pero si esto algo haze a vuestro servicio, yo lo haré de buena voluntad. Mas ora, yo entrando en el torneo o dexando de entrar, mi parecer sería que el cargo de regir e ordenar la caballería lo debéis dar a don Clarián, de quien tanta nombradía por el mundo corre; que muchas vezes en casos semejantes por el esfuerço de un tal caballero como él se alcança victoria —puesto que en vuestra corte aya otros muchos de gran bondad." Al emperador plugo mucho desto que dixera el rey de Frisa, porque lo que él hablara fuera conforme a su voluntad —que ya de ante había pensado él en este hecho por honrar a don Clarián, para que más voluntad tuviesse de estar en su corte.

Como quiera que sobre esto algunos hablaron diziendo que don Clarián era muy mancebo para le encomendar una tal cosa, e que allí había príncipes e altos hombres so cuya discreción e mayor esperiencia estaría mejor aquel cargo. El emperador dixo: "A mí parece que el rey de Frisa habla bien, e pues a él —a quien más este fecho toca que a otro alguno dello— le viene en plazer, assí lo deben haber todos los otros." Como de los más que allí estaban don Clarián era muy amado, al fin fue acordado que assí se fiziesse. E con tanto cessó por entonces el consejo destos hechos.

CA. XLV. DE LAS PALABRAS QUE PASSARON ENTRE DON CLARIÁN Y EL JAYÁN BRACAZANDE DE LA ONDAS EN LA TIENDA DEL REY DE PANONIA, E DE LO DEMÁS QUE ALLÍ SE HABLÓ.

Siendo llegado don Clarián e toda la caballería a la tienda del rey de Panonia —donde los más de los altos hombres estrangeros eran ayuntados porque a este príncipe por ser tan buen rey habían elegido por su capitán general— don Clarián e muchos[17] de los caballeros de cuenta descabalgaron. Entrando dentro de la tienda fueron muy bien recebidos del rey de Panonia e de todos los otros. Mucho agradó a los caballeros de la corte la noble compañía que de los estrangeros que allí estaba: ellos eran muy ricamente guarnidos, mas ellos se maravillaron de ver tan hermosa caballería como la de la corte, e sobre todos de ver a don Clarián a cuya hermosura e apostura ninguna otra de caballero vieran en su vida que igualasse. Todos ponían en él los ojos, mirando cuánto era de tierna edad para según las grandes caballerías dél habían oído dezir. Don Clarián dio las gracias al rey e a todos ellos de parte del emperador e tales había que dezían: "Pues de tanto le hazemos saber que verná tiempo que no le plazerá con nuestra venida," que los más dellos pensaban que el emperador con los suyos no les osarían

---

17 muchoa

mantener el torneo.[18]

Guideraldo [XXXIXr] de Belmunda dixo contra Gariscondo de Ynglaterra e otros caballeros:[19] "Este es él que Lantesanor, hijo del rey de Tracia, tanto en Grecia me alabó. De hermosura yo conozco que tuvo razón, mas de bondad de armas, cierto mengua de buenos caballeros lo debe hazer, porque mucho sería de maravillar si quien tan extremada tiene la hermosura como él, tuviesse la bondad —demás que en él no paresce haber tanta fuerça."

Gariscondo de Ynglaterra respondió: "Por buena fe, por más fuerte que él sea assí me paresce a mí lo que vos dezís; e si del primer encuentro no le hiziesse perder la silla, no volvería contento a mi tierra." Desta guisa estaban hablando unos con otros de don Clarián, e más de diez ovo entrellos que se offrecieron de lo derribar en el torneo. Empero muchos otros había que dezían que él debía ser de muy gran bondad según lo que en él parescía.

Don Clarián estaba hablando con el rey de Panonia, el cual era dél tan pagado que jamás viera caballero que tan bien le paresciesse; e con mucha afición miraba su hermosura, porque él tenía un hijo, muy hermoso donzel a maravilla. En esta sazón estaba allí un dessemejado jayán llamado Bracazande de las Ondas y era súbdito del rey de Panonia, porque tenía en su tierra dos castillos, empero no porque él le conosciesse señorío. Este jayán era hermano de Tarcón el Sobervio —que don Clarián matara, como la historia ha ya contado. E como quiera que los jayanes no acostumbraban venir a los torneos, este Bracazande no saliera con otra intención de su tierra sino por matar a don Clarián en estos torneos, lo cual él pensaba hazer muy ligeramente. E cada vez que don Clarián hablaba lo miraba con muy feroz semblante, echándole unos ojos de bravo e dessemejado parecer.

Don Clarián, que en ello miró, dixo al rey de Panonia: "Señor ¿por qué me mira tan ahincadamente aquel jayán?"

El rey, que la intención de Bracazande no sabía, respondió: "Señor don Clarián, él haze lo que todos hazemos."

Mas el jayán, que bien esto oyó, se levantó en pie con brava catadura, echando fumo por las narizes, habló en boz gruessa e ronca, diziendo: "Si te miro, don Clarián, no te debes maravillar, porque mortalmente te desamo, e veo tus miembros delicados para según se dize tus obras ser grandes e fuertes, mas ya no lo podrán ser tanto que éssa tu cabeça yo no la lleve en mis manos e la dé a mi sobrino Timadón de Caneroy en pago de muchas lágrimas que ante mí ha derramado por la muerte de su padre y hermano mío que tú falsamente mataste. E sábete que a mí llaman Bracazande de las Ondas, si me nunca has oído nombrar."

Como quiera que mucho pesasse a don Clarián en oír dezir que él a Tarcón falsamente matara, respondió mesuradamente: "Bracazande de las Ondas: si vos me desamáis no me maravillo, porque la natura de los jayanes es desamar siempre toda

[18] toreneo
[19] cavavalleros

cosa que buena les parezca, y pues con tal intención venís —como aquí dais a entender— no mostréis agora tanta saña, mas guardad algo della para cuando de mí querréis tomar la vengança; e como yo sepa que aquí son muchos que saben cómo passó la batalla entre mí e vuestro hermano —al cual sus pecados e malas obras hizieron hazer fin— escusado es a mí dezillo. Empero, pues vos dezís que yo a vuestro hermano falsamente maté, porque las tales venganças no han lugar en la fiesta destos torneos —que el emperador por honra suya e por plazer estableció, para que assí lo reciban todos los príncipes e altos hombres que a ellos son venidos— después dellos passados, o luego si vos quisierdes, yo soy presto de me defender de cualquier demanda que sobre este caso me pusierdes; e allí, plaziendo a Dios, con el derecho que tengo, antes espero que perderés vos por mí la vida, que mi cabeça vaya en vuestras manos como dezís."

El jayán con mucha saña que tenía no aguardó más e quiso echar su gaje en tierra. Don Clarián se aparejaba de lo tomar, mas el rey de Panonia e otros muchos se pusieron en medio diziendo que este fecho en ninguna guisa había de passar; que después [XXXIXv] de los torneos habría para ello tiempo. Desta guisa los apartaron sin que la batalla aplazada quedasse. Bracazande de las Ondas estaba tan bravo e follón que sus ojos no parescían sino de león sañudo; todos se maravillaron de ver cómo don Clarián assí en poco mostraba tener la batalla con un gigante tan bravo, seyendo para él e para cualquier caballero cosa muy descomunal, mas las palabras passadas y el rigor amansado, estuvieron una gran pieça hablando de muchas cosas. Desí don Clarián e todos los caballeros tomaron licencia del rey de Panonia e de los otros, e volviéronse a la ciudad.

CAPI. XLVI. DE CÓMO DON CLARIÁN FUE HECHO CAPITÁN GENERAL E MAYOR CAUDILLO[20] DE TODA LA CABALLERÍA QUE HABÍA DE TORNEAR, E CÓMO ÉL HORDENÓ SUS HAZES E ASSÍ MESMO EL REY DE PANONIA A LAS SUYAS.

Otro día, después de haber oído la missa, el emperador entró en consejo e fizo aí venir a don Clarián e a muchos otros caballeros de gran cuento. Desque todos fueron allí juntos el emperador habló desta guisa:

"Don Clarián, mi buen amigo: esta fiesta que a mí plugo hazer fue más por solenizar el día de Nuestra Señora e por honrar mi corte que por afrontar ni desagradar alguno —como me han dicho que muchos de los estrangeros lo toman; e bien se paresce, según la gran gente que consigo traen e porque yo no sé cuál sea su intención, ove ayer mi consejo con muchos príncipes e altos hombres de los que aquí están sobre este fecho, e si sería bueno suspender el torneo hasta que aquí fuesse venida toda la caballería que yo tengo mandada llamar; e la determinación dello ha quedado para oy. Demás desto por mí es acordado con consejo de todos los príncipes e altos hombres que aquí son —e del rey de Frisa el primero— que el cargo de regir e ordenar toda esta caballería sea a vos dado. Por ende yo os ruego que por mi amor lo queráis

---

[20] csudillo

aceptar; e yo confío tanto de vuestra gran bondad, e de la de todos los buenos caballeros que en mi servicio son, que con ayuda de Dios mi corte ganará la honra, e no será assí afrontada ni avergonçada como algunos dessean."

Oído por don Clarián lo que el emperador dezía, respondió: "Señor, yo soy uno de los menores de los que os aman servir, e para poner mi persona con essas pequeñas fuerças que alcanço por vuestro servicio no hay necessidad que tenga tal cargo, porque no me puede cosa alguna a ello obligar más de lo que yo estoy; porque, señor, aquí es el rey de Frisa, a quien la tal dignidad pertenesce, e otros reyes e príncipes so cuya mano puede esto estar tan bien que sería yerro encomendarlo a mí, que soy tan moço que por ventura no lo regiría assí como sería menester." Sobre esto que don Clarián respondió passaron entre el emperador y él otras muchas razones; que él se escusaba de rescebir este cargo. Pero al fin el emperador e todos hizieron tanto que lo ovo de otorgar. E como lo ovo aceptado dixo al emperador: "Señor, en ninguna guisa se debe dexar de dar el torneo porque esto sólo sería grande honra para los estrangeros; e la vuestra merced tiene aquí tantos e tales que os dessean servir, que otra mayor empresa que ésta con ellos se puede muy bien emprender, e de lo que ellos falleciessen no se haría con mucha gente."

Todos dixeron que era bien assí; el emperador se otorgó en ello. Passada esta habla don Clarián, que en mayor cuidado era puesto por ser a él encomendado un cargo tan honroso, donde antes rescebir la muerte que los de su parte no ganassen la honra querría proveía en todas las cosas con gran seso e discreción. Embió a Genadís de Suecia acompañado de diez caballeros con las condiciones con que en Alemania torneaban, para que las diesse al rey de Panonia e a los otros príncipes estrangeros que las viessen; e si de aquella guisa les pluguiesse tornar —sino que fuesse como a ellos mejor paresciesse. Como Genadís en la tienda[21] del rey de Panonia fue —donde muchos de los principales de los estrangeros con él estaban— dixo al rey [XLr] lo que don Clarián le mandara dezir e diole las condiciones que las mandasse leer.

El rey las fizo leer ante todos, y eran éstas: primeramente que los fierros de las lanças no fuessen assí agudos que mucho daño pudiessen hazer. Assí mesmo que las espadas no llevasen assí affiladas como para las batallas solían hazer; que no se firiessen de punta de espada, ni en los caballos. E que el caballero que lança tuviesse no encontrasse al que no la tenía: esto después de pasada la furia del primer romper. E quien a caballo estuviesse no acometiesse al de pie; que dos caballeros juntos no firiessen a uno, si no fuesse no podiendo más hazer en alguna prisa. E que a quien el yelmo fuesse derribado de la cabeça ninguno le firiesse. E si dos caballeros a pie batalla hiziessen, ninguno se metiesse a los ayudar si alguna furia de caballeros no los despartiesse. E que tuviessen tal concierto después de una vegada juntados que diessen lugar a que se levantassen los que cayessen porque no peligrasse la gente.

Leídas las condiciones, el rey de Panonia mandó a Genadís que se saliesse fuera con los que con él habían venido hasta haber la respuesta. Fincando solos él e los altos

---

[21] tianda

hombres, allí ovo muy diversos pareceres, porque algunos dezían que era bien que assí se acostumbraba tornear en otras tierras. Los más dellos dezían que assí no querían tornear sino a todo trance, e hazer al emperador cobrar tal mengua que para siempre se le acordasse. Como el rey de Panonia su intención conosció, díxoles: "Señores, a mí paresce que debemos tornear como ellos, assí por no les quitar su antigua costumbre como porque ha de haber diferencia de los torneos que se hazen por plazer a las batallas que son cruda contienda; e pues ésta es fiesta no parezca que sin causa nos la hazemos guerra, que por esso no dexaremos de ganar honra." Con esto que el rey dixo todos ovieron de venir en ello, e assí lo mandaron pregonar por todo su campo con muchas tropas so pena de muerte e de ser habido por traidor quien conocidamente estas condiciones passasse, no seyendo ya no podiendo más fazer; e todo se guardó assí, salvo lo de las lanças no levar los hierros agudos: que aunque en ello se proveyó, algunos quedaron como de primero.

Buelto Genadís, luego se echó vando de lo mismo por la ciudad. Don Clarián mandó poner en el campo dos asterías con gran muchedumbre de lanças: la una para los estrangeros, e la otra para los de su parte. Desí en la posada del rey de Frisa fueron por él ordenadas las hazes, aunque sobre esto entre el rey de Frisa y el rey de Polonia y el rey de Zelanda y él ovo gran porfía, porque don Clarián quería que el rey de Frisa y ellos las ordenassen y ellos no quisieron consentir. Don Clarián dixo: "Pues assí, señores, mandáis: la delantera será de don Felisarte e de don Galián, e con ellos iremos yo e otros caballeros de la corte: ésta habrá cuatro mil caballeros. La segunda haya Florantel, mi tío, con ii. mil caballeros; la tercera, don Palamís e Gerarte con otros ii mil; e la cuarta, Honoraldo de Borgoña e Roselao de Suevia con mil e quinientos; la quinta, Armaleo de Laque y Ermión de Caldonga con mil e quinientos. La sexta, el duque de Jaffa y el duque de Gueldres y el duque de Baviera con mil caballeros. La séptima, el duque de Autarrixa y el conde de la baxa Borgoña y el duque de Colanda con otros mil. La octava, el duque de Saboya y el duque de Loregne y el duque de Rostoch con otros mil. La novena, el rey de Zelanda con tres mil. La dezena, el rey de Polonia con otros tres mil."

Todos tuvieron por bien lo que don Clarián ordenara. Pues el rey de Panonia e los príncipes e altos hombres de los estrangeros se juntaron para ordenar sus hazes, e acordaron que veinte mil caballeros de los que a la postre vinieran no torneassen, assí creyendo que no serían menester como porque ternían aún los caballos maltrechos. El rey de Panonia ordenó las hazes: Delfange de Avandalia e Gariscondo de Inglaterra demandaba cada uno dellos la delantera por se provar con don Clarián. Mas el rey de Panonia la dio a Gariscondo, que mucho sobrello le ahincó: essa haz ovo cinco mil caballeros. La segunda ovo Guideraldo con su gente; la tercera, Delfange, con tres mil caballeros; la cuarta, Pinamón, con otros tantos; la quinta, Lartamón, con otros tres mil; la sexta, Silagón, con dos mil e quinientos; la séptima, Mordan e Geraldín, su cormano, con todos los suyos; la otava, Nurcandes, [XLv] hijo del rey de Licesania, con dos mil e quinientos; la novena Bruceres, hijo del rey de Noxina, con dos mil; la dezena, Grinesán de Lombardia, e con él el duque de Aste, su tío, con sus gentes; la onzena, Camilo Pompeo, con la suya; la dozena, Garnides e Olanquer, su cormano, e Ruberto

Claudio, duque de la Marca, con dos mil caballeros; la trezena, el duque Olinces, sobrino del rey de Francia; e Acaspes, hijo del duque de Normandia, con sus gentes; la cuatorzena ovieron el duque Roquelis e Boravin, señor de Picardia; e Alcides, primo del duque de Cartago, con dos mil e quinientos. Esto fecho començaron a aparejar todas las cosas como convenían. Venida la víspera de la fiesta allí se pudiera ver gran priessa de aparejar todos lo que les hazía menester, e cada uno adereçaba sus armas por ver lo que le fallezcía.

CAPÍTULO **XLVII.** DEL PRIMER TORNEO E DE LAS GRANDES CABALLERÍAS QUE EN ÉL FUERON FECHAS.

Assí como otro día vino el alva todos fueron en pie, e después de haber oído missa todos los que habían de tornear fueron armados e puestos a caballo e salieron de la ciudad con tan gran estruendo de trompas e atabales que parescía que el mundo se quisiesse hundir. Desque en el campo fueron, cada uno començó a acaudillar la gente que había de tener en cargo; e maravilla era de mirar tanto buen caballero e tan fermosos caballos e tan ricas armas como allí había, las cuales con el resplandor del sol —que a essa hora salía— resplandecían de guisa que la vista de los ojos quitaban. Don Clarián, que para su haz escogiera cuatro mil caballeros entre todos los otros, estaba en la delantera sobre aquel su hermoso caballo que el rey su padre le embiara; a par del era Manesil, que el yelmo e la lança le traía; assí mismo otros diez donzeles para que le sirviessen de lanças e de caballos. E como todos los andamios e miraderos estuviessen llenos de caballeros, dueñas e donzellas muy mirada era esta caballería de la corte. Dezían muchos por don Clarían: "Agora veremos aquel de quien tanta nombradía corre."

En la haz de don Clarián iban muy preciados caballeros, entre los cuales la historia cuenta aquí los nombres dellos: Don Galián del Fuerte Braço, don Felisarte de Jaffa, Flor de Mar; Dantesor el Preciado, sobrino del emperador e fijo del buen duque Pelirán —que ya era muerto; e Belamán el Nombrado, su tío, a quien el emperador mandara entrar en este torneo —aunque pocas vezes se armaba sino cuando llevaba la seña del emperador en las batallas; Telión de la Maça, cormano de Honoraldo e hijo del conde de la baxa Borgoña; Grisabor, cormano de Girarte, hijo del duque de Lancia; Mombeldán, cormano de Roselao, hijo del duque de Verona; Arceal, hijo del duque de Coladán; don Danirteo de Gueldres; don Laurgel de Ariscón, hijo del duque de Saboya; Galinor de Monferran; Canarpis de la Funda, hijo del duque de Baviera; Guirlaniz del Boscaje e Laucamor el Esforçado, hijos del duque de Autarrixa; Luquidán de Vontaner, hijo del duque de Lorregne; Calidor de Venarde, fijo del conde de Lubet; Tindarel de Velorgue, hijo del duque de Henarda; Antifol, hermano del duque de la ínsola de Janglante; Ganifer de Montargis, hijo del duque de Clibe; Tandalís de Nagorce, hijo del duque de Rostoch; Radiarte de Monris, hermano del conde de Loban; Belanor, hijo del conde de Tirol; Celendis, hijo del conde de Trisnaldis; Cardisel de la Vanda, hijo del duque de Calina; Genadís de Suecia e Olvanor; Norendarte de Ladia, hijo del conde de Bresón; Galerte de Miravel, hijo del conde de Yxpruch; Soriel de Vedoys; Elistrán del Bella Guardia; Artelot el Ligero; Rodalinde Canora; Sabitor de la Falda; Danesín de la Lista, hermano del duque de Bolsán. Todos éstos que aquí se han dicho eran [XLIr] de muy gran bondad.

A esta sazón salían los estrangeros de entre sus tiendas, acaudillando sus hazes. Entre ellos se pudieran ver muy ricas armas e muy fermosa caballería de mirar; e como a trecho de los de la corte llegaron estuvieron quedos assí los unos como los otros, atendiendo al emperador que aún no era venido. Mas no tardó mucho que él e la emperatriz con toda su compaña salieron; con ellos venían el rey de Borgoña, el rey de Frisa, el rey de Suevia, el rey de Dignamarca e otros muchos altos hombres. El emperador venía sobre un caballo blanco; el valor de su corona e de su vestidura y el guarnimiento de su caballo no se podría estimar, ni menos él de la emperatriz e de la princesa Gradamisa: la cual a todos los que la miraban parescía tan hermosa que dezían que ninguna beldad de persona mortal con la suya se podría igualar. Allí venían la reina de Frisa, la reina de Suevia, la reina Mirena, la reina de Dignamarca, e tantas otras infantas, hijas de reyes, dueñas e donzellas de gran guisa tan hermosas e ricamente guarnidas, que queriéndolo contar por istenso se haría muy larga escriptura; mas la historia pone aquí los nombres de algunas dellas, las cuales eran éstas: la infanta Flordanisa, hermana de don Palamís; Resinda, hermana de don Galián, que después que él en esta corte estaba allí había venido; Belaura e Lindamira, hijas del rey de Frisa; la infanta Menaldia, hija del rey de Polonia; Jacinda, hija del rey de Dignamarca; Cándida, hija del rey de Borgogna; Lismonda, hija del rey de Suevia; Liscedra, hija del rey de Zelanda; Artenia, hija del duque de Clibe; Ocalesa, hija del duque de Bondirmague; Alteranda, hermana de Dantesor; Tabelina, hija del conde de la baxa Borgoña; Tibornela e Aldavina, hijas del conde de Corvera; Guimanela, hija del duque de Baviera; Casilda, hermana de Genadís; Belinda, hija del duque de Colandia; Garninda, hija del duque de Lorregne; Vestalia, hija del duque de Gueldres. En estas señoras y en otras muchas que allí iban cabía e se fallaba toda la hermosura, gracia, cortesia e gentileza que en el mundo se podía fallar.

Pues como el emperador e la emperatriz e la princesa Gradamisa con tal compañía —como aquí se ha dicho— fueron en los palacio, que para mirar los torneos se hizieran. El emperador se puso a una finiestra e la emperatriz a otra; la princesa Gradamisa e con ella la reina Mirena —que ella mucho amaba— se sentaron en otra. Luego en otra las tres reinas de Frisa, de Suevia e de Dignamarca. En otras dos finiestras se pusieron los cuatro reyes, conviene a saber: el de Borgoña, el de Frisa, el de Suevia, el de Dignamarca; e assí por orden se pusieron a las finiestras todos los otros grandes señores e señoras. E sin falla los estrangeros quisieran estar más acerca por mejor poder mirar tan alta e tan noble compaña como ésta. En este comedio grande era la prissa que los escuderos e donzeles tenían, escogiendo lanças para sus señores en las dos asterías que en el campo había. Mas como ya fuesse tiempo de començar el torneo, tocaron todas las trompas e atabales de amas las partes. Don Clarián e Gariscondo de Ynglaterra —que las delanteras habían— movieron con sus hazes e como amos ados se conosciessen por las armas; endereçaron el uno contra el otro. Encontráronse así duramente que rompieron en sí las lanças, mas Gariscondo fue en tierra, e muy mal lo passara si socorrido no fuera de algunos de los suyos.

Toda la otra caballería se juntaron unos con otros de tal guisa que allí mucho buen caballero perdió la silla e mucho buen escudo fue falsado. Muchas reluzientes armas fueron embueltas en polvo e muchos caballeros salieron por el campo sin señores; luego se começaron bravas batallas a pie entre los que cayeron, y entre los que a caballo quedaron, hermosas justas de mirar. E mézclase un tan bravo torneo [XLIv] que algunos quisieran estar fuera dél. Pues como don Clarián ovo la lança quebrado metió mano por su espada e començó a ferir a diestro e a siniestro e a derribar a todas partes caballeros, metiéndose por las mayores priessas, haziendo tales cosas en armas que al emperador e a todos los de la corte hazía maravillar; e a los estrangeros daba a conoscer que con gran razón merescía ser loado. E como muchos oviesse que con él se quisiessen provar muchas vezes le era menester dexar colgar la espada e justar con la lança. Mas ya tan fuerte caballero a él no vino a quien no hiziesse perder la silla. En poca de hora se hizo de tal manera conocer que ya le dieran assaz vagar si él tomarlo quisiera. Don Galián e don Felisarte e los otros buenos caballeros que en esta haz venían hazían por todas partes muy grandes caballerías. Gariscondo de Inglaterra e otros buenos caballeros de su haz hazían mucho en armas, pero que Gariscondo procuraba de no se juntar más con don Clariá, que muy mal se había hallado de su conocimiento. No tardó mucho que los estrangeros apretados por don Clarián e por los de su parte perdieron el campo. Mas luego los socorrió Guideraldo de Belmunda con su haz: e de su llegada muchos perdieron las sillas de ambas las partes. Guideraldo encontró a don Clarián de guisa que quebró en él su lanca, mas él lo firió tan bravamente que dio con él en tierra por cima de las ancas del caballo. Don Galián encontró a un cormano de Guideraldo por manera que a él e a su caballo metió en el suelo; e mezclóse el torneo tan rebuelto e ferido que otra cosa no se pudiera ver sino quebrar lanças, caer caballeros por tierra e combatirse muy bravamente a pie. Don Clarián andaba hiriendo e derribando cuantos ante sí hallaba, delibrando las prissas e passando por todos que como era ya conocido, e sus golpes eran tan ásperos de suffrir que pocos había que los quisiessen atender: todos le daban lugar por do passasse.

El emperador, que por ál no miraba que por él, estaba maravillado de lo que veía hazer, e dezía a aquellos príncipes e altos hombres que puesto que en la corte del emperador Macelao, su padre, y en la suya muchos buenos caballeros oviera e había, que jamás igual de don Clarián no había visto, e todos dezían lo mismo. Pues ¿quién podría dezir el plazer que Gradamisa desto había? la cual nunca partía dél los ojos, mirando las grandes caballerías que hazía e oyendo el loor que todos le daban dezía entre sí; que aunque cuita padesciesse, no había razón por que se quexar de Amor, pues le había hecho amar el mejor caballero e más hermoso del mundo.

A esta sazón los estrangeros volvieron las espaldas, que en gran turbación les ponían los golpes de don Clarián, e las grandes cosas que los de su parte hazían como aquellos que todos eran escogidos e valientes caballeros. Mas luego movió Delfange, hijo del rey de Avandalia, con su haz, e socorrió muy bien a los de su parte, que por su llegada los estrangeros cobraron lo que del campo habían perdido. Delfange, que era de gran coraçón, dexóse ir para don Clarián —el cual lo salió a recebir— e diéronse amos tan grandes encuentros que las lanças bolaron en pieças. Don Clarián passó por él e metióse en una gran prisa e por su llegada fue luego delibrada. Delfange, que más largamente se quería provar con él puso los ojos en él e siguiólo hasta juntarse con él, e diole tal golpe de la espada por cima del yelmo que don Clarián se sintió mucho dél; e volviéndose a él le dio tales tres golpes, uno en pos de otro, que le hizo perder la rienda de la mano e amas estriberas e abraçarse al cuello del caballo. Desí metióse por las mayores prissas hiriendo e derribando en los estrangeros; e tomando una lança dexóse ir para un caballero que había nombre Escaol, que mucho en armas hazía, e firiéronse tan duramente que deste encuentro Escaol fue en tierra e su caballo sobre él. En aquel lugar se juntaron [XLIIr] Guideraldo de Belmunda e don Felisarte de Jaffa, e los dos se derribaron de los caballos; quisieran se provar de las espadas, mas una prissa de caballeros que por aí vino los hizo partir, e tornaron a cabalgar por ayudar cada uno a los suyos.

A esta sazón era el torneo tan bien ferido que mejor no podía ser: los golpes e bozes ressonaban tanto que ninguna cosa se podía oír. Grandes caballerías se hazían de ambas las partes, e como quiera que los del emperador eran muchos menos, muy bien mantenían la plaça, que todos eran de gran bondad. Quien entonces a don Clarián mirara viérale andar firiendo con su espada por todas partes, derribando caballeros, socorriendo donde era más menester, esforçando los de su parte, e temorizando los contrarios: que a todos ponían temor sus golpes porque le daban carrera por do passase, maravillados de las grandes cosas que le veían hazer. Con esto los de su parte cobraban tan gran esfuerço e torneaban tan reziamente que levaban lo mejor del campo. Lo cual como viesse Pinamón de la Entrada, hijo del rey de Escocia, dexóse ir muy sañudo con su haz en socorro de los de su parte, e por su llegada no podieron los del emperador tanto hazer que no fuessen levados por el campo más de un trecho de ballesta, e muchos dellos fueron por tierra; empero no porque dexassen de mantener la placa con gran animosidad.

El emperador, que veía cuánto los suyos suffrían y enduraban, dezía: "Ay Dios ¿qué haze Florantel que no mueve? ¿A cuando atiende?" —mas él no lo hiziera hasta que don Clarián se lo embiasse a dezir: que tal concierto estaba entre ellos —el cual como viesse que los de su parte mucho enduraban e la gran ventaja de gente que los estrangeros tenían hazía tan grandes maravillas de armas, que no parescía sino que entonces entrasse en el torneo. Dexóse ir para Pinamón de la Entrada que a Soriel de Vedoys derribara, e Pinamón quebró en él su lança; mas don Clarián lo encontró de guisa que le falsó todas las armas; llagólo ya cuanto, e dio con él del caballo abaxo quebrando allí la lança. Metió mano a su espada e metióse por las mayores prissas, dando tan duros e ásperos golpes que muy graves eran de suffrir a quien los atendía porque fuerte había de ser el caballero que él a derecho golpe alcançase que lo no derribasse en tierra o hiziesse que por essa pieça no oviesse sabor de tornear, e iba discurriendo por todas partes, metiéndose siempre adelante, derribando caballeros a diestro e a siniestro; e por grande que fuesse la prissa donde él allegasse, con su venida luego era delibrada. El, por do quiera que iba, hallaba la carrera desembaraçada; e tales maravillas hazía que a todos hazía tomar espanto. El emperador e cuantos miraban dezían que él solo era la mayor parte del peso del torneo. Muchos había que dexaban de tornear por ver lo que hazía.

Don Galián e don Felisarte hazían muy grandes caballerías: que por ellos perdían muchos las sillas, e por ellos eran muchas priessas delibradas:e bien se hazían hazer lugar por do quiera que iban. Los buenos caballeros —de quien la historia ha ya dicho los nombres— andaban partidos en dos partes. En la delantera de su batalla —porque mejor se sufriesse la furia de los contrarios— a una parte andaban Flor de Mar, Dantesor el Preciado, Belamán el Nombrado, Grisabor, Don Danirteo de Guerles, don Laurgel Dariscón, Galinor de Monferrán, Luquidán de Bontaner, Calidor de Venarde, Tindarel de Belorgue, Galerte de Mirabel: éstos todos hazían grandes cosas en armas. E no menos por la otra parte mostraban su gran bondad Telión de la Maça, Arceal e Monbeldán, Guirlaniz del Boscaje, Laucamor el Esforçado, Canarpis de la Funda, Ganifer de Montargis, Antifol de Janglante, Cardisel de la Vanda, Genadís de Suecia, Radiarte de Monris, Tandalís de Nagorce, e los otros buenos caballeros con ellos. Tan bien torneaban la bue [XLIIv] na caballería que los estrangeros no los pudieron suffrir, e volvieron las espaldas. Allí sufrieron gran trabajo por los detener Gariscondo, Guideraldo, Delfange e Pinamón de la Entrada, Escaol e otros buenos caballeros de su parte: que éstos hazían grandes caballerías en defensión de los suyos.

A essa hora movieron Lartamón, hijo del rey de León, e Silagón de Ybernia, Mordán, e Geraldín con sus tres hazes, diziendo a grandes bozes: "¡A ellos caballeros! que gran vergüenca es que estos caballeros assí duren en el campo." E puesto que los del emperador hechos un tropel estuviessen, no les tuvo pro, que por fuerça de la gente que de refresco venía fueron llevados hasta cerca de la haz de Florantel. Entonces Florantel e don Palamís e Girarte de Irlanda, Honoraldo de Borgoña, e Roselao de Suevia —con sus hazes— calaron las lanças e movieron en socorro de los suyos. Aquí se hizo un tan fuerte juntar que más de dos mil caballeros fueron por el suelo. Florantel encontró a un cormano de Silagón de Ibernia tan duramente que lo batió del caballo a baxo, e antes que su lança quebrasse derribó otros cuatro caballeros; desí metió mano a la espada e lançóse por la mayor priessa, haziendo cosas tan señaladas que todos le daban gran prez e honra. Don Palamís e Girarte se encontraron con Mordán e Geraldín los dos cormanos, e tan bien les fue de la justa que ambos los derribaron por tierra. Honoraldo de Borgoña hirió a un buen caballero llamado Guidaynel tan duramente que lo lançó de la silla. Roselao de Suevia encontró a un hermano de Geraldín tan de rezio que lo metió por tierra. Assí Florantel, don Palamís, Girarte, Honoraldo de Borgoña e Roselao de Suevia, como desseosos de tornear viniessen hazían grandes caballerías e derribaban cuantos ante sí hallaban.

Aquí fue el torneo más bravo e peligroso que en todo el día había seido. Silagón de Ibernia encontró a Danesín del Otero de guisa que lo derribó en tierra. En aquel lugar —que era junto al miradero— se hazía una hermosa batalla de cuatro a cuatro, la cual el emperador e todos los otros grande sabor habían de mirar. Los de la corte eran Honoraldo de Borgoña, Flor de Mar, Dantesor el Preciado, Telión de la Maça, e los otros eran Lartamón e Geraldín, Pinamón de la Entrada y Escaol. A esta sazón movieron Nurcandes, hijo del rey de Licefania, Bruceres, hijo del rey de Moxina e Grinesán, hijo del rey de Lombardía, con sus hazes. De la otra parte movieron Ermión de Caldonga e Armaleo de Laque; e juntáronse unos con otros de tal guisa que muchos caballos salieron sin señores de la priessa, e mucho buen caballero perdió allí la silla. Nurcandes y Ermión de Caldonga se juntaron uno con otro, e ambos ados cayeron en tierra. Armaleo de Laque e Bruceres se derribaron de los caballos. Por la venida destos las batallas de los cuatro a cuatro fue partida. Tan rebuelto e mezclado andaba el torneo que otra cosa no se oyera sino el quebrar de las lanças y el reteñir de las espadas. Grandes priessas había por todo el campo, e las mayores junto al miradero del emperador e de la emperatriz. E no tardó mucho que movieron todas las hazes de los estrangeros, e assí mesmo las de los del emperador—salvo el rey de Polonia, porque don Clarián assí se lo embió a dezir. El estruendo que del juntar hizieron fue tan grande que no parescía sino que una gran montaña abaxo viniesse.

Començóse el torneo muy grande, muy rebuelto e peligroso e de ambas ados partes muy porfiado. E assí de la una parte como de la otra se hazían muy grandes caballerías, porque aunque los caballeros del emperador fuessen de gran bondad de armas, bien hallaban entre los estrangeros con quién se provar. Junto al miradero se hallaron don Clarián e Delfanje de Avandalia y endereçaron el uno contra el otro, e firiéronse assí dura [XLIIIr] mente que las lanças bolaron por el aire en pieças; mas Delfanje, aunque de muy gran fuerça era, vino a tierra del caballo. En aquel lugar Alcides, primo del duque de Cartago, encontró a Sabitor de la Falda tan fuertemente que dio con él en tierra. El duque Olinces e Genadís de Suecia se encontraron, e ambos ados perdieron las sillas. Cardisel de la Vanda y el duque Roquelís de Proencia se firieron de las lanças, mas el duque cayó por el suelo. Honoraldo de Borgoña e Boravín, señor de Picardía, se juntaron uno con otro, mas Boravín fue en tierra. Grinesán de Lombardia e don Felisarte de Jaffa se dieron tales encuentros que ambos ados fueron en tierra. Silagón de Ybernia e Girarte de Yrlanda se derribaron de los caballos. Otras muchas e muy hermosas justas se hizieron en aquel lugar, e tales andaban los unos con los otros que no parescía jamás cansarse; antes se golpeaban de las espadas e se encontraban de las lanças de tal guisa que a todos hazía menester mostrar su bondad. Como don Clarián viesse el torneo estar en peso muy rebuelto e ferido —que ya muchos estaban cansados e a pie— bien conosció que con poca gente que de refresco viniesse se podría ganar gran parte del campo. Por lo cual embió luego a dezir al rey de Polonia —que como vos avemos contado aún no había entrado en el torneo— que moviesse con su haz e firiesse muy de rezio en los estrangeros, y él juntó consigo a don Galián, su cormano, e a don Felisarte de Jaffa, e a Flor de Mar, e a Grisabor, e a Dantesor el Preciado, e Canarpís de la Funda, Guirlaniz del Boscaje, Telión de la Maça, Delanor, e Arceal, e Mombeldán, e Celendis, e Antifol de Janglante, e Garlamón de la Lista, e Genadís de Suecia, e Radiarte de Monris, Belamán el Nombrado, e don Danirteo de Gueldres, e don Laurgel de Ariscón, e Elistrán de la Bella Guardia, e Luquidán de Vontaner, e Calidor de Venarde, e Tindarel de Velorge, e Cardisel de la Vanda, e otros muchos buenos caballeros. E a la hora que el rey de Polonia con tres mil caballeros en el torneo entró, el cual firió tan reziamente que de su llegada los estrangeros perdieron un trecho del campo.

Don Clarián con tal compañía como se ha dicho se metió por las mayores prissas, derribando e firiendo cuantos a derecho golpe alcançaba; e tan fuertes eran sus golpes que muy pocos los querían atender; antes le daban la carrera muy larga, metiéndose los unos entre los otros por guarescer dellos. Tales e tan grandes estrañezas e cosas hazía cuales ninguno otro pudiera hazer. Lo que con él iban teniendo iban haziendo maravillas de armas, porque sin falla a las grandes caballerías déstos no se podría hallar igual. Principalmente de don Galián e don Felisarte, que sobre todos los otros éstos se señalaban. E por la parte que don Palamís, e Florantel, e Honoraldo de Borgoña, e Girarte de Yrlanda, e Roselao de Suevia, y Ermión de Caldonga, e Armaleo de Laque, e con ellos otros muchos buenos caballeros que con ellos andaban aquexaban mucho a los estrangeros. E de tal manera los apretaban don Clarián e los de su parte que las grandes caballerías hechas por Gariscondo de Inglaterra, e Silagón de Ybernia, e Guideraldo de Belmunda, e Delfanje de Avandalia, e Pinamón de la Entrada, e Lartamón, e Mordán, e Geraldín, e Bruceres, e Nurcandes, e Grinesán, e Camilo Pompeo, e Olinces, e Acaspes, e Alcides. E por todos los otros buenos caballeros de su parte no les tuvieron pro: que al fin volvieron las espaldas, no pudiendo sofrir a los del emperador, e fueron llevados por el campo hasta los meter por sus tiendas. Allí el duque Olinces de Deypa derribó de la lanca a Tandalis de Nagorce, no teniéndola él, por lo cual él quedó muy quexoso dél, e con gran voluntad de tomar la emienda en el torneo siguiente. A esta hora don Clarián mandó tocar las trompas e recogió los [XLIIIv] de su parte e volviéronse para la ciudad con mucho plazer, mas sobre todos lo ovo el emperador porque los suyos ganaron la honra. E cabalgó con toda su compaña y entróse en la ciudad. Todos loaban mucho la buena caballería de la corte, especialmente a aquellos buenos caballeros que más en el torneo se habían señalado, e dando sobre todos el loor de todo a don Clarián; e dezían ser éste el mejor caballero que en todo el mundo oviesse. E por aquella noche no se entendió en ál que en reposar —assí los de la parte del emperador como los estrangeros— del trabajo que aquel día[22] habían passado.

CAPITU **XLVIII.** DE LO QUE LOS UNOS E LOS OTROS OTRO DÍA HIZIERON E DE CÓMO BRACAZANDE DE LAS HONDAS SE PROFIRIÓ DE MATAR A DON CLARIÁN EN EL TORNEO.

Assí como vino el siguiente día don Clarián hizo saber cuántos de su parte fueran feridos, e hallóse que serían bien mil e quinientos caballeros; mas que muchos déstos podrían tornear en el siguiente torneo. Esto sabido, fuesse para el palacio del emperador, el cual lo rescibió muy alegremente, como aquel que tenía muy grande plazer porque un tal caballero como él era estuviesse en su corte: considerando que aunque otros muchos buenos caballeros en ella oviesse, ser éste el mejor del mundo según lo mostrara el día de antes, e amávalo muy de coraçón —assí por esto, como por el amor que con su padre el rey Lantedón tuviesse. Allí aquellos príncipes e caballeros de gran cuento estuvieron hablando antel emperador de las cosas del torneo e de cómo

---

[22] di

había entre los estrangeros muchos caballeros de gran hecho de armas. El emperador Vasperaldo dixo: "Cierto no hay cosa que a mí me fuesse demandada que dar pudiesse que yo no la diesse por estar seguro de que alcançássemos la victoria deste otro torneo: la cual me parece a mí estar dubdosa por la gran caballería que los estrangeros en él meterán. E para este tiempo no creo que a nos podrán venir cuando mucho sino tres mil caballeros." Sobre esto que el emperador habló algunos dixeron aí sus paresceres: unos diziendo que pues el primer torneo se había dado al día prometido, que el segundo se podría muy bien suspender otros ocho días más; otros dezían que se no debía hazer.

Don Clarián dixo al emperador: "Señor, como quiera que sería bien escusado dezir yo también mi voto e parescer donde tantos que mayor juizio que el mío alcançan están; mas todavía forçándome el muy grande desseo que tengo de que vuestra honra y prez con muy mayor loor sean ensalçadas: digo, señor, que cierto se debría mucho trabajar porque los estrangeros conozcan el vuestro gran poderío e grandeza, porque los que vuestra amistad quisieren haber en aquel grado que es razón se tengan por muy pagados e bien andantes. E los que el contrario tuvieren, conozcan cuán poco les aprovechan sus dañadas intenciones, e que vean que vos no teméis a ellos ni a cuantos contra vos pudiessen venir. Para esto, si Dios me ayude, yo querría que vos, señor, tuviéssedes aquí aun mucho más cumplimiento de gente que ellos traen, por estar más sin recelo de recebir dellos ninguna affrenta vuestra corte. Empero, por cierto, si a mí me fuesse perder la vida e lo demás que yo he en un tal fecho como éste —no digo solamente mantenerles torneo, mas aun si menester fuesse darles batalla— no dubdaría, donde se oviesen de hallar tantos e tales príncipes e caballeros de tan gran bondad —que sus muy grandes cosas en armas bastarían a poner grande esfuerço donde del todo faltasse, teniendo por muy firme que lo que ellos, con la caballería que la vuestra merced tiene, no pudiesen hazer— escusado sería pensar [XLIIIIr] de lo acabar con mucha más gentes. E assí tengo esperança en Dios, que aunque con algo de más trabajo en el torneo que se espera alcançaremos la victoria." Muchos de los que en el palacio estaban dixeron que lo que don Clarián dezía era muy bien, e que assí se debía hazer.

El emperador le dixo: "Mi buen amigo: tal confiança tengo yo en vuestra gran bondad y en la de todos los buenos e preciados caballeros de mi corte, que en esto y en más será assí." Desta guisa estuvieron hablando hasta que fue hora de comer. Aquel día comieron en el palacio del emperador, todos los más de los que aí eran.

De los estrangeros dize la historia que de gran mañana en la tienda de Guideraldo de Belmunda se juntaron muchos de los principales dellos, entre los cuales eran: Gariscondo de Ynglaterra, e don Glandines de Bohemia, Delfanje de Avandalia, Lartamón, Mordán, e Geraldín, Silagón de Ybernia, el duque Olinces de Deypa, Acaspes, Camilo Pompeo e Bruceres, hijo del rey de Noxina. Allí por algunos dellos era acordado que propusiessen en consejo ante el rey de Panonia, su caudillo, de se ir a sus tierras, e ayuntando todos sus poderes venir sobre el emperador Vasperaldo e destruirlo, teniendo por muy gran mengua haber salido él con su intención, con tan crecida honra como su corte había alcançado en el passado torneo. Para esto Guideraldo de Belmunda offrecía, que el emperador Focas de Grecia vernía en persona en este fecho con todo su poder. Sobre esto, habiendo entre ellos división —porque había otros que eran de parescer de esperar el segundo torneo, la victoria del cual tenían por muy cierta según la mucha caballería que serían— acordaron de no publicar más su propósito por entonces. E hablando de la gran bondad de los caballeros de la corte del emperador, principalmente loaban la de don Clarián sobre la de todos los que oviessen visto; que con esto se satisfazían más los que dél se hallaban affrontados.

Bracazande de las Ondas —el gigante que aí era sentado— no podiendo suffrir la saña que tenía de oír assí loar aquel que él tan mortalmente desamaba, levantóse en pie —aunque pocas vezes lo hazía, de empacho que había de parecer tan grande entre los otros— e dixo muy sañudo: "Mucho me pesa que entre tantos e tan buenos caballeros que aquí estáis habléis tan altamente de las fuerças e poderío de un caballero como aquél: e como quiera que yo tenía deliberado de lo matar en batalla, osándome él tener lo que aquí prometió, agora acuerdo de entrar en el torneo; e si no lo mato del primer encuentro no quiero traer más armas ni ser llamado jayán. E pues a éste solo tanto preciáis: pugnad por desbaratar la otra gente, que a él luego que lo yo encuentre, os lo quitaré de vuestro estorvo; aunque nos han sacado por condición que las lanças no llevemos como en guerra se suelen traer."

Cuando todos oyeron las palabras que Bracazande dixo, puesto que viessen que como jayán hablaba, no dubdaron que no pudiesse acabar lo que había dicho según su fiereza e gran valentía, e dixéronle: "Si vos, Bracazande, esso hazéis —por muy esforçados e buenos caballeros que de su parte aya— nuestra es la victoria del torneo, aunque no tuviéssemos ayuda del rey de Panonia ni de los otros príncipes e gentes que con él vinieron." Algunos, en quien mucha virtud no cabía —que por la gran bondad que de don Clarián habían conocido no le amaba— dixeron a Bracazande de las Ondas que las lanças e su espada llevasse como quisiesse: que en aquello no se guardaba del todo la condición puesta. Don Glandines de Bohemia —que mucho de sí se preciaba— acordó de demandar la delantera en el siguiente torneo, por se provar con don Clarián. E partiéndose de aquella tienda fuéronse a la del rey de Panonia, donde vinieron todos los otros príncipes e altos hombres dellos.

El rey de Panonia, viendo que los que tornearan no mo [XLIIIIv] straban tan alegre semblante como solían, e sabiendo la mala voluntad que los más dellos al emperador Vasperaldo tenían —de que a él mucho le pesaba por estar entre ellos— habóles desta manera: "Muy notorio es por cierto, buenos señores, ser la vitoria de todos en cualquiera cosa que sea amada y preciada. Empero en mucho grado hay diferencia de la de los torneos a la de las batallas: porque en las unas se gana poco y en las otras sabéis bien cuánto se pierde e aventura, e dexado que según en Alemania tornean, no nos debemos maravillar de no haber llevado lo mejor. Conocido está que en los semejantes fechos, aunque no se gane el campo, no dexan los buenos caballeros de ganar prez e honra mostrando cada uno su valor. E pues tan en las manos tenemos la emienda —como será en el siguiente torneo— donde si a Dios pluguiere, vernán las cosas más a nuestra voluntad, trabajemos —si por bien tovierdes— apartando de nos todos los otros enojos, que los del emperador allí do cobraron la ufanía la pierdan."

Dicho esto por el rey de Panonia, con alegre gesto començó a reír por los apartar de su saña. Mas aunque esto dixesse, en mucho tuvo que oviessen sido desbaratados.

E como él, encubiertamente con otros algunos, oviesse mirado una gran pieça el torneo, hasta tanto que se ovo de ir a las tiendas por apaziguar a los Secilianos y Esclavones, que sobre la vitualla se revolvieron; creyó que su mala orden fuera causa de perder la plaça, porque le paresció que los caudillos de su parte —con cobdicia de hazer sus caballerías antel miradero del emperador— no mezclaban los suyos a su voluntad, e assí él propuso dende entonces de mirar mucho en esto, cuando al campo saliessen por ver la esperiencia dello —como lo vio.

Con lo que el rey de Panonia habló, los estrangeros tornaron de mejor semblante en sus pareceres, e dixéronle: "Sin falla, señor rey: conoscido tenemos lo que dezís ser derecha razón, mas mucho quisiéramos que el gran orgullo del emperador, en presumir de mantener torneo a todo el mundo, no tuviera salida de tanta honra. Pero como habéis, señor, dicho: todo se puede muy bien emendar, e podéis cierto creer que toda la caballería del emperador es muy buena, y entre ellos hay muchos caballeros de tan gran bondad que cuando en el torneo los veréis lo ternéis a maravilla, mayormente viendo las grandes estrañezas de armas hechas por don Clarián: que por cierto tenemos haber sido él la mayor causa por do fuimos desbaratados."

"Por buena fe," dixo Guideraldo de Belmunda, "cuanto que a mí, bien me sacó de una dubda que tenía: que era no pensar que en la silla me pudiesse durar." Gariscondo de Ynglaterra ovo entonces gran vergüença de lo que dixera cuando allí don Clarián vino, según lo que con él le aviniera. Muchos dellos rieron de lo que Guideraldo de Belmunda dixera. El rey de Panonia —que no le pesaba de oír loar a don Clarián, porque mucho lo amaba por la gran bondad que en él había, y estaba dél muy pagado— les respondió que él había mirado mucho del torneo, e conoscía bien que era verdad assí como ellos dezían. Siendo ya hora de comer fueron se cada uno a sus tiendas. Assí passaron los unos e los otros adereçando sus armas e caballos para el siguiente torneo, para el cual fueron venidos tres mil caballeros de los del emperador, e mucha más caballería había de ser ai llegada para dende en ocho días porque no podían venir más aína.

CAPITULO XLIX. DEL GRAN TORNEO SEGUNDO E DE LAS GRANDES COSAS QUE EN ÉL FUERON HECHA, E DE CÓMO EL GIGANTE BRACAZANDE DE LAS ONDAS ENTRÓ EN ÉL, E DE CÓMO FUE MUERTO POR DON CLARIÁN, E QUIÉN FUERON LOS QUE OVIERON VICTORIA. [XLVr]

Pues venido el día del torneo, assí como el alva rompía se començaron a sonar tantas trompas e atabales dentro en la ciudad e fuera en el campo que maravilla era de oír. Todos los caballeros de la corte del emperador fueron armados, e a caballo, e salieron al campo, poniéndose en aquella mesma orden que el primero día tovieran con muy hermosas armas e coraçones muy loçanos. Cada uno de los caudillos rogaba a la gente que tenía en cargo que se esforçasen para aquel torneo. Donde si la victoria alcançaban con tanta ventaja de gente que sus contrarios les tenían, muy crecida honrra se les seguiría. Aquel muy noble caballero don Clarián de Landanís estaba en la delantera acaudillando su haz, junto con él estaban el muy esforçado de don Galián su cormano y el muy preciado don Felisarte de Jafa, Flor de Mar, Belamán el Nombrado, e todos los otros buenos caballeros que en el primero torneo en su haz vinieran —los cuales tenían gran voluntad de mostrar bien aquel día el valor de sus esforçados coraçones. Muchos había entre ellos que traían —assí en los yelmos como en los braços y en otras partes— empresas de aquellas que más amaban servir. Como don Clarián en esto mirasse, desseoso de alcançar un tal favor de su señora—que por gran bien aventurança ternía— sospiraba entresí, diziendo que si en aquel torneo él pudiesse traer alguna cosa de su señora la princesa Gradamisa que doblado esfuerço e fuerça de allí le vernían.

Pues ya todos aquellos que habían de mirar estaban en sus lugares cuando el emperador e la emperatriz salieron de la ciudad acompañados del rey de Borgoña, del rey de Dignamarca e del rey de Suevia, de las reinas sus mugeres, e de todos los otros que el primer día assí con él vinieron —salvo el rey de Frisa— que en este gran torneo quiso entrar, e había la onzena haz con tres mil caballeros. Como el emperador con toda su compaña fuessen puestos por las finiestras, él miraba toda su caballería, que muy bien le parescía. Entonces salieron del miradero dos donzellas muy ricamente guarnidas, cabalgando en sus palafrenes; la una destas donzellas era de la emperatriz, e la otra de la princesa Gradamisa su hija: ellas ambas ados movieron contra la haz de don Clarián. Como entrambas fuessen hermosas, e a tal sazón viniessen, todos habían plazer de las mirar, maravillándose mucho a qué podrían venir. Las donzellas se fueron derechamente para don Clarián, que delante de todos estaba hablando con don Felisarte de Jaffa e Flor de Mar. Ellas le salvaron muy cortesmente y él a ellas otrosí, e cuantos allí cerca estaban se allegaron en torno dellas por oír lo que dirían.

La una dellas dixo: "Señor don Clarián: la emperatriz, mi señora, os embía a dezir que porque ella ha visto que muchos caballeros traen empresas en este torneo —como en semejantes cosas se suele hazer— e vos no traéis alguna, que acatando ella el grande servicio que le hezistes en quedar por su ruego en esta corte de mi señor el emperador, quiere que por su amor traigáis este prendedero de oro en vuestro braço." Entonces le dio el prendedero, que era muy rico e guarnido de piedras muy ricas, en especial una que muy gran claridad de sí daba. Cuando don Clarián esto oyó, mucho fue maravillado, porque la emperatriz aquello le embiasse, e luego conosció que por mandado del emperador se hiziera aquello —como era assí la verdad que él lo mandara a la emperatriz— para que rescibiendo él aquella tan grande honra le obligasse e acrecentasse mucho más en su ardimiento e bien hazer. Mas esto no era menester, que propuesto tenía él en sí de hazer en aquel torneo —y en cualquiera otra parte donde su señora estuviesse— todo cuanto las fuerças le alcançassen.

Tomando [XLVv] el prendedero e dando gracias a la donzella porque lo truxera, díxole: "Dezid a la emperatriz, mi señora, que como la merced sea muy mayor que mi merescimiento ni los servicios que yo puedo hazer, que dexo de rendir a la su merced aquí las gracias por ello, pues son escusadas. Mas que tengo creído que por yo traer cosa de tan alta señora como ella en este torneo me verná tanto favor y esfuerço, aunque sea de poco valor adelantaré mucho mi honra en servicio del emperador e suyo; y en el braço no traeré, mas ponerla he en mi yelmo que es más conviniente lugar para él."

Entonces la otra donzella le dixo: "Buen señor, la princesa Gradamisa, mi señora, os embía este pendón e ruégaos que lo mandéis poner en una lança vuestra, porque todas las justas que con él fiziéredes mirara ella muy bien, e terná que se hazen por su servicio." Entonces le dio el pendón que era todo blanco, labrado de muy ricas labores.

Cuando don Clarián oyó que su señora aquel pendón le embiaba —como quiera que conosciesse la manera que en ello había— fue tan alegre que quien bien lo mirara en su gesto lo pudiera conocer; e tomando el pendón, dando gracias a ella por lo haber traído, le dixo: "Buena señora, dezid a la señora princesa Gradamisa que bien conzco yo que no soy digno, ni merecedor de la merced que me haze; pero que quiero antes consentir en esto —que muy sobrado me viene— que dexar de cumplir su mandado; e que cierto me pesa, porque aunque mucho más de lo que valgo valiesse, no podría hazer servicio con él, tanto que compliese con el merecimiento de su empresa." Cuantos aí estaban tovieron que don Clarián respondiera muy bien a las dos donzellas, e assí paresció bien su respuesta al emperador e a todos los otros cuando lo supieron. Bueltas las donzellas, don Clarián dio el pendón a Manesil e mandóle que escogiese una muy fuerte lança bien aguda e azerada en qué lo pusiesse; e que no se lo diesse si señaladamente no se lo demandasse, porque si —como a él le era dicho— el gigante Bracazande de las Hondas en este torneo entraba e se hazía servir de lanças contra las condiciones puestas: con esta lança que el pendón traxesse quería justar con él. (Que avisado era don Clarián como el gigante había dicho en la tienda de Guideraldo de Belmunda que del primer encuentro lo había de matar, e de como algunos con intención dañada le habían aconsejado que llevase sus lanças y espada como si en brava batalla oviesse de entrar.) Manesil fue a complir el mandado de su señor.

Don Clarián quedó diziendo consigo: "Ay Dios, qué gloria fuera la mía si esta empresa me fuera de mi señora embiada con aquel verdadero amor con que mi coraçón es encendido. Mas desto ni otra cosa alguna yo conozco que mi poco valor en comparación del suyo, tan crecido, no me haze dello merescedor, si ella no se quisiere tanto inclinar a haber piedad de mí; e cuando ésta en ella no hallare, habrán fin mis mortales ansias e lastimeros sospiros con la cruel muerte, que será el postrimero remedio dellos."

Pues a aquella hora se començaban a acercar los estrangeros, e venían acaudillando sus hazes que por todas serían dieziocho. Mucho había allí qué mirar en tanta e tan hermosa caballería como aí venían. E si de la riqueza de las armas y hermosura de caballo, guarnimientos, sobreseñales e pendones que de ambas partes había la historia oviesse de dar cuenta, sería para no acabar, porque aquí se dexa de dezir, remitiéndolo al juizio de aquellos que querrán considerar cuáles serían entre tanta e tan noble caballería como aquí era assonada, que sin dubda se puede creer que toda casi la flor del mundo era allí junta. En la delantera de los estrangeros venía don Glandines de Bohemia con su haz, en que había cinco mil caballeros. Todas las otras hazes venían bien ordenadas. La reçaga traía el rey de Panonia con ocho mil caballeros, el cual venía tan ricamente armado como [XLVIr] a tan buen rey como él era pertenecía, e a todos parescían muy bien. Como cerca estovieron unos de otros, tocaron todas la trompas e atabales. La haz de don Clarián e de don Glandines se juntaron de tal guisa que muchas lanças bolaron en pieças por el aire, e muchos buenos caballeros salieron de las sillas e muchos hermosos encuentros se hizieron de aqueste juntar. Don Glandines —que bien conoscía a don Clarián— endereçó contra él. Encontráronse ambos a dos tan duramente que las lanças bolaron en pieças e passaron el uno por el otro.

Allí se mezcló el torneo muy rebuelto e ferido. Tantas eran las justas e batallas e las grandes priessas que en todas partes habían que otra cosa no se oyeran sino el ruido de quebrar lanças e golpear de las espadas. Tan rebueltos e mezclados andaban los unos con los otros que cualquiera dellos que bien señalar se quisiesse le convenía salir de las priessas para poder justar. Mas por muy rebueltos e apretados que todos andoviessen don Clarián entraba por do quería, haziendo lugar su espada por do passasse su caballo. E por do quiera que iba le pudieran ver derribar caballeros a diestro e a siniestro, esgrimiendo la espada por todas partes, dando tan ásperos golpes a los que alcançaba que ninguno los quería atender. Tales maravillas de armas hazía que los que lo conoscían le daban carrera de buena gana —e los que no, mal de su grado. El torneo era tan bravamente ferido que maravilla era de ver. Acerca del miradero don Felisarte de Jafa, e Sigeris, un caballero valiente de los estrangeros, se derribaron de los caballos. Aí creció la priessa de entrambas las partes por los poner a caballo. E tanto se encendieron que no se podían partir; antes crescía más la gente y el ruido, hiriéndose muy bravamente los unos a los otros. Entonces don Clarián llegó en aquella parte, con él don Galián e Flor de Mar, Galinor de Monferrán, Belamán el Nombrado, Dantesor e Telión de la Maça, Radiarte de Monris, Genadís de Suecia, Cardisel de la Vanda; e metiéronse todos por medio de la priesa. Don Clarián començó a derribar cuantos ante sí hallaba en tal manera que no solamente fue la priessa delibrada, mas los estrangeros fueron llevados del campo. E fuyeran a rienda suelta sino que Licomedes, hijo del rey de Secilia, los socorrió con su haz. E por su llegada los estrangeros cobraron lo que del campo habían perdido. Aquí se revolvió el torneo más bravo e peligroso que se nunca vio, porque ál no se viera que caer caballeros por tierra e hazerse justas maravillosas e muy bravas batallas de las espadas. El estruendo de las feridas, el tropel e la bozería era tan grande que otra alguna cosa no se podía oír. En todas partes había muy grandes priessas, e las mayores a par del miradero donde estaba el emperador e la emperatriz e la princesa Gradamisa. Porque los caballeros —que bien lo hazían— antes allí que en ninguna otra parte trabajaban de hazer sus caballerías.

Como el día hazía claro, relumbraban tanto las armas, que mucho occupaban la vista de los que miraban, mas puesto que mucha era la gente que miraban el torneo había assaz que ver para todos. Entonces sobrevino en acorro de la parte de los estrangeros Soramonte, duque de Aquileya, hermano del rey de Esclabonia, con su haz. Por su llegada muchos caballeros que a caballo estaban vinieron al suelo, e los de la parte del emperador fueron alançados una gran pieça. Mas passada la furia e priessa de los encuentros, aunque ellos eran pocos, començaron a tornear tan bravamente, que a los caballeros estrangeros ponían en espanto. E bien demostraron en este día los caballeros de la parte del emperador lo que sabían hazer, assí como aquellos que eran de gran bondad e todos tan escogidos que no se les podría hallar su par. Don Glandines —que apartado acerca del miradero había estado, con una lança en [XLVIv] la mano—

mirando do mejor pudiesse herir, e había visto a la princesa Gradamisa —de cuya hermosura estaba maravillado e todo encendido en amor— vio venir a don Clarián contra aquella parte, e plógole dello: porque no estaba contento con la primera prueva con pensamiento que tenía de llevar lo mejor de la justa. Holgó de se provar con él en aquel lugar, dexándose ir para él.

Don Clarián lo salió a recebir, e diéronse ambos tan duros encuentros que las lanças fueron quebradas, mas don Glandines fue en tierra de muy gran caída, e gran peligro passara si no fuera acorrido de los suyos: los cuales le pusieron a caballo; mas él antes quisiera ser muerto que haber caído delante la princesa Gradamisa. E con gran saña se metió por la mayor priessa e començó a ferir con su espada, haziendo grandes cosas esforçando los de su parte. Don Galián, que andaba haziendo maravillas de armas —tales que por do quiera que iba de muchos se hazía temer— encontróse acerca del miradero con Soramonte, e diéronse tan grandes encuentros que ambos a dos vinieron a tierra. Levantándose muy aína metieron mano a las espadas e començaron entresí una tan brava batalla que muchos la habían sabor de mirar.

El emperador, que bien los miraba, dixo: "Si Dios me ayude, yo quiero ver qué fin habrá esta batalla, porque la bondad de don Galián mucho es de preciar a quien mirare sus grandes caballerías." El rey de Borgoña, el rey de Dignamarca, el rey de Suevia e otros altos hombres que esto oyeron se otorgaron assí en ello.

Mas aquella hora vino por allí una tan gran priessa de caballeros —que don Galián e Soramonte ovieron de dexar su batalla por no ser atropellados de los caballos. A Soramonte plugo desto, que mucho recelaba de la gran fuerça e ardimiento de don Galián. E avidos sendos caballos en qué cabalgaron, metiéronse cada uno a ayudar a los suyos. Era en aquella sazón el torneo tan bravo e peligroso e tan porfiado de amas las partes que ál no fazían que ferirse de muy grandes golpes de espadas e de grandes encuentros de lanças. Don Glandines de Bohemia, Licomedis, hijo del rey de Secilia; Soramonte, Sigeris e Trenorel, su hermano, e otros muchos buenos caballeros de su parte hazían mucho en armas, derribando e hiriendo muchos de los contrarios. E quien a don Galián e a don Felisarte de Jaffa mirara bien pudiera dezir que a gran pena se pudieran hallar otros que iguales les fuessen, porque estos ambos ados se señalaban por doquiera que iban derribando e firiendo cuantos delante se les paraban; e por ellos eran delibradas muchas priessas, derribando muchos de los contrarios por tierra. Mostraban su grande valor de tal guisa[23] que muy fuerte había de ser aquel que la carrera les embaraçasse.

Pues otrosí era maravilla de mirar lo que en armas hazían Flor de Mar, e Belamán el Nombrado; e Dantesor, sobrino del emperador; e Grisabor, e Galinor de Monferrán, don Danirteo del Boscaje, Laucanor el Esforçado, e Tindarel de Velorque, Canarpis de la Funda, e Ganifer de Montargis, e Tandalis de Nagorce, Norendarte de Sadia, e Genadís de Suecia, Cardisel de la Vanda, Telión de la Maça, Arceal, e Mombeldán, Elistrán de la Bella Guardia, e por consiguiente todos los otros buenos caballeros de

---

[23] gusa

quien la historia ha ya dicho los nombres dellos, porque éstos eran los que delibraban las grandes priessas e sufrían las furias de los contrarios e daban grande esfuerço a los de su parte e ponían muy grande temor a los estrangeros.

E como don Clarián viese que el torneo andaba de ambas partes muy rebuelto e mezclado, e que los de su parte lo hazían muy bien, començólos de esforçar, e metióse por medio de los contrarios haziendo tales e tan grandes estrañezas por su persona en armas, cuales ninguno [XLVIIr] otro pudiesse hazer; que aunque todos andoviessen estrechos e apretados, él solo hallaba la carrera muy ancha por do pasasse; e por doquier que discurría iba dexando tras de sí muchas sillas vazías y muchos caballeros caídos por tierra, e no parecía sino que siempre le crecía la fuerça e que entonces entraba en el torneo. Con estas tales cosas e con lo que los de su parte hazían fueron los estrangeros desbaratados e fuyeron hasta cerca de sus batallas. Como quiera que don Glandines e Licomedis, Soramonte e otros muchos buenos caballeros dellos mucho trabajassen por los detener, el rey de Panonia —a quien desto pesaba— mandó mover a Sigredis, hermano del rey de Dacia, e al duque Olinces de Deypa, Acaspes, e Delfange de Avandalia con sus tres hazes. Mas luego de la parte de los del emperador movieron Florantel de Nuruega, don Palamís de Ungría, Girarte de Irlanda, con sus hazes, e juntáronse de tal guisa que muchos perdieron la compañía de sus caballos. Allí fue la mayor prisa que en todo el día había sido.

La buelta e bozería era tan grande que quien esto ver pudo podía bien dezir haber visto el mejor torneo que nunca en el mundo se hizo. Don Palamís encontró a Sigredis assí duramente que lo batió del caballo, e quebró en él su lança. Metió mano a su espada e començó a derribar e ferir caballeros por todas partes; e bien demostraba que a la parte que él se hallaba daba gran ayuda. Pues Florantel e Girarte de Irlanda no andaban de vagar; antes los grandes golpes de sus espadas hazían conocer la bondad de sus personas, e por do quiera que iban delibraban el campo. Tandalís de Nagorce, hijo del duque de Rostoc —que mal contento estaba del duque Olynces de Deypa porque entre las tiendas lo derribara de la lanca sin él la tener— dexóse ir a él, y encontráronse ambos tan asperamente que ellos e los caballos fueron en tierra. E levantándose, començaron su batalla a pie, mas una buelta de caballeros los partió mal de su grado, de que mucho pesó a Tandalis de Nagorce.

Entonces sobrevinieron de la parte de los del emperador Honoraldo de Borgoña e Roselao de Suevia con su haz. Por su llegada los estrangeros fueron levados por el campo un buen trecho, mas no porque dexassen de mantener bien la plaça; que grande esfuerço les ponían las grandes caballerías que los buenos caballeros de su parte hazían. E luego sobrevinieron en su ayuda Garnides, hijo del duque de Taranto; e Olanquer, su cormano; e Ruberto Claudio, duque de la Marca; Silagón de Ybernia; Lartamón, hijo del rey de León, con sus hazes. De la otra parte movieron Ermión de Caldonga, Amarleo de Loque, el duque de Jafa, el duque de Gueldres, y el duque de Baviera con sus hazes. Con la venida destos el torneo estuvo en peso assí bravo, ferido e mezclado que mucho había que quisieran estar fuera dél. Honoraldo de Borgoña encontró a Olanquer assí duramente que lo metió por tierra. Lartamón firió de su espada a Telión de la Maça de tales tres golpes que el pendón del yelmo derribó en tierra, e la cabeça le hizo abaxar contra el cuello del caballo; mas Telión, que a essa hora una maça en sus manos traía —que por ser de gran fuerça e saber con ella bien ferir este nombre cobrara— dio con ella tales golpes a Lartamón que le hizo perder ambos estribos e abraçarse al cuello de su caballo. En aquel lugar se juntó tan gran priessa que más de trezientos caballeros cayeron de los caballos.

El emperador —que las grandes maravillas de armas que don Clarián hazía— bien como le viesse passar acerca del miradero llamóle e rogóle que se quitasse el yelmo, que quería con él hablar. Don Clarián lo fizo ansí. E como él, muy encendido del trabajo estuviesse, parescía tan hermoso que de todos —como si nunca lo vieran— era mirado e mucho más de aquella que tanto lo amaba, que no podía dél partir los ojos: assí que en tanto que allí estuvo no miraba por el torneo. E [XLVIIv] como ella viesse la divisa que don Clarián en el escudo traía —que según ya se ha dicho era una donzella que un coraçón en la mano apretado tenía— luego entendió que por ella lo pusiera, porque ya ella en algunas cosas ser de don Clarián mucho amada de cierto conoscía.

El emperador estaba hablando con él, demandándole la manera que le parescería tener para llevar lo mejor del campo aquel día, pues tanta ventaja de gente los estrangeros tenían. Y cierto el emperador en su pensamiento por cosa firme tenía que según las grandes caballerías de don Clarián por su causa habían los suyos de llevar la honra del torneo, aunque entre ellos otros caballeros muy famosos oviesse. Después de haberle dicho don Clarián la manera e forma que pensaba tener —assí como después lo hizo— el emperador, volviéndose a la emperatriz díxole riendo: "Por cierto, señora, vuestra empresa alcança hoy la gloria del torneo, que por mucho que la de vuestra hija gane harto hará si con ella se iguala."

La emperatriz respondió con gracioso semblante: "Por esso, señor, fue la mía con mayor amor dada." Cuantos aí estaban rieron e tomaron gran plazer de aquesto. Mas don Clarián abaxó la cabeça en lugar de homildança a lo que el emperador dezía, teniendo gran empacho de se oír loar de un tan alto hombre. Pues a esta sazón era el torneo tan bravamente ferido que no parescía sino cruda batalla, e de ambas partes se hazían maravillosas caballerías.

C No tardó mucho que entró en el un sobrino del rey de Panonia, en la haz del cual venía aquel bravo jayán Bracazande de las Ondas; que puesto que el rey de Panonia —por apartar a don Clarián de su daño e peligro— mucho hiziera porque Bracazande no entrasse en este torneo, no lo pudiera acabar con él e con otros a quien dello plazía. De la otra parte movieron el conde de la baxa Borgoña, el duque de Autarrixa, el duque de Colandia, con su haz; e por la venida destos, muchos caballeros salieron de las sillas. El dessemejado jayán encontró al primero que ante sí halló tan fieramente que gran pieça de la lança le hizo parecer de la otra parte: dio con él muerto en tierra, e metiendo mano a su espada —que era muy descomunal e salida de talle— començóla a esgremir por todas partes. Como ella era pesada e la fuerça del jayán muy demasiada, a cualquiera que con ella a derecho golpe alcançaba lo derribaba en tierra muerto o ferido. Tan espantable andaba e tales diabluras hazía que todos fuyan antél, no osando atender sus desmesurados golpes.

El era assí grande que la cabeça con lo más del cuerpo traía sobre los otros; e como de lueñe era visto, todos huían de aquella parte donde lo veían ir, por manera que le desmamparaban la plaça, diziendo a grandes bozes: "Guardaos todos del feroz diablo."

Los estrangeros llevaban lo mejor del campo, e cuidaban con él vencer el torneo. A la grita que tenían don Felisarte de Jaffa vino en aquella parte, e a la ventura hallóse tan junto con el jayán, que por poco no se encontraron con los caballos. Cuando él lo vido tan grande e tan dessemejado, por esforçado que él era gran pavor ovo. Mas como quisiesse antes morir que dexar de hazer lo que era obligado, encomendóse a Dios; alçó su espada por le ferir. El jayán descargó sobre él primero tal golpe que él un tercio del escudo le derribó por tierra; la espada decendió a la cabeça del caballo e partiósela por medio por manera que el caballo cayó con su señor en tierra. Mas antes que cayesse, don Felisarte le dio un golpe en el braço siniestro que todas las armas, por fuertes que eran, le cortó, e llagóle ya cuanto. Al passar que el gigante passó, Honoraldo de Borgoña le dio un golpe de espada en la pierna siniestra e cortóle las armas e prendió un poco en la carne, mas el jayán no cató por él; antes passó muy rezio, dando muy esquivos golpes a los que alcançaba. Pues como don Felisarte viesse que de un tan desmesurado golpe guaresciera dio muchas gracias a Dios por ello, e [XLVIIIr] cabalgando en un caballo que Calidor de Venarde, su cormano, le truxo, metiéronse ambos por la mayor priessa, faziendo mucho en armas; mas ante los bravos golpes del jayán ninguno se osaba parar si mal no se quisiesse.

Entonces el emperador —que vio que los suyos perdían el campo— dixo contra don Clarián: "Buen amigo, id a socorrer los nuestros; que gran falta haze vuestra ayuda." Entonces él se puso el yelmo en la cabeça e movió muy rezio con voluntad de hazer allí todo lo que sus fuerças alcançassen. Como a las mayores priessas llegó, esforçando los de su parte, metióse por medio de los contrarios con gran furia e vigor. Començó a ferir e derribar a diestro e a siniestro cuantos ante sí fallaba, de guisa que quien entonces le mirara le viera hazer mayores maravillas de armas que en todo el día había fecho, e tales que muy graves serían de creer a quien no las viera, porque assí passaba por medio de todos que no parescía que en el campo oviesse quien se lo estorvasse. Con su venida los estrangeros sintieron grande estorvo y empacho, e los del emperador cobraron gran animosida; por lo cual —esforçándose mucho— mantenían muy reziamente la plaça, no perdiendo un passo della; antes aquellos que a la parte[24] de don Clarián andaban podían tornear sin ningún empacho, porque su espada no consintía que priessa alguna mucho durasse. Pues por la parte que el jayán discurría la plaça era muy desembargada, porque sus golpes no eran para atender. El cual, como acerca del miradero llegó, encontró a Celendís tan bravamente que si lo cogera bien no se pudiera escapar de muerte; mas no lo pudo encontrar sino en el braço siniestro sobre el escudo, e passógelo de la otra parte e dio con él en tierra fuera de todo su acuerdo.

---

[24]   patte

Desi hirió con aquella misma lança a Norendarte de Ladia tan duramente que le falsó el escudo e todas las armas e lo llagó malamente en los pechos; e si la lança no quebrara no escapara deste encuentro, e dio con él en tierra tal como muerto. Cuantos aquellos torneos miraban cuando vieron el gigante más cerca de sí, mucho fueron maravillados de su grandeza e ferocidad.

El emperador, que gran pesar tenía por sus dos caballeros —que tan mal trechos los pusiera— dixo: "Si Dios me ayude estraña cosa es ver ningún jayán en torneo, que pocas vezes se han visto; e tal diablo como éste, destruición es de buenos caballeros."

El jayán, que aquella hora una lança tomara, encontró a un primo cormano del duque de Gueldres tan fieramente que más de un palmo de lança le echó de la otra parte e dio con él muerto en tierra, e grande daño fue, que mucho era buen caballero. Al emperador Vasperaldo pesó de esto tanto que más no pudo ser. E cuantos caballeros suyos acerca del jayán estaban fueron metidos en muy grande pavor, desembargaron la plaça. El jayán quedó solo, que no hallaba a quién ferir. ¿Pues quién podría dezir lo que sintieron muchas de aquellas señoras que en el torneo tenían caballeros a quien ellas mucho amaban? —mayormente la princesa Gradamisa, que cierto ella no cessaba de rogar a Dios e a Nuestra Señora que don Clarián no se hallasse con aquel tan desemejado jayán, aunque los del emperador su padre perdiessen el campo. Mas aquel muy esforçado caballero, en quien nunca punto de covardía cupo —que assí al primo del duque de Gueldres viera matar, de que él muy grande piedad tomara— con muy gran saña que a essa hora le creció —assí por la muerte de aquel caballero, como por las palabras que el jayán en la tienda del rey de Panonia le dixera— tomó a Manesil, su escudero, la lança que tenía el hermoso pendón que su señora le embiara, e fuesse contra do vio estar al gigante Bracazande —que ya otra lança había tomado— e miraba donde iría a ferir.

E cuando Bracazande assí venir [XLVIIIv] lo vido, conosciólo luego; dixo en boz muy alta e ronca —que cuantos en torno estaban lo oyeron— "Si mucho te precias, don Clarián, ósame atender; que si mi lança te toca, aunque mucho no sé de tal menester, yo seré vengado de ti, e tú no preciarás más de dar golpe de lança ni de espada." Esto diziendo, endereçó contra él, dexando cuantos estaban a derredor el torneo por mirar aquella tan brava e descomunal justa. Mas el emperador, que mucho a don Clarián amaba, temiéndose dél, mandaba desde la finiestra a muchos de sus caballeros que en medio se pusiessen para estorvar la justa. Don Galián —que como a sí mesmo a su cormano amaba— venía corriendo por la desviar, aunque la muerte sobre ello tomasse. Mas esto no se pudo hazer tan presto porque don Clarián —encomendándose mucho a Nuestro Señora e cubriéndose bien de su escudo e apretando bien la lança en el puño— movió contra el jayán antes que ninguno en medio se pusiesse. El jayán le salió a recebir con gran braveza y encontró a don Clarián tan fieramente que le falsó el escudo e le rompió todas las armas e la lança passó una pieça de la otra parte por entre el costado y el braço siniestro. Mas Aquella a quien él se encomendó le quiso guardar, que en la carne no le tocase sino ya cuanto; allí fue quebrada la lança del jayán, quedando el troço della metido como se ha dicho. Mas el buen caballero encontró al gigante tan poderosamente que más de una braça de lança le echó de la otra parte: la meytad del pendón quedó en el cuerpo del jayán, e la otra meytad pareció de la otra parte enbuelto en sangre. Bracazande de las Ondas cayó muerto en tierra tan gran caída que no paresció sino que una peña cayera. Este fue el más hermoso encuentro de lança que en la corte del emperador nunca fue visto, mas don Clarián fue ya cuanto desacordado del fuerte encuentro que recibiera. E cuando todos vieron el troço de la lança que tenía assí metido, bien pensaron que era ferido a muerte, de que todos ovieron muy gran duelo.

El emperador dio una boz diziendo: "¡Sancta María val! ¡Muerto es el mejor caballero que nunca ciñó espada!" e quitándose de la finiestra, del gran pesar que ovo las lágrimas le vinieron a los ojos.

Pues cuando aquella que más que a sí lo amaba tal lo vio, no se pudo tanto encubrir que el coraçón no le fallesciesse; e tornándose como muerta sin ningún color en el rostro, la cabeça se le acostó a un canto de la finiestra. Assí estovo sin sentido alguno tal; que si la reina Mirena parara en ello mientes, bien conosciera sus amores. Empero ella e todos no miraban por ál que por don Clarián. Al cual don Galián venía a tomar entre sus braços, pensando que fuesse ferido a muerte. Entonces él —que vergüença oviera del embaraço que había tenido- travó por el troço de la lança: sacólo e dexándolo caer en el campo, metió mano a su espada; lançóse por medio del torneo e començó a derribar caballeros e caballos cuantos ante él se le paraban. No se podría dezir el plazer que todos ovieron de ver esto, que por muerto lo tenían.

El rey de Suevia y el rey de Dignamarca dixeron al emperador: "Señor, tornaos a la finiestra e verés a don Clarián hazer tan grandes maravillas de armas que no le juzgarés por muerto." El emperador se puso a mirar e cuando tales cosas le vio hazer sanctiguóse e ovo tan gran plazer que mayor no podía ser.

Pues como la princesa Gradamisa acordasse miró por don Clarián e viole hazer grandes estrañezas. Entonces fue tan grande su alegría que como con la sobrada tristeza estaba fuera de sentido.

La reina Mirena se volvió a ella riendo e díxole: "Señora, si Dios me ayude, que no puedo encubrir el plazer que tengo de ver assí escapado un tan buen caballero que si muriera a todo el mundo hiziera falta; e bien creo que no soy yo sola a quien dello le plaze."

Gradamisa respondió muy sossegado e con gesto muy hermoso que con el plazer había cobrado: "Cierto, reina señora: el pesar que todos tenían pensando que fuesse muerto era tan grande que daba causa a que muchos oviessen del ma [XLIXr] yor duelo, e assí debe hazer el alegría: pues es escapado."

Mas a esta sazón fueron los estrangeros llevados del campo mal de su grado porque ninguno había que los golpes de don Clarián quisiesse atender, tanto pavor cobraran del encuentro que le vieran hazer. Entonces el rey de Panonia hizo mover todas sus hazes; otrosí las del emperador movieron sin tardar. Aquí se hizo un hermoso juntar e muchos hermosos encuentros: que muchos caballos dexaron a sus señores en tierra e salieron por el campo corriendo.

Mezclóse el torneo muy bravo, fuerte e ferido; sabroso para los que miraban e peligroso para los que andaban en él —que muchos había que quisieran que fuesse ya acabado. El rey de Panonia andaba armado de unas armas blancas partidas con oro; el escudo que traía era azul e cinco rosas doradas en él. El esforçaba los suyos a guisa de buen rey, y encontró al conde de Loban tan reziamente que lo derribó en tierra. Luego firió a Delanor de guisa que a él e al caballo metió por el suelo; e començó a hazer tales cosas en armas que cuantos miraban le daban muy gran prez. El rey de Frisa, el rey de Polonia, el rey de Zelanda e otros altos hombres de la corte hazían grandes caballerías. En este torneo un valiente caballero, que Prodaguer había nombre, encontró a don Clarián por manera que lo hizo doblar ya cuanto en la silla; mas él lo firió tan duramente que dio con él en tierra por cima de las ancas del caballo. Don Galián encontró al duque de Roquelis de guisa que dio con él e con el caballo en tierra. Flor de Mar e Nurcandes se encontraron e Flor de Mar fue en tierra e su caballo con él. Desto ovo él mucho pesar por ser en parte que del emperador e de todos los del miradero fue visto. Tornó a cabalgar, e mandó a un su donzel que fuesse a la hastería por una lança. Delfanje e don Felisarte se ferieron de las lanças tan duramente que amos ados cayeron de los caballos. El duque Olinces y el conde Trisnaldis se encontraron, mas el conde de Trisnaldis perdió la silla. Honoraldo de Borgoña e Guiller, sobrino de Camilo Pompeo, justaron uno con otro, mas Guiller cayó por tierra. Roselao de Suevia y el sobrino del rey de Panonia se juntaron, y el sobrino del rey de Panonia cayó del caballo. Don Palamís e Bruceres se derribaron por el suelo. Alcides, primo del duque de Cartago, firió al conde de Lubet por manera que lo derribó por tierra. Ermión de Caldonga derribó del caballo a Guidaynel. Entonces arribó Flor de Mar e llamó a la justa a Nurcandes, y encontráronse tan bravamente que Flor de Mar perdió ambas estriberas, mas Nurcandes cayó por el suelo. Girarte de Yrlanda derribó del caballo a Acaspes. Estas justas e otras muchas se hizieron junto al miradero que todos ovieron muy gran plazer de las mirar.

Prodaguer, que gran pesar tenía porque don Clarián assí lo derribara dexóse ir a él, la espada en la mano, e diole tales tres golpes por cima del yelmo —que don Clarián se sintió dellos embaraçado— e con saña alçóse sobre los estribos e firió a Prodaguer de tales dos golpes por cima del yelmo que lo llagó ya cuanto. Prodaguer fue tan desacordado que la espada perdió de la mano y en poco estuvo de caer: don Clarián entonces no le quiso herir, mas púsole la mano sobre el hombro e díxole: "Señor caballero: guardad vuestras fuerças para otros que ternán en menos vuestros golpes, que yo en mucho los estimo." Desí metióse por la mayor prissa haziendo maravillas de armas. Prodaguer quedó con vergüença, e bien conosció que no le hazía menester provarse más con él.

El rey de Panonia —que tales cosas hazía que pocos había de su parte que mejor torneassen— dexóse ir a don Clarián e diole un gran golpe por cima del yelmo, mas don Clarián no lo firió; antes passó por él. El rey de Panonia lo siguió e diole otro gran golpe, mas él no se volvió contra él. El rey lo firió otra vez por cima del yelmo e rompióle ya cuanto del pendón. A essa hora don Clarián ovo saña e firió al rey por [XLIXv] cima de la cabeça de guisa que con la fuerça del golpe el yelmo le hizo saltar en el campo; e como assí lo viesse e tuviesse conocido cuánto este príncipe lo amaba, descabalgó presto del caballo e tomó el yelmo, e tornando a cabalgar diolo al rey e díxole: "Señor, poneos vuestro yelmo porque con la furia del torneo no recibáis mal alguno: lo cual en tan alto rey e tan buen caballero como vos sois sería gran daño; e no sé por qué razón a quien tanto os querría servir como yo, con tanta gana habéis seguido."

El rey tomó el yelmo e púsoselo en la cabeça, rindiéndole por ello affectuosamente las gracias, respondió: "Señor don Clarián: embalde se trabajaría aquel que os pensasse vencer en armas ni en cortesía; e mucho me pesaría que vos no tuviéssedes creído el amor e afficción que yo os tengo. E quiérovos dezir la razón porque os acometí: y es que puesto que a mí no sea dado exercitar ya las armas —no siendo en defensión de mi tierra o conquistando la ajena— pues se passó tiempo que busqué las aventuras, hallándome en una cosa tal como ésta debo de poner mi cuerpo a todo peligro por alcançar alguna gloria en ellas. Que ésta, aun de los mayores príncipes debe ser desseada, e como yo viesse qué cosa que aquí hiziesse no podía ser de mayor esfuerço que acometeros —como quiera que me aviniesse. Por esto lo hize e no por ál: que cierto podéis creer que pocos me hazen vantaja en amaros." Don Clarián se le humilló mucho a lo que dezía; desí partiéronse cada uno para ayudar a los suyos.

Mas a esta sazón los que torneaban no andaban de vagar: que el estruendo de las feridas era tan grande que otra cosa no se oía, e sin falla nunca en Alemania tal torneo como éste se hizo. Pues como don Clarián viesse que el fecho estaba en peso —que horas ganaban los unos, e horas perdían los otros— que por muchos más que los estrangeros eran de su parte bien mantenido el campo, apartóse con hasta dos mil caballeros de los de su haz a un cabo, e dixo al rey de Frisa: "Buen señor, estos caballeros e yo estaremos aquí con vos; e desque oviéremos un poco folgado, iremos a ferir en el torneo; e si a Dios pluguiere haremos cosa que mucho aprovecharán."

El rey de Frisa dixo: "Hágase lo que vos, señor don Clarián, ordenardes e por bien tuvierdes."

Pues allí estando don Clarián —que el torneo miraba— mucho preciaba las grandes caballerías que de amas partes se hazían: de los de su parte veía andar juntos a don Galián e a Florantel e a Honoraldo de Borgoña, Roselao de Suevia, don Palamís, Girarte de Yrland, don Felisarte de Jaffa e otros caballeros que maravillas de armas hazían; e de la otra parte hazían muy grandes caballerías Gariscondo de Inglaterra, Mordán, Pinamón de la Entrada, Silagón, Guideraldo, Delfanje, Soramonte, el duque Olynces, Geraldín, Alcides, Garnides, e Olanquer, Lartamón, Brinesán de Lombardía, e otros de su parte. Don Glandines hazía grandes cosas en armas, no partiéndose de cerca el miradero porque la princesa Gradamisa —de cuyos amores él della estaba encendido— mirasse sus grandes caballerías. E como quiera que don Clarián en esto passó mientes, no sabía la causa dello.

Desque una pieça allí ovieron estado don Clarián embió con Dantesor el Preciado quinientos caballeros, diziéndoles que diessen por la mayor prissa. Ellos lo hizieron assí: por su llegada mucho se embaraçaron los estrangeros en aquella parte. Apenas fue passada la furia destos encuentros cuando embió con Flor de Mar otros quinientos, los cuales firieron en la mayor prissa por manera que fizieron en aquel lugar perder a los estrangeros un trecho del campo; e luego a essa ora movieron él y el rey de Frisa con todos los otros. Hechos un tropel dieron por medio de los contrarios; tan rezio los acometieron que por la parte que entraron los levaron una pieça por el campo. Allí comencó don Clarián a fazer cosas estrañas, e tanto esforçó los suyos que ellos viendo que los contrarios afloxaban dieron gran grita diziendo: "¡Alemaña: a ellos a ellos, no nos duren ya tanto!" e cargaron tan rezio sobre ellos que los arrancaron del campo e començaron a fuir, salvo el rey de Panonia con VII mil caballeros, en quien más vergüença había, e todos los buenos caballeros de quien la historia ha dicho: que éstos iban suffriendo gran trabajo por dete [Lr] ner los suyos e por resistir a los del emperador. Mas ellos los apretaban tanto que cosa que hizieran no les aprovechara si don Clarián no quisiera hazer aí ganar grande honra al rey de Panonia: que fue deteniendo la gente porque le no hiziessen volver las espaldas, e por mejor poderlo hazer hizo detener el estandarte imperial porque la caballería lo acompañase —que aunque en los torneos no se acostumbraba hazer, aquel día lo habían sacado. Tanto trabajó en esto que el rey de Panonia e los que con él tenían pudieron ir haziendo rostro, e assí los llevaron hasta los meter por sus tiendas.

Entonces mandó don Clarián tocar las trompas e atabales e recogió la gente. Por todos fue conoscida la honra que don Clarián quiso dar al rey de Panonia; y el mesmo rey lo conosció bien porque todos tiempos fue grande amigo suyo como por esta historia paresce. El emperador bien quisiera que assí los unos como los otros volvieran las espaldas, mas con todo mucho fue alegre por la honra que su corte ganara —lo cual él antes no pensara que assí fuera— e maravilla era de oír los loores que deste torneo a don Clarián sobre todos se daban. Entrados todos en la ciudad, reposaron por aquella noche.

CAPI L. DE CÓMO EL TROÇO DE LA LANÇA CON EL PENDÓN CONQUE BRACAZANDE FUE MUERTO FUE PUESTO EN LA TORRE DE LAS GRANDES HAZAÑAS, Y EN QUÉ GUISA DON CLARIÁN MANIFESTÓ SU PENA EN AQUEL DÍA A LA PRINCESA GRADAMISA SU SEÑORA.

Pues luego otro día muchos príncipes e altos hombres e caballeros fueron ayuntados en el palacio del emperador, donde él allí con graciosa manera demandó a don Clarián qué fuera la causa por qué hiziera detener la gente. Don Clarián respondió: "Señor, yo lo hize porque cuando assí va una gente fuyendo no hay orden en los vencedores: entre aquéllos que rostro hazían, había caballeros de gran guisa e gran fecho de armas, e pudieran morir algunos dellos, de que vinieran gran daño; e cuando esto, señor, no fuera, a la vuestra merced debe plazer porque esta honra ganasse el rey de Panonia, pues que la mayor los vuestros ganaron —porque este príncipe vos ama mucho."

Oído esto por el emperador aunque bien supiesse la causa porque don Clarián lo hizier, diose por contento dello, pues él lo había hecho. Desta guisa estuvieron hablando del torneo passado, como fuera el mejor que jamás se viera, e de las grandes caballerías que en él fueron fechas sobre todo de los grandes fechos de don Clarián, e cómo matara de un tan maravilloso encuentro un tan esquivo jayán como era Bracazande de las Ondas. Sin falla los caballeros de la corte obraran en aquel torneo más altamente caballería que en ninguna otra parte que se oviessen hallado, e razón había para ello: porque si sea cierto —como se dize— que el amor —oltra de las fuerças naturales— mayores las acrecienta e favorezca el coraçón para con mayor vigor las exercitar. Assí muchos destos preciados caballeros amaban e servían a muchas de aquellas señoras e damas de la corte en quien toda perfición de hermosura e de otras infinitas gracias se hallaba. E como quiera que la tal opinión como ésta en mi pequeño entendimiento assí se assiente, yo lo remito al juizio de otros —que como mejor acuchillados, mayor esperiencia dello ternán.

A la historia tornando, el emperador mandó traer el troço de la lança con el pendón con que el gigante fuera muerto: que él lo mandara guardar para que fuesse puesto en la Torre de las Grandes Hazañas —de la cual la historia da aquí razón e dize que había este nombre porque todos los notables hechos de armas que en la corte de los emperadores de Alemania se hazían para que en perpetua memoria quedassen, el bulto de aquel que el tal fecho fiziesse o alguna arma de las que a la sazón tanía cuando lo hazía se ponía en aquella torre, e por esto había nombre la Torre de las Grandes Hazañas. E para se poner allí por memoria la arma con que el caballero el gran fecho hiziera habíase de levar con esta fiesta que aquí se dirá. El emperador cabalgaba con mucha caballería, y el rey de [Lv] Polonia —o si él aí no fuesse, el rey de Zelanda— se armaba de todas armas, e levaba aquella arma en la mano; iba al costado siniestro del emperador, y el caballero que la vitoria oviera iba al costado derecho. Desta guisa iban con gran fiesta; e si el arma no se podía haber, el caballero había de ir armado fasta la torre donde ponían su vulto. Cuando este caballero fuesse estrangero el emperador era tenido de le dar los paños que aquel día vestía y el caballo en qué cabalgaba, e assentarlo a su mesa —aunque fuesse un pobre caballero— e si con él quería quedar, hazerle mucho bien e merced. E si fuese de la corte o del imperio, sentávale a su mesa si era de gran guisa, e habíale de dar cualquier merced que le demandasse que justa fuesse. Assí con esta honrosa memoria e con grandes mercedes que de los emperadores rescebían eran galardonados los hazañosos hechos que por tales caballeros en aquel tiempo se hazían.

Pues luego el emperador cabalgó, para ir a poner aquel troço de la lança con el pendón donde había de estar. El rey de Polonia se armó para lo levar. Como don Clarián viesse e oyesse el gran remor que la gente baxa que en la gran plaça estaba tenía, dándole loores —bien por esto, o por permissión divina— vínole en voluntad de no ir allá en ninguna guisa, e assí lo suplicó al emperador que le no mandasse ir, demandándole esto por la merced que le había de hazer. El emperador se lo ovo de otorgar; e con mucha fiesta levaron el pendón a la Torre de las Grandes Hazañas, que a las espaldas del palacio era maravillosamente edificado —porque todas las piedras della eran de mármol, la menor dellas de grandeza de ocho pies. Allí fue puesto el troço con el pendón sobre todas las otras armas, dando a entender que éste fuera el más hazañoso e notable fecho que desde que la costumbre se començara en aquella corte se había visto. Entre todas las otras armas que aí estaban el emperador mandó descolgar para las ver una espada con que el rey Lantedón matara un gigante, e una porra con que el buen duque Pelirán matara un fuerte caballero de linaje de jayanes —Laraudaco llamado— e mandó que fuesse entretallado el bulto de don Clarián y él del gigante, e la justa cómo passara.

Las mesas fueron puestas luego, porque la costumbre era tal que en aquella torre oviesse de comer el emperador con todos los altos hombres e caballeros. E como estas cosas a menudo no se viessen, fueron tantos por ver esta fiesta que en el palacio fincaron muy pocos, y éssos eran sirvientes. Don Clarián quedó en la cámara de la emperatriz hablando con ella. En aquella sazón la princesa Gradamisa no estaba allí; antes con Lindamira, hija del rey de Frisa, e Casilda, su camarera, tomaba plazer por un vergel que debaxo de su aposento se contenía.

A esta hora acaesció assí: que dos leones del emperador, matando aquel que en cargo los tenía, salieron de la leonera. El uno dellos se fue derechamente por la gran huerta contra el vergel donde la princesa Gradamisa estaba. El otro se vino por la escalera del palacio contra el aposento de la emperatriz. Algunas de las damas que en los corredores de sobre la huerta estaban començaron a dar grandes gritos e bozes, diziendo que Gradamisa era muerta, que el león iba derechamente al vergel. Por la otra parte entraron muchos huyendo del otro león que venía e començaron a cerrar las puertas e finiestras. Allí fue gran buelta en el palacio, e muy gran cuíta entre la emperatriz e las damas: que cada una se escondía por donde podía. La emperatriz con gran pavor se quisiera abraçar con don Clarián, mas como él oyera dezir que el león iba contra donde Gradamisa estaba, fue tan fuera de sentido que por cosa no cató; e corriendo a gran priessa fue para allá: e muchas de las damas hallaba caídas por tierra tan turbadas y desmayadas que se no podían levantar; antes pensaban que el león estaba ya sobre ellas: [LIr] todas le demandaban ayuda; e más aquexadamente la reina Mirena, e la reina de Frisa, que entre unos paños que colgados estaban se escondían. Mas él iba tan cuitado por socorrer a aquélla, cuya vida más que la suya amaba, que llegado al corredor, por ir más presto saltó por él como si ninguna cosa hiziera: assí como fue abaxo no le dolió mucho el salto —por malo que fue— antes fue corriendo contra el vergel. A essa hora la princesa Gradamisa, e Lindamira e Casilda salían por la puerta del vergel muy turbadas de las bozes que en el palacio se daban. Como el león —que por entre unos árboles venía— las vio, movió rezio contra ellas e cuando ellas lo vieron fueron metidas en todo pavor. Lindamira e Casilda se dexaron caer en un estanque de agua; la princesa Gradamisa del gran miedo que ovo cayó amortescida en medio de la puerta.

Como don Clarián la viesse caer fue tan sañudo que la frente se le paró de color de fuego, e no menos la estrella que en los pechos tenía. Metiendo mano a la espada y embraçando el manto, dio un gran salto porque el león se acercaba, el cual vino de través tan rezio que dio a don Clarián tan gran golpe con la cabeça en una pierna que lo hizo hazer dos passos atrás. Mas él, que veía a su señora en tal peligro que por la librar dél ninguna cosa temiera, se juntó con él e diole tal golpe en el rostro que todos los dientes de ambas partes con las quixadas le cortó. El león, por el gran golpe que recibiera, no tuvo tino para asir a él, e con flaqueza echó los braços en el manto e travó dél de guisa que la meytad le llevó en las uñas. Don Clarián le dio entonces otro tal golpe que las dos manos le derribó en tierra. El león cayó; don Clarián dexándolo estar assí, fuesse para la princesa Gradamisa, que ya cuanto acordaba. Tomándola por sus muy hermosas manos levantóla de tierra e túvola assí hasta que fue bien en su acuerdo. Entonces él le dixo: "Señora, no debe tener tan poco esfuerço quien lo basta poner a todo el mundo."

Cuando ella se vio librada de un tal peligro por aquel que tanto amaba, echóle sus muy hermosos braços al cuello; juntóle tanto consigo que su rostro llegó con el suyo, e díxole: "Ay buen amigo señor, que por mucho el emperador mi padre ni yo por vos hiziéssemos, no os podremos galardonar lo que hoy por mí habéis hecho." Don Clarián de ver cómo su señora lo abraçaba, e de verse assí ante ella estaba tan turbado que cosa no respondió. Gradamisa, que vio salir a Lindamira e a Casilda todas mojadas del agua, aunque gran pavor²⁵ oviera, con mucho plazer les dixo: "Por buena fe, señoras, para tales cosas no es malo saber nadar: que vosotras guarecido habíades." Cuando ella esto dezía, reía con mucha gana, que en el estanque no había tres palmos de agua.

Ellas, que de haber escapado de un tal peligro, gran gozo sentían, no pudieron estar que no cayessen en tierra de risa de verse assí tan mojadas, e respondiéronle: "Por cierto, señora, vos passastes el mayor peligro: que el león a la mejor carne se fuera, e por tanto sois más en cargo a quien vos ha librado."

Gradamisa miró entonces contra don Clarián: violo que estaba muy turbado mirándola, e díxole: "Buen amigo, vámonos de aquí, que mucho pavor tengo de ver aquel león que se rebuelve por levantar."

Tomándola don Clarián por el braço fuéronse por la huerta adelante; e a una cámara llegados —donde Lindamira e Casilda se entraron a vestir otros paños— don Clarián e la princesa Gradamisa quedaron de fuera, e como él en tal lugar con su señora se viesse, dixo entresí: "Ay Dios, que si este mi afligido e cuitado coraçón, esforçándose en la razón de la pena que padece, osadía tomasse, mi desmesurada cuita no podría ser en mejor tiempo descubierta," e con esto estaba tan turbado que no alçaba los ojos de tierra.

La princesa Gradamisa, que assí lo vio estar, y conocía bien el mal que le dolía, díxole: "Cierto, buen amigo, señor: quien tan poca confiança tuviera en sus manos co[LIv] mo yo en las mías para se salvar de un tal peligro como el passado donde Dios e las vuestras me libraron, alegre e contenta estaba, teniendo a gran dicha haber guarescido; mas vos, como en otros mayores trances os hayáis visto, no rescebís en cuento de gran favor este que la ventura agora vos ha dado, e assí con el poco temor que dél se os ha seguido, quedaos libre el juizio para lo poner en otros pensamientos, como agora hazéis."

Don Clarián, muy más afrontado e mudado de color que si en otro algún fecho estuviera, alçó entonces contra ella los ojos, e respondió: "Señora, quien se vee en medio del mar lançado, sin abrigo alguno, poco debe temer cualquier otro peligro, e assí mismo creo que no hay tan libre juizio que de un extremado plazer pueda gozar sin turbación, porque a mí ni lo passado me debría poner mucho temor, ni del plazer

---

²⁵ povor

presente gozo con más ni con tanta libertad que los otros." E como esto dixo tornó a baxar los ojos.

La princesa Gradamisa, comoquiera que bien entendió a qué fin se endereçaban estas razones, díxole: "En gran confusión me habés puesto, pensando quién puede ser de tanto poder que a caballero tan esforçado —como vos- e tan discreto, en peligro ni turbación pueda poner: porque mucho os ruego este fecho me déis a entender."

"¿No rescibiréis dello enojo, señora?" dixo don Clarián.

"No," dixo ella, "pues aunque oviese razón para ello, todo lo puede escusar vuestro gran merescer, y el servicio que hoy me habéis fecho."

Entonces él, dando un sospiro de coraçón, dixo: "Señora, ya la razón quiere desengañar a mi fe porque en su confiança no se sostenga la vida —como fasta aquí con cautelosas dilaciones— e porque fenesciendo ésta del todo, haga glorioso fin: necessario es a mí manifestar a la vuestra merced que es y será por vuestro servicio, como aquel que forçado de cruel passión e dolorosa cuita otra cosa no puede hazer. Sabed, mi buena señora, que no solamente desdel primer día que os vi —que entonces se confirmó del todo la prisión de mi libertad— mas de antes, sin haberos visto, oyéndoos nombrar a una donzella estrangera. Desde aquella hora más, señorío sobre mí no tuve, que todo es vuestro; e assí soy de un tan lastimero e duro dolor atormentado e de mi libre poder agenado, que una sola hora no podría vivir si vos, señora, contra mí cerrássedes las puertas de piedad que junto con gran hermosura y alteza debe estar acompañada. Y pues es venida aquella hora so cuya esperança me he sostenido, de hoy más de la sentencia de vuestra saña se consigue mi muerte, o del galardón de vuestra misericordia depende mi vida. E si olvidando mi crecida afición, con cruel morir os pluguiere castigar mi atrevimiento, entonces habrá lugar de me quedar una sola libertad, que allá donde mi ánima fuere partida con raviosa quexa de no haber hallado piedad do tanta gracia consiste. Y por Dios, mi buena señora, doleos de quien más no ama la vida de cuanto con ella os pueda servir: que otra merced no pido sino que os plega tenerme por vuestro caballero, e que todas las cosas que yo hiziere, aunque sean de poco valor, recibáis en vuestro servicio."

Cuando don Clarián esto dezía caíanle las lágrimas de sus ojos, como aquel que era puesto en tan gran estrecho que mayor no podía ser. Oída por Gradamisa esta habla de don Clarián, su muy hermoso rostro en diversas colores fue muchas vezes mudado, e considerando el poco lugar que ella sabía tener para que don Clarián largamente hablasse —salvo si alguna manera secreta para ello no se buscasse— e así mismo conosciendo la gran cuita que él padescía, no quiso responderle sino en manera que supiesse de cierto que ella lo amaba; assí porque en otra guisa no lo pudiera hazer, como porque tenía creído que en más no estaba la vida dél que en su respuesta della. Alimpióle las lágrimas de los ojos con la manga de su camisa, moviéndole e combidándole a ello forçosa piedad e demasiado amor que le tenía, díxole en esta guisa:

"Mi buen amigo, si mi onestidad y grandeza requieren que de mí oviésedes rigurosa respuesta, vuestro mucho valer e gran amor que me tenéis no consiente desagradescimiento: que mucho sería de todo el mundo culpada, e aun de Dios, si por solo el servicio que hoy me habéis fe [LIIr] cho, aunque no fuéssedes el que sois. Por lo que vos de mí desseáis os dexasse morir: cuanto más que sois tal que a quien a vos causasse la muerte sería causa de otras muchas que vuestra vida remediar, e a todo el mundo vernía este daño en quitar del el mejor caballero que en él se falla. E cierto, más dañaría la conciencia causar vuestra muerte que perturbaría la honra remediar vuestra vida con lo que vos pedía, porque de hoy más yo os recibo por mi caballero. Terné que por mi servicio serán hechas vuestras grandes caballerías, e no quiero negaros que no os amo de todo coraçón, porque en vos está conoscida la causa, que aunque yo lo quisiesse encubrir, el tiempo os lo manifestaría adelante; e si comigo recebís mucho plazer de hablar, yo buscaré con todas mis fuerças manera para ello. Ruégoos que por mi amor refrenéis mucho vuestra cuita, pues dezís que con esto que os he otorgado he desviado vuestra muerte: que aun para ante Dios no querría ser matadora de tan buen caballero —como quiera que la causa fuesse honesta e para mi honra justa— e conozca yo en vos que haberos dado a conoscer que mi voluntad os ama, haze en vuestro vivir mejoría, pues en lo demás yo no puedo poner remedio si Dios conforme a su servicio no lo ordenasse."

Oída por don Clarián la graciosa respuesta de su señora e visto el gran favor que allí le daba, con el gran gozo fue tan fuera de sentido que apenas sabía dónde estaba, e fincando los hinojos en tierra quísole besar los pies; mas ella lo levantó. El le dixo: "Mi buena señora, no me tengo por tan digno que las manos osase demandar, ni sé servicios que puedan bastar a la gran merced que me hazéis; pues no digo los míos — que serían tan pequeños— mas los de todo el mundo no podrían merecer la menor de las mercedes que vos hiziésedes, e yo no sé con qué los servir, pues más no tengo qué offrecer sino con que este mi coraçón no pensará en ál que en serviros toda mi vida, y será como hasta aquí ha sido tan vuestro, que aunque comigo lo traiga, como agena lo posseeré."

La princesa Gradamisa, que en aquella sazón lo miraba, veíalo estar tan hermoso que dezía entresí que no sabía cuál sería el coraçón de ninguna muger —por de gran alteza y hermosura que fuesse— que de amor de un tal caballero no se venciesse. Díxole: "Pues que por tan gran merced tenéis besar mis manos, yo vos las quiero dar porque vos fuistes causa hoy en este día que las pueda dar a vos e a otros." Entonces tendió sus muy hermosas manos: don Clarián las besó muchas vezes con la mayor alegría que jamás en su ánimo había entrado.

Como Lindamira e Casilda de vestir se saliessen, su habla ovo de cessar, e tomando don Clarián por el braço a su señora, fueron assí hasta llegar al patio del palacio, donde allí oyeron gran buelta en los corredores porque el león estaba ante la puerta del aposento de la emperatri e tenía un pequeño donzel, hijo del conde de Loban, entre los braços, que ninguno osaba salir a se lo quitar; antes le daban grandes bozes de todas partes porque lo soltasse. Otros hazían gran duelo por la princesa Gradamisa, pensando que fuesse muerta, e no había ninguno que osasse salir del palacio para saber la verdad. Tantas bozes dieron al león que dexó el donzel e baxó por la escalera al patio contra donde don Clarián e la princesa Gradamisa con su compaña venían. Ellas ovieron de aquesto tan gran pavor que bien pensaron ser muertas. La princesa Gradamisa se abraçó con don Clarián; mas él —que veía que aquéllo para entonces no hazía menester— se desasió della, e con el medio manto que le quedaría del otro león se fue contra éste, muy sañudo por la cuita en que a su señora ponía, e diole tal golpe de la mançana del espada —que ál no pudo hazer porque el león se metió mucho— en él que dio con él por tierra, y el un ojo le hizo saltar de la cara. Fue tan grande el golpe que el león no se levantó; antes estaba en tierra gimiendo e dando de la cola como si lo halagasse por que más mal no le hiziesse.

Don Clarián lo dexó assí e [LIIv] subió con su señora por la escala arriba; ella le dixo passo porque ninguno lo oyesse: "Por Dios, mi buen amigo, mucho debe hazer por remediar vuestra vida a quien vos, después de Dios, dos vezes habés dado hoy la suya." El se le humilló mucho e otra cosa no respondió.

Todos los que sobre el corredor estaban fueron maravillados del gran golpe que don Clarián diera al león. Algunos fueron a dezir a la emperatriz que la infanta Gradamisa no había recebido mal, e cómo don Clarián la librara del león. Cuando ella oyó estas nuevas fue tan alegre que más no pudo ser; abraçó e besó a su hija como si mucho tiempo passara que no la oviera visto, e dixo contra don Clarián: "Ay mi buen amigo, cuán gran servicio es el que hoy nos habéis fecho en escapar mi hija de muerte, e bendito sea Dios que os quiso poner en coraçón que con el emperador no fuéssedes; que cierto, si vos aquí no fuérades, no pudiera ser sino seguirse gran daño."

Gradamisa le dixo: "Señora, pues con el otro león tuve mi vida por más perdida, e no menos Lindamira e Casilda las suyas, que aunque se confiaban en saber nadar no pudieran escapar allí." Entonces le contó lo que con el león a don Clarián acaesciera y en qué guisa lo matara. Como ya todas aquellas señoras e damas seguras del temor saliessen de donde estaban escondidas e se juntassen en aquella sala, algunas dellas dixeron del gran salto que don Clarián hiziera —en lo cual Gradamisa tuvo bien conoscido que de demasiado amor lo amaba.

La emperatriz e las otras fueron más maravilladas cuando aquello oyeron. Ella dixo contra don Clarián: "A Dios plega por su merced que del emperador e de mí seáis galardonado como vos merescéis."

"Señora," respondió él, "harto galardón es para mí que mis pequeños servicios sean hechos a tan altas dos personas."

Allí rieron mucho todas de la rebuelta que passara e de cómo Lindamira e Casilda se dexaran caer en el estanque. Desta guisa estuvieron fasta que vino el emperador, el cual ya había sabido lo que acaeciera: de que gran plazer tenía porque assí su hija fuera librada de muerte; e fuesse para el aposento de la emperatriz acompañado de reyes e altos hombres, donde ella e de todos fue muy bien rescebido. El, echando los braços al cuello a don Clarián, díxole con gran plazer: "Buen amigo, nunca merced yo hize a ningún caballero que tan buena me fuesse para mí como la que hoy vos otorgué," e volviéndose para la princesa Gradamisa le dixo: "Hija, si quexa teníades de don Clarián por no haber ido a honrar la fiesta de vuestra empresa, razón es que la perdáis por el gran servicio que hoy os ha fecho."

Ella respondió riendo: "Cierto, señor, aunque mayor yerro hiziera merescía bien ser perdonado por ello." Don Clarián estaba tan alegre de la sabrosa respuesta que de su señora oviera que no miraba cosa alguna de las razones que se dezían; e todo el patio del palacio estaba lleno de gente mirando el león que no se levantaba de tierra. El emperador lo mandó atar e meter en la leonera: él iba tan manso como un can, e no vivió más de dos días.

CAP. LI. DE LAS RAZONES QUE AQUEL DÍA ENTRE LOS ESTRANGEROS PASSARON SOBRE EL FECHO DE LOS TORNEOS.

En aquel día después de haber oído missa, todos los príncipes, altos hombres, caballeros de cuenta de los estrangeros, fueron en la tienda del rey de Panonia, descontentos en sus semblantes por haber levado lo peor del torneo —e como ya se ha dicho que algunos dellos ovieran su consejo sobre este fecho en la tienda de Guideraldo. Allí Guideraldo e don Glandines, Lartamón, y el duque Olynces de Deypa propusieron ante todos que se debían ir a sus tierras e venir con todos sus poderes e procurar de destruir al emperador por la mengua e affrenta que dél e de sus gentes habían recebido. Los que más en esto insistían eran Guideraldo de Belmunda e don Glandines. Guideraldo lo fazía por cumplir lo que el emperador Focas de Grecia, su señor, le mandara —que era procurar de poner discordia entre el emperador Vasperaldo y estos príncipes— e don Glandines se trabajaba dello porque el reino de Boemia —que el del rey su padre esperaba here [LIIIr] dar— solía tener obediencia al emperador Goliano, avuelo del emperador Vasperaldo, e gran tiempo había que se había eximido della, por lo cual él ni el rey su padre no querían bien al emperador, y estaban siempre a gran recelo dél. Con la guerra cuidaba don Glandines fazer su hecho, e assí lo procuraba.

Mas como allí oviesse otros algunos que eran amigos del emperador no les parecía bien este consejo, e a quien más pesó dello fue al rey de Panonia, porque levantándose en pie habló desta manera:

"Señores príncipes, altos hombres e caballeros que aquí estáis: ya sabéis como todos vosotros por vuestra voluntad tovistes por bien que yo fuesse él que governasse e rigiesse esta caballería, e puesto que vosotros sois tales e tan sesudos que a lo que por vuestro fe lo fuesse ordenado no se hallaría mejoría, muchas vezes acaece que señoreada la ira en los coraçones, aparta y offende el buen entendimiento, no dando lugar a la razón, mas a que la saña señoree. E porque yo soy assí obligado a deziros mi parecer, según el cargo que tengo, porque cuando algo sucediesse a mí gran parte del yerro redondaba; pues no solo por esto, más por quien soy, mi parecer e consejo entre otros cualesquiera que en el mundo fuessen debría ser tomado, como porque me pesaría de perder vuestra amistad quier'os hazer saber que en la tal guerra yo no me hallaría por manera alguna ni menos mis gentes. Antes no podrían faltar al emperador Vasperaldo, porque siempre he recebido dél muchas honras e socorros e ayudas cuando las he habido menester; que cuando yo en mi tierra me quisiesse estar sin me acostar a ninguna parte, el emperador e los suyos podrían bien sospechar que por mi consejo se moviera la guerra, e bien acatado todo, no os debéis assí mover contra él, porque éste es uno de los mejores príncipes cristianos e de la guerra movida sin razón no solamente desplaze a Dios, mas aun a los amigos de aquel que la haze: los cuales al mejor tiempo faltan mayormente si algún revés le viene, lo que no sería mucho que a vosotros acaesciesse.

"Porque ya veis e conocéis la grandeza del emperador e como Dios le ha ensalçado sobre todos los reyes del mundo en le hazer señor de la mejor caballería que hay en él; que con ella bastaba a lo señorear, cuanto más que tiene muchos parientes, amigos; que todos los reyes cuyos hijos están en su corte le ayudarían con gran voluntad, e aunque por ál no fuesse sino porque aviendo en la cristiandad tal diferencia, los enemigos della la podrían destruir, era gran pecado mover esta guerra. E de mí, os digo que por no haber llevado lo mejor del torneo e por otra cualquier cosa de mayor peso que me aviniera no me pesara de haber venido acá por lo que he visto e por haber conoscido el mejor caballero del mundo —que es don Clarián— a quien todos deben dessear conoscer. E pues os he dicho mi parescer, ruégoos que toméis mejor acuerdo, e atendamos el siguiente torneo como quiera que nos avenga: que donde tan mal conoscida está la victoria, no es mucho que nos la ganemos."

Duro freno puso a muchos de aquellos príncipes este razonamiento que el rey de Panonia les hizo. E como quiera que a todos los paganos que allí estaban pluguiera desta guerra, porque la cristiandad fuera abaxada, a Delfange solo —que era caballero de mucha virtud, junto con la gran fuerça y esfuerço que tenía— le pesara, por que tan aficionado era después que allí viniera a las grandezas del emperador Vasperaldo que por dicho se tenía de procurar su amor en cuanto pudiesse e soldar una antigua enemistad que en Alemania —e principalmente en aquella ciudad de Colonia— contra sus tierras e señoríos habían, porque por los antecessores deste Delfange de Avandalia fueran martirizadas en Colonia las onze mil vírgenes y fecho gran daño en la ciudad. E como todos los príncipes estrangeros —confusos por la habla del rey de Panonia— unos a otros se mirassen para responder, éste habló, aprovando lo que el rey de Panonia dixera, e de los cristianos lo mismo hizieron Pinamón de la Entrada, Licomedes e Nurcades, e Grinesán de Lombardía, Alcydes e otros algunos.

Assí que con esto no ovo lugar de se hazer lo que querían, aquellos que al emperador desamaban e todos a una acordaron de seguir el consejo del rey de Panonia, e que él ordenasse, e con tanto se partieron. [LIIIv] El rey de Panonia, que el gigante Bracazande de las Ondas del campo mandara traer, dixo a sus sirvientes que hiziessen ellos aquellas cerimonias que al enterramiento de los tales se acostumbraban, que él mandaba hazer para su cuerpo una muy rica sepultura, mas ellos le rogaron que fuesse la su merced de le mandar dar el adereço que era menester para lo levar a su tierra a su muger e a su sobrino Timadón; que ellos le enterrarían como les pluguiesse. El rey lo mandó hazer assí.

CAPITUL. LII. DEL TERCERO TORNEO, E DE CÓMO SE HIZO CON MUCHO PLAZER DE AMBAS LAS PARTES.

Al cuarto día que el gran torneo fue passado vinieron diez e siete mil caballeros del emperador todos muy adereçados de armas e de caballos. Como el emperador oviesse sabido las hablas que entre los estrangeros habían passado toviesse gran sentimiento de algunos dellos. Entró en consejo con muchos príncipes e altos hombres sobre lo que en este fecho se debía hazer. Entre muchos pareceres que allí ovo, el rey de Suevia, el rey de Dignamarca y el rey de Zelanda con don Palamís de Ungría, Roselao de Suevia e otros algunos caballeros de gran guisa daban voto, en qué dezían que el emperador debía al rey de Panonia e a los otros príncipes estrangeros que sus amigos se mostraran hazer mucha honra, faziéndolos entrar en la ciudad e a los otros mandarles salir de su tierra, pues que a tan gran sin razón querían mover guerra contra él. Mas por otra parte el rey de Borgoña, el rey de Frisa e don Clarián, don Galián, su cormano e Florantel de Nuruega, Honoraldo de Borgoña e otros tenían el contrario, diziendo que el emperador no lo debía fazer assí, ni mirar a la intención de algunos, pues entre ellos estaban tantos amigos como enemigos: que siempre era mejor de los no amigos hazer amigos que enemigos de los que del todo por tales no se mostraban; e que haziéndose en otra manera por todo el mundo habrían qué dezir —por donde esta gran fiesta no sería tan loada.

Al fin como al emperador e a otros muchos pareciesse buen consejo el que don Clarián y estos príncipes daban, éste fue allí por mejor habido e otorgado. Assí mismo el emperador concedió a don Clarián que para que los estrangeros perdiessen algo del sentimiento que tenían de las affrentas passadas, que el siguiente torneo se diesse como él y el rey de Frisa lo ordenassen, porque este consejo dieron ellos al emperador, diziendo estar bien conoscido ser más cierta la victoria para en lo venidero con tanta caballería como tenía, pues en lo pasado la había ganado con menos gente. Salidos del consejo, don Clarián embió a Luquidán de Vontaner, hijo del duque de Loregne, e a Tindarel de Velorgue, hijo del duque de Denarda a la tienda del rey de Panonia a que a él e a todos los altos hombres le dixessen que por cuanto los torneos passados habían sido algo peligrosos, que si a él e a ellos venía en plazer que este otro sería más plazentero e de menos peligro: que para esto había de ser con las mismas condiciones que los otros, mas que de amas partes se hiziesse el número de las hazes iguales, que dos hazes torneassen[26] juntas hasta tanto que las tropas sonassen. Éstas apartadas, en aquella misma orden torneassen las otras, e al fin todas se oviessen de mezclar unas con otras e torneassen hasta oír las tropas, que entonces cessaría el torneo y el que venciesse tres batallas a pie, que no torneasse más en todo el día; e que lo mismo hiziesse quien tres vezes cayesse del caballo sin derribar a otro; y él que quinze caballeros derribasse sin fallescer encuentro ni perder la silla que no torneasse más. Todo esto ordenaba don Clarián por amor del rey de Panonia que él mucho amaba. Dicha por Luquidán de Vontaner e Tindarel de Velorgue su embaxada al rey e a muchos de los otros, plugo dello, e assí fue por todos otorgado. El rey de Panonia, como capitán general, lo mandó pregonar assí por todo su real; lo mesmo se hizo en la ciudad de Colonia. [LIIIIr]

Pues llegado el día del torneo —puestos el emperador e la emperatriz con toda su compaña de reyes e altos hombres, reinas e grandes señoras en el miradero, e los otros donde solían mirar— toda la gente que había de tornear de ambas partes fue en el

---

[26] tor torneassen

campo, paresciendo tan bien los unos e los otros que nunca hombre en el mundo vio tan hermosa caballería para un torneo ayuntada como allí estaba. La delantera de los del emperador traía el esforçado caballero don Galián del Fuerte Braço, e con él venían Arceal, hijo del duque de Colandia, Genadís de Suecia, Cardisel de la Vanda, Olvanor; Tandalís de Nagorce, hijo del duque de Rostoc; Elistrán de la Bella Guardia. La ii. traía el preciado don Felisarte de Jafa, e con él venían Calidor de Venarde, su cormano, e los dos hermanos, fijos del buen duque de Autarrixa; Guirlaniz del Boscaje, Laucamor el Esforçado, que eran sus primos; Radiarte de Monris, hermano del conde de Lobán e Delanor, hijo del conde de Tirol. La iii., don Palamís de Ungria e Flor de Mar, su hermano. Por consiguiente todas las otras hazes venían bien ordenadas. La delantera de los estrangeros traía Gariscondo de Ynglaterra e la ii. haz Guideraldo de Belmunda; la iii., don Glandines de Boemia; la iiii., Bruceres, hijo del rey de Noxina; la v., Pinamón de la Entrada, e la reçaga traía el rey de Panonia assí como en el torneo passado.

Essa hora sonaron las trompas e atabales de ambas partes. Luego las hazes de don Galián e Gariscondo calaron las lanças e movieron una contra otra: juntáronse de tal guisa que mucha fuerte lança fue aí quebrada, e muchos buenos caballeros perdieron las sillas. Revolvióse un torneo muy hermoso e bien combatido. Don Galián e Gariscondo —que gran voluntad habían de se provar— se juntaron acerca del mirador e diéronse tales encuentros que se derribaron de los caballos. Levantándose muy presto metieron mano a sus espadas e començaron entresí una tan brava batalla que en todo el torneo tal no se hazía, ca ellos se daban tan grandes golpes que las llamas de fuego hazían saltar de las armas. Feríanse muy espesso e a menudo por do quiera que se alcançaban, e tan bien se combatían que el emperador e cuantos en el miradero estaban no cataban por otra cosa que por ellos: por esto cada uno ponía sus fuerças por levar lo mejor del otro e tanta priessa se dieron que por fuerça les convino folgar. Don Galián, catando arriba, vio que su hermana Resinda había la color mortal por los ver en aquella batalla e que la princesa Gradamisa tenía ya cuanto sacado el cuerpo de fuera la finiestra por los ver; e sin falla mucho desseaba ella la honra para don Galián, que lo amaba mucho, porque sabía que don Clarián amaba a este primo más que si su hermano fuesse.

Como don Galián esto viesse dixo contra sí: "Agora me combato en parte donde todo hombre que algo valga debe haber tal vergüença que al muy flaco debía crecer la fuerça, porque conviene que aquí parezca quien yo soy, e con alguna razón pueda ser primo del mejor caballero del mundo."

Gariscondo de Ynglaterra dezía: "Cierto, yo no pudiera creer que don Galián tal fuesse antes que con él me provasse."

Entonces don Galián, dexando de folgar, se vino para él; diéronse tales golpes por cima de los yelmos que las cabeças se hizieron juntar con los pechos, e comiénçase como de primero su batalla tan brava que maravilla era de ver. Tales pararon las armas que ya las espadas, a fuerça de los golpes desfaziendo las cortaban en las carnes —que en algunos lugares estaban descubiertas— mas por esto ninguno dellos mostraba flaqueza; antes andaban muy ligeros. Desta guisa se combatieron por una pieça sin se conocer mejoría entrellos; mas no tardó mucho que don Galián començó a mejorar, como aquel que era de muy gran fuerça e coraçón, e antes quería ser muerto que ninguno le hiziesse ventaja. E como viese que Gariscondo enflaquecía, començóle a cargar de tan pesados golpes que no parescía sino que entonces començasse la batalla. El emperador —que los miraba— dixo a los que acerca dél estaban que jamás viera dos caballeros que más hermosamente hiriessen de espada que don Galián: e verdad fue, que no ovo en el [LIIIIv] mundo cinco mejores feridores de espada que él, ni uno que más fermosamente della se combatiesse sino fue don Clarián, que según Vadulato dize en cosa alguna no tuvo par.

Pues en tal guisa aquexaba don Galián a Gariscondo, que ningún golpe él podía dar e no hazía ál que cobrirse de su escudo, mamparándose de los golpes como mejor podía, e ya tenían tantas llagas y estaba tan cansado que otro que tal no fuera no se pudiera tener en pies. Don Galián bien lo dexara, mas no lo quería hazer por le no dar mengua; e si las trompas no tocaran, Gariscondo a gran pena pudiera más combatirse, mas assí como sonaron los que torneaban fueron partidos —e si desto plugo a Gariscondo no es de dezir. Los suyos lo llevaron a las tiendas para le fazer catar sus llagas, e don Galián se apartó a una parte con su haz.

Essa hora movieron las hazes de don Felisarte e de Guideraldo de Belmunda: juntáronse por tal manera que de ambas partes cayeron muchos por el suelo, e mezclóse el torneo muy bien ferido. Don Felisarte e Guideraldo se encontraron de tal guisa que ambos perdieron las sillas, empero levantáronse presto. Metieron mano a las espadas e comiençan entre sí una tan dura batalla que bien era de mirar, porque en los golpes que se daban mostraban que ambos eran de gran fuerça e bondad. El emperador, que mucho a don Felisarte amaba —porque desde donzel pequeño se criara en su corte— dixo contra los que aí estaban: "Miremos esta batalla, que sin falla a don Felisarte tengo yo por uno de los mejores caballeros de todo mi señorío." A esta ora se combatían ellos muy bravamente, no cessando de se ferir de muy ásperos golpes por todas partes, en guisa que no tardó mucho que en las armas se conosció la fortaleza de sus braços, porque muchas rajas de los escudos e mallas de las lorigas hizieron caer por tierra, e tanto anduvieron firiéndose que por fuerça les convino folgar. Don Felisarte, catando suso al miradero vido a su señora Lizcedra que él mucho amaba, que en su gesto mostraba el pesar que tenía por le ver en tal batalla.

Assí mesmo oyó que Gradamisa, volviéndose a la reina Mirena, le dixo: "Mucho querría que la victoria desta batalla llevasse don Felisarte, que yo le desseo mucha honra e le amo mucho, porque siendo niña me crié en casa de su padre el duque Briel de Jafa." De aquestas cosas creció saña a don Felisarte, e dexóse ir para Guideraldo, e diole tan gran golpe sobre el yelmo que a mal de su grado le hizo inclinar contra tierra, mas él no tardó de le dar el galardón. Bien assí se combatieron por una pieça, mas como don Felisarte fuesse más mancebo e rezio y estaba en parte que no quería para sí la vergüença, començó a mejorar de tal guisa que no le aprovechaba a Guideraldo fuerça ni maña para con él.

Entonces el rey de Dignamarca y el rey de Frisa dixeron al emperador: "Señor, mejor nos parece que se daría mañana Guideraldo a mover la guerra contra vos con sus consejos que a fenecella con su persona de batalla del a don Felisarte." El emperador se sonrió desto de buena gana.

E como las trompas sonassen, los que torneaban se apartaron; luego se juntaron las hazes de don Palamís de Ungría e don Glandines de Bohemia tan bravamente que bien dos mil caballeros cayeron por tierra de ambas partes. Aquí se començó un bravo torneo: unos justando con lanças, otros combatiendo de las espadas. Flor de Mar encontró a Guiller, sobrino de Camilo Pompeo, por manera que lo derribó del caballo.

En aquel lugar se juntaron don Palamís e don Glandines: quebraron sus lanças e no se pudieron derribar, porque con saña tomando otras sendas muy fuertes se dieron tan grandes encuentros que ellos e sus caballeros vinieron a tierra. Levantáronse muy presto e metiendo mano a las espadas diéronse tan grandes golpes por cima de los yelmos que las cabeças se hizieron juntar con los pechos. Tal batalla traían entresí que el emperador e todos lo miraban porque a entramos preciaban mucho; e bien era verdad que don Palamís era un valiente caballero, e don Glandines era tal que en todos los de su parte no había mejor caballero que él, porque la batalla de entre los dos [LVr] era assí dura e brava que a todos hazía maravillar. Ya no fueron tan fuertes las armas que el valor de las espadas e la fortaleza de los braços no las despedaçassen, e tan a menudo se ferían que cuantos lo miraban se maravillaban dello, mas ellos no curaban de folgar; antes se daban uno a otro tan grandes golpes que bien demostraban que de aquel menester habían usado.

Tanto se combatieron que por bueno ovieron de holgar, e si el uno al otro se preciaban no es de dezir, ca conoscido tenía cada uno dellos que para con el otro le hazía bien menester todo su saber e fuerça. Pues por mucho que Belaura, hija del rey de Fruisa, se quería encubrir no podía sino estar muy triste por ver a don Palamís — que ella mucho amaba— en tal batalla; mas ninguno sabía sus amores sino la muy hermosa Lindamira, su hermana. Don Palamís, que en todo esto miraba, crecióle gran saña; dexando de folgar, fuesse para don Glandines e diole un tal golpe por encima del yelmo que la espada metió por él bien tres dedos, e tiró tan rezio que por fuerça lo traxo contra sí dos passos, mas no tardó de llevar el galardón: que don Glandines —que de aquel golpe se sintiera mucho— lo firió por suso del escudo con tanta fuerça que la espada metió por él una mano, e al tirar la correa —que al cuello estaba— fue quebrada. Desí tornaron a su batalla como de primero, firiéndose de grandes e tan pesados golpes que cortando en muchos lugares las armas se hazían llagas en algunas partes de que mucha sangre les corría, e con ella la fuerça que ninguna cosa sentían.

Algunos de aquellos príncipes e grandes señores dixeron al emperador que fuese la su merced de mandar tocar las trompas porque si mucho entre ellos durasse la batalla no podría ser sino seguir se gran daño; el emperador dixo: "Si Dios me ayude ésta es una de las buenas batallas que entre dos caballeros yo aya visto, mas las trompas no se tocarán sino a su tiempo, que bien sé de don Palamís que antes querría ser muerto que lo tal se hiziesse."

A essa hora los dos caballeros —que tales se habían parado de la segunda batalla que otros que como ellos no fueran no pudieran más combatir— se hizieron afuera, e cada uno tenía gran saña del otro, porque don Glandines se combatía ante la princesa

Gradamisa —de cuyo amor estaba preso— e quería antes morir que no llevar la honrra, porque era tenido por de gran bondad, e sin falla lo era. Don Palamís, que era uno de los buenos caballeros que se podrían hallar, estaba sañudo porque la batalla tanto durase sin se conoscer mejoría; mirando sus armas vio que estaban despedaça das e rotas, e por algunos lugares le corría sangre, de que ovo tan gran pesar que dixo: "Si de quien esto me ha hecho no me vengo, nunca debría traer armas." Con saña que ovo, tomó la espada con amas manos; dexóse ir para don Glandines e diole tal golpe de toda su fuerça por cima del yelmo que la espada le hizo llegar a la carne. El golpe fue tan grande que una de las manos le hizo poner por tierra. Mas don Glandines se levantó muy presto e queriéndole dar el galardón hallólo tan junto con él que ál no pudo hazer sino echarle los braços, e don Palamís a él otrosí.

Mas como ya se sonassen las trompas y ellos no se dexassen, el emperador echó entrellos el bastón e assí se quitaron, aunque a amos no plugo. Muchos había que quisieran ver el fin dello. Ellos se ataron las llagas e apartáronse con los suyos, que en ninguna guisa se quisieron yr del torneo aunque bien les hazía menester.

Entonces començaron el torneo Honoraldo de Borgoña e Bruceres, hijo del rey de Noxina, con sus hazes, e de los primeros encuentros muchos buenos caballeros salieron de las sillas. Honoraldo de Borgoña e Bruceres —que al costado de sus hazes iban— se encontraron por manera que las lanças fueron quebradas. Juntáronse de los cuerpos de los caballos de guisa que amos vinieron a tierra, mas luego fueron en pie, e las espadas en las manos se acometieron el uno al otro de muy grandes [LVv] golpes, e comiençan entre sí una tan brava batalla que todos habían gran sabor de la mirar, porque ellos no quedaban de se ferir por todas partes, de tal guisa que en poca de ora había por tierra muchas mallas de las lorigas e rajas de los escudos, e no tocaban por ál que por se vencer el uno al otro. Mas cuando ya la trompas sonaron Honoraldo de Borgoña había cobrado mejoría sobre Bruceres.

Como éstos fueron apartados començaron a tornear Roselao de Suevia e Pinamón de la Entrada, fijo del rey de Escocia, con sus hazes, e del primer juntar que hizieron muchos se hallaron a pie. Roselao e Pinamón hizieron aquí entre ambos una fermosa batalla, mas una priessa de caballeros los partió a la fin. Desque estos ovieron torneado, juntáronse Girarte de Yrlanda e Delafange de Avandalia con sus hazes: entre ellos dos se fizo una muy brava batalla, e partiéronse por el son de las trompas; assí mismo, otra entre Florantel de Nuruega e Silagón de Ybernia. Armaleo de Laque e Nurcandes, hijo del rey de Licesania, se combatieron en este torneo; el duque Olynces de Deypa e Tandalís de Nagorce otrosí. Telión de la Maça e Licomedis, hijo del rey de Secilia, ovieron una muy gran batalla, e otra tal se hizo entre Alcydes e Dantesor el Preciado. Mordán llagó mal en una batalla de espadas a Garlamón de la Lista, hermano del duque de Bolsán. Lartamón, hijo del rey de León, se combatió de la espada con Ermión, e ambos ados quedaron mal feridos. Grisabor, cormano de Girarte, fizo ir mal llagado a las tiendas a Ruberto Claudio, duque de la Marca, de una batalla que con él ovo. Tantas e tan grandes cosas de armas se hizieron en este torneo que querellas recontar por estenso sería imposible.

Cuando don Clarián movió con su haz de la parte de los estrangeros movió Camilo

Pompeo, e de ambas partes se hizo hermoso juntar. Don Clarián, derribando quinze caballeros sin fallescer encuentro, salió del torneo; subióse armado como estaba, fueras el yelmo, al mirador e púsose a una finiestra con el rey de Frisa. Assí por orden tornearon todas las hazes. Cuando el rey de Panonia entró en el torneo no fue poco mirado, que grandes caballerías hizo. Ya era hora de vísperas cuando todas las trompas e atabales de ambas partes se tocaron. Essa hora fueron caladas más de noventa mil lanças, e todas las hazes movieron por el campo, unas contra otras, e nunca jamás hombre vio un tan hermoso mover de gentes como aquí. Pues al juntar que hizieron fue tan grande el ruido que muy a lueñe fue oído, e a los que cerca eran no paresció sino que el mundo se hundiesse, e tantos caballeros salieron de las sillas que el campo se pobló de caballos, e comiénçase el torneo el mayor que nunca se vido.

Tan grande era el golpear de las espadas e las llamas de fuego que de las armas salían que no parescía sino que el infierno fuesse allí, e ninguna cosa no se oían los unos a los otros, tantos eran los troços de lancas que por el campo estaban que mucho occupaban a los que torneaban. Allí se vieran caer muchos caballeros por tierra, allí las grandes priesas, aí las muchas batallas, allí andaba tan rebuelta la gente que apenas se podían guardar las condiciones puestas. No es hombre del mundo que assí pudiesse contar las grandes cosas que en este torneo se hazían, cómo en él se obraban, e quien bien quisiesse mirar por grande espacio de aquellos campos había de traer los ojos, y a muchos dexaban de tornear por las condiciones puestas. E como el sol se quería poner, las trompas fueron tocadas por mandado de aquellos que para ello eligieran — que eran seis caballeros ancianos de cada parte— el torneo cessó. Don Clarián —que en el campo estaba— recogió los de su parte. Entraron en la ciudad el rey de Panonia, e los de la suya se volvieron a sus tiendas muy más contentos deste torneo que de los otros passados. El emperador e la emperatriz con su compaña se volvieron a su palacio, e todos iban hablando con mucho plazer de las grandes cosas del torneo. [LVIr]

CAPITUL. LIII. DE CÓMO DON CLARIÁN FUE POR MANDADO DEL EMPERADOR A ROGAR AL REY DE PANONIA E A LOS PRÍNCIPES ESTRANGEROS QUE QUISIESSEN ENTRAR EN LA CIUDAD A RESCEBIR HONRA.

Bien assí reposaron del trabajo los unos e los otros quinze días. En este comedio el emperador Vasperaldo entró en consejo, e comoquier que él como príncipe muy noble que a ninguno otro daño buscaba, razón tuviesse de tener sentimiento de aquellos que contra él se querían mover. Ovo por bien que allí se acordasse de embiar a rogar al rey de Panonia e a todos los otros que entrassen en la ciudad a recebir la honra que era razón por el cargo en que les era de haber venido a honrar su fiesta. Esto acordado fue dado el cargo de ir allá a don Clarián, e con él a don Palamís de Ungría, e a Florantel de Nuruega. Luego don Clarián embió a hazer saber al rey de Panonia para que sobre ello tuviesse consejo con aquellos altos hombres. Otro día don Clarián, con gran compañía de príncipes e caballeros muy preciados, fue a las tiendas de los estrangeros. Entrados en la tienda del rey de Panonia fueron dél e de los que con él estaban muy bien recebidos. Allí le agradesció mucho el rey a don Clarián lo que por él hiziera en el segundo torneo, offreciéndosele por amigo muy grande todos tiempos;

él, assí mismo, diziéndole que como al rey Lantedón, su padre, lo desseaba agradar e servir.

Después que entre ellos muchas razones passaron don Clarián le rogó que hiziesse venir todos los príncipes e altos hombres, e que llegados, dirían su mandado. El rey embió por ellos e como fueron venidos ¿quién podría dezir cuánto don Clarián era mirado de todos? veyendo cuán hermoso era desarmado, e cuán fuerte e valiente armado; e por mucho que su apostura e gran cortesía a todos combidasse a lo amar, muchos había que no le tenían buena voluntad, porque los mejores de los que aí eran fueran derribados por su mano. Gariscondo miraba afincadamente a él e a su primo don Galián, que no los amaba mucho por el daño que de entrambos recibiera, e también porque él sabía el desamor entre el rey de Ynglaterra, su tío, y el rey Lantedón había. El estaba hablando con Ermión de Caldonga, hijo del rey de Norgales, que era sobrino del rey de Inglaterra e demandóle si tenía amistad con don Clarián e con los de su linaje, pues todos los del suyo no amaban mucho a ellos.

El respondió: "Cierto, si yo bien supiesse que don Clarián a mi padre desamasse, no le podría querer sino bien porque él es tal que quien con él alguna conversación oviere, no podrá hazer otra cosa: que assí como Dios le hizo cumplido en bondad y hermosura, assí lo hizo en todas buenas maneras e costumbres. Porque sabed que él a ninguno desama, ni nunca dél yo conoscí que la enemistad del rey, su padre, e del rey de Ynglaterra, mi tío, se acordasse, ni un punto della me diese a conoscer. E si vos con él algún conoscimiento tuviéssedes, lo que yo digo diríades, e lo amaríades mucho; que desí lo harán todos aquellos que apartaren de sí embidia de sus grandes hechos, e pensamiento de ser su igual. E pues Dios a éste quiso hazer extremado de todos los otros los que claramente lo veen justa cosa es que lo conozcan e no les pese dello."

"No sé su condición cuál sea," dixo Gariscondo, "pero tanto sabed que Leonistán de la Brena, vuestro primo, no lo ama punto, e no hay cosa que más dessee que combatir se con él, y él quisiera venirse encubiertamente comigo, mas el rey de Ynglaterra su padre no dio consentimiento a ello."

"Si yo a mi primo viesse," dixo Ermión de Caldonga, "yo le apartaría esse pensamiento de la voluntad a todo mi poder, porque ya podéis vos conocer que dello no le podría venir al sino mal: que mayores eran las fuerças de aquel bravo gigante Bracazande de las Ondas, e vistes el fin que fizo; mas ruégoos que me digáis qué tal caballero es Leonistán, mi primo, que mucho es loado."

Gariscondo respondió: "Creed[27] que es tal que a ninguno en el [LVIv] mundo hasta la muerte conoscería ventaja, e pues en matar a Bracazande la ventura favoresció mucho a don Clarián, no os debéis maravillar de lo que hizo; que si el otro a derecho golpe le cogiera, no le valiera su gran bondad, porque no es igual la fuerça de ningún caballero con la de cualquiera jayán; aunque no os quiero negar que no hizo el más maravilloso encuentro que nunca se vio." A essa hora cessó su habla, porque como todos los estrangeros fuessen juntos, e a don Clarián rogassen los que con él venían que

---

[27]   cred

hablasse, leváronse en pie, diziendo desta guisa:

"Muy noble señor rey de Panonia, señores príncipes, altos hombres e caballeros: el emperador se tiene por tan encargado de vosotros por haber venido a honrar su fiesta, que para siempre os queda en mucha obligación, e porque ninguna amistad sin comunicación e conoscimiento puede ser tal como aquella que junto con las buenas obras contentamiento de las personas se tiene: porque muchas vezes éste abre las voluntades, no solamente de los que alguna amistad se tienen, mas aun de aquellos que se desaman —como algunas vezes por esperiencia se ha visto. Embíavos mucho a rogar que queráis entrar en su ciudad para rescibir dél aquella honra que el estado e virtud de cada uno de vosotros meresce. E puesto que para con vos, señor rey de Panonia, antes de agora aya mostrado obras de amistad —porque no es menester de nuevo daros la a conoscer— todavía recibirá gran plazer e honra de os ver e conocer, pues fasta agora no se ha offrecido tiempo para ello." Oída por todos la habla de don Clarián —como ya sobre esto oviessen avido consejo— rogaron al rey de Panonia que le respondiesse.

El rey respondió desta guisa: "Señor don Clarián, e señores que con esta embaxada venís: podéis saber que nos no venimos por ál que por complazer e servir al emperador, e de mí assí debe estar bien creído, e yo assí lo conozco de todos estos señores, porque en esto y en otra cualquier cosa tenemos por bien de le agradar e servir, e porque es gran razón que tengamos en mucho la amistad e conoscimiento de un tan alto príncipe como él es, luego de mañana queremos poner en obra lo que nos embía a rogar." Con esta respuesta volvieron don Clarián e los otros. El emperador mandó luego adereçar todas las cosas que convenían para honrar mucho a los estrangeros.

Capitulo LIIII. de cómo todos los príncipes de los estrangeros entraron en la ciudad de Colonia e de las grandes fiestas que el emperador les hizo.

Luego como el día vino, el rey de Panonia e todos los príncipes altos hombres e caballeros de gran cuenta de los estrangeros se vistieron de muy ricos paños e cabalgaron acompañados de mucha otra caballería. Don Clarián con quinientos caballeros de los más preciados de la corte salieron a entrar con ellos. El rey de Panonia iba tan ricamente guarnido que maravilla era de ver, e traía sobre su cabeça una muy rica corona de oro. Desta guisa movieron para la ciudad con tantas trompas e atabales que el mundo parescía hundirse. A la puerta de la ciudad fueron rescebidos del rey de Polonia, del rey de Zelanda, e de muchos altos hombres e gran caballería e quien los viera podiera dezir que más hermosa compañía no podía ser vista, ni gente más ricamente guarnida, ni más hermosos caballeros e valientes en armas, e ninguno pudiera bastar a acabar de ver la riqueza de los paños, los guarnimientos de los caballos, e tanta gala como allí venía. Tantas dueñas e donzellas tan ricamente guarnidas se paraban a las finiestras por los ver, que de aquello e de la nobleza e grandeza de la ciudad —que entonces era de las buenas del mundo— iban los estrangeros maravillados, e no menos lo fueron de ver la riqueza del palacio cuando en él descabalgaron.

Entonces el emperador, vestido de [LVIIr] muy preciosas vestiduras, puesta en su cabeça una corona de inestimable valor, acompañado del rey de Borgoña, del rey de Frisa, del rey de Dignamarca, del rey de Suevia, de muchos duques e conde e altos hombres, los salió a rescebir al pie de la escalera. Allí llegó el rey de Panonia, quitándose la corona de la cabeça, se humilló mucho ante el emperador que con gran cortesía e mucho amor lo abraçó. Luego llegaron todos los otros príncipes e altos hombres por orden, donde con importunación el emperador daba la mano a algunos dellos, rescibiéndolos a todos muy bien e con mucha alegría, porque éste era el mejor príncipe e más honrado de todos que hallarse podría. Después de les haber agradescido mucho su venida tomó al rey de Panonia por la mano, no pudiendo hazer con él por mucho que le rogó que la corona pusiese en la cabeça por acatamiento suyo. Assí subieron por la escalera arriba, en los corredores de la cual estaban la emperatriz con la princesa Gradamisa, su hija, acompañadas de la reina de Frisa, de la reina de Suevia, de la reina de Dignamarca, de la hermosa reina Mirena, e de otras más de dozientas damas de gran guisa. ¿Pues quién sería aquel que pudiesse contar tanta riqueza de preciosos paños, tanto valor de piedras e joyas, tanta e tan crescida beldad y hermosura como allí venía? —sin falla ninguno lo podría acabar de dezir, mas de tanto que bien andante e próspero se pudo llamar el emperador Vasperaldo, que por ser tan cumplido en todas las cosas que un príncipe debía tener le fue otorgado; que tanta e tan florescida gente en su corte se juntase, que para siempre quedara en perpetua memoria: que sin dubda se puede dezir que semejante compaña desta nunca en el mundo ayuntada se vio en casa de un príncipe.

Pues como los estrangeros una tan gran corte e tal compañía como la que la emperatriz traía viessen, estaban tan maravillados que no sabían qué dezir, e palabra no se hablaban los unos a los otros, no haziendo ál que mirar a todas aquellas señoras e damas e sobre todas a la princesa Gradamisa, que entre las otras como resplandes- ciente sol se mostraba. El rey de Panonia llegó ante la emperatriz con gran acatamiento e reverencia. La emperatriz lo rescibió muy bien; luego el rey salvó a la princesa Gradamisa con el acatamiento que se debía hazer, y ella no menos a él. Desí el rey salvó a las reinas e algunas de las otras con gran cortesía: ellas a él assí mesmo. Todos los otros con muy buena orden llegaron a besar las manos a la emperatriz, los más dellos se las besaron importunándola sobre ello, e assí quisieran hazer a la princesa Gradamisa: mas ella no se las quiso dar a ninguno, e rescibiólos a todos muy bien. Cuando don Glandines tan cerca de su gran hermosura se vido ¿quién podría dezir lo que en su coraçón passaba? mas en vano era su pensamiento, que Gradamisa nunca de amor de ninguno fue sojuzgada sino del de aquel que par en el mundo no tenía.

Muy largo sería de contar la orden con que todos estos señores llegaron al gran palacio: que era el más rico que en el mundo por mano de hombre se pudiera fazer, donde estaban puestos tres estrados muy ricos. En el uno había dos muy ricas sillas: la una ya cuanto más baxa que la otra. El emperador, haziendo poner al rey de Panonia su corona en la cabeça, lo assentó allí consigo. Por las gradas de los estrados se assentaron don Clarián e todos aquellos caballeros principales estrangeros e de la corte, cada uno según debía estar, aunque mucha cortesía hazían a los estrangeros. En el otro estrado se sentó la emperatriz en una muy rica silla e la princesa Gradamisa en otra, e más baxo al siniestro costado las cuatro reinas. Luego en las primeras dos gradas todas aquellas infan [LVIIv] tas, duquesas e grandes señoras: cada una en su lugar; e assí todas las otras damas en el otro estrado estaban cinco gradas. En la más alta se sentaron los seis reyes: el de Borgoña, el de Frisa, el de Suevia, el de Polonia, el de Dignamarca, el de Zelanda. En la segunda grada se sentaron el duque de Jaffa, el de Autarrixa, el de Babiera, el conde de la baxa Borgoña, el duque de Gueldres, el de Saboya, el de Colandia, el de Lorregne, el conde de Tirol, el duque de Bolsán, e otros muchos duques e condes e grandes señores; e baxo dellos mucha otra caballería. E como todos oviessen oído missa, estuvieron una pieça hablando de muchas cosas, assí de armas como de gentileza.

E luego que las mesas fueron puestas se sentaron a una tabla el emperador e la emperatriz, e la princesa Gradamisa y el rey de Panonia; en otra tabla se sentaron las cuatro reinas con todas las infantas e grandes señoras. En otra los cuatro reyes con todos los duques e condes de los estrangeros e de la corte; en la otra tabla —que todos los caballeros de gran cuenta assí de la corte como de los estrangeros se sentaron— passaron grandes cortesías sobre los assentamientos porque todos ponían a don Clarián delante, mas él no consintió: antes de la una parte puso a su tío Florantel, e a don Palamís, e de la otra a don Glandines e a Delfange de Avandalia. Después de todos sentados fueron servidos de tantos e tan diversos manjares que más no se pudieran hallar de los que allí había; el servicio fue muy concertado en todas las tablas. E por mayor fiesta el emperador mandó que el rey de Polonia y el rey de Zelanda sirviessen su mesa, cada uno de su oficio; a la de los reyes servía el conde Giraldo; a la de las reinas el conde de Bresón; e a la de aquellos príncipes e caballeros, Genadís de Suecia. En tanto que comían la música de los menestriles y estrumentos que sonaban era tan suave que quien aí estaba no le parescía que fuesse en este mundo.

Alçados los manteles e quitadas las tablas, todos se tornaron a sentar como de primero; luego tocaron los estrumentos para dançar. El primero que se levantó fue el rey de Panonia, y hecha su mesura tomó por la mano a la princesa Gradamisa e dançó con ella. Luego dançó el rey de Borgoña con la reina de Frisa, y el rey de Frisa con la reina Mirena. Don Clarián dançó con la hermosa Lindamira; Don Palamís con la infanta Menaldia; e don Glandines con la infanta Flordanisia; Delfange con Resinda, hermana de don Galián; Honoraldo de Borgoña con Jacynda; Gariscondo con Candida, hija del rey de Borgoña; Licomedes con Belaura; Nurcandes con Lismonda; Silagón de Ybernia con Alteranda, hermana de Dantesor; Grinesán de Lombardia con Liscedra, hija del rey de Zelanda; Guideraldo con la duquesa de Jaffa; Pinamón de la Entrada con la duquesa de Gueldres; Florantel con la duquesa de Clive; don Galián con Belinda, hija del duque de Colandia; finalmente, por no alargar, todos aquellos altos hombres e caballeros que quisieron dançar con aquellas señoras e damas. De la gracia y hermosura destas señoras e de la grandeza desta corte estaban los estrangeros tan maravillados que dezían que ningún príncipe en el mundo se podía igualar con el emperador Vasperaldo, pues tal prosperidad alcançaba. Desque todos ovieron dançado sentáronse en sus lugares. El emperador mandó traer muchas e muy ricas joyas de diversas maneras: repartiólas por el rey de Panonia e por todos aquellos señores estrangeros; fueron tantas e tan bien dadas que todos se tuvieron por contentos.

Assí estuvieron todo aquel día con la mayor fiesta que se nunca vio, porque bien se puede dezir que la flor de la caballería e de la hermosura del mundo era allí junta. Pues dexando el palacio, saliendo por la ciudad no viérades ninguno que no traxesse vestidos los mejores paños que tenía: cada calle parecía una corte. Tanta era la caballería que ansí por la ciudad como por el campo andaba que no parescía sino que todo el mun [LVIIIr] do fuesse aquí assonado. E sin falla nunca en ninguna fiesta que en él se hiziesse tanta gente se juntó: por la ciudad había tantas maneras de juegos, tantas invenciones, danças e cosas de plazer, que maravilla era de mirar. El emperador había mandado proveer de tal manera que a todos sobraba lo necessario, e todo lo había él porque después que los estrangeros entraron en la ciudad hasta que se fueron el emperador les hizo la espensa. Para esto mandó poner en el campo montones de trigo e de cevada, fuentes de vino y en muchas tiendas e ramadas tablas paradas para los que quisiessen venir a comer, porque éste era el más franco príncipe que en el mundo oviesse. E a todos aquellos principales caballeros de los estrangeros que en las tiendas estaban se daba ración muy complidamente e con gran orden.

Pues en aquel día primero, la hora del cenar venida, fueron servidos muy complidamente en aquella manera que al comer se hiziera, y estuvieron con muy gran fiesta hasta tanto que la emperatriz con su compaña fue retraída a su aposento. Entonces todos los estrangeros tomaron licencia del emperador. El rey de Panonia fue aposentado en el palacio en un aposento muy ricamente adereçado. Assí mismo fueron aposentados en el palacio Licomedes, e Grinesán de Lombardia, Pinamón de la Entrada, Delfange, Nurcandes, el duque Olynces, e otros algunos caballeros. Don Clarián llevó consigo a su posada a Gariscondo de Ynglaterra, donde dél e de su cormano, don Galián, rescibió aquella noche mucha honra. Don Palamís llevó consigo a Lartamón, e Honoraldo de Borgoña a don Glandines, Florantel a Camilo Pompeo, Girarte de Yrlanda a Soramonte. Desta guisa muchos de los otros grandes señores e caballeros del emperador llevaron consigo muchos de los estrangeros, e todos los otros fueron muy bien aposentados.

CAPI LV. DE CÓMO DESPUÉS DE PASSADAS LAS FIESTAS EL REY DE PANONIA E LOS OTROS PRÍNCIPES ESTRANGEROS SE VOLVIERON A SUS TIERRAS, E CÓMO DELFANGE DE AVANDALIA SE TORNÓ ALLÍ CRISTIANO.

Desta guisa estuvieron los estrangeros en la corte del emperador quinze días: que en todos ellos se hizo tan gran fiesta como en el primero, e todos días la emperatriz e la princesa Gradamisa venían después de haber comido al palacio del emperador, acompañadas como el primer día. Allí dançaban e tomaban mucho plazer. A las tardes el emperador e todos cabalgaban e se iban con muchos canes a un bosque cercado que era a tres millas de la ciudad: el cual él mandaba guardar tanto que ninguno no entraba en él. Aí había muchos ossos, tigres e leones pardos, lobos cervales, puercos, corços e venados, e todas las maneras de caça que podían ser, donde tomaban muy gran plazer. Los estrangeros, mirando la gran virtud e nobleza del emperador, la fiesta que les hazían, e las grandes dádivas que de cada día les daba, estaban muy arrepentidos en sus coraçones por la mala voluntad que le tuvieran, porque conociendo que ningún principe en el mundo merescía ser amado assí como éste.

Don Clarián los más días comía en su posada, y eran sus conbidados Gariscondo de Ynglaterra; e Delfange de Avandalia; Carindes, sobrino del rey de Panonia; e otros muchos de los estrangeros. E Gariscondo, rescibiendo de don Clarián tanta honra, estaba tan pagado dél que dezía entre sí Ermión de Caldonga, su primo, haberle dicho verdad; e dezía muchas vezes a don Galián que no podía ninguno tener a don Clarián tan mortal desamor que conosciéndole no le perdiesse, porque él por algunas razones lo desamaba mucho de antes, mas después que lo había conoscido lo amaba de coraçón.

El bueno de Del [LVIIIv] fange de Avandalia, como él oviesse recebido del emperador tanta honra cuanta él antes no pensara, e de don Clarián estaba tan pagado que más no podía ser, tomó desto tanto contentamiento que con ello —o más derechamente hablando con que a Dios plugo de inspirar en él su gracia— él ovo por bueno e le plugo de ser cristiano, e assí lo hizo. El emperador fue su padrino, e la emperatriz su madrina, e por ello le hizo gran fiesta. E puesto que a todos los paganos que allí eran venidos mucho les pesó, oviéronlo de dissimular porque sabían que Delfange respondía agramente a los que se lo retraía. Las cosas que sobre esto suscedieron, e las discordias que entre este buen príncipe Delfange e su padre ovo, adelante se dirá dellas en la segunda parte desta historia. E algunos tienen opinión que este Delfange se tornasse cristiano por amores de Alteranda, sobrina del emperador, con quien después casó. Mas Vadulato dize no ser assí: porque si lo tal fuera, no se partiera de la corte del emperador Delfange ni estuviera tanto fuera della como estuvo.

Don Glandines de Boemia estaba —como se ha dicho— preso de amores de la princesa Gradamisa: por lo cual de cada día se vestía de nuevos e ricos paños; como él se tuviesse por caballero muy apuesto e viesse que Gradamisa no lo miraba más que a otro, había desto gran pesar, e de antes él tenía en pensamiento de buscar alguna manera para la servir, aunque oviesse de quedar en la corte del emperador por ello; mas mirando esto e que en aquella corte había tantos e tales caballeros que dél no se haría la cuenta que él querría, bien conosció que para su orgullo de coraçón no le hazía menester quedar allí: mas ya vino tiempo que vino a servicio del emperador, como adelante se dirá.

Pues en esta fiesta que el emperador hizo, que por todo el mundo fue sonada, gastó él muchos tesoros; dio muchas joyas, baxillas de oro e de plata, muchos caballos, palafrenes, e falcones, paños de oro e seda. Passados los quinze días, el rey de Panonia e todos los príncipes e altos hombres de los estrangeros tomaron licencia del emperador e de la emperatriz:e de la princesa Gradamisa para se volver a sus tierras. El emperador cabalgó con ellos e mostróles sus caballerizas que en la ciudad de Colonia tenía, en las cuales había bien cuatro mil caballos muy hermosos: allí repartió entre los más principales dellos trezientos caballos muy ricamente guarnidos, e dio al rey de Panonia doze dellos. Con tanto los estrangeros se despidieron dél muy contentos, offreciéndole los más dellos servicio todas las vezes que él por bien tuviese. El rey de Frisa e don Clarián con gran caballería salieron; con ellos cada uno se partía con su compaña por do su camino se hazía, e muchos se offrecieron a don Clarián de amistad, yendo muy pagados dél a lo que mostraban; mas sobre todos Delfange de Avandalia. Desde aí se volvió el rey de Frisa. Don Clarián e muchos otros caballeros fueron con el rey de Panonia cuatro millas, e al partir el rey de Panonia le dixo que por su amor tanto que en su reino fuesse armaría caballero a su hijo Gastanís el hermoso —que passaba de hedad de diezinueve años— e lo embiaría a aquella corte para que estuviesse en su compañía. Don Clarián se lo agradesció mucho; con tanto se partieron los unos de los otros.

E dize la historia que Guideraldo de Belmunda, que juntamente con el rey de Panonia partía, iba muy descontento[28] porque ninguna paz ni aveniencia había podido poner entre el emperador Vasperaldo, e su señor, el emperador Focas de Costantinopla, que se desamaban mucho por lo que la historia ha ya contado. Pues los estrangeros idos, el emperador dio licencia a todos que se quisieron ir, e todos se partieron a sus tierras; que en la corte no quedaron sino aquellos que en ella de contino solían estar. Mas la reina Mirena, muger del rey de Polonia, ovo de quedar porque la emperatriz Altibea amaba mucho su compañía. [LIXr]

CAPI. LVI DE CÓMO DON CLARIÁN DESCUBRIÓ EL FECHO DE SUS AMORES A MANESIL SU ESCUDERO, E DE CÓMO HABLÓ CON SU SEÑORA GRADAMISA.

Como con la furia de los grandes torneos passados, las fuertes batallas de amor algún alivio en el coraçón de don Clarián oviesen dado, assí sintiéndose desocupado de las cosas de las armas, raviosas cuitas e mortales desseos cargaron sobre él, e como por la mayor parte aquellos que de amor son sojuzgados, hallando algún favor e remedio para su pena, mas el desseo que de mayor gloria les crece los atormentan: assí a este esforçado e noble caballero, que más leal amador que otro alguno era. Aquella graciosa habla que con su señora oviera le había puesto en muy mayor cobdicia de gozar de su vista, e de hablar con ella sin impedimento alguno, porque esto era gran descanso e gloria para él; e offreciéndose lugar para ello, rogóle muy afectuosamente que tuviese por bien de le hazer esta merced. La princesa Gradamisa se la otorgó e mandóle que viniesse por el vergel que debaxo de su aposento se contenía. La entrada había de ser por la gran huerta del palacio.

Don Clarián le dixo que si ternía por bien que parte deste secreto diesse a Manesil, su escudero, que él en lugar de hermano amaba; a quien ninguna cosa del mundo encubriría sino sola aquella que sin licencia suya no sería osado de la dezir a persona alguna. Gradamisa respondió: "Bien me plaze que lo hagáis, que Manesil me paresce a mí mucho buen escudero; porque esto no se puede hazer sin que nos hayamos de fiar de alguno. A Casilda —con quien vos tenéis gran parentesco— quiero yo descubrir mi poridad, que el amor e contentamiento que tengo della me esfuerça a lo fazer." Pues con tal concierto se partió don Clarián de su señora muy alegre.

Aquel día, después de haber comido en su posada, llamó a Manesil e fuese con él por una huerta adelante, e díxole: "Manesil mi amigo: la criança que de tu padre

---

[28] desconto

Argadón recebí e la que yo e tú tanto tiempo juntamente tuvimos, e sobre todo lo mucho que de ti conozco que me amas nunca se apartan de mi memoria, y engendran en mi voluntad tan gran desseo de lo satisfazer e galardonar; que muchas vezes cobdicio que venga tiempo en que lo pueda hazer, principalmente a tu padre, porque de ti creído tengo que ningún bien que yo fuera de mi compañía te diesse te sería agradable, ni yo sin la tuya estaría tan contento. Demás que tú no puedes hazer ál que seguir el prez de las armas como tu padre hizo, e como deben hazer todos aquéllos en cuyo coraçón se encierra bondad, e de linaje les viene inclinación a ello; porque con gran razón estos tales de vencer en el mundo tenidos y preciados en mayor grado que aquellos que procuran de alcançar las grandes riquezas, usando más del ganancia dellas que de despender a ellas, e su tiempo en actos de virtud e caballería que por esto seguir e acostumbrar como todos los buenos deben hazer. Muchas vezes me vieras no posseer más riqueza de unas armas e caballo, pudiendo estar en los reinos de mi padre con mucha grandeza de estado, como bien sabes; lo mismo verás e habrás visto a muchos hijos de grandes príncipes e altos hombres.

"Pero dexemos esto, que cuando fuere sazón tú lo seguirás como la virtud de ti coraçón te mostrara; porque al presente no menos bien gastado es el tiempo en lo de prender, tomando esperiencia de cómo se ha de exercitar, que después en lo obrar. Agora, mi buen amigo y hermano, yo te quiero descubrir una tan alta poridad, que a otra persona alguna del mundo no descubriera, para lo cual es menester gran secreto e fidelidad; las cuales siempre yo conoscí de ti." Entonces le contó todo cuanto passaba en los amores dél e de la princesa Gradamisa.

Manesil, que bien atento estaba a lo que su señor dezía, después que ovo acabado, respondióle en esta guisa:

"Sin falla, señor, este tengo yo por un tan gran fecho como lo es, e después que la donzella[29] estrangera con vos habló, yo debiera conoscer algo de [LIXv] llo: porque de entonces acá muchas vezes no os veía tan alegre como de antes, mas yo pensaba que esta diferencia pusiésselo a orden de caballería, que es trabajosa, a la vida de donzel, que es muy alegre e sin cuidado; e aunque yo en todas las cosas fuesse estraño, conozco que esta merced tan grande que me hazéis en me descubrir un tan alto secreto me debría obligar a serviros toda mi vida. Empero tengo un pesar: que conosciendo vos, señor, que yo sea vuestro natural e siervo tan antiguo, que la vida de vuestro servicio no me sería agradable, me pongáis delante offrecimientos ningunos. Pues yo no pienso ni pensaré en ál que en serviros en tanto que viviere, e jamás dello cansaré hasta que deste mundo me parta, y en tanto que Dios a esto me diere lugar, nunca otro bien de mí será cobdiciado."

Don Clarián, que bien miraba la afficón con que Manesil esto dezía, que era tan grande que la lágrimas le caían por los ojos; le echó el braço al cuello, e con grande amor le dixo:

"Mi buen amigo, bien assí lo tengo yo de ti conoscido, e por tal te amo e quiero

---

[29] donella

como a mi propio hermano, e lo que yo digo no es por ál sino porque las cosas que el hombre mucho en voluntad tiene rescibe plazer en las comunicar. Pues esto dexado, es menester que tú aparejes una cuerda por dónde subamos la pared de la huerta —que es alta— e tanto que fuere hora, luego nos iremos para allá, que de ninguno ternemos empacho, pues don Galián, mi cormano, es passado a su posada; al cual cosa alguna yo no encubriría, sino ésta que no es en mi mano dezirla."

E bien assí era: que dos días había que don Galián se passara a su posada por hazer honra a dos primos cormanos de la reina Latena, su madre, que eran venidos a lo ver; y muy ricas donas le traxeran a él e a la infanta Resinda, su hermana. Don Clarián consintiera en ello porque no le diesse estorvo en aquellas tales cosas.

Pues assí como la media noche vino, cuando la gente estaba más en sosiego, don Clarián e Manesil, cubiertos sus mantos e las espadas en las manos, se fueron para la huerta. Puesta la cuerda, don Clarian subió por ella muy ligeramente; desí ayudó a subir a Manesil. Por ella misma baxaron e fuéronse por la huerta adelante. Como a la finiestra llegaron —que era baxa de tierra cuanto siete pies— vieron como dentro había lumbre de candela. Manesil quisiera tocar a la finiestra, mas don Clarián no le dexó. El estaba en aquella sazón más turbado en cómo se había de poner ante su señora e hablar con ella que si se oviera de matar con un esquivo jayán. Como la princesa Gradamisa —que no dormía— lo sintiesse, llamó a Casilda —a quien ella su poridad descubriera— e púsose a la finiestra vestida de unos paños morados muy ricos, sembrados todos de piedras muy preciosas; e sobre sus muy hermosos cabellos una muy rica guirnalda de oro. Estaba tan hermosa que no oviera ninguno que la viera que no dixera que aquélla no parescía muger terrenal sino aquel que Dios allí habrá embiado.

Don Clarian, hincando los hinojos en tierra, salvóla con gran humildad, e tan turbado estaba de ver su hermosura que palabra no fablaba.

La princesa Gradamisa —que bien conoció su turbación— lo hizo levantar e díxole: "Mi buen amigo, yo he tenido por bien de os hazer venir a este lugar por remediar vuestra cuita —si con esto se puede hazer— porque conozco que soy de vos tan verdaderamente amada, que para esto e para todo aquello que conforme a Dios e a lo que yo debo fuere os soy obligada; e bien assí os ruego, mi buen amigo, que vuestro coraçón con esto tenga por contento fasta que Dios —seyendo él servido— me dé más lugar para fazer por vos; e con que del mío sois amado sin algún punto de engaño, e mucho os ruego por el verdadero amor que me tenéis que apartéis de vos toda cuita e sin empacho alguno me digáis todo aquello de que plazer os viniere: que de lo oír yo habré gran plazer."

Don Clarián, que atento estaba oyendo su graciosa habla, respondió muy humildosamente:

"Mi verdadera señora: no hay cosa alguna con que se pueda satisfazer la merced que a mi poco valor es fecha sino con ser vos la que la haze; e si el coraçón turbado ocupare el entendimiento, [LXr] no dando lugar a que mi habla sea tan concertada como sea razón, la vuestra merced sea de no me culpar: pues lo que quedare por dezir —e mucho más— se queda en él encerrado, e aunque yo todos mis miembros pueda mandar e regir éste —que señora es vuestro— no puedo sino seguir lo que hazer quisiera. Y pues él tan alto señorío sobre sí tiene, e de mí tan agenado e apartado está: no sé cómo pueda yo estorvarle de ayudar e pensar en aquélla cuyo es; que con gran razón se quexaría de mí que le quitaba mayor gloria que le podría dar. Assí que, señora, aunque en todas las cosas yo no pasaría vuestro mandamiento, en esto que tan fuera de mi poder es, no me sea de culpar, e por Dios, señora, no se olvide de vuestra memoria tan gran desseo como yo tengo de serviros, e tan gran fe e amor como es aquélla con que mis entrañas son encendidas: que con sólo esto se podrá sostener mi vida."

La princesa Gradamisa, por le dar plazer, respondió riendo muy hermoso: "Mi buen amigo, pues vuestro coraçón es tan mío como dezís: por tanto hará más aína aquello que a mí mucho plazer verná. E pues como a mío lo puedo mandar, para esto e para todo lo que a vuestra honra hiziere le do yo licencia; que teniendo vos por tan grande el señorío que sobre él tengo, no quiero yo que se haga tan flaco que no tenga aquella grandeza que solía. E yo, mi buen amigo, no os ruego que del todo se aparte el pensamiento e cuidado porque aí yo rescibiría engaño; mas que sea con tal templança que el tiempo que en ello se ocupare sea más por gloria e delectación que por cuita ni tristeza. Dezísme que no os olvide, e desto podéis estar bien seguro: porque mal se puede olvidar lo que nunca se aparta de la memoria, que si en todo os pudiesse yo pagar como en esto, bien habría que ver en quien es al otro en mayor deuda."

"Ay, por Dios, señora," respondió don Clarián, "no se diga cosa tan desigual, que nunca yo podré —aunque el mayor poderío del mundo tuviesse— servir la merced que me hezistes en rescebirme por vuestro. E pues mis pequeños servicios son fechos a una tan alta señora, gran razón es que mi coraçón cobre tan gran favor que en él se conozca la gran bienaventurança que ha alcançado, e si de aquí adelante alguna cosa hiziere, la gloria dello —aunque muy pequeña sea— será vuestra; pues después de Dios, de vos, mi buena señora, le ha de venir esfuerço para ello; que si hasta el día que debaxo de vuestro señorío fue metido, algo ha valido, no ha sido sino porque adevinaba el gran bien que había de alcançar."

"Mi buen amigo," dixo Gradamisa, "no hagáis vuestro merescer tan baxo para comigo, pues de todos los otros del mundo sería con gran ventaja tenido e mirado."

Estas e otras muchas razones sabrosas e deleitosas palabras passaron entre don Clarián e su señora, de que él estaba con tanta gloria y plazer:que para él mayor no podía ser. Allí don Clarián le contó más largamente cómo en sólo oírla nombrar a una donzella de España fuera assí cruelmente herido e preso de sus amores como si la viera. "Buen amigo," respondió Gradamisa, "según lo que dezís no sé si Dios lo ha permitido: que cierto yo creo que en amaros a vos —pues hay tanta razón para ello— no voy contra El, ni contra mi honra; e dél espero dará lugar que conforme a su servicio de mí seáis galardonado." Don Clarián se humilló mucho a lo que dezía, e otra cosa no le respondió.

Después de haber una gran pieça fablado de cosas de plazer, la princesa Gradamisa le dixo: "Mi buen amigo: vos venistes a esta corte por ruego mío, e habéis estado en ella como de emprestado por él de la emperatriz, mi madre; e porque en cualquiera otra parte que estuviéssedes passaríamos mayor cuita que aquí, yo vos ruego mucho que si de más assiento por el emperador o por la emperatriz fuéredes rogado lo hagáis, pues que aunque en lo público por ellos pareciere ser hecho, en lo secreto por mí se haze."

Don Clarián respondió: "Señora, en esto y en todo lo ál cumpliré yo vuestro mandamiento, e no digo quedar aquí, donde tanto bien alcanço como [LXv] es que mis ojos os puedan mirar, mas en la más espantables e desiertas montañas que me mandássedes estar, viviría muy alegre." Desta guisa estuvieron hablando fasta que Manesil dixo a don Clarián que era ya tiempo de se ir, que el día se acercaba. Mas bien os digo que a él no le paresció sino que entonces allegara, tan grande gloria sentía en estar allí.

Gradamisa le dixo entonces: "Hablad a Casilda, vuestra parienta, que mucho os ama."

"Señora," respondió ella, "no me maravillo que por mí no aya mirado, que con el sobrado gozo que tiene de se ver ante vos o de otra a quien mucho más amara que a mí que aquí estuviera no se diera mientes."

Don Clarián la salvó muy cortesmente, e díxole: "Señora, no os maravilléis de no haberos visto: pues la verdadera causa dello habéis dicho, puesto que de mi pensamiento no aparte como os pueda servir e hazer por vos tanto cuanto mis fuerças alcançaren; que aunque no fuesse por el deudo —que es bien cercano— por servir a mi señora Gradamisa trabajaré yo cuanto pudiere de os poner en el estado que vuestra virtud e noble linaje meresce." Casilda se humilló mucho por ello.

La princesa Gradamisa dixo contra Manesil: " Manesil amigo, tus buenas costumbres e maneras me han parescido tales que en todo te muestras hijo de buen caballero, como me han dicho que eres; e porque los tales son como tú, deben obligar a todos que los amen bien, assí hago yo a ti. E por tal he tenido por bien que tu señor te diesse parte deste secreto, e aunque él, tanto como me ha dicho, te sea obligado por la antigua criança de tu padre, e por tus servicios que no es menester que yo a él te encomiende: de mí puedes ser cierto que de hoy más te terné por fiel criado, e por tal de mí serás siempre galardonado."

Manesil hincó los hinojos en lugar de agradescimiento, e dixo: "Señora, a mi señor en me descubrir un tan alto secreto, e a vos en lo consentir, no podré yo acabar de servir toda mi vida la merced que me fezistes. E puesto que la causa desto fue más de tener me mucho amor que de otra cosa ninguna que en mí haya, si para con mi señor esto tiene alguna color por los servicios de mi padre para con vos, señora —que nunca os serví— es tan grande el cargo, que por mí no podría ser servido ni yo sé ál con qué satisfazer sino con siempre dessearos servir con la mayor affición que pudiere."

Queriéndose don Clarián despedir de su señora, Casilda le dixo: "Yo quiero hazeros agora un gran servicio porque otro día de mí os acordéis. " Entonces hincó los hinojos antes la princesa Gradamisa, rogándole tanto que le diesse las manos a don Clarián para le hazer mayor merced —pues era suyo— que ella lo ovo de otorgar, e dixo riendo:

"Yo con vosotros no puedo ganar nada, que todos sois de una tierra." Entonces sacó sus muy hermosas manos por la rexa.

Don Clarián las besó muchas vezes e dixo contra Casilda: "Buena señora cormana:

a Gradamisa, mi señora, escusado sería pensar de le servir esta merced ni muchas otras que siempre me haze. Empero lo que vos por mí habéis hecho es tanto que a Dios le plega de me llegar a tiempo que lo yo pueda galardonar." Entonces se despidió de su señora, e partióse dellas. Gradamisa e Casilda estuvieron a la finiestra hasta que ellos entre los grandes árboles que en la huerta había se encubrieron. Desí fuéronse acostar, que no había hasta el día más de una hora. Don Clarían como en su posada fue llegado echóse en su lecho e durmió muy bien hasta que el sol fue salido.

CA. LVII. CÓMO DON CLARIÁN FUE A MONTE E ALLÁ CONOSCIÓ DOS CABALLEROS QUE VENÍAN EN SU DEMANDA.

Luego otro día que don Clarián se levantó; fue a monte, e con él muchos de los buenos caballeros [LXIr] de la corte, e los más dellos iban armados —que assí lo acostumbraban hazer muchas vezes— e fuéronse a una floresta que era cerca de la ciudad. Allegados, pusieron sus paradas. En la parada que don Clarián se puso estaban con él Soriel de Vedoys e Galerte de Mirabel: que ambos eran grandes monteros e sabían muy bien por dónde la caça había de salir. No tardó mucho que levantaron dos puercos grandes; el uno fue contra la parte que don Galián, Honoraldo de Borgoña, e los cormanos de la reina Latena estaban, mas antes que allá llegase y aún empós dél don Palamis de Ungría, don Felisarte de Jafa, Roselao de Suevia e otros muchos, con tan grande estruendo de bozes e ladridos de canes que los valles de la floresta fazían ressonar. El otro puerco, que era mayor, se fue muy cubierto hasta dar en la parada de don Clarián; él le soltó un muy hermoso lebrel que tenía— lo mismo hizieron Galerte de Mirabel e Soriel de Vedoys. El puerco corrió tanto que llegó a una gran laguna que en la floresta se hazía, cerca de un camino que iba contra la ciudad; allí se lançó. Los canes entraron a él e matáronlo, pero antes que muriese mató dos lebreles. Don Clarián sacó dél puerco un venablo que le lançara y encarnó los canes en él. Desí mandó a Manesil que con todos aquellos monteros se fuesse a la ciudad llevasse el puerco, e de su parte lo presentasse al emperador, porque era de los grandes que se nunca vieran. Manesil lo hizo assí.

Don Clarián dixo contra Galerte de Mirabel e Soriel de Vedoys que si sabrían ir a la parte que los otros estaban. Ellos dixeron que sí, que muy bien sabían aquella floresta. E como para allá quisiessen mover vieron venir por la carrera dos caballeros armados: el uno dellos traía unas armas pardas e las sobreseñales negras, el pendón del yelmo y el guarnimiento assí mesmo del caballo, e bien demostraba que lo traía por duelo. El otro caballero era mayor de cuerpo; traía unas armas cárdenas, en el escudo un grifo pintado. Don Clarián dixo contra los otros: "Atendamos a estos caballeros, que me parece que deben ser caballeros andantes." Mas como los caballeros acerca dellos llegaron él de las armas pardas se puso en medio de la carrera e les demandó justa.

Don Clarián se volvió contra los otros e díxoles: "Mas sin trabajo quisiéramos nosotros rescibir a estos caballeros; mas pues a ellos plaze, no es razón de les fallescer de justa: que por estas tales cosas es bueno venir a caça armado." Entonces Soriel de Vedoys demandó a don Clarián la primera justa, e don Clarián se la otorgó.

El se dexó ir contra el caballero y encontrólo tan reziamente que le hizo perder ambas las estriberas; mas el otro lo firió de guisa que lo sacó de la silla. Galerte de Mirabel se dexó ir para el caballero. El caballero lo firió por manera que le falsó todas las armas; quebró en él su lança, e otro mal no le hizo. Mas Galerte de Mirabel lo encontró tan de rezio que dio con él por el suelo. El gran caballero, como viese su compañero en tierra, dixo contra Galerte[30] de Mirabel: "Caballero, comigo os conviene justar, que no dexaré yo assí passar la caída de mi compañero."

"No os fallecerá justa," respondió Galerte, "aunque dos tantos viniéssedes."

"Mucho habíades de valer para según os preciáis," dixo el caballero. Esto diziendo movieron ambos contra sí, e diéronse muy grandes encuentros; mas la lança de Galerte fue quebrada y él vino a tierra.

Don Clarián se maravilló de quién el caballero fuese, e díxole: "Señor caballero ¿plázeos justar comigo?"

"Plázeme tanto," respondió él, "que no lo dexaré por ninguna guisa por saber si en vos o en él tenía aquel caballero tanta confiança." Entonces se dexaron correr contra sí muy de rezio e diéronse tan grandes encuentros que las lanças de ambos ados fueron quebradas, pero que el gran caballero e su caballo fueron por tierra. Mas él se levantó muy presto con gran saña de la caída, e llamando a don Clarián [LXIv] a la batalla de las espadas le dixo: "Caballero, muchas vezes los caballos cansados echan en falta a sus señores —como éste mío hizo agora— empero para esto traigo yo esta espada para dar a conocer que puede emendar la falta que el caballo ha hecho: por ende os llamo a la batalla."

"Señor caballero," respondió don Clarián, "no hay razón porque entre mí e vos haya batalla, ni yo quiero más gloria de la justa que vos sino que toda la culpa sea de vuestro caballo; porque pues nos cumplimos lo que nos demandastes, os podéis ir a buena ventura, con tanto que os hago seguro que de aquesto nunca nos alabaremos mucho."

Muy más sañudo fue el gran caballero de aquestas palabras, e respondió: "¿Cómo, caballero? ¿Assí burláis de mis razones? Por buena fe, si a la batalla de las espadas venimos yo haré que ante de una hora estéis de peor talante; por ende decendid de vuestro caballo a combatiros comigo —si no yo os preciaré muy poco e os acometeré assí como estáis."

Don Clarián se sonrrió e díxole: "Señor caballero, por vos preciarme poco no me quitáis mucho de mi valor —si alguno es— empero si tanta gana tenéis de combatir, a mí plaze dello con tanto que me digáis vuestro nombre, e yo deziros he el mío; e después que nos conozcamos podrá ser que tengamos más razón para nos combatir, o que del todo lo dexemos."

El caballero respondió: "Aunque yo traía en voluntad de no me descubrir en esta tierra hasta ver un caballero que demando —que es el mejor que hay en toda ella— porque ninguna escusa haya en nuestra batalla, yo os quiero dezir mi nombre: e sabed que me llaman Argán de Fugel, e soy tan mal conoscido en esta tierra que bien creo

---

[30] Garlete

que mi espada os hará más temer mi batalla cuando la prováredes que no mi nombre agora que lo sabéis."

Cuando don Clarián esto oyó quitóse el yelmo e fuelo abraçar, diziendo: "Buen amigo, Argán de Fugel, no hay entre mí e vos tal desamor para que haya de haber batalla." Como Argán de Fugel lo conosciesse fue muy alegre e hincados los hinojos quiso le besar las manos, mas don Clarián lo hizo levantar.

Argán de Fugel le dixo: "Cierto señor, en otro más fuerte braço había de estar ésta mi espada para emprender la batalla con vos; e no por ál que por os buscar soy salido de mi tierra por complir mi desseo, que es estar en parte que os pueda servir en cuanto pudiere; e puesto que esto harán otros que sean mucho más que yo, bien tengo creído que vuestra bondad e mesura no menospreciará mi afficíón."

"Si Dios me ayude, Argán de Fugel," respondío don Clarián, "yo estimo assí vuestra amistad e compañía que vos agradezco tanto vuestra venida cuanto vos en todo lo que yo pudiere conoceréis; e a mí plugiera mucho que vuestra venida fuera ante, porque han passado cosas en que todos conoscieran vuestro valor."

"Señor," respondió él, "de cada día avienen grandes cosas, e más donde están los mejores caballeros del mundo; e para mí es harta gloria —aunque en ello no me haya hallado— haber oído los grandes hechos vuestros que a todos hazen maravillar."

"Buen amigo," dixo don Clarián, "dexemos esto: que en esta corte del emperador hay tantos e tales caballeros que con razón deben por todo el mundo ser loados; yo soy aquel de quien menos se puede dezir. Mas dezidme quién es aquel vuestro compañero."

"Señor," dixo Argán de Fugel, "éste es un buen caballero que mucho os ama, e viene con el mismo desseo que yo. Ha por nombre Leonadel, e me dixo que librastes una dueña su muger de poder de cuatro caballeros que a matarla llevaban: no sé si os miembra." Don Clarián dixo que bien se le acordaba. Entonces llegó Leonadel, e quísole besar las manos, mas él no se las dio; e abraçólo e recibiólo muy bien. Don Clarián se volvió entonces contra Galerte de Mirabel e Soriel de Vedoys, e díxoles como aquéllos eran dos caballeros, amigos suyos, que él preciaba mucho. Desí — embiando un donzel a los otros caballeros que les dixesse cómo él se iba a la ciudad con dos caballeros andantes— hizo que todos cabalgassen, e fuéronse para la corte.

Por el camino Leonadel contó a don Clarián cómo [LXIIr] su muger muriera, e que por aquello traía duelo. "A mí me pesa mucho dello," respondió él, "mas, pues aquí sois venido no lo traeréis más." Llegados a la posada de don Clarián fueron desarmados. El mandó dar a Argán de Fugel e a Leonadel ricos paños que vistiessen, e fuesse con ellos antel emperador; Argán de Fugel e Leonadel le besaron las manos. Don Clarián le dixo: "Señor, estos dos caballeros —amigos míos— son tales que por su bondad merecen ser amados: por ende sea la vuestra merced de los hazer honra como en vuestra corte se suele hazer a los buenos caballeros que a ella vienen, porque ellos traen gran desseo de os servir."

El emperador los rescibió muy bien, e dixo: "Buen amigo, a mí plaze mucho dello y les agradezco su venida; e de mí recibirán toda aquella honra que ellos merecen, aunque por ser vuestros amigos no se les podrá hazer tanta que a más no les sea obligado yo. Sin falla la gran bondad de los tales caballeros, como vos, acarrea siempre a las cortes de los grandes príncipes —donde ellos están— los buenos caballeros que vienen por los conocer y estar en su compañía." Don Clarián fincó los hinojos ante él e quiso le besar las manos, mas el emperador las tiró a sí.

El le dixo: "Señor, jamás se podrían por mí servir las mercedes que cada día de vos recibo e la voluntad que en hazer me las mostráis."

"Buen amigo," dixo el emperador, "hasta agora yo no he hecho por vos como querría, mas por mucho que hiziesse no cumpliría con lo que vos merecéis." Assí con mucho plazer fueron del emperador Argán de Fugel e Leonadel recebidos, el cual los mandó hazer de su mesnada; e de todos aquellos buenos caballeros rescibieron mucha honra, e más Argán de Fugel, porque don Clarián dixo a todos cómo era de muy gran bondad de armas.

O, pues cuánto debría ser loada la gran nobleza e virtud deste emperador Vasperaldo, e la bondad e cortesía con que de los caballeros de su corte eran tratados; los estraños que a ella venían —que éste era un lazo para prender sus voluntades— tal que olvidando sus propias naturalezas los tenía muy firmes en servicio deste príncipe; que de la virtud del señor por la mayor parte se sigue bondad en los servidores.

CAPITU LVIII. CÓMO DON CLARIÁN E OTROS MUCHOS CABALLEROS SALIERON A RESCEBIR A LA INFANTA GUIRNALDA, HIJA DEL REY DE PANONIA, QUE A LA CORTE DEL EMPERADOR VASPERALDO VENÍA.

Agora dize la historia que don Clarián estando en el palacio del emperador supo cómo la infanta Guirnalda, hija del rey de Panonia, había de entrar aquel día en la corte; que el rey su padre cuando se partiera prometiera a la emperatriz e a la princesa Gradamisa de la embiar. Como don Clarián mucho al rey de Panonia amasse, saliéronla a rescebir él e don Palamís, Honoraldo de Borgoña, don Galián, don Felisarte, Guirarte de Yrlanda, Florantel, Hermión de Caldonga, Flor de Mar, Galinor de Monferán, Telión de la Maça, Argán de Fugel, Leonadel, Genadís de Suecia, Grisabor e otros muchos buenos caballeros; e cuando a ella llegaron todos la salvaron muy cortesmente: ella los rescibió muy bien como aquella que era muy cortés e bien hablada e fija de tan buen rey.

Mucho fueron pagados todos de su hermosura. Ella había muy hermosos cabellos, e sobrellos traía una guirnalda de flores muy hermosas que la guardaban del sol; con ella venían gran compañía de caballeros, dueñas e donzellas. La infanta venía vestida de unos muy ricos paños turquís, por ellos sembradas unas flores de oro muy menudas. Como ella era niña de hedad de diezisiete años e muy hermosa parecía tan bien que no ovo ninguno que la viesse que no dixesse que después de la princesa Gradamisa no había en la corte otra ninguna que más hermosa fuesse. Mas en tal punto la vio don Galián del Fuerte Braço, que aunque hasta allí nunca de amor fue sojuzgado; tan bien paresció esta infanta a sus ojos que de allí adelante no se [LXIIv] partió de la amar. Pues después de la haber todos estos caballeros muy bien recebido e saludado, don Clarián se llegó a ella, e tomándola por la rienda movieron contra la ciudad. Don Galián —que se no podía partir de la mirar— se puso de la otra parte; entonces don Clarián le dixo:

"Señora, aunque a las tales princesas como vos algo de mal se les haga dexar sus reinos e naturaleza, donde mucho pueden mandar, tanto que en esta corte seáis, la gran nobleza e buen acogimiento e mucho amor que en la emperatriz y en la princesa Gradamisa fallaréis os hará poner todo lo otro en olvido; porque estas dos tan nobles señoras siempre han por costumbre de honrar a todas las dueñas e donzellas: principalmente a vos, señora, que sois de tan gran guisa e tan hermosa que vuestra compañía debe dar mucha honra e plazer a la mayor princesa del mundo. Dexado aparte esto e la noble compañía de muchas princesas e señoras de gran guisa que ternéis, de qué mucho plazer os verná; puesto que aquel antiguo señorío de vuestro padre —a quien yo mucho amo e precio, por agora no se puede comunicar— ganáis, señora, el servicio de todos aquestos señores, que mucho pueden, y el mío —que aunque es pequeño la voluntad está tan grande que ésta lo bastaría a engrandescer— que dexado aparte el amor que todos al rey vuestro padre tenemos, e cuánto le desseamos servir e agradar, vuestra gran hermosura e gracia nos obliga a esto que digo, e a mucho más que por serviros se pudiesse hazer."

La infanta Guirnalda respondió mesuradamente: "Buen señor don Clarián, vuestra mesura e bondad es tan grande que os combida a honrar e hazer por todos, e assí fazés por mí; que aunque no os lo tenga merescido por intercessión del rey mi padre —que os ama e precia mucho a vos e a todos estos señores— hay en alguna manera lugar para ello; e yo no rescebiré mucha pena por no poderos dar las gracias a vos e a todos ellos, assí con la obra como las doy con el coraçón, pues a él el cargo de la honra que se me haze e de lo agradecer es dado; que a mis flacas fuerças no es de demandar otra satisfación sino la buena voluntad e agradecimiento con que lo rescibo."

Mucho fueron todos pagados de la graciosa respuesta que la infanta Guirnalda diera a don Clarián, e don Galián le respondió: "Buena señora, lo que por el rey vuestro padre se hiziesse se haría por un gran príncipe e alto hombre como él es: mas desto que mi señor cormano don Clarián dize no se debe dar a él las gracias, pues aunque no fuesse por la gran guisa de donde venís sino por vuestra gran hermosura e gracia es derecha razón que os deseen servir cualesquiera príncipes e altos caballeros: que solas estas dos cosas tienen crecido merescimiento para esto que digo." La infanta se volvió con hermoso continente, e agradecióle mucho lo que dixera.

Pues desta guisa fueron por todo el camino hablando, don Galián fue departiendo de muchas cosas con la infanta Guirnalda; a ella le paresció tan bien su apostura e concertada habla que mucho iba dél pagada, e mucho más lo estuvo adelante —como la historia lo contará. Llegados al palacio del emperador la infanta fue dél muy rescebida; don Clarián la tomó por el braço e llevóla al aposento de la emperatriz. Acompañáronla todos aquellos buenos caballeros, assí de la emperatriz e Gradamisa como de todas fue muy bien rescebida, e le fue hecha aquella honra que era razón. Ella agradó mucho a cuantas hay estaban porque era de las hermosas que en la corte había después de Gradamisa. Aquellos que con ella vinieran: los que dellos quisieron fincaron en la corte, e los otros se volvieron a su tierra; y en poco tiempo fue la infanta Guirnalda de todos muy amada.

CAPITU LIX. CÓMO FLORANTEL DE NURUEGA SE COMBATIÓ CON UN CABALLERO
PORQUE TOMARA UN PALAFRÉN A UNA DONZELLA QUE TRAÍA DONAS A DON
CLARIÁN, E UN CABALLO A UN ESCUDERO QUE CON ELLA VENÍA. [LXIIIr]
En esta parte dize el cuento que un día que Florantel iba buscando las aventuras,
encontró una donzella e un escudero que ambos venían a pie e muy cansados. Como
Florantel a ellos llegó, saludólos cortesmente, e dixo contra la donzella: "Señora ¿por
qué venís assí a pie? que estraña cosa es para una donzella como vos."

"Señor," dixo ella, "porque hallamos muy poca mesura en un caballero que acá
atrás viene, que tomó a mí el palafrén y a este escudero que comigo viene su caballo;
mas si un caballero a quien yo encomendada vengo aquí agora estuviesse él me haría
haber emienda dello."

"Si Dios me ayude señora," respondió Florantel, "muy descortés es el caballero
que assí os haze venir; mas ruégovos que me digáis quién es aquel a quien traéis el
mensaje."

"Es don Clarián de Landanís," dixo ella, "y el mandado que yo trayo es de la
Dueña Encubierta, tía del rey su padre."

"Señora," dixo Florantel, "yo conozco a esse que vos dezís, e bien podéis ser
segura que si él aquí estoviera os hiziera alcançar derecho de aquel que os fizo fuerça,
aunque mucho pudiera. Mas assí por su amor como porque para enmendar los tales
tuertos deben los buenos caballeros traer armas; aunque yo sea de poco valor, la gran
voluntad que tengo de hazer por esse caballero a quien vos mandado traéis, e vuestra
mucha razón me da osadía a me offrecer de vos hazer alcançar derecho. Por ende
fincad vos aquí con mi escudero, y el vuestro vaya en su caballo comigo para me
mostrar el caballero; que yo os haré volver a todo mi poder el palafrén y el caballo."

La donzella se lo agradesció mucho e díxole: "Señor, por esso andan los buenos
caballeros por el mundo: para emendar las fuerças que los malos hazen, e lo que por
mí hiziéredes de aquel caballero os será bien galardonado."

"Esso, donzella, no es menester," dixo Florantel —que bien pagado está antes de
agora. Entonces mandó a su escudero que diesse el caballo al escudero de la donzella
e que quedasse con ella a la acompañar.

Esto assí fecho, fuesse por la carrera que el escudero le mostraba; no anduvo
mucho cuando vio venir por un llano al caballero armado de todas armas, e traía por
la rienda una dueña su amiga. Con él venían cuatro escuderos e dos enanos; que todos
venían cabalgando —algunos dellos traían caballos e palafrenes de diestro. Florantel,
que esto vio, volvióse contra el escudero e díxole: "Agora vos digo que tengo al
caballero por más villano, pues lo que hizo no fue por necessidad."

"Señor," respondió el escudero, "algunos de los que allí vienen los trae por fuerça;
porque uno de aquellos escuderos que viene en el caballo morzillo —que es el mío—
me dixo que lo traía contra su voluntad. Los caballos e palafrenes que toma es porque
viniendo por su carrera con aquella dueña su amiga encontró con un caballero e una
donzella, e porque traía mejor palafrén que su amiga quísoselo tomar. El caballero que
con ella venía se lo defendió e combatiéronse tanto que el otro fue vencido, y este otro
le cortó la cabeça: que dél no quiso haber merced porque le hizo una llaga en el rostro,

e de saña desto prometió a su amiga todos cuantos caballos e palafrenes encontrase por esta carrera fasta un su castillo donde ellos van."

"Por buena fe," dixo Florantel, "mucho debe ser sobervio en prometer tan grande locura, que tal puede venir que le haga perder el suyo e todos los otros." Hablando en estas razones allegaron a ellos, e Florantel le dixo: "Señor caballero: vos tomastes a este escudero su caballo, e también a una donzella que con él iba su palafrén; por ende vos ruego que se los volváis luego, que si vuestra amiga tiene mucha gana de los caballos e palafrenes de los otros, assaz me paresce a mí que lleva aquí para estar contenta porque tal puede cobdiciar que le hagan perder el suyo."

El caballero se hizo adelante e respondió muy sañudo: "Por buena fe don caballero, vos habláis muy locamente [LXIIIv] con quien dos tanto que vos vale; por ende vos mando que luego decindáis del caballo, e hincando los hinojos ante esta señora, le demandéis perdón de lo que hablastes: si no yo os haré que demás de ir a pie, vais avergonçado."

"Caballero loco e sobervio," dixo Florantel, "los que mandan como vos assí deben ser respondidos." Esto diziendo abaxó la lanca e movió contra él; el otro lo salió a recebir, e firiéronse ambos tan duramente que ambas las lanças fueron quebradas, mas el caballero fue ferido en el costado siniestro e cayó en el campo muy gran caída. Florantel passó por él muy rezio, e cuando volvió el caballero era ya en pie, e la espada en la mano se venía contra él. Florantel le dixo: "Caballero, si yo agora quisiesse acometeros assí poco ganaríades comigo; mas aunque seáis muy sobervio yo me quiero apear porque os podáis mejor llegar a mí." Entonces saltó del caballo e puso mano por su espada; e acometiéronse el uno al otro muy bravamente, trayendo entre sí una tan brava batalla que los que la miraban se hazían maravillados. Los tres escuderos y el un enano que el caballero por fuerca consigo traía rogaban a Dios que ayudasse a Florantel.

La dueña —que los oyó— les dixo: "Ay traidores, yo os prometo que tanto que mi amigo a este caballero mate yo haga que a todos os taje las cabeças."

Ellos ovieron pavor e quisieran fuir; mas el escudero que con Florantel viniera los esforçó mucho, diziendo que atendiessen a ver quién llevaba la mejoría. Los caballeros se ferían a esta sazón de grandes golpes por doquiera que más de mal se podían hazer: mas como Florantel fuesse de mayor coraçón e fuerça no tardó mucho de lo traer a su voluntad. Cargávalo de tantos golpes que lo hazía desatinar e andar a una parte e a otra. El, como assí lo vio, alçó la espada e diole tales dos golpes por cima del yelmo que lo hizo venir a sus pies. Travándole por él, llevóselo de la cabeça; e púsole la espada al cuello, diziéndole: "Muerto eres si no te otorgas por vencido." El caballero con miedo de la muerte le demandó merced e se otorgó por vencido.

Entonces Florantel se levantó de sobrél. Los escuderos vinieron antél, e de hinojos en tierra le dixeron: "Señor, de Dios hayáis el galardón por haber quebrantado el orgullo de un tan sobervio caballero; e mejor faríades de lo matar."

"Esso no faré yo," dixo Florantel, "pues que se me ha otorgado por vencido." Desí fue para la dueña e díxole: "Dueña, vuestra poca mesura en consentir e haber plazer que las donzellas y escuderos vayan a pie bien merecía que a vos se diesse la misma pena; mas porque yo a dueña ni donzella no quiero assí tratar, vos irés cabalgando como estáis, e vuestro amigo a pie hasta donde está la donzella a quien él quitó el palafrén; e si ella diere a vos el palafrén e a él su caballo, podrés os ir ado quisierdes —con tanto que vuestro amigo me prometa de nunca otra vez lo semejante hazer." La dueña abaxó la cabeça e no respondió cosa alguna, que con gran vergüença estaba. Florantel cabalgó e hizo ir assí a pie al caballero. Por el camino supo como era sobrino de Boeles, el buen caballero anciano que a los caballeros andantes mucha honra en su castillo hazía.

"Si Dios me ayude," dixo Florantel "nunca vos dél deprendistes hazer tales cosas." Desta guisa andovieron hasta llegar adonde la donzella y el escudero de Florantel estaban, los cuales ovieron mucho plazer cuando assí lo vieron venir. Florantel les dixo: "Señora donzella, veis aquí los que la villanía hizieron contra vos: en vuestra mano es de los hazer ir a pie como ellos a vos hizieron."

"Señor," respondió ella, "a vos agradezco mucho lo que por mí habés fecho; e pues en mi mano lo dexáis yo no quiero ser tan descortés para con ellos como ellos fueron contra mí: mas que se vayan a buena ventura." Desí dio licencia que se fuessen. Ellos se partieron con muy gran vergüença. Florantel dio a [LXIIIIr] los otros sus caballos, e que se fuessen ado quisiessen. E con él fincaron el caballo del caballero que el caballero matara, y el palafrén que a la donzella que con él venía tomara, porque no había a quién los dar. Desí encomendando a Dios a la donzella e diziéndole su nombre, se metió a buscar sus aventuras. En el primer castillo que aquella noche llegó dexó el caballo y el palafrén al señor dél para que supiesse quién los debía haber e se los diesse.

CAPITU LX. CÓMO LA DONZELLA DIO A DON CLARIÁN LAS RICAS DONAS QUE LA DUEÑA ENCUBIERTA LE EMBIABA.

La donzella y el escudero llegaron a la corte del emperador e fuéronse para la posada de don Clarián. Cuando él vio la donzella luego la conoció: que muchas vezes la viera en la corte del rey Lantedón su padre; e después de la haber recebido muy bien, entróse a una cámara con ella y con el escudero e con Manesil sin otra compañía e demandóle que le dixesse de quién le traía mandado. Ella le dixo: "Señor, mi señora, la Dueña Encubierta vos embía mucho a saludar como aquel que ella en este mundo más ama e por espejo de su linaje tiene; y embíavos estas donas que son de las mejores que hombre que hoy sea tiene."

Entonces desembolvió de un paño negro de muchas labores un manto e un chapeo e sacó de una caxeta un anillo, todas tres joyas tan ricas cuales hombres jamás nunca vieran. La pedrería e riqueza del manto, la sotil arte con qué era labrado e texido no pudiera ser hecho por mano de hombres. El resplandor de las piedras que en él había era tan grande que con gran pena los ojos lo podían mirar. El chapeo era el más rico que fablar se podría, e las piedras preciosas que tenía salían dél por tal arte que no se podría conocer si el chapeo y ellas fuesse todo uno. En el medio dél tenía una piedra que resplandescía como el sol, la cual se cubría con una cobertura muy rica que al chapeo estaba pegada; e como la donzella la descubriesse todos ellos no pudieron tanto hazer que los ojos abriessen a la ver, que tan grande era el resplandor della que lo no podían hazer. La donzella puso entonces la mano por ella; desí tráxosela por los ojos e aquella hora los pudo abrir. Como veía que don Clarián e los otros trabajaban por los abrir e no podían, reía mucho dello e cubriendo ella la piedra luego pudieron todos muy bien ver. Don Clarián e Manesil fueron desto maravillados.

"Si Dios me ayude, donzella," dixo don Clarián, "éstas son las más ricas donas que nunca se vieron."

"Señor," dixo ella, "mucho más las preciarés cuando sepáis la virtud que tiene." Desí mostróle el anillo, que era muy rico e tenía una muy resplandeciente piedra, que cuanto más la mirassen de diversas colores se mostraba.

"Donzella," dixo don Clarián, "todas tres donas son muy ricas e tales que bien se paresce no ser hechas sino por mano de aquella que de saber no se hallaría en gran parte su igual. Yo no sé con qué le servir las mercedes que de cada día me haze; mas a mi ver, el anillo no se iguala —por muy rico que es— con el manto, ni el chapeo, porque vos ruego me digáis la virtud que cada una tiene."

La donzella respondió: "Señor, el manto ha tal virtud que él que vestido sobre sí lo traxere no habrá frío, ni calor —tal temple tiene— ni será enartado por traición; que cuando al que lo traxere traición le quisiessen hazer, luego perdería todo el resplandor; e creed que cuando se offreciere tal caso assí lo hallaréis por verdad. El chapeo es tal que cualquiera que en la cabeça lo tuviere ninguna ponçoña que beba le podrá dañar; e no tengáis temor que os le hurten, que sino fuere aquél a quien vos querréis, ninguno otro que en la cabeça se lo ponga se podrá con él mover un passo; e aquella piedra no se puede mirar si primero no se pone la mano en ella e se trae por los ojos. Assí mismo creed que las piedras dél son de tal materia compuestas que por mucho que llueva sobre el chapeo no caerá agua. El anillo es tal que él que consigo [LXIIIIv] le traxere no será por encantamiento nuzido, e cualquier ferida que con él fuere tocada luego la sangre será restrañada; e mi señora os embía, señor, mucho a encomendar que este anillo guardéis bien porque en muchas partes que lo habrés menester lo preciarés mucho."

"Donzella," dixo don Clarián, "si Dios me ayude yo creo que no hay ningún príncipe en el mundo que tales tres joyas tenga; mas dezidme ¿dando yo alguna dellas ternía tal virtud para quien la diesse?" Esto dezía él porque tenía en voluntad de dar a su señora la una o las dos si las quisiesse.

"Más son cosas éstas para las querer hombre para sí que para las dar," respondió la donzella, "mas aunque dadas fuesen no perderían por esso la virtud, pero el que vos querrés que pueda llevar el chapeo en la cabeça dezirle-éis que lleve siempre la mano puesta en esta piedra; que en quitándola de allí no se podrá mover con ella sino vos o aquél a quien vos lo dierdes dado de buena voluntad por suyo; e dígovos que estas donas oviérades perdido sino por este paño en que vienen embueltas." Entonces le contó lo que a Florantel con el caballero aviniera e cómo le hiziera haber derecho dél.

"Mucho me maravillo dél," dixo don Clarián, "cómo no os tomó las donas."

"Mi señora me dio este paño," dixo ella, "para las cubrir porque más guardadas viniessen, e me dixo que mientras en él embueltas andoviessen no me las podría ninguno tomar, que las no vería."

"Por buena fe," dixo don Clarián, "mucho es de preciar el paño: por ende vos ruego que me lo dexéis."

"Señor," respondió ella, "tanto que aquí llegasse me dixo mi señora que perdería la virtud."

Don Clarián lo hizo provar e halló ser verdad lo que la donzella dezía. Desí mandó a Manesil que se pusiesse el chapeo en la cabeça, mas él no se pudo con él mover un passo. Mucho fue alegre don Clarián con estas joyas, e después provó el manto e bien assí halló que era verdad. Desque lo tuvo sobre sí ni sintió frío ni calor aunque gran frío hazía. Cuando la donzella se ovo de partir embió con ella mucho a saludar la Dueña Encubierta diziendo que le dixesse que Dios le diesse lugar para le poder servir las grandes mercedes que siempre della recibió. Otrosí embió con ella mandado al rey su padre e a la reina su madre.

CAPITUL. LXI. CÓMO DON CLARIÁN OVO LICENCIA DE SU SEÑORA GRADAMISA PARA SE IR A BUSCAR LAS AVENTURAS, E CÓMO ASSÍ MESMO LA DEMANDÓ A LA EMPERATRIZ E DE LO QUE ÉL SOBRE ESTO HIZO.

Bien assí estuvo don Clarián en la corte del emperador Vasperaldo por un espacio de tiempo, mas como viesse que no era razón de tomar mucha folgança, seyendo caballero tan mancebo, acordó de se partir a buscar las aventuras para servir a Dios, y emendar a todo su poder las fuerças e agravios que fuessen hechos. E porque esto no osaría él hazer sin licencia de su señora, tuvo manera de hablar con ella por el mismo vergel que la otra vez hiziera, donde le rogó muy humildosamente que le quisiesse dar licencia para se partir; porque si fasta allí alguna gloria en el prez de las armas había alcançado, no siguiéndolas adelante en la tierna hedad como él estaba se podría perder, quedando su honra menoscabada; e que pues cuanto él hiziesse había de ser en su servicio —que entre todas las otras mercedes que le hazía le rogaba quisiesse consentir en aquello.

A la princesa Gradamisa pesó mucho desto —como aquella que de cosa más su coraçón no se gozaba que de lo ver— pero considerando que si se lo defendiesse dañaba mucho en su honra dél, respondió:

"Mi verdadero amigo: de os otorgar la partida a mí pesa tanto que el coraçón adevinaba ya la soledad que sin vos ha de tener; mas porque esto haze tanto a vuestra honra, e porque Dios os ha fecho tan extremado de los otros quien tanto os ama como yo; aunque con gran cuita la passe, debe suffrir la tristeza [LXVr] de vuestra ausencia por la gloria de vuestra fama, e por no estorvar el bien que harés a muchos que habrán menester vuestra ayuda porque os otorgo que vais —con tanto que siempre os acordéis de lo que mucho os tengo rogado: que es apartar de vos toda cuita e tristeza, e que vuestra venida sea lo más presto que ser pudiere. E porque yo sé que tanto que del emperador e de la emperatriz os despidáis os rogarán que a su corte volváis, yo os ruego que lo hagáis; e agora de mí tomá este anillo porque siempre de quien os lo da tengáis memoria." Entonces sacó de su dedo un muy rico anillo e dióselo.

Don Clarián lo tomó, e besándolo muchas vezes díxole: "Mi buena señora, éste será aquel que por ser vuestro me consolará en todas mis cuitas, e aquel que con nuevo desseo de mí siempre será mirado —que para membrança bien escusado es, pues por ausente que yo sea nunca mi coraçón se apartara de vuestra presencia— e bien assí, señora, os ruego que no apartéis de vuestra memoria a quien nunca de noche e de día en ál pensará que en serviros, pues para esto nasció."

"Ay mi buen amigo," dixo Gradamisa, "que esso escusado es dezirse, pues ya recelo las grandes cuitas e soledades en que estaré hasta os ver venido."

Don Clarián le pidió muy humilmente que quisiesse tomar el anillo que la Dueña Encubierta le diera cuando lo viniera a ver a la corte del rey Lantedón su padre, porque tomándolo ella él pensaría alcançar gran bienaventurança. Gradamisa lo tomó con mucho plazer, maravillándose de cómo las llamas de que la piedra era hecha natural fuego parescía. Don Clarián le dixo quién se lo diera e las palabras que le dixera —que bien verdaderas habían salido. Desí díxole que si era servida de tomar las tres ricas donas que la Dueña Encubierta le embiara.

"Buen amigo," dixo Gradamisa, "ya otra vez me habéis dicho dellas, de que mucho me maravillo; e agora me dezid si las ha visto alguno en esta corte." El respondió que no otro sino él e Manesil. "Pues estén bien guardadas," dixo Gradamisa, "que si tomar oviere alguna será el chapeo, en tiempo que pueda dezir que mi tía Celacunda, madre de Dantesor, me lo ha dado." Desí Gradamisa dixo contra Manesil: "Amigo Manesil, mucho me plaze porque tu señor lleve consigo tan fiel escudero e leal criado, e yo te ruego que a tu poder siempre de toda cuita le apartes."

"Señora," respondió él, "yo lo haré en cuanto en mí fuere; e puesto que mi señor esto estrañe, habríalo de consentir porque assí como él por ninguna manera passaría vuestro mandamiento, assí debe haber por bien que los otros lo cumplan."

Después que una gran pieça de muchas cosas ovieron hablado —a vezes con las razones mezclado muchas lágrimas, como en las dulçuras de amor estos xaropes amargos no se puedan escusar   don Clarián le besó las manos e tomó licencia della con grande ansia que esta partida en sus coraçones ponía; encomendó a Dios a Casilda e volvióse a su posada. El siguiente día luego don Clarián fue antel emperador e demandóle licencia para se partir. Cuando el emperador esto oyó pesóle mucho porque como don Clarián de assiento no oviesse otorgado de estar en su corte, pensaba que si se partiesse por ventura no volvería más a ella, y estuvo una pieça cuidando. Al cabo respondióle, riendo: "Buen amigo, no podría poco aquel que sobre vos tal señorío tuviesse que sin su licencia no os pudiéssedes partir; e vos la demandáis a quien no tiene poder de os la dar, porque de aquella la habéis de haber por cuyo ruego aquí habés estado: que es la emperatriz; mas yo tengo creído que no os partirés della assí como cuidades."

Don Clarián le respondió muy humildosamente: "Señor, pequeña cosa es que lo que yo debo a vuestro servicio tenga señorío sobre mi partida, si señor, viesse que mi servicio por agora en alguna cosa os hazía menester."

Por aquel día don Clarián no habló más en aquel fecho. Mas cuando todos aquellos buenos caballeros de la corte supieron que don Clarián se quería par [LXVv] tir, muy pocos ovo a quien mucho no pesase. Todos e cada uno por sí le rogaban que los levasse en su compañía si por bien lo tenía; mas él se escusaba dellos lo mejor que sabía, diziendo que iba en una tal jornada que no suffría llevar compañía. Don Galián, su primo, se le quexaba mucho más que todos con la gran fe e amor que le tenía. Pues aquella noche el emperador, retrayéndole a su cámara con la emperatriz, díxole: "Señora, don Clarián se quiere partir de nuestra corte e a mí me ha demandado licencia para ello. Mas yo le dixe que de vos la había de tomar, pues por vuestro ruego hasta aquí había estado, e si él se parte —no quedando más enteramente nuestro que hasta aquí— por ventura no volvería más acá, y recélolo mucho; porque después que en mi corte está, de mí no ha querido tomar cosa alguna —que yo muy de grado se lo oviera dado— e comoquiera que en ella haya muchos hijos de reyes e caballeros de gran fecho, vos, dueña, bien sabéis cuán estremado es éste de todos los otros, e a mi pesar de cuantos en el mundo son: porque cualquier gran príncipe como yo soy debe procurar con todas sus fuerças que un tal hombre como éste finque en su corte: que por ello será ella más honrada; e por conoscer un tal caballero muchos otros buenos vendrán a ella, como fasta aquí algunos han fecho. Por ende os demando consejo de lo que en esto se debe hazer; que bien sé que antes hará por vos en este caso que por lo mucho que yo le prometiesse."

"Señor," dixo la emperatriz, "gran razón es que —pues vos sois el más alto hombre del mundo— assí en vuestra corte se fallen las más altas e señaladas cosas dél, principalmente de las que tocan a caballería: que ésta es la que más ensalça e sublima la honra e fama de los grandes príncipes. E como yo demandé a don Clarián un don: que fue que no se partiesse de vuestra casa sin mi licencia, e prometiéndole que no lo haría detener —tanto que fuesse contra de su honra— no será agora razón que yo lo detuviesse. Mas a mí paresce que vuestra hija Gradamisa le debe demandar un don: que sea que finque en vuestra corte, e que puesto que della se parta haya de volver a ella cuando pudiere —assí como hazen otros príncipes e caballeros que en ella son; y él es tal que a mi pensar a Gradamisano no dirá de no." Al emperador le paresció éste buen consejo. E assí él e la emperatriz lo mandaron aquella noche a Gradamisa, de lo cual a ella no pesó.

CAPITU LXII. DE CÓMO POR EL DON QUE PROMETIÓ DON CLARIÁN A LA PRINCESA GRADAMISA SU SEÑORA OVO DE QUEDAR EN LA CORTE DEL EMPERADOR, E DE LA COSTUMBRE QUE EL EMPERADOR PUSO QUE HABÍAN DE TENER EN SU CORTE PARA QUE LOS GRANDES HECHOS DE ARMAS SE PUSIESSEN POR ESCRIPTO E QUEDASSE DELLOS PERPETUA MEMORIA.

Pues otro día después de haber comido la emperatriz, don Clarián e otros muchos caballeros entraron a su cámara; e don Clarián hincando los hinojos ante ella, demandóle licencia para se partir. Ella le dixo: "Buen amigo, como quiera que a todos nos pese de vuestra partida, yo no puedo hazer ál que dárosla porque assí os lo prometí." Don Clarián le quiso besar las manos, mas ella las tiró a sí e abraçólo.

Entonçes la princesa Gradamisa lo tomó por la mano e le dixo: "Buen amigo señor don Clarián, hasta aquí yo no he demandado don a caballero alguno, e porque el primero que demando es a vos, ruégovos me lo otorguéis."

Don Clarián se humilló mucho a ella e respondió: "Señora, pequeño será el don que yo podré dar, seyendo demandado por tan alta señora como vos; mas yo lo otorgo." Gradamisase lo agradesció mucho e díxole: "El don que yo os demando es que finquéis en esta corte; no para que no hagáis aquesta jornada que querés hazer, mas para que cuando pudiéredes, seáis tenido de volver a ella como a parte donde más reposo habés de tener, e que enteramente el emperador mi señor, e mi señora, la emperatriz, sean ciertos de que os tienen en su corte; e que no habéis de faltar en su corte, e que no habéis de faltar en su servicio, como aquél [LXVIr] a quien ellos quieren e aman mucho, e a quien darían muy largamente de lo suyo si tomar lo quisiesse."

"Señora," respondió don Clarián en semblante alegre, "pequeño fruto traxo el primer don que demandastes para según vuestro merescimiento, mas pues a vos plaze de alcançar tan poca cosa como es que yo resida en servicio del emperador e de la emperatriz e vuestro, yo soy muy contento de lo hazer: bien me podré tener por bien andante pues con tan pequeña cosa cumplí don demandado por tan alta señora." Todos cuantos ende fueron ovieron mucho plazer de aquesto. Así fincó don Clarián en la corte del emperador por ruego de su señora en lo público, como la hazía por su mandado en lo secreto.

Sabido esto por el emperador, aunque a essa hora le dieran una gran tierra, no fuera tan alegre. Fuese luego a la cámara de la emperatriz, e con el rey de Borgoña, el rey de Polonia, el rey de Zelanda, e muchos otros duques e condes; e dixo contra la princesa Gradamisa: "Hija, mucho habés hecho hoy en prender un tal caballero."

"Señor," dixo don Clarián, "no puedo yo dezir que soy preso, mas en gran libertad e vida muy a mi grado estando en vuestro servicio —aunque para estar en él pequeña cosa lo pudiera hazer— cuanto más mandamiento de una tan alta señora como es aquélla por cuyo mandado yo lo he fecho." Con gran alegría estuvieron aquel día, que no había grande ni pequeño que no mostrasse mucho plazer porque don Clarián quedaba en la corte.

El emperador, como noble príncipe e cobdicioso de dexar de sí e de los caballeros de su corte perpetua memoria— que según quien él y ellos fueron bien podría ser dechado y espejo por donde los otros príncipes e caballeros guiasen su vivir— mandó llamar a Vadulato de Bondirmague, obispo de Corvera, su coronista —que era hombre de buena vida e de mucho crédito— a quien él mandara poner por escripto estensamente las grandes fiestas que en su corte se hizieran, por cuanto fueran cosas para quedar en memoria. Estando los reyes e los más de los príncipes, altos hombres e caballeros en el palacio, el emperador les habló desta guisa: "Buenos amigos: gran falta sería de aquéllos en cuyo tiempo notables e hazañosos hechos acaescen que por escripto no los dexassen; porque aunque sus vidas mueran, queden vivas sus famas; e los que después dellos vinieren con derecha razón les puedan dar grandes loores; e porque en mi corte es mantenida la orden de caballería muy altamente por los buenos e famosos caballeros que en ella hay. Yo he tenido por bien que —dexado aparte mi crónica— todas las cosas de caballería que en ella se hizieren, e las aventuras que por los caballeros della passaren —que dignas de memoria sean— se pongan por escripto porque viniendo a noticia de nuestros sucessores les pongan cobdicia de subir a otras tan grandes hazañas o por ventura mayores; e porque no nos puedan increpar de habernos alargado y estendido a más de nuestros hechos, tengo por bien que en mi corte haya tal costumbre de aquí adelante que partiendo algún buen caballero della, cuando buelva sea tenido de jurar todas aquellas aventuras que a caballería toquen: por qué haya passado, sin quitar ni poner cosa alguna por bien ni por mal que le haya avenido, porque esto será causa que muchos —que por no se alabar dexarían de dezir algo— de premia dirán la verdad. E assí mismo quiero e vos ruego que algunos de vosotros jurando digáis lo cierto de las cosas que hasta aquí por vos han passado que se os acordare, porque también dellas quede memoria."

Todos cuantos en palacio eran tuvieron por bien lo que el emperador dixera; el cual mandó e rogó a don Clarián que él fuesse el primero que jurasse. Comoquiera que a él no pluguiese de dezir cosa alguna que oviesse hecho, óvolo de hazer. El juramento tomaban el obispo de Maguncia e Vadulato, obispo de Corvera, e allí juró don Clarián; e después en secreto dixo todas aquellas aventuras que se la acordaron por él haber passado desque fuera caballero —e como quiera que de sus amores no dixo cosa, ya vi [LXVIv] no tiempo que Vadulato lo supo. Luego juraron Florantel, don Galián, e don Palamís de Ungría, Honoraldo de Borgoña, Girarte de Yrlanda, Roselao de Suevia, don Felisarte de Jaffa, Ermión de Caldonga, Armaleo de Laque, Flor de Mar, Dantesor el Preciado, Grisabor, Belamán el Nombrado, Telión de la Maça, Arceal, e Monbeldán, Guirlaniz del Boscaje, Laucamor el Esforçado, Galinor de Monferrán, don Danirteo de Gueldres, don Laurgel Dariscón, e Ganifer de Montargis, Tandalís de Nagorce, Canarpis de la Funda, Antifol de Janglante, Luquidán de Bontaner, Calidor de Venarde, Tindarel de Velorgue, Argán de Fugel, Genadís de Suecia, Radiarte de Monris.

Assí mesmo juraron otros muchos buenos caballeros, e fue puesto por el escripto todo aquello que más digno paresció de memoria, donde se hizieron ocho libros de gran volumen; a los cuales en alemania en latín llaman:*Speculum militiam*: que en romance castellano quiere dezir *Espejo de caballerías*. E Vadulato de Bondirmague, sacando destos libros aquellos hechos de don Clarián que más le agradaron e otros algunos de otros buenos caballeros, copiló esta historia que tiene tres libros; assí que muchas cosas que aquí se dexan de dezir se hallarán en los libros *Espejo de caballerías* llamados. Por consiguiente todas las más de las cosas que aquí se cuentan no se hallan allá. E porque en aquel tiempo acostumbraban escrevir en latín, llaman a este libro en Alemania: *Gloriosa facta magni imperatoris*. Mas después todos estos libros fueron sacados de latín en vulgar alemán por Demon de Nurenberga —que fue un gran dotor— por mandado del emperador Felipo, visnieto deste emperador Vasperaldo. Pues todo esto assó fecho, don Clarián se despidió del emperador e de la emperatriz e de la princesa Gradamisa e de todos los otros. E otro día después de haber oído missa, armóse e cabalgó en su caballo; e salieron con él Florantel e don Galián, Honoraldo de Borgoña, Armaleo de Laque, don Felisarte e otros muchos caballeros. E cuando se dél partieron, ellos lo abraçaron llorando como si nunca lo ovieran de ver; porque sin falla de todos era amado muy de coraçón. El, con no más compañía de Manesil su escudero, se metió a su camino.

CA. LXIII DE LO QUE ACAECIÓ A DON CLARIÁN CON LOS CABALLEROS DE LAS TIENDAS.

Partido don Clarián de aquellos que con él salieran, no curó de ir por camino derecho sino por do la ventura lo guiaba, poniendo en su coraçón que en cuanto la vida le turase por servicio de Dios e de su bendita Madre la pornía siempre porque su justicia fuesse adelante, quebrantando a todo su poder todos los tuertos e fuerças, e teniendo siempre en la memoria las grandes cosas que dél la Dueña Encubierta dixera, no dexar tan peligrosa aventura de que oyesse hablar que no buscasse.

Assí anduvo dos días sin fallar aventura que de contar sea; e al tercero día le avino que vio ante sí en un hermoso prado dos tiendas armadas, e a las puertas dellas caballos arrendados, e catando por la carrera vio venir una donzella corriendo en su palaffrén cuanto podía, llamando a grandes bozes a Nuestra Señora que la acorriesse. Empós della venía un caballero todo armado sobre un caballo blanco. Don Clarián fue movido a piedad de ver la cuita que la donzella traía; púsose ante ella e díxole: "Señora donzella, ¿qué cuita es la que traéis?"

"¡Ay señor!" dixo ella, "¡Por Dios e por merced acorredme deste caballero que me quiere matar sin se lo merescer!"

"Donzella," dixo don Clarián, "si no es más de solo, yo vos defenderé a todo mi poder."

Entonces arribó el caballero diziendo: "Doña mala donzella, en ninguna guisa me podéis escapar."

Ella con temor se puso detrás de don Clarián, el cual dixo: "Señor caballero, no cometáis tal cosa, e miémbrese lo que jurastes cuando recebistes orden de caballería."

"¡Por buena fe," dixo él, "yo mataré a ella e a vos si la queréis defender!"

"Pues agora os guardad de mí," dixo don Clarián. Enton [LXVIIr] ces se dexaron ir uno contra otro; el caballero quebró en él su lança, mas don Clarián lo firió en tal guisa que falsándole todas las armas dio con él en tierra mal llagado en los pechos, por manera que el caballero no se movió punto.

Entonces salieron de las tiendas siete caballeros armados, e acogiéndose todos a sus caballos movieron contra don Clarián, diziendo: "¡Muera el traidor que ha muerto nuestro buen cormano!"

Aunque él assí los vio venir no ovo pavor dellos; antes abaxando la lança firió el caballo de las espuelas y encontró al primero —que había nombre Pindaner— tan duramente que lo derribó en tierra muy gran caída e quebróle el braço siniestro —allí quebró su lança. Los tres de los otros lo encontraron tan reziamente e fiziéronle una pequeña llaga en el braço siniestro, mas no le movieron della silla. El, muy airado por esta ferida, metió mano a su espada e firió a unos dellos sobre la cabeça tan gravemente que la fortaleza del yelmo no defendió que la espada no llegasse a la carne. El caballero vino a tierra del caballo; todos los otros començaron a cargar de grandes golpes de lanças e de espadas, mas don Clarián, dexándose ir a uno que más lo aquexaba, lo firió de un tan fuerte golpe que toda la pierna hasta el huesso le cortó, e decendiendo la espada a la espalda del caballo tajóla toda de guisa que ambos vinieron a tierra. Todos los otros caballeros lo firían muy a menudo por doquier que lo alcançaban, mas él se revolvió de tal manera entre ellos que los dos derribó de los caballos malamente feridos; e los otros dos, con temor que ovieron de sus golpes, huyeron del campo. Don Clarián cató por la donzella, e vio que Pindaner se había levantado e con la espada en la mano se iba para ella. La donzella dio bozes a don Clarián que la acorriese; él aguijó su caballo cuanto más pudo, mas tan presto no pudo llegar que Pindaner antes no le cortasse la cabeça.

Cuando don Clarián esto vio ovo tan gran pesar e desigual dolor que como si loco fuesse tornado, dic grandes bozes diziendo: "¡Ay traidor, cómo me has escarnido para siempre!" E con tan gran saña que la estrella de los pechos e la frente de color de viva llama se le tornaron se dexó ir a él. Pindaner, que assí lo vio venir, no osó atender sus golpes, mas no pudo mucho huir que don Clarián lo alcançó. Diole un tan gran golpe que la espada cortó cuanto alcançó del yelmo e de la carne, e decendió en soslayo e cortóle una oreja; en el hombro le cortó las armas e la carne con parte de los huessos, assí que por fuerça deste golpe Pindaner vino a tierra. Don Clarián fue luego sobre él, e todo airado le travó por el yelmo tan de rezio que como los lazos fuessen fuertes, primero que los quebrasse lo lleva una pieça por el campo arrastrando. Desí alçó la espada por le cortar la cabeça; mas cuando Pindaner se vio en tal punto, juntó las manos e dixo:

"¡Ay buen caballero! por honra de caballería no me matés, que yo me otorgo por vencido."

"¡Ay traidor e desleal!," dixo don Clarián, "que no eres digno de haber merced del yerro que cometiste; demás me has escarnido malamente."

Entonces le puso la espada al cuello por le cortar la cabeça —que del pesar que tenía no podía acabar consigo de haber con él merced— mas Pindaner le dixo: "Ay señor caballero, por Dios e por la cosa del mundo que más amáis no me matés; que todo el mundo os terná a mal si me matáis, pues merced os demando."

Como don Clarián se oyesse conjurar por Dios e por la cosa del mundo que más amaba, tuvo el golpe, no podiendo contra aquella jura ir, por mucho que Pindaner había errado; e díxole: "Ay desleal caballero, que tú me has conjurado tanto que a mi desgrado te habré de dexar de matar; mas yo te daré tal penitencia que mi coraçón en alguna manera quede satisfecho."

Entonces le fizo jurar que haría todo lo que por él le fuesse mandado. Desí fuesse para los otros —que algunos dellos ya se levantaban; fízolos otorgar por vencidos e jurar lo mismo, e mandóles que luego fuesse alguno dellos por los otros que huyeran e que los hiziessen venir; e fue por ellos uno de los que no estaban tan mal llagado. Pues ¿qué se [LXVIIv] podrá aquí dezir de cuánto son poderosas las fuerças de amor que sobre este tan fuerte caballero tuvieron allí tan gran poder? que mitigando e amansando su encendida saña —que era indomable— refrenaron la condición de su naturaleza: que como ya en este libro se ha dicho, aunque don Clarián era caballero manso y se ensañaba muy tarde, cuando la ira le venía tal que la estrella e la frente muy encendidas e coloradas se le tornaban, reinaba en él braveza; que como cosa ajena a su condición e que pocas vezes en su coraçón se aposentaba, no la sabía refrenar ni moderar, empero luego se le passaba. Mas ni esto ni haber seído tan gravemente ofendido de Pindaner no tuvo tanta fuerça que más no tuviesse con jurar le por aquella que él tanto amaba.

Pues llegados los otros dos caballeros que huyeran, otorgáronse por vencidos como los otros, e que harían todo aquéllo que don Clarián les mandasse; él les dixo: "Todos fuistes en matar aquella donzella en favorescer al que la quería matar, porque dignos érades todos de muerte, como aquellos que antes debieran meter mano en sí mismos que en dueña ni donzella alguna. Mas, pues yo os he otorgado las vidas, en tanto que de vuestras llagas os curáis, adereçad el cuerpo e la cabeça de la donzella por manera que no tenga mal olor; e como guaridos seáis, armados de todas armas, sin cabalgar en caballo, levarés el cuerpo de la donzella en unas andas hasta la ciudad de Colonia donde el emperador Vasperaldo es. Assí a pie entrarés por la ciudad, e presentarvos-éis delante la emperatriz e de la princesa Gradamisa, su hija, de parte de don Clarián, contándoles lo que comigo os acaesció, y estarés por la penitencia que ellas os quisieren dar. E vos, caballero," dixo contra Pindaner, "porque la donzella matastes, levarés de aquí a la corte del emperador la cabeça suya colgada por los cabellos a vuestro cuello."

Muy grave se les hizo a los caballeros esta penitencia, mas oviéronlo de otorgar e jurar firmemente de lo cumplir assí. Esto fecho, don Clarián se fue do yazía la donzella muerta e començó de hazer muy gran duelo sobre ella, diziendo: "¡Ay, buena donzella! Como siempre que de vos me acordaré seré triste, pues que tomándoos yo en mi guarda no vos supe defender. ¡Ay, como en este día don Clarián fue escarnido, pues una donzella no pudo mamparar! —que no sé qué socorro pueda yo hazer a otra alguna que emiende la falta que hoy he fecho. O donzella, que si vos en mí poca confiança no tuviérades no fuérades assí muerta."

E sin falla assí era verdad, que la donzella con temor que ovo que don Clarián fuesse muerto apartóse de Manesil cerca de unas matas por asconderse allí cuando menester le fuesse, e turbada del temor no se osaba ir porque alguno no fuesse empós della; e assí estaba tan apartada que don Clarián no la pudo socorrer. Los caballeros que miraban el duelo que él hazía dixéronle: "Señor caballero ¿dónde conoscíades vos esta donzella? que según el sentimiento por ella mostráis, mucho la debiérades amar."

Don Clarián respondió: "Cierto yo nunca la vi —a mi cuidar— sino hoy, mas su muerte me duele mucho e más la mengua que yo aquí rescebí."

Los caballeros se callaron, que no osaron más hablar, veyéndole tan despagado. E después que una pieça don Clarián sobre la donzella ovo hecho su duelo, demandó a los caballeros que le dixessen qué les había hecho aquella donzella porque assí la habían muerto.

"Señor," respondió Pindaner, "yo no la maté por ál que por el gran pesar que ove del daño que vos por su causa en nosotros habíades hecho, aunque todos la desamávamos, porque por su amor fue muerto un primo nuestro que lo mató un hermano suyo a traición, y ella lo levó falsamente engañado a donde muriesse, diziéndole que lo llevaba para que le hiziesse haber derecho de un caballero que la había mucho escarnido —el primero con [LXVIIIr] quien vos justastes, que empós della iba— era hermano del caballero muerto; e cierto a mí pesa de haberla muerto, mas hízelo con gran ira."

"¿Pues cómo," dixo don Clarián, "en la donzella se había de tomar la vengança? Por Dios, gran mal cometistes."

"A él no podíamos haber," respondió Pindaner, "que nunca salía de su castillo." Entonces don Clarián demandó su caballo a Manesil. Pindaner e los otros sus primos le rogaron que aquella noche fincasse con ellos porque no hallaría hasta diez millas de allí alvergue.

"Si Dios me ayude," respondió él, "yo no podría fincar con quien tanto pesar me ha fecho."

Entonces se partió dellos, e con el pesar que llevaba iba tan triste que no alçaba los ojos de tierra. Passando por una pequeña floresta Manesil vio venir un caballero todo armado, su lança en la mano. El caballero era grande de cuerpo, e como Manesil lo vio, dixo a don Clarián: "Señor, veis aquí do viene un caballero." El acordó e tomó su yelmo por no ser conocido; Manesil le dio una lança que de los caballeros tomara.

Como el gran caballero llegó dixo en alto sin le salvar: "Oyes tú, caballero ¿viste los caballeros de las tiendas?"

"Sí," dixo don Clarián, "que no quisiera: que me hizieron mucho pesar."

El caballero —que era muy sobervio— respondió: "A tal como vos no harían ellos honra que no la meresceríades, bien creo que te quisieron hazer algo e que vienes huyendo dellos."

"Pesar me hizieron," dixo don Clarián, "más también ovieron ellos su parte; e sin falla de grado huiría yo por no encontrar con caballeros tan desleales."

"En mal punto pones lengua en mis sobrinos," dixo él, "que yo te haré volver allá para que de sus sirvientes seas castigado." Entonces movió contra don Clarián; él otrosí salió a rescibir. Del encuentro del caballero el escudo de don Clarián fue falsado, mas en las otras armas no prendió, e su lança fue hecha pieças. Don Clarián lo firió tan reziamente que le falsó el escudo, la coraça e la loriga, e hízole una llaga en el costado siniestro, e dio con él del caballo en tierra tan gran caída que la pierna derecha ovo fuera de su lugar; el caballero fincó tal como muerto.

Como don Clarián assí lo vio díxole: "Por buena fe, don caballero sobervio: más perezosos tenés los pies para levantaros que la lengua para amenazar." Viendo que el caballero no acordaba, mandó a Manesil que decendiesse e mirasse si era muerto. Manesil le quitó el yelmo e vio que no era muerto, mas que estaba fuera de su acuerdo. Ellos assí estando llegó una donzella sobrina del caballero; como assí vio a su tío fue corriendo y echóse a los pies de don Clarián rogándole que por Dios no lo matasse. Don Clarián dixo: "Donzella, yo lo dexaré por vuestro amor sin le más demandar, que de le matar no tenía en voluntad." Entonces se partió della aquella noche fueron alvergar en un castillo de un caballero biejo que muy bien los recibió, e otro día partióse dende.

CA. LXIIII. CÓMO DON CLARIÁN MATÓ A QUINASTOR E DE LO QUE DESPUÉS EN UN CASTILLO LE AVINO.

Cuenta Vadulato de Bondirmague que un día don Clarián llegó ante un fuerte castillo que estaba puesto en un otero, e baxo en una vega cerca de un río que por aí corría, vido estar un gran caballero armado de unas armas jaldes e pardillas; el yelmo había quitado, e tenía ante sí un escudero desnudo en camisa colgado por los braços de un árbol e fazíalo açotar a dos villanos con correas muy fuertes. El caballero le dezía: "¡Por buena fe, don mal escudero! Vos harés lo que yo os digo o morirés."

El escudero respondía: "A Dios plega por su merced que yo pueda suffrir hasta la muerte las cruezas que en mí hazes antes que por mí sea hecha tal traición." Cada vez que esto dezía le daba el caballero con una lança que tenía tal palo en la cabeça, que la sangre le hazía correr por muchos lugares.

Cuando don Clarián esto vio fue movido a tanta piedad del escudero que las lágrimas le vinieron a los ojos e dixo: "Agora veo el [LXVIIIv] más desmesurado caballero que nunca vi." Dexando la carrera que levaba e fue contra allá. Como a ellos llegó salvó al caballero e díxole: "Por Dios e por cortesía, señor caballero, no seáis tan cruel contra este escudero. Si vuestro es e os lo tiene merescido, castigaldo de otra manera en parte que no haga lástima a los que passan por la carrera."

El caballero —que la faz había robusta— volvió con semblante muy sobervio, e dixo: "Don caballero, vos os tornad por vuestro camino e no digáis cosa alguna a quien poco precia vuestro ruego; que por buena fe, tanto de enojo me habés hecho que en poco estoy de os castigar."

Don Clarián, que era muy manso e mesurado, respondió: "Señor caballero, aunque por mi ruego esto no hagáis, hazeldo porque os ruego cosa que os está bien: que es no hazer villanía; e de castigar a mí no curés, porque mejor haré yo lo que vos quisierdes por otra manera."

El caballero se ensañó desto más e dixo: "Mal hayan vuestras razones: que por hablar, poco acabarés comigo. Porende os id; si no sed cierto que quitaré al escudero de donde está e porné a vos, y entonces os escucharé mejor."

A don Clarián le creció ya cuanto de saña de aquesto e de ver la gran sobervia del caballero e respondió: "Si Dios me ayude, don bravo e descortés caballero, yo quiero ver a cuánto se estiende vuestra sobervia." Esto diziendo, metió mano a la espada e cortó la cuerda con que el escudero estaba atado. Como los villanos esto vieron, echaron a huir contra donde estaba el caballero, que por su yelmo que en otro árbol estaba colgado fuera; poniéndoselo en la cabeça, abaxó la lanca e movió contra don Clarián, el cual lo salió a recebir, e diéronse tan grandes encuentros que las lanças fueron quebradas. El escudo de don Clarián fue falsado y esso mesmo la loriga — aunque no le prendió en la carne, mas las armas del caballero —a la fortaleza del encuentro de don Clarián— no tuvieron pro; que más de un palmo de lanca le entró por el cuerpo. El caballero cayó en tierra muy gran caída, e fue la ferida tan mortal que luego rindió el spíritu.

Don Clarián volvió sobre él, e como vio que se no levantaba, descabalgó del caballo; quitándole el yelmo, vio que era muerto, e dixo: "Si vos, caballero, quisiérades, esto fuera escusado; mas vuestra sobervia no os dexó hazer otra cosa, e Dios por su merced quiera perdonar vuestra ánima." Entonces puso sobre él una cruz de dos troços de lança, e cató por los otros; e vio que los villanos iban huyendo contra un bosque. El escudero se vino para él, y echándose ante sus pies, quísoselos besar. Mas don Clarián lo levantó, diziendo: "Amigo, a Dios Nuestro Señor agradesced vos esto, e sin falla yo bien vos quisiera librar sin muerte deste caballero."

"Ay señor," dixo el escudero, "no os pese de haber quitado del mundo al más sobervio caballero que en él había."

Don Clarián le demandó cómo había nombre.

"Señor," dixo él, "Quinastor: él me tomó cuanto yo tenía, e me ha tenido en prisión seis meses dándome muchos días tales como éste —porque doy muchas gracias a Dios e a vos que de tal cuita me librastes. Por ende, señor, vayamos de aquí, que en aquel su castillo están dos hijos suyos e otra mucha gente; que si esto saben saldrán empós de nos e nos matarán a todos."

Don Clarián dixo: "Si ellos a mí salieren, yo defenderé mi cuerpo a todo mi poder; mas —pues que assí es— yo os quiero poner en salvo. Por ende cabalgad en el caballo del caballero: que justamente lo podés levar, pues dezís que él os ha tomado todo lo vuestro."

El escudero se vistió sus paños que al pie del árbol estaban; cabalgaron e fuéronse. Como una pieça ovieron andado, don Clarián dixo al escudero: "Agora me dezid por qué Quinastor vos tenía preso, e por que vos mandaba assí cruelmente açotar."

El escudero, que se lo quería contar, vieron atravesar por un pequeño otero que cerca de aí era, dos caballeros armados e las espadas en [LXIXr] las manos: el uno iba empós del otro. Como don Clarián esto vio díxoles: "Vos otros atendéme aquí, que tanto que yo sepa razón de aquello luego me volveré." Entonces movió contra allá; Manesil y el otro escudero fincaron en la carrera.

Como el escudero toviesse gran temor e viesse que don Clarián tardaba ya cuanto, dixo a Manesil: "Amigo, tu señor será ido muy lueñe, e yo sé bien que luego que los fijos de Quinastor sepan su muerte saldrán empós de nos, porque nos debemos ir, e atenderemos a tu señor en un castillo de una mi tía que es cerca de aquí."

"Bien podía yo recebir muerte," respondió Manesil, "mas de aquí no moveré hasta que mi señor venga, porque digo que tú puedes estar seguro que en su presencia, aunque diez caballeros vengan, no rescibirás mal."

"Amigo," dixo el escudero, "más me fiaría yo en este caballo que yo trayo —que sé que es corredor, cobrando alguna ventaja— que no en la bondad de tu señor, por bueno que sea —porque a Dios te quedes, que yo no estaría aquí seguro."

Entonces movió por su carrera cuanto el caballo lo podía llevar. Manesil fincó riendo del miedo que el escudero llevaba. No tardó mucho que don Clarián vino e demandó por el escudero. Manesil le dixo cómo se fuera huyendo, e contóle lo que con él passara, de que don Clarián se sonrió e dixo: "Por él, el seso se rige a aquel escudero, que más seguro estará en su castillo que no en mi confiança." Entonces movieron por su carrera; Manesil le demandó si alcançara los caballeros. El dixo: "Sí. Ambos eran hermanos e viniendo de consuno por su camino, vinieron a razonar cuál dellos sería de mayor fuerça. El mayor dixo quél era de más gran bondad, e porque el menor no lo otorgó, metió mano al espada para él. El otro —veyendo que era cosa desaguisada combatirle con su hermano mayor— fuyó ante él, amonestándole que lo no siguiesse, si no que se volvería contra él; mas él, viendo que lo no quería hazer, se volvió a él en un llano, e comiénçanse a combatir muy rezio. Bien te digo," dixo don Clarián, "que si la batalla oviera fin el hermano menor venciera o matara al otro; mas como yo llegué, púselos en paz e concordia y ellos me rindieron muchas gracias por ello."

Razonando desta manera andovieron tanto que vieron ante sí un hermoso castillo cercado de fuerte muro, y enderredor dél estaban muchas huertas. De una dellas salió un caballero que combidó a don Clarián muy alegremente. Vista su buena voluntad don Clarián lo acebtó, porque ya era hora de medio día, e aún no había comido. Como en el castillo fueron vinieron sirvientes y escuderos que tomaron los caballos. Don Clarián fue desarmado en una cámara, e diéronle agua a manos. Luego vino un caballero mancebo que era señor del castillo —que Laristes había nombre— e tomando por la mano a don Clarián llevólo a un palacio donde las mesas eran puestas. Don Clarián se assentó a comer, e ninguno de los otros se quiso assentar; antes lo servían. El se maravillaba mucho de la honra que allí le hazían sin lo conoscer. A Manesil dieron de comer en otra tabla, e después que don Clarián ovo comido se salieron fuera.

Luego entraron seis caballeros armados e dixeron a don Clarián: "Caballero, sed preso porque assí conviene."

Como don Clarián los vido tóvose por engañado, e respondió: "Si Dios me ayude, antes querría ser muerto que ser preso de tan desleales caballeros como vosotros me parescéis."

Esto diziendo, dio un gran salto al través de la tabla, e fue corriendo contra una cámara donde Manesil entrara por buscar armas para su señor. Como dentro fue, halló un palo luengo como una braça e gruesso como el braço. Don Clarián lo tomó e púsose a la puerta de la cámara; hirió al primero de los caballeros que allegó, tan grave e pesadamente por encima del yelmo que se lo torció en la cabeça —el palo fue quebrado— mas el caballero vino a tie [LXIXv] rra desacordado; e no fue bien caído cuando don Clarián, trávandolo por el yelmo, lo metió dentro; mas esto no se pudo hazer tan ligeramente que a buelta de la puerta no descargassen los otros muchos golpes en él. Uno le alcançó de una punta de espada en el braço siniestro e cortóle ya cuanto. Mas él cerró de la puerta e puso en ella el un pie e ambas las manos. Manesil, quitando el yelmo al caballero, enlazólo a su señor: desí començólo de armar de todas las otras armas. Los caballeros —que de fuera estaban empuxando muy reziamente la puerta— mas como don Clarián era de muy gran fuerça, teníala tan firme a todos que ellos pensaban que con otra cosa la cerrara. A las grandes bozes que en el castillo había diziendo que el caballero se defendía, armávasse toda la gente. Luego vinieron cinco caballeros armados e hizieron traer palancas para quebrar la puerta; mas como don Clarián fuese ya armado tomó la espada y el escudo del caballero, e abrió la puerta, diziendo: "¡No, traidores, que no os haze menester quebrar la puerta!"

Desí lançóse entre ellos e hirió a uno de tal golpe que dio con él a sus pies. Todos los otros lo comiençan de ferir con espadas e lanças. Aquí se rebuelve una tan fuerte batalla que era maravilla, e de tal manera retiñía el palacio de los grandes golpes que parescía que el castillo se hundiesse; mesas e cuanto allí había todo andaba por el suelo uno sobre otro. En gran cuita era Manesil por ver a su señor en tal priesa con gente, que no le podía ayudar; mas él —que veía que con muchos lo había de haber— tomólos a todos delante, firiéndolos de tan duros e fuertes golpes que gran pavor les fazía tomar. En poca de hora ovo derribado por tierra malferidos los cuatro dellos. Los otros, veyendo sus golpes, tirávanse afuera, mas él, por una vez los echar del palacio, metióse por medio dellos muy sañudo, e firió a uno en el escudo por manera que cuanto dél alcançó echó por tierra; la espada cortó en el braço e fízole una gran llaga.

El caballero salió huyendo del palacio, diziendo a grandes bozes: "¡Aquí, todos aquí! que si a éste prendemos, él acabará lo que tanto desseamos."

Essa hora vinieron hasta cinco caballeros e seis villanos; entraron todos en el palacio diziendo: "¡Sea preso o muerto!"

Mas por esto don Clarián no perdió coraçón; antes dixo: "Por buena fe si a Dios pluguiere primero seréis todos passados por el filo de mi espada." Aquí se renovó muy brava la batalla. Manesil tomó un yelmo e un escudo e una espada de aquellos que por tierra yazían para ayudar a su señor contra los villanos. Un villano dellos se dexó ir a él e diole tal golpe de la espada sobre el yelmo que la cabeça le hizo baxar contra los pechos; empero Manesil lo firió en una pierna de tal guisa que, como el villano fuesse desarmado, toda se la cortó e dio con él por tierra. En este comedio don Clarián firió a un caballero de tal golpe que dio con él tendido por el suelo, e su espada fue quebrada. Como uno de los villanos assí lo viesse, adelantóse por ser el primero de lo ferir con una hacha que tenía; mas don Clarián —que en aventura de muerte se veía— paró ojo al golpe, e dando un salto juntóse con el villano tan presto que el otro no lo pudo ferir. Travándole por la hacha sacósela de las manos, e diole con ella tal golpe que los sesos le hizo saltar de la cabeça. Entonces hizieron a don Clarián una pequeña llaga en las espaldas, mas aunque él no había usado mucho ferir con hacha començóla de esgremir de tal manera que cuantos con ella alcançaba derribaba por tierra. Como esto vieron ellos no osaron más atender, e fueron fuyendo a las torres del castillo.

Don Clarián salió al patio e dixo a Manesil: "Búscame mis armas e mi caballo; vayámonos de entre esta tan desleal gente." Manesil fue donde dexara las armas e fallólas ende. Desí echó los frenos a los caballos, e don Clarián se armó. Todo esto veían bien los del castillo desde las finiestras, e no osaban hablar palabr;: mas tanto que don Clarián cabalgó [LXXr] para se ir, començaron a dezir:

"¡Allá irés, caballero del diablo! ¡A combatir con él! —que vuestros golpes no son para que los suffran los hombres."

"A mala ventura finquedes, desleales e falsos caballeros," respondió él, "que a Dios mercedes no engañarés a mí como a otros." Manesil quisiera poner fuego al castillo, mas don Clarián se lo defendió diziendo: "No fagades tal, que algunos habrá dentro que mal no nos merecen." Entonces se salieron del castillo e fuéronse por su carrera riendo de lo que les aviniera, diziendo que fuera gran ventura haberse assí librado.

CAPIT. LXX. CÓMO LOS HIJOS DE QUINASTOR SALIERON A DON CLARIÁN AL CAMINO

CON GENTE PARA LO MATAR. E CÓMO DON CLARIÁN VOLVIÓ AL CASTILLO DE LARISTES, E DE LO QUE HAY HIZO. Ya se ha contado cómo Quinastor quedó muerto en el campo; los villanos que huyeron al bosque estovieron escondidos por una pieça. Después salieron por mirar si don Clarián estaba aún allí. Como no lo vieron fuéronse al castillo e contaron a dos hijos de Quinastor lo que passaba. Cuando ellos esto oyeron grande fue el dolor que sintieron por la muerte de su padre; armáronse ellos con otros doze caballeros e quinze villanos e fueron empós de don Clarián. Sabido que entrara en el castillo de Laristes —cuyos enemigos mortales ellos eran— passaron muy encubiertamente e pusiéronse en celada en un pequeño valle por un lugar que había de passar forçado, e allí lo estaban atendiendo. Pues assí como don Clarián del castillo fue partido, luego arribó ende el escudero que él librara del poder de Quinastor, e que era primo cormano de Laristes. Como halló tal rebuelta entrellos —que unos curaban de sus feridas, otros se desarmaban, otros baxaban de las torres como espantados— mucho fue maravillado, e mucho más cuando entró en el palacio do fuera la batalla; viendo por tierra tantas pieças de armas e tanta sangre, empero no menos lo fueron ellos cuando lo vieron.

Laristes ovo mucho plazer con su primo, e demandole cómo saliera de prisión.

"Esso vos contaré yo," dixo él, "en manera que todos seáis alegres; mas primero quiero saber qué os ha acaescido que assí os hallo a todos, como si destruición oviese venido por este castillo."

Laristes le dixo: "Cormano: nos acogimos aquí al diablo pensando que fuesse hombre, e queriéndolo prender sin armas algunas que tuviesse, se nos defendió e vino a fazer en nos tal destroço cual veis: que si partido sacara, bien le diéramos gran parte de lo que habíamos porque saliera de aquí." Entonces le contó todo cuanto passaba.

"Maravillas me contáis," dixo el escudero, "mas tanto me dezid qué armas traía, que sospecho no sea un buen caballero que a mí libró de prisión."

Laristes dixo: "Cormano: éste venía ricamente armado; eran las sobreseñales coloradas e jaldes, su caballo de color blanco e negro estrañamente pintado. En su escudo traía figurada una donzella que tenía un coraçón apretado en su mano. El era de los más fermosos e apuestos caballeros que se nunca vieron; mas sin falla yo no pensara que tal valentía había en sí."

"Ya no digáis más," dixo el escudero, "que ésse es él que a mí libró de prisión, e cierto vosotros habés cometido gran yerro contra aquel que os ha fecho el mayor bien del mundo: que os ha tollido vuestro mortal enemigo Quinastor." Entonces les contó todo cuanto aviniera, de que todos ovieron mucho plazer; e muy tristes fueron por lo que contra don Clarián fizieran.

Laristes dixo: "Cormano: yo no sé con qué servir a este caballero el bien que nos ha fecho; mas vos —que lo conoscés— id empós dél, e rogalde de nuestra parte que nos quiera perdonar e venir acá para que de nos reciba aquel servicio que le debemos por tanto bien como nos hizo."

El escudero respondió: "Yo nunca le vi sino hoy, mas una cosa hay en qué podéis hazer por él —que esto os venía yo a fazer saber— y es que yo so cierto que los hijos de Quinastor con gran compaña le [LXXv] han salido al camino por lo matar, porque a mí paresce que os debéis de armar e irle ayudar. Con esto no solamente haréis por un tan buen caballero a quien quedáis en gran cargo, mas aun por la bondad suya matarés a vuestros enemigos, e quedarés de aquí adelante seguros, haziendo alguna emienda al caballero del yerro que contra él cometistes."

Todos se tovieron por bien aconsejados desto; Laristes se armó e con él otros nueve caballeros de aquellos que mejor parados estaban, llevando consigo ocho hombres bien armados cabalgaron e fueron por aquella carrera que a don Clarián vieran ir. Pues como don Clarián sin recelo fuese llegando acerca de donde aquéllos estaban que lo atendían, violos hechos todos una batalla, e bien conosció que no estaban allí por su bien. Tomó a Manesil su yelmo e una lança que del castillo truxera. Como los hijos de Quinastor lo vieron, bien lo conoscieron porque con ellos estaban los dos villanos que huyeran.

E todos a una movieron contra él diziendo: "¡Muera el traidor que ha muerto a nuestro señor!"

Mas aquél que en otros grandes menesteres se había visto no le fallesció esfuerço, aunque assí los vio venir; antes diziendo a Manesil: "Amigo, no te metas entre esta gente assí desarmado que bien te matarán si pueden."

Movió contra ellos, muy airado de verse llamar traidor, endereçando para uno de los hijos de Quinastor que delantero venía, firiólo tan cruelmente que el fierro de la lança le echó de la otra parte e dio con él muerto en tierra. Muchos de los otros lo encontraron con sus lanças, mas no hizieron más que si a una torre encontraran, empero firiéronle ya cuanto en los pechos. Don Clarián passó por medio dellos, e metiendo mano a la espada, revolvió el caballo; lançóse entre ellos e començóles a ferir a diestro e a siniestro, andando tan bravo e tan ligero que no parescía sino leon sañudo. Derribaba, fería, e mataba cuantos a derecho golpe cogía, assí que en poco espacio fizo en ellos tal estrago que mató e firió ocho villanos e seis caballeros —empero su caballo era ferido de un dardo e llagado en tres lugares: esto le daba grande empacho. El otro hijo de Quinastor se trabajaba con los otros por le traer a muerte, amonestando a todos que una vegada le matassen el caballo; mas esto no se les hazía como ellos querían, porque don Clarián no estaba quedo en un lugar, e como él viesse que el hijo de Quinastor más lo aquexaba que otro, dexóse ir a él, e diole tal golpe por la vista del yelmo que todo lo cortó hasta llegar a los ojos; quebróselos entramos e dio con él en tierra muerto.

A essa hora vinieron Laristes e su compaña, que venían a gran correr. Como don Clarián los vio bien pensó que contra él venían; dixo: "Si Dios me ayude este fecho va peor que yo pensaba; e de Manesil tengo duelo que lo maten: que de mí más cara habrán de haber la vida que piensan, porque de hoy más se guarde aquel que mi espada alcançare, que mis golpes serán mortales," e con esto le creció gran saña; mas cuando los de Quinastor conoscieron a los otros dixeron:

"Veis aquí nuestros enemigos: muertos somos todos." Entonces començaron a huir Laristes e su compañía; fueron empós dellos; alcançáronlos luego e matáronlos a todos —que no escapó sino un caballero que se vino para don Clarián e le demandó merced.

Don Clarián fue mucho maravillado del socorro desta gente, e no sabía qué quisiessen hazer. Mas todos ellos descabalgaron e hincaron los hinojos antél. Laristes le dixo: "Señor caballero, si mucho os erramos, sea mayor vuestra mesura que nuestro yerro: porque os rogamos e pedimos de merced nos queráis perdonar e volver a mi castillo a rescebir aquella honrra e servicio que somos tenudos de os hazer por nos haber quitado a nuestro mortal enemigo Quinastor e a sus hijos, que mucho de mal nos habían hecho."

Como don Clarián mirasse a todos, e [LXXIr] ante él assí los viesse, no pudo su noble coraçón dexar de olvidar la saña de lo passado, e haziéndoles levantar díxoles: "Buenos amigos, vuestro ruego es de rescebir, assí por la buena voluntad con que ayudar me venistes —que yo la recibo en aquel grado que recebir pudiera si cuando llegastes estoviera para perder la vida— como porque pienso que de lo que contra mí hezistes vos pesa, porque otorgo de hazer lo que me rogáis; e sin falla cualquier cosa que fuera menester hazer por vosotros, yo la hiziera sin que os trabajárades de prenderme."

"Señor," dixo Laristes, "la razón porque lo hezimos es muy larga, porque quedará para se os dezir cuando más tiempo oviere." Entonces movieron contra el castillo. Allá llegados fue don Clarián conoscido por el caballero que él tomara merced: que muchas vezes lo viera en la corte del emperador cuando las grandes fiestas se hizieran. Sabido por todos quién era fuele fecho tanto servicio cuanto se le pudiera hazer en la corte del rey Lantedón su padre. Aquella noche fue don Clarián curado de sus llagas e durmió en un muy rico lecho. Laristes embió luego al castillo de Quinastor para lo tomar que a él pertenescía. E como en él no quedassen sino dos villanos, rindiéronlo luego. Los de Laristes se apoderaron en él e traxeron presa a su hija de Quinastor que venía haziendo muy gran duelo, diziendo palabras muy dolorosas e lastimeras.

Luego otro día, venido el escudero que don Clarián librara, que fuera por su tía e por otros muchos parientes suyos, e del señor del castillo para que todos hiziessen mucha fiesta e servicio a don Clarián. Don Clarián mostró mucho plazer con el escudero y él le besó las manos. Don Clarián le demandó si estoviera en el castillo cuando él allí arribara.

"Señor," respondió el escudero, "si yo aquí fuera más se trabajaran de os fazer honra y servicio que de os enojar, mas ellos no sabían el gran bien que les habíades hecho, ni yo quien vos érades; si no seguramente os osara atender cuando me fui."

"Pues agora," dixo don Clarián, "yo querría saber la razón porque a mí me querían prender, e assí mesmo porque Quinastor os hazía tanto mal."

"Señor," dixo Laristes, "lo uno y lo otro os diré yo muy bien. E sabed que deste castillo e dél que tenía Quinastor, e de otros dos fue señor mi padre: que era de gran guisa, cumplido de toda bondad e amado de todos, e había por nombre Sinzer. Este Quinastor que, vos, señor, matastes, era en esta tierra tenido por valiente caballero, mas era sobervio e malo; era pobre e de poca fuerte, e fue casado con una buena dueña de quien ovo los dos hijos que vos matastes, e una hija donzella que anoche fue traída aquí —porque yo he tomado el castillo de Quinastor, que era mío. Esta dueña, su muger, murió; él diosse a servir e agradar a mi padre, e tan bien lo supo hazer que mi padre —Sinzer— contra la voluntad de mi madre, que a essa sazón era viva— e de todos nosotros, lo casó con una mi hermana hermosa e buena donzella e diole con ella aquel castillo. Pues un día cabalgando Sinzer e Quinastor salieron a ellos tres caballeros. Sinzer derribó el uno e Quinastor matando los otros vino para aquel que Sinzer tomara merced e cortóle la cabeça. Mi padre que mucho amaba la lealtad fue desto muy sañudo e mal tráxolo mucho por ello; mas le dixo: 'Nunca deis la vida a quien os sale a matar.' Mi padre, aunque gran pesar de aquesto ovo, suffrióse por entonces. E otra vegada que amos iban juntos; vino una donzella e demandó socorro a Sinzer, diziendo que un caballero llevaba forçosamente otra hermana suya. Mi padre —dexándola a ella encomendada a Quinastor— fue por socorrer a su hermana. Quinastor se pagó de la donzella e demandóle su amor: ella no se lo quiso otorgar. Entonces travóla él por los cabellos e por fuerça quería cumplir con ella su voluntad. Essa hora llegó Sinzer que a la otra donzella librara. Como esto viesse, dixo 'O traidor ¿por qué fazes tal villanía?' E quitándole la donzella denostólo mucho, diziendo que [LXXIv] no paresciesse más ante él, si no que lo mataría. Quinastor se fue a su castillo e cobró gran enemistad contra Sinzer. Aguardó un día que mi padre iba solo, e salieron a él él e sus dos hijos e matáronle. Quinastor llevó la cabeça a su muger por le hazer mayor pesar. Cuando ella la conosció començó a dar muy grands bozes e a denostarlo, e como él era malo e sobervio, fue tan sañudo que metió mano a la espada e le cortó la cabeça, diziendo: 'No quiero tener compañía con hija de aquel que yo tanto desamava,' e aún otra mayor crueza hizo: que luego allí mató un hijo pequeño que della tenía. Como los malos de sus hijos pensaban por esto más valer no se le estorvaron. E como nos vimos que tanto daño nos era venido, ya podéis, señor, pensar nuestro dolor. Acordamos de lo reutar de traición e demandar nuestro castillo ante el conde Alden, que es governador en esta tierra por el emperador Vasperaldo. Quinastor paresció aí e dixo que si había caballero que dixesse que él a mi padre matara a traición e que él no comprara dél el castillo, que se lo provaría por batalla. El conde mandó que respondiesse o buscasse quien respondiesse por mí, e puesto que yo quisiera tomar la batalla —aunque supiera morir— mis parientes no me dexaron, porque yo era moço e Quinastor muy valiente.

"El conde nos dio un año de plazo para que buscássemos caballero que con Quinastor combatiesse; si no que Quinastor quedasse libre con el castillo. Nos trabajamos de buscar caballero que con Quinastor combatiesse, mas no lo podíamos hallar. Como el plazo que nos fue dado se cumpliesse de aquí a cuarenta días e nos no fallássemos remedio, acordamos de prender cuantos caballeros andantes por aquí passassen, e tenellos en prisión fasta dos días antes que el plazo passasse, cuidando que entre todos por aventura hallaríamos alguno que quisiesse tomar la batalla porque los delibrasemos. Esta costumbre no ha más de dos meses que la pusimos, donde tenemos en prisión doze caballeros. E pues, señor, habéis sabido la causa de nuestra costumbre, lo de mi cormano os diré cómo él me lo ha contado. Quinastor lo prendió ha seis meses; como él tenía por cierto que entre nosotros no hallaríamos quien con él combatiesse trabajávase por nos destruir, e rogaba a este escudero mi primo que el plazo passado —o antes si quisiesse— viniesse una noche a este castillo e con él tres caballeros de los suyos: que él estaría en celada puesto con los otros e como a mi

primo abriéssemos la puerta los tres caballeros la defenderían hasta que él viniesse —
que desta guisa nos matarían a todos; e porque mi cormano no quería otorgar esto
dávale muchos tormentos, mas Dios que no quiso que assí fuéssemos muertos, le dio
gracia con que lo pudiesse soffrir. Porque ayer eran venidos al castillo parientes suyos,
sacólo atormentar donde vos, señor, lo hallastes; e por Dios e por vos fue librado,
haziendo a nos tanto bien e merced que nunca os lo podremos servir, e sin falla no
puedo olvidar el pesar que tengo por lo no haber sabido con tiempo —que no passara
lo que passó— mas yo e mis castillos, e todos mis parientes somos en la vuestra
merced."

"Maravillas me habéis dicho," dixo don Clarián, "de la crueza e deslealtad de
Quinastor, porque agora me pesa menos de su muerte, que bien la tenía a Dios
merescida; e la costumbre que aquí pusistes era muy desaguisada, que antes halláredes
algún buen caballero andante que de grado por mantener derecho se combatiera por vos
que no en otra guisa. Mas —pues assí es— ruégovos que los presos que tenéis luego
los soltés, dándoles todo lo suyo, e me prometáis de no mantener más esta costumbre."
Laristes dixo: "Señor, la costumbre contra mi voluntad la mantenía por alcançar
vengança, mas ya no haze menester, porque esto e todo lo que mandardes será fecho."
Entonces mandó soltar los presos e darles todo lo suyo, los cuales dieron por ello
muchas gracias a don Clarián, e se partieron.

En todo aquel día no entendieron en ál que en dançar, bailar e hazer gran fiesta
por to [LXXIIr] do el castillo por honra de don Clarián, el cual andando mirando las
obras del castillo entró en una cámara donde estaba la hija de Quinastor —que era muy
niña e muy hermosa; como ella lo vio, echóse a sus pies, llorando muy agramente e
díxole: "Ay señor, habed duelo desta desconsolada donzella, huérfana de padre e
perdidosa de sus hermanos, que nunca meresció a ninguno porque tanto mal le viniesse;
e por Dios, señor, pues mi ventura quiso que por vuestra mano me viniesse tanto daño,
siendo vos aquel de quien todo el mundo mucho bien recibe, no queráis que donde se
dize que a todas las dueñas e donzellas acorréis e libráis se pueda dezir que dexastes
una captiva como yo estoy agora."

Don Clarián fue movido a tanta piedad della que las lágrimas le vinieron a los
ojos, levantándola le dixo: "Buena donzella, bien conozco que vos no merecíades mal
e si por mi causa os es venido no por mi culpa, porque os ruego que os haré la
emienda lo mejor que pudiere." Entonces fue a Laristes, e tomándolo por la mano
díxole: "Buen amigo, bien sabéis el daño que por mi causa es venido a esta donzella,
e puesto que de su padre mucho mal recebistes, ella no tiene culpa; e pues os habéis
también vengado, yo vos ruego por servicio de Dios e por amor mío que en todas
guisas la toméis por muger, pues ella es para agradar a cualquiera."

Laristes respondió: "Señor, por vuestro servicio ninguna cosa —por cara que sea—
que yo pueda hazer no la rehusaré, porque vos me habés quitado mis enemigos que al
fin me ovieran de destruir; por ende a mí plaze de hazer lo que mandáis." Don Clarián
se lo agradesció mucho. Luego se hizieron las bodas, e por complazer a don Clarián
todos los parientes de Laristes lo tovieron por bien. Passados siete días que don Clarián
allí estovo, acomendólos a todos a Dios e partióse dellos, e siguió su camino a buscar

las aventuras.

CAPITU LXVI. CÓMO DON CLARIÁN ENCONTRÓ UNA DONZELLA QUE LO GUIÓ A LA PUENTE DEL MAL PASSO E LE CONTÓ LA COSTUMBRE QUE EN ELLA HABÍA.

Cuenta la historia que por muchas partes andovo don Clarián haziendo hazañosos e notables hechos en armas, e cómo un día entrasse por una gran floresta encontró una donzella sobre un palafrén que por un pequeño sendero atravessaba. Como ella lo vido, tovo la rienda e atendiólo. Llegado, salvólo cortesmente; don Clarián a ella otrosí.

"Señor caballero," dixo ella, "dexad essa carrera que lleváis e venid comigo; porque aunque essa sea llana e buena de andar, el cabo della es muy malo e peligroso."

"Señora," dixo don Clarián, "dezidme ¿en qué está esse peligro?"

"En qué es guardada," respondió ella, "por tal manera que sin muerte o mucha vergüença no se puede por aí pasar: porque sabed que esta carrera va derechamente a la Puente del Mal Passo —no sé si la habéis oído nombrar."

"Muchas vezes he oído hablar de essa puente," dixo él, "e plázeme de ser por aquí venido para la ver e saber cómo es guardada."

"De esso os guarde Dios," dixo ella, "que si por armas quisiéssedes passar por ella, cercana teníades la muerte; e si por otra manera cobraríades gran deshonra."

"Señora donzella," dixo don Clarián, "aunque ello fuesse más de lo que vos me lo encarecéis, en ninguna guisa dexaría de ir allá, porque os ruego me guiéis si lo podéis hazer."

Mucho fue desto la donzella maravillada; miróle cuán bien parescía armado, e dixo: "Señor caballero, a ocho millas de la puente está un castillo de una mi hermana donde yo agora vo; mas cierto siempre me plugo arrodear por no passar por la costumbre de la puente. Empero —pues vos tenéis tanta gana de ir allá— yo quiero ir con vos por ver lo que avernrá aunque me haya de volver por esta carrera." [LXXIIv] Don Clarián se lo agradesció.

Luego movieron para allá,[31] e don Clarián le dixo: "Señora donzella, en tanto que allá llegamos, yo os ruego que me digáis por qué ésta se llama la Puente del Mal Passo, e la costumbre que en ella hay, e quién es él que la guarda."

"A mí plaze," respondió ella, "e yo soy cierta que cuando os lo oviere contado vos habrés por bueno que nos volvamos. Sabed que en esta tierra fue un rico ome caballero de gran guisa, señor de muchos castillos, e ovo una hija que Alcysa ha nombre — hermosa a maravilla— e acaesció que en esta tierra se hizo un torneo donde vinieron a él todos los más e los mejores della. El padre de Alcysa vino aí e traxo su hija; otrosí vinieron muchas dueñas e donzellas de gran guisa. A este torneo vino un caballero pobre, de gran bondad de armas, e sin falla es tal que en toda esta tierra ni en otras muchas apenas se hallaría su par, e ha por nombre Tarmadín. Con él vinieron dos hermanos suyos, a maravilla valientes caballeros. Estos se acostaron a la parte que menos gente había, e tanto hizieron en armas que por la bondad dellos tres, los de su

---

[31] allan

parte vencieron el torneo. De las caballerías de Tarmadín todos fincaron maravillados diziendo que en el mundo no había mejor caballero que él. Pues aquel día todos comieron en el campo haziendo gran fiesta, e como Tarmadín viese a Alcysa, enamoróse della de tal guisa que assí mesmo no amaba tanto como a ella. Sirvióla mucho, e hizo por ella mucho en armas, mas nunca a ella le vino en grado de lo amar. Pues como Tarmadín viesse que no podía alcançar cosa alguna acordó de se partir e ir por tierras estrañas e hazer tanto en armas que viniendo a noticia della lo oviesse de amar.

"Assí lo hizo e fueron con él sus dos hermanos; e cuando volvió no vino con él más de uno porque el otro dizen que fincó en prisión de un valiente caballero que otra puente guardaba —esto fue sin sabiduría de Tarmadín— el cual como fue venido halló que era muerto el padre de Alcysa, e habíala dexado a ella e a sus castillos en cargo a un hermano suyo, e rogóle que la casasse con tal persona que fuesse merescedor della. Como su tío sabía destas cosas guardávala de Tarmadín que no la viesse. Un día que Tarmadín supo que su tío e otros cinco caballeros la levaban a un castillo, armóse e salió a ellos solo e rogó al tío de Alcysa que solamente le dexasse hablar con ella, mas él no lo quiso hazer; antes lo amenazó. Entonces Tarmadín se dexó ir a ellos e derribólos a todos de la lança, e fuesse para ella e díxole: 'Señora, miémbrese vos de cuanto os amo y he servido, e mirad que por no enojar vos no os llevo comigo: que no hay quién me lo defendiesse,' e no diziendo más, partióse de allí.

"El tío de Alcysa, viendo la virtud que Tarmadín usara, embió por él e trabajó tanto que, aunque no con mucha voluntad de Alcysa, ella lo tomó por marido. Esto hizo él porque sabía que Tarmadín no le demandaría de los bienes más de cuantos él le quisiesse dar, e para él quedaría la mayor parte. Hechas las bodas Tarmadín llevó a Alcysa a este castillo que agora vamos, que era de su padre della. Alcysa siempre estaba descontenta con él. Un día Tarmadín le dixo que porque tenía desgrado dél, amándola él tanto, e siendo tal que todos la tenían por bien casada con él. 'Aunque vos esso digáis,' dixo ella, 'no lo dirán assí otros.' Como Tarmadín es sobervio dixo entonces: 'Pues yo vos prometo que por aquí no passará caballero ni otro alguno —que villano no sea— que no os haya de besar la mano, diziendo que vos tenéis por marido el mejor caballero del mundo. Esto mantendremos yo e mis hermanos dos años, que todo caballero que esto no quisiere hazer se haya de combatir con cualquier de nos. E si fuere dueña, o donzella, o escudero, que sea preso.' Desde entonces acá se guarda esta puente; que bien ha un año e medio que por aí no ha venido caballero que a ninguno de los hermanos de Tarmadín sobrase en armas, que tales son ellos que a Tarmadín no le [LXXIIIr] haze menester combatirse sino cuando él oviere. Como en esta tierra viessen que esta puente era tan mala de passar pusieron le el nombre la Puente del Mal Passo; que de primero la llamaban la Puente de las Tres Hayas por tres hayas que acerca della están. Ya os he contado toda la razón della, e vos ruego que os volváis si muerte o desonra no queréis recebir, porque por ál no podés passar."

"Señora donzella," dixo don Clarián, "pues no lo hize de primero, tampoco lo haré agora. E sin falla justamente meresció Tarmadín a Alcysa por lo mucho que la sirvió, e pues la ventura se la había dado debiérase de contentar; que todo cuanto por sus amores hizo le era de loar, mas de lo que ha fecho e faze después que con ella fue casado es gran sobervia, e daña todo lo bueno passado. E si Dios me ayude yo querría mucho que dello se apartasse con su honra, e assí se lo rogaría si él hazer lo quisiesse; e de Alcysa me maravillo más —que para qué quiere un señorío tan sobervio que no la haze por esso más valer."

"Como quiera que ella assí lo debía hazer," dixo la donzella, "todavía le aplaze esta vanagloria, e ama más a su marido por ello que ante."

CAPITU LXVII. DE CÓMO DON CLARIÁN HALLÓ A LA PUENTE DOS CABALLEROS QUE QUERÍAN PASSAR, E DE LAS RAZONES QUE CON ELLOS OVO, E CÓMO DESPUÉS SE COMBATIÓ CON LOS TRES HERMANOS DE LA PUENTE DEL MAL PASSO.

Hablando destas cosas anduvieron tanto que llegaron a la puente. Don Clarián miró el castillo que de la otra parte en un otero estaba, que era muy fuerte e bien labrado. La puente era bien hecha: las paredes della assaz altas, a la entrada della había una torre pequeña bien labrada, e otra a la salida, e a entrambas a dos había lanças acostadas para que justassen los que por aí passaban. Baxo de la puente corría un gran río, e orilla dél en una huerta grande había unas hermosas casas donde estaba aquel que la puente guardaba. En aquella sazón Tarmadín era en el castillo, e sus hermanos estaban en la puente: uno dellos estaba guisado de justa, esperando lo que harían dos caballeros que con una dueña a las tres hayas estaban que querían passar; e su hermano de Tarmadín les embiaba un escudero con su mandado.

Assí como ellos llegaron a las tres hayas salvaron a los caballeros e a la dueña y ellos a ellos otrosí. Don Clarián les demandó qué atendían. "Atendemos," dixeron los caballeros, "lo que nos embiará a dezir aquel caballero; que nos ha defendido que no passemos, empero si él quiere justar nos le haremos que otro día no defienda el passaje a otros." Por esto que ellos dixeron no los preció don Clarián más, e callóse.

Mas la donzella que con él venía les dixo: "Señores, si vosotros supiéssedes cuánto es defendida esta puente no hablaríades assí."

Entonces llegó a ellos el escudero e díxoles: "Mi señor os embía a dezir que si por aquí queréis passar que os conviene subir al castillo e besar la mano a la señora dél como a muger del mejor caballero del mundo; e si esto no querés, que os aparejés a la batalla o os volváis por do venistes." Don Clarián calló por ver lo que respondían los caballeros.

Ellos dixeron: "Dezid a vuestro señor que él nos embía a dezir gran locura, e que se apareje a la batalla, que cualquier de nos se delibrará presto dél."

El escudero se volvió; don Clarián les dixo: "Señores, si a vosotros pluguiere, dadme la primera justa; que mejor será que se pruebe vuestra bondad cuando más no se puede hazer."

"Esso no queremos nos," dixeron ellos, "que si vos al caballero venciéssedes diríades que nos franqueastes el passaje; e nosotros lo podemos franquear a ciento tales como vos."

Don Clarián se sonrió e díxoles: "Pues hazed como querrés; que si me lo hazés franco yo a buena dicha lo terné."

Entonces el uno dellos se fue para la puente; el otro dixo a don Clarián: "Agora verés cómo mi primo le haze bolar de la silla." Mas don Clarián no lo [LXXIIIv] pensaba assí como él lo dezía; que miraba el hermano de Tarmadín. Veíale estar en buen continente e parescer bien a caballo. Como el caballero fue en la puente dexáronse ir el uno para el otro, y en tal manera se encontraron que el caballero quebró su lança, mas el hermano de Tarmadín lo firió tan duramente que dio con él en tierra mal llagado e del todo desacordado.

Don Clarián, que esto vio, dixo al otro: "Señor caballero, tan peligroso está el passo como de primero."

El caballero no respondió, antes se fue para el hermano de Tarmadín e firiéronse amos de guisa que las lanças fueron quebradas, mas el caballero cayó en tierra tan gran caída que no tenía memoria de se levantar. Cuando la dueña esto vio començó a fazer gran duelo, pensando que fuessen muertos e dezía:

"¡Ay sobrinos, que por mi voluntad nunca por aquí viniéramos!" A todo esto don Clarián estaba quedo.

La donzella, cuidando que no osaba passar, díxole: "Caballero, volvámonos; que yo bien os dezía el peligro desta puente."

"Aún atenderemos a ver más, si a vos pluguiere," respondió él.

"No hay más que ver," dixo ella, "sino que si aquellos caballeros la costumbre no quieren cumplir serán luego muertos."

Essa hora el hermano de Tarmadín dio bozes a don Clarián, diziendo: "Si vos, don caballero, queréis cumplir la costumbre vení seguramente; si no ídvos dende."

Don Clarián respondió: "Nunca yo por mi grado besaré mano de señora que no me ha fecho mercedes, ni diré ser su marido el mejor caballero del mundo: que podría mentir. Antes me plaze de justar, e más me plazería que me dexássedes passar."

"Pues venid," dixo el hermano de Tarmadín, "que pues no le queréis besar la mano, yo haré que le beséis los pies." Don Clarián movió su passo.

La donzella dixo: "Tanto que a mi caballero vea en tierra luego buelvo la rienda e me voy."

"Donzella," dixo Manesil, "esso no veréis vos tan aína como cuidades si a Dios pluguiere."

Don Clarián —que en la puente entrara— tomó una lança; que él no la traía. El hermano de Tarmadín que otra tomara se dexó ir a él; firiólo tan de rezio que le falsó el escudo e quebrantó en él su lança, mas no lo movió de las silla. Don Clarián lo firió con tanta fuerça que llagándolo en el costado siniestro dio con él en tierra desacordado. Cuando la donzella esto vio mucho fue maravillada, e mucho más lo fue el otro hermano de Tarmadín; e como estuviesse armado subió presto en su caballo e mandó a dos escuderos que metiessen a su hermano en la casa e le echassen agua en el rostro para le fazer acordar. Desí hizo trabar por las piernas a los caballeros e apartarlos a un canto de la puente por mejor justar, e tomando una lança, dixo contra don Clarián: "Caballero, nunca aquí vino otro que tanto como vos hiziesse, mas guardad vos de mí, que yo haré que desto no vais alabando."

Entonces movieron contra sí cuanto más rezios pudieron y encontráronse de tal guisa que las lanças bolaron en pieças por el air, mas el hermano de Tarmadín no fue tan fuerte que del duro encuentro que don Clarián le dio no cayesse por tierra de tan gran caída, que no menos desacordado que a su hermano lo llevaron a la casa. E cerrando la puerta de la puente, tocaron una campana que en la torre estaba. Don Clarián demandó que por qué se hazía esto; un enano que aí estaba dixo: "Porque aún no penséis haberlo hecho todo —por bien que hayáis justado— que agora verná Tarmadín, de cuyas manos no os libraréis assí como cuidades."

Don Clarián no respondió, mas llamando a Manesil mandóle que con ayuda de un hombre que la dueña traía levasse los dos caballeros e los pusiessen en acuerdo. Manesil lo hizo assí; mas por mucho que hazían apenas los podían acordar, tanto fueran las caídas grandes.

Tarmadín, que la campana en el castillo oyó, mucho fue maravillado, que bien sabía que cuando aquélla se sonasse, sus [LXXIIIIr] hermanos no estarían para combatir. Armóse a gran prissa e cabalgando baxó abaxo con tres escuderos; entrando en la casa halló que sus hermanos acordaban. Mucho fue maravillado cuando supo que por un solo caballero fueran assí offendidos, e fuesse para la puente.

Como don Clarián lo vio, començólo de catar, e vio que venía armado de unas ricas armas verdes, sembradas por ellas unas rosas doradas. Su escudo era todo blanco, en él un león rampante. Bien le paresció a don Clarián cuando assí lo vio venir, mas no menos le paresció él a Tarmadín; que en su coraçón dixo no haber visto caballero tan bien parescer armado, porque assossegado su caballo le dixo:

"Caballero, por lo que habéis hecho conozco que sois gran justador e que en vos hay assaz de bondad, porque querría que sin más daño vuestro cumpliésedes la costumbre: que en otra manera vuestra muerte está muy cierta, porque vos habéis de combatir comigo. E si caso fuesse que a mí venciéssedes —lo cual sería muy duro de acabar— habéis os de combatir con mis hermanos, que son tales que cualquiera dellos podría vuestra vida en estrecho."

"Tarmadín," dixo don Clarián, "por dos cosas me pesaría de combatirme con vos: la una porque para según vuestra costumbre soberviosa, vuestras palabras son mesuradas —porque de buena voluntad yo dexaría esta batalla, con tanto que vos teniendoos por contento con lo que fasta aquí habéis hecho, quités esta costumbre e dexéis passar por aquí a todos seguramente; e desta guisa vos, no perdiendo de vuestra honra, harés por vuestra voluntad aquello que por ser cosa tan desaguisada, Dios la puede quitar a vuestro desplazer."

"Cosa escusada habláis," dixo Tarmadín, "e bien creo que lo causó hablaros yo tan mansamente; por ende agora vos guardad de mí."

A essa hora movieron uno contra otro a todo correr de los caballos. Los encuentros que se dieron fueron tan fuertes que muchos troços fueron hechas las lanças e los escudos fueron falsados, mas Tarmadín, queriendo o no, cayó por tierra. Todos fueron dello maravillados; la donzella dixo: "Si Dios me ayude mayor es la bondad de este caballero que yo pudiera pensar, e mal se conosce por palabras la fortaleza del coraçón."

Assí como Tarmadín se vio en tierra mucho fue maravillado, e dixo contra sí:

"Agora me ha avenido lo que yo nunca pudiera creer." Metiendo mano a la espada con gran saña dixo contra don Clarián: "Vos, don caballero, descabalgad; si no mataros he el caballo, que por buena fe mi espada me dará vengança de vos."

Don Clarián descabalgó, e metiendo mano a su espada, dixo: "Tarmadín, yo fío en Dios que antes de mucho vuestro orgullo no será tan grande." Entonces se fueron acometer con gran denuedo, e de la gran fortaleza de los golpes que sobre los yelmos se dieron, grandes llamas de fuego hizieron ellos levantar; e comiençan una tan ferida batalla que assí a los hermanos de Tarmadín —que la miraban— como a todos los otros hazían tomar espanto. Feríanse de golpes tan grandes tan espesos e cargados que bien demostraban en ellos la fortaleza de sus braços; e tan a menudo esgremían las espadas que apenas las podían devisar. En poca de hora yazían por tierra muchas pieças de las armas. Bien conosció don Clarián que Tarmadín era de gran fuerça; mas él fue tan espantado de los duros e fuertes golpes de don Clarián que dezía consigo que éstos aun para una yunque serían graves de suffrir; e que el diablo o el más fuerte hombre del mundo se le había puesto delante —mas ni por esto no dexaba de hazer su batalla assí duramente como la pudiera hazer un valiente caballero como él era. Pues como los braços no se cansassen y las espadas cortassen bien, las armas fueron mucho empeoradas, de guisa que començaron a malpararse las carnes.

E como quiera que Tarmadín fuerte e animosamente se combatiesse, no le tenía pro; que su batalla era con el mejor caballero del mundo: [LXXIIIIv] el cual como en dos lugares se sintiesse ferido, crecióle la saña, e alçando la espada dio a Tarmadín un tal golpe por cima del yelmo que todo el cerco le derribó en tierra, e hízolo ahinojar. A Tarmadín paresció haber perdido la vista de los ojos; empero esforçóse cuanto pudo. Don Clarián lo començó a cargar de tantos e tan vigorosos golpes que lo hazía desatentar e perder el tino de ferir, haziéndole perder mucha sangre. Como assí lo viessen sus hermanos no lo pudieron suffrir, e quisieron antes dañar sus honras que verle assí morir; porque metiendo mano a las espadas dexáronse ir contra don Clarián, diziendo: "Muera este mal caballero antes que tanta honra hoy gane."

"¿Cómo, desleales?" dixo don Clarián. "¿No querés mantener lealtad de caballeros? Agora os digo que no precio nada vuestra bondad." Los otros no curaron desto, antes lo començaron a ferir de toda su fuerça; assí que en aquel lugar se comiença entrellos una tan brava batalla cual nunca hombre vio. Como los tres hermanos fuessen de muy gran bondad de armas e se ayudassen muy bien, apretaron tanto a don Clarián que lo pusieron en grande estrecho; assí que a él convino esforçarse mucho en su gran bondad e tomándolos a todos antesí, por mejor se guardar, començó a ferirlos de tan bravos golpes que cuanto con su espada alcançaba tanto derribaba por tierra.

Como Manesil viese a su señor en una tan fiera batalla daba grandes bozes a los otros caballeros —que ya acordados estaban— que le fuessen ayudar, que con justa razón lo podían hazer; mas ellos no ovo tanto esfuerço que lo osassen acometer. E Tarmadín mandó a dos escuderos suyos que fuessen a prender a Manesil: del cual a don Clarián cresció tan gran ira; que alçando el braço dio a uno de los hermanos de Tarmadín tal golpe por cima del yelmo que la espada le hizo llegar a los cascos, e dio con él a sus pies tal como muerto. Grande fue el dolor que los otros de aquesto sintieron, porque con mucha saña lo començaron a ferir por lo traer a muerte si pudiessen. Don Clarián dio un tal golpe de llano a un escudero de los que Manesil querían ir a prender, passando cerca dél que por poco no lo mató, e dio con él a sus pies. El otro escudero que esto vio no osó passar.

Tarmadín fue de aquesto muy sañudo, e quiso se abraçar con don Clarián porque pensaba desta manera, con ayuda de su hermano, de lo matar. Mas como él lo vio venir, alçó la espada e diole un tan fuerte golpe que una pieça del yelmo con un pedaço de la carne e del casco le derribó en tierra. Tarmadín fue assí atordido que la espada se le cayó de la mano y él cayó de espaldas en tierra. Bien parescía en estos golpes que gran ira tenía aquel que los daba. Como el otro se vio solo con don Clarián, túvose por muerto, e tomando la espada con amas las manos pensó de lo ferir por cima del yelmo; mas él alçó el escudo e la espada entró en él una mano. Don Clarián lo firió en el braço siniestro por manera que se lo cortó todo: el caballero cayó en tierra fincando metida su espada por el escudo de don Clarián, mas él la sacó luego. E no escapó desta batalla tan sano que en más de seis lugares no fuesse ferido: que sin falla aquí se vio él en uno de los mayores estrechos que se nunca viera, porque la bondad de los tres hermanos era tal que bien se puede dezir haber acabado aquí don Clarián un gran fecho de armas.

Entonces movieron los dos caballeros, diziendo: "¡Sean muertos todos estos traidores, señor caballero!"

"Esso no harán ellos," respondió don Clarián, "si por vencidos se otorgan." Entonces él se fue para Tarmadín, que por se levantar trabajaba; e quitándole el yelmo de la cabeça, díxole: "Tarmadín, muerto eres si no te otorgas por vencido e me prometes de hazer cuanto te yo mandare."

Tarmadín respondió: "Ay caballero, por Dios dad presto la muerte a aquel que mayor la recibiría si vivo quedasse con tan increíble mengua como hoy ha cobrado; que más quiero ser muerto con tu espada que vivir con tan crecida deshonra."

Desto pesó a don Clarián porque en ninguna guisa él lo quería matar si lo pudiesse traer [LXXVr] a lo que él quería. Hizo semblante de le querer cortar la cabeça, e como vio que Tarmadín de vivir no curaba, dixo: "Si Dios me ayude —pues vos assí querés morir desesperado— yo os daré la muerte que merescés."

Entonces lo tomó por los braços, mostrando que lo quería echar por un cantón de la puente, mas Tarmadín le dixo: "Ay, señor caballero, que más quiero otorgar lo que me demandáis que morir de tal muerte que no es de caballero; porque yo me otorgo por vencido e faré aquello que por vos me fuere mandado, e todos aquellos que supieren que Tarmadín e sus hermanos fueron assí vencidos e sobrados por un solo caballero pueden creer que lo fueron por el más fuerte hombre del mundo."

Don Clarián lo ayudó entonces a levantar e díxole: "Tarmadín, no os debéis maravillar por esto; que los que mantienen la sobervia sostiénenla con las fuerças del diablo, e los que combaten por la razón e justicia han de su parte la fuerça e poderío de Dios. Por ende hazed que vuestros hermanos otorguen lo mismo que vos si quieren escapar de muerte."

Tarmadín por sus manos les quitó los yelmos e los acordó, e grave e sentible era el dolor que su coraçón sintió de verse assí vencido a él e a sus hermanos; demás cuando al uno vio el braço cortado; e díxoles: "Buenos hermanos, pues que tal ha sido nuestra ventura, conviene otorgar lo que ella quiere —como yo he fecho." Ellos fizieron lo que él les mandó.

E puesto que don Clarián harto daño dellos oviesse recebido, tomóle dellos gran piedad e dixo: "Tarmadín, lo que yo os quiero demandar no es ál sino que por el juramento que me habés fecho que esta puente no guardés más vos ni vuestros hermanos ni otro por vosotros, mas que todos aquellos que por aquí vinieren puedan por ella passar sin empacho alguno, e que si algunos presos tenéis los soltéis luego dando les todo lo suyo." Tarmadín dixo que otorgaba de no guardar la puente, mas que presos no tenía ningunos: que aquellos que a prisión tomaba antes querían cumplir la costumbre que estar en ella.

Como don Clarián viesse que ellos mucho se desangraban, e que dél otrosí corría mucha sangre, tocó las llagas a sí e a ellos con aquel anillo que de la Dueña Encubierta le embiara, e luego la sangre fue restañada. Como Tarmadín esto vio mucho fue maravillado, e bien pensó que éste fuesse el diablo o algún encantador que con encantamento los venciera, e díxole: "Señor caballero, dezínos vuestro nombre por que podamos saber quién nos venció: esto os rogamos por cortesía."

"Tarmadín," dixo don Clarián, "dezíroslo he aunque a otro no lo descubriera —no por ál sino para que me conozcáis por vuestro amigo, cumpliendo vos lo que me habéis prometido:—esto es por la gran bondad que en vos y en vuestros hermanos hay: e sabed que a mí llaman don Clarián de Landanís."

"¡Ay señor!" dixo Tarmadín, "que bien había yo de vuestra bondad oído hablar, mas no creía tanto como vos della me habéis dado a conoscer; e bien os digo que me tenía por dicho que tanto que se cumpliesse el tiempo que esta puente había de guardar de os ir a buscar e combatirme con vos, mas muy vano era mi pensamiento, e ruégovos, señor, que finquedes con nos fasta ser guarido de vuestras llagas —que seguramente lo podéis hazer." Don Clarián dixo que a él convenía mucho ir en otras partes. E cabalgó luego para se ir porque supo que Alcysa venía del castillo: esto hizo por no dalle pesar estando presente. Los caballeros le demandaron perdón de lo que contra él dixeran e partiéronse con su dueña.

Don Clarián, encomendando a Dios a Tarmadín e a sus hermanos, fuesse con la donzella —que muy afincadamente le rogó que quisiesse ir con ella al castillo de su hermana, que allí le sería fecho mucho servicio. Don Clarián se lo otorgó, e llegados allá dixo a su hermana que quisiesse mucho servicio aquel caballero como al mejor del mundo. Entonces le contó cuanto aviniera, e le dixo su nombre. Assí en el castillo como por todas aquellas tierras fueron maravillados cuando oyeron dezir que los tres hermanos de la Puente del Mal Passo fueran juntamente vencidos por un solo caballero, e apenas [LXXVv] lo podían creer: que lo tenían por una gran maravilla. E desta guisa fue quebrada la costumbre de la puente del Mal Passo, como se ha contado: que nunca por Tarmadín ni por sus hermanos más fue guardada. Empero ya vino tiempo que la guardó Gallar de Monquier, hijo de Tarmadín, por consejo de su padre. Este fue de mayor fuerça e valentía que no él: con el cual don Galián ovo una gran batalla, como en la segunda parte desta historia se cuenta. Aquí dexa el cuento de hablar de don Clarián —que curándose estaba de sus llagas en el castillo de la hermana de la donzella, donde mucho servicio le hazía— por contar de la corte del emperador Vasperaldo.

CA. LXVIII. CÓMO LOS OCHO CABALLEROS QUE DON CLARIÁN CON LA DONZELLA MUERTA EMBIÓ LLEGARON A LA CORTE E DE LA PENITENCIA QUE POR LA EMPERA-TRIZ E POR GRADAMISA LES FUE DADA.

Cuenta la historia que un martes por la mañana entraron por la ciudad de Colonia ocho caballeros —que en la muerte de la donzella fueran— e venían todos armados; las andas en que el cuerpo de la donzella venía traían sobre sus hombros, e cubiertas con un paño negro. Pindaner —él que la donzella matara— levava la cabeça della colgada al cuello por los cabellos, assí como don Clarián la mandara. Mucho se maravillaba las gentes de la ciudad de ver una cosa tan estraña, e no podían saber la causa dello porque los caballeros no daban respuestas a aquellos que se lo demandaban. Assí fueron fasta el palacio siguiéndolos mucha de la gente común. E como en el imperial palacio entraron, hizieron su acatamiento al emperador assí como venían, e pusieron las andas en tierra. Pindaner puso la cabeça de la donzella sobre ellas. Mucho fueron maravillados el emperador e todos aquellos grandes señores e nobles caballeros que con él estaban de ver assí venir estos caballeros, e atendieron por oir lo que dirían.

Pindaner dixo en guisa que todos lo oyeron: "Muy alto e poderoso emperador: nos somos aquí venidos a la emperatriz tu muger e a la princesa Gradamisa tu hija; por ende manda que vengan aquí, que ante ellas te diremos la causa de nuestra venida."

El emperador, que mucho deseaba saber esto embió luego por ellas. Ellas vinieron acompañadas de la reina Mirena e de muchas de aquellas infantas, dueñas e donzellas de alta guisa; assí entraron por el palacio. A la emperatriz[32] traían por los braços el rey de Polonia y el rey de Borgoña. A Gradamisa, el rey de Zelanda, e a la reina Mirena, Florantel de Nuruega —que aunque ella della no era sabidora, mucho la amaba; a la infanta Guirnalda, hija del rey de Panonia, traía don Galian: el cual —como ya se ha contado— desdel primer día que la vio fuera preso de su amor, e passaba por ella gran cuita. Ella estaba muy pagada dél, mas no porque supiesse su coraçón. E sin falla si ella tenía grado de don Galián era con gran razón, porque él era muy noble y esforçado e de buenas maneras, leal, franco, hermoso, e uno de los mejores caballeros que en la corte había, fueras su primo don Clarián: que éste no tuvo par.

Pues como la emperatriz e su fija se sentaron, los ocho caballeros fueron fincar los hinojos antellas, e dixéronles: "Señoras, nos metemos en la vuestra merced de parte de un caballero que ha nombre Clarián de Landanís, que a todos juntamente nos venció." Entonces contaron allí cuánto con él les aviniera, que cosa no faltó.

Cuando Pindaner vino a dezir que le conjurara por la cosa del mundo que más amaba e que entonces ovo dél merced, don Galián se volvió a Florantel e Honoraldo

---

[32] impetriz

de Borgoña e díxoles: "Cierto sé yo que ama a su padre e a su madre sobre todas las cosas del mundo." Empero aquélla más que todas hermosa— Gradamisa, que gran plazer tenía de oír contar de aquel que tanto amaba— bien conosció que por amor della oviera Pindaner la vida. Desque Pindaner lo ovo todo contado, callóse.

Todos fueron movidos a gran piedad de la donzella, e todas aquellas señoras mostraron gran lástima de su muerte, e sobre todas la emperatriz; que con el pe [LXVIr] sar que tenía, cosa no respondió a los caballeros. Mas la princesa Gradamisa a su grado bien los diera por quitos por amor de aquel que los embiara. Como los caballeros viessen a la emperatriz de mal talante ovieron gran pavor que los mandasse matar, e fuéronse para don Galián, e Florantel e don Palamís, e Honoraldo de Borgoña —que les parescieron hombres por quien la emperatriz haría— e rogáronles mucho que, pues don Clarián les había dado la vida, que por su amor e por lo que debían a caballería, rogassen a la emperatriz e a Gradamisa que les quisiessen perdonar, dándoles la penitencia que a ellas pluguiesse.

Ellos respondieron: "Puesto que vosotros hayáis cometido grave yerro, por amor de aquel que acá vos embió, a nosotros plaze de cumplir vuestro ruego." Levantándose todos cuatro, fincáronse de hinojos ante la princesa Gradamisa, e rogáronles mucho por el perdón de aquellos caballeros —esto en cuanto a las vidas; que en lo ál ellos cumplirían aquella penitencia que fuesen las mercedes de les dar. Con la princesa Gradamisa luego fue acabado, mas la emperatriz mostraba mucho pesar por la muerte de la donzella. Empero por ruego de los caballeros óvolo de hazer; con tanto que jurassen de nunca meter mano en dueña ni en donzella por ninguna cosa. Otrosí que todos juntos se metiessen en camino por medio año, e que en él no se empachassen que en ayudar a todas aquellas dueñas e donzellas que su ayuda oviessen menester. Los caballeros lo juraron e cumplieron assí.

E dize la historia que aunque este Pindaner mató esta donzella, después las ayudó e socorrió en muchas partes, assí como muchas vezes acacsce: que algunos que graves yerros cometen no solamente dellos, mas de otros muchos se emiendan. Partidos Pindaner e sus cormanos, el emperador e todos quedaron hablando en este fecho, diziendo que don Clarián les diera convenible penitencia.

Buelta la emperatriz a su aposento, don Galián —que en amores de la infanta Guirnalda ardía— se fue a su posada. Entrándose en su cámara cerró la puerta; assí solo se echó en su lecho e començó a derramar muchas lágrimas mezcladas con muy sentibles razones, diziendo contra sí:

"¡Ay de mí, sin ventura! que después que nascí fasta hoy nunca mi coraçón fue de amor sojuzgado, seyendo en muchas partes de assaz donzellas amado, de las cuales algunas por el amor mucho amor que me tenían era razón de yo amar de todo coraçón: principalmente aquella hermosa e apuesta Albea, duquesa de Austerie, que assí me hizo señor de sí e de toda su tierra, con la cual yo tuve muchos plazenteros días. E agora ha querido la fortuna que después de estar en esta corte entre las más hermosas damas del mundo —sin ninguna subjeción de amor sobre mí tener— viniesse una donzella de tierra estraña —como es Panonia— do nunca yo he estado, a me poner en tanta apretura, e finalmente a me vencer de tal suerte que el orgullo de mi coraçón —que nunca hasta aquí por pavor de muerte fue quebrado— es caído, ya de tal guisa que ningún esfuerço tiene contra ella. Esto causa su gran merescer e fermosura."

E bien assí padesció don Galián mucha cuita por amores de la infanta Guirnalda fasta tanto que él, viendo que esto no lo podía padecer ni suffrir, le descubrió su coraçón. Lo cual sabido por la infanta Guirnalda, acebtó su amor con voluntad amorosa. Fueron cumplidos sus desseos una vez que el emperador con la emperatriz e la princesa Gradamisa e otra gran compaña fueron a monte a una floresta muy grande que es acerca de la ciudad de Acos, donde estuvieron quinze días. Mas cómo esto passó por entero, e assí mesmo los amores que don Galián antes desto con la duquesa Albea tuvo, e las grandes caballerías que en su tierra hizo, la presente historia no haze aquí dello mención. Mas quien saberlo quisiesse, en aquellos libros que *Espejo de caballerías* son llamados lo hallará escripto. [LXXVIv]

CAPIT. LXIX. CÓMO UN PEQUEÑO DONZEL VINO A LA CORTE DEL EMPERADOR A LE DEMANDAR UN CABALLERO QUE A SU PADRE SACASSE DE PRISIÓN, E DON PALAMÍS TOMÓ ESTA DEMANDA.

Estando un día el emperador Vasperaldo en su palacio con gran compañía de altos hombres e preciados caballeros, entró por la puerta un caballero vestido de negro: la barva e los cabellos había todos blancos, e traía por la mano un pequeño donzel muy apuesto. El caballero hizo su mesura al emperador, e dexando al donzel de la mano, él se vino al emperador; fincó antél los hinojos e dixo:

"Aquel poderoso Señor que formó el cielo e la tierra salve e guarde a ti, emperador, como aquel de mayor loor en el mundo corre, que de ningunos de los príncipes que en él son: esto causa ser en tu corte mantenida la noble orden de caballería más altamente que en otra ninguna. E pues por todo el mundo se dize que ninguno que a ella viene se parte sino alegre e remediado, no quieras tú, señor, que yo della vaya desconsolado; mas que en ella halle justicia e remedio del mayor agravio del mundo que a mí es hecho." Mucho fueron el emperador e todos maravillados cuando a un tan pequeño donzel tan sesudamente oyeron hablar.

El emperador le respondió riendo: "Sesudo donzel: vos habláis tan entendidamente que es muy gran derecho que vuestra cuita sea remediada, demás siéndoos hecho agravio como dezís: el cual nos contad e pornáse en él remedio, que pues vos tan buen loor dais de mí, razón es que os lo agradezca."

El donzel respondió: "Señor: de aquel caballero, que mejor que yo lo sabe, lo podrés aprender."

El emperador, volviéndose a los que aí eran díxoles: "¿Vistes nunca tan entendido donzel? Si Dios me ayude esto es de maravillar." Entonces llamó al caballero e díxole: "Agora nos contad el tuerto que a este donzel es hecho."

"Señor," dixo él, "yo vos lo diré. Sabed que el señor del castillo de Buzer tenía consigo al padre deste donzel, que es mi sobrino; e porque le servía lealmente, amávalo tanto que él le daba cargo de tener toda su tierra e casa. Este señor de Buzer tenía un hijo que ha por nombre Ardiles, bravo e de grande fuerça, lleno de maldad e orgullo. Este desamaba mucho al padre deste donzel porque su tío lo amava, e muchas vegadas

Ardiles dezía a su tío que no debía tanto amar al padre deste donzel ni assí fiar dél: que él sabía cierto que él no miraba por su servicio, mas el señor de Buzer no le quería creer de aquesto. Un día acaesció que cabalgando el hijo del señor de Buzer solo e armado, fue muerto acerca de una fuente por tres caballeros que nunca se ha sabido quién fueron. Dende a poco que lo mataron vino por aí el padre deste donzel, e como vio muerto al fijo de su señor ovo mucho pesar: hizo sobre él gran duelo, e trayéndolo ante sí para lo fazer soterrar, encontró con Ardiles, el cual como esto vio no le pesó —que no amaba a su cormano— e demandóle cómo fuera muerto. El le dixo que no sabía más de cuanto assí lo había hallado, e que un hombre que guardaba ganado le dixera que tres caballeros lo mataran. Entonces Ardiles pensó una gran traición contra él, e díxole: 'Pues atended vos aquí: yo iré al castillo de Buzer e vendremos por él muchos caballeros, que no es razón que mi primo sea assí levado; e si viéredes que me tardo, veníos vuestro passo.' Entonces se fue para su tío, e díxole: 'Señor, bien os dezía yo que vos no fiásedes tanto de Tanbrises —que assí había nombre el padre deste donzel— que él no vos ama assí como vos dezís: porque sabed que a mí me han dicho que él con otros dos caballeros es salido a matar a vuestro hijo porque lo denostó de palabra.'

"Cuando el señor de Buzeres esto oyó mucho fue maravillado, e no lo pudo creer; empero mandó ir con Ardiles seis caballeros que a su fijo fuessen buscar: los cuales encon [LXXVIIr] traron con Tambrises, que ya venía. Ardiles, cuando lo vio, dixo a los otros: 'Vedes como es verdad lo que yo dezía,' que él lo llevaba agora a echar en lugar do no pareciesse por no ser descubierto. Cuando los otros caballeros esto vieron, bien creyeron que fuesse verdad lo que Ardiles dezía; entonces fueron a él e lo tomaron preso, e traxeron el cuerpo del hijo del señor de Buzer que con gran duelo fue sepultado. El señor de Buzer hizo venir ante sí a Tambrises e díxole: 'O traidor ¿por qué hazléndote yo tanto bien me mataste mi hijo?' Tambrises se desculpó e le contó lo que passaba: a lo cual el señor de Buzer daba algún crédito. Entonces Ardiles fue muy sañudo e dixo: '¿Cómo señor? ¿Querés creer a este traidor más que a mí? ¡Yo vos digo que lo que os he dicho es verdad e si caballero oviere que lo contrario dixere, yo se lo combatiré! Por ende os ruego que me hagáis justicia deste que ha muerto a mi cormano que yo tanto amaba.' El señor de Buzer, que su justicia al caballero quería guardar, le mandó poner en prisión e diole plazo de cuatro meses para que buscasse quién por él combatiesse; mas puesto que Tambrises muchos e buenos parientes oviesse, no hay ninguno que con Ardiles se ose combatir —que lo temen mucho.

"Pues estando la madre deste donzel muy cuitada por no hallar quién por su marido combatiesse, y el plazo se cumple de aquí a ocho días, este donzel, viéndola llorar, consolóla diziendo: 'Madre, no os desconfortedes que yo iré ante el emperador Vasperaldo: y él es tanto justiciero e amigo de Dios que me dará remedio en esta cuita' e tomó esto que dixo a voluntad, que con él no podimos sin lo traer acá. Hora señor," dixo el caballero, "os he contado por entero la causa de su venida."

"De gran traición nos habéis fablado," dixo el emperador, "e pues Dios Nuestro Señor ama la justicia, yo como su ministro en la tierra la endereçaré cuanto pudiere; e pues el niño de mí tuvo tanta confiança, yo trabajaré que le salga bien verdadera: que él hallará en mi corte caballero que por su padre combata, e quiero que él finque en ella en compañía de otros muchos donzeles de gran guisa, e yo le haré mucho bien: que si Dios me ayude, a maravilla es sesudo y entendido." Desí demandó al caballero cómo había nombre el donzel.

"Señor," dixo él, "Alabor."

"Pues que él es tan sesudo," dixo el emperador, "yo quiero que haya nombre de aquí adelante Alabor el Entendido." Todos dixeron que el emperador le pusiera muy convenible nombre, e por esto se nombró siempre como la historia adelante mostrará.

Muchos caballeros había en el palacio que por el padre del donzel tomaran la batalla, mas don Palamís se levantó primero que todos, e fincando los hinojos ante el emperador demandóle que fuesse su merced de le otorgar aquella demanda.

"Don Palamís," respondió el emperador, "a mí plaze dello; e bien sé que sois tal que por vuestra parte no perderá el padre del donzel su derecho."

Don Palamís se fue entonces armar; e cabalgó en su caballo, e mucho le rogó el bueno y esforçado de Flor de Mar, su hermano, que consigo lo llevasse, mas él no quiso; antes con el caballero que Guelases había nombre e con su escudero se metió en su camino, e al quinto día llegaron a casa de la dueña muger de Tambrises —que era puesta en un verde prado e a par della corría un río— la casa era llana e fermosa. La dueña lo rescibió muy bien, e demandó a Guelases, su hermano, que dónde dexaba su hijo.

"Dueña," dixo él, "él queda en tal parte que vos os debés de tener por bien andante." Entonces le contó lo que passaba; desí díxole que hiziesse mucho servicio a aquel caballero: que era don Palamís de Ungría, uno de los buenos caballeros de la corte del emperador Vasperaldo.

La dueña fue ante él e quísole besar los pies, diziendo: "Ay señor, de Dios hayáis vos el galardón por la merced que nos fazés en querer tomar esta batalla por el tuerto que nos hazen, e por cierto, señor, vos la tomáis a todo derecho."

Don Palamís la levantó e díxole: "Dueña, tened es [LXXVIIv] perança en Dios, que si derecho tenéis yo os lo haré haber a todo mi poder." Aquella noche fue hecho a don Palamís mucho servicio; e fue acordado que la dueña fuesse otro día al castillo de Buzer —que era media legua de allí— que dixesse al señor dél como ella tenía caballero que por su marido fiziese la batalla, e que no diziendo quién don Palamís era, demandasse seguro para él.

CAP. LXX. CÓMO LA DUEÑA TRAXO SEGURO PARA DON PALAMÍS, E CÓMO ÉL E ARDILES HIZIERON SU BATALLA.

Otro día de gran mañana la dueña e Guelases fueron al castillo e la dueña dixo al señor de Buzer: "Señor, yo tengo ya caballero que por Dios e por el derecho le plaze por mi marido combatir, mas primero que venga, quiere que le assegures que no habrá de quien se temer sino de aquel con quien ha de hazer la batalla."

"Dueña," dixo el señor de Buzer, "yo siempre os he dicho que a vuestro marido guardaría su justicia, e si vos tal caballero tenéis, él puede seguramente venir."

Ardiles, que aí estaba, fue mucho maravillado de que la dueña oviesse hallado caballero que con él osasse combatir, e luego conosció que no sería de los parientes della ni de su marido; e díxole: "Dueña, esse caballero debe ser estraño e yo le veo a él estrañamente engañado, pues por la traición de vuestro marido viene a rescebir muerte."

"Ardiles," dixo la dueña, "estraño es el caballero, que yo no le conozco, mas si mi marido hizo tal traición a tiempo somos que se parescerá." Entonces la dueña e su hermano se volvieron.

Como a don Palamís supo que estaba assegurado, armóse e cabalgó en su caballo; fueron con él Guelases e la dueña e su escudero. Al castillo llegados, don Palamís descabalgó, entró dentro, e salvando al señor de Buzer díxole: "Buen señor, yo soy aquí venido por mantener al derecho del marido desta dueña; por ende hazed venir ante vos aquel que comigo se ha de combatir porque yo vea lo que dirá."

Ardiles, que aí estaba —como era sobervio— respondió: "Caballero, aquí no hay qué dezir: que yo soy aquel con quien os habéis de combatir, e vos digo que si querés deffender que el marido de la dueña no mató a mi cormano, a traición que mentides, e yo vos lo combatiré." Entonces echó su gaje en tierra.

Don Palamís lo tomó e respondióle por esta manera: "Ardiles, si yo no curo de responder a vuestras deshonestas palabras es porque la respuesta que ellas merescen no se puede dar sino con la lança o con la espada. Por ende vos armad, que si a Dios pluguiere yo tomaré de vos la emienda en el campo." Desí rogando al señor de Buzer que a Tambrises mandasse poner en el lugar do se había de hazer la batalla, desí salió del castillo.

Ardiles se fue a armar, y el señor de Buzer le dixo: "Sobrino, yo vos ruego que si vos no tenés derecho en aquesto os dexés dello, que yo terné manera como vos no perdáis cosa de vuestra honra: porque si a tuerto querés combatir, Dios será contra vos, cuanto más que el caballero me paresce a mí tal que con él no os querría ver en batalla."

Ardiles respondió: "Señor, aunque paresce que estáis dubdoso de la traición de Tambrises, pues si Dios me ayude, si os la ha de hazer creer, la cabeça de aquel caballero yo os la daré muy presto."

Entonces cabalgó e fuese al campo donde don Palamís lo atendía; fueron puestos dos fieles para que juzgasen e fue el uno Guelases, el caballero viejo. Tambrises fue allí traído, assí ligado como en la prisión estaba. El señor de Buzer e su muger con toda su compaña se pusieron por las finiestras del castillo por mirar la batalla. Los juezes señalaron el campo, e metiendo a los caballeros dentro dexáronlos solos. Entonces movieron el uno contra el otro al más correr de sus caballos. Diéronse tan duros e fuertes encuentros que sus lanças bolaron en pieças e los escudos fueron falsados, mas el encuentro de don Palamís fue tan viguroso que Ardiles e su caballo cayeron por [LXXVIIIr] tierra, de lo cual él fue muy sañudo. E como era rezio e valiente levantóse muy presto, e metió mano a su espada. Don Palamís, que assí aguisado lo vio estar, no lo acometió de caballo —que no era aquella su costumbre; antes saltando en tierra metió mano al espada, embraçó el escudo e dexóse ir a él. Ardiles lo salió a rescebir e començóse entre ambos una tan dura e áspera batalla que cuantos la miraban se hazían maravillados.

Pues ¿quién podría dezir el pavor que Tambrises e su muger tenían de que don Palamís fuesse vencido? —mas los caballeros no curaban de ál que de ferir por todas partes de tan grandes e fuertes golpes que en poca de hora sembraron el campo do se combatían de rajas de los escudos e pieças de las armas, mostrando cada uno dellos la bondad que en él había. Ardiles estaba maravillado de la bondad de don Palamís, que no pensaba él que había caballero que más de una espada supiesse que él, ni que mejor della se combatiesse.

Pues tanto se firieron de la primera batalla que por fuerça les convino holgar. Desque una pieça ovieron holgado, don Palamís se dexó ir a él. Ardiles lo rescibió muy bien, e comiénçanse a ferir sobre los yelmos e sobre los escudos e cuerpos tan espesso e a menudo que esto era maravilla de ver. Como las armas se fuessen malparando, hazíanse muchas llagas en las carnes de qué les corría mucha sangre, e cada uno, no mostrando covardía ni pereza, punaba por haber la mejoría para sí. Assí se combatían tan brava e asperamente que ya no les había quedado sino muy poco de los escudos. Como viesse don Palamís sus armas despedaçadas e sintiesse la sangre que dél corría, fue muy airado contra sí porque la batalla tanto durasse, e dixo: "Ay Dios, cómo el emperador pensó que embiaba acá algún caballero de gran bondad, e sin falla él fue engañado, que antes embió un flaco caballero," y esto diziendo crecióle muy grande saña, e començó de ferir a Ardiles de tan duros e pesados golpes como si entonces começase la batalla.

Ardiles, que muy cansado e ferido estaba, començó a empeorar, fallesciéndole el coraçón de ver los fuertes golpes que don Palamís le daba, e assí se iba tirando afuera. Como esto viesse don Palamís dexósse ir a él e diole tan fuertes tres golpes por cima del yelmo que se lo levó de la cabeça, e a él derribó ante sus pies; e yendo luego sobre él púsole la espada al cuello, diziendo: "Ardiles, muerto eres sino te otorgas por vencido e conosces por tu boca ser mentira e falsedad lo que contra Tambrises dixiste."

Ardiles ovo entonces tanto pavor de muerte que dixo: "Ay por Dios, señor caballero, no me matéis; que yo me do por vencido e conozco ser gran falsedad lo que yo levanté a Tambrises." Entonces don Palamís llamó los juezes para que oyessen lo que Ardiles dezía; desí levantóse de sobre él.

Muy grande fue el plazer que Tambrises e su dueña desto ovieron, mas el señor de Buzer ovo gran pesar. E cuando Ardiles se levantó, dixo en alta boz: "¡O cuitado de mí! ¿Qué he dicho? ¿Cómo he otorgado por mi boca tan grande falsedad?" E como si fuesse loco desatinado se dexó ir para el caballo de don Palamís e diole tan grande golpe con la espada que todo el cuello le cortó.

Como esto vio don Palamís fue enojado dello, e dixo: "Ardiles, no hezistes cortesía en me matar mi caballo, mas pues yo vos tomé a merced, no meteré en vos la mano por ello."

Ardiles no curó desto, mas antes viniéndose contra él, començóle a dar grandes golpes. Don Palamís fue maravillado desto, e por le haber recebido a merced no quería más combatirse con él; e amonestóle dos otras[33] vezes que no le firiesse—pues se había otorgado por vencido— mas Ardiles lo fería lo más rezio que podía. Airado don Palamís de aquesto, alçó la espada e diole un tal golpe que —como no tuviesse yelmo— lo hendió hasta los pechos, e dixo: "Tomad [LXXXXVIIIv] esta muerte que por induzimiento del diablo vos lo quisistes buscar." Desta guisa murió Ardiles, donde se paresció bien que por la gran traición que levantara no quiso Dios que con sola la mengua, mas también con la vida pagasse.

Esto fecho don Palamís se fue ante el señor de Buzer, e le dixo que si había más qué hazer porque Tambrises fuesse libre. El, que más sañudo estaba por la muerte de su sobrino, dixo: "Vos, don caballero, id vos luego de mi tierra a la mala hora; que sin falla si yo no vos oviera asegurado, yo vos mandara matar, porque assí matastes a quien ya se os había rindido."

"Señor de Buzer," respondió don Palamís, "bien se paresce que estáis en vuestro castillo, pues que assí tratáis a quien por ventura os podría dar a conoscer que de vos debría rescebir más honra, e sin falla ya puede venir tiempo que de aquesto no vos plega; e vos bien vistes que vuestro sobrino después de me haber pedido merced mi caballo me mató, e assí quisiera hazer a mí si yo no me deffendiera."

El señor de Buzer, que vio que don Palamís tenía razón, no respondió, e quitóse de la finiestra muy sañudo. Don Palamís se fue para Tambrises e desligólo, e cuando él assí se vio quísole besar los pies, mas él hízole levantar, e cabalgando en el caballo de su escudero tomó a Tambrises a las ancas; assí se fueron para su casa con mucho plazer. Allá llegados fue don Palamís curado de sus llagas por mano de la dueña —que deste menester sabía— e fuele fecho con mucho servicio. Como después el señor de Buzer supo que éste era don Palamís de Ungría pesóle mucho de lo que contra él dixera. Embióle con un escudero suyo un fermoso caballo e unas ricas armas, y embióle a rogar que le perdonasse lo que contra él hablara: que lo había dicho con dolor de la muerte de su sobrino e por le no conoscer. Don Palamís, tomando las armas y el caballo, embióle a dezir que como oviera que había alguna razón para que él tuviesse pesar cuando aquello dixera, que él le perdonaba su mal talante. Estuvo allí don Palamís hasta que fue guarido. E después, encomendándolos a Dios, partióse dende, e no quiso volver a la corte del emperador tan presto; antes se metió a buscar sus aventuras.

CAPIT. LXXI. DE LAS PALABRAS QUE PASSARON ENTRE DON PALAMÍS E UN CABALLE-
RO, E DE LA CRUEL E PORFIOSA BATALLA QUE ENTRAMBOS OVIERON.

De muchas aventuras que en este camino a don Palamís avinieron, no haze la historia mención; mas quien las quisiesse saber, en aquellos libros *Espejo de caballerías* llamados los hallará. Empero tanto se dirá aquí que un día que él iba por un hermoso llano, vio venir por la carrera un caballero sobre un hermoso caballo ruano e armado de unas armas blancas, sembradas por ellas flores azules. Su escudo había el campo

---

[33] otres

verde, e figurado en él un león coronado; con él venía un escudero que la lança le traía. Frescas e muy reluzientes eran las armas, e muy bien paresció a don Palamís el caballero: el cual como a él llegó salvólo muy cortesmente, don Palamís a él otrosí; e díxole: "Señor caballero ¿a dónde es vuestro camino?"

"Señor," respondió él, "a la corte del emperador Vasperaldo, por saber nuevas de un caballero a quien yo con mucha afficion vo a demandar."

"¿Quién es esse caballero?" dixo Palamís, "que yo conozco muchos de los que en ella son."

"El que yo demando," dixo, "él ha por nombre don Clarián de Landanís, y él es aquel que yo más en este mundo ver desseo."

"Señor caballero," dixo don Palamís, "ruégovos me digáis vuestro nombre e por qué manera lo desseáis ver: que si es por mal, no os consejaría yo buscallo."

El caballero respondió: "Cuando yo le viesse entonces conoscería él de mi la voluntad que tengo; e mi nombre no os lo puedo dezir, que por agora a mi grado no me descubriría a ninguno [LXXIXr] porque a Dios vayades acomendado," e quiso se ir.

No le paresció a don Palamís cortesía la del caballero, e otrosí cuidó que pues él no quería dezir su nombre, ni por qué buscaba a don Clarián, que no le demandaba por bien; e queriendo saber más dél detóvole por el freno e díxole: "Señor caballero, no sea tan caro de saber de vos lo que os demando, que si tal cosa vos a mí demandárades no tuviera en tanto dezírosla."

No le plugo al caballero de se ver detener, e tiró contra sí las riendas, diziendo: "Si Dios me ayude, caballero, yo no sé porque vos trabajáis por conoscerme pues yo no curo de demandaros de vuestra fazienda, e bastarvos debe qué os he dicho; que por agora a mi grado a ninguno diría mi nombre, porque era escusado demandarme lo más."

"Caballero," dixo don Palamís, "¿Como? ¿Tan firme es vuestra palabra que en ninguna guisa ni por ruego alguno no se ha de tornar atrás? Por buena fe grande debe ser vuestro valor, si en todas partes esto sostiene, mas ya podría ser que en alguna parte vos saliéssedes de vuestra costumbre a vuestro desgrado."

"Caballero," respondió él, "cualquiera que yo sea sin falla podéis creer que poca embidia tengo de vuestro valor, e que me precio tanto como vos, e a mí paresce que vos buscáis que vengamos a peor desto."

Entonces fue sañudo don Palamís e dixo: "¿Cómo, don caballero? ¡Assí habláis tan gravemente como si yo toviesse en mucho vuestro enojo! Cierto asaz de mal sería que yo por ello diesse nada e pésame que entre nos hayan passado palabras tan iguales: por ende vos guardad de mí, que yo veré si sois tal que os debáis preciar tanto como yo."

"Si Dios me ayude," respondió el caballero, "no meroscíades vos que yo tanto os suffriesse; mas agora veremos a cuánto se estiende vuestra locura."

Entonces se arredraron cuanto un tiro de piedra abaxando las lanças, e cubriéndose de sus escudos movieron el uno contra el otro con grande ira e firiéronse tan duramente que los escudos, ganbajes e lorigas fueron falsados e las lancas hechas pieças. Amos ados se juntaron de los escudos e de los cuerpos de los caballos de tal guisa que ellos e sus caballos cayeron a sendas partes muy grandes caídas. Los dos fueron ya cuanto feridos: don Palamís en los pechos, el caballero en el costado siniestro; e fincaron tan desacordados que no hazían mencion de se levantar. Sus escuderos bien pensaron que fuesen muertos, e quisieron mover contra allá, mas a esta hora los caballeros se levantaron, espantado cada uno del encuentro que del otro recibiera. Don Palamís dixo entresí que si de don Clarián no, que de otro en su vida rescibiera tan gran encuentro, porque muy sañudo metió mano a su espada e dexóse ir a él. El otro lo salió a rescebir e diéronse ambos ados tan grandes e fuertes golpes por cima de los yelmos que las llamas encendidas fizieron saltar de entre ellos e las espadas, e a mal de su grado se hizieron abaxar las cabeças contra tierra.

Ora se comiença entrellos la más fiera e brava batalla que hombre podía ver: los golpes que se daban eran tan fuertes, el reteñir de las espadas era tan grande que no parescía sino que diez caballeros se combatiesen. Feríanse por todas partes que se alcançaban, tan aprissa e a menudo que esto era cosa maravillosa de ver; e no tardó mucho que començaron a caer por tierra muchas rajas de los escudos e mallas de las lorigas, de guisa que a esta sazón pocas pinturas parescían en las armas. Sus escuderos, que la batalla miraban, estaban espantados; e no sabían qué remedio poner. Mas los caballeros se aquexaron tanto de la primera batalla, que por fuerça les convino quitar a fuera por folgar; e estaban tan maravillados el uno del otro, que cada uno dellos pensaba que el diablo se había puesto delante. Como ovieron algún tanto folgado, acometiéronse muy ardidamente; e comiençan entrambos la cruel e brava segun [LXXIXv] da batalla: firiendo de muy ásperos e duros golpes, despedaçando las armas, abollando los yelmos e rajando los escudos. Como por muchas partes descubriessen las carnes, hazíanse muchas llagas; corría dellos tanta sangre que las yervas del campo eran tintas della. ¿Qué se podía aquí dezir sino que tan sin piedad se combatían que quien esta batalla viera pudiera con razón dezir no la haber visto[34] en su vida más cruel e peligrosa entre dos caballeros? Y en fuerte punto se han juntado que muy cerca están de morir: porque ellos son tales que cada uno querrá antes ser muerto que dar al otro un punto de honrra.

Como una pieça se oviessen de la segunda batalla combatido, arredráronse ambos para folgar: que bien lo habían menester. Allí conoció cada uno dellos que había hallada su par, e que su vida estaba dudosa. Don Palamís dixo estas palabras:

"O piadoso señor Jesu Cristo, si mis pecados merescieren que yo reciba aquí muerte, sea la tu merced de perdonar mi ánima: a la cual no sea demandada la culpa de que el cuerpo muera por la honra, pues sin ella lo que en este hábito de caballería —aunque peccadores— te servimos, muy habiltadamente podríamos vivir, que sin falla yo conozco que soy venido en parte que no es menester que tenga orgullo, que cerca estoy de ser este abaxado si de ti, Señor, acorro no me viene: porque éste con quien me he hallado no es otro que el diablo, e si es caballero bien vale mucho más que yo le preciaba."

---

[34] vito

Pues por esforçado que el caballero era, no tenía entonces mucha sobervia; antes passaba sus razones con Dios e con su bendita Madre e dezía: "O gloriosa Virgen María, Madre de Dios: yo te ruego, Señora, que me ayudes a sostener la vida, que la honra yo la sosterné hasta que ella se acabe. E si yo algún orgullo e sobervia hasta aquí he cobrado por alguna gloria que tu precioso Hijo en las armas me haya dado, muy piadosamente te ruego que dello me alcances perdón, e si mis días han de haber aquí fin, quieras rogar por mi ánima: que cierto yo veo cercana mi muerte, que este caballero otro es, que no los otros con quien yo me he combatido, e aquí no veo ál sino la muerte según la gran fortaleza que en él hallo."

Pues como ovieron folgado, embraçó don Palamís su escudo e dexósse ir a él, mas al otro no falló perezoso ni covarde. Començaron su batalla como de cabo, tan brava e cruel que no hay hombre del mundo que la viera que a gran piedad no fuera movido en ver assí matar por tan poca cosa dos tan buenos caballeros. Ya ellos se habían parado tales que muy poco les había quedado de los escudos e los yelmos eran de poco valor: las armas eran todas cortadas, e las espadas melladas que ya no cortaban a su sabor. Ellos tenían tantas llagas grandes e pequeñas que la sangre se les iba por muchos lugares, mas el caballero era mejor armado e tenía mejor espada que don Palamís —por lo cual era peor llagado. Como ya gran pieça del día se oviessen combatido, que maravilla era que dos caballeros tanto pudiesen endurar e suffrir, e como ya estuviessen muy lassos e feridos, e las espadas se revolviessen en las manos; arredráronse amos muy cansados, e cada uno de los escuderos teniendo gran duelo de su señor dezían consigo: "¡Ay Dios! ¿por qué no viene alguno que esta batalla desparta? porque assí no mueran tales dos caballeros, que de su muerte verná gran daño al mundo."

El caballero dezía: "¡Ay Dios! Como el rey mi padre me embió a buscar a don Clarián y estar en su compañía, e la muerte no me da lugar a que yo conozca e vea aquel a quien todos conocer dessean. ¡Ay Dios! por cuán poca de razón nos matamos yo y este caballero."

Don Palamís, quexándose dezía: "Hoy es el postrimero día que mis amigos me verán. De hoy más no podré servir a mi señora Belaura que yo tanto amo, a quien tanto pesará de mi muerte. Ay Dios, que hoy habrán fin mis [LXXXr] caballerías. Sin falla yo muero; gran pesar tengo porque no sé quién me mata," e con ravia que tenía, dixo al caballero: "Si vos, caballero, no habéis gana que ambos ados tan cruelmente muramos, dezidme vuestro nombre e lo que vos demando; que en tiempo estáis de no tener orgullo."

El caballero respondió: "Antes os rogaría yo a vos que dello os dexades, e assí habrá fin nuestra batalla: que pues ella se començó por esta razón, nunca por miedo de la muerte ganarés comigo esta hora."

"Pues o de yo morir aquí o de lo saber no puedo escapar," dixo don Palamís, e con gran saña que ovo, echó el escudo atrás; tomó el espada con ambas manos e dexóse ir al caballero e diole tan grande golpe por encima del yelmo que la espada le hizo llegar a la carne. Como el golpe fuera grande la espada se hizo cuatro partes, e a don Palamís no fincó ál que la empuñadura.

Ya se puede pensar lo que don Palamís desto sintiría, mas el caballero fue dello muy alegre; quitóse afuera e díxole: "Caballero, vos veis bien que sois muerto, porque si queréis escapar conviene que me digáis vuestro nombre: que sin falla a mí me pesaría que no lo hiziéssedes."

Don Palamís dixo: "Bien os puede haber la ventura dado victoria de mi vida, mas no os la dará de mi honra, porque en ninguna guisa os lo diré." El caballero alçó entonces su espada por lo ferir por encima del yelmo, mas don Palamís, que la correa del escudo del cuello quitara, lo alçó con ambas las manos; e recibió en él el golpe que fue tal que la espada entró por él más de una mano. Entonces don Palamís tiró por el escudo tan de rezio que como la espada estoviesse por él mucho metida, antes que el caballero se pudiesse valer, la llevó consigo, e sacándola del escudo muy alegre, quísose tirar afuera por le herir. Mas el caballero, que vio que assí perdiera su espada, quedando en tal aventura, dio presto un tan gran salto que maravilla fue para hombre que tal estaba; juntóse con don Palamís, e ambos se trabaron a braços muy reziamente, poniendo cada uno toda su fuerça.

Desta guisa andovieron una pieça boltejando por el campo, rebentándoles mucha más sangre de las llagas con la fuerça que ponían, e tanto se cansaron que con las muchas llagas que tenían, e con el gran quebrantamiento cayeron ambos en tierra como aquellos que son muertos, e que el spíritu es apartado de sus carnes. E bien se puede dezir que nunca una tan cruel igual batalla jamás se hizo entre dos caballeros. E Vadulato, obispo de Corvera, escrive que porque él no se supo determinar a cuál dellos diesse más honra en ella, que lo dexa a la opinión de los lectores.

Pues cuando sus escuderos assí los vieron corrieron presto allá cada uno con gran cuita de su señor, e falláronlos desta guisa: don Palamís tenía la espada por la empuñadura, y el caballero la tenía por los anillos. La mano izquierda de don Palamís estaba puesta en los lazos del yelmo del caballero, como que se lo quisiera quitar, e con la otra mano tenía trabado el caballero a don Palamís por encima del yelmo, en guisa que la cabeça le tenía ya cuanto contra sí inclinada. Los escuderos les quitaron los yelmos: cada uno limpió a su señor del polvo e de la sangre, e como tales los vieron començaron a fazer el más esquivo lloro del mundo. "¡Ay, mi señor!" dezía el escudero del caballero, "y qué lastimeras nuevas irán al rey vuestro padre de vos, que tan presto hizo fin vuestra buena caballería ¿e quién será aquel que le osará consolar, aviendo perdido un tal fijo como vos, a quien él por lumbre de sus ojos tenía? ¡Ay Dios en cuán breve tiempo fenesció vuestra fermosura e valentía!"

El escudero de don Palamís dezía: "¡Ay, mi buen señor, cómo ha sido cruel e arrebatada vuestra muerte! e cómo vuestros amigos han perdido vuestra compañía, e de hoy más fallescerá en la corte del emperador Vasperaldo uno de los buenos caballeros que en toda ella había: que en vos había gran bondad y esfuerço e [LXXXv] cortesía. ¡Ay, rey de Ungría! cómo tú no sabes la pérdida que hoy has hecho, ni vos buen señor Flor de Mar, quien si con vuestro hermano don Palamís viniérades, no fuera él assí muerto."

No oviera hombre en el mundo de tan duro coraçón que oyera el duelo que los escuderos hazían que gran piedad no tomara. E después que una pieça ovieron llorado a sus señores, el escudero de don Palamís dixo al otro: "Amigo ¿cúyo hijo era tu señor e cómo había nombre? —que el mío ya tú sabes e has oído que era hijo del rey de Ungría: e había nombre don Palamís."

"Amigo," dixo el otro, "mi señor era hijo del rey de Panonia: había nombre Gastanís el Hermoso, e bien puedes ver que con razón tenía este nombre; pues aun assí como está, tal parescer tiene —e no había más de un año que era caballero— el rey su padre lo embiaba a la corte del emperador tan solo, porque estoviesse en compañía de don Clarián de Landanís, del cual el rey dixera a mi señor tanto de bien e loor que lo amaba más conocer que a todas las cosas del mundo."

"Ay Dios," dixo el otro escudero, "que si yo esto supiera no murieran ellos assí, que tanto que yo los hiziera conoscer, ellos dexaran su batalla."

CA. LXXXII. CÓMO LA SEÑORA DE BOLDUQUE ARRIBÓ DONDE LOS CABALLEROS YAZÍAN. E CÓMO LOS LLEVÓ A SU VILLA DE BOLDUQUE, E DE LO QUE DESPUÉS AVINO.

Pues assí estando los escuderos desta guisa, vieron venir una compañía de caballeros, dueñas e donzellas; los caballeros serían por todos nueve. Y en un carro que tiraban cuatro caballos venía una muy hermosa donzella muy ricamente guarnida. En el carro venía con ella una donzella su cormana: ésta era la señora de Bolduque, que era muy rica y hermosa; venía de su villa de Bolduque a un castillo suyo.

Llegados donde los caballeros yazían, mucho fueron todos maravillados de los assí ver. Un caballero viejo dixo: "Si Dios me ayude, estos caballeros no eran flacos según los golpes que en sus armas parescen, ni covardes pues assí afinaron su batalla," e todos fueron movidos a mucha piadad dellos.

La señora de Bolduque dixo a los escuderos: "Amigos ¿quién eran vuestros señores que tan cruelmente se mataron?"

El escudero de don Palamís respondió llorando: "Ay señora, que ellos eran tales que a todo el mundo verná daño de su muerte: que éste es don Palamís, mi señor, hijo del rey de Ungría," e señaló contra él. Desí dixo: "Este otro de las armas blancas es Gastanís el Hermoso, hijo del rey de Panonia; e mi señor don Palamís era caballero de la corte del emperador Vasperaldo." Desí contóle toda la batalla cómo passara, de que todos fincaron maravillados; e díxole: "Por Dios, señora, que queráis hazer alguna honra a dos tan buenos caballeros en los hazer soterrar honradamente, que yo bien creo que son muertos."

La señora de Bolduque —que era muy cortés e mesurada— ovo gran lástima de los caballeros, e dixo: "Amigo, si Dios me ayude, a mí pesa mucho de la muerte dellos, e a buena ventura oviera ser antes venida por haber la escusado; e porque ellos eran tales caballeros, e por amor del emperador, que es nuestro señor, yo haré en esto todo lo que podré." Entonces se hizo sacar del carro. Ella por sus manos los ayudó a desarmar e los hizo alimpiar de la sangre e del polvo, e muy apuesto era don Palamís; mas la señora de Bolduque e todos tenían aun más duelo de Gastanís por la hermosura que en él parescía haber.

E catándolos más, vieron e conoscieron que no eran muertos, mas desfallescidos de las muchas llagas e sangre que perdieran. La señora de Bolduque dixo: "Estos caballeros no son muertos, e si por mi causa pudiessen haber la vida yo me ternía por bien andante." Bolviéndose a su cormana, díxole: "Cormana Serinda: vos sabés mejor conoscer esto que otro alguno; e si remedio pueden haber, por vuestra mano lo avrán antes que por ninguna otra persona del [LXXXIr] mundo." Esto dezía ella porque esta Serinda sabía más deste menester que otra ninguna que en Alemania fuesse.

Ella respondió: "Señora, yo bien veo que no son muertos, mas tienen tantas llagas e han perdido tanta sangre, que si Dios por su piedad no, yo no sé otro que la vida les pudiesse dar."

"Ay buena cormana," dixo la señora de Bolduque, "si nunca cosa por mí habéis de hazer, ruégovos que con todas vuestras fuerças os trabajéis de los guarescer, que por todo el mundo seréis loada si por vos tales dos caballeros han la vida."

"Buena señora," dixo Serinda, "creed que yo me trabajaré dello en cuanto pudiere."

Entonces los metieron en el carro e cubriéronlo con un paño. La señora de Bolduque e su cormana Serinda cabalgaron en palafrenes que aí traían. Bolviéronse a Bolduque, e por todo el camino iban los escuderos haziendo gran duelo por sus señores. Llegados a la villa entraron en el castillo, e catando Serinda las llagas de los caballeros dixo que tenía esperança en Dios que no morirían porque el mayor peligro que tenían era de la mucha sangre que perdieran; desí púsoles tales ungüentos e tales remedios cuales ella entendió que convenían. Esto fecho metiéronlos en una cámara escura, y echáronlos en sendos lechos y en la cámara pusieron muy confortativos olores.

La señora de Bolduque dixo a los escuderos: "Amigos, si vuestros señores por razón pueden haber la vida en parte están que serán guaridos, si a Dios pluguiere." Ellos la besaron muchas vezes las manos por lo que dezía; e la señora de Bolduque, salida de la cámara, cerraron luego las puertas.

Pues assí estuvieron los dos caballeros todo aquel día e la noche hasta otro día a hora de tercia que no recordaron; entonces abrió los ojos don Palamís, e como se vio en aquella escuridad mucho fue maravillado. Como se sintiesse ferido vínole en mientes de la batalla e dixo: "Ay Dios ¿dónde soy agora? que yo en batalla fuy con un caballero, e bien me acuerdo que amos caímos abraçados en tierra. Mas, ay Dios, si él ovo sobre mí la victoria, como yo querría ser más muerto."

Aquella hora acordó Gastanís el Hermoso, e començóse a quexar, diziendo: "Sancta Virgen María ¿dónde soy? ¿Por ventura soy encantado, o me venció el caballero con quien me combatí? Pues si esto es verdad, que sobre yo hazer todo mi deber fuesse sobrado, más valiera que fuera muerto; mas no creo yo que el caballero escapasse tal que esto pudiesse hazer."

Don Palamís oyó cómo se quexaba, mas no entendió lo que dezía, e díxole: "¿Quién eres tú que hablas? Dime por Dios ¿dónde soy, o estoy en prisión?"

Gastanís respondió: "Si Dios me ayude, esso querría yo demandar a ti: que no sé quién aquí me ha traído; que yo me combatí con un caballero tanto que al fin venimos a los braços, e tanto porfiamos que los dos venimos a tierra, e yo no sé lo que después me haya avenido; e bien pensaría que todo esto es encantamento, mas de la batalla me acuerdo bien, e siéntome muy llagado."

Don Palamís dixo: "Por buena fe, caballero, vos sois el que os combatistes comigo e me llegastes a la muerte, porque debría —si pudiesse agora o en otro tiempo— tomar de vos vengança. Mas assí porque estamos cerca de morir, como por nos haber avenido una tal aventura, razón es que nos perdonemos todo nuestro mal talante, porque os ruego que se sepa vuestro nombre e vos el mío, que si desta escapamos bien tendremos qué contar."

"Caballero," dixo Gastanís, "puesto que vos seáis aquel de quien tanto daño he recebido, yo os lo perdono por la misma causa que vos habés dicho; e sabed que a mí llaman Gastanís el Hermoso. Soy hijo del rey de Panonia, e venía a la corte del emperador Vasperaldo por conoscer a don Clarián de Landanís e por estar en su compañía: que assí me fue mandado por mi padre. Mas bien creo —según estoy— que la muerte no me dará lugar a ello, e mucho me pesaría de no conocer este tan buen caballero que tanto de loor por todo el mundo tiene."

"Ay señor Gastanís," dixo don Palamís, "cómo fue gran daño no haberos yo conoscido: que [LXXXIv] si de primero os conosciera no me combatiera con vos en ninguna guisa, porque yo amo e precio mucho al rey vuestro padre por la gran bondad que hay en él. E sabed que yo soy don Palamís, hijo del rey de Ungría, que me pesaría tanto de vuestra muerte como de la mía —la cual creo que muy cercana tengo."

Assí se conocieron los dos buenos caballeros, pesando a cada uno dellos de lo que les aviniera, haziendo duelo por ello e prometiéndose que si escapaban de muerte serían grandes amigos siempre. Estando en estas razones la puerta de la cámara fue abierta, de que ellos ovieron mucho plazer por saber dónde eran. Luego entraron en la cámara Serinda e otras dos donzellas, e abrieron una pequeña finiestra. Cuando Serinda vio los caballeros acordados, fue muy alegre; ellos dixeron: "Señoras donzellas, por cortesía nos dezid dónde somos, e quién nos traxo aquí."

"Ya vendrá tiempo que lo sabréis," respondió Serinda, "e por agora no procuréis por ál que por vivir; que vosotros estáis tales que si mucho hablássedes presto seríades muertos."

Entonces ella los cató de sus llagas e púsoles tales ungüentos que todo el dolor dellas les quitó, e a ellos parecía que las ánimas les volvian a los cuerpos. Desí dioles de comer aquello que vio hazerles menester; e cerrando la finiestra e la puerta saliéronse todas tres. Mucho fueron confortados los caballeros, e maravillados de no saber dónde estaban; mas dezían el uno al otro: "Donde tal obra nos hazen no nos quieren mal." Assí passaron siete días que siempre que Serinda los venía a curar le rogaban que les dixesse dónde eran, mas nunca ella se lo quiso dezir.

Un domingo por la mañana la señora de Bolduque, acompañada de caballeros e donzellas, los fue a ver. Ella iba muy ricamente guarnida y era hermosa e niña: que no passaba de diezinueve años. Entrando en la cámara mandó abrir todas las finiestras, y assentósse entre los dos lechos e díxoles: "Caballeros ¿cómo os sentís? que en prisión estáis: que todo remedio se porná a vuestras saludes por el rescate que de vosotros se espera."

"Señora," respondieron ellos, "nunca caballeros fueron en prisión que tan buenas obras rescibiessen, mas nosotros no tenemos merescido porque en ella seamos tenidos;

e mucho querríamos saber en cúyo poder somos e cómo fuimos aquí traí dos."
La señora de Bolduque les dixo: "Caballeros ¿vosotros conoscéis os?"
"Sí, señora," dixeron ellos, "e mucho nos pesa de lo que nos avino." Entonces ella,
sonriéndose graciosamente, se les dio a conoscer, e les dixo de la manera que los
hallara, e cómo allí los traxera; e que tuviessen buena esperanca en Dios que su
cormana, que los curaba, le había dicho que presto serían guaridos, e que en tanto que
en su casa estuviesen no les fallescería cosa alguna. Ellos le dieron muchas gracias por
ello, e le dixeron: "Señora, si la vida habemos, vos después de Dios le habés dado a
dos caballeros que todos tiempos serán vuestros."

Entonces la señora de Bolduque mandó llamar a sus escuderos por dalles más
alegría, con los cuales los dos caballeros ovieron mucho plazer. Desque fueron curados
la señora de Bolduque se salió de fuera con su compaña, e los caballeros hizieron a sus
escuderos que les contassen todo lo que passara en su batalla después que a braços se
tomaran. Los escuderos se lo contaron todo. Desta guisa estuvieron entramos en el
lecho XXX días durante los cuales fueron en sí retornados —aunque no guaridos del
todo— e cuando se levantaron tomaban plazer por el castillo do les era hecho mucha
honra e servicio.

Pues como la señora de Bolduque continuasse de ver a los caballeros, e Gastanís
fuesse tornado en su hermosura, ella fue tan presa de sus amores que en vivas llamas
de fuego ardía el su coraçón; e no lo pudiendo sufrir, descubrióse a Serinda, diziéndole:
"Ay buena cormana, que si vos con vuestra sabiduría distes a Gastanís la vida, él con
su fermosura me a causado la muerte: que mortales desseos de [LXXXIIr] sus amores
me matan." Serinda la confortó lo más que pudo, e consejóle que sobre este fecho
hablasse con Gastanís.

Ella acordó de hazer assí; e tomándolo un día a parte descubrióle abiertamente su
coraçón, e al cabo díxole: "Ruégovos, señor, que deziros yo esto no os parezca mal,
porque fuerça de amor me lo haze hazer"

Gastanís, viendo que ella era tan niña e fermosa, e que tan de coraçón lo amaba
díxole: "Señora, toda mi vida os debo servir pues que assí me amáis, e yo me tengo
por bien andante de cumplir vuestro mando, porque me otorgo por vuestro."

En aquella fabla fue concertado que Gastanís viniesse aquella noche a su cámara
de la señora de Bolduque, e que mirasse que no fuesse sentido de ninguno del castillo.
Pues la noche venida, tanto que Gastanís sintió que don Palamís dormía, levantóse;
tomando su espada e su manto fuesse para la cámara de la señora de Bolduque: la cual
lo salió a rescebir sola cubierta de un manto de escarlata, e venía tan hermosa que
Gastanís fue della muy pagado. Cerrada la puerta, tomóla entre sus braços e
començáronse de besar muy dulcemente. Desí matando dos estadales de candelas que
en la cámara había, echáronse en la cama donde allí con mucho plazer e deleite
cumplieron sus deseos. E dize la historia que fasta entonces ninguno de ellos había
sabido de aquel menester.

Aquella noche la señora de Bolduque se fizo preñada de un fijo que después ovo
nombre Lindián de Bolduque, e fue muy buen caballero como la historia adelante lo
contará. Pues assí como el alva se venía, Gastanís se levantó; abraçándola e besándola,

despidióse della e tornóse para su cámara. A esta hora acaesció assí que don Palamís durmiendo soñaba que dos hijos de Golcián —un caballero de linaje de jayanes que él matara— lo venían a matar. Despertando despavorido e grabado del sueño, levantóse assí desacordado, e tomando su espada e su manto vínose para Gastanís —que entonces entraba— e alçó la espada por lo ferir, mas Gastanís se guardó del golpe e fízole dar en una puerta. E como escuro estaba Gastanís no lo conosció; antes pensó que los del castillo le habían sentido e lo querían matar, porque esgrimiendo la espada contra don Palamís diole un tal golpe que la mitad del manto le derribó en tierra, e por poco no lo mató; e como lo reconosciesse luego, tiróse afuera, diziendo: "Sancta María, si os he herido don Palamís, o dezidme ¿por qué me querés matar?"

Don Palamís acordó e santiguóse de su desatino; echando la espada y el manto en tierra, fuelo abraçar e contóle todo su sueño. Gastanís fue muy alegre cuando vio que don Palamís no recibiera mal, e díxole: "Si Dios me ayude, caro nos oviera de costar vuestro sueño; que poco faltó que vos también no me matássedes." E después de haber mucho reído sobre esto, Gastanís puso su escusa por aquella vez —aunque después por consentimiento de la señora de Bolduque le descubrió la verdad.

A gran vicio e plazer estaban allí los dos caballeros, principalmente Gastanís, que cada noche holgaba con la señora de Bolduque. Mas como viessen que ya era tiempo de se partir, e Gastanís el Hermoso tuviesse gran desseo de ir a la corte del emperador Vasperaldo por la ver e por saber aí nuevas de don Clarián: demandó licencia a la señora de Bolduque, que con muchas lágrimas e mucho contra su voluntad sela ovo de dar, e díxole: "Señor: aunque agora vais a la corte del emperador Vasperaldo, donde son damas de tan alta guisa y hermosura— ruégovos —pues yo os amo tanto— no olvidéis de venirme a ver, que sabed que quedo encinta de vos." Gastanís le prometió de lo hazer assí. Los caballeros se armaron de frescas e nuevas armas que la señora de Bolduque les dio.

Desí cabalgaron en sus caballos; encomendaron a Dios a la señora de Bolduque e a su cormana Serinda, offreciéndose siempre por suyos, e partiéronse con sus escuderos. E de aventura que les aviniesse no haze aquí la historia mención, mas de tanto que llegados a la corte fueron de todos muy bien rescebidos. El emperador [LXXXIIv] agradeció mucho a Gastanís su venida, e rogóle que atendiesse allí hasta que don Clarián viniesse. De todas las damas era Gastanís mucho mirado por su gran hermosura, e todos dezían que don Clarián y él juntos eran los dos más hermosos caballeros del mundo. E assí dize la historia que después de don Clarián no se podría hallar caballero más hermoso ni tanto como Gastanís: e la diferencia que entre ellos dos había era que don Clarián tenía los cabellos algo más hermosos, el cuerpo más alto e mejor sacado que él ni otro caballero alguno en el mundo, e tenía la color de la faz más viva. En poco tiempo que Gastanís hay estuvo don Galián fue muy grande amigo suyo, assi por amor de su señora la infanta Guirnalda, que era su hermana, como porque sabía que este caballo no era venido por él a aquella corte que por amor de don Clarián su cormano.

Capit. LXXIII. cómo don Felisarte de Jaffa derribó los caballeros de las

TIENDAS, E DE LO QUE DESPUÉS LE AVINO YENDO EN DEMANDA DE DOS ESCUDEROS QUE EL CABALLO SUYO E DE SU ESCUDERO LLEVABAN.

Dize el cuento que como a don Felisarte viniesse en voluntad de ir buscar sus aventuras, tomó consigo su escudero e partióse de la corte, y entre muchas aventuras que halló avínole que un día llegó acerca de un castillo; al pie del un prado llano estaban seis tiendas armadas donde había gran compaña de caballeros, dueñas e donzellas que todos hazían gran fiesta de danças e bailes, e a unos árboles que aí cerca eran, estaban arrendados bien ocho caballos, e acostadas más de treinta lanças, e colgados cuatro yelmos e cuatro escudos de las ramas dellos.

Como don Felisarte a las tiendas se fuesse llegando vino a él un escudero que le salvó e le dixo: "Señor caballero: el señor deste castillo tomó hoy muger, por lo cual se faze aquí esta fiesta; e por más acrecentarla cuatro sobrinos suyos mantienen hoy la justa a cuantos por aquí passaren. Son tan buenos caballeros que muchos han derribado: a los que derriban no se combaten más con ellos, e la pena que les dan es hazerles hoy estar aquí por acrecentar su fiesta, dándoles muy abastadamente todo lo necessario e haziéndoles mucha honra —porque estos caballeros que la justa mantienen os embían a rogar que os aparejéis a passar por la costumbre."

"Amigo," respondió don Felisarte, "cosa es de buenos caballeros lo que vuestros señores hazen, e la pena que dan a los que derriban es bien cortés e liviana; mas todavía algunos se les hará agravio en ser detenidos hoy aquí; porque les dezid que a mí plaze de justar con ellos, pues más no me tengo de combatir. Mas si por ventura acaesciesse que yo los derribasse, dezildes que dende en adelante todos los que hoy por aquí passaren sea en su libertad de hazer lo que quisieren." El escudero se volvió con esta respuesta.

El mayor de los sobrinos del señor del castillo —que Saruces había nombre— dixo: "Cierto, mucho se piensa valer, pues assí nos cuida derribar; e agora dezid que a nos plaze de hazer esso que él demanda."

Avida don Felisarte la respuesta de los caballeros, tomó su yelmo e su lança; e todas las danças cessaron por ver las justas. Saruces fue el primero que con don Felisarte vino a justar, e como cerca dél llegó díxole: "Señor caballero, bien os habés menester tener para no ser hoy nuestro conbidado."

"Agora verés como trabajo en ello," dixo don Felisarte.

Entonces se dexaron ir el uno contra el otro cuanto más los caballos los pudieron llevar. Saruces encontró a don Felisarte de guisa que le falsó el escudo e quebró su lança. Mas don Felisarte lo firió tan duramente que falsándole todas las armas lo llagó ya cuanto en los pechos, e dio con él en tierra por cima de las ancas del caballo e allí quebró su lança. Mucho se maravillaron los de las tiendas cuando vieron a Saruces en tierra. Don Felisarte, tomando [LXXXIIIr] una lança que su escudero le traxo, atendió a otro caballero que sobre un caballo morzillo venía, e movieron el uno contra el otro. De los encuentros que se dieron las lanças fueron quebradas, mas el caballero e su caballo cayeron por el suelo. Don Felisarte fue luego servido de otra lança, y el tercero caballero vino contra él, mas don Felisarte lo lançó my rezio de la silla e destas justas se maravillaban mucho los de las tiendas. El cuarto sobrino del señor del castillo, que ya cabalgara, movió contra don Felisarte: él otrosí contra él. El caballero lo firió tan de rezio que dio con el caballo abaxo.

Entonces Saruces le dixo: "Señor caballero, mayor fiesta habés hecho vos a nuestro tío que todos nosotros, e si aquí quisiéssedes hoy fincar mucho vos lo agradesceríamos."

"Buen señor," dixo don Felisarte, "vuestra buena cortesía bien me combida a que lo oviese de hazer, mas a mí es menester de ir en otra parte porque os ruego mucho me perdonés, e a Dios finquéis encomendados." Entonces se partió dellos.

No anduvo mucho que entró por una floresta llana, e anduvo por ella hasta llegar a una hermosa fuente que so unos árboles estaba, e como hazía calor ovo por bien de refrescar allí; e descabalgando de su caballo quitóse el yelmo e lavóse la cara e las manos. El escudero sacó de su cevadera pan e vino e dos estarnas que traía cozidas; allí comieron. Como el lugar era muy fresco don Felisarte se echó a dormir e su escudero otrosí. No tardó mucho que vinieron por aí dos caballeros, que por falta de caballo entrambos venían en uno bien flaco e cansado. Como vieron los dos caballos que pascían, e que don Felisarte e su escudero dormían, fueron ellos muy passo, y echándoles los frenos cabalgaron en ellos; desí dieron bozes a don Felisarte diziendo:

"Caballero, a Dios quedéis encomendado, que tan bien nos habés encabalgado."

Don Felisarte acordó, e como vio que le llevaban los caballos dioles bozes, diziendo: "Atended caballeros, no llevés los caballos tan mal ganados; mas si los dos de mí solo por fuerça los pudiéredes llevar, id con ellos a buena ventura."

Ellos respondieron riendo: "No os pene señor caballero, que con esse otro que aí os queda nos podréis alcançar," e fuéronse lo más aína que pudieron.

Don Felisarte quedó de aquesto muy sañudo, e dixo a su escudero: "Vente empós de mí: que este caballo no es tal para que yo mucho me alexe, e yo iré por ver si podré haber derecho de aquellos caballeros."

Cabalgando en el caballo movió por la carrera; mas él era tal que apenas lo podía sacar de passo, e no anduvo mucho que encontró una donzella que le dixo como los caballeros dexaran aquella gran carrera e tomaran otra más estrecha. Don Felisarte le rogó que guiasse por allí a su escudero, y encomendándola a Dios, fuesse por la carrera que ella le mostrara. E como la noche sobreviniesse, el caballo se le cansó; y él perdió el tino de la carrera —de que gran pesar tomó— e anduvo perdido por la floresta una gran pieça de la noche, oras a una parte, oras a otra. Como el caballo fuesse ya muy cansado, convínole descabalgar dél e tomólo por la rienda e començó de andar, tanto que a la media noche se halló en un fondo valle tan cansado con el peso de las armas que apenas pudiera ir más adelante. Acostando su lança a un árbol quitó el freno a su caballo e dexólo pascer, e tan escuro hazía que no veía cosa. Desí él se acostó al canto de un gran árbol con muy gran pesar, e con cuidado de su escudero que sería perdido por la floresta. E bien assí era la verdad que el escudero, passada media noche, arribó a casa de un florestero, donde falló a Ermión de Caldonga e Laucamor el Esforçado —que essa noche allí llegaran; cuando el escudero los vio mucho fue alegre, e contóles lo que a su señor aviniera e cómo iba en un caballo muy flaco e cansado.

Cuando [LXXXIIIv] ellos esto oyeron, dixeron: "Por buena fe ya por aventura le podría avenir algún mal porque será bueno que lo vayamos a buscar." Entonces se levantaron de los lechos, e armándose, cabalgaron en sus caballos. El escudero de Ermión de Caldonga tomó a las ancas del caballo al otro de don Felisarte, e tomando una guía que el florestero les dio, fueron contra la parte donde don Felisarte fuera. Pues assí como el alva vino, don Felisarte se levantó, bien cansado del trabajo e de la mala noche; fue a su caballo e fallólo ya cuanto más descansado, y echándole el freno cabalgó en él. E como el resplandor del día alguna claridad de sí diesse, él, que miraba por donde iría, vio a su diestro un hermoso castillo assentado en un llano; a par dél corría un pequeño río, e bien pensó que muy aína podrían estar allí los caballeros que él buscaba. E como a essa hora sintiesse abrir la puerta del castillo, escondióse entre unos árboles, cuidando que los caballeros podrían salir de allí. E no tardó mucho que vio salir un enano que tocaba un cuerno muy fuertemente; empós dél salieron quinze hombres a pie, bien armados, e un villano que tiraba de una cuerda en qué venían presos dos caballeros desnudos en camisa e ligadas las manos atrás. Luego tras éstos salieron nueve caballeros armados. En medio del prado estaba una gran tabla donde querían cortar las cabeças a los presos, e los que los traían venían dando bozes unos contra otros diziendo que sería mejor colgarlos de sendas cuerdas.

El señor de todos ellos —que Yrcán había nombre— dezía: "No, que todavía quiero que mueran deshonradamente." Gran duelo ovo don Felisarte de los caballeros, que con muchas lágrimas a Dios demandaba acorro. E como ya hiziesse más claro, católos e conosció que el uno era Galerte de Mirabel y el otro Calidor de Venarde, su cormano, que él tanto amaba; e ovo tan gran pesar que más no pudo ser, sintiendo allí muy gran dolor por la falta que su caballo le hazía, empero dixo:

"Venga lo que viniera; que aunque aquí haya de morir no dexaré de socorrer estos caballeros." Encomendándose mucho a Dios salió dentre los árboles, diziendo a grandes bozes: "¡No, traidores, que no morirán assí tales dos caballeros!" Más por mucho que se apressuraba su caballo iba assaz flojamente.

Yrcán, que bravo e orgulloso era, movió delantero contra él, e don Felisarte lo firió tan de rezio que falsándole el escudo el fierro de la lança le metió por el braço siniestro; e si el caballo fuera más poderoso matáralo deste encuentro; e dio con él en tierra —mas también don Felisarte e su caballo cayeron por el suelo, e poco faltó que no lo tomasse debaxo. E como él era de gran coraçón, levantóse muy presto e metiendo mano a la espada; dio a Yrcán —que se levantaba— tales dos golpes que lo hizo venir a sus pies. Entonces dieron sobrél tres caballeros; los dos dellos lo encontraron tan duramente que dieron con él de hinojos por tierra, mas él se levantó muy vivamente e firió a uno dellos sobre la pierna por manera que toda se la cortó e dio con él muerto en tierra; e quiso se acoger al caballo deste, mas allí cargaron sobrél todos los caballeros e los hombres a pie, e tantos de golpes le dieron que le no dexaron cabalgar. El uno de los omes a pie firió al caballo de guisa que la una pierna le cortó. Desto fue don Felisarte muy sañudo, e alçando la espada dio al hombre tal golpe que la cabeça le echó lueñe: desí firió a otro que un gran golpe de hacha le había dado, que lo hendió fasta los dientes; e començó a ferir por los otros de tan bravos e fuertes golpes, que maravilla era de mirar la defensa que hazía.

Mucho fueron maravillados Calidor de Venarde e Galerte de Mirabel de quién podría ser aquel caballero que así solo los quería socorrer, e gran cuita tenían de lo ver a pie en tal prissa e no lo poder ayudar. Tanto miró Calidor de Venarde que en el escudo conosció ser éste don Felisarte, su cormano, de [LXXXIIIIr] que ovo tan gran cuita que por poco no cayó en tierra, e por tres vezes ensayaron él e Galerte de quebrar las cuerdas, mas no pudieron. E a esta sazón toda aquella gente tenían en medio a don Felisarte, e feríanlo de todas partes de grandes golpes de lanças y espadas, mas defendiéndose maravillosamente hazía con su espada gran daño en ellos. Pero si don Felisarte no es acorrido él está en peligro de muerte.

Calidor de Venarde a grandes bozes dezía: "O señor Dios, cómo muere aquí mi cormano sin yo poder le socorrer; e assí mismo nosotros seremos descabeçados."

El, diziendo estas palabras, arribaron aquel muy preciado Ermión de Caldonga e Laucamor el Esforçado; los cuales como a don Felisarte en tal prissa viessen, abaxaron las lanças; firieron los caballos de las espuelas e movieron contra ellos, diziendo: "Mueran los desleales caballeros que assí villanamente quieren matar a tan buen caballero."

Ermión de Caldonga firió a Yrcán —que a caballo estaba— tan bravamente que la lança le passó de la otra parte e dio con él muerto en tierra. Laucamor el Esforçado encontró a un sobrino de Yrcán assí duramente que lo derribó mortalmente ferido; e amos los caballeros metiendo a las espadas començaron a ferir por los otros muy duramente. Grande fue el savor que don Felisarte cobró de tan buen socorro, e començó a ferir en aquellos que más le aquexaban de tal guisa que se hizo hazer bien ancha plaça.

Essa hora Laucamor le traxo un caballo, e díxole: "¡Acogeos a éste, señor don Felisarte, e sean muertos todos estos traidores!" E como quiera que don Felisarte de cuatro llagas estaba ferido, cabalgó muy ligeramente, e todos tres aquexaron de tal guisa a aquella gente que los hizieron volver las espaldas e ir fuyendo al castillo. Empero bien la mitad dellos quedaron muertos e mal feridos en el campo; que después que don Felisarte cabalgó, mató por su mano dos caballeros e tres hombres a pie. Ellos no curaron de ir empós de los que huyeran; antes como don Felisarte conosció los caballeros, ovieron todos muy gran plazer e fuéronse para los presos, los cuales de ver assí el pleito parado no se veían de gozo.

Don Felisarte los desligó e abraçó a entramos, e dixo a Calidor de Venarde: "Sin falla, cormano, nunca hombre hizo pérdida tan pequeña que tanto cobrasse por ella como yo: que perdí mis caballos en la floresta, e por los buscar guióme Dios a lugar que os pudiéssemos escapar de muerte; porque podemos dar todos tres gracias a él, e después a Ermión de Caldonga e a Laucamor el Esforçado que a tal tiempo sobrevinieron."

Grande era el plazer que todos estos caballeros consigo tenían, e partieron de sus {com}pañ{er}os con Calidor de Venarde e Galerte de Mirabel: los cuales se armaron de las armas de los caballeros muertos, pero tal había entrellos que aunque no era muerto ni mal herido, mostraba serlo con el gran pavor que tenía. Desí que fueron armados cabalgaron en sendos caballos de aquellos que por el campo había, e don

Felisarte tomó para sí el caballo de Yrcán, que muy bueno era.

Queriéndose ir, Calidor de Venarde dixo: "Ay Dios, cómo me pesa de no poder cobrar mis armas e mi caballo, e más de no poder ser vengado de todos estos traidores como yo quisiera; aunque el que la traición nos hizo muerto lo veo en este campo" — esto dezía él por Yrcán.

"Cormano," dixo don Felisarte, "donde se cobra la vida, en poco se deben tener las armas y el caballo; que yo bien quisiera ser vengado de dos caballeros que mis caballos me tomaron. Mas con éste que agora tengo me doy por contento, e si la gente del castillo os hizo daño yo creo que bien lo han pagado."

"Señor cormano," dixo Calidor, "aún yo quisiera que mejor lo pagaran, que bien nos lo tenían merescido; e de la pérdida de las armas me quexo, porque vos sabéis bien que yo tenía una de las buenas espa [LXXXIIIIv] das que se podrían fallar." E tomando el escudero de don Felisarte un caballo para sí, partiéronse dende. Por el camino don Felisarte demandó a los caballeros que por qué los querían matar.

Respondió Calidor de Venarde: "Porque en días passados Galerte de Mirabel ovo muerto el padre deste Yrcán; e viniendo yo y él de consuno —podrá haber un mes— yo me combatí con Yrcán e lo vencí. El me rogó que fincássemos aquella noche con él en su castillo porque ya era tarde; nosotros fiándonos dél hezímoslo, mas aquella noche él conoció a Galerte de Mirabel; hízonos prender a traición, e túvonos fasta agora que nos quería matar: a Galerte porque mató a su padre, e a mí por el daño que le hize: que le quité de guardar el passo de aqueste vado donde él muchas sobervias hazía."

"Por buena fe," dixo don Felisarte, "aquí podemos tomar enxemplo para no fiarnos de los tales."

La historia dexa aquí de hablar dellos por contar del noble caballero don Clarián de Landanís.

CAPI. LXXIIII. DE LAS DESHONESTAS PALABRAS QUE UNA DONZELLA DIXO A DON CLARIÁN, E CÓMO ÉL LE PROMETIÓ DE TOMAR LA BATALLA POR LA DUQUESA DE GUNCER SU SEÑORA.

Contado se ha cómo don Clarián quedó en el castillo de la hermana de la donzella por guarescer de las llagas que los tres hermanos de la Puente del Mal Passo le hizieran. Desque fue guarido encomendó a Dios a la señora del castillo e a su hermana e partióse dende, e fue buscando por muchas partes todas aquellas peligrosas aventuras de que oía hablar; e a todos daba buen fin con el ayuda de Dios.

Un día le avino que entrando por una llana floresta encontró una donzella sobre un palafrén; don Clarián la salvó muy cortesmente, mas la donzella no a él; antes le dixo: "Caballero, no os salvo porque ni os precio ni amo a vos, ni a ningún caballero que hoy armas traiga: porque sin falla todos sois tan flacos e covardes que bien dais a conocer la falta de los buenos caballeros de otro tiempo: los cuales a todo su poder emendaban las fuerças e socorrían a los tristes e ayudaban a los que poco podían. Mas mal hayáis vosotros que assí corrompes la orden de caballería; que el día de hoy caballeros e villanos todos sois hechos iguales."

Don Clarián se turbó ya cuanto en se oír assí denostar, e respondió: "Cierto, señora donzella, si yo algún yerro he cometido bien recibo de vos la pena; e como quiera que habléis en general, razón es que yo os responda por lo que toca a mí e a los buenos caballeros: que puesto que a todos los hagáis malos, muchos hay entre ellos en quien cabe bondad e cortesía, e aunque vos contra ellos airada estéis, otros habrá que estén de otra opinión; e de mí os quiero dezir que nunca de donzella merescí lo que de vos he oído, porque siempre me trabajo de las servir a todo mi poder."

Por esto que don Clarián dixo la donzella no se mesuró; antes le respondió muy airada: "Mal hayáis todos cuantos sois que tan covardes e malos sois; que mejor estaría que vosotros estuviéssedes en los estrados e nosotras traxéssemos las armas: que cierto entonces seríades mejor ayudados e defendidos de nosotras que agora los somos nos de vosotros. E bien tengo razón de dezir esto, porque si alguno oviesse que de caballería se doliesse no dexarían passar tan gran fuerça e agravio como se haze a tan buena señora como es la duquesa de Guncer, para lo cual creo que passan de dozientos caballeros los que han sido requeridos, e no lo han osado acometer."

Don Clarián se sonrió entonces e dixo: "Señora donzella: mal galardón resciben de vos aquellos que por emendar essas tales fuerças ponen sus cuerpos a muchos trabajos, e andan fuera de sus tierras por las estrañas sufriendo mucho de affán; e si vos tenés saña contra algunos, no me debéis —si quisierdes— a mí assí tractar, que no os lo merezco yo pagar; porque aunque no sea tal que pueda fazer mucho por dueñas e donzellas, algunas vezes he visto mi cuerpo en aventura por las servir." [LXXXVr]

La donzella, oyendo lo que don Clarián dezía e mirando su mesura, mesuróse entonces ella más e díxole: "Señor caballero: lo que yo he dicho es con gran cuita que tengo; mas si vos sois de aquellos buenos caballeros que dezís, e quisiéredes tomar la batalla contra un caballero por la duquesa de Guncer, mi señora, —que por falta de caballero que por ella combata es desheredada— por todo el mundo serés loado, y entonces conoceré yo que no es assí abaxada caballería como pensaba; e rogaros ya que me perdonássedes lo que contra vos con gran ira dixe."

"Donzella," dixo don Clarián, "aunque yo no sea tal que por mi caballería pueda ser en muy alto grado sobida, bien podéis creer que en tanto que la vida me durare no será por mi hecha cosa por donde ella venga en menoscabo, e yo doy muchas gracias a Dios que por aquí me traxo. E pues aunque vuestra señora estuviera muy lueñe yo la fuera a buscar, sabiendo la fuerça que se le haze. Agora que aquí me hallo, os prometo que si tiene derecho yo tomaré por ella la batalla —aunque sepa sobre ello morir— allende de hazer en ello lo que debo, no pienso que haré poco en volver en amistad la enemistad que vos a los caballeros mostráis tener."

"Señor caballero," dixo la donzella, "si vos lo hazéis como lo habés prometido, yo me fallo muy culpante de lo que he dicho—mas no querría que después faltássedes como otros han fecho."

Don Clarián se sonrió desto, e dixo. "Cuando yo assí lo hiziere, señora donzella, entonces habrá mayor razón vuestra querella."

"Pues agora vayamos en nombre de Dios por donde yo os guiaré," dixo ella. Entonces movieron por su camino. Como el calor hiziesse grande don Clarián se quitó el yelmo, e tomando un chapeo diolo a Manesil. Cuando la donzella lo vio tan hermoso mucho fue maravillada, e pensó que un caballero de aquella guisa tan mancebo no podía ser de tan gran bondad como ella había menester, porque le dixo: "Señor caballero, yo no querría que a mí viniesse daño en vuestra confiança, viniéndoos vos a arrepentir de lo que habéis prometido. Sabed que os habés de combatir con uno de los más fuertes caballeros del mundo, porque vos ruego que si falta ovierdes de hazer, sea luego porque yo pueda buscar otro caballero si lo podré fallar."

"Donzella," dixo don Clarián, "ya yo me he visto en otras partes que me preciaban más que vos aquí agora, e querría ser seguro que vuestra señora tiene derecho; que aunque el caballero fuesse muy fuerte yo me pornía a mi aventura, e con ayuda de Dios me pensaría defender del, porque vos ruego que dexado esto, me contés cómo es este fecho de vuestra señora."

"Señor caballero," dixo ella, "en todo os mostráis de gran coraçón; e pues assí es, a mí plázeoslos dezir. Vos estáis agora en el ducado de Guncer, donde fue duque un muy noble varón llamado Lermán: e como este duque tuviesse de mi señora, la duquesa, dos hijas muy hermosas —en especial la menor, que Arminda es llamada. Casó la mayor con el conde Quinar que era su vezino; el conde ovo della un hijo, e porque el conde no tractaba a su muger como era razón, vino a nascer desamor entre él y el duque. El conde —que es mancebo e sobervio— tractó muy peor a su muger de aí adelante, e muchas vezes sobre este caso el duque le oviera fecho guerra sino porque la duquesa lo estorvaba. Pues tanto dio de mala vida el conde Quinar a su muger que ella ovo de morir, y el duque de Guncer no vivió despues della más de un mes; assí mismo murió el hijo del conde Quinar —por donde el ducado pertenesce derechamente a la muy hermosa Arminda, hija del buen duque de Guncer.

"Pues como la duquesa quisiesse casar esta su hija con un gran señor, el conde Quinar, so título de dezir que el ducado le pertenecía —assí porque en días passados sus antecessores del duque Lerman lo habían tomado por fuerça a los de su linaje— como porque su muger, e también su hijo le hizieran [LXXXVv] heredero— comencó con sus gentes a hazer guerra en él. Tomó muchas villas e castillos, e como ya, señor caballero, sabréis, que donde fallesce el varón falta todo el bien: assí mi señora —como el duque era muerto e no había quién por ella tornasse— perdió la meytad del ducado. Estando assí el fecho, algunos altos omes se pusieron en medio, diziendo que el conde de Quinar no desheredasse a la duquesa e a su hija; mas él dezía que a él pertenescía el ducado, e que lo pornía en batalla de un caballero por otro. Esto dezía él porque tiene un cormano que deciende de linaje de jayanes, el cual es de los más fuertes e valientes caballeros del mundo, e ha nombre Boraldán del Salado. Este apellido tomó porque guardó tres años una puente que está sobre un lago salado, donde nunca passó por aí caballero que por él no fuesse muerto o preso. Guardando esta puente mató un jayán que por aí vino a passar; e tan grandes cosas hizo allí que no se podrían acabar de dezir. Al fin, como por aí no viniesse quien a su fuerça durasse, dexó de guardar la puente por ruego del conde su cormano; e yo creo que por todo el mundo es temido e nombrado, pues como todos vieron que el conde ponía este fecho en derecho de batalla, dixeron a la duquesa que a ella convenía buscar caballero que por ella combatiesse, e fuele dado plazo de diez meses, mas nunca ella ha hallado caballero que con Boraldán ose combatir, porque como quiera que muchos caballeros andantes se hayan offrecido de tomar esta batalla, luego oyen dezir de la gran fuerça de Boraldán del Salado se parten escondidamente. En esta tierra témenlo tanto que no hay tales ocho caballeros que con él osasen entrar en campo.

"Pues como mi señora viesse que ningún acorro fallaba, movió partido al conde Quinar, diziéndole que por Dios e por mesura tomasse la meytad del ducado, e la otra meytad dexasse para ella e a su hija: mas él no lo quiso hazer. Antes durante el término de los diez meses ha tenido tal manera que a unos con promessas, a otros poniéndoles temor, toda la tierra ha hecho venir a su mano; que no ha quedado sino una villa donde la duquesa es. Allí tiene con ella aquellos que han querido ser leales, e muchos criados del duque; mas el conde Quinar dize que siempre que venga caballero que por la duquesa faga la batalla estará a derecho con ella. La duquesa ha seido aconsejada que embiasse a la corte del emperador Vasperaldo, donde hoy florece la caballería más que en otra parte ninguna, e que allí no fallescería algún buen caballero que por ella combatiesse; mas ella lo ha dexado, cuidando que como sea muy lueñe de aquí ninguno querrá venir, e que si por ventura viniesse, sabiendo las grandes cosas de Boraldan no osaría con él combatir. E hasta aquí ha estado en esperança de un buen caballero que anda por el mundo, el cual venció los tres hermanos de la Puente del Mal Passo; e dizen que éste se trabaja de ayudar e socorrer a los que poco pueden e de emendar los agravios. Mi señora ha embiado en su demanda por tierras estrañas —más ha de cinco meses— seis donzellas e cuatro escuderos para que hallándole le dixessen que por Dios y por la bondad suya —pues a todos acorre— quiera venir a acorrer a ella e a su hija, que de todo el mundo son desmamparadas. Mas este caballero no se ha podido hallar, pues como el plazo se cumple al cuarto día, anoche mi señora la duquesa e su hija, veyendo que no hallaban remedio, hazían muy gran duelo e con ellas todos los de su palacio.

"Yo, como desto mucho me doliesse, confortélas lo más que pude, e díxeles que pues más remedio no había, que sería bueno que saliéssemos por los caminos doze donzellas; que contássemos esta fuerça a los caballeros andantes, quexándonos mucho porque assí la dexaban passar, e por ventura alguno habría entre los que se offreciessen que esta batalla tomasse. Fue acordado assí, e también que mañana la du [LXXXVIr] quesa e su hija saliessen al campo donde estarían todos los caballeros de la villa e los andantes que nos truxéssemos, e que ellas anduviessen entre ellos rogándoles que quisiessen tomar la batalla por ellas. E si alguno fallassen —aunque no fuesse tal que con Boraldán oviesse de combatir— que por ventura el conde les haría algún partido e les dexaría en que viviessen; e por más consolarlas yo les dixe que fiaba en Dios, que yo fallaría tal caballero que las hiziesse alegres. E si Dios me ayude, toda esta noche he rogado a Dios que me encontrasse con caballero que fuesse tal que remediasse esta cuita, e si en vos, señor caballero, oviesse tanta valentía como hermosura, muy seguro iría mi coraçón."

Oído por don Clarián que la duquesa e su hija lo embiaban a buscar, a fama de que enmendaba los agravios e fuerças, muchas gracias dio a Nuestro Señor e ovo gran plazer de ser por allí venido; e movido a gran piedad de la duquesa e su hija respondió: "Señora donzella, pues que esse Boraldán es tan valiente agora me maravillo tanto de que la duquesa no haya hallado caballero que por ella combata, mas en la corte del emperador que vos dezís yo sé cierto que hay assaz caballeros que no lo dexarían por temor; e yo no puedo ser mejor de lo que Dios me hizo, mas según vos contáis la fuerça que a vuestras señoras es hecha, no sé quién sería aquel que no se pusiese a la muerte por enmendar este tuerto. E creed que assí faré yo, sabido que ellas tienen derecho."

CAPITUL. LXXV. DE CÓMO DON CLARIÁN SE COMBATIÓ CON SEIS CABALLEROS QUE CON OTRA DONZELLA VENÍAN. E CÓMO DESPUÉS EN EL CAMPO ÉL PROMETIÓ A LA DUQUESA E A SU HIJA DE TOMAR LA BATALLA POR ELLAS.

Pues assí hablando destas cosas, salieron de la floresta a un llano donde encontraron otra donzella de la duquesa que en esa misma demanda saliera, e traía consigo seis caballeros que juntos encontrara, e cada uno dellos se offrecía a tomar la batalla. La donzella los levaba a su señora la duquesa para que ella la otorgasse a quién más le pluguiesse. Como a ellos llegaron, la donzella dixo a la otra que con don Clarián venía: "¿Cómo? ¿Todo ésse es el consuelo que a mi señora dávades? — diziendo que por vos había de ser remediada su cuita, e venís os agora con un solo caballero, e tal que sin falla mejor sería para estar holgando con alguna donzella que lo amasse que no para combatir. Pues yo traigo —aunque no dixe nada— seis caballeros, tales cuales veis: que cada uno dize que tomará la batalla."

Cuando don Clarián esto oyó volvió sonriéndose a Manesil, e díxole: "Por buena fe en desgracia de las donzellas estoy este día."

Mas la donzella que con él venía respondió: "Amiga: la batalla no se ha de hazer sino por un solo caballero, que no por seis; y pues éste que comigo viene ha otorgado de la tomar ¿para qué había yo de buscar más? e cuando ante mi señora fuéremos ella la otorgará a quien le pluguiere e viere que más le cumple."

La otra dixo como burla: "Antes que allá vayáis os aconsejaría que le demandássedes su amor, e vos fuéssedes con él a donde quisiesse, si vos lo otorga; que para se haber de combatir con Boraldán otra ferocidad había de tener de la que muestra."

Como don Clarián viesse que assí aquella donzella lo denostaba fue algun tanto sañudo, e dixo: "Donzella: con essa lengua que dezís essas cosas tan desonestas podríades hablar más cortesmente si vos quisiéssedes e fuéssedes más honesta según que a donzella mesurada pertenesce. E tanto sabed que si yo no os parezco bien a vos, que bien trocaría la pena de mi coraçón por la que vos por amores me pudiéssedes dar; que cierto según vuestra hermosura pocos caballeros serán los que por vos [LXXXVIv] deben penar."

Entonces respondió uno de los caballeros: "¿Cómo caballero? ¿Batalla que nos queremos tomar osáis vos emprender? Cierto gran menosprecio es de nos; por ende luego os volved por do venís si no queréis que nuestra donzella tenga más razón de fazer escarnio de vos."

"Buenos señores," respondió don Clarián, "yo voy con esta donzella porque se lo prometí, e si me tornase serme-ía gran vergüença; e pues yo a vosotros no tengo hecho, porque bien me debés dexar ir con ella."

Gran pesar ovo la donzella que con él venía cuando assí le oyó hablar, e bien pensó que lo hazía de covardía, mas el caballero le dixo: "Caballero covarde: o os volvé, o me dexa esse caballo, que es tan hermoso que no pertenesce para vos."

"Buen señor," dixo don Clarián, "los dos son partidos que yo no querría tomar a mi grado."

"Por buena fe," dixo el otro, "si no lo hazés yo os tomaré el caballo e vos haré venir comigo a pie por mi rapaz, que no sois vos para traer armas, porque mal haya quien tan buenas os las dio."

Entonces fue don Clarián tan airado que no pudo más sofrir. Tomando su yelmo e su lança, dixo en alto: "Nunca ninguno debe sufrir a viles hombres: pues por bien ni por mesura no alcançara al que ser dellos en poco tenido." Esto diziendo dexóse correr contra aquel que lo amenazara; el otro movió otrosí para él, e diole tal encuentro que su lança hizo bolar en pieças, mas don Clarián lo firió de guisa que falsándole el escudo le metió el fiero de la lança por el braço siniestro e por el cuerpo: dio con él piernas arriba en el campo maltrecho a muerte, e díxole: "Si Dios me ayude, don vil caballero, ya desta vez no cabalgarés vos en mi caballo."

Desí movió contra otro que para él venía y encontrólo assí duramente que a él e al caballo metió por tierra. Los caballeros —que desí se preciaban— no quisieron mover juntos contra él; antes el tercero, dexándose a él correr, quebró en él su lança; mas don Clarián lo firió en tal manera que gran parte del hierro de la lança le metió por el cuerpo e dio con él en tierra assí malamente herido. Dexóse ir contra el cuarto, e assí bravamente lo encontró que lo metió en tierra bien luengo de su caballo: quebróle una pierna, e allí se rompió su lança. Cuando los otros dos esto vieron, dexáronse ir a él juntos e quebraron en él sus lanças, falsándole el uno dellos el escudo, mas no lo movieron de la silla. Don Clarián metiendo mano a su espada hirió al uno dellos por cima del yelmo de un tal golpe que la espada hizo llegar a la carne; el caballero cayó de cabeça en tierra e torciósele el pescueço.

El otro que esto vio quiso huir, mas don Clarián lo alcançó luego; dexando colgar la espada asió dél a braços e sacóle de la silla, dando de las espuelas a su caballo, e llevólo assí fasta donde estaba la donzella que con ellos venía, e dexólo caer a los pies de su palafrén, diziendo: "Señora donzella: éste podés tomar; que queda sano para que dél hagáis vuestro amigo: que mejor será empleado en él vuestro amor que en mí el de mi donzella, como vos dezíades."

El caballero, aunque estaba sano, tenía tan gran pavor de don Clarián que se tendió en tierra como muerto, e la donzella no respondió cosa, que mucho le pesaba de lo que había dicho. Cuando la otra donzella vio lo que don Clarián fiziera mucho fue maravillada e dio muchas gracias a Dios porque tal caballero encontrara; e tomó esperança que el fecho de su señora iría mejor que ella se cuidaba. Fuesse para él, que quería descabalgar por ir sobre los caballeros —que estaban tales que ninguno dellos hazía mención de se levantar— e díxole: "Señor caballero, ruégovos que no curés destos caballero, que no haze menester que os paguen todo lo que os han merecido, pues ellos quedan bien castigados; porque nos vayamos, si a vos pluguiere."

Don Clarián, como quiera que gran ira tomara contra ellos —como en él ésta poco reinaba— ya se le había passado, e díxole: "Señora donzella, yo los dexaré, pues que a vos plaze." E volviéndose a la otra díxole: "Señora donzella, no tuvistes razón de me menospreciar assí, mas [LXXXVIIr] todavía os ruego que me perdonéis si algún enojo aquí os he hecho." Ella, que con grave vergüença estaba, abaxó la cabeça e no respondió.

Al partir la otra donzella le dixo: "Amiga, si vos más freno pusiérades en vuestra lengua todo esto fuera escusado, mas tanto os digo que vuestros caballeros de ferozes e robustos aún no se quieren levantar de tierra, y el mío de hermoso e mesurado vase en su caballo."

Desí metiéronse a su carrera; tanto andovieron que llegaron acerca de la villa de la duquesa e acordaron de fincar en un hermita por ver otro día lo que en el campo se hazía. Como la mañana vino don Clarián se armó, e después de haber oído missa —que el hermitaño dixo— cabalgó en su caballo e con la donzella e con Manesil fuese al campo que ante la villa estaba, donde en él hallaron más de quinientos caballeros armados: que todos éstos eran de aquellos que con la duquesa tenían. Un poco apartados destos estaban bien treinta caballeros de los andantes que las donzellas habían traído, entre los cuales don Clarián conosció aquel que en los braços tomara, que todos los otros estaban malferidos en la villa. Algunos destos caballeros venieran con propósito de tomar la batalla, e otros por ver lo que allí se haría. Pues no tardó mucho que salió la duquesa e con ella su hija Arminda, la cual aunque de paños de duelo viniesse vestida e gran cuita tuviesse, no le quitaba por esso su gran hermosura. Ellas venían acompañadas de doze ancianos caballeros e veinte dueñas e donzellas, e no oviera hombre que las viera venir a quien no hiziera mover a gran piedad, porque todos ellos y ellas venían cubiertos de paños de duelo hasta abaxo, assí mismo los caballos e palafrenes. La duquesa e su hija venían derramando muchas lágrimas como aquellas que veían cerca su pobreza e abaxamiento.

Como a la gente llegaron —assí entre los caballeros como entre la otra gente menuda— se començó un sentible clamor por sus señoras. La duquesa e Arminda andovieron por todos los caballeros andantes diziendo a cada uno muy sentibles e lastimeras razones, rogándoles que se doliessen dellas, e que oviesse alguno entre ellos que quisiesse tomar la batalla por ellas, prometiéndoles que si aquel que la tomasse, Dios —por el gran derecho que ellas tenían— victoria le diesse, que le darían muy gran parte en el ducado. Mas no ovo aí tan ardid dellos que por mucha piedad que dellas oviesse osase tomar la batalla; que si algunos de antes se habían offrecido a ello, tan grandes cosas avian oído dezir aquella noche de Boraldán del Salado que no lo osaban mantener. Cuando la duquesa e Arminda entre aquellos que eran sus naturales andaban, ellos les dezían: "Señoras, Dios sabe la cuita que de vosotras que sois más naturales señoras tenemos, mas para que cualquier de nos esta batalla tomasse oviese de morir e vosotras no ganássedes nada, más vale que todos juntos perdamos las vidas e los haberes e nos deffendamos del conde Quinar fasta más no poder."

Como la duquesa vio que remedio no hallaba, volvióse con raviosa cuita contra su fija, e llorando de sus ojos muy agramente le dixo: "O hija, desmamparada de todo el mundo ¿cómo donde habías de ser señora te será forçado ser sierva e vivir del trabajo de tus manos? Que aunque te eches a los pies del conde Quinar para que sola esta villa te dexe, no habrá de ti merced ni de la desconsolada de tu madre, que de tu proprio e natural señorío te ha de ver abaxada sin remedio poder te poner. Hija mía, huérfana e pobre: Dios sea Aquel que se duela de tan gran fuerça como a nos se haze, pues que en los hombres no fallamos remedio." Dichas estas palabras volvió la rienda al palafrén para se ir a la villa.

Don Clarián, que apartado de los otros estaba, cuando esto vido dixo a la donzella: "Yo atendía que la duquesa viniesse a mí como a los otros, mas pues ella no se ha curado dello, bien creo que mi offrecimiento de hoy más es escusado porque bien me puedo ir."

La donzella no respondió; antes muy sañuda se fue para la duquesa, e trávole por la rien [LXXXVIIv] da del palafrén diziendo: "¿Qué es esto, señora? ¿Por qué no hezistes mención de aquel caballero que comigo estaba que yo truxe? Pues cierto aquél no se torna atrás de lo que ha prometido; que sin falla más querría yo su remedio dél que no él de aquellos que de ligero prometen e de más se arrepienten."

La duquesa volvió entonces contra don Clarián e díxole: "Señor caballero, no os maravilléis que una cuitada muger como yo, puesta en tan gran amargura como es no tener más de una sola hija e verla de su señorío desheredada, no diesse mientes por vos; porque os ruego, señor caballero, que si nunca os movistes por ruego de mujeres desconsoladas, que os mováis por el nuestro, e nos queráis ayudar en esta cuita."

Don Clarián, en quien toda virtud cabía, ovo gran duelo dellas e dixo: "Señora, muy duro e cruel debe ser aquel que tales dos personas quiere desheredar, e quien no se doliesse de tales señoras como vosotras; fuera estaría de toda razón e virtud. E si yo antes offrecí a esta donzella de tomar la batalla, agora que os veo soy movido a tan gran compassión e dolor que por ninguna cosa del mundo no dexaré de poner mi vida por vosotras señoras; e con tanto que yo sepa que tenés derecho, no pensaría que os hago mucho servicio en ello, mas que recibo merced en me la querer otorgar."

Cuando la duquesa e su hija esto oyeron ellas se quisieran dexar caer a sus pies si don Clarián no las tuviera; la duquesa le dixo: "Ay, buen caballero, a tan gran bien Dios solo es él que puede dar el galardón, mas si vos assí lo hazés y él os diere victoria yo quiero que tomés los mejores seis castillos del ducado."

Entonces todos los caballeros lo cercaron enderredor, mirándole cuán bien parescía armado; e muchos ovo que dixeron: " Buen caballero, pues vos tomáis esta batalla aunque aquel con quien la habés de fazer es muy fuerte, podés ser cierto que toda la razón e derecho tenéis de vuestra parte." Entonces movieron contra la villa.

La duquesa dixo a la donzella que con don Clarián viniera: "Buena amiga, si el consuelo que me distes sale verdadero,[35] vos serés bien andante." E la donzella contó a la duquesa —oyéndolo otros muchos lo que a don Clarián aviniera con los seis

---

[35] verdaero

caballeros— con lo cual todos cobraron más esfuerço. La duquesa dixo: "Amigos, aunque conozcamos que contra la fuerça de Boraldán ninguno pueda durar, ya todavía sabiendo que tenemos caballero que haga la batalla, el conde por ventura nos hará algún partido."

A la entrada de la villa don Clarián a ruego de la duquesa se quitó el yelmo. E cuando todos lo vieron assí de poca hedad e tan estrañamente hermoso mucho fueron maravillados. Toda la gente de la villa corría empós dél por lo ver, e algunos dezían que era gran pecado poner un tal caballero con Boraldán en batalla. La fermosa Arminda no partía dél los ojos; que jamás viera caballero que tan bien le paresciesse. Como en el palacio fueron que don Clarián quisiesse o no, la duquesa e Arminda e bien otras diez donzellas eran a lo desarmar, e fueron luego traídos unos muy ricos paños que se vistiesse; mas él no los quiso tomar, antes se vistió aquellos que Manesil le traía que eran muy buenos.

Pues luego fueron las mesas puestas, e muchos caballeros comieron en el palacio. La duquesa hizo sentar a don Clarián solo a una tabla, e servíanlo dos sobrinas suyas e otras cuatro damas; e por le hazer más honra ella e su hija estaban allí a su comer, haziéndole todos e todas la mayor fiesta que podían, y estaban maravillados de ver su fermoso rostro, sus lindos cabellos, e su gran apostura, e dezían que no podía ser que él no fuesse de gran guisa. La duquesa tenía encomendado a dos caballeros ancianos que mirasen muy bien sus hechuras para que después le dixessen su parescer. Estos dos caballeros habían sido buenos en armas, e cuanto más miraban a don Clarián mejor les parescía, que puesto que era muy fermoso e al parecer algún tanto delicado, veíanle que el cuerpo había muy bien hecho e de tan gran altura como un caballero debía ser: sus miembros fuertes e tan bien [LXXXVIIIr] propocionados que se no podría dezir, assí como aquél que más hermoso ni apuesto —escrive Vadulato— no haber en el mundo. Mas cierto entonces si en su mano de la duquesa fuera —según el temor ella tenía de Boraldán— bien trocara parte de su hermosura porque tuviera mucha más ferocidad: que con ésta se tuviera por más segura a su parescer.

Pues desta guisa se lo estaban todos mirando, e sobre todos ellos la muy hermosa Arminda: que en desigual grado estaba de su amor forçada, e no partía dél sus ojos, tanto que don Clarián miró en ello; e catándola más que de antes, vio que era una de las más hermosas donzellas que él había visto después que de la corte del emperador Vasperaldo partiera.

Pues, las mesas alçadas, don Clarián hizo traer un libro de los sanctos Evangelios, e dixo contra la duquesa: "Señora, todo aquel que tomare batalla debe estar cierto de la razón que tiene, por que si derecho le acompaña se esfuerce más con él, e si no, sepa de qué guisa combate; porque si os pluguiere, escoged doze caballeros de los más principales de vuestra casa de quien yo resciba juramento sobre este fecho del ducado. Porque si derecho tenés, o yo moriré en el campo o vos habrés todo lo vuestro; e si no lo tenés, yo trabajaré a todo mi poder que no quedés del todo deseredada."

Cuantos en el palacio eran dixeron en alto: "Bien haya caballero que tan bien lo dize." E luego el juramento fue hecho por doze de los más principales, los cuales juraron en esta guisa: que el conde Quinar no tenía más razón ni derecho a cosa alguna del ducado que lo tenía el gran rey de Persia. De aquesto plugo mucho a don Clarián, e tomándolo la duquesa por una mano e Arminda por la otra fuéronse assentar en un estrado donde departieron de muchas cosas.

CAPI. LXXVI. CÓMO EL CONDE QUINAR SE VIO CON DON CLARIÁN EN EL CAMPO, E DE LAS PALABRAS QUE ENTRE ÉL E BORALDÁN PASSARON, E COMO DESPUÉS EL CONDE LO LEVÓ A VER LA PUENTE DEL LAGO SALADO.

Cuenta la historia que el conde Quinar —que a una legua de allí en otra villa del ducado estaba— supo como la duquesa tenía un caballero, que por ella e por su hija quería tomar la batalla, e que éste era de los más apuestos y hermosos que nunca vieron. Al conde tomó gran voluntad de lo ver, porque le embió a dezir por un su donzel que le rogaba que saliesse al campo a verse con él; que sobre su seguro[36] lo podía hazer. Oído por don Clarián esto respondió al donzel que le plazía dello, mas a la duquesa no plugo, temiendo que por alguna manera el conde haría que don Clarián dexasse de la batalla; y echóse a sus pies rogándole que por solo Dios, pues que tanto las había consolado con su esfuerço, que no las quisiesse dexar en doblada cuita, quitándose afuera. E que si algún partido con el conde oviesse de hazer con que a ella e a su hija les quedasse en que pudiessen vivir; que para ello le daban poder.

Don Clarián levantó a la duquesa e díxole: "Señora, gran pena me pone vuestra cuita, e pésame porque en mí ponés tal dubda. Mas yo os prometo por la fe que debo a Dios que cuando yo la batalla dexare que a vos no verná en desplazer, porque sea escusada." Luego don Clarián fue armado de todas armas —fueras el yelmo que Manesil llevaba. Cabalgando en su caballo fueron al campo, e acompañáronlo treinta caballeros de los más principales todos armados. No andovieron mucho que vieron venir al conde Quinar acompañado de más de ciento e cincuenta caballeros. Boraldán del Salado venía delantero con veinte e cinco caballeros todos muy bien armados. El venía armado de unas armas negras, que cosa no le fallescía sino el yelmo y las armaduras de las manos. Cabalgaba sobre un caballo morzillo, e como era grande, de dubdar era a cualquiera que lo mirasse. Como juntos fueron, saludáronse todos los unos a los otros; mas Boraldán lo salvó con tal gravedad e continente, como si de todos [LXXXVIIIv] fuera señor. Don Clarián lo cataba, como era grande e membrudo; tenía los ojos salidos del casco e las narizes romas, la cara hoyosa e toda cubierta de vello, las manos y el cuello había muy gruessos e vellosos y en todo parescía del linaje de donde venía. Pues como todos los otros catassen a don Clarián mucho se maravillaron de su apostura y hermosura, e como para caballero era bien hecho, que bien demostraba haber en sí bondad.

E desque Boraldán del Salado lo ovo catado una pieça, habló contra ellas tales palabras: "Sin falla, caballero, a cualquiera agradara más aquí vuestro parescer que no vuestra valentía en la batalla —aunque alguna sea— y a mí assí haze, e comoquiera que vos hayáis dicho que comigo os combatiréis, todavía me mueve compassión de que

---

[36] se seguro

busquéis assí vuestra muerte, e tanto os quiero dezir que ninguno os puede negar que en vos no haya esfuerço e gran coraçón —pues assí por personas que no conocés os habés offrecido a la batalla— e ciertamente a mí plazería de que os dexássedes della; porque si assí no lo hazéis, aunque vuestra ignorancia os quite de culpa, no os podrá salvar de la muerte."

Estas palabras dixo Boraldán, mostrando que forçaba su condición por el duelo dél porque se lo tuviessen a virtud, mas don Clarián le respondió: "Señor Boraldán, por mayor se debe juzgar la piedad y compassión que yo de vos tengo que la que vos de mí tenéis; que si vos os doléis de la mi vida —que es peresceder— yo me duelo de vos de la honra, que es de mayor estima. Y esto digo por que seyendo vos tanto en cargo a Dios, que de la bondad de armas —que es la más alta virtud que un caballero puede alcançar— os quiso dar gran parte, queráis assí abaxar vuestra honra e menoscabar vuestra fama en sostener el tuerto que a la duquesa e Arminda su hija se haze: que de razón con todas vuestras fuerças habíades de procurar de lo quebrantar; e no creáis que estó innocente de la fuerça e valentía que en vos hay; mas aunque ella fuese mayor de lo que es, yo no dexaría de tomar la batalla donde con ayuda de Dios. Si aquí vos con altivez juzgáis mi coraçón, allí yo con toda voluntad os daré a conocer la obra, mas que si la duquesa e su hija oviessen enteramente su tierra a mí plazería que la batalla fuesse escusada, y entonces vos me terníades a vuestro querer si dello os pluguiesse."

De la respuesta que don Clarián dio, todos los caballeros que con él venían fueron muy alegres; mas a Boraldán se le cambió la color, e tornó de semblante sañudo: e sin falla, como él era sobervio, bien crecieran las palabras, e aun por ventura las obras, mas el conde Quinar —que a essa hora llegó— despartió la contienda, al cual don Clarián se humilló mucho, e salvólo muy cortesmente.

El conde lo recibió muy bien e fue dél muy pagado, e díxole: "Si Dios me ayude, caballero, por vos ser tal, a mí pesa del cargo que sobre vos habéis tomado; porque en la seguridad que yo tengo de haber por mío el ducado está la certinidad de vuestra muerte o deshonra; porque vos me habéis parecido el mejor caballero que yo haya visto, mucho os rogaría que os dexássedes de la batalla; e si comigo quisierdes fincar yo vos daré de lo mío muy largamente."

"Señor," dixo don Clarián, "mucho os agradezco lo que me offrecéis, mas yo no ternía buen reposo en vuestra casa, porque como soy caballero andante no me agrada cosa más que buscar mis aventuras; e a lo otro que, señor, dezís: vos digo que la vida o la muerte de todo hombre en las manos de Dios está, e tal persona como vos a ninguno debría consejar que hiziesse cosa contra su honra. Antes, señor, lo que yo a vos rogaría —e todo el mundo os ternía que loar— es que si conoscéis tener derecho al ducado lo volviéssedes a cuyo es: que un caballero mancebo e gran señor como vos sois olvidar debe la cobdicia de los bienes, por la de la honra: pues la pérdida désta — si es a culpa del hombre— no se puede cobrar, e los bienes vuestra persona los basta a adquirir éstos e otros muchos mayores."

El conde, que vio que Boraldán, su primo, estaba sa [LXXXIXr] ñudo e querían responder, echóle el braço al cuello e sacándolo aparte díxole: "Cormano, vos creed que yo estoy tan pagado deste caballero que en ninguna guisa querría que con vos se combatiesse, porque sé que será muerto. Por ende os ruego que no os pese de que yo le aparte deste propósito, e quiérolo llevar a la Puente del Salado a fin que allí vea vuestros grandes fechos; que yo soy cierto que cuando él los haya visto él habrá por bien de dexar la batalla."

"Señor," respondió Boraldán, "pues que a vos plaze hagasses como querés; e yo estoy tan sañudo de verlo hablar assí osadamente que por no le hazer algún mal quiero volver a la villa." El conde le rogó que lo hiziesse assí.

Partido Boraldán, el conde estovo hablando con don Clarián una pieça, mas nunca lo pudo apartar de su propósito —de que él e todos los otros se maravillaban. El conde le rogó que fuesse con él a ver el Lago Salado que era muy maravilloso, y él lo otorgó. Entonces movieron contra allá, e como allá llegaron don Clarián miró mucho el lago —que era de grandeza en largo de media legua— e a lo más angosto —que era donde la puente estaba— había de ancho un trecho de ballesta, e de todas partes era cercado de espessas arboledas.

Entrados en la puente don Clarián fue de la labor della muy pagado, porque toda era obrada de grandes piedras de diversas colores reluzientes como el cristal. A la una parte había una torre fuerte e hermosa de la misma obra, e sobre ella estaba un gran caballero armado hecho de metal a la semejança de Boraldán, e tenía una espada en la mano esgrimiéndola contra otros caballeros que de bulto allí estaban, que parescían que le pidiessen merced. Por las paredes de la torre e por las de la puente estaban puestos todos los grandes fechos que guardando aquella puente Boraldán hiziera: dellos entretallados de piedra e dellos pintados. Allí estaba la batalla que oviera con el gigante e cómo lo matara, e otros muchos grandes fechos; entre los cuales don Clarián vio allí como Boraldán del Salado prendiera uno de los tres hermanos de la Puente del Mal Passo; e bien conosció en estas cosas que Boraldán era muy valiente. E al cabo de la puente estaba pintada una gruessa lança con un pendón que había figurado un león e letras escriptas que dezían *Esta ovo la victoria*. Y en torno della otras muchas lanças hechas troços en señal que aquélla era la suerte que las otras sobrara. E sin falla aun aquellos que otras vegadas habían visto la puente se maravillaban de mirar aquellas cosas. El conde Quinar cataba a don Clarián a la faz por ver cuál la tenía mirando aquellas cosas, mas el buen caballero ninguna mudança hazía ni se maravillaba desto: como aquel que cosa alguna no podía poner miedo en su coraçón —antes lo tenía por sobervia e vanagloria.

E después que una pieça allí ovieron estado movieron por do vinieran. El conde requirió a don Clarián que dexasse la batalla; que no le era deshonra pues lo había de haber con un tan valiente e dubdado caballero que por todo el mundo era tenido; e que en esto le haría mucho plazer.

"Señor," respondió don Clarián, "si yo dubdasse e temiesse más a él que lo que toca a mi honra bien creo que lo haría; mas pues ésta temo yo tanto como otro, escusado es dezírmelo si la duquesa no oviesse lo suyo."

De aquesto fue el conde muy sañudo e dixo: "Por buena fe, caballero, en vano se trabaja quien os quiere apartar de la muerte que vuestra ventura os trae a morir."

Assí, dicho esto, partióse dél sin más le fablar. Don Clarián e su compañía se tornaron a la villa donde de la duquesa e de Arminda él fue con mucho plazer recebido, e muy mayor lo ovieron cuando por algunos de los que allá fueron supieron todo lo passado. E tanta honra e servicio se hazía a don Clarián que él de lo ver estaba tan encargado que pensaba que con todo lo que por ellas pudiesse hazer no satisfazía. La fermosa Arminda estaba de su amor assí presa que muchas vezes dezía entre sí que más contenta sería ella con aquella sola villa —siendo con él casada— que no con to [LXXXIXv] do el ducado ni contra otra gran tierra sin él. E rogaba a Dios que endereçasse como ella lo pudiesse haber por marido; que bien se pensaba que por poco que del ducado le quedasse, él habría por bueno de la tomar por muger.

CAPI. LXXVII. CÓMO DON CLARIÁN E BORALDÁN DEL SALADO HIZIERON SU BATALLA E DE LO QUE EN ELLA AVINO.
Ahora dize la historia que algunos caballeros se pusieron a entender en este fecho porque la batalla entre los dos caballeros no se hiziesse, e acabasse con el conde que dexasse a la duquesa e a su hija aquella villa en que estaban e otros dos castillos; mas Boraldán del Salado lo estrañaba tanto al conde su primo, que dezía que si assí lo hazía para siempre se partiría dél. Desta otra parte, aunque muchos oviesse que dixessen a la duquesa que tomasse aquel partido, don Clarián le dezía que no lo hiziesse; que toviesse esperança en Dios, que pues el ducado era suyo e de su hija, les haría alcançar derecho, e con tanto no se pudo poner concierto en este negocio.

Pues venido el día de la batalla: a la cual por ser el conde más poderoso, se había de hazer junto a la villa de la duquesa. Don Clarián se levantó e armado de todas armas fueras el yelmo; oyó misa en la capilla de la duquesa; fue con ella e con su hija hasta el lugar donde la batalla habían de mirar, que era una torre fuera de la villa. Allí don Clarián, confortándolas mucho, les dixo que todo su hecho pusiessen con Dios, e que fuessen ciertas que por él no fallescería de adelantar su derecho hasta la muerte, e que tenía esperança que antes de la noche les haría alegres. Ellas lo encomendaron a Dios e abraçáronlo llorando; don Clarián tomó dellas licencia.

Cuando Arminda lo vio ir, començó muy agramente a llorar, e todos pensaban que lo hazía por ver toda su tierra en tal condición mas ella no lo hazía sino por amores de don Clarián, e dezía consigo: "Ay Dios, como veo ir la cosa del mundo que yo más amo y el más hermoso caballero que pueda ser en aventura de muerte a combatir con un tan feroz e valiente diablo. Cierto si a mí fuesse dado, yo consintiría antes ser deseredada que no que él entrasse en esta batalla." A don Clarián le levaba el yelmo la donzella que con él viniera, e un buen caballero —primo de la duquesa— el escudo, Manesil la lança, e con él iban cient caballeros armados. El campo donde habían de combatir era fecho de ocho pilares grandes e cerrados de gruessas cadenas. Allí fueron puestos seis fieles de ambas partes e dozientos caballeros armados para hazer el campo seguro, e tanta otra gente había entorno para mirar la batalla que maravilla era como en tan breve tiempo ayuntarse pudo. El conde había mandado armar muchas tiendas en el campo e sin falla él no pusiera este fecho en batalla sino porque tenía por muy cierto que ninguno a su cormano podría durar.

Como don Clarián allegó, a maravilla paresció bien a todos, e muchos dezían: "Este caballero si tan buena tiene la obra como el parescer ya podría ser que por él la duquesa e su hija alcançen derecho." Los fieles metieron a don Clarián en el campo; e no tardó mucho que Boraldán vino armado de las armas negras que de antes traía: su escudo era todo negro, e figurados en él siete leones. El venía contorneando su caballo de guisa que por grande que era con la fuerça de las piernas lo hazía todo doblar. E cuantos le miraban dezían que imposible sería que el caballero mucho le pudiesse durar, por bueno que él fuesse. El conde Quinar vino con él hasta lo meter en el campo. La lança, el escudo, y el yelmo le traían tres principales caballeros. Cuando la duquesa e su hija Arminda, tan feroz e tan grande lo vieron entrar en el campo, mucho fueron metidas en grande pavor; mas don Clarián que desto no se espantaba enlazó luego su yelmo e tomó su escudo e su lança; lo mesmo fizo Boraldán.

E salidos los fieles, Boraldán dixo en alto: "Sed cierto, don[37] [XCr] caballero, que por el primer encuentro de lança se partirá el servicio que vos a la duquesa e a su hija haréis."

"Boraldán," respondió don Clarián, "en vuestras manos es aventajaros en las palabras cuanto quisierdes; mas yo espero en Dios de aventajarme en la batalla, donde yo las serviré más grandemente que vos dezís."

Essa hora sonaron seis trompas que era señal para que ellos moviessen. Los caballeros, abaxando las lanças, movieron amos ados tan fermosamente e diestramente que gran sabor era de los mirar. Firiéronse por medio de los escudos de tan grandes encuentros que se los falsaron, e si las lanças no quebraran presto no pudiera ser que no rescibieran mucho daño, mas ninguno dellos hizo movimiento en la silla más que si no se ovieran encontrado: antes passaron el uno por el otro. Don Clarián, metiendo mano a la espada, volvió sobre Boraldán: el cual fue mucho contra sí sañudo porque don Clarián en la silla le fincara, e díxole: "Caballero, yo creo que mi lança no os topó bien, que no os aviniera assí, porque será bueno que justemos otra vez, que por muy amenguado me ternía si el hecho assí quedasse."

"Boraldán," respondió don Clarián, "no os preciéis tanto, que sin falla aún yo no soy assí de menospreciar como vos cuidades; e quier'os dezir que tengo tan poca razón de alabarme desta justa, como vos de quexaros de vuestro encuentro; porque me plaze de justar hasta que el uno de nos haya lo peor."

Entonces tomaron otras sendas lanças que los fieles le traxeron, e dexándose correr contra sí, firiéronse tan duramente que las hizieron bolar por el aire, e los caballeros passaron muy rezios. Todos cuantos miraban dixeron que de gran bondad era el caballero pues assí se mantenía contra Boraldán. Boraldán estaba mucho maravillado como un caballero en la silla le durasse aviendo con él dos vezes justado. Mas don Clarián no se maravillaba desto; antes muy descontento de sí, dezía: "Sin falla mis encuentros no solían tan poco vigor traer; e si Dios me ayude presto voy declinando abaxo," e cierto no era de maravillar, porque Boraldán del Salado era uno de los

---

[37] "don" repeats on next folio

valientes caballeros que podía ser.

Entonces les fueron dadas otras sendas lanças e dexáronse venir uno contra otro con muy gran saña; e tan vigorosamente se encontraron que las rompieron en sí: mas al poderoso encuentro de don Clarián Boraldán no pudo fazer resistencia, e cayó en el campo de tan gran caída que por poco no perdió el sentido. Cuando todos esto vieron fueron mucho maravillados; que nunca a Boraldán habían visto perder la silla. El plazer de la duquesa e de su hija fue muy grande. Boraldán se levantó de tierra tan sañudo que el coraçón le quería quebrar, e metiendo mano a su espada —que muy buena era— fuesse contra don Clarián a gran passo. El como lo vio venir dixo: "Boraldán, no es tiempo que me tengáis en tan poco que os queráis combatir comigo vos a pie e yo a caballo: por ende vos sufrid si querrés."

Entonces descabalgó don Clarián, e todos se lo tuvieron a gran cortesía y esfuerço; metiendo mano a su espada, enbraçó su escudo e fuesse para Boraldán que contra él venía: e nunca hombre vio dos caballeros que tan sin pavor se acometiessen. Recibiéronse amos en la fortaleza de sus golpes en tal manera que don Clarián firió de su espada por cima del yelmo a Boraldán e cortóle todo el cerco e derribóle el pendón en tierra; el golpe decendió al cuerpo e cortóle una gran pieça de la coraça e más de cient mallas de la loriga, e fue tan grande que lo hizo todo estremecer, dando tres passos atrás e adelante como desatinado. Mas Boraldán, que era de gran fuerça, esforçósse e firió a don Clarián en el escudo de tan duro golpe que cuanto con su espada alcançó tanto derribó por tierra; el golpe decendió a la pierna e cortóle todas las armas e un poco de la carne.

Desí començóse entrellos la más fiera e brava batalla que jamás se vio, tan grande estruendo e ruido hazían, firiendose como si veinte herreros martilleassen. Dábanse golpes tan fuertes e maravillosos que las llamas de fuego que de las armas hazían salir eran tan grandes que muchas vezes se hazían perder de vista, e bien era menester que en las armas [XCv] ovlesse fortaleza para los resistir; y en las espadas esso mismo para lo poder soffrir que la bondad de los caballeros a todo bastaba. Cuantos la batalla miraban se hazían grandemente maravillados, porque jamás otra semejante no vieran ni oyeran dezir; e todos dezían que Boraldán había hallado su par, aunque él no pensaba que en el mundo lo oviesse. A essa hora el campo do los caballeros se combatían era todo sembrado de rajas de los escudos, mallas de las lorigas e pieças de las armas, e començaba a caer por cima bermeja sangre que dellos corría. Gran fuerça sintió don Clarián en Boraldán, mas Boraldán fue metido en gran espanto e muy lasso e cansado, quitóse afuera, e a don Clarián no pesó desto. Estando assí cobrando aire, don Clarián dezía que Boraldán era uno de los más fuertes hombres que él había hallado. Boraldán dezía consigo que sin dubda éste no era hombre humano, que si tal fuesse ya él lo oviera deshecho con su espada, mas que bien creía según su hermosura e valentía que fuesse embiado por mano de Dios por el gran derecho que la duquesa e su hija tenían.

No ovieron mucho holgado cuando se acometieron con gran braveza e comiénçanse a cargar de tan duros e ásperos golpes que el reteñir de las espadas se oía muy lueñe de aí, e las pieças de las armas saltaban por el campo muy espessas. Como cada uno conosciesse la bondad que en él había, mucho se maravillaba del otro. E assí se combatían tan cruelmente que no parescía sino que fuesen dos hombres encantados de hierro. Mucho le pesaba a don Clarián de que su espada no cortaba a su plazer, mas la de Boraldán era tan buena que cuanto alcançaba llevaba tras sí: esto le tenía a él gran pro. Pues assí se combatieron por una pieça sin que entre ellos se conosciesse ventaja, porque Boraldán era peor ferido. El cual, como viesse el daño que de don Clarián rescibía, alçó su espada con gran saña e firiólo por cima del yelmo de tan gran golpe que la cabeça le hizo abaxar contra los pechos. La espada descendió al ombro siniestro e hízole una llaga de qué le salía mucha sangre.

Aquí se encendió don Clarián en tan gran ira e furor que la estrella que tenía en los pechos e la frente se le tornaron de ardiente color, e con gran saña dixo: "O don Clarián, cómo eres de poco valor, pues un caballero saca de ti tanta sangre," e muy airado firió a Boraldán de tales tres golpes por cima del yelmo que si la espada estoviera como en otro tiempo había sido, sin falla le oviera muerto; e por pocas no le hizo venir a sus pies.

Boraldán se quitó afuera como aturdido e dixo: "O Dios ¿qué puede ser esto que este caballero ha recobrado doblada fuerca? Ciertamente si tales seis golpes rescibo, yo me cuento por muerto, e mi gran fuerça será abatida e conquistada." E como don Clarián con la gran saña estaba tal que temerosos eran de atender sus golpes; començólo a ferir en tal manera que un solo golpe no le dexaba dar, antes lo hazía revolver de acá e de acullá, haziéndole muchas llagas. Boraldán començó a enflaquescer de guisa que todos dezían que era vencido, e que el caballero no tenía par en el mundo —e sin falla don Clarián era tan encendido que otro que como Boraldán fuera no le pudiera durar.

Como don Clarián assí lo viesse enflaquescer juntóse más con él, e diole un tal golpe por cima del yelmo que la espada metió por él más de una mano; la espada quebró por la empuñadura e fincó metida en el yelmo, de guisa que Boraldan la sintía en la carne, mas él se tiró afuera muy alegre. Pues cuando la duquesa e su hija esto vieron fueron metidas en todo dolor e tristeza, ellas e todas sus damas faziendo muy gran duelo se hincaron de hinojos en tierra, demandando a Dios que a su caballero acorriesse. Manesil, puesto que fasta allí —según la bondad que él de su señor conoscía— no oviesse tenido temor, fue aquella hora puesto en gran cuita.

Boraldán dixo en alto contra don Clarián: "Por buena fe, don caballero, venido es el tiempo que sabremos si sois hombre o si sois diablo." Mas don Clarián no lo temió mucho porque conoscía de Boraldán estar bien cansado e herido; e lançando contra él el pomo de la espada [XCIr] que en la mano tenía, diole tal golpe por la vista del yelmo que se la abolló sobre las narizes e sobre los ojos aturdiólo ya cuanto, e apenas fue dado el golpe cuando se juntó con él con gran ligereza y echóle los braços muy duramente. A Boraldán fue forçado dexar colgar la espada e trabarle otrosí, cuidando que por esta manera pieça oviera que lo oviera conquistado; mas como a la fortaleza de los braços de don Clarián ninguna otra de caballero igualasse, no ovieron dado dos bueltas cuando él con gran destreza metió a Boraldán debaxo sí con una tan gran caída que lo hizo estordecer. Tomándole la espada, quitóle el yelmo de la cabeça e díxole:

"Boraldán, muerto sois si no os otorgáis por vencido e confessáis por vuestra boca ser falsedad e mentira lo que vos sosteníades e que el ducado es de la duquesa e de su hija Arminda."

Boraldán, que ovo pavor de muerte, dixo: "Ay caballero, el mejor de cuantos armas hoy traen, no me matéis; que yo me otorgo por vencido e conozco ser gran tuerto él que contra la duquesa e su hija se haze, e bien creo que por pecado de que yo quería sostener una tan conoscida fuerça me es venido questo." Don Clarián llamó los fieles para que oyessen esto, e díxoles que si había más que hazer por el derecho de la duquesa e de su hija.

Ellos dixeron: "Caballero, no; antes vos habés hecho tanto que con mucha razón os podéis loar, pues assí habés conquistado un tan valiente caballero que en el mundo no pensábamos que oviesse su par."

Don Clarián dio la espada de Boraldán a los fieles para que della hiziessen a su guisa —los cuales, como a Boraldán mucho temiessen, volviéronsela luego que fue salido del campo. Don Clarián sacó su espada del yelmo de Boraldán, mas esto no se pudo fazer sin que ella se fiziesse dos partes. Desí él dio muchas gracias a Dios por la victoria que allí oviera. Pues ¿quién podría contar la alegría que ovieron los que a don Clarián querían bien? —sobre todos la duquesa e Arminda su hija e Manesil. Mas cuanto ellos ovieron de plazer, ovo el conde Quinar de pesar, e faziendo llevar del campo a Boraldán —que mal ferido estaba— partióse de allí muy sañudo sin palabra dezir. Don Clarián fue sacado del campo con gran fiesta e solenidad; a la puerta de la villa fue recebido de la duquesa e de Arminda su hija e de todas las otras dueñas e donzellas con gran loor e bendición que todos le daban.

La duquesa lo besó en la faz por tres vezes, diziendo: "Ay buen caballero, bendito sea Dios porque vos por esta tierra venistes, e bien haya la donzella que os acá traxo, e vos, que tanto de bien nos habés fecho," —e con la mayor alegría del mundo que por toda la villa se hazía fue don Clarián levado al palacio do fue desarmado e curado de sus llagas.

Pues ¿quién podría dezir el gozo e plazer que Arminda tenía por la victoria que él oviera? Dezía entresí: "Ay Dios, como yo seré bien andante cuando sea casada con este caballero que tanto amo, que es el mejor del mundo en armas y en quien se encierra toda bondad y fermosura. Esto trabajaré yo de fazer —aunque viniesse en desplazer a la duquesa mi madre e a todos los otros— e bien creo que por el caballero no quedará, pues que en mí hay assaz de beldad e gran señorío; e si me dixeren que por qué tomo por marido un caballero andante pobre e no conocido, yo responderé que lo quiero porque él es más estremado en todas buenas maneras que nunca nació." Otrosí dezía: "Ay, preciado y hermoso caballero ¿cuándo será aquel día que yo os tendré entre mis braços?" En esta guisa estaba la hermosa Arminda hablando entresí del todo presa y encendida en amores de don Clarián.

Pues bien assí passaron quinze días que no se entendió en cosa alguna, durante los cuales como la duquesa e Arminda fuessen de sus súbditos muy amadas se le rindieron diez castillos del ducado, aunque no por mano del conde.

CAPI. LXXVIII. CÓMO EL CONDE QUINAR VINO SOBRE LA DUQUESA CON GRAN GENTE Y LE CERCÓ LA VILLA DONDE ESTABA, E DE LA BATALLA QUE OVO.

Partido el conde Quinar del campo do la batalla se hiziera estuvo algunos días que en estos fechos no habló; al fin dixo que en ningu [XCIv] na guisa passaría por lo juzgado por los fieles —que fueran que dentro de treinta días él oviesse de volver a la duquesa e a su hija toda su tierra— antes dixo que todo el ducado era suyo e que él tomaría e haría gran castigo en aquellos que a la duquesa se rindieran. Mandó luego ayuntar su gente, e requirió a Boraldán del Salado que le ayudasse en este fecho, e que le daría la villa donde la duquesa estaba.

"Señor," dixo Boraldán, "mal hazéis en quitaros a fuera de lo que jurastes; que bien sabéis que por sostener el tuerto que vos hazíades fui yo vencido; porque os digo que en ninguna manera tomaré armas contra esto: e aun estoy en propósito de jamás las tomar para otra cosa, pues assí por un solo caballero fui vencido; antes me iré a meter en prisión dél que me venció si me lo embiare a requerir."

El conde fue muy sañudo desto e dixo: "Nunca yo tomaré tal consejo como me dais," e luego embió amonestar a la villa donde la duquesa estaba que se le diesse; sino que si por fuerça la entrasse ninguno le escaparía de muerte. Otrosí embió un caballero con su mando a don Clarián, diziéndole que le rogaba que en este fecho no se empachase más, pues había cumplido lo que prometiera; e que se viniesse a él que él le haría el más alto hombre de su casa.

En gran pavor fueron metidos los de la villa cuando oyeron lo que el conde les embiaba a dezir; el caballero dixo el mandado del conde su señor a don Clarián en presencia de la duquesa e de la hermosa Arminda e de otros muchos. La duquesa cuando esto oyó ovo tan gran cuita e pesar que oviera de perder el seso, e dio grandes bozes diziendo: "Ay Dios, cómo el desleal del conde Quinar assí quiebra su jura e nos quiere destruir, agora veo que nuestra mala andança no lieva remedio."

Oído por don Clarián el mandado del conde ovo gran pesar por lo que quería hazer, e respondió: "Caballero, dezid al conde, vuestro señor, que él va contra Dios e contra razón en lo que él haze, e que puesto que yo al presente no tenga sino unas armas y un caballo, assaz de mal sería si oviesse de estimar mucho su proferta, como quiera que la voluntad no despreciaría si él cumpliesse lo que debe; e podéisle dezir que sea cierto que me abaxaría mucho en hazerme el mayor hombre de su casa porque sería servirse de quien por ventura puede ser su igual. Y que en tanto que fuere vivo, no desmampararé estas señoras; antes las serviré e ayudaré de todo mi poder a defender e conquistar aquello que es suyo, e después de Dios yo aclare su derecho con mucha de mi sangre." El caballero se volvió con esta respuesta.

La duquesa, como sintiesse el temor que en sus gentes había, fuesse ante don Clarián e díxole: "Ay buen caballero, toda mi esperanca —después de Dios— está en vos solo, porque os ruego por amor de Aquel que para remedio de aquellos que son forçados e agraviados os hizo: esforcéis nuestra gente, que tienen[38] gran pavor."

---

[38] tienene

Don Clarián le dixo: "Señora, no desmayéis y tened buena esperança en Dios; que de mí podéis ser muy cierta que en cuanto podré no faltaré de os servir." Luego cabalgó por la villa e començó de conortar la gente: la cual mucho esfuerço tomó en ver que el buen caballero tan esforçadamente se offrecía a la defensión del estado de la duquesa e su hija. Don Clarián hizo juntar en una plaça de la villa toda la más de la caballería, e fablóles en esta manera: "Señores, bien sabéis que la duquesa e su hija son vuestras naturales señoras, porque —dexado lo que debés a virtud de caballería— sois obligados a servirlas e morir por ellas. Pues yo os ruego agora que os esforcéis a defender una tan gran fuerca e agravio como ésta que el conde Quinar les quiere hazer; que de mí podés creer que sobre ello porné con toda voluntad la vida, y tanto que ésta me durare, siempre me verés con vos a cual quier ventura que venga."

Gran esfuerço cobraron todos con las palabras de don Clarián, e respondiéronle: "Noble caballero, vos sois tal que con vuestro esfuerço e ayuda nos esforçaríamos a otra mayor cosa: cuanto más a ésta que tanto somos obligados. Por ende, señor, podés ser bien cierto seguro que ante recibiremos todos muerte que nuestra derechas señoras sean por nos desam [XCIIr] paradas; e cuando la ventura contraria nos fuere, —primero que a ellas sea fecho daño— aquellos que lo querrán hazer habrán de passar sobre nosotros, quedando todos muertos en estas calles o en el campo si menester fuere: y esto ternemos por fin bienaventurado," —como quiera que la bondad del señor haze los súbditos leales, como por la esperiencia se vee.

C Aquí, illustre señor, todos los que hoy son pueden tomar enxemplo de fe e lealtad para con sus reyes o señores: mayormente aquellos que cumplidos los alcançan de bondad, como los que a vuestra señoría posseen e por señor lo tienen: porque bien assí como la lealtad es debida del súbdito al señor —cualquier que sea— assí ésta, justamente con amor e afficíon, son —con mucha razón— debidos a los reyes o señores justos e buenos. Y puesto que la lealtad sea gran corona, mucho es de loar el amor, porque éste procede de limpio, sano, e virtuoso coraçón; que la lealtad: aquél que la observa tanto obra para sí en hazer lo que es obligado, como para aquel a quien la guarda e mantiene. Y los que al contrario desto hazen o hizieren, ciertamente, muy magnífico señor, tanto son dignos de reprehensión, cuanto de loor esto pocos caballeros que por sus señoras tan ganosamente querían perder las vidas con todo lo de más que habían.

Tornando al propósito: don Clarián fue muy alegre de la respuesta de aquellos caballeros, preciándolos mucho de buenos y leales, e volviéndose para el palacio de la duquesa, uno de los seis caballeros que él derribara —cuando la donzella de la duquesa allí lo traxera— lo sacó aparte e díxole: "Señor, si no os hago aquella mesura y acatamiento que debría, es porque no sé si os plazerá de ser conocido en esta tierra; que yo soy cierto que vos sois don Clarián de Landanís, el mejor caballero del mundo; que yo e un cormano mío —que es uno de los seis caballeros con quien vos justastes e yaze en el lecho ferido— os vimos e conocimos en los grandes torneos de Alemania que en la corte del emperador Vasperaldo se hizieron. E si bien en ello paramos mientes en el escudo que traíades os debiéramos conocer; porque sea la vuestra merced de nos perdonar todo lo que contra vos hezimos e diximos;[39] que por vuestro amor, señor, yo e mi cormano con nuestros compañeros fincaremos aquí e os serviremos en cuanto podremos." Este caballero era natural de Yrlanda e había nombre Atelán.

Don Clarián lo recibió muy bien, agradeciéndole mucho lo que dezía, e rogóle que él ni su cormano a ninguno dixessen su nombre; e mandó que todos adereçassen sus armas e se pusiessen en punto. Todos obedecieron su mandado como si él dellos fuera señor. Las puertas de la villa fueron luego cerradas, e puesta buena guarda en ellas.

El conde Quinar vino al tercero día con gran gente sobre la villa e assentó sus tiendas junto a ella. Pues ¿quién podría dezir el gran escándalo que entre los de dentro ovo cuando vieron sus enemigos? Las mugeres e niños yvan corriendo por las calles a una e a otra parte con el gran pavor que habían. Luego en continente se meten todos a las armas e se ponen por los muros de la villa.

Las nuevas llegadas al palacio, la duquesa e su hija e todas sus damas fueron metidas en gran miedo: la hermosa Arminda cayó amortecida entrellos. E según dize la historia, esto no fue de temor mas de sobrada cuita que ovo en ver que no se podía cumplir assí lo que ella tanto desseaba: que era haber por marido a don Clarián; el cual después de la haber mucho conortado mandó traer sus armas. Armado que fue, siñóse aquella espada que la reina Leandia —su avuela, madre del rey Lantedón, su padre— con una donzella le embiara; con la cual recibió orden de caballería —como el cuento lo ha ya suso contado. Assí se fue para la muralla de la villa, andando entre las gentes que sobre ella estaban, esforçávalos mucho a todos —puesto que al buen caballero se le fiziesse grave estar cercado, ca antes oviera por mejor salir al campo con la mitad menos de la gente que el conde había— el cual por aquel día con sus gentes no entendieron en ál [XCIIv] que en assentar su real.

Otro día, como el alva esclareciesse, el conde hizo combatir la villa: allí fue el combate muy bravo e peligroso donde si no fuera por el esfuerço e ayuda del noble caballero don Clarián la villa fuera tomada; el cual puesto en lo más flaco del muro donde la mayor affrenta se esperaba, hizo en aquel día estrañas cosas, rescibiendo muchos golpes, matando e firiendo muchos de los contrarios, de guisa que al conde Quinar fue forçado retraer su gente habiendo perdido mucha della. Bien assí passaron seis días que otra cosa de armas no se hizo. La hueste del conde crecía siempre más en gente.

Pues al seteno día, a hora que el alva era clara, como don Clarián estuviesse sobre una torre del muro, armado de todas armas, un sobrino del conde Quinar —llamado Narunde— que con trezientos caballeros la guarda tuviera, como a don Clarián viese, començó contra él a fablar injuriosas palabras, diziendo: "Dios os salve, caballero fermoso, el más captivo e astroso que yo nunca vi. ¿Cómo? ¿A tanto se estiende vuestra locura que embiastes a dezir al conde mi señor que en todo podríades ser su igual, siendo cualquier caballero de los que a él sirven de mucho más valor e merecer que vos? Pues agora vos digo que la villa será tomada antes de cinco días, e a mí es

---

[39] deximos

dado cargo de os dar el castigo que merecéis; e yo os mandaré dessollar la cara por ver si echaréis otro cuero tan fermoso. Otrosí vos haré cortar los cabellos, las narizes, e las orejas, e sacar los ojos: en esta guisa estaréis en casa del conde, pues que menospreciastes ser el mayor de su casa." Dichas estas palabras él e muchos de los otros començaron a silbar y escarnecer dél.

Don Clarián, como assí se oyesse denostar, fue tan lleno de ira e mal talante que apenas por una pieça pudo hablar; e respondiendo a Narunde le dixo: "Caballero de poca mesura, vos dezís tales palabras que en ella mostráis vuestra bondad, e bien soy cierto que estando vos e yo solos en el campo no las osaríades hablar. Mas si querés quitar al conde vuestro señor un caballero que mucho le estorvará, hazedme seguro de todos, salvo de vos, e saldré allá fuera a vos hazer conoscer que sois mal caballero, flaco e covarde, e aun vos digo que consintiré que metáis con vos otro compañero."

Narunde respondió, riendo por el escarnio: "Yo bien faría esso que dezís, mas temo que combatís con encantamento; que si assí no fuesse de vuestra poca fuerça e bondad no fuera sobrada la gran fortaleza de Boraldán el Salado." Diziendo esto fuesse para las tiendas con su gente.

Inflamado don Clarián en toda saña, desseoso de haber vengança de Narunde que tan viles palabras le había dicho, hizo juntar los más principales caballeros de su parte, e allí les dixo: "Yo querría antes ser muerto que estar assí cercado teniendo en mi ayuda tan buena caballería como dentro de la villa sois, porque os ruego que mañana ante del día salgamos a nuestros enemigos e les mostremos que somos caballeros, e tales que siendo tantos como ellos no les consintiríamos que estuviessen sobre nos; e de tal manera los podremos tomar, que con el ayuda de Dios alcançaremos victoria dellos." Pues esforçados estos caballeros de su gran lealtad, animados por don Clarián respondiéronle que les plazía dello.

Otro día, una hora ante del alva, salieron todos al campo puestos en buen punto: serían por todos más de setecientos caballeros. Don Clarián hizo dellos dos hazes: dio la una al primo de la duquesa con trezientos caballeros; tomando para sí la delantera con todos los otros, mandó a Atelán, el caballero de Yrlanda, que con veinte caballeros fuesse ya cuanto trecho alongado dél en la delantera para reconoscer en que orden sus contrarios estaban. Mas el conde Quinar —que sus espías en la villa tenía, fuera avisado— estaba a caballo con toda su gente: que eran cuatro hazes; había la delantera Narunde, su sobrino, con mil caballeros.

Ya el día daba de sí resplandor cuando don Clarián, esforçando mucho su gente, rompió con la haz de Narunde tan bravamen [XCIIIr] te que de ambas partes cayeron por tierra muchos muertos e feridos, e mezclóse entrellos la brava e cruel batalla. Don Clarián, con su espada en la mano, començó a fazer gran estrago de mortandad en los del conde, matando, hiriendo, derribando cuantos alcançaba; andando entrellos como lobo fambriento entre el ganado: por manera que en poco espacio más de cincuenta caballeros perdieron por él la vida. Discurriendo entrellos, haziendo tal daño vínose a fallar con Narunde, e como lo conociesse, muy sañudo diole un tal golpe por cima del yelmo que fasta en los dientes lo hendió, e assí como cayó, díxole: "Si Dios me ayude, caballero, ya no denostarás a otro con vuestras ruines palabras."

Desí començó a hazer tan grandes maravillas de armas que los del conde fueron lançados del campo; el conde Quinar movió entonces con todas sus batallas. Aquí se juntaron unos con otros en tal guisa que muchos perdieron las vidas: de amas las partes essa hora se pudieran ver muchos caballeros por tierra muertos e feridos, muchos caballos sin señores. Tan brava e cruel era la batalla que cada una de las partes cobdiciara estar fuera della; mas para uno de los de la villa había cinco de los del conde, e no pudieran durar si por el extremado don Clarián no fuera, ca él era escudo e mamparo dellos. El socorría e librava todas las priessas e esforçaba los suyos, haziendo tan gran daño en los contrarios que no había aí tal dellos que golpe le osasse atender: porque no hallaba en él sino la muerte. Lançábase por medio dellos, firiendo e matando, derribando caballeros e caballos, cortando cabeças, piernas, braços por do quier que iba; así que por donde andaba todos se esparzían a una parte e a otra, e aquel que lueñe dél estaba no osaba pelear por tener los ojos puestos en él para guardarse cuando por aquella parte viniesse.

Andando assí por medio de todos vio al conde Quinar, que mucho daño en los de su parte fazía, e de la lança había derribado al cormano de Atelán. Dexándose ir a él, firiólo con una lança que tenía, de tal golpe que si no fuera por la fortaleza de las armas no escapara de muerte, empero dio con él muy maltrecho por tierra; e mandó a Atelán —que a par de sí halló— e a otros seis caballeros que lo llevassen preso a la villa. El se trabajó por lo sacar de la priessa, e assí lo fizo a pesar de cuantos eran a se lo estorvar.

Como los del conde vieron que su señor era preso y el gran daño y estrago que don Clarián en ellos fazía, no teniendo más ánimo desmayaron de tal guisa que volvieron las espaldas e començaron de huir a rienda suelta. Don Clarián con los de su parte los siguieron en alcance, hiriendo e matando en ellos fasta los meter por las puertas de la villa que el conde aí cerca tenía. Esto fecho, recogió su gente e volvióse para el real; fizo recoger todo el despojo, que fue muy rico. E como con tal victoria por la puertas de la villa entrassen toda la gente a grandes bozes dezía: "¡De Dios sea bendito el buen caballero que assí nos ha librado de poder de nuestros enemigos!" Pues ¿quién podría dezir el gozo e plazer que la duquesa e su hija Arminda tenían, e con cuánta fiesta e alegría le rescibieron? Pues aquel día el conde Quinar fue puesto en el fondo de una torre con grandes prisiones.

C Donde claramente se muestra, illustre señor, cuánto los que con sobervios e grandes poderes fuerças e agravios enprehenden hazer deben recelar e temer la sentencia de aquel soberano Juez, que todas las cosas de lo alto mira, e muchas vezes sobre los tales la executa; e no menos se parece cuanto esfuerço y esperança deben tener en él los que en semejantes afrentas e trabajos se ven o se esperan ver, reconosciendo que cuando a él le plaze cubrir con su piedad, muy ligeramente abaxa los grandes montes de sobervia, y ensalça y esfuerça los collados de humildad —es a saber aquellos que contentos con sus proprios señoríos, no cobdiciando ni queriendo someter así los ajenos, alaban a Dios e siguen el camino de su servicio. Como por esta duquesa e por su hija se puede juzgar: a las cuales el conde Quinar con gran orgulleza e sobervia de [XCIIIv] su proprio e natural señorío quería despojar, mas agradándose dellas aquel poderoso Señor —por intercessión deste noble caballero don Clarián— cuando menos esperança de remedio tenían, no solamente fueron libres de su enemigo, mas aún con tan poca caballería, muerta, destroçada su gente, él queda preso en su poder, en cuyas manos está su vida o su muerte, vencida e abaxada del todo su gran sobervia.

CA. LXXIX. CÓMO POR PARTE DE LA DUQUESA FUE MOVIDO A DON CLARIÁN QUE CASASSE CON ARMINDA. E DE LA RESPUESTA QUE ÉL SOBRELLO LE DIO, E DE LO QUE MÁS ACAESCIÓ.

Pues dize la historia que dentro de ocho días que el conde Quinar fue preso e desbaratado, todo el ducado se rindió a la duquesa e a la fermosa Arminda, su señora —salvo tres fuertes castillos que tres caballeros parientes del conde tenían. E como ella considerasse los grandes bienes que por medio de don Clarián le eran venidos acordó de lo casar con su hija, teniendo conoscido que él era tal que puesto que fuesse un pobre caballero —como ella pensaba— en él sería bien empleada. E primero que esto hablasse con sus varones tomó aparte a Arminda, su hija, descubriéndole su voluntad le dixo: "Mi amada hija, yo vos ruego que en esto que yo tanto desseo me queráis complazer; que puesto que este caballero no sea de tan alta guisa como vos, ya podéis ver que en todo el mundo apenas se hallaría su par."

Cuando Arminda esto oyó ovo tan crescido plazer que su hermosa faz fue cubierta de muy encendida color, e con dissimulada manera respondió mesuradamente: "Señora, yo nunca os salí de mandado en cosa alguna, ni menos haré en ésta: y el caballero me paresce a mí tal que yo no me debo tener por descontenta dello."

A la duquesa plugo mucho de oír la respuesta de su hija, e luego mandando llamar los principales de sus caballeros tovo su consejo sobre este fecho una gran pieça, donde allí la mayor parte dellos lo aprovaron e tuvieron por bien, diziendo que comoquiera que el caballero era grandemente galardonado de lo que había fecho, que todo lo merecía; e que sería mejor tener a él por señor que a otro de mayor estado fuesse, porque éste los defendería de todos sus enemigos, e con él serían muy honrados, e que podrían dezir que tenían por señor el mejor caballero del mundo. Pues esto por todos acordado ordenaron que la duquesa hiziesse otro día a don Clarián venir a missa a su capilla, que assí mesmo vendrían todos ellos, e que dicha la missa, allí ante ellos propusiesse esta habla el cormano de la duquesa. Pues no es hombre del mundo que dezir pudiesse el plazer que desto Arminda tenía; e aquel día se le hizo a ella muy largo.

Otro día por la mañana don Clarián —que desto cosa no sabía— e todos los más principales caballeros fueron a missa a la capilla de la duquesa. La missa dicha, la duquesa lo tomó por la mano y entraron todos en un palacio que junto a la capilla se contenía, donde por orden se assentaron. Don Clarián se hizo algo maravillado de ver aquel juntamiento sin saber él la causa, e cuidó que sería para ordenar lo que se había de hazer del conde Quinar que estaba preso —comoquiera que él no sabía que tan mala prisión tuviesse.

Entonces se levantó en pie el cormano de la duquesa e fabló contra don Clarián desta manera: "Esforçado caballero, conocida cosa es los grandes servicios que por vos son hechos a la duquesa e su hija nuestras señoras, como es por vos solo haber cobrado toda su tierra que perdida tenían; e no solamente esto, mas aun tener a su merced aquel a quien antes ellas la esperaban pedir. Esso mesmo nosotros, sus súbditos, por vuestra alta proeza somos librados de subjeción de nuestros enemigos, habiéndolos vencido e abaxado; e como la duquesa esté muy puesta en el conocimiento de los grandes bienes que por vos ha alcançado y en gran desseo de los satisfazer e pagar, quiere daros el galardón tan crecido que todos aquellos que lo supieren justamente puedan dezir que fuistes grandemente remunerado: por ende le plaze de daros su hija Arminda [XCIIIIr] por muger, para que vos y ella —como nuestra derecha señora— seáis señores[40] deste ducado e de todos nosotros: de lo cual assí a ella como a su hija e a todos mucho nos plaze; que aunque de vos no conozcamos más de ser un caballero andante, vuestra gran bondad os haze merecedor de todo. Ora catad, señor caballero, cómo en buen punto fuistes aquí arribado."

Oído esto por don Clarián fue tan turbado que apenas supo qué dezir, e la color se le cambió mucho; estovo assí una pieça e al fin respondió desta guisa:

"Por cierto, nobles señoras e virtuosos caballeros que al presente aquí estáis, yo tuviera a buena ventura no recrecerse cosa en que —si algún grado de mí teníades—[41] conosciéssedes en mí falta, por donde la oviéssedes de perder. Digo esto porque assí como otros fuyen aquello que baxo e no conveniente a su merescimiento les es, assí yo me aparto desto, que muy grande e sobrado me[42] viene; o sea porque esto demande mi ventura —que es que un pobre caballero, como yo soy, no se halle digno de tan gran merced como aquí se le haze— o porque ventura a los caballos andantes nos sea más convenible e aplazible cosa, e nos demos mejor maña a seguir este camino que no regir e governar grandes señoríos.

"Por ende la duquesa puede casar su hija con otro gran señor que la merezca, donde será mejor empleada que si comigo la casase. Por ventura yo no siendo tan sabio e despierto como sería menester en governar su tierra, podría venir en desgracia suya e de todos vosotros; y esto daría causa a que la duquesa e su hija viviessen descontentas, e puesto que agora al presente algo en grado les venga, andando el tiempo, viniéndoles la memoria que yo era un pobre caballero e no de gran guisa, siempre ternían su grandeza por abaxada por mi causa; y en cuanto a la voluntad que tienen de galardonarme mis servicios, si algunos han sido yo me tengo por muy satisfecho e remunerado dellos en solo avellos hecho a tan altas dos señoras."

La turbación que entre todos ovo de oír la respuesta de don Clarián fue grande, maravillándose mucho de ver que assí dexaba de ser tan gran señor, e a la duquesa pesó mucho dello; mas la cuita e dolor que Arminda desto sintió fue tan grande que por pocas no cayó en tierra. Fablando aquellos caballeros unos con otros dezían: "Sin

---

[40] señora
[41] teneiades
[42] me me

falla grande es la rudeza que hay en un tan preciado caballero como éste, e quien a los tales quiere poner en mayor dignidad en vano se trabaja pues para ellos no son ni pertenecen grandes señoríos."

Entonces se partieron de allí; don Clarián se fue para su cámara do solía dormir, con vergüença de que todos lo juzgarían —la cual sufría él por no se dar a conocer— que en lo ál no cometería el yerro alguno contra su señora Gradamisa; ante passaría mil vezes por la muerte, no solamente en casarse con quien señora de todo el mundo fuesse, mas aun de fecho ni pensamiento no ensayaría tal cosa.

Arminda, retraída a su cámara, començó a fazer muy esquivo e sentible llanto como aquella que del todo era en poder de amor, lançando por su boca grandes sospiros e muy lastimeras palabras diziendo: "O coraçón atribulado y encendido de vivas llamas, acompañado de raviosas cuitas; por Dios fazte ya cercano a la muerte, pues cruel e aborrecible te será la vida no podiendo haber efecto tu desventurado desseo."

Assí la fermosa Arminda, no pudiendo sufrir la cuita que padecía, tomando consigo una donzella fuesse para la cámara de don Clarián e mandóla quedar a la puerta y ella entró dentro. Don Clarián, que estaba sentado sobre su lecho, como la vio venir, levantóse a ella con mucho acatamiento; mas Arminda con muchos solloços e lágrimas le dixo: "Ay caballero: que mejor me fuera vivir deseredada e que mis ojos n'os ovieran visto que morir de tan cruda muerte e ravioso fin como vuestros amores me darán; que bien puedo dezir que si por vuestra valentía he cobrado el ducado, por vuestra fermosura perderé la vida; e por Dios, buen caballero, pues ya creo que este amor de mí conocés, no queráis assí matar una donzella de gran guisa como yo soy, e plégaos casar comigo; pues no soy tal que assí deba de vos ser menospreciada."

Cuando don Clarián esto oyó jamás en su vida se vio tan turbado, mucho quisiera ser de allí partido ante de llegar aquel punto; e vien [XCIIIv] do que de lo que Arminda hazía la gran fuerça de amor cra causa, començóla de confortar lo mejor que supo, diziéndole: "Por Dios, señora, no menospreciés assí vuestra grandeza en querer amar un caballero pobre e de baxa manera como yo soy; que cuando seáis casada con vuestro igual entonces os hallarés muy plazentera e conocerés que vuestra buena ventura demandaba esto."

"Ay caballero," dixo Arminda, "no os hagáis tan baxo, pues no lo parecés: que ante creo que sois de tan gran guisa que tenés ojo a mayor estado que el mío; mas cierto el grande e muy desmesurado amor que yo a vos tengo, cualquier falta —si hay— podría suplir, e no debría ser assí cruelmente menospreciado."

Don Clarián ovo gran duelo della oyendo estas palabras e díxole: "Por Dios, señora, no conozcan de vos tal cosa en vuestro palacio, ni os trabajés de me demandar cosa que en mí no hay poder de os la dar: que sin falla podés ser cierta que yo passaría ante por la más cruel muerte del mundo, que no por esto que me mandáis: que si el querer fuesse en mí, fazerlo no sería en mi mano; e agora por vuestra gran cuita he dicho cosa que nunca dixe."

"¡Ay, cuitada de mí!" dixo Arminda, "que agora entiendo que vuestro amor es puesto en otra parte," e diziendo esto vínole tan gran dolor al coraçón que cayó amortecida ante los pies de don Clarián, de lo cual él sintió el mayor pesar del mundo; e quexándose contra sí mucho porque la ventura por aquella tierra lo traxera, tomóla entre sus braços e púsola en su acuerdo. Llamando la donzella, salióse él fuera con gran pesar, e fuesse para unos corredores donde Manesil estaba. Entonces vino a él un donzel e díxole que fuesse a comer que las mesas eran puestas. Don Clarián lo fizo assí: todo aquel comer estuvo muy triste.

Los manteles alçados, él demandó licencia a la duquesa para se partir; e rogóle —porque en aquel día él había sabido de la dura prisión que el conde Quinar tenía— que lo quisiesse sacar e aliviar della, mirando cuanto era obligada a haber piedad, pues Dios la oviera della, e que esta merced le pedía en pago de sus servicios.

La duquesa respondió: "Señor caballero, no será vuestra partida tan breve; que primero esso e otras cosas algunas no determiné yo con vuestro consejo: e assí vos ruego que lo queráis fazer, y el conde Quinar —pues vos lo pusistes en prisión, vos se la podéis quitar; mas ruégovos que pues después de Dios vos restituystes a mí e a mi fija en nuestro señorío, no le dexéis tan libre que nos haya de destruir como primero hazía. Assí mesmo yo e todos los mis caballos que aquí están os rogamos que nos queráis dezir vuestro nombre e quién sois, e ya no encubriros de nos, mas que según Atelán, el caballero de Yrlanda, disculpa vuestro propósito, no se nos dexa creer que con falta de conocimiento dexastes de casar con mi hija, mas con esperança de mayor señorío."

Pues como don Clarián viesse que no aceptar el ruego de la duquesa sería desmesura, díxole: "Señora, puesto que yo no me quisiera dar a conocer, no quiero salir de vuestro mandado: porque sabed que a mí llaman don Clarián de Landanís. Soy hijo del rey Lantedón de Suecia, aquél a quien vos, señora, embiastes a buscar por el caballero que combatió con los tres hermanos de la Puente del Mal Passo. E por la gran confiança que en mí teníades soy muy alegre y doy muchas gracias a Dios que a tiempo me traxese de poderos fazer algún servicio; e sin falla, señora, vuestra hija es de tanto merecer que yo me tuviera por contento de casar con ella, mas por agora no es a mí dado hazerlo."

Oído por todos que éste fuesse don Clarián, que por todo el mundo era nombrado, mucho fueron maravillados; la duquesa le dixo: "Señor don Clarián, no me maravillo que con mi hija no quisiésseis casar, que no os demandamos cosa muy justa según el alto merecimiento vuestro; e ruégoos que me perdonéis no haberos fecho en mi casa la honra y servicio que era razón, porque de toda nuestra tierra que por vuestra mano tenemos podéis hazer a vuestro plazer." Y assí en todo lo otro don Clarián le agradeció mucho lo que dezía, e díxole que él había recebido tanta honra en su casa que no la podría jamás servir ni pagar. Pues assí fueron todos muy alegres por assí haber conoscido a don Clarián. Aquel día la duquesa supo la cuita de [XCVr] Arminda su fija: lo cual fue para ella gran fatiga viendo que no la podía remediar, empero consolóla lo mejor que pudo.

En la noche la duquesa demandó consejo a don Clarián de lo que debía fazer del conde Quinar: ca muchos de sus caballeros le consejaban que tomasse dél emienda de los daños que le había fecho. Don Clarián le dixo que él quería hablar con él e que

después le sabría mejor dezir su parescer. Otro día de mañana él se fue a una cámara
donde el conde estaba, que el día de antes lo sacara allí. Como él vio a don Clarián e
ya supiesse su nombre, dexóse caer antes sus pies e dixo llorando contra él: "Por Dios,
señor don Clarián, aved merced de mí, pues de cualquier caballero que os la pidiesse
la habríades. Que sin falla si yo a Dios e a muchas gentes merecí mal —a vos no a lo
menos— antes del primer día que os vi os amé; e cuidando que sobre el pleito del
ducado os podría venir daño e peligro de muerte os lo procuraba de apartar: esto hazía
yo, no pensando que vuestra alta bondad era cual agora conozco."

Oídas las palabras del conde, como don Clarián fuesse complido de toda virtud ovo
gran duelo dél. Hízolo levantar, e veniéndole en mientes como nunca le hallara
sobervio contra él, mas que buena voluntad procurara siempre de apartar la batalla dél
y de Boraldán, díxole: "Señor conde, muchas vezes viene mal a unos por el bien de
otros, e cobrar la duquesa e su hija lo suyo no podía ser sin daño vuestro —lo cual
fuera escusado si vos a mí creyérades, haziéndose con gran honra vuestra— porque
debiérades mirar que siempre Dios esfuerça la verdad. Mas agora me dezid si yo con
todas mis fuerças me trabajase de hazer por vos ¿qué seguridad habría para que la
duquesa e su hija no recibiessen de vos mal ni daño en ningún tiempo?"

"Señor," dixo el conde, "con tal que mi vida sea segura, yo porné toda mi tierra
en vuestro poder para que della hagáis a vuestra guisa; e por Dios pues yo me
encomiendo, a vos no me fallezca vuestra buena merced."

"Señor conde," dixo don Clarián, "pues vos lo ponés todo en mi mano, yo
trabajaré vuestro bien como el mío."

E yéndose para la duquesa, entre otras muchas razones díxole cómo debía conocer
cuánto en cargo era a Dios de haber ansí cobrado su tierra, porque ella agora había más
de mirar por su servicio: esto era siendo mansa e piadosa contra quien daño le había
fecho. Que al conde Quinar, que en su prisión estaba, haziéndole algún mal o daño
siempre le quedaría guerra con sus parientes e vasallos; e que por todo esto a él parecía
que sería muy mejor —que pues el conde de Quinar era mancebo e gran señor e
comarcano suyo— que lo debía casar con su fija Arminda: que para esto el sancto
padre dispensaría; que si assí lo hazía, que demás que él le seguraba del conde, que
siempre le sería leal e obediente e que a él le haría gran merced.

La duquesa le respondió que ella por su voluntad no reusaría cosa que él quisiesse
e bien le pareciesse, mas que le rogaba que la dexase haber su consejo sobrello con
aquellos a quien era razón dar parte deste fecho. Don Clarián dixo que ella dezía muy
bien, e antes que en consejo entrassen trabajó tanto que los más de los varones e
caballeros estaban de buena voluntad en este caso. Salidos del consejo, la duquesa dio
la respuesta a don Clarián: que fue tal que a ella e a todos los otros sus varones y
caballeros les plazía e habían por bien de hazer lo que les él rogara, pero que a él
daban el cargo ella e todos de acabar este fecho con Arminda.

A don Clarián plugo desto, e fuesse para Arminda —que después que con él
fablara nunca de su cámara había salido. Allí él le hizo sobre ello un muy largo
razonamiento. Pues oída la muy hermosa Arminda la razón de don Clarián, respondió
con un muy sentible sospiro: "Ay Dios ¿quién podrá apartar su coraçón donde una vez

lo tiene tan firmemente assentado?" mas don Clarián le supo dezir tanto sobre este fecho que ella ovo de conceder su ruego, e díxole: "Pues que a vos, señor, plaze, yo no puedo tener otro querer sino lo que queréis, e doy muchas gracias a Dios que me da gracia para lo poder fazer porque yo pueda complazeros e serviros en algo, e assí lo otorgo —con tal que vos me deis un don."

"Señora," dixo don Clarián, "ésse lo otorgo si no es cosa que a mí sea gran desonra."

"Pues el don sea éste," [XCVv] dixo Arminda, "que vos me deis paz porque ésta vença la guerra de mi coraçón, e con ella las encendidas llamas de que él es cercado se refríen para que yo pueda amar aquel que a vos plaze de me dar por marido, e si esto no queréis hazer jamás yo seré contenta, y entonces no ganaréis mérito en este casamiento que queréis hazer, mas pecado."

Don Clarián fue desto tan turbado que todo se encendió en la faz e ovo gran vergüença, mas considerando que en aquello no cometía yerro contra su señora —antes era servicio de Dios apartar aquella donzella de pecado: la cual cierto no era de desechar, porque en ella cabía toda gracia y fermosura. El entonces se llegó a ella con gesto plazentero e la hermosa Arminda lo besó en la boca graciosamente. Con ellos no estaba entonces sino una donzella.

Recebido este gracioso beso Arminda dixo: "De hoy más se partirá de vos mi ciega afficción de la manera que la tenía."

Luego don Clarián en compañía de muchos caballeros fue por el conde Quinar: el cual sabido el caso, echóse ante sus pies muy humildosamente agradesciéndole la merced que le hazía. Desí vinieron todos ante la duquesa donde el conde Quinar hizo a don Clarián sus juras e promessas que todos tiempos sería leal e obediente hijo a la duquesa. En aquel día les tomaron las manos al conde e Arminda. Otro día oyeron la missa e fizieron sus bodas; con gran fiesta e alegría el conde hizo aquel día muchas mercedes, e turaron las fiestas ocho días —a las cuales muchas gentes del conde vinieron, mas Boraldán —aunque mucho fue rogado— no quiso venir a ellas.

Todo esto assí fecho, como don Clarián viesse que hazía allí gran tardança, demandó licencia para se partir a la duquesa e al conde Quinar —que ya duque se llamaba— e a la duquesa Arminda: de lo cual a ellos e a todos pesó mucho. Entonces la duquesa y el duque e su muger le pusieron delante muchas e muy ricas donas, rogándole que tomasse dellas las que más les pluguiesse: mas él nunca quiso tomar cosa alguna, diziéndoles que a él no hazían menester; mas que si alguna merced querían, que fuesse a Atelán el caballero de Yrlanda e a sus compañeros que mucho habían servido, e a la donzella que a él allí traxera, porque más razón oviesse de perder la mala voluntad que antes tenía contra todos los caballeros. El duque e duquesas dieron caballos, armas, e joyas e dineros a Atelán e a sus compañeros, en tal manera que ellos partieron de allí muy contentos. A la donzella casáronla con un buen caballero, e fiziéronle merced de un hermoso castillo. E visto que don Clarián no quería rescebir cosa alguna dellos, la duquesa mandó entonces traer unas armas todas doradas, esmalteadas en ellas estrellas azules y en el espaldar del arnés siete dragones de maravillosa obra, y en el yelmo tres águilas maravillosamente allí labradas e las sobreseñales de xamete morado, labradas de oro y de piedras preciosas. El escudo era negro e muy rico, e tres coronas de oro en él en campo blanco, una espada estrañamente rica e buena, e una loriga tal que mejor no podía ser. Todas las armas eran tan ricas que don Clarián en su vida otras mejores no había visto.

La duquesa le dixo: "Buen señor don Clarián: estas armas fueron del duque de Guncer mi marido, e ganólas muy altamente: ca el emperador de Grecia, Tiberio segundo, se las dio —el cual se las tomó en una batalla que ovo con el gran rey de Persia donde él fue preso de sus enemigos, e por las manos y esfuerço del duque mi marido e de los que con él se llegaron fue librado, e venció la batalla. Después le dio estas armas e le hizo grandes mercedes, las cuales el duque mucho guardó e nunca se las armó. En el escudo, de primero no había estas coronas sino la figura del emperador Tiberio en su silla imperial sentado, mas yo las mandé aquí poner para que vos las traigáis por debisa, pues alcançáis corona de hermosura, corona de esfuerço e prez de caballería, corona de virtud e nobleza de coraçón más altamente que ningún otro que en el mundo sea, e porque todos los que aquí estamos lo tenemos assí por cierto, y os ruego, buen señor, que las queráis [XCVIr] recebir e traer."

Don Clarián se escusó de recebir las armas —que ya él había mandado hazer otras— mas al fin, aquexado por la duquesa óvolas de tomar, e dixo: "Buena señora, yo las recibo por muy rico don, e las coronas traeré por vuestro amor, no como posseedor dellas mas como desseoso de las alcançar," e queriéndolas ensayar, la duquesa le dixo que no era menester, que a medida de las que mandara hazer estaban endereçadas. Don Clarián las mandó poner en las fundas a Manesil, e mandó pintar en otro escudo las tres coronas, plaziéndole mudar la debisa que primero traía, que en muchas partes era por ella conocido. Otro día, después de oír missa, encomendó a Dios a la duquesa e al duque de Guncer e a su muger, e partióse, offreciéndole ellos que de todas sus tierras e señoríos podía siempre ordenar a su guisa. E tan gran soledad quedó en aquella villa entre todos e todas por su partida como por la muerte del duque de Guncer su señor. Aquí dexa el cuento de fablar dél por contar de otras cosas que en este comedio en la corte del emperador sucedieron.

CAPI. LXXX. DE CÓMO A LA CORTE DEL EMPERADOR VINIERON DOZE HOMBRES ANCIANOS A SE LE QUERELLAR DE LAS GRANDES CRUEZAS QUE CADRAMÓN EL DESSEMEJADO, JAYÁN, EN ELLOS Y E SU TIERRA HAZÍA.

Cuenta la historia que un día estando el emperador Vasperaldo en su palacio e con él la emperatriz, su muger, e la princesa Gradamisa, su hija, e pieça de altos hombres, caballeros e damas, entraron por la puerta doze hombres ancianos todos vestidos de negro, assí mesmo los que los aguardaban. Todos ellos fincaron antel emperador los hinojos y el más anciano dellos dixo en alto:

"Aquel poderoso señor que todas las cosas hizo, salve e guarde a ti, gran emperador, e a toda tu compaña, y esfuerce e sostenga la caballería porque la su sancta fe se ensalce e acreciente. Señor, tú eres hoy aquel cuya muy gran nombradía e fama por el mundo se estiende: los ajenos de tu señorío cobdician ser tuyos por la tu gran bondad; e los que súbditos te son, viven alegres, seguros e sin subjeción alguna so el poderío de tu imperial cetro e corona e so la fuerça de tu grandeza e prez de tu alta e noble caballería —mas solos nosotros vivimos en tristeza, en gran servidumbre e captiverio, tractados con tanta crueza que nunca mayor se vio: Esto es porque, tú, señor, tienes una tierra rica y de todas cosas abastada cerca de la ínsula de Texón, que es en el mar océano, sentada contra oriente. Es muy fuerte a maravilla, y en toda aquella comarca no hay tierra de cristianos sino aquella que es tuya. De la ínsula es señor el más temeroso y esquivo jayán que en el mundo fue: que puesto que muchos aya, este excedió en tanto de la natura de los otros cuanto ellos de la nuestra, en ser grande, fuerte, cruel, bravo y esquivo: el cual ha por nombre Candramón el Desemejado; e algunos lo llaman el diablo Candramón, que sin falla, dubda es que el diablo le hiziesse vantaja en ser laido e feo, espantoso, fuerte e malo.

"Los paganos que cerca de su ínsula abitan son dél bien tractados e relevados porque tienen su secta; mas nos que somos cristianos vivimos en el mayor captiverio e servidumbre que jamás fue: ca somos dél apremiados, muertos e deshonestados; y entre todos los desaguisados que dél recebimos muchos de nos haze adorar sus ídolos; tómanos nuestras hijas, mugeres e parientas e desónralas. El jayán es tan grande y espantoso que en yaziendo con una muger luego ella es muerta, e de cinco años a esta parte nos ha puesto una muy cruel e dolorosa costumbre: la cual es que cada año por el mes de mayo nos toma doze donzellas —las mejores e más fermosas que a él parescen— e fázelas quemar en sacrificio a sus dioses en un día que él les haze gran fiesta. E cuando las cosas no vienen assí a su voluntad como él quiere, espantosa cosa es ver su saña e las cruezas que faze: que mata hombres, mugeres, e niños e a muchos haze assar vivos ante sus padres.

"¿Qué te podremos dezir, señor?" dixo [XCVIv] aquel hombre anciano, "sino que tan grande es nuestra cuita que muchos cristianos son tornados para paganos por no vivir en tal captiverio, e a nos e a todos los que aí vivimos nos será forçado hazer una de dos cosas: o despoblar la tierra o ser todos paganos, si remedio no ay; porque somos venidos a ti, señor, para que pues Dios te hizo tan gran príncipe e poderoso quieras remediar tan gran mal como en tu tierra hay."

Todos cuantos ende estaban fueron maravillados de lo que los hombres buenos dezían. El emperador que con gran pesar estaba dellos les dixo: "Amigos, a mí pesa mucho del mal que padescéis, e antes de agora he oído fablar de esse cruel jayán; aunque no sabía que vosotros fuéssedes en tan gran cativerio. Mas agora que lo sé, yo porné en ello todo remedio si a Dios pluguiere; e quiero que me digades si sería bueno que yo embiasse allá un caballero de mi casa para que se combatiesse con él, o que fuesse con alguna gente secretamente acompañado e lo matasse cuando él de la ínsula passa a vosotros."

"Señor," dixeron ellos, "bien paresce que si habés oído dezir de Candramón el Dessemejado, que es gigante, que no habés sabido qué tal es; porque podéis creer que sería locura que los mejores veinte caballeros de vuestra corte lo osassen atender en campo; porque si ál hiziessen, todos serían muertos: que este jayán no es como los otros, que ya por pequeño que fuesse su golpe ninguno a quien el alcançasse escaparía de muerte. E sabed, señor, que esto está ya provado, porque un buen caballero de gran guisa —que Artidel ha nombre— queriendo escapar una su hija que el jayán le demandaba, embiávala con ciento e cincuenta caballeros a otra parte. E sabido esto por Candramón el Desemejado salió a ellos solo e mató a cuarenta dellos e desbarató los otros, e tomó la donzella, mas tanto que yugo con ella luego fue muerta. Artidel nunca más osó salir de un castillo muy fuerte que tiene. Allí se hallaron caballeros que de los golpes del jayán eran hendidos por medio, e trançados altravés, e otros hechos pedaços con su maça. Por ende, señor, no os pongáis en cuidado de embiar allá un caballero de vuestra corte; que el mijor que en ella es, mucho haría si viendo al jayán airado le osasse mirar en la faz. E si vos, señor, no embiáis mucha gente con qué la tierra tome esfuerço, la poca luego será descubierta, porque algunos con miedo que los fechos no vendrán bien lo descubrirán al gigante."

"Buenos hombres," dixo el emperador, "o el jayán es el más bravo e fuerte del mundo, o esto que dezís es por el gran temor que le tenéis cobrado: que en mi corte caballeros hay que no tendrían en mucho hazer más de lo que dezís; e aun tal hay en ellos que si con el jayán en campo se viesse no le fuiría aunque supiesse morir, que contra otros le ha dado Dios victoria." Esto dezía él por don Clarián —aunque cierto a mi ver no es cordura de ningún buen caballero ponerse con jayán en batalla si la puede escusar. "Demás seyendo tal como ésse, e vosotros os podéis volver, o quedar aquí si vuestro plazer fuere: que yo porné el mejor remedio que ser pudiere en este fecho."

CAPI. LXXXI. CÓMO LA PRINCESA GRADAMISA ROGÓ A DON GALIÁN QUE FUESSE A LIBRAR UNA DONZELLA SUYA E UN ESCUDERO DE LA PRISIÓN DE GANIRAL DE LA GRAN MANO; E COMO ÉL FUE E DE LO QUE LE AVINO DURMIENDO DE NOCHE EN UNA FLORESTA.

Estando un día la princesa Gradamisa tomando plazer en la gran huerta con algunas infantas e damas de gran guisa, entró una donzella que fincó antella los hinojos e besóle las manos. Ella la conosció luego, ca esta era una donzella de su tía Celacunda, muger que fuera del buen duque Pelirán de Guincestre: de la cual ella rescibiera muchos servicios seyendo niña pequeña, cuando estaba en casa del duque Briel de Jaffa, padre de don Felisarte. Apartándose con ella, díxole: "Buena amiga ¿qué mensaje me traes de mi tía Celacunda? ¿E cómo la donzella que yo [XCVIIr] allá embié no viene con vos?"

"Señora," dixo ella, "yo vengo a vos con gran cuita; porque sabed que la donzella vuestra e un mi hermano buen escudero son en poder de Ganiral de la Gran Mano que los prendió, e a mí con ellos; e tomónos un palafrén que mi señora Celacunda os embiaba: el más estraño e hermoso que se haya visto. El guarnimento e la silla que traía era todo tan rico que en el mundo no creo que lo haya otro tal. Assimesmo nos tomó otras muy ricas donas que para la emperatriz e para vos venían. Yo le dixe cuando nos prendió que mirasse lo que hazía que se podría hallar mal dello, porque nos veníamos a la vuestra merced con mandado, e que todo lo que nos tomaba era vuestro. El me respondió que por tanto le plazía a él más, e que yo viniesse a vos dezir que embiássedes allá un caballero de los del emperador que con él se combatiesse sobre este fecho; e díxome que si presto no volvía que ciertamente él haría matar a mi hermano e a vuestra donzella. Por ende, señora, por Dios si no queréis que ellos pierdan las vidas poned en ello remedio, e rogad a don Clarián que haga por vos esta jornada; porque según Ganiral es valiente bien haze menester que un tal caballero como él vaya allá, e mucha razón hay que él lo haga por vuestro ruego, porque Ganiral lo desama mortalmente por amor del rey Lantedón, su padre, que mató un jayan tío suyo, siendo caballero mancebo en esta corte."

A la princesa Gradamisa le pesó mucho de todo esto —más porque sabía que siempre su tía Celacunda le embiaba letras en qué venían cosas de secreto, e dixo consigo: "Pluguiera a Dios que estuviera aquí esse caballero que vos donzella dezís, que tan gran gozo me daría su vista que ninguna otra cosa me podría causar mucho enojo." Desí dixo: "Ay mi verdadero amigo don Clarián, cómo estáis de mí alongado por tierras estrañas, e cuán grande es el dolor que mi coraçón siente en tanto que no os verá."

E después que una pieça ovo pensado dixo a la donzella: "Amiga, don Clarián no es en esta corte, que si aquí estuviera, bien tengo creído que él hiziese algo por mi ruego. Mas pues assí es, tomad plazer e no digáis cosa desto a persona alguna, que yo pondré en ello el mejor remedio que pudiere."

Dexando a todas las otras fuesse con Casilda, su camarera, a su aposento con gran pesar, e acordó de embiar por don Galián para que por amor della fuesse a librar la donzella e al escudero, no porque en la corte no oviesse otros caballeros que más antiguamente en la casa del emperador su padre se oviessen criado con quien ella más viejo conoscimiento tenía, más por ser éste primo de don Clarián. Por ser un caballero que della e de todos era muy preciado y estimado por uno de los buenos caballeros del mundo, tenía ella creído que no había en la corte caballero que mejor pudiesse suplir la falta de don Clarián en aquellas cosas que suplir se pudiesse, y embióle a rogar con un donzel suyo que se viniesse para ella.

Oído por don Galián el mandado de la princesa Gradamisa, fue luego para allá. Ella lo rescibió muy alegremente, e después que lo fizo ser a par de sí díxole: "Buen amigo señor don Galián, a mí me es venida necessidad de un caballero que por mí se quiera poner a trabajo; e como yo vos ame e precie mucho, bien tengo creído que a ningún otro podría yo encomendar este fecho que mejor fin le diesse, ni que por su bondad de mejor voluntad por mí lo hiziesse."

Entonces le contó todo el caso cómo passaba, e rogóle con mucha afficción que fuesse a librar al escudero e su donzella que puesto que ella bien veía que en ello se recrescía peligro: que ya sabía que para él no era nueva cosa ésta, pues de su propia voluntad los tales como él las aventuras semejantes iban a buscar muy a lueñe. Oído por don Galián el ruego de la princesa Gradamisa, aceptólo con muy entera voluntad, diziendo que la su merced quisiesse darle tan gran honra de lo poner en las cosas de su servicio antes que a otro.

E luego encontinente se despi [XCVIIv] dió ella, e tomando la donzella consigo para que lo guiasse, se fue armar. Desque fue armado cabalgó en su caballo, e acompañado de su escudero se metió por el camino que la donzella lo guiaba, e al tercero día les avino que, passando una floresta, sobrevino la noche muy escura, la donzella perdió el tino de la carrera, porque les convino quedar allí aquella noche, e descabalgaron en un pequeño prado. El escudero de don Galián, quitando los frenos a los caballos e al palafrén de la donzela, dexólos pacer, e después de haber ellos cenado de aquello que traían, echáronse a dormir; mas acerca de la media noche tropel de los caballos que por la carrera venían los despertó.

Don Galián se levantó, e sintió que algunos caballeros habían descabalgado de la otra parte de la carrera. Mandó a su escudero que los caballos y el palafrén apartasse de allí porque no relinchassen, sintiendo los otros, e tomando él su espada y su escudo púsose en parte que bien pudiesse oír lo que hablarían, y en el bullicio dellos bien conoció que eran más de seis caballeros: los cuales assí como se assossegaron començaron a fablar entresí.

El uno dellos dixo: "¿Sois cierto que aquel caballero de casa del emperador Vasperaldo verná por aquí?"

"Sí, sin falla," respondió otro, "que después que el torneo fue desbaratado, llevando lo mejor del los de su parte por su casa, él se partió e vino a dormir a un castillo que es a cuatro leguas de aquí: por que podemos ser seguros que no nos puede escapar, que por aquí ha de venir. Mas por más seguridad, yo— que mucho desseo vengança dél porque mató a mi cormano e derribó a mí e a mi hermano— tanto que el alva venga me porné en parte que lo pueda ver cuando salga del castillo, y entonces lo iremos a tomar en el llano que allá dexamos: que de las tres cruzes se llama."

"Si Dios me ayude," dixo el otro caballero, "yo sé bien que cuando levaremos su cabeça al conde de Protela, nuestro señor, que él nos lo terná en gran servicio según que lo desama, porque lo derribó en el torneo, e porque a su causa levó lo mejor del campo el señor de Clevón."

"Mal haya él," respondió otro, "que cuando a mí e a mi hermano derribó, bien nos dio el pago de dos caballeros que los dos tomamos a otro caballero de la corte del emperador en esta floresta." Porque según parece, estos dos hermanos eran aquellos que a don Felisarte e a su escudero tomaron furtadamente los caballos —como la historia lo ha ya contado.

"Pues yo vos prometo," dixo otro caballero, "que yo vengue bien en él la muerte de mi padre Yrcán, que un caballero de los de essa corte mató." Este por quien él dezía era Ermión de Caldonga, hijo del rey de Norgales; que él mató a Yrcán cuando él e Laucamor el Esforçado socorrieron a don Felisarte que con Yrcán e mucha de su compaña combatía por librar de muerte a Calidor de Venarde, su primo e a Galerte de Mirabel. Este hijo de Yrcán escapó entonces con algunos otros acogéndose a su castillo, e había por nombre Dorayel.

"Mal hayan todos estos caballeros de la corte del emperador," dixo otro dellos, "que tan fuertes son que confonden e matan muchos buenos caballeros, e quitan costumbres que muchos por ser conoscidos e nombrados antiguamente mantienen; e pues ellos son tales, mal andante sea aquel que mañana a este que atendemos vaya solo, sino todos juntos a él, e matémoslo."

"Assí nos cumple fazer," dixo Dorayel, "que en otra manera no nos avendría por aventura bien."

Todo esto oía don Galián e bien conosció que por matar algún caballero de la corte del emperador vinieran aquéllos allí, y estuvo una pieça por oír su nombre, mas no lo pudo saber. Desí dixo consigo: "Si Dios me ayude, malos caballeros, no mataréis assí caballero de casa del emperador: que todos son buenos." Entonces fue a tomar sus armas para los acometer, que a maravilla era don Galián buen caballero, esforçado e valiente, mas como esto viesen la donzella e su escudero, trabaron dél, [XCVIIIr] rogándole que no ensayasse tal cosa, mas él no lo quería hazer.

La donzella le dixo: "Señor, por Dios no os queráis así aventurar de noche, que no sabéis cuántos son, que por ventura os podría avenir de tal guisa que falleciéssedes de cumplir lo que la princesa Gradamisa tanto os encomendó; por ende será bien que atendáis la mañana e podréis hazer mejor vuestro fecho."

Por ruego de la donzella don Galián cessó de lo que quería hazer. Quitándose su yelmo, tornáronse a echar donde primero estaban; e como quiera que don Galián tenía grande cuidado por estar despierto, no pudo tanto sufrir que un poco antes del alva no se adurmiesse. La donzella, que no dormía bien, sintió que los caballeros se iban, mas no lo quiso despertar con temor que había que se recreciesse algún grande embaraço en su jornada.

Cuando don Galián acordó, ya quería el sol salir; levantóse, e como no vido a los caballeros ovo tan gran pesar que mayor no pudo ser, e dixo muy sañudo: "O traidor de mí, cómo de hoy más con razón debría ser menospreciado, pues por mi negligencia e maldad muy aína puede ser muerto aquel caballero que los otros aguardaban, e por Dios muy engañados viven aquellos que por bueno me tienen, porque si yo tal fuera, anoche los oviera de acometer, e pues no lo hize no me debiera dormir." Así todo lleno de ira se armó muy aprissa. La donzella, que tan sañudo lo veía, no le osaba hablar palabra. El, cabalgando en su caballo, dixo a ella e al escudero que se viniessen empós dél, e fuesse cuanto más aína pudo empós de los caballeros; e no anduvo mucho que salió de la floresta.

A essa hora vio un llano; como los caballeros movían contra el otro caballero que atendían —al cual don Galián no pudo conocer que estaba una pieça alongado— entonces hirió de rezio el caballo de las espuelas. Y en tanto que don Galián assí iba vio las justas que el caballero hazía, el cual firió al uno de los hermanos —de quien ya se ha dicho— tan duramente que dio con él en tierra mal ferido. Los otros —que serían por todos siete— lo encontraron de guisa que por pocas no derribaron a él e al caballo. Mas el caballero, que bueno y esforçado era, derribó los dos dellos antes que la lança quebrasse, e metiendo mano a su espada hizo tanto que cuando don Galián llegó no había a caballo de los caballeros sino tres. El uno dellos era Dorayel, hijo de Yrcán, al cual don Galián firió tan bravamente que todo el hierro de la lança paresció de la otra parte e dio con él en tierra muerto. Como los otros dos esto vieron començaron a fuir, mas don Galián alcançó el uno dellos e diole tal golpe de la espada por cima del yelmo que lo derribó en tierra, y el otro caballero, que levaba buen caballo, se escapó a la floresta. Don Galián quiso descabalgar por ir sobre aquel que cayera, mas el caballero, tomando la espada por la punta, se la dio e pidióle merced.

Entonces llegó el caballero: don Galián lo conosció, que era Girarte de Yrlanda, e por consiguiente Girarte conosció a él, e fuéronse abraçar los dos con gran plazer.

Don Galián le dixo: "Señor Girarte de Yrlanda: yo vos ruego que estos caballeros hayan la vida, con tal que se otorguen a vos por vencidos; e de dos dellos —si os pluguiere— me dexad hazer a mi voluntad, porque yo sé mucho de su hazienda."

"Señor don Galián," dixo Girarte, "hágase como vos por bien tuvierdes, e a vos se otorguen ellos por vencidos, que los vencistes e me socorristes a buen tiempo."

"Buen señor," dixo don Galián, "vos por vuestra gran bondad hezistes tanto que mi ayuda no fue menester, mas si cosa oviera en que yo pudiera emplear mi vida por vos, bien sabéis que lo hiziera."

Entonces todos los caballeros les vinieron a pedir merced, salvo Dorayel e otro que fueron muertos. Don Galián dixo que Girarte de Yrlanda se la había de otorgar, e assí se hizo aunque Girarte se escusaba dello. [XCVIIIv]

Don Galián dixo a los caballeros: "Agora me dezid cuáles de vosotros dezían anoche en la floresta que tomaran dos caballos a un caballero de la corte del emperador Vasperaldo, e cómo había nombre el caballero —que yo bien oí cuanto hablávades."

"Señor," dixo el caballero que a él se rindiera, "yo soy el uno, que no os lo quiero negar; y el otro es este caballero que a par de mí está, que es mi hermano. El caballero a quien tomamos los caballos —según después supimos de un florestero— había nombre Felisarte de Jaffa."

"Cierto," dixo don Galián, "a buen caballero burlastes: por ende los dos iréis a la corte del emperador, e presentándovos a don Felisarte de parte de Girarte de Yrlanda e de don Galián del Fuerte Braço. Estaréis a la su merced, e si no le halláredes, atenderés aí fasta que venga."

Los caballeros prometieron e juraron de lo assí hazer, e bien assí lo cumplieron: desí contáronles cuanto acaesciera a don Felisarte e a Ermión de Caldonga e a Laucamor el Esforçado con Yrcán e con su compaña, que muy bien lo sabían. Entonces arribaron allí la donzella y el escudero de don Galián; él contó a Girarte la demanda que llevaba e cuanto a los caballeros oyera.

"Sin falla," dixo Girarte, "el conde de Protela, por cuyo mandado estos caballeros contra mí vinieron, es mal caballero, e fincó muy sañudo porque yo fui en el torneo con el señor de Clevón donde vencimos a él e a sus gentes. Yo ayudé al señor de Clevón porque lo conoscía, e porque el conde de Protela es pagano: que en todo debe querer el hombre la victoria para los suyos; ca yo sé bien que todos ellos nos desaman, e nos lo mostrarían si pudiessen; mas si puedo yo le mostraré en algún tiempo el sentimiento que dél tengo." Entonces cabalgaron, e Girarte dixo a don Galián: "Señor, yo vos ruego que pues la ventura assí nos juntó vamos en uno en esta jornada porque yo vea el fin de vuestra batalla." Don Galián se lo otorgó. Girarte embió a dezir con los caballeros al conde de Protela, que a todo su poder él tomaría la emienda dél cuando tiempo sea. E partiéndose dellos entraron en su camino él e don Galián con la donzella.

CAPITU. LXXXII. DE CÓMO DON GALIÁN SE COMBATIÓ CON GANIRAL DE LA GRAN

MANO, E DE LA TRAICIÓN QUE CONTRA ÉL FUE ARMADA, E DE CÓMO LO SOCORRIÓ GIRARTE DE YRLANDA.

Tanto anduvieron que aquella noche llegaron a casa de un florestero que era media legua del castillo de Ganiral de la Gran Mano: el cual había nombre assí porque aunque era de linaje de jayanes, todos sus miembros eran de caballero, salvo la mano derecha que tenía tan grande e assí membrosa e vellosa como un gigante. El florestero e su muger e una donzella, su hija, rescibieron muy bien a los caballeros e a su compaña, e cuando supieron que don Galián venía por combatir con Ganiral de la Gran Mano mucho fueron maravillados; que éste era muy temido e dubdado por toda aquella comarca.

El florestero dixo a don Galián que él había tomado una fuerte demanda, que él le aconsejaba que della se partiesse.

"Huésped," dixo don Galián, "comoquier que me avenga yo no me quitaré afuera si él no suelta los presos e les buelve aquello les tomó."

Aquella noche nunca Girarte pudo acabar con don Galián que fuesse a ver su batalla; antes, don Galián le rogó mucho que se quedasse en casa del florestero, que si a él le iba bien luego sería de buelta, e si no que entonces él hiziesse como a él pluguiesse. Porque en otra manera yendo él con él Ganiral se podría recelar dél, e como quiera que a Girarte de Yrlanda no plugo desto, vista la voluntad de don Galián ovo de dezir que fincaría allí como él le rogaba. Venida la mañana don Galián se ar [XCIXr] mó e cabalgó en su caballo. El florestero con toda su compaña fueron con él por ver la batalla; Girarte de Yrlanda fincó mucho a su pesar en casa del florestero.

Don Galián anduvo tanto con aquella compaña que llegó ante el castillo de Ganiral de la Gran Mano, el cual era muy fuerte e bien murado; e quedando él en un llano que allí había, embió a la donzella que con él viniera a Ganiral a que le dixesse que con ella era venido un caballero del emperador Vasperaldo que de fuera lo atendía: el cual le rogaba que le pluguiesse sacar de prissión la donzella de la princesa Gradamisa y el escudero, e les diese todo lo que les había tomado —que desta guisa haría como buen caballero— e que si no quisiesse que se aparejasse a la batalla, e viniesse solo como él estaba, pues bien assí lo debía hazer según la gran fama que tenía. La donzella fue al castillo e dixo su mandado a Ganiral, y él respondió:

"Donzella, ¿esse caballero que con vos viene es don Clarián, aquel que yo tanto desamo?"

"Ganiral," dixo la donzella, "éste es un caballero tal que si tú no hazes lo que te embía a dezir, él te lo sabrá muy bien demandar por batalla."

Como Ganiral era muy bravo e sobervio, dixo muy sañudo: "Por buena fe, yo tendré antes de media hora su cabeça en mis manos, e porque vos, donzella, assí tan locamente habláis, yo quiero que finquéis a fazer compañía a los otros." Entonces la mandó meter en prisión con los otros presos.

Desí començóse a armar; mientre tanto que se armaba dixo a su compaña: "Amigos: yo me temo mucho de don Clarián —aunque de otro ningún caballero tengo recelo— que el rey Lantedón su padre mató a mi tío Ranbrón ante los palacios del emperador Macelao, e de éste se dize mucho más fuerte e de mayor bondad que su padre. Otrosí yo sé que ha muerto de un solo encuentro de lança a Bracazande de las Ondas, que era muy bravo jayán, e porque creo que éste que contra mí es venido el mismo, ruégoos que os arméis y estéis aparejados; e si yo me viere en gran estrecho saldrés vosotros a me ayudar cuando os llamare, e assí yo vengaré a mi tío de tal guisa que por todo el mundo será sonado. Pero guardad que sin mi licencia no salgáis."

Todos dixeron que eran prestos de lo complir assí como él mandaba. Entonces él mandó traer su caballo para salir contra el caballero. Pues agora se dirá que mucho contra su voluntad quedó Girarte de Yrlanda en casa del florestero, e assí como don Galián de allí partió, començó a pensar diziendo consigo:

"Cierto, yo hago mal en dexar ir assí a don Galián, que no sabe el hombre lo que puede avenir, e ninguno se debe fiar en jayanes ni en los de su linaje: que bien assí como no tienen ley assentada, ni conforma a razón sino bestial e voluntaria, assí ninguna virtud se assienta ni halla en ellos; e por maravilla hay alguno que desta condición no sea, porque en ninguna guisa no dexaré de ir allá e yo me porné en parte que de ninguno sea visto, de donde escondidamente me puedo volver si menester fuere."

Entonces mandó a su escudero que ensillase los caballos, e armándose él de todas armas cabalgaron ambos a dos e fuéronse para allá, e pusiéronse en parte que ellos podían dende allí muy bien mirar la batalla e no ser vistos.

Don Galián con gran compaña que aí era ayuntada por ver la batalla estaba en el campo atendiendo a Ganiral, mas el florestero e todos ellos —que grande temor le habían— le embiaran a dezir que no vinieran allí por le dar enojo, sino por ver su batalla. E don Galián se maravillaba de la tardança de la donzella, que no sabía de su prisión. Mas a cabo de una pieça Ganiral salió del castillo armado de todas armas sobre un gran caballo, e con él venían tres escuderos, e cuatro hombres tocando cuernos e bozinas acordadas. Tan grande e fuerte paresció a todos, que por muerto contaron a don Galián, aunque otro [XCIXv] buen caballero consigo tuviesse.

Como Ganiral a ellos llegó dixo contra don Galián: "Pues que otros trabajan de se apartar de la muerte, e vos, don caballero, la venís a buscar de lueñe tierra: agora quiero saber de vos si sois don Clarián de Landanís, aquel que yo tanto desamo. Porque no siendo éste, bien os dexaré ir: que no me pondrá en mucha cobdicia la honra que puedo ganar en venceros; mas si él fuéssedes no os escusaría la batalla por otro mejor castillo que el mío; e porque mayor voluntad della tuviéssedes, hize prender la donzella que a mí embiastes, porque traía en vos tanta confiança como si fuéssedes el mejor caballero del mundo."

"Ganiral," respondió don Galián, "por ninguna cosa que digáis me daré nada visto que en todos vosotros reina toda sobervia e locura; e yo no soy don Clarián de Landanís: que si él fuesse presto me cuidaría librar de vos; mas soy don Galián del Fuerte Braço, su primo, que muy bien os daré a conocer —si a Dios pluguiere— que fue muy loco vuestro atrevimiento en desservir assí a tan alta señora como es la princesa Gradamisa, hija del emperador Vasperaldo. Y en la batalla os mostraré aquel agradescimiento que el gran desamor que tenéis a don Clarián e a sus parientes meresce, e si Dios me diere poder para que yo libre los otros presos, también libraré la donzella que agora prendistes —en lo cual fezistes muy gran villanía— por ende agora vos guardad de mí."

Entonces se apartaron todos los que aí eran, e los caballeros movieron contra sí al más correr de sus caballos; e diéronse tan fuertes encuentros que los escudos fueron falsados e las lanças bolaron en pieças; e juntáronse uno con otro en tal guisa que por fuerte que Ganiral era, fue fuera de la silla. Una de las cinchas del caballo, de don Galián fue quebrada, e torcióse la silla con él en tal manera que por mucho que él hizo no pudo tornar a caballo, e cayó de pies en tierra. Muy gran saña ovo Ganiral cuando assí se vio en el suelo, e levantándose muy presto, metió mano a la espada e dexóse ir para don Galián, e diole un tan gran golpe por cima del yelmo que todo el cuerpo le hizo estremecer e la espada entró por él más de dos dedos. Como don Galián deste golpe mucho se sintiesse, puso muy prestamente mano por su espada, e firió a Ganiral en el ombro siniestro por manera que todas las armas e la carne hasta el huesso le cortó.

Entonces se començó entre ellos una muy áspera e dura batalla, golpeándose el uno al otro muy espesso e a menudo. De tal guisa mostraba cada uno la gran fuerça e bondad que en él había, que en poca de hora fueron sus escudos mal parados e sus armas por muchos lugares despedaçadas. E tal era la batalla que entre ellos se hazía que a cuantos enderredor estaban ponían en espanto. Todos los más rogaban a Dios muy affincadamente por don Galián que lo ayudasse: ca de todos era desamado Ganiral. E por fuerte que Ganiral era, don Galián sufría y enduraba sus pesados golpes con mucho ardimiento, dándole el galardón con otros no menores que los suyos; e cubriasse de su escudo muy mejor que él, e andaba tan vivo e ligero que sin falla cualquiera que lo viera aquella hora en batalla con un tan fuerte e valiente caballero lo preciara y estimara mucho en ver le tan esforçada e diestramente combatirse.

Girarte de Yrlanda —que como ya contamos— estaba escondidamente en parte que lo veía bien todo cómo passaba, e preciando e loando mucho la bondad de don Galián dezía, en guisa que su escudero lo oía: "Ay buen caballero: como cierto por tu bondad y esfuerço no se escurece la alta fama e crescida virtud de tu noble linaje; antes tú la esclareces y ensalças mucho por tu parte con tu gran valor e valentía, mostrando que no en solo uno de tu linaje puso Dios mucha bondad; e por cierto yo no sé quién fue el prin [Cr] cipio de tanto bien que en este linaje del rey Lantedón florezca hoy más la caballería que en otro alguno del mundo."

Los caballeros que se combatían estaban a esta hora feridos de algunas llagas, e tan cansados que por fuerça les convino quitar a fuera. E comoquiera que Ganiral en muy gran temor fuesse puesto de la fuerça de don Galián e de su ardimiento, esforçabasse todavía en su gran valentía,[43] cuidando que presto don Galián sería cansado. Mas don Galián dezía entresí que mucho le convenía esforçarse en esta batalla, pues que la princesa Gradamisa entre todos los otros buenos e preciados caballeros que en la corte del emperador su padre había le escogiera para este fecho.

---

[43]   vanlentia

Como un poco ovieron holgado, acometiéronse muy brava y esforçadamente, e comiençan su batalla como de primero, dándose tales e tan duros golpes por do quiera que se alcançaban que muy malamente lo mostraron en sus armas, e caramente compraron sus cuerpos la grande fortaleza de sus braços e bondad de sus coraçones. Todos cuantos los miraban se hazían mucho maravillados de ver esta tan cruda batalla.

E dize la historia —como ya otra vez ha dicho— que en el mundo no se hallaron cinco caballeros que mejor ni aun tan bien como don Galián firiessen de espada; e fue don Galián mejor caballero de los treinta años arriba que no hasta allí. Pues como él muy animosa e sabiamente se combatiesse firió a Ganiral en muchas partes, e quebrantólo e cansólo tanto, que assí con esto, como con la grande calor que hazía, Ganiral desmayó y enflaqueció en tal manera que se iba tirando afuera, no firiendo como de primero, mas cubriéndose con su escudo e mamparándose de los muy esquivos e pesados golpes que don Galián le daba. E como tuviesse pensado lo que después hizo, no llamó su gente aunque se veía en tan grande estrecho.

Pues como don Galián assí desmayado lo viesse, tomó su espada a dos manos e diole tales dos golpes por cima del yelmo que lo hizo venir tendido ante sus pies atordido, e quitándole el yelmo de la cabeça díxole: "Ganiral, tu sobervia bien merescía hazer pago con la vida, mas si te otorgas por vencido, e sueltas los presos que tienes, dándoles todo lo que les tomaste, yo te dexaré la vida."

Ganiral, que en tal punto se vio, dixo: "Ay señor caballero, no me matéis, que yo me otorgo por vencido e haré cuanto mandáis." Entonces don Galián le ayudó a levantar.

Grande fue el plazer que Girarte de Yrlanda —que estaba escondido— ovo. A todos los que aí estaban les plugo otrosí desto, e por maravilla preciaron a don Galián porque tal batalla venciera. Mas assí como Ganiral de la Gran Mano ovo en sí retornado un poco, allegóse a don Galián, e sacándole la espada de la vaina, tiróse afuera diziendo a grandes bozes: "¡Salid mis caballeros, e sea muerto mi enemigo!"

A essa hora salieron del castillo seis caballeros e nueve hombres armados. Cuando don Galián esto vio bien creyó ser en peligro de muerte, ca se veía ferido e cansado e no tenía espada con qué defenderse. Mas queriendo hazer todo su deber antes que muriesse, dexósse ir para Ganiral, que lo cuidó ferir a dos manos. Mas estaba tan flaco e cansado del trabajo passado e de la mucha sangre que había perdido, que don Galián se pudo bien guardar de su golpe; e abraçándose con él muy prestamente derribólo en tierra de gran caída, e Ganiral lo apretaba con sus braços lo más rezio que podía porque los suyos allí lo matassen, los cuales todos juntos venían sobre él muy gran prissa por socorrer a su señor.

Entonces Girarte de Yrlanda, el buen caballero —que aquello vio— no fue perezoso, e salió de su cubierta, la lança baxa a todo correr de su caballo, diziendo a grandes bozes: "¡No, traidores, que no habrá lugar vuestra traición!" e firió al primero dellos tan bra [Cv] vamente que dio con él en tierra muerto, e quebró en él su lança; e metiendo mano a la espada lançóse por medio de los otros; que aunque tres lanças quebraron en él no lo pudieron derribar, e començólos a ferir de grandes golpes embaraçándoles la carrera porque no passassen a don Galián: el cual como en tal peligro se viesse, procuró de delibrarse de Ganiral lo más presto que pudo, e sacándole la espada de las manos cortóle la cabeça. E como se levantó de sobre él e vio a Girarte de Yrlanda embuelto con aquella gente, si ovo plazer no es de demandar; e mucho fue maravillado dónde saliera a tal tiempo, e acogióse al caballo de Ganiral —que cerca dél estaba— porque vio contra sí venir dos caballeros e cuatro villanos. E dexándose ir a ellos, firió a uno de los caballeros de tal golpe que la cabeça le echó a lueñe, e dio al otro en el braço siniestro tal ferida que casi todo se lo cortó.

Como los villanos esto vieron no osaron poner en él mano, antes començaron a fuir contra el castillo. Assí mismo desmampararon la plaça los que con Girarte de Yrlanda combatían. Mas don Galián alcançó a un hijo de Ganiral que era novel caballero, e en aquella sazón que su padre con él se combatía era venido al castillo, e diole tal golpe por cima del yelmo que lo derribó al suelo, e quiso volver sobre él por lo matar, mas él le dixo que por Dios oviesse dél merced: que él era hijo de Ganiral, e que teniéndolo acá de fuera cobraría los presos que en el castillo estaban; e si le matasse, la gente, que dentro se había acogido, no le darían cosa alguna.

Don Galián le dixo: "A mí plaze de lo hazer assí, aunque bien merescíades ser muerto, pues assí tan traidora e deslealmente me queríades matar contra la costumbre e orden de caballería. Por ende fazed soltar todos los presos que en el castillo están, e séales dado todo cuanto les fue tomado."

El hijo de Ganiral —que había nombre Lutes— embió al castillo un hombre que estaba mal ferido para hazer cumplir esto. Don Galián se fue para Girarte de Yrlanda e abraçólo con mucho amor e alegría, e díxole: "Por Dios, señor don Girarte, grande yerro oviera seydo haber estorvado vuestra compañía en confiança de la virtud de Ganiral e de su gente si vuestro buen acuerdo no lo remediara, e si Dios me ayude en gran menester me socorristes."

Girarte le dixo: "Por buena fe, señor don Galián, yo siempre recelé lo que agora he visto e por esso vine acá, porque de tal gente como ésta no hay que fiar. Porque assí como son crueles e malos para los que poco pueden, assí son desleales e traidores para aquellos de quien ellos recelan." Entonces fueron traídos el escudero e las donzellas que presos estaban con todas aquellas cosas que les fueron tomadas, e todos tres hincaron ante don Galián los hinojos, agradesciéndole mucho porque assí los librara.

El les dixo: "Yo e todos vosotros lo debemos agradecer a Dios primeramente, e después a Girarte de Yrlanda que tan bien nos socorrió."

Antes que de aí partiessen, don Galián hizo que Luter satistiffiziesse al florestero de muchas cosas que su padre le había tomado. E después de todo esto fecho partiéronse de allí con mucho plazer e volviéronse por su camino. Llegados que fueron a casa del florestero, don Galián fue curado de las llagas que tenía por mano de su hija del florestero, e Girarte de Yrlanda otrosí de una llaga que los caballeros le hizieron. Aquella noche fincaron allí todos porque ya era tarde. Otro día por la mañana don Galián mandó a las donzellas e al escudero que se fuessen para la princesa Gradamisa e le besassen las manos de su parte, e assí se partieron luego como él lo mandó. Don Galián e Girarte de Yrlanda fincaron en casa del florestero hasta que don Galián fue guarido de sus llagas. [CIr]

CAPITULO LXXXIII. CÓMO DON GALIÁN E GIRARTE DE YRLANDA HALLARON UN DONZEL QUE MUCHO PARESCÍA AL REY LANTEDÓN, E DE LO QUE LES AVINO QUERIÉNDOLE CONOCER.

Como don Galián fue guarido, él e Girarte de Yrlanda encomendaron a Dios al florestero e a su compaña, e partiéronse de allí. E de muchas aventuras que les avinieron la presente historia no haze aquí mención, mas quien por entero las quisiere saber, en aquellos libros de que ya se ha dicho, que *Espejo de caballerías* son llamados, las hallará escriptas.

Mas de tanto se dirá aquí que un día a hora de prima ellos llegaron ante un muy hermoso castillo que en un valle riberas de un rio estaba assentado. En el llano acerca de la ribera estaban dos tiendas armadas. A la puerta de la una estaba una dueña vieja acompañada de dueñas e donzellas. En el campo había catorce caballeros armados e de caballo que querían justar, entre los cuales había uno que cabalgaba sobre un hermoso caballo blanco, e sus armas eran blancas sembradas todas de coronas de oro; éste paresció a don Galián e a Girarte muy bien. Llegándose don Galián a un escudero que estaba apartado de los otros díxole: "Buen escudero, yo os ruego que me digáis qué compaña es ésta que aquí está."

"Señor," dixo el escudero, "yo os diré lo que dello sé. Sabed que los ocho de aquéstos son caballeros, e los seis son donzeles, e aquel de las armas de las coronas — que es donzel— es nieto de aquella dueña vieja, que es señora de todos; e la otra dueña hermosa que a par della está es la madre del donzel. Son señoras de gran tierra, y todos los más de los días el de las armas de las coronas se ensaya, assí como vedes: e prueva tan bien que todos dizen que éste será el mejor caballero del mundo si assí floresce en las armas, e si mucho tiempo vive. De cómo se llama ni cúyo hijo es, yo no os lo sabría dezir, porque creo que muy pocos son los que lo saben; e yo no soy desta compaña, ni sé más de su fazienda de lo que he dicho. Mas si aquí atendés un poco bien podéis ver en él el mejor justador que vosotros, señores, jamás hayáis visto."

"Sí atendemos," dixo don Galián, "por ver el donzel que vos tanto alabáis, como quiera que otros muy buenos justadores habemos visto." Entonces dieron al de las armas de las coronas una lança con un pendón muy hermoso, e púsose a un canto que contra todos había de mantener la justa. El uno de los otros se dexó ir a él, e quebró en él su lança empero no le hizo hazer movimiento ni desdon de la silla más que si una peña fuera. El donzel de las coronas firió al otro tan duramente que muy rezio lo lançó de la silla abaxo. Desta guisa justó con los otros uno empós de otro, e a todos los derribó en tierra sin fallescer encuentro alguno; en estas justas quebró cuatro lanças.

Los caballeros que miraban la justa fueron maravillados de lo que el donzel hazía. Don Galián dixo a Girarte de Yrlanda que nunca jamás en cuantas justas había visto vio quien más hermosamente justasse después de don Clarián. Entonces el donzel de las coronas se quitó el yelmo: que muy hermoso e apuesto parescía a todos cuantos mirar lo quisiessen, que ya era en hedad de ser caballero, e cuando don Galián lo vio dixo: "¡Sancta María! ¿Qué cosa podrá ser ésta? —que o yo estoy encantado, o veo al rey Lantedón, mi tío, mudado de su hedad, o éste donzel es su hijo. ¡Por Dios, si él tan niño no fuese yo me afirmaría que es él mesmo!" —e bien assí era como él lo dezía, que el donzel parescía tan propriamente al rey Lantedón que los dos juntos en otra cosa no se conoscieran sino en la hedad.

"Si Dios me ayude," dixo Girarte, "yo no conozco al rey Lantedón, que nunca le vi, mas el donzel es de gran bondad e muy hermoso, e cualquiera que lo viere le parescerá que es de vuestro linaje: que mucho pa [CIv] resce en los cabellos e faciones a vos e a don Clarián."

"Cierto," dixo don Galián, "en ninguna guisa yo no partiré de aquí hasta saber a todo mi poder quién es el donzel e cómo ha nombre."

Entonces se allegaron a ellos, e salváronlos a todos muy cortesmente. Don Galián dixo contra el donzel de las coronas: "Buen donzel, cierto vos nos habés dado a conoscer muy bien la vuestra bondad, e que caballería sería en vos bien empleada, e sin falla tal sois; e que mucho se pierde en el tiempo que dexáis de ser caballero. Por ende os rogamos por cortesía que nos queráis dezir quién sois e cómo habéis nombre: porque mucha razón es que cualquiera os ame e dessee conoscer, cuanto más que vos semejáis tanto a un noble caballero e alto príncipe que yo conozco, que más no puede ser. E si con él tuviéssedes algún deudo mucho acrecentaríades en vuestra honra."

Cuando don Galián esto le dezía, miraba lo mucho en la faz como tan propriamente parescía al rey Lantedón, e a don Clarián parescía mucho en los cabellos: que los tenía muy ruvios, y en la color del rostro, mas por mucho que era hermoso no lo era tanto como don Clarián.

El donzel respondió muy graciosamente: "Señor caballero, por vuestra buena cortesía e loor que me dais, razón es que yo os haga contento en algo de lo que queréis saber —esto será en aquello que yo podré. Sabed que a mí llaman Riramón de Ganayl, e assí por mi poca nombradía como por mi pequeña hedad, bien creo que nuevamente verná a vuestra noticia mi nombre. E otra cosa de mi hazienda yo no os puedo dezir aunque quisiesse."

"Buen donzel," dixo don Galián, "nuevamente oigo nombrar vuestro nombre, mas cierto soy que en poco tiempo que caballero fuéssedes seríades bien conoscido; porque mucho os rogaríamos que hagáis por nos tanto que nos queráis dezir más en vuestro negocio."

Entonces un caballero con quien la dueña vieja hablara dixo: "Caballeros ¿para qué queréis vosotros saber la hazienda deste donzel?"

"Para le hazer todo plazer e honra," respondió don Galián.

"Pues idvos a buena ventura," dixo el caballero, "que a la señora no plaze que sepáis más."

"No debría pensar desto a la señora," dixo don Galián, "que nosotros no queremos al donzel por cosa de su daño."

"Aunque esso sea," dixo el caballero, "ésta es su voluntad, e a ella plaze que de aquí os vayáis luego; e si no lo hiziéredes de grado hazerlo-éis contra vuestra voluntad, que nosotros vos haremos ir de aquí a vuestro desplazer."

"Si el donzel se nos quiere dar a conoscer," respondió don Galián, "ya por nosotros no lo dexaremos de saber."

"Pues agora vos guardad de todos nosotros," dixo el caballero. Entonces fueron a tomar sus lanças e yelmos donde los habían dexado los ocho caballeros.

El donzel de las coronas dixo contra don Galián e Girarte de Yrlanda: "Señores caballeros, yo os ruego que os vayáis luego de aquí, porque si Dios me ayude no querría que resibiéssedes daño ninguno; porque si ante mí quisiéredes matar mis gentes, yo no vos lo consentiré."

E la causa porque el donzel se ponía a combatir con caballeros —siendo esto contra orden de caballería— la historia lo contará adelante cuando tiempo sea.

Don Galián, que estaba sañudo, respondió: "Donzel, a nosotros no es dado poner mano en vos, e assí rogamos que contra nosotros no vengáis. Mas si caballero fuérades, cierto aunque muy bien habés justado no dexáramos por vuestro pavor de hazer nuestro poder."

"Por buena fe," dixo el donzel, "si yo pudiesse, de muy buen grado haría apartar los míos e me ensayaría con vosotros ambos a dos; mas pues que assí es: que no puedo por agora; sed ciertos que si con ellos os embolvéis que me hallaréis contrario vuestro."

A esta hora se venían allegando los caballeros del donzel contra ellos. Don Galián e Girarte cuando aquello vieron, to [CIIr] maron sus lanças. E como contra ellos quisiessen mover, vino una niebla muy escura que entre ellos se puso, de guisa que don Galián e Girarte no vieron nada ni supieron de sí parte. Cuando le escuridad fue passada, acordaron, e halláronse ellos e sus escuderos en una gran floresta cubierta de muchos árboles. Ellos tenían sus lanças baxas —como al tiempo que quisieron mover contra los caballeros las tenían— e catando enderredor de sí ni vieron castillo ni tienda ni otra cosa alguna, de lo cual fueron tan maravillados que por una pieça no pudieron hablar, e sanctiguávanse muchas vezes.

"¡Sancta María!" dixo don Galián "¿Qué estraña e maravillosa ventura es ésta?"

"Sin falla," dixo Girarte, "encantados fuimos."

"Ay Dios," dixo don Galián, "¿cómo no podimos conoscer el donzel que tanto al rey Lantedón parescía? E por Dios tornemos a buscar aquel castillo."

"Cierto," dixo Girarte, "esso es cosa escusada, que quien pudo hazernos venir aquí, bien sabrá esconderse de nos si quisiere —e cuando lo hallássemos otro tal juego nos harían."

"Todavía," dixo don Galián, "debemos saber el castillo."

Entonces se metieron por un pequeño sendero en busca del castillo, mas en vano se trabajaban: que más de cuarenta millas estaban dél, e de aquella vez no lo fallaron. Mas ya vino tiempo que fueron en él —como adelante se dirá. Dize la historia que la dueña vieja hizo aquel encantamento; e quién el donzel era, el cuento lo divisará adelante, que dél hará gran mención.

CAPITULO LXXXIIII. CÓMO DON GALIAN E GIRARTE HIZIERON PARTIR LOS CABALLE-
ROS QUE MANTENÍAN LA JUSTA CONTRA BRISEO E LOS DE SU VALIA, E CÓMO
ALCANÇARON DEL DUQUE DE VERONA POR UN DON QUE LES PROMETIÓ SI LA JUSTA
VENCIESSEN: QUE BRISEO CASASSE CON ATREA.

Iuntamente andaban don Galián e Girarte de Yrlanda haziendo mucho en armas, e cada uno dellos había empacho de partirse del otro sin gran causa. Un día les avino assí: que llegando en un hermoso valle vieron estar dos muy buenos y hermosos castillos media milla el uno del otro. Ellos habían sabor de los catar, tan bien les parescían.

Entonces arribó allí una donzella sobre un palafrén que les dixo: "Señores caballeros: mal paradas trades vuestras armas e caballos, porque os estaría mejor ganar otras muy buenas que cerca de aquí podríades haber. E si de bondad os preciáis — como en vosotros paresce— yo os guiaré allá, donde por derribar dos caballeros de las sillas las ganáredes, e más una corona muy rica; e demás de vuestro provecho —si este fecho acabáis— ayudaréis a un caballero que por amores de una donzella está en peligro de muerte: el cual en toda esta tierra haze muy gran lástima, tanto es amado de todos por su nobleza e bondad."

"Señora donzella," respondió don Galián sonriéndose, "cierto podéis creer que a las vezes nos preciamos tanto e aun más que valemos; e haber otras mejores armas e caballos provecho nos hazían. Mas tales podrían ser essos dos caballeros que dezís, que nosotros nos fuéssemos sin el precio e con vergüença. Pero porque todos los caballeros que armas traemos e habemos recebido orden de caballería somos mucho obligado a proveer de consejo y dar ayuda a caballero que por amores muere —e mayormente a aquellos que deste mal algo son lastimados e feridos— y pues esse caballero que dezís tanta necessidad tiene de nuestra ayuda, vos, señora donzella, nos guiad allá: que aí llegados nosotros haremos todo nuestro poder, si es cosa justa de hazer."

Entonces la donzella se metió con ellos por la carrera adelante. Pues assí yendo, todos tres hablando, ellos [CIIv] le demandaron que les contasse el hecho de aquel negocio cómo era.

"Señores caballeros," dixo ella, "de essos dos castillos que allá dexamos son señores dos ricos hombres. El uno tiene un hijo buen caballero e cumplido de toda bondad, llamado Briseo; el otro tiene una hija donzella llamada Atrea. E Briseo dende su niñez ha amado e servido esta donzella en extremo grado, e ha hecho por ella muchas caballerías; ella otrosí ama mucho a él. Los parientes de Briseo han hablado con los de la donzella, diziendo que pues tanto se aman que se deben casar en uno. El padre de Atrea es más rico que él de Briseo; en alguna manera no ha venido assí luego en este hecho, empero al fin por muchos servicios que Briseo le ha hecho él le puso en esperança muy cierta de dársela. E como las cosas se adereçassen para el casamiento cada una de las partes lo fizo saber a sus parientes. El padre de la donzella lo hizo saber al duque de Verona —que es su primo cormano— para que le viniesse a honrar, el cual es venido: e lo uno porque desama a Briseo e a sus parientes, e lo otro por haber esta donzella para un su sobrino de la duquesa, su muger, ha estorvado este casamiento en tal manera que el padre de Atrea por lo complazer e agradar dixo a Briseo que si él quería casar con su hija, que había de ser desta manera: que él pornía una muy rica corona de oro e dos hermosos caballos, e armas muy ricas para dos caballeros, e que pornía cuatro caballeros que las guardassen, e no más. E que si él, con todos los que de su parte viniessen, pudiessen ganar aquellas joyas por justa, derribando los mantenedores de las sillas, que él les daría su hija Atrea por muger: e que estas justas durarían tres días, dentro de los cuales si él no pudiesse ganar aquellas joyas, que se podía bien apartar de amar ni servir a su hija —que no la habría por muger. E los mantenedores, si una vez son derribados sin que caigan los que con ellos justan, no pueden estar más aí.

"Esto que el padre de Atrea ha hecho ha parescido muy mal en esta tierra a todos los que lo saben; e por amor de Briseo, assí los caballeros andantes como los de la tierra vienen a ver este fecho. E para esto pusiéronse luego por mantendores dos parientes del duque de Verona, mas no pudieron defender las joyas dos horas enteras —que dos primos de Briseo los derribaron muy presto de los caballos. Mas creesse que a requesta del duque de Verona son venidos desde ayer dos caballeros de gran bondad de armas a deffender las joyas, los cuales han hecho maravillas, en tal manera que han derribado ellos dos solos más de cuarenta caballeros después que vinieron, e no hay ninguna caballero que conoscerlos pueda. Como estos caballeros tales cosas hazen, Briseo e sus parientes tienen perdida la esperança de haber la donzella. E su padre e madre e todos ellos hazen gran duelo por ver a Briseo de aquesta guisa; que tienen por cierto que morirá por amores desta donzella si desta vez la pierde. Briseo ha de venir hoy a justar con los caballeros, porque es el postrer día del plazo que puesto tienen. E tanta lástima pone a todos este desaguisado e sinrazón que el duque de Verona le haze, que Monbeldán, su hijo —según yo he sabido de algunos— ha de venir hoy muy secretamente a justar con los mantenedores."

Ellos yendo hablando en este fecho encontraron un escudero, el cual les dixo en esta manera:

"Señores caballeros ¿vais a justar con los mantenedores?"

"Allá vamos," dixeron ellos, " e haremos lo que viéremos que los otros caballeros hazen."

"En vano os trabajáis," dixo el escudero, "que Briseo ha llegado agora con ocho buenos caballeros, e yo le he dexado a él derribado de la silla; que tales son los mantenedores que assí harán a cuantos allá fueren."

"Por aventura no," dixo Girarte. Don Galián se llegó entonces al escudero e díxole: "Buen [CIIIr] escudero, yo vos ruego por la fe que debés a Dios que si sabés quién son aquellos caballeros me digáis sus nombres."

"Tanto me conjurastes," respondió el escudero, "que vos lo habré de dezir por pleito que no me descubráis." Don Galián se lo prometió. "Pues sabed," dixo el escudero, "que los dos caballeros son Honoraldo de Borgoña e Roselao de Suevia: los cuales a requesta del duque de Verona por un don que ellos le prometieron son venidos aí, y están contra su voluntad, que muy de mal se les haze ser contra Briseo en este fecho." Esto dicho, el escudero se partió.

Don Galián dixo a Girarte de Yrlanda quién eran los caballeros e díxole: "Agora vos digo que me pesa porque ellos son; que si Dios me ayude nos debiéramos de trabajar porque este caballero alcançara la donzella que tanto ama. Mas pues nosotros los conoscemos, no es cosa de hazer, pues son nuestros amigos e caballeros de la corte del emperador." Girarte no respondió cosa a lo que don Galián dezía.

Entonces vieron venir a Briseo, e con él cuatro caballeros, e dos donzellas, sus hermanas, haziendo todos muy gran duelo. Briseo hazía muy esquivo e doloroso llanto diziendo: "Ay de mí, sin ventura, que me conviene morir de cruel muerte en mi juventud, pues he perdido la cosa del mundo que yo más amo; e no sé por qué caballeros en quien virtud e bondad oviesse han sido contra mí, pues muy aína se pueden ver en otra cuita semejante cual yo me veo."

Gran duelo ovieron dél los caballeros cuando esto le oyeron dezir. E Girarte de Yrlanda dixo a don Galián: "Por buena fe, señor, si a vos paresce nos debemos ensayar este fecho, que no es muy grande yerro; e si levamos lo mejor de la justa remediaremos a este buen caballero que tan gran duelo faze." Que según dize la historia Girarte holgara de acometer este fecho porque don Palamís y él e su parentela siempre solían traer competencias con Honoraldo de Borgoña e Roselao de Suevia e los de su linaje en la casa del emperador Vasperaldo. Demás desto Girarte de Yrlanda no amaba mucho a Roselao de Suevia, porque en tiempos passados los dos fueran servidores de la infanta Menaldia, hija del rey de Polonia e compitieran mucho sobre ello. Mas al fin Roselao de Suevia se apartara de aquella requesta, e amaba ya mucho a Tabelina, hija del conde de la baxa Borgoña.

Don Galián, puesto que de Briseo grande compassión oviesse, dixo: "Señor Girarte, esso no se podría hazer sin muy gran cargo nuestro, e sin algún mal que se podría recrecer a algunos de nosotros; mas dexadme a mí hazer que yo tengo pensado buen remedio para este negocio."

Con tanto no anduvieron mucho cuando llegaron en una pradería muy hermosa ante un castillo que era del padre de Atrea, e ribera de un rio que aí corría eran armadas muchas tiendas. Aí era el duque de Verona y el padre e la madre de Briseo, e muchos de sus parientes en semblante muy triste; assí mesmo el padre e madre de Atrea, e mucha otra caballería. Los dos cormanos Honoraldo de Borgoña e Roselao de Suevia estaban aparejados para justar con cuatro caballeros. Honoraldo de Borgoña estaba armado de unas armas todas doradas, e Roselao de Suevia las tenía a cuarteles verdes y de oro. La corona que era puesta por precio era muy rica y estaba puesta sobre un padrón de mármol. Los caballos e las armas eran muy ricas y hermosas; los mantenedores —que guisados estaban de justar con los otros caballeros— movieron contra dos dellos al más correr de sus caballos; los caballeros quebraron en ellos su lanças sin que otro mal[44] les hiziessen. Mas los mantenedores —que muy buenos caballeros eran— los encontraron tan duramente que dieron con ellos en tierra muy grandes caídas. Honoraldo de Borgoña, que allí quebró su lança, tomó luego otra; los otros [CIIIv] dos caballeros movieron para ellos, e la justa fue tal que los mantenedores los sacaron de las sillas muy ligeramente. Grandes loores daban todos los que en el campo eran a estos dos caballeros, mas desfloxábanlos haber sido contra Briseo en este fecho; e todas las gentes se dolían.

El duque de Verona, que miraba a don Galián e a Girarte —que estaban parados, no haziendo semblante de justar— embióles a dezir con un su donzel que a qué atendian, e por qué no iban a justar con los mantenedores, pues allí eran venidos; e que

---

[44] ma

ganarían aquellas joyas que eran puestas por precio si los mantenedores derribassen, que las armas e caballos bien les hazían menester según las que traían eran malparadas e cansados. Esto les embiaba el duque a dezir como en desdén, cuidando que no osaban justar: mas oído por los caballeros este mensaje, don Galián respondió:

"Donzel, dezid al duque, vuestro señor, que si nosotros tuviéssemos talante de justar con los mantenedores no esperaramos a que él nos lo embiasse a dezir. Mas ellos han hecho tanto en armas que no es cosa conviniente darles más que hazer; e de las joyas no tenemos mucha cobdicia —que con los caballos e armas que traemos somos contentos e los hemos hallado buenos en algunos menesteres. Mas porque nos entendemos en su mensaje y en el semblante suyo e de sus caballeros que no nos precia mucho él ni ellos, dezilde assí que cada uno de nos justará con tres de sus caballeros: a pena que si nos derribaren de las sillas que perdamos estos caballos que traemos, e nos hayamos de ir a pie; e si nos a ellos derribaremos no queremos dél otra cosa sino que nos prometa un don que no le costará mucho, ni es cosa que le estará mal hazerlo." El donzel fue con esta respuesta al duque.

Dos sobrinos del duque —que mucho se preciaban— començaron a burlar de los caballeros; ellos e muchos otros dixeron al duque que aquélla era afrenta suya e de todos ellos si aquellos caballeros se fuessen de allí sin ir afrontados e avergonçados. Por lo cual el duque de Verona embió con un caballero suyo a affirmar con don Galián e Girarte lo postura que demandaran. Luego los dos sobrinos del duque fueron armados e cabalgaron a caballo, tomaron sus lanças y escudos, e todos los otros se hizieron acerca por mirar estas justas. Honoraldo de Borgoña e Roselao de Suevia dezían el uno al otro que los dos caballeros estaban en buen continente e parescer.

Don Galián e Girarte tomaron sus lanças y escudos, e batiendo las espuelas a los caballos movieron contra los dos sobrinos del duque, que los salieron a recebir. El uno dellos encontró a don Galián en el escudo por manera que se lo falsó, e también la loriga, mas no le prendió en la carne; antes allí quebró la lança e hízolo ya cuanto doblar en la silla. Mas don Galián lo encontró tan duramente que lo llagó en los pechos, e sacólo de la silla bien lueñe del caballo, e tal caída dio que por essa pieça no se pudo levantar. El otro sobrino del duque e Girarte se firieron de las lanças tan reziamente que las hizieron bolar en pieças, mas el sobrino del duque cayó en tierra por cima de las ancas del caballo. Todos cuantos aí estaban loaron los encuentros que los dos caballeros hizieran, mas al duque le pesó mucho desto. Luego a essa hora otros dos caballeros se dexaron venir contra don Galián e Girarte e firiéronlos muy de rezio, empero no los movieron de las sillas. Mas don Galián e Girarte los encontraron por tal manera que los metieron en tierra de grandes caídas; quebraron allí sus lanças. E dándoles luego otras, los terceros caballeros se vinieron para ellos, mas también los derribaron muy ligeramente. Todos los preciaron mucho por lo que hizieran. Honoraldo de Borgoña e Roselao de Suevia quisieran mucho justar con ellos por lo que les vieran hazer.

La donzella que allí los guiara dixo al padre e madre de Briseo: "Si vosotros pudiéssedes acabar con [CIIIIr] estos caballeros que justassen con los mantenedores, aún por aventura ellos os harían alegres."

Mas el duque de Verona —que deste fecho se tenía por afrentado— ovo gran pesar, e movió para hablar con los caballeros. Entonces el padre e la madre de Briseo con muchos de sus parientes llegaron a don Galián e a Girarte, rogándoles muy afincadamente que les pluguiesse de justar con los mantenedores, que demás de remediar a Briseo ganarían mucha honra si los derribasen. La madre de Briseo, como le dolía mucho perder su hijo, lloraba ante ellos pidiéndoles que por Dios oviessen duelo della: que no tenía más de un sólo hijo, e dél que era muy buen caballero e sería perdido por amores de una donzella.

"Buenos señores," dixeron ellos, "habed plazer e no os desconfortedes, que pues aquí viene el duque, que nos faremos todo nuestro poder en este fecho."

Entonces arribó el duque acompañado de mucha gente, e díxoles: "Buenos caballeros, ganado habéis la postura por vuestra bondad; e yo soy tenido de cumplir mi promessa, mas todavía os rogaría que sin condición alguna justássedes con los mantenedores; que todos habríamos gran plazer de ver una tal cosa."

"Buen señor," respondió don Galián, "si estuviéramos en voluntad de hazer, de primero lo hiziéramos, mas rogamos os que cumpláis el don que nos prometistes; que en lo hazer vos harés como buen caballero e alto hombre debe hazer, e si de nos otra cosa os plaze, podéis nos la mandar que nos lo haremos muy de grado."

El duque les dixo: "Buenos caballeros, pues que a vosotros no plaze de justar con los mantenedores, bien podéis demandar el don que os prometí, que yo os lo aterné e cumpliré a todo mi poder, assí como siempre ove de costumbre."

"Pues, buen señor," dixo don Galián, "el don que nos habés de dar es que vos hagáis en tal manera que Briseo case con Atrea, pues todo es en vuestra mano, e no seáis en estorvar una cosa tan justa; pues ya ha passado tiempo que servistes dueñas e donzellas, e bien supistes qué cosa era amarlas."

Cuando el duque esto oyó pesóle mucho dello, mas a todos los más de los caballeros e dueñas que aí eran plugo mucho dello; sobre todos al padre e madre de Briseo. El duque, visto que por ninguna guisa se podía escusar con razón de cumplir aquello, díxoles: "Si Dios me ayude, caballeros, vosotros habéis aprovechado en este fecho más a Briseo que veinte caballeros que aquí vinieran a justar por él. E pues que assí es —que en tal manera me habéis hecho venir a todo vuestro querer— yo compliré mi promessa a todo mi poder. Mas ruégovos que me digáis quién vosotros sois, e cómo habedes nombre."

Don Galián e Girarte de Yrlanda agradescieron mucho al duque lo que les dixera, loándole aquello que offrecía, e quitáronse sus yelmos de la cabeça para que el duque los conosciesse; que ya ellos sabían que de antes los conoscía. Como el duque los conosció, rescibiólos muy bien, nombrando a cada uno dellos por su nombre. El padre e la madre de Briseo rindieron muy humildosamente las gracias a don Galián e a Girarte de Yrlanda por lo que hizieran, e a Honoraldo de Borgoña e a Roselao de Suevia les plugo mucho desto. Entonces arribaron allí Mombeldán, hijo del duque de Verona, e Arceal, hijo del duque de Colandia —que Mombeldán lo traía secretamente porque los dos venían concertando de justar contra sus primos, a los cuales él no conoscía. Mas como vieron el fecho assí partido, fuéronse luego del campo.

Don Galián e Girarte rogaron al duque que fiziesse venir allí los mantendores que los querían hablar e ver, ca ellos los conoscían muy bien e por esso no quisieran justar con ellos. Honoraldo de Borgoña e Roselao de Suevia, sabido esto, vinieron, e rescibiéronse los unos a los otros mostrando mucho plazer. Allí se escusaron Honoraldo de Borgoña e [CIIIIv] Roselao de Suevia a don Galián, a Girarte, e a todos los otros deste fecho, diziendo que contra su voluntad los hiziera el duque estar allí por un don que le prometieran. Luego fueron todos para el castillo donde fueron muy bien servidos, e de allí embiaron por Atrea e por Briseo: el cual sabido el caso, por ressuscitado de muerte a vida se tuvo. Assí mismo la donzella —que gran llanto hazía— fue conortada; e venidos, Briseo se echó ante los pies de don Galián e de Girarte por la merced que le hizieran; e plaziéndole deste casamiento al padre de Atrea, Briseo y ella hizieron sus bodas, a las cuales fue fecha gran fiesta. El duque e los ricos hombres —conviene a saber— el padre de Briseo e de Atrea se trabajaban de hazer muchas fiestas e honra a los cuatro caballeros.

Acabadas las fiestas Honoraldo de Borgoña e Roselao de Suevia se fueron con el duque para la corte del rey de Suevia por cosas que les convenían, e don Galián e Girarte se fueron para la corte del emperador; donde dexa la historia de hablar dellos por contar de aquel muy noble e valiente caballero don Clarián de Landanís.

CAPI. LXXXIIII. CÓMO DE DON CLARIÁN SE PARTIERON UNA COMPAÑA DE CABALLEROS E DONZELLAS QUE NO OSARON IR AL VALLE QUE GUARDABAN DRAMADES DE LA FLORESTA E SUS PRIMOS, E CÓMO ÉL SE FUE PARA ALLÁ E UNA DONZELLA CON ÉL.

Ya se ha contado como don Clarián se partió de casa de la duquesa de Guncer, dexando casado al duque Quinar con la fermosa Arminda, que de sus amores tan presa fuera. E desde allí prometió don Clarián que nunca besaría dueña ni donzella por vía de amor por no cometer yerro contra su señora Gradamisa —que según él lealmente la amaba, por algún yerro contaba haber besado a Arminda. Mas ya vino tiempo que esta promessa fue por fuerça e contra voluntad suya quebrada, como adelante se dirá.

Pues como él por muchas partes discurriesse, haziendo grandes e hazañosos fechos en armas, avínole que un día encontró en un llano diez caballeros e cuatro donzellas que iban en compañía. Don Clarián los salvó, ellos a él otrosí; e fuéronse todos en compañía.

Un caballero viejo iba contando a los otros del caballero que hiziera haber derecho a la duquesa de Guncer e a su hija, e como este mismo caballero venciera los tres hermanos de la Puente del Mal Passo, e que había por nombre don Clarián de Landanís: que era el mejor caballero[45] que en el mundo se fallaba. Todo lo contaba tan bien el caballero viejo como si a ello fuera presente, e todos lo escuchaban con gran sabor de lo oír. Don Clarián lo oía assí mesmo, haziéndose a todo ello estraño.

Tanto anduvieron que llegaron a un lugar donde había tres padrones grandes: el

---

[45] cavallo

uno de madera, el otro de piedra, y el otro de hierro; e como el caballero viejo esto vio, dixo: "¡Buelta señores: que camino levamos para perecer todos! Que agora conozco que esta carrera va derechamente al valle que Dramades de la Floresta e sus primos guardan, por donde ninguno puede passar sin ser muerto o preso; e riberas del río que passamos erramos la carrera." Entonces se volvieron todos.

Don Clarián les dixo: "¿Cómo señores, tal mengua queréis cobrar: que onze caballeros que aquí vamos no osemos passar por cualquier aventura? Cierto esto nos será gran vergüença —no digo a todos, mas a cualquiera de nos que solo viniesse: porque os ruego que volvamos e dadme a mí el primer peligro que yo lo tomaré, e sed ciertos que si todos lo hazés de tan buen coraçón como yo, aún podría ser que[46] hoy passassemos la floresta a nuestro salvo."

Dos caballeros mancebos que aí venían dixeron: "Por Dios que este caballero habla bien, y que es de hazer como él dize."

"¿Qué querés hazer?" dixo el caballero viejo, "¿Querés os perder? Bolvámonos, que el consejo deste caballero es malo, e habla como quien no sabe el peligro que hay; que [CVr] yo vos digo que en cualquier parte donde Dramades e sus primos son conocidos que nos dixéremos que onze caballeros no osamos passar por esta floresta, que si a mengua o a deshonra nos lo tuvieren, yo lo tomo todo sobre mí."

"Señor caballero," dixo don Clarián, "aunque todos quisiéssemos hazer esto, ¿vos nos habíades de consejar que no lo hiziéssemos? que si los caballeros mancebos deben trabajar por ganar honra, mucho más los viejos por sostener la que han ganado por no perder en una hora lo que con mucho trabajo en largos tiempos han alcançado."

"Caballero," respondió él, "no haze aquí menester vuestro consejo; que aquí cada uno se precia tanto de sí como vos, e por ventura más. E de mí os digo que tanto he fecho en armas en este mundo, que con la mitad dello que vos oviéssedes fecho, os terníades por bien andante; e yo por mi cuerpo he cometido cosas que vos aun no habríades coraçón de las pensar. E dexo agora ésta porque en ello no hay ál que la muerte para todos; e cuando désta escapássemos, muy cruel prisión no nos podría faltar."

"Señor caballero," respondió don Clarián, "bien podés creer que por mucha honra que en armas hayáis ganado, yo no os cobdicio cosa alguna della, e cuanto más todos os preciáis, mayor mengua cobráis en esto que hazéis."

"No estemos aquí en razones," dixo el caballero viejo, "que este caballero no tiene demasiado seso: por ende nos volvamos por la carrera que avemos de levar." Entonces se començaron a ir.

Don Clarián les dixo: "Cierto caballeros, si vosotros fuéssedes tales como dezís, no os iriades assí; e por Dios volved; que yo tomo sobre mí todo este fecho, e no quiero que tomedes armas fasta que veáis que yo soy muerto o que no puedo más hazer."

Uno de los caballeros dixo: "Por buena fe que debemos volver a castigar aquel

---

[46] que que

caballero porque assí habla atrevidamente."

"No curemos dél," dixo el caballero viejo, "que ya debés conoscer que es loco, pues tal cosa va acometer; que yo vos digo que si el caballero de quien yo antes hablaba viniera con nosotros, entonces aún era razón de lo dexar."

"Si Dios me ayude," dixo una de las donzellas que con ellos aquel día se había juntado, "yo quiero ver qué hará caballero que acomete lo que diez dexan de temor." Yéndose para don Clarián díxole: "Señor caballero, yo acuerdo de ir con vos a cualquiera aventura que me avenga."

"Señora donzella," respondió él, "lo que fuere de mí será de vos, e yo espero en Dios que no será sino bien."

Entonces él e la donzella e Manesil se metieron por su camino, y luego entraron en una gran floresta: por la cual no anduvieron mucho que encontraraon una donzella que venía haziendo muy gran duelo, la cual como a don Clarián llegó dixo:

"Caballero ¿dónde vais assí perdido? Bolveos; por Dios no hagáis la fin que han fecho cuatro caballeros que comigo venían: que los dos eran mis hermanos y los otros mis primos. Y dellos los tres son muertos, y el uno de mis hermanos escapó ferido y es metido en prisión. E cuitada de mí, que yo bien conoscía la floresta; mas confiando en la virtud de Dramades —porque en tiempo passado le hize un gran servicio— yo los traxe por aquí. Mas él no miró a cosa alguna, e por gran galardón me dexó venir a mí libre."

"Señora donzella," respondió don Clarián, " a mí pesa mucho de vuestro daño, e ruégovos que os volváis comigo; que o vos me verés a mí morir, o verés vengados a vuestros primos y hermano."

"De tal cosa me guarde Dios," dixo la donzella, "pues escapé de muerte, no tornaré allá otra vegada," e luego se fue a más andar.

Gran pavor ovo la donzella que con don Clarián venía desto que oyó, e quisiera se volver. Mas él la esforçó mucho, e caminaron por su carrera adelante hasta llegar a un passo de dos grandes peñas. Guardávalo este passo un cormano de Dramades, e bien assí en otros tres passos que en la floresta había estaban Dramades e otros dos primos suyos: e todos [CVv] eran caballeros grandes de linaje de jayanes bravos, fuertes, e sobervios a maravilla. Dramades de la Floresta era mayor e más fuerte que todos, ca era hijo de aquel jayán que el rey Lantedón matara —que había nombre Rambrón el Malo— e de una dueña que cristiana había seydo. Este Dramades e sus primos desamaban mucho a los caballeros andantes, e por ende guardaban los passos de aquella floresta de día e de noche e cuantos por allí passaban: quier fuesse caballero o escudero, o dueña o donzella, mataban e prendían.

Tenían en sí tal concierto: que cada uno en su passo exercitasse de aquellas armas que se preciaba. Assí que el primero sería de lança, el segundo d'espada y el tercero de hacha. Dramades, que era él que los hermanos e primos de la donzella matara e prendiera, sería de maça —de que mucho se preciaba e sabía por su gran fuerza e valentía— e cuando alguno dellos estaba desseoso de hazer armas, remudávase en el passo del otro, porque ninguno venía que a pesar de ninguno dellos pudiesse passar el passo.

Pues como don Clarián por entre las dos peñas passasse, vio en un pequeño llano que en el valle se hazía una casa bien labrada, e ante ella corría una fuente toda cercada de fermosa arboleda: allí eran arrendados dos grandes caballos, e un hombre los guardaba. Assí como vio a don Clarián tocó un cuerno que tenía, e a la hora salió un gran caballero armado de armas jaldes, e acogióse al uno de los caballos y tomó una fuerte lança e fuesse para don Clarián.

CAPÍTULO LXXXV. CÓMO DON CLARIÁN SE COMBATIÓ CON LOS TRES HERMANOS PRIMOS DE DRAMADES DE LA FLORESTA QUE HABÍAN POR NOMBRE ORZONAL, TREMOAL, E SORROCAL.

Este caballero era uno de los tres hermanos primos de Dramades —el menor dellos— e había por nombre Orzonal. El cual como a don Clarián llegasse, dixo contra él: "Vos, don caballero, desacompañado venís para passar por aquí: que los passos desta floresta son bien defendidos; por ende os aparejad —que pues sois caballero andante— de muerto o preso no podéis escapar, demás si sois de la corte del emperador Vasperaldo, que todos son mis mortales enemigos."

"Caballero," dixo don Clarián, "él que teme a Dios buena compañía trae consigo, porque habrá la su gracia e merced en aquellas cosas que con razón acometiere. Mas vos —que no le temés según paresce en vuestra creencia y en la costumbre que aquí mantenés— estáis muy solo e desamparado de su ayuda. E sabed que yo soy dessa corte que dezís; e conozco en ella tales caballeros que si aquí estuviessen poco temerían vuestra guerra, e daros-ían bien el galardón del desamor que les tenéis."

"¿Hora fuesses tú," dixo Orzonal, "del linaje de aquel mal rey Lantedón, que seyendo caballero mató a mi tío traidoramente?"

Don Clarián, que de aquesto fue sañudo, respondió: "Sábete, mal caballero e descreído, que yo soy el pariente más cercano que esse rey tiene, ca soy su hijo; e a tiempo somos para que de mí tomés la emienda."

Dichas estas palabras luego se dexaron correr el uno contra el otro muy sañudos, y encontráronse tan bravamente que las lanças fueron quebradas. Don Clarián ovo falsadas todas las armas, aunque no fue ferido en la carne; mas Orzonal cayó en tierra, atravessado por medio del cuerpo un troço de lança en guisa que todo el fierro passaba de la otra parte, e luego fue muerto. Como don Clarián sobre él volvió, e assí muerto lo vido, dixo: "A Dios merced, que un enemigo tengo menos," e no curó más dél.

Los sirvientes de Orzonal —que aí estaban— fueron corriendo para su señor, e como muerto lo hallaron, fueron muy maravillados e dixeron contra don Clarián: "Caballero, sed cierto que esta muerte en vos será cruelmente vengada." E luego fue tocada una campana para que el otro su [CVIr] hermano que en el otro passo del valle estaba lo oyesse: era esta señal que Orzonal era muerto.

Don Clarián no curó desto, antes movió adelante con Manesil e la donzella, haziendo primero tomar una lanca de aquellas que aí estaban. Assí como entró por la espessura de los árboles de la floresta, encontró un enano que venía todo espantado e corriendo; e como a don Clarián vio dixo: "¡Ay señor, por Dios no me matés! que Dramades, vuestro cormano —que a mi señor e aun su sobrino ha muerto— os embía a dezir que me dexéis ir, e vuestros hermanos me han dexado passar."

"Enano," dixo don Clarián, "yo no soy desse linaje, lo cual yo agradezco mucho a Dios; mas buélvete comigo e verás que o yo haré compañía a tu señor, o con la merced suya yo le vengaré de aquel que lo mató."

"Por Dios señor," dixo el enano, "no ternía yo buen seso si tal hiziesse: que el miedo que traigo cogido de haber visto a Dramades, como fiere de aquella maça, no se partirá en gran tiempo de mí; e vos vais engañado, que si acá os han dexado passar, no ha seydo sino porque muráis a manos de essos otros," e luego el enano se fue.

Don Clarián movió adelante. La donzella que con mucho pavor iba le dixo: "Por Dios, señor, no queráis assí morir, e volvámosnos teniéndoos por contento con lo que habéis fecho; que a mi cuidar hoy habés ganado mayor honra que nunca ganastes."

Don Clarián, que gran esperanca había en Dios de passar por este fecho a su honra, dixo: "Cierto donzella, antes sería la mayor deshonra del mundo si me volviesse."

Ellos assí yendo vieron venir al otro hermano de Orzonal, el cual había nombre Tremoal: éste como oyera la campana venía a gran prissa al passo de las peñas, e como vio un caballero solo mucho fue maravillado, e dixo: "¿Cómo, captivo caballero? ¿Tú solo mataste a mi hermano? Esto no sé yo cómo pueda ser; mas sey cierto que nunca victoria oviste que tan cara te costasse."

E no queriéndolo allí acometer, volvióse a su passo: que eran dos arcos grandes e muy hermosos de piedra de mármol. E assí como don Clarián por ellos passó vio a Tremoal como estaba guisado de lo atender, mas no tenía lanç a; e dixo contra don Clarián: "Caballero, dexa la lança; que de espada te has de combatir comigo, porque es assí la costumbre."

"Dexarla he," dixo don Clarián, "porque tú no la tienes, mas no por cumplir tu costumbre."

Entonces dio la lança a Manesil, e metió mano a la espada que la duquesa de Guncer le había dado —que era muy buena— c acometiéronse el uno al otro, començando entresí una muy brava batalla. Tremoal lo cuidó ferir una vez por cima del yelmo, mas don Clarián alçó el escudo e rescibió el golpe en él: que fue tan grande que cuanto dél alcancó derribó por tierra; e decendiendo el golpe en soslayo cortóle una oreja del caballo. Como don Clarián preciasse mucho este caballo, fue desto tan sañudo que la estrella que en los pechos tenía e la frente se le encendieron de viva color: esto era señal de gran saña. Echando el escudo a tras tomó la espada a dos manos e dio tal golpe a Tremoal por cima del yelmo que lo hendió hasta los ojos. Tremoal cayó muerto en tierra, e cuando sus sirvientes muerto lo vieron dieron grandes bozes e alaridos diziendo: "¡Ha, don caballero, que en mal punto acá venistes, que vos comprarés caramente esta muerte!"

Mas un escudero bien apuesto se llegó a don Clarián e díxole passo: "Nuestro Señor Jesu Cristo e su bendita Madre sean con vos, señor caballero, para daros victoria contra estos diablos, porque vos vayas de aquí con muy crescida honra e yo salga de captiverio: que sabed que soy cristiano e fijo de caballero, y estoy en esta servidumbre bien ha tres años."

"Buen escudero," dixo don Clarián, "yo espero en Dios que antes de la noche os libraré deste captiverio si assí es como dezís."

Entonces sonaron otra campana, e moviendo don Clarián adelante, el escudero le dixo: "Se[CVIv] ñor caballero, a morir o a vivir yo quiero ir con vos," e fuesse con él, e assí como se iba los otros sirvientes daban grandes bozes e lo denostaban.

Bien oyó la campana Socorral —el mayor de los hermanos y el más fuerte— e también oyó las bozes que en el valle daban, mas no se movió de donde estaba, que era el passo de una puente que sobre un pequeño rio había. Como don Clarián allí llegó, Socorral —que todo aparejado estaba— le dixo: "¡Di caballero cativo! sólo has pasado los dos passos."

"Caballero astroso e desemejado," dixo él, "yo que creo firmemente en Aquel Señor que por salvar el mundo murió en la cruz bien bastó para ti, e bien assí con su ayuda he passado hasta venir aquí."

"Tú me dizes gran mentira," dixo Socorral, "que tú no bastarías a lo hazer, mas yo sabré de ti la verdad antes que mueras a mis manos."

"Bien assí será," dixo don Clarián, "que yo te la quiero dezir: e sábete que con el ayuda de Dios por mí son muertos tus dos hermanos; e yo soy hijo del rey Lantedón de Suecia, por ende toma de mí —si puedes— vengança de aquel jayán, tu tío, que él mató; e puedes ser cierto que tú le harás muy gran pesar si a mí me matas."

"Agora te digo que soy alegre," dixo Socorral, "pues en pariente tan cercano de aquél puedo tomar la vengança, assí de mi tío como de mis hermanos." E luego embió con un hombre suyo una hacha a don Clarián diziendo que dexasse la lança e se combatiesse con él de hacha: que tal era su costumbre.

"Los caballeros," respondió don Clarián, "poco acostumbramos combatir de hacha, mas no quiero rehusar su demanda."

Tomando la hacha dexóse ir para Socorral; e como don Clarián no fuesse acostumbrado de ferir de hacha tanto se juntó con Socorral que el otro no pudo ferir, e diéronse tales encuentros uno con otro que sus caballos se hizieron atrás más de dos braças. Don Clarián alçó otra vez la hacha por lo ferir, e tanto se llegó a él que lo firió con la asta de la hacha en tal manera que le fizo perder ambas las estriberas, e la hacha fue quebrada; mas Socorral, que bien sabía deste menester, diole tal golpe por cima del yelmo que todo se lo abolló, e fízole abaxar la cabeça contra el cuello del caballo. Don Clarián se sintió mucho deste golpe, e diole tal golpe con la asta de la hacha que le había quedado en ambas las manos, que su hacha le hizo caer en tierra. Entonces Socorral le echó los braços pensando de lo matar assí ligeramente. Ambos se trabaron tan de rezio que salieron de las sillas. Assí como en tierra fueron don Clarián se esforço tanto que sojuzgó a Socorral e púsolo debaxo sí, e quitándole el yelmo cortóle la cabeça —de que ovieron muy gran plazer Manesil e la donzella y el otro escudero, mas los sirvientes de Socorral hazían gran duelo. Don Clarián cabalgó entonces e movieron todos cuatro adelante.

CAPITU. LXXXVI. CÓMO DON CLARIÁN SE COMBATIÓ CON DRAMADES DE LA FLORESTA; E CÓMO TOMO EL CASTILLO DE RUEL E SOLTÓ LOS PRESOS QUE EN ÉL

HABÍA.

Muertos[47] Orzonal e Tremoal e Socorral —aquellos tan valientes caballeros— por mano de don Clarián, tocaron luego tres trompas: que era señal de ser todos tres muertos. Mas Dramades no las oyó; que en aquella sazón estaba en batalla con un caballero de los de la corte del emperador Vasperaldo: el cual era Canarpis de la Funda, hijo del duque de Babiera. Como don Clarián llegasse al passo que él guardaba, vio que era de dos huertas muy grandes y hermosas, llenas de todos árboles, donde había caños y fuentes maravillosas. En cada una de aquestas huertas había una casa muy labrada, e acerca de aí en un otero redondo estaba assentado un muy fuerte y hermoso castillo.

Don Clarián, catando a Dramades, violo armado de armas par [CVIIr] das. Muy grande y muy dessemejado le paresció: que sin falla tal era él, e vio que algunos de sus sirvientes ataban las manos a Canarpis de la Funda que él había preso, y conosciólo luego que estaba desarmado; por lo cual encomendándose a Dios que contra aquel diablo le diesse victoria, passó por entre las huertas diziendo a grandes bozes: "Dexad, malos hombres, el caballero; que no será preso como cuidades."

Dramades, que esto oyó, volvió la cabeça, e como viesse a don Clarián mucho fue maravillado; e cabalgando en un gran caballo que aí tenía díxole: "Di captivo caballero ¿por dónde has assí hurtadamente venido, o qué nueva cosa es ésta que mis cormanos hayan habido de ti piedad, que en tal guisa te hayan dexado venir?"

Don Clarián le respondió: "Nunca Dios traiga a ningún hombre bueno a tal estado que haya menester la piedad de tus cormanos: que en ellos no se hallará ninguna. Mas yo te digo que ya ellos son en parte que habrán aquel galardón que en este mundo merescieron."

"Según esso," dixo Dramades, "muertos son ellos."

"Sí son, sin falla," dixo don Clarián, "que yo los maté con el ayuda de Dios."

Estando él en estas palabras llegó un hombre que dixo a grandes bozes: "Señor Dramades, tomad vengança deste caballero que ha muerto a vuestros tres cormanos, e sabed que éste es hijo del rey Lantedón, que a vuestro padre mató."

Grande fue el plazer desto ovo Canarpis de la Funda conosciendo que éste fuesse don Clarián. Dramades de la Floresta fue dello tan triste que más no pudo ser, e sin embiar maça a don Clarián —como algunas vezes solía hazer a los que con él se combatían— dexóse ir a él con gran braveza. Entonces don Clarián, como no tuviesse lança, metió mano a su espada, e salióle a rescebir. Dramades lo cuidó ferir con su maça por cima de la cabeça. Don Clarián alçó el escudo, mas éste no era golpe de espada ni de flaco caballero: que el escudo fue hecho dos partes y el braço de don Clarián tan atormentado que no lo sintía. El golpe decendió al arzón de la silla e fízolo dos partes, y el caballo de don Clarián ahinojó con él en tierra. Cuando él vio que assí sería la maça, no fue mucho contento, mas con gran saña alçó la espada e dio a Dramades tal golpe en el braço derecho que las armas con gran parte dél le cortó.

---

[47] Puertos

Como Dramades quisiesse alçar otra vez la maça por lo ferir no tuvo fuerca en el braço. Entonces don Clarián se llegó a él e diole otro golpe por los pecho, tan grande que, por fuertes que eran las armas, cortó una pieça dellas. Dramades, viendo que de su maça no se podía bien ayudar, dexóla caer en tierra, e con muy gran saña que desto ovo metió mano a la espada que era muy grande e tajante. Embraçó su escudo e cuidó ferir a don Clarián por cima del yelmo, mas él, que en estrecho se veía por no tener escudo, guardóse del golpe e hízoselo perder. Desí juntósse mucho a él; diole tal golpe en el ombo siniestr⟩ que todo el braço le cortó sino muy poco de qué quedó colgado. Dramades fue deste golpe assí atordido que sin ningún sentido cayó del caballo. Don Clarián, que en tierra lo vio, no lo quiso acometer assí como estaba; antes apeándose del caballo, fue luego sobre él. Dramades, que vio su muerte cercana, levantóse muy prestamente e firió a don Clarián en la una pierna de guisa que todas las armas le cortó, e llagólo en la carne; e la poca fuerça que Dramades en el braçó tenía fue causa que el golpe no fuesse mayor. Como don Clarián assí llagado se viesse, crescióle gran saña e firió a Dramades por entre el ombro e la cabeça por manera que lo más del cuello le cortó contra los pechos, e Dramades se fue acostando a una parte por caer, poniendo una de las manos por tierra. Don Clarián le dio del pie por manera que lo hizo caer tendido por tierra, e yendo sobre él e quitándole el yelmo, vido que ya estaba en [CVIIv] punto de morir.

Algunos de la compaña de Dramades, que assí a su señor vieron, ovieron miedo de don Clarián e quisieron fuir al castillo, mas don Clarián los amenazó de muerte si lo hiziessen. Entonces se hincó de hinojos en tierra dando muchas gracias a Dios e a su bendita Madre por la gran victoria que en aquel día había ganado, diziendo que deste fecho él saliera con honra, más por la su gracia e misercordia que por bondad que en él oviesse.

Esto assí fecho fuesse para Canarpis de la Funda e hízolo luego desligar e díxole: "Buen señor Canarpis ¿conoscéisme?"

"Sí señor," dixo él, "que aunque no os haya visto la faz, por lo que he oído dezir e por lo que habéis hoy hecho, conozco que sois don Clarián de Landanís: aquel en quien tanta bondad Dios puso."

Entonces don Clarián se quitó el yelmo e rescibiéronse ambos ados con muy gran plazer.

Luego allí don Clarián ovo las llaves del castillo porque allí estaban aquellos que las tenían, e toda la gente de Dramades que aí era le pidieron merced de la vida. Don Clarián se la otorgó, diziéndoles que a todos aquellos que le pluguiesse ser cristianos que él les haría mucho bien. Antes que don Clarián del campo se partiesse mandó soterrar a Dramades de la Floresta acerca de una fuente que aí era, e mandó traer los otros tres primos suyos e meterlos allí con él; después a tiempo hizo poner sobre esta sepoltura un muy rico monumento por memoria deste fecho. E después que allí él y Canarpis de la Funda e su compaña ovieron comido, fuéronse para el castillo —que de Ruel había nombre— e las puertas les fueron luego abiertas, e don Clarián supo cómo del castillo era huyda la madre de Dramades con una hija suya —que aunque la mala muger de antes había sido cristiano, el diablo que la engañó que estaba en ella convertido, no le dexó haber gracia para volver a la sancta fe cathólica.

Don Clarián mandó sacar luego todos los presos, que fueron por todos ciento y veinte caballeros, cuarenta dueñas e donzellas y veinte escuderos: éstos eran sin otros muchos que por muy crueles prisiones que ovieran eran muertos. Todos los más dellos salían tan desnudos e desfigurados que grande lástima era de ver. Don Clarián los hizo salir todos al patio del castillo donde él e Canarpis de la Funda e la donzella estaban para los ver, e cosa fue de muy grande lástima e piedad de oír el grande clamor e alarido con que todos aquellos presos a don Clarián salvaron, diziendo a grandes bozes: "O caballero bienaventurado, el Señor del mundo te dé el galardón por tanto bien como hoy nos has fecho." E derrocáronse todos ante él, e aunque no quisiesse, los unos le besaban las manos, los otros los pies, otros la falda de la loriga, otros tocaban las manos en él y las besaban; e todos dezían: "Mándanos señor, que tuyos somos porque de tan cruel captiverio nos has librado."

No sabía don Clarián qué se hiziesse para amansar el remor que aquella gente tenía dándole grandes loores e gracias. E desque más assossegados los vido, díxoles: "Buena gente, dad todos las gracias desto a Nuestro Señor Dios por la merced que nos ha fecho, que a mí no hay por qué las dar, pues que si no fuesse por la su gracia e misericordia poco aprovecharía la fuerça ni poderío de ninguno; e si vosotros por mí algo querés hazer —si es cosa de daño no vos venga— ha de ser que dándoos yo manera para ello, todos vayáis junto a la corte del emperador Vasperaldo e os presentés ante la emperatriz e ante la princesa Gradamisa, su hija, de parte de don Clarián."

Todos ellos a una boz dixeron: "Señor, más contentos quedáramos aun si más nos quisiéssedes mandar, e lo que querés somos prestos de lo cumplir, e bendito sea Dios porque tal caballero como vos le plugo que en nuestros tiempos oviesse por quien tantos de bienes se hi [CVIIIr] ziessen."

Del castillo de Riel fue don Clarián muy pagado, que era muy fuerte e fermoso. Halló en él muy gran riqueza de thesoro e joyas, armas e caballos, e gran abundancia de viandas —sin muchos ganados del castillo porque por la comarca había— e repartió por los caballeros presos veinte caballos que Dramades e sus primos tenían. Assí mismo les dio a todos dineros con qué se pusiessen en orden; hizo curar de sí de dos llagas que tenía. E otro día embió por un clérigo a una villa cinco leguas de allí, el cual venido, baptizó toda la compaña de Dramades que de grado quisieron ser cristianos.

En todo aquel día todos los presos no hizieron sino hazer dança e bailas por el castillo con gran fiesta e alegría, e a la noche encendieron muchas luminarias y fuegos, e assí estuvieron con muy gran plazer hasta el tercero día. Entonces tomaron licencia de don Clarián y entraron en el camino de la corte del emperador Vasperaldo: cual a pie, cual a caballo, hasta que oviessen caballos y palafrenes en qué fuessen.

Sabido por la comarca que Dramades e sus primos —que tantas fuerça e desaguisados en este mundo hizieran, y tan temidos y nombrados eran— habían sido muertos por mano de un solo caballero, otrosí supieron quién el caballero era, e que había en él tanta hermosura y gracia que por maravilla se podía mirar, muy gran gente de aquella tierra de enderredor —assí hombres como mugeres— vinieron al castillo por ver a don Clarián, que tan gran fama por el mundo dél corría, y por ser más ciertos de la muerte de Dramades y sus primos que aún apenas lo podían creer, tanto eran temidos. Y venida allí aquella gente, don Clarián les mandaba dar muy cumplidamente todo lo que habían menester.

Allí vino el caballero viejo y su compaña —que como ya os habemos contado de los padrones que ante de la floresta estaban se habían buelto— el cual muy humildosamente demandó perdón a don Clarián de las palabras que contra él dixera. Don Clarián lo perdonó de buen talante y le dio muchos dones, y a la donzella que con él viniera hizo mucho bien. Tan maravillados estaban todos de su bondad y gran fermosura, de su franqueza e gracia, que no se enojaran de estar allí con él gran tiempo.

Por toda la tierra lo bendezían y rogaban a Dios por él porque assí los librara de la subjeción de Dramades de la Floresta y de sus primos. E partidas todas estas gentes del castillo, don Clarián hizo hazer allí donde matara a Dramades una casa de religión en honor de la sacratíssima Virgen Nuestra Señora; y de las rentas y heredades del castillo diole tanto que bien podían estar en ella quinze monjes que cada día rogassen a Dios por él. Mandó hazer otrosí una capilla muy rica en el castillo, e poner cruzes por todo aquel término. Allí armó caballero al escudero —de quien ya se ha dicho— que era cristiano: el cual según dize la historia era natural del reino de Panonia e hijo del conde de Uruela, que era pariente del rey de Panonia. Había nombre este escudero Colisedes, e por amor del rey de Panonia —a quien don Clarián mucho amaba— hizo él grande honra a Colisedes, e diole muy ricos dones. Mas la causa porque Colisedes allí preso estaba no se dirá aquí; que en el libro *Espejo de caballerías* llamado se cuenta.

Todo esto assí fecho, don Clarián puso en este castillo un buen caballero viejo de aquella tierra —que Arledes había nombre— el cual le hizo omenaje por él; e puso con él buena compaña de gentes que lo guardassen, porque le dixeron que Dramades de la Floresta tenía un hermano que había nombre Leocrates— muy valiente caballero— e que se temían dél, que cuando a aquella tierra viniesse pornía todo su poder por cobrar aquel castillo, pues había sido de su hermano.

A cabo de un mes que don Clarián allí estuvo, adereçó de se partir de allí; Canarpis de la Funda e Colise [CVIIIv] des le dixeron que si habría por bien que fuesen con él, mas se él escusó por entonces dellos con buena manera, e dio a Canarpis de la Funda muy ricas joyas e rogóle que llevasse en su compañía a Colisedes, porque en su bondad e buenas maneras él tomase doctrina —porque como había estado tanto tiempo en poder de aquellos malos caballeros no estaría tan diestro en las armas ni buenas costunbres que a caballero preciado pertenescían. Con tanto Canarpis de la Funda e Colisedes se partieron. E dize la historia que Colisedes fue muy buen caballero, mas de aventura que les aviniesse aquí no se haze mención, porque en el libro tercero de *Espejo de caballerías* están cumplidamente escriptas.

CAPITULO. LXXXVII. CÓMO DON CLARIÁN SE PARTIÓ DEL CASTILLO DE RUEL E JUSTÓ CON UN CABALLERO, E LO DERRIBÓ; E COMO ALLÍ OYÓ DEZIR DE CANDRAMÓN EL DESSEMEJADO, GIGANTE, PORQUE LE VINO EN VOLUNTAD DE LO IR A BUSCAR.

Cuenta la historia que otro día después que Canarpis de la Funda e Colisedes partieron, don Clarián acordó de partirse de allí, y encomendando a Dios a Arleses e a toda su compaña, partióse del castillo de Ruel; e tanto anduvo por su camino que se acercó a las riberas del mar océano a la parte de la provincia de Alania, e passando un día por un gran llano vio, entre unos árboles muy hermosos que allí había, una tienda armada.

Como don Clarián allí llegó, un caballero armado de todas armas que cabalgaba sobre un buen caballo ruano salió a él e díxole: "Caballero, deteneos, que a vos conviene hazer lo que otros muchos han fecho."

"Señor caballero," dixo don Clarián, "tal cosa puede ser que la haré de buena voluntad, e tal que no me estaría bien hazerla: mas dezidme qué es."

"Que os esté bien o que no, de hazerla tenéis," respondió el caballero, "y es que habés de dexar aquí una pieça de vuestras armas, porque será a vuestro plazer de dexar la que más a vos os agradare: hora sea el escudo o la espada, el yelmo o la lança, porque yo lo he prometido esto a una dueña mi amiga —que en aquella tienda está— de todos cuantos caballeros por aquí hoy passaren. E si vos no lo quisiéredes hazer con bien, os habés de combatir comigo; e sed bien cierto que si os venciere os tomaré el caballo, que assí lo he fecho a otros." E mostróle entonces cuatro caballos arrendados detrás de su tienda, que aquel día había tomado a otros que con él se habían combatido.

Don Clarián se sonrió de la demanda del caballero e díxole: "Señor caballero, ruégovos que tal no me demandéis, que yo no os puedo dar ninguna cosa déssas que dezís que a mí no haga gran falta; e vos podés con otro mejor servir a vuestra amiga que con armas: que no le hazen menester, pues no se ha de armar."

"Si esto que os digo cumplir no quisiéredes," respondió el caballero, "aparejaos luego a la batalla."

"Mucho os rogaría," dixo don Clarián, "que me dexéis ir mi camino, que en otras partes tengo mucho que hazer y por esto no me querría detener, porque yo os digo que antes que mi caballo ganássedes habríades bien que trabajar."

El caballero no atendió más, e tomando su lança a un escudero que se la traía, e dixo a grandes bozes contra la tienda: "Salid, amiga, salid e verés cómo os doy un hermoso caballo, aunque le falta una oreja."

Entonces salió de la tienda una dueña que a don Clarián no le paresció punto hermosa, y él dixo al caballero: "¿Cómo? ¿ y assí pensáis haber mi caballo? Pues no le daréis a vuestra amiga tal empresa como cuidades."

E tomando su lança a Manesil, movió contra el caballero; él otrosí para él: el cual quebró en él su lança, mas don Clarián lo firió [CIXr] de tal guisa que lo llagó muy mal, e dio con él en el suelo a punto de muerte. Cuando esto vio su amiga tomó gran pesar dello e fuesse corriendo contra allá, e dexóse caer en tierra sobre él haziendo muy gran duelo. Don Clarián descabalgó e cató la llaga al caballero; e vio que no era mortal, e començó a conortar la dueña; mas por mucho que don Clarián le dezía no le quería responder palabra. Como él viesse que ella estaba contra él tan sañuda, cabalgó en su caballo e partióse dende. E no fue mucho alongado cuando la dueña dixo: "Ay caballero, mal andante seas, e yo ruego a Dios que las manos de Candramón el Dessemejado se muevan muy airadas contra ti, que tanto de pesar e mal me has hecho."

Don Clarián bien oyó lo que ella dixo, de que mucho fue maravillado, e pensó en sí quién podría ser aquel de quien la dueña por gran vengança aquello dezía. E demandó a Manesil si había oído nombrar otra vegada aquel nombre. "Señor," dixo Manesil, "a mi parescer yo he oído dezir deste Candramón, que es el más temeroso y espantable jayán de todo el mundo." Don Clarián fue una pieça del día pensando cómo él iría a buscar este gigante si supiesse dónde era.

Aquella noche fueron alvergar a un castillo. Una dueña que era señora dél los rescibió muy bien. Ella e dos hijas suyas estaban vestidas de negro, e tan gran sabor habían de mirar a don Clarián —que tan apuesto y hermoso era— que en tanto que cenaba no partían dél los ojos. Después que don Clarián ovo cenado, entró un caballero, hijo de la dueña, armado de unas armas verdes, e con él otros dos caballeros que venían de un torneo juntamente. El hijo de la dueña habíalo hecho muy bien en aquel torneo aquel día. E como fuesse desarmado, rescibió muy bien a don Clarián, mostrando que mucho holgaba con su venida. Desí començó a contar a su madre e a sus hermanas de cómo en el torneo le aviniera.

Desque todo lo ovo assí contado, su madre lo besó e abraçó muchas vezes, diziendo: "Hijo mío: Dios por su gracia te quiera guardar de las manos de Candramón el Dessemejado que a tu padre y hermanos mató." El fijo de la dueña se sentó luego a cenar.

Mas don Clarián —que aquello oyó— fue metido en gran cuidado por saber deste Candramón el Dessemejado que tanto temor dél tenía; estando él assí cuidando, la dueña se allegó a él e le dixo: "Señor caballero, si algo os fallesce demandaldo, que tal sois vos que de grado vos será aquí dado todo lo que os cumpliere."

"Señora," dixo don Clarián, "yo os lo agradezco mucho, e sabed que el cuidado que yo tengo es por saber quién es este Candramón el Dessemejado de quien hablastes, porque hoy una dueña estando sañuda contra mí me dixo que rogaba a Dios que las manos de Candramón se moviessen airadas contra mí."

"¡Ay señor caballero!" dixo la dueña, "¡Cómo os maldezía tan fuertemente! que sabed que éste es el más bravo jayán y esquivo, cruel e dessemejado que nunca jamás en todo el mundo nasció, cuya vista es tan aborrescible e temerosa e espantable que es bastante a matar aquellos que lo miraren cuando está sañudo: que cierto quien su cara oviere visto no se espantará de ver la del diablo, por fea que sea. Este jayán —el cual yo a Dios ruego que en mis días lo vea confundido e destruído— me metió en tal cuita que jamás saldré della: que me mató mi marido e cinco hijos —todos caballeros— e yo vine huyendo de aquella tierra desmamparando toda mi heredad e víneme para este mi castillo en que agora esto; y escapé comigo a este mi hijo, que aquí vedes, con quien vivo algún tanto consolada. Mas, como yo, señor, vos digo, mi pérdida fue tan grande, que por memoria dello siempre visto e vestiré en cuanto en este mundo viviere paños de duelo."

"Buena señora," dixo don Clarián, "grandes maravillas e cosas me contáis de aquesse jayán [CIXv] e ruégovos que me digáis a cuál parte es su morada."

"Buen señor," dixo ella, "en la ínsula de Texón, donde él es señor; e desde allí haze muy grandes cruezas e males en una tierra de cristianos que junto a la ínsula está, que es del emperador Vasperaldo."

"Si Dios me ayude," dixo don Clarián, "mucho querría ver este jayán que entre los otros es tan nombrado."

"Señor caballero," dixo la dueña, "no tengáis tal pensamiento, que sería causa de vuestra perdición: porque tanto que él supiesse que érades caballero andante, luego os despedaçaría con sus manos."

"Una vez yo le querría ver," dixo don Clarián, "que después ponerme-ía al peligro que me viniesse." Todos cuantos en el castillo eran —que esto le oyeron— le tovieron por mengua de seso en lo que dezía. Otro día de gran mañana don Clarián, encomendándolos a Dios, partiósse del castillo. E por do quiera que iba demandaba dónde era la ínsula de Texón, e todos cuantos le oían que quería ir allá lo tenían por loco.

CAPITU. LXXXVIII. CÓMO DOZE DONZELLAS SALIERON A DON CLARIÁN A LAS COLUMNAS DE ERCOLES A LE PEDIR QUE POR DIOS LAS AYUDASSE A SALIR DE LA SERVIDUMBRE DE CANDRAMÓN EL DESSEMEJADO. Y ÉL SE LO OTORGÓ, E SE FUE CON ELLAS AL CASTILLO DE ARTIDEL.

Tanto anduvo don Clarián que se acercó a la ínsula de Texón. Y entró por aquella tierra que era del emperador. Entonces iba con él un escudero que días había que seguía su carrera —como adelante paresce. E un día a hora de tercia passaron por un camino donde estaban veinte e cuatro columnas de cristal muy fino: las doze de una parte, las doze de otra. E sobre cada una destas estaba un rey coronado de metal que tenía una espada en la mano. Cuanto los pilares duraban estaba el suelo enlosado de losas muy reluzientes, tenía su cobertura muy bien labrada, e no tenía sino dos entradas: que por todo lo otro era cercado de un fuerte muro. Más adelante estaba una casa hermosa e ricamente labrada. Don Clarián demandó al escudero que con él venía si sabía quién hiziera aquella obra.

El escudero le dixo: "Sabed, señor, que estos pilares son llamados las columnas de Ercules, e púsolas aquí por memoria de una muy gran batalla que venció en este llano contra los Alanos."

E como don Clarián por las columnas passó, salieron de la casa contra él doze donzellas sobre doze palafrenes, todas cubiertas de paños de duelo que al suelo llegaban. E cuando assí las vio mucho se maravilló de tal compaña como aquélla. Mas ellas descabalgaron, e todas se pusieron a derredor dél, los hinojos en tierra, travándole las unas por las riendas del caballo,[48] otras por la falda de la loriga, otras por los pies e por las manos, e juntamente llorando le dizen:

"Ay señor don Clarián, el mejor de los caballeros, acorred a nosotras cuitadas: pues que todas las dueñas e donzellas no tenemos después de Dios otro escudo que nos mampare ni otra espada que nos defienda sino vos: que por vuestro temor en muchas partes somos acatadas e honradas de aquellos que contra nosotras algún tuerto acometen, que si no por vos, nos harían todo mal. Ay buen caballero, a quien todo el

---

[48] callo

mundo ver dessea, acorrednos, pues nunca fallesció vuestro acorro a quien os lo demandasse, que no nos levantaremos de aquí hasta que nos prometáis vuestra ayuda." Mucho se maravilló don Clarián de ser conoscido en aquella tierra. E fue movido a tanta piedad de las donzellas en verles dezir tantas lástimas que las lágrimas le cayeron de los ojos, e quitándose el yelmo de la cabeça decendió del caballo por les hazer cortesía; e de lo ver tan hermoso fueron ellas muy maravilladas.

Haziéndolas él levantar dixo [CXr] les: "Señoras, mucho me maravillo que me conozcáis, e cierto —aunque yo no sea tal como vosotras dezís— tengo tanta lástima de vuestra cuita, e de veros todas ante mí así, que no veo la hora de ser metido a todo trabajo por serviros. E assí os prometo de no faltar dello, si por mi cuerpo se oviesse de comprar el remedio vuestro."

Entonces todas las donzellas dixeron: "Bendito sea Dios que tan cumplido en todas virtudes os hizo. E señor, no os maravillés de que os conozcamos; que después que vencistes e matastes a Dramades de la Floresta e a sus primos siempre hemos traído con vos nuestras espías: e la una es este escudero que con vos viene. Esto hazíamos por saber cuándo en esta tierra fuéssedes. E señor, el acorro que a nosotras hiziéredes bien e merced es que harés a gran muchedumbre de gentes. E sabida vuestra venida por todos los principales hombres desta tierra, fue acordado que {nosotras} donzellas os pidiéssemos, señor, acorro, assí porque vivimos aún en más servidumbre e captiverio que los otros, como porque por ser mugeres os moveríades a mayor compassión de nosotras."

"Por Dios, señoras," dixo don Clarián, "por cualquiera que mi ayuda oviesse menester haría todo mi poder. E no digo por todas, mas por la menor de vosotras me pornía a cualquier peligro de muerte que venir me pudiesse por os servir e ayudar. Solamente me queda de saber qué es aquello que de mí tenés necessidad."

Todas las donzellas le quisieron entonces besar los pies, mas él no consintió que tal cosa hiziessen. Ellas le dixeron: "Señor, cabalgad en vuestro caballo, e vernés con nosotras e contarvos hemos nuestra gran servidumbre e captiverio que tenemos."

Entonces cabalgaron él y ellas. Las donzellas lo guiaron al castillo de Artidel, un buen caballero, el cual por temor del jayán —como ya la historia lo ha contado— no osaba salir de aquel su castillo. E como don Clarián llevasse el yelmo quitado de la cabeça, las donzellas habían tanto sabor de lo mirar que no se acordaban de le dezir otra cosa alguna hasta tanto que él les rogó que le dixessen su menester. Entre aquellas donzellas venía una hija de Artidel, llamada Liselda, y era de las hermosas e graciosas donzellas que en gran parte se pudiessen fallar; la cual en fuerte punto para sí vio a don Clarián que del todo fue presa de sus amores. Esta con muy gracioso semblante le dixo:

"Buen señor, bien creo que habrés oído dezir de cómo Candramón el Dessemejado —el más crudo y esquivo y espantable jayán del mundo —es señor de la ínsula de Texón: el cual haze en esta tierra de cristianos —que es del emperador Vasperaldo— cruezas tan estrañas e malas que sólo de las oír os maravillarés mucho cuando más por estenso vos serán recontadas: entre las cuales de nosotras, las donzellas, haze la mayor crueza e más triste para nosotras —que jamás otro jayán ni caballero que en el mundo haya sido ni es fizo— y es está: que una fiesta que él celebra cada año a sus dioses —

que mejor se pueden dezir diablos, pues tales diabluras por ellos haze— la cual viene d'aquí a diez días. Toma desta tierra doze donzellas de las más hermosas que en ella se hallan, e yaze con la una dellas. Mas él es tan grande e tan feo que luego la donzella con quien él yaze es muerta: las otras házelas desonrar a sus hombres e sirvientes; después —aquélla muerta e las otras vivas— házelas quemar en un gran fuego que manda hazer. Con este sacrificio que destas doze donzellas cristianos haze, dize que tiene contentos a sus dioses.

"Agora podéis ver, señor, si es grande nuestra cuita e desventura, pues somos donzellas delicadas en quien ninguna defensa hay: porque por Dios —que por nos salvar se puso en la cruz— e por su bendita Madre e por lo que debéis a la orden de caballería, os rogamos e pedimos por merced por nos e por toda la gente desta tierra —que pues vos sois el mejor caba [CXv] llero del mundo— nos queráis poner remedio, e no os demandamos que os combatáis con él —que esto sería desesperación— mas que animés la gente de la tierra, que viéndoos cobrarán gran coraçón; e tomando con vos aquellos caballeros en quien esfuerço fallaredes para ello, podrá ser que desta guisa este gigante muera a vuestras manos con alguna manera de assechança, e si esto assí fuesse, vos, señor, libraríades esta tierra del más duro señorío e cruel captiverio en que ninguna otra fue."

"Buenas señoras," dixo don Clarián, "ya he oído fablar desse tan bravo jayán, e desde agora yo offrezco mi cuerpo a la muerte por vosotras e por las gentes de la tierra; porque allende de ser cristianos, son del señorío de aquel tan alto e noble príncipe el emperador Vasperaldo, cuyo servidor yo soy, e no me quedáis en mucho cargo desto, porque me habés rogado cosa que de mi propia voluntad yo venía a buscar."

Todas ellas le agradescieron muy humildosamente lo que dezía. E tanto anduvieron que llegaron al castillo del buen caballero Artidel, que era muy fuerte e bien labrado; fue allí don Clarián muy bien recebido, haziéndole tanto servicio e honra que al emperador Vasperaldo no se hiziera más. Sirviéronle a la tabla aquellas donzellas que con él vinieran, e Liselda, la hija de Artidel, le servía del vino. Ella era tan encendida de sus amores mirando su grande hermosura, que en otra cosa no tenía mientes.

Don Clarián demandó por qué causa aquellas donzellas vestían paños negros, e fuele dicho que gran tiempo había que todas las donzellas de aquella tierra se vestían assí por la gran servidumbre e captiverio en qué vivían.

Luego aquel día Artidel hizo mandado por todos los más honrados hombres de la comarca, haziéndoles saber como don Clarián de Landanís, aquel tan nombrado caballero, era allí arribado e se había offrecido de poner todas sus fuerças por los librar de la dura subjección de Candramón el Dessemejado; por ende que viniessen a su castillo para tomar consejo de lo que debían hazer, e que esto fuesse tan encelado que el jayán ni los paganos, sus comarcanos, no lo supiesen.

En este comedio don Clarián fue a ver las doze donzellas de quien el jayán había de hazer su cruel sacrificio: las cuales estaban ya señaladas e apartadas en una torre a dos leguas de allí. Con él fue Artidel, que hasta entonces gran tiempo había que de su castillo no osara salir. Allá llegados, gran lástima era de ver los gestos de aquellas cuitadas donzellas: que ya se puede pensar cuáles los ternían aquellas que tan cruel fin esperaban hazer. Rescibieron todas a don Clarián con un tan doloroso e sentible lloro que era para quebrar de lástima los coraçones de los que las oyessen, e dezíanle: "¡Ay caballero, a quien Dios hizo para remedio de los consolados e atribulados como nos somos, duélete de nos!"

Grande fue el dolor que don Clarián ovo de aquesto. Assí que las lágrimas le cayeron por la faz, e dixo consigo: "Señor piadoso, no quieras consentir que más dure tan gran crueza como ésta: que yo en el Tu nombre quiero emplear aquí mi vida por el remedio dello, confiando en Tu preciosa esperanca que me ayudarás. E si no te pluguiere por mis pecados, éstos quiero que sean mis postrimeros días."

Desí consoló las donzellas lo mejor que supo, mas tan esquivo e sentible era su duelo que él no pudo estar más allí. E volvióse para el castillo de Artidel. Pues sabido por los honrrados hombres de la tierra el mandado de Artidel, encubrieron mucho aquel fecho de la gente común con recelo que no ternían esfuerço de lo encubrir al bravo jayán. Luego los más dellos vinieron al castillo de Artidel, e cuando vieron a don Clarián maravillados fueron, que no pudieran creer que tan hermoso caballero en el mundo oviesse. Allí todos ayuntados, e habido consejo de lo que harían [CXIr] rogaron a Artidel que por parte de todos hablasse con don Clarián —que entonces presente estaba.

Artidel le dixo: "Señor, todos los de esta tierra os agradecen muy humildosamente quereros poner a tanto peligro por ellos, e dizen que en esto conocen no dezirse de balde, ser vos el mejor caballero del mundo. E ruegan vos, señor, mucho —assí ellos como todas las donzellas— cuales vos escogeréis e con éstos os pongáis ascondido en una villa que cerca de aquí es, e nos embiaremos a llamar al jayán con algún achaque, e assí como venga, los que allí serán ternán manera que él se desarme, y entonces vos, señor, trabajad con los que vos ternéis de lo matar. Pero es bien menester que esforcéis los caballeros para que este fecho osen acometer."

Oído por don Clarián la razón que Artidel por parte de todos le dezía, respondióles:

"Amigos e señores, cierto yo bien querría poner mi vida a cualquier riesgo por remediar vuestro daño, mas no la honrra por seguir vuestra voluntad. Porque nunca Dios tal quiera que como vosotros lo dezís yo lo haga: que entonces sería por todo el mundo denostado e amenguado, e no sería para parecer ante hombres buenos. E puesto que Candramón sea más fuerte de lo que me dizen, o que sea como el proprio diablo, pues yo no puedo morir por su mano más de una vez —assí como por mano de otro— nunca por miedo desta muerte destruiré assí mi fama. E no creáis que lo haga por escusarme: que yo aterné muy bien lo que a las donzellas prometí, poniendo con ayuda de Dios poderoso este mi cuerpo solo en el campo contra él de Candramón el Dessemejado, estando el suyo armado de todas armas e no de otra guisa."

En gran confusión fueron todos cuando oyeron la respuesta que don Clarián daba, que nunca de un tan estraño esfuerço como el suyo oyeran hablar. Que ellos le habían dicho de Candramón el Dessemejado tan orribles y espantosas cosas que en cualquier coraçón humano creyeran poner gran temor. Toviéronse ellos por perdidos e a don

Clarián por muerto si lo tal acometiesse, que aun assí, como de antes dezían, ponían gran dubda que se cumpliesse. Artidel le tornó a hablar por parte de todos, e díxole:
"Señor don Clarián, no se puede dezir mucho bien de un caballero —por bueno que sea— si en él no oviere cumplimiento de seso: porque si éste lo faltasse todo lo ál no le valdría cosa; e pues somos ciertos que éste haya en vos cumplidamente, por Dios vos rogamos que tal diablura no entre en vuestro pensamiento. Que si éste fuesse hecho, que oviéssedes de hazer con otro caballero, e aunque fuesse con un fuerte jayán no vos daríamos tal consejo, pues sabemos que sois vos el mejor e más esforçado caballero del mundo e de mayor nombradía. E aquí hay algunos que en uno de los grandes torneos que en la corte delemperador Vasperaldo se hizieron, vieron de un solo encuentro ser por vos muerto aquel bravo jayán Bracazande de las Ondas. Otrosí sabemos por vuestra mano ser muerto Dramades de la Floresta e sus primos —que en lugar de jayanes se pueden contar— e vencidos los tres hermanos de la Puente del Mal Passo, que tan nombrados eran, e Boraldán del Salado aquel tan fuerte e dubdado caballero. Assí que si éste fuesse hecho —que aun caballero el mejor que fuesse o haya seydo en el mundo se debiesse encomendar— no buscaríamos otro que a vos. Mas este jayán es tal, tan espantable, fuerte y grande, e tan deferenciado de los que hasta hoy se hayan visto, que no creemos que a otro que a Dios es dado poder de lo matar; e assí tenemos por cierto que El por nuestros peccados quiso que entre nos un tan cruel y feroz diablo nasciesse. E por Dios, señor, doleos desta tierra, e de las donzellas a quien vuestra ayuda prometistes, que si en la guisa que os dezimos lo querés hazer, por todo el mundo serés loado en quitar dél tal [CXIv] hombre: y en otra manera de todos seréis profaçado, diziendo que perdistes vuestro cuerpo y a todos nosotros y metistes vuestra ánima a desesperación. Y si en esto no acordáis, rogámosos, señor, que os partáis de aquí, que las donzellas os darán por quito; porque si el jayán lo sabe todos somos muertos."
Como el buen caballero estuviesse guarnecido de gran virtud y esfuerço que Dios en él había puesto, respondióles: "Buenos señores, harta desventura sería para mí haber tenido aquí si tal hiziesse, e pues yo tengo conoscido que Dios con poco de su poder puede matar este jayán, de culpar sería si de temor de aquí me fuesse; porque no en mi esfuerço, mas en su misericordia e ayuda tengo esperança. Que assí como me ha ayudado en otras cosas que en este mundo he acometido, también hará en ésta; e no creáis que aunque las donzellas me den por quito yo me dé por tal por lo que debo fazer. E pues tanto temor tenéis denme luego mis armas, que yo me quiero partir de vosotros e ir a buscar a Candramón a la ínsula."
Todos fueron en gran turbación de oír aquesto, teniéndole por muerto, e habían gran pesar porque don Clarián allí arribara. Mas como tan determinado lo vieron, rogáronle que cessasse de aquello por entonces, que ellos catarían más convenible tiempo para ello. Con tanto se partieron de aquella habla muy tristes. Acordaron de embiar por un hermitaño —hombre bueno e de sancta vida que acerca de aí estaba— para que él dixesse tantas cosas a don Clarián que lo hiziesse partir de aquel propósito.
Manesil estaba tan triste por este fecho que su señor quería acometer, que más no podía ser: porque según lo que de Candramón el Dessemejado se dezía, no veía en ello ál que

su muerte, e maldezía el día e la hora que por aquella tierra viniera.

Aquella noche las doze donzellas que a don Clarián allí truxeran fuéronse ante él, y echándose a sus pies rogáronle[49] que por servicio de Dios quisiesse fazer aquello que por los honrrados hombres de aquella tierra le era antes aconsejado, que puesto que con un caballero batalla oviesse de hazer, cualquiera que fuesse no le sería retraído hazerlo assí, pues muy bien se podía dezir que fuera constreñido por el ruego dellos, cuanto más con un jayán tan desmesurado.

"Señoras donzellas," dixo él, "no os maravillés si en este caso no os dexaré hazer de mí lo que querrés porque os ruego que no me fabléis en ello." E assí passaron toda aquella noche con menos alegría que de antes por la venida de don Clarián tenían.

CAPITU. LXXXIX. CÓMO EL HERMITAÑO OYÓ LA PENITENCIA A DON CLARIÁN E LE DIXO MUCHAS COSAS PORQUE NO SE COMBATIESSE CON CANDRAMÓN, E DE LA RESPUESTA QUE ÉL LE DIO.

El siguiente día venido, el hermitaño —que era muy anciano hombre de buena vida— vino al castillo: mucho plugo a don Clarián dello por se confessar con él, e fincando los hinojos en tierra besóle la mano; e el hombre bueno lo levantó luego de tierra e le dio su bendición, diziendo: "Buen hijo, Nuestro Señor Jesu Cristo, que tal os hizo, quiera guardar para las cosas de su sancto servicio."

Don Clarián lo tomó por la mano, e fuese con él a una capilla que en el castillo había; y después que ambos a dos ovieron fecho su oración don Clarián rogó al hermitaño que le oyesse de penitencia: a él plugo dello, e confessólo e absolviólo. Después hízolo assentar a par de sí e díxole estas palabras:

"Buen hijo, en muy gran cargo sois a Nuestro Señor Dios porque os quiso hazer tal que —según a mí me han dicho— vos sois hoy en el mundo tenido por el mejor e más esforçado caballero que hay en él; e por tanto sois más obligado que entre otro ninguno a mirar [CXIIr] por su servicio, que assí a El le plazerá de servirse de vos en todas aquellas cosas que fueren razonables e justas. E vos las tales debés las aprender e acometer, mas por respeto del servicio suyo que por vana gloria deste mundo. Mas aquellas que son fuera de toda razón e medida acometerlas, no es ál que perdimiento del cuerpo e desesperación del ánima. Digo esto, mi buen hijo, porque según paresce, queréis combatir con Candramón el Dessemejado cuerpo a cuerpo: lo cual es conoscidamente perder vuestra ánima, porque es más que si esperásedes a un gran roca que cayesse sobre vos. Mirad que es gran peccado de aquel que emprende las cosas que son fuera de la orden e fuerça de natura, que los hombres tientan a Dios cuando se estienden ultra del poder que El les ha dado. E los caballeros que sostienen la honra de caballería, como es razón, galardón merescen ante nuestro señor Jesu Cristo: como vos hasta aquí habés hecho. Pero en esto de agora no solamente perderíades el mérito que a Dios habéis merescido, si en tal demanda muriéssedes, mas aun del mundo también —que todos dirían que distes loca e desesperada fin a vuestras grandes

---

[49] rorogaronle

caballerías— porque os defiendo de parte de Dios e de vuestra ánima e conciencia que no acometáis tal diablura, e sino le queréis matar por alguna assechança dexaldo, que Dios lo confundirá: que aunque agora sufra que estos sus siervos peccadores sean mal tratados, algún día cuando a él pluguiere se dolerá dellos."

"Padre," respondió don Clarián, "yo quiero hablar con vos lo que a otro ninguno dixera. Yo soy un caballero, que en ojos de muchas gentes por más que valgo soy tenido, que tienen por cierto que por temor de la muerte no haría cosa que retraer se me pudiesse. Demás desto soy hijo del rey Lantedón, que en este mundo muy gran fama e nombradía alcançó. E tiene de que a mí redunda gran cargo, porque podéis creer que si yo éste o otro cualquier fecho por covardía dexasse, que me sería muy retraído: e padre, donde muera la honra, la vida también juntamente con ella peresce, porque él que deshonradamente vive, por muerto se podía contar. E Dios sabe que yo —no con mi esfuerço ni orgullo, mas con la grande esperança de su misericordia— me pongo a este fecho assí. E quiéroos dezir una cosa: que bien quisiera no ser venido por esta tierra por solo no ver la gran turbación que hay entre esta gente: mas pues Dios quiso aquí guiarme, yo me encomiendo a él que por ninguna cosa que me pueda avenir no dexaré esta demanda. E assí creo e tengo por cierto que a su inmensa bondad no desplazerá dello; antes me ayudará. E pues mi vida, o la del gigante han de dar fin en este fecho, yo, padre, me encomiendo en vuestras oraciones. E dezildes a estos hombres honrrados que si mucho temor tienen del jayán, que se metan en los castillos más fuertes que en esta tierra tienen; e a mí déxenme ir a combatir con él: que si yo aí muriera, allí podrán ellos estar seguros hasta ser socorridos del emperador Vasperaldo."

Como el hombre bueno viesse que don Clarián por cosas que él le dezía no se partía de su propósito, díxolo a los hombres buenos e volvióse para su hermita. Desto ovieron todos muy gran pesar, e muchos dellos dezían a Manesil: "Cierto, escudero, cruel fin quiere hazer vuestro señor, pues deste propósito no se quiere mudar: de la cual a nosotros pesaría mucho de su daño por ser tan buen caballero."

A Manesil pesaba mucho de lo oír, que bien assí lo tenía creído como ellos lo dezían. E gran confusión fue entre todos aquéllos que allí eran ayuntados: que algunos había que dezían que descubriessen este fecho al jayán, e se desculpassen dél lo mejor que pudiessen. Pero al cabo por consejo de Artidel acordaron de esperar el fin que desto vernía. [CXIIv]

CAPITULO XC QUE CUENTA DE QUÉ MANERA ES ASSENTADA LA ÍNSULA DE TEXÓN.

Venido el día que el jayán había de hazer su cruel sacrificio, don Clarián —que gran parte de la noche había estado en oración— se levantó antes del día e armóse aquellas muy ricas armas que la duquesa de Guncer le diera— que fasta entonces no se las había armado; después oyó missa e rescibió el cuerpo de Nuestro Señor muy debotamente, desí cabalgó en su caballo. Manesil le llevó la lança y el escudo, e fueron con él para le mostrar la ínsula dos caballeros: el uno era sobrino de Artidel, que había nombre Aulapin; e llegaron a la ínsula cuando el alva rompía.

Don Clarián la començó a catar, que le parescía la más estraña e fuerte que en el mundo podía ser. La ínsula era assentada en una entrada redonda que en la mar se hazía, e tenía tres salidas a tierra por puentes levadizas que desdel castillo a tres torres fuertes que sobre tres rocas estaban se podían hechar, e desde las tres torres a tierra podían ir por puentes muy fuertes de piedra, que cada uno dellos tenía a la entrada una torre. El castillo era el más fuerte y hermoso que se pudiesse hallar, e vicioso de todas las cosas. La ínsula era toda llena de florestas, caños fuertes, huertas, e arboledas muy deleitosas. Avía en torno cien millas, y era tan fuerte que ningún poder tenía, ca era fecha en tal guisa que no se podía a ella entrar sino por tres entradas: la una era por el castillo, e las otras dos eran en la ínsula para los pescadores e hombres que trataban en la mar. Estas eran hechas de gradas muy grandes que baxaban a la ribera. E sobre cada entrada déstas había una torre; e de tal guisa era hecha la ínsula que por todos los otros lugares había dende la tierra fasta el mar más de cien braças: assí que toda ella parescía fecha de peña tajada; era tan abastada e tan rica de todas cosas que maravilla era. Don Clarián, que muy bien la miraba dezía que no pudiera pensar que tan fuerte ínsula en el mundo oviesse.

E como ya el sol quisiesse salir, gran gente se começó a llegar en el llano —assí hombres como mugeres— que por mandado del jayán venían a su sacrificio, e todos sin armas. Aulapin y el otro caballero fuéronse entonces a desarmar porque el jayán no los viesse, dexando a don Clarián escondido en unos edeficios antiguos que allí había: que en aquel lugar quería él esperar a que Candramón saliesse. E llamando a Manesil díxole: "Amigo, tú vete entre la otra gente a pie, e si Dios quisiere que yo aquí pierda la vida irás ante mi señora Gradamisa; contarle has mi muerte, e díle que si yo a parte fuere como espero, que mi ruego sea acepto a Dios; siempre rogaré por ella. Otrosí, que no tuve en mucho ponerme a esta muerte, pues que quien osó llamarse suyo no debía temer ni recelar cosa deste mundo."

Manesil cumplió el mandado de su señor, e fuesse entre la gente, no pudiendo encubrir las lágrimas que de los ojos le caían en gran abundancia por verle en un tal peligro como esperaba.

CAPITU XCI. CÓMO DON CLARIÁN SE COMBATIÓ CON CANDRAMÓN EL DESSEMEJADO E DE LO QUE ENDE AVINO.

Pues no tardó mucho que en el campo fue encendido un gran fuego donde las donzellas habían de ser quemadas; ellas fueron traídas todas a aquel lugar atadas en una cuerda sobre un carro, e tan gran duelo era de verlas que aun a los animales debían mover a gran piedad, e las gentes que en el campo eran lloraban muy agramente. Don Clarián cuando las vio ovo tan gran duelo que las lágrimas le cayeron por los ojos muy a menudo. A esta sazón el temeroso jayán salia del castillo por una de las puentes; con él venían muchos de sus sirvientes armados. El, como en tierra firme fue, cabalgó en un caballo ruano, el más fuerte e mejor que en el mundo había, e bien era el tal [CXIIIr] pues que al jayán podía traer: la espantosa grandeza del gigante e su temerosa vista e su orrible figura era para poner gran temor a todos aquellos que lo viessen.

Pues ¿qué se podrá dezir de aquel[50] que el coraçón le bastasse a combatir con él,
por aborrescida que tuviesse la vida? El jayán venía armado sobre la loriga de unas
muy fuertes hojas de azero tan gruessas que ninguna arma las podría passar, e dos
hombres le traían una maça de hierro tan pesante que apenas la podían traer; otro
hombre le traía el yelmo, que era tan gruesso como tres dedos. E como quiera que el
caballo era el mejor del mundo, todo se venía doblando con la pesadumbre e grandeza
del jayán. Sus pies por poco no llegaban al suelo, e no es hombre al mundo que bien
pudiesse dezir su pavorosa e ynorme figura, de la cual la historia quiere contar: e dize
que él era de hedad de cuarenta e cinco años, e de altura más de diez y ocho pies. La
frente tenía ancha cerca de un pie, e sus cabellos parescían una espessa mata de aliaga.
Sus ojos, que eran mayores de un gran animal, parescían que echaban de sí fuego. Sus
narizes eran de anchura de un xeme, e las ventanas como de caballo. Su boca era
espantable, que los labrios había muy negros e retornados afuera, tan gruessos como
una mano, e los dientes de demasiada grandeza. El era tan gruesso por la garganta
como un caballero por la cinta. Sus manos eran espantosas, ca los dedos pulgares eran
tan gruessos como muñecas de otro hombre; e todo era cubierto de vello muy largo y
espesso. E porque no se haga duro de creer lo deste jayán, tal era él que ninguna otra
jayana quería casar con él. No había visto don Clarián cosa de que más se maravillasse
que de ver este gigante, y bien conosció que por hombre mortal no podría ser nuzido
si Dios con su infinita gracia no le ayudasse, e como quiera que el temor de muerte
mucho en su coraçón combatiesse, por esso no desmayó. Pues como el gigante a las
gentes llegasse, todos ellos —aunque eran parientes algunos dellos de las donzellas—
dexaron el duelo que por ellas hazían, por temor dél.

El jayán, tomando una lança a uno de los suyos, començó a ferir algunos dellos
dándoles palos, e diziendo con boz espantosa e como infernal: "O captiva gente ¿por
qué mostráis tan triste semblante el día de mi sacrificio? No me hagáis ensañar, si no
a todos os haré morir mala muerte."

Toda la gente fue metida en gran pavor e començaron de adereçar el fuego por
contentar al jayán. Aquellos que sabían del fecho de don Clarián creído tenían que
agora que él a Candramón había visto no osaría salir e se estaría encubierto. Los
sirvientes del jayán començaron a trabar de las donzellas para las meter en una casa
que aí era donde las habían de desonrar y el gigante había de entrar a yazer con una
dellas. Entonces todas ellas daban grandes bozes, diziendo: "¡Ay don Clarián, a quien
todo el mundo por tan bueno tiene! ¿por qué te fuiste sin nos acorrer como nos
prometiste?"

Como el buen caballero oyó los clamores de las donzellas, encomendóse muy de
coraçón a Dios e a Nuestra Señora su Madre e dixo: "O Señor del cielo, Tú seas aquel
que con las armas de tu justicia te plega hoy combatir por estas cuitadas donzellas."
Como esto ovo dicho luego sintió en sí gran conorte y esfuerço —que de la virtud de
Dios le venía— e no atendiendo más, salió de donde estaba, yéndose para los sirvientes

---

[50] aque

del jayán díxoles: "Traidores e malos: dexad estar las donzellas fasta que yo fable con el gigante," e haziéndolas meter en la casa mandó salir a todos fuera e cerró la puerta, e dixo a diez caballeros: "Guardad vosotros aquí, e no temáis nada, que hoy será Dios con vosotros e comigo."

Mas no ovo tal dellos que lo osasse fazer sino solo Manesil, que se metió dentro.

Don Clarián se fue para el jayán que de la otra parte de la casa estaba e díxole: "Candramón: cessen ya tus falsos sacrificios e malas obras de que Dios, todo poderoso, está ya ensañado; porque si del to [CXIIIv] do no te dexas de maltractar los cristianos, sábete que yo con ayuda suya vengo a combatir contigo."

El dessemejado jayán volvió entonces la cabeça con una espantosa vista, e dixo: "Cata que me dizes maravillas ¿eres tú por aventura aquel a quien las donzellas llamaban?"

"Sí soy," dixo él, "en tanto que Dios fuere servido."

"Hora te buelve por donde veniste —el mejor de los caballeros—" dixo el jayán, "que sin falla por tal debes ser tenido por sólo este esfuerço e gran osadía: digo esto porque tu muerto conozco que harías gran falta entre las gentes de tu nación, e yo no quiero alçar mi maça para matar una cosa tan pequeña para mí e tan grande para los otros; y cierto yo creo que los dioses te quieren bien, porque ninguno en mí jamás halló tanta piedad como tú agora."

"Esso es lo[51] que a mí mucho esfuerça, Candramón," respondió don Clarián, "que si nunca en ti fue hallada piedad, por tanto Dios estará de ti más enojado e le plazerá que tus malas obras e abominables hechos hagan hoy fin, e dará a mí gracia con que por mi mano seas muerto."

Cuando esto oyó el jayán fue tan sañudo que lançó por las narizes un humo tan negro que se cubrió todo dello, e no atendiendo más, como cerca de don Clarián estuviesse, arremetió para él por lo tomar con las manos. Mas don Clarián, haziéndose afuera, rompióle al passar un poco de la carne del rostro con el hierro de su lança, e díxole: "Candramón, confiando yo en la merced de Dios no creas que temo tanto tu fuerça como tú piensas: por ende ven a mí guisado de combatir porque yo no haga cosa que me sea retraída e que no querría, e si lo dexas de hazer no te terné por esso en más."

El jayán, que todo era encendido en saña por lo que don Clarián le hiziera, dixo: "¿Cómo, astroso caballero? ¿Huyes me? Atiende tu muerte, pues hiziste lo que nunca otro hombre hizo." Entonces se puso su yelmo, e tomando su maça sobre el braço isquierdo, dixo que nunca contra un caballero solo la alçaría. E con aquella lança que tenía en la mano movió contra don Clarián con la mayor braveza del mundo, diziendo: "Atiende, atiende, caballero captivo, e morirás con aquellas armas que tanto te precias."

Don Clarián, que guisado estaba, dexóse ir a él lo más rezio que pudo, e firiólo en las fojas muy duramente en guisa que quebró en él su lança: mas ninguna cosa prendió en ellas, de lo cual él fue muy triste, que bien pensó hazer mejor encuentro.

---

[51] ol

El jayán, que del menester de la lança no sabía, no traxo buen tino; e cuidándolo ferir a él, firió al caballo por medio de la frente en tal manera que la lança se echó por el cuello e hízosela salir por los pechos e juntar con tierra. Don Clarián, que espantado fue de aquel encuentro, no se temiendo por seguro de la vida, saltó en tierra muy ligero. El gigante passó tan rezio que su caballo tropeçó en él de don Clarián, e por bueno que era, cayó de hinojos e Candramón cayó en el suelo gran caída. Don Clarián fue luego sobre él, e firiólo de su espada por cima del yelmo, mas la espada resurtió arriba sin cortar cosa alguna, de que él fue en grande pavor metido, no le plaziendo de la gentileza que hiziera, e como el espantable jayán se levantasse muy pesadamente, llegóse a él e diole otro gran golpe en la juntura del pie siniestro tal que todo lo más dél le cortó.

Pues como Candramón no hallasse fuerça para se tener sobre el pie, fue tan airado que cuantos miraban solo en verlo les temblaban las carnes de miedo; e dio un gran bramido, e poniendo la una rodilla en tierra no curó de tener lo que prometiera; antes alçó la maca con[52] gran furia contra don Clarián. E con solo aquel golpe acabara la batalla si don Clarián con gran destreza no se lo hiziera perder e dar en tierra, e fue tan grande que la maça se soterró más de la mitad debaxo della. Entonces don Clarián se allegó a él e cuidólo ferir con[53] ambas manos, mas el golpe no alcançó tanto, e cortóle el dedo pulgar de [CXIIIIr] la mano siniestra con toda la asta de la maça; entonces el gigante lo firió con aquello que del asta le quedaba, de tal manera que lo hizo venir de manos por tierra. Mas él, con temor de la muerte, levantósse muy presto. El gigante lo cuidó asir con la una mano, mas no alcançó; e travóle por el faldar del arnés, e tirando él muy rezio —e don Clarián otrosí por no venir entre sus braços— salióse Candramón con una pieça de la coraça, e con pesar que ovo de no lo haber cobrado, apretóla entre su mano como si otra cosa muy blanda fuera; y metió mano a su muy grande e descomunal espada, esgrimióla contra don Clarián.

El alçó el escudo para rescibir el golpe, e la espada lo cortó todo altravés, e por poco no le llevó la mano a bueltas; y el golpe fue a dar en la silla del caballo de don Clarián, que muerto yazía, e cortó ambos arzones. Don Clarián, no poco maravillado deste golpe, se tiró afuera, viendo que no era cordura atenderle otro, e fue movido por tomar una lança a un hombre del gigante, más determinado antes de se poner a la ventura que hazerlo, acometió al jayán con gran osadía, e firiólo en el braço derecho; mas la espada cortó poco en las armas. Candramón lo cuidó entonces ferir por cima del yelmo; empero él se guardó con gran ligereza, e juntóse tanto al jayán que lo ferió de punta de espada entre la juntura del yelmo e los pechos, de guisa que la metió por la garganta hasta passar de la otra parte; e pensando que lo no había ferido, quisiera se tirar afuera: mas el jayán, teniendo lugar para ello, lo travó por el braço derecho y tráxolo a sí muy ligeramente. Don Clarián, viéndose en tan gran aventura y estrecho no pudo hazer ál que trabarse a braços con el jayán, poniendo sus fuerças con las

---

52 co
53 em

demasiadas dél. Candramón lo tomó entre sus braços, apretándolo tan fuertemente que las armas le abollaba sobre el cuerpo, e todos los huessos le hazía estremecer; e con la gran fuerça que puso, hizo venir tanta sangre a la garganta que se ahogó: assí que, cayendo tendido de espaldas, aquel tan feroz y esquivo jayán —que en todas las partes donde era conoscido o nombrado ponía gran temor y espantó— abrió los braços, dexando libre a don Clarián —quedó él muerto en el campo.

C Grandes enxemplos contra la sobervia —a este Candramón comparada— que en los coraçones humanos tanto reina se podrían de aquí, illustre señor, colegir. Mas considerando yo ser esta obra a vuestra illustre señoría dirigida —que de tan claríssimo y perfecto ingenio por la divina gracia es alumbrado— conoscido tengo que en su alta prudencia está muy bien comprehendido; no solamente aquello que por mi simple discreción aquí se dixesse, mas aun todo lo que de más que dezir se podría por aquellos a quien su gran sciencia, sabiduría, e ancianidad con más derecha razón y mayor auctoridad les es dado hablar en semejantes materias que a mi flaco juizio y juvenil hedad, tan despojados de todo esto, que me es más conviniente oír y aprender las tales doctrinas de otros que meterlas en escripto; porque disculpando en algo mi atrevimiento si en este libro algunas cosas desta calidad se hallaren. Digo, illustre señor, que esto se haze más por las reduzir a la memoria en lugares que al propósito hazen que por otra cosa alguna. Assí que, dexando esto por agora, remitiéndolo a aquéllos que dicho tengo, en solo prosseguir la historia me entiendo ocupar, pues que en esto en que la inclinación y natural desseo a mi entendimiento dan algunas alas para hablar, podrán parescer muchos y grandes defectos en lo otro como más ageno y estraño a él de creer es que el yerro sería mucho mayor.

CAPITULO XCII CÓMO DON CLARIAN GANÓ EL CASTILLO DE LA ÍNSULA DE TEXÓN Y EL BUEN CABALLO DE CANDRAMÓN EL DESSEMEJADO LLAMADO NORARTAQUE. [CXIIIv]
Don Clarián se levantó de sobre Candramón, muy cansado, e con assaz trabajo fincando los hinojos en tierra, e dio infinitas gracias a Dios por la gran merced que le hiziera en vencer e matar un tal jayán, cual jamás semejante en el mundo por mano de caballero perdiera la vida. Pues cuando todas aquellas gentes[54] vieron a Candramón muerto ¿quién podría dezir el gozo e alegría que en sus coraçones entró? Poniéndose todos de rodillas, daban en altas bozes muchas gracias a Dios e a su bendita Madre que a don Clarián dieran poder para acabar una tan estraña hazañas, y a El muy grandes loores.

Los sirvientes del jayán e otros moradores de la ínsula que allí eran pusiéronse en huir al castillo: mas todos fueron presos y muertos por los cristianos con piedras, e con sus mesmas armas. Manesil, con desigual gozo que tenía de ver a su señor assí librado, traxo antél las donzellas de quien se había de hazer el sacrificio: pues las cosas que

---

[54] gentens

ellas con don Clarián hazían muy largas serían de contar, las unas le besaban los pies, otras la falda de la loriga, diziéndole todas que cortasse la cabeça a Candramón porque ellas quedassen dél todo seguras.

El les respondió con alegre semblante: "Buenas donzellas, dad loores a Dios por la merced que el día de hoy nos ha fecho a todos, e del jayán no temáis; que ya nunca habrá poder de hazer más mal."

Allí cobró luego don Clarián las llaves del castillo de la ínsula, e haziendo desarmar el cuerpo de Candramón lo mandó lançar en el fuego que para las donzellas estaba hecho. El, queriendo mover para el castillo antes que los paganos de la ínsula fuessen avisados —porque después no habría remedio de lo poder haber— un sirviente del jayán —que era cristiano— le dixo: "Señor, no dexéis perder cosa tan preciada como es el caballo de Candramón, que cuando bien supiéredes su valor lo estimaréis más tener que a muy gran thesoro."

Don Clarián, mandando a Manesil que lo tomasse, fue assí a pie como estaba con mucha de aquella gente para el castillo y entró por las puentes, las cuales sin falla le fueran bien defendidas en manera que lo no pudiera cobrar sino fuera porque en él no había caballeros; antes todos eran sirvientes e gran parte dellos cristianos: que éstos trabajaban por le dar la entrada. Así que como don Clarián llegasse e hiziesse poner fuego a la puerta de una torre, con la discordia que entre los de dentro había todos acordaron de venir a su merced, y entregáronle el castillo. Cuando don Clarián se apoderó en él, fue muy alegre por haber cobrado una tal fuerça, que en el mundo no había su par: hallólo tan abastado de armas e de viandas que era maravilla, e ovo en él tantas joyas e thesoro que para un gran rey serían bastantes. Luego aquel día embió por Artidel, e fizo mandado por toda la tierra que todos los que armas pudiessen tomar fuessen con él dentro de ocho días. Esto fecho, las mesas fueron puestas e comieron en el castillo todos los que allá quisieron entrar. ¿Quién os podría dezir las grandes alegrías que aquella noche allí se hizieron? —que tantos fueron los fuegos y luminarias que se encendieron, que assí en la ínsula como en toda aquella comarca donde estas nuevas no se sabían, cuidaban que el castillo se ardiesse.

El otro día venido don Clarián dixo a los sirvientes del jayán, que paganos eran: "Amigos, los que cristianos quisiéredes ser, yo os haré mucho bien, e a los que no, yo os mandaré poner en salvo con todo lo vuestro." Todos ellos acordaron de tornarse cristianos.

Don Clarián demandó a uno dellos que era hombre anciano que le dixesse que por qué razón tenían por tan preciado el caballo de Candramón; él respondió:

"Porque, señores, es mucho de preciar, e dezirvos he por qué. Sabed que el padre de Candramón —que más que otro jayán de encantamentos supo— viendo que su hijo era tan grande e pesado que ningún caballo lo podía sufrir, acordó de buscar uno tal que lo pudiesse traer; e ovo dos yeguas e un caba [CXVr] llo de la ínsula de Cisnante, que es al oriente, donde los caballos son muy grandes e fermosos. Echó la una dellas al caballo por los cursos e planetas que él se entendía, en manera que dellos dos salió este caballo —que Norartaque es llamado— que su par no se fallaría en el mundo. E más os digo que él es encantado en guisa que hierro ni otra cosa alguna no le puede empeçer, e cada año haze tan gran diferencia en el pelo, que si no son los que mucho lo tractaren otros no lo conoscerán."

"Por cierto," dixo don Clarián, "si ello es assí yo he cobrado el mejor caballo del mundo porque agora os digo que no me hará falta el mío que yo perdí aunque era assaz bueno, e yo estimo más haberlo habido que a ningún thesoro que me oviessen dado."

CAPITULO XCIII. CÓMO DON CLARIÁN GANÓ TODA LA ÍNSULA DE TEXÓN, E CÓMO EL REY DRUMESTO Y EL REY ORENCÍN, SU HIJO, Y ESCALIÓN, EL SEÑOR DE LOS SIETE CASTILLOS, VINIERON SOBRE ELLA CON GRAN GENTE.

Sabido el mandado de don Clarián por toda aquella tierra, todos le obedescieron como si su señor natural fuera; vinieron al castillo en aparejo de guerra, e tan gran fiesta se hazía entre los cristianos por la muerte de Candramón, que mayor no se podía hazer. Parescíales que fuesse como en sueño ser muerto, especialmente por mano de un caballero don Clarián, que ya se sintía bien recobrado del daño que rescibiera cuando Candramón entre sus braços le apretara. Hizo saber cuántos caballeros había, e halló que serían setecientos por todos. Saliendo del castillo con toda aquella gente fue sobre una ciudad, la mayor de la ínsulada —Parcia— que era poblada toda de paganos: combatióla tan fuertemente que la entraron por fuerça. Todos los hombres que en ella se hallaron fueron puestos a espada e las mugeres e los niños escaparon, que tal defendimiento les puso don Clarián que ninguno dellos se matasse. Sabido por la ínsula la gran mortandad que en esta ciudad se hiziera, todos los moradores della vinieron a merced de don Clarián, e le entregaron las villas e castillos que tenían con tal pleytesía: que si algunos paganos quisiessen ser cristianos que quedassen en la ínsula con todas sus haziendas e haberes. E los que se quisiessen ir no pudiessen sacar otra cosa que sus cuerpos, e aquello que la voluntad de don Clarián fuesse de les dar para se partir. Esto assí firmado, muy pocos de los paganos quedaron, e todos se fueron a las tierras del rey Drumesto de Sandaniro e de su hijo, el rey Orencín de Calmen, e de Escalión, el señor de los Siete Castillos —que cerca de aí eran. Luego fue de los cristianos poblada la ínsula, porque era muy rica, fuerte e viciosa; e cada uno estimaba mucho vivir en ella. Don Clarián puso por obispo en la ciudad de Parcia a un hermano de Artidel que era hombre de buena vida: fizo hedificar iglesias e monesterios en la ínsula, e reformar todas las cosas al servicio de Dios.

Pues como los paganos —que de la ínsula se fueron a las tierras que ya se han dicho— llegassen tan destroçados y perdidos cómo se ha contado, grande fue el dolor que todos los paganos de aquello sintieron, e mucho mayor lo ovieron por la muerte de Candramón y por la pérdida de la ínsula: que con este jayán y con ella se esforçaban ellos mucho en aquella parte contra toda la cristiandad, e cuando oían dezir que por un solo caballero fuera muerto en batalla no lo podian creer —que les parescía una cosa muy grave y estraña. El rey Drumesto y el rey Orecín, su hijo, certificados bien deste fecho como passara, ayuntaron luego grandes gentes, y con ellos Escalión, el señor de los Siete Castillos, que era un muy duro y valiente pagano y hombre de assaz gran poder. Todos ellos juntos vinieron sobre la ínsula de Texón. Mas don Clarián, que de su venida fuera avisado, hiziera recoger toda la gente de los cristianos en la ínsula e por los castillos más fuertes de la tierra firme, e mandara alçar los ganados a las montañas. El rey Drume [CXVv] sto y el rey Orencín y Escalión, señor de los Siete Castillos, desque ovieron assentado su real acerca de la ínsula ovieron su consejo de lo que harían, diziendo que a la ínsula no podían ellos nuzir con todo el poder del mundo, si por mar no pudiessen ganar las dos entradas que en ella había: que pues que assí era, embiassen por navíos para los combatir, e que si la tomassen que todos los moradores della, pues eran cristianos passassen por espada e que trabajassen por quemar e derribar cuantos castillos e villas pudiessen de los que en tierra firme estaban; matar todas las gentes que en ellos fallassen. Para esto acordaron que Escalión, el señor de los Siete Castillos e Olacer, hermano del rey Drumesto, con la meytad de la hueste fuessen a lo fazer, y que el rey Drumesto y el rey Orencín, su fijo, quedassen en su real como estaban. Escalión e Olacer fueron por toda la tierra derribando e assolando villas e castillos, mas no hallaron gente sino en una villa de la que tomaron, e matáronlos a todos: que no escapó chico ni grande.

Como don Clarián supo esto ovo muy gran pesar, e viendo que la hueste de los paganos era assí partida, juntó toda la caballería; esforçólos mucho, diziéndoles: "Buenos amigos e señores, ya veis que la gente que sobre nos es venida nos precian tan poco que han partido su hueste por medio, e nos en la ínsula no tememos a todo el mundo; mas ellos pueden fazer mucho daño en la tierra firme. Por ende yo os ruego que os esforçéis todos, e mostremos a nuestros enemigos que no deben estar muy seguros de nos, e a la media noche salgamos e demos en ellos; e yo espero en Dios que los tomaremos en tal guisa que faremos algún buen hecho."

Todos respondieron que cumplirían su mandado muy de grado; que con su esfuerço no temerían de acometer cualquier cosa. Assí cada uno se adereçó para cuando la noche viniesse, e bien pensaban de hazer esto secretamente; mas un pagano captivo los descubrió —que como vino la noche se echó a nado, passó a tierre firme e hizo saber al rey Drumesto e al rey Orencín, su hijo, lo que los cristianos tenían acordado. Ellos aquella noche hizieron estar toda su hueste junta, e que todos estuviessen armados e a punto. Embiaron a dezir a Escalion, el señor de los Siete Castillos e Olacer, hermano del rey Drumesto, que sobre el castillo de Artidel estaban, que si no lo pudiessen tomar dentro de tres días que se viniessen a juntar con ellos.

Don Clarián aquella noche echóse sobre un lecho armado; cuando fue tiempo levantóse e mandó echar las puentes contra una parte, que ellos podían saltar sin ser sentidos ni estorvados de los paganos, porque no podían ellos allí llegar por grandes pantanos de agua e mucha espessura de bosques que en el lugar había. Salidos a tierra, don Clarián cabalgó en aquel poderoso caballo Nortartaque —que él en gran grado estimaba— e fue con su gente en buena ordenança contra sus enemigos: los cuales ellos pensaban hallar muy desapercibidos, mas no era assí; antes, todos estaban a caballo atendiéndolos. La noche hazía muy escura, e como don Clarián acerca llegó fue a ferir con su gente en ellos muy duramente. Los paganos lo rescibieron de tal guisa que de ambas partes fue hecho gran ruido, fueron derribados por tierra muchos caballos muertos e heridos, e comiénçase la batalla muy dura e muy áspera. E grandes eran las bozes que allí se daban, nombrando cada parte su apellido. Como don Clarián viesse assí la batalla mezclada lançóse por medio de los paganos sin algún temor, matando e derribando muchos dellos. La gran mortandad y estrago hazía en ellos, que si de día fuera, para ser visto, pocos se osaran a él llegar. Muchas vezes oían los suyos su boz e como dezía: "¡Alemania, Alemania!" Tan metido estaba entre enemigos que ninguno de los de su parte podía llegar con él. Tan reziamente fueron los paganos que perdieron una gran pieça del campo. Los cristianos robaron e [CXVIr] derribaron muchas de sus tiendas. Como esto viesse el rey Orencín —que era caballero mancebo e de gran coraçón— ovo gran pesar, y esforçó tanto los suyos que rebolvieron tan reziamente sobre los cristianos, que los llevaron hasta los meter por la espessura del bosque. D'esto ovo don Clarián gran pesar, no podiendo poner en ello remedio por la escuridad de la noche, e algunos de los caballos le dixeron que sería bueno bolver al castillo.

"Cierto," dixo don Clarián, "si con tan poca honra bolviéssemos, mejor nos fuera no haber salido acá."

E atendiendo el alva, assí començó a venir la luz; él mandó tocar todas sus tropas e atabales e acometió a sus enemigos de tal guisa que entonces se començó la cruda e brava batalla. Como muy bien se viessen, los unos a los otros matábanse sin ninguna piedad. Don Clarián por esforçar los suyos metíase por medio de los paganos hiriendo a diestro e a siniestro, derribando e matando cuantos alançaba, e tan gran daño hazía en ellos que todos huían ante él diziendo: "Guardaos, que éste es el diablo que mató a Candramón." E si no por don Clarián —que maravillas de armas hazía— los de su parte, aunque su deber hazían, no pudieran sufrir a los paganos, ca el rey Drumesto y el rey Orencín, su hijo, los esforçaban mucho.

Como don Clarián viesse al rey Orencín —que muy bravo por la batalla andaba— dexóse[55] ir a él e firiólo tan duramente de la lança que lo llagó mal en los pechos, e derribólo en tierra; luego firió a un primo del rey Drumesto de tal guisa que dio con él muerto en tierra. Metiendo mano a la espada fuesse para do vio andar al rey Drumesto e diole tales dos golpes que lo firió en la cabeça e derribólo del caballo desacordado; desí lançóse por medio de los otros derribándolos e firiéndolos a todas partes, e metíase con aquel tan buen caballo Norartaque por medio dellos sin recelo que oviesse que se lo matassen. Como los paganos desmayassen, viendo el daño que don Clarián en ellos hazía —e no viessen por la batalla a sus señores, que mucho los esforçaban— bolvieron las espaldas e començaron a fuir contra donde estaba la otra hueste. El rey Orencín —que entonces cobrara un caballo— como esto vio, metióse en fuída. Don Clarián, haziendo levar preso al rey Drumesto que en el campo quedaba, fue siguiendo el alcance de los paganos; los cuales como por los de la hueste que sobre el castillo de Artidel estaban fuessen vistos venir assí desbaratados, fueron puestos en gran temor e rebato todos, que desamparadas sus tiendas, huyeron la mayor parte dellos. El rey Orencín y Escalión, el señor de los Siete Castillos —que eran hombres de gran coraçón— trabajaban por rehazer los suyos e tornar a la batalla; mas no lo pudieron hazer, e al fin todos huyeron del campo. Los cristianos los siguieron todo

---

[55] de dexose

aquel día matando e prendiendo tantos dellos que el rey Orencín y el señor de los Siete Castillos e Olacer escaparon con muy pocos.

Como ya fuese cerca de noche don Clarián recojó los suyos e halló que en la batalla perdió dozientos y ochenta caballeros. Mucho preció aquel día a Artidel e Aulapín, su sobrino, que muy bien lo habían fecho. Bolviéronse los cristianos con muy gran plazer, e recojeron el despojo de ambos los reales, que fue tan grande que todos quedaron ricos— que el poder de los paganos que sobre ellos vinieron bien fueron más de seis mil caballeros. Don Clarián repartió el despojo sin tomar para sí cosa alguna dello, en guisa que cada uno quedó muy contento, e todos lo amaban como assí mesmos por la gran bondad que en él veían. Pues ¿quién podría contar la gran alegría que entre toda aquella gente había, viéndose assí libres de la cruel subjeción e gran captiverio de Candramón el Dessemejado? e sobre aquello haber habido una tan gran victoria contra sus enemigos; e considerando que la causa de todo aquel bien fuera don Clarián, todos ellos —grandes e pequeños— bendizían la hora en que él fue nacido e aquella tierra viniera, e cada uno se trabajaba por más le agradar e servir.

Un día los más honrados hombres dellos le dixeron: "Señor, coronaos rey desta ínsula, pues [CXVIv] por vos fue tan altamente la ganada, el emperador Vasperaldo os dará esta tierra que aquí tiene; e si él no os la diere nosotros la compraremos dél, si supiéssemos dar cuánto en este mundo habemos por ser vuestros; que entonces podríamos dezir que teníamos el mejor señor del mundo. E vos, por vuestro grande esfuerço, conquistáredes los reinos del rey Drumesto e del rey Orencín que nos son comarcanos: desta guisa seréis señor de gran tierra, e no muy lexos de vuestro reino de Suecia."

"Buenos amigos," dixo don Clarián, "yo vos agradezco tanto la voluntad que me tenés que me pesa por no haber hecho por vosotros aquello que yo querría; e yo no tengo tanta cobdicia de los bienes temporales que no me tenga por contento e dé muchas gracias a Dios por la parte que en ellos me ha dado. E pues vosotros avés por señor el más alto príncipe del mundo —cuyo servidor soy yo— todo lo que habemos fecho e más que hiziéssemos es para en su servicio. E porque esta ínsula es una cosa tan preciada yo querría hazello saber al emperador Vasperaldo cómo ha sido por nos ganada: que la mande tomar e poner en ella el recaudo que a él pluguiere."

A gran virtud e nobleza le tovieron todos esto que don Clarián dixo, e Aulapín, sobrino de Artidel —que era buen caballero— tomó sobre sí el cargo de ir con este mensaje al emperador, e púsose luego en camino para allá.

CAPITUL XCIIII. CEOMO EL REY Drumesto se tornó cristiano, e como muchos reyes e príncipes paganos se aparejaban de venir sobre la ínsula de Texón.

Como don Clarián supo que el rey Drumesto —que él en su prisión tenía— era guarido de sus llagas, mandólo traer ante él, haziéndole tanta honrra cuanto libre pudiera recebir; fízolo sentar en una silla e ante algunos honrados hombres que allí eran le dixo:

"Buen rey, esforçaos a los casos de fortuna como haríades a los de prosperidad, que esto es de los virtuosos coraçones, e agradeced mucho a Dios que no quiso que en la batalla muriéssedes; que si os puso en prisión fue para que no perdiéssedes el cuerpo, e salvéis el anima: esto es queriéndovos venir en verdadero conoscimiento, e de vuestra propia voluntad tornaros cristiano. Que cierto, si vos esto hazés, yo os seré leal e verdadero amigo todos tiempos, e os ayudaré de mi poder contra todos aquellos que daño os hizieren, sacando aquellos a quien yo debo aguardar; e yo soy cierto que si dais lugar a que la fe de Nuestro Señor Jesu Cristo os sea predicada, vos vernés de buena voluntad a rescebir baptismo, e ternés por burla e vanidad toda la creencia de vuestros ídolos."

Tanta gracia puso Dios en el rey Drumesto con estas razones que don Clarián le dixo, que respondió: "Virtuoso caballero, bueno es el castigo que por Dios es dado cuando por él venimos en verdadero conoscimiento e derecha correpción de nuestras obras —que yo assí tengo que ha seydo este mío—e conociendo ser vanidad los nuestros ídolos, e que aquel es verdadero Dios que a ti dio poder de matar a Candramón el Dessemejado —que en todo el mundo ponía espanto— e desbaratar con tan poca gente a mí e a mi hijo el rey Orencín, yo quiero de mi propia voluntad ser cristiano. E puedes creer que lo seré tan bueno, que temor de la muerte ni amor de mi hijo ni el perdimiento de mi reino no me hará tornar atrás en esto, e a Dios pluguiese que el rey Orencín, mi hijo, estuviesse de mi propósito."

Gran plazer ovieron don Clarián e todos los otros de oír aquesto. El rey Drumesto fue luego baptizado, e con él un cormano suyo que también fuera preso, que había nombre Ruger; e hízose por ello muy gran fiesta.

Pues en este comedio Liselda, la hija de Artidel, que padescía tanta cuita por los amores de don Clarián que ninguna holgança en su coraçón entraba sino cuando se veía antél, descubrióle un día su coraçón. [CXVIIr] Cuando él lo supo pesóle mucho, e díxole: "Buena señora Liselda, yo os ruego que vos os apartéis deste pensamiento; que vuestro padre es tan buen caballero e yo he rescebido dél tanta honra, que por cosa alguna no haría tal villanía contra él."

"¿Cómo, señor?" dixo Liselda. "¿Assí me dexarés tan cruelmente morir, e serés contra mí tan desmesurado, aviendo en vos tanta bondad?"

"Por Dios," dixo él, "otra cualquier cosa, por grave que sea, haré yo por vuestro amor, mas no ésta."

"Ay, don Clarián," respondió ella,[56] "que vuestra hermosura me fuerça a dezir todo esto, y en fuerte punto nacistes para dueñas e donzellas que alguna comprara caro vuestra hermosura."

Como don Clarián la vio tan cuitada temió que haría de sí algún mal, e dixo: "Liselda, sufríos por agora, que ya vendrá tiempo que por ventura esta cuita sea de vos partida."

Liselda se confortó algún tanto con esto, cuidando que don Clarián le otorgaría su amor, mas como quiera que esta palabra que él dixo salió verdadera no fue assí como

---

[56] ellla

ella oviera menester.

Agora dize la historia que como el rey Orencín y Escalión, señor de los Siete Castillos, llegaron en sus tierras desbaratados, el rey Orencín no estuvo mucho aí, e fuesse luego para la baxa Sycia al rey Surastaje —que era un fuerte caballero e de gran poder— e contóle su mala andança, assí mesmo la muerte de Candramón, e la pérdida de la ínsula de Texón, e díxole que pues de aquello se siguía gran daño a todos los paganos que le rogaba que se doliesse dello e le diesse acorro e consejo. El rey Surastaje e todos los caballeros de su corte fueron muy tristes destas nuevas, e más de la pérdida de la ínsula de Texón, que tan preciada era. El rey Surastaje le respondió: "Rey Orencín, no os desconfortés: que todas estas pérdidas serán recobradas, ca nos iremos sobre la ínsula de Texón e la tomaremos, matando a todos los cristianos della e de toda la tierra enderredor. E no creáis que Candramón el Dessemejado haya sido por un solo caballero muerto sino a gran engaño. Mas como quiera que ello sea, yo encomiendo la vengança dél a mi sobrino Artalo, que presente está."

Este Artalo era uno de los más fuertes caballeros que en todas aquellas partidas había, e aceptólo él muy de grado. Luego el rey Surastaje embió sus cartas al rey Bornabor su primo e al rey Arcybán de Luconia a la provincia de Alania; embió sus mensajeros al rey Orpanco e al rey Garsides, haziéndoles saber todo este fecho, e rogándoles que con todo su poder se aparejassen para ir a vengar el daño que de los cristianos habían rescebido. E todos ellos se aparejaban, assí por mar como por tierra, para venir sobre la ínsula de Texón. Otrosí el rey Surastaje embió a pedir acorro de gente al rey de Noxina, padre de Bruceres, que se la embió. Embió también a demandar ayuda al rey de Avandalia. Mas el buen caballero Delfanje de Avandalia, su hijo —que en desgracia de su padre estaba por se haber tornado cristiano— como no quisiesse que gente de su tierra fuesse contra don Clarián, púsose a lo estorvar, por lo cual entre él e su padre se movió guerra, aunque fasta allí habían estado en paz, e al fin la gente del rey de Abandalia no ovo de ir sobre la ínsula de Texón.

CAPITULO XCV. CÓMO AULAPÍN LLEGÓ A LA CORTE DEL EMPERADOR VASPERALDO E LE CONTÓ ESTAS NUEVAS, E CÓMO EL EMPERADOR EMBIÓ A LA ÍNSULA DE TEXÓN GRAN CABALLERÍA.

Aulapín[57] siguió su camino fasta llegar a la ciudad de Maguncia do entonces el emperador era. Aquel día se hazía gran fiesta en la corte porque el emperador había armado caballero un hijo del duque de Rauda, primo de Gastanís el Hermoso, que había nombre Ornolante de Randa. El emperador en su palacio, acompaña [CXVIIv] do de muchos príncipes e altos hombres, la emperatriz vino allí a comer con la princesa Gradamisa e con todas sus damas. En una gran tabla do el novel caballero comía se sentaban Florantel de Nuruega, Onoraldo de Borgoña, Gastanís el Hermoso, don Felisarte de Jaffa, Girarte de Yrlanda, Hermión de Caldonga, Roselao de Suevia, Armaleo de Laque, Dantesor el Preciado, Telión de la Maça, Galinor de Monferrán,

---

[57] Vulapin

don Danirteo de Gueldres, don Laurgel de Ariscón, Canarpis de la Funda e los buenos dos hermanos, hijos del duque de Autarrixa, Guirlaniz del Boscaje, Laucamor el Esforçado, Genadís de Suecia, Radiarte de Monris, e otros caballeros de cuento.

Las mesas alçadas, Aulapín entró por la puerta del palacio, y hecho el acatamiento que se debía hazer, dixo en alto que todos lo oyeron: "Muy alto e poderoso emperador, aquel muy esforçado caballero don Clarián de Landanís con gran reverencia besa vuestras manos, e se os embía mucho a encomendar, y embíaos a dezir que por cuanto la ínsula de Texón es de las mejores del mundo que la embiéis a tomar para vuestro servicio, la cual yo os digo que ha sido por él ganada tan altamente que mucho os maravillarés cuando os sea contado." Entonces contó punto por punto todo cuanto allá había passado como aquel que lo sabía muy bien. Estrañamente fueron el emperador e todos maravillados de oír estos fechos.

El emperador dixo: "Ay caballero, vos seáis muy bien venido como quien nos trae grandes nuevas del mejor caballero que hoy es, ni a mi cuidar ha sido en el mundo, e de aquel quien todos desseamos ver."

"Ay Dios," dixo Gastanís, "cómo iría yo de grado donde el buen caballero es."

"Buen amigo," dixo el emperador, "no tomés este trabajo, que él será muy presto aquí, ca yo le embiaré a rogar que lo más cedo que pudiere se venga para nos."

Pues ¿quién podría dezir el gran gozo que tenía aquella más fermosa Gradamisa en oír tan grandes nuevas de aquel que más que a sí amaba? e vínole gran soledad al coraçón con deseo de su vista. Aquel día retráxose a su cámara con Casilda, e díxole: "Mi buena amiga, ay Dios cómo soy de gran cuita aquexada en ver a don Clarián tan alongado de mí, e no sé qué consejo pueda haber para le embiar una mi letra muy secretamente en que le embiaré a dezir que luego se venga a esta corte."

"Señora," {dixo} Casilda, "bien tengo yo creído que no debe ser menor su cuita que la vuestra, e por Dios, señora, cuando él venga alcance de vos todo el favor que debe alcançar aquel de quien todo el mundo tan altamente habla; que si mucho le amáis, con mayores obras se lo debéis mostrar; e la carta escrevidla, que yo terné manera que sin sospecha sea levada: que la embiaré con una donzella de Panonia con quien Gastanís el Hermoso le embía letras: esta donzella es una de aquellas que don Clarián sacó de la prisión de Dramades de la Floresta."

"Amiga," dixo Gradamisa, "vuestro consejo me paresce bueno, y en lo ál Dios sabe mi intención y el desseo que yo tengo de fazer por don Clarián, e vos creo que conoscéis gran parte del verdadero amor que yo le tengo."

Con tanto la princesa Gradamisa escrivió la carta, e Casilda la metió en una caxa de marfil guarnida de oro e de piedras. Era fecha por tal arte que quien no lo supiesse no podría pensar que ésta se pudiesse abrir sino que fue de maciça. Sabía Casilda que don Clarián conocía bien esta caxa —que había sido de la reina Damabela su madre— e metiendo aquella caxa en otra de oro muy rica, dióla a la donzella de Panonia con la llave della e díxole: "Buen amiga, yo os ruego que levés esta caxa muy guardada a don Clarián; e cuando se la dierdes diréisle que la caxa de marfil que va dentro le embía la Dueña Encubierta porque es muy aprovada contra encantamentos. Dezilde que yo la tomé en guarda para se le embiar por escusar deste trabajo a una donzella de la condessa mi madre que la traía; e saludádmelo mucho de mi parte." La donzella tomó la caxa e metiósse luego a su camino.

El emperador hizo venir ante sí a don Palamís e díxole: "Don Palamís, buen amigo, yo os rue [CXVIIIr] go que vos vais a la ínsula de Texón con gente que os daré para que pongáis en ella aquel recado que fuere menester e a don Clarián paresciere, e para que si fuere necessario él e vos podáis dar la batalla aquellos paganos que contra vosotros se juntaren. A don Clarián saludarés mucho de mi parte como al caballero del mundo que más yo amo; rogarle-éis que luego se venga para mi corte —si es cosa que se puede fazer— e que dará la ínsula para la tener en cargo en poder de quien él la quisiere dexar, e de todo aquello que él quisiere disponer se haga assí como si yo mismo aí fuesse."

Don Palamís, a quien desto no plazía, respondió por escusarse: "Señor, si a la vuestra merced plaze yo iré de grado, mas el rey mi padre me había embiado llamar para ciertas cosas que mi ida faze menester, e yo me entendía partir muy presto." E como quiera que él esto dezía no era assí.

El emperador le respondió: "Pues don Palamís, cumplid el mandado del rey vuestro padre, que en ello me harés tanto plazer e servicio como si el mío cumpliésseis; e yo embiaré en este viaje a quien a mí bien visto fuere."

Desto plugo mucho a don Palamís, que no era su voluntad de ir a la ínsula de Texón; que verdaderamente fablando, él desamaba a don Clarián, e tenía sentimiento e pesar de ver que después que él viniera en aquella corte él ni los de su linaje no eran tan estimados como de ante, e no le plazía de ir a la ínsula de Texón a fazer todas las cosas por mano de don Clarián, ca él entendía que la guerra con los paganos no podía faltar. Assí mismo don Palamís no estuviera de buena voluntad cuando don Clarián en los grandes torneos de Alemaña, siendo tan mancebo, fuera capitán general do tantos reyes e príncipes e caballeros de gran cuento oviera; mas mostrara tener grado dello —al parecer— porque a todos los otros les plazía. E los caballeros principales de su linaje eran éstos: Flor de Mar, su hermano; Girarte de Yrlanda e Grisabor, su cormano, don Danirteo de Gueldres, don Laurgel Dariscón, hijo del duque de Saboya; e los dos hijos del duque de Autarrixa, Guirlaniz del Boscaje e Laucamor el Esforçado; Luquidán de Bontaner, hijo del duque de Lorrene; Garlamón de la Lista, Celendis, hijo del conde de Trisnaldis; e Tindarel de Belorgue. Otrosí tenían con él deudo don Felisarte de Jaffa, Armaleo de Laque, Dantesor el Preciado e otros caballeros cuyos nombres aquí no se escriven, los cuales valían mucho, e solían ser muy estimados en la corte del emperador puesto que otra parentela había en ella muy grande que con ellos solían siempre competir en las cosas que se ofrecían: éstos eran Honoraldo de Borgoña, Roselao de Suevia, Ermión de Caldonga, Telión de la Maça, Galinor de Monferrán e Monbeldán, Canarpis de la Funda, Ganifer de Montargis, Antifol de Janglante e Radiarte de Monris, Galerte de Mirabel e Tandalis de Nagorce. Con éstos tenían otrosí deudo Armaleo de Laque e don Felisarte e Dantesor el Preciado, mayor aún con don Palamís.

El emperador acordó de embiar a la ínsula de Texón a Telión de la Maça, hijo del conde de la Baxa Borgoña, con dos mil caballeros, e a Galinor de Monferrán, fijo del duque de Borbón, con otros dos mil, e demandaron licencia al emperador para ir con ellos Ornolante de Randa, el novel caballero; Genadís de Suecia, Tandalís de Nagorce, Argán de Fugel e Leonaldel; Delanor, fijo del conde de Tirol, e Artelot el Ligero, Elistrán de la Bella Guardia, Dantesín del Otero. E muchos otros de los preciados caballeros quisieran ir allá, mas el emperador los mandó quedar porque sintía bullicio entre algunos príncipes sus comarcanos —assí cristianos como paganos— e temíase de guerra. Esta gente que el emperador embió aparejaron su flota en la ciudad de Mayda para passar en la ínsula de Texón.

La donzella que a don Clarián levaba la carta —llegado ante un castillo, un caballero le tomó la caxa de oro que era muy rica, abrióla por ver lo que aí venía, e tomó la pequeña caxa de marfil; mas porque la donzella hazía gran duelo diole aquélla, e tomó para sí la otra. La donzella se partió con gran pesar e anduvo tanto que llegó a la ínsula de Texón; dio a don Clarián las letras de Gastanís el Hermoso con las cua [CXVIIIv] les a él plugo mucho. Diole otrosí la caxa de marfil, diziéndole lo que Casilda le mandara dezir, assí mesmo como la otra caxa de oro en que venía metida le fuera tomada por un caballero que era señor del castillo del llano de los padrones.

Don Clarián que bien conoció la caxa de marfil luego pensó lo que en ella podía venir, e díxole: "Donzella, no tengáis pena, que si la otra que os tomaron no había en sí más de su valor, a mí no pena mucho dello." Después de haber demandado a la donzella por muchas nuevas de la corte del emperador, apartóse con Manesil; abriendo la caxa vio la carta de su señora de que le vino al coraçón tan grande alegría que no sabía adónde fuesse, e leyéndola halló que dezía assí.

CARTA DE LA PRINCESA GRADAMISA A SU BUEN AMIGO DON CLARIÁN.

A vos, el más extremado e preciado caballero don Clarián de Landanis, mi verdadero e leal amigo: aquella que más que assí os ama os embía mucho a saludar con un tan claro e hirviente amor que no se podría poner en escripto —como en el coraçón queda encerrado— el cual por veros de sí tan alongado es metido en tan gran soledad e tristeza: que otra cosa que vuestra presencia no lo podría della sacar. E porque vuestra venida mi pena e la vuestra —que por menor que la mía no juzgo —alcance descanso, mucho vos ruego que en esto cumpláis mi voluntad e mandado, que como no haya cosa muy amada que no sea muy recelada, en tanto que de mí alongado estuviéredes no se pueden assí segurar la grandeza de vuestro muy esforçado coraçón e fortaleza de vuestros muy fuertes braços, que la flaqueza del mío no me ponga en gran dubda de os ver ante mis ojos como solía. E pues a vuestra gran nombradía no se hallaría par en el mundo —de que os debéis tener por satisfecho— no creo se os haga grave a respecto e contemplación mía la venida, por cobdicia de seguir más las aventuras —esto sea después de haber cumplido con el emperador mi padre, como debéis, y con vuestra honra en lo que sois obligado, porque en tal caso yo habría por bueno de padescer la pena de trabajo porque la gloria de vuestra fama aun si más es possible creciesse.

Don Clarián, leída la carta, ovo tan gran plazer con ella que las lágrimas le vinieron a los ojos con cuita e soledad que tenía por ver aquella que sobre todas las cosas amaba. Besando la carta muchas vezes metióla donde venía e púsosela al cuello, diziendo que si Dios le daba la vida él cumpliría muy presto el mandado de su señora. Mas esto no pudo ser tan aína como él pensaba.

CAPITULO XCVI. CÓMO EL REY SURASTAJE CON TODOS LOS OTROS PRÍNCIPES PAGANOS VINIERON SOBRE LA ÍNSULA DE TEXÓN CON MUY GRAN PODER DE GENTES E LA COMBATIERON.

No passaron muchos días después desto que arribaron en la ínsula de Texón Cardisel de la Vanda, hijo del duque de Calina, e Argadón, amo de don Clarián: los cuales fueron dél muy bien rescebidos. Argadón mostró la mayor alegría del mundo en ver a su criado, que tanto tiempo no oviera visto. Estos dixeron a don Clarián como el rey Lantedón, su padre, era avisado de que el rey Surastaje e otros príncipes paganos serían luego sobre él con gran poder de gentes que el rey Lantedón estaba para venir en persona en su ayuda, mas que oviera de quedar por ayudar a su suegro, el rey de Nuruega, contra el rey Tracyfar, que de la Baxa Sycia contra él se movía; que pues no podía venir por entonces, que embiaba con ellos quinientos caballeros que estuviessen a su servicio e mandado, e que si él tuviesse lugar de venir que vernía con todo su poder a lo ayudar.

Oído esto por don Clarián ovo sobre ello su consejo, e acordaron que toda la gente de los cristianos se recogiesse con todo lo su [CXIXr] yo en la ínsula: que no quedassen en tierra firme ningunos sino en el castillo de Artidel, y en otros dos castillos que eran tan fuertes que se podían bien defender aunque los combatiessen. No passaron ocho días que los quinientos caballeros de Suecia arribaron a la ínsula, e fueron de don Clarián bien recebidos; venía con ellos Abravor, hijo de Guiralda. Don Clarián atendió assí hasta tanto que la hueste de los paganos e la flota por la mar fue sobre la ínsula de Texón.

Aquí venía el rey Surastaje y el rey Bornabor, su[58] primo; el rey Orencín, el rey Arcibá, el rey Orpanco, el rey Garfides, el señor de los Siete Castillos e otros muchos ricos hombres. E traían tan gran poder de gentes que maravilla era de mirar. Allí fue gran buelta en el castillo y en toda la ínsula, e todos se metieron a las armas con muy gran diligencia. Don Clarián, tomando por la mano al rey Drumesto, yendo con ellos Cardisel de la Vanda, Ruger, e Argadón su amo; subieron todos a la más alta torre del castillo por mirar aquellas gentes: que los unos se daban gran priessa a fincar tiendas e pavellones en tierra, los otros a amainar velas y echar ancoras en la mar. E todo cuanto fazían los paganos era con tan gran grita e alaridos que el aire hazían reteñir.

Don Clarián, volviéndose al rey Drumesto e a los otros, díxoles: "Señor rey e buenos señores: en la parte que nos otros estamos poco temor tenemos del poder de todo el mundo; pero que si Dios me ayude, aunque somos pocos más de dos vezes, saldremos a nuestros enemigos e haremos de tal guisa que nos tengan en más que agora muestran."

---

[58] su su

"A todo me hallaréis presto buen caballero," respondió el rey Drumesto, "con doblado esfuerço que Dios me dará para combatir por su sancta ley."

"Buen señor," dixo don Clarián, "todos nos regiremos por vuestro consejo, e de mí os digo que no hay cosa en el mundo que de vos no fiasse, porque os tengo por noble rey e por fiel e verdadero cristiano."

"De esso, buen caballero," dixo el rey Drumesto, "a mis obras remito el testimonio dello."

Los paganos reposaron cuatro días adereçando su real e su flota, durante los cuales el rey Surastaje embió sus mensajeros a don Clarián que le dixesen de parte suya, e de los otros reyes e príncipes que allí eran, que luego les entregasse la ínsula de Texón, e al rey Drumesto que tenía preso, y que satisfiesse todo el daño que había hecho a los paganos: que con esto lo dexarían ir libre a él e a todos los suyos, que si no lo[59] quisiesse hazer que fuesse cierto que él e todos ellos serían passados por espada.

Don Clarián, oído este mensaje, respondió a los mensajeros que dixessen al rey Surastaje e a los otros reyes e príncipes que se quitassen de aquella fantasía: que él esperaba en Dios, no solamente defenderse dellos, mas aun hazerlos levantar de allí a su deshonra e daño. E que el rey Drumesto, por cuyo consejo e voluntad él e todos los cristianos se regían, no estaba preso, sino en toda su libertad: que supiessen que era apartado de la vana creencia de sus ídolos, e creía en la sancta fe cathólica firmemente; porque de allí adelante el mayor enemigo que ternían sería él. Esta respuesta dio don Clarián por voluntad del rey Drumesto.

Los mensajeros volvieron con la respuesta a los reyes paganos. Ellos ovieron gran pesar porque el rey Drumesto era cristiano, e sobre todos el rey Orencín, su hijo. Luego se aparejaron todos para combatir la ínsula por las dos entradas que en ella había e por las puentes del castillo. Don Clarián, mandando armar los suyos, encomendó la una de las entradas de la ínsula al rey Drumesto con trezientos caballeros, e la otra encomendó a Artidel con dozientos e cincuenta. A Cardisel de la Vanda e a Olbanor dioles cada cien caballeros, e que estuviessen a las entradas a caballo para que socorriessen si caso fuesse que fuesse menester; y él con su amo Argadón se puso en una torre de las puentes, e repartió por las otras la gente que tenía.

Algunos ovo que [CXIXv] dixeron a don Clarián que no debía hazer tanta confiança del rey Drumesto, pues tan poco había que era cristiano, demás que tenía su hijo e sus gentes con los enemigos.

"No tengáis tal recelo," respondió él, "que de fiar es de un hombre que sin premia alguna se vino a nuestra sancta fe."

A essa hora los paganos se venían llegando a combatir la ínsula y el castillo con todos sus navíos grandes e pequeños, en que venían gran muchedumbre de arqueros e ballesteros; e comiénçase allí el más fiero e bravo combate que jamás se vio. Lançándose los unos a los otros muchos dardos, saetas e frechas e fuego confacionado[60]

---

[59] o nlo
[60] Greek fire

e sobre todos estos manjares embiávanles los cristianos muchas piedras espessas como lluvia, con que gran daño hazían en ellos. Muchos de los paganos habían saltado en tierra: que de todas partes la ínsula tenía algún tanto de espaciura de llano. E subían por las gradas con gran coraçón, queriendo de todo en todo morir o cobrar la ínsula, mas tantos cuantos subían eran por los cristianos muertos e lançados abaxo. Assí que muchos de los paganos fallescían, e a todas partes era el combate tan bravo e las bozes tan altas que esto era una gran maravilla El rey Orencín —que a la parte del rey Drumesto su padre combatía— viendo que los suyos estaban muy cansados e maltrechos mandó cesar el combate, e como mirasse a su padre —que con gran animosidad esforçaba los suyos y por sus manos había muerto e ferido muchos paganos— dixo contra él: "O desleal e crudo padre ¿cómo te puede sufrir el coraçón ni ayudar te las manos para confundir los tuyos e tu propia sangre? ¿E cómo perdiste el seso, que assí olvidaste los nuestros dioses? —que rey te hizieron, no para esto mas para que de ti tomassen enxemplo los otros."

"Buen hijo," respondió el rey Drumesto, "sábete que yo he cobrado un tal Señor, que por él todas las cosas del mundo dexaría, e yo he tenido a gran bienaventurança la caída e abaxamiento del cuerpo por el ensalçamiento e gloria que el ánima espera. E pluguiesse a este Señor que yo digo que tú tuviesses también esta verdadera creencia para que yo te pudiesse ser verdadero padre, que de otra guisa no puedo ser sino mortal enemigo tuyo, e de todos aquellos que contigo son."

"O desleal loco sin seso," dixo el rey Orencín, "¿Cómo? ¿Desde agora te conviene vivir en pobreza? —que por lo que tú has fecho tu reino te tiene aborrecido e dexado, y de hoy más yo seré aquel que cruelmente con espada tajante vengaré en ti la saña que los dioses contra ti tienen."

Estas palabras dichas, luego se renovó entre ellos el combate tan bravo e cruel que espanto era de lo mirar. A la parte que Artidel guardaba combatían el rey Garsides y Escalión el señor de los Siete Castillos, e con ellos Geraldín —de quien la historia en los grandes torneos de Alemaña ha fecho mención —que era hijo del rey Orpanco; e tan bravamente combatían los unos e los otros, que las flechas y saetas que de una parte a otra passaban no parescían sino lluvia. Los paganos se esforçaban mucho; Cardisel hizo que los cristianos afloxassen en la defensa por engañar a los paganos, los cuales visto esto subieron más de seiscientos dellos por las gradas arriba con grande alarido, diziendo: "¡Nuestra es la ínsula, nuestra es la ínsula!"

Entonces Cardisel de la Vanda con otros caballeros batieron las piernas a los caballos e dan por medio dellos de tal guisa que todos fueron muertos e derribados abaxo. A la parte de las puentes —donde don Clarián estaba— no cessaba el combatir. Aquel día don Clarián tenía un arco en su mano con qué hazía gran daño en los paganos. Combatían la torre donde él estaba el rey Surastaje y el rey Arcibán de Luconia. E como de amas partes descansassen, Argadón dixo contra el rey de Luconia que él hazía mal, e quebrantaba las posturas que con el rey Lantedón, su señor, pusiera cuando lo soltara a él e a su hijo el rey de la ínsula de Golandia, aviéndolos preso en batalla. Esto era en venir contra don Clarián, que era su [CXXr] hijo, e contra la gente de Suecia que allí era. El rey Arcibán le respondió que él no quebraba cosa alguna de las que prometiera: que allí no era el rey Lantedón, ni este fecho era suyo sino del emperador Vasperaldo e de don Clarián con quien él no tenía postura alguna. Mas dize la historia que este rey Arcibán de Luconia, cuando sobre la ínsula viniera, hiziera tal postura con el rey Surastaje e con los otros reyes, que tomada la ínsula de Texón, fuessen luego sobre el rey Lantedón: a quien él daba parias e lo destruyessen. El rey Zoboar de Golandia, su hijo, también había de venir en este fecho, mas quedara por enfermedad que tenía en su reino.

Estando assí descansando —como se ha dicho— estas gentes, un bravo jayán llamado Tramolcán —de hedad de treinta e cinco años, primo de Candramón el Dessemejado— que con el rey Surastaje venía, regurosamente començó de amenazar a don Clarián, diziendo él por sus manos haber de vengar cruelmente en él la muerte de Candramón, su cormano, que engañosamente matara. Don Clarián, que bien sabía su nombre, respondió: "Tramolcán, usado soy de oír grandes sobervias de jayanes, e si el poder de vosotros no fuesse tan grande yo de buena voluntad atendería las vuestras en el campo. Mas espero en Dios que no tardará mucho que yo os haga de aquí levantar a todos deshonrradamente."

"Pues sed cierto, don caballero, que por estar a vuestro salvo assí habláis," dixo Artalo, "que aí era, que vos no podéis escapar de venir a mis manos, e rescebí cruel muerte por mí: que a mí es dada la vengança de Candramón."

"Artalo," dixo don Clarián, "los buenos caballeros no suelen amenazar, mas si vos hazéis tanto que por mi batalla e la vuestra sea partida esta guerra o gente, tanta por tanta yo lo haré muy de grado."

Entonces el rey Surastaje y el rey Arcibán de Luconia hizieron renovar la batalla, la cual se començó muy brava. Los paganos derribaron por el suelo una de las puentes de piedra: esto era a la parte que el rey Bornabor y el rey Orpanco combatían; mas la torre les defendieron muy duramente treinta caballeros que en ella estaban, e duró el combate hasta hora de vísperas, que los paganos se apartaron dende con muy gran daño que en sus gentes e navíos rescibieron. E dexando don Clarián gran guarda en todas las puertas que convenía, volvióse al castillo donde aquella noche hizo muy grande honra al rey Drumesto, que bien sabía todo lo que dixera e hiziera, e díxole que en todo ordenase lo que a él paresciesse, que él e todos harían su mandado.

Pues aquella noche los reyes e ricos omes de los paganos juntáronse en la tienda del rey Surastaje donde Artalo puso por sí el querer tomar la batalla contra don Clarián. Mas Geraldín —que bien a don Clarián conoscía— dixo al rey Surastaje que apartasse a su sobrino de aquel propósito, que él le hazía cierto que se pornía en grande aventura. El rey Surastaje dixo a Artalo que se dexasse dello, que muy presto sería la ínsula e las gentes della en su poder e que todos serían cruelmente muertos. Bien assí passaron quinze días que continuamente los paganos combatieron la ínsula y el castillo, mas no pudieron ganar cosa alguna sino derribar otra puente de piedra —de las que a tierra llegaban— mas esto no era ningún daño para el castillo.

Don Clarián salió una noche con todos los caballeros a dar en sus enemigos, e dexó el castillo encomendado al rey Drumesto. Muchos había que iban con grande recelo, diziendo que el rey de podría haber hecho el día de combate lo que hiziera porque se hiziesse dél mucho mayor confiança. Don Clarián les dixo: "Mis buenos amigos, no tengáis pensamiento que un hombre solo pueda hazer cosa de que mucho daño nos venga. Mas de mí os digo que no hay cosa del mundo que dél no fiasse."

E assí hablando llegaron al campo de los enemigos e dieron por la guarda —que ellos tenían peque [CXXv] ña por no recelarse de los cristianos— de tal guisa que luego los desbarataron. E comiençan de entrar por las tiendas matando e firiendo en ellos muy cruelmente. Allí fue gran buelta e gran bozería por todo el real; comiénçanse a tocar muchas trompas e atabales, e todos se meten a las armas a gran priessa. Don Clarián e los suyos los iban matando e firiendo e haziendo gran destroço en ellos. E como viesse que ya era tiempo de se volver hizo recoger su gente, e començóse a volver en buena ordenança.

Artalo y Escalión, el señor de los Siete Castillos —que hasta dos mil caballeros tenían recogidos— dexáronse ir sobre él. Allí se rebuelve la muy cruel e brava batalla, que muchos mueren de ambas las partes. Don Clarián hazía gran estrago e mortandad en los paganos. E como quiera que los cristianos fuessen menos, no perdían la plaça: ca los caballeros de Suecia —como aquellos que eran de los mejores del mundo— se mantenían muy bien contra sus enemigos. Artalo iba matando e firiendo cuantos cristianos alcançaba; no menos hazía gran daño en ellos Escalión, el señor de los Siete Castillos. Y como ya fuesse el día claro, don Clarián, que miró el daño que Artalo en los suyos hazía, dexóse ir a él con una lança que tenía, e firiólo tan poderosamente que lo llagó en el cuerpo, e derribólo del caballo. Como Artalo cayó, los paganos tornaron atrás ya cuanto.

Entonces don Clarián hizo recoger los suyos al bosque ca vio venir al rey Orencín con un tropel de más de tres mil caballeros; el cual llegado, pugnó por entrar con los cristianos en el bosque, mas esto no se pudo hazer. Como don Clarián viesse al rey Orencín tan cerca de sí, fuesse para él e diole tal golpe de la lança que lo derribó en tierra e óvolo prisionero. Entonce vino sobre él un hijo de Escalión por se lo quitar, mas Argadón, que al costado de don Clarián iba, lo encontró tan duramente que lo derribó muerto en tierra. Los paganos, viendo que en aquel lugar no podían hazer daño a los cristianos, tomaron el cuerpo del hijo de Escalión, e volviéronse con gran pesar, assí de la muerte déste como de la prisión del rey Orencín. Escalión, el señor de los Siete Castillos, hizo muy gran llanto por su hijo.

Don Clarián se tornó con los suyos al castillo, e cuando el rey Drumesto vio a su hijo, el rey Orencín, las lágrimas le vinieron a los ojos; affectuosamente le amonestó e rogó quisiesse ser cristiano. El rey Orencín, respondiendo muy sañudamente, le dixo que no hablasse de aquello, ni tampoco le llamasse hijo; ca él no lo tenía por padre sino por enemigo mortal; e que él fiaba en los dioses que, aunque estuviesse preso, no tardaría mucho que los ternía a todos ellos a su merced e que los mataría muy cruelmente. Desto fue sañudo don Clarián e díxole: "Rey Orencín, no debríades tener tanto orgullo, pues estáis en prisión, ni menos denostar assí al rey vuestro padre por ser él buelto a Dios: que le dará el galardón muy crecido. E porque veáis que los que en El creemos e confiamos no tenemos en mucho vuestro temor, yo vos doy por quito de la prisión para que os vayáis a los vuestros, e nos hagáis todo el mal e daño que pudiéredes."

"Assí vos lo prometo," dixo el rey Orencín, "que yo buscaré con todo mi poder vuestra muerte."

"Mi muerte," dixo don Clarián, "en las manos de Dios está, e no en las vuestras ni de otro alguno, si no fuesse que a El pluguiesse dello. E agora vos sois libre, assí de la prisión como de cuanto dixéredes: lo cual yo he fecho por amor de vuestro padre. Mas yo os prometo que si otra vez me caes en las manos que no hablarés tan osadamente de mi muerte como agora."

El rey Orencín fuese para los suyos que con él ovieron gran plazer. Contóles en qué guisa fue libre e díxoles cómo don Clarián —aquel de quien tanto se hablaba— era el más hermoso caballero que en el mundo podía ser, e que se maravillaba de la bondad que en él había. Artalo, que muy sañudo estaba contra él, dixo: "Ya los dioses no me ayuden si otra vez le veo en el campo si él e yo nos parti [CXXIr] mos sin muerte de uno de nos." El rey Surastaje —a quien todos los otros reyes e príncipes habían dado el cargo de governar la hueste— como tuviesse gran pesar del daño que don Clarián en los paganos hiziera, mandó poner gran guarda en su real de allí adelante.

CAPITULO XCVII. CÓMO LA FLOTA DEL EMPERADOR ENTRÓ EN EL PUERTO DE LA ÍNSULA A PESAR DE LOS PAGANOS, E CÓMO DON CLARIÁN SALIÓ CONTRA ELLOS AL CAMPO.

Pues dize la historia que estando un día don Clarián con el rey Drumesto a las finiestras del castillo paresció por la mar toda la flota del emperador. E ante todos los navíos venía una gruessa carraca que sobre la gavia traía la enseña del emperador. En ella venía Telión de la Maça e Galinor de Monferrán, Genadís de Suecia, Ornolante de Rauda, Tandalis de Nagorce, Argán de Fugel, Delanor e Leonadel, Elystrán de la Bella Guardia e Artelot el Ligero, Danesín del Otero e Aulapín, a quien el emperador gran bien e merced fiziera por las nuevas que llevara. Grande fue el plazer que todos ovieron porque la flota venía, e subiéronse por las torres e finiestras del castillo por los mirar. E como los paganos reconocieron la armada del emperador aparejaron todos sus navíos para salir contra ella.

Visto por don Clarián, hizo armar dozientos caballeros de Suecia; metióse con ellos en un navío de la ínsula, e alçando velas salieron del puerto sin rescebir daño alguno. Como los de la flota conoscieron la seña del emperador que este navío traía, luego entendieron que era de los suyos. E como más cerca llegaron don Clarián, que en el castillo de popa iba, fue conocido de todos. Entonces lo recibió toda la armada con gran estruendo de bozes e alegría, e por mayor fiesta le hazer Telión de la Maça e Galinor de Monferrán hizieron amainar todas las velas. Don Clarián se passó a la carraca donde ellos venían, dexando en aquel navío a Cardisel de la Vanda; e de todos aquellos caballeros fue con muy gran fiesta rescebido —luego movió la flota. Juntamente a esta sazón toda la flota de los paganos se venían acercando a ellos, assí que aquí se apareja gran batalla; e como toda la gente estuviesse en orden de combatir, don Clarián hizo endereçar la carraca contra do venían las señas del rey Surastaje y del rey Arcybán de Luconia, y envistió con ellos tan rezio con este navío que todas las velas dél rompió, e hízolo abrir por medio: assí que todos los más de los que en él venían fueron muertos e presos, e fue preso Artalo, que aí venía. El rey Surastaje y el rey Arcyban escaparon a otro navío.

En aquella hora se mezcló entre ellos una de las más fieras e bravas batallas que se nunca vieron, lançándose unos a otros dardos e piedras, flechas e saetas en tan gran muchedumbre que parecía quitar el sol; otros que más se juntaban feríanse de grandes golpes de espadas e lanças. Mas como la flota de los cristianos fuesse de mayores e más altos navíos, señoreaba en los de las gavias e de los castillos, de donde les hazían gran daño e mataban tantos dellos que las aguas de la mar se volvían en sangre. El viento que hazía fresco hizo tan gran pro a los gruessos navíos de los cristianos que a pesar de los paganos la armada entró en el puerto de la ínsula sin perder más de un navío que venía con vitualla, mas muchos dellos fueron muertos e feridos. Fue ferido Argán de Fugel de una saeta por la pierna, e don Clarián fue ya cuanto llagado en el braço de una flecha. Otrosí fueron feridos Tandalis de Nagorce y Elistrán de la Bella Guardia, mas los paganos recibieron desigual daño. Grande fue el pesar que el rey Surastaje ovo de la prisión de su sobrino Artalo, e assí mesmo todos los otros, ca lo preciaban sobre todos los caballeros de su hueste; e tenían temor que don Clarián lo hiziesse matar. Mas él lo hazía muy al contrario desto; ca le hazía toda honra e plazer.

Passados algunos días don Clarián [CXXIv] ordenó de salir a sus enemigos con cuatro mil caballeros. E porque los paganos estuviessen más sin recelo dello hizo tener gran bullicio e hazer grandes fuegos por el castillo e por todas las torres. E como en el campo fue, ordenó las hazes en esta guisa: dio al rey Drumesto mil caballeros para que él e su sobrino Ruger estuviessen con esta gente a la entrada del bosque para recoger los suyos cuando necessario fuesse, e tomó para sí la primera haz con ochocientos caballeros en qué iban la gente de Suecia, de quien él mucho fiaba. La segunda haz ovo Telión de la Maça. La tercera llevaban Genadís de Suecia e su cormano Cardisel de la Vanda. La cuarta Argán de Fugel e Delanor. La quinta, Galinor de Monferrán. Como cerca de los enemigos fueron, don Clarián —que había la delantera— hizo tocar todas las tropas e atabales e dio por medio de la guarda de los enemigos, que eran bien tres mil caballeros y estaba con ellos Damanteo, hijo mayor del rey Orpanco.

Allí se començó una cruel lid e brava batalla, que de los primeros encuentros cayeron por tierra más de cuatrocientos caballeros. La prissa e las bozes eran muy grandes, las cuales como en el real fuessen oídas todos se metían a las armas. Don Clarián hizo tanto que desbarató a Damanteo e a su gente. Los cristianos començaron a entrar por el real matando e firiendo hombres e caballos, derribando tiendas e pavellones e faziendo gran daño, e ya el alva parescía clara cuando el rey Surastaje y el rey Orpanco se dexaron venir sobre don Clarián con más de tres mil caballeros. El, cuando esto vio, hizo juntar su haz con la de Telión de la Maça, e todos hechos un tropel juntáronse con los paganos de tal guisa que allí fue muy grande la prissa y el estruendo de las heridas. Entonces veríades allí caer por tierra muchos caballeros muertos e feridos; hora se renueva entrellos la muy áspera e fiera batalla encendida en tan gran furor e saña que gran daño se recrece de ambas las partes. Telión de la Maça, que vio un primo del rey Surastaje que andaba muy bravo por la batalla, dexóse ir a él e dióle tales dos golpes de su maça por cima de la cabeça que lo derribó al suelo muerto.

Don Clarián, mirando que el rey Orpanco hazía gran daño en los suyos, fuesse para él; el rey Orpanco lo salió a recebir e diéronse tales encuentros que las lanças bolaron en pieças, mas el rey Orpanco cayó muerto en tierra, de la cual muerte los paganos sintieron gran mengua. Don Clarián, metiendo mano a la espada, lançóse por medio de la batalla firiendo, derribando e matando cuantos ante sí hallaba, assí descurriendo por todas partes, su espada tinta en sangre hasta el puño, haziendo gran daño en los paganos e metiéndolos en tan gran pavor que todos huían antél. El andaba tan bravo e fuerte por la batalla que muy covarde había de ser él que de su parte fuesse que no tomasse gran esfuerço. Telión de la Maça no andaba de vagar, que por do quiera que iba se hazía temer. Ornolante de Rauda —que en los primeros encuentros se había fallado— hazía tales cosas que bien demostraba ser caballería en él muy bien empleada. Entonces vinieron en socorro de los paganos el rey Bornabor y el rey Arcybán, el rey Orencín y el señor de los Siete Castillos con gran gente. Hirieron en los cristianos de tal guisa que gran daño les hizieron, e mayor lo recibieran si luego no fueran socorridos de las hazes de Genadís de Suecia e Cardisel de la Vanda e Argán de Fugel e Delanor e de Galinor de Monferrán; con su llegada déstos los cristianos se esforçaron, e mezclóse la batalla en tal manera que gran mortandad se recrece entre ellos; ora se combate tan sin piedad que los muertos y feridos caen por el campo a montones: las prissas son muy grandes, e assí cruelmente se hieren que bien demuestran ser mortales enemigos.

Allí se oyeran grandes golpes de lanças, porras, espadas e hachas: Galinor de Monferrán se dexó ir a Frateo, hermano del rey Bornabor, que muchos de los cristianos mataba, e firiólo de la lança tan duramente que no le valió [CXXIIr] armadura ninguna, e dio con él muerto en tierra. El rey Bornabor, que bien lo viera, dexóse ir con gran pesar para Galinor de Monferrán e firiólo en el costado siniestro tan fuertemente que lo llagó e derribó del caballo. En aquel lugar llegó entonces Argán de Fugel —que gran daño en los paganos hazía— e firió al rey Bornabor con una lança que tenía, en tal guisa que lo derribó del caballo. El rey Orencín encontró assí duramente a un primo cormano de Argadón que luego allí lo mató. Mas Cardisel de la Vanda se dexó ir contra el rey Orencín e tan duramente lo encontró que lo metió en tierra a él e al caballo. Escalión, el señor de los Siete Castillos, como anduviesse buscando por la batalla a Argadón —que sabía haberle muerto su fijo— fallólo, e yéndose para él con grande ira firiólo assí duramente que lo derribó en tierra a punto de muerte. Don Clarián, que en aquel lugar se halló, ovo desto muy desigual dolor, e dexóse ir para el señor de los Siete Castillos e firiólo de su espada de tales tres golpes que lo llagó en la cabeça; e por fuerte que Escalión era, cayó del caballo.

Como Damanteo —que sentible dolor de la muerte de su padre tenía— viesse a don Clarián, hiriólo de traviesso por tal manera que lo llagó e le dexó metido un troço de la lanca por las armas e por la carne, e díxole: "Sed seguro, don mal caballero, que con vuestra vida compraréis la muerte de mi padre que matastes."

Cuando don Clarián se sintió ferido fue arrebatado en muy grande ira, e yéndose para Damanteo firiólo de su espada en el hombre derecho de un tal golpe que el braço le derribó en tierra, e dióle otro golpe empós de aquél por cima del yelmo, tan grande que la espada le hizo llegar a los sesos: entonces Damante cayó muerto. El rey Surastaje, que mucho esforçaba los suyos, cuando esto vio ovo muy gran pesar, e firió a don Clarián por las espaldas en tal guisa que le hizo una llaga, e por poco no lo derribó del caballo: por lo cual don Clarián, movido a gran saña, volvió sobre el rey Surastaje por lo ferir, mas muchos de sus caballeros lo cercaron en derredor, firiéndole por todas partes. E como él viesse que a tan gran gente le convenía defenderse, començó a ferir e matar en ellos por tal manera que en poco espacio mató diez caballeros, e fue de los otros librado, e va por medio de la batalla —que muy brava e peligrosa en aquella sazón era— rompiendo las prissas, e matando infinitos de los paganos: assí que aquel que no quiere su daño necessario le es fuir antél. El era tan grande escudo e mamparo para los suyos que los hazía tener campo a la gran muchedumbre de los paganos.

En este comedio Genadís de Suecia —que grandes cosas en armas hazía— hallóse con Fracaso, un hijo bastardo del rey Garsides, e las espadas en las manos, acométense el uno al otro; mas Genadís de Suecia hizo tanto que aunque Fracaso era un fuerte caballero, lo mató ante que de allí partiesse. En aquel lugar Tandalis de Nagorce mató por su mano un sobrino del rey Bornabor. E tan bien lo hazían los cristianos que maravilla era; mas en aquella hora el rey Garsides y el gigante Tramolcán con toda la compañía de los paganos vinieron sobre los cristianos: los cuales no pudiendo resistir a tan gran poderío, fuéles forçado perder el campo hasta ser metidos por el bosque — maguer que el muy valiente caballero don Clarián maravillas de armas en este comedio hiziesse, fue allí derribado e preso por el rey Surastaje Galinor de Monferrán. E muy gran daño rescibieran los cristianos si del rey Drumesto no fueran socorridos; que con su llegada hizo gran resistencia. Entonces don Clarián, esforçando los cristianos, fizo renovar la batalla, e como los caballeros de Suecia viessen a su señor entrar por medio de los enemigos iban teniendo con él, que antes querían morir que lo desmamparar; los alemanes hazían otrosí su deber. El rey hirió al rey Drumesto, [CXXIIv] su padre, en guisa que lo derribó del caballo, e con toda diligencia él e Geraldín, fijo del rey Orpanco, con otros muchos se trabajaban por lo llevar preso. Mas Telión de la Maça e Genadís de Suecia, y Elistrán de la Bella Guardia, Artidel, Aulapín, e Danesín del Otero, con otros caballeros se oponen a lo resistir. Mas tantos paganos cargaron sobre ellos que los pusieron en grande estrecho. E todavía fuera el rey Drumesto preso si don Clarián no lo socorriera: el cual cometió tan rigurosamente aquellos que lo levaban, que por duros e fuertes golpes de su espada fue el rey Drumesto librado. El rey Orencín, mortal enemigo de don Clarián, vino allí sobre él con gran gente por lo traer a muerte; mas don Clarián dio al rey Orencín tal golpe que el yelmo le llevó de la cabeça, e como quiera que lo pudiera matar si quisiera, dexólo por amor de su padre; e hendiendo por medio de los otros caballeros, esparziólos a todas partes.

El bravo jayán Tramolcán hazía tan cruel estrago en los cristianos por doquiera que andaba, que venidos eran a muerte todos aquellos a quien su desmesurada espada alcançaba; e como él fuese más ligero que otro jayán discurría por muchas partes dando esquivos e mortales golpes a los que podía alcançar, assí que las gentes no lo podían sufrir. El jayán firió a un hermano de Aulapín que ante sí halló, de tal golpe que lo hendió hasta en los pechos, e cuantos este golpe vieron fueron metidos en gran pavor. Don Clarián, que de la muerte deste caballero ovo gran pesar, dexóse ir para el jayán; e alçando la espada dióle tal golpe en el hombro siniestro que todas las armas con parte de la carne le cortó: el golpe decendió a la pierna e hízole una llaga. Tramolcán con gran braveza volvió por lo ferir, mas allí sobrevino gran tropel de caballeros de ambas partes, e antes que la prissa partiesse fueron muertos en aquel lugar más de ciento. Como don Clarián viesse que los suyos habían llevado mucho affán, e que recebían gran daño por la muchedumbre de los paganos, hízolos recoger al bosque. Los paganos, visto esto, revolviéronse a su real con gran daño que este día rescibieron. Entonces se començaron entrellos grandes llantos por el rey Orpanco, e por los otros caballeros de cuento que perdieran, e sobre todo tenían más sentible dolor por la muerte de Damanteo: que éste era un valiente y esforçado caballero. Don Clarián e los de su parte ovieron otrosí gran pesar por la prisión de Galinor de Monferrán, e por algunos buenos caballeros que en la batalla murieron. E Artalo dixo a don Clarián que, pues tanto amaba a Galinor de Monferrán, que diesse a él libre porque el otro fuesse suelto.

"De grado lo haría yo esso," dixo don Clarián, "mas había de ser de manera que vos pudiésedes ir allá seguramente e Galinor de Monferrán venir acá otrosí."

"Yo os prometo e juro por los mis dioses," dixo Artalo, "que seguramente me podéis a mí embiar, que yo haré luego delibrar a Galinor de Monferrán."

"Artalo," dixo don Clarián, "pues que vos sois tan buen caballero yo fío de vos e creo que assí lo cumplirés; por ende os podéis ir cuando quisiéredes."

E como Artalo fue en el real no cumplió lo que prometiera: lo cual no debiera hazer para ser tan buen caballero; antes por consejo del rey Orencín prendió dos caballeros cristianos que con él fueron. Esto hazía el rey Orencín por buscar todo mal a don Clarián, e por le hazer venir más de grado en batalla con Tramolcán. Cuando don Clarián esto supo ovo muy gran pesar, y embió a dezir a Artalo que tuviesse lo que había prometido, e hiziesse librar a Galinor de Monferrán, pues como de buen caballero hiziera dél confiança.

Queriendo Artalo responder a este mandado, el rey Orencín habló desta manera a los mensajeros: "Dezid a don Clarián que si él mucho ama a Galinor de Monferrán, su amigo, que le conviene para lo librar ha [CXXIIIr] zer batalla con Tramolcán de aquí a ocho días: el cual tiene gran desseo de se combatir con él por vengar la muerte de Candramón el Dessemejado, su primo. E dezilde que si él es tan esforçado como dizen, que agora se paresçerá: porque sea cierto que si esto no otorga, a Galinor de Monferrán le será cortada la cabeça en medio del campo a vista de todos los cristianos."

Al rey Surastaje, al rey Bornabor, e al rey Arcybán e a otros ricos hombres de los paganos no les paresçía esto cosa justa, mas consentían en ello sin se mostrar presentes a importunación del rey Orencín, que les dezía que desta manera la guerra habría fin mucho a su honra e victoria dellos. Los mensajeros volvieron a don Clarián e contáronle la respuesta que traían. Don Clarián dixo que a él plazía de tomar la batalla, mas esto fue contra voluntad del rey Drumesto e de todos los otros, ca le dixeron: "Por Dios, señor, no queráis tentar tantas vezes la ventura, que no es cosa convenible a ningun caballero hazer batalla con jayán podiéndose escusar, e donde el peligro está conoscido es tentar a Dios: que vos sabéis bien que si cualquier golpe de los de Candramón el Dessemejado os cogiera a derecho, no fuérades hoy en el mundo."

"Buenos señores," dixo don Clarián, "Dios poderoso será en mi ayuda, como siempre ha sido: que la batalla tomo yo a derecho, pues Artalo me hizo gran tuerto e villanía, e la simpleza que yo hize en soltarle yo la quiero comprar con mi trabajo."

Assí fue aceptada la batalla de ambas partes, a tal condición que cada uno con las armas que más le agradassen: que él que venciesse matasse al otro sin haber dél piadad, e que Galinor de Monferrán fuesse puesto en el campo do la batalla se hiziesse en aquella guisa que fuera preso, assí mesmo los dos caballeros que Artalo hiziera prender, e que los oviessen en guarda seis caballeros paganos. E fueron puestos cuatro fieles de ambas partes: los dos eran Telión de la Maça e Argán de Fugel, los otros dos fueron el duque Jarbin de Exilia, hijo del rey Arcyban, e Grunafor, hijo del rey Garsides.

CAPITULO.XCVIII. CÓMO DON CLARIÁN COMBATIÓ CON TRAMOLCÁN, E DE LA VILLANÍA QUE EL REY ORENCIN E ARTALO CONTRA ÉL HIZIERON.

Venido el día de la batalla don Clarián oyó missa que la dixo el obispo de Parcia, e poniendo todo su fecho en Dios salió por las puentes del castillo e con él más de trezientos caballeros; levávale el yelmo Genadís de Suecia, la lança Cardisel de la Vanda, el escudo Ornolante de Rauda; e como en tierra fueron, don Clarián cabalgó en aquel poderoso caballo Norartaque, e la gente de los cristianos dezían: "Ay Dios, guarda el buen caballero que a tan gran peligro por Galinor de Monferrán se mete."

Toda la gente de los paganos estaba puesta por mirar la batalla. Tramolcán estaba en el campo sobre un gran caballo e armado sobre la loriga de unas muy fuertes hojas, su espada ceñida e una maça de hierro en sus manos. El era de comunal grandeza para jayán: era mancebo muy fuerte e duro; aprovechávase mejor de las armas e de la ligereza que otro ningún gigante, por lo cual todos sus amigos de don Clarián se temían mucho dél. Don Clarián, tomando todas sus armas, fuesse contra el rey Surastaje por quien el campo estaba assegurado, e díxole: "Buen señor, como quiera que no sea cosa convenible a ningún caballero hazer batalla con gigante, yo de grado quiero tomar ésta; porque os ruego que hagáis de manera que mi derecho me sea guardado."

"Vuestra vida, que es en harto peligro, guardad vos," respondió el rey Surastaje, "que lo ál no os haze menester hablar."

Entonces los fieles pusieron a don Clarián e a Tramolcán do el campo era señalado, e a essa hora sonaron más de cient trompas. Don Clarián abaxando la lança [CXXIIIv] movió contra Tramolcán con gran furia del buen caballo Norartaque. Tramolcán movió otrosí contra él, alçada la maça con amas manos. Don Clarián lo firió muy duramente por medio de las hojas de guisa que se las falsó, mas ellas eran tan fuertes que el golpe no prendió en la carne: la lança quebró, e por la fortaleza del encuentro Tramolcán trastornó el cuerpo sobre las ancas del caballo y en poco estuvo de caer, e perdió la maça de las manos. Don Clarián, metiendo mano a la espada, volvió sobrél. El jayán, que muy sañudo estaba de haber perdido la maça, puso otrosí mano por la suya e juntáronse tanto por se ferir que se dieron grandes encuentros de los cuerpos de los caballos, mas con la fuerça e poderío del buen caballo Norartaque, Tramolcán y el suyo cayeron por el suelo. Como don Clarián assí lo vio fue movido a passar el caballo sobre él, mas no le consintió el coracón hazer tal cosa, aunque aquel con quien se combatía era un bravo jayán; e saltando presto en tierra fuesse para él. Entonces Tramolcán se levantó con muy arrebatada saña, e alçando la espada con gran fiereza firió a don Clarián por encima del escudo de un tan esquivo golpe, que aunque él era muy fuerte todo lo hendió de una parte a otra e cortóle assí mesmo todo el cerco del yelmo de la una parte, la espada decendió a la pierna e cortó todas las armas de arriba abaxo, e llagó a don Clarián malamente. Cuando él assí se vio ferido, fue encendido en toda saña, e dio al jayán tal golpe en la mano diestra que el puño con la espada le derribó en tierra. El, sintiéndose deste golpe tollido, dio una espantosa boz; e tomando la espada con la mano izquierda firió a don Clarián en aquello que del escudo le quedara, en guisa que una pieça dél lançó por tierra, e la espada entró por el yelmo fasta romper el almófar, e ya cuanto de la carne. Don Clarián entonces lo firió con toda saña en la pierna, junto a la rodilla, por manera que la mayor parte della le cortó, e Tramolcán ahinojó en tierra. Don Clarián le dio de las manos e hízolo caer de espaldas gran caída, e fue sobre él e cortóle los lazos del yelmo y echólo por el campo. El jayán provó a se defender assí como estaba, mas don Clarián le tajó la cabeça. Alimpiando su espada, metióla en la vaina, e restañando la sangre de su llaga con aquel buen anillo que la Dueña Encubierta le embiara, fizo su oración a Dios, dándole loores por la merced que le hiziera.

El plazer que los cristianos desto ovieron no se podría dezir; mas los paganos ovieron muy gran pesar por la muerte de Tramolcán con quien ellos mucho se esforçaban. El rey Surastaje dixo: "O dioses, agora conozco yo que todos vosotros sois en ayuda deste caballero, que tan venturoso es."

Desí él se fue para don Clarián —que con Galinor de Monferrán hablaba— esto hizo él para tractar con él algunas treguas de qué tenía necessidad, porque en su hueste no había viandas, e otrosí para que de amas partes fuessen sueltos todos los presos que había. A don Clarián plugo de complazer al rey Surastaje en aquello, e otorgólo assí: e pusieron treguas por cincuenta días, las cuales habían de començar a seguirse desde otro día siguiente.

Esto firmado, el rey Surastaje se volvió a sus tiendas. Don Clarián e Galinor de Monferrán se fueron contra los suyos, mas el rey Orencín e Artalo, que con cuarenta caballeros armados estaban, en encubierta salieron contra ellos. E como don Clarián no tuviesse escudo ni lança vióse en gran aventura. Artalo, que delantero venía, firiólo de su lança por manera que le falsó todas las armas e llagólo en el costado e aína lo derribara del caballo, e si don Clarián mucha de la fuerça del encuentro no le fiziera perder con gran maña él fuera muerto; e metió mano a su espada e quiso ferir a Artalo e no lo alcançó. Entonces llegó el rey Orencín: encontró a don Clarián en guisa que su lança quebró en él e fízole una llaga; don Clarián lo firió con gran saña por cima del yelmo en guisa que lo llagó en la cabeça y derribólo a tierra. Allí fue gran buelta [CXXIIIIr] que Telión de la Maça, Ornolante de Rauda, Cardisel de la Vanda, Genadís de Suecia e Argán de Fugel, Delanor, e Tandalis de Nagorce e otros[61] muchos caballeros salieron de la torre con essas armas que pudieron haber, e opusiéronse contra esta gente tirándoles muchas fletas e saetas. Galinor de Monferrán encontró a Artalo que lo llagó en los pechos mas no lo derribó. En el castillo y en el real fue el rebato tan grande que todo hombre se mete a las armas. Como la gente de los paganos más presto allí ocurriese, a don Clarián e a los suyos fue forçado de se retraer a las torres. E como quiera que muchos dellos quedassen heridos no ovo lugar la villanía e traición del rey Orencín e de Artalo; que don Clarián se les defendió tan bien que cuatro caballeros mató. En aquella hora los arqueros e ballesteros que estaban en las torres començaron a tirar muchas flechas e saetas a los paganos e hirieron mucho dellos.

Entonces vinieron en aquel lugar el rey Surastaje y el rey Bornabor con gran gente e hizieron apartar los suyos; e sabido el fecho cómo passaba, estrañólo mucho a Artalo su sobrino, e más al rey Orencín; que bien sabía que si no por su consejo Artalo nunca cometiera tal cosa que no lo había de costumbre. El rey Orencín —que tenía gran pesar porque don Clarián escapara, ca lo quisiera haber muerto en cualquiera manera que fuera— se escusó lo mejor que pudo, diziendo no haber rompido el seguro que a don Clarián fuera, dado pues que ya él se iba al castillo. Mas todavía los reyes e príncipes paganos lo tuvieron este fecho a gran deshonra, e dixeron al rey Orencín que si de tales cosas hazía que perdería el amor de todos ellos.

Don Clarián, como en el castillo fue, hízose curar de sus llagas; estaba con gran saña de la villanía que el rey Orencín e Artalo contra él fizieran que luego embió a Aulapín al real de los paganos, diziéndole que dixesse a Artalo que lo que había hecho como mal caballero e desleal en quebrar su palabra cuando lo soltara, e assí mesmo que él y el rey Orencín lo hizieran traidoramente en venir assí a lo matar, e que el rey Surastaje lo hiziera deslealmente en lo consentir: que esto él se lo combatiría —en siendo guarido— a todos tres, e que metería consigo otros dos caballeros, e que si no quisiessen desta guisa, él solo combatiría con todos tres uno a uno.

Aulapín, llegado a la tienda del rey Surastaje, díxoles su embaxada; el rey Surastaje respondió: "Caballero, dezid a don Clarián que yo no fui sabidor de lo que contra él se hizo; ca si lo supiera no lo consintiera en ninguna manera, como quiera que dél habemos rescebido muy gran daño; e si los que lo hizieron fuessen otros caballeros, yo los metería en poder para que dellos hiziesse a su guisa, mas aquí hay algunos que se rigen por su seso e no por razón, de que a mí me pesa."

Artalo, respondiendo a lo que Aulapín le dixera, díxole: "Caballero, dezid a Clarián de parte del rey Orencín e mía que cuando él se volvía al castillo ya el seguro dado por el rey Surastaje mi tío e por los otros príncipes iba fuera, porque nos no hezimos deslealtad en lo acometer, mas si mucha saña tiene de nos en el campo nos

---

[61]   atros

veremos algún día. E de mí le podés hazer cierto qu,e por mezclada que la batalla ande, yo lo buscaré tanto que no se podrá escusar que lo no halle, y entonces le satisfaré desta quexa más cumplidamente."

"Artalo," dixo Aulapín, "bien demostráis no haber talante de batalla: que bien es cosa vista que cuando don Clarián anda en la batalla, todos aquellos que no se esconden dél lo pueden ver; e vos sabéis bien que si alguna vez lo habés encontrado, no os habés partido dél con mucha honra."

Dichas estas palabras tornóse al castillo, contó a don Clarián e a todos las respuestas que traía; e como quiera que a don Clarián pesó mucho por no ser[62] assí, aparejó para vengarse del rey Orencín e de Artalo. Las treguas quedaron firmadas e los presos que cada una de las partes tenía fueron sueltos. [CXXIIIIv]

CAPITULO XCIX. CÓMO DON CLARIÁN SALIÓ DE LA ÍNSULA DE TEXÓN PARA IR AL CASTILLO DE ARTIDEL, E DE LO QUE EN EL CAMINO LE AVINO.

Durante esta guerra de la ínsula de Texón el emperador Vasperaldo no estuvo holgando; antes tuvo grandes contiendas con muchos reyes e príncipes paganos —assí de los de su señorío como estraños— que por el ayuntamiento tan grande destos príncipes que sobre la ínsula de Texón vinieron, contra él se movieron a guerra; e también con el rey de Bohemia que por desamarle —según ya se ha dicho de la parte de los paganos era— otrosí con el rey de Lombardia que contra él vino. E como quiera que en estas guerras grandes hechos de armas se hiziesen, por ser cosas que tocan a la crónica del emperador Vasperaldo no son aquí escriptas— mas de tanto el emperador salió destos fechos a toda su honra. E la mayor parte destas contiendas le buscó el emperador Focas de Grecia, que como ya se ha contado era su mortal enemigo. También en este tiempo ovo gran guerra entre el rey Gedres de Bretaña, padre de don Galián, y el duque de Normandía, y entre el rey de Frisa y el rey de Dacia. Pues salidas las treguas que entre los cristianos e paganos eran puestas muchas cosas de armas se fizieron de una parte e otra que aquí no se cuentan.

E como don Clarián mucho desseasse e trabajasse por dar fin en esta guerra porque él pudiesse ir a ver a su señora Gradamisa —cuyos desseos tanto le tenían en gran soledad— ordenó de dar a los paganos batalla en tal manera que con ayuda de Dios los entendía vencer. Avido su consejo sobre ello con el rey Drumesto e con los otros buenos caballeros, fue acordado desta guisa: que don Clarián saliesse de noche de la ínsula con dos mil caballeros, e que se fuessen para el castillo de Artidel muy encubiertamente por entre unos cañaverales muy grandes y espessos que entre el bosque y el real de los paganos estaban, e que viniesse a la tercera noche e se pusiesse con toda aquella caballería encubierto en lo baxo de una gran floresta que allí acerca era. E del castillo saliessen el rey Drumesto e Telión de la Maça con toda la otra caballería, e se pusiessen encubiertos en el bosque, haziendo que Artelot el Ligero e Nirnan, hermano de Artidel, e Aulapín con cient caballeros, diessen muchos rebatos en el real

---

[62] ver

por desuelar e cansar a sus enemigos, e que acerca del alva encendiessen un fuego en el castillo para que con esta señal don Clarián diesse en el real por el un costado y ellos por el otro.

Otrosí don Clarián les dixo allí: "Señores, como quiera que yo sé que cada uno de vosotros no ha menester consejo para hazer lo que a bondad e honra sois obligados, mucho os ruego que todo hombre pune de hazer como bueno; que en esta batalla está todo nuestro hecho, de la cual si a Dios pluguiere no nos hemos de partir sino vencedores o muertos."

"Buen señor," dixeron ellos, "pues vos serés con nos en la batalla tened por cierto que si nosotros tornaremos atrás, no será menester que los paganos sigan el alcance porque todos quedaremos primero muertos en el campo."

Pues la noche ya venida toda la caballería de los cristianos que allí estaba se armó. Don Clarián con todos los que habían de ir con él salió del castillo, e con él iba el buen caballero de Galinor de Monferrán, e Genadís de Suecia, e Cardisel de la Vanda, Ornolante de Rauda, Argán de Fugel, e Delanor; Argadón, su amo, e Leonadel. Don Clarián, haziendo ir toda su gente adelante, quedóse él solo reçagado por reconoscer si eran sentidos de las escuchas de los paganos que cerca de aí estaban; mas la noche era tan escura, y el viento hazía tan gran ruido en los cañaverales que las escuchas no sentían cosa alguna.

Aquella no [CXXVr] che estaba la guarda de los paganos en encomienda del fuerte caballero Artalo, sobrino del rey Surastaje; el cual viniendo a requerir las escuchas, parescióle oír gran tropel de caballos y estruendo de gentes, e por más encubiertamente lo saber passó solo por una senda de la otra parte. Mas ya cuando él llegó toda la gente de los cristianos iba adelante, sino don Clarián que reçagado venía, el cual llegó entonces donde Artalo estaba escuchando por reconocer lo que era. Artalo, cuidando que era de los suyos, díxole: "¿Quién eres tú que así has sido osado de passar acá sin mi licencia? que las escuchas no deben de ser osadas de moverse donde una vez son puestas por sus caudillos; e dime si has sentido por aquí pasar alguna gente."

Don Clarián entonces miró e reconoció que éste no era más de un solo caballero, e como quiera que él no quisiera haber sido descubierto, respondióle: "¿Quién eres tú que me lo demandas?"

"¿No me conoces? que soy Artalo," dixo él.

Cuando don Clarián oyó que aquél era Artalo, aunque él no quisiera por entonces contienda por no descubrir a él e a sus gentes, no se pudo sufrir, e díxole: "Artalo, agora somos venidos a tiempo que vos procurés de poner por obra las amenazas que con Aulapín a dezirme embiastes, e yo de tomar la emienda de las villanías que contra mí habéis hecho. E sabed que yo soy don Clarián de Landanis, a quien vos habés dado gran causa para que os desame."

Fuerte caballero y esforçado era Artalo, mas no le plugo mucho entonces {verse} con don Clarián. E como quiera que él se pudiera bien volver a su salvo entre los suyos, no quiso mostrar punto de covardía; antes respondió: "Dígote, Clarián, que tanto me hago maravillado de verte assí solo, e a tal hora en este lugar, cuanto soy alegre e contento de te tener en parte que daré de ti vengança a todos aquellos que te dessaman.

E solamente de una cosa me pesa, y es que tengo recelo que nuestra batalla será de los míos sentida —los cuales si te conocen desámante tanto que por mis solas manos no podrás rescebir muerte— que todos se irán a ti como a mortal enemigo suyo."

"Artalo," dixo don Clarián, "si vos sois tan esforçado como mostráis, vos vernés a combatiros comigo en lugar apartado de los vuestros; e sabed que yo traigo gentes que van ya adelante, mas aunque nuestra batalla sintiesen ninguno sería osado de poner en vos las manos sino solo yo."

"Aquí donde te fallo," dixo Artalo, "te acometeré e no en otra parte." Dichas estas palabras no hizieron más tardança; antes dexando caer las lanças —porque con la escuridad de la noche no se podían mucho aprovechar de los encuentros— metieron mano a las espadas; e acométense muy bravamente hiriéndose de muy duros e fuertes golpes por todas partes, e traían entre ambos una tan dura e brava batalla que todos los del mundo la cobdiciaran ver. E como ambos eran de gran fuerça golpeávanse en tal guisa que hazían salir de las armas tan grandes llamas de fuego que a la escuridad de la noche daban resplandor. Como Artalo conosciesse la gran bondad de don Clarián ponía toda su fuerça para con él. Don Clarián esso mesmo se aquexaba mucho porque la batalla oviesse fin antes que él fuesse sentido. E desta guisa se ferían tan bravamente que no oviera ninguno que sus golpes sintiera que no pensara que veinte caballeros se combatían.

Como don Clarián viesse que la batalla tanto duraba e oviesse temor de ser sentido, dexóse ir a Artalo; abraçósse con él. Travárronse tan rezio el uno al otro que se sacaron de las sillas e cayeron en el campo, e tornándose a levantar, començaron a pie su batalla muy espantosa, mas don Clarián se tornó a abraçar con él. Amos se trabaron muy fuertemente, e desto no pesó a Artalo, que bien pensaba que en el mundo no oviesse caballero de más fuerça que él. Anduvieron los dos forcejando una gran pieça, mas al fin como don Clarián fuesse de gran fuerça e gran sabidor de mañas en lucha, tomóle debaxo sí muy quebrantado, [CXXVv] e quitándole el yelmo díxole: "Artalo, puesto que tú me eres mortal enemigo yo te daré la vida si te otorgas por vencido e me juras muy firmemente que luego que yo comigo te llevaré te tornes cristiano, e me ayudarás contra los paganos, o a lo menos que no vernás contra los cristianos en esta guerra."

Artalo no respondió cosa; antes ponía sus fuerças por salir de sus manos, dando golpes a don Clarián con la espada que aún en la mano tenía. Entonces don Clarián dióle tantos polpes de la mançana de la espada en la cabeça que todo lo hizo cubrir de sangre, e dezíale que otorgasse lo que le demandaba, mas Artalo nunca quiso. Como don Clarián creyesse que de un golpe que le había dado en la cabeça quedaba para no poder vivir, levantósse de sobre él no queriendo matarle del todo; tomando su lança cabalgó en su buen caballo Norartaque, e fuesse empós de los suyos: los cuales no le habían hallado menos hasta el passar de un vado.

Entonces Genadís de Suecia e Argán de Fugel e Argadón volvieron ante todos, con gran cuita a lo buscar; otrosí Galinor de Monferrán e Cardisel de la Vanda hizieron dar buelta a toda la caballería, temiéndose que don Clarián oviesse rescebido algún daño. Cuando don Clarián fue conocido destos tres caballeros, llegando cerca dellos, ellos fueron muy alegres e dixéronle: "Por Dios, señor, ya pensábamos que algún caso os oviesse avenido."

"Buenos amigos," dixo él, "yo me quedé por conocer si éramos sentidos de las escuchas de los paganos, e la ventura me puso delante a Artalo e ovímonos de combatir, mas —a Dios merced— él queda tal que poco daño nos hará de aquí adelante; e dígoos que aunque assaz de villanías contra mí había hecho, yo no quisiera llegarle a tan mal estado como queda, porque era buen caballero si el quisiera venir en lo que yo le demandaba."

Cuando todos esto entendieron fueron muy alegres. Galinor de Monferrán, que ya era llegado, demandó a don Clarián que si fuera sentido de los paganos.

"No," respondió él, "a mi cuidar."

"Por Dios," dixo Argán de Fugel, "no me pluguiera a mí tanto de la muerte de Artalo, aunque era enemigo de nuestra ley sino porque era hombre que mantenía mal su palabra, e todo caballero que ésta firmemente no guardare no debe ser amado aunque sea el mejor del mundo." Hablando assí con gran plazer fueron hasta el castillo de Artidel.

Pues el alva venida, el caballo de Artalo paresció ante la puerta de su tienda, e como todos assí lo vieron gran remor se levantó entre ellos, e fueron a lo buscar a la guarda, e no hallándolo aí, fueron a la escuchas e fueles dicho como aquella noche viniera allí, e que se metiera entre los cañaverales donde más no le habían visto. Tanto buscaron a Artalo —los que en aquella demanda iban— que lo hallaron tendido en tierra, e con la vasca de la muerte estaba rebuelto todo en su sangre; que no era aún muerto, pero estaba en esse punto. Entonces lo tomaron e leváronlo al real con muy gran llanto, e metiéronlo en la tienda del rey Surastaje su tío. Como por el real fue esto sabido todos començaron muy gran duelo, que a este caballero preciaban sobre todos cuantos entre ellos había. Cuando el rey Surastaje vio a Artalo muerto, ovo tan sentible dolor que se dexó caer en tierra e començó a fazer el mayor duelo del mundo: allí vinieron todos los reyes e ricos hombres e caballeros de cuento. Pusieron a Artalo sobre un paño de oro muy rico, e sin falla de todos era muy plañido e llorado.

El rey Surastaje llorando agramente dezía: "O sobrino, flor de toda nuestra caballería, cómo nos ha confundido él que assí os ha muerto; que vos nos esforçávades a todos en la batalla, e vuestra grande fuerça e valentía nos ponía en esperança de alcançar vengança de todos nuetros enemigos los cristianos. O rey Surastaje ¿qué será de ti de hoy más? —pues es muerto aquel que tú tanto amabas. O sobrino, que vos éra [CXXVIr] des mi verdadero hijo, pues yo no tenía otro más legítimo subcessor de mis reinos que vos, e aún los dioses no han querido que yo sepa quién vos ha muerto, para que con mis manos tomasse dél vengança."

El rey Orencín, que de cordial amor amaba a Artalo, hazía muy sentible lloro, e dezía: "O buen caballero Artalo, que vos érades tal que en todos los cristianos no podría enteramente ser vengada vuestra muerte."

Artalo, que aún no era muerto, e sentía algunas cosas de las que dezían, esforçóse cuanto pudo, e dixo con boz muy flaca: "Sabed que don Clarián por sus solas manos me mató, e muerto me ha, mas no vencido," e quisiera hablar más, empero no pudo;

e a poca de hora fue muerto. E fue hecho por él de todos muy gran sentimiento y soterráronlo muy honradamente según su costumbre dellos.

El rey Surastaje e todos los otros reyes e príncipes se maravillaron mucho como don Clarián a tal hora estuviera solo en parte que con Artalo pudiera combatir, e trabajaron por saber cómo fuera, mas no pudieron saber cosa alguna dello.

"Buenos señores," dixo el rey Garsides, "si los cristianos nos han armado alguna maña, para esta noche será; porque hagamos estar todas nuestras gentes sobre el aviso, e pongamos buena guarda en nuestro real." Todos se acordaron en esto.

El rey Bornabor e Centilán, duque de Nalfe, dixeron: "Cierto, nosotros rescibimos gran daño de los cristianos, y ellos se están a su salvo; porque sería bueno que embiássemos gente sobre el castillo de Artidel que lo combatan hasta lo tomar, e maten cuantos dentro hallaren porque destos cristianos alcancemos alguna vengança." El rey Arcybán de Luconia, e su hijo, el duque Jarbin de Xilia, dixeron que passados cuatro días ellos querían tomar esta empresa. Aquella noche pusieron sobre sí los paganos gran guarda y estuvieron todos armados. Como el día vino asseguráronse mucho, e por menos recelarse mandaron catar las florestas de enderredor por ver si había alguna celada. E como no hallaron cosa dixeron que no serían los cristianos osados de salir de la ínsula a ponerse en otra parte.

CAPITULO C. DE LA GRAN BATALLA DONDE FUERON TODOS LOS PAGANOS DESBARATA-
DOS E MUERTOS E PRESOS MUCHOS DELLOS.

Pues venida la tercera noche don Clarián salió con toda la gente del castillo de Artidel, e tomó él la delantera con ochocientos caballeros: levaba consigo a Genadís de Suecia e Argán de Fugel, que en todos estos fechos grandemente se habían mostrado. La reçaga traían Galinor de Monferrán e Cardisel de la Vanda, Ornolante de Rauda e Delanor, hijo del conde de Tirol. Embió don Clarián en la delantera a Argadón, su amo, e a Leonadel con cincuenta caballeros para que descubriessen. Llegados a la floresta descabalgaron todos, e no encendieron ningún fuego porque no fuessen sentidos; e a la media noche el rey Drumesto e Telión de la Maça, e Tandalis de Nagorce, hijo del duque de Rostoc, salieron con toda la otra gente e pusiéronse en cubiertos en el bosque como estaba concertado. Luego Artelot el Ligero, Nircan e Aulapín, con cient caballeros, dieron por el un costado de la guarda de los paganos, e como la noche hiziesse escura primero hirieron e mataron más de veinte caballeros que fuessen conoscidos por enemigos.

Assí como fueron sentidos, Olacer, hermano del rey Drumesto, que con dos mil caballeros había la guarda, mandó que ninguno se moviesse, mas que estuviessen todos juntos. A essa hora se començó gran buelta e bozería por todo el real. Como la gente estuviesse fatigada del poco dormir de la noche passada salían muy perezosamente; e Artelot, Nircan, e Aulapín metiéronse con su gente en el bosque. Como gran muchedumbre de paganos con grandes lumbres en aquel lugar sobreviniesse, e no viessen gente [CXXVIv] alguna, volviéronse diziendo que éstos serían algunos pocos de cristianos que saldrían por les dar trabajo, e la hueste se tornó a sosegar. Mas dende a poco los que habían dado el rebato partiéronse en dos partes e tornaron a dar en la guarda. Los cuales —como sintiessen la gente por dos partes, e con la gran escuridad no reconosciessen que tantos podían ser— començaron a dar grandes bozes, diziendo: "¡Arma, arma!"

Entonces Olacer, reconosciendo que éstos eran los de primero, ovo gran saña, e dexóse ir a ellos con hasta trezientos caballeros; entonces los cristianos se tornaron al bosque. En aquella hora andaba por el real tan grande estruendo de trombas e atabales que parecía que el mundo se hundiesse. Todos se acogían a las armas, e como contra la parte del bosque viniessen, los cristianos se demostraron. Los paganos ovieron muy gran saña por que tan poca gente los burlaba, e dixeron a los de la guarda que era muy gran deshonrra que por tan poca gente demandassen armas. Mas el rey Surastaje —que era sabidor de guerra— recelábase deste fecho, e no quiso desarmarse; mandó partir la guarda en dos partes e que se acercasse más al bosque. Otrosí mandó tocar por todo el real trompas e atabales por tener la gente despierta. Dende a una pieça los que daban el rebato, por una parte, e Ruger, sobrino del rey Drumesto, con otros cient caballeros por otra, acometen a los de la guarda, en tal guisa que los pusieron en gran sobresalto. E a las grandes bozes que se dieron el rey Surastaje —que no dormía— embió allá diez caballeros por saber qué fuesse, que sin falla a él no se le asseguraba el coraçón. Los que allá embió volvieron a él, e dixéronle que no eran sino los primeros, e que era cosa de burla hazer caso dellos: porque tanto que Olacer se fuera a ellos con poca gente, luego huyeran al bosque; mas con todo esto el rey Surastaje no se quiso desarmar. El rey Drumesto e Telión de la Maça estuvieron quedos hasta dos horas antes del alva, que vencida la gente pagana del sueño e cansada del trabajo, sossegadamente dormían.

Entonces fue hecha la señal del fuego —como estaba concertado— quedando el rey Drumesto e Roger, su sobrino, con mil caballeros en el bosque para dar socorro cuando menester fuesse. Telión de la Maça e Tandalis de Nagorce salieron con toda la otra gente, e todos hechos un tropel, dan por medio de la gente de Olacer, de tal guisa que allí fue hecho gran ruido, e muchos caballeros de los paganos fueron muertos e heridos. Allí fue grande la buelta e muy altas las bozes que se daban. Luego los otros caballeros de la guarda —que acerca de aí eran— sobrevinieron en acorro de los suyos, que ya muchos dellos iban huyendo al real. Con la venida destos, començóse muy brava la batalla. Las bozes y el estruendo de las heridas eran tan grandes que resonaban muy lueñe de allí. En el real de los paganos demandaban armas a altas bozes, diziendo ser acometidos de toda la gente de los cristianos. Mas como ellos lo tuviessen a burla —como de primero— con poca diligencia se ponían en punto.

Telión de la Maça, que muy sabia y esforçadamente mezclaba los suyos, hizo tanto que desbarató la guarda de los paganos e mató mucho dellos. Olacer se fue a la tienda del rey Surastaje e díxole: "Señor ¿qué hazéis? Mandad armar toda la gente; que sabed que mal engañados somos de los cristianos, porque todos ellos son salidos contra nos e la mayor parte de la gente de la guarda es muerta, e la otra desbaratada."

Entonces el rey Surastaje mandó a gran priessa tocar todas las trompas e atabales: las cuales fazían tan gran estruendo que la tierra parecía tremer. E pavorosa cosa era de oír para aquellos que con tal noche acometidos se viessen. Los primeros que fueron contra los cristianos fueron el rey Arcibán y Escalión, el señor de los Siete Castillos;

Centilán, duque de Nalfe; Geraldín, hijo del rey [CXXVIIr] Orpanco, con más de tres mil caballeros; otrosí ciento a ciento, e dozientos a dozientos iban gran gente de paganos derranchada contra aquella parte. Mas aquella hora don Clarián con toda su gente entró de la otra parte por medio del real con muchas trompas e atabales. Allí fue gran mortandad en los paganos, ca los tomaban derramados e matávanlos a todos cruelmente, derribaban tiendas e pavellones, e mataban bombres e caballos en gran muchedumbre, así que con la gran buelta más de dos mil caballos andaban sueltos por el campo. En tan gran sobresalto e temor fueron puestos los paganos, veyéndose assí acometidos por dos partes, que muchos dellos huyeron contra la floresta.

E todos fueran perdidos e desbaratados, si no por la sabiduría del rey Surastaje e del rey Arcibán. Porque assí como el rey Arcibán oyó la gran buelta que en el real había, luego pensó lo que podría ser. Y él e los altos hombres que con él eran recogeron toda la gente que iba derramada por el campo; assí rehizieron más de siete mil caballeros, y estovieron quedos sin acometer a los cristianos. Assí mesmo el rey Surastaje —como sintió la gran mortandad que los cristianos hazían en el real— salió fuera al campo, e rehizo consigo muy gran gente, mas entre tanto los cristianos degollaban e mataban infinitos paganos.

Don Clarián tomó consigo mil caballeros e fuesse a una muy gran plaça que en el real había, donde el rey Orencín, el rey Bornabor y el rey Garsides recogían muy gran gente; e acometiólos tan dura e cruelmente que nunca una batalla más peligrosa e temerosa fue vista. Mas don Clarián esforçó tanto a los suyos que desbarataron a los paganos, e fueron huyendo contra do estaba el rey Surastaje. E como ya el alva fuesse clara, don Clarián fizo recoger su gente e movió del real contra la parte del bosque, maravillándose mucho de ver que no se oía ruido ninguno en aquel lugar. Yendo assí, vio a la mano siniestra al rey Arcibán e a los otros altos hombres que con él eran: que habían hecho su gente tres hazes e queríanse juntar con el rey Drumesto e con Telión de la Maça, que sus batallas ordenaban. Catando por el campo vio tantos muertos e feridos que bien conoció que los de aquella parte no habían estado de vagar. Assí como don Clarián e sus gentes se mostraron, los suyos atendieron a que se juntassen con ellos.

Entonces don Clarián, tomando la delantera, mandó tocar todas las trompas e atabales e movió contra el rey Arcibán, que la primera haz tenía. Ambas las batallas se juntaron tan bravamente que muchas lanças fueron allí quebradas, e muchas armas falsadas, feridos e muertos muchos caballeros; e mezclóse la lid muy cruel e peligrosa de ambas las partes, firiéndose los unos a los otros muy sin piedad. Argán de Fugel firió a Gratulo, hermano del rey Orpanco —que en los cristianos gran daño hazía —assí duramente que lo derribó muerto del caballo. Don Clarián, viendo que un sobrino del rey Arcibán maltraía los suyos, fue para él y encontrólo assí gravemente que una gran parte de la lança le passó de la otra parte, e derribólo muerto; e metiendo mano a su espada començó a ferir, matar e derribar cuantos ante sí hallaba. Como fuesse bien conocido, todos huían antél por escapar de la muerte.

E tan duramente fueron los paganos acometidos que no lo pudieron sufrir e volvieron atrás. Mas el rey Surastaje e los otros príncipes paganos que a essa hora llegaron hizieron mover todas las hazes; el rey Surastaje començó de esforçar los suyos, diziendo: "Hora ferid en ellos e no escape ninguno."

Otrosí todas las batallas de los cristianos movieron juntas, diziendo: "¡Sanctiago! ¡Sant Jorge!" Allí fue tan grande el estruendo que del juntar hizieron que todos los valles hazían reteñir, e por contento se tuvo el que aquella hora quedó a caballo —que muchos dellos perdieron [CXXVIIv] allí las vidas. Ora se mezcla una grande e temerosa batalla porque los cristianos eran buena gente e usados de aquel menester, e los paganos son muchos e dessean vengança del daño rescebido, por donde la priessa, la bozería y el estruendo de las feridas era tan grande que no parescía sino terrible tempestad de truenos e relámpagos. Comiénçanse a poblar los campos de muertos, e correr la sangre a todas partes, e otra cosa no veía allí sino caer caballeros por tierra muertos, e correr caballos en el campo sin señores: assí que la batalla es cruel e mortal de ambas las partes.

Don Clarián andaba como león encarniçado: todas las armas e lo más del caballo, tanto tinto de sangre que apenas lo podrían conocer; e no cansando su espada de bañarse en sangre de paganos, hazía en ellos tan gran estrago e mortandad que con temeroso espanto se apartaban dél todos.

El rey Surastaje, que bien lo miraba, dixo: "¡O dioses! ¿Qué puede ser esto que este diablo infernal assí nos mata e destruye?" E con gran saña e pesar que de la muerte de Artalo, su sobrino tenía, tomó una lança muy fuerte, dexóse ir a él; encontrólo de través tan duramemte que le hizo perder el un estribo, e por la fortaleza de las armas no rescibió don Clarián gran daño deste encuentro, empero quedó llagado en el costado. El rey Surastaje, poniendo mano a su espada, dióle tales dos golpes por cima del yelmo que gran fuego fizo salir dél, e díxole: "O enemigo de los dioses, ellos te confundan: que tú no eres sino cruel estrago de gentes."

Don Clarián volvió muy airado, e quiso herir al rey Surastaje; mas muchos de los que lo aguardaban se opusieron contra él, firiéndole de grandes golpes de lanças e de espadas. Don Clarián, encendido en toda saña, se metió por medio dellos haziendo tan duros golpes de su espada, que ál que bien alcançaba no le hazía menester más batallar. Desta guisa se delibró muy presto dellos, e va por medio de la batalla haziendo cosas estrañas. Telión de la Maça, por do quiera que iba se hazía temer de todos; Galinor de Monferrán, Cardisel de la Vanda, Genadís de Suecia, Argán de Fugel, Ornolante de Rauda, Tandalis de Nagorce, Delanor, Elystrán, Argadón, e los otros buenos caballeros mataban tantos de los paganos que los ponían en gran desmayo. El rey Surastaje, el rey Arcibán, y el rey Bornabor esforçaban mucho los suyos; el rey Orencín andaba tan bravo por la batalla que si muchos tales como él oviera gran daño fuera para los cristianos. El duque Centilán, Denalfe, e Canoquín, su hermano; Brunafor e Monfarge, hermano del rey; Arcybán, El duque Jarbín; y el duro pagano Escalión, el señor de los Siete Castillos e Geraldín no eran sino destruyción de cristianos por do quiera que iban. Escalión hazia tal daño en ellos que cruelmente vengaba la muerte de su hijo. Como fallasse a Argadón —que se daba de la espada con Olacer, e lo conosciesse bien— dexóse ir a él, e hiriólo de la lança en tal guisa que lo passó de un costado a otro; mas la buena ventura de Argadón quiso que el golpe fue en soslayo, e no rompió sino poco de la carne. E cuando cayó dixo Escalión a grandes bozes: "Ya nunca matarás buen caballero."

Don Clarián, que assí guardaba e cataba por este su amo como por su padre, vio bien esto; e tomando una lança a un donzel fuesse para Escalión e firiólo por medio de los pechos assí bravamente que el fierro de la lança paresció de la otra parte. E como cayó muerto díxole: "O lobo ravioso, que ya no mal traerás los siervos de Dios." Esto dicho puso mano a su espada, e hirió a Olacer, hermano del rey Drumesto, en tal manera que la cabeça le partió por medio. Destas dos muertes de Escalión e Olacer sentieron muy grande pérdida los paganos.

En aquella sazón la batalla era muy cruel, e peligrosa de ambas las partes. Monsarge, que muy sañudo estaba de ver el gran da [CXXVIIIr] ño que Telión de la Maça en los suyos hazía, dexóse ir a él, e hiriólo por tal manera que lo llagó en los pechos, e hízolo abraçar al cuello del caballo. Mas Telión de la Maça, esforçándose, dio tales tres golpes de su maça a Monfarge que lo derribó muerto a tierra. Por lo cual Brunafor, lleno de todo pesar, herió a Telión de la Maça con una lança, en guisa que mal llagado lo derribó al suelo. Galinor de Monferrán —que esto bien viera— fuesse para Brunasor, e assí lo ferió con su lança que lo derribó llagado malamente. Entonces el duque Centilán e Canoquín su hermano e Geraldín con gran pieça de caballeros fueron sobre Galinor de Monferrán e sobre Telión de la Maça, que ya había cabalgado por los traer a muerte, mas sobrevinieron en su ayuda Argán de Fugel e Cardisel de la Vanda, Genadís de Suecia, Leonades, Tandalis de Nagorce e Danesín del Otero, con gran pieça de caballeros. De la parte de los paganos sobrevino el rey Orencín con más de seiscientos caballeros. Allí fue mayor la priessa e más brava e cruel la batalla que hasta entonces había sido; Cardisel de la Vanda firió al rey Orencín por tal manera que lo derribó del caballo.

E tan gran mortandad se hazía en aquel lugar que el campo fue cubierto de muertos e los arroyos de sangre començaron a correr muy grandes. Los golpes de lanças, espadas, e porras e hachas qe allí se daban los unos a los otros hazían resonar los valles. E tan grande gente de paganos sobrevino en aquel lugar que Telión de la Maça, Galinor de Monferrán, Argán de Fugel, Genadís de Suecia, Leonadel, e Danesín del Otero fueron derribados de los caballos. E como quiera que ellos e otros caballeros que con ellos se hallaron se defendiessen muy bravamente, eran tan cercados de sus enemigos que en todo peligro de muerte estaban. Mas a las grandes bozes que allí había don Clarián y el rey Drumesto con Ornolante de Rauda e Delanor e Argadón, Artidel, Elistrán de la Bella Guardia, Artelot el Ligero e bien quinientos caballeros vinieron en aquella parte e dan por medio de la priessa en tal manera que allí fue la batalla más dura e brava e peligrosa que en todo aquel día había sido.

Don Clarián entró por medio de todos ellos, e assí como se esparze el ganado cuando el león sañudo se lança entre él, assí por su tajante espada e fortaleza de braços fue la prisa rompida, e allegó adonde aquellos caballeros estaban cercados de la gente pagana, y feridos de muchas llagas, y en peligro de muerte. Leonadel e Danesín del Otero estaban tendidos por tierra, tales que ya no podían más pelear, e defendíanlos maravillosamente Argán de Fugel e Genadís de Suecia. Mucho preció don Clarián a estos caballeros en ver la defensa que hazían, e començó de ferir en aquellos que más los aquexaban tan bravamente que no hay hombre que lo no viesse que pudiesse creer que tales cosas por hombre humano pudiessen ser fechas. Assí que por él fue partido todo aquel gran tropel de gente, e quedaron muertos por su espada en aquel lugar más de veinte caballeros. E mandando luego levar al castillo a Leonadel e a Danesín, e hizo cabalgar a los otros caballeros a pesar de los paganos. Desí lançóse por las mayores prissas que veía, haziendo muy grandes estrañezas de armas, que todo hazía bien menester, porque los contrarios eran muchos en demasía y esforçávanlos mucho sus valientes caudillos y esforçados caballeros que entrellos había. Que sin falla si no fuera por don Clarián —que en todos ellos ponía muy gran temor y espanto— aunque los cristianos eran muy buena caballería e mucho usados de guerra, y entre ellos había muchos escogidos caballeros e valientes en armas e todos hazían todo su deber, no se pudieran mantener contra la muchedumbre de sus enemigos. El rey Surastaje que essa hora muy [CXXVIIIv] bravo andaba por la batalla firió a Nirnán de su lança assí duramente que dio con él muerto en tierra. Artidel, que lo vio, ovo muy sentible dolor por su hermano, e dexándole ir contra el rey Surastaje firiólo en guisa que le falsó todas las armas e hízole una llaga en los pechos, mas no lo derribó de la silla. Los que al rey Surastaje aguardaban fueron luego sobre él e derribáronlo del caballo, e oviéranlo muerto si por el rey Drumesto, Ornolante de Rauda, Cardisel de la Vanda, Tandalís de Nagorce, e Delanor, con cincuenta caballeros no fuera socorrido: los cuales hizieron tanto que lo pusieron a caballo. El rey Orencín —que a Ruger su cormano viera matar un caballero de los suyos— dexóse ir a él muy sañudo e derribólo en tierra tan mal ferido que casi por muerto lo llevaron al castillo. Allí en aquel lugar Centilán, duque de Nalse, mató un primo cormano de Artelot el Ligero. A esta sazón no se daban vagar los unos a los otros; antes se mataban muy sin piedad. Geraldín, que por todas partes discurría, firió a un buen caballero natural de la ciudad de Colonia que era cormano de Sabitor de la Falda, en tal guisa que lo derribó muerto —de la muerte del cual pesó a muchos de los cristianos, ca tenía allí gran parentela— e sobre ello se mezcló una gran prisa, unos por vengar su muerte, e otros por socorrer a Geraldín. El rey Drumesto firió en aquella sazón a un primo cormano del rey Surastaje por tal guisa que la lança le echó de la otra parte por medio del cuerpo. Luego sobrevino el rey Surastaje contra el rey Drumesto por le ferir e matar, mas don Clarián se opuso contra él, e firiólo de tales dos golpes que el yelmo le hizo bolar de la cabeça.

Como el rey Surastaje assí se viesse, volvió las riendas al caballo e metióse entre los suyos e diziendo a grandes bozes: "¡Hora a él, mis caballeros! e muera este diablo infernal que assí a todos nos destruye." Entonces fueron sobre don Clarián bien dozientos caballeros, assí que por la fuerça de tanta gente fue forçado que él e Norartaque, su caballo, ambos fuessen por tierra. El valiente don Clarián fue luego en pie, poniendo mano por su espada quiso cabalgar, mas tantos de golpes le dieron que no tuvo lugar para ello. A esta hora se enciende don Clarián en toda saña, e visto que a tanto poder de gente le convenía defenderse esforçóse en su gran fortaleza, e començó a fazer con su espada tan gran mortandad e cruel estrago en ellos que quien entonces le viera pudiera bien dezir nunca tales maravillas de armas haber sido hechas por hombre que espada ciñesse, ca él fería, mataba, derribaba cuantos a él se allegaban, cortando cabeças y piernas y braços e matando caballos.

Tal montón de muertos e feridos hizo en derredor de sí que contrabajo podían a él llegar, empero que le habían llagado en cuatro lugares. E teniéndole assí en medio, algunos había que lançaban en él lanças, e otros que lastimados de sus golpes se tiraban afuera, diziendo: "¡Dexemos a este diablo! que pues los dioses del poderío de Candramón lo escaparon, no querrán que muera a nuestras manos." A esta sazón el rey Orencín —que supo el estrecho en que don Clarián estaba— vino a aquella parte con cien caballeros, con mucho desseo de lo traer a muerte, que era la cosa que él más se trabajaba. Mas el rey Drumesto e Telión de la Maça, e Galinor de Monferrán que con dozientos caballeros entonces a las mayores priessas andaban socorriendo,[63] cuando sintieron las grandes bozes e tropel de gentes que en aquel lugar había dieron de las espuelas a los caballos; rompieron por medio de la prissa assí duramente que llegaron donde don Clarián estaba; firieron en aquellos que más le aquexaban de tal son que por su venida don Clarián pudo cabalgar en su caballo, el cual jamás dél se había apartado, habiendo sido causa de que su señor más daño no oviesse recebido. El miró entonces por el estado de la batalla, e vio que los cristianos iban perdiendo la plaça, que muy mal afrontados eran de los paganos. E solos los de [CXXIXr] Suecia, con su caudillo Cardisel de la Vanda, sufrían a una parte tanto affán por mantener el campo, que muchos dellos cayeron muertos e feridos.

Desto ovo don Clarián muy gran pesar, porque començó a dezir a altas bozes: "O caballeros de Alemania: miémbreseos de vuestras honras hoy en este día, que la muerte que aquí rescibiéredes dará gloria a vuestras ánimas e vida a vuestras memorias." Dichas estas palabras fuese para el rey Garsides, e diole tal golpe de la espada por cima de la cabeça que lo derribó del caballo e óvolo prisionero. Desí lançóse por medio de la lid derribando e matando a diestro e a siniestro. La vergüença que los alemanes de las razones de don Clarián rescibieron y el ardimiento que tomaron en las maravillas de armas que le vían hazerles hizo retornar sobresí, mezclándose a la batalla con gran denuedo y esfuerço, por manera que muy presto cobraron lo que del campo habían perdido.

Pues como don Clarián viesse que la caballería de Alemania había cobrado coraçón de bien hazer, plúgole mucho e conosciendo que todo el fecho de los paganos estaba puesto en sus caudillos, dexóse ir para el rey Arcibán e derribólo del caballo en medio de la priessa quebrándole el braço siniestro. En aquel lugar firió el rey Orencín a su padre, el rey Drumesto, de un tan duro encuentro de lança que lo metió por tierra muy duramente, quedándole un troço della por las armas e por la carne, e assí como cayó díxole: "Sed cierto, don falso desleal enemigo de los dioses, que no podéis escapar de no morir a mis manos."

Don Clarián, cuidando que el rey Drumesto fuesse ferido a muerte, ovo muy gran pesar ca lo amaba mucho; tomando una lança a un su donzel firió al rey Orencín tan

---

[63] scorriendo

fieramente que armadura alguna que truxesse no le prestó que el fierro della con gran parte de la hasta le paresció de la otra parte. El rey Orencín cayó muerto en el suelo, que por su muerte los suyos desmayaron mucho por haber perdido un tal caudillo, e todos los paganos ovieron muy sentible dolor. Don Clarián —que por ál no cataba que por los vencer e destruir— començó de allegar a sí los de Suecia y esforçándolos mucho, metióse por medio de los paganos, su espada en la mano. Ellos iban teniendo con su señor tan esforçadamente que para siempre serán loados por la honra que aquí ganaron. Don Clarián rompió tanto por la gente que llegó donde las señas estaban, e trabando de la del rey Surastaje —que era la mayor— sacóla de las manos de aquel que la tenía, dio con ella entre los pies de los caballos, ferió de su espada al rey Surastaje —que en acorro de su seña venía— por cima del yelmo por manera que le cortó una pieça dél. La espada alcançó en las espaldas; fízole una gran llaga e cortóle más de un palmo en las ancas del caballo. El rey Surastaje quisiera ferir a don Clarián, mas como su caballo se sintiesse herido, contra su voluntad lo llevó por el campo corriendo. Los paganos, viendo assí al rey Surastaje, desmayaron de tal manera que volvieron las espaldas a rienda suelta. Don Clarián con los suyos los siguieron el alcançe feriendo e matando en ellos.

En esta batalla fueron presos el rey Garsides, Geraldín, Centillán, duque de Nalfe, Canoquín, su hermano, e otros muchos ricos hombres. Assimismo fue perdida e destroçada la mayor parte de su flota. Bueltos los cristianos del alcançe recogeron el campo donde el despojo fue tan rico, assí de paños de oro e seda e baxillas de oro e plata, tiendas, pabellones,[64] armas e caballos, e joyas, moneda que fue cosa de gran maravilla. Recogida toda la gente a la ínsula, no entendieron aquella noche en ál que en curar de los feridos —que eran muchos— reposar e descansar todos con el mayor plazer que nunca gentes ovieron por el gran vencimiento que Dios sobre sus enemigos les había dado. Don Clarián, antes que se desarmasse, fuesse para una hermita de Nuestra Señora, que a pequeño trecho de la ribera del mar fiziera edificar; descabalgando allí con algunos caballeros entró dentro e fizo oración dando infinitas gracias e loores a Dios e a su gloriosa Madre por tan gran bien e merced como le hizieran: que [CXXIXv] de haber venido en aquella tierra en ábito de un pobre caballero andante subiera a alcançar una tan gran victoria como había alcançado. Desí acogióse al castillo con aquel gozo e alegría que deben o pueden tener aquellos a quien toda o la mayor parte de la gloria y loor de semejantes victorias se les atribuye como con justa razón a él o a los tales se debe hazer.

CAPITULO CI. DEL LLANTO QUE EL REY DRUMESTO HIZO SOBRE EL CUERPO DEL REY ORENCÍN, SU HIJO, E CÓMO DON CLARIÁN LO CONSOLABA.

Venido el siguiente día, haziendo ir don Clarián a muchos hombres al campo donde la batalla fuera, mandóles que traxessen al castillo los cuerpos de los más principales caballeros, assí cristianos como paganos: que todos los otros que de

---

[64] panellones

cristianos fuessen soterrasen, e a los paganos diessen fuego; que en esto no se les hazía agravio ni desonrra, pues ellos assí lo acostumbraban hazer. Los cuerpos que él especialmente mandó traer era para les dar sepoltura honradamente, ca dezía don Clarián que puesto que los paganos fuessen enemigos suyos, era razón de assí lo hazer porque ningún hombre debía catar enemistad ni desamor a su enemigo después de muerto. A todos aquellos que esta razón le oyeron les paresció muy bien. E assí fueron traídos al castillo quinze cuerpos de caballeros cristianos e cuarenta de los paganos: todos ellos fueron puestos en una gran sala donde muchos los venían a mirar.

El rey Drumesto —que allí era, e de la muerte del rey Orencín, su hijo, aún no sabía— como entre los muertos lo conosció, ovo tan gran dolor que se dexó caer sobre él, amortecido; e la llaga que el rey Orencín su hijo le hiziera rebentó por la caída que dio, de guisa que la sangre corría por cima del cuerpo del rey Orencín en gran abundancia. Todos cuantos aí eran corrieron allí pensando que era muerto. E assí como el rey Drumesto acordó, començó un muy sentible lloro diziendo:

"Ay mi buen hijo, fuerte y esforçado caballero: qué grave dolor es a mí la vuestra muerte, que bien quisiera yo el vencimiento de vuestras gentes, mas no que vuestros días hizieran tan presto fin siendo yo el uno de los exsecutores de vuestra destruición. Cierto, amado hijo, más érades vos para vivir en tal hedad como del mundo salistes, que no yo cuitado; e doblado dolor es él que siente mi ánima en saber que la vuestra va condenada: que aún yo tenía esperança en Dios que vos viniérades en verdadero conoscimiento suyo. Ay Dios, mi buen hijo, cómo aquel que os matara hiziera mejor de tomaros a prisión, que en vos tuviera buen prisionero; e yo soy cierto que por vuestra muerte seré desamado de vuestros vasallos e los míos."

Galinor de Monferrán e Genadís de Suecia, que al rey Drumesto consolaban, dixéronle cómo don Clarián había muerto al rey Orencín, e que esto fuera pensando que el rey Orencín había muerto a él cuando lo derribara ferido: mas que ellos sabían que a él le había pesado mucho de su muerte.

"¡Ay Dios!" dixo el rey Drumesto, "que yo no culpo al buen caballero, que de mi muerte se dolía, mas a mi siniestra ventura que tan contraria me ha sido en haber pedido este solo hijo que tenía."

Sabido por don Clarián el duelo que el rey Drumesto hazía, vino a él, e consolólo mucho diziendo: "Cierto, mi buen señor, a mí pesa de la muerte del rey Orencín, vuestro hijo, e yo bien quisiera no haberlo muerto; mas pues esto no puede dexar de ser, ruégovos mucho que os consoléis, e de la pérdida de vuestros reinos no temáis; que no habés sido vos cristiano para quedar deseredado, sino para ser mayor señor: porque sed cierto que cuando vuestra tierra no os quisiere obedescer, que todos estos buenos caballeros, e yo con ellos, iremos en vuestra ayuda, e os los haremos cobrar; assí mesmo os los ayudaremos a defender. Demás desto vos tendrés por amigo al emperador Vasperaldo, que es uno de los más altos príncipes del mundo, e si habés perdido vuestro hijo y hermano, con dos hijas que vos [CXXXr] tenéis cobrarés —si a Dios pluguiere— tales dos caballeros por hijos con quien vos serés muy contento e de todos acatado."

Con estas palabras que dixo don Clarián, el rey Drumesto fue más consolado, e vinieron maestros para restañar la sangre, mas ella salía en tanta abundancia que los maestros no sabían poner consejo: por lo cual él oviera de ser en peligro de muerte si don Clarián no se la hiziera restañar con aquel anillo que la Dueña Encubierta, tía del rey su padre, le embiara. E sin falla gran daño fue aquel día que don Clarián perdió este anillo: que si él lo tuviera cuando aquel esforçado caballero Riramón de Ganayl fue ferido a muerte, por aventura no muriera assí como en la segunda parte desta historia se cuenta.

Pues esto assí fecho, don Clarián dixo al rey Drumesto: "Buen señor, yo de grado querría hazer mucha honra al cuerpo del rey Orencín, vuestro hijo, e a todos los de estos otros altos hombres, mas nuestra ley ni la costumbre dellos no sufre que se la hagamos: porque os ruego que vos ordenéis como os parecerá lo que en ello se debe hazer."

"Buen señor," dixo el rey Drumesto, "si el cuerpo de mi hijo viniera en poder de los suyos quemáranlo como es costumbre suya, mas desto como de cosa vana no curaremos: que si ellos hazen a los polvos la sepoltura, nos la haremos al cuerpo, e será fecha en esta ínsula junto aquella hermosa fuente que a la entrada de la floresta está; mas Dios sabe cuánto a mí pesa porque mi hijo no fue tal que en lugar sagrado pudiesse haber sepoltura."

Allí en aquel lugar fueron hechos muy ricos monumentos donde fueron metidos el cuerpo del rey Orencín; y el de Escalión, el señor de los Siete Castillos; e de Monfarge, hermano del rey Arcybán; e Olacer e de los otros ricos hombres paganos. E los cuerpos de los cristianos fueron soterrados muy honradamente en el campo donde la batalla fuera. Don Clarián hizo hedificar en aquel lugar una muy rica iglesia en honor de Nuestra Señora e dio para ella tanta renta que estuvieron en ella cincuenta monjes. Otrosí don Clarián hizo gran bien e limosna a la hermita donde estaba el sancto hombre hermitaño con quien él se confessara cuando con Candramón quería combatir.

Después de algunos días passados don Clarián repartió todo el despojo que en la batalla se ganara por todos los caballeros; al rey Drumesto fuele dada gran parte por los daños e despensas que de aquella guerra se le habían seguido, e tal fue el despojo que todos quedaron ricos para siempre. Lo que don Clarián ovo para sí, todo lo dio; que al fin no le quedó ál sino una tienda que fuera del rey Surastaje, la cual era labrada de oro e de sedas muy estrañas, e por tal maestría era fecha que en el mundo otra su par no se podría hallar: que a un costado della se hallaran labradas todas las maneras de aves e animales del mundo, e a otra parte estaban labradas muchas de las batallas de Troya por tal arte que maravilla era de ver. En la mançana que el mastel desta tienda tenía había una piedra tan grande e reluziente que bien se podrían a ella armar dozientos caballeros. Tenía esta tienda su cobertura de xamete muy rica y hermosa para cuando le hazía menester. Esto fecho, don Clarián dio muchos dones a Cardisel de la Vanda, e a Olvanor e a la gente que con él viniera. Embió sus cartas e grandes presentes para el rey, su padre, e para la reina, su madre. Tomada licencia de don Clarián, Cardisel e su gente se partieron para Suecia, que aún a su grado ellos nunca se quisieran partir dél, tanto lo amaban todos. Don Clarián hizo quedar consigo a Argadón su amo: esto fue por le hazer bien, como adelante se dirá.

CAPITULO CII. CÓMO GENADÍS DE SUECIA E ARGÁN DE FUGEL CASARON CON LAS HIJAS DEL REY DRUMESTO, E CÓMO DON CLA [CXXXV] RIÁN HIZO SEÑOR DE LOS SIETE CASTILLOS A ARGADÓN, SU AMO.

Pues como don Clarián de gran cuita e mortales desseos de ver a su señora fuesse aquexado, deseaba muy aína dar conclusión en todos estos fechos para poner en exesución su mandamiento, e ir a ver a la que con su vista descansaba su apassionado coraçón, e cesávanse sus ojos del manjar para ellos más sabroso —que era mirar aquélla, su beldad tan cumplida, que entre todas las nascidas en aquel tiempo como el resplandor del sol entre las otras claridades se esmeraba. Por ende embió mensajeros de parte del rey Drumesto e suya a los reinos de Sandamiro e de Calmen, embiándoles a dezir que viniessen luego a obedescer al rey Drumesto por su señor —como lo era— si no que fuessen ciertos que todos serían muertos e destruídos. Esso mesmo don Clarián embió mensajeros a la tierra de Escalión, el señor de los Siete Castillos, diziéndoles que le entregassen la tierra, pues no había señor a quien de derecho perteneciesse: si no, que los conquistaría por fuerça, e los echaría a todos della.

Tan gran temor ovieron en los reinos de Sandamiro e de Calmen de don Clarián, que luego vinieron a la ínsula de Texón todos los más de los ricos hombres, alcaides e governadores de las villas, ciudades e castillos fuertes. Obedescieron al rey Drumesto por su señor, e traxéronle sus dos hijas, que eran niñas y muy hermosas: la mayor dellas había nombre Gurea e la otra Savina. Estas dos donzellas con todos aquellos ricos hombres, e otra mucha gente recibieron allí baptismo por ruegos e amonestaciones del rey Drumesto e de don Clarián, e por predicación del sancto hombre hermitaño — que Eustacio había nombre— el cual era tan alumbrado de gracia divina en la predicación de la fe y en las sanctas doctrinas que todos creían que hablasse por gracia del spíritu sancto. Otrosí todos los hombres honrados de la tierra del señor de los Siete Castillos vinieron de buena voluntad a recebir a don Clarián por señor; ellos e toda la gente de la tierra se convertieron a la sancta fe cathólica. E yendo el sancto hermitaño Eustacio a predicar a los reinos de Sandamiro e Calmen todos fueron cristianos, de lo cual todos los cristianos ovieron muy gran plazer, e muy mayor lo ovo don Clarián dando gracias a Dios porque por su causa tantas gentes en servicio e conoscimiento suyo viniessen.

Don Clarián dio la tierra del señor de los Siete Castillos a su amo Argadón en pago de la buena criança que en él hiziera. Dize la historia que llamaban al señor de aquella tierra señor de los Siete Castillos porque tenía siete castillos muy fuertes e bien poblados riberas de un gran río que todos los otros se parescían desde uno dellos. Luego don Clarián embió a Argadón, su amo, el señor de los Siete Castillos, con gran gente en ayuda de Delafanje de Avandalia —que como se ha dicho tenía guerra con el rey su padre— mas de cosa que en esta jornada se hiziesse aquí no se contará sino tanto que Argadón, el señor de los Siete Castillos, después de algunas batallas que ovieron, puso entrellos paz e se volvió para su tierra. E como don Clarián oviesse hablado con Genadís de Suecia sobre casamiento suyo e de Savina, hija del rey Drumesto, y él tuviesse en voluntad de hazer mucho bien a Argán de Fugel porque era buen caballero, e le amaba mucho, acordó de trabajar porque él casasse con Gurea, la otra su hija.

Tomándole aparte, díxole: "Buen amigo Argán de Fugel, como yo os ame e precie mucho, e conozca que por vuestra bondad sois de todo bien merescedor, he acordado de trabajar con todas mis fuerças que vos caséis con Gurea, hija del rey Drumesto, para que después de sus días sucedáis en el reino de Calmen, que era del rey Orencín, su hijo."

Cuando Argán de Fugel esto oyó bien se puede pensar el plazer que habría de subir a tan grande estado, siendo [CXXXIr] un pobre caballero, e fincó los hinojos en tierra queriéndole besar las manos; mas don Clarián lo levantó. El le dixo: "Señor, yo no me hallo merecedor de tan gran merced, mas considerando que me la hazéis vos, a quien Dios en este mundo tanto sobre los otros en todo lo ensalçó, no me maravillo mucho, pues que a mayores obras que ésta podéis dar fin; e lo que, señor, en mí hiziéredes, hazerlo es en vuestro natural e leal vassallo como yo soy."

"Cierto, buen amigo," dixo don Clarián, "pues aún podéis bien creer que más que esto querría hazer por vos, empero lo que tengo dicho yo me esfuerço a lo acabar; e Dios mande que cuando vengáis a ser rey que lo seáis tan bueno como agora sois caballero. Sabina —la otro hija del rey Drumesto— trabajaré que case con Genadís de Suecia, mi primo —que aquí está— a quien verná la subcessión del reino de Sandamiro, y el condado de su padre, el conde Amarlo, quedará para Casilda, su hermana, que es una de las mejores donzellas del mundo a quien yo mucho amo." Con tanto se partieron de aquella habla.

E otro día juntos el rey Drumesto e don Clarián:e los otros caballeros de cuento en un palacio, don Clarián, hablando con el rey Drumesto, díxole:

"Señor rey: como yo os amo e vos me amáis, no haze aquí menester dezirlo, porque yo soy cierto que nuestras voluntades no resciben engaño. Y pues que todas las pérdidas que en esta guerra habés hecho, a Dios merced, son ya recobradas con una tan gloriosa ganancia como es la salvación que vuestra ánima espera, solamente queda de recobrar la pérdida de vuestro hijo y hermano, con los cuales —según vuestras condiciones e voluntades eran diferentes, creído tengo que nunca pudiérades haber buena concordia— porque, mi buen señor, en lugar de vuestro hermano, yo os me offrezco por tal, e assí lo seré todos tiempos. Y en lugar de vuestro hijo que perdistes, os ruego e pido muy afectuosamente que queráis tomar por hijos a Genadís de Suecia e Argán de Fugel —que presentes están— dándoles vuestras hijas por mugeres, e que yo os quiera dezir cosa alguna de la bondad que en ellos hay, mejor testimonio darán dello vuestros ojos: que con muy entera virtud muchas vezes han visto mostrar sus personas. E como quiera que Genadís sea mi primo, a Argán de Fugel no le tengo en menos grado por lo que meresce; e buen rey, yo os prometo por la fe que debo a Dios e al rey Lantedón, mi padre, que si no conosciesse ser estos dos caballeros tales que con ellos serés muy temido e acatado, e que os harán olvidar toda cualquier pérdida, no sería en rogaros tal cosa."

Como el rey Drumesto conosciesse la gran voluntad que don Clarián tenía, respondió: "Buen señor, por vuestra graciosa habla —dándome Dios gracia para ello— yo rescebí el baptismo, que entonces muy ageno de mi voluntad estaba, y desde aquel día quedó en mi coraçón arraigada tanta fe y amor con vos que propuse de no hazer otra cosa de mi persona e reinos de lo que vuestra voluntad fuere, considerando que desto se me siguiría a mí mucho bien y honra: porque me plaze e determino en esto y en todo lo ál hazer lo que vos por bien tuviéredes; e demás que de los caballeros tengo yo mucho grado e gran plazer por el deudo que Genadís de Suecia con vos, señor, tiene: que esto satisfaze mucho a mi voluntad."

Don Clarián le agradesció muy humildosamente lo que dezía, e díxole: "Señor rey: sed cierto que dexada la gran afición que a vuestra honra e servicio tengo todos los de mi linaje e yo os seremos muy leales parientes e amigos." Genadís de Suecia e Argán de Fugel fueron por besar las manos a don Clarián por la merced que les hazía; mas él no quiso e díxoles: "Besaldas al rey Drumesto como a padre, que de tan buena gana recibe vuestro deudo." Ellos lo hizieron assí. E luego con muy gran fiesta fueron fechas las bodas de Genadís de Suecia con Savina, e de Argán de Fugel con Gurea; con las cuales ellos aquella noche holgaron a gran [CXXXIv] vicio e plazer.

Assí que quien se llega a los nobles e virtuosos no puede ser sino bien andante, como fizo este Argán de Fugel: que de un pobre caballero vino a alcançar tan grande estado —esto por sola la nobleza e grande virtud de don Clarián que le quiso hazer este bien, acatando que Argán de Fugel, desde el día que —como se ha ya contado— con él se combatió, siempre lo amara mucho e lo desseara servir, con gran voluntad lo viniera a buscar desde su tierra. E dize la historia que no solamente ganó Argán de Fugel en la compañía deste noble caballero tan grande estado, mas aun bienes —que mucho más son de estimar: que adornan el cuerpo e guarnecen de virtud el ánima, como es que él era antes que a la corte del emperador Vasperaldo viniesse muy sobervio e orgulloso, lleno de toda dureza; e agora era muy cortés, manso e mesurado e cumplido de todas buenas maneras.

Pues estas fiestas passadas, don Clarián acordó de embiar en presente al emperador presos al rey Garsides e al rey Geraldín —que por la muerte de su padre y hermano en el reino había subcedido— e a Centilán, duque de Nalfe e a Canoquín, su hermano, e a los otros ricos hombres: los cuales por mucho que don Clarián les había rogado no quisieron ser cristianos. Argán de Fugel pidió este mensaje a don Clarián. E como quiera que él le dixesse que no era razón de partirse tan aína de su muger, e que debía ir con el rey Drumesto, su suegro —que a sus reinos quería ir— Argán de Fugel le rogó tanto que le ovo de otorgar la ida. Embió con él muy ricos presentes al emperador e a la emperatriz, e a la princesa Gradamisa, e a muchas de aquellas infantas e señoras de gran guisa de la corte a cada una según se requería. Para el emperador e para la emperatriz embió —entre las otras cosas— dos coronas de oro guarnidas de piedras preciosas de todas naturalezas e tan resplandescientes e tan grandes que en todo el mundo otras semejantes que ellas no se podría hallar. Estas fueran del rey Surastaje: que su padre dél era gran sabidor de encantamentos e conoscedor de piedras. Hiziéralas buscar por todo el mundo, e con su gran sabiduría pusiéralas en aquellas coronas. Otrosí embió para la princesa Gradamisa, su señora, un joyel que había en sí una gran piedra que resplandescía más que otra ninguna que fuesse vista. Esso mesmo embió muy ricos dones de joyas e armas e caballos para muchos de los preciados caballeros de la corte. Entre las otras cosas que embió a su cormano, don Galián, iba un caballo que oviera del rey Bornabor, llamado Veloce, el mejor e más ligero que después de Norartaque se pudiera hallar. Y embió al emperador las armas de Candramón el Dessemejado, que eran tales que por su grandeza por grande maravilla se podrían mirar.

Argán de Fugel, despidiéndose de todos, se metió en una nao: siguió su viaje con estos prisioneros que llevaba. E aunque ellos fuessen tristes por ir assí en prisión, sobre todos lo era el rey Geraldín por ir en tal manera a la corte del emperador Vasperaldo donde ya otra vegada él fuera mucho honrado. El rey Drumesto partióse luego para sus reinos, e fueron con él Genadís de Suecia, su yerno, e Ornolante de Rauda e Tandalís de Nagorce con mil caballeros.

Don Clarián, mandando a Manesil que adereçase luego su partida —porque ya era tiempo de se ir de allí— dixo a Telión de la Maça e a Galinor de Monferrán que les rogaba que la governación de la ínsula y del castillo della quedassen a Artidel, pues que era muy buen caballero, e como ellos habían bien sabido e visto él había servido mucho al emperador con su persona, e con sus parientes en la guerra passada donde muchos de su linaje rescibieron muerte por mano de los paganos. E la tierra que el emperador allí tenía fuesse so la governación y mandado de Ruger, [CXXXIIr] sobrino del rey Drumesto, e mas les dixo que tomassen todo aquel thesoro que fuera de Candramón el Dessemejado para el emperador.

"Buen señor," dixeron ellos, "todo se hará como a vos pluguiere; que mandado tenemos del emperador que todo lo de acá que diéredes en cargo, o dado, si quisiéredes, se haga assí: e del thesoro de Candramón habemos mandado que no tomemos cosa alguna dello, sino que todo quede para vos; que dize el emperador que esta ínsula vuestra es, pues la ganastes, mas que os ha plazido hazerle servicio della."

"A Dios plega por su merced," dixo don Clarián, "que yo le pueda servir lo mucho que me ama, e las grandes mercedes que me haze; e del thesoro yo no quiero parte, que con este caballo que gané aquí me tengo por muy contento."

E como quiera que por entonces assí quedó este fecho, el emperador después mandó passar todo aquel thesoro al castillo de Ruel que don Clarián, matando a Dramades e a sus primos, ganara.

Pues todo esto assí despachado, don Clarián se partió, e salieron con él Telión de la Maça, e Galinor de Monferrán, Ruger e Delanor e Artidel con otros muchos caballeros; e como una legua anduviessen, él se despidió dellos —Telión de la Maça e Galinor de Monferrán volviéndose para adereçar su flota e tornarse en Alemania. Don Clarián con no más compañía de Manesil se metió en el camino de la corte del emperador Vasperaldo con gran desseo de ser allá llegado por ver aquella que tanto su coraçón desseaba, mas toda la gente de aquella tierra quedaron tan tristes por su partida como si todo su bien ovessen perdido.

CAPITULO CIII. CÓMO ARGÁN DE FUGEL LLEGÓ A LA CORTE DEL EMPERADOR VASPERALDO E FUE BIEN RESCEBIDO.

Argán de Fugel anduvo por mar e por tierra hasta llegar, con los prisioneros que levaba, a la ciudad de Colonia donde el emperador Vasperaldo era: el cual aparejaba entonces gran flota para embiar a la ínsula de Texón, considerando que por el gran poder de los paganos don Clarián y los que con él eran estarían en gran estrecho; que assí lo pensaba él. E podiendo dar fin en este fecho quería luego levantarse con todo su poder e mover guerra contra el emperador Focas de Grecia, porque era su mortal enemigo, e le buscaba todo el daño que podía. E demás desto porque este Focas — como ya en esta historia se ha dicho— matara al emperador Mauricio, su señor, que oviera el imperio con Costancia, su muger, hija del emperador Tiberio, que otrosí fue padre de la emperatriz Altibea, por donde el emperador Vasperaldo pretendía tener derecho al imperio de Grecia. Mas esto cessó, porque no passando mucho tiempo, Eraclio, sobrino de Mauricio, mató a Focas, e tomó para sí el imperio. El emperador Vasperaldo, contento con el señorío que tenía, ovo por bien que este Eraclio lo oviesse. Mas después ovo entrello gran guerra, como adelante en la tercera parte desta historia se contará.

Pues Argán de Fugel e los prisioneros que levaba, vestidos de muy ricos paños, entraron en el palacio donde el emperador e la emperatriz e la princesa Gradamisa eran acompañados de muchos príncipes e altos hombres, e de infantas, dueñas e donzelas de gran guisa; que en el mundo una tan alta corte como ésta no se podría hallar. Allí se hazía gran fiesta, y era aí venido Pinamón de la Entrada, hijo del rey de Escocia, porque el rey su padre se embiaba a encomendar al emperador, e a le demandar acorro contra el rey de las ínsulas Altanas —que era pagano que viniera sobrél con gran poder de gentes, e lo tenía en gran estrecho. El emperador e todos ovieron gran plazer cuando vieron a Argán de Fugel: que bien sabían que les traía grandes nuevas de don Clarián. Mas sobre todos ovo gran gozo aquella tan hermosa princesa que más que assí lo amaba; fue dellos Argán de Fugel bien rescebido.

El emperador —como fuesse más noble príncipe e honrado de todos que [CXXXIIv] otro alguno— honró mucho a estos reyes e altos hombres que presos venían, mostrando mucho plazer con el rey Geraldín, que ya conoscía: hízolos sentar cerca de sí a todos e díxoles que oviessen plazer que él haría con ellos lo que con tan honrados príncipes e altos hombres se debía hazer.

El rey Garsides respondió en lenguaje griego: "Señor, tal confianca tenemos en la tu gran merced como en el más alto e poderoso príncipe que en la tierra sea: lo cual se muestra bien claro en la grandeza de tu corte, y en ser a tu mando aquel tan fuerte e valiente caballero que a ti nos embía, que con muy poca gente podría señorear todo el mundo." Esto que el rey Garsides dixo no lo entendía bien el emperador, mas Argán de Fugel —que bien el lenguaje griego sabía— se lo dio a entender.

Entonces el emperador le dixo: "Por Dios, buen amigo Argán de Fugel, contadnos nuevas de don Clarián: que de cosa no habremos mayor plazer que de las oír."

"Señor," dixo Argán de Fugel, "yo vos las puedo contar dél como del mejor y más bien aventurado caballero que oy es ni creo que aya sido."

Entonces contó allí el fecho de la guerra cómo había passado, como quien todo lo sabía bien. Esso mesmo dixo cómo don Clarián les había fecho haber por mugeres a Genadís de Suecia e a él las hijas del rey Drumesto, a quien don Clarián mucho en la su merced encomendaba para que lo oviesse de amar e honrar como a noble rey que era. Todos cuantos aí estaban fueron mucho maravillados de oír tan grandes cosas como Argán de Fugel contaba.

El emperador dixo: "Cierto, Argán de Fugel, buen amigo, embalde trabajaría quien su par de don Clarián quisiesse hallar, e yo soy dél tan grandemente servido que en todos mis señoríos puede ordeñar a su guisa, porque lo amo y debo amar como al mejor caballero del mundo. E agora me dezid dónde es él, e cuándo nos verná a ver, que yo lo desseo ver mucho en mi corte; pues por causa de un tan estremado caballero sube ella en mayor alteza."

"Señor," dixo Argán de Fugel, "vos lo veréis presto en vuestra corte, e cierto con razón dize la vuestra merced que no se podría hallar en el mundo su par, porque no le hay ni creo que le haya avido, ni tampoco se hallaría otro que más que él os desseasse servir."

"Deso," dixo el emperador, "bien largo testimonio nos dan sus obras. E de vuestra buena andança, buen amigo Argán de Fugel, me plaze mucho; que si fasta aquí como a buen caballero se os ha fecho honra, de aquí adelante vos será fecha aquella que vuestra gran bondad y estado merescen."

"Señor," dixo Argán de Fugel, "mayor puedo ser agora en poder para vuestro servicio, mas no en voluntad: que siempre la tuve muy crescida por vuestra gran bondad e mesura, que a mí e a todo hombre porná en sobrado desseo de serviros, e demás desto yo sé que con mayor deuda no pueden pagar a don Clarián sus amigos que con dessearos cómo él haze."

"Buen amigo," dixo el emperador, "todo esso tengo yo bien conocido."

La princesa Gradamisa, que muchas vezes perdiera su muy hermosa color, oyendo contar las grandes cosas que por don Clarián habían passado, esperando temeroso fin de alguna dellas. Cuando vio a tan buen punto sus razones de Argán de Fugel acabadas, tornó tan alegre e tan hermosa, que como rayos de sol su hermosa faz resplandescía, e dezía consigo: "O mi tan amado amigo, el mejor caballero que jamás vio, por cuya virtud los poderosos reyes e bravos gigantes son conquistados: cómo es grande la soledad que de vuestra ausencia padezco, porque a Dios, por su merced, le plega traeros presto ante mis ojos, e dar orden como nuestras mortales cuitas hayan fin en aquella manera que yo desseo."

Argán de Fugel dio todos los dones e ricos presentes que al emperador e a los otros traía, de la estrañeza e riqueza de las coronas fueron todos maravillados, no menos del rico joyel que venía para la princesa Gradamisa.

La emperatriz dixo: "Si Dios me ayude: los presentes son tales como es aquel que los embía, e a Dios plega que con muy crescido galardón se le puedan pagar."

Argán de Fugel dixo al em [CXXXIIIr] perador: "Señor, de todos los despojos a don Clarián no le queda sino una tienda muy rica que fue del rey Surastaje."

"No nos debemos maravillar desso," dixo el emperador, "por quien tan cumplido y abastado es de todas las virtudes e gracias que en este mundo se pueden alcançar, no debe de estimar mucho los bienes e riquezas; pues son cosas que con estas otras con gran parte no igualan."

Todas aquellas ricas joyas que para el emperador venían, diolas él —quito la corona— a Pinamón de la Entrada e Argán de Fugel, e mandólo ir assentar entre los otros caballeros de gran cuenta. Los loores e bienes que de don Clarián allí en aquel palacio se dezían principalmente entre aquellas damas e señoras de gran guisa no se podrían contar.

Don Galián e Gastanís el Hermoso, tomando entresí a Argán de Fugel, hiziéronle mucha honra, e don Galián le dixo: "Buen amigo, señor: Dios sabe cuanto a mí plaze de vuestra buena andança, que cierto yo soy tan alegre como si vos fuéssedes mi cormano, porque buena amistad en igual grado es de parentesco, e muchas vezes mayor."

"Buen señor," dixo Argán de Fugel, "no cumple que sobre esto yo hable, pues lo que he alcançado es por mano de aquél cuyo soy e seré todos tiempos, e assí mesmo vuestro; que la bondad de vosotros amos, y el amor e conformidad de vuestros coraçones e voluntades es tan grande que él que al uno amare y desseare servir, assí ha de hazer al otro."

"Ay Dios," dixo don Galián, "que a mi cormano don Clarián debo yo amar e servir como a caballero que más honra da a nuestro linaje que otro alguno dio al suyo; que si todos fuéssemos malos, su gran bondad bastaría a complir nuestras faltas. E mucho me pesa porque no he avido lugar para que yo me hallasse con él en las cosas que han passado por gozar de aquello que tanto debe ser desseado, que es ver sus grandes caballerías."

"Si Dios me ayude," dixo Argán de Fugel, "por vos, señor, e por los que yo conozco de su linaje no faltará de ser acrecentada essa honra que dezís."

"Cierto," dixo Gastanís, "si los hechos passados a ello dieran lugar, no dexara yo por cosa alguna de ir a buscar este caballero que tanto tengo desseado."

Retraída aquel día Gradamisa en su cámara[65] dixo a Casilda: "Ay mi buena amiga, cuán grave es a mí la tardança de don Clarián, e cómo recibiría muy gran descanso de saber más por estenso nuevas dél, si hazer se pudiesse."

"Señora," dixo Casilda, "yo daré orden en esso porque aquí es venida una donzella de aquellas que a las colunas de Ercoles salieron a don Clarián para le rogar que contra Candramón el Dessemejado les ayudasse. A ésta yo la haré venir aquí e hablaré con ella, demandándole nuevas de aquella hija del rey Drumesto que es mi cuñada, e de aí podremos saber lo demás." Gradamisa dixo que era bien lo que ella dezía.

Casilda embió por la donzella, e cerrando la puerta de la cámara díxole: "Buena amiga, quiero saber de vos nuevas de la hija del rey Drumesto, que es muger de mi hermano Genadís de Suecia."

La donzella le dixo: "Sabed, señora, que ella es muy hermosa, cortés e mesurada, e tal que cualquiera se pagaría mucho della: e ha por nombre Sabina."

Casilda entró con ella en muchas razones, e díxole: "Donzella, yo os ruego que me contéis todas aquellas nuevas que sabéis de don Clarián, porque después de su cormana

---

[65] comara

Resinda no hay otra parienta suya en esta corte sino yo."

Cuando Gradamisa, que en su retraimiento estaba, sintió que querían hablar de don Clarián; salió contra ellas e dixo: "Yo quiero escuchar vuestra poridad."

Casilda le dixo: "Señora, no hay más poridad sino de mandar yo por nuevas de don Clarián, pues me debo tener por bien andante en ser de linaje de tal caballero."

"Por Dios, amiga Casilda," dixo Gradamisa, "la mayor reina e señora del mundo debría de estimar mucho esso que dezís; e no lo digo porque es vuestro primo, mas por las grandes cosas que dél cada día se cuentan. E bien sé que aunque el emperador, mi padre, caballeros muy pre [CXXXIIIv] ciados en su corte tenga, a éste como a mayor e más extremado precia e ama mucho." La donzella besó las manos a Gradamisa, e sentáronse todas tres en un estrado.

Gradamisa dixo: "Casilda, por mi venida no cesséis de demandar por nuevas de aquel que tanta razón tenéis de las pedir," e Casilda dixo a la donzella:

"Por Dios, amiga, que me respondáis a lo que os demandé."

"Buena señora," dixo la donzella, "razón tenéis de teneros por bien andante en ser prima de tal caballero; que si Dios me ayude assí lo es todo aquel que su amor haber puede." Entonces les contó como ella e otras onze donzellas salieran a él a las colinas de Ercoles, e finalmente díxoles todas las cosas que allá passaron —que bien las sabía— e tanto se metió en hablar que dixo de como Liselda —que era una donzella muy hermosa, fija de Artidel— penaba de amores de don Clarián, e que en algunos lugares los había visto hablar en apartado.

Cuando Gradamisa esto oyó, con la sobra de amor que muchas vezes en cualquier coraçón pone sospecha, fue assí ferida de una tan mortal cuita e pesar que por poco no se dexó caer, e puso la manga de la ropa delante de la faz porque la donzella no lo sintiesse. Casilda, que bien lo entendió, fue metida en tan gran cuita que por cosa alguna no quisiera que la donzella fuera allí venida, e díxole: "Donzella, para ser don Clarián él que es, no emplea muy altamente sus amores."

"Por Dios señora," dixo la donzella, "esso os quiero yo dezir: que sabed que aunque ella es muy hermosa no ha podido dél alcançar cosa alguna; y ella e todas las donzellas le llamamos el Caballero Casto, por que nunca le vemos hablar ni burlar con mugeres en la manera que otros caballeros suelen hazer; e más razón era que lo hiziesse él que otro, porque es tan hermoso que en cualquiera parte por maravilla le sería negado lo que pidiesse. Esta hija de Artidel es tan cuitada por sus amores que al fin creo que morirá, porque yo sé bien de su secreto."

Casilda començóse de reir, diziendo: "Buena ventura hayáis, donzella, que tan desembuelta e abiertamente me habéis contado las nuevas de ese caballero, que otra fuera, que en verse ante tan alta señora como aquí está, turbárase en hablar."

"Señora," dixo la donzella, "yo he dicho todo esto porque la verdad de lo que me fuere demandado no terné empacho de la dezir ante ninguno."

Gradamisa —que en sí era tornada— conosciendo por lo que ella dixera la lealtad de su amigo, volvió con un gracioso riso e dixo: "Por cierto, amiga, vuestra desemboltura no es sino buena." Con tanto se partieron desta habla, e dando Casilda a la donzella unos ricos paños que se vistiese ella se fue.

Entonces Casilda dixo: "Mal la ventura haya aquella que por su mucho hablar nos oviera metido en gran cuita."

"Ay amiga," dixo Gradamisa, "que no se podría pensar lo que yo sentí, mas al fin yo quedé bien satisfecha."

"Señora," dixo Casilda, "no debiérades pensar ningún mal; que aunque fuéssedes una pobre donzella e no fuésedes lealmente amada de aquel que con la mayor fe e lealtad del mundo vos ama, vuestra gran hermosura os debría assegurar para no pensar que por ninguna dueña ni donzella que en el mundo oviesse podíades ser olvidada." E assí quedaron riendo mucho de algunas cosas que la donzella hablara.

El emperador mandó poner, con muy gran fiesta —como se acostumbraba— las armas de Candramón el Dessemejado en la Torre de las Grandes Hazañas, donde muchos las venían a ver por grande maravilla; e allí quedaron por memoría, que por haber sido el caso tan hazañoso y estremado de otros, fue por todos acordado que assí se hiziesse —aunque fuera de la corte acaesciera.

CAPITULO CIIII. CÓMO LITEDRAS PRIMO DE DRAMADES DE LA FLORESTA JUSTÓ CON ALGUNOS CABALLEROS DE LA CORTE DEL EMPERADOR, E DE LO QUE AÍ FIZO UN CABALLERO NO CONOCIDO. [CXXXIIIIr]

Queriendo el emperador salir a tomar plazer fuera de la ciudad de Colonia, mandó armar muchas tiendas riberas del Rin, e llevó consigo a la emperatriz e a la princesa Gradamisa e a la reina Mirena e muchas otras dueñas e donzellas de gran guisa. Entraron en aquel bosque donde —como ya se ha dicho— había todas maneras de caça. Después que por la mañana una pieca ovieron caçado, volviéronse a las tiendas. Todos los más de los caballeros fueron a bolar garças una legua de aí con el rey Garsides y el rey Geraldín e Pinamón de la Entrada, e con los otros altos hombres paganos a quien toda fiesta e honra se hazía. E acabado, que ovo el emperador de comer, mandó alçar las alas de su tienda porque el frescor de la ribera entrasse, que hazía gran calor. Entonces vieron venir un gran caballero sobre un caballo blanco armado de armas cárdenas sembradas de abrojos dorados; el escudo había todo blanco. Con él venía una donzella hermosa e bien guarnida sobre un palafrén que traía sobre su cabeça una muy rica guirnalda de oro. Acompañávanlos tres escuderos, e como cerca de las tiendas llegaron detuviéronse.

El gran caballero embió un escudero, el cual saludó al emperador e a su compaña e díxole: "Emperador: aquel caballero, mi señor, os embía dezir que él es natural de la provincia de Alania: ha por nombre Litedras, e que es de linaje de Dramades de la Floresta, aquel que don Clarián mató; y él viniendo a vuestra corte sobre una demanda que después ante vos dirá, e aquella donzella —que él mucho ama— le ha movido tal pleito que si él defendiere por justa aquella rica guirnalda que ella trae en la cabeça a todos los caballeros de vuestra corte que con él querrán ir a justar, que ella le otorgará su amor e casara con él. E los que han de ir a justar con mi señor han de llevar precio contra la guirnalda: que será joya alguna destas damas que aquí están; porque el señor os embía mucho a rogar que embíes a justar con él estos vuestros caballeros que tan preciados son, e si tal caballero oviere entrellos que le hiziere perder la silla, él podrá dezir que son con derecho loados. Mi señor querría mucho que si don Clarián es aquí, él fuesse el primero que con él justasse, por la gran nombradía que tiene."

Algunos de los que aí eran rieron deste mensaje, diziendo: "Por Dios, el caballero es de gran coraçón, pues que a ninguno haze seguro."

"El caballero haze su deber," dixo el emperador, "e a vosotros no conviene lo que hazéis," e respondiendo al escudero díxole: "Amigo, di a tu señor que él ha tomado demanda que habrá mucho que hazer en salir bien della. Mas si él lo pone assí por obra como lo embía a dezir, por mayor ternemos su fecho que agora juzgamos su palabra; e dile que don Clarián no es aquí, de que a todos nos desplaze, empero si él oy en este día nos haze tener necessidad dél, no hará poco." El escudero se volvió a su señor.

El emperador mandó a un caballero de su casa —que Alves había nombre— que fuesse a justar con el caballero, e mandó a Belinda, hija del duque de Colandia, que le diesse un anillo. Belinda se lo dio, e riendo le dixo: "Guardad que no lo deis a vuestro desgrado a quien yo no lo daría de mi voluntad."

Alves se fue armar, e pusieron ricos paños de oro y de seda fuera de las tiendas por guardar del sol al emperador e a la emperatriz, que con muchos aquellos altos hombres e señoras de gran guisa allí se sentaron por mirar las justas. Alves, que ya era guisado de justar, poniendo el anillo que levaba en un árbol donde la guirnalda de la donzella estaba, se dexó ir para el caballero; el cual encontinente e parecer de gran fuerça movió otrosí para él. Alves lo firió de toda su fuerça por medio del escudo en guisa que su lança boló en pieças. Mas Litedras lo firió en tal manera que lo lançó de la silla muy ligeramente, e todos tuvieron que fiziera buen encuentro.

Relagor el Negro, que ya estaba adereçado, cabalgó en su caballo —dándole Alavina, hija del conde de Corvera, una redezilla de oro que puso cerca de la guirnalda— dexóse ir a [CXXXIIIIv] Litedras e firiólo por manera que su lança quebró en muchas pieças, mas Litedras lo derribó del caballo muy gran caída. Luego fue contra él Soriel de Vedoys, a quien Vestalia, hija del duque de Gueldres, dio una joya; e juntáronse de tal guisa que las lanças fueron rompidas, más Soriel de Vedoys e su caballo fueron por tierra.

El emperador començó a reir, diziendo: "Por Dios, qué bien muestra el caballero que los que de antes burlaban no lo hazían con derecho." Entonces mandó a Norendarte de Lavia, hijo del conde de Bresón, que fuesse a justar con el caballero, e hizo embiar con un donzel a Litedras lanças con qué justasse.

Litedras dixo al donzel: "Dezid al emperador que estos sus caballeros más están liberales de sus caballos, que cobdiciosos de mi guirnalda."

Al emperador no le plugo de oír esto e dixo: "Pues si Dios me ayude aún no ha provado encuentros de otras lanças que podrá ensayar."

Norendarte de Lavia llevó una cinta de oro que le dio Garminda, hija del duque de Lorrene. Litedras y él se dexaron correr contrasí, e firiéronse de tal guisa que ambos ovieron falsados los escudos: empero Norendarte de Ladia cayó en tierra. Assí mesmo justaron con él Sabitor de la Falda e Galerte de Mirabel; Celendis, hijo del conde de Trisnaldis; Antifol de Janglante, e a todos los derribó. Entonces fue a justar con él Garlamón de la Lista, hermano del duque de Bolsán, e fuele dada una joya por Casilda, hermana de Genadís. Litedras y él justaron dos vezes, e no cayó ninguno dellos; mas a la tercera Garlamón cayó en tierra. Al emperador no le plugo de la afrenta de sus caballeros, e mirando en derredor no vio ninguno de los que él quisiera. Entonces arribó Ganifer de Monte Argis, hijo del duque de Clive.

El emperador le dixo: "Ganifer de Monteargis, id vos a justar con aquel caballero; que ya mucho se puede alabar." Ganifer de Monte Argis fue luego armado e a caballo. Diole Tabelina, hija del conde de la Baxa Borgoña, un prendedero de oro, e poniéndolo donde había de estar él e Litedras se fueron ferir tan duramente que amos se falsaron todas las armas, mas no se llagaron; e juntáronse uno con otro tan fuertemente que el caballo de Litedras metió los hinojos por tierra, e Ganifer de Montargis perdió los estribos, e túvose al cuello del caballo.

Litedras le dixo: "Cierto caballero, yo he recebido de vos fuerte encuentro, mas si mi caballo no estuviera cansado no fincáredes en la silla."

"Caballero," dixo Ganifer de Montargis, "vos habláis tanto que desdoráis mucho lo que hazéis; e yo no soy de tanta fuerça e bondad como me haría menester, empero cualquier que yo sea de grado querría que oviesse lugar para ensayarme con vos también de la espada como de la lança."

Entonces Litedras embió con un escudero a dezir al emperador, que fuesse la su merced de le mandar dar otro caballo con qué justasse porque el suyo venía cansado, a condición que si caballero oviesse en su corte que lo derribasse que él oviesse de volver el caballo. El emperador no respondió al escudero, mas mandóle dar un caballo muy bueno. Como Litedras en él cabalgó, diéronles otras sendas lanças, e corriendo el uno para el otro, firiéronse tan duramente que las quebraron en sí; empero Ganifer cayó en tierra en el campo: llevó la silla entre las piernas.

Por afrontados se tenían desto los caballeros; e más de perder assí las joyas que las damas les daban. E ya el emperador no sabía a quién pudiesse embiar a justar con Litedras, porque llamando un donzel díxole: "Ve al caballero e dile que él nos ha mostrado hoy que es de gran fuerça e ardimiento, e que si no rescibe pena de atender un poco, presto serán aquí caballeros con quien él habrá gran sabor de justar, e muy mayor si él los derriba."

A esta sazón vieron venir a Honoraldo de Borgoña e a don Felisarte, que venían cevando sendos halcones. El emperador dixo: "He aquí a Honoraldo de Borgoña e a don Felisarte que podrán justar con el caballero, e bien se podrá él loar si los derriba también."

Mas entonces salió de entre los otros un caballero mancebo muy [CXXXVr] apuesto, e bueno era él en armas y en toda bondad; había tiempo que en la corte del emperador estaba dissimulado, e no assí guarnido como su gran guisa merecía. Este dixo al emperador: "Señor, sea la vuestra merced de me otorgar esta justa, e no atienda el caballero en tanto que Honoraldo de Borgoña e don Felisarte vienen, pues que aquí hay tantos omes buenos."

El emperador lo cató; vio que no era de los de su casa e díxole: "Caballero, yo no os conozco porque no me parece que os haya visto, pero si la justa querés tomar, sea a vuestro plazer —como quiera que otros han justado e han sido derribados que sería dubda salir vos bien deste fecho."

"Señor," dixo el caballero, "yo no soy de vuestra corte ni vuestro natural, mas de grado os serviría con toda afición; e yo vine a buscar a vuestra corte aquello que no fallo, e mucho deseo ver, de que desplazer me viene."

"Buen amigo," dixo el emperador, "yo vos agradezco mucho lo que dezís, e ruégovos que me digáis vuestro nombre."

"Señor," respondió él, "si la vuestra merced fuere no os pesará de lo no saber fasta que yo haya justado."

Entonces tres escuderos suyos le traxeron las armas. Después que él fue armado, con graciosa manera se fue ante la princesa Gradamisa, e hincando los hinojos ante ella díxole: "Señora, sea la vuestra merced de me dar vuestra mano la joya que yo he de llevar; que comoquiera que mi atrevimiento sea grande en la demandar a una tan alta señora como vos, fágolo por me ayudar del mayor favor."

La princesa Gradamisa le respondió con semblante gracioso: "Por cierto, caballero, a mí plaze de otorgar lo que demandáis, e yo querría que el favor que dezía os aprovechasse tanto que vuestra honra se acrecentasse." Quitándose una rica cadena del cuello diósela.

Todos tovieron al caballero por gracioso e desembuelto, mas algunos dixeron: "Pues tan alta empresa tomó, mucho se debe esforçar en su bondad."

El caballero cabalgó en un hermoso caballo; echando su escudo al cuello tomó una lança en la mano, e movió su passo por ante las tiendas con tan gentil continente que a todos paresció muy bien: e poniendo la joya en el árbol , abaxó la lança e movió contra Litedras que lo salió a recebir. Diéronse tan duros encuentros que las lanças bolaron en pieças; juntáronse de los escudos e de los caballos uno con otro assí duramente que Litedras salió fuera de la silla e cayó en el campo gran caída. El caballero se hizo con su caballo atrás bien cuatro passos, mas quedó muy firme en él. Cuando todos vieron este encuentro mucho preciaron al caballero.

El emperador dixo: "¿Hay alguno que conozca este buen caballero?"

Belamán el Nombrado le respondió: "Señor, yo no creo que haya aquí quién sepa su nombre, mas yo le he visto algunas vezes en compañía de don Galián e de Gastanís el Hermoso. He parado mientes en él, y en todas sus maneras me paresce de gran guisa."

Litedras se levantó de tierra muy sañudo e dixo: "Por buena fe, caballero, más habéis fecho que cuidaba en me derribar, porque no hay cosa que me fuesse demandada que yo no diesse por me combatir con vos de las espadas: que en otra guisa gran menoscabo sería de mi honra si os alabássedes de haber derribado a Litedras e haberos dél partido a vuestro salvo."

El caballero se sonrió e respondióle: "Litedras, cierto yo no me loo dello; antes creo que vos os dexastes caer por no llevar de aquí el caballo del emperador; e no lo debiérades fazer, que de un tan alto príncipe cualquiera debe recebir de buena gana lo que por él le fuere dado. E agora no hay lugar de combatir porque vos solamente demandastes justa e no más, e porque estamos en tal compañía."

Litedras fue muy más sañudo que de antes e dixo: "¿Cómo, caballero, assí por burla fabláis? Agora os digo que si creyesse ser aquí don Clarián yo pensaría que fuéssedes vos, pues tanto me despreciáis; mas si comigo vos quisiéredes combatir, yo haría que no os aprovechassen vuestros donaires."

"Mucho crecería mi bondad, Litedras, si yo fuese don Clarián," dixo el caballero, "mas aunque no lo soy, creed que soy un caballero que lo amo e precio sobre cuantos caballeros son."

"Pues [CXXXVv] si vos lo amáis tanto," dixo Litedras, "aún podréis responder por él, pues es ausente a una demanda que contra él traigo, e assí habrá lugar que nos combatamos."

"No sé la demanda que vos traéis," dixo el caballero, "mas aquella guirnalda con las joyas que allí están, llevarlas he yo; que no creo que con ellas oviera tanto plazer esta señora donzella cuanto habrá en ser partida de un tan desgraciado amor como el vuestro." Entonces tomó la guirnalda de oro con todas las otras joyas; fuesse ante la princesa Gradamisa, e hincando los hinojos en tierra díxole: "Señora, no sea sola la merced que me hezistes en me dar la cadena; mas agora me hazed otra en recebir esta guirnalda e las joyas que con el favor della se ganaron."

Gradamisa con gracioso semblante las tomó, diziendo: "Buen caballero, las joyas volveré yo a aquéllas cúyas eran, e la guirnalda guardaré por amor de vos en memoria de la honra que aquí ganastes."

Entonces llegó ay Litedras muy sañudo, así por haber sido derribado como por las palabras que el caballero contra él dixera, que el coraçón le quería quebrar, e descabalgando quitóse el yelmo. El era de gesto feroz e robusto e mayor que otro caballero ninguno un palmo; e poniéndose de hinojos ante el emperador díxole:

"Señor, la causa porque yo me moví de mi tierra fue por venir a demandar a don Clarián por batalla ante vos, como ante príncipe muy justiciero, la muerte de Dramades e de Orzonal, Tremoal, e Sorrocal, mis primos: que yo soy cierto ser muertos por él falsamente e con gran engaño; e como quiera que desta otra demanda que traía no me ha venido tan bien como quisiera, el amor de la donzella que comigo viene yo lo ganaré en otros fechos. Agora, señor, si ay alguno que por don Clarián quiera responder —pues él es ausente, de que a mí me pesa— yo le combatiré ser verdad lo que digo. Y este caballero que comigo ha justado dize que ama tanto a don Clarián que a todo peligro se pornía por él: si en él hay esfuerço, presto lo podremos ver si comigo sobre esta razón se osare combatir. Y en esperança que la vuestra merced nos otorgará la batalla, veis aquí mi gaje." Entonces echó su guante en tierra.

El caballero se hizo adelante, tomó el gaje e dijo contra el emperador: "Señor, yo no conozco a don Clarián, mas por lo que he oído dezir en ausencia, le tengo tanto amor que sería maravilla la presencia suya poder lo más acrecentar. E porque creo firmemente que de los tales caballeros como don Clarián no es hazer las tales cosas, e de aquellos como Litedras es bien cierto dezirlas, yo pienso tener de mi parte todo el derecho: por ende yo le combatiré el contrario de lo que dize." Mucho se maravillaron todos de quién podría ser este caballo que tanto a don Clarián amaba.

El emperador que vio los gajes de la una parte a la otra dados, volviéndose a sus altos hombres, les dixo: "¿Qué os parece que debo hazer en este fecho?"

Belamán el Nombrado, que mucho sabía en casos de armas, le dixo: "Señor, pues los gajes son dados no los podríades partir sin gran cargo del uno o del otro."

"Pues assí es," dixo el emperador, "yo les otorgo la batalla para de mañana, aunque más me pluguiera que la dexaran."

Don Felisarte e Onoraldo de Borgoña dixeron al caballero: " Señor, vos habés tomado una batalla a todo derecho, e Dios vos ayude en ella; que cierto, assaz compañeros fallaríades en vuestra ayuda contra los que esta demanda quisiessen sostener."

El emperador, que desseaba mucho conoscer al caballero, le dixo: "Buen amigo, yo os ruego que nos digáis vuestro nombre e quién sois, que a mí plazería de los saber por os fazer toda honra, e querría que quedássedes en mi corte."

El caballero, quitándose el yelmo, dixo:

"Señor, aunque yo no tenía en voluntad de me dar a conoscer en vuestra corte desta vez, hazerlo he agora, porque no sería razón de contradezir a tan alto príncipe como vos, demás yo, que por muchas razones soy obligado a vuestro servicio. E sabed que yo he nombre Orlagis de Camper: soy fijo del duque de Cartago, hermano del rey Ricaredo de España e de la duquesa Sirastea, que es [CXXXVIr] prima cormana de la emperatriz, vuestra muger; e señor, no os pese porque hasta aquí no me haya dado a conoscer a vos, que fui movido a venir de mi tierra no por ál sino por ver a don Clarián, desseoso de haber su conoscimiento y estar en su compañía por la fama tan grande que dél por todo el mundo se derrama."

Luego que esto ovo dicho fue fincar los hinojos antel emperador, e aunque él se escusó, besóle las manos. El emperador lo recibió muy bien e díxole: "Assí, Orlagis de Camper, mi buen amigo, que en mi corte habés estado sin que yo os conosciesse: de mí vos sois quito, quedando yo obligado a fazeros todo bien y merced; mas de la emperatriz e de su hija Gradamisa, con quien vos gran deudo tenés, no sé cómo os podrés escusar."

"Señor," dixo Orlagis de Camper, "los caballeros mancebos como yo que tan poca honra han ganado en armas no se deben dar a conoscer a tan alto hombre como vos sin gran empacho, pues tenés en vuestra corte la flor de la caballería del mundo."

"Pues esso, cierto, mi buen amigo," dixo el emperador, "no se podrá dezir por vos."

Desí embiólo a la emperatriz, que con gran voluntad e amor lo recibió. Orlagis de Camper le besó las manos, e assí quisiera hazer a la princesa Gradamisa, mas ella no consintió; antes lo abraçó con gran plazer, tanto por el amor que a don Clarián mostraba tener como por el deudo que con él tenía. El rey de Borgoña y el rey de Polonia, e los otros altos hombres e caballeros que aí eran fizieron mucha honra a Orlagis de Camper. Entonces llegaron el rey Garsides, el rey Geraldín e Pinamón de la Entrada, Florantel, e don Galián, Gastanís el Hermoso, e don Palamís de Ungria, Roselao de Suevia, Girarte de Yrlanda e otros muchos caballeros. Sabido por don Galián e Gastanís quién Orlagis de Camper era, abraçáronlo con gran plazer, e quexávanse dél porque no se les había dado a conoscer; mas él se desculpaba lo mejor que podía. A Litedras no plugo mucho de haber tomado la batalla con Orlagis de

Camper, considerando el gran favor que allí tenía, mas fiándose en su gran valentía creído tenía de lo vencer muy presto, e partir de aí con honra. La donzella que él traía —a quien mucho plazía de ser partida de su amor— fue puesta en guarda de la reina Mirena, que mucha honra le hizo. El emperador mandando levantar las tiendas volvióse a la ciudad.

CAPITULO CV. CÓMO ORLAGIS DE CAMPER E LITEDRAS HIZIERON SU BATALLA.

El emperador, aquexado por ruego de la emperatriz, hizo mucho por partir la batalla destos dos caballeros, porque considerada la gran fuerça e valentía de Litedras, que en todo se mostraba ser de linaje de jayanes. Todos se temían de Orlagis de Camper, que era mancebo e tierno, mas hallando que no se podía hazer con derecho, la batalla entrellos ovo de quedar todavía afirmada. El siguiente día venido, Orlagis, armado de todas armas, oyó missa en la capilla del emperador; desí tomando licencia dél e de la emperatriz e de la princesa Gradamisa, e de las otras señoras que de todo coraçón lo encomendaron a Dios que de aquella batalla lo librasse; cabalgó en su caballo acompañado de todos los principales caballeros de la corte. La lança le llevaba don Galián, el yelmo don Felisarte de Jaffa y el escudo Gastanís el Hermoso. E desta guisa lo metieron en la gran plaça que ante los palacios había donde el campo era señalado: Luquidán de Bontaner, hijo del duque de Lorregne e Calidor de Venarde, hijo del conde de Lubet —que los fieles eran— pusieron a Orlagis de Camper —que a todos parescía muy apuesto y buen cabalgante— en el lugar que había de estar. A Litedras ninguno lo quiso acompañar por la injusta demanda que tomaba, mas el emperador mandó a su sobrino Dantesor el Preciado, e a Arceal, hijo del duque de Colandia, e a don Da [CXXXVIv] nirteo de Gueldres que lo metiessen en el campo, los cuales por cumplir su mandado lo fizieron assí.

El emperador e la emperatriz e la princesa Gradamisa, con todos los altos hombres e caballeros, se pusieron por las finiestras del palacio a mirar. Toda la gente de la ciudad fue allí ayuntada por ver la batalla. Litedras —que mejor cuidaba delibrar su hazienda con Orlagis de la espada que de la lança— dixo a los fieles: "Señores, como quiera que a mí todo sea uno, yo querría hazer la batalla en aquella guisa que Orlagis de Camper la demande: que fue después de nos haber ensayado de las lanças, que nos oviéssemos de combatir de las espadas."

Los fieles respondieron: "Litedras, en esto que dezís, Orlagis puede hazer aquello que más le plazerá, porque de derecho tenemos que todo caballero que demandare a otro por batalla la debe hazer como entre los caballeros es acostumbrada; que la justa que con vos, Orlagis de Camper, fizo, no fue por requesta de la batalla que agora queréis hazer: que es por razón de demanda que contra él, o contra amigo suyo pusistes; mas todavía nos se lo diremos."

Entonces se lo fueron a dezir a Orlagis; él respondió: "Si Dios me ayude yo no quiero gastar muchas razones con él, e a mí me plaze hazerlo como él quiere, puesto que de derecho no lo debía hazer."

Entonces los fieles se tiraron afuera de entrellos: los caballeros, dexando las lanças, embraçaron los escudos e metieron mano a sus espadas, e al son de diez trompas que se tocaron, ellos se fueron acometer con gran animosidad e braveza, començando entresí una tan fiera batalla que los que la veían se hazían mucho maravillados, diziendo que gran tiempo había que otra tal batalla de dos caballeros en la corte no se hiziera. Mas los caballeros no cataban por ál que por se vencer o matar, porque estaban en parte que cada uno dellos quería antes pagar con la vida que con cosa de su honra: por la cual razón se ferían de tan duros e fuertes golpes que rajaban los escudos, despedaçaban las armas, de tal guisa que la sangre corría dellos por muchos lugares, tan bravos andaban en la batalla e con tanta voluntad de se ferir, que puesto que sus caballos hiziessen todo su deber les parecían a ellos que no lo hazían como era menester.

Todos preciaban mucho a Orlagis de Camper, que muy sabiamente e con gran esfuerço se combatía; mas su espada no hazía tanto daño en las armas de Litedras —que por ser muy fuertes guardaban mucho sus carnes— cuanto él recebía en las suyas y en su cuerpo; que Litedras con la gran fuerça suya e con la buena espada que tenía las despedaçaba por muchos lugares, llagándolo en tantas partes que la sangre corría dél en gran abundancia; empero Orlagis andaba tan vivo e acometedor que en gran pavor lo metía.

En este comedio Litedras firió el caballo de Orlagis de Camper de una punta de espada en guisa que lo hizo caer muerto en tierra. Orlagis salió dél muy ligeramente como aquel en quien todo esfuerço e bondad había. Litedras, no guardando la cortesía que entre los buenos caballeros se guardaba, mas usando de villanía, dexóse ir así como estaba de caballo para él. Orlagis no se pudo tan bien guardar que el otro no le diesse con los pechos del caballo en manera que lo hizo dar de manos por tierra. Desto ovieron todos muy gran pesar, mas Orlagis de Camper se levantó muy presto, e guardándose de Litedras —que otra vez contra él venía— quísole ferir al passar, mas no lo alcançó; entonces se acostó a un padrón de mármol que aí había por mejor se mamparar.

Allí lo acometió Litedras, e Orlagis le dixo que decabalgase —si por buen caballero se tenía— para que feneciesen su batalla. El respondió que assí como estaba entendía de dar fin en ella. A gran covardía e villanía tenían todos lo que Litedras hazía. La emperatriz —que mucho se dolía de Orlagis, su sobrino— dixo contra los reyes de Borgoña e de Polonia: "Por Dios, dezidme mis buenos amigos ¿esta batalla podría se partir?"

"Señora," dixeron ellos, "no si las partes no se acordassen; e sin falla Litedras haze gran villanía en no descabalgar del caballo co [CXXXVIIr] mo es costumbre de buenos caballeros."

Orlagis de Camper, teniéndose por affrontado de estar assí cerca del padrón, queriendo antes morir que rescebir vergüenza en tal lugar como estaba, saltó en medio de la plaça, guisándose de atender a Litedras: el cual se vino para él cuidándolo cojer con los pechos del caballo; mas Orlagis, guardándose muy diestramente, firió altravés al caballo en el rostro por manera que casi todas las quixadas le cortó. El caballo cayó con su señor en tierra tan gran caída que Litedras fue muy mal trecho, e como se quisiesse levantar Orlagis de Camper lo firió por cima del yelmo de tales tres golpes que se lo torció en la cabeça en guisa que no lo podía sufrir; mas levantándose con assaz desacuerdo puso las manos en él por lo adereçar, empero Orlagis de Camper se juntó a él, e firiólo en el braço derecho acerca de la mano de guisa que la mayor parte della le cortó; e como quiera que él puso mano por la espada no tuvo fuerca para le ferir. Orlagis lo firió otra vez en el yelmo por tal manera que se lo derribó de la cabeça; tornando alçar otra vez el espada diole otro golpe tan grave e pesado que entró por él bien una mano e llagólo a muerte en la cabeça. Entonces Litedras cayó de manos por tierra.

Orlagis fue sobrél; poniéndole la espada al cuello, dixo: "Muerto eres, Litedras, si no te otorgas por vencido e conosces por tu boca ser mentira e falsedad la demanda que contra don Clarián pusiste, e que tú confiessas que él mató como buen caballero a Dramades e a sus primos, assí como ello es verdad."

Litedras dixo: "Ay buen caballero, que yo otorgo ser verdá lo que tú dizes; e cierto yo lo sabía bien de antes, mas mi sobervia y pecado me hizieron affirmar lo contrario para que mi gran orgullo pagasse con la vida: e otorgarme por vencido no haze menester, que yo soy muerto; si falta alguna por ende, tú puedes hazer de mí lo que quisieres." Esto que Litedras dixo oyeron bien los fieles e muchos de los que aí eran.

Orlagis, que dél ovo piedad, lo dexó estar con tanto. Todos ovieron gran plazer de su buena ventura. Sacáronlo del campo con muy gran fiesta e honra. Litedras fue llevado a curar, mas no vivió más de aquel día. E por cuanto este Litedras fuera caballero de linaje de jayanes e muy valiente en armas, la espada con que Orlagis lo mató fue puesta en la Torre de las Grandes Hazañas en memoria deste gran fecho con la solenidad e fiesta que se acostumbraba hazer. E tanto que Orlagis fue guarido el emperador lo assentó a su tabla, e le dio los paños que el día de su batalla vistiera y el caballo en que cabalgara. Aquí fue tractado Orlagis como estrangero, porque en otra guisa se hazía con los naturales del emperador o con los de su corte; e fue la causa porque Orlagis no otorgó de estar en su servicio hasta que don Clarián —por cuya causa él era allí venido— llegó en aquella corte. A la donzella que con Litedras vino hizo la emperatriz mucho bien e merced e con esto se volvió para su tierra.

Pues como Pinamón de la Entrada oviesse dexado al rey de Escocia, su padre, en gran estrecho e necessidad de acorro, aquexó tanto al emperador, diziéndole que fuesse la su merced de lo mandar despachar de allí: lo hizo assí luego, y embió en ayuda del rey de Escocia a Dantesor el Preciado con gran caballería; fueron con él algunos de los preciados caballeros de la corte. E de cosa que en esta guerra acaesciesse aquí no haze la historia mención porque en *Espejo de Caballerías* está muy complidamente escripto, mas de tanto que por el acorro destas gentes fue desbaratado el rey de la Ynsulas Altanas. El emperador rogó mucho al rey Garsides e al rey Geraldín, e a los otros altos hombres paganos que quisiessen ser cristianos, prometiéndoles mucho por ello; mas ellos no lo quisieron hazer porque viendo esto al emperador les dio libertá por tal pleito que le diessen parias cada año, e viniessen a sus cortes cuando por él fuessen llamados. Ellos lo juraron e prometieron assí; mas ya vino tiempo que quebraron esta jura, como en la segunda parte desta historia se dirá.

CAPITULO CVI. DE LA FIN QUE HIZO LISELDA, HIJA DE ARTIDEL, POR AMORES DE[66] DON CLARIÁN. [CXXXVIIv]

Partido don Clarián de aquellos caballeros —como se ha contado— siguió su camino, e passó antel castillo de Artidel, que por aí era su carrera. Una donzella — cormana de Liselda— que a las finiestras estaba, como lo vio, conociólo luego, e fue corriendo a lo dezir a Liselda, que de casa de una su tía dos días había que allí viniera. Esta Liselda muchas vezes había aquexado a don Clarián, rogándole que le otorgasse su amor. El, considerando la cuita desta donzella —con temor que había que ella, con desesperación, haría de sí algún mal— dixérale siempre palabras con que le ponía alguna esperança.

Pues como ella oyó que don Clarián se iba, fue como loca fuera de sentido tornada; púsose a una finiestra con aquella su cormana e violo que iba por un llano ya una pieça alongado; assí lo estuvo mirando sin palabra hablar hasta que entró por la floresta. Entonces ella —que con la gran cuita e raviosa quexa de amor el coraçón se le quería partir— se dexó caer en tierra amortecida. La donzella, su cormana, la fue corriendo a socorrer, echándole del agua fría por el rostro. Liselda, en sí tornada, revolviéndose por tierra con dolorosa cuita, començó el más esquivo e lastimero llanto del mundo, diziendo:

"Ay captiva desventurada, que venido es el mi postrimero día donde mis raviosas e mortales cuitas habrán fin. Ay Dios ¿a quién me quexaré de don Clarián de la gran desmesura que contra mí hizo, que no seré creída? —que todos me dirán que en tan buen caballero no podría haber desmesura ni villanía: que él es cortés e mesurado, hermoso, gracioso, e cumplido de todas buenas maneras: assí que mi quexa de ninguno será acogida. Pues ¿qué haré yo, sin ventura, sino morir? —pues la mesura e bondad de aquel caballero que para todos sobra, para mi solo e atribulado coraçón falleció. ¡Ay, señor Dios! que con solo mi daño había de ser comprado el bien que toda esta tierra rescibió por su venida: pues assí descansará más mi padre, Artidel, con la fin que yo haré, que con haberme otorgado don Clarián su amor; que diziendo él que a mi padre no haría tal villanía se escusaba de mí; por cierto yo creo que él no habrá por ello más folgança."

No oviera hombre del mundo que el duelo de Liselda oyera que gran piedad no tomara. La donzella la consolaba mucho; mas ella le dixo: "Buena cormana, no os trabajés de consolar a quien no lo puede recebir, que el mejor remedio para que yo triste salga desta pena es la muerte." E levantándose de tierra como aquella a quien gran desventura estaba aparejada, hizo jurar a su prima juramento muy solenne que oviesse de fazer lo que ella le mandase.

Liselda sacó entonces de una caxa una daga que era de su padre, e dixo a la donzella: "Cormana, tanto que yo fuere muerta vos me sacarés los ojos y el coraçón, y levándolos a don Clarián de mi parte dezirle-éis que no piense haber hecho solamente lo que en esta tierra hizo en armas, porque sobre todos los reyes e bravos gigantes e

---

[66] de de

fuertes caballeros que mató, ha muerto también una cuitada donzella, que aborreciendo todas las cosas del mundo, a él solo amaba; e dezilde más: que con éstos cometí el yerro por donde éste recibiesse la pena, porque con mis tristes ojos lo miré, y ellos la cruel muerte a mi coraçón causaron."

La donzella le dixo: "¡Ay señora, no acometáis tal cosa, e miémbresevos de vuestra ánima! que si Dios quisiere, tal mensaje no haré yo; que más pecado sería consentir en vuestra muerte que perjurarme."

"Cormana," dixo Liselda, "ya para mí no es el mundo, e si no hiziéssedes mi mandado yo partiré muy triste desta vida, e si vos en este castillo quedáis, después de yo muerta, no podríades escapar de la ira de mi padre: por ende ruégovos que cumpláis lo que me habés jurado."

La donzella dixo que no lo haría en manera alguna.

Como Liselda esto oyó, por tener mejor lugar de hazer lo que quería, embióla por tinta e papel, diziendo que quería escrevir una carta a don Clarián. En tanto que ella fue, Liselda con sus propias manos se sacó entramos ojos. E venida la don [CXXXVIIIr] zella, díxole: "Cormana, no os trabajés en fazer ál de lo que me habés jurado, que en otra manera a vos vernía mucho mal." Diziendo esto firióse con la daga por derecho del coraçón tan cruelmente que luego cayó muerta.

Cuando la donzella esto vio fue assí espantada que cayó amortecida; e como recordó hizo sobre Liselda muy gran duelo—aunque calladamente, que gran temor tenía que la gente del castillo lo sintiese. Como no osasse esperar allí a Artidel, acordó —que pues esto era assí fecho— de cumplir lo que jurara. E sacando el coraçón a Liselda, púsolo, con los ojos, en un vaso de oro. Cerrando la puerta de la cámara, hizo ensillar un palafrén; cabalgó en él e fuesse empós de don Clarián. Pues como Liselda fuesse hallada muerta, e su padre, Artidel, fuesse sabidor de su muerte e de la causa della por algunos que su hazienda sabían, e por una carta que Liselda dexó escripta para él, en qué dezía la causa por que ella mesma se había muerto, vino al castillo muy cuitado; que no había otro fijo ni fija, e vinieron con él para lo consolar Telión de la Maça e Galinor de Monferrán: e Ruger, sobrino del rey Drumesto.

Cuando Artidel a su hija vio començó a fazer muy gran duelo, e por todo el castillo se hazía otro tal por su señora que habían perdido. Artidel dezía:

"O mi amada hija, ¿cuáles fueron las tan crueles manos y el tan duro coraçón que a ti mesma tal muerte pudiessen dar? —que por todas las partes del mundo que esto se supiere se dirá el tuyo haber sido cruel coraçón de muger. Ay de mí, cuitado, que tanto te amaba e ante mis ojos te veo muerta. Ay Dios, ¿cómo el bien e merced que don Clarián me hizo han traído consigo rigurososo fin? —que si por me fazer gran honra governador de la ínsula de Texón me dexó, con gran amargura lo puedo gozar; mas esto no es a culpa del buen caballero, mas de mi desastrada ventura, que veyéndome tan alegre, a cabo de tanto tiempo que con gran subjeción en este mi castillo encerrado estaba, no quiso que deste gozasse sin un tan duro revés de la fortuna."

Aquellos caballeros que con él vinieran lo confortaban mucho. Después que por Liselda fue fecho gran duelo enterráronla muy honradamente y escrivieron sobre su sepoltura toda la manera de su muerte.

La donzella que empós de don Clarián iba anduvo tanto que lo alcançó en un valle, e díxole: "Atended, desmesurado caballero e sin piedad, e serés testigo de vuestra crueza." Entonces le mostró el presente que le traía, diziéndole las palabras que Liselda le mandara dezir.

Cuando don Clarián esto vio ovo tan gran pesar que bien quisiera ser muerto e por poco no perdió el sentido, e dixo llorando muy agramente: "Ay donzella, que vos habés metido en mi coraçón tal pesar con tal presente e tales nuevas como traéis que en gran tiempo no creo que saldrá dél, e que crueza fue tan grande la de Liselda que assí se quiso matar por mí, que no tenía poder de le otorgar lo que me demandaba: por ende yo maldigo mi ventura que a esta tierra me traxo para me dar tan gran pesar a la partida." E assí lloraba don Clarián sobre el coraçón e los ojos de Liselda; que parecía tener ante sí muertos todos los que más amaba.

Desque una pieça ovo fecho su duelo, dixo entresí: "Yo soy loco e malo en esto que hago, pues que antes me debiera meter vivo so la tierra que dexar de mantener lealtad a mi señora Gradamisa," e dixo contra la donzella: "Amiga señora, a mí me pesa de la muerte de Liselda más que dezir se podría, empero en mi mano no era de la remediar, porque muy más cruda muerte se me aparejaba a mí por ello, cometiendo yo el más desleal yerro del mundo."

"Señor, yo no sé bien entender lo que vos dezís, mas sin piedad ninguna os ovistes contra aquella que tanto os amaba."

"Donzella," dixo don Clarián, "yo mereciera ser muerto como traidor si concediera en su ruego."

"Ay, mal haya vuestra hermosura," dixo ella, "pues que assí la negastes a aquella tan hermosa donzella."

"Vos podés dezir lo que quisiéredes," dixo él, "mas a mí assí me convenía hazer."

"No sólo hezistes tan gran mal," respondió ella, "mas aún a mí me habés echado a perder: que no osaré parescer ante Artidel, mi tío, sino irme por tierras ajenas."

"Donzella," dixo don Clarián, "de todo me pesa a mí, mas si vos querés venir comi [CXXXVIIIv] go yo os porné en parte que estéis mucho a vuestro plazer e honra."

"Mi voluntad," dixo ella, "no se otorga de ir con un tan desmesurado caballero." E partióse luego de allí a gran andar de su palafrén.

CAPITULO CVII. CÓMO DON CLARIÁN SE COMBATIÓ CON CAMONALVE.

Don Clarián siguió su camino con gran pesar que tenía de la muerte de Liselda; assí anduvo dos días sin aventura fallar que de contar sea: al tercero día yendo por una floresta vio tres tiendas armadas en un prado verde. Llegando acerca dellas, salió contra él un caballero armado que cosa no le fallecía, e cabalgaba sobre un caballo morzillo. Este dixo contra don Clarián: "Caballero ¿de dónde venís?"

"Vengo de la ínsula de Texón," respondió él.

"Ruégovos por la fe que debéis a Dios e a honra de caballería," dixo el caballero, "que me digáis las más ciertas nuevas que sabéis de don Clarián."

"Mucho me conjuráis," dixo él, "mas, pues assí lo queréis: la más cierta nueva que dél os puedo dezir es que lo tenéis bien cerca de vos."

"Según esso, vos sois él."

"Sí soy," respondió don Clarián, "en tanto que a Dios pluguiere."

"Agora vos digo," dixo el caballero, "que aunque yo estaba aquí por demandar justa a los caballeros que passassen, con vos no quiero sino mortal batalla: que me matastes mi padre en uno de los torneos que se hizieron en la corte del emperador Vasperaldo."

"Yo no sé quién vos sois, caballero," dixo don Clarián, "ni tampoco si maté a vuestro padre: mas persona que en torneo fuesse muerto, su muerte no debría ser demandada; porque os ruego que os dexéis desta batalla e me digáis vuestro nombre."

"Mi nombre," dixo el caballero, "yo vos lo diré, mas por esso no cessará la batalla. Sabed que a mí llaman Camonalve. Soy natural de Bohemia; comoquiera que en esta tierra grandes cosas haya oído dezir de vos, quiérome combatir con vos en vengança de mi padre, e veré si son verdad; mas yo creo que no menos dura e fuerte se os hará a vos mi lança que a mí la vuestra."

"Camonalve," dixo don Clarián, "yo creo que en vos hay ardimiento de buen caballero, e yo no soy cierto de que a vuestro padre matasse más de que vos lo dezís; empero, de grado querría que tomássedes de mi otra emienda."

"Otra emienda no tomaré," dixo él, "sino por batalla: por ende vos guardad de mí."

Entonces don Clarián tomó la lança a Manesil, e dexándose ir el uno contra el otro encontráronse tan duramente que quebráronse en sí las lanças. Mas Camonalve ovo falsadas las armas e fue ferido en los pechos e cayó del caballo en tierra, empero levantóse luego con gran coraçón, e metiendo mano a la espada llamó a don Clarián a la batalla.

El le dixo: "Si Dios me ayude, yo querría —si a vos pluguiese— que esta batalla cessasse, porque os tengo por buen caballero."

"Venid a la batalla," dixo Camonalve, "que en ninguna guisa se puede partir sino por muerte de uno de nos."

Como don Clarián viesse que por fuerça le convenía combatir, descabalgó muy sañudo: embraçando el escudo metió mano a la espada e fuese para Camonalve que lo salió a recebir, e acometiéronse los dos, dándose muy fuertes golpes; mas aunque Camonalve era de gran fuerça e ardimiento la batalla no duró mucho; que don Clarián lo firió de tales dos golpes por cima del yelmo que lo llagó en la cabeça e dio con él a sus pies; e quitándole el yelmo púsole la espada al cuello, diziendo: "Camonalve, si vos no os otorgáis por vencido e fazéis mi mandado, muerto sois: que no podés escapar."

"Ay, señor don Clarián," dixo él, "no me matés: que yo me otorgo por vencido a vos como al mejor caballero del mundo, e yo lo debiera esto antes conocer, mas mi siniestra ventura quiso fazerme provar cosa con que mi gran sobervia fuesse abaxada. E ruégovos por Dios que no me mandés hazer cosa que gran desonra me sea, porque no resciba mengua un caballero que de aquí adelante siempre será vuestro."

"Cierto Camonalve," respondió don Clarián, "a mí pluguiera mucho que de antes estuviérades desta voluntad; mas pues assí es, yo vos ruego que tanto que seáis guarido de vuestras llagas [CXXXIXr] os vais a la corte del emperador Vasperaldo e atendedme allí hasta que yo aí sea —si primero llegardes que yo— y entonces yo os diré lo que habés de hazer, que no será mucho de vuestro daño."

"Señor," dixo Camonalve, "yo soy contento de lo hazer, e ruégovos que de hoy más tengáis creído que os amo de coraçón, pues que todos aquellos que vuestra gran bondad supieren lo harán assí."

Don Clarián le agradeció mucho lo que dezía. Camonalve se volvió para sus tiendas; don Clarián tornó a su carrera, e tanto anduvo que al cuarto día llegó a casa de la buena dueña, donde ya se ha dicho que le fuera hecha mucha honra: y ésta era aquella a quien Candramón el Dessemejado el marido e los cinco hijos matara. No se podría dezir el plazer que la dueña y el caballero su hijo e sus hijas con él ovieron: hiziéronle muy gran servicio e después que fue desarmado la dueña le quiso besar las manos, más don Clarián las tiró a sí.

"¡Ay señor!" dixo la dueña, "¿por qué no las querés dar a quien tanto bien e merced habés hecho, ganando el mayor prez e honra que nunca caballero ganó en haber dado fin a un tal fecho que otro ninguno en el mundo lo osara acometer? e por la fermosa vengança que vos de aquel tan cruel jayán nos habés dado, yo soy agora en toda alegría e fuera de aquella gran tristeza en que él me había metido."

"Dueña," dixo don Clarián, "las gracias de todo esto se deben dar a Dios, que le plugo sacar deste mundo aquel tan bravo jayán que tales fuerças e cruezas hazía." Aquella noche don Clarián alvergó allí muy bien servido, e otro día encomendándolos a todos a Dios partióse del castillo.

CA. CVIII. CÓMO DON CLARIÁN ACORRIÓ A GUIRLANIZ DEL BOSCAJE E A OTROS CABALLEROS ANDANTES.

Tanto anduvo don Clarián que una noche vino alvergar a una hermita que en una montaña estaba: el hermitaño lo rescibió lo mejor que pudo, dándole pan e agua para él, e feno para los caballos —que otra cosa no tenía. Don Clarián durmió aquella noche en un lecho de paja. La mañana venida, armóse e no partió de allí[67] hasta oír missa que el ome bueno dixo.

Dicha la missa, salióse fuera de la hermita en tanto que Manesil ensillaba los caballeros. E catando contra un gran llano que aí cerca era vio entre[68] muchos caballeros rebuelta una muy brava batalla. Los unos traían las sobreseñales indias, e los otros jaldes, e feríanse unos a otros muy cruelmente de grandes golpes de lanças e de espadas, assí que muchos andaban ya por tierra, mas los de las sobreseñales jaldes ferían e mataban muchos de los otros e levaban lo mejor de la batalla: porque entre ellos andaba un caballero sobre un hermoso caballo blanco, armado de armas indias,

---

[67] allli
[68] etre

el escudo fecho a cuarteles verdes e indios, que mezclaba los de su parte muy animosamente e fazía golpes muy señalados.

Don Clarián conosció ser este caballero Guirlaniz del Boscaje, hijo del duque de Autarrixa, que tal escudo solía él traer, e dio grandes bozes a Manesil que le diesse presto el caballo. Mas a esta sazón salió de la floresta un jayán muy dessemejado, diziendo en altas bozes: "¡Sean todos muertos, pues son caballeros andantes!"

El jayán traía en sus manos una hacha de azero con la cual començó a ferir en los de la parte de Guirlaniz del Boscaje, assí fieramente que no daba golpe con ella que no derribasse caballero muerto o ferido, de guisa que con la venida de aqueste tan fuerte jayán Guirlaniz del Boscaje e los de su parte fueron muy mal parados: que no había aí tal dellos que a él se osasse acostar. Cuatro caballeros dellos fueron huyendo contra la floresta, e a Guirlaniz del Boscaje e a los otros les fue forçado meterse en un tremedal de peñas por mejor se mamparar, e los más dellos perdieron los caballos. Allí se defendían como mejor podían, mas no esperaban ál que ser muertos porque de sus enemigos eran muy duramente acometidos, en especial del jayán que a los que alcançaba traía luego a muerte.

Don Clarián —que ya baxara al llano— hirió muy de rezio el caballo de las espuelas; e Norartaque iba tan ligero que parescía que bolasse. El endereçó contra [CXXXIXv] el jayán e firiólo por medio de las fojas que traía, tan bravamente, que por fuertes que eran, las falsó: metióle un troço de la lança por ellas e por la carne, y en poco estuvo que el jayán no vino a tierra. E como don Clarián passó, quísole ferir con su hacha, mas no lo alcancó, e diose assí en la pierna un tal golpe que se llagó mal, e tan gran dolor fue él que sintió que la hacha perdió de las manos. Don Clarián vino sobrél e firiólo de punta d'espada por la visera del yelmo assí duramente que le quebró un ojo, e la espada entró por la cabeça. El jayán quiso echar mano a su espada, mas fue tan desatinado del golpe, que era mortal, que no la hallaba. Don Clarián le dio entonces otro tan gran golpe en el braço siniestro que se lo cortó a par del codo. El jayán fue atordido de tal guisa que su caballo lo levó por el campo corriendo.

Don Clarián no curó de ir empós dél, mas volviendo sobre los otros —que por muchas partes lo ferían— començó a dar en ellos tan fuertes golpes que muchos dellos derribaba por tierra feridos e muertos: assí que todos fueron metidos en gran pavor en ver caballero que tales maravillas de armas fiziese. Cuando Guirlaniz del Boscaje e los de su parte vieron como por un caballero eran assí socorridos, e que tan prestamente les quitara de su estorvo aquel bravo jayán, mucho fueron maravillados, e cobraron gran esfuerço. El primero que subió a caballo de los que a pie estaban fue Guirlaniz del Boscaje e fue ayudar a don Clarián, el cual no hazía sino ferir e derribar de aquellos caballeros: assí que luego fueron todos presos e muertos.

Esto fecho, Guirlaniz del Boscaje fuesse para don Clarián e díxole: "Señor caballero, mucho os tenemos qué servir porque en tal tiempo nos acorristes con vuestra gran bondad, donde hoy habés ganado muy alto prez e honra en vencer assí aquel tan fuerte jayán que a todos nos quería traer a muerte. Por ende, señor, os rogamos por cortesía que nos queráis dezir vuestro nombre porque sepamos a quién somos tan obligados e de quién habemos de fablar tan altamente de caballería."

Don Clarián se quitó entonce el yelmo porque lo conociesse, e díxole: "Buen amigo señor, no haze menester que tengáis éste por gran cargo: que más que esto soy yo obligado a fazer por vos porque os amo e precio mucho."

Cuando Guirlaniz lo conoció fue muy alegre; don Clarián lo abraçó con gran plazer. Sabido por los otros caballeros ser éste don Clarián, el mejor caballero del mundo, fueron todos contra él agradeciéndole muy humildosamente haberlos librado assí de muerte. Guirlaniz del Boscaje le dixo: "Si Dios me ayude señor, bien quisistes mostrar como aquel a quien más este fecho tocaba ser mentira e gran tuerto la razón porque nuestros contrarios con nos se combatían."

"Buen amigo señor," dixo don Clarián, "yo os ruego que me deis a entender la razón desta batalla: que no sería sin gran causa, pues tantos caballeros en ella os juntastes."

"Yo os lo diré, mi señor," dixo Guirlaniz. "Sabed, señor, que yo me combatí con un caballero que tenía en prisión a este caballero que cerca de mí está, e a otros siete caballeros de su linaje que aquí están. Diome Dios tal ventura que lo vencí e libré de su prisión estos caballeros, y estando yo en el castillo de aquel caballero, curando de mis llagas, vino aí una donzella que nos dio nuevas que el duque de Babiera había de haber batalla con un su adversario: e como yo amasse al duque —porque es noble hombre e por amor de su hijo, Canarpis de la Funda— fui con estos caballeros que comigo quisieron ir a ayudar al duque, e dimos la batalla al conde de Netua, que era su adversario; e con el ayuda de Dios el duque fue vencedor. Y entre muchos caballeros andantes que vinieron en ayuda del duque fueron aí dos hermanos deste caballero —que gran tiempo había que dél no sabían: contáronle cómo otro caballero, su contrario, les había tomado un castillo, e dixéronle que tenían gran necessidad de la ayuda suya e de sus parientes.

"Ellos me rogaron mucho que les ayudasse en este fecho; yo se lo otorgué. E viniendo a dar fin en ello llegamos este tercero día a par de un castillo que dos leguas de aquí está, e un caballero —señor dél, que guardaba el passo de una puente— justó con tres de los nuestros que delanteros iban, e derribólos a todos, e tomóles [CXLr] los caballos; e como nos aí llegássemos, él cerró lo puerta de una torre que sobre la puente era para se acojer a su castillo. Yo dile bozes que justasse comigo solo o que nos diesse los caballos —que éramos caballeros andantes e no podríamos assí de ligero haber otros. El me respondió que por esso nos los tomaba: que él no se trabajaba de ál que de hazer toda deshonra e daño a caballeros andantes porque los desamaba, e los tenía por flacos e locos e covardes más que a otros, e que más por hazer fuerças e desaguisados que por los emendar se metían a las aventuras. Yo ove gran pesar de oír esto e díxele que fablaba como mal caballero en denostar assí a los caballeros andantes, que todos eran muy preciados porque más que otros mantenían la caballería en gran alteza: que yo me combatiría con él sobresta razón, e si la batalla assí no quisiesse que se la daría de tantos por tantos hasta cumplir el número de los que allí éramos.

"El me respondió que aquella sazón no estaba guisado de combatir, mas que si yo no querría otorgar lo que dezía que atendiesse dos días, que él me lo mostraría por batalla de treinta por treinta. E por esta causa nos avimos de atender en casa de un florestero los dos días entre los cuales recogimos tantos caballeros andantes que fuimos por todos XXVI. El señor del castillo —que Circes había nombre— salía contra nos al campo con XXIX caballeros. Yo le enbié dezir que dexasse tres dellos, que tenía más que nos; él respondió que no lo haría, pues de XXX en XXX sacara la batalla, mas que si viniessen —estando nos combatiendo— tantos caballeros andantes que cumpliessen el número de treinta, que nos pudiessen ayudar: e si uno que a él fallecía viniesse —que fuesse de la tierra— que les ayudasse a ellos. E comoquiera que nos tenían alguna ventaja nos, no dexamos la batalla; ante la començamos muy brava, e habíamos lo mejor hasta que vino aquel jayán que a todos nos puso en gran estrecho —e no sé yo cómo él a tal sazón viniesse, ni por cuál causa. Mas a Dios merced, que si fuerte fuerte jayán vino de su parte, de la nuestra vino tal caballero que mejor no le supiéramos demandar."

"Señor Guiralniz del Boscaje," respondió don Clarián, "yo vi la batalla ante que el gigante viniesse, donde conocí mucha de vuestra bondad; mas bueno será que sepamos la causa de la venida del jayán."

Entonces demandaron a los caballeros que tomaran a prisión que les dixessen la verdad deste fecho. Uno dellos respondió: "Señor, yo os la diré, mas ante querría que nos assegurássedes las vidas."

"Esso," dixo don Clarián, "yo lo ruego mucho a Guirlaniz del Boscaje e a estos otros buenos caballeros."

Ellos dixeron que fuesse como a él plazía. El caballero dixo a don Clarián:

"Señor, aquel caballero que tiene las armas cárdenas que allí yaze muerto es Circes, el señor del castillo, e vos le matastes de dos golpes de espada. Teníamosle en esta tierra por de gran bondad de armas; él, como ovo la batalla aplazada con estos caballeros —temiéndose que entre los caballeros andantes por la mayor parte ay muchos de gran fecho de armas— hizo saber este negocio aquel jayán, que Sarcegón había nombre —que cerca de aquí tiene un fuerte castillo— e como él desamasse mucho a caballeros andantes, porque el duque Pelirán mató un valiente caballero, tío suyo, llamado Larandaco— vino luego al castillo de Circes. Concertó con él que començase la batalla, que él estaría encubierto en la floresta, e cuando viesse que era tiempo iría a ferir en ellos e los mataría todos, e desta guisa vino el jayán como vistes. Mas muy al contrario salió su pensamiento de más a él —que según lo vi ir no creo que ya pueda tomar armas. E sin falla aunque yo ayudaba al señor del castillo, del jayán nunca fui pagado porque muchos desaguisados hazía en esta tierra."

"Bendito sea Dios," dixo don Clarián, "porque no consintió una tan gran traición: mas si a El pluguiere, ya el jayán con aquel braço no hará mucho mal a caballeros andantes; e Dios los confonda a él e a todos los otros que assí desamaban a todas gentes."

Un cormano de Circes —que aí era— rogó a don Clarián e a los otros que fuessen al castillo a albergar que allí serían bien servidos. Ellos lo otorgaron assí, e movieron para allá. A la entrada de la floresta fallaron el caballo del jayán, e un poco más adelante yazía él, muerto entre dos matas. Algunos que lo miraron vieron [CXLv] que muriera de la punta de espada que le entrara por la cabeça. Manesil tomó para sí el caballo del jayán, que era muy bueno, porque el suyo venía flaco e maltractado. Llegados al castillo estuvieron todo aquel día e la noche con gran plazer. Don Clarián demandó a Guirlaniz del Boscaje por nuevas de la corte. El se las contó todas, que muy bien las sabía: díxole que su venida era muy desseada en ella, que como por maravilla muy estraña hablaba dél por todas partes; e la corte era en muy gran plazer faziéndose en ella grandes fiestas de cada día.

"Ay Dios," dezía don Clarián entresí, "¿cuándo verná aquel tan plazentero día que yo me vea ante aquella que en el mundo no tiene par, para que mi coraçón descanse viendo su tan crecida hermosura?" E como quiera que él mucho desseasse ver a su cormano e a otros buenos caballeros de la corte, sobre todos tenía desseó de ver a Gastanís el Hermoso:e a Orlagis de Camper, que sin lo conocer con tan gran afficción .de sus tierras le vinieran a buscar. Aquella noche don Clarián dixo a Guirlaniz del Boscaje e a los otros caballeros que si les hazía menester que él iría con ellos en aquella jornada.

"Señor," dixo Guirlaniz, "que muy mayor fuesse el fecho seríamos ciertos de los acabar mucho a nuestra honra si con nos fuéssedes, mas nos vos lo agradecemos mucho, que no haze menester: que yo soy informado que los que aquí vamos lo podremos poner en buen punto, e cierto, aunque mucho en ello me fuera, yo no estorvaría por agora vuestro camino porque sé que mayor pesar no se podría hazer al emperador e a todos vuestros amigos que ser causa de vuestra tardança." A don Clarián no pesó con la respuesta de Guirlaniz.

E otro día, encomendándolos a Dios, partióse del castillo, quedando ellos adereçando sus armas e caballos, que bien entendían que les harían menester en aquella jornada.

CA. CVIII. CÓMO DON CLARIÁN COBRÓ LA CAXA DE ORO QUE FUERA DE SU SEÑORA, E DE LAS ESCURAS PALABRAS QUE UNA DONZELLA LE DIXO.

Dize la historia que llegando don Clarián antel el castillo del Llano de los Padrones, donde allí por el señor dél fuera tomada la caxa de oro de su señora Gradamisa a la donzella que la carta levara, encontró con un escudero que lo salvó.

Don Clarián le dixo: "Buen amigo, pues venís del castillo, ruégovos que me digáis si el señor dél es aí."

"Señor," dixo él, "él queda aí adereçándose para ir a un torneo que en esta tierra mañana se haze."

Don Clarián lo encomendó a Dios, e mucho le plugo de saber aquello por tomar emienda —si pudiesse— de aquel caballero que la caxa de oro a la donzella tomara. Entrando por una arboleda que aí cerca era, descabalgó por lo atender allí e no tardó mucho que lo vio salir armado de todas armas sobre un gran caballo, e con él venía un escudero. Como don Clarián lo vio venir, cabalgó luego; tomó su lança, e saliendo a él a la carrera díxole: "Caballero ¿acuérdase os de haber tomado cerca deste castillo una pequeña caxa de oro a una donzella?"

"Sí, me acuerdo," dixo él, "e mi escudero la trae aquí: que la quiero dar hoy en este día a una dueña que yo amo, en quien será mejor empleada que en aquella cuya ante era."

Desto fue don Clarián muy sañudo, e dixo: "Agora os digo que habés dicho la mayor mentira que nunca dixistes: por ende o me dad la caxa o os guardad de mí." "¡Muerto sois!" dixo el caballero, "pues assí sois osado de hablar con quien vale más que vos."

Entonces baxaron las lanças e dexáronse correr contra sí. El caballero lo firió por medio del escudo, de guisa que se lo falsó: la lança se tuvo en el arnés e allí fue fecha pieças, mas don Clarián lo firió tan bravamente por medio de los pechos que la lança passó de la otra parte una gran braçada: el caballero cayó muerto en tierra. Cuando el escudero esto vio fue muy espantado e començó a fuir contra el castillo, mas don Clarián lo alcançó luego —que mejor corría Norartaque que su caballo— e como el escudero cerca de sí lo sintiesse; dexóse caer del caballo diziendo: "Por Dios, señor caballero, habed de mí merced; que no harés bien en matar un escudero como yo, que no os tiene culpa."

"Ni yo menos lo quiero," dixo don Clarián, "mas dame la caxa de oro que tu señor dixo que traías." El se la dio luego, teniéndose por bien librado en escapar assí.

Don Clarián [CXLIr] se volvió muy alegre con ella, e llegando do el caballero estaba, dixo al escudero: "Amigo, cierto yo no quisiera haber muerto a tu señor puesto que él hizo una gran villanía contra una donzella que a mí iba con mandado: mas pues que assí es, tú lo puedes hazer soterrar."

"Señor," dixo él, "aunque era mi señor yo tengo por cierto que su gran sobervia e las fuerças que a muchos hizo bien merecieron esta muerte."

"Dios lo quiera perdonar," respondió don Clarián, "que a mí no me plugo dello." Con tanto se partió de aí e mirando la caxa de oro dixo: "Si Dios me ayude cosa fuera de razón era estar vos en poder de quien no conocía el gran valor vuestro, pues muchas vezes habrés sido tocada de aquellas tan hermosas manos: que si las yo —aunque no merecedor— pudiesse agora besar, sería el más bien andante del mundo; que en esta tan alta señora está toda mi buena venturança; e con el favor de su tan sabrosa memoria es acrecentado mucho mi valor, que en otra manera sería tanto como nada." Desí dio la caxa a Manesil que la guardasse.

Assí anduvieron fasta llegar a una fermosa fuente que en un pequeño valle se hazía do descabalgaron por refrescar. Manesil se durmió luego, mas don Clarián començó a pensar en aquella más hermosa princesa, su señora, cuyos desseos jamás de su coraçón se partían. E después que ovo en ella una pieça pensado, ocurriéronle a la memoria las grandes cosas que por él habían passado después que della se partiera, de las cuales con muy crecida honra él había alcançado tan gran victoria que maravillosamente por todo el mundo dél se fablaba, por lo cual él daba infinitas gracias e loores a Dios, diziendo que El era Aquél por cuya gracia todas las cosas se hazían: que sin ella fuerça, saber ni valentía no valía cosa alguna, según él se acordaba de aquel tan espantable e cruel jayán, Candramón el Dessemejado, contra los golpes del cual ningún caballero del mundo pudiera fazer resistencia, ni aun ciento le mantuviera campo; e también de aquel esquivo jayán Tramolcán, que tan experto era en las armas; e de Sarcegón, que fuera jayán de gran poder, del fuerte caballero Artalo, e del valiente Boraldán del Salado, de

los esforçados tres hermanos de la Puente del Mal Passo; de aquellos tan dubdados e
bravos caballeros Dramades de la Floresta e sus cormanos e de otros muchos sobre
quien le diera victoria, quedando ellos vencidos e muertos en el campo, y él libre sano
con gran prez e gloria.

Pues estando en tal pensamiento arribó aí una donzella en un palafrén que lo
llamó, como si de algún sueño lo despertasse, e díxole: "¿En qué cuidas, don Clarián?
Sábete que en este llano porná en mayor cuidado a muchas gentes tu muerte que por
cierta de todos será tenida, e aun más te digo: que en este llano llorará el padre la
muerte del hijo, assi mesmo llora el hijo la muerte del padre."

Cuando don Clarián aquello oyó fue mucho maravillado e díxole: "Señora
donzella, ruégoos que me digáis quién sois e hazedme entender lo que habés dicho: que
a mí paresce que habláis en mi muerte, e como ésta esté en las manos de Dios sed
cierta que por mucho que della me digáis no me pornés gran temor."

"Don Clarián," dixo la señora, "yo sé que es verdad lo que me dizes, porque yo
conozco el esfuerço de tu coraçón como tu mismo, que aun en aquella orrible escuridad
y espantosa baxura —donde tu persona será puesta— no perderá tu duro coraçón su
fuerço e orgullo donde todos aquellos que hoy en el mundo son; e aun se podría dezir
de los que después serán no provalecerían contra el temor: e quién yo soy ni lo que me
demandas no lo puedes agora saber, mas si en esse tu ligero caballo te atreves a me
alcançar, ven empós de mí."

Entonces volvió la rienda al palafrén, e fue tan rezia como la saeta cuando sale de
la ballesta, de guisa que muy presto se desaparesció. Don Clarián quedó de todo esto
muy maravillado; despertando a Manesil contóle lo que viera, e calló las palabras que
la donzella le dixera: que aunque en su coracón temor no pusiesen, bien conoscía que
cualquiera que las oyesse antes entendimiento de mal que de bien les daría: e aunque
por entonces don Clarián no conosció quién la donzella fuesse, la historia dize que ésta
era Celacunda, hermana bastarda del emperador Vasperaldo: muger que fuera del buen
duque Pelirán. Esta ducña era una de las que más en el arte de nigromancia en aquel
tiempo alcançaban, e amaba [CXLI v] mucho a don Clarián. Ella iba entonces con gran
compaña a ver a la duquesa de Jaffa, madre de don Felisarte, que era su parienta; e
como supiesse que don Clarián allí estaba, apartóse de toda su compaña e vínole a ver,
mostrándosele en aquella manera; e todo lo que ella dixo salió assí verdad, que en
aquel Llano de los Padrones fue la gran batalla del emperador Vasperaldo e de él gran
rey de Persia: el cual entre muchas gentes que traía traxo consigo aquellos tan esquivos
jayanes, Telifo de la Desmesurada Fuerça, Demofón el Espantable, Orioldo de la Braba
Catadura, el desmesurado Bucifero e otros muchos de su linaje.

En ayuda del emperador vino de su tierra el buen rey Lantedón de Suecia con gran
caballería, e allí fueron todos en gran pesar, teniendo por nueva cierta que don Clarián
era muerto —aunque no era assí— el cual fuera preso por Bransedón del Gran Coraje;
mas don Clarián vino a la gran batalla: librando primero a la emperatriz e a Gradamisa,
su señora, con toda su compaña de poder de Abomalec, hijo del gran rey de Persia e
de Lobartano, su sobrino. Después en aquella batalla fue llegado a muerte el rey
Lantedón por el esquivo jayán Telifo de la Desmesurada Fuerça: y en aquel día fue

vengado por don Clarián, su hijo —mas todo esto en la segunda parte desta historia será más largamente recontado. E lo otro que dixo que en la orrible escuridad y espantosa baxura aún no perdería su coraçón el esfuerço fue porque don Clarián entró en la gruta de Ercoles donde ningún hombre terrenal hasta allí había entrado que saliesse. A cabo de una pieça que don Clarián estovo pensando en las palabras que la donzella dixera, no podiendo cosa alguna entender, cabalgó en su caballo e partióse de allí.

CAPIT. CX. CÓMO UNA DONZELLA BURLABA MUCHO DE DON CLARIÁN: E COMO ÉL ENTRÓ EN EL TORNEO A REQUESTA DELLA.

El, yendo por aquella carrera, alcançó una compaña de dueñas e donzellas y escuderos. Todos lo salvaron; él a ellos otrosí. Don Clarián les demandó que dónde iban.

"A ver un torneo que ante un castillo el siguiente día se haze," dixeron ellos.

"¿E porqué se faze este torneo?"

Una donzella, que por más loçana que las otras se tenía, le respondió: "Yo vos lo diré porque os mueva a cobdicia de ganar la joya que habrá el que mejor en el torneo lo fiziere. Sabed que el que el torneo bastece es un rico hombre, señor de gran tierra, que tiene una sola hija muy hermosa, la cual de muchos es demandada, e porque según se dize, el rico hombre no querría que su hija casasse con un caballero que ella ama, o por no dexar descontentos a muchos de aquellos que la querían, ha bastecido este torneo; e puesto e jurado que el caballero que mejor en él hiziere, aquél habrá su fija por muger, e por esta causa sabed que mañana serán en el torneo muy preciados caballeros," e más le dixo riendo: "Caballero, si en él quisieredes entrar e lleváredes lo mejor, mirad qué hermoso galardón se os apareja."

"Señora donzella," dixo don Clarián, "a mí no haze menester tornear, que no vengo tan desseoso de ensayar mi persona, porque a buena ventura vaya él que la donzella ganare, que nunca por mí será estorvado, si la voluntad no se me cambia; e cierto, mucho podría aquel que desde agora me hiziesse amar, que yo haría mal enamorado."

La donzella pensó que don Clarián dezía esto por escusarse, e con liviano seso plúgole burlar dél: e respondióle: "Por cierto, assí lo creo yo: que ella no será vuestra, pues por tal manera se ha de ganar, e sinrazón sería que vos de lueñe tierra venís la quitásedes a[69] otros que mucho han trabajado por la servir; mas yo dudo que lo acabássedes, aunque traes buen caballo, porque vos tomáis mejor consejo."

Todos rieron de lo que la donzella dixera, don Clarián otrosí, aunque conoció que lo dezía por burla, e respondióle: "Por Dios, señora donzella, yo os agradezco mucho el consejo que me dais, que bien mostráis amarme, pues en afrenta no me querés poner."

"Por buena fe," dixo ella, "vos estáis bien en mi coraçón, e amores que tan presto

---

[69] a a

se han tomado más ligeramente se podrían dexar: demás los vuestros; que según yo
creo vuestra gran bondad lo merescerá todo, mas todavía yo os tomaré por mi amigo
si entráis en el torneo, porque veamos si sois [CXLIIr] ligero de subir a caballo, que
de caer bien creo que lo serés."

"Señora donzella," respondió él, "guardad: no os engañéis en verme assí armado,
que podríades tomar cosa que después os arrepentiéssedes: que si no está en más para
ser yo vuestro amigo de tornear, ya podríamos alvergar esta noche en uno."

"El parescer," dixo la donzella riendo, "vos lo tenéis, tal que no hallándoos en
cosas que sea menester vuestro coraçón mostrar su valor, bien os podrés vender por
bueno; mas creo que si algún caballero contra vos aquí saliesse no tardaría mucho de
alongarse de nos esse vuestro caballo."

"Donzella," dixo don Clarián, "el caballo no irá sino donde yo lo guiaré."

"Y aun por él solo, digo yo," dixo ella, "que si Dios me ayude, según vos mostráis
que valéis, yo creo que essas armas que traéis cortadas, en algunos lugares en cualquier
parte provastes vuestra espada en ellas por dar a entender que fuera en batalla."

De tal guisa iba toda aquella compaña riendo, creyendo de todo en todo que don
Clarián era muy covarde; Manesil no reía menos de oír las cosas que la donzella a su
señor dezía. La donzella se cansaba tan poco de hablar, e burlaba tanto que don Clarián
no le podía responder a todo; e callaba muchas vezes. Assí anduvieron hasta llegar a
casa de un caballero viejo, que a todos los alvergó, e después de haber cenado,
comoquiera que todos maravillados estuviessen de ver la fermosura que en don Clarián
había, como que otra cosa semejante no oviesen visto: no dexó por esso la donzella de
tornar a lo de primero, e díxole: "Agora vos digo, señor caballero, que no os culpo
tanto en guardar vuestro gracioso cuerpo e fermoso gesto de todo peligro, e yo os tengo
por hombre cumplido de todas buenas maneras que vos sois muy cortés, manso,
paciente, sufridor de toda burla."

"Cierto, donzella," dixo él, "algunas vezes he visto esse cuerpo que vos dezís en
mayor peligro que él quería."

"Assí lo creo yo," dixo ella, "que aun éste en que agora estáis debés de contar vos
por gran peligro."

"Vos me conoscéis," dixo él, "mejor que otro que yo haya visto."

"Con todo esso," dixo la donzella, "si yo pensasse haberos menester para fecho de
armas no dexaría de otorgaros mi amor."

"Ay, no sería yo el mejor librado," dixo don Clarián, "que vos me parecés a mi
tal que yo ni otro que más valiesse no podríamos cumplir aquellas cosas en que vos nos
porníades."

Por una pieça estuvieron allí burlando, mas la donzella burlaba tanto que le hazía
ventaja en fablar, e de que todos fueron idos a dormir, el caballero viejo dixo a don
Clarián: "Dezíme, caballero: ¿qué covardía ha visto toda esta compaña en vos demás
aquella donzella que con vos burlaba porque assí hagan escarnio?"

El respondió: "Huésped, en mí no han visto otra cobardía de la que a ellos parece."

"Si Dios me ayude," dixo el caballero, "éssa no creo yo que haya en vos más que
en otro, que vuestro parecer no es tal; e mañana debríades tornear por dalles a conocer

el contrario de lo que piensa, o no consentirles lo que dixeren."

"Huésped," dixo don Clarián, "ellas pueden dezir lo que quisieren, pues son mugeres; e ya podría ser que entrado en el torneo tuviesen doblada razón de reír de mí, demás si por tierra me viessen caer; e cuando fuere en el torneo entonces yo haré lo que la voluntad me diere." El caballero viejo se calló, no podiendo conocer si por covardía o por otra cosa don Clarián assí hablaba. El se fue acostar en un lecho; dormieron mucho él e Manesil de lo que aquel día passara.

Otro día de mañana don Clarián ovo del huésped una lança; que no la traía. Cabalgaron todos e fuéronse al torneo; con ellos fue el caballero viejo, e la donzella iba burlando de don Clarián. El oía como algunas dellas dezían: "Ay, qué mal empleada hermosura de caballero, pues es acompañada con tanta covardía."

Yéndose desta guisa encontraron un caballero que iba al torneo: el cual, oídas las cosas que a don Clarián dezían e vista su paciencia, bien creyó que su covardía lo causaba, e díxole: "¿Cómo, caballero? —al torneo dizen que vais, e que no queréis tornear: cierto no debe ser mucho vuestro valor, e pues que todos hoy han de trabajar no quiero yo que vos holguéis: por ende aparejaos a justar comigo."

"Señor caballero," respondió él, "si yo no torneare, assaz basta que mire las grandes caballerías que vos e [CXLIIv] los otros haréis; e ruégoos que justa no me demandés que ningún talante tengo della."

El caballero se sonrió e dixo: "Pues que assí querés, vos fincarés como flaco e covarde que sois."

"Señor," dixo don Clarián, "yo no puedo ser otro dél que hasta aquí he seydo." Entonces el caballero viejo —que esto oyó— creyó que don Clarián era de muy flaco coraçón, e unos con otros iban dél profaçando e jamás lo pudieron provocar a ira.

Assí anduvieron hasta que llegaron antel castillo a tal tiempo que el torneo se quería començar donde gran gente era ya assonada por lo ver. Todos los andamios e miraderos eran cubiertos de gente, donde había dueñas e donzellas hermosas e ricamente guarnidas. La hija del rico hombre que el torneo bastecía era muy hermosa donzella y estaba muy ricamente guarnida. Donde ella miraba estaban el conde de Urtec y el señor de Clevón, su padre de la donzella, e otros ricos hombres, e aquellos que habían de juzgar quién lo mejor del torneo levasse. Los caballeros que habían de tornear serían por todos quinientos, e habían de tornear mezclados unos con otros. Mucho resplandescían las armas: que el sol era muy claro e muchas trompas sonaban en el campo.

La donzella dixo a don Clarián: "¿Caballero, poneos mucho temor ver assí esta caballería?"

El respondió riendo: "Ya yo he visto otra en mayor número ayuntada."

"Visto, sí," dixo la donzella, "mas no os hallaríades en el fecho."

"Esso sé yo muy bien," respondió él.

"Pues venid con nosotras," dixo ella, "que cabalgando miraremos el torneo, poque aquí no tenemos otro lugar, e allí estaréis muy bien guardado."

"También iré yo con vos," dixo el otro caballero, "que desde aí iré a herir cuando fuere tiempo."

Entonces se pusieron en parte que muy bien podían mirar. El torneo se començó tan rebuelto e ferido que allí se pudieran ver quebrar muchas lanças, e caer muchos caballeros por tierra, e correr caballos por el campo sin señores, e ferirse de grandes golpes a todas partes. Assí que el retenir de las feridas y el tropel de los caballos e las priessas que en cada lugar había eran tan grandes como si de muchos más caballeros el torneo fuesse. Los unos salían de la prissa por mejor justar, otros se combatían de las espadas, otros procuraban de tornar a cabalgar, e cada uno no guardaba por ál que por hazer como mejor pudiese: assí que muchas vezes se esparzían por aquel campo.

El caballero dixo a don Clarián: "¿Vos no querés tornear?"

"No soy aún determinado," respondió él.

"Ni os determinarés," dixo el otro, "hasta que el torneo sea acabado, y entonces será para partiros desta compaña que por quien vos sois os conocen: e si no oviesse quien emendasse vuestra covardía, muy abatida sería hoy por vos toda la caballería: por ende mirad como yo hago." Dexándose correr por medio del torneo derribó de la lança a un caballero e metió mano a la espada e començó a tornear como los otros.

Mas a esta sazón entró en el campo un caballero armado de armas verdes sobre un hermoso caballo ruano, e firió en el torneo de tal guisa que ante que la lança quebrasse derribó cinco caballeros, e metiendo mano a la espada firió al caballero que de don Clarián hiziera escarnio, de tales tres golpes; que lo derribó del caballo e lançóse por medio de la prissa haziendo tales caballerías que aventajándose sobre todos los otros de bien hazer, todos le daban la honra del torneo: que bien demostraba que a él le iba más en aquel fecho que a otro alguno. Este caballero era Radiarte de Monris —que gran tiempo había que amaba aquella donzella— y ella no menos a él.

Como la donzella mirasse lo que Radiarte hazía, dixo contra don Clarián: "Ay Dios, cuánta diferencia hay de vos a este caballero que tales caballerías haze."

"Donzella," dixo él, "creed cierto que aunque no haya mucha, alguna será; e no sé por qué assí me despreciáis, no acompañándoos razón para ello."

"¿Cómo? ¿No querés que os desprecie vuestra covardía e flaqueza? que estando presente no queréis meter vuestro cuerpo en cosa que otros de lueñe venían a buscar. Si Dios me ayude, mejor se emplearía vuestra hermosura en aquel caballero que en vos, porque mejor compañía le haría su bondad que la vuestra."

"Donzella," dixo él, "mal se puede conocer el coraçón del hombre sin experiencia alguna; e porque no [CXLIIIr] quiero que quedés de mí tan despagada, aunque no lo tenía en voluntad, yo entraré en el torneo e bien sé que según agora me despreciáis, por poco que haga os parecerá mucho; que ya no es de sufrir que tanto me denostés."

"Ya quisiesse Dios que con lo que os digo os hiziesse tomar alguna saña para que fuéssedes a tornear; e hazeldo por mi servicio, mas yo creo que vos lo harés tan bien que yo os seré en poco cargo."

"Dame acá essa lança," dixo don Clarián a Manesil, "que quien por tal señora ha de tornear maravillas debría hazer."

Entonçes tomó su lança, e batiendo las espuelas al caballo fue ferir en el torneo. El primero que ante sí halló fue el caballero que dél escarnesciera, que estaba esperando justa: encontrólo tan duramente que lo metió en tierra del caballo e díxole:

"Señor caballero, levántaos de tierra si querés ensalçar la caballería; que assí como estáis no ganarés mucho prez."

Desí firió a otro caballero tan reziamente que lo lançó en tierra por cima de las ancas del caballo. Assí fizo al tercero e al cuarto e al quinto en el cual quebró su lança.

Luego Manesil le sirvió de otra e derribó otros seis caballeros, e poniendo mano por su espada començó a ferir e derribar caballeros haziendo tan gran abatamiento dellos que en poco de hora fueron tan temidos sus golpes: que por los no atender la gente se començó a esparzir a una parte e a otra, e todos dezían: "Venido es un caballero que no será menester estar en contienda los juezes para que él haya la joya para sí."

Cuando la donzella vio las grandes cosas que don Clarián hazía dixo: "Ay Dios, cómo he sido muy desmesurada e fuera de conoscimiento en hazer escarnio del mejor caballero que jamás subió a caballo, e bien debía yo considerar que no pusiera Dios tanta hermosura en un caballero sin la acompañar de otras bondades; e si él aquí viene yo no lo atenderé que tengo gran vergüença de lo que contra él dixe."

Assí se quexaba la donzella, mas sus compañeras le dixeron: "No os curéis, que él es tan cortés e mesurado que os perdonará por nuestro ruego." Mas el caballero viejo retraía mucho a la donzella del escarnio que hiziera.

En este comedio don Clarián hazía tales maravillas que no había[70] quien le osasse atender. Radiarte de Monrís, que lo miraba, dixo con gran cuita: "Ay Dios ¿dónde vino este diablo a me quitar lo que tenía ganado, que es la cosa del mundo que yo más amo?" E con gran saña que ovo, tomó una lança e dexóse ir contra don Clarián, que otra tenía. Firiéronse amos assí duramente que las lanças bolaron en pieças, e juntáronse uno con otro de tal guisa que Radiarte de Monrís e su caballo fueron a caer más de dos braças atrás: don Clarián no cató más por él; antes se lançó por medio del torneo delibrando las priessas.

Radiarte de Monrís tornó a cabalgar en un caballo folgado; tomando una lança fuesse con gran pesar do vio andar a don Clarián, e llamólo a la justa diziendo: "Caballero, si yo caí fue por falta de mi caballo; por ende os aparejad a justar comigo otra vez: que ya Dios no me ayude si vos ganáis tan ligeramente como cuidades aquella por quien tanto yo he trabajado."

Don Clarián no le respondió; antes se salieron aparte, que todos los podían muy bien mirar, e fuéronse ferir muy de rezio, mas don Clarián lo lançó de la silla muy bravamente; e metióse en el torneo e hizo tales cosas que ninguno se osaba para antél. Aquella hora sonaron muchas trompas e atabales y el torneo fue partido. Todos hablaban como por maravilla de don Clarián. El padre de la donzella le dixo: "Hija, vos os tened por bien andante: que cualquier que él sea, vos habés ganado por marido el mejor caballero del mundo."

Entonces él con todos sus parientes e amigos fueron para don Clarián con gan bullicio e alegría diziendo: "Bien venga el buen caballero que tan alegres nos faze con su deudo." E assí lo tomaron en medio un tan gran tropel de gente: que puesto que don

---

[70] avaia

Clarián les hablasse no le entendían palabra; antes lo levaban en medio de todos en guisa que no parescía que los pies de su caballo tocassen en tierra.

Cuando Manesil vio levar assí a su señor no pudo estar que mucho no riesse, e fuesse empós dél hasta entrar en el castillo donde don Clarián descabalgó en braços de más de treinta caballeros; e tan grande era el bullicio e la alegría que en el casti [CXLIIIv] llo había, que aunque él dezía: "Buenos señores, yo os ruego que me queráis oír," no le aprovechaba cosa. E assí lo llevaron por una gran sala adelante. La donzella era desconortada de todo esto porque ella amaba de coraçón a Radiarte de Monrís. Catando don Clarián por Radiarte de Monrís conosciólo —que tenía la cabeça desarmada— e pesóle porque le no conosciera de antes. Pues assí lo metieron en una rica cámara, e quedando toda la otra gente defuera entraron allá algunos caballeros e dueños e donzellas.

Entonces Radiarte de Monrís se llegó a don Clarián e díxole: "Señor caballero, por vos soy metido en toda tristeza que me habés quitado la cosa del mundo que yo más amaba, e por ventura vos no os verná en tanto grado."

"Si vos la amáis," dixo don Clarián, "nunca por mí la perderés," e como ya del ruido de la gente se viesse apartado, queriéndolo desarmar los caballeros, don Clarián les dixo: "Buenos señores, oídme un poco si a vosotros pluguiere: yo no vine a este torneo por el precio que en él se ganaba —aunque él es tal que todo hombre lo debe preciar— mas vine por provar mi cuerpo con los buenos caballeros: e porque a mí no haze menester ser casado, quedando lo mío aparte como cosa que a la postura que teníades puesta no toca. Vos, señor caballero, podés casar vuesta fija con aquel que viéredes que en el torneo la meresce por su bondad." Entonces se quitó el yelmo.

Como Radiarte de Monrís lo conosciesse, fuelo abraçar, e humillándosele mucho, díxole: "O mi buen señor don Clarián, que yo os debiera hoy conoscer acordandome de vuestras grandes caballerías que eran semejantes a las que en el torneo hazíades."

Oído por todos ser éste don Clarián rescibiéronlo muy bien. Después que él fue desarmado, el padre de la donzella le dixo: "Cierto, señor, yo quería casar mi fija en muy alto lugar," e como por el castillo fuesse publicado que aquel caballero era don Clarián de Landanís, vinieron aí el conde de Urtec, el señor de Clevón e otra gente mucha por le ver.

Radiarte de Monrís, tomándolo aparte, descubrióle toda su hazienda dél e de la donzella, e díxole: "Señor, así como fuistes en me hazer perder todo mi bien, no haziéndolo vos por mi daño, rueg'os que por vuestra bondad trabajés de hazérmelo cobrar: porque el padre desta donzella apartara este fecho a todo su poder, poniendo todas las escusas que supiere, porque él y el conde de Lobán, mi padre, nunca se amaron y él desámame a mí porque en tiempo passado le maté un su sobrino."

"Buen amigo señor Radiarte," respondió don Clarián, "esso haré yo de grado a todo mi poder, e si en el caballero hay buen conoscimiento él terná por bien de lo hazer; que vos sois tal que merecéis mucho más que esto."

Entonces don Clarián habló con el padre de la donzella e con muchos de sus parientes, diziéndoles que ya sabían cómo Radiarte de Monrís era caballero de gran guisa e de gran bondad d'armas, e que ya él sabía cómo él amaba su hija de gran amor, porque a él le rogaba mucho que se la quisiese dar por muger, e a ellos que lo tuviessen por bien; pues que en él era tan bien empleada, que esto se podía fazer muy justamente e sin agraviar a otro alguno porque Radiarte de Monrís fuera él que levara lo mejor del torneo de cuantos para aquel fecho fueran assonados; e díxoles que si esto hiziessen que todo el tiempo de su vida les ternía mucho qué agradecer e les sería muy obligado porello.

"Buen señor," dixo el padre de la donzella, "¿cuál sería aquel que toda cosa no otorgasse por ganar vuestra amistad? porque a mí plaze de lo hazer —como quier que fasta aquí yo no haya amado a Radiarte de Monrís por algunas causas."

Don Clarián le agradeció mucho lo que hazía, e díxole: "El es tal cual os emendará bien de aquí adelante cualquier yerro passado." E luego las bodas fueron fechas: estuvieron en ellas con gran fiesta don Clarián y el conde de Urtec y el señor de Clevón e otros ricos hombres. Radiarte de Monrís e la donzella —que mucho se amaban— dieron fin aquella noche a lo que tanto sus coraçones desseaban.

Otro día cabalgando don Clarián e aquellos ricos hombres e otros muchos caballeros por el campo, él vio estar la donzella que dél hiziera escarnio con su compaña en una tienda, e tomando consigo a Radiarte de Monrís fuesse para allá. Cuando la donzella lo vio ve [CXLIIIIr] nir, escondiesse con gran vergüença, mas don Clarián dixo: "Salid, señora donzella, no queráis negar assí a vuestro caballero que por vos torneó." Entonces la donzella salió e fincó los hinojos antél rogando que la perdonasse, e assí lo hizieron todas las otras; y él las hizo levantar e díxoles: "Señoras, yo os perdono aunque no ovo yerro que necessidad tuviesse de perdón." Entonces contó a Radiarte de Monrís lo que con ellas le aviniera.

"Por Dios," dixo Radiarte a la donzella, "¿vos prefaçávades de covardía de abatir a aquel que sobre todos muy mayor alteza hoy la sostiene?"

Don Clarián lo abraçó riendo, e díxole: "Buen amigo señor, tanta razón habría para sentirme de esso—que tanto sobrado me viene— si lo oyesse de otro que tanto como vos no me amasse, como de lo que la donzella me dixo." Entonces don Clarián hizo venir al caballero viejo e a toda aquella compañã donde les fue fecha mucha honra. Después quél ovo estado dos días en estas bodas de Radiarte de Monrís encomendólos todos a Dios e partióse dellos.

CAPI. CXI. CÓMO DON CLARIÁN PROMETIÓ A UNA DONZELLA DE LLEVAR DERECHO DE UN CABALLERO QUE A SU AMIGO MATARA SI RAZÓN OVIESSE PARA LO HAZER.

Cuenta la historia que muchas aventuras le avinieron a don Clarián en este camino que aquí no se cuentan porque en los libros *Espejo de caballerías* llamados son escriptas. Y un día que él iba por un gran valle encontró con una donzella que venía haziendo gran duelo. Don Clarián le demandó muy cortesmente la causa dello, offreciéndosele a lo remediar si cosa fuesse que con derecho se pudiesse hazer.

"Este duelo hago yo," respondió ella, "porque un bravo caballero que va por esta carrera mató a un caballero mi amigo que comigo venía."

"¿Por qué lo mató?" dixo don Clarián.

"Porque fue su voluntad e no por más."

"Si por tan poca razón lo hizo," respondió él, "venid comigo, que yo os haré haber derecho dél a todo mi poder." Entonces movieron por la carrera e no anduvieron mucho que llegaron donde el caballero yazía muerto; passaron por él e alcançaron al caballero que lo matara, en un llano. El cual iba armado de unas armas indias, el escudo otro tal: todas eran[71] sembradas de flores de plata menudas; con él iban dos escuderos que el escudo e la lança llevaban. Don Clarián allegando salvóle; el caballero otrosí a él.

Don Clarián le dixo: "Señor caballero ¿por qué razón matastes al caballero que con esta donzella venía?"

"¿Por qué lo demandáis vos?" dixo él.

"Porque esta donzella me dixo que lo matastes a sin razón."

"¿E si fuesse assí, qué hariades por ello?"

"Combatirme con vos," dixo don Clarián, "e si pudiesse dar de vos derecho a esta donzella, que en su muerte tan gran daño rescibió."

"Caballero," respondió él, "ya por aventura podríamos venir en tal estado que vos oviéssedes por bueno de dexar passar este agravio; mas yo os quiero dezir por qué le maté, que vos ni otro alguno no hiziera menos podiéndolo hazer, e cierto aun yo no le quisiera matar por su gran sobervia e desmesura que contra mí cometió," e dixo sonriéndose: "Si después a vos, caballero, paresciere tuerto lo que yo hize, haré sobre ello todo lo que por bien tuvierdes."

"Vos dezís bien," dixo don Clarián, "e agora vos ruego que me lo digáis."

"Sabed, caballero," dixo él, "que yo viniendo por esta carrera aquel caballero que con esta donzella venía, tomó el caballo a uno destos mis escuderos que ante mí iba, e firiólo mal porque no se lo quería dar; e como yo llegué no solamente se contentó con lo fecho, mas aun el mío dixo que me quería tomar porque le parecía mejor, e travóme por el freno. Yo entonces metí mano a mi espada, él metió mano a la suya e no nos combatimos mucho; porque yo le di un golpe en la cabeça de qué cayó muerto, e aunque tuve la razón que avéis oído, si a vos paresce que por ser esta donzella le debo hazer alguna emienda —que onesta sea— yo la haré de grado, e no creáis que lo hago por covardía."

"Si Dios me ayude," dixo don Clarián, "vos habláis como buen caballero."

E volviéndose a la donzella díxole: "Señora donzella: tal muerte como ésta contra razón sería por ninguno de [CXLIIIIv] mandada; por ende vos tomad del caballero alguna emienda que buena sea, pues dize que lo hará de grado."

"¿Cómo, caballero?" dixo la donzella muy sañudamente, "¿no me queréis dar derecho deste caballero como dexistes?"

"Tuerto os daría yo si tal fiziesse, porque él hizo lo que todo buen caballero fiziera: por ende demandadme otra cosa, que ésta a derecho no la podéis haber de mí."

"Agora vos digo," dixo ella, "que vos sois tan mal caballero como él."

"Donzella," dixo don Clarián, "vos dirés lo que quisiéredes, mas yo no haré tan

---

[71] eras

gran desaguisado como es combatirme por tal razón: que assí os lo dixe de primero, demás que el caballero haze todo su deber con vos."

La donzella se partió de entrellos muy sañuda, e los caballeros se fueron juntos; don Clarián iba mirando como el caballero era grande de cuerpo e fermoso encabalgante, assí que bien parescía en él haber bondad. El caballero se pagaba mucho de lo catar, mirando cuán bien parescía armado.

Ellos yendo desta guisa una donzella se juntó a ellos en compañía, e como ella catasse las tres coronas de oro que don Clarián en el escudo traía, díxole: "Señor caballero: essa devisa que vos traés en el escudo yo sé que la trae el mejor caballero del mundo —no sé si sois vos."

"Si yo tal fuesse, donzella, agravio se haría a muchos buenos caballeros que en él ay, cuyo valor es mayor que el mío."

"Buena donzella," dixo el caballero, "dezidme por cortesía ¿quién es ésse que tanto loáis?"

"Este es," dixo ella, "don Clarián de Landanís, hijo del rey Lantedón de Suecia."

"Cierto," dixo el caballero, "de esse que dezís, grandes cosas se hablan; mas lo que habéis dicho mucho sería en perjuizio de otros buenos caballeros que hay en el mundo, e yo amaría agora tener esse caballero que dezís tan cerca de mí como a vos que a cosa alguna del mundo."

"¿Por qué lo amáis tanto ver, señor caballero?" dixo don Clarián.

"Esso conoscería él de mí si aquí estuviesse, y escusarme-ía mucho trabajo que tomare en lo buscar más de lo que hasta aquí he passado."

"Por Dios," dixo él, "no sé si lo dezís por su bien o por su mal: mas por cualquier vía que lo digáis, sabed que le tenés cerca de vos más que pensáis, porque yo soy ésse que demandáis."

Cuando el caballero esto oyó fízose afuera como espantado, e tomando su lança e su escudo díxole: "Agora don Clarián, es mi desseo cumplido, pues me he fallado con vos en tal lugar donde podremos bien mostrar por las manos el desamor que nuestros padres antiguamente se tienen en los coraçones: porque sabed que yo soy Leonistán de la Breña, hijo del rey de Inglaterra, que cosa no desseo más que combatirme con vos."

Oído por don Clarián ser aquél Leonistán de la Breña —cuya bondad por muchas partes era nombrada— bien quisiera escusar su batalla: no porque lo dubdasse, mas porque su condición era tan virtuosa que a tan buen caballero como éste quería si pudiesse ganarle por amigo, e díxole: "Señor don Leonistán: más me plazería a mí que con amor e buena paz atajássemos essa vieja enemistad que de nuestros padres dezís, pues que entre mí e vos obras de desamor no han passado; porque demás de yo no tener en memoria el desamor que entre el rey, vuestro padre, y el mío pudo haber, yo sé ser vos uno de los buenos caballeros del mundo, porque desseo mucho vuestra conoscencia e amor; e assí os ruego que lo hagáis, si por bien tuvierdes: que en otra manera ya podría ser que dello ningún bien redundasse."

"Bien sé, don Clarián," dixo él, "que os preciáis mucho, e que por cobardía no rehusáis la batalla: pero todavía conviene que la hayáis, que por otra guisa no puede passar."

"Pues que assí a vos plaze," dixo don Clarián, "forçado será que yo lo haya de hazer."

Leonistán de la Breña no respondió cosa; antes abaxando la lança e cubriéndose de su escudo movió para él. Don Clarián, que a punto estaba, lo salió a recebir. Como amos hermosamente cabalgassen muy bien parescieran a quien los viera; e firiéronse assí dura e fuertemente por medio de los escudos que las lanças rompieron en pieças: passaron el uno por el otro muy rezios, e revolviendo sobre sí metieron mano a las espadas e acométense muy bravamente, assí que la batalla se començó entrellos tan áspera e fuerte que aquellos que la miraban eran metidos en espanto. E dezían que semejante que aquélla [CXLVr] entre dos caballeros no se podría ver, porque de los vigurosos e fuertes golpes que se daban, las armas iban despedeçando, haziendo caer por tierra muchas pieças dellas, e no se daban ningún vagar; antes esgrimían las espadas tan a menudo que apenas las podían devisar.

La fuerca e valentía dellos era tan grande que en poca de hora sus armas fueron malparadas y ellos feridos en algunos lugares: assí que en fuerte punto esta dura batalla començó, que no puede haber fin sin mucho daño porque cada uno dellos quiere la honra para sí. El uno del otro estaban maravillados por la bondad que en sí hallaban. A la donzella pesaba mucho de lo que hablara, creyendo que si no por su causa no se começara aquella batalla. Como don Clarián assí dura resistencia en Leonistán hallasse —que sus armas le había malparado e a él herido en algunos lugares— fue movido a gran saña, e alçando la espada ferió a Leonistán por de suso del escudo en guisa que todo lo que dél alcançó derribó en tierra; la espada descendió al cuello del caballo e cortólo todo muy ligeramente.

Mucho se maravilló Leonistán deste golpe, mas como era de gran coraçón salió del caballo muy ligeramente, e guisóse de atender a don Clarián lo mejor que pudo: mas don Clarián —que a este caballero mucho preciaba por la bondad que en él había— hízose afuera e díxole: "Leonistán, ya vos vedes la ventaja que yo os tengo en estar a caballo e vos a pie. Pues yo he provado vuestra bondad, e vos no creo menos en vuestro cuerpo haber sentido mis golpes: ruégovos que dexemos esta batalla; porque si le damos fin, por ventura se acabaría más a vuestro daño que al mío."

"Don Clarián," respondió él, "sin dubda conozco ser vos el más valiente caballero de cuantos he hallado: porque jamás mis golpes de ninguno fueron menospreciados sino de vos. Mas nunca Dios quiera que se diga que Leonistán de la Breña se halló con vos en batalla e que la dexasse en tal estado que a covardía se le pueda atribuir; que entonces sería yo avergonçado de aquellos que mi voluntad saben: e si vos sois tal como dizen, no harés tal villanía de me acometer assí como estáis."

"Cierto don Leonistán, vos dezís verdad: que yo no lo haré si supiesse que por ello me había de venir mal: mas pues vos querés todavía mi batalla, vos la habrés en tal forma que de otra alguna no hayáis talante." Entonces decendió de su caballo y embraçando su escudo vínose a gran passo contra él.

Allí se començaron a ferir de tan esquivos e fuertes golpes que la batalla se renovó entrellos muy más fuerte que de primero. Cada uno dellos se aprovechaba de su ligereza e ardimiento; tan bravamente se combatían que las rajas de los escudos e mallas de las lorigas caían por tierra muy espesas; e si no fuera por la gran destreza de que amos se aprovechaban, gran martirio passaran a sus carnes. Allí fue Leonistán en todo pavor de muerte, e dezía consigo que contra estos golpes el diablo no podría durar: y encomendávase a Dios que del ánima le oviese merced, que para el cuerpo el postrimero día creía ser llegado. Como don Clarián muy sañudo contra él estuviesse, cargávale de tan duros e fuertes que fuerça ni ardimiento que Leonistán mostrasse no le valía cosa; que cada vez que don Clarián lo fería todo cuanto alcançaba de las armas levaba tras sí, e llagávalo de muchas llagas de que tanta sangre le salía que maravilla era cómo se podía combatir. Leonistán tenía una muy buena espada que mucho en aquella batalla le aprovechó, mas al fin don Clarián lo traxo a tanta flaqueza que ya no podía dar golpe que mucho valiesse —e no era maravilla: que ninguno oviera que más oviera endurado e sufrido.

Como don Clarián viesse que de Leonistán salía tanta sangre que las yervas del campo fazía teñir, ovo dél gran piedad —que lo preciaba mucho a maravilla— e veía que con todo esto él como buen caballero hazía todo su deber: assí que la mucha virtud e nobleza de don Clarián dieron causa que una gran cortesía contra Leonistán hiziesse, la cual en ningún otro caballero fuera fallada; que quitándose afuera le dixo: "Leonistán, ya vos veis a qué punto sois llegado, e como quiera que el desamor que me tenéis con otro tal mereciesse ser paga [CXLVv] do la gran bondad que de vos conozco no consiente que me plega de vuestro daño: por ende os ruego que dexemos esta batalla pues del fin della no os debría a vos plazer."

"Ferido estoy, don Clarián, e a punto de muerte," respondió él, "mas la batalla no la dexaré si con deshonra mía se ha de dexar: que si la vida está cerca de morir no daré yo tal fin a mi honra en tanto que el ánima en cuerpo me durare."

"Leonistán," respondió don Clarián, "en más estimaría vuestra amistad que la gloria de la batalla —por grande que sea; por ende yo la dexaré en el punto que está sin demandaros otra cosa alguna: e ruégovos que no estrañéis esto que digo, pues no es ál que vuestra pro."

Cuando Leonistán de la Breña vio la gran cortesía que con él hazía, bien se puede pensar si sería alegre, considerando en el estrecho que su vida estaba; e tomando la espada por la punta fuesse a poner de hinojos ante él, diziendo:

"O buen señor don Clarián, ¿quién ternía por deshonra ser vuestro vencido? —pues sois el mejor caballero que jamás echó escudo al cuello: porque yo me pongo en vuestro poder para que hagáis lo que os pluguiere, teniendo por bien empleado todo lo que me es venido en vuestra conoscencia. Pues espero en Dios que aunque por vos al punto de la muerte sea llegado, la vida me quedará para que con ella os pueda servir e ser os leal e verdadero amigo todos tiempos. E cierto, si con vuestra valentía me sobrastes, con vuestra mucha cortesía e virtud me habéis ganado para que nunca de vuestra amistad otra cosa que la muerte me pueda partir: e desto me terné yo por bien andante si por vos me es otorgado."

Don Clarián lo levantó e abraçólo, e dándole su espada díxole: "Señor Leonistán de la Breña, no os llaméis vencido de quien con tanta razón se puede llamar vuestro: mas recebid la honra desta batalla, que vuestra es, e cierto vos sois el caballero que yo más precio de todos aquellos con quien me he combatido; e pues tal voluntad me tenéis yo rescibo vuestra amistad en aquel grado que se puede rescebir del mejor caballero del mundo: e si Dios quisiere, assí os lo mostrarán mis obras adelante."

Assí passaron entre estos caballeros muchas otras razones de grande amor e cortesía: e desde aquella hora en adelante siempre fueron muy leales e verdaderos amigos, como por esta historia paresce. La donzella se fue para don Clarián e díxole: "Señor, yo os ruego que los dos queráis venir comigo a un castillo de una mi hermana que aquí cerca es, e allí os será hecho todo servicio, porque dello me debo yo mucho trabajar todos tiempos por el bien e merced que de vos rescebí: que yo soy una de las donzellas que vos sacastes de la prisión de Dramades de la Floresta, matando a él e a sus primos." Don Clarián le agradesció mucho lo que dezía, e otorgó la ida. E remediando la sangre que de Leonistán corría con el buen anillo que él tenía, e otrosí la suya, cabalgaron e fuéronse para allá.

Sabido por la señora del castillo quién los caballeros eran hízoles mucho servicio e honra. Católes las llagas e halló que aunque Leonistán era mal ferido no tenía llaga peligrosa. Allí estando estos dos caballeros, vino la donzella —amiga del caballero que Leonistán matara— que de la batalla dellos supiera, e perdonó a Leonistán la muerte de su amigo por amor que don Clarián la librara una vez de un caballero que la quería forçar.

CAPITULO CXII. CÓMO DON CLARIÁN E LEONISTÁN DE LA BREÑA PARTIERON DE ALLÍ PARA IR A LA CORTE DEL EMPERADOR, E CÓMO LEONISTÁN SE COMBATIÓ CON CUATRO CABALLEROS.

Guaridos estos dos caballeros de sus llagas, don Clarián, que mucha desseaba que un tan buen caballero como Leonistán, que tanto era su amigo, estuviesse en la corte del emperador Vasperaldo, rogóle mucho que fuessen allá, diziéndole muchas cosas de la grandeza e nobleza del emperador, e de la mucha bondad de sus caballeros.

Leonistán le respondió: "Buen señor, tened por cierto que si con grande estrecho e necessidad vos conoscí , que muy mayor ha de ser aquella [CXLVIr] que nos apartare: porque no solamente me plaze de hazer esto que mandáis, mas aún aí llegados yo quedaré en servicio del emperador por amor vuestro e no por ál."

Don Clarián se lo agradeció mucho; armándose entramos de frescas e nuevas armas como las que primero tenían —las cuales en una villa cerca de allí mandara hazer— cabalgaron en sus caballos, encomendando a Dios a la señora del castillo e a su hermana, partiéronse dende. E de muchas aventuras que en este camino les avinieron aquí no se haze mención más de tanto: que un día encontraron un caballero desarmado sobre un palafrén; traía a las ancas una donzella, e venían a gran andar. Leonistán les demandó por qué causa traían tan gran cuita.

"Señor," dixo la donzella, "por escapar de muerte, que este caballero es mi padre y estaba en prisión en poder de dos hermanos; que el uno dellos es señor de un castillo cerca de aquí, e yo he trabajado tanto por lo librar que lo he sacado hoy de su poder sin que ellos lo sepan; e porque en sabiendo saldrá en pos de nos, vamos con gran cuita a guarecer en alguna parte. E si mucho no nos temiésemos de los hermanos —que son muy bravos caballeros— rogaros-íamos que por honra de caballería nos tomásseis en vuestra guarda, mas ellos son tales que a vosotros matarán, e de nos no habrán merced."

"Donzella," dixo Leonistán de la Breña, "¿los dos hermanos pueden traer consigo gran gente que tanto los temés?"

"Antes creo que vernán solos," dixo ella, "porque todos los del castillo eran idos fuera."

"Pues por cierto," dixo Leonistán, "nos de dos caballeros solos bien creo que os defenderemos a todo nuestro poder."

"Hija," dixo el caballero, "nuestro palafrén va muy cansado e no nos podrá mucho levar; por ende aventurémonos a quedar con estos caballeros: que en su parecer bien me semeja que valen por otros dos, e también podría ser que no viniesse empós de nos sino el uno de los hermanos."

"Pues de uno solo," dixo don Clarián, "yo me atrevería con mi compañero a defenderos."

"¿E si dos vinieren?" dixo la donzella "¿manternés vos también lo que este otro dize?"

"Donzella," dixo don Clarián riendo, "él puede hazer bien firme lo que dixere." En estas razones estando vieron de lueñe venir los dos hermanos, e con ellos venían otros dos caballeros.

"¡Ay Santa María!" dixo la donzella, "muertos somos todos."

"No temáis," dixo Leonistán, "que aquí hay caballero que os defenderá muy bien, mas hasta ver si es menester ninguna cosa hará, si a él pluguiere." Bolviéndose a don Clarián, díxole: "Rueg'os, mi buen señor, que a mí solo dexés esta batalla e no pongáis en ella mano si necessario no fuere."

"Buen señor," dixo don Clarián, "con más razón se pudiera esso otorgar si los caballeros no fueran tantos: mas sea como a vos plaze, que por cierto tengo que él que en vuestra compañía mucho anduviesse no le sería necessario sino quisiesse exercitar las armas."

Entonces arribaron los caballeros e Leonistán les dixo: "Caballeros, bien sabemos la vuestra venida: por ende os rogamos que os queráis volver, dexando ir en paz al caballero e a su hija."

"¿Cómo?" dixeron ellos, "¿vosotros dos los queréis defender?"

"Yo solo los defenderé," dixo Leonistán de la Breña, "a todo mi poder."

"Agora vos digo," dixo el uno de ellos, "que aunque fuéssedes ocho, cometíades locura."

Leonistán no atendió más antes se dexó ir para ellos. Ellos movieron para él, y encontráronlo todos muy duramente empero no le movieron de la silla. El firió al uno dellos tan bravamente que todo el fierro de la lança le metió por el cuerpo e dio con él muerto en tierra. E como la lança quedasse sana, firió con ella a otro de tal guisa que lo derribó al suelo mal llagado, e allí la quebró; e metiendo mano a la espada fue ferir al uno de los otros que con su lança el caballo por el cuello le firiera, e diole tal golpe por cima del yelmo que una pieça dél le cortó. El golpe decendió al ombro derecho e cortóle muy gran parte de las armas e de la carne. Este como assí se sintió ferido començó de huir por el campo. El otro caballero cuando se vio solo no se tuvo por seguro, e volviendo las espaldas començó de huir a todo correr de su caballo.

Y encomendando a Dios al caballero e a su hija —que muchas [CXLVIv] gracias les rindieron por los haber librado— partiéronse dellos e siguieron su camino hasta tanto que un día llegaron a quinze millas de la ciudad de Colonia: entonces era don Clarián en gran plazer en verse tan cerca de la tierra donde su señora Gradamisa estaba. Aquella noche alvergaron en casa de una dueña viuda, e otro día entraron en su camino; yendo por una floresta vieron atrevesar por la carrera un caballero armado, e detrás dél iba una dueña haziendo gran duelo. Don Clarián, que de la dueña ovo piedad, dixo a Leonistán de la Breña: "Buen señor, vos con vuestros escuderos id por esta carrera, e yo con Manesil iré empós de aquel caballero e de la dueña por saber della la causa de su duelo: tanto que lo sepa yo me volveré a vos, e si esta noche no pudiere volver, atendedme en un castillo que a ocho millas de aquí hallarés."

Leonistán lo hizo assí, viendo que aquélla era su voluntad. Don Clarián fue empós del caballero e de la dueña. No anduvo mucho que los alcançó e salvólos e dixo a la dueña: "Buena señora ¿qué es la causa que os mueve a fazer tal duelo?"

"Señor," dixo ella, "vos lo sabrés, e ruégovos que os plega poner en ello remedio: que este caballero es mi marido; y él e un mi hermano —que yo mucho amo— han venido en tan gran contienda; que tienen aplazada batalla entre los dos para ante una hermita que aquí cerca es. Yo, como veo que en tal peligro han de ser las dos personas del mundo que más amo, tengo gran pesar, e voy empós de mi marido, rogándole con muchas lágrimas que desta batalla se dexe, mas él no lo quiere fazer."

Don Clarián dixo: "Por cierto lo hazés como buena dueña, e tanto que vuestro hermano venga, yo trabajaré de los poner en paz si ellos no menospreciaren mi ruego."

El caballero, marido de la dueña, no respondió cosa alguna. Mas llegados a la hermita, que era yerma, hallaron aí el hermano de la dueña adereçado de combatir. Don Clarián les rogó mucho que por cortesia e por amor de aquella dueña que con cada uno dellos tan gran deudo tenía quisiesen dexar aquella batalla. Mas ellos habían tan gran talante de se combatir que por cosa que les dixesse no se quisieron quitar afuera, antes les dixeron que se fuesse de entrellos; si no, que se tornarían contra él.

Don Clarián ovo desto saña, e díxoles: "Si Dios me ayude, pues por cortesía no querés dexar la batalla, a dexarla habrés, mal de vuestro grado."

Ellos respondieron: "Cierto, vos sois el más loco caballero que jamás vimos, que no nos querés dexar hazer nuestra batalla: e agora os dezimos que nuestra saña se tornará sobre vos si más aquí estáis."

Entonces don Clarián tomó su lança e dexóse ir a ellos. Los dos caballeros lo encontraron en el escudo e quebraron en él sus lanças, que otro mal no le hizieron. El firió al marido de la dueña tan duramente que lo derribó llagado en tierra; quebrando allí la lança metió mano a su espada, e dio al otro tal golpe por cima del yelmo que entrando por él la espada una pieça lo derribó atordido del caballo, e descabalgando fue luego sobre ellos. La dueña, que ovo pavor que los matasse, fuesse para él, e rogóle por Dios que les no hiziesse mal.

"Dueña," dixo él, "yo los daré por quitos con tal que ellos cumplan vuestro ruego." Los caballeros, que gran temor le habían cobrado, otorgaron de lo hazer.

"Pues yo vos ruego," dixo la dueña, "que vuestra batalla cesse, e que agora ni en otro tiempo os no combatáis sobre esta razón." Ellos lo prometieron assí. La dueña agradesció mucho esto a don Clarián, el cual se partió dellos.

Passando toda la floresta, llegó a un llano e vio a Leonistán de la Breña que se combatía con un caballero, e amos hazían entresí una tan brava batalla que maravilla era de ver. Sus escuderos andaban tras los caballos de que ellos se derribaran por los tomar, e los caballeros andaban tan vivos e tan ligeros en su contienda que muy aduro se podrían hallar otros dos que más fuerte batalla hiziessen. E tanto a sabor de don Clarián se combatían que si no fuera por amor de Leonistán él holgara de los ver una pieça combatir. Llegando más cerca parescióle en el ferir de la espada que el caballero fuesse don Galián su primo, que otro que más hermosamente della se com [CXLVIIr]batiesse a gran pena se podría hallar.

Luego movió cuanto el caballo lo podía llevar; llegando a ellos, descabalgó del caballo e metióse entrellos diziendo: "Sufríos un poco si os pluguiere, caballeros."

Leonistán de la Breña se hizo luego afuera, mas el caballero no mostró desto buen semblante, e dixo contra don Clarián: "Caballero, no os debríades meter así entre dos caballeros que se combaten, pues no sabés si dello les plaze."

"Buen señor," respondió don Clarián, "yo le hago por saber la razón de vuestra batalla."

"Sabed," dixo el caballero, "que yo me combato con él porque le demandé si me sabría dezir nuevas de un caballero, mi cormano, que don Clarián ha nombre. El me respondió que lo dél me sabría dezir era que en una batalla —que con él oviera— había ganado dél la cosa que más preciaba; e que si un poco atendiesse presto vernía un caballero que me sabría dezir muy ciertas nuevas dél. A mí cierto mucho me pesa de que él dixesse que de don Clarián haya ganado cosa alguna en batalla, porque es el mejor caballero del mundo; e porque él no ha querido darme más a entender desta palabra que dixo, por esso nos combatimos: e assí daremos fin a nuestra batalla hasta que el uno de nos muera o yo sepa lo que demando. Por ende caballero, ruego que vos os tirés afuera."

Entonces don Clarián se quitó el yelmo, e riendo de buen talante le dixo: "Señor cormano, no darés fin a vuestra batalla, si a Dios pluguiere: que no podría yo consentir que dos caballeros que tanto amo ante mí se combatiessen, aunque la razón fuesse mucho mayor de lo que es."

Cuando don Galián vio a don Clarián, su cormano, fue tan alegre que más no pudo ser. Amos se abraçaron con gran plazer e alegría como aquellos que se amaban más que si hermanos fuessen. Don Galián le dixo: "A Dios merced, señor, porque ya sois en esta tierra, con tan gran nombradía como en las cosas que por vos han passado después que della partistes habés alcançado. E la batalla, yo la dexaré pues a vos plaze, como quiera que no me pluguiera de la dexar en tal estado."

"Buen señor cormano don Galián," dixo él, "no os pese dello, que este caballero es Leonistán de la Breña, hijo del rey de Ynglaterra, a quien yo precio e amo sobre cuantos caballeros he conoscido."

Como Leonistán supiesse ser aquél don Galián —que de más de ser primo de don Clarián, Gariscondo de Ynglaterra, su cormano, grandes cosas dél le dixera— fue para él e diole su espada, diziendo: "Buen señor don Galián, yo vos do la honra desta batalla por vuestra bondad, que es grande: que quien tanto a vuestro cormano don Clarián ama como yo, bien le debe pesar de haberse con vos combatido. E sin falla yo os dixe verdad; que en una batalla que con él ove gané dél la cosa que yo más estimo e precio: ésta es su amistad, que la victoria de las armas a ninguno sería contra él otorgada."

Sabido por don Galian quién Leonistán de la Breña fuesse, e cómo oviesse dél conoscido parte de la su gran bondad, fuelo abraçar; faziéndole mucha cortesía le dixo: "Señor don Leonistán, no me podés dar la honra de la batalla si a vos no la quitáis; porque yo me pongo en la vuestra merced para que de mí hagáis lo que por bien tuviéredes." Allí ovieron los tres buenos caballeros muy gran plazer consigo.

Don Clarián dixo: "Señor cormano, a Leonistán de la Breña hemos todos de amar e servir: que él es tal que de su conociencia e amistad nos plazerá mucho e se nos siguirá gran honra dello."

"Essa gano yo mayor que otro," respondió Leonistán, "en haber conoscido la compañía de tales dos caballeros."

Entonces cabalgaron e fuéronse departiendo con gran plazer de muchas cosas. Don Galián dixo a don Clarián que en la corte sería muy bien rescebido aquel que llevasse las nuevas de su venida, e como sobre todos lo desseaban ver dos grandes amigos suyos, que por le conoscer y estar en su compañía eran de sus tierras venidos: que éstos eran Gastanís el Hermoso/e Orlagis de Camper. Loólos allí mucho don Galián, diziendo que amos eran de gran bondad de armas, e caballeros muy preciados en todo.

"A Dios plega por la su merced," dixo don Clarián, "que yo les pueda agradescer e servir la voluntad que me tienen sin se lo haber merescido."

Leonistán de la Breña era en todo plazer metido por [CXLVIIv] haber cobrado la amistad de tal caballero como don Clarián, que por todo el mundo era nombrado, oyendo dezir como todos aquellos que más en él valían venían a buscar de sus tierras por lo conoscer. Aquella noche alvergaron en un castillo a cinco millas de la ciudad de Colonia, e demandando don Clarián a su primo don Galián si partiera de la corte en alguna demanda, el dixo cómo venía de combatirse con un caballero que al padre de una donzella tenía en prisión por cuya requesta él allá había ido, e que aviéndolo delibrado se volvía ya para la corte.

CAPI CXIII. CÓMO ESTOS TRES CABALLEROS LLEGARON A LA CORTE DEL EMPERADOR E CÓMO DÉL E DE TODOS FUERON MUY BIEN RECEBIDOS.

Aquella noche don Galián dixo que sería bueno que el emperador supiesse su venida, mas don Clarián dixo: "Si no fuesse por amor de Leonistán de la Breña yo por bien tuviera que sin se lo hazer saber fuéramos allá."

"Pues por mí no quede," dixo Leonistán, "que yo más encubierto puedo ir que ninguno de vosotros." Assí acordaron de lo hazer.

La mañana venida armáronse, cabalgaron en sus caballos e fuéronse para la corte.

Cuando ellos llegaron cerca de la ciudad, el emperador, la emperatriz e la princesa Gradamisa con muchos altos hombres, caballeros e damas andaban cabalgando por unos prados muy hermosos cerca de la ribera donde muchas e muy hermosas arboledas había, tomando gran plazer. Los halcones del emperador volaban garças, que ellos habían gran sabor de lo mirar. E como los tres caballeros por el llano parecieron, todos pusieron en ellos las mientes porque parescían bien que en ninguna parte se pudieran hallar otros tres que más hermosamente cabalgassen. E como más se acercaron don Galián fue luego conoscido en el escudo, mas los otros dos no supieron quién fuessen. El emperador, cuidando que fuessen caballeros estraños, dexó la caça e fuesse para ellos por los honrar: que en el mundo un príncipe tan noble e tan honrado de todos como éste no se pudiera hallar. Los tres caballeros dexaron entonces su carrera e fuéronse yendo contra él.

Don Felisarte de Jaffa conoció luego a Manesil, e dixo con gran plazer: "Por Dios, éste es Manesil, el buen escudero de don Clarián, porque yo creo que el uno destos caballeros sea su señor."

"A Dios pluguiesse que él fuesse," dixo el emperador, "que mucho nos haría alegres con su venida."

Los tres caballeros, que ya cerca llegaban, se quitaron los yelmos. Don Clarián fue luego conoscido, de que todos muy gran plazer ovieron; mas a Leonistán de la Breña ninguno lo conosció, que no lo habían visto; e aunque aí venía Ermión de Caldonga, su cormano, tampoco lo conosció: que gran tiempo había que no le viera. Los caballeros descabalgaron de sus caballos. El emperador por honrar a don Clarián quisiera hazer lo mismo, mas todos tres lo tuvieron.

Don Clarián le dixo: "Señor, miémbresevos que yo e don Galián, mi cormano, somos vuestros servidores; mas a don Leonistán de la Breña, hijo del rey de Ynglaterra, que aquí es, e a vuestro servicio viene, podéis hazer toda honra: que si alguno hay que por su bondad e gran guisa la merezca él es." Entonces don Clarián lo metió antesí.

Leonistán quiso besar las manos al emperador, mas él las tiró assí. Leonistán le dixo: "Señor, yo vengo a vuestro servicio por amor de don Clarián: que dexado aparte vuestra gran bondad e grandeza, por vos tener en vuestra casa a él, serés señor de todos los buenos caballeros del mundo, que por le conoscer y amar a vuestra corte vernán."

El emperador lo abraçó e recibiólo muy bien, diziéndole: "Mi buen amigo, mucho os agradezco vuestra venida: que a don Clarián con ningún agradescimiento le podría pagar el cargo que dél tengo tanto es grande. El está en mi corte como en aquella que es del mayor amigo que él tiene, e tal que por padre lo puede contar. E bien claramente se muestra [CXLVIIIr] ser verdad lo que me dezís con la venida de tal caballero como vos."

Don Clarián llegó entonces por le besar las manos: mas por mucho que porfió no se las quiso el emperador dar; antes lo abraçó con mucho amor e díxole: "Por Dios, mi grande amigo, contra razón sería que vos besédes mano de ningún hombre del mundo según es grande vuestro valor, e si la mía querés besar porque mucho me amáis, no vos será dada hasta aquel día que con grandes honras e mercedes os pueda pagar algo de los grandes servicios que por vos me son hechos, e si Dios me ayude, grande es el plazer que a todos nos ha dado vuestra venida."

"Señor," dixo don Clarián, "sólo lo que aquí habés dicho —aunque sea más por vuestra mesura que por mis merecimientos— no os podría yo jamás servir, e si con algo satisfago no es sino con el deseo que de serviros tengo."

Entonces Gastanís el Hermoso e Orlagis de Camper llegaron amos a fablar a don Clarián. El los rescibió con gran plazer haziéndoles toda la honra e cortesía que pudo, e abraçólos con tan grande amor que bien daba a entender amarlos como ellos a él. Assí los tuvo una pieça abraçados pasando entre todos tres razones de gran cortesía. Gastanís e Orlagis de Camper mucho fueron maravillados de tal hermosura e apostura de caballero como la de don Clarián; esso mesmo don Clarián, mirando a Gastanís, dezía consigo no haber visto caballero más hermoso en su vida. Allí recibieron a don Clarián con gran plazer Florantel, don Palamís, Honoraldo de Borgoña, Roselao de Suevia, Girarte de Yrlanda, e don Felisarte de Jaffa, e otros caballeros de gran cuenta. Otrosí todos honrando mucho a don Leonistán de la Breña.

Ellos queriendo cabalgar, llegaron la emperatriz e la princesa Gradamisa e todas aquellas señoras e damas. Don Clarián tomando antesí a Leonistán fueron amos a besar las manos a la emperatriz. Ella los recibió muy bien, e a Leonistán quiso dar las manos: mas a don Clarián —que mucho le rogó— se las ovo de dar. Cuando la princesa Gradamisa vio ante sí aquel que tanto amaba, libre de tantos peligros e tan grandes como por él habían passado, turbada en su coraçón de tan gran alegría la rienda del palafrén perdió de la mano, e no sabía dó fuesse. Los dos caballeros llegaron por le besar las manos, mas con diferentes coraçones: que don Clarián iba tan turbado con el gran gozo que su ánimo sentía en ver a su señora que no sabía en qué parte estaba, e por mucho que se esforçaba cosa de cuanto se fablaba no entendía. Gradamisa los rescibió muy bien con aquella tan crecida gracia que Dios en ella sobre todas las otras pusiera. Los caballeros le quisieron besar las manos, mas ella no se las quiso dar; e tomando la mano de don Clarián apretólo un poco con la suya, que otra cosa no ovo lugar de hazer.

Aquí fue Leonistán de la Breña maravillado más que de cosa que nunca viera: esto fue en ver la gran hermosura de la princesa Gradamisa; que puesto que allí veía otras que a su parescer más hermosas en el mundo no podía más ser, ella como la rosa fresca entre las secas se esmeraba.

El emperador e la emperatriz e todos los otros descabalgaron en aquel lugar, donde estuvieron una pieça mostrando gran plazer con la venida destos caballeros. Allí traxeron los caçadores del emperador tres garças muertas, e un falcón muy bueno que la una dellas matara. El emperador dixo: "Por cierto, aunque mucho más se perdiera, la caça ha seydo de gran ganancia según lo que en ella habemos fallado."

E cabalgando, todos movieron para la ciudad. Florantel de Nuruega, don Palamís de Ungria, e Honoraldo de Borgoña, y Ermión de Caldonga tomaron consigo a Leonistán de la Breña; que todos se trabajaban de le hazer mucha honra. Don Clarián iba entre Gastanís el Hermoso e Orlagis de Camper razonando con ellos e cada vez que se les offrecía tiempo volvía los ojos a mirar aquella do tanto su coraçón descansaba.

Gradamisa no partía dél los ojos porque en aquella sazón Belaura e Lindamira e la infanta Flordanisa iban fablando con ella, e dezíanle: "Señora, agora se podrá muy bien dezir mirando a don Clarián e a Gastanís estar juntos los dos más hermosos caballeros del mundo."

"Todavía," dixo la infanta Guirnalda [CXLVIIIv] "don Clarián es más hermoso."

"Esso que vos dezís," dixo Lindamira, "no es de acoger; que lo haze el desamor que con don Gastaniz tenés: por ende otro juez más sin sospecha es menester, e a mí don Clarián siempre me pareció muy bien, mas nunca él assí me pareció como en aquel día que por el gran temor del león yo quería provar a nadar sin lo saber, e aun creo que no menos bien paresció a Gradamisa que a mí que también mostró aquel día su esfuerço."

Desto iban todas riendo mucho, e como entrassen por las ruas de la ciudad toda la gente salía por ver a don Clarián —que en aquella ciudad no menos que si de todos fuesse señor era amado. El emperador hizo desarmar los tres caballeros en su palacio, e mandó traer muy ricos paños que se vistiessen. Luego se començó a fazer gran fiesta e alegría por el palacio e por toda la ciudad con la venida destos caballeros. A todos parescía bien Leonistán de la Breña, que era grande de cuerpo e bien fecho. El rostro había hermoso, los cabellos rubios, crespos e muchos. Assí passaron todo aquel día en gran fiesta.

CAPITULO CXIIII. CÓMO DON CLARIÁN HABLÓ CON SU SEÑORA GRADAMISA, E DE LA CARTA QUE POR LERISTELA, REINA DE THESALIA, LE FUE EMBIADA.

Pues otro día estando don Clarián e otros muchos caballeros de gran guisa en el palacio del emperador —teniendo él cubierto aquel tan rico manto que la Dueña Encubierta le embiara, de cuya estrañeza todos se maravillaban— llegó antél Camonalve, aquel caballero que con él combatiera —como ya se ha contado— e fincando los hinojos, díxole: "Señor, yo os he atendido en esta corte como por vos me fue mandado: por ende ruégovos que aquello que de mí os pluguiere ordenar sea luego que yo lo cumpliré, todo muy de grado, assí como aquel que es vuestro preso."

Don Clarián lo levantó e honrólo mucho; díxole: "Buen amigo Camonalve: vos habés fecho aquello que buen caballero debía hazer en cumplir vuestra promessa, e sola vuestra palabra estaba en esta prisión: que vuestro cuerpo ninguna tiene. E lo que yo quiero que hagáis es que quedéis aquí en servicio del emperador: que por hazer a mi merced os hará de su mesnada que por vuestra bondad bien sois desto merecedor." Camonalve le quiso besar las manos por lo que dezía, mas él las tiró a sí.

Aquel día el emperador —a ruego de don Clarián— fizo de su mesnada a Camonalve e a Colisedes, que allí estaba. Este Colisedes era aquel que don Clarián armara caballero en el castillo que fuera de Dramades de la Floresta; y en él había toda bondad de caballero. El emperador mandó que les adereçassen de cenar fuera de la ciudad en unas muy hermosas huertas que ribera del río había; que él quería ir allá con la emperatriz e con muchos de aquellos altos hombres e caballeros, dueñas e donzellas de gran guisa; y en un muy deleitoso lugar de todas arboledas, de fuentes e caños de agua, entoldado de muy ricos paños fueron puestas las tablas, assí como fue sazón; el emperador e la emperatriz llevando sobre sus cabeças aquellas tan ricas e preciadas coronas de oro que don Clarián de la ínsula de Texón les embiara. Cabalgaron con ellos la princesa Gradamisa e mucha otra noble compaña.

Desta guisa fueron saliendo por las ruas de la ciudad la gente toda, mirando a don Clarián con gran afición, bendezíanlo muchas vezes, diziendo muchos dellos:

"Por cierto agora se puede dezir que esta corte es puesta en toda alegría e alteza, pues en ella es don Clarián, flor y espejo de toda caballería: por cuya causa vemos de cada día venir a ella caballeros muy preciados que mucho la ennoblecen, éste es sin falla aquel que entre los vivientes más extremado, por cuya bondad esta corte llevó la honra de los grandes torneos que en ella se hizieron: de donde a ella gran prez e nombradía por el mundo se le siguió, e aquél por quien nuestras gentes ensalçamiento de la fe e honra de la corona de nuestro imperio grandes victorias contra los infieles paganos ovieron. [CXLIXr] Verdaderamente si el emperador Vasperaldo bien considerare las grandes honras e bienes que por este tan preciado caballero a su corona se siguen, bendezir debe el día en que a su corte vino y en mucho grado lo debe amar."

El emperador Vasperaldo, viniendo a su oídos muchas destas cosas que la gente en loor de don Clarián dezía, e conociendo ser asssí verdad, daba muchas gracias a Dios porque aquella su corte fuesse puesta en mayor sublimación e grandeza en sus días que en otro algún tiempo de sus antecessores oviesse seydo, y crecíale mucho el amor e afficción que a don Clarián tenía, juntamente con desseo de le remunerar y galardonar grandemente sus servicios, estimando e preciando más tener a él en su corte que a otro ningún señorío. E como quiera que muchas e grandes mercedes para otros le oviesse hecho hizo en esta su venida —otorgándole cosas que otro alguno dél no las pudiera asssí alcançar— pesábale mucho que para él ninguna le demandaba, y el emperador recelaba que si alguna merced le quisiesse hazer que don Clarián lo más honestamente que supiesse se escusaría de la rescebir como otras vezes lo había hecho: que en otra guisa él se las hiziera muy grandes e subidas, e aun con esto no quedara consigo satisfecho considerando que los tales príncipes o señores como él no deben pensar que el galardón, por grande que sea, sobra a los buenos e leales servicios. Empero don Clarián no tenía en voluntad de le demandar cosa alguna para sí, aunque tuviera, como no tenía necessidad dello: y desto era causa la condición de los passados tiempos, de entonces muy diferentes de los presentes de agora.

Pues tornando a la historia; llegado el emperador con su compaña aquel tan sabroso lugar, descabalgaron todos. El emperador se sentó luego a la tabla, e como quiera que hasta allí no lo oviesse acostumbrado, por honra de don Clarián hizo sentar a su mesa diez caballeros de gran cuento, los cuales eran éstos: don Clarián, e Leonistán de la Breña, Florantel de Nuruega, Don Palamís de Ungría, don Galián, Gastaniz el Hermoso, Honoraldo de Borgoña, Girarte de Yrland, Orlagis de Camper, e don Felisarte de Jaffa, a quien por su gran bondad honra en aquella corte se le fazía sobre otros hijos de reyes e caballeros muy preciados que en ella había. El emperador hizo ser muy cerca dél a don Clarián, e a todos los otros ya cuanto apartados. La emperatriz se sentó a otra tabla con la princesa Gradamisa, e otras algunas de aquellas fermosas infantas que eran éstas: la infanta Guirnalda, hermana de Gastanís; Resinda, hermana de don Galián; la infanta Flordanisia, hija del rey de Ungría; las dos hermosas hermanas, Belaura e Lindamira, hijas del rey de Frisa; La infanta Menaldia, fija del rey de Polonia; Candida, hija del rey de Borgoña; Jacinda, hija del rey de Dignamarca; Licendra, hija del rey de Zelanda. Assí por orden se sentaron a las otras tablas todos los otros altos hombres e caballeros e damas de gran guisa, donde fueron servidos en aquella manera que convenía hazerse do tan altas personas estaban. Como los manteles fueron alçados tocaron istrumentos de diversas maneras con qué dançaron y estuvieron en gran fiesta hasta que fue hora de se tornar a su ciudad.

Ya que todos habían cabalgado para se volver al palacio arribó una donzella estraña, ricamente guarnida, que tres escuderos con ella traía: ésta, humillándose a don Clarián, le dio una carta que en la mano traía, e díxole: "Buen caballero, leed essa letra; que cuando más lugar oviere yo os diré tales cosas de que vos seréis contento." Don Clarián, mirando que su señora paraba mientes en lo que la donzella le dixera, sin le más demandar tomó la carta e fuese fablando con la emperatriz. Assí como entraron por la puerta de la ciudad encontraron con el rey de Polonia que por estar enferma la reina Mirena, su muger, a esta fiesta no viniera; la emperatriz lo llamó para saber de la reina su muger que la mucho amaba; entonces don Clarián quedó junto con su señora, do no tuviendo mucho lugar para hablar, solamente concertaron que aquella noche él viniesse a fablar con ella por aquel lugar do otras vezes lo había fecho.

Llegados al palacio, passada parte de la noche, [CXLIXv] don Clarián —tomando consigo a Manesil— entró por la gran huerta, e llegando al verjel que juntó al aposento de Gradamisa se contenía, vido estar a su señora, vestida de muy ricos paños; e sus muy fermosos cabellos cubría con un prendedero de oro guarnido de piedras preciosas. Su faz resplandecía tanto que parescía que fuesse persona celestial. Don Clarián fue assí turbado de verse ante ella que palabra no habló; antes fincó los hinojos en tierra sin otra cosa le dezir.

Gradamisa, que bien conosció su turbación, sacó las sus muy hermosas manos por la red de la finiestra e levantólo, mandando llegar allí a Casilda que le hiziesse compañía; díxole: "Mi verdadero e leal amigo, vos seáis muy bien venido como aquél a quien yo sobre todas las cosas en esta vida más amo, e agora que mis ojos os ven, es partida de mí aquella gran soledad e sobrada cuita que por vuestra ausencia tenía, mas no el desseo que tengo de galardonaros el verdadero amor con qué me amáis; que bien assí lo debe hazer aquella que —como yo— es amada del mejor caballero del mundo que vos sois."

Don Clarián, que ya muchas vezes le besara las manos, respondió:

"Mi buena señora, siéntome tan turbado todas vezes que alcanço tan gran bienaventurança como es hallarme ante vuestra presencia: que como quien esta fuerça de su libre poderío se me debe perdonar lo que por palabra no satisfiziere. Pero todavía digo, mi señora, que sería cosa muy desaguisada pensar yo que con serviros toda mi vida pudiesse ser merecedor de la menor de las mercedes que me hazéis. Mayormente aquella tan grande que me hezistes en la carta que de vos, señora, me fue a la ínsula de Texón embiada, cuyas tan sabrosas e dulces palabras bien conozco yo que no era merecedor de las oír si vuestra bondad e mesura no lo causara. E pues las grandes e mortales cuitas que yo, mi señora, padezco, solamente en sufrirse por vos traen consigo mayor el galardón: que es la pena —por grave que sea— no sé cómo seré osado de demandaros merced para que la vida sostener se pueda; sino me esfuerço en la demandar a quien es —como vos sois— tan alta e tan extremada señora que puede dar muy crecido galardón por pequeño servicio e trabajo, y en tal confiança pido —si osar debo pedir— que por Dios, señora, acorráis a quien tan mortal cuita padece, que ya el coraçón ferido e lastimado de tan grave dolor como le atormenta no se espera sino que en breve tiempo desampare el vivir, si con algún favor vuestro no es sostenido."

Gradamisa, que bien conocía su gran cuita, le echó sus muy hermosos braços al cuello e díxole: "Ay, por Dios, mi buen amigo, no habléis en vuestra muertem, que sin vos no podría yo un solo día vivir. E ciertamente si no oviesse de mirar a otra cosa sino a vuestro gran merescer, muy sin cargo mío debría cumplir con aquello que vos desseáis, mas yo tengo esperança en Dios que vuestros desseos e míos avrán presto lugar de cumplirse en aquella forma e manera que yo cobdicio." En esta guisa estuvieron los dos, que tanto se amaban, hablando de muchas cosas.

La princesa Gradamisa, trayendo a la memoria la gran cuita e sobresalto en qué la pusiera la donzella, que a ella e a Casilda contara como Liselda, la hija de Artidel, a don Clarián amaba, dixo a Manesil: "Amigo, de ti quiero yo saber los amores que Liselda con tu señor tenía, que como persona que allí de mi parte estabas mirarías más en ello."

"Por Dios señora," respondió él, "vos queréis saber agora de un fecho que dél habrés gran piedad, que por aventura nunca de otro semejante oístes."

Entonces le contó todo lo que Liselda de sí hiziera. De lo oír la princesa Gradamisa e Casilda ovieron gran duelo e lástima, e no menos don Clarián, acordándose de la cruel fin que aquella donzella por sus amores hiziera. La princesa Gradamisa dixo: "Ay Dios, y qué gran crueza de donzella, y que sobrado amor el suyo —si Dios me ayude, mi buen amigo— que guardando aquella lealtad que yo de vos conozco mucho quisiera que por alguna manera su muerte fuera escusada."

"Mi señora," dixo don Clarián, "el que assí mesmo la causaría por no acometer tan grave yerro no le es de culpar que en la ajena consienta más verdaderamente. Toda otra cualquier co [CLr] sa que ella me demandara —aunque muy cara fuera— yo la hiziera por salvar su vida."

Pues assí con mucho gozo e plazer estuvieron don Clarián e su señora hablando de muchas cosas. Casilda rindió muchas gracias a don Clarián por lo que por su hermano, Genadís de Suecia, hiziera en le procurar tan alta honra e tan gran señorío como era esperar de ser rey.

"Prima señora," dixo don Clarián, "si él a mí muy estraño me fuera no pudiera yo hazer por él tanto que mucho más no me tengáis vos merecido, e si Dios pluguiere, no sólo con el señorío de vuestro padre seréis vos heredada, mas con otro tan gran estado como él espera: que esto trabajaré yo con todas mis fuerças." E como ya la mañana se llegasse, don Clarián, tomando licencia de su señora, se tornó a su posada.

Otro día cuando se levantaba, la donzella que la carta le diera vino ante él, e demandóle si la había leído. Don Clarián dixo que no, porque no le viniera en memoria. "No es cosa para olvidar," dixo la donzella, "que no hay tal caballero en el mundo que no se deba tener por bien andante con lo que en ella viene. Por ende hazed que vos e yo quedemos solos, e con tanto os diré cosas de qué mucho os plazerá."

"Donzella," dixo don Clarián, "si ello es assí como dezís yo debiera haberla antes leído." Demandando la carta a Manesil —que la tenía— mandó salir a todos los suyos fuera, sino a él, e dixo: "Donzella, éste bien puede quedar, que de otra tan gran poridad como ésta le daría yo parte, aunque no sé que tal sea la que vos traéis."

"Pues que vos tal confiança dél tenéis," respondió ella, "a mí plaze dello." Entonces don Clarián, abriendo la carta, halló que dezía assí:

CARTA DE LERISTELA REINA DE THESALIA A DON CLARIÁN DE LANDANÍS.

Fama de tu alta caballería que por todo el mundo vuela, nuevas de tu gran hermosura, noble y esforçado caballero, a los oídos de mí, Leristela reina de Thesalia, venidas en grave passión mi coraçón han puesto: que el tu amor que sobre mí es enseñoreado reposar no me dexa en mi lecho; antes crece la cuita e sobra el desseo de conoscer aquel que tanto por el universo es loado. Pues yo, caída en tan mortal soledad, huyendo de mí aquella alegría que en este mi gran señorío solía tener, e aborreciendo todas aquellas cosas que plazer me solían atraer: éste ya por mí del todo perdido, con sola tu vista e no con ál lo entiendo cobrar. E si en el día o la noche algún descanso rescibo, es contemplando e fantaseando comigo qué tal pueda ser la hermosura de tu rostro, la apostura de tu gracioso cuerpo, e la fortaleza de tu gran coraçón. Mas ay de mi, que si desto holgança me viene, al fin yo lo pago con doblado tormento: que el desseo de te tener en mis reinos me pone, a los cuales te ruego venir te plega; que si assí lo fizieres, de ningún deleite, plazer ni mandado serás embidioso. Que yo de todos ellos soy la señora donzella que jamás casar me plugo, e tanto abastada de hermosura que de otra ninguna cobdicia me mueve. Dellos e de mí te haré señor por casamiento si tú quisieres, o por amiga —como fuere tu gana. Y si no creyesse, que a verme viniesses, aunque para lo hazer otra cosa no te moviesse que no ser desagradescido, a quien tanto te ama: yo misma, cambiada en hábito de pobre donzella, en essa corte que más continuas tu presencia visitara, porque a lo menos si mi voluntad satisfecha no fuera, fuéralo el gran desseo que de verte tienen mis ojos. Mas como aquella que con la venida desta mi donzella tu mesura espero conocer, estaré hasta entonces en gran cuidado suspensa, aunque de tu gran bondad antes amada que con desmesura menospreciada ser espero.

C Leída por don Clarián esta carta, volvióse a mirar a Manesil con un plazentero semblante, e como quiera que él aquello mucho en su coraçón estrañasse —por ser cosa que a su señora Gradamisa tocaba— respondió a la donzella mesuradamente, diziendo: "Cierto donzella, yo mucho soy obligado de servir todos tiempos que viva a la reina, vuestra [CLv] señora, la gran afición que me tiene según por su carta muestra. E sin falla de mayor valor había yo de ser para la poder servir en guisa que mi merescimiento pudiesse en algo satisfazer a su grandeza: que éste es un gran inconveniente."

"Ay señor," dixo la donzella, "no penséis juzgar el sobrado amor que la reina mi señora os tiene —por lo que muestra en su carta— que el más cierto y verdadero en su coraçón queda encubierto: y éste es tan grande que ninguno podría alcançar a cuanto se estiende sino ella, que mortal cuita por vos padece. E yo, que muchas vezes tornándola casi de muerte a vida, della la he consolado, e de vuestro gran valor no conviene que comigo habléis, assí pues la gran hermosura e muy alta bondad de armas vuestra dan testimonio de ser vos el más estremado caballero del mundo: que sin falla si algunas vezes yo, viendo la gran cuita que mi señora por quien no conosce padescía, tenía en alguna manera por liviano su pensamiento. Agora que, señor, os he visto, conozco claramente que lo que ante ella de vos se dezía con lo que yo en vos veo: e algunos días que en esta corte he atendido he oído de vuestro gran prez de armas contar con gran parte no se iguala; assí que doblada sería la pena que padecería aquella que os conosciesse y amasse, viéndoos de sí apartado que la que por oídas pudiesse tener. Mas a Dios plega que vuestra presencia antes que mi palabra pueda dar a mi señora el testimonio desto, porque entonces será ella libre de tanta fatiga, e yo muy bien andante donzella."

Don Clarián le dixo: "Donzella, vos habréis de mí aquel despacho que la razón demanda."

Desto ovo ella muy gran plazer, e dixo: "Si vos, mi buen señor, a la razón miráis segura soy de partir de aquí muy alegre."

"Cierto podéis creer," respondió él, "que yo no excederé della." La donzella le quiso besar las manos por lo que dezía. E después de haber estado una pieça hablando con mucho plazer, don Clarián le dixo: "Buena donzella, vos encubrid vuestro mensaje en tanto que de mí sois despachada; seréis con vuestra compaña aquí bien servidos, e podés mirar esta corte que en ella hallarés grandes cosas de ver."

"Señor," dixo ella, "no quiero entender en ál que en ver las damas de la emperatriz, principalmente a la hija del emperador, que tanto por el mundo es loada: que esto me encomendó mucho la reina, mi señora, para que supiesse dezir nuevas de su hermosura, e viesse si había aquí tal beldad que con razón os escusasse de la ir a ver."

"Donzella," respondió él, "vos veréis aquí tanto de lo que dezís que sería maravilla poderlo contar. Y de mí podéis creer que de essa passión no tengo el coraçón más sojuzgado que antes que a esta corte viniesse." En esto dezía él verdad: que, como ya la historia ha contado, por oídas fuera preso de amores de su señora más que ningún caballero lo fue de otra alguna.

Aquel día fue la donzella tan bien servida que en gran esperanca la ponía hazerse esto: porque don Clarián había en voluntad de ir con ella, por lo cual ella era en todo plazer. Después de haber don Clarián con otros caballeros de gran guisa en su posada comido, fuéronse al palacio: donde fallaron al emperador e a la emperatriz con gran compaña de altos hombres dueñas e donzellas de gran guisa que en gran fiesta estaban. La donzella de la reina Laristela —que aí era venida— fue mucho maravillada de la sobrada hermosura que aí juntaba: e cambiósele el plazer que tenía considerando que si caballero alguno por razón de fermosura en alguna parte desseasse estar allí con más razón que en otra ninguna había de ser. Luego le dio el coraçón que no llevaría aquel recaudo que desseaba, e mirando mucho a la princesa Gradamisa, que tan gran perfeción de beldad no pensara ella que humana persona podiesse alcançar: poniendo otrosí los ojos en don Clarián, dezía consigo: "Si don Clarián no va comigo e por razón de amor aquí queda, ésta —que sobre todas tan fermosa es— me lo quita, que no otra." Assí sospechaba aquella donzella aquello que de otro alguno no se daba mientes.

A don Clarián le caía muy en grado mirar la donzella, que de la princesa Gradamisa no partía los ojos, sonriéndose dello, aunque lo dissimulaba hablando con la infanta Guirnalda, hija [CLIr] del rey de Panonia, e Lindamira, hija del rey de Frisa. La princesa Gradamisa —que en ello miró— conosció ser ésta la donzella que a don Clarián ante ella diera la carta. Como tan ahincadamente la viesse a todos mirar, e mucho más a ella; quiso saber de su fazienda, e llamando a Casilda díxole callando: "¿Sabés vos quién era aquella donzella que a don Clarián en presencia de todos los que ayer éramos dio una letra, e cúyo es el mensaje que trae?"

"Esso no lo sé yo," respondió ella, "mas miré que la donzella es de Tesalia porque la infanta Resinda, su cormana, se lo demandó ayer: y ella se lo dixo, mas del mandado que traía no lo quiso dezir aunque por ella fue sobre ello preguntada."

A Gradamisa le vino entonces a la memoria haber muchas vezes oído que la reina de Tesalia era donzella muy hermosa rica e señora de gran tierra. E como los enamorados ánimos muchos e diversos pensamientos sospechosos les ocurran, presumió algo de lo que era, e díxole: "Pues yo os encomiendo mucho que antes que el emperador de aquí vaya digáis a don Clarián que me dé parte deste su mensaje: porque me alcançe a mí algo del gran contentamiento e plazer que la donzella le offreció que dello le vernía, e que no haga otra cosa si pesar no me quiere hazer, pues sabe que me puede bien fiar algunos de sus secretos."

Casilda lo fizo assí, que dende a una pieça, juntándose con aquellas dos infantas que con él hablaban, tovo buen lugar para se lo dezir. Lo cual por él oído —aunque tenía pensado de responder a la donzella sin que su señora lo supiesse, paresciéndole que esto ningún prejuizio a su lealtad hazía, y era debido a la mucha afición de aquella reina en que la gran fuerça de amor la ponía— acordó de cumplir el mandado, pues aunque fuesse passar por la muerte otro no había de hazer, mayormente en cosa de sospecha que está entre los que más verdaderamente se aman muchas vezes suele mezclarse. E respondiéndole dixo: "Pequeñas son mis poridades para las comunicar con tan alta persona, mas en ésta de que yo estaba muy descuidado haré como mi señora manda."

Pues habiendo passado aquel día en aquel palacio cosas de mucho plazer, buelto el emperador a su aposento e la noche ya venida, a la hora que toda la gente reposaba, don Clarián, entrando por aquel lugar que solía, puesto ante la presencia de su señora, habiendo pasado con ella muy sabrosas razones, móstróle la carta de la reina de Tesalia, diziéndole: "En mi coraçón no puede entrar secreto alguno que a vos, mi verdadera señora —que su posada tenéis ocupada— no sea manifiesto: mas en éste que es ageno e de mi pensamiento muy apartado, quiero cumplir vuestro mandado."

La letra, leída por Gradamisa, como ella a don Clarián en desigual grado amasse, aunque los ojos ante sí lo tenían, no podieron dar tanto sossiego a su ánimo que en gran sobresalto no fuesse movido con las palabras della. Assí estovo algún tanto turbada: mas teniendo creído que aquel verdadero amor que ella le tenía no rescebía engaño, asseguróse: leyó otra vez la carta, e cuando vino a lo que dezía que tenía confiança de que no sería desagradescido a quien tanto lo amaba, volvióse contra él con riso muy gracioso e dixole: "Aquí parésceme, mi leal amigo, que la reina de Tesalia con ella sola querría que os mostrássedes agradescido, no mirando cuán desagradescido seríades a quien en mayor cuita por vos su coraçón es puesto que aquella que en el suyo sus nuevos amores pueden causar." Dando la carta a Casilda díxole: "Leed éssa porque hayáis consejo de lo que debéis hazer sobre el hecho de una señora que sin más acuerdo quiere tomar deudo con vos."

Ella, desque la ovo leída, comencó de reír diziendo: "Por Dios, de lueñe me viene este parentesco, e si por mí ha de haber este casamiento effecto, gran tiempo passará primero según yo andaré de mala gana el camino."

Don Clarián dixo a Gradamisa: "Por cierto si la reina de Tesalia en su tierra me quisiera ver para en algo de mí servirse, a vos —que sois mi señora— había de escrevir, e no al siervo —que so yo: que no alcanço más libertad, ni aun la pido de obedescer lo que vuestra voluntad fuere. E assí [CLIv] señora, os ruego me deis licencia para la respuesta que sobrello debo dar."

"Para esso, mi verdadero amigo," respondió ella, "aquí lo acordaremos, mas si Dios me ayude, aunque yo bien segura esté de vuestra lealtad, licencia para ir allá no la llevarés vos de mí; que cuando fuéssedes ya podríades ser enartado por encantamiento e por otra alguna vía, e aunque la reina de Tesalia os tenga por desgradado ado poco se menoscaba por ello vuestra honra."

"Señora," dixo Casilda, "pues que este vuestro servidor de tantas es cobdiciado, menester es que le pongamos tal cobro que estemos seguras de que no nos será arrebatado, que no hay cosa que más aína se pierda que lo que en ojos de muchos es desseado; mas bien soy cierta que según él vos ama, otra cosa sino la muerte no le podría partir de vuestro servicio."

Gradamisa —que entendió bien la razón de Casilda, abaxó ya cuanto la cabeça con vergüença— desí dixo: "Conviene que hayamos consejo para que no se nos vaya a esta reina que tanto le ofrece."

"Señora," respondió don Clarián, "pues el coraçón tenés en vuestro poder, cierto está que el cuerpo no puede ir a parte alguna, cuanto más que si por Dios no: por otro no me puede ser mayor gloria ofrecida que es aquella que yo rescibo en verme en vuestra presencia."

"Pues con tal confiança como la que de vos tengo," dixo ella, "bien me atreveré a dar os licencia que salgáis de aquí." Después de haber una gran pieça hablado, riendo con gran plazer de la carta e de las cosas que Manesil contaba que la donzella que la había traído a su señora dixera, Gradamisa dixo: "Bueno sería si hazer se pudiesse procurar que esta reina fuesse juntada en amor e casamiento con algún caballero de vuestro linaje, e si éste fuesse don Galián bien se podría ella tener por muy contenta, o que fuesse Belanbel, su hermano," —este Belanbel había poco que fuera caballero; tenía gran nombradía e continuaba en la corte del rey de Francia porque era muy enamorado de una hija suya— "e assí cobraréis aquel reino en vuestro favor e parentesco."

"Señora," respondió él, "essos tales caballeros no pienso se moverían a amar por interese alguno si affición no los combidasse, y ésta pocas vezes se somete a consejo."

"Por buena fe, señora," dixo Casilda, "para estar la enfermedad desta reina tan conoscida e vos querer entender en su remedio, no la curáis como es menester: que ella lo ha por este caballero, e querés la entregar en otro. Esto me paresce como donde oviesse mucha hambre socorrer a la sed, cuanto más que en las dinidades e grados de amor no pienso que se sufran tales cambios e permutas."

De aquesto se rió Gradamisa de mucha gana, e dixo: "Pues que vos a esto no dais lugar, yo quiero dar la respuesta de la carta en nombre de don Clarián: porque según la parte en él tengo, a mí conviene más que a él hazerlo."

"Si la vuestra merced fuere," respondió ella, "en esso bien habemos de mirar, e parecerme-ía mejor que él la escriviesse, porque vos no embíes palabras tan ásperas que la cuita de aquella reina —juntamente con ellas— le den causa a venir acá como dize: que entonces este vuestro caballero —demás de ser tenido por desmesurado por ello— se vería en gran estrecho con ella."

Mucho plazer tomaba la princesa Gradamisa con las graciosas razones que Casilda porque ella holgasse dezía, e díxole: "Mucho me agrada el consejo que habéis dado: e don Clarián escriva como a él parecerá, de manera que con alguna esperança dé lugar al tiempo que mitigue su tan encendido amor."

A él le plugo desto, porque pues era escusado pensar de cumplir con ella en otra cosa ninguna que contra su gran lealtad fuesse, en aquello mucho le pesara parescer desmesurado. Como donde él estaba no oviesse lugar de llegar lumbre, tomando Casilda tinta e papel ordenó él la siguiente respuesta.

CARTA DE DON CLARIÁN A LERISTELA REINA DE THESALIA.

Si de lo mucho que vuestra bondad me engrandesce, alta e muy preciosa reina, algo en mí se hallasse ¿no se atribuiría todo a vuestra tan [CLIIr] ta virtud que le plaze favorecerme? La sobra de la cual en vuestras palabras se conosce — como en mí la falta de lo que dezís— mas en cualquiera guisa que sea, siempre tengo en grande estima ser de vos tan preciado, juntamente con desseo que mis servicios emprendan la satisfación de la demasiada obligación en qué os queda mi persona —que assí espero se cumplirá— y entonces haziéndome mis obras digno de vuestra presencia quedará satisfecho mi voluntad, que en vuestros altos merescimientos no los goze con tan poco como os tengo merescido: y esto será tan breve cuanto de una gran premia que sobre mí al presente tengo fuere librado.

Escripta la carta, don Clarián la selló con su sello e despidiéndose de su señora, volvióse a su posada.

CAPITULO CXVI. DEL ENGAÑO QUE LA DONZELLA DE THESALIA HIZO A DON CLARIÁN.

Otro día llamando a la donzella a una cámara apartada, estando con él Manesil, le dixo: "Donzella, hoy habrés vuestro despacho."

"Ay Dios," dixo ella, "que si él bueno oviesse de ser, ya había de ver vuestro caballo ensillado e a vos adereçado de ir comigo."

"Esso se fará cuando fuere tiempo," dixo él, "mas por agora no hay lugar. Tomad esta letra que darés a la reina, vuestra señora, e dezilde que en todo aquello que yo la pudiere servir lo haré de tan buena gana como es razón que se haga por tan alta señora como ella es. E más le podés dezir que de la afficción que con los ojos se toma, tarde o nunca se arrepiente el coraçón, mas de aquella que por oídas se tiene, muchas vezes se recibe engaño: que algunas vezes es loado alguno, que visto o esperimentado su valor, no es tan digno de loor como se dize. Digo esto porque si vuestra señora derecha información oviera, con más razón se pudiera acordar si a ella pluguiera de otros muy preciados caballeros desta corte cuyo servicio sería más de estimar que el mío, que en todo me debo tener por el menor dellos."

"Señor," dixo ella, "si vos a mi señora —que alongada de aquí está— quisierdes negar vuestro valor, no lo podés encubrir a mí, que vos he visto. E si Dios me ayude no hazéis mesura contra tan alta señora en no conceder su ruego; que yo la veo a ella en gran cuita, e a mí en gran dolor con el mal recaudo que de su mensaje llevo."

"Donzella," dixo él, "en la carta va muy complida la causa porque me quedo, que por agora no pudo más ser; e si la fortuna a mí me estorvasse de no la poder servir, yo tengo caballeros por parientes que por mí la servirán tales que muy bien me podrán escusar, e aun a otro que más fuesse." Esto dixo porque le fue mandado por la princesa Gradamisa, su señora, que todavía assí lo embiase a dezir.

Cuando la donzella vio que aquélla era su voluntad, fue muy triste e díxole: "Señor, pues por el presente no se puede cumplir lo que tanto mi señora dessea —que es veros— yo os ruego de su parte me deis alguna cosa que le lleve; porque sé de muy cierto que esto le será a ella causa de gran alegría e consuelo en tanto que no os viere."

Don Clarián, que por manera alguna tal cosa no hiziera —pues para ello no tenía licencia de su señora— respondiólc: "Buena donzella, yerro sería pensar satisfazer con tan pequeña cosa a tan alta reina, pues con otro mayor servicio no se podría hazer: porque esto que vos tenéis en algo, yo en tan poco que hazerlo me sería gran vergüença."

Cuando ella esto oyó ovo mayor pesar que de antes porque en aquellas palabras conoscía no llevar buen despacho, e creía que esto sería a par de muerte a su señora si alguna manera de consuelo —fingida o verdadera— no le llevasse. Rescibiendo de don Clarián algunos dones —que para ella le dio: como eran ricos paños, e otras cosas de atavío— comidió luego en sí de hazer un grande ensayo, aventurándose a lo que viniesse, e díxole: "Yo quiero quedar hoy aquí, porque cuanto más os viere, mejor razón sabré dar de vos a aquella que tanto os ama." Don Clarián le respondió que hiziesse como más le pluguiesse.

Aquel día [CLIIv] comieron en su posada Leonistán de la Breña, don Galián, Gastanís el Hermoso, Orlagis de Camper, Honoraldo de Borgoña, don Felisarte de Jaffa, e otros caballeros de gran guisa: los cuales después de haber comido se fueron a sus posadas. Don Clarián, que la noche pasada no durmiera, echóse a dormir la siesta. La donzella, que no dormía con cuidado de poner en obra su pensamiento, rogó a

Manesil —que allí estaba— que le fuesse a comprar un guarnimiento de palafrén porque en aquella ciudad los había visto muy buenos. Don Clarián le mandó que lo hiziesse e no tomasse della dineros, mas que le traxesse el mejor que hallasse; Manesil fue luego por el guarnimiento. En tanto la donzella mandó a sus escuderos que ensillassen su palafrén e los caballos muy encubiertamente, e cuando ella entendió que don Clarián podía dormir, fuesse para su cámara, e hallando ante la puerta della un donzel que la guardaba, díxole: "Amigo, déxame entrar que por tu señor me fue mandado que viniesse a fablar con él." El donzel, que ya otras vezes la viera con su señor hablar, diole lugar que entrasse, e cerró la puerta tras sí.

La donzella vio que don Clarián dormía muy sossegadamente; llegándose a él viole en la mano derecha el anillo que la Dueña Encubierta, tía del rey su padre, le embiara; e bien se lo quisiera tomar, más tentándolo halló que estaba muy firme, e no lo osó ensayar a quitar con pavor que ovo que despertaría. Entonces acordó de le cortar una vedija de los cabellos —que él más rubios y hermosos que otro alguno tenía— diziendo que éste era el más hermoso don que ella a su señora podría llevar; e que le haría entender que don Clarián se los enbiaba. Luego lo puso por obra, cortándoselos muy sotilmente. Mas él dormía a tan gran sabor que aunque más ella hiziera no lo sintiera. La donzella, queriéndose ir, vio que en la mano siniestra, que había colgada ya cuanto fuera del lecho, tenía aquel anillo que su señora Gradamisa le diera al tiempo que de aquella corte partió. Este le sacó ella muy ligeramente.

Saliéndose de la cámara muy passo, fuesse donde sus escuderos estaban; cabalgando en su palafrén y ellos en sus caballos, salieron de la ciudad a gran prissa e metiéronse luego en el bosque de la fuente que acerca era de aí; entraron en una gran floresta. La donzella iba assaz alegre por haber salido bien de aquello: que no una muger, mas hombre, por esforçado que fuera, no osara acometer. Algunos de los sirvientes de don Clarián bien vieron partir la donzella, mas no le demandaron cosa alguna porque siempre la vieran fablar con su señor en poridad. Como Manesil vino con el guarnimiento demandó por la donzella.

El donzel que la puerta guardaba le dixo: "Aquí entró a hablar con don Clarián, mas después se salió e no la he visto más."

Manesil demandó a otros si la vieran. Dixéronle que la partida era a gran priessa. Cuando él esto oyó mucho fue maravillado, creyendo que no sin causa assí se fuera. Entrando en la recámara de su señor, que muy assossegadamente dormía, despertólo, diziéndole: "¿Señor, despidióse de vos la donzella?"

"¿Cómo?" dixo don Clarián "¿ida es?"

"Sí," dixo él, "e sin esperar el guarnimiento, e hanme dicho que entró aquí antes que se fuesse."

"¿Aquí entró la donzella sin yo la ver?" dixo don Clarián.

"Sí, cierto," respondió Manesil.

"Agora te digo," dixo él, "que ella quiso ensayar alguna cosa, e no tuvo lugar."

"Mas no lo haya hecho," dixo Manesil, "pues que tanto se trabajaba por llevar cosa vuestra a la reina su señora."

Entonces don Clarián halló menos el anillo, e ovo tan gran pesar que mayor no pudo ser, porque dixo: "Si Dios me ayude, ella me lleva el anillo que mi señora Gradamisa me dio; e por amor que era suyo quisiera antes perder una gran cosa que a él." Entonces se levantó muy sañudo, diziendo que mal oviesse la donzella que tan gran burla le había fecho, que mayor no la rescibiera en su vida.

Manesil le dixo: "Por Dios, señor, más valiera que algo le oviérades dado que no que os llevara el anillo."

"Esa es gran simpleza," respondió don Clarián, "que aunque el anillo mucho yo amasse por amor de aquella que me lo dio, todavía hay gran diferencia de lo uno a lo otro: que lo que tú dizes fuera yerro conocido, y esto que se ha hecho no ha sido más en mi mano."

Don Clarián mandó ir empós de la donzella a mu [CLIIIr] chos de los suyos, diziéndoles que la traxessen antél si haber la pudiessen. Mas por muchos que tras ella fueron, no la pudieron fallar. E de aquesta donzella ni de la reina su señora no se hará por agora aquí mención hasta en su tiempo e lugar; que las cosas que destos amores de la reina de Thesalia con don Clarián sucedieron serán recontadas: esto será en la segunda parte desta historia.

Como don Clarián se peinasse sus cabellos halló menos los que la donzella le llevara. Entonces aunque muy sañudo estaba, no pudo estar que no riesse, e dixo: "Si Dios me ayude éste fue el mayor ensayo que nunca de donzella se ha visto; que cierto ella me lleva a mi pesar lo que yo por mi voluntad no le diera: e agradescerle debo que no me los llevó todos, que mi descuidado sueño bien lo merescía."

Manesil reía mucho del gran ensayo de la donzella, empero don Clarián tenía gran pesar —aunque lo dissimulaba— echando la culpa a sí mesmo, que por su mucho dormir fuera assí burlado. Cuando él ovo lugar que esto contasse a su señora, mucho rieron dello.

Ella le dixo: "Si la reina de Thesalia, con lo que su donzella de vos lleva, es satisfecha, yo soy contenta con lo que me queda."

CAPITULO **XVI** DE LA CONTIENDA QUE OVO ENTRE DON CLARIÁN E LOS DE SU LINAJE CON DON PALAMÍS E LOS DEL SUYO.

Tanto era subida en alteza esta gran corte del emperador Vasperaldo, que a la fama de su grandeza caballeros muy preciados y estrañas aventuras venían, de cada día a ella más que a otra alguna que fuesse. El emperador era tan franco y en todo tan noble príncipe que de otro semejante a él en el mundo no se hallaba. Allí entre los caballeros entendían contino en justar, tornear, hazer fiestas, ir a monte, exercitar todas maneras de plazer. Don Clarián —puesto que en todo esto se ocupasse, e algunas vezes ofreciéndosele lugar con la princesa su señora hablasse de que a él el mayor gozo e descanso le venía— todavía mortales cuitas atormentaban su coraçón, no podiendo haber sus grandes desseos aquel fin que para reparo dellos era menester. Pues una noche que él salía de hablar con su señora, viniendo con él Manesil, siendo baxados por la pared de la gran huerta vieron venir contra sí dos hombres: el uno era don Palamís, y el otro su escudero.

Como don Clarián los vio dixo a Manesil: "Partámonos porque en tal lugar no seamos conoscidos ni descubiertos." Entonces tomó cada uno por su parte.

Mas don Palamís —que los quiso conocer— apressuróse muy rezio hasta alcançar a don Clarián, e con la escuridad de la noche no se conoscieron el uno al otro. Don Palamís dixo: "¿Quién eres tú que a tal hora andas en parte que aun de día no paresce gente?"

Don Clarián lo conosció entonces en la boz, e no respondió por que no lo conociesse.

Don Palamís dixo: "¿No quieres dezir quién eres? por buena fe yo lo sabré," embraçando el manto, metió mano a la espada e fuesse para él.

A don Clarián no le pluguiera contienda con don Palamís —que lo tenía por amigo— mas por no ser descubierto fuele forçado defenders;[72] embraçando el manto puso mano a su espada. Don Palamís llegó tan junto con él que lo cuidó ferir por cima de la cabeça. Mas don Clarián rescibió el golpe en la espada e firió a don Palamís — más por le hazer apartar de sí que por otra cosa— dándole tal golpe sobre el manto que le cortó gran parte dél e llagólo en el braço; decendiendo la espada a la pierna cortóle la carne fasta el huesso: e como sintiese que lo había herido, tiróse afuera entre unos arcos de piedra de unos antiguos palacios derribados que allí había. Don Palamís llegó muy sañudo por lo ferir, e su escudero, que entonces arribó, metió otrosí mano a su espada. Empero don Clarián se metió por una puerta, e assí tuvo lugar de se ir por aquellos hedificios sin que de don Palamís e de su escudero fuesse visto: los cuales con la escuridad que hazía a tiento lo buscaban. Como no lo fallassen don Palamís —que mucha sangre perdía— se volvió a su posada e fízose curar, teniendo gran pesar por no haber conoscido a quien lo firiera; aunque todavía sospechaba que fuesse [CLIIIv] don Clarián: mas no porque se catasse de dónde saliera, ni tampoco se hazía bien cierto de que aquesto fuesse.

Como otro día fue sabido que don Palamís estaba llagado, muchos caballeros iban a su posada por le ver porque él —assí por su gran bondad como por ser pariente del emperador— era muy preciado en aquella corte. A don Clarián pesaba mucho por lo que con él aviniera: que bien lo quisiera él haber escusado si ser pudiera, porque lo amaba más que don Palamís a él, el cual tenía gran sentimiento e pesar porque después que don Clarián a aquella corte viniera él ni los de su linaje no eran tan preciados como de antes.

Don Clarián lo fue a ver e demandóle si sabía quién lo firiera.

"Quien a mi firió," dixo él, "mejor me conosció que yo a él."

Don Clarián creyó entonces que don Palamís lo conosciera. Pesóle mucho, mas encubriólo lo mejor que pudo. Desta guisa passó este fecho sin que más dél se supiesse ni hablasse por entonces; mas después que don Palamís fue guarido, estando un día en el palacio del emperador muchos caballeros de gran guisa; entre Genadís de Suecia — que ya de la ínsula de Texón con los otros caballeros que allá estaban era venido— e Grisabor, hijo del duque de Lancia, creció contienda de palabras: de manera que

---

[72] defense

venidos en mayor rigor metieron mano a las espadas. Allí fue gran buelta en el palacio, porque muchos había que antes se acostaban a una parte e a otro que a poner paz.

Don Palamís fue por ferir a Genadís de Suecia, mas don Clarián —que a la quistión sobrevino— travóle por el braço de la espada, diziendo: "Don Palamís: no conviene en tal lugar lo que hazéis, que podéis ser cierto que si en otra parte fuera, assaz hallárades que os lo estorvaran."

Aquella hora había en el palacio más de dozientas espadas sacadas, empero don Clarián no sacó la suya. E tirándose a fuera don Palamís —ya que la contienda era apaziguada— dixo: "Don Clarián, si vos favorescéis a los de vuestro linaje, assí hago yo a los del mío, que no son peores que ellos; que ligera cosa es de conoscer quién en esta corte debría ser más preciado: Grisabor o Genadís de Suecia."

Don Clarián —como conosciesse haber errado a este caballero aunque fuera por cosa que tanto a él cumplía— callóse, dexando passar aquello que por el grande remor que la gente tenía bien se pudiera dissimular. Mas don Galián, como fuesse de menos sufrimiento que aquello, respondió: "Si Dios me ayude, don Palamís, yo creo bien que la bondad de Genadís e Grisabor es de todos bien conoscida: porque en esto no cale que yo hable, ni tampoco en los otros de vuestro linaje; que a todos los precio e amo. Empero si vos sois el cabo de ellos, bien hay algunos en el linaje de Genadís de Suecia que de vuestro valor no tienen embidia."

"Don Galián," respondió él, "gran sobervia es la que el linaje de don Clarián tenéis, e si ésta cobráis con él, para aquí no haze menester: que en esta corte hijos de reyes somos, de no menor estado que vosotros; mas aun antes osaría dezir que de mayor. E de bondad a ninguno conosceremos ventaja, e si lugar oviesse para que por mi cuerpo y él de otro cualquiera esto se provasse, yo no lo rehusaría."

Como quiera que de ver assí tan bravo a don Palamís de Ungría a don Clarián le pesasse, calló porque no quería ninguna contienda con él, pudiéndola escusar, porque sabía ser pariente de su señora, la princesa Gradamisa —a quien por ventura podría desplazer dello. Empero don Galián, su cormano, que en toda saña e ira estaba encendido, quisiera responder muy rigurosamente si no se lo estorvara el emperador; que dexando la missa que en aquella sazón oía, sintiendo el bullicio, vino luego en aquel lugar e tendiendo una ara entre los caballeros —para que ninguno fuesse osado de más hablar— ovo muy grande enojo porque una cosa tan nueva e descomedida en su palacio acaesciesse; e si no fueran caballeros de tanto valor él los mandara bien a castigar. Hizo detener en su palacio a Gri [CLIIIIr] sabor e a Genadís de Suecia hasta que se supiesse quién fuera más culpante. E mandó restar a don Galián e a don Palamís en sus posadas, mostrando todo mal talante por la discordia de los caballeros. Dio cargo al duque de Babiera e al duque de Gueldres para que oviessen información de aquel fecho, porque él entendía castigar aquel que fuese culpante.

Como don Clarián assí sañudo viese al emperador, fuesse a su posada, e como en ella fue, luego fueron con él Leonistán de la Breña, Gastanís él Hermoso, Orlagis de Camper, Ermión de Caldonga, Argán de Fugel, e otros caballeros. Don Clarián bien creía que según las palabras que don Palamís le dixera —el día que lo fuera a ver— que la quistión de Genadís e Grisabor fuera por su consejo movida, e acordó de templar en aquel fecho lo más que pudiesse porque tenía conoscido de don Galián que lo que él destemplase sería demasiado. Leonistán de la Breña e Gastanís el Hermoso e Orlagis de Camper lo tomaron aparte en una gran sala, e dixéronle: "Buen señor, don Palamís es de gran guisa e caballero muy emparentado en esta corte, demás de tener deudo con el señor della, como vos sabéis; e cierto aunque él fuesse de mayor valor, bien debría reconoscer aquello que todos debemos: que es tener acatamiento a vuestra gran bondad, alto prez e merescimiento. Mas es subido en tanta sobervia que apartándose de toda razón, con esfuerço de la parte que aquí tiene, piensa llevar su orgullo adelante, e hora le favorezca el emperador, hora no. Mucho os rogamos que si algo oviéredes de hazer, no sea sin meter nuestros cuerpos donde el vuestro entrare. E cuando más necessidad oviesse, los de nuestros parientes e amigos con todas sus fuerças, porque nosotros tres más por gozar de vuestra buena compañía e amistad que por ál estamos en esta corte."

Como don Clarián conosciesse que lo que él en este caso templasse más a virtud que a otra cosa le sería tenido, abraçándolos, riendo les dixo: "Mis buenos señores: aunque a don Palamís tengo yo por de gran guisa e bondad, yerro sería pensar que con vuestro gran valor ninguno de mayor ayuda tuviesse menester: no digo contra él, mas contra el mayor rey del mundo. Empero para tanto como esto no hay nessesidad de cosa alguna de las que aquí se han dicho: porque si don Palamís ovo contienda con mi cormano don Galián, él es tal cuando la ira sobre él se enseñórea, que más nos haría menester buen consejo para lo aplacar e amansar que otra cosa alguna para le poner en rigor. E cierto nos conviene que a él le demos el cargo de todo, si algo con él queremos acabar; e assí no debemos hazer ál que trabajar por los concordar: e de un tan noble príncipe e señor como es el emperador no tengo yo creído que otra cosa habrá por bueno."

"Señor," dixeron ellos, "esto os dezimos porque seyendo menester si otra cosa hiziéssedes, con gran razón podríamos dezir ser por vos olvidado e desagradecido el gran amor que os habemos." Entonces se sentaron a comer.

Después que ovieron comido vinieron aí Honoraldo de Borgoña e Roselao de Monferrán e otros muchos caballeros. Todos daban gran cargo de aquel fecho a don Palamís e se ofrecían[73] a don Clarián con todo su poder: el cual acordó que Leonistán de la Breña e Gastanís el Hermoso fuessen a fablar con don Galián para lo traer a bien en este fecho.

Aquel día se juntaron en la posada de don Palamís de Ungría, Girarte de Yrlanda e Flordemar, Guirlaniz del Boscaje e Laucamor el Esforçado, don Danirteo de Gueldres, don Laurgel Dariscón e otros caballeros parientes suyos. El embió por don Felisarte de Jaffa e Armaleo de Laque e Arceal, hijo del duque de Colandia, con los cuales antigua amistad mezclada con deudo tenía. Venidos estos caballeros, don Palamís les habló desta guisa:

"Buenos señores: bien sabéis que todos los que aquí estamos somos amigos e parientes, e si assí en lo que toca a nuestras honras conformes fuesse [CLIIIIv] mos,

---

[73] offecian

por cierto yo tengo creído que la sobervia de don Clarián e los de su linaje no se estendería assí contra nos; que si Dios me ayude, aunque yo no los desamo, gran sentimiento tengo de ver que en todas las cosas se quieren aventajar. E pues cualquiera de nos se debría de esforçar contra esto, porque es cosa ligera de venir en menosprecio de las gentes aquel que con poco cuidado endereça su honra e no trabaja por la levar adelante: cuanto más lo debemos hazer todos los que aquí somos. Por cierto es verdad que si fasta aquí lo oviéssemos fecho, el emperador no se habría assí olvidado de aquella gran cuenta y estima que de nos más que de otros ningunos solía fazer, porque ya vistes como venido don Clarián nuevamente a esta corte, olvidando el nuestro valor e grandes servicios e antigua criança, dexado de otras cosas, le hizo caudillo general sobre nosotros e sobre otros muchos de gran cuenta. E hoy —de que menos sentimiento no tengo— mandado a mí e a otros que mucho valían que de su presencia nos apartássemos, a él solo favoresció e fizo quedar consigo. Assí que, señores, por muy mejor ternía perder la vida que con ella venir en menosprecio. Por ende ruégovos que sobre esto que me queráis consejar, como sobre cosa que a todos igualmente toca."

Oído por todos aquellos caballeros lo que don Palamís dezía, a los más dellos no les plugo, porque amaban a don Clarián e a sus parientes e amigos por su gran prez e bondad. Don Felisarte respondió el primero, diziendo:

"Buen señor don Palamís: estos señores podrán responder por sí lo que les pluguiere; mas yo quiero dar a entender lo que en el coraçón tengo. E plázeme que consejo me demandastes, porque esto os daré yo —de los poco que mi juizio alcançare— tal que sometiéndoos vos a la razón, conocerés que mejor os guardare en esto amistad, mirando por lo que a vos e a vuestra honra cumple, que no en seguir el apetito de la voluntad en que la saña os tiene puesto, de donde más daño que otra cosa podría redundar. Y en cuanto a lo que dezís: que de don Clarián e sus parientes tienen gran sobervia; yo os digo que la saña que tenés os lo haze dezir, porque cierto ellos son cumplidos de toda bondad e mesura, e nunca vos vistes caballero que su sobervia e orgullo —si la tuviesse— más la pudiesse sostener e adelantar que don Clarián: porque si bien lo miráis, éste es el mejor caballero que hoy hay en el mundo, e tal que a cualquiera que esto desconozca, si él quisiesse con su gran bondad se lo podría muy bien dar a entender. Mas todo esto veo yo en é l al contrario; que antes es muy humildoso, cortés e honrador de todos. Y en lo que él hoy mostró, bien os dio a conoscer que no quería perder vuestra amistad, no curando de responder a algunas cosas que contra él dixistes. En lo que el emperador con él hizo e faze —pues en todos su valor e grandes obras tan bien lo merescen— no se debe hablar, porque el emperador, como señor —que es de todos— lo puede fazer, e don Clarián es dello e de más merecedor. Por ende, buen señor don Palamís, creed que él que os amare no os debe consejar sino que antes mitigando lo passado que poniendo rigor en lo por venir, os apartés desta saña: porque viniendo a más este fecho, no puede dello venir bien sino gran daño que por vos han de hazer muchos, e todas las voluntades de los más principales caballeros desta corte están a la de don Clarián. E si Dios me ayude yo no digo esto porque a ninguno loaría, que teniendo la razón de su parte por temor de perder la vida menoscabasse su honra: mas porque vos no tenéis —a mi ver—

derecho alguno. E si por vuestra causa esto en mas rotura viniesse, haríades gran desservicio al emperador, en cuya mano está este fecho para castigar ál que fuere culpante; e pues que entre los buenos caballeros aquello que por obra no se ha de poner, menos se debe offrecer por palabra. De mí os hago cierto que por toda concordia trabajaré, mas viniendo la cosa en otra manera yo no podría ir contra cosa que a don Clarián tocasse,[74] porque lo [CLVr] amo sobre todos los caballeros que conozco, e siempre he rescebido dél toda honra."

Cuando esto oyó don Palamís ovo gran pesar, que bien pensaba que don Felisarte fuera con él contra todos los hombres del mundo —fueras el emperador o el duque, su padre. Mas Armaleo de Laque se tuvo a lo que don Felisarte dixera.

A todos los otros pareció bien lo que hablara, e dixéronle: "Don Felisarte: os conseja como amigo en lo que dize."

"Por Dios," dixo Girarte de Yrlanda, "yo por mi voluntad nunca iría contra don Clarián, ni contra don Galián su primo."

Cuando don Palamís vio y entendió la voluntad que en todos hallaba, ovo mucho pesar, e dixo: "Ya Dios no me ayude si en mí han de sentir covardía ninguna estos que tanto valen: que por mi cuerpo solo llevaré adelante mi propósito —no fuesse que Grisabor saliesse deste fecho mucho a su honra, que no me siento por tan flaco que de otro ninguno me dexe menospreciar."

"En lo que a vuestra honra tocar," respondieron algunos, "dellos todos moriremos por vos; mas esto que fuera de razón querés emprender, vos estrañamos." Con tanto se partieron de aquella habla, mas don Palamís —que de toda ira acompañado estaba— no se partía de su saña e propósito. Algunos de sus parientes le ponían en que tractasse todo amor e amistad con Honoraldo de Borgoña e Roselao de Suevia e su parentela para los haber de su parte contra don Clarián e los de su linaje e amigos.

Otro día después que el emperador ovo comido fuesse para el aposento de la emperatriz, e retrayéndose con ella a una cámara para hablar sobre algunas cosas; don Clarián e los otros caballeros quedaron hablando con aquellas señoras. Don Clarián hablaba con la reina Mirena —a quien él mucho preciaba— que estaba cerca de su señora Gradamisa.Levantándose de allí la reina por a ir mandado de la emperatriz, Gradamisa, habiendo lugar de hablar a don Clarián, le dixo: "De la contienda que ayer ovo entre los caballeros no me puede a mí sino pesar mucho porque don Palamís es mi deudo, como sabés, e siempre ha sido criado en la casa del emperador mi padre; e don Galián, allende de ser vuestro primo —que es razón que yo mucho lo deba amar— téngole mucha afficción porque me hizo un gran servicio de que ya otras vezes os he contado."

"Señora," respondió él, "de la contienda que entre tales caballeros oviese, cualquiera debría pesar, cuanto más a vos, señora: porque es cosa muy conocida que los semejantes que ellos os dessean más servir que otros ningunos. E cierto a mí me pesa porque don Palamís assí se mostró contra mí: que pues vos, señora, lo amáis,

---

[74] tocacasse

necessario me será de le consentir cualquier cosa que contra mí diga si vos no queriendo que venga en menosprecio —pues soy vuestro— no me dais licencia para que mi honra defienda."

"Nunca Dios quiera, mi buen amigo," respondió Gradamisa, "que por mi consentimiento sea vuestra honra menoscabada: que lo que a ella tocare amo yo más que todo lo ál; e como quiera que mi coraçón sintiría gran cuita en veros en cualquier affrenta, mucho os ruego e mando que templando la ira en este fecho no os mováis sin gran causa. Empero de otra guisa no es razón de consentir que don Palamís con su orgullo desconozca vuestro gran valor como él del mejor caballero del mundo."

Don Clarián abaxó los ojos en lugar de humildança a lo que su señora dezía. El emperador e la emperatriz salieron al gran palacio. El duque de Babiera y el duque de Gueldres vinieron aí e dixeron al emperador que ellos habían mucho inquirido lo que él les mandara sobre el fecho de los caballeros, mas que no podían saber cuál dellos fuera más culpante: Grisabor o Genadís de Suecia, si por ellos no fuessen manifestadas las razones que entre ellos solos passaran, pero que era cierto Grisabor haber puesto primero mano por su espada. [CLV]

CAPITULO CXVII. CÓMO ENTRE DON CLARIÁN E DON PALAMÍS E OTROS PRECIADOS CABALLEROS OVO GAJE DE BATALLA E SALIERON AL CAMPO A COMBATIR.

El emperador embió por todos estos caballeros para dar determinación en este fecho. Allí se juntó tanta caballería que el palacio era muy ocupado dellos. Sabidas e oídas las palabras que entre los dos caballeros passaran, claramente fue conoscido ser Grisabor más culpante. El emperador se mostró contra él muy sañudo, amenazándole de le dar castigo que su yerro merescía, e dixo: "Siempre es assí, que aquellos que más se habían de apartar de dar enojo lo causan más aína."

Don Palamís fue de aquesto tan sañudo que no pudo sufrir, e levantándose en pie dixo: "Señor, según os plaze favorescer a don Clarián e a los de su linaje bien mostráis que a mí e a los del mío tenés por estraños."

"Escusado es esso donde tan poco haze menester," respondió el emperador, "e quién podría hazer tanta honra a éssos que vos dezís que ellos no fuessen de más merescedores."

Cuando don Palamís vio que el emperador subía tanto el fecho de don Clarián, acercóse más a él con la saña que tenía e díxole: "Señor, bien sabés vos que yo soy hijo del rey de Ungría, e de vuestra sangre; e de mí e de mis parientes vos habés recebido muchos e grandes servicios, teniendo todos en esta vuestra corte muy antigua criança: por que no está en razón que nos preciés menos que a otros que si por vuestro disfavor no somos abaxados ninguno hay que nos quite nuestro valor; e si a vos, señor, pluguiera, no merescía yo ser rebtado e apartado airadamente de vuestra presencia, quedando con vos don Clarián, como si en ninguna cosa pudiera yo ser su igual."

Todos pusieron entonces los ojos en don Clarián por ver lo que respondería. El miró contra su señora, la cual le hizo señas que respondiesse. Don Clarián quisiera responder, mas el emperador dixo: "Por cierto, don Palamís: si don Clarián oviesse de allegar sus bondades, más acrecentaría en su valor que vos en el vuestro con ayudaros de mi parentesco; y él no hizo cosa que no debiera hazer —como vos— para que yo oviesse de recebir enojo."

Don Clarián le dixo entonces: "Buen señor don Palamís: mucho os veo sañudo, y en los coraçones de los buenos caballeros no debe caber saña ni mostralla en parte que no puede ser exsecutada; porende ruégovos que no os mostréis tan airado, ni me hagáis más honra de aquella que sin el favor del emperador me haríades."

Don Galián se sonrió de aquesto —aunque no de muy buena gana— e dixo: "Agora os digo que quedáis desonrado para siempre."

Don Palamís fue lleno de toda ira, tomándolo esto por menosprecio, e dixo: "Don Clarián, si vos sois de gran bondad no os negaría yo mi cuerpo todas vezes que menester fuesse; y el emperador, como señor, puede hazer de Grisabor lo que su voluntad fuere: mas yo os combatiré a vos que de derecho él no es culpante," e dixo al emperador, "señor, si en vuestra corte no me tuviéredes a derecho, yo iré a buscar donde me sea guardado, e vedes aquí mi gaje en señal de llevar adelante lo que he dicho." Entonces tendió las luas contra don Clarián. Assí don Palamís, aunque era caballero manso e mesurado, tanta fuerça tuvo con él la ira, que apartado de todo buen conoscimiento quiso tomar esta batalla contra toda razón con un tal caballero que si la llega al fin no se partirá della sin gran peligro de su vida o de su honra.

Don Clarián tomó el gaje e dixo: "Don Palamís, en poco tenéis mi batalla según la razón con que la tomáis; e yo vos digo que por servicio del emperador la rehusaba, mas con ayuda de Dios yo entiendo de mostraros que mejor en el campo que aquí conoscerés mi valor." Esto dixo con alguna saña que tenía.

Don Galián, que se quería despedaçar consigo porque don Palamís era ya apartado de haber [CLVIr] con el debate, dixo contra él: "Por Dios, vos habés tomado mala ganancia, porque comigo ovistes la contienda e con mi cormano don Clarián sacastes la batalla."

"No fallecerá quién a vos e a otro cualquiera de los que por él ovieren de hazer resonda," le dixo don Palamís, "que aquí es mi hermano Flordemar e otros mis parientes."

Entonces don Galián e Flordemar se dieron sus gajes. Cuando Leonistán de la Breña entendió que don Palamís los metía a todos en aquel fecho mucho fue alegre por hallar tan buena causa de se mostrar. E levantándose en pie dixo:

"Don Palamís: yo ha poco que estoy en la corte del emperador, e bien me quisiera antes mostrar en su servicio que no en cosa que enojo le diesse. Mas pues vos dezís que de vuestra parte están aquí algunos para responder a los amigos de don Clarián, con vergüença estaría yo como uno de los que más le aman sin meter mi cuerpo do él metiere el suyo; demás que en lo que dezís a todos nos desafiáis, porque bien daría este mi gaje a cualquiera de los de vuestro linaje que lo quisiesse tomar; no sólo por esta razón, mas aún por otra: que fuesse en adelantar su prez de don Clarián sobre el de otro cualquier caballero."

Girarte de Yrlanda, considerando que pues era deudo de don Palamís no le sería bien reputado si no se mostrasse, tomó el gaje. Assí mesmo affirmaron su batalla Genadís de Suecia e Grisabor, diziendo pues ellos fueron la causa desta contienda con gran vergüença quedarían de fuera. La cosa fuera más adelante porque muchos parientes de don Palamís eran aí; e Florantel, e Gastanís el hermoso, e Orlagis de Camper, Ermión de Caldonga, e Argán de Fugel, e otros amigos e parientes de don Clarián quisieran meter las manos en este hecho. Mas el emperador —que en tal son los vio— tendió su bastón e mandó que ninguno fuesse osado de más hablar en ello, teniendo gran pesar porque en gran rotura el negocio había venido dixo: "¡Ay don Palamís! que nunca me hezistes tanto servicio que de vos hoy no recibiesse mayor enojo."

"¡Por esso, señor, me pesa a mí!" respondió él, "porque enojo que vos recibáis de que yo torne por mi honra escuse todos los servicios que os he hecho."

A todos pesó destas batallas que se aparejaban, porque sabían que tales caballeros eran que no se partirían sin gran daño; e si algunos plugo, no era sino a las personas de poco valor que tenían desseo de ver esperimentar las fuerças de cada uno dellos. En aquellos dos días el emperador se trabajó de apartar estas batallas por todas las vías e formas que pudo. E mandó al rey de Borgoña e al rey de Polonia e rey de Zelanda e a Florantel de Nuruega e a otros altos hombres e caballeros que entendiessen en los acordar, mas había tantos que rigor encendían que al fin el emperador ni los otros todos no lo pudieron acordar. El rey de Borgoña y el rey de Polonia e otros muchos dezían al emperador: "Señor, si no ponéis remedio en este fecho vos haréis la mayor pérdida que nunca príncipe en el mundo hizo: porque los caballeros son tales que no será uno solo el que dellos morirá; e de don Palamís sed cierto que al fin morirá en esta batalla a manos de don Clarián."

El emperador tenía muy gran pesar dello, que bien conoscía que le dezían verdad. Mas visto que de derecho no se podía escusar de les dar el campo, e que ellos eran tales caballeros que cuando él se lo negasse, lo irían a buscar a otra parte. Ovo su consejo de todo lo que en este fecho se podía hazer. E al fin, esto acordado, señalóles el campo ante los palacios que él mandara hazer para mirar los grandes torneos que en su corte se hizieran. E mandó al rey de Polonia que tuviesse la guarda del campo con seiscientos caballeros porque rebuelta alguna no oviesse. Señalóles la batalla para el cuarto día, e por honra de los caballeros que tan señalados e preciados eran, mandó cercar la plaça muy hermosamente. Pues ya perdida la esperança de los poner en concordia ¿quién podría dezir la gran [CLVIv] cuita que en los coraçones de algunas de aquellas hermosas señoras había? porque cualquiera de los que habían de combatir no estaba sin tener allí amiga o parienta a quien mucho dolor hiziesse. E puesto que la princesa Gradamisa conosciesse ser su buen amigo don Clarián el mejor caballero del mundo, gran congoxa tenía en su coraçón de aquella batalla, porque las cosas verdaderamente amadas mucho son receladas, por pequeño peligro en que sean puestas.

Pues ya venido el día de la batalla, antes que el alva rompiesse, amanescieron dos tiendas armadas en el campo donde se habían de armar los caballeros de amas partes. La tienda de don Clarián era aquella que él ganara del rey Surastaje: que por su gran riqueza y estrañeza toda estaba cercada de gente, que gran sabor habían de mirar sus maravillosas labores. A la puerta de cada una destas tiendas estaban arrendados los caballos de los caballeros, e colgados los escudos e los yelmos. Los caballeros que habían de combatir oyeron todos missa. El emperador e la emperatriz con gran compaña de altos hombres, dueñas, e donzellas de gran guisa se pusieron en los palacios donde la batalla habían de mirar, e por ver un tan señalado hecho —como éste sería— por maravilla quedó persona en toda la ciudad que aí no viniesse; otrosí vino gran gente de toda la comarca. El rey de Polonia se puso con los seiscientos caballeros a guardar el campo. E los fieles fueron cuatro: el uno era Belamán el nombrado, el otro Argán de Fugel, el duque de Lo Regne, y el duque de Gueldres. A esta sazón entraron por el campo don Palamís de Ungría e Girarte de Yrlanda, Grisabor e Flordemar, con buen continente, acompañados de duques e condes e amigos suyos. Estos entraron en su tienda a se armar.

Don Palamís que —apartada de sí la ira— mucho había pensado en aquel fecho, conosciendo ser don Clarián el mejor caballero del mundo, temíase de muerte en esta batalla, e bien quisiera que la cosa no fuera llegada a tal estado; mas pues assí era, por dicho se tenía de morir antes que dexar de fazer todo lo que debía.

No tardó mucho que vinieron al campo don Clarián e Leonistán de la Breña, don Galián, e Genadís de Suecia: todos cuatro venían muy ricamente guarnidos e sobre palafrenes blancos. Acompañávalos Gastanís el Hermoso e Florantel de Nuruega, Orlagis de Camper, Ermión de Caldonga, Telión de la Maça, e Canarpis de la Funda, Radiarte de Monrís e otros caballeros de alta guisa: e a todos los que los miraban parescieron tan bien que gran pesar tenían por se les aparejar una tan brava batalla como esperaban haber. Ellos descabalgaron en su tienda; assí los unos como los otros fueron armados e puestos a caballo. Don Clarián estaba en aquel poderoso caballo Norartaque, que gran fiereza en el campo mostraba. Era armado de aquellas ricas armas que la duquesa de Guncer le diera: las cuales él mandara muy bien adereçar para aquella batalla. Las armas eran doradas y estrellas azules en ellas; su escudo era todo negro, que tres coronas de oro tenía en campo blanco, e pareciesse mejor a caballo que otro ninguno como si nuevamente lo viessen era de todos mirado. Sus compañeros estaban en hermoso continente, que a maravilla parecían bien a caballo: Leonistan de la Breña tenía armas indias, todas sembradas de flores de plata; en el escudo, que era negro, había un dragón figurado. Don Galián era armado de armas verdes partidas con oro, en el escudo había tres leones. Genadís de Suecia tenía armas blancas y en ellas barras azules, el campo de su escudo era verde y en él una sierpe.

Don Palamís e los de su parte —que de la otra vanda estaban— muy hermosamente parecían, porque a duro se hallarían otros tales caballeros como ellos en gran parte. Las armas de don Palamís todas eran doradas; el escudo había azul, y el campo dél de oro sin otra cosa en ellas. Girarte de Yrlanda tenía [CLVIIr] armas azules e de oro hechas a cuarteles e cinco estrellas en escudo, que el campo había indio. Flor de Mar era armado de armas blancas e moradas de por medio, el campo de su escudo era de plata y en él tres manojos de saetas. Grisabor había las armas sembradas de rosas verdes, en el escudo había pintados dos tigres uno contra otro.

Pues estando estos caballeros en el campo con tal parecer que a todos ponía en gran dolor su batalla, fuéronles dadas sus lanças; e los cuatro fieles andaban entre ellos poniéndolos en la orden que habían de entrar. Pues la cuita que algunas de aquellas señoras sentían no se podría aquí dezir. E! dolor e sentimiento que la infanta Flordanisia mostraba por sus dos hermanos: en especial por don Palamís que con don Clarián se había de combatir, teniendo por firme en su pensamiento que no escaparía de muerte. Cosa era de muy gran lástima verla, que ella lloraba muy agramente; e torciendo sus manos una contra otra venía muchas vezes en gran desfallescimiento en los braços de la infanta Guirnalda: que no menos dolor secreto que ella público tenía por su buen amigo don Galián, que en tal afrenta estaba; e con ellas era Resinda, hermana de don Galián, que en su cuita les hazía compañía. Belaura e Lindamira, las hermosas dos hermanas, mucho miraban los caballeros, mas differentes se partían sus coraçones: que Belaura amaba a don Palamís como a sí; e a Lindamira se le partía el coraçón por Leonistán de la Breña, que ella mucho amaba. Jacinda, su hija del rey de Dinamarca, mucho se dolía consigo de Flordemar a quien ella amaba; y no menos mostraban grave dolor Casilda por Genadís su hermano; e Garninda, hija del duque de Lorregne, por Grisabor su amigo. Assí que por manera alguna los desseos destas señoras no se pudieran conformar para cobdiciar la honrra de la batalla más a unos que a otros.

Pues aquella muy hermosa Gradamisa no podía encubrir la gran passión que su coraçón tenía, e dezía a la reina Mirena, que con ella estaba: "Por Dios, mi amiga e señora, a todos debe hazer dolor esta batalla: que cierto aunque don Palamís es mi pariente yo no dessearía el daño destos otros por ser tales caballeros."

"Señora," dixo la reina Mirena, "yo no me entiendo en las armas, mas a mi pensar yo veo hoy a don Palamís en peligro de muerte: porque en esta misma finiestra estávamos cuando vimos a don Clarián de un solo encuentro de lança matar a Bracazande de las Ondas, que tan fuerte jayán era."

En aquella sazón sonaron muchas trompas, e los caballeros movieron contra sí a gran correr de los caballos, e tal juntar hizieron que no quedó lança sana, ni escudo que no fuesse falsado, ni de todos ellos caballero en la silla sino fue don Clarián: porque él e don Palamís se firieron assí bravamente que los troços de las lanças bolaron por el aire. E juntáronse uno con otro tan duramente que maravilla fue no ser hechos pedaços; mas el escudo de don Palamís fue fecho dos partes, y él e su caballo dieron en tierra muy gran caída, quedando a él un troço de la lança metido por medio de los pechos en guisa que fue mal llagado. Flor de Mar fue assí mismo ferido de la lanca de don Galián en el costado siniestro. Leonistán de la Breña e Girarte —ninguno dellos fue ferido; mas Grisabor e Genadís de Suecia lo fueron amos. E las caídas de todos fueron tan grandes que no se podían assí ligeramente levantar.

Don Palamís, assí como cayó, levantóse todo lleno de ira; quitando de sí el troço de la lança, lançólo por el campo, e metió mano a su espada e fue con gran saña por ferir a don Clarián, mas él le dixo: "Don Palamís, vos buscastes mi batalla como enemigo mortal, mas yo fío en Dios de darosme a conoscer antes de mucho mejor que hasta aquí me conoscistes: e[75] de caballo no os acometeré; porque aunque vos mucho

---

[75] & &

os preciáis no os temo yo tanto que lo deba hazer." Entonces descabalgó del caballo.

Don Palamís le respondió: "Ora venid a la batalla, don Clarián, que nunca esta mi espada cessará de os ferir [CLVIIv] en cuanto yo pudiere. E por cierto no sois vos tan valiente que por menor precio que vuestra vida podáis comprar mi muerte."

Don Clarián embraçó su escudo e metió mano a su espada, e queriendo mover contra don Palamís he aquí do entra en el campo la emperatriz e la princesa Gradamisa con la reina Mirena e otras de aquellas infantas cabalgando en palafrenes muy ricamente guarnidos: que este acuerdo tomara el emperador el día de antes. E vistas por los caballeros tan altas dos señoras con tal compañía cesaron todos de sus batallas: que tan bravas las habían començado que espanto ponían a los que miraban. E no era de maravillar que todos eran de los mejores caballeros del mundo.

Puestas estas dos señoras con su compañía, entre aquellos caballeros, la emperatriz les dixo: "Caballeros, pues ya todo habéis complido con vuestras honras, cúmpleos hazer nuestro ruego; si no a todas nos cobraréis por enemigas, e aparejarseos ha gran batalla."

Don Clarián dixo: "Dios me guarde de tener enemistad con quien siempre desseo servir."

Entonces la emperatriz tiró por la mano a don Palamís: él fincó los hinojos ante ella; e la princesa Gradamisa fuesse para don Clarián, el cual como antesí la vio, fincóse de hinojos ante ella.

Ella le dixo: "Mi leal e verdadero amigo: yo os ruego que de buena voluntad dexéis esta batalla, que muy conoscido está ser vos él que menor pérdida en ella haría; e hazeldo por mi amor pues tan alta señora como la emperatriz está entre vosotros."

"Ay señora," dixo él, "que no cumple rogar a aquel que no nasció para ál que para ser de vos mandado. E pues vos sois servida que esta batalla yo dexe, no cale ál hazer; que aquel coraçón que siempre fue vuestro, e con vuestro favor en todas las temerosas afrentas esfuerço cobraría, viendo que ésta es vuestra voluntad, no me daría más ardimiento para dar un solo golpe. Y el rogar, mi buena señora, es más convininente para Leonistán de la Breña e don Galián, mi cormano, que son caballeros de gran valor, que para mí: cierto está que nunca, señora, os saliré de mandado."

Gradamisa se lo agradesció mucho, diziendo: "A Dios plega, mi buen amigo, que el gran señorío que con tan verdadero amor me conoscéis en todas las cosas yo lo pueda galardonar en algún tiempo."

Con tanto, yéndose para los otros caballeros, las batallas fueron luego partidas; que ninguno fue tan descomedido que su ruego rehusasse, e gran razón era de lo conceder, porque nunca contienda semejante por tan altas dos señoras fue partida. Desto plugo a todos tanto que no se podría dezir. Todos los caballeros se abraçaron allí en el campo e hizieron sus pazes. Don Palamís dixo a don Clarián que pues él tenía creído que aquella discordia no se levantara sino para que él quedasse siempre en su amor e amistad, que le rogaba que assí le pluguiesse de lo tener porque él nunca hasta allí lo había defamado. E que si contra él se moviera que había causado la ira, que muchas vezes ciega los coraçones de los que más amigos son. Empero que dende en adelante lo entendía amar e preciar como al mejor caballero del mundo. Assí mesmo don

Clarián se le offreció a él con toda cortesía. Girarte de Yrlanda se desculpó de don Clarián, diziendo haber tomado aquella batalla, más porque della no se pudiera escusar sin vergüença que por lo desamar a él ni a ninguno de los que allí eran; que ya él bien sabía cuanto él lo amaba. E luego cabalgaron todos.

El emperador con toda su compaña los sacaron del campo con tantas trompas e atabales e otros muchas instrumentos e alegría que maravilla era de ver. Don Palamís se fue luego a curar de la llaga que en los pechos tenía porque della perdía mucha sangre. E con tanto estos esforçados caballeros fueron amigos, que nunca entrellos de allí adelante ovo contienda ninguna por razón de desamor.

El emperador por escusar de no rescebir otro día otro tan gran [CLVIIIr] pesar como desto oviera puso tal costumbre de allí adelante que ningún caballero de su corte fuesse osado de dar antél gaje de batalla si dél no oviesse primero licencia para hazerlo. Esta costumbre duró gran tiempo hasta que Riarquel el Bien Callado la quebró —como adelante será contado. Este Riarquel fue hijo de Timadón el Valiente, hijo de Tarcón el Sobervio, e sobrino de Bracazande de las Ondas, los dos jayanes que por don Clarián fueron muertos como en esta historia se ha dicho.

CAPITU CXVIII. CÓMO EL GRAN REY DE PERSIA EMBIÓ SU EMBAXADOR AL EMPERADOR VASPERALDO.

Saliendo un dia el emperador Vasperaldo de missa con gran compaña de altos hombres e caballeros, llegaron antél ocho caballeros muy estraños en sus trajes e faciones, e traían consigo una donzella, que aunque no era hermosa, venía ricamente guarnida. El uno de los caballeros era de cuerpo muy grande e de gesto feroz; había los cabellos ruvios e crinados unos contra otros, e vestía una ropa de una seda de estraña color toda trenada con oro que le llegaba hasta tierra. Sobre su cabeça no traía ál que un cerco de oro con una chapa en la frente llena de piedras de muy gran valor. Esta compañía salvó al emperador de una estraña manera como era su costumbre, y el gran caballero le dixo por lenguaje griego: "Emperador, mensajeros somos que a ti venimos: por ende manda juntar todos tus altos hombres e caballeros; que ante ellos te queremos dezir nuestra embaxada, porque ella viene de parte de tan alto hombre que assí debe ser oída."

El emperador no le entendió, e llamando Argán de Fugel —que muy bien este lenguaje sabía— díxole que le hiziesse entender lo que aquel caballero dixera. E como él lo oyesse declaró todo lo que había dicho. El emperador estovo pensando quién podría ser estos mensajeros, e bien pensara que fuessen del emperador de Costantinopla; mas veíalos muy diferentes de los griegos. Dixo a Argán de Fugel que les dixesse que a él plazía de hazer lo que ellos dezían, e que en tanto que le dixessen cúya era la embaxada que traían.

El caballero respondió que no lo dirían hasta que todos aquellos que dezía estuviessen juntos.

El emperador no curó entonces de les demandar más, y entrándose en su palacio embió por todos los príncipes e altos hombres e caballeros principales de su corte. Cuando todos fueron venidos, los mensajeros —que en pie estaban— volvían los ojos a una parte e a otra, maravillándose de ver tan alta y escogida caballería como allí había; e luego aquel gran caballero —que el lenguaje griego hablaba— dixo en alto:

"Emperador de Alemania: Cosdroe, el gran rey de Persia —a quien muchos reyes creyentes en los dioses conoscen vassallaje— viniendo a su noticia el gran daño e destruyción que un caballero de tu corte —el cual dizen llamarse don Clarián de Landanís— en los de su ley hizo sobre la ínsula de Texón, ha habido muy gran pesar. E como quiera que contigo tenga algún deudo por ser casado con sobrina de la emperatriz Altibea, tu muger, movido a gran saña contra ti, e contra toda tu tierra: embíate dezir que porque de ti como señor de aquella gente que en tu corte tienes aquel caballero de quien tan gran daño los suyos recibieron, se deben tomar la emienda. Que te embía a desafiar —e que tengas por muy cierto— que antes que mucho tiempo passe le verás en tu tierra con todos sus amigos e aquellos que la han de servir e ayudar, por cuyos ruegos e clamores a esto es movido e incitado: e ha te la destruir, e matar tus gentes, en guisa que para siempre dello se hable; e de aquí no parará hasta destruir toda la tierra de cristianos e meterlas debaxo de su señorío: que en ninguna guisa desto se partirá si tú no le quedasses de aquí por su tributario, e le embiases al caballero que a Candramón el Dessemejado mató para que dél haga a su voluntad."

El emperador Vasperaldo, sin más ha [CLVIIIv] ber consejo, respondió: "Amigos, por cierto menor es el temor que vuestra embaxada me pone que no el pensamiento que vuestro señor tiene de ser grande su poderío. E podés le dezir que no me hizo Dios a mí señor de tanta tierra e me dio govierno e mando sobre tanto ome bueno para que por falta de coraçón a mí e a ellos pusiesse en subjeción de ninguno —demás de los enemigos de nuestra sancta fe— e pues yo no le tengo por deudo e le debo desamar, pues dexó —no como bueno— la carrera de verdad e salvación que había tomado en recebir baptismo: dezirle-és que yo fío en Dios que no le hará menester con su sobervia amenazar a otro ningún príncipe de los cristianos; que yo le haré la resistencia en tal manera que si él a mi tierra viene se haya de partir della con mucha pérdida e deshonra. E que bien creo que tomó osadía de me embiar a dezir que fuesse su tributario por estar de mí tan alongado: que en otra manera yo le fuera a pagar el tributo dentro en su tierra; que si esto hizo con favor de otros, que yo a él e a todos ellos los desafío como a mis mortales enemigos. E si Dios quisiere e me diere lugar para lo poder hazer, si ellos no vienen a mi tierra, yo los iré a buscar en la suya. E a lo que me embía a dezir que le entregue el caballero que tan grande destruición hizo en los paganos, dezilde que él demanda mayor la satisfación que fue el daño, porque él es tal que él solo les hará la emienda si en mi tierra vinieren: con que ellos queden con mayor pesar e quexa dél que hasta aquí."

Oída por los mensajeros la respuesta del emperador, el gran caballero —que por todos hablaba— dixo a Argán de Fugel que dixese al emperador que mucho habría que hazer en defenderse como dezía, porque con el gran rey de Persia, su señor, vernían tantos poderes de gentes estrañas, e tantos e tan fuertes jayanes que él no habría poder de los mantener campo: e que en aquel año lo viera en su tierra si no por una contienda que con el emperador de Costantinopla tenía.

El emperador respondió que en aquello no hazía menester hablar, pues que más por obras que con palabras se había de determinar.

Entonces este gran caballero dixo: "Emperador, traigo otrosí mensaje y encomienda de Demofón el Espantable, e Telifo de la Desmesurada Fuerça, e Orioldo de la Braba Catadura —los tres más fuertes jayanes que en el mundo son— los cuales vernán, cuando fuere tiempo, con el gran rey de Persia sobre ti; e bien puedes creer que estos tres son los más mortales enemigos que tú puedes tener, e que más daño te podrían hazer porque sus fuerças e las de sus parientes e amigos —que consigo tienen— son muy grandes; e como ellos tengan gran desseo de saber quién o qué tal es aquel caballero que a Candramón el Dessemejado mató, principalmente Telifo de la Desmesurada Fuerça, que es cormano de Candramón: porque un hermano de su padre dél se heredó en aquella tierra, encargáronme a mí —que soy de su linaje— que lo vea e conozca, e que me informe por qué arte o manera fue por sus manos muerto aquel tan poderoso jayán."

El emperador respondió: "Pues que él está aquí, escusado es que de mí ayáis la respuesta," e señalando contra don Clarián, dixo: "Veis allí él que demandáis: que creo a mi pensar ser el mayor enemigo que jayanes hoy en el mundo tienen: porque Dios por su merced le ha dado gracia que quebrante su gran sobervia, matando muchos dellos."

El caballero lo cató una pieça e díxole: "Por los dioses, caballero, grande es la fermosura que en ti hay, mas si tú supiesses la fuerça e poderío de aquestos que te desaman, a maravilla sería que de pavor no muriesses; e yo no puedo creer —si no lo viesse— que en ti puede haber tan gran poder que bastasse a hazer tan grandes cosas como de ti dizen. Mas si tú eres tan esforçado, de parte de Telifo de la Desmesurada Fuerça me fue encomendado que te diesse un gaje: para que —si osares atender aquí cuando ellos vinieren— se combatirá contigo: él a pie, tú a caballo; e que no quiere otras armas sino una sola maça. E si esto —como él lo tiene creído— no osarés aceptar, mandóme que te lo diesse en señal que no dexará a ti ni hombre de tu linaje ni amigo tuyo que no mate si haberlo pudiere, en vengança de [CLIXr] aquel jayán tan nombrado que tú mataste." En todo esto la donzella no hazía ál que catar a don Clarián.

El se levantó en pie e dixo: "Caballero, bien parece el mandado que traes ser embiado de parte de aquellos que dezís, porque en ellos mora toda la sobervia e orgullo; e las amenazas que de lueñe se hazen, mucho pierden de su braveza para ser temidas: mas de mí sed cierto que nunca en tanto temor me pornán las nuevas que dezís que por ellas dexe de hazer aquello que debo. Antes, si Dios me ayude, a nos no es dado dessear otra guerra tanto como la de aquellos que son enemigos de nuestra sancta fe cathólica: no digo para los atender en nuestras tierras, mas aun para los ir a buscar en las suyas, podiéndolo hazer. Y el gaje: no haze menester que yo lo tome, porque dexado aparte que ningún caballero debe aplazar lid con jayán —como sean hombres fuera de nuestra naturaleza— tanto tiempo podría passar hasta la batalla que yo perdiesse la esperança de la haber, e con ella el temor: que a los tales —como ésse que dezís— se debe detener; e también creo que a ellos se les perdería algo de la sobervia que vos aquí por ellos mostráis. E vos podés saber muy bien en esta corte con qué arte fue muerto Candramón: que fue con el ayuda de Dios, que de sus cruezas estaba ya enojado; e con ella mesma entiendo de poner este mi cuerpo a todo peligro en servicio del emperador donde esse jayán que nombráis me podrá muy bien hallar; e crea cierto que no huiré a otra parte."

"Por cierto," dixo Telión de la Maça, "no puede él tener enemigo más ligero de hallar: que en ninguna parte puede estar tan encubierto que sus obras no le den a conoscer —o aquí es Aulapín, que muy bien vio la batalla dél e de Candramón, e lo sabrá bien dezir."

"Sí sabré," dixo él, "que a todo fui presente, e vi que don Clarián no se quiso con él combatir hasta que todas sus armas tomó."

El gran caballero que todo lo escuchaba dixo:

"Don Clarián, sólo a lo que os he dicho fue mi venida de parte de aquellos que me embían: que como quiera que yo por saber el lenguaje griego por el gran rey de Persia hablé, estos dos caballeros ancianos, que a par de mí están, son los embaxadores. E yo he oído vuestra respuesta: que me paresce tal como la de aquel que tiene sus enemigos a lueñe, mas vos los verés ante de mucho tan cerca de vos, que no ternés tanto ardimiento para los atender como aquí mostráis: e sin falla, si a mí no fuera defendido cuando acá vine que en fecho de armas no me empachasse, yo provaría por mi cuerpo a cuanto se estiende vuestra bondad."

Don Clarián, respondiendo mesuradamente, le dixo: "Caballero, por lo que aquí dezís sois escusado de demandar la batalla e yo del trabajo della: mas si me desamáis, con estos jayanes de vuestro linaje podrés venir; e yo os digo que cuando no oviere lugar de os responder assaz tengo de amigos que cumplirán lo que yo no pudiere."

"Desso soy muy alegre," respondió él, "e porque mejor me conozcáis cuando aquí viniéremos, sabed que yo soy pariente cercano de Telifo y he nombre Astorzel."

Entonces la donzella dixo al emperador: "Señor, yo soy mandadera de Daborea, hija del gran rey de Persia, que es la más hermosa donzella que hay en el mundo: la cual, desseosa de saber la gran hermosura de vuestra hija Gradamisa, e porque la ama por el parentesco que con ella tiene, me embía a ella con mandado. Por ende vos ruego que me mandáis poner ante ella."

El emperador dixo: "Donzella, esso a mí plaze de lo hazer."

Don Clarián, que mucho quería oír el mandado que traía, levantóse e dixo: "Donzella, aquí os acompañaremos hasta vos llevar antella porque a todas las donzellas honraríamos en lo que pudiésemos." Esta donzella hablaba bien alemán, e agradecióle mucho lo que dezía.

Fueron con ella don Clarián e otros caballeros. La donzella no partía los ojos dél, porque ella no venía por ál sino por le ver: que Daborea, por las nuevas de su gran bondad y fermosura, estaba enamorada dél, e como el gran rey de Persia amaba esta hija más que a todas las cosas del mundo, [CLIXv] por consejo della embiaba a demandar al emperador que le entregasse a don Clarián. Esto hizo ella pensando que el emperador lo podría bien fazer, e que lo haría por escusar la cruel guerra que se le aparejaba, e cuidaba Daborea que por mucho que de los paganos fuesse don Clarián desamado ella podría hazer tanto con su padre que él no muriesse; e con muchas dádivas que le daría lo haría estar en su tierra e lo ternía por amigo. Por esta causa embiaba aquella donzella para que por el camino lo consolasse e le descubriesse su poridad: e como quiera que por entonces no se cumpliesse el desseo de Daborea, ya avino tiempo que ella tuvo en su poder a don Clarián —como en la parte tercera desta historia será contado.

Llegada la donzella ante la emperatriz que con su hija Gradamisa e otras grandes señoras estaba acompañada, salvólas con el acatamiento que se requería hazer, e fincando los hinojos ante la princesa Gradamisa díxole: "Señora Daborea, hija del gran rey de Persia, se os embía mucho a encomendar, e por mí vos faze saber que os ama mucho por el parentesco que con vos tiene, e os dessea ver por las nuevas de vuestra gran fermosura. E puesto que tiene creído que entre el emperador vuestro padre y el suyo grandes differencias subcederán, que si la ventura os traxesse a tiempo que ella os pudiesse hazer honra, que os la haría de muy buena voluntad."

La princesa Gradamisa se volvió a mirar a don Clarián e aquellos cavalleros que allí estaban, e con un gracioso riso respondió a la donzella: "Amiga, dezid a vuestra señora que yo le agradezco lo que me ama, mas que fío en Dios que aunque entre el emperador mi padre y el suyo differencias haya que las cosas no vernán al contrario que yo venga en essa necessidad que ella piensa, e que en tanto que ella me haga la honra que dize, más contenta debo yo estar con el servicio que otros me hazen."

Con tanto estuvieron ella e muchas de aquellas infantas riendo con aquella estraña donzella de muchas cosas que dezía, mas la donzella estaba maravillada mirando la gran beldad y hermosura de Gradamisa, no pensara ella que en el mundo otra tan fermosa como Daborea, su señora, oviesse, e veía que con ésta no igualaba con gran parte. E como los mensajeros del gran rey de Persia se tornaron con la respuesta que llevaban, ella se ovo de volver sin declarar más la hazienda de su señora a don Clarián: que assí le fuera mandado.

El emperador, que conocía no ser este fecho de tener en poco —aunque él assí lo mostraba en el semblante— mandó proveer en todo lo que convenía, porque creído tenía que con sólo su esfuerço el gran rey de Persia se esforçaba a venir en su tierra; y embió a la ínsula de Texón aquella gente que entendió que sería menester: que pues sobre ésta se levantara la contienda bien pensaba que los paganos la procurarían de ganar. Otrosí mandó apercebir toda su cavallería por la hallar más aparejada si menester fuesse. Entonces llegaron nuevas que Dantesor e la gente que con él fuera en acorro del rey de Escocia eran ya en su tierra, e habían desbaratado al rey de las Insulas Altanas: mas comoquiera que todos estos[76] apercibimientos se hazían el gran rey de Persia no vino tan presto como cuidaban. Porque en este cuento se haze mucha minción este rey de Persia, la historia da razón de quién era, e dize que este Cosdroe era un rey muy poderoso guerrero: rescibiera baptismo e tornóse a la sancta fe cathólica por amor de una fija del emperador Mauricio de Costancia, hermana de la emperatriz Altibea, con quien él casara. E cuando Mauricio fue muerto por mano de Focas —que el imperio para sí tomó— sabido por este rey Cosdroe, ovo muy gran pesar, e porque no

---

[76] estosa

ovo assí buena respuesta como él quisiera de los del imperio, a quien él embió sus cartas, retrayéndoles mucho por tener por señor aquel que a su señor natural matara, ovo tan gran despecho que renegó la fe, e hízose adorar como dios de todas sus gentes. Fue luego a la tierra de Suria e destruyóla toda, tomó la sancta ciudad de Hierusalém e mató mucha gente en ella, llevó de aí la vera cruz en que Nuestro Señor Jesu Christo recibió muerte e passión, e dende en adelante fue muy gran enemigo e perseguidor de los cristianos. [CLXr]

CAPIT CXIX. CÓMO DON CLARIÁN PARTIÓ DE LA CORTE CON UNA DONZELLA PARA LE HAZER HABER DERECHO DE UN HERMANO SUYO QUE UN CASTILLO LE TENÍA TOMADO.

Estando un día don Clarián e[77] otros muchos caballeros en el palacio del emperador, atendiendo que él se levantasse: entró por la puerta un donzel, el cual llegándose a don Galián díxole: "Buen señor, plegaos de me mostrar entre estos caballeros cuál es don Clarián." Don Galián se lo mostró, que con Florantel e Gastanís el Hermoso andaba passeando.

El donzel, llegándose a él, le dixo: "Señor, si os pluguiere, escuchadme un poco en poridad."

Don Clarián, que muy cortés e mesurado contra todos era, dexando aquellos caballeros, se salió con él fuera del gran palacio e díxole: "Buen donzel, dezid lo que os plazerá."

"Señor," dixo él, "una donzella, mi cormana, que con gran cuita es venida en vuestra demanda. Os embía mucho a rogar que por mesura os plega de ir a fablar con ella a casa de Sabitor de la Falda, donde os atiende."

"Donzel," dixo don Clarián, "yo lo haré muy de grado," e llamando a Manesil, salió del palacio sin alguna compañía. Llegados a la posada de Sabitor, su muger dél —que era una dueña honrada— e dos hijas assaz hermosas, e la donzella que a buscar lo viniera —que eran en un estrado— como lo vieron venir, levantáronse a él, e rescibiéronle con gran honor.

Después que él se sentó entre ellas la donzella le dixo: "Señor, bien se paresce vuestra gran bondad e mesura, pues tan presto cumplistes el ruego de una pobre donzella como yo, que a vos en quien todos los cuitados e agraviados hallan remedio, con gran fatiga vengo. E por Dios, mi buen señor, no queráis que yo vaya de aquí desconsolada, pues en vos como en el mejor caballero del mundo pienso hallar reparo de mi daño."

Esto diziendo, la donzella derramaba tantas lágrimas de sus ojos que don Clarián fue movido a gran piedad della, e díxole: "Buena donzella, dezidme qué cuita es la vuestra, que puesto que yo no sea tal como dezís, mucho me obliga a fazer por vos la gran confiança que en mí tenés: cuanto más que todo caballero debe assí poder servir e honrar todas las dueñas e donzellas; e si vos de mi ayuda tenés necessidad en cosa

---

[77] & &

que derecho sea, yo lo haré muy de grado." La donzella le quiso besar las manos, mas
él las tiró a sí.

Ella le dixo: "Señor, ante estas señoras con quien yo parentesco tengo —que saben
bien mi derecho— os quiero dezir la causa de mi venida. Vos, señor, sabrés que mi
padre —que fue un buen caballero— fue señor de un castillo que a mí me dexó. El ovo
un hijo en una dueña de linaje de jayanes, y este mi hermano —que con más razón
podría dezir mi enemigo— ha nombre Erlacón de Treola: crióse mucho tiempo con un
jayán que cerca de aquel mi castillo es señor de tres castillos muy fuertes —el cual ha
nombre Bosquizor. E assí como tuvo con él criança, assí cobró sus costumbres e mala
creencia. Parece, señor, que un día que el jayán me vio, siendo pagado de mí, habló
con aquel mi hermano que me dixesse de su parte si quería casar con él.

"Yo, oído esto, denosté mucho a mi hermano porque me daba consejo de dexar
la verdadera fe e ser juntada con un tal jayán: mas él fue de aquesto muy airado; con
el favor del jayán e con ser él un muy fuerte caballero tomóme mi castillo, deseredán-
dome dél, e cuando mis parientes sobre esto le fablaron él respondió que si yo no hazía
lo que él me había dicho que jamás me daría el castillo: que era suyo, e que lo
combatiría esto a cualquier caballero que yo de mi parte traxesse. Mas yo —por no
negar a Dios ni perder mi ánima— quise antes ser pobre e deseredada de lo mío que
no rica cometiendo tal pecado.

"Por ende, señor, yo vengo a vos a que por Dios e por mesura vos me queráis
acorrer e dar derecho de aquel mi enemigo, porque según él es muy valiente de su
persona y el favor que en aquella tierra [CLXv] tiene es grande no sería segura de lo
alcançar por otro caballero alguno."

"Buena donzella," dixo don Clarián, "pues vuestro propósito es tan santo e bueno,
gran razón es que seáis ayudada; demás que en esta corte donde tantos e tan preciados
caballeros son, ninguno viene a ella que della se parta desconsolado: porque en mí —
que soy el menor dellos— fallaréis vos todo aquel remedio que yo poner os pudiere.
E porque yo quiero de aquí partir encubiertamente, vos me atenderés, tanto que fuere
hora de vísperas, en la fuente del bosque que es cerca de la ciudad."

La donzella se dexó caer a sus pies por se los besar por la gran merced que le
hazía, mas don Clarián la levantó. La muger de Sabitor e sus hijas le agradescieron
mucho lo que por esta su parienta quería hazer. Don Clarián, encomendándolas a Dios,
partióse dellas; e considerando que el emperador que por entonces gran necessidad de
sus caballeros esperaba tener no podría assí ligeramente haber licencia, acordó de se
partir sin se la demandar, e dixo a Manesil: "Amigo, tomarás mis armas e mi caballo,
e lo más encubiertamente que pudieres te ve atenderme a la fuente del bosque porque
yo habré licencia de mi señora Gradamisa: que sin ella a ninguna parte sería osado de
ir."

Manesil fue luego a cumplir el mandado de su señor; tomando las armas y el
caballo fuesse lo más encubiertamente que pudo. Llegado a la fuente del bosque
descabalgó entre unos hedificios que allí había, e acostando la lança e las otras armas
a una pared púsose dentro de una gran bóveda.

Allí estando desta guisa arribaron a la fuente dos caballeros armados, los cuales después de haber dado agua a sus caballos decendieron dellos. Quitándose sus yelmos comieron e bevieron; desí metiéronse a razonar, e dixo el uno al otro: "¿Creés vos que este brebaje que aquí traemos es tal como dizen?"

"Yo sé que es de tan gran fuerça," respondió el otro, "que tanto que lo oviere bevido aquel a quien ha de ser dado, el coraçón e la fuerca le fallecerán, e no habrá poder contra nuestro señor Leocrates, e será muerto e vencido."

"¿Conocés vos," dixo el otro, "aquel caballero a quién ha de ser dado?"

"No," dixo él, "mas sé que se llama don Clarián de Landanís, y es el mejor caballero del mundo: porque allende de la gran vengança que Leocrates dél tomará por la muerte de su hermano Dramades de la Floresta e de sus primos que él mató, alcançará muy gran gloria en lo vencer e matar, e nos por haber fecho esta jornada ganaremos aquello que nos tiene prometido."

"Cierto," dixo el otro, "aunque esso sea, mucho recelo que no se lo podremos dar."

"No dubdés desso," respondió el otro, "que la donzella que está acá se lo dará muy bien, e será desta manera: ella por arte de encantamiento tomará tal forma que don Clarián piense que es una donzella de la reina de su madre, e si algunas nuevas le demandare, dirá que no sabe ningunas, que ha gran tiempo que no salió de prisión. Esta estará con él en su posada e terná tal manera que dél pueda haber un anillo que tiene mal de su grado, contra el cual ningún encantamento dizen que tiene fuerça: después darle ha a bever el brevaje en el vino que él beviere; e al tercero día —que con Leocrates hará batalla— el brevaje es fecho por tal fuerça de encantamiento que ningún poder habrá contra él."

Porque mejor este fecho se pueda entender la historia lo cuenta más claro, e dize que Dramades de la Floresta tenía este hermano —que Leocrates había nombre, como ya se ha dicho— el cual aunque de cuerpo tan grande como él no fuesse, era de muy gran fuerça e valentía. El, venido de tierras estrañas, fallando muertos a su hermano e sus primos fue muy triste, e no menos maravillando cuando supo ser muertos por un solo caballero, e luego dixo a su madre que quería ir a buscar a don Clarián —doquier que lo fallasse— para se combatir con él. Mas ella, poniéndole gran temor con su gran fuerça e valentía, apartólo deste propósito, e díxole que ella le daría mejor consejo. Entonces ordenó por gran arte aquel brevaje que tenía tal fuerça que si don Clarián lo beviesse cuando viniesse a combatir la fuerça y el coraçón le fallecería. Con esto Leocrates se esforçaba de venir a le demandar batalla. E trayendo estos dos caballeros —cómo se ha contado; e todo lo habían adereçado que bien [CLXIr] pudiera haber efecto su traición, si Dios por su merced no lo estorvara.

Pues oída por Manesil toda la plática de los caballeros luego entendió que contra su señor venía armada aquella traición, e quisiérase más asconder porque estaba en parte que lo podían ver, mas no lo osó hazer por no ser sentido; e queriendo los caballeros cabalgar para se ir, cuidando que de ninguno eran vistos ni oídos, Nortartaque relinchó. Los caballeros, catando, vieron a Manesil, e cuando entendieron que eran sentidos ovieron muy gran pesar, e dixo el uno al otro: "Cumple que este escudero muera porque no seamos descubiertos." Entonces se fueron para él. Manesil tomó la lança y el escudo de su señor, que de más no tuvo lugar, mas el un caballero lo firió a dos manos con la lança baxo del hombro siniestro en guisa que el fierro passó de la otra parte. Como quiera que Manesil firió al uno dellos no le hizo mal, que estava bien armado. El otro cavallero lo firió en la pierna tan rezio que se la passó de la otra parte. Amos a dos dieron con él en tierra, e diéronle tantas feridas que si no fuera porque assí, caído como estava, se mamparava con el escudo, muerto lo ovieran: e assí lo llegaron casi a muerte e bien lo acabaran de matar si no porque un venado del bosque que atravessó por aí hizo tal estruendo entre las matas que los cavalleros pensaron que algún hombre fuesse. Cabalgando muy presto salieron del bosque, e no osaron ir contra la ciudad, mas tomaron el camino contra una floresta para se ir a esconder hasta que la noche viniesse.

Manesil quedando assí llagado a punto de muerte, que de la sangre que dél salía era todo bañado, hizo sobre sí la señal de la cruz, encomendándose a Dios en su coraçón, que tan acerca de muerte era llegado que hablar no podía.

En aquesta sazón arribó allí don Clarián, que encubiertamente venía sobre el cavallo en que Manesil había de ir. Había alcançado licencia de su señora Gradamisa para ir con la donzella, aunque a ella se le fizo muy grave de lo otorgar. Llegado donde Manesil estava, e visto lo assí tan mal parado, todo fue espantado, e descabalgó con el mayor pesar del mundo, diziendo: "O mi buen amigo y hermano Manesil ¿quién te pudo assí traer a muerte en tan poco espacio como de mí fuiste apartado?"

E como tales feridas le viesse, cuidando que no podría guarescer, dexóse caer sobrél con tan gran pesar e llorando assí gravemente como si ante sí tuviera muerto al rey Lantedón, su padre. E no era maravilla que en aquel grado que a su hermano propio amava este escudero, dezía: "Ay Manesil, el mejor escudero que jamás a cavallero aguardó ¿cómo te he yo perdido por te apartar de mí? E cómo es grande el pesar que tengo por no saber quién te mató; que si lo supiesse, con gran desseo e voluntad sería por mí tu muerte vengada, como lo debía hazer por hombre que tanto amo." E mirando la sangre que dél salía, atávale las heridas, bañando todo su rostro en lágrimas.

Manesil, que gimiendo estava, abrió los ojos: como conoció a su señor, esforçóse cuanto pudo e dixo: "Ay señor, vengadme de dos cavalleros que me han muerto, e poco ha que de aquí partieron: los cuales traían un brevaje para mataros." E como esto dixo no pudo hablar, antes llorava como quien mostrava tener gran pesar de se partir de su señor.

Oído esto por don Clarián, armóse muy presto e cabalgó en Norartaque con tal prissa que aun las armaduras de las piernas no levó. Saliendo al gran camino encontró un leñador con una bestia, e demandóle si viera dos cavalleros que del bosque salieran.

"Sí vi," dixo él, "e iban a muy gran prissa," mostrándole contra dónde fueran.

Don Clarián firió el cavallo de las espuelas; començóse a ir tan rezio que no oviera otro cavallo alguno que lo pudiera alcançar. Mas con todo esto él iba con tan gran pesar que no hazía sino espolear el cavallo —que ningún mal merescía, porque assí iba ligero que maravilla era de ver. E no tardó mucho de llegar a la entrada de la floresta. Allí encontró un hombre de orden, e demandándole por los dos cavalleros supo cómo entonces entraran por la floresta e que iban a su passo. Cuando él esto oyó no atendió más; antes se lançó por la floresta cuanto el caballo lo podía llevar, [CLXIv] e trasponiendo un recuesto vio los caballeros en un llano que iban a todo correr de sus caballos porque lo habían visto. El les dio bozes diziendo: "Atended, traidores, que en mal punto matastes el escudero, que mal no os merecía." Mas ellos no cataban por ál que fuir.

E como Nortartaque corriesse tanto que ya muy cerca les llegaba, ellos viendo que él los seguía no era más de uno, volvieron contra él diziendo: "Caballero, volveos e no queráis vuestra muerte, pues que solo venís."

"O malos e desleales," dixo don Clarián, "que peor partido habrés que pensáis." Entonces abaxó la lanca e fue ferir a uno dellos por medio del escudo tan fieramente que el hierro paresció de la otra parte entre amas las espaldas, e dio con él muerto en tierra. El otro caballero lo firió en el escudo donde quebró su lança, mas no lo movió de la silla. Don Clarián, metiendo mano a la espada, fuesse para él e diole tan gran golpe en el hombro derecho que el braço le derribó en tierra. El caballero quisiera huir, mas don Clarián alcançándolo le dio otro tal golpe por cima del yelmo que la espada le metió por la cabeça: el caballero cayó en tierra.

Don Clarián descabalgó e fuesse a él, e como en aquella hora toda saña tenía, quitóle el yelmo e quísole cortar la cabeça, mas él le dixo: "Ay, por Dios, señor caballero, no matés el ánima, e dexadme haber lugar de confessión; que el cuerpo no puede mucho vivir según soy ferido."

Don Clarián detuvo el golpe e dixo: "Tú me has puesto en gran pesar que con ninguna vengança sería alegre, mas yo te dexaré por amor de lo que dizes; e cumple que me digas por cuál razón feristes a muerte el escudero, e qué brevaje es él que traíades."

"Ay señor," dixo él "que yo os lo diré: e mala fue aquella hora en que nos este brevaje traximos, que tan caro nos cuesta." Entonces le dixo todo cuanto la historia ha ya contado.

Don Clarián dixo: "Por cierto, vosotros habés habido el pago de vuestra maldad, de lo cual yo doy muchas gracias a Dios: e si El por bien tuviere assí lo habrá de mí vuestro señor, si le yo fallare, pues con tal traición me venía a demandar." Entonces se fue a uno de los caballos; catando en una cevadera halló el barril en que venía el brevaje, e dio con él en un árbol un golpe tal que lo hizo muchos pedaços, diziendo: "A Dios merced que ya con esto no habrá lugar la maldad de Leocrates, e mala haya aquella que me quería engañar: que ya no veré donzella de la reina mi madre que de ligero la crea."

E cabalgando para volver donde dexara a Manesil con gran pesar que dél tenía, el caballero le dixo: "Ay señor, por Dios, hazed que yo haya confessión; que no me puedo levantar de aquí."

"Yo lo haré," dixo él, "porque vuestro pecado no os haga perder el ánima como vuestra traición os hizo perder el cuerpo."

Bolviéndose, no tardó de alcançar el hombre de orden, que iba rezando vísperas; e rogóle que fuesse a confesar un caballero que mal ferido allí cerca quedaba. El hombre de orden fue por donde don Clarián le señalara. El se fue para la fuente donde falló la donzella con quien había de ir, que sobre Manesil hazía gran duelo, e no sabiendo la razón deste fecho dezía: "Ay Dios ¿cómo es muerto este buen escudero, e qué sería de su señor? —¿si le ha venido algún daño? Por cierto, dura e fuerte es mi ventura, pues en trance que estaba para ser remediada, un tan contrario revés me es venido en estorvo."

Don Clarián, como viesse que Manesil estaba tal como muerto, e que no habría los ojos, descabalgó llorando muy fuertemente, e catando las feridas en alguna esperança fue puesto que podría vivir si bien curado fuesse. El e la donzella lo faxaron con un paño que ella traía. Don Clarián lo llamaba, diziendo: "Manesil amigo, esfuérçate, que no tienes feridas de muerte. Abre los ojos e óyeme, dezirte he cómo te he vengado de aquellos que tan mal te hirieron."

Manesil abrió los ojos, e como vio a su señor quisiera hablar, mas no pudo. Don Clarián le dixo cómo los dos caballeros que tanto mal le hizieran eran muertos por él. Manesil hizo señal como que le plazía por ser vengado. La donzella —que a don Clarián tan fieramente veía llorar— bien creyó que el amor que a este escudero tenía sería causa de no ir con ella, e llorando le dixo: "Ay señor, por Dios, si mi [CLXIIr] siniestra fortuna me ha seydo contraria, no me fallezca vuestra gran bondad e la promessa que me hezistes."

Don Clarián mucho quisiera escusar —si pudiera— su partida por dos cosas: la una por no dexar a Manesil en tal estado —que seyendo presente mucho creía acrecentar en su salud; la otra por se hallar aí cuando Leocrates viniesse. Mas como él por ninguna cosa quebrara su palabra dixo: "Donzella, aunque desto yo tenga gran pesar que mayor no pueda ser, por esso no faltaré de los que os prometí: que si yo tal hiziesse por más muerto me podría contar que lo que es este mi escudero. Por ende tanto que lo embíe a la ciudad yo me iré con vos." Entonces lo tomaron e lo pusieron en su caballo, e saliendo a la carrera encontraron un mercadante de la ciudad que traía sus mercadurías.

Don Clarián le dixo: "Buen amigo, ruégoos que este escudero llevéis a la posada de don Galián mi cormano, e dezilde que le ruego yo mucho que lo haga curar en tal manera que por falta alguna no pierda la vida —si la haber puede— pues sabe cuánto lo amo; e que yo voy en una aventura con esta donzella —de la cual fui tan aquexado que no le pude hazer saber mi partida— porque le ruego que me escuse del emperador e de la emperatriz."

El mercader le dixo: "Señor, esso luego será fecho, e todo lo ál en que yo os pudiere servir; e aquí viene aquí en mi compañía un hombre anciano que sabe tanto deste menester que si él vee las heridas él vos sabrá dezir si podrá guarecer."

Don Clarián —que mucho quería partir, certificado de la salud de Manesil— hizo que el hombre anciano las viesse, el cual dixo: "Señor, no tomés tanto pesar, que con el ayuda de Dios el escudero no morirá; e si no fuesse por la mucha sangre que ha perdido en breve sería guarido porque no tiene llaga en lugar peligroso." ¡Si desto don Clarián ovo plazer no es de dezir! Los hombres del mercadante, poniendo a Manesil sobre una bestia entre dos líos, se fueron a la ciudad. Don Clarián con la donzella e con el donzel que con ella viniera se metió por su camino con mayor plazer que de antes tenía.

Capitu CXX. Cómo don Clarián acorrió a Timadón el Valiente, su mortal enemigo, que en gran peligro estaba.

Assí anduvieron tres días que aquí no cuenta aventura que les aviniesse. Al cuarto, entrando por una floresta, vieron venir un enano sobre un palafrén; venía a gran andar e assí como espantado. Como a ellos llegó don Clarián le dixo: "Dime enano ¿qué cuita es la que assí te haze venir?"

"Señor," dixo él, "primero querría saber de vos si sois de un castillo que acá atrás queda."

"Nunca fui en él," respondió don Clarián.

"Pues, señor," dixo él, "yo dexo a mi señor —que es uno de los más fuertes caballeros del mundo— cercado en derredor de muchos caballeros que lo quieren matar; e ya le han muerto dos compañeros suyos, e porque entiendo que al fin él no podrá escapar, vengo huyendo porque tengo temor de ser muerto."

"Gran daño sería," dixo don Clarián, " si tal caballero como ésse que tú dizes assí muriesse. Por ende guíame allá, que yo lo acorreré de todo mi poder."

"¿Vos solo querés ir?" dixo el enano.

"Sí," respondió don Clarián, "que cualquiera debe aventurar su vida por salvar la de tan buen caballero."

"Por buena fe,"[78] dixo el enano, "vuestro acorro sería dañoso para vos e sin provecho para él; que los caballeros son más de cuarenta."

"Todavía," dixo don Clarián, "le haré aquella ayuda que podré."

El enano dixo que en ninguna guisa iría allá.

"Sí harás," respondió don Clarián, "o te tajaré la cabeça."

El enano ovo pavor e dixo: "Señor, yo os guiaré allá con tal que cuando los vierdes no me hagáis ir más adelante."

"Muéstramelos tú una vegada," dixo don Clarián: "e después harás como quisieres."

Como la donzella vio que don Clarián a tal peligro quería ir díxole: "Por Dios, señor, no os metáis a tal aventura por quien no conoscéis."

"Donzella," dixo él, "assaz me basta lo que dél he oído: porque os ruego que me atendáis aquí, o vos vengáis empós de mí." Desí fuesse a gran prissa por donde el enano lo guiaba; e no anduvo mucho que vio [CLXIIv] en un gran llano un castillo muy hermoso; al pie dél estaban más de cuarenta caballeros que tenían en medio de sí un caballero grande de cuerpo e membrudo. Todos trabajaban de lo traer a muerte, e habíanle muerto el caballo; mas él fería de su espada a los que más se le allegaban de tan grandes y esquivos golpes que maravilla era; e tan bravamente se defendía que más de ocho caballeros tenía derribados a sus pies. Mas los caballeros lo ferían de todas partes con lanças y espadas assí duramente que muchas vezes lo hazían ahinojar en

---

[78] fue

tierra, e por grande e fuerte que era lo tenían en grande estrecho.

Como don Clarián tales maravillas le viesse hazer, dixo: "Este es el mejor caballero del mundo, e gran daño sería que assí muriesse," e diziendo al enano: "Tú puedes desde aquí atender lo que de nos será." Dio de las espuelas a su caballo, e dexóse ir contra los caballeros, diziendo: "O malos ¿por qué os trabajáis de matar tan buen caballero?"

Como quiera que los caballeros lo vieron poco lo preciaron, mas él firió a uno dellos en tal guisa que a éste no le fizo menester maestro. Quebrando allí la lança, metió mano a la espada: lançóse por medio de todos los otros e començó a fazer tales maravillas que a todos puso en espanto que ál que alcançaba a derecho golpe luego lo hazía venir a tierra. Llegando donde el gran caballero estaba, firió a uno por cima del yelmo de tal golpe que la espada entró hasta los ojos, e dixo al gran caballero: "Acojeos a este caballo e firamos en ellos, que no nos podrán mucho durar." El gran caballero, aunque en cuatro lugares era llagado, cabalgó muy presto.

Los caballeros, que tan estraños golpes veían hazer a don Clarián, dezían: "Este es el verdadero diablo: que no este otro que dezíamos," e desmayaron mucho tirándose afuera.

Mas el señor del castillo —que Baltajes había nombre— los esforçó, diziendo: "¿Cómo caballeros, assí seremos hoy envergonçados por dos caballeros solos?"

Entonces se començó la pelea mayor que de antes. Mas como los dos caballeros estuvieron juntos derribaban e mataban muchos dellos, pero que el caballo del gran caballero andaba ya ferido de dos lançadas. E como don Clarián a Baltajes cerca de sí viesse, hiriólo por cima del yelmo de tal golpe que lo derribó del caballo. Cuando los otros vieron a Baltajes en tierra no atendieron más, e huyeron contra el castillo diziendo: "Ciertamente este caballero que contra nos vino es el diablo infernal: que a su caballo no le empeçe arma alguna."

Entonces el caballo del gran caballero cayó muerto. El se fue a pie por matar a todos los que en tierra feridos estaban, e cortó las cabeças a dos dellos. Queriéndola tajar a Baltajes —que en el suelo estaba e merced le demandaba— don Clarián se fue a él, no preciando tanto su bondad como de antes por la crueza que le viera hazer; díxole: "Ruégovos, señor caballero, que no lo matedes, que si daño os fizieron bien habés seydo vengado; e de lo que hezistes me pesa mucho."

El caballero respondió: "Yo lo dexaré por amor de vos que tan bien me ayudastes; que en voluntad tenía de los matar a todos por el daño que dellos he recebido: que me mataron dos caballeros que comigo venían."

"Aunque esso sea," dixo don Clarián, "los que son vencidos no deben ser muertos, e si merced demandan deben la hallar aunque sea grave el yerro que hayan cometido."

"Hora, caballero," dixo él, "no haze menester que ellos escaparan por vuestro amor e mucho os agradezco lo que por mí hezistes: mas creed que vos lo habés hecho por un tal caballero que os lo podrá muy bien galardonar en toda cualquiera cosa que más vuestra honra sea."

Don Clarián,, que assí altivamente lo oyó hablar, considerando esto e su grandeza de cuerpo luego entendió que sería de linaje de jayanes, e díxole: "Caballero, no vos trabajés mucho por lo galardonar: que las cosas bien hechas consigo se traen el galardón."

El gran caballero cabalgando en un caballo —de los que por el campo andaban— con su escudero que lo aguardaba e con el enano que aí viniera se [CLXIIIr] partió dende; que don Clarián —por estar mal pagado de lo que le viera hazer— no curó de le demandar por su nombre ni de su hazienda. E ayudando a cabalgar a Baltajes, el señor del castillo, que mal trecho estaba, retráxole mucho lo que contra aquel caballero hiziera. El le dixo: "Señor caballero, si vos supiéssedes cuánto es grande su sobervia e crueza no me estrañaríades tanto lo que fize: que él me mató dos hermanos no ha tres días, por solo que derribaron de los caballos a dos caballeros que con él venían que hoy murieron aquí: e matólos demandándole merced."

"Todavía," dixo don Clarián, "a emienda de un fecho malo no se ha de tomar con otro peor. Mas agora me dezid si sabéis cómo ha nombre aquel caballero."

"No lo sé," respondió él, "mas digo vos que es muy crudo e malo, e si por vuestra venida no fuera no me escapara de muerte: mas aunque de vos recebimos el daño que veis, yo os lo perdono, porque lo que hezistes fue como buen caballero, e porque tengo por vos la vida."

Don Clarián lo encomendó a Dios, e volviéndose con el donzel —que por ver lo que dél sería allí viniera— fuese donde la donzella lo atendía, y entraron en su camino.

La donzella, quedándose un poco reçagada con el donzel, díxole: "Dime ¿cómo se delibró don Clarián de aquella gente? ¿Acorrió al caballero o era ya muerto cuando llegó?"

"¿Cómo?" dixo el donzel, "dígovos que él acorrió al caballero —que era uno de los valientes del mundo— donde don Clarián hizo tales cosas que no las podría creer quien no las viera: que por su llegada fueron todos los otros desbaratados e muertos e feridos muchos dellos." Desí contóle todo cuánto passara, e díxole: "Pues vos tal caballero leváis, segura sois de cobrar vuestro castillo."

"Ay Dios," dixo la donzella, "que según él se pone en todas las aventuras mucho me temo que de alguna le venga tal estorvo que no lo pueda cumplir."

Ellos, llegando al passo de un río, vieron venir empós de sí una donzella sobre un palafrén a más andar e cuando a ellos llegó viéronle que traía toda la color mudada como quien venía con tan gran pavor que apenas los pudo salvar.

Don Clarián le dixo: "Señora donzella, según en vos parece por algún peligro habés pasado."

"Por cierto," dixo ella, "verdad es que nunca mayor temor ove en mi vida; e sabed que yo viniendo en compañía de cuatro caballeros encontramos con un caballero tan grande e membrudo que jayán parescía, en su escudo había un dragón pintado, e acompañávanle un escudero e un enano. El demandó a los caballeros que si eran de un castillo que a la mano siniestra quedaba. Ellos respondieron. 'El señor desse castillo es amigo nuestro, e por él haríamos toda cosa ¿mas por qué lo demandáis vos?' '¿Por qué?' dixo él, 'porque a él e a todos sus amigos desamo yo e les haré todo mal: que ante su castillo me han querido hoy matar: por ende os guardad de mí.' Entonces se dexó ir a ellos; no hizo más de cuatro cruel golpes: los dos de la lança, e los dos de la espada. E a todos los derribó en tierra, cual muerto, cual ferido; e descabalgó por matar los que vivos quedaban. Yo —visto esto— fui dende con gran pavor, que aún en mí no soy tornada, e de grado iré en vuestra compañía por hoy si por bien lo tenés." Don Clarián entendió luego que aquel caballero era él que él librara de poder de Baltajes e de los otros, e dixo: "Por Dios, no ha mucho que yo ayudé a esse caballero en un gran menester en que estaba, e por cierto él es uno de los más fuertes e valientes caballeros que yo haya visto; mas es gran daño que sea tan cruel, que mucho pierde de su bondad por ello. E si vos, donzella, queréis llevar nuestra carrera, con nos podés ir en cuanto os pluguiere." Tanto anduvieron que ya era ora de vísperas; entonces los alcançó el escudero del gran caballero e salvólos muy cortesmente.

Don Clarián le demandó que dónde dexaba a su señor.

"Señor caballero," dixo él, "vistas por mí hoy vuestras grandes caballerías, vuestra bondad e mesura, mi coraçón se otorgó de os servir ante [CLXIIIv] que a otro alguno; e con tal desseo vengo, si por vos me fuere concedido, dexando aquel a quien aguardaba, de cuya compañía no estaba contento por las grandes e demasiadas cruezas que siempre le he visto hazer, demás por una que hoy hizo con cuatro caballeros que con esta donzella venían; que aunque muy humilmente le demandaron merced a ninguno otorgó la vida."

"Cierto," dixo don Clarián, "por tal como dizes le juzgué yo hoy en lo que le vi hazer, de que a mí hizo tan gran pesar que por ello no tuve por tan bien empleada el ayuda que de mí rescibió. E pues tú con tanta afficción quieres mi compañía yo no te la negaré. E dígote que por mí no nos partiremos, no fuesse que por yo tener otro escudero —a quien soy en gran cargo— te diesse a un caballero con quien oviesses por bien empleado tu servicio." Esto dezía él porque si Manesil guareciesse, lo entendía de dar a don Galián su cormano: que muy tarde podría hallar el escudero otro mejor caballero a quien servir. Assí recibió don Clarián en su servicio a este escudero, que Carestes había por nombre: e fue muy bueno e leal, como quiera que no aguardó mucho tiempo a don Clarián.

Pues caminando todos a gran prissa por passar una floresta antes que la noche sobreviniesse, don Clarián dixo: "Dime Carestes ¿cómo ha nombre aquel caballero a quien aguardabas?"

"Señor," dixo él, "ha por nombre Timadón el Valiente, e por su derecho nombre es llamado Timadón de Caneroy; mas por las grandes e fuertes cosas que en armas ha fecho, e por su gran fuerça e valentía llámanle assí. E dizen que es hijo de Tarcón el Sobervio, un jayán que don Clarián de Landanís mató, al cual este Timadón desama más que a todas las cosas del mundo; e no es venido por ál en esta tierra que por lo buscar e matar en vengança de su padre e de otro jayán, su tío, que le mató. Y puesto que por muchas partes grandes y estrañas cosas deste caballero don Clarián nos hayan dicho, Dios le guarde de caer en manos de un tan fuerte diablo; que en muy poco tiempo que ha que yo le aguardo le he visto hazer tan grandes diabluras que ningún otro caballero ni jayán las bastaría a fazer. De don Clarián he oído dezir que es el mejor caballero del mundo, tan cortés e mesurado que a todos vernía gran daño de su muerte."

Oído esto por don Clarián luego se acordó que éste sería aquel membrudo donzel fijo de Tarcón el Sobervio a quien el[79] castillo dexara; e como quiera que grandes y estrañas cosas había oído dezir a Ornolante de Rauda de la fortaleza e valentía deste caballero, mucho quisiera haberle conocido e hallarle en estado de se poder combatir con él por dos cosas: la una porque era tan valiente caballero, e la otra porque si Dios la ventura de la batalla le diesse, entendía de hazer todo su poder por le tornar cristiano: que bien sabía que era pagano. Mas esto estaba muy al contrario en el coraçón de Timadón el Valiente, que si él hazerlo pudiesse por ninguna cosa dexaría a don Clarián la vida porque lo desamaba mortalmente. En tres años que había que fuera caballero había fecho tanto en armas que más que otro alguno era temido e dubdado doquiera que fuesse conocido; e ya no hallaba caballero ni jayán que campo le mantuviesse, porque él había la fuerça como gigante, e la desemboltura e ligereza tenía grande a maravilla.

Pues como don Clarián conosciesse Timadón desamalle tanto, dixo contra Carestes: "Por cierto el día de hoy, por grande enemigo que Timadón me sea, por amigo me puede contar; e aunque yo lo conosciera no me combatiera con él si lo pudiera escusar, pues le ayudé a salvar la vida. Mas si Dios me ayude yo me querría hallar con él otra vegada para que de aí o bien amigos o más enemigos partiéssemos."

"¿Cómo, señor?" dixo el escudero, "¿vos sois don Clarián, aquel que tanto es loado? Agora os digo que con doblada afficción será mi servicio por lo hazer a tal caballero, e sin falla podés creer que Timadón el Valiente es vuestro mortal enemigo, e por doquiera que anda, demanda de vuestras nuevas —que mucho os dessea hallar. Mas antes sea él confundido e muerto que con vos haya batalla, tanto es fuerte e cruel."

"Carestes," dixo don Clarián, "la sobervia e [CLXIIIIr] crueza mucho dañan la bondad de cualquiera caballero." Desta guisa anduvieron hasta llegar a un castillo donde fueron muy bien recebidos.

Sabiendo aquella noche la donzella —de la otra que con don Clarián venía— todo el fecho a qué iban, dixo: "Pues assí es, yo quiero ir con vos por ver el fin que dello verná: porque si Dios me ayude don Clarián es tan hermoso caballero, tan cortés e bien razonado que nunca me enojaría de ir con él." Otro día, tanto que vino la mañana, partieron de allí e anduvieron por sus jornadas hasta llegar al castillo de la donzella: esto fue un día a hora de vísperas.

CAPITU CXXI. CÓMO DON CLARIAN HIZO COBRAR A LA DONZELLA SU CASTILLO.

Aí llegados, don Clarián dixo a la donzella que embiasse aquel su donzel a Erlacón de Treola que le hiziesse saber su venida, e le dixesse como ella traía consigo un caballero que le embiaba a dezir que, mirando e acatando a Dios e a la buena conciencia, le entregasse el castillo de que la tenía desheredada; e si hazer no lo quería, que saliesse con él a la batalla como lo tenía prometido; e que si los asseguraba que entrarían a alvergar en el castillo, que no había otro lugar allí cerca donde pudiessen

---

[79] el el

ir. El donzel se fue para el castillo, e dixo su mandado a Erlacón de Treola. El cual, como lo oyó, dixo: "¿Dónde es venido esse captivo caballero que mi hermana trae a fazer fin de sus días sin sacar otro fruto alguno? E dime ¿cómo ha nombre?"

El donzel, que ya era avisado de no dezir su nombre, respondió: "Yo al caballero no conozco, mas de cuanto le veo, con buena voluntad de mantener el derecho de vuestra hermana."

"Tuerto manternía él," respondió Erlacón de Treola, "porque el castillo es mío; mas yo creo que él debe ser algún cuitado caballero andante que entre todas sus aventuras ha venido a buscar ésta que será causa de su muerte. Mas tanto me di ¿si yo lo assegurasse osaría venir a mi castillo?"

"Por Dios," dixo el donzel, "esso hará él luego, con tanto que sus armas estén donde él estuviere."

"Agora te ve," dixo Erlacón de Treola, "e dile que esta noche alvergue en el campo, porque no se le haga tanto de mal levantar de mañana; que tanto que el sol parezca yo saliré a le hazer el recibimiento que merece."

El donzel bien respondiera, mas no osó porque sabía que Erlacón de Treola era muy bravo e sobervio, e volviéndose para don Clarián dio la respuesta que traía.

"Pues ya si a Dios pluguiere," dixo él, "podría ser que mañana alvergássemos en el castillo aunque fuesse contra su voluntad."

Entonces se fueron a unas casas que en el campo había donde corría una fuente muy fresca, e descabalgaron allí, mas no tenían qué cenar sino pan e agua. Don Clarián mandó a Carestes que sacasse los caballos al prado. Estando él beviendo del agua de la fuente arribó aí una dueña muy ricamente guarnida sobre un hermoso palafrén, e venía acompañada de caballeros e donzellas. Don Clarián los salvó muy cortesmente; ellos a él otrosí. La dueña, que vio salir de la casa a la donzella —hermana de Erlacón de Treola— conoscióla, e llamándola, abraçóla mostrando gran plazer con ella, e díxole: "Ay amiga ¿qué ventura os traxo assí ante vuestro castillo, que contra derecho os tienen tomado e que no seáis en él acogida?"

"Buena señora," dixo la donzella, "yo espero en Dios que él por la su merced no querrá que yo ande más desheredada e fuera de mi naturaleza con tanto trabajo como fasta aquí he andado. Que este buen caballero que aquí está me hará alcançar derecho, si a Dios pluguiere: el cual se viene a combatir con este mi hermano que en fuerte punto para mí conoscí."

Todos miraban a don Clarián: que en su vida no vieran tan apuesto e fermoso caballero. La dueña le dixo: "Señor caballero, de Dios habrés el galardón de lo que por esta donzella hizierdes, que en ella hay toda bondad y es hija de un buen caballero. E Dios sabe cuánto a mí siempre me ha pesado de la fuerça e agravio que le es fecho; porque su padre —que en mí tenía gran confiança— me la dexó encomendada cuando murió. E por esso resplandece tanto la fama de los buenos caballeros: porque [CLXIIIIv] hay malos; e la virtud de los unos enmienda lo que la maldad de los otros daña. Pues esta batalla ha de ser mañana, yo quedaré aquí con mi compañía para ver el fin della. E bien creo que traigo mejor aparejo de las cosas necessarias que aquí tienes."

"Buena señora," respondió don Clarián, "pues que el mejor galardón que esperan aquellos que el derecho e verdad mantienen es de Dios: por esso yo vengo en este hecho con gran affición, e assí tengo esperança en él que por mí esta donzella será restituída en lo suyo."

A todos paresció don Clarián más cortés e mesurado que otro ninguno que visto oviessen. E los sirvientes de la dueña armaron luego dos tiendas en las cuales se hizieron cinco lechos muy bien adereçados: que la dueña era assaz rica. Luego fueron encendidas hachas e puestas las mesas. Don Clarián e un caballero, sobrino de la dueña, e las donzellas que con él vinieran, cenaron a una tabla con la dueña. Después de haber cenado don Clarián se fue a ver su caballo, que tanto lo amaba e preciaba que siempre que en las aventuras andaba había por costumbre de lo hazer assí. Quedando la dueña con su compaña, dixo a la donzella hermana de Erlacón: "Buena amiga, ruégovos que me digáis cómo ha nombre este tan hermoso caballero, que en todas sus cosas paresce de muy gran guisa; e por Dios cuanto más le miro mayor esperança me pone que él ha de ser causa de vuestro remedio, aunque es assaz niño y este vuestro hermano muy temido e dubdado por toda esta tierra."

"Señora," respondió ella, "si yo no estuviesse con gran esperança de ser assí lo que dezís, por lo que dél conozco no estaría tan alegre. E mucho vos ruego que no os pese de no saber su nombre por agora porque no tengo licencia para lo dezir; mas bien creo que passada la batalla —si él alcança la victoria della— él habrá plazer que lo sepáis vos, que tan noble señora sois, e vuestra compaña."

La dueña dixo: "Dios le ayude en esto que quiere començar y en todo lo ál: que nos no le demandaremos cosa de su fazienda hasta que veamos el fin deste fecho." Aquella noche estuvieron todos con muy gran plazer: que don Clarián era caballero muy gracioso e alegre, y esto le ayudaba a sostener mejor la cuita de sus amores.

Luego otro día don Clarián se armó; cabalgó en su caballo, e cuando todos tan bien lo vieron parescer, mucha esperança tuvieron que habría victoria de la batalla. Mas mucho los hizo turbar la grandeza e fiereza de Erlacón de Treola, que a essa hora del castillo salió acompañado de tres escuderos. El venía armado de unas muy reluzientes armas e traía en su escudo un ídolo figurado; cabalgaba sobre un gran caballo ruano. Como vio en el campo tanta compaña mucho fue maravillado, e no fuera seguro sino porque los vio a todos desarmados; salvó a don Clarián, e conosciendo a la dueña e a su compaña dixo en alto: "¿Cómo, dueña, aquí sois venida por mirar una batalla que tan poco durará? Yo bien sé que del bien de mi hermana os plazería; empero más os puede pesar del enojo que yo puedo hazer aunque vos seáis muy rica."

"Erlacón de Treola," dixo la dueña, "yo arribé aquí anoche con mi compaña sin ser sabidores de aquesto; e pues aquí nos hallamos, ver queremos el fin de vuestra batalla: y escusado es que desseemos para ninguno de vos la victoria, pues Dios —en cuyo poder es— la dará aquel que derecho tuviere."

"Erlacón," dixo don Clarián, "puesto que muchos estén aquí, tú no tienes de quién temer sino de mí solo; que con más razón debría yo recelarme de la gente tuya, e no te he demandado seguro alguno, confiando que ellos antes a esta donzella —que es su natural señora— que no a ti, que eres malo, amarán. E dígote malo porque con más

razón te lo puedo llamar que a otro, pues que aquellos que en ceguedad nacen no es
de maravillar que el tuerto camino {y no la} de virtud y conociencia sigan; mas tú, que
olvidando aquella que de tu padre debieras heredar, e dexando la carrera de salvación
que antes siguías, siendo cristiano, pagano eres buelto: porque es muy derecha razón
que por muy peor e malo que otras debas ser tenido."

Oído esto por Erlacón de Treola, como fuesse bien he [CLXVr] redado en aquella
gran sobervia —que por parte de su madre le venía— fue tan sañudo que no pudo bien
responder, e dixo: "O astroso caballero, si yo no cuidasse que ésta será la postrimera
razón que en tu vida dirás, jamás sería alegre." E no hablando más, dexóse ir a él muy
sañudo.

Don Clarián, arrancando con gran furia del buen caballo Norartaque, lo salió a
recebir en tan gran fuerça e vigor de su encuentro que armadura ninguna no le valió:
que el fierro de la lança le passó de la otra parte con gran pieça del asta, e dio con él
en tierra muy gran caída. Don Clarián ovo el escudo e todas las armas falsadas de la
lança de Erlacón; fue ya cuanto llagado en el costado siniestro, e volviendo sobre él,
vio que se estendía con la cuita de la muerte. Entonces él se fue para donde la dueña
e la donzella con la otra compaña estaban: que todos fueron maravillados de ver partida
esta batalla tan ligeramente.

Los del castillo que la batalla miraban dieron grandes bozes, diziendo: "Bien haya
el buen caballero que nos ha fecho cobrar nuestra señora que perdida teníamos."

Don Clarián, que aquello oyó, dixo contra la donzella: "Paréceme que no haze
menester tomar trabajo por haber el castillo, pues con tan buena voluntad de la gente
dél sois recebida."

La donzella le quiso besar los pies, e díxole: "A Dios merced, e a vos, señor, por
quien yo lo he habido; e como quiera que éste fuesse mi hermano no era él tal, ni yo
rescebí dél tales obras que de su muerte me oviesse de pesar." Entonces haziendo
soterrar en el campo el cuerpo de Erlacón de Treola cabalgaron todos e fuéronse para
el castillo, que con gran plazer de todos los de dentro fueron recebidos, que cuantos aí
eran amaban mucho a esta donzella e desamaban a Erlacón de Treola: que éste es el
más cierto galardón de los sobervios. Mas un escudero, cormano de Erlacón, que de
todos era desamado, no osó atender aí. Allí fueron todos muy bien servidos; e don
Clarián se quisiera luego partir, mas la donzella se puso antél de hinojos, rogándole que
lo no hiziesse hasta que sus parientes viniessen aí: porque assí como él le había dado
aquel castillo que por suyo había de tener, assí quería hazer todo lo ál por su mano.
Otrosí le rogó que no le pesasse de que allí se supiesse su nombre, porque todos le
hiziessen aquel servicio que estaba en razón; don Clarián lo ovo de otorgar.

Al tercero día vinieron muchos parientes de la donzella: que assaz era emparenta-
da. Todos agradecieron mucho a don Clarián lo que por ella fiziera e trabajávanse de
le fazer aquel servicio que podían. Luego ordenaron de casar aquella su parienta con
un buen caballero que cerca d'allí tenía otro castillo: e muy affincadamente rogaron a
don Clarián que aquellas bodas quisiesse estar; que por él sería su fiesta mucho más
honrada. Don Clarián dixo que le plazía por amor dellos e della que era muy buena
donzella.

Ca. CXXII. cómo el jayán Bosquizor vino al castillo de la donzella: lo que avino

Estando don Clarián con un tío de la donzella, passeándose por una huerta que fuera del castillo era, atendiendo que otro día había de ser aí el caballero que con ella había de casar, sintieron gran estruendo de gritos e bozes en el castillo, e fueron corriendo para allá. Entrando por una falsa puerta encontraron el donzel que con él viniera, que todo lleno de temor iba fuyendo; e dixo contra don Clarián: "Señor, no entrés dentro, que serés muerto, porque el jayán Bosquizor es en el castillo e tiene puestos tres caballeros a la puerta para defender la salida, y él anda buscando los a todos por las cámaras donde son escondidos para los matar."

Cuando don Clarián oyó esto no fue seguro de la vida por estar desarmado, mas por esso no dexó d'entrar dentro, empero el otro caballero no osó entrar; ante se volvió a esconder entre la arboleda de la huerta que muy espessa era. Don Clarián levaba su espada ceñida: que después que lo quisieran prender en el castillo —como ya se ha contado— nunca la apartaba de sí sino fuesse en parte que por muy seguro se tuviesse: e fuesse contra un palacio do sus armas eran, sin fallar alguno que en el patio estuviesse; que todos se [CLXVv] escondían del jayán. E a todas partes sonaban grandes gritos e bozes, estruendo e ruido de cerrar puertas e finiestras por se mamparar dél. La dueña con todas sus donzellas estaban encerradas en una cámara, e daban grandes bozes llamando a Dios que los acorriesse. Don Clarián como al palacio llegó halló la puerta cerrada; diole del pie tan rezio que la derribó en tierra, e vio estar dentro a Carestes, su escudero, que el yelmo y el escudo de su señor tenía porque le quisiera llevar las armas, e con gran temor no osaba salir. Como él sintió el golpe pensó que el jayán fuesse, e quiso fuir a una cueva que allí dentro había, mas don Clarián le dixo: "Carestes, no me lleves a tal tiempo mis armas que mejor nos defenderemos teniéndolas yo."

Carestes volvió e dixo: "Señor, no me culpéis, que no hay tan ardid caballero en el castillo que de temor del espantoso y esquivo jayán no esté encerrado, aunque muchos dellos son armados." Don Clarián se armó a gran priessa echando su escudo al cuello. Carestes le dixo: "Señor ¿qué querés hazer? ¿Hémonos de partir de aquí: o qué haremos?"

"Primero," dixo don Clarián, "subiré a buscar el jayán que allá suso anda, e tú queda aquí como más seguro estés si comigo no quieres venir."

Carestes —comoquiera que con gran temor— fuesse empós dél, con alguna confiança de lo que le había visto hazer; subiendo por una escalera de piedra don Clarián que entraba por una puerta de una cámara; y el jayán que salía, e había muerto dos escuderos que allí había fallado. Como amos rezios viniessen e adesora se juntassen, entramos fueron embraçados, e no tuvieron lugar de se ferir; mas don Clarián con gran ligereza e ardimiento, desviándose del jayán, le armó con el pie y empuxándolo con las manos lo hizo ir rodando por la escalera; e topando el jayán con Carestes, llevólo tras sí hasta baxo; mas él, levantándose muy presto, fue huyendo contra donde don Clarián era. El jayán, que era muy pesado, fue tan maltrecho de la caída que el braço derecho ovo quebrado, e levantándose a muy gran afán quiso tornar a subir con muy gran saña. Mas don Clarián —que ya baxara— saltó con él en el patio. Bosquizor alçó su maça por lo ferir, mas don Clarián se guardó, e hízole dar en un pilar de piedra tan gran golpe que lo derribó en tierra. Como el golpe fuesse grande y el jayán se sintiesse mucho del braço, no tuvo poder para tener la maça e perdióla de las manos. Don Clarián lo firió en el braço siniestro cabo el hombro, de guisa que las armas con gran pieça de la carne le cortó. El jayán metió mano a su espada, y echando el pie adelante por lo ferir, diole don Clarián tal golpe en la pierna que le cortó hasta el huesso. Bosquizor descargó en él por cima del yelmo, mas como no tuviesse fuerça en el braço la espada se volvió en la mano, e diole un tal golpe que lo hizo todo doblar contra tierra.

A todo esto la dueña e las otras donzellas que de las finiestras miraban daban grandes bozes, diziendo: "¡O Sancta María ayuda al buen caballero!" e llamaban con mucha cuita al sobrino de la dueña e a otros caballeros que fuessen a ayudar a don Clarián, mas ellos no las creían de aquel consejo. El jayán, que fuerça no sentía en el braço derecho, passó la espada a la mano siniestra; mas don Clarián lo firió luego en aquel braço por manera que cortándole las armas con grand parte de la carne e de los huessos, la espada le hizo perder de la mano. Bosquizor se quiso abaxar por la cobrar, mas don Clarián le dio de las manos tan rezio que lo hizo[80] tender todo en tierra; e tomando su mesma espada con ambas las mano diole tantos golpes con ella que lo mató. Entonces entraron los tres caballeros, assí de caballo como estaban, pensando que el jayán mataba todos cuantos dentro eran; e como vieron que don Clarián lo tenía muerto a sus pies, arrojaron en él dos lanças, pero él con gran destreza se guardó dellas. E como se fuesse para ellos, los caballeros no osaron atender; antes salieron del castillo huyendo.

Don Clarián se puso de hinojos en tierra, dando muchas gracias a Dios por la victoria que contra aquel jayán le diera. E metiendo [CLXVIr] su espada en la vaina Carestes baxó a él con gran plazer, diziendo: "Señor, yo mal ayudé al jayán, que vos con entramos lo habíades cuando por aquí nos hezistes rodar."

Don Clarián no pudo estar sin reír de cómo los veía Ir por el escalera abaxo, el uno empós del otro. Entonces baxaron a él la dueña con todas las donzellas. Algunas dellas le besaban la falda de la loriga, echándole grandes bendiciones porque de tan gran peligro, donde por muertas se tuvieran, las había librado. El sobrino de la dueña e otros caballeros, que en un palacio estaban armados, habían gran vergüença de salir.

La dueña dixo a don Clarián: "Ay señor, que en buen día vos aquí quedastes a las bodas, que tanta gente escapastes de muerte." Haziendo sacar el jayán fuera del castillo fuesse a la huerta, buscando al caballero viejo rió de la donzella, e al donzel: hallólos escondidos entre unos espessos çarçales, riendo mucho de la rebuelta en que el jayán a todos pusiera.

Tomó por la mano al caballero e díxole: "Salid fuera, que todavía es nuestro el castillo." Assí como salieron vio los todos arañados de las çarças en las caras e cuellos e manos.

---

[80] hizoo

El caballero le dixo: "¿Cómo señor? ¿No es el jayán en el castillo?"

"A la puerta," respondió él, "mas ya nunca nos porná en tanto temor como esta vez hizo." E haziéndolos labar de la sangre que tenían en una fuente que allí había, tornáronse al castillo, donde haziendo quemar el cuerpo del jayán, e soterrar un caballero e dos escuderos que él matara. Estuvieron aquella noche con gran plazer riendo mucho de las bozes que todos daban cuando el jayán los andaba buscando por las cámaras, e de cómo cada uno pugnaba por se poner en cobro, assí mesmo de como el jayán e Carestes cayeran por la escalera. Desto reía don Clarián mucho e dezíale: "Que muy más presto e con mayor diligencia la baxara que la subiera, aunque no con menos temor, mas que el pavor que oviera le diera ligereza para se levantar e poner en cobro."

"Si Dios me ayude," dixo Carestes, "yo tomara por partido que el jayán quedara en medio de la escalera aunque yo la rodara toda, mas él fue tan porfiado que no quiso parar hasta baxo."

Assí estaban con gran plazer, aunque los caballeros tenían alguna vergüença de ver que las donzellas reían mucho, diziendo que por bozes que ellas daban ninguno osara salir en ayuda de don Clarián, e todos estaban mucho maravillados de que él assí solo a un tan fuerte jayán osara acometer. Dize la historia que Bosquizor viniera aí porque el escudero de Erlacón de Treola, su cormano, que del castillo huyó se fue a él e le hizo saber como a Erlacón era muerto y el castillo tomado, e por esso él venía a matar a don Clarián, e a todos cuantos aí fallasse en vengança de la muerte de Erlacon que él mucho amaba. En esta parte dexa el cuento de hablar de don Clarián, dexándolo en aquel castillo: por contar lo que Leocrates hizo.

CAPITULO CXXIII. CÓMO LEONISTAN DE LA BREÑA SE COMBATIÓ CON LEOCRATES, RESPONDIÉNDOLE EN LUGAR DE DON CLARIÁN A LA DEMANDA QUE CONTRA ÉL TRAÍA.

El mercadante, haziendo levar a Manesil a la posada de don Galián, díxole todo lo que don Clarián le mandara dezir. Cuando don Galian tan mal ferido vio a Manesil ovo muy gran pesar porque lo amaba mucho, e teníalo por el mejor e más leal escudero del mundo. E luego lo hizo echar en un lecho e curar con gran diligencia, e supo del maestro —que las llagas le cató— que no tenía peligro de muerte: de que él mucho plazer ovo, aunque en muy gran cuidado le puso la partida de su cormano tan encubiertamente, pues al emperador ni a ninguno de sus amigos la hiziera saber.

Pues dize la historia que Leocrates, hermano de Dramades de la Floresta, vino al tercero día a un lugar señalado donde los dos sus caballeros que el brevaje encantado tra [CLXVIv] xeran habían de salir a él, e bien creía que su hecho estaba tan bien guisado que él saldría de allí con la mayor gloria e vencimiento que otro ninguno podría alcançar: esto era matando e venciendo un tan nombrado caballero como don Clarián. Atendió allí fasta hora de nona, e como viesse que ninguno de sus caballeros venía mucho fue maravillado. Assí estando vio venir aquella donzella que el bever encantado a don Clarián había de dar. Leocrates la salió a recebir, e demandóle si estaba todo guisado como cumplía.

"Por buena fe," respondió ella, "no sé qué haya seydo de los vuestros caballeros, que nunca los he visto." Oído esto por Leocrates ovo muy gran pesar. La donzella le dixo: "No tomes pesar, porque aunque vinieran no se pudiera hazer cosa porque don Clarián no es aquí: que tres días ha que partió desta corte, e no se sabe a qué parte fuesse mas de que se dize que embiando un escudero suyo malferido a la ciudad se fue con una donzella."

Como quiera que a Leocrates pesó mucho por no poder venir en effecto su desseo, luego pensó que pues don Clarián aí no era él podría partir de allí mucho a su honra: esto sería fingiendo que no sabía de su partida, mas que le demandaría batalla ante el emperador, e que parescería que no quedaba por otra cosa de se combatir con él, que por le no hallar.

Alvergando aquella noche en una hermita, otro día por la mañana embió la donzella al emperador que le demandase seguro para él, la cual lo halló en su palacio acompañado de altos hombres e caballeros. Fincando los hinojos antél díxole: "Emperador, un caballero estraño de gran bondad de armas es venido a tu corte e demándate que te plega de le dar seguro para parescer ante ti sobre cierta demanda que trae, de la cual no puede haber aquel fin que dessea sino en tu corte: porque aquel a quien él demanda no lo puede hallar en otra parte, que aquí por mucho que le ha buscado."

"Donzella," dixo el emperador, "todos aquellos que a mi corte querrán venir pueden venir seguros e seráles dado derecho de aquello que demandaren. E si esse caballero algún recelo tiene, podés le dezir que seguramente puede parescer ante mí. En tanto dezidnos —si os pluguiere— cómo ha nombre e qué demanda trae."

"Señor," dixo ella, "él ha por nombre Leocrates, e la demanda que trae, venido ante vos la sabréis." E con tanto se volvió para aquel que la embiara.

Ermión de Caldonga —que aí estaba— fue por hablar con Leonistán de la Breña, su cormano, sobre cosas que a él cumplían; fallólo en la posada de don Galián en la cámara donde Manesil yazía ferido: que por ser éste un tan bueno e leal escudero e por amor de su señor, de muchos nobles caballeros era visitado. E contando aí Ermión de Caldonga el mensaje que la donzella traxera, Manesil —que pocas vezes hasta allí había hablado, e ya en alguna manera estaba mejorado— luego que Leocrates oyó nombrar, acordóse que aquél era el caballero de quien aquellos que a él firieran hablaban; e dixo: "¡Sancta María, como esse traidor traía una gran traición armada contra mi señor!" Entonces les contó todo cuanto a los caballeros oyera, e cómo lo firieran porque los había sentido, e de cómo su señor arribando allí fuera empós dellos, e que se le acordaba que después de buelto le había dicho que en vengança suya los había muerto.

Maravillados fueron los caballeros que aí estaban de oír un tal caso: Leonistán de la Breña como fuese muy esforçado caballero e desseasse mostrar por obras el grande amor que con don Clarián tenía, e ganar prez e honra en aquella corte do no era conocido. Dexándose de aquello —mostrando no hazer tanto caso dello como en el coraçón tenía— fuesse al palacio del emperador, donde no tardó mucho que Leocrates pareció allí armado de todas armas fueras el yelmo. Como era grande e membrudo a maravilla pareció a todos valiente, e llegáronse en derredor por oír lo que diría. El salvó al emperador, e dixo en alto: "Señor: don Clarián de Landanís mató a mi hermano Dramades de la Floresta e a tres primos míos, e su padre mató [CLXVIIr] al mío; porque bien podés entender si hay gran razón para que lo desame. E yo desseando haber vengança de quien tanto daño he recebido, porque de su padre —que es rey— no la puedo assí alcançar, soy venido a vuestra corte con seguro vuestro. Por ende si él en vuestro palacio es, mandalde responder; si no, hazelde venir aquí, que bien creo que pues yo le vengo a demandar batalla, vergüença habrá de la rehusar ante tan alto hombre como vos, e ante tantos caballeros como aquí son."

"Leocrates," respondió el emperador, "don Clarián no es aquí, que encubiertamente es partido de mi corte, e a todos nos pesa que su compañía preciamos mucho, e no debe plazer menos a vos de no le hallar: que dello más provecho que daño os viene. Porque todos sabemos si él mató a los que dezís, fue con tanta razón e derecho que fuera della sería toda cualquier cosa que sobre esto vos le demandássedes."

Oído esto por Leocrates, mostrando pesarle mucho porque allí no le hallaba, dixo: "Agora habré yo todo mi trabajo perdido: que si yo lo hallara, aunque vos, señor, lo preciáis mucho, por cierto tenía de partir de aquí muy alegre con su cabeça, e assí converná a me ir como me vine."

Leonistán de la Breña —comoquiera que por verle tan grande e valiente algo su batalla dubdasse— ovo gran saña de lo que dixera, e levantándose contra él, dixo: "Leocrates, no os irés assí, si a Dios plaze; que yo soy aquí para tomar con vos la batalla por esso que demandáis. E puesto que la mía no dubdés tanto cuanto temeríades la suya, yo tengo esperança en Dios que de aquí llevarés aquel pago que la traición que contra él traides armada meresce: que éstá en cuya confianca vos con don Clarián a combatir veníades: aunque pensáis que es secreto, yo soy della sabidor, e sabed que vuestros caballeros son muertos por mano de aquel a quien ellos venían a engañar."

Bolviendo al emperador díxole: "Señor, mandad poner en guarda aquella donzella que con Leocrates viene, e serés sabidor de la mayor maldad e traición que nunca oístes."

Cuando todos oyeron lo que Leonistán de la Breña dixera mucho fueron maravillados, e a grande esfuerço le tovieron tomar la batalla con un caballero que tan fuerte e valiente parescía e debía ser, según razón de su linaje.

Leocrates, que de ser descubierto ovo muy gran pesar, y esforçóse a encobrir su maldad, e dixo: "Comoquiera, caballero, que yo no sea sabidor de cosa alguna de las que dezís, mucho me plaze la batalla con vos; porque según os mostráis amigo de aquel que yo tanto desamo, todavía me terníades grande enemistad, mas yo os entiendo partir della muy presto si comigo vos osáredes entrar en campo: e vedes aquí luego mi gaje."

Leonistán lo tomó, diziendo: "Esso podés vos muy bien creer, que si a mí matássedes quitaríades a don Clarián uno de los grandes amigos que él tiene, e a vos e a todos los que lo desaman un mortal enemigo."

Como el emperador vio ser la batalla affirmada, mandó que las palabras cessassen, e que la donzella fuesse puesta en buena guarda, e que Leocrates se fuesse a desarmar, e le fuesse dado todo lo necessario muy cumplidamente; que sabida la verdad de lo que Leonistán de la Breña dezía se determinaría sobre ello lo que derecho e justicia fuesse.

"Señor," dixo Leonistán, "lo que yo digo antél quiero que lo sepáis, porque si lo quisiere negar bien acerca estamos que la verdad se parezca por batalla." Entonces contó allí todo cuanto de Manesil aprendiera. El emperador e todos cuantos aí eran se hizieron desto maravillados, e muchos que recelo tenían de aquella batalla que Leonistán tomaba, dixeron al emperador que más derecho sería determinarse aquello por su corte que no por batalla. Empero los caballeros tenían tan gran voluntad de se combatir, e Leocrates lo negaba: assí todo que la batalla quedó affirmada para aquel día después que el emperador oviese comido. La donzella tremía toda con pavor como aquella que se hallaba ser muy culpante. Mas [CLXVIIv] Leocrates le dixo: "Donzella, no temades, que yo os haré presto libre de la demanda que falsamente os es puesta."

Entonces entró en el palacio don Galián, que mucho quisiera ser antes llegado por entrar en aquel fecho; aunque creía estar en manos de caballero que daría dello tan buen cobro como otro cualquiera que allí oviesse. Después del emperador haber comido, los dos caballeros fueron armados en el palacio. A Leonistán armaron cinco caballeros, todos hijos de reyes: que eran Florantel e don Galián, Gastanís el Hermoso, Honoraldo de Borgoña, Girarte de Yrlanda. Los fieles, que eran Luquidán de Vontaner e Mombeldán, hijo del duque de Verona, los pusieron a sendas partes en aquella gran plaça que ante el palacio era. A maravilla parescía hermoso e bien encabalgante Leonistán de la Breña, mas por grande que era, Leocrates era mayor que él más de un pie: parescía tan valiente e membrudo que muchos recelaban que Leonistán en aquella batalla muriesse. El emperador e la emperatriz se pusieron a una finiestra. Gradamisa e todas aquellas infantes e señoras se pusieron por otras a mirar.

Leocrates bien quisiera de allí partir sin haber contienda alguna, mas fiávase tanto en su valentía que de aquella batalla ligeramente se cuidaba librar. Los fieles saliéndose de entre ellos mandaron tocar dos trompas, e ambos los caballeros abaxando las lanças movieron contra sí, cada uno bien cubierto de su escudo encontráronse assí duramente que los escudos e los arneses ovieron falsados: quebraron las lanças en muchas pieças e de tal guisa se juntaron uno con otro que ellos e sus caballos cayeron a sendas partes tan grandes caídas que todos pensaron que fuessen muertos. El caballo de Leonistán fue tan maltrecho de la caída que ovo quebrada la una espalda, e tomó a su señor la pierna debaxo en tal guisa que no lo dexaba levantar. Leocrates se levantó assaz quebrantado de la caída, e metiendo mano a su espada fuesse para Leonistán, que por mucho que trabajaba no podía hazer mover el caballo. Cuando todos assí lo vieron ovieron muy gran pesar e duelo dél, que lo preciaban mucho, e grandemente se dolían de qué por tal desaventura muriesse. La hermosa Lindamira, que más que assí a este caballero amaba, e con recelo de la cuita en qué se podría ver por aquella batalla, no había querido ponerse en el lugar que las otras; antes fingiéndose mala, se había puesto con una su donzella en una finiestra secreta. E cuando assí vio a Leonistán, perdiendo toda la color de su hermosa faz cayó en tierra amortecida. Leonistán, viéndose en tal affrenta que Leocrates venía contra él, la espada en la mano, esforçóse e metiendo mano a la suya, assí como estaba, dio a su caballo un tal golpe en la cabeça que cortándole gran parte della lo hizo desviar, e levantóse muy ligeramente. Mas Leocrates

que llegó diole a su plazer tales dos golpes por cima del yelmo que metiendo la espada
por él todo el cuerpo le hizo doblar contra tierra. Leonistán, como fuesse de gran
coraçón e de aquestos golpes mucho se sintiesse, alçó la espada con gran ira e firiólo
por cima del escudo en guisa que cortando una pieça dél la espada decendió al hombro
siniestro e cortóle todas las armas con parte de la carne.

Entonces se començó entrellos una tan fiera e brava batalla que todos los que los
miraban lo habían por maravilla. La donzella, tomando por las manos a Lindamira la
hizo levantar para que viesse a Leonistan libre de aquel peligro en que antes estuviera,
aunque no fuera dél, porque los caballeros se ferían tan sin piedad que rajas de los
escudos e mallas de las lorigas derribaban a todas partes. Assí que malparando las
armas, cortaban las carnes en muchos lugares, e hazían salir de sí tanta sangre que el
campo do se combatían della se tiñía. Cada uno hallaba en el otro tanta fuerça y
valentía que maravillado era. Los que su batalla miraban —demás aquellos que de las
armas más se enten [CLXVIIIr] dían— cuidaban que al fin ninguno dellos quedasse
vivo, e tanto se combatieron que cada uno se ovo de apartar assaz cansado, e perdidoso
de su sangre. Mas como Leocrates de muy sobrada fuerça fuesse —como aquel que era
hijo de jayán— había tan malparado las armas de Leonistán que lo había llagado más
de en seis lugares, e como él bien oyesse lo que de su disposición hablaban arriba en
las finiestras ovo gran vergüença. Dexando de holgar embraçó el escudo, e dexóse ir
a Leocrates que con gran braveza lo salió a rescebir. Renovaron ambos su batalla tan
fuerte e brava que no parescía sino que entonces la començassen. Tanto se combatieron
e tanto enduraron que a todos hazían maravillar de lo que sufrían.

A esta hora Leonistán se vio menguado de su escudo, que muy poco dél le había
quedado, sus armas despedaçadas, e su yelmo de poco valor; porque mirando en el
lugar que estaba, e conosciendo en el semblante de Lindamira, su señora, la gran cuita
que por él tenía, crecióle tan gran saña que todo el trabajo le hizo olvidar. E queriendo
que la vida suya o de Leocrates diessen fin en aquel hecho, echó en tierra lo que del
escudo había quedado; tomó la espada a dos manos e hirió a Leocrates de toda su
fuerca por la visera del yelmo. La espada —que era buena— entró por ella tanto que
cortándole todas las narizes le quebró un ojo. Entonces Leocrates se tiró afuera como
hombre desatinado, que el un ojo tenía quebrado, e del otro le hazía perder la mayor
parte de la vista la sangre que de una llaga que en la cabeça tenía le corría. Leonistán
lo començó a ferir a toda su guisa, e dio tantos golpes por encima del yelmo que
haziéndole entrar muchas vezes la espada por la cabeça lo derribó muerto a sus pies.

Quitándole el yelmo e hallándolo tal, metió su espada en la vaina, e dio muchas
gracias a Dios por la gran victoria que le había dado, e fuesse a cabalgar en el caballo
de Leocrates, que muy bueno era. Todos ovieron muy gran plazer de su buena andança:
toviéronle a mucho haber assí vencido e muerto un tan esforçado e valiente caballero.
Porque hasta el tiempo destos buenos caballeros pocos se hallaban en el mundo que con
los tales osassen combatir, por donde éstos por sus grandes e hazañosos hechos
merescieron quedar en perpetua memoria como parece. El rey de Polonia, el rey de
Zelanda e muchos otros caballeros de gran guisa sacaron del campo a Leonistán de la
Breña con mucha fiesta e solemnidad, que de todos era muy preciado y estimado, assí

como estaba en razón que lo fuesse aquel que —dexado aparte la gran guisa de donde venía— era de gran bondad, muy apuesto e cortés, cumplido de todas buenas maneras, que en caballero más su valor acrecientan. E fue levado a su posada donde se hizo curar de sus llagas.

La emperatriz, que muy airada estaba contra la donzella por la traición que contra don Clarián traía ordenada, mandó que luego fuesse quemada; mas don Galián, Gastanís el Hermoso, Honoraldo de Borgoña e otros muchos caballeros rogaban por ella, e Leonistán de la Breña embió por parte suya a don Laurgel Dariscón que por ella también a la emperatriz rogasse: los cuales todos le dixeron que comoquiera que ella fuesse digna de muerte por querer cometer tal traición contra el mejor caballero del mundo, que por amor —que entre las donzellas había otras cuya bondad la maldad desta suplía— e porque sobre cosa que tocaba a tan buen caballero como don Clarián, no debía ser muerta donzella: pues él tanto fazía por ellas que le rogaban que fuesse la su merced de la mandar librar, que por ventura haberse visto en un tan gran peligro le sería causa de jamás tentar otra cosa semejante. La emperatriz —como quiera que mostrasse hazérsele muy caro— diziendo que si aquello no se castigasse que podría ser que otra tomasse mayor atrevimiento contra otro cualquiera, o por ventura contra el emperador, su señor. Mas visto que tales caballeros se lo rogaban, concedió su ruego, e la donzella fue libre. Como Leonistán fue guarido luego el em [CLXVIIIv] perador mandó que su espada fuesse puesta en la Torre de las Grandes Hazañas: que según el hecho fuera grande, mucha razón era que assí lo fiziesse; mas Leonistán, que mucho preciaba su espada, no la dio: e fue su figura allí entallada de mármol, assí mesmo la de Leocrates, e la batalla cómo passara porque en perpetua memoria quedasse. Leonistán fue a la Torre de las Grandes Hazañas en aquella guisa que era costumbre de ir, e demandó en merced al emperador que perdonasse al duque de Saboya, padre de don Laurgel Dariscón, que perpetuamente de todos sus señorios había desterrado. El emperador, que mucho airado estaba contra el duque, hízosele más grave de hazer esto que otra cosa que mayor fuera; mas óvolo de otorgar porque no podía negar merced que justa tuviesse a caballero que el tal fecho hazía, como ya se ha dicho que era costumbre. El duque de Saboya —que estaba en la corte del rey de Francia— como supo ser perdonado vínose luego para su tierra.

CAPIT CXXIIII CÓMO DON CLARIÁN LIBRÓ A MANESIL DE PODER DE UN CORMANO DE TIMADÓN EL VALIENTE E DE OTROS DOS CABALLEROS QUE PRESO LO LLEVABAN.

Don Clarián estuvo en el castillo de la donzella hasta tanto que sus bodas fueron hechas, e después acomendándolos a todos, partióse de allí con voluntad de se volver a la corte del emperador —mas aventuras que le vinieron le hizieron volver sus camino. E la que mayor causa a ello le dio fue saber que Ornolante de Rauda e Delanor, hijo del conde de Tirol, eran en prisión de una muy fuerte e bravo caballero llamado Calfedrán, el cual les quería tajar las cabeças. Don Clarián ovo de ir para allá, e combatiéndose con él venciólo e librólos de su prisión. Mas desto e de otras aventuras que le acaescieron en esta historia no se haze mención: porque lo que aquí se dexa de contar que a este cuento toque todo se hallara escripto en aquellos libros *Espejo de caballerías* llamados.

E tanto se dirá aquí que un día que él iba por un gran llano encontró aquella donzella que huyendo de Timadón, en su compañía al castillo de la hermana de Erlacón de Treola fuera; luego la donzella lo conoció:e salvóle, desí díxol:

"Por Dios, señor, mucho soy alegre por haberos hallado en tal tiempo, que según he sabido mucho os pesará de no ser sabidor de lo que agora os diré: y esto es que yo encontré hoy en una floresta un escudero vuestro que me dixo había nombre Manesil. Demandóme si sabía nuevas de vos; e según el afición e gran deseo con que él os anda buscando, bien creo que lo causa ser de vos amado. E como amos juntos viniéssemos encontramos un gran caballero armado de armas verdes que dixo ser primo de Timadón el Valiente; con él venían otros dos caballeros. Sabiendo él que el escudero era vuestro, prendiólo, e dixo que lo levaría a su cormano, Timadón, que en un castillo cuidaba hallar, el cual por ser vuestro luego lo mandaría matar, porque os desama tanto que en esto y en todo lo ál que pudiesse os faría todo pesar."

"Ay Dios," dixo don Clarián, "que vos, donzella, habláis del mejor escudero del mundo; e por mesura mostradme por dónde lo llevan: que no os podría dezir en cuánto estimo haberos hallado."

"Esso faré yo muy de grado," dixo ella, "que aunque con otro no me atrevería a ir, yendo con vos no temo mucho el peligro que dello me puede venir." Entonce lo guió por un sendero pequeño, e por él fueron fasta dar en un gran camino: la donzella tomó por allí e fueron a gran prissa, que don Clarián con temor que había de perder a Manesil cuitávasse mucho de andar.

Assí entraron por una gran floresta, e tanto anduvieron que llegaron a un llano. Catando don Clarián ribera de un río vio los caballeros —que allí decendieran por refrescar— que cabalgaban ya para se ir. En el caballo de Manesil iba un enano; él iba en un palafrén sin espuelas, las manos levaba atadas atrás, y una soga atada al cuello de qué el enano lo llevaba, e a vezes tiraba tanto dél que lo hazía torcer en la silla. Manesil iba llorando muy fieramente, e dezía:

"Ay, mi buen señor don Clarián, como de hoy más me convie [CLXIXr] ne partir de serviros; que vuestros enemigos quieren tomar en mí vengança porque de la tomar en vos no habrían coraçón. E por cierto aunque la vengança no es grande, todavia sé yo que os hará gran pesar: no porque yo lo merezca, mas porque vos, mi buen señor, me amávades e de mí teníades conoscida aquella gran lealtad con qué os servía. E sin falla si vos agora aquí fuéssedes no me dexaríades assí llevar a matar; mas si algún consuelo tengo de mi muerte no es sino que pues con la vida no os puedo servir —por me ser tan cedo quitada— la rescibo por ser vuestro y en vuestra demanda."

Don Clarián —que cubierto iba entre unos árboles— oyó bien esto, de que ovo tan gran duelo que las lágrimas le vinieron a los ojos, e dixo: "Si a Dios pluguiere, mi buen hermano, no morirás a manos de estos desleales: que primero perderán la vida ellos o yo." Tomando la lança y el escudo que Carestes le traía, apressuróse más de andar.

Liboragar, el cormano de Timadón —que assí había nombre— era hijo de un muy valiente caballero llamado Rián de Aquer, hermano bastardo de Tarcón e de

Bracazande de las Ondas, e de gran fuerça e ardimiento; el cual respondiendo a Manesil le dixo: "Escudero captivo, mal haya esse tu señor que dizes; que sin falla si él aquí fuesse presto vengaría yo en él la muerte de mis tíos, porque no habría por mucho de le tajar la cabeça yo solo; e si más duelo hazes, tente por cierto que te la cortaré a ti." Entonces se descubrió don Clarián de entre los árboles e todos volvieron a lo mirar. Cuando Manesil conosció ser este su señor, si ovo plazer no es de demandar: que tan grande gozo sintió su ánimo que en poco estovo de caer del palafrén, e dixo a Liboragar: "Por Dios, caballero malo e sobervio, yo no tengo de ti pavor que si mucho te precias agora veremos lo que harás que cerca de ti tienes él que demandabas." Comoquiera que Liboragor de gran fuerça fuesse e consigo tuviesse dos caballeros, no le plugo de saber que éste fuesse don Clarián; empero tomando sus armas movió contra él delantero de los otros.

Don Clarián venía para ellos, su lança baxa, e muy bien cubierto de su escudo, diziendo en alto: "Atended caballeros, que si a Dios pluguiere otro mandado que pensáis llevarés a vuestro señor."

Liboragar lo encontró en el escudo, e falsóselo, esso mesmo las otras armas; mas muy poco prendió en la carne, e quebró allí su lança. Don Clarián, que muy sañudo venía, lo firió tan duramente que más de tres palmos de la lança le echó de la otra parte, e derribólo en tierra tal que no ovo menester maestro. Los otros dos caballeros lo encontraron en el cuerpo, mas no lo movieron de la silla poco ni mucho. Don Clarián, que la lança quebrara, metió mano a su espada, e dexándose ir a uno dellos firiólo en la mano que tenía la espada, en guisa que cortándola toda se la derribó a tierra. Cuando el otro estos dos golpes vio, no curó más de atender; antes començó de fuir cuanto el caballo lo podía llevar. El otro, que la mano había cortada, también quisiera huir, mas don Clarián, travándolo por el braço le dio tal golpe de la mançana del espada en el yelmo que se lo hizo saltar de la cabeça. El caballero con pavor de muerte le demandó merced.

Don Clarián le dixo: "Tú la habrás, mas cúmplete que te otorgues por vencido e me guíes adonde es tu señor: que pues yo soy aquel que tanto desama e con tan grave voluntad de se combatir comigo me demanda, yo le quiero escusar que no tome más trabajo en me buscar."

Oído esto por el caballero mucho le plugo, considerando que si a Timadón lo llevasse luego sería dél vengado, porque tenía creído que en el mundo no había tal caballero que a Timadón el Valiente en batalla durasse; e dixo: "Bien es cosa clara que yo soy vencido e por tal me otorgo, e assí creo que lo fuéramos muchos más que aquí viniéramos según vuestra gran bondad; e yo, señor caballero, os guiaré dónde es Timadón, mi señor, que no está muy lueñe de aquí."

Don Clarián cató entonces e vio como Carestes, que empós del enano fuera, lo traía por los cabellos, e quitándose el yelmo fuesse para Manesil; desligólo de las manos e quitóle la soga que al cuello tenía. Manesil le besó las manos con grande alegría de su coraçón. Don Clarián lo abraçó con muy gran plazer, e viniendo a la memo [CLXIXv] ria cuán malferido lo dexara, e cómo lo veía guarido, después haberlo así librado de muerte —que según la crueza de Timadón por él no passara— las lágrimas le vinieron a los ojos. Carestes, que ya llegara, viendo esto, bien pensó que aquello no podría venir sino de su gran lealtad con que Manesil lo sirvía, e propuso en sí desde allí de trabajarse en servir tan lealmente, que de su señor meresciesse ser amado assí como éste lo era. Don Clarián dixo contra Manesil: "Ay mi buen amigo, cómo es grande el plazer que tengo por me haber la ventura guiado en parte que de tal peligro te pudiesse librar; e bien hayáis vos, donzella, que de tal nueva me hezistes sabidor: que si Dios me ayude, cualquier cosa que por vos me fuesse demandada la haría yo muy de grado con toda voluntad por el gran bien que de vos he rescebido."

"Señor," dixo la donzella, "a buena ventura tengo haberos fecho este servicio, e pues tanto os viene en grado ruégovos que me deis un don para cuando os lo demandare: que no será cosa desaguisada la que yo os pediré."

"Buena amiga," respondió don Clarián, "yo os lo otorgo si es tal como dezía."

"Pues con esto soy yo pagada," dixo ella, "e a Dios quedés encomendado; que cuando viere tiempo yo os lo demandaré, que ya sé donde más cierto os podré hallar, que es en la corte del emperador Vasperaldo."

"A Dios vayáis, donzella," dixo él, "que gran plazer se me ha seguido de haberos hallado."

Partida la donzella, el enano —que gran pavor tenía de muerte— se puso de hinojos ante Manesil, rogándole que lo perdonasse. Manesil le dixo: "Yo te perdono porque eres tan captiva cosa que él que en ti tomase la vengança la deshonra se tomaría sobrél." Don Clarián hizo ligar la llaga al caballero, mas tanta sangre le salía que si no fuera porque él, de piedad que dél ovo, la tocó con su anillo, no pudiera ser restañada. Cabalgando Manesil en su caballo y el enano en el palafrén que él antes venía, se metieron al camino por donde el caballero los guiaba.

Don Clarián demandó a Manesil que le dixesse qué ventura lo traxera en aquella parte, e que si viera a su señora Gradamisa cuando de la corte partiera, e cómo quedaban todos. "Señor," dixo él, "tanto que yo fui guarido luego me metí en vuestra demanda: que pues vos en la corte no érades, no me agradaba estar en ella. E la princesa Gradamisa no tuve lugar de hablar, mas Casilda me dixo que de su parte os dixesse que lo más presto que pudiéssedes volviéssedes a la corte, e fablando yo con ella en el fecho de vuestros amores me certificó de la gran cuita e soledad que en vuestra ausencia padece como aquella que leal e verdaderamente os ama."

A don Clarián le vinieron las lágrimas a los ojos con la sobrada cuita que en aquella sazón tenía en ser tan encendido e atormentado de mortales desseos e verse tan alongado del remedio dellos, e dixo: "Dios por su merced me dexe servir a mi señora la memoria que de mí tiene; que aunque, mi buen amigo, lo más cierto es ser yo venido en el fin de mis días por la gran cuita que por ella padezco, harto galardón es para mí saber que ella se duele della."

Manesil le contó también todo lo que de Leocrates aviniera: cómo Leonistán de la Breña por su amor se combatiera con él e lo matara donde ganara mucha prez e honra, de que don Clarián ovo mucho plazer. Assí fueron hablando en aquello que más a don Clarián agradaba, y él contó a Manesil algunas de las aventuras que le dieran causa a no volver tan aína a la corte. Manesil le dixo: "Señor: este escudero ¿cómo viene con vos?" Don Clarián le contó en qué guisa lo tomara en su servicio; díxole cómo era buen escudero e bien entendido.

Razonando desta guisa anduvieron tanto que llegaron a un hermoso castillo que en un llano estaba. El caballero le dixo: "Señor, allí es Timadón —él que vos demandáis— e si por bien tenés yo le haré saber vuestra venida."

"Mas todos iremos juntos hasta la puerta," dixo don Clarián, "e después yo embiaré a él este enano."

E moviendo para allá vieron venir un caballero que era señor del castillo, armado de todas armas sobre un caballo blanco; con él venía un escudero. El conosció al caballero e al enano —que no había más de cuatro días que él e los otros de su ca [CLXXr] stillo partieran— e fue maravillado cuando assí los vio venir. Don Clarián le demandó: "¿Caballero, es en vuestro castillo Timadón?"

El caballero no le respondió, e volviéndose a los otros le dixo: "¿Dónde dexáis vuestros compañeros?"

"El uno," dixo él, "no sé donde es, mas Aliboragar, cormano de Timadón, yo lo dexo en tal estado cual le no fuera menester: que este caballero se combatió con nos todos tres, e mató a él, e a mí llagó como vedes; el otro fuyó del campo. Házeme venir con él para que le muestre a Timadón, que se quiere combatir con él: por ende yo os ruego que se lo hagáis saber para que salga a tomar vengança del mayor enemigo que tiene."

Oído esto por el caballero cató a don Clarián más que antes, e puesto que mucho lo preciasse por lo que el caballero dél le contaba, según lo que él de Timadón el Valiente conoscía, a gran locura le tuvo querer se combatir con él, aunque en su compañía tuviesse otro caballero el mejor que se pudiesse hallar; mas dixo: "Bien haya el buen caballero; e mal vos e vuestro señor: que yo lo desamo mortalmente, e con gran derecho, porque haziéndole yo toda honra en mi castillo cabalgó ayer; encontró un cormano mío que a mi castillo venía, e no sé por cuál razón lo mató. Después él se venía para mí, mas yo —que lo supe— mandé[81] cerrar la puerta de mi castillo e no le quise acojer. El estuvo allí una pieça rogándome que le abriese, e desculpabasse diziendo que él no supiera que el caballero que él matara era mi primo, mas yo no le quise creer: que de un hombre mío —que aí se halló— sabía por cierto que él lo conosciera bien cuando en tierra lo tenía, mas no quiso dél haber merced. Con tanto él se partió dallí con una donzella que a la sazón arribó: la cual él había embiado a cierta parte con su mandado." E volviéndose a don Clarián le dixo: "Señor caballero, por vos desamar a aquel que yo tanto desamo, en mi castillo os será hecha toda honra e servicio: porque os ruego que quedéis aquí esta noche; que yo cessaré por agora de la jornada en qué iba. E tened a buena ventura no haber hallado aquel bravo diablo; que a ningún caballero del mundo sería contado a cordura querer se combatir con él, tanto es fuerte e valiente."

Mucho le pesó a don Clarián por no hallar aí a Timadón: que como quiera que

---

[81] mnade

sabía ser éste de tan sobrada fuerça e valentía jamás desseara batalla de caballero más que la suya, e menos se la hazía dubdar oír dezir sus grandes sobervias e cruezas. Mas a Carestes no le pesó por ello; antes le plugo mucho porque gran pavor tenía de parecer ante aquel a quien él muy estrañas e fuertes cosas viera hazer: porque él sabía que si Timadón pudiesse, lo mataría cruelmente, porque dexando a él aguardaba a don Clarián, que era su mortal enemigo, e aunque él sabía ser su señor el mejor caballero del mundo no le quisiera ver puesto en estrecho de tal batalla.

Don Clarián dixo al señor del castillo: "Si Dios me ayude, caballero, a mí pluguiera más de lo hallar aquí; que sus sobervias e cruezas y el desamor que me tiene me dan causa a que yo dessee mucho su batalla. Empero pues, mas no puede ser, si es verdad que él con tan gran voluntad me busca, otra vegada nos podremos juntar; e a mí plaze de quedar con vos, señor caballero, pues que con tanta buena gana me lo rogáis," e dixo al caballero herido, "Vos y el enano podés aquí esta noche quedar; que aunque el señor del castillo vos desame por razón de vuestro señor, vos alvergará por ruego e porque estáis ferido."

"Esso haré yo por vuestro amor," dixo él, "aunque por ál no lo hiziesse: e vámonos luego." Entonces movieron para allá, mas el caballero que no veía la hora de ser partido de don Clarián, temiendo que como su señor algunas vezes hazía —le viniesse en voluntad de lo matar— le dixo: "Señor, esto vos agradezco yo mucho, mas si por bien tenés, dexadme ir: que yo sé un lugar cerca de aquí donde me guarescerán del braço."

"Vos os podéis ir," dixo don Clarián, "pues que assí os plaze, e cuando viéredes a Timadón dezilde que pues tanto me desama: si él bien me buscasse no tardaría mucho de me hallar; que si yo supiesse lugar cierto donde él estuviese yo lo iría a buscar: aunque un día lo hallé ante un castillo e lo ayudé de todo mi poder [CLXXv] contra aquellos que lo querían matar. Mas según su esquiva condición creído tengo que esto e otra cualquier cosa que yo por él fiziesse no me sería mucha agradescida."

Carestes le dixo: "Caballero, dezid a Timadón que Carestes el escudero que lo aguardaba sirve agora a aquel buen caballero que él tanto desama, con quien tiene su servicio por muy mejor empleado."

El caballero y el enano se partieron. Don Clarián y el señor del castillo entraron luego en él, e vinieron sirvientes que los desarmaron, e fue fecha mucha honra e servicio a don Clarián. El defendió a Manesil e a Carestes que a ninguno dixessen su nombre. Assí se encubrió del huésped aunque aquella noche él le demandó de su hazienda. Después de haber cenado, don Clarián, tomando aparte a Manesil, estuvo una gran pieça hablando con él en fecho de su señora Gradamisa. E tanto que fue hora de dormir el señor del castillo lo llevó a una cámara do estaba aparejado un lecho muy bien adereçado para él, e otros dos para sus escuderos, e allí alvergaron aquella noche.

CAPITU CXXV. CÓMO DON CLARIÁN FUE A AGUARDAR AL SEÑOR DEL CASTILLO FASTA LA CORTE DEL REY AURAPIS, E CÓMO POR EL CAMINO ÉL LE CONTÓ LAS ESPANTO-SAS COSAS DE LA GRUTA DE ERCOLES.

Otro día de gran mañana don Clarián se levantó, e antes que se armasse el señor del castillo vino a él armado de todas armas, fueras el yelmo, salvólo e díxole: "Señor caballero: yo me iba ayer a la ciudad de Contuma, que es a tres jornadas de aquí, con mensaje que levaba el rey Aurapis, que es señor della; e por haberos encontrado me volví de mi camino, en el cual iba con gran recelo de Timadón, que a mi pensar según su sobervia todo daño que pudiesse me haría. E pues vos —como yo— lo desamáis, ruégoos por cortesía, que si muy grave no se os haze, me queráis aguardar fasta allá: que en vuestra compañía iré muy más seguro."

"Huésped," dixo don Clarián, "aunque tenía en otras partes qué hazer, yo lo haré por vuestro amor; e bien querría que pudiéssemos hallar a Timadón para que yo solo con él me combatiesse," mas desto no pluguiesse al caballero, que a Timadón más que a otro hombre del mundo temía e dubdaba.

Don Clarián se armó, e cabalgando en su caballo salieron del castillo. Anduvieron todo aquel día sin aventura fallar qué de contar sea: e otro día llegando ante una hermita hallaron aí un caballero armado que les demandó justa. El huésped de don Clarián no ovo sabor de justar; don Clarián aunque no lo tenía mucho a voluntad justó con el caballero, e derribólo tan bravamente que fuera de todo acuerdo lo dexaron en tierra. Aquella noche alvergaron en casa de una dueña viuda.

Otro día partiendo de allí entraron luego en tierra del rey Aurapis. A hora de medio día encontraron muy gran gente que por un llano venía: assí de caballeros armados como de mugeres e niños e viejos. Estas compañas eran tantas que muchos iban a pie e otros cabalgando en caballos e palafrenes e bestias de todas maneras. Llevaban muchos carros cargados de ropa e de otras cosas, e por todas las carreras que de aí se veían venían destas gentes, en tal manera que parescía que despoblassen aquella tierra, la cual era muy hermosa de muchas arboledas e riberas: a la una parte era llana, e a la otra había muy grandes montañas. Don Clarián e sus escuderos mucho se maravillaron de ver assí venir esta gente, mas el caballero no, que bien sabía la causa dello, e demandó a unos siete caballeros que juntos venían por nuevas del rey Aurapis. Ellos le dixeron que en la ciudad de Contuma quedaba, que era cuatro leguas de allí.

Desque fueron passados por todas aquellas compañas don Clarián dixo a su huésped: "Señor caballero, ruégovos que me digáis por qué razón van assí estas gentes, que me semeja que despueblan esta comarca."

"Señor," dixo él, "assí es verdad como dezís: que la tierra se despuebla en todos años por dos meses; que por un gran pecado es venida en ella tal desaventura que a los moradores della haze vivir en gran cuita e trabajo, siéndoles forçado [CLXXIr] desmampararla como veis. E la causa por donde todo este daño nace es la muy espantosa gruta de Ercoles que nueve leguas d'aquí está, de la cual no sé si nunca oistes hablar."

Cuando don Clarián oyó que la gruta de Ercoles —de quién él algunas vegadas oyera hablar— que las espantosas maravillas della no se podían saber, tan acerca era, tomóle gran deseo de saber de aquel caballero la verdad de lo que della se alcançaba; e díxole: "Huésped, por la fe que debéis a Dios dezidme toda la razón que sabéis desta gruta que es tan nombrada, que puesto que algunas vezes della he oído hablar nunca he sabido bien la certinidad de sus maravillas."

"A mí plaze dello," dixo él, "e podéis creer que por fuerça ni ardimiento, ni por ciencia, ni sabiduría de hombre nacido, después que esta gruta o cueva es hecha no se ha podido alcançar que a las gentes manifiesto sea otra cosa de lo que agora os diré. Sabréis que cuando aquel tan sabio e más fuerte Ercoles vino en Italia, donde matando al rey Aurico, casó con su hija Yolante, que era tan hermosa e sabia, que vencido el fuerte Ercoles de sus amores de ninguna cosa de las por él passadas se acordaba —las cuales fueron e habían sido tan grandes que entre las gentes de su tiempo no solamente por más fuerte e claríssimo varón que otro se estimaba, mas aun de todos era por uno de los mayores dioses tenido. Pues perdida la esperança de más volver a su tierra, ni de apartarse de aquella su tan amada muger, diose a fazer obras de grandes maravillas con su sabiduría; corriendo por Italia e Alemaña arribó en esta tierra, y en unas grandes montañas fabricó e hizo por su gran sabiduría una gruta que según lo que fuera della se alcança muy maravillosa debe ser. Digo de fuera, porque lo de dentro ninguno lo ha alcançado a saber —por muchos que se han trabajado dello, assí por fortaleza de coraçón como por virtud de ciencia: que ninguno jamás entró dentro que saliesse.

"Pues fecha esta gruta tan espantosa, Ercoles le puso unas puertas al pie de la montaña que según dizen fueron de maravillosa obra e riqueza: y escrivió en ellas letras que dezían: *De ninguno entre los vivientes con más razón se podrá de fortaleza e virtud de coraçón tan altamente hablar como de aquel que aquí entrare e bastare a salir* : e baxo destas letras había otras que dezían: *Bien andante aquel a quien tan gloriosa memoria está guardada; que jamás entre los vivos será olvidado. Mas ay de aquel que fiándose en su sabiduría convocara todas las ayudas de su sciencia para entrar aquí: que éste tal causará mucho tormento e trabajo en las gentes de su tierra.* 'E puso también a trecho de las puertas un padrón de maravillosa piedra; todo esto fecho fizo tal encantamiento que con media legua entorno de la gruta toda la tierra tremía como que se quisiesse hundir, e del padrón de piedra adelante ninguno que a la gruta no quisiesse entrar podía passar, mas aquel que en la voluntad tenía de entrar en ella si llegado a las puertas se arrepintiesse caía amortecido, e otro día lo hallaban a par de un lago que aí cerca es: los más destos tales perdían la habla e nunca tornaban en sí como antes. Mas él que entraba, jamás salía, ni se sabía dél e ninguno podía en la gruta entrar sino dos días en la semana: viernes e domingo; porque en todos los otros días las puertas ardían de fuego en tal manera que con gran trecho ninguno se osaba acercar a esta montaña que toda ella temblaba muy fuertemente.

"Assí que por ser tan espantosa todas las gentes e ganados se apartaban della, e algunos dezían que cerca desta gruta se veían orribles e espantosas visiones. Muchos caballeros e hombres sabios vinieron de estrañas tierras por causa de aquellas letras que Ercoles allí dexó para entrar aí e provar si podrían alcançar lo que dentro desta tan estraña gruta había: a los unos moviendo cobdicia de fama, e a los otros de thesoros que dentro pensaban hallar e aun hoy en día algunos lo creen assí, mas ya ninguno ha podido hazer tanto que pueda saber ni alcançar cosa alguna de lo de dentro para lo poder contar.

"Assí turó esta gruta muy largos tiempos, que como quiera que tan espantosa es, no recibían daño della las gentes de la tierra como [CLXXIv] agora reciben: mas habrá ochenta años que un mal rey que en ella ovo llamado Quipolo, que en sabiduría e sciencia se dezía sobrepujar a todos los del mundo, se enamoró de una su hermana, muy hermosa donzella, la cual siendo dél muy requestada díxole que cómo quería que le otorgasse su amor pues que cuando sus gentes fuesse sabido los matarían luego porque tan gran pecado cometían. El, pensando mucho en este fecho, viendo que ella por otro inconviniente no lo dexaba, hízole creer que en la gruta de Ercoles había muy deleitosas e sabrosas moradas, e díxole que él con su sabiduría haría tanto que ambos pudiessen entrar en ella donde estarían a su plazer: que después que allí oviessen estado tanto cuanto les pluguiesse saldrían de allí, e que assí la podría tomar por muger con consentimiento de todos los suyos. Como amos eran malos e señoreados del diablo, assí como lo ordenaron lo pusieron por obra.

"Mas aunque el mal rey bastó con su sciencia a entrar en la gruta y estar en ella algún tiempo, no se pudo della tanto aprovechar que della fuesse poderoso de salir, e assí vivió en aquel pecado tres años, en cabo de los cuales los dos murieron: que no quiso Dios que mucho turassen en aquel tan inorme vivir. Fue sabida su muerte porque en tres días después que murieron ovo en esta tierra tan grande escuridad, tan espantosos truenos e relámpagos que maravilla era, cayéronse muchos hedificios; e murieron muchas gentes de gran espanto de bozes e baladros muy temerosos que en todos aquellos tres días oyeron. La montaña ardía en vivas llamas que parescía que al cielo llegaban, e no quedó en ella árbol e raíz que no se quemasse. E dizen que algunos dixeron haber visto al mal rey e su hermana en compañía de los diablos por los aires. Cessadas estas tan espantosas cosas, las gentes salieron por mirar la gruta, mas jamás se vieron las puertas della, ni se fallaron: antes vieron toda aquella montaña quemada e tornada toda negra; e por mucho que buscaban no hallaban entrada ninguna a la gruta, ni ya tremía la tierra como solía, de que mucho fueron maravillados. E conosciendo que el mal rey Quipolo e su hermana se metieran allí, alçaron por rey un sobrino suyo que en toda bondad era tan cumplido, el cual fuc avuclo deste rey Aurapis que agora reina.

"Pues assí estuvieron las gentes desta tierra sossegadas sin sentir cosa alguna de la gruta hasta el mes de abril: que entonces paresció una muy espantosa sierpe que creen por el pecado de aquel mal rey e su hermana ser engendrada, la cual bolando por el aire e lancando fuego por la boca destruía todos los frutos de la tierra una jornada entorno, e mataba hombres e mugeres e ganados cuantos hallaba —e assí haze hoy día: que en este mes de abril —que de aquí a seis días entra— y en el de mayo se oyen por toda esta tierra bozes e baladros infernales tan espantables e temerosos que las gentes mueren de los oír; andan visiones e compañas diabólicas temerosas, e la tierra treme en muchas partes; ábrense grandes simas, enciéndese grandes fuegos en las montañas, e los más años se pierden todos los frutos una jornada entorno.

"Assí que por estos dos meses conviene despoblar la tierra, mas estos passados las gentes tornan y están todo el otro tiempo del año seguros e sin rescebir daño más de cuanto: algunos con cuita de amores, otros con cobdicia de haberes, otros con desesperación, otros con pensamiento de hallar remedio de sus desseos se meten en aquella gruta. E dízese que como el diablo tenga ya poder que toma la forma de aquel mal rey, o de su hermana; e pareciéndose en aquellos en quien halla lugar les haze creer que en esta gruta hallaren el remedio de todo aquello que quisieren. Desta guisa se hazen muchos desservicios a Dios e se pierden muchas ánimas. Estas gentes se van —como vedes— a otras comarcas pues es tan cerca el tiempo que les conviene desamparar la tierra."

"Por Dios, huésped," dixo don Clarián, "maravillosas cosas me avés contado desta gruta, e nunca yo tanto della [CLXXIIr] hoy fablar; mas agora me dezid por qué no despueblan esta comarca del todo, pues que los más añõs pierden los frutos, e cómo éssos que dezís entran en la cueva: pues me habéis contado que las puertas della se quemaron, e no se fallaron más."

"Yo os responderé a todo," dixo el caballero. "La tierra no se despuebla por ser muy buena e viciosa, e porque el rey della no tiene muy gran señorío; e la mayor causa es porque hay en ella un gran otero e muy espacioso sobre el cual está una hermita de Nuestra Señora la Virgen María, donde mora un hermitaño de muy sancta vida: e aquí jamás se pierden los frutos, antes vienen en tan gran abundancia que lo tienen por maravilla. E comoquiera que todos se vayan de la tierra del ermitaño no se parte de allí; como es hombre de sancta vida e porque Nuestra Señora quiere guardar aquella su casa, jamás de cosa alguna es nuzido; e la entrada que hallan aquellos que a la gruta quieren entrar no se sabe que sea más de una, y ésta es en lo más alto de la montaña.

"Pero que bien pasó largo tiempo después de muertos aquellos dos tan malos hermanos que desta entrada no se supo; e hallóla un caballero, hermano del rey de Thesalia, que era de los hermosos e apuestos del mundo: llamado Caliscán, e no passaba de XXV años. El, sin ventura —que tan amado fue en esta tierra- en un poco de tiempo que en ella estuvo que aún hoy en día es llorado. Vino este Caliscán en esta tierra por las nuevas que de la gruta oyó; e primero que en ella entrasse mostró tanto su bondad en batallas y en torneos que todos aquellos que lo vieron por el mejor caballero del mundo lo juzgaban. Buscando la entrada desta cueva halló la que os he dicho, e luego se vino para el rey —padre que fue deste rey Aurapis. Díxole que él quería entrar dentro por saber estas maravillas; e puesto que por el rey e por todos fue amonestado que no lo hiziesse, no quiso; ante dixo que no habían de espantarse los coraçones de los buenos caballeros por las obras fechas por hombres como ellos, e pues Ercoles tal fuera que con sus escriptos no había de poner temor en el buen ánimo.

"Assí entró por aquella entrada que dizen ser muy temerosa, donde nunca más dél se supo; e fue gran daño en perder se un tan preciado e noble caballero. Por donde él entró sale e se acoje la espantosa sierpe según que todos creen: mas mucho se maravillan dello, que la entrada es muy estrecha. E después que el mal rey Quipolo e su hermana murieron, nunca ha habido otro alguno que publicamente en la gruta haya entrado sino Caliscán; que de aquellos que por offertas del diablo allí van. no se sabe de cierto, e ya tienen creído que sea burla aquellas letras que Ercoles dexó, e que esta gruta no sea ál que perdimiento de ánimas. Agora os he contado toda la razón della."

Don Clarián fue una pieça cuidando, que ya en su coraçón era puesto e assentado desseo de ensayar aquella aventura aunque tan espantosa era, poniendo en sí de lo hazer por servicio de Dios e por escusar —si pudiesse— que tantas ánimas no se perdiessen. Que desta guisa, aunque muriesse, no pensaba perder su ánima: y en lo que al cuerpo tocaba, perdido ya el temor, teniendo en memoria aquellas tan esforçadas palabras e dinas de loor que aquel buen caballero Caliscán dixera; tenía ya tan puesta en esto su voluntad que ofreciéndose a la muerte porque su fama —que más duradera que la vida era sin escurecimiento ni manzilla alguna— quedasse; por ál no entendía passar, que más quería morir que no que se dixesse del haber hallado aventura alguna que por temor de la muerte dexasse de acometer; e tenía creído que pues Dios por allí lo traxera que no era por otra cosa sino porque El era servido que sus días hiziesen fin, o que por él fuesse aquella ventura acabada si por hombre alguno lo a de ser considerando él que aquel famoso Ercoles no escriviera palabras vanas.

Después que una pieza ovo pensado dixo: "Por cierto, huésped, vos me habés dado entera razón de todo; e muy gran duelo tengo desse buen caballero Caliscán, que aunque otra bondad en sí no oviera sino haber dicho aquellas tan notables y esforçadas palabras, merescía quedar dél perpetua memoria e ser de todos amado; e gran lástima es de haber de las ánimas que por esta gruta se pierden. E pues esta es obra fecha por hombre mortal, no puede permanecer tanto tiempo que a Dios por [CLXXIIv] su misericordia algún día no le plega de quitar tal poderío al diablo para que más no pueda dañar ni atormentar a sus siervos, e todos los desta tierra se debrían juntamente trabajar de deshazer esta gruta y entrar dentro si hazer se pudiesse."

El caballero respondió: "Por la entrada no cabe más de un hombre, e deshazer la gruta sería impossible; e todos tienen creído que Dios consiente que padezca este trabajo por el pecado del rey Quipolo e de su hermana."

"Pues de mí os digo," dixo don Clarián, "que pues Dios en esta parte me ha traído solo, si a El pluguiere quiero ensayar esta aventura e poner mi vida por alcançar —si podré— a remediar el daño que de aquí se causa, e combatiréme con aquella sierpe si dentro la hallo: que si ella es diablo, con la ayuda de Dios ha de ser destruída, e assí entiendo de passar por aquella aventura que a El le plazerá darme."

Cuando el caballero esto oyó mucho se fizo maravillado, como aviéndole contado tan temerosas cosas de la gruta e de la sierpe aquello hablasse; e cuidó que hombre que con Timadón quería combatir e aquella aventura tan desesperada quería ensayar, que esto no le venía sino de gran mengua e falta de seso; por otra parte dubdaba mucho dello, viéndolo en todo también entendido e razonado, e díxole riendo: "Ya, señor caballero, que estas tales cosas que son fuera de natura e poder de hombres no se deben tentar: que en ello no penséis alcançar otra gloria ni haber otro thesoro sino perdimiento de vuestro cuerpo e de vuestra ánima."

"Si Dios me ayude, huésped," dixo don Clarián, "yo por cobdicia de thesoros no me aventuraría en otra cosa que menor fuesse que ésta: mas pues Ercoles escrivió que por hombre había de ser esta aventura acabada, cosa es de caballeros, encomendando sus ánimas a Dios aventurar sus cuerpos por quitar el gran daño que a tantas gentes viene: que el que con tal intención lo hiziesse Dios habrá merced dél, e si ninguno lo ensaya Ercoles saldría mentiroso e la aventura nunca habría fin. Por ende yo querría que, llegados a la ciudad, hagáis saber al rey Aurapis mi voluntad e propósito: por ende que mande a sus gentes que no hagan más movimiento hasta saber qué será de mí."

El caballero cuidó entonces que todo lo que más le dixesse sería escusado, e creyendo que venido al efecto no osaría ensayar la entrada, acordó de lo contar al rey por cosa de locura. Empero Manesil, que muy gran pesar tenía en su coraçón porque su señor tan desaforada y espantosa cosa quería acometer —como él lo conosciesse mejor que el caballero e supiesse que por temor alguno no se tornaría atrás de lo que una vez dixesse— llegóse a él e díxole: "Señor ¿dónde es fuída vuestra discreción y el temor de Dios, y el amor de vuestra señora Gradamisa? Acordaos que si sois aborrecido de la vida, que assí en la juventud queréis acabar, que vuestra ánima irá condenada; e que mataréis a Gradamisa, que después de vos no vivirá un día. E si vos, señor, esto queréis hazer, bien mostráis no solamente que no la améis, mas aun que la desamáis mortalmente ser causa de su muerte; e si por duelo de vos, ni temor de vuestra ánima no lo dexáis, dexaldo por amor della."

Don Clarián, que bien conoscía que puesto aquello en razón, del todo parescería cosa desaguisada e fuera de medida —como lo era— no curó de ponerlo en muchas razones, e díxole: "Mi amigo, yo te ruego que en ello más no me hables, porque aún no me lo vees ensayar; e cuando lo viesses, entonces me dirás tu parecer. E si lo hiziere, no te maravilles, pues de otros has oído que olvidando el temor de sus muertes por la fama de sus nombradías acometieron este fecho." Manesil se calló con tanto que bien pensaba que habría tantos que se lo estorvassen, e que él por su parte le diría tantas cosas que se oviesse de dexar dello.

Assí anduvieron fasta llegar a media legua de la ciudad de Contuma. Entonces encontraron una gran compaña de gentes que se iban. Don Clarián dixo al caballero: "Huésped, dezid a éstos que se tornen, si les pluguiere, hasta ver qué tal será mi ventura: que yo quiero entrar en la gruta de Ercoles, e que si aí me perdiere, como los otros, assaz tienen de tiempo para se ir." El caballero se sonrió e tovo lo por gran sandez, empero dixo aquellas con [CLXXIIIr] pañas lo que él le rogara que dixesse; e como entrellos oviesse gentes de todas suertes, començaron a gritar, silvar, e burlar de aquello; e partiéronse diziendo que si el caballero había tanta voluntad de combatir con los diablos, que ellos no querían atender en esperança de la victoria que de allí alcançaría. Don Clarián e su huésped se fueron para la ciudad; él lo levó a casa de un caballero amigo suyo que muy bien los recibió.

CA. CXXVI. CÓMO EL CABALLERO DIXO AL REY AURAPIS QUE DON CLARIÁN QUERÍA ENTRAR EN LA GRUTA DE ERCOLES, E CÓMO EL REY E OTROS SE LO ESTORVARON MUCHO, E AL FIN NO LO PUDIERON ACABAR CON ÉL ; E DE LO QUE LE AVINO YENDO A ENTRAR EN LA GRUTA.

Don Clarián atendiendo allí; el caballero se fue para el palacio del rey, el cual ya adereçaba de se partir, e después que con él ovo hablado sobre el mensaje que traía, díxole:

"Señor, quiéroos contar una muy estraña cosa de un caballero; que después de le yo haber dado a entender las espantosas cosas de la gruta de Ercoles dize que en todas guisas él quiere entrar en ella, e yo bien creo que esto no le viene sino de locura, e deziros he, señor, porque lo pienso. Este caballero venía de su propia voluntad a buscar a Timadón el Valiente —que vos bien conoscés— para se combatir con él: e como quiera que a mí esto me paresciesse gran locura para él, mirando que es bien fecho e paresce haber en sí bondad, e por le yo haber visto en este camino derribar de un muy duro encuentro un caballero, e por otras cosas que dél he oído dezir, no le tenía por tan fuera de seso como agora, que una cosa tan desmesurada e fuera de toda razón quiere acometer. E por otra parte hágome mucho maravillado de oír su buen razonar: él está tan puesto en este fecho que yo creo que en ninguna guisa lo dexará hasta que el pavor de la temerosa entrada de la gruta se lo haga dexar. Pero dig'os, señor, que gran daño sería de perderse tal hombre: que él es el más hermoso caballero que jamás vistes, e no creo que llegue a XXIII. años; y él por mí os embía dezir que os plega de no hazer movimiento vos ni vuestras gentes hasta ver lo que dél averná."

Oído esto por el rey Aurapis mucho se hizo maravillado, díxole: "Por Dios, estrañas nuevas me dezís; e a Timadón el Valiente conozco yo bien, e por cosa descomunal tendría a cualquier caballero que con él se quisiesse combatir; empero cosa más estraña e para hazer a todos maravillar es oír dezir de hombre que quiere entrar en la gruta de Ercoles: que después que por el pecado del rey Quipolo se engendró aquella tan espantable sierpe —de quien tantos males se reciben— nunca otro entró en ella, no siendo por induzimiento del diablo, sino aquel tan buen caballero Caliscán que a gran desesperación le fue tenido. E puesto que yo mucho desee que este fecho se ensayasse —pues alguna esperança se tiene que por aquel que dentro entrare e bastare a salir habrán fin las cosas desta gruta por donde tanto daño e trabajo a esta mi tierra viene— de tal caballero —como ésse que dezis— me pesaría a mí mucho si en ella entrasse. Por ende hazelde venir ante mí, que yo quiero ver un tal hombre como ésse para le apartar de tal diablura."

El caballero se tornó a don Clarián; contóle cómo dixera al rey todo lo que él le había mandado dezir, e que el rey le rogaba que fuesse antél. Don Clarián, que aún no se desarmara, se fue assí para allá, levando el yelmo en la cabeça. Como en el palacio entró quitóselo; fue fincar los hinojos antel rey e quísole besar las manos; el rey no se las dio e recibiólo muy bien haziéndole mucha honra. El e todos sus caballeros fueron maravillados de su hermosura e buen parescer, e vínoles gran piedad a los coraçones de ver que assí se quería perder; algunos llegándose al rey le dixeron: "Señor, mucho es de hazer porque tal caballero como éste no se pierda de tal guisa."

"Esso trabajaré yo," dixo el rey, "en cuanto pudiere, que gran daño sería." Entonces mandó desarmar a don Clarián en una cámara; mandóle dar ricos paños que vistiesse: e tan bien parecía que todos lo miraban por maravilla. El rey lo tomó por la mano e apartóse con él con algunos de los suyos; díxole muchas cosas por apartarle de la voluntad que tenía: assí poniéndole delante el temor de Dios como el perdimien [CLXXIIIv] to de su cuerpo, diziéndole que de aquello más memoria de desesperación que de buena fama quedaría. Otrosí que dentro en la gruta no fallaría con quién combatir sino con los diablos, lo cual no era dado a los hombres humanos; que aquella sierpe espantosa también se creía que fuesse el mesmo diablo; e no sabían si se acogía allí o si en otra parte: empero o porque ésta fuesse su ventura o porque Dios assí lo quería. Nunca por cosas que el rey ni otro alguno le dixesse lo pudieron partir de su propósito.

Al fin dixo al rey Aurapis: "Señor, como quiera que tengo creído que la mayor certinidad que deste fecho yo podré alcançar es morir en él —si Dios por su misericordia no me da gracia para lo poder acabar— pues ésta es cosa que por hombres ha sido acometida, e por hombre se espera que ha de haber fin, yo no lo dexaré de ensayar: que ya assí lo manda mi ventura. E si en ella muriere no pienso perder mi ánima, pues no offrezco la vida por ál, principalmente que por el servicio de Dios, e si por mí fuesse esta aventura acabada, yo pensaría haber fecho gran servicio a Nuestro Señor." Cuando el rey e los otros vieron que don Clarián por manera alguna no se quería partir de su propósito mucho les pesó.

El rey dixo: "Por Dios, caballero, mucho no pluguiera que tan grave e desmesurado yerro no acometiéssedes: que no es ál que gran desesperación; mas pues dello no os queréis partir yo con mis gentes os haremos compañía hasta el lugar por do avéis de entrar, porque todos sean testimonio desta tan estraña osadía que acometéis." Luego el rey hizo mandamiento por toda la ciudad que ninguno fuesse osado de se partir hasta que él se partiesse, e que atendiessen lo que de aquel caballero que en la gruta quería entrar sería. Aquella noche don Clarián cenó a la tabla del rey, e por le hazer más honra hízole quedar en su palacio, e demandóle por su nombre: mas él se encubrió diziéndole que a la su merced no pesasse por no lo saber, que si de la gruta saliesse él se lo diría, e si no, que de sus escuderos lo podría saber.

Venida la hora del dormir, estando don Clarián solo con Manesil e Carestes en una rica cámara, amos los escuderos lloraban muy agramente creyendo que muy presto lo perderían. Gran pesar tenía Carestes por su señor, que mucho lo amaba en aquel poco tiempo que lo había aguardado; mas el dolor que Manesil sintía era mortal, que él no pensaba poder vivir sin su señor: al cual de todo en todo juzgaba por perdido porque como quiera que en su presencia por estraños e maravillosos hechos le viera passar a su honra, considerando que de aquellas tales cosas que a los caballeros eran dadas —mediante la gracia del muy Alto Señor— por su muy gran bondad y esfuerço alcançaba victoria; mas todas ellas juntas no eran de la calidad désta, ni con ella eran tanto como nada: porque désta tal no se podría creer que hombre humano alcançase victoria, e lloraba muy sentiblemente la pérdida de don Clarián, maldiziendo la ventura que aquella tierra los traxera: que mejor le fuera a él morir a manos de Timadón, o de los caballeros que le firieran que ser presente a la perdición de su señor.

Don Clarián, por la cuita que veía padecer a sus escuderos —en especial a Manesil, que llegándose a él grandes lástimas le dezía— poniéndole delante muchas cosas, rogóles e mandóles que más no le hiziessen duelo, diziéndoles que aún él no sabía si la entrada fuesse tal que por la no poder baxar se dexasse dello. Aquella noche don Clarián no durmió sueño, temiendo más la muerte en este tan temeroso trance que en otro ninguno. Demandaba muy devotamente a Dios e a Nuestra Señora que les pluguiesse darle gran favor e ayuda para que por él fuesse reparado el daño que en cuerpos y en ánimas de muchos de aquella gruta se recebían: e tenía creído que si aquella sierpe no lo mataba, que para esperar todo lo ál que avenir le pudiesse él ternía esfuerço e coraçón, e que por do entrasse, a su pensar, bien podría salir: e con tanto vino la mañana; don Clarián levantándose, armóse.

Después de haber oído missa con gran devoción, cabalgó en su caballo Norartaque, e mucho le pluguiera que la cosa fuera de tal calidad que de su compañía se pudiesse ayudar. El rey Aurapis con gran compañía de caballeros e de otras gentes que por ver este hecho iban [CLXXIIIIr] salieron con él de la ciudad. Don Clarián llevaba la cabeça desarmada, e todas las gentes lo lloraba diziendo: "¡Ay, qué mal gozada hermosura e joventud de caballero que assí se va a perder! O Señor Dios, plégate hazer nos tanto bien que ya en nuestros tiempos veamos la fin desta temerosa gruta que tanto trabajo nos da de cada día."

El rey e don Clarián —siguiéndolos mucha gente— se fueron contra la hermita por donde era el camino para la gruta. Don Clarián quería subir a ver el santo hermitaño para se confessar con él, porque si la muerte le sobreviniesse, en mejor estado lo tomasse. Yendo desta guisa llegaron ante el rey dos caballeros armados: el uno era natural de Tracia y el otro era mayor de cuerpo era de Yrcania; amos parecían de gran fuerça e valentía, e dixeron al rey:

"Señor, nosotros hemos seguido juntos gran tiempo las aventuras, y entre nos hay grande hermandad de amistad. Venimos agora de muy lueñe tierra con voluntad de entrar los dos juntamente en la gruta de Ercoles, e provar si podremos acabar aquesta aventura, e alcançar a saber las maravillas della. Y esta noche llegamos a vuestra ciudad donde habemos sabido que un caballero —que con vos aquí viene— quiere entrar en ella: por ende os rogamos que le mandéis que cesse dello agora, porque si en este tiempo que hay de aquí al mes de abril no la provamos, según nos han dicho no podremos hasta ser passado él de mayo: e perderíamos el afán que hemos tomado en venir de tan lueñe; e si nos della saliéremos, el caballero podrá entrar después o atender tiempo para ello."

Todos fueron maravillados de oír esto. El rey, volviéndose a los suyos, dixo: "Por Dios, maravilla es ésta. que nunca creo que se vieron juntamente tres caballeros que en la gruta de Ercoles quisiessen entrar como agora," e respondió a los caballeros, "Buenos amigos, a Dios pluguiesse que esta tan fuerte aventura fuesse ya por alguno acabada, aunque yo os consejaría a vosotros e a otro cualquiera que os dexássedes de la provar; mas si todavía lo quisierdes," señalado contra don Clarián dixo, "este caballero es él que en ella quiere entrar, e lo dexara si a él pluguiere porque vosotros la ensayéis." Esto dezía el rey porque quisiera mucho que don Clarián se partiera deste fecho: que después cuando viesse la fin que estos dos harían habría más lugar para le apartar del todo dello.

Don Clarián dixo al rey: "Señor, si la vuestra merced fuere, yo no lo dexaré; mas si hoy en la gruta entro, e no salgo en estos dos días los caballeros podrán hazer aquello que les plazerá."

El caballero de Yrcania, que era muy sobervio, respondió: "Pues al rey le plazerá dello, vos caballero, lo dexarés mal de vuestro grado; que donde yo e mi companero estamos mengua sería acometervos tal fecho como éste; e si no lo quisiéredes hazer, aparejaos a la batalla, que cuando della nos partamos yo haré que tengáis poco talante de entrar en la gruta."

El rey se sonrió de aquesto e dixo: "Si Dios me ayude, vosotros no debríades haber contienda sobre esto, tal que yo creo que cuando a la entrada serés cada uno habrá por bien de se dexar dello."

Don Clarián, respondiendo al caballero, díxole: "Por Dios, caballero, yo voy en trance que de buen grado dexaría cualquier batalla, e assí vos ruego que desta demanda os partáis: porque yo la he empezado primero que vos; mas si por ál no se puede librar que por batalla, yo la tomaré antes que dexaros ensayar por esta vez lo que yo quiero cometer."

"Pues guardados de mí," dixo el caballero.

"Sí haré," dixo don Clarián, "si el rey nos da licencia." Entonces se apartaron todos por los dexar combatir: esto fue porque assí al rey como a otros mucho plazía dello cuidando que esta batalla sería causa de estorvo a don Clarián para que no entrasse en la gruta ni se perdiesse assí. Manesil rogaba a Dios que su señor en esta batalla no alcançasse ligeramente victoria, mas que por causa della la entrada de la gruta cessasse, e que de allí le viniesse a don Clarián tal estorvo que se oviesse de partir dello que más lo amaría ver en todos los otros peligros, que no en éste que esperaba.

Apartada toda la gente como los caballeros estoviessen guisados de todas sus armas, movieron contra sí cuanto los caballeros los pudieron llevar: firiéronse en los escudos tan bravamente que las lanças fue [CLXXIIIIv] ron quebradas; juntáronse uno con otro de los cuerpos de los caballos, en guisa que el gran caballero de Yrcania e su caballo fueron a caer un gran trecho atrás, e con la caída un troço de la lança que tenía metido por el escudo e por las armas le entró tanto por el cuerpo que fue llagado a punto de muerte. E como don Clarián volvió sobre él no hizo mención de se levantar, antes le dixo: "Caballero, vos podés provar la aventura de la gruta que yo no os la defenderé, e a Dios pluguiera que antes fuera deste acuerdo, que yo creo ser muerto por ello, e ál no he menester que confissión."

Don Clarián le dixo: "Cierto a mí desplaze mucho dello, e a Dios e a vos ruego que me perdonéis pues que yo bien quisiera que esto fuera escusado."

El rey e todos fueron maravillados de como don Clarián tollera assí presto un tal caballero: preciáronlo mucho de bondad, e unos a otros dezían: "Si este caballero en la gruta de Ercoles se pierde aun no dexará menos lástima que dexó Caliscán."

El rey mandó llevar a curar al caballero de Yrcania a la ciudad, el cual como quiera que en peligro de muerte gran tiempo estuvo no murió de aquella llaga. Cuando el caballero de Tracia —que Sirabago había nombre— assí malamente ferido vio a su compañero, dixo contra don Clarián: "Sin falla, caballero, un caballero de gran bondad de armas avéis llegado a muerte. Mas por razón de entrar primero en la gruta, yo no me quiero con vos combatir: por ende la prová en el nombre de Dios, que yo iré a ver cómo entráis."

"Más me plaze a mí de esso," respondió don Clarián, "que no de la batalla."

Entonces movieron por su camino, e llegados a la hermita el rey e don Clarián e otros muchos descabalgaron y entraron dentro a hazer oración. Don Clarián como en muy peligroso trance se viesse encomendávase a Dios e a su bendita Madre. El rey Aurapis —que de su perdición mucho se dolía— tomando al hermitaño rogóle[82] mucho en poridad que en la confessión le defendiesse la entrada de la gruta. Don Clarián, después de fecha su oración, hincó los hinojos ante el sancto hombre e besóle la mano rogándole que de penitencia le oyesse. El sancto hombre, que lo vio tan hermoso, ovo dél tanta piedad que las lágrimas le vinieron a los ojos; alçándolo de tierra sanctiguólo e bendíxolo, diziendo: "Siervo de Dios: El por su merced ponga en ti tal seso e cordura que tu ánima no metas en desesperación." Tomándolo aparte confessólo de todos sus peccados. E sabido por el hermitaño que éste era don Clarián de Landanís, el mejor caballero del mundo, ovo mayor duelo dél que de antes; e con lágrimas de piedad con razones y exemplos e doctrinas muy sanctas —que aquí serían largas de contar— le apartaba de aquel propósito, diziéndole que pues él claramente iba a desesperación, que él no lo podía absolver.

Mas como de Dios estoviesse ordenado lo que de don Clarián había de ser, nunca por cosas que le dixesse lo pudo mudar de aquella voluntad que tenía; antes él le pidió llorando muy afincadamente que lo quisiesse absolver, e no fuesse causa del perdimiento de su ánima: que la mayor causa porque él en esta gruta entraba era solamente por el servicio de Dios. El sancto hombre, viendo que otra cosa no podía con él acabar, díxole: "Buen hijo, cierto es gran daño a todo el mundo perderse tal caballero como vos, mas pues otra cosa con vos no puedo hazer: Dios Nuestro Señor e la su bendita Madre os haya en su sancta guarda, e yo vos absuelvo en el nombre dellos si hazer lo puedo; e nunca estos dos se partan de vuestra memoria en los trabajos que oviéredes, que yo, aunque pecador, estaré en oración por vos hasta tercero día."

Don Clarián le pidió muy humilmente que assí lo hiziesse; que en confiança de su digna oración ternía él mucho esfuerço y esperança. Luego el rey e todos los otros salieron del hermita. Visto que don Clarián era ya del todo determinado en este hecho cabalgaron en sus caballos e fuéronse para la gruta.

Manesil, como viesse [CLXXVr] a su señor tan determinado en su perdición, iba haziendo el más esquivo llanto del mundo, tal que parescía ser tornado loco, e a todos hazía mover a piedad. Carestes otrosí hazía muy gran duelo. Don Clarián se volvió contra Manesil, unas vezes con amorosas palabras, otras rigurosamente defendiéndole que no hiziesse duelo; e como quiera que él algo se templasse, viendo la ira de su señor, no por esso cessaba dello.

Assí llegaron a la montaña de la gruta; la gruta era muy grande e toda negra sin ninguna raíz ni fruto que en ella oviesse; e subieron por ella cabalgando hasta una peña redonda: que de allí adelante no podían subir sino a pie. El rey e los otros se apearon. Don Clarián, descabalgando de su caballo Norartaque, dixo en guisa que muchos lo oyeron: "O mi buen caballo, cuán agradable fuera a mí en este trance poderme ayudar de vuestra compañía." E volviéndose al rey Aurapis le dixo: "Señor, veis aquí el mejor caballo que nunca cabalgó caballero."

---

[82] roole

"Si Dios me ayude," dixo el rey, "tal debe ser el caballero que lo cabalga, aunque dél más experiencia de lo visto no tengamos conoscido."

Don Clarián dio el caballo a Carestes que lo tuviesse, e llegándose a él díxole: "Amigo Carestes, en este tiempo que me has servido si lugar oviera bien quisiera haberte hecho más bien; mas aunque yo aquí me pierda, muchos habrá que te lo harán por mí, e tú harás de ti aquello que Manesil de mi parte te dirá." Carestes quedó llorando muy de coraçón. El rey e don Clarián e los otros subieron por la montaña adelante, que era tan espantosa que aunque gran compañía iba a muchos hazía temer andar por ella.

CAPIT. CXXVII. CÓMO DON CLARIÁN ENTRÓ EN LA TEMEROSA GRUTA DE ERCOLES E TRAS ÉL ENTRARON MANESIL Y EL CABALLERO DE TRACIA.

Assí llegaron aquella entrada por donde el buen caballero Caliscán entrara: la cual entrada era de una piedra tosca toda muy negra hecha a manera de brocal de pozo. E contra baxo cuanto seis estados de hombre paresçíase la claridad. Avía de la una parte e de la otra unas pequeñas gradas, como que por aí demostrassen la baxada. La boca de la entrada era muy ancha, mas cuanto más baxo iba se fazía más estrecha.

Allí se pusieron el rey e otros muchos por ver esta entrada, e teniendo atentas las orejas semejávales oír un tan gran resonido sordo que paresçía que toda la montaña se hundiesse abaxo, mas arriba ninguna mudença había. Mucho temió don Clarián de ver la entrada tan espantosa; quitándose della tomó a parte a Manesil, e no podiendo sostener las lágrimas que en gran abundancia le caían, lo abraçó e diole paz en el carrillo; después díxole:

"Mi verdadero amigo y hermano, si yo aquí me perdiere, tú irás a contar mi muerte a aquélla, so cuya esperança, después de Dios, sostenía la vida; e dezirle has de mi parte, que pues yo tuve atrevimiento de poner mi coraçón en ella, servirla e llamarme su caballero, que esto estimé yo por mayor osadía que la que agora quiero ensayar ni otra alguna, e pues que yo para esto tuve esfuerço ¿cómo podría parescer ante ella, dexando por temor cosa ninguna de las que en el mundo hallasse que tan alta señora como ella con mayores servicios ha de ser servida que otra ninguna? Dile que yo ruego a Dios que la dexe vivir en gran plazer e alegría, e que solamente para mí le pido que algunas vegadas se acuerde de como este mi coraçón tan enteramente fue suyo, que con esto partiré yo contento deste mundo.

"E tú, mi buen hermano, bien sabes que de mí proprio que al presente yo te pueda dar, no tengo sino el castillo de Ruel que de Dramades de la Floresta gané, e comoquiera que por ser un solo castillo, a mí me es muy grave satisfazer con él tu grande e leal servicio: en él hallarás muy gran thesoro, lo cual con el castillo quiero que sea para ti, e con esso que te dexo atender a suceder en el señorío de tu padre, mi bueno e leal amo Argadón. Más te dexo esse caballo con que en llegando a la corte seas [CLXXVv] caballero por mano del emperador Vasperaldo: que assí se lo rogarás de mi parte en pago de algún servicio si le yo he hecho. E bien sabes que el caballo es tal que mucho acrecentará en tu bondad, e satisfaziendo a Carestes por mí lo que me ha servido, dezirle has que aguarde a don Galián mi cormano: que éste es el caballero del mundo que yo más amo, el cual le galardonará bien su servicio. Demás desto encomendarme has al rey mi padre, e a la reina mi madre e a Belismenda, mi hermana, cuando los vieres; assí mesmo a don Galian, mi cormano, e a tu padre Argadón, al rey Grumesto, e a todos mis amigos."

Entonces le puso en el seno una carta que para Arleses tenía hecha, en que le mandaba que entregasse a Manesil el castillo con todo lo que en él había. Como Manesil le oyesse tales palabras ovo tan dolor que cayó en tierra amortecido. Don Clarián le fue para la entrada de la gruta; tomando su espada en la mano sanctiguóse tres vezes y encomendandóse a Dios, començó a baxar por las pequeñas gradas.

Entonces el rey le dezía: "¡O caballero, por Dios no os perdáis assí!" mas él no cessó por esso e baxó tanto que alçando la cabeça arriba no vio claridad ninguna, e tentando para baxar no hallaba sobre qué sostener los pies. Entonces el coraçón se le cubrió de una niebla escura e dixo contra sí:

"Ay de ti, don Clarián, ¿cómo te metes a perdición en parte que no puedes obrar como caballero? Ay Dios, que mucho más me valiera no haber venido por esta tierra," e como no hallasse por dó baxar veníale a la fantasía muchas vezes de volverse, mas determinando antes de perderse que de tornar afuera tentó a una parte e a otra, e falló dos colunnas acerca la una de la otra. Quitándose las armaduras de las piernas, el escudo del cuello y el yelmo de la cabeça, abraçóse a aquellas colunnas e fue deslizando por ellas una pieça hasta dar en una piedra lisa donde paró. Tentando por aquella escuridad a una parte e a otra, falló que había de entrar por una boca tan estrecha que con trabajo podía caber un hombre armado, e poniendo los pies en unos agujeros pequeños baxó por allí hasta llegar a una entrada assaz ancha que a manera de caracol era hecha; e tanto era derecha que por aí no podía baxar sino yendo sentado e asiéndose a un borde gruesso que en todas aquellas bueltas había. Don Clarián, poniéndose el yelmo, llevando en la una mano la espada e las armaduras de las piernas, asiéndose con la otra al borde, fue por allí deslizándose, e dando tantas bueltas que se le figuró decender al abismo.

Ya desvanecida la cabeça de tanto boltejar, dio de pies en un patio de piedra muy negra, en el cual había unas matas de metal. Como allí se halló, alçó los ojos e vio el cielo por una aventura grande, e las montañas tan altas que con las nuves parescían tocar, e dio muchas gracias a Dios, creyendo que según lo que allí hallaba que todo lo que le dixeran de la gruta de Ercoles era vanidad, e que sobre haber aquella tan temerosa entrada componían las gentes todo lo de más. E armándose las armaduras de las piernas acostóse a un cantón del patio por descansar. Pues como todos los que arriba estaban vieron cuánto sin pavor don Clarián había entrado, e que aunque le daban bozes no respondía, creyeron que ya era en parte donde jamás saldría. Muchos había que dezían que no creyeran que osara entrar.

Como Manesil acordó e no vio a su señor, vínose a la boca de la gruta como hombre ravioso, e començóse dar grandes bozes contra el rey diziendo: "¡Ay señor! ¿Cómo habés dexado perder al mejor caballero que nunca jamás ciñió espada? Dígovos que de todo el mundo serés denostado por ello porque no le estorvastes por fuerça o por grado e lo que él hizo." E haziendo muy gran duelo retraía las grandes proezas de su señor. Después que un poco assí ovo estado dixo: "Ay señor ¿cómo yo debo ser tenido por leal pues no me pierdo con vos? e pues que vos vais a morir, yo no quiero vivir más en el mundo," e venciendo su gran lealtad al temor de la muerte tomó [CLXXVIr] su espada en la mano e sin más tardar se abaxó por la entrada, de que todos fueron maravillados e se sanctiguaban dello.

Cuando el caballero de Tracia esto vio dixo: "Agora he visto el mayor esfuerço de caballero e lealtad de escudero que jamás oí dezir, e pues yo vine por ensayar esta aventura: venga lo que viniere; que yo le quiero hazer compañía en su perdimiento." E assí començó a entrar por la cueva abaxo. Como Manesil sintió que el otro caballero venía empós dél, cobró mayor esfuerço; e assí fueron los dos baxando por donde don Clarián baxara. El rey Aurapis e toda su compaña quedaron muy espantados de tales tres coraçones de hombres como éstos. Desque un pieça ovieron hablado como por maravilla de los que en la gruta entraran —teniéndolo a don Clarián por milagroso esfuerço, e a Manesil por demasiada lealtad, e al caballero de Tracia por gran gentileza de coraçón— tornáronse por do vinieran, acordando el rey de atender en su ciudad hasta tercero día por saber lo que destos tres sería. Hizo consigo venir a Carestes —que grandes llantos hazía por no haber subido con su señor— e si el coraçón le bastara, entrara a morir con él. Dél supo el rey cómo su señor era don Clarián, de que doblado pesar e manzilla a todos les creció.

Pues como don Clarián un poco oviesse holgado del gran trabajo de la baxada, estando en gran temor de ser perdido e jamás poder salir de allí, creyendo que en esta manera e no por otra se perdían todos los que allí habían entrado. Catando a su diestro vio una piedra de jaspe muy clara de largura de cuatro pies: sosteníanla dos leones, alçados el uno contra el otro, los cuales eran de metal de maravillosa obra e riqueza, tenían muy ricas coronas en las cabeças. En esta piedra había letras de oro tan claras e frescas como si entonces se hizieran, las cuales dezían assí:

No puede bastar a más ningún esfuerço humano —que el de aquel que osara sufrir e padecer las cosas que aquí le avinieren— si Ercoles con su gran saber supo escojer en tan largos tiempos hombre que tal esperiencia hiziesse. Y él que esta aventura acabara, soberana gloria e perpetua fama alcançara entre los vivos que jamás será olvidada. Este será con gran razón puesto en el cuento de los seis más escogidos e fortalecidos en virtud de coraçón en el mundo. Mas ay de aquel que por cosa alguna de lo que aquí passare el esfuerço le falleciere: que jamas saldrá de aqui, antes será perdido.

Cuando don Clarián ovo leído estas letras mucho fue maravillado de la hermosura que allí había; que lo que dezían tóvolo por vanidad según lo que él hallaba, porque él acordó de salir de allí si pudiesse. Mas él estando assí oyó un golpe: volviendo la cabeça, vio que era Manesil que daba de pies en tierra, luego tras él cayó el caballero de Tracia: el cual —si por Manesil no fuera— cuando a las columnas llegó, se quisiera tornar tanto le parescía la entrada espantosa. Cuando don Clarián los vio mucho fue maravillado, e dixo contra Manesil: "O mi buen hermano, cómo tu lealtad te ha fecho venir a perderte comigo entrando en un tan temeroso lugar; e mucho me pesa dello, que quisiera que quedarás para cumplir mi mandado; e aquí ya puedes ver que no hay cosa de qué temer sino de no poder salir, que todo lo ál es vanidad."

"Señor," dixo Manesil, "por traidor fuera yo contado si sin vos osara parescer — ante quien vos sabés, e ante vuestros parientes e amigos— pues que muy mejor me será a mí recebir la muerte con vos que no la vida que sin la vuestra me pudiera quedar." Don Clarián lo abraçó con gran cuita que de sí e dél ovo, e díxole:

"Pues mi buen hermano, e vos, buen caballero, que tan gran coraçón de entrar aquí tovistes; procuremos de salir deste lugar, que saliendo podremos hazer saber bien a todos que lo que desta gruta se dize es gran vanidad e mentira." Estando todos tres en esto el cielo se turbó, e la claridad que en aquel patio había tornó en muy escura tiniebla; començáronse a sentir grandes e temerosos sonidos; la gruta començó a tremer; oyeron estruendos e remores muy espantosos sin saber de qué fuesse, [CLXXVIv] de que todos ovieron muy gran temor. Don Clarián los esforçó mucho; juntos todos tres, espaldas con espaldas, metieron mano a las espadas, atendiendo lo que de allí podría venir.

Pues passado este espantable estruendo la claridad tornó como de antes. Entonces parecieron dos muy fieras y espantables sierpes, la una era mucho mayor que la otra: ésta era aquélla que toda la tierra destruía —como ya se ha dicho— la cual se vino, passo a passo, para ellos; e sus faciones y hechuras eran tales: en la cabeça había dos cuernos muy agudos e derechos, los ojos tenía muy grandes e resplandecientes como llamas de fuego, las narizes muy anchas, la cara como de caballo, en cada quixada había dos dientes que más de un palmo le salía cada uno de la boca, el cuello había como de camello muy grande, el cuerpo como de dragón. Tenía cuatro pies; las manos eran como de águila con uñas muy grandes e gruessas; era toda cubierta de unas plumas negras tan fuertes que no había arma que en ellas entrasse. La cola tenía cubierta de un cuero liso muy negro; traíala enroscada contra arriba. Tenía dos alas muy grandes de que todo lo más del cuerpo era cubierta; la barriga era toda verde. En todas sus fechuras e miembros era tan espantosa que otra semejante desta no fue vista jamás; el spíritu que la regía no era otro que el diablo. Como ésta se fuesse acercando, andando con los pies, sacudiendo las alas e tendiendo el cuello, començó a echar fuego e humo por las narizes, e por la boca daba bramidos tan pavorosos que el caballero de Tracia e Manesil no tuvieron tanto esfuerço que el espanto no los sacasse de su acuerdo, no se moviendo de un lugar, aunque las espadas tenían en las manos. Don Clarián se volvió a ellos e díxoles que fuessen a ferir en la otra sierpe —que queda estaba— que más valía morir defendiéndose que de otra guisa.

El se fue para la otra aunque no sin gran pavor que de la ver tan espantosa tenía. La sierpe alçándose ya cuanto sobre las alas fue por lo cojer con las uñas, mas don Clarián se guardó muy ligeramente, e al passar firióla de su espada de toda su fuerça sobre la una ala: la espada no prendió mas en ella que en una yunque de fierro hiziera. Entonces creyó sin ninguna dubda ser muerto pues que su espada no cortaba en ella. La sierpe se alçó más e volvió sobre él e quiso le cojer por la cabeça; él tendió el escudo, la sierpe trabando por él, surtió hazía arriba de forma que lo levó consigo en alto; mas la correa del escudo no pudiendo sostener el peso dél e de las armas[83] quebró, cayendo don Clarián en tierra. La sierpe se abalançó tan rezio contra él que no tuvo lugar de se levantar. Como assí la vio venir encomendóse aquella bendita Madre de Dios —como muchas vezes había en costumbre de lo hazer assí— e levantándose sobre una de las rodillas puso la espada de punta contra ella. La sierpe como era muy grande e pesada e viniesse muy rezia lançóse por la espada de don Clarián por enderecho del coraçón donde no era guarnecida de tanta fortaleza, en guisa que partiéndosele por medio la espada le entró por el cuerpo. Ella —como se sintió ferida— alçóse un poco; entonces la espada de don Clarián salió toda vañada en sangre. El, queriéndose levantar, la sierpe cayó muerta, e alcançóle con la cola tal golpe que le hizo caer de espaldas en tierra, mas él se levantó muy prestamente e fuesse para ella cuidando que no era muerta; la sierpe entonces se estendió toda por manera que de un canto al otro del palacio llegaba. Saliéndole el spíritu maligno del cuerpo dio un muy espantable bramido e junto con él sonaron más de cien bozes e baladros muy orribles e feos, sobre todos uno tan pavoroso de oír que el caballero de Tracia e Manesil no pudiéndolo sufrir sus coraçones cayeron amortecidos en tierra como aquellos que el ánima estaba para partir de sus carnes. La escuridad vino tan grande que cosa no se veía. Las bozes, baladros eran tan abominables e sonaban tan rezio que toda aquella gruta començó a tremer como que se quisiesse caer; apareciéronse a don Clarián visiones e figuras infernales tan inormes e laidas que gran maravilla fue tener ojos para las po [CLXXVIIr] der mirar e tener coraçón para no caer muerto; empero él, encomendándose a Dios e a su gloriosa Madre, sostúvose en sus pies a todo ello.

Passado aquesto —ya que la claridad tornó— el coraçón e todos los miembros le tremían de espanto. Entonces la otra sierpe, con continentes muy feos y espantosos, se vino para él. Don Clarián tomando su espada e su escudo se quiso guisar de la atender, mas no tuvo poder de alçar la espada ni de mover el pie adelante: todos sus miembros le fallecieron sino el coraçón. La sierpe lo tomó entre sus braços; lançóse con el por una boca muy escura llevándolo por unas espaciosas e tenebrosas concavidades, viendo él por donde iba figuras —gestos infernales— que le llamaban por su nombre, diziéndole: "Tú que entre los vivos tanto te preciabas: no bastará tu esfuerço ni ardimiento contra nuestro poder, antes quedarás aquí muerto pues fueste osado de entrar en nuestra morada."

Don Clarián llevaba el coraçón tan desmayado según lo que veía e oía que era maravilla cómo se pudo sostener, porque de todo en todo cuidaba ser en el infierno. Después que la sierpe una pieça assí lo ovo llevada dexólo en una cámara hecha de una peña picada, que el suelo tenía de metal, que en algunas partes se abaxaba e alçaba. Allí quedó por una pieça tan lleno de espanto que apenas podía sossegar su ánimo, e no osaba pensar en lo que había visto tanto tenía el coraçón cubierto de temerosa niebla. Desque en sí fue tornado, echando su escudo en tierra, púsose de hinojos sobre él e dio muchas gracias a Dios e a su preciosa Madre por tan gran merced como le

---

[83] arams

hizieran en lo librar assí de aquella tan brava e temerosa sierpe e de aquellas espantosas furias e visiones, e dixo:

"Ay Dios, cómo yo pensaba que lo que de la gruta de Ercoles dezían fuesse vanidad, mas agora conozco que lo que en ella había e hay es tanto que con gran razón se puede creer que cuantos aquí entran pierden las vidas; que no sé yo cuál duro coraçón de hombre en lo que por mí es passado podría no desfallecer, si de ti, Señor muy alto, no fuesse ayudado. E bien, Dios mío, te ruego que en lo demás —si algo oviere de ti— me venga gracia, favor y esfuerço; que de otro ninguno que en el mundo sea, escusado es demandallo." Hecha su oración, levantóse e tomó su escudo.

Entonces se acordó de Manesil e del caballero de Tracia, e viniéndole las lágrimas a los ojos dixo: "Ay de ti mi buen hermano e leal escudero Manesil, e de vos, el caballero de Tracia: que en tan espantosa aventura como ésta creo que seáis muertos, e pues que lo mesmo espero de mí si Dios con su misericordia no me socorre. Ruégole que si su voluntad fuere que yo aquí muera, que haya piedad de mi ánima." E mirando por donde había de salir para los ir a buscar, vio a la mano siniestra en una piedra negra que un braço de metal tenía escriptas letras blancas que dezían:

O tú, que tan extremado coraçón alcançaste, que aquí en lugar que otro ninguno por esfuerço ni ardimiento haya llegado eres venido, esfuérçate: que si el coraçón no te fallece, soberana gloria sacarás de aquí, e por todo el mundo tu nombre será divulgado con gloriosa memoria por aquel que más en virtud de fortaleza de ánimo es guarnecido de cuantos son nascidos, e por ti —si temor no te lo quita— será dado fin a aquello que tantos tiempos ha durado.

Como don Clarián ovo leído estas letras no las tuvo por vanas como las primera; fue muy afligido en saber que aún por mucho más había de passar; empero dixo: "Ora pues la vida está en parte que más certinidad de la muerte que seguridad della se espera, yo me encomiendo a Dios que a todo lo que mi esfuerço bastare me entiendo de poner osadamente." Entonces salió por una puerta que allí había. A aquella sazón hazía gran claridad, e todo estaba muy sossegado, y entrando en un gran palacio en una puerta por donde había de salir, vio estar un dragón muy grande y espantoso que lançaba fuego tan ardiente[84] que todo aquello en que tocaba hazía arder. Don Clarián se maravilló mucho desto, e atendió por ver si el dragón lo acometería; mas él estaba quedo en medio de la puerta lançando fuego muy grande, descubriendo los dientes muy agudos, e mostrán [CLXXVIIv] dose muy fiero y espantable. Don Clarián, visto que el dragón no se movía, e que por aí le convenía passar —maguer que gran temor dél oviesse— guisóse muy esforçadamente de lo acometer, e poniendo el escudo delante llegóse por lo ferir; mas el dragón, abriendo la boca que muy grande tenía, tomólo dentro, e sin saber don Clarián cómo esto fuese, hallóse en otro palacio, e la puerta donde el dragón estaba fue cerrada. El dragón trabava della con las uñas e con los dientes como que quería salir a él. Don Clarián bien pensó que había passado sin que el dragón lo cogiesse, mas sus armas y él se le figuraba que ardiessen, e que se

---

[84] ardtiente

quemaba como si en un fuego estuviesse. E fuesse para una fuente que en aquel palacio había muy hermosa, y en poniendo las manos dentro en el agua no sintió más el calor; e si él estaba maravillado destas cosas no es de dezir —que assí con ellas como con el temor que tenía no se le acordaba del mundo parte sino de aquello en que se veía. Y en un padrón de marfil que cerca de la fuente estaba vio letras que dezían:

Tú que aquí eres entrado con tanta fortaleza de coraçón: no te trabajes de pasar adelante con armas algunas, mas aparéjate con grande esfuerço a lo que te verná, e cobrarás gran gloria no perecedera.

Leídas por él estas letras no le plugo de lo que dezían, mas por esso no dexó las armas; e queriendo salir por una puerta que allí había, fue lançado hasta en medio del palacio sin que él viesse quién se lo estorvaba, e assí lo fue por dos o tres vezes que lo ensayó. Cuando él entendió que las armas le convenía dexar, sintió el mayor pavor que jamás en su vida oviera, e mirando su espada dixo: "Ay espada, que después que por la duquesa de Guncer me fuistes dada, siempre os hallé en todo buena. Yo no sé qué esfuerço en lo que aquí me averná podré tener sin vuestra compañía, ni qué será de mí; que por cierto mayor temor tengo desto que de cuanto por mí ha passado, porque grande es el esfuerço que en el ánimo de todo hombre las armas ponen."

Desí arrimándola a una pared puso el escudo en tierra; quitóse el yelmo e todas las otras armas pues que assí le convenía hazer. Queriendo assí salir de aquel palacio sintió en sí gran apretura y encogimiento en verse desarmado, e volvióse diziendo: "Ay de mí ¿qué podré esperar ni hazer sin armas en este escuro abismo donde soy metido? Que unas vezes tan claro e otras tan tenebroso se me muestra; ¿e cómo no me sería dada licencia que con sola mi espada pudiesse aquí passar?" Entonces la tomó e provó a salir con ella por la puerta, mas no pudo, que muy reziamente fue lançado atrás. Assí ovo de dexar la espada mucho a su pesar, e salió por la puerta sanctiguándose e diziendo: "Ay sancto hermitaño, que si vuestras oraciones no me ayudan yo soy perdido e desamparado de esfuerço, pues no llevo armas."

Entrando en otro mayor palacio vio que era fecho de una bóveda toda negra, y entraba en ella claridad por dos finiestras que allí había por do el cielo se debisava; e no tardó mucho que vino muy gran escuridad con grandes truenos, assí que toda aquella gruta començó a tremer, e sonaban estruendos e bullicios espantosos, e apareciéronsele a don Clarián muchas figuras e caras infernales tan orribles e feas que no oviera otro hombre en el mundo que no cayera muerto de espanto. Estas passaban delante dél muchas vezes, e llegándose junto a él mostrávansele de diversas formas, diziéndole: "Aquí fincarás como los otros." Los miembros todos de don Clarián tremían muy fuertemente, e su coraçón era puesto en grande estrechura del aire e sombra de aquellas figuras. Mas ayudándole Dios, sostúvose a todo ello esforçadamente hasta que fue passado.

CAPITU CXXVIII. CÓMO DON CLARIÁN SE TRAVÓ A BRAÇOS CON EL MONSTRUO ESPANTOSO.

La claridad tornada pareció antél un monstruo espantoso de forma de hombre tan alto como dos estados grandes, e sus figuras [CLXXVIIIr] eran tan feas e dessemejadas que no se podría dezir. Era todo cubierto de los pies hasta la cabeça de unas puntas de largura de un palmo: los cabos de todas ellas eran de fuego, y erizándolas todas lançó dos dellas contra una pared que sin ningun embaraço passaron por ella, e aquel lugar por donde entraron començó luego arder. El monstruo espantable dixo en boz temerosa: "Don Clarián, no te valdrán aquí los amores de la princesa Gradamisa a quien tú tanto amas e con quien tanta fe tienes, que comigo te conviene provar tu fuerça: por ende muestra tu poder."

Cuando don Clarián esto oyó si ovo gran temor e si fue maravillado de oír lo que dezía, bien se puede considerar; y esforçándose lo más que pudo dixo: "Mas esperança tengo yo en el favor de Dios e de su bendita Madre que en esos amores que tú dizes: los cuales no por demasiado vicio, ni por offensa suya, mas con buen zelo yo mantengo. Y esta lucha contigo me paresce a mí muy descomunal: que con essas tus puntas me quemarás; por ende déxame tomar mis armas e trae tú aquellas que querás, e yo me combatiré contigo."

"No haré yo esso," dixo el monstruo.

"Pues dime ¿quién eres?" respondió don Clarián, "que me dizes cosas que yo no pensara que otro las supiera e assí como hombre hablas."

"Sábete," dixo él, "que yo soy uno de aquellos que te defienden; e por ti esta aventura no sea acabada: por ende si quieres escapar de muerte humíllate ante mí o fúyeme delante."

"Tal cosa no haré yo," dixo don Clarián, "antes demando ayuda muy humilmente a Aquel que contra ti me la puede dar." Entonces el monstruo se vino para él, e asiéronse los braços. Mas assí como don Clarián con él se juntó el coraçón se le cubrió de un frior e desmayo temeroso: que se abraçaba con el diablo.

En tanto que en la lucha andaban sobrevino grande escuridad, e sonáronse muy grandes bozes —no dulces ni suaves de oír, mas muy espantosas— e dezían: "¿Cómo? ¿No podremos hazer desfallecer el coraçón de un hombre pecador?" A don Clarián se le figuraba que de las puntas del mostruo era ferido por más de cien lugares. Poníansele delante muy inormes gestos e figuras que al mostruo favorescían. Mas aunque él desto en desmayo fuesse puesto, no le fallesció el coraçón, e tanto se mantuvo que el mostruo dio gran caída en el suelo. Entonces se sonaron más de mil bozes e baladros orribles y espantosos, e tan grande estruendo ovo en la gruta que parescía el mundo todo hundirse. E comoquiera que don Clarián desto muy robado el sentido tuviese, esforçóse hasta ser todo passado; e tornado en sossiego e aunque en el palacio no había entonces claridad, en otras partes se parescía. Don Clarián dio muchas gracias a Dios porque le diera esfuerço para se sostener contra todas aquellas cosas.

Bolvióse donde dexara sus armas para provar si las podría ya de allí sacar, e armándose de todas ellas salió por la puerta sin rescebir empacho ni estorvo. Passando por el gran palacio salió a una cámara fermosamente labrada e de aí fue yendo por otros muy hermosos hedificios —de qué mucho se maravillaba que en tal lugar los oviesse. Llegando a una gran espaciura hecha toda de una bóveda donde muchas finiestras había —paresciéndose por ellas muy deleitosas huertas y el sol que ya declinaba assí como en la más sabrosa morada que nunca fue— vio estar en medio desta espaciura una sala, la más estraña e maravillosa que en el mundo jamás fue vista, e según su labor bien parescía no ser hecha por mano de hombre. Esta estaba sobre sí sin acostarse a otro muro ninguno: el suelo era armado sobre cuatro leones de piedra reluzientes como espejo e sostenía la sobre las cabeças que de coronas de oro eran coronadas. Todo el suelo era de una sola losa de color de rubí, e las paredes por defuera mostrávanse todas de una color clara como de cristal, e cada una dellas era de una sola piedra, e la cobertura que era de la color del suelo assí mesmo: la cual por de dentro era de un oro muy fino. Las paredes por de dentro eran de diferentes colores: que la una era blanca [CLXXVIIIv] la otra colorada, la otra azul, e la otra jalde; e resplandecían assí por maravilla que también se podían ver en ellas como en un espejo. Alderredor de la sala había bien treinta árboles de oro de diversas colores pintados que en su hermosura mucho acrecentaban: los cuales tenían frutas tan naturales como si propiamente fuessen. Las puertas desta sala eran dos todas labradas de hojas de oro, guarnidas de muchas piedras preciosas, e labores muy estrañas. De ver todo aquesto fue don Clarián assí maravillado que no sabía do estuviesse, e cuidó —según en la parte que se hallaba— que en el más hermoso lugar del mundo era traído, e que ya era fuera de las puertas de las espantosas cosas de la gruta.

Entró por la puerta de la sala tan libre de temor como si cosa alguna por él no oviera pasado, e mucho más maravillado se hizo cuando fue dentro viendo la estrañeza e maravilla della. Acostados a las paredes vio en ricas sillas sentados muchos caballeros e donzellas hechos de bulto, dotados de aquella perfición y hermosura que habían tenido en tal guisa que vivos semejaban. Los más dellos tenían escriptos sus nombres en los braços derechos. Allí era Nembrot, aquel de la gran fuerça; Judas el fuerte; don Tristán de Leonís e la reina Yseo Labrunda que tanto se amaron; Don Lançarote del Lago e la reina Ginebra; allí se hallaban Bruto e Corineo, Archiles e Policena, Jasson e Theseo, París y Elena; Troylo, hijo del rey Priamo; Tideo, Pirro, e otros muchos famosos caballeros, dueñas e donzellas que en virtud de fortaleza e gracia de hermosura en el mundo florescieron.

Catando don Clarián a la mano diestra vio una obra la más maravillosa que jamás fue vista: ésta era una mesa tan larga como doze pies de color de fina esmeralda tan clara e limpia que toda se trasluzía. Era tan gruessa como medio palmo, e sosteníanla sobre las manos cuatro bultos de hombres de oro labrados por gran maravilla; enderredor desta mesa estaban sentados cinco caballeros en muy ricas sillas, armados de todas armas, fueras los rostros e manos que tenían en tanta propiedad e perfición que a don Clarián le parescía que sin dubda éstos fuessen vivos: de lo cual él fue tan maravillado que si lo passado no le oviera acaescido, él cuidara soñar o ser encantado. Allí había una silla vazía de maravillosa riqueza. Don Clarián se llegó a fablar con éstos, del todo pensando que vivos fuessen, mas entonces conosció que eran bultos de hombres que allí hechos estaban, de qué fue mucho turbado. Començólos de catar, e vio que todos tenían sus nombres escriptos, salvo el uno dellos que fermosa fación tenía. A la cabecera de la mesa estaban tres dellos: el uno era Sansón, el otro Judas Macabeo, el otro era Ercoles el Fuerte, el otro era Héctor, el más noble de los caballeros. Al otro miró mucho por todas partes por si hallaría su nombre escripto e no lo pudo hallar. Ercoles tenía en su mano derecha una espada de muy hermosa talle; la hoja no la vio don Clarián porque no pudo quitar la vaina della, aunque lo provó; mas el guarnimiento era tan rico que otro semejante no se hallaría: en la cruz había una piedra de esmeralda tan grande e resplandesciente que gran claridad daba de sí. Don Clarián cató esta espada una pieça: que nunca viera cosa más hermosa en su vida. Pues el resplandor —que assí las piedras preciosas de que guarnidas eran aquellas sillas donde estos caballeros eran sentados, e juntamente aquella obra toda de sí echaba— era tan grande que con gran pena la vista atentamente lo podía mirar.

Don Clarián que siendo niño se diera mucho a leer las historias e hazañas de aquéstos e de otros que mucho en virtud de fortaleza prosperaron: lo cual le endereçó e puso en gran desseo de bien obrar, había gran sabor de mirar estos que tanto en el mundo resplandescieron; e sobre todos se pagaba de catar a Hector, a quien él era más afficionado que a todos aquellos de quien grandes cosas oviesse leído. Después que una pieça a estos ovo mirado, volvióse [CLXXIXr] a mirar los otros, e bien conoció que aquellos cuatro que él allí veía merecían con gran razón ser en aquel grado apartados. Maravillávase mucho de ver aí aquel de cuyo nombre no se hazía memoria, considerando quién pudiese ser, e dixo: "Por Dios, sabrosa morada es ésta, e no fueron puestos aquí estos bultos sin gran causa ni sin muy mayor sabiduría, pues que aquí son unos que vivieron después de otros."

E razonando con Ercoles, como si vivo fuesse, dixo: "Por cierto Ercoles, vos fuistes fuerte, sabio, e claríssimo varón; mas yo no entiendo por cuál causa con una tan temerosa aventura quisiéssedes esperimentar los coraçones de los hombres, ni qué tan grande puede ser aquella gloria que esté aparejada a aquel que a todo diere fin que muy caramente no sea comprada. Porque yo, que por todo ello he passado, no puedo pensar qué galardón por ello pueda alcançar, pues que no sé adónde ir ni si jamás saldré de aquí; mas tan sabio e buen caballero como vos fuistes no creo que fabricaría obra donde los caballeros fuessen engañados."

E después que allí una pieça estuvo fuesse para un padrón de oro donde vio letras negras que dezían assí:

Tú que tanto en esfuerço prevaleciste que aquí pudiesses llegar: si a lo demás que te averná, con doblado ánimo te aparejas, por ti será dado fin a aquello que por otro ninguno en el mundo podría ser acabado, e con gran razón e crecida gloria serás puesto en el cuento de los seis más en virtud de coraçón fortalecidos: pues en esto en los presentes y passados ninguno se podrá ni puede contar por mayor que tú, si de aquí con victoria sales e si tanto en esfuerço prevalescieres que con una porra que aquí hallarás puedas ferir de tres golpes un león con quien has de combatir, por ti habrá fin la aventura de la gruta de Ercoles; e podrás de aquí salir alcançando muy gran gloria e rescibiendo en señal della de Ercoles un muy rico e preciado don que grandes tiempos ha que está guardado, mas de la porra no te pienses aprovechar sino contra el león.

Leídas estas letras por don Clarián, como él se creía haber ya salido de aquel trabajo tan grande porque había passado, entendiendo que aún más era lo que se le aparejaba, gran amargura sintió en su ánimo, e dixo: "Ay Dios, cuánto es cara de alcançar esta gloria que Ercoles dize," e salióse de aquella sala —no por la puerta que entrara sino por otra— con gran angustia de su coraçón, temiendo los temerosos trances que le estaban por venir e recordándose de los passados. E catando contra un patio escuro vio una gran boca a manera de cueva. A la puerta della estaba una porra de hierro asida de una cadena tan fuerte e gruessa que don Clarián —que la miró— no podía creer que por fuerça de ningún hombre pudiesse ser de allí arrancada; e dexándola de las manos tornóse a la sala, considerando que pues tan assosegado estaba todo por entonces hasta la noche no habría otra mudança. Como se sintiesse cansado, quitándose el yelmo de la cabeça, se assentó al canto de aquella silla vazía e començó de catar toda aquella obra. Allí estando con assaz fatiga, vínole en mientes de Manesil e del caballero de Tracia, e creyendo que fuessen muertos lloraba de coraçón, diziendo: "Ay mi leal escudero y buen hermano Manesil: cómo tu gran lealtad te hizo aborrecer la vida, e venir a rescebir la muerte comigo; e si tú, mi buen hermano, eres muerto, a mí me es venido el mayor pesar que nunca caballero recibió." Desí dixo: "Ay mi señora Gradamisa, en qué tan gran tribulación está puesto éste vuestro tan leal servidor, que aunque en las cosas passadas después de Dios todo esfuerço de vos me venía, en éstas que son tan fuera de poderío humano, el coraçón no lo puede recebir: que tan fatigado es de sufrir e ver la visión diabólica que es venido en gran desfallecimiento e desmayo. Ay Dios, cuánto es temerosa y espantosa esta noche que espero ¿e qué será de mí si de divinal ayuda no soy favorescido?" E volviéndose a Héctor dixo: "O tú reluziente espejo e resplandesciente guía que fuiste de caballería: si este mi cuerpo fuesse guarnecido de otro semejante esfuerço que el [CLXXIXv] tuyo posseyó, cómo desta guisa no sería tan assombrado y estrechado de temor."

Pues assí mesmo, retrayendo las grandes proezas e más sobradas valentías de aquel tan noble e fuerte Judas Macabeo, hablando con Sansón, e con todos ellos como si delante sí vivos los tuviesse, passó assí hasta que sobrevino la noche, que por aquellas finiestras entraba el lunar muy claro, y en aquella sala se mostraba grande alegría. Don Clarián no dormía, antes estaba muy atento con gran sobresalto del coraçón esperando lo que avernía.

CAPITULO CXXIX. CÓMO DON CLARIÁN COMBATIÓ CON EL ESPANTOSO VESTIGLO E DE LO QUE MÁS LE AVINO.

Siendo passadas dos horas de la noche, todas aquellas puertas e finiestras començaron de hazer gran estruendo, dando unas con otras, e sobrevino muy grande escuridad; començóse un bullicio espantable, e bozes muy temerosas como que contienda oviesse entre aquellos que las daban. Luego sonó una boz tan espantosa que en gran desfallecimiento ponía el coraçón de don Clarián. Esta dezía: "Venga a la batalla éste que aquí fue osado de entrar, que a mí solo es dado de lo confundir e matar."

Luego sonaban muchos gritos e alaridos pavorosos, diziendo: "No pervalesca contra nos el esfuerço deste hombre que perderemos la morada desta gruta." Don Clarián se levantó, encomendándose a Dios, e considerando que covardía no prestaba covardía, con el mayor esfuerço que pudo cobrar, su espada en la mano, poniendo el escudo delante, salió por la puerta de la sala e recibiéronle en su encuentro disformes e laidos gestos e figuras: assí que su fiereza y espanto era tan grande que sino por el acorro de Dios don Clarián no podiera contra ellas prevalescer. E aparecióse antél un vestiglo espantoso de altura de dos lanças, que por los ojos e por la boca e narizes le salían vivas llamas de fuego que daban gran claridad; primero que otra cosa hiziesse, se començó a mostrar de disformes e ferozes maneras por le hazer desfallecer de temor. Mas don Clarián estuvo a todo firme e fuerte.

El vestiglo, alçando una maça que traía, dio con ella en un padrón de mármol tan gran golpe que todo lo desmenuzó, e vínose luego para don Clarián muy espantable-mente, e començaron su batalla siendo él en ella muy atormentado de bozes, baladros e visiones espantosas. Andándose combatiendo, la espada de don Clarián —de los grandes golpes que en el vestiglo daba— quebró: la media della cayendo en tierra, la otra media perdió de la mano e quedó colgada de una cadena con que al braço la traía asida. Cuando él esto vio ovo muy gran temor e fuesse tirado afuera contra la sala. El vestiglo lo iba siguiendo, bramando muy espantosamente, e assí mesmo otras bozes se daban muy grandes e pavorosas de oír, que dezían: "Vamos sobrél todos, que ya es vencido." E de cualquier golpe que el vestiglo le alcançaba a don Clarián le parescía que toda su fuerça e sentido le sacaba.

El, esforçándose lo más que pudo, fuesse para Ercoles e pugnó por le sacar la espada que en la mano tenía, mas no pudo: de que él sintió tan gran pena que con alguna saña le dio de las manos. E visto que más no podía hazer, cobrando la media espada en la mano, se dexó ir al vestiglo: juntóse tanto con él que le travó de la maça e començó a tirar por ella de toda su fuerça. Mas el vestiglo, llevándolo tras sí, lo sacó de la sala, e començó a dar grandes bramidos e a echar grandes soplos de fuego, mostrándose de disformes maneras, e con él se parecieron visiones muy feas por haze desfallecer a don Clarián; mas con el ayuda de Dios él tuvo tan duro e fuerte coraçón que contra todo se sostuvo. Entonces el vestiglo, tirando por la maça, se la sacó de las manos; con bozería espantosa, e con toda aquella compaña se lançó por la escura boca de la cueva. Don Clarián quedó libre dellos aunque no del temor: que todas sus carnes hazía tremer. Quiso tornar a la sala donde muy gran descanso e consuelo rescibía, mas halló [CLXXXr] cerradas las puertas, e ovo de quedar en aquel gran patio, no viendo cosa alguna tan grande era la tiniebla. Luego se començó en aquella escura cueva un espantable ruido, e todo el patio se hinchió de figuras diabólicas muy orribles e feas.

En la cueva pareció el espantable león, de forma muy espantosa, e tanto fuego había dentro que la claridad era tan grande que muy bien se parecía él e los que dentro le acompañaban que tenían tan feas cataduras que no oviera otro coraçón humano que las pudiesse mirar. Don Clarián fue tan espantado desto más que de todo lo por el passado, que con gran pena pudo mover los pies de donde estaba, e yéndose para donde la maça era tiróla tan ligeramente cuanto él no pensará. El león no salía de la cueva, antes hazía dentro grandes bravezas, e aquellas infernales fantasmas le daban gran favor, e a la puerta estaban dos figuras muy orribles y espantosas; los cuerpos como de hombres, habían alas como dragones, e las caras como de canes; e tenían dos maças de fierro alçadas, haziendo gran semblante de lo ferir si entrasse. Por lo cual don

Clarián recelaba mucho la entrada, empero encomendándose a Dios y esforçándose cuanto pudo lançóse dentro: el temeroso león echando por la boca e por los ojos grandes llamas de fuego, dio un salto contra él. Don Clarián, alçando la porra, diole un gran golpe en la cabeça. El león dio un tan espantoso bramido: que hasta allí otro semejante no se oyera, e junto con aquél sonaron tantas e tan altas bozes e baladros que de las oír don Clarián fue puesto en grande estrecho. Empero alçando otra vez la maça diole otro golpe. El león dio otro bramido muy más espantable. Las bozes, baladros e aullidos fueron tan grandes; el sentimiento que aquellas visiones mostraron, tan orrible y espantoso, que don Clarián fue en condición de caer en tierra desfallecido, e assí estuvo ya cuanto casi trastornado de su sentido; mas esforçándose en Dios cobró tal coraçón que lo firió de otro golpe. Entonces el león cayó en tierra todo desfecho en menudas pieças; dio un bramido tan espantoso e fiero que no solamente allí, mas por una pieça de la comarca de aquella tierra fue oído, e murieron muchos de lo oír.

Sonáronse las más espantosas e feas bozes e baladros que jamás se oyeron, e todo aquel hedeficio de la gruta por donde era la entrada vino abaxo con tan gran estallido e caída, que parescía el mundo hundirse. Iban por los aires sonando grandes estruendos, bozes e sentimientos que dezían: "Lançados somos de nuestra tan antigua morada donde muchos nuestros sirvientes se hazían, por hallarse tanto esfuerço en hombre que contra nuestras furias e bravezas se mantuviesse." Don Clarián fue puesto en tanto desfallecimiento de todo aquesto, e más del espantoso bramido que casi del todo robado el sentido, la porra perdió de las manos; e fue con gran desfallecimiento hasta se acostar a una cantón de la pared donde por una pieça bien en su acuerdo no pudo tornar. E cuando en sí fue recobrado vio en aquella morada gran sossiego.

El lunar hazía muy claro; andaba un viento muy sabroso que las arboledas de aquellas huertas hazía mover, e todo estaba de tal guisa como si cosa alguna allí no passara. Entonces entró en su coraçón la mayor alegría del mundo por haber sido por él acabada una tan estraña hazaña, e puesto de hinojos en tierra hizo muy devotamente su oración a Dios e a Nuestra Señora, dándoles infinitas gracias e loores por ello. E levantándose con gran plazer fuesse para la sala: hallando las puertas abiertas entró dentro; quitándose el yelmo y el escudo poniendo en tierra, sentóse en aquella silla vazía por mejor descansar, e dixo con gran plazer: "Passado he con el ayuda del muy alto Señor por los más temerosos trances que nunca passó caballero; mas no sé cuál será aquel que me pueda creer lo que aquí es acaescido, que aunque lo diga, me lo ternán a gran locura e vanidad e me dirán que fui encantado." E volviéndose a Ercoles dixo —como si vivo estuviesse: "Aunque verdad fuesse —como fingidamente se dize— que vos, Ercoles, decendistes al infierno, viviendo en el mundo, no pienso que [CLXXXv] mayores furias e bravezas pudiérades fallar que yo aquí he fallado; y el galardón que deste trabajo sacaré no sé cuál será, mas vos no hezistes mesura en me negar vuestra espada en tiempo que tanto la había menester."

Assí estuvo en aquella sala donde gran resplandor había por una pieça fablando e pensando fasta tanto que assossegado de los temores passados e vencido del sueño se adurmió, e no recordó hasta que el sol fue salido. Como abrió los ojos hallóse en pie, acostado sobre los braços en aquella rica mesa, aquella muy estraña espada que Ercoles antes en la mano tenía ceñida a su cuerpo, y en aquella silla vazía vio estar su bulto e figura armado de ricas e resplandecientes armas, tan propiamente en su hermosura e faciones e miembros que vivo semejaba; había en el braço derecho que levantando sobre la silla tenía escriptas letras que dezían: *Don Clarián de Landanís: el quinto entre los seis más escogidos y en virtud de coraçón fortalescidos.* A las espaldas de la silla estaba una aguila de oro que tenía en el pico un rétulo que dezía: *Corona de caballería y de esfuerço de coraçón alcançaste entre los vivos, e tu memoria jamás en el mundo será olvidada: que ésta es la mayor gloria que por los grandes trabajos que aquí passaste podrías alcançar.* Don Clarián fue de todo esto tan maravillado que no se podría dezir: ovo muy gran plazer e alegría en ver que tan estremado en el cuento de aquellos que más en el mundo florescieron era puesto. Luego consideró que pues él tenía su nombre escripto, y el otro que a par de Hector no: que este caballero no era aún venido en el mundo. E puesto que aquellos que allí eran por sus grandes e famoso hechos sobre todos aquellos de quien se habla en virtud de fortaleza fueron tan sublimados: que sus loables memorias entre las de los otros como las grandes antorchas entre las pequeñas candelas resplandecen.

C Bien se puede, illustre y muy magnífico señor, considerar cuanto más altamente que otro alguno dellos hizo don Clarián esperiencia en las temerosas y estrañas aventuras de la gruta de Ercoles, como quiera que ellas fueron tales y de tal calidad que haber él alcançado victoria dellas todo buen juizio lo debe antes atribuir aquel todo poderoso Señor, que de su gracia le quiso ayudar, que a otra ninguna fuerça ni esfuerço humano que para ello bastassen. Quién él sexto caballero fuesse, aquí determinadamente no se dize, porque la historia cuenta que en tanto que don Clarián vivió no se pudo saber; e después este reino de Cotuma fue señoreado de un emperador de Grecia, el cual esta tan rica y estraña obra de la sala hizo passar en Costantinopla, mas no se pudo allá fabricar con gran parte tan bien como antes estaba. E Faderico de Maguncia, obispo de Lanchano,—segundo traduzidor desta historia— escrive que en algunas istorias italianas que él leyó se haze memoria de la gruta de Ercoles, e que alegan ser este sexto caballero Roldán, o Reynalte de Montalván. Mas el obispo Faderico tiene ser éste el muy noble y esforçado duque Gudufre de Bullón, rey que fue de Hierusalém, diziendo assí: que aunque los griegos no sean tan afficionados a los latinos que les plega ensalçar sus memorias con sus plumas, que Lotenico, un orador griego, escrive ser éste el duque Gudufre, e que cuando él con los altos hombres passó en la conquista de la tierra santa de Hierusalém se halló su nombre escripto en el braço de aquel bulto. Mas que el emperador Alexo —no plazentero por su mala condición desta gran honra del duque Gufre— mandó deshazer esta obra, assí por esto como por se aprovechar de la riqueza della. Mas al fin poco le valió porque en deshaziendo aquellos metales los hallaban de otro manera que antes eran. E cierto muy bien se puede dar crédito a esto, porque la gran fortaleza y esfuerço que Dios por su gracia en el duque Gudufre puso, e sus grandes hechos le hazen con justa causa digno e merescedor desta gloria: como quiera que —si juizio echássemos— tan bien esto se podría atribuir a otros muy notables caballeros de nuestra España e de otras naciones de quien no es necessario que[CLXX(XI)r] yo aquí hable, cuyos famosos e muy señalados hechos dello con gran razón les hazen merescedores.

Mas dexando en esto de hablar, siguiré la historia como está escripta: que dize que don Clarián, sacando de la vaina aquella rica espada, vio que la hoja della era la más hermosa que en su vida viera, e había en ella escriptas letras que dezían *Mejor ganada*. El entendió entonces que assí había de ser llamada, empero más vezes fue nombrada la Espada de la Esmeralda por aquella tan resplandesciente piedra que tenía que por otro nombre. Metiéndola en la vaina dixo: "Esta no puede ser sino la mejor del mundo, pues por Ercoles en tal lugar tanto tiempo fue guardada, e si Dios por bien tuviere que yo de aquí salga muy maravillosas cosas podré contar, si creído fuere."

CAPITULO CXXX. CÓMO DON CLARIÁN SALIÓ DE LA GRUTA DE ERCOLES, E DEL GRAN DUELO QUE HIZO SOBRE MANESIL SU ESCUDERO.

Después que don Clarián allí una pieça ovo estado, tomando sus armas e la media espada que se le quebrara, començó a salir de aquella sabrosa morada con gran desseo de se ver entre las gentes para contar aquellas maravillosas aventuras que por él habían passado; e a la salida de aquel gran patio vio sobre dos mármoles puestos dos grifos que antes no viera, de tan estraña labor e riqueza que se no podría dezir. Sostenían en las manos una piedra blanca assaz grande muy clara e limpia; en ésta estaban entretalladas de maravillosa obra todas aquellas cosas que allí por él passaran e muchas de aquellas inormes figuras que contra él se habían impuesto. E assí mesmo estaba escripto de letras de oro todo cómo passara e baxo en una silla assentado era un hombre en antigua hedad con una pluma en la mano, que parecía que entonces lo acabasse de escrevir. Desto fue don Clarián muy alegre porque todos aquellos que aí viniessen por cierto testimonio pudiessen ver lo que por él había pasado. E desí una pieça ovo mirado començó a saber por dónde entrara, e llegado a aquel palacio donde con el monstruo a braços se trabara —que gran claridad en él había— violo estar en tierra en aquella mesma fechura e fación que de antes tenía, mas mirándolo e atentándolo vio que era de metal, de que mucho fue maravillado, e dixo: "Por cierto, poco daño pudiera yo de ti rescebir si otro no fuera él que te regía."

Así fue saliendo por aquellos hedeficios hasta llegar donde hallara el dragón, el cual no estaba en medio de la puerta como antes sino apartado a un canto della. Había dos bocas tan grandes que por cada una dellas podían entrar dos hombres, éste assí como el monstruo de metal. Pues passando assí don Clarián fue a salir por una puerta de fierro muy gruessa: entonces se halló en aquellas grandes concavidades por donde la sierpe lo truxera; todo aquello era derribado por el suelo, la montaña esso mesmo hundida e caída por tierra en grandes pedaços de peñas e piedras a todas partes: assí que llanamente se vía la hermita de Nuestra Señora donde el sancto hermitaño estaba con gran parte de la tierra enderredor. Cuando don Clarián assí se vio libre e salido de la gruta de Ercoles no se podía hallar de gozo e alegría. Luego pensó que aquel estallido e gran estruendo que sonara al bramido postrimero que el león diera: que había sido de aquello. E assí fue una pieça por aquellos hedeficios derribados, e llegando a la entrada por donde entrara, viola toda caída, que señal della no parecía.

En el patio había algunas piedras que allí cayeran; vio la sierpe que matara —que era de huesso e de carne— la cosa más espantosa del mundo de mirar.

Entonces volvió con gran cuita diziendo: "¡Ay Dios! ¿Qué será de mi buen escudero Manesil e del caballero de Tracia que en este lugar los perdí?" e mirando por ellos los vio estar muertos en tierra; sobre el caballero habían caído algunas piedras porque no se pudo saber si éste del espanto o de aquello muriesse. Cuando don Clarián vio muerto su tan leal escudero, olvidando toda la alegría que de tanta gloria e victoria como había alcançado traía, dexóse caer sobre él e [CLXX(XI)v] començó de hazer un tan esquivo e sentible lloro que no parescía sino que todos los de su linaje tuviesse ante sí muertos, diziendo:

"Ay mi leal escudero, verdadero amigo y hermano: como la fortuna no ha querido dexarme gozar de tan gran plazer e alegría como de aquí sacaba sin contraste, e duro revés de un tan gran dolor e pesar como agora de tu muerte veo; e no sé como yo jamás podré ser alegre habiendo perdido tu compañía: que en ti hallaba yo gran consuelo, fe, lealtad, e nunca te vi cansado ni enojado de me servir. E por Dios, amigo, perdóname tu muerte que yo he sido la causa della en dexarte venir comigo, pues sabía que en ningún temeroso lugar me dexaras de seguir. Ay Dios, Manesil hermano, como habiéndome El por la su merced de aquí escapado te hallara agora vivo e sano si tú mi mandado cumplieras, e si esto assí fuera yo oviera por bueno que por ello quedara un pobre caballero: que más contentamiento e plazer me dabas tú que ningún señorío que pudiesse tener. E por cierto más he perdido yo en perder a ti que tú en perder a mí; porque assí siendo, a ti te faltara un señor de quien otro bien no alcançabas sino ser presto por lo servir en contino trabajo e mucho peligro de muerte, e yo he perdido en ti el mejor servidor e más leal escudero que jamás a caballero aguardó."

Otrosí dezía: "O mi buen amo Argadón, que sin falla otro galardón e bien pensávades vos que se le había de seguir a vuestro hijo en mi compañía. E tú Manesil, mi buen amigo, descansarás ya de tantos trabajos como por mí passabas, mas yo no con el premio que dellos has sacado." Diziendo estas cosas e otras besávalo muchas vezes en la faz; que nunca ovo escudero que tan amado fuesse de su señor como éste. Después que una pieça ovo fecho sobre él su duelo quitó el yelmo al caballero de Tracia, e hallóle la cabeça hecha pieças de las piedras que sobre él cayeran: de qué mucho le pesó; que a gran esfuerço le tuviera lo que hiziera. E tomando a Manesil por los braços púsoselo sobre su hombro para sacarlo de allí porque sepultura oviesse, e assí lo llevó una gran pieça hasta que ya veía la ciudad de Contuma, e dexándolo en tierra para descansar, vio que se estremecía: de que fue muy turbado de plazer. Començólo de tentar e apretar las manos e los pulsos e halló que aún no estaba muerto; mas el coraçón tenía traspassado que en breve muriera si remedio no le fuera dado, especialmente de aquel poderoso Señor que dárselo podía.

E según Manesil después dixo: cuando cayó en tierra como muerto por el gran bramido de la sierpe tornó otra vez ya cuanto en su acuerdo, mas con los baladros que oyó cuando don Clarián combatía con el bestiglo tornó del todo a perder el coraçón y el sentido; e vínole gran bien por ello, que si los postrimeros del león oyera no pudiera escapar de muerte tanto fueron espantosos: que bien assí murieron todos los más de aquellos que una legua en torno de la montaña se hallaron, e otros quedaron tollidos para siempre, e algunos lugares alderredor recibieron también gran daño. En los aires ovo gran confusión e grandes truenos e obscuridades. E como quiera que otro día por la mañana la gente mirase la montaña de la gruta e les paresciesse estar toda caída e hundida, ninguno había tan esforçado entrellos que solo ni acompañado osase ir a ver lo que era; que tan gran espanto habían cobrado de lo passado en aquella tarde e noche que cuidaron que toda la tierra se hundiese.

Pues como don Clarián conosciesse que Manesil no era muerto ovo tan gran plazer e alegría que ninguno os lo podría contar, e teniendo esperança que si acorró oviesse podría vivir, hincando los hinojos en tierra hizo su oración a Dios e a su bendita Madre rogándoles por la vida de aquel escudero, prometiendo por ello grandes promessas e romerías e que si Dios lo guaresciesse; que teniendo el aparejo e poder, haría tres años guerra por su servicio en tierra de infieles. Esta promessa cumplió él muy altamente como en la tercera parte desta historia será contado.

Después que un poco ovo descansado tornólo a tomar a sus cuestas, assí llevándolo gran pieça llegó debaxo de una peña, e dexólo [CLXXXIIIr] allí cubierto con su manto por ir a la hermita a dar gracias a Dios e a Nuestra Señora de tan gran merced como le habían fecho, que por las oraciones del sancto hombre e por la contrición que allí tuviera creía haber merescido salir de la gruta de Ercoles. Llegado a la hermita halló al sancto hombre, que de hinojos estaba ante el altar rogando a Dios por él: y en aquella noche según él dixo una hora antes de día le viniera en revelación que don Clarián era vencedor de todas las cosas de la gruta. Cuando lo vio fue muy alegre, e vínolo corriendo abraçar e diole paz. Don Clarián hizo su oración muy devotamente; después hizo ir dos monjes —que por ver al hermitaño allí eran llegados— con una bestia para que en ella traxessen a Manesil. Dexando de contar las cosas porque passara por la gran priessa que tenía de ser en la ciudad para proveer de remedio a Manesil, solamente diziéndoles como la gruta era hundida e las cosas della deshechas, se partió para allá armado e a pie como estaba. Assí anduvo la mayor parte del camino sin encontrar persona alguna, e llegando a unos árboles vio un escudero del rey que iba sobre un palafrén: el cual como lo conosció si fue maravillado no es de demandar. Dándole aquel palafrén en qué fuesse cabalgando —él en las ancas— llegaron a la ciudad. Don Clarián descabalgó a la puerta y entró assí a pie por las ruas della.

Cuando todos lo vieron estaban como pasmados: llegávanse de una parte e de otra por le mirar, no sabiendo qué le demandar; él fue assí hasta el palacio del rey. Entonces iba tras él gran gente haziendo gran bullicio, e aunque unos a otros dezían que el caballero que en la gruta de Ercoles entrara ya era salido, no lo podían creer los que no lo vían; e no era sin razón: que jamás otro que allí entrasse saliera. Don Clarián, llegando donde el rey, entre todos se levantó un gran remor, diziendo: "Sancta María ¿qué es lo que vemos?" —en gran admiración e turbación fueron todos puestos.

Don Clarián quiso fincar los hinojos ante el rey; mas él levantándose de la silla donde estaba se abaxó a él con gran cortesía, diziendo: "Ya el mejor de los caballeros: que a vos no pertenesce hazer tal cosa en parte que sois conocido, porque vos sois tal que de todos los príncipes del mundo merescéis ser acatado," e con gran plazer que tenía de lo ver escapado assí abraçólo e diole paz en el carrillo, diziéndole: "Por cierto, buen señor don Clarián, a todos nos debe parecer ser encantados pues ante nuestros ojos os vemos salido de un tal lugar donde nunca otro alguno que entrasse salió; e por Dios quitad esta turbación de nosotros haziéndonos sabidores de lo que por vos ha passado."

"Señor," respondió él, "que yo quisiesse dezir lo que me demandáis, entonces seríades puestos en mayor confusión, tanto os parescerían cosas no creederas. Por ende será mejor que por vuestros ojos todos seáis más cierto testimonio de aquel que mi lengua os podría dar. Mas de tanto podéis ser cierto que la gruta de Ercoles es hundida e caída por tierra; la sierpe que en ella habitaba muerta, e todas las cosas della son acabadas: que ya no hay qué temer; e hallaréis en ella las más sabrosas moradas que nunca vistes; e sin falla yo soy muy alegre por la merced que Dios me ha hecho. Mas tengo un gran pesar: que creo haber perdido el escudero que comigo entró, porque yo lo dexo tal cerca de la hermita que pienso será gran maravilla poder vivir, y el caballero de Tracia queda muerto." Cuando todos esto oyeron fueron tan espantados que no lo podían creer, mas don Clarián se lo certificó otra vez, e sin más hablar en esto el rey lo metió en una cámara por le apartar de tanta gente como por lo ver; cargaba para le hazer dar de comer, mas él no quiso hasta hazer que Carestes fuesse con un gran maestro del rey a curar de Manesil: el cual era tan sabio que dezía que con el ayuda de Dios él lo entendía hazer en sí tornar, e que pues hasta allí no era muerto que no moriría pues que ya eran fuera de la gruta aquellas infernales compañías que en ella abitaban.

En tanto que don Clarián comía el rey e otros muchos de sus caballeros miraban por gran maravilla [CLXXXIIIv] la estraña espada, y en mucho más la tuvieron cuando vieron la piedra de la esmeralda —que cubierta venía. Las nuevas que don Clarián dixera se derramaron por la ciudad. Todos se hazían estrañamente maravillados de lo oír, e no sabían qué dezir sobre ello sino que grandes e pequeños se aparejaban para ir a ver el testimonio dello.

Después que don Clarián ovo comido, el rey y él e todos los otros caballeros cabalgaron para ir a la gruta, e como saliéssen por la ciudad tan grande era la bozería que la gente tenía dando loor a don Clarián que cosa no se podía oír, diziendo todos: "¡Ay caballero, estremado entre todos los nascidos! Dios te mantenga en gran prosperidad e alteza, pues que por tu esfuerço e sobrado coraçón diste fin a tan hazañosa aventura librando nos de tan antiguo trabajo." Tanta fue la gente que a la gruta fue que la ciudad quedó del todo despoblada sino fue de niños e de otros que allá ir no pudieron. Cuando vieron toda aquella montaña hundida, en gran admiración fueron puestos y en mucho mayor de ver los hedificios de dentro e la maravillosa sala, e sobre todo de ver las espantosas cosas por qué don Clarián passara; que muy largamente —como ya se ha dicho— estaban aí recontadas. Sobre la disforme sierpe que don Clarián matara había muy gran gente por la ver. No se podría aquí dezir cuán alta e maravillosamente hablaban todos destas cosas; mas de tanto que lo que por sus ojos veían apenas podían creer que fuesse verdad. El rey Aurapis e muchos de sus caballeros habían gran sabor de mirar el bulto e figura de don Clarián, que era en tanta perfición y hermosura como si vivo fuesse.

El rey, maravillado destas cosas, volvióse a él con muy grande alegría; abraçándole dixo: "O claríssimo y esforçado caballero, espejo muy resplandesciente de caballería e virtud ¿quién sería aquel en este mundo tan poderoso que os pudiesse dar el galardón de tan grande y tan estraña cosa como ésta, que fin habés dado: por cierto yo creo que ninguno, porque de riquezas vos no habés necessidad ni sois desseoso; pues de lo ál: el galardón con vos os lo traéis, que es de tan alta fama e memoria no perecedera. E yo no puedo ál hazer sino que aquesta tan gran gloria que aquí alcançastes por mí e por mis descendientes será grandemente solennizada; e para esto yo estableceré tres fiestas: la una será en el día semejante que esta aventura acabastes, donde toda la mayor parte de las gentes de mis reinos serán aquí assonadas, e yo e otro cualquier rey que después de mí subcederá seremos obligados de venir aquí, haziéndose gran fiesta aquí. E todo caballero, que por mí o por otro rey que aquí haya de ser armado, porné desde agora tal costumbre que no se le pueda dar orden de caballería —si muy gran necessidad no lo escusare— sino en este lugar. E si el tal caballero fuere de gran guisa, por le dar mayor honra, la espada con que oviere de ser caballero será primeramente ceñida a este vuestro bulto, e de aí la tomará, porque les venga en memoria cuánto son obligados de obrar altamente caballería, pues vos en tanto grado la ensalçastes. Haré adereçar e reparar estos hedeficios en torno desta sabrosa morada en guisa que por maravilla de lueñe tierra la vengan a mirar, e mandaré acerca della hazer un monesterio de frailes a honor de Nuestra Señora, la Madre de Dios, que todos días hagan oración por vos."

Don Clarián agradeció mucho al rey lo que dezía, e díxole: "Señor, harto galardón es para mí pensar aquí haber hecho algún servicio a Nuestro Señor, e assí creo que a El le plugo de darme esfuerço para dar en ello fin porque el enemigo aquí no tuviesse más poder. E para lo deste mundo yo me doy por bien galardonado de vos en fazer tan gran memoria dello, e por Dios tengo mucho plazer de que la tierra de un tan noble rey como vos sea libre de tan gran trabajo."

El rey Aurapis hizo soterrar muy honradamente en la hermita de Nuestra Señora al caballero de Tracia, e acordó de estar allí en aquel lugar algunos días; e mandó traer todo el aparejo que convenía, donde eran muy altamente servidos.[85] El rey se trabajaba de hazer a [CLXXXIIIr(sic)] don Clarián toda la más honra e fiesta que podía. Luego embió sus cartas a todos los de su reino para que viniessen a ver aquella maravilla: éstas embiaba con muy firmes testimonios para que lo creyessen. Tan gran muchedumbre de gente vinieron que los campos cubrían; los loores que a don Clarián daban no se podrían dezir.

En este comedio Manesil con los reparos que le hizieron fue remediado e tornado en sí. E cuando acordó, lo primero que le dixo fue demandar por su señor. Como le fue contado todo lo que había passado entró tanta alegría en su coraçón que fue causa de abreviar más en su salud. Como fuesse bien guarido, dexando don Clarián las dos pieças de su espada e todas aquellas armas con qué en la gruta entrara en la hermita

---

[85] serviidos

de Nuestra Señora —donde después hizo grandes bienes e limosnas— armado de unas ricas armas que el rey Aurapis le dio, cabalgando en su caballo con sus escuderos, se partió. El rey con gran caballería lo acompañó bien cuatro leguas: al despedir offrecióle su persona e reinos para cada vez que dél e dellos se quisiesse aprovechar. Assí entró don Clarián en el camino de la corte del emperador Vasperaldo; e de aventuras que le aviniessen aquí no se cuentan, salvo de aquellas que al propósito hazen.

CAPIT CXXXI. CÓMO DON GALIÁN PROMETIÓ A UNA DONZELLA DE LA AMPARAR CONTRA ARISPOL UN CABALLERO BRAVO QUE FORÇADAMENTE LA QUERÍA TENER POR AMIGA.
Cuenta la historia que don Galián, discurriendo por muchas partes buscando las aventuras —haziendo tan grandes fechos en armas que por uno de los buenos caballeros del mundo, como por este libro parece era estimado— encontró un día en una gran floresta cuatro caballeros e tres escuderos que traían una donzella assaz hermosa, la cual venía haziendo gran duelo. Don Galián los salvó a todos, e llegándose a la donzella rogóle que le dixesse la causa por qué assí lloraba.
"Señor caballero," respondió ella, "yo lo hago con gran cuita viendo que estos caballeros —que son mis parientes— me lievan a poner en poder del hombre del mundo que más desamo, por gran temor que dél tienen."
"Por cierto donzella," dixo don Galián, "si ellos assí lo hazen mucho son de culpar: que no os debrían dar contra vuestra voluntad a ninguno."
"Señor caballero," dixeron ellos, "sabe Dios que de lo que hazemos a todos nos pesa: mas es assí forçado porque esta donzella es amada de un muy sobervio caballero llamado Arispol, señor de un fuerte castillo: y él nos la demandó a todos sus parientes para hazer della su amiga. Nosotros, aunque mucho nos pesasse, prometimos de la dar: e su madre con una parienta nuestra. Sabido esto por Arispol amenázanos a todos de muerte si no se la traíamos; e porque él es tan sobervio e valiente caballero que nos podría hazer todo mal e daño, nos venimos por ella: levámosla a casa de su madre para de allí se la entregar, e si esto hazemos es mucho a nuestro pesar."
"Assaz es de mal," dixo don Galián, "que siendo ella tan enparentada no haya entre vosotros caballero que se la defienda por batalla." E volviéndose a ella díxole: "Vos, donzella ¿hazéis mucho contra vuestra voluntad esta jornada?"
"Ay señor," respondió ella llorando, "que yo la hago tan forçosamente que si por él soy deshonrada me mataré con mis manos, porque a Dios e a vos me encomiendo que me libre de tan gran cuita e harés en ello gran bien e mesura."
"Por Dios donzella," dixo él, "a vos es fecho gran tuerto, e por lo emendar yo haré todo mi poder."
Los caballeros le dixeron: "Señor caballero, primero debés mirar más en este fecho: que lo habéis de haber con un bravo e fuerte hombre; mas si todavía por emendar esta fuerça os querés poner, e con ello salís, todos los parientes desta donzella os ternemos mucho que servir."
"Yo os digo," dixo don Galián, "que si Dios quisiere por ningún peligro de muerte me quitaré afuera."

"Pues venid con nosotros en el nombre de Dios, que El sea en vuestra ayuda." Entonces se metieron por su carrera e tanto andovieron que al siguiente día lle [CLXXXIIIv] garon a casa de la madre de la donzella, que ribera de un río estaba. La dueña lloró mucho con su hija, como aquella que le pesaba deste fecho, mas la donzella le dixo cómo aquel caballero venía con ellos por la amparar de Arispol. Allí fueron bien servidos; viniendo aquella noche otros algunos parientes de la donzella, e sabido por ellos lo que don Galián quería hazer, temiéndose mucho de Arispol, acordaron de le dezir que ellos querían una vegada cumplir con Arispol lo que le prometieran: que embiarían por él otro día e le entregarían la donzella para que la llevasse a su castillo, e que si él se la quisiesse quitar que lo harían poner en el camino por donde Arispol había de ir.

Don Galián —que esto oyó— fue mucho maravillado del gran pavor que todos a aquel caballero tenían, e no lo quería otorgar por que la donzella, haziendo gran duelo, le dezía que con el temor que sus parientes habían, recelaba que le harían algún engaño. Mas viendo que todos se acuitaban, tanto porque assí no lo quería hazer, óvolo de otorgar: tomando de todos ellos firme segurança que no engañassen a él ni a la donzella. E otro día armóse; cabalgó en su caballo, e llevando un hombre que lo guiasse, se partió con su escudero e fuesse por el derecho camino del castillo de Arispol; e llegado a un llano púsose encubierto entre unas arboledas grandes que allí había. El hombre que lo guió fuesse al castillo de Arispol: hízole saber la venida de la donzella, que assí le era mandado. Arispol, como lo supo, cabalgó en su caballo armado de todas armas, e llevando consigo un escudero fuesse para allá. Don Galián bien lo vio passar, mas no lo quiso acometer hasta que truxesse la donzella, porque assí lo había prometido. Arispol, llegado a la casa de la madre de la donzella, quisiera complir su voluntad con ella; mas todos sus parientes le rogaron que allí no lo hiziesse, pues assaz lugar tenía en su castillo. Poniendo a la donzella —mal de su grado— en un palafrén, entregáronsela. Arispol la tomó por la rienda e partióse con ella. La donzella iba faziendo gran duelo, su madre quedaba no haziéndolo menor, e todos sus parientes rogaban a Dios que a manos del caballero que lo aguardaba muriesse.

Como Arispol llegó acerca del lugar donde don Galián lo atendía, el cual lo vio venir, cabalgó muy prestamente, tomó su lança, e saliéndole al encuentro díxole: "Don caballero, conviene que dexés la donzella porque gran tuerto es la que queráis tener contra su voluntad."

Cuando Arispol esto oyó fue muy sañudo e respondió: "¿Quién eres tú que tan osado has sido de te me poner delante por me quitar la cosa del mundo que yo más amo?"

"Esso no os haze menester de lo saber," dixo él, "sino dexad la donzella o aparejaos a la batalla: que este amor más se puede contar por fuerça, pues ella os desama de todo coraçón."

"Por buena fe," dixo Arispol, "loco caballero, tú buscas tu muerte, que della no me escaparás," e tomando sus armas dieron ambos de las espuelas a sus caballos; fuéronse ferir por medio de los escudos tan bravamente que ambos fueron falsados. La lança de Arispol no prendió en el arnés de don Galián e allí quebró, mas la de don

Galián con la fuerça del encuentro passó tanto que todo el hierro paresció de la otra parte. Arispol cayó del caballo en tierra tal que no bullía con pierna ni mano. Don Galián, haziendo descender a su escudero, hizo que le quitasse el yelmo, e vio que era muerto. Entonces dixo contra la donzella:

"De hoy más vos sois libre déste que forçadamente os quería assí tener."

"Ay señor," dixo ella, "de Dios hayáis el galardón de tanto bien como me habés fecho, e por toda esta tierra la muerte deste caballero os será muy bien agradescida, que de todos era muy desamado." Don Galián, catando por el escudero de Arispol, violo que iba huyendo cuanto el caballo lo podía levar; e tomando consigo la donzella volvióse a la casa de su madre.

Cuando todos assí lo vieron venir mucho fueron maravillados, salieron contra él con gran plazer, e sabida por ellos la muerte de Arispol dieron muchas gracias a Dios por ello, e no sabían qué servicio hazer a don Galián, embiando luego por todos los más de sus parientes [CLXXXIIIIr] para que allí otro día viniessen, rogándole mucho que hasta entonces con ellos quedase, assí mesmo que les dixesse su nombre. Don Galián a ruego dellos óvolo de hazer, e sabido por todos quién era, trabajáronse de le hazer mucha más honra e servicio; e a ruego de don Galián fueron algunos hombres por el cuerpo de Arispol, soterráronlo en una hermita que aí cerca había, e traxeron su caballo que por el campo andaba.

El escudero de Arispol no paró hasta el castillo, donde halló dos hermanos bastardos de su señor que entonces aí arribaran, e gran tiempo había que de allí partieran a buscar las aventuras.[86] Estos ovieron muy gran pesar de la muerte de su hermano, e acordaron que como viniesse la noche, ellos e otros tres caballeros e seis hombres armados fuessen a la casa, y entrando sin que fuessen sentidos, quemarían cuantos dentro oviessen en vengança de su hermano. Assí como lo acordaron lo pusieron por obra: que a la media noche fueron en la casa, entrando luego por el muro mataron luego dos hombres que en un lecho yazían, e a las bozes que éstos daban recordaron toda la gente. Como sintieron sus enemigos dentro, fueron metidos en gran pavor, e començaron a dar grandes gritos e bozes, ninguno aviendo que de tomar armas se acordasse; ante cada uno huía donde mejor pensaba escapar. El uno de los hermanos de Arispol con otro caballero e dos hombres armados estaban en el patio por matar los que allí acudiessen. El otro con los otros andaba por la casa haziendo gran ruido y dando grandes golpes en las puertas por entrar a los que dentro estaban, e demandaban fuego para los quemar.

Don Galián, que en un palacio baxo dormía, acordó despavorido, e como sintió el ruido levantóse prestamente, tomando su manto e su espada; corrió a la puerta e mirando por entre ella vio los que estaban en el patio —que las armas con el lunar que hazía claro reluzían mucho— e tornándose a vestir a gran prissa. Armóse muy aína, con ayuda de su escudero, de sus armas que aí tenía; desque fue armado mandóle que abriesse la puerta el escudero. Como la abrió, llegaron allí corriendo con gran cuita,

---

[86] aventuraa

desnudas en camisa, la donzella e su madre, que venían por guarescer aí si pudiesen; e cuando assí vieron a don Galián dixéronle: "Ay señor, como todos somos muertos con gran engaño, que la gente de Arispol es dentro en nuestra casa."

Don Galián, aviendo duelo dellas, esforçólas mucha, e mandando a su escudero que diesse grandes bozes a la gente de su parte que se esforçassen a tomar armas, salió por la puerta muy rezio. Los que en el patio estaban, como lo vieron venir e reconoscieron que no era de los suyos, dexáronse ir a él diziendo: "En mal punto osastes tomar armas tan desacompañado." Don Galián —que era muy valiente y esforçado— firió de un tal golpe por cima del yelmo al hermano de Arispol —que delantero venía— que dio con él a sus pies. Los otros llegaron e firiéronlo de grandes golpes. Uno de los hombres le dio un golpe de hacha en la cabeça —de que don Galián se sintió mucho; e alçando su espada firió a éste por cima de la capellina en guisa que lo hendió fasta los dientes. Dexándose ir para el otro caballero diole tales tres golpes: que lo derribó ferido e desacordado en tierra. El otro hombre huyó luego contra donde estaban los otros de su compaña. El hermano de Arispol —que se ya levantara— como se vio solo con don Galián, començó a huir por el patio llamando a los suyos a gran prissa, los cuales —con estas bozes e con las que el escudero de don Galián daba a la otra gente que tomassen armas— acudieron luego aí; e volviendo todos sobre don Galián cargáronlo de tantos golpes que le hizieron fincar el uno de los hinojos en tierra. Mas él se levantó con grande ardimiento e firió a uno de los hombres tan bravamente que la cabeça le derribó en tierra; después dio a otro tal golpe en el hombro altravés, de guisa que la mayor parte del cuerpo le cortó e derribó al suelo. Los caballeros e los otros hombres lo firieron por todas [CLXXXIIIIv] partes: llagáronlo en dos lugares, e tanta prissa le dieron que veyéndose don Galián muy aquexado dellos, ovo por bien de se poner entre dos pilares grandes porque no le pudiessen ferir por las espaldas.

Allí fueron todos sobre él, e los hermanos de Arispol dezían a los otros: "¡A éste, a éste matemos! que debe ser él que mató a nuestro hermano." El escudero de don Galián no cessaba de dar bozes a los otros, llamándolos covardes e malos porque assí dexaban matar a su señor. Mas allí mostró don Galián su bondad, dando tan bravos e duros golpes a los que se le acercaban que en gran temor los ponía; e firió a aquel hermano de Arispol —que dél fuyera— por cima del yelmo en guisa que se lo derribó de la cabeça. El otro se quisiera tirar afuera, mas don Galián lo alcançó con su espada e fendiólo hasta los pechos: entonces desmayaron todos. Don Galián se lançó entrellos e firió al otro hermano de Arispol en el escudo, assí que la espada metió por él más d'un palmo: al tirar que tiró dio con él tendido en el suelo, e todos los otros con gran temor de sus golpes no atendieron más; antes salieron huyendo de la casa contra donde tenían los caballos. A esta sazón mucha de la gente —que en una cámara se encerraran— tenían dos antorchas encendidas a una finiestra por ver lo que se hazía, e baxaban ya los cuatro caballeros que don Galián encontrara, con la donzella que venían en su acorro; e cuando ellos vieron lo que había fecho, mucho fueron maravillados: hincando antél los hinojos dixeron:

"Señor, perdonadnos por vuestra bondad si no os acorrimos con tiempo, que de vernos assí acometidos fuimos puestos en tan gran sobresalto que no hallávamos las armas assí aparejadas como fuera menester."

Don Galián los hizo levantar e díxoles: "Mis buenos amigos, no fablemos de ál sino que debemos dar gracias a Dios porque le plugo que assí no fuessemos traídos." Viniendo toda la otra gente allí en torno dél, humillávansele mucho diziendo por su gran bondad ser todos ellos escapados de muerte; e algunos bien quisieran que el hermano de Arispol muriera, mas don Galián —que lo había tomado a su merced— hizo que escapasse. Haziendo sacar los muertos fuera, e poniendo hombres que la casa[87] velassen, durmieron e reposaron todo lo que de la noche quedó. Otro día vinieron muchos parientes de la donzella, e todos hizieron gran sevicio a don Galián: el cual holgó con ellos hasta que fue guarido de tres llagas que allí rescibiera. Después, acomendándolos a Dios, partióse dellos e por lo que en aquella casa le aviniera propuso desde entonces que en cualquier parte que se hallasse que por muy seguro no se tuviesse, siempre haría poner sus armas donde oviesse de dormir. Esto le valió en algunas partes que lo quisieran engañar si pudieran.

CAPI CXXXII. CÓMO LA PRINCESA GRADAMISA FUE EN ROMERÍA A LA HERMITA MILAGROSA PARA DE AÍ IR A VER A SU TÍA CELACUNDA.

La princesa Gradamisa, el día que don Clarián la libró de los leones —como ya se ha contado— prometiera de ir en romería a la hermita milagrosa que era una casa de Nuestra Señora, donde más e mayores milagros que en otra alguna que en Alemania fuesse entonces se hazían. Esta hermita estaba en unas altas montañas cerca del mar cercada de todas partes de grandes florestas. Gradamisa, por gran devoción que en ella tenía, hiziera hedificar allí cerca un monesterio de monjas, el cual era ya acabado. Ella acordó de ir allá por cumplir su promessa para que desde aquella hermita quería también ir a ver a su tía Celacunda que a dos jornadas d'aí estaba en un castillo ribera del mar —que el Castillo Deleitoso se llamaba— porque con ella entendía mucho descansar; que era muy sabia dueña, muy cortés e graciosa; que en aquella sazón la princesa Gradamisa de gran cuita de amor era fatigada. Sabía ella que Celacunda, su tía, era muger de muy agradables razones e que se holgaba mucho de hablar en cosas de amores, porque ella en su tiempo fuera muy enamorada del duque Pelirán con quien después casará. [CLXXXVr] Demandando licencia al emperador e a la emperatriz para ir en esta romería: ellos se la otorgaron.

La princesa Gradamisa se partió de la ciudad de Maguncia acompañada de dueñas e donzellas de gran guisa. Entre las cuales iba Resinda, hermana de don Galián; e Lindamira, hija del rey de Frisa; Licedra, hija del rey de Zelanda; Alteranda, hija de Celacunda; Casilda, hermana de Genadís. Iba otrosí aguardada de muchos caballeros; entre los cuales iba don Felisarte de Jaffa; Monbeldán, cormano de Roselao; don Danirteo de Gueldres, don Laurgel Dariscón; Calidor de Venarde, primo de don Felisarte. Caminando por sus jornadas llegaron un día a un hermoso llano cerca de una espaciosa ribera, e como hiziesse gran calor armaron un pavellón entre unos muy

---

[87] ca a

hermosos árboles. La princesa Gradamisa e aquellas que con ella venían descabalgaron allí para tener la siesta, e luego don Felisarte, Mombeldán e Calidor de Venarde fueron a bolar con sus halcones a la ribera, que don Felisarte era tan caçador que siempre andaba proveído de aparejos de caça. La princesa Gradamisa mandó a una donzella que fuesse a buscar agua de fuente si aí cerca alguna había.

Tomando la donzella consigo un escudero, llevando un barril de oro en qué la truxesse, fuese a buscarla; e passando por el llano entró por un tremedal de peña tajada tan estrecho que a penas ella y el escudero cabalgando podían ir juntos. Este tremedal turaba cient passos o más; passando por él halláronse en un llano redondo donde había gran frescura de huertas e arboledas; a una parte dél sobre una gran roca estaba un muy fuerte e hermoso castillo, e de una grande e hermosa fuente que en medio de aquel llano entre unos árboles había, salían pequeños arroyos que por todas aquellas huertas se esparzían. El llano era todo cercado de aquella peña, e no tenía sino dos entradas: assí la una como la otra eran tan fuertes que solamente con dos hombres que en cada una dellas oviesse se podrían defender a todos los que allá quisiesen entrar. La donzella y el escudero descabalgaron; bevieron del agua —que era muy sabrosa— e hincheron el barril della; queriéndose volver, salieron de una hermosa casa que aí había cuatro hombres e prendiéronlos, diziéndoles que porque fueran osados de tomar el agua sin su licencia no se hallarían bien dello. El uno dellos se fue al castillo a lo hazer saber a su señor, el cual vino luego armado de todas armas, fueras el yelmo, que un hombre suyo le traía.

El era muy grande e salido de talle para caballero, como aquel que venía de linaje de jayanes, e la cara había robusta e feroz. Este caballero había nombre Rián de Aquer: era padre de Liboragar y hermano bastardo de Tarcón el Sobervio, e de Bracazande de las Ondas: aquellos que don Clarián matara. Este Rián de Aquer era muy fuerte, bravo e valiente en armas. E como él un tiempo no tuviesse castillo ni heredad hazía su continua morada en Panonia con su hermano Bracazande de las Ondas —aquel tan fuerte jayán— e cuando él vino a los grandes torneos de Alemania por vengar —como ya se ha dicho— la muerte de su hermano, Rián de Aquer no era aí; que tiempo había que era entrado en aquella demanda buscando a don Clarián, e viniendo en aquella parte combatióse con un caballero que por Celacunda tenía aquel castillo e con dos primos suyos; e matándolos, tomó para sí el castillo. Assí lo sostuvo contra Celacunda porque era muy fuerte, e un día fuele dicho por una donzella muy sabia en arte de nigromancia que no se trabajasse de buscar a don Clarián —a quien él tanto desseaba hallar; que tiempo vernía que lo vería bever en aquella fuente e se combatiría con él. Sabido esto por Rián de Aquer fizo poner guarda en la fuente: si alguna dueña, o donzella, o escudero aí venía luego eran presos por sus hombres, e si caballero fuesse él se combatía con él fasta lo matar o vencer. A los que vencía luego quería saber quién eran: por si pudiesse encontrar con aquel que tanto desseaba. E sabido quién el caballero era, echávalo en prisión hasta tanto que a él plazía de lo soltar. Mas si el caballero fuesse de la corte del empera [CLXXXVv] dor Vasperaldo nunca salía de su prisión sino muerto. En aquella sazón Rián de Aquer tenía doblado desamor a don Clarián por su hijo Liboragar que le matara.

E dize la historia que esta fuente que allí había tenía tal virtud que toda cuita de amor quitaba e aliviaba por tres días a aquel que della beviesse: esto hiziera Celacunda —que la encantara— con su gran sabiduría para remedio de su cuita cuando el duque Pelirán estuviera della alongado siete años —como lo cuenta más largamente la crónica del emperador Macelao. Celacunda, después que este encantamiento hizo, cuando de congoxa e cuita de amor se veía aquexada sufríala en cuanto podía por no comprar el verdadero amor de su amigo con precio engañoso ni de menos valor, hasta tanto que constreñida de muy dura passión le era forçado bever del agua —e pocos había que de la virtud desta fuente supiessen.

Pues como Rián de Aquer llegasse dixo contra la donzella y el escudero: "Dezidme ¿por cúyo mandado sois aquí venidos por esta agua?"

Ellos, que en lo ver tan grande, ovieron gran pavor le dixeron: "Nos la queríamos levar para la princesa Gradamisa, hija del emperador Vasperaldo, que cerca de aquí con su compaña queda."

A Rián de Aquer plugo mucho desto por saber si venía aí don Clarián, e dixo: "A cualquier de vosotros que me dixere la verdad de lo que le demandare yo le haré libre: y esto es que me digáis si viene aí don Clarián de Landanís, a quien yo mortalmente desamo; que si él con vuestra señora es, e comigo en este llano se viniesse a combatir, yo lo estimaría más que a ninguna cosa del mundo porque yo le haría que jamás tomasse armas con qué tanto daño en mi linaje ha fecho."

El escudero le dixo: "Cierto aí no viene don Clarián, que gran tiempo ha que no es en la corte; empero yo os digo que con la princesa Gradamisa vienen caballeros que muy bien os sabrán demandar todo lo que contra nos hiziéredes."

"Pues agora ve tú," dixo Rián de Aquer, "e dirás a la hija del emperador que yo desamo mucho a su padre e a todos los de su corte porque es en ella don Clarián, que la flor de mi linaje ha muerto; e sobre todo me mató un hermano que mucho amaba: que por esto yo ningún plazer le haré a ella, e que tenga por cierto que desta agua —aunque más la sed la aquexe— no beverá desta vez si algún caballero de los que con ella son no viene a combatirse comigo e la lleva por fuerça de armas; e que en tanto la su donzella quedará aquí." El escudero volvió con este mandado, Rián de Aquer haziendo meter la donzella en la casa puso de sus hombres sobre las dos entradas para que defendiessen que no entrasse juntamente compaña que los pudiesse empecer.

El escudero llegado ante la princesa Gradamisa contóle todo lo que passaba, de que ella ovo gran pesar e dixo: "No haze cordura quien a tan alto príncipe —como el emperador es— enoja, porque algún día se podría hallar mal dello," e tornó en sí de semblante triste.

Don Danirteo de Gueldres —que aí estaba— ovo desto gran pesar, e díxole: "Señora, no tome la vuestra merced enojo; que si el caballero es bravo e sobervio, muy aína podrá levar el pago de su desmesura." Tomando sus armas, cabalgó en su caballo e fuesse luego para allá; su escudero levaba la lança. Como entró en el llano pagóse mucho de la fortaleza del castillo e de la fermosura de las huertas e arboledas que aí había; e comoquiera que muy grande viesse a Rián de Aquer no perdió por esso coraçón; que don Danirteo era de gran bondad, e díxole: "Caballero, no haze menester hablaros de vuestra sobervia e desmesura —pues está bien conoscida en las locas palabras que embiastes a dezir a tan alta señora como es la princesa Gradamisa— mas demandaros la villanía que hezistes en prender su donzella, e no dexar levar el agua. Por ende os guardad de mí."

"Esso más te haze menester a ti," dixo Rián de Aquer, "que yo poco temo de tu fuerça, ni de la de cuantos caballeros con éssa que tú dizes vienen." E tomando luego sus armas, e dexándose correr muy re [CLXXXVIr] zios contra sí, don Danirteo lo encontró por la vista del yelmo en guisa que un poco lo firió cerca del ojo, e más lo oviera llagado sino porque el yelmo era muy fuerte, e quebró luego la lança. Mas Rián de Aquer lo firió en el escudo tan bravamente que se lo falsó con todas las otras armas; llagólo en el costado siniestro, e dio con él e con su caballo en tierra, por manera que tomándole una pierna debaxo no se pudo levantar e fue preso e desarmado. Con saña que Rián de Aquer dél tenía porque en tal lugar lo llagara —como era sobervio e desmesurado— mandólo ferir a sus hombres con correas. Haziéndolo meter en la casa, dixo a su escudero que fuesse a llevar estas nuevas: el cual assí lo fizo; e de las saber pesó mucho a Gradamisa e a su compaña. Don Laurgel Dariscón ovo muy gran saña porque don Danirteo era su primo cormano, e sin más tardar tomó sus armas; cabalgó en su caballo e fuesse para allá a gran prissa. Como llegó, sin palabra hablar se dexó correr para Rián de Aquer que movió otrosí contra él. Encontráronse ambos tan duramente que las lanças bolaron en pieças; juntáronse de los escudos e de los cuerpos de los caballos en tal guisa que don Laurgel fue en tierra; empero levantóse muy prestamente e metió mano por su espada. Como en Rián de Aquer ninguna mesura oviese, dexóse ir a él; tropellándolo con los pechos del caballo hízole dar de manos por tierra e passó por él el caballo tres vezes hasta lo dexar tan quebrantado que no se podía mover. Haziéndolo desarmar e meter con don Danirteo, dixo al escudero de don Laurgel Dariscón: "Vete a la hija del emperador e dezirle-as a ella e a su compaña que a mí pluguiera mucho más si alguno destos fuera don Clarián —a quien tanto desamo— para le tajar la cabeça; mas pues a él agora no puedo haber que no verná a mí caballero de los suyos que no lo mate, o lo meta en prisión donde nunca salga, e que todos ellos no podrán hazer tanto que le hagan perder la sed con el agua de mi fuente."

El escudero volvió llorando, que según el estado en que dexaba a su señor bien creía que fuesse muerto; a todos pesó mucho de la prisión destos caballeros. Gradamisa, oyendo las palabras de amenazas que Rián de Aquer embiaba contra aquel que ella tanto amaba, abaxó la cabeça diziendo: "Si Dios me ayude, mucho pesar se nos sigue de haber aquí descabalgado," e dixo entre sí: "Ay, mi tan desseado e verdadero amigo: que si vos aquí fuéssedes bien me quitaríades deste pesar, e de otros muchos mayores en que la soledad de vuestra ausencia me pone." Bien había allí algunos caballeros que contra Rián de Aquer quisieran ir, mas la princesa Gradamisa les rogó e defendió que no lo hiziesen, que por aventura podría venir mayor daño; mas que atendiessen a don Felisarte de Jaffa e a los otros caballeros por quien ella había embiado e que entonces se vería cómo habían de hazer.

CAPITULO CXXXIII. CÓMO VI NO UN CABALLERO POR ALLÍ QUE FUE A COMBATIR CON RIÁN DE AQUER, E DE QUIÉN ERA EL CABALLERO.

Ellos, en esto estando, paresció por el llano un caballero que muy bien parescía sobre su caballo: venía armado de todas armas e traía consigo una donzella e un escudero. Este era don Clarián, que por un gran servicio que esta donzella le hiziera le prometiera un don: el cual era que le haría haber derecho de un caballero que tenía en prisión a su madre e la quería hazer matar dende a ocho días. El escudero que con él venía era Carestes; que Manesil quedara atrás por hazer soterrar un caballero que hallara muerto en la carrera. Aquella noche iban a alvergar a un castillo de una tía de la donzella. Don Clarián como de lueñe vio aquella compaña fue puesto en gran desseo de saber quién eran; demandó a un escudero que andaba apartado por el campo que le dixesse qué compaña era aquélla.

El escudero dixo: "Aquí viene la princesa [CLXXXVIv] Gradamisa, hija del emperador Vasperaldo, que va en romería a la hermita miraglosa e de aí ha de ir al Castillo Deleitoso por ver a su tía Celacunda, muger que fue del duque Pelirán."

Oído esto por don Clarián fue puesto en gran sobresalto de alegría en se ver tan cerca de aquella que más que a todas las cosas del mundo amaba. Aquella hora le pesó mucho del don que a la donzella prometiera, porque veía que no habría lugar para que él pudiesse ir a acompañarla, e assosegándose de aquel tan arrebatado plazer dixo: "Buen escudero, ruégovos que me digáis quién son algunos de los caballeros que con essa tan alta señora vienen, e qué atienden aquí."

"Yo os lo diré de grado," dixo él. "Los caballeros de mayor cuenta que aquí vienen son don Felisarte de Jaffa, don Danirteo de Gueldres, don Laurgel Dariscón; Monbeldán, hijo del duque de Verona; Calidor de Venarde e Briseles, sobrino del duque de Loregne, e atienden aquí porque un caballero muy sobervio llamado Rián de Aquer —que entre aquellas peñas tiene un castillo— prendió una donzella de la princesa Gradamisa porque traía un poco de agua de una fuente para su señora. Después ha metido en prisión a don Danirteo de Gueldres e a don Laurjel Dariscón, su cormano, que con él se fueron a combatir, e agora se espera que venga don Felisarte de Jaffa para que los libre si podrá por batalla. Todo esto ha fecho Rián de Aquer porque dize que desama a don Clarián; que le mató un su hijo llamado Liboragar e dos hermanos jayanes: que Tarcón el Sobervio e Bracazande de las Ondas habían nombre. Mas por cierto si este caballero aquí agora estuviesse muy aína le haría perder su sobervia, que por mayores hechos que éste ha passado a su honra."

Oído esto por don Clarián fue movido a gran saña contra Rián de Aquer, no tanto por el desamor que le tenía como por la desmesura que contra se señora hazía; e respondió: "Dios dé vida e honra a esse caballero que vos, escudero, dezís: que no ha mucho que yo le vi; e dexado aparte que por él haría cuanto mi poder fuesse, porque esse caballero ha seido tan desmesurado e sobervio en enojar a una tan alta señora que de todo el mundo debría ser servida, yo espero en Dios de le fazer comprar caramente su locura." E sin más tardança diziendo a la donzella e a Carestes que empós dél se viniessen, se fue para allá a gran correr de su caballo. Cuando todos assí lo vieron ir, demandáronse unos a otros quién podría ser aquel caballero, e fue llamado el escudero que con él fablara para que dixesse si lo conoscía, mas él no supo dezir otra cosa de lo que con él passara. Algunos ovo que fueron por ver cómo le avernía, mas los que en la entrada estaban no consintieron entrar sino dos caballeros e tres escuderos e una donzella.

Don Clarián, assí como en el llano entró, miró a una parte e a otra, e no vio caballero alguno porque Rián de Aquer era dentro en la casa haziendo adereçar una cincha que se le quebrara del encuentro que don Laurgel Dariscón le diera. El había essa hora gran sed, e como vio la fuente tan hermosa descabalgó e atando su caballo a un árbol quitóse el yelmo e bevió del agua. El estando beviendo, Rián de Aquer salió de la casa guisado de combatir; yéndose para al caballo de don Clarián, cortóle las riendas e corriólo hasta lo hazer salir por donde entraran. Don Clarián ovo desto muy gran saña, y enlazando su yelmo dixo contra Rián de Aquer: "Desmesura as fecho en me soltar mi caballo pues tú tienes el tuyo; empero deciende a pie como yo estoy e combatirte-as con el mayor amigo que tiene don Clarián, aquel que tú tanto desamas."

"Mayor fue tu atrevimiento que mi desmesura," respondió él, "en bever contra mi voluntad del agua de mi fuente, que a los tales como tú suele ser defendida. El caballo me paresció a mí tan bueno que tan astroso caballero como tú no quiero yo que más en él cabalgue: digo esto porque tengas por cierto que aquí morirás a mis manos, pues tanto amas a mi mortal enemigo. E querría saber de ti si eres él, por [CLXXXVIIr] que aunque me han dicho que en esta compañía no viene, muy aína creo que él lo haze por escusarse de mi batalla."

"Esse que tú dizes," dixo don Clarián, "no rehusaría agora tu batalla pues no rehusó la de tus hermanos, que era más de temer que la tuya. Quién yo soy no lo puedes agora saber: por ende deciende de tu caballo, pues el mío me soltaste, e combatirme he contigo: que no sería cosa aguisada que habiendo tú tenido atrevimiento de enojar a tan alta señora como es la princesa Gradamisa quedasses sin haber el castigo que meresces."

Rián de Aquer no curó de aquella cortesía que los buenos caballeros solían usar aun con aquellos que de los caballos derribaban; antes assí como estaba con mucha saña e braveza abaxó la lança e se dexó ir para él. Don Clarián, que assí lo vio venir, metió mano a aquella tan rica espada de la esmeralda que en la gruta de Ercoles — como ya se ha dicho— ganara, y embraçó el escudo. Rián de Aquer lo cuidó ferir, mas él se guardó del encuentro dando un salto altravés muy ligeramente e quisiera lo ferir, mas no pudo: que Rián de Aquer passó muy rezio. Los dos caballeros —que a essa hora entraran— de grado ayudaran a don Clarián aunque no lo conoscían, sólo por la villanía que al otro veían hazer; mas no osaron porque había más de veinte hombres armados ante la casa en guarda de su señor. Rián de Aquer volvió sobre don Clarián la lança baxa por lo encontrar, e como quiera que dél se guardó, todavía lo encontró en él un canto del escudo; mas como no hallasse en qué hazer golpe la lança no prendió e surtió arriba. Don Clarián se guardó de los pechos del caballo, e al passar — cuidando ferir a Rián de Aquer— dio en las ancas del caballo un tal golpe que casi todo lo cortó: assí que el medio caballo cayó a una parte, solamente quedando asido del cuero de la barriga; el otro medio cayó con Rián de Aquer a otra, mas él se levantó luego, espantado de tal golpe. Essa hora le vino a la memoria lo que por la sabia donzella le fuera dicho: que había de hallar a don Clarián beviendo del agua de su fuente. Como quiera que él esto desseasse, dubdaba mucho su batalla por las grandes cosas que dél había oído dezir, e fue metido entonces en algún pavor; empero puso mano a su espada con grande ira. Don Clarián se fue para él e firiólo en el escudo por manera que la espada metió por él un palmo; decendió el golpe al yelmo y entró tanto por él que lo llagó en la cabeça, e tiró la espada con tanta fuerça que lo llevó hasta le hazer dar un encuentro consigo; e luego lo firió de otro golpe en la pierna de guisa que le hizo una llaga.

Rián de Aquer fue entonces metido en mayor pavor que antes, porque jamás en su vida hallara quién en tanto desatino le pusiesse; mas esforçándose en su gran fuerça e valentía alçó con gran saña la espada e firió a don Clarián por cima del yelmo de tan gran golpe que la espada entró por él bien tres dedos, e hízole abaxar la cabeça contra los pechos. Aquella hora se començó entre ellos una muy fuerte e dura batalla, porque Rián de Aquer era de gran fuerça e valentía —como aquel que era hijo de jayán— e assí anduvieron una pieça golpeando se muy duramente. Mas como don Clarián con gran saña con él se combatiesse por el enojo que a su señora Gradamisa hiziera, dávale tan fuertes y esquivos golpes que las armas e la carne le cortaba en muchos lugares, e fazíale perder el tino de ferir en guisa que fuerça ni braveza ni valentía que en él oviesse no le prestaba cosa.

Entanto que ellos hazían su batalla, Norartaque andaba corriendo por el campo acerca del pavellón donde la princesa Gradamisa e su compaña estaban, no dexándose tomar de alguno aunque muchos andaban trás dél; e algunos había que dezían que éste fuesse el caballo de don Clarián, mas otros dezían que no. Cuando la muy hermosa princesa Gradamisa oyó dezir que aquél era el caballo de don Clarián, tan grande alegría ovo en su coraçón que una muy viva color le vino a la faz. Fue puesta en gran sobresalto de plazer, e no en menor desseo de saber si el que lo traía era su buen amigo don Clarián, que en aquella [CLXXXVIIv] sazón della era muy desseado. Entonces llegó Carestes: luego el caballo se vino para él, e tomándolo, volvióse con él sin responder cosa alguna a los que demandaban que les dixesse quién era el señor de aquel caballo.

Mas don Felisarte —que a essa hora arribaba— armóse luego e fuesse contra donde le dixeron que los caballeros se combatían. Llegando a la entrada solo, dexáronlo entrar con promessa que hizo que no ayudaría al caballero que con su señor se combatía; e llegado donde los caballeros hazían su batalla vio como don Clarián traía a toda su voluntad a Rián de Aquer —que andaba ya tan flaco que golpe no podía dar— e luego don Felisarte lo conosció en el escudo —que tres coronas había —aunque de los golpes estaba assaz despintado, de que mucho le plugo. A esta hora don Clarián firió de tales tres golpes a Rián de Aquer que lo derribó en tierra desacordado; quitándole el yelmo hizo semblante de le querer cortar la cabeça. Rián de Aquer acordó e ovo gran pavor de muerte; díxole: "Ay por Dios, buen caballero, no me mates, e tente por contento con la gloria que has ganado en me vencer; que yo me otorgo por vencido a ti como al mejor caballero del mundo."

"Yo no te debría dexar," dixo don Clarián, "porque tú desamas al caballero del mundo que yo más amo; empero si tú le perdonas todo tu mal talante e te vas a meter en merced de la princesa Gradamisa —a quien tanto has enojado— para que haga de ti lo que su voluntad fuere, yo te otorgaré la vida." Rián de Aquer otorgó de hazer esto e todo lo que más le mandasse, e don Clarián lo ayudó a levantar.

Entonces llegó a ellos don Felisarte; descabalgó de su caballo e quitándose el yelmo fue abraçar a don Clarián e recibiéronse amos con gran plazer. Don Felisarte le dixo: "En todas partes que más necessidad hay, os trae Dios para que vuestra bondad supla lo que los otros faltaren."

"Por Dios, buen señor," dixo don Clarián, "esso no se puede dezir donde vos estáis: que si aquí os halláredes escusado era a mí ni a otro que más valiera de tomar este trabajo."

"No haze menester respuesta, mi señor," dixo don Felisarte, "pues está bien sabido que vuestro par en el mundo no se fallaría. Vámonos donde es la princesa Gradamisa, e acompañarla-éis en esta jornada que va, de que ella e todos habrán muy gran plazer."

La donzella que con don Clarián venía —que esto oyó— llegóse a ellos e dixo contra él: "Señor, comigo vernés, si os pluguiere: que tal caballero como vos, no es razón que fallezca de su promesa por cosa alguna del mundo; que si vos agora, señor, me faltáis, mi madre sería muerta, donde yo haría muy gran pérdida." Don Clarián que el tan encendido desseo que en su ardiente coraçón por ver a su señora traía veía mitigado e resfriado mucho fue maravillado dello; e no forçado de aquesta mortal cuita como de antes, quedando libre el juizio para conoscer que la donzella dezía verdad: muy sin pena pudo hazer consigo de ir con ella a complir su promessa, e volviéndose a don Felisarte díxole:

"Buen señor: como quiera que haya gran causa para yo ser escusado de ir con la princesa Gradamisa —por cumplir un don que a esta donzella tengo prometido— ruégovos que me encubráis de todos, pues creo que de ninguno sino de vos soy conocido, porque la princesa Gradamisa no vea la falta en qué caigo en no la ir a acompañar, pues que me es assí forçado." Aunque a don Felisarte no plugo de su partida, otorgó de lo hazer assí.

Don Clarián, cabalgando en su caballo, dixo a Rián de Aquer que en todo hiziesse como don Felisarte le dixesse, e saliéndose de aquel llano cerrado por la otra entrada que en él había, embió a Carestes que volviesse hasta encontrar con Manesil, e que lo hiziesse apartar de aquella carrera porque de toda aquella compaña era conocido, e que ambos a dos se viniessen al castillo de la tía de la donzella donde los atendería. Don Felisarte de Jaffa dixo a Rián de Aquer que soltasse los dos caballeros e la donzella que prendiera. El los mandó sacar mucho contra su voluntad, e miraba de mal talante a sus hombres: que les fiziera señas cuando se combatía con [CLXXXVIIIr] don Clarián que lo viniessen a ayudar, e no lo hizieran ellos por dos cosas: lo uno porque lo desamaban por su braveza e cuidaban que en aquella batalla sería muerto; lo otro porque ovieron gran temor de los grandes golpes de don Clarián, e de los otros caballeros que allí eran. Algunos caballeros que defuera estaban pudieron entonces entrar, que no les fue defendido; e demandaban todos a don Felisarte que les dixesse quién era el caballero que la batalla venciera. El no les dixo más de que era un caballero estraño que gran tiempo había que él conoscía.

Todos dezían: "Buena ventura aya: que de muy gran bondad es, pues tal caballero ha vencido." Don Felisarte de Jaffa dixo a Rián de Aquer que también hiziesse delibrar los otros presos que tenía; mas él cuidando que quedaría con el castillo, negaba e dezía no tener más prisioneros —por matar todos aquellos que fuessen de la corte del emperador e dende en adelante hazer todo mal a caballeros andantes— e assí defendió a sus hombres que otra cosa no dixessen. Como don Danirteo e don Laurgel Dariscón en aquel lugar llegaron, don Danirteo —que por la mengua e deshonra que Rián de Aquer le fiziera, aviéndolo preso— tenía tanta saña que cuidaba ensandecer, aunque él era caballero cortés e mesurado.

Tornado todo de mal talante con la ira que cobrara, metió mano a su espada e dio a Rián de Aquer tal golpe en la cabeça que lo hendió hasta la barba, e dixo: "Agora don mal caballero, como quiera que yo haya hecho villanía, vos ya no harés más deshonra a buen caballero alguno como aquí heziste." Mucho pesó desto a don Felisarte, porque Rián de Aquer era ya vencido e tomado a merced por don Clarián — que le dixera que en todo hiziesse como él le mandasse— e sino fuera por ir con la princesa Gradamisa, e porque don Danirteo era su amigo, mucho acaloñara este fecho. Mas veyendo que ya no tenía remedio, no dio a entender cuánto le pesaba. E algunos de los que aí eran dixeron que don Danirteo de Gueldres fiziera cosa desaguisada en matar assí a Rián de Aquer. El, viendo que hiziera mal, pesóle dello, reprehendiéndose a sí mesmo porque la ira lo forçara. Como la gente de Rián de Aquer vieron a su señor muerto no les pesó: que bien pensaban si él viviera ser todos los más dellos muertos por la ira que contra ellos tenía; vinieron luego ante don Felisarte e los otros e dixeron que ellos querían entregar el castillo e poner a sí mesmos en mano de aquel que por el buen caballero que a su señor venciera los quisiesse tener, e que soltarían muchos presos que Rián de Aquer en el castillo tenía.

Don Felisarte les dixo: "Amigos, esse caballero ya es partido como veís, e por agora no le podrés haber; mas allende desso yo os digo que le harés mayor plazer que vengáis a merced de la princesa Gradamisa, e le entreguéis el castillo, porque según me han dicho él fue ante de su tía Celacunda muger del duque Pelirán, e ella lo volverá a cuyo era, o lo hará tener por el caballero: e destas dos cosas a vosotros no puede avenir sino bien." Todos ellos fueron contentos desto. En tanto que don Felisarte iba al castillo para lo tomar en su poder e soltar los presos, don Danirteo de Gueldres e don Laurjel Dariscón, haziendo llevar del agua de la fuente, se fueron para su compaña.

La princesa Gradamisa, que en gran desseo estaba de saber quién fuesse el caballero, demandóles por nuevas dél. Ellos le dixeron cómo se partiera, e ninguno lo conosciera sino don Felisarte, que dezía que era un caballero estraño, amigo suyo. Desí contáronle en qué guisa venciera a Rián de Aquer e cómo después don Danirteo lo matara con saña que tuviera de la deshonra que le hiziera, e que su gente entregaban el castillo e se daban por de aquel caballero que a su señor venciera, e cómo don Felisarte les dixera que pues él aí no estaba que se diessen a merced della, que al caballero le plazería mucho dello, e que ellos assí lo hizieran. Cuando ella oyó que el

caballero se fuera, bien pensó que no era don Clarián su amigo; que si él fuera, creído
tenía que no lo hiziera por cosa alguna. Fue muy triste en su coraçón: que en gran
esperança estuviera de que [CLXXXVIIIv] fuesse él, pero encubriólo lo mejor que
pudo e dixo: "Buena ventura haya el caballero, que por causa dél yo podré tornar este
castillo a mi tía Celacunda, que según me dizen que es hermoso e fuerte, mucho le
plazerá con él." Tomando el barril de oro que su donzella traía, bevió del agua, e luego
en continente toda aquella gran cuita de qué era aquexada fue della partida, en tal
manera que aunque en don Clarián pensaba no sentía en el coraçón el dolor e congoxa
que solía, de que mucho fue maravillada.

Dende a una pieça don Felisarte vino allí, trayendo consigo toda la gente del
castillo e los prisioneros, entre los cuales había hallado a Olanques, el buen caballero,
hermano bastardo de Canarpis de la Funda; a Soriel de Vedoys, e a Leonadel. La gente
del castillo se pusieron en la merced de Gradamisa. Ella los recibió graciosamente e
mandóles que se tuviessen por Celacunda su tía, cuyo antes fuera el castillo; dexólo
encargado a un caballero que por ella lo tuviesse. E como quiera que ella demandó a
don Felisarte quién fuera el caballero, él se lo encubrió e le dixo lo que a los otros
dixera. Porque ya era tarde hizieron armar sus tiendas e pavellones e quedaron allí
aquella noche.

Otro día entraron en su camino; anduvieron todo aquel día, e al siguiente a hora
de vísperas llegaron a la hermita miraglosa. La princesa Gradamisa tuvo aí su novena,
e offreció muy ricos dones a la hermita. Vio el monesterio que ella fiziera, e fizo
mucho bien a las monjas, e todo esto fecho, partióse para el Castillo Deleitoso donde
Celacunda era —el cual con mucha razón tenía este nombre, porque en el mundo no
se hallaría un castillo más vicioso ni de tan sabrosas moradas. La princesa Gradamisa,
en todos aquellos tres días después que el agua de la fuente encantada bevió, del todo
fue libre de la pena que antes padecía: de que ella en gran admiración era puesta,
teniendo creído que ya no sería en su mano tornar a amar como de ante, mas al cuarto
día volvió sobrella la raviosa cuita e mortales desseos que mucho la aquexaban.
Entonces habló con Casilda e descubrióle todo lo que passaba. Casilda no supo qué se
dezir, que lo tenía ya por una nueva y estraña cosa.

Celacunda, como supo la venida de la princesa Gradamisa, ovo muy gran plazer
que en mucho grado la amaba, e salióla a rescebir dos leguas de su castillo con pieça
de caballeros, dueñas e donzellas, e recibiéronse amas con gran plazer abraçándose y
besándose. Celacunda le dixo: "Agora soy en la mayor alegría del mundo pues que tan
alta e tan hermosa señora con tal compaña me es venida a ver." Recibiendo muy bien
a las otras infantas, caballeros, dueñas e donzellas de gran guisa, abraçó e besó a su
hija Alteranda a quien buen tiempo había que no viera, e dixo a don Felisarte: "A vos,
buen caballero, vuestras virtudes e gran nombradía dan causa a que de todos seáis
amado, e assí harés de mí —dexado a parte el parentesco que entre nos hay." Don
Felisarte se le humilló mucho, e quisiera le besar las manos —que de todos era
Celacunda muy estimada e acatada, assí por ser de tan alta guisa como por su gran
sabiduría.

Assí se fueron para el castillo donde descabalgaron e fueron todos aposentados mucho a su plazer —que en él había los más hermosos aposentos del mundo— desde las finiestras se parecían a todas partes muchas huertas e jardines, caños e fuentes de agua muy deleitosas. Fueron aquella noche muy altamente servidos, e después de haber cenado tomaron mucho plazer con música de instrumentos de todas maneras. Cuando fue hora de dormir todos se retraxeron a sus aposentos. Celacunda levó a la princesa Gradamisa a una hermosa cámara muy ricamente adereçada donde por más holgar e por mejor poder hablar las dos juntamente se acostaron en un lecho. Estuvieron departiendo e razonando de muchas cosas la mayor parte de la noche. Como Celacunda supiesse bien el coraçón de Gradamisa bien conoscía en sus pláticas la pena e fatiga que tenía, mas no se lo quiso dar a entender, esperando si ella se lo descubriesse. Gradamisa era movida muchas vezes a le descubrir su [CLXXXIXr] cuita para que le pusiesse algún consejo, mas refrenaba la mucho la vergüença. Celacunda —a quien su dolencia era bien manifiesta— hablábale en aquellas cosas que más plazer le entendía dar; contándole mucho de las cosas passadas en sus amores díxole que aquellos que de amor no sabían no debían assí ser estimados como los otros: que el amor hazía esforçados e virtuosos los caballeros, e a las dueñas e donzellas más loçanas y hermosas y en todo más cumplidas, e que ella —que por todo había passado— conoscía ser aquello verdad.

Después de haber hablado en estas cosas e otras muchas, Celacunda habló en los caballeros, dueñas e donzellas de gran guisa de la casa del emperador, su padre; e demandóle por don Clarián, diziendo que por la fama de sus altos hechos en armas e gran hermosura a ningún caballero después de su hijo Dantesor el Preciado amaba más que a él, aunque no lo conocía ni le viera en su vida sino una vez. Contóle en qué guisa se le mostrara a la fuente del valle —como ya se ha dicho— comoquiera que de las palabras que le dixo no hizo memoria. E díxole que ella sabía que dél había de recebir un gran bien e ayuda en tiempo que de su saber no se podría aprovechar, mas que no sabía cuándo había de ser.

Como la princesa Gradamisa en don Clarián le oyó hablar, algún empacho ovo conosciendo el gran saber della; empero dissimuladamente le dixo: "Creed, señora, que de todos es tenido por el mejor caballero que hoy sea en la corte del emperador mi padre; todos le acatan y estiman más que a otro alguno. No sé si lo causa mi ventura ser entre tantos príncipes e caballeros de gran cuento assí acatado e preciado; comoquiera que visto e conoscido su valor, de todo es merescedor, porque sus grandes fechos son extremados sobre los de todos los otros que en el mundo son; del emperador e de la emperatriz es amado e preciado más que otro caballero alguno de su corte; e por Dios yo le soy en mucha obligación e cargo por me haber librado de peligro de muerte de dos leones que un día en el palacio del emperador se soltaron." Entonces le contó todo el fecho cómo aviniera.

Celacunda se sonrió viendo como Gradamisa le quería encubrir lo que a ella era muy conocido e manifiesto, e díxole: "Por Dios, mi amada señora, no fue ésse tan pequeño servicio que vos no le debéis tener en la memoria en cuanto viviéredes para se lo satisfazer e galardonar." E dexando entonces de más razonar durmieron fasta la mañana.

CAPI CXXXIIII. CÓMO LA PRINCESA GRADAMISA E SU COMPAÑA ESTABAN A GRAN VICIO E PLAZER EN EL CASTILLO DE CELACUNDA, E DE LO QUE AÍ AVINO.

El día venido, la princesa Gradamisa e Celacunda, todas aquellas señoras e caballeros fueron a missa a una muy rica capilla que en el castillo había, vestidos de muy ricos e preciados paños, mas Celacunda no traía sino paños negros: que después que el buen duque Pelirán su marido muriera nunca otros vistiera. Ella era de hedad de cincuenta años, assaz hermosa de gesto e fuéralo mucho más cuando donzella. Llevaba por la mano a la princesa Gradamisa, e no partía della los ojos, diziendo que no sabía cuál persona en el mundo se podría enojar de mirar tan hermosa obra como Dios en ella hiziera.

Dicha la missa, Celacunda les dixo que les quería una vez mostrar su castillo; que después se irían a comer a una muy viciosa huerta donde les estaba aparejado. E tomando por el braço a Gradamisa fueron mirando aquellos aposentos del castillo, de cuya hermosura, estrañeza e riqueza todos eran maravillados: no les pareciendo que por mano de hombre tales pudiessen ser fechos. Después que todos lo ovieron visto fuéronse para la huerta, donde las mesas eran puestas en un hermoso e rico cenador muy ricamente labrado. En torno del cual había muy hermosas fuentes hechas por tal arte e maestría que cayendo el agua por unos pequeños caños e dando [CLXXXIXv] en unas ruedas de metal, hazían un son muy dulce e acordado. Allí fueron servidos sin les fallecer cosa alguna de cuanto les fue menester, oyendo en torno muchos cantos de aves: assí de las bravas como de otras mansas que en grandes jaulas aí había.

Después de haber comido, tomando Celacunda por el braço a la princesa Gradamisa, e don Felisarte a Licedra, su señora; Monbeldán a Resinda, hermana de don Galián; don Laurgel a Lindamira; Olanques a Alteranda; Calidor de Venarde a Casilda, e otros de aquellos caballeros a algunas de aquellas señoras. Fuéronse por la huerta mirando los árboles e frutales de todas maneras que en ella había, e las hermosas casas donde eran menester las olorosas yervas e flores, las fuentes, caños e alvercas, que a todas partes se partían. Allí estaban grandes jaulas donde se hallaban todas maneras de aves e había algunos grandes laberintos texidos de raízes e flores: por tal manera que ninguna cosa que dentro estoviesse se parecía, ni menos ninguno de la primera vez que en ellos entrasse sabría salir sino a gran acertamiento. Los cantos de las aves, que a todas partes sonaban, eran muy dulces de oír. Todos estaban maravillados desta tan sabrosa morada: que otra semejante no habían visto. Andaban esparzidos por aquella gran huerta, comiendo de las frutas que más les agradaban, e mirando aquellas cosas que más les aplazían.

Celacunda dixo contra Gradamisa: "Mi señora, en esta tan sabrosa morada solía yo estar con aquel que tanto amaba; e tened por cierto que para aquella que lealmente ama, mucho le es más duro e fuerte que la mesma muerte perder su marido o amigo: que después acá yo al duque Pelirán perdí siempre he vivido en gran dolor; e bien sé que a vos, mi buena señora, os sería más agradable este lugar que agora es, si aquí estoviesse aquel en quien vuestro coraçón piensa." Cuando Gradamisa esto oyó encendiósele el rostro de vergüença, e quedó tan hermosa que maravilla era de mirar. Celacunda, que assí la vio, travóla por sus muy hermosas manos e díxole:

"Sobrina, mi amada señora, de mí que os amo de verdadero amor, no os debéis encubrir, pues que yo sé bien el secreto de vuestro coraçón en este caso; e si por empacho lo dexáis, no lo debéis tener, pues nunca amores ninguna alta señora en estos grandes tiempos en el mundo tuvo que tanto como los vuestros fuessen de loar: porque los tenéis con el más alto e preciado caballero que hoy sea, ni en largos tiempos verná. Assí que aunque vos sois hija del más alto príncipe de cristianos, os debéis de tener por muy contenta dello. A mí me parece que a Dios le plugo en un tiempo criaros, porque cada uno de vosotros su par hallasse; e yo —que más de vuestra hazienda sé— siempre os loaré de amar a tan buen caballero, al cual yo sin falla amo mucho; e a Dios pluguiesse que él fuesse agora aquí, que yo fería en hazelle todo plazer en cuanto pudiesse, e dígovos que no con sólo amarle le galardonéis el verdadero amor que yo sé que os tiene e la cuita que por vos padece."

Oído esto por Gradamisa, perdió algún tanto de su empacho e díxole: "Ay mi buena señora tía, que escusado es a mí quererme encubrir de vos, que con vuestro gran saber tanta parte de los ajenos secretos conoscéis; e si yo lo hazía no era sino por alguna vergüença que me refrenaba. E como yo a don Clarián amo, e la mucha razón que para ello tengo, bien creo que vos —también como yo— lo sabéis; e por Dios señora, consejadme e dad algún remedio en la gran cuita que padezco, que es mortal, e dezidme ¿dónde es él agora? que por él soy en tan gran soledad puesta, que al punto de la muerte me llega." Cuando ella esto dezía no podía tener las lágrimas que de los ojos muy a menudo no cayessen.

Celacunda, que su gran cuita conoscía, e por otra semejante había passado— ovo della gran piedad, e consolóla mucho, diziéndole que ella le podía contar mejor de aquella dolencia que otra alguna, por que muchas vezes se viera della mucho aquexada e buscara el mejor remedio que ella pudiera, estando en casa del emperador Ma[CLXXXIXr]celao su padre; e díxole: "Sabed, mi señora, que pocos días ha que don Clarián estuvo cerca de vos." Entonces le contó cómo él fuera el caballero que a Rían de Aquer venciera, e cómo se fuera con la donzella por cumplir el don que le prometiera. Sabido por Gradamisa que aquél fuera don Clarián e que se partiera sin la ver ni hablar fue en sí turbada.

Celacunda —que bien lo entendió— díxole: "No os maravilléis de que don Clarián fuesse con la donzella: pues que tal caballero como él, fuera gran daño que faltara de su promesa, e a él le paresció que era mayor falta viéndoos no acompañaros que partirse sin veros, cuanto más que —si verdad querés dezir— también os turó a vos[88] tres días que muy poca cuita por él padecistes." Gradamisa fue mucho maravillada de como ella esto sabía; rogóle que le dixesse la causa dello. Celacunda le contó entonces todo el fecho de la fuente, e díxole: "Yo sé ya que de aquí adelante aquella agua no terná tal fuerça como hasta aquí: por el encantamiento no había de turar más de hasta tanto que della beviessen los dos amantes más hermosos del mundo, e como yo conozco que vosotros sois éstos —aunque a don Clarián no he visto sino aquella vez

---

[88] voa

que os conté, e yo me detuve mucho con él." Assí fue ello como Celacunda dixo que desde el día que aquellos dos tan hermosos amantes del agua de aquella fuente bevieron no tuvo ella más aquella virtud que solía. Gradamisa fue muy alegre de haber sabido la razón de aquel fecho. Hablando en estas cosas entraron por un laberinto fecho de estrañas bueltas, texido de flores e raízes muy olorosas. Empós dellos entraron solos don Felisarte e Licedra, su señora. Celacunda supo muy bien salir del laberinto con la princesa Gradamisa, mas don Felisarte de Jaffa con la infanta, su amiga, aunque muchas bueltas dieron no pudieron hallar salida. Cuando don Felisarte en tal lugar se vio con aquella que mucho amaba, considerando que otro semejante tiempo por aventura nunca podría haber, díxole: "Señora, parésceme que sino es por mandado de otro, nosotros no saliremos de aquí; y esto creo que guía mi ventura porque de la gran cuita que por vuestros amores he padescido e padezco me seáis por vuestra virtud e mesura agradecida. Por Dios, mi buena señora, habed de mí duelo e no queráis que esta mortal pena dé fin a mis días, e al verdadero e leal amor con qué yo os amo."

La infante Liscedra, como mucho a don Felisarte amasse, no rehuso tanto su voluntad que bien no oviesse lugar a que don Felisarte, tendiendo su manto en tierra, la tomasse entre sus braços, donde allí con gran alegría de entramos fueron cumplidos sus deseos. Después entrando una donzella de Celacunda por su mandado en el laberinto los sacó e fuéronse contra una gran jaula de aves donde Gradamisa e Celacunda estaban fablando. Como ella los vio venir, volviósse sonriéndose; encubiertamente dixo contra Gradamisa: "Agora vos digo que don Felisarte es en todo plazer, que aquella que él trae por la mano ama él de muy leal amor, e yo sé bien que él no ha perdido nada en la venida que aquí ha fecho; e pues yo os amo tanto, que esto e otra cualquier cosa os diría, ruégovos que lo guardéis en poridad, assí como hija de tan alto hombre debe hazer." Gradamisa le dixo que assí lo haría, e que muchas vezes mirando en ello viera entrellos señales de amor.

Teniendo gran soledad de su buen amigo don Clarián, dio un sospiro e dixo consigo: "En mayor plazer e alegría es agora Liscedra pues tan cerca de sí tiene a su amigo —que no yo, que vivo en gran desseo de aquel que tanto amo." Llegando a ellos don Felisarte e Liscedra fuéronse por la huerta adelante mirando aquellas estrañezas della. Dende a una pieça juntáronse todos en el cenador donde comieran, e dende allí fueron a ver una muy rica cámara por la cual se mandaban muchos otros aposentos fasta entrar en el castillo.

Esta cámara era tan estraña e maravillosa que no se podrían acabar de dezir las labores e riquezas que en ella había. Toda ella resplandescía como un espejo; había dentro una fuente muy estraña que por más de cient caños sa [CLXXXIXv] lía, e todos venían a dar en una pila de alabastro guarnida de piedras preciosas, la cual sostenían tres diversos animales de plata. Después salía por cada uno dellos un gran golpe de agua, e daban en unas tres ruedas de metal, haziendo que hazían un son tan acordado que todos lo escucharon por una pieça; que cosa más dulce no habían oído. Mudando el agua por una maestría dexaban aquel son, e hazían otro; e cuando querían que aquella agua corriesse sin hazer ruido, podíase hazer, y echávanla a la huerta. En esta rica e maravillosa cámara había un apartamiento de tablas de marfil, assí labradas de oro e piedras preciosas que estraña cosa era de mirar. Dentro dél había un lecho: el más rico que podía ser. Celacunda dixo a la princesa Gradamisa: "Mi buena señora, después que el duque Pelirán murió nunca este lecho fue tocado, ni persona entró en este apartamiento sino yo, ni podría entrar sin mi licencia; e solamente una vez nos acostamos en él el duque Pelirán e yo: la primera noche que después de casados en uno dormimos, e assí estará —si mi saber no me miente— hasta ser cumplido lo que yo agora digo." Gradamisa le rogó que le diesse a entender aquello. Ella le dixo: "No curés agora de lo saber, que tiempo será que vos lo sabrés antes que otro. Mas tengámosnos afuera, e reiremos un poco."

Entonces se detovieron para que otros entrassen allí, mas ninguno lo pudo hazer por mucho que se trabajaban; antes estaban en medio de la puerta sin poder ir adelante aunque no sentían ninguno que estorvo le diesse; e todos lo provaron, mas no les aprovechaba, e reíanse los unos de los otros, maravillados de aquesto. Entonces Celacunda tomando por la mano a Gradamisa entró dentro. Luego pudieron entrar los que quisieron, e vieron aquel rico lecho, que de lo mirar se hazían maravillados. Saliéndose Gradamisa e Celacunda, luego todos los otros fueron lançados mal de su grado, sin ver quien de allí los echasse: de que todos tenían que reír. Otrosí cualquier cosa fecha por encantamiento se metiesse perdía luego la virtud. La princesa Gradamisa se acordó entonces de aquel chapeo que don Clarián le diera, el cual le embiara la Dueña Encubierta, tía del rey su padre; e por le mostrar a Celacunda e por reír con todos aquellos que eran, embió por él.

Luego que lo truxeron Gradamisa puso la mano por la piedra; tráxola por sus ojos, lo mesmo hizo a Celacunda; e descubriendo la piedra reíanse mucho las dos de ver como ninguno de los otros podía abrir los ojos, ni mirar cosa alguna hasta que a Gradamisa plugo. Assí mesmo lo hizo poner a muchos en la cabeça, e no se podían con él mover un passo. Celacunda había gran sabor de mirar la obra deste chapeo, e después que por Gradamisa supo quién lo hiziera, dixo que ella sabía haber sido la Dueña Encubierta, muger de muy gran sciencia e sabiduría, la cual ya era muerta. En esta sazón Gradamisa le rogó que a todos dixese que ella se lo había dado porque no se sospechasse alguna cosa. E como quiera que el encantamiento deste chapeo duró poco, tiempo vino que aprovechó mucho.

Assí estovieron en aquella estraña huerta todo aquel día a gran vicio e plazer, e todos dezían que más valía ser señor de aquel castillo que de una gran tierra. La noche venida, acojéronse a sus aposentos. Otro día Celacunda los llevó a otra muy estraña huerta que al canto de la mar estaba, la cual era cercada de muy gruesso e alto muro, donde había muchos e muy estraños animales grandes e pequeños domésticos que ningun mal hazían. Las estrañezas de flores e caños e fuentes que en esta gran huerta había no se podrían acabar de dezir. Allí fueron bien servidos con tan gran plazer e alegría que si Gradamisa toviera delante sus ojos aquel que tanto ver desseaba, en su vida más agrado no estoviera.

Después que ovieron comido, tomando Celacunda por la mano a Gradamisa, e cada uno de [CXCIr] los otros a quien más le agradaba, se fueron por aquella huerta adelante, apartándose cada uno donde más plazer tomaba; assí que a ninguno pesó desta venida, que algunos que mucho amaban tomaron plazer, e don Felisarte e Liscedra, su señora, bien ovieron tiempo de holgar aquel día. Celacunda e Gradamisa, apartándose de todos los otros por aquella huerta, que muy espaciosa era, se fueron ribera del mar so unos muy hermosos árboles, donde el frescor de la mar entraba por dos grandes puertas que abiertas estaban. Gradamisa tenía en la cabeça aquel muy estraño chapeo que ya se ha dicho. E después de haber hablado de muchas cosas cayéronse adormidas debaxo de la sombra de aquellos árboles.

Agora dize la historia que la ínsula de Codania era muy acerca de aí, tanto que desde la huerta muy bien devisaba el castillo della, que era muy fuerte. Desta ínsula era señor aquel bravo gigante llamado Danilón el Grande: el cual era tan cruel que, no contento con el mal que en los cristianos que aportaban a su ínsula hazía, mas defuera della, con barcas en la mar y en la tierra firme lo salía a fazer. E a caso aquel día saliendo, armado de todas armas con hombres que su barca guiaban, supo —de unos prisioneros que en la mar tomó— como Gradamisa, la hija del emperador Vasperaldo, con gran compaña de caballeros e dueñas e donzellas era en el castillo de Celacunda. A la princesa Gradamisa no conoscía él, mas a Celacunda sí: e desamávala mortalmente; hazíale mucho daño en su tierra, e a ella lo oviera hecho si oviera podido. Otrosí desamaba mucho al emperador porque en su tiempo el linaje de los jayanes era muy abatido e destruído por caballeros de su casa, e por todas estas cosas hizo guiar su barca contra allá por hazer algún daño si pudiesse.

En tal hora llegó que halló a Gradamisa e a Celacunda durmiendo so los árboles sin otra compañía alguna. Saltando en tierra entró por aquellas puertas que estaban abiertas, e conosció luego a Celacunda, e según la riqueza de los paños e fermosura de la otra luego entendió que debía ser la hija del emperador. El fue muy alegre e contento en haber hallado tal presa; hízolas tomar muy prestamente e meter en la barca. Cuando Gradamisa se vio en poder de un tan fiero jayán cayó amortecida. Celacunda començó a dar grandes bozes diziendo: "¡Ay Santa María cómo soy perdida! e cómo he puesto mal cobro en la hija del más alto ombre del mundo," e començó de hazer un muy esquivo llanto, doliéndose más de la princesa Gradamisa que de sí mesma, e bien se ayudara aquella hora de su saber si pudiera. Danilón el Grande, haziendo alçar velas a gran prissa, movió la vía de su ínsula.

A las grandes bozes que Celacunda diera, de todas partes acudieron allí aquellos que por la huerta andaban, e como assí las vieron levar, começaron a dar grandes gritos e bozes e hazer el mayor duelo del mundo por tan gran pérdida —assí caballeros como dueñas e donzellas— no sabiendo darse consejo los unos a los otros. Don Felisarte de Jaffa —que a essa hora con su señora Liscedra allí llegara— sabido esto, quería se dexar morir de pesar, e començó a fazer muy gran duelo diziendo que sobre él el mayor cargo desta aventura cargaba, e que jamás no parescería en la corte del emperador pues él e todos los que allí eran venidos tal cobro habían puesto en su hija. La infanta Resinda, Liscedra, e Lindamira hazían muy sentible e lastimero lloro. Alteranda hazía grandes vascas por su madre e por su prima e señora Gradamisa;

Casilda estaba en tierra tal como muerta, y en todos había tan gran desconsuelo e turbación que no se podría dezir. Los llantos, el bullicio y el escándalo eran tan grandes que por todo el castillo fueron oídos, e no sabiendo qué cosa fuesse muchos acudieron allí armados; mas poca pro les tenía, que la barca iba ya lueñe, e allí no tenían navíos en qué ir empós della. Assí que entrellos no había otro consejo sino dar gritos e bozes e hazer gran llanto: los del castillo por su [CXCIv] señora, los otros por la princesa Gradamisa, e luego hizieron mensajero destas tan lastimeras nuevas al emperador porque en ello pusiesse el mejor remedio que pudiesse.

Pues como Gradamisa acordó, e se vio metida en la mar e antesí aquel tan fiero jayán que en su poder la llevaba, perdida toda su consolación começó a dar con las manos en su faz, e trabando de sus hermosos cabellos hazía un tan esquivo duelo que era para quebrar el coraçón de quien piedad della oviesse, e dezía a grandes bozes: "¡Ay mi buen amigo! ¿Por qué quiso Dios que de mí os apartássedes para nunca jamás verme? e por cierto si vos tal pérdida pensárades hazer, no os partiérades assí de mí, mas assí harán fin nuestros amores sin haber alcançado dellos algún descanso: y en fuerte hora bebimos aquel agua que tal partimiento pudo hazer. Ay, cuitada de mí, que nunca tan desastrada ventura estuvo guardada a donzella alguna como a mí, e a Dios pluguiera por su merced que yo fuera antes muerta que venir en tal estado."

Danilón el Grande e sus hombres, como no sabían de su hazienda, no miraban en las palabras de su duelo, e puesto que en el jayán virtud ni piedad no oviesse, começóla a confortar, diziendo: "Hija del emperador, no os desconsoléis tanto por ser en mi poder; que aunque yo a vuestro padre mortalmente desame, a vos ningún mal os haré; antes os daré mi amor, e os terné en mi castillo muy viciosa, donde de todos seréis tenida e acatada. Mas a esta falsa desleal y engañosa de Celacunda, yo la mataré muy cruelmente por los muchos enojos que della tengo recebidos."

Cuando Gradamisa esto oyó sintió tan gran dolor que el coraçón se le cerró, e sin poder hablar palabra tornó a caer amortecida. Celacunda, su tía, iba haziendo gran duelo sobre ella e dezía: "Ay afortunada señora, más que todas las del mundo, que mucho mejor os sería morir que no que un tan feo e desemejado jayán gozasse de vuestra fermosura, habiendo sido tanto reservada e guardada de aquel que tan lealmente os ama; e yo querría antes cient vezes ser muerta si tantas pudiesse que mis ojos viessen tal cosa."

Danilón el Grande le dixo con una boz espantosa: "O falsa y engañosa, cómo yo te haré morir de mala muerte, no te valiendo tus falsos encantamientos." Celacunda que en tan gran desesperación iba —que cuasi el seso llevaba perdido— no temía de cosa que della el jayán pudiesse hazer ni dezir, e haziendo su duelo dezía palabras muy lastimeras: tanto que aun los hombres del gigante hazía mover a piedad. Desta guisa iban aquellas dos señoras en poder de Danilón el Grande sin remedio ni acorro alguno, si Dios por su misericordia no se lo embiasse.

CAPÍTULO CXXXV. DEL SUEÑO QUE DON CLARIÁN SOÑÓ, E DE CÓMO PASSÓ CON UNA DUEÑA EN LA ÍNSULA DE CODANIA.

Don Clarián, partido de don Felisarte e de Rián Daquer —como se ha dicho— no padeció en aquellos tres días la cuita que agrabarle solía por la gran fuerça del agua encantada que beviera: que de su memoria e pensamiento la quitaba e partía: mas como sobre él volviesse aquella que acompañarle solía, en muy mayor desseo e fatiga le puso, e dezía él entonces consigo: "O desleal amador ¿cómo heziste tan gran maldad e deslealtad en partirte de tu señora sin la ver ni hablar? Por Dios, si ella con su gran mesura no perdona tu yerro, razón era de no consentirte que su caballero te llamasses."

E después de haber fecho alcançar derecho a la donzella del caballero que su madre tenía presa, sacándola de su poder por batalla, e poniendo a las dos juntamente en salvo en el castillo de la tía de la donzella, con apressurada voluntad e demasiada cuita, tomó su camino contra la hermita milagrosa por ver a su señora; e siguiendo su carrera supo de un monje que de allá venía cómo era partida para el Castillo Deleitoso. Entonces dexó aquella carrera e tomó otro camino más cercano a la ribera del mar, que era más derecho para ir allá. Anduvo todo aquel día e otro a gran andar; llegando a cinco leguas del castillo, alvergó aquella noche en una fortaleza de [CXCIIr] un caballero viejo que muy bien lo rescibió.

E durmiendo en un lecho soñó un sueño que veía en un gran campo un león muy valiente e hermoso, cercado enderredor de muchos lobos negros que lo combatían, mordiéndolo por todas partes; e alueñe de aí en unas grandes huertas estaba una lúcida muy resplandesciente. Estas lúcidas son unas aves que en algunas partes de Alemania se fallan, las plumas de las cuales resplandecen de noche como el sol. El león, muy aquexado de los lobos negros, ponía los ojos en la lúcida e iba corriendo, desapoderado, contra allá, diziendo: "Allí guareceré." Los lobos negros feríanlo sin que él se defendiesse, tan cruelmente que don Clarián había duelo dél; e tanto cuanto más a la lúcida se acercaba, tanto menos mal los lobos le hazían.

Mas, encontrando en el camino con una oveja que muy fieramente venía balando —la cual le mostraba un dragón muy espantoso que con sus alas bolaba, que le tenía en su cueva tomados sus hijos— el león con duelo della, e aviendo vergüença de muchos animales que en el campo eran, dexando de ir donde guarecer entendía, volvía con la oveja por le dar vengança del dragón espantoso, que le veía llevar en las uñas aquella lúcida que antes viera, e una corneja con ella; e que entonces le daba bozes una donzella muy hermosa, diziéndole: "Mira como ganaste mucho en usar de piedad con la oveja, pues serás a tiempo de librar aquélla que de la cruel contienda de los lobos te puede hazer libre," e que a essa hora el león perdiera el temor de la ferozidad e braveza del dragón; iba contra él con muy gran esfuerço, e hazía con él su batalla, en la cual lo mataba, e libraba de su poder la lúcida e la corneja: con las cuales hazía muy grande alegría, trebejando e dando saltos a una parte e a otra, ellas otrosí con él. Entonces los lobos negros no le guerreaban como antes.

El león, entrando en la cueva del dragón con aquella compaña, daba a la oveja aquellos de sus hijos que vivos hallaba. Bolvíasse con todos ellos a la hermosa huerta; la lúcida se subía a un árbol, e los lobos negros començaban a guerrear al león, mas la corneja lo guiaba entre unos árboles muy hermosos hasta lo llevar ante la lúcida, e rogávale mucho que partiesse la contienda del león e de los lobos; e tanto hazía sobre ello que la lúcida con el pico les aferraba los dientes, les cortaba las uñas, e dezía al león: "Ya de aquéstos nunca tanto como hasta aquí serás combatido, ni tienes de qué temer dellos hasta que los dientes e las uñas les crezcan, como quiera que de tu compañía no se partirán assí." El león quedaba en muy gran folgança, e salíanle del coraçón rayos de fuego.

Don Clarián rescebía de aquello tan gran plazer e descanso que le parecía estar en muy grande gloria e deleite. Entonces recordó de su dormir, e como quiera que tornó a pensar en el sueño que soñara, no podía entender la significación dello.

Como el día fue claro, armándose e cabalgando en su caballo, encomendó a Dios su huésped, y entró en el camino del Castillo Deleitoso con intención e propósito que llevaba de contar a Celacunda —cuando oviesse tiempo— el sueño que soñara; e dezía hablando consigo que pues era tan sabia muy bien se lo sabría declarar. Yendo assí por su carrera al canto de la mar vido salir de un barco una dueña; con ella venía un donzel pequeño e dos hombres que el barco guiaban. La dueña venía haziendo el mayor duelo del mundo; mesando sus cabellos e juntando las manos dezía: "O Señor del cielo, e a ti demando la vengança del gran mal que me es hecho, pues que los que son en la tierra no me la pueden dar." El pequeño donzel —que era su hijo— viendo llorar a su madre, hazía otrosí muy gran duelo.

Don Clarián, que viéndole hazer tales cosas, a gran piedad fue movido desta dueña; fuesse para ella, salvóla e díxole: "Señora dueña, habed de vos mesura, e no [CXCIIv] hagáis tal duelo pues que en todas las cosas puso Dios remedio."

"Ay, señor caballero," dixo ella, "que mi desventura es tan grande que por mano de hombre alguno no podría ser satisfecha."

Don Clarián, que della ovo duelo, díxole: "Dexad si os pluguiere de llorar, que si ello es por alguna fuerça que os hayan hecho, yo faré todo mi poder por daros derecho de aquel que os la hizo; e ruégovos que me digáis la razón de vuestro duelo."

"Caballero," dixo ella, "no haze menester dezírvoslo, que yo soy confundida por mano de un tal diablo que por ningún caballero podría ser vengada. Por ende os id a buena ventura, e dexadme a mí llorar mi gran daño; que el consuelo que me habés dado os agradezco mucho."

Don Clarián considerando cuánto la dueña encarescía aquel fecho, bien pensó que sería grande, e como quiera que él no quisiesse fallar aventura que lo estorvasse de ir a ver a su señora, affrontándole la razón de lo que era obligado, ovo mayor talante de lo saber e díxole: "Dueña, cierto vos tenés en mí poca confiança, pues que esso dezís; e aunque con otro pudiérades haber encontrado que para el remedio de vuestra cuita más satisfiziesse, de mí os hago cierta e prometo que por más dubdoso e peligroso que sea el fecho yo haré por vos todo lo que con derecho se debiere hazer. Por ende dezidme vuestra hazienda, si os pluguiere, que en otra guisa no me partiré de vos a mi grado."

"Caballero," dixo la dueña, "pues que tanto me aquexáis por saber mi cuita yo os la diré, mas bien sé que cuando la sepáis poco remedio me podrés dar en ella. Sabed que yo viniendo en este barco con dos caballeros hermanos míos e con un mi hijo y este donzel —que assí mesmo lo es— e otros algunos sirvientes, habiendo navegado toda la noche, al punto del día fuimos todos tomados junto a la ínsula de Codanis —

que cerca de aquí es— por el gigante Danilón el Grande: que della es señor. E sabiendo que el uno de mis hermanos era caballero de la corte del emperador Vasperaldo tajóle luego la cabeça, e al otro —porque hazía gran duelo sobre él— lançólo en la mar, y embió presos a su castillo al otro caballero, mi hijo, e a un escudero, mi sobrino, dexandome a mí en este barco —con estos dos hombres que lo guiassen e con este pequeño donzel, mi hijo— díxome que me viniesse e que me fuesse a la corte del emperador a contar este fecho para que todos los caballeros que quisiessen fuessen a su ínsula a lo vengar. Mas ya tengo creído que aunque a muchos lo cuente, ninguno será osado de ir allá. Por ende lloro la muerte de mis hermanos e la prisión de mi hijo, e de los otros que aun si éstos fuessen libres no sería assí desconsolada, pues que en los muertos no se puede poner remedio."

Don Clarián, puesto que aquel fecho recelasse por ir en tal jornada, díxole: "Dueña, a mí me pesa de vuestro daño, e mucho más por aquel caballero, vuestro hermano, que dezís que era de la corte del emperador: porque a todos los que aí son amo yo mucho, e como quiera que este fecho no sea muy ligero de acabar, yo espero en Dios que la gran sobervia e crueza desse gigante darán causa a que seáis vengada; por ende vamos luego para allá."

"¿Cómo, señor?" dixo la dueña, "¿esfuerço tenés vos para combatiros con aquel diablo?"

"Sí, si a Dios pluguiere," dixo él.

"Por cierto," dixo la dueña, "yo en ninguna guisa volveré allá si primero no me dezís vuestro nombre, que no ternía tal osadía."

"No hazés mesura en lo querer saber," dixo don Clarián, "mas porque me guiéis allá, a vos sola os lo diré por pleíto que a ninguno me descubráis sin mi licencia." Entonces llegándose a ella le dixo su nombre.

Sabido por la dueña que éste era don Clarián esforçóse mucho e dixo: "Agora[89] vamos en el nombre de Dios y El nos mampare e defienda." Entonces se metieron en el barco; mas los hombres no lo querían guiar en manera alguna si don Clarián no los amenazara de muerte. Assí que entrando en él contra su voluntad, alçaron luego vela e movieron contra la ínsula de Codania. A Manesil e a Carestes mucho les pesaba desta jornada considerando el gran peligro que de las batallas de los jayanes esperaba, temiendo que aun su señor muchas e grandes victorias contra ellos oviesse alcançado, que la ventura se podría cansar de lo ayudar. [CLXCIIIr]

Navegando con muy buen viento don Clarián supo de la dueña que su hermano —a quien el gigante tajara la cabeça— había nombre Ovandano, e mucho le pesó de su muerte, que lo conoscía e tenía por buen caballero, y estuviera con él en la guerra de la ínsula de Texón. Como la ínsula de Codania estuviesse acerca en breve fueron a ella arribados; salieron luego en tierra entre unos árboles, e bien quisiera hallar a quien demandar por el jayán, mas ninguno parecía. Después que assí ovieron atendido una pieça, don Clarián —apartándose con Manesil de los otros— acordó de lo embiar

---

[89] Aagora

al castillo con su mandado al jayán, e queriéndole dezir lo que de su parte le dixesse, paresció por la mar el barco en qué Danilón el Grande venía; que comoquiera que lueñe de tierra se veía, bien se parescía el jayán, que venía en pie. Don Clarián, poniendo su yelmo en la cabeça volvióse a su compaña, e halló tremiendo con gran pavor a la dueña e a los suyos que ya vieran el jayán; mas don Clarián, que en su coraçón no entraba, los esforçó mucho. Adereçado de todas sus armas mandó a Carestes que metiesse su caballo donde más encubierto estuviesse; hizo a los otros estar quedos porque no fuessen vistos hasta que el jayán en tierra saliesse, e mandó a Manesil que se pusiesse en tal lugar que pudiesse bien mirar lo que el gigante e los suyos harían.

Como el barco en tierra arribó, luego sacaron dél —tales como muertas— Gradamisa e a Celacunda: la cual haziendo muy gran llanto dezía: "O piadoso señor ¿por qué consientes perdición de una tan alta señora? que de mí no he duelo, tanto cobdicio mi muerte." Mas Gradamisa, que con el desmayo tenía el coraçón cerrado, no podía hablar palabra.

Como Manesil las viesse, conosciólas a entramas —que ya a Celacunda viera otra vegada yendo a una villa suya con su hijo Dantesor el Preciado por mandado de su señor— e fue de aquesto tan espantado que más tardó en poder hablar de lo que quisiera, e dixo contra don Clarián: "¡Ay señor! que o yo no estoy en mi seso, o veo la más estraña aventura del mundo."

Don Clarián, que en gran sobresalto fue puesto, levantós e en pie e dixo: "¿Qué aventura es éssa, Manesil, que en tanta admiración te ha traído?"

"Sabed, señor," dixo él, "que yo veo venir a Gradamisa, hija del emperador e su tía Celacunda, en poder de Danilón el Grande sin otra compañía alguna." Oído esto por don Clariá, toda la sangre de su cuerpo fue removida, e tornó tan turbado que apenas atendió si soñaba o si en fecho de verdad passasse aquello; dixo:

"Santa María ¿qué es esto que oigo? Agora os digo que nunca caballero en tan buen punto fue arribado en parte alguna como yo aquí." E sin hazer más tardança, con la turbación que tenía movió contra allá assí como estaba: maguer que Manesil le daba bozes que se acojesse a su caballo e tomasse su lança: mas él iba tan arrebatadamente que por ál no cataba que por ser llegado al barco. Mucho se maravillaban los hombres del jayán de ver un solo caballero que assí contra ellos viniese. Danilón el Grande mandó a tres dellos que a Gradamisa e a Celacunda llevassen al castillo, e que en tanto él quería tajar la cabeça a aquel loco e captivo caballero que assí contra él osaba venir.

Mas luego que Celacunda lo vio venir, dixo contra Gradamisa: "Confortaos mi buena señora, que Dios es por nos: que sin más saber os digo de cierto que éste es don Clarián de Landanís, e agora conozco yo que éste es el bien e ayuda que dél había de rescebir, por donde espero en Dios que por él seremos acorridas." Gradamisa —que tan desmayada iba que casi sin poner los pies en tierra dos hombres la levaban— tornada, como de muerte a vida con estas tan plazenteras nuevas, volvió la cabeça, e como quier que a don Clarián su buen amigo no conosciesse, bien fue della conoscido Manesil, que entonces sobre Norartaque cabalgaba para venir empós de su señor. Esta fue la mayor alegría que jamás entró en su coraçón.

Don Clarián endereçó contra allá amenazando a los hombres de muerte porque las dexassen, mas ellos no le preciaban cosa: ca veían venir a Danilón a gran passo en su acorro, dando espantosas bozes e diziendo: "No fuyas, captivo caballero, que no escaparás de [CLXCIIIv] muerte." Allí se oviera arrepentido don Clarián por haber dexado su caballo porque los hombres iban lueñe, e muy aína pudieran entrar en el castillo: empero Manesil sobre Norartaque con la lança de su señor se fue para ellos. Mas diez hombres del jayán movieron entonces para ir sobre él. Los tres hombres que a aquellas señoras llevaban guisáronse de lo atender con sus armas.

Essa hora Celacunda poniendo aquel estraño chapeo de Gradamisa —que ella en la manga de su saya traía— sobre su cabeça: tomóla por la mano, e començáronse de apartar por el campo, descubriendo aquella resplandesciente piedra que a todos los que acerca eran sino a ellas dos hizo perder la vista de los ojos. Manesil —que ya esto otras vegadas había visto— tomó por remedio volverse por do viniera: apartóse tanto que pudo mirar e vio como ellas se apartaban a una parte e a otra. Los hombres andaban como ciegos desatinados, buscándolas a tiento por todas partes e daban grandes bozes diziendo: "¡Encantados somos por Celacunda!" A estas bozes salía mucha gente del castillo armada, e llegando a trecho donde ellos andaban luego eran tornados ciegos como los otros. Desto no pudo estar Manesil sin reír, comoquiera que de su señor se recelasse.

En este comedio Danilón el Grande —que por un atajo saliera— se puso ante don Clarián, e aunque él otro tan gran gigante no oviesse visto después de Candramón el Dessemajado, no ovo pavor: que jamás se hallara en cosa de affrenta donde tan esforçado se sintiesse, e dixo: "O fiera e dessemejada bestia: ¿dónde robaste tan alta presa? que para ti ni para otro hombre del mundo no conviene assí traer. Yo te digo que Dios —si le pluguiere— no querrá consentir que en tus feas e torpes manos quede tan rico despojo."

El jayán, que con solo su vista lo cuidara espantar, fue de aquesto muy sañudo, e afirmando su maça en tierra por le hablar, como por descansar —que de su grandeza e pesadumbre de aquel pequeño trabajo que tomara venía tan cansado que se quería ahogar— con una boz ronca e gruessa respondió: "O astroso e captivo: cómo tengo gran pesar de que un hombre de tan poco valor e fuerça como tú pusiesse en tal rebato a mí e a mis hombres, porque la cruel muerte quiero que sea el castigo de tu loca osadía. E si aquellas que yo traigo en mi poder no han otro acorro sino el tuyo, poca esperança tienen, que veinte caballeros, los mejores del mundo, no las podrían librar de mí solo; e agora me di ¿cuál mengua de seso te ha fecho osado de por solo tu cuerpo acometer esto?"

"O dessemajdo jayán," respondió él, "que yo me esfuerço en la esperança de Dios; que aunque a los malos como tú algún tiempo dexe vivir, al cabo con duro castigo dé fin a sus malas obras: por ende guárdate de mí e no nos detengamos más en razones." Entonces embraçando el escudo, metió mano a la su buena espada de la esmeralda — que su par no se hallaría. El jayán, lançando gran humo por la visera del yelmo con la saña que tenía, alçó su pesante maça de fierro contra él, e bien cuídó con solo aquel golpe escusar su batalla: mas aquél —que no tenía par de ligereza— se guardó muy bien; fízole perder el golpe e dar en tierra donde la maça se soterró una pieça; ante que la tornasse alçar don Clarián lo firió en la mano siniestra de guisa que se la derribó al suelo. El jayán dio una boz e dixo: "¡Ay de mí, tollido soy!" E dexando caer la maça metió mano a su espada que era muy descomunal: esgrimióla de toda su fuerca contra don Clarián; mas él, que ya sabía cuánto eran peligrosos los golpes de los tales, dio un salto ligeramente: hízole también perder este golpe, el cual dio en un árbol e cortólo todo. Don Clarián, que de aquesto no fue poco maravillado, dixo entre sí que mal pudiera sufrir su cabeça aquel golpe, e juntándose al jayán con gran ardimiento —el cual con la mucha furia que puso en ferir ayna viniera a tierra— firiólo en el hombro derecho por manera que tajando todas las armas —por fuertes que eran— cortó tanto en la carne que el braço le quedó colgado del cuerpo e la espada se le cayó. Entonces el jayán se tiró afuera como hombre tollido, mas no pudo ir [CLXCIIIIr] mucho, que don Clarián lo alcançó luego e firiólo de tal golpe en la pierna que le hizo una gran llaga, e dio con él de hinojos en tierra, dándole de las manos, hízolo caer tendido e quitándole luego el yelmo tajóle la cabeça, e metió su espada en la vaina, dando muchas gracias e loores a Dios porque le diera gracia para librar a su señora de un tan fuerte jayán. ¿Quién sería aquel que dezir pudiesse la muy crecida alegría que la princesa Gradamisa e Celacunda en sus ánimos sintieron en verse assí libradas de poder de un tan fiero jayán, donde por muerte o por su gran deshonra que por mayor daño tuvieran esperaban passar? Por cierto esto más con sentida consideración que por letra se podría alcançar.

Gradamisa, hincando los hinojos en tierra e alçando las manos al cielo dixo: "O Señor del mundo ¿cuándo os podré yo servir tan gran merced como aquí se me ha fecho? remediándome de una tan desastrada ventura como me había venido por mano de Aquel que nunca falleció de servirme, a quien yo jamás podría galardonar el bien que me tiene merecido."

Celacunda la levantó e díxole: "Mi amada señora: grande había de ser el galardón que pudiesse satisfazer a tan gran servicio como de aquel buen caballero avéis recebido, que según el daño e deshonra de aquí se esperaba más ha sido que si por él la vida os fuera restituída." Entonces se quitó el chapeo de la cabeça, e cubrió la piedra porque don Clarián venía contra ellas, el cual como acerca llegó quitóse el yelmo; con gran gozo que en su coraçón traía fue fincar los hinojos ante su señora e besóle las manos muchas vezes. Ella estaba tan turbada de la gran alegría que de lo ver ante sí tenía que no sabía dónde fuese. Assí estaban el uno y el otro sin fablarse palabra. E como quiera que don Clarián se quisiera guardar de Celacunda, en tal turbación era puesto que no se acordaba dello; mas ella —que vio el desacuerdo de entramos— llegóse a él e levantándolo por la mano abraçólo con grande amor diziendo: "O buen caballero, cuán altamente os me habés dado a conocer rescibiendo de vos un tal beneficio que jamás por mí será olvidado, mas no sé con qué galardón pueda ser pagado."

Don Clarián humillándose mucho a ella díxole: "Buena señora: aunque el servicio no sea grande yo me tengo en este día por el más bien andante caballero que jamás fue, pues Dios quiso por su merced guiarme en parte que tan altas dos señoras pudiesse librar de poder de un tan esquivo jayán, que no mirando vuestro alto merescimiento e grandeza dél no pudierades ser bien tractadas."

"Ay buen amigo señor," dixo Celacunda, "que vos nos acorristes en tiempo que todo el mundo no nos pudiera remediar; e aquella que galardonarlo puede, mire en cuánto cargo os queda deste tan gran servicio, allende de otros muchos que le habés hecho." Don Clarián, oyendo aquello turbóse ya cuanto, e miró contra su señora; ella le dixo:

"Mi verdadero amigo, no trabajés de encubriros de quien no podríades; que sería en vano, porque assí me acaesció a mí como a vos agora."

"Por cierto," dixo Celacunda, "si don Clarián supiesse cuánto le amo, no le pesaría de que yo entendiesse su poridad, pues en mí está tan bien secreto e guardado cuanto en otro alguno; e tengo esperança que antes de mucho él se hallará muy bien de que aya sabido su hazienda, porque yo me juntaré con él contra vos: assí que forçado será que por nos seáis vencida en lo que querremos." Don Clarián le agradeció muy humildosamente lo que dezía.

Estando en estas razones llegó Manesil e con él diez hombres del jayán: éstos eran de aquellos que del castillo salieran; que los otros que con él vinieran todos huyeron al varco e se fueron donde nunca más parescieron, e creyóse que con fortuna que en el mar les sobrevino se anegaron. Estos otros —que eran cristianos— viendo muerto a su señor —de quien no fueran jamás pagados— e sabido por ellos que aquel que lo matara fuesse don Clarián, el mejor caballero del mundo, queríanle entregar el castillo e tomarle por señor, diziendo que assí harían en toda la ínsula, donde una muy buena villa e otros lugares había. Los moradores della eran cristianos, que de [CLXCIIIIv] Danilón el Grande siempre fueran muy mal tractados, e llegando ante don Clarián dixeron, hincados de hinojos: "Bendito sea Dios que tan buen caballero nos embió para ser nuestro señor." Don Clarián se escusaba de aquello diziendo que más justo era que rescibiessen por su señora a la hija del emperador, que aí estaba: que siendo tan alta princesa, por tal ventura fuera allí traída; o a Celacunda, su tía, que tan buena señora era e gran tierra acerca de ellos tenía, que no a él, que muy poco podía con ellos morar.

Gradamisa dixo, riendo muy hermoso: "Yo no tomaré tal señorío, porque según el pavor que en esta ínsula he habido mas querría ser salida della que tenerla por mía, mas sea de aquel que mi tía Celacunda juzgare que mejor la ha ganado."

"Pues yo digo," respondió ella, "que sea de don Clariá, que si Dios por aquí no le traxera, mejor pudiera el jayán disponer de nosotras que nos agora de su ínsula; e a mí plaze mucho que él tenga tan cerca de mi tierra este señorío: que si a él alguna vegada viene, yo haré tanto que no tenga más voluntad de ir a la corte del emperador, vuestro padre, donde no le es fecho aquel plazer que yo le haría teniéndole en mi poder." Desto rieron mucho todos. Aceptando don Clarián el señorío del castillo tomó por el braço a su señora, que con la turbación de la sobrada alegría pocas palabras le podía hablar, e movieron contra el castillo. Carestes e Manesil levaban por los braços a Celacunda, e hazíales compañía la dueña que entonces arribara e la otra gente.

Llegados a la puerta del castillo, como en los de dentro no oviesse caballero, e viessen a todos los otros de su compaña venir con gran grita e alegría, diziendo: "El mejor caballero del mundo habemos cobrado por señor," e supiessen que el gigante era muerto, abrieron las puertas e rescibiéronlos con gran fiesta e plazer. En el castillo — que era muy hermoso e fuerte a maravilla, ceñido por tres partes de la mar— había gran thesoro e riqueza que el jayán tenía. Don Clarián, después de haber dexado a su señora e a Celacunda en una rica cámara, mandó soltar los presos: lo cual fue luego hecho, e fueron por todos dozientos, entre caballeros e dueñas e donzellas y escuderos. Algunos había que de la larga prisión que tuvieron en las colores e disposiciones parescían muertos. Los alaridos e bozes que éstos daban al cielo por tanto bien como les era venido, e los loores al buen caballero que los librara eran tan grandes que parescía que el castillo se hundiesse. Don Clarián repartió entrellos una pieça del thesoro que había, por manera que cada uno quedó contento; e mandóles que todos juntamente partiessen otro día e se fuessen a la corte del emperador Vasperaldo, e que se presentassen de su parte ante la emperatriz Altibea contándole en qué guisa fueran libres. Solamente sacó de entre ellos —para que quedassen— al hijo de la dueña que lo allí traxera, e a su sobrino, e a los otros de su compaña que por el jayán presos fueran; llevándolos consigo púsolos ante ella e díxole:

"Dueña ¿es agora complida mi promessa?"

"Sí señor," respondió ella, "tan altamente que ningún caballero que armas hoy traiga lo pudiera assí hazer, e de Dios hayáis el galardón por tan gran bien e merced como a mí e a otros muchos aquí habés hecho."

"Ay dueña," dixo él, "yo me tengo por el más bien andante desta vida por haber con vos encontrado, e nunca os podré galardonar el bien que se me ha seguido de guiarme vos aquí." Con la dueña e con él caballero su hijo —que Felorfes de Argentina había nombre— lo hizo don Clarián muy bien, dándoles largamente de lo suyo. Paresciéndole Felorfes buen caballero, díxole que por su amor de madre e de Ovandalo, su tío —que él de antes conocía— le quería dexar por governador de toda aquella ínsula. El lo aceptó e le besó las manos por ello. Tomando don Clarián consigo a la dueña e a Felorfes de Argentina e algunos otros de aquellos prisioneros, que mejor adereçados eran, se fue a la cámara donde su señora e Celacunda estaban por les hazer compañía, e como ya se hiziesse hora de cenar las mesas fueron puestas.

La princesa Gradamisa, Celacunda e don Clarián se assentaron a una tabla, e todos los otros en otras me [CXCVr] sas donde fueron servidos con muy gran gozo e plazer, trayendo a la memoria como por Danilón fueran tomadas sin poder haber acorro, e las cosas que viniendo por la mar les dezía, del gran desmayo de Gradamisa e de la desesperación que Celacunda traía consigo que le hazía no temer la saña que contra ella el jayán mostraba; como cuando sin esperanca ninguna estaban, vieran a don Clarián salir de entre los árboles corriendo, de qué grande alegría sintieran. E reían mucho de gana como los hombres del gigante a tiento las andaban a buscar, como Manesil huyera por guarecer de aquello, e bendezían a aquélla que el sombrero hiziera: que muy bueno les fuera aquella vegada. Don Clarián les contó también en qué guisa e por cuál razón aí arribara. Assí mesmo hizieron mención del agua de la fuente que Rián de Aquer guardaba porque Gradamisa, riendo con gracioso semblante, demandó a don Clarián la razón por qué de allí partiera sin la ver ni hablar.

El, muy turbado e afrontado de aquello, le contó todo lo que por él había passado. Celacunda le dixo: "No vuestro leal amor, mas la fuerça del agua fue la causa de aquesto; e la mesma razón e aun mayor tenés vos contra ella." Entonces le contó toda la manera de la fuente, e que lo mesmo que dél fuera de Gradamisa. Don Clarián quedó muy alegre por la buena disculpa que entonces pudo dar de aquel fecho.

Assí estava en aquella cena con gran plazer, nunca partiendo él los ojos de su señora ni ella dél, dando con esto gran descanso a sus coraçones. Carestes —que los servía— estava tan maravillado de la estremada beldad y hermosura de Gradamisa que si en otra parte la viera no pudiera pensar que ésta fuesse persona mortal, mas alguna celestial figura. Mirando a ella e a su señor dezía consigo que si amor aquellos dos coraçones juntasse que en el mundo no hallaría dónde hazer otro tan hermoso ayuntamiento. Los manteles alçados, estuvieron razonando de muchas cosas, e fue por Celacunda acordado que otro día de gran mañana partiéssense de allí porque ellos fuessen los primeros que las nuevas de su buena andança levassen. La gente del castillo rogavan muy afincadamente a don Clarián que atendiesse hasta otro día porque los de la ínsula le viniesen a fazer omenaje como a señor; mas él, que por cosa alguna no haría atender a su señora contra su voluntad, les dixo: "Aquí quedará Felorfes de Argentina e con él Carestes, mi escudero, e con ellos podrán ir los que querrán verme al Castillo Deleitoso." Assí fue acordado.

Celacunda, que mucho desseava mostrar a don Clarián cuánto lo amava apartóse con él a una finiestra, donde entre muchas razones que passaron sobre cosas que al propósito hizieron, don Clarián le vino a contar todo su sueño, rogándole que, pues la sinificación dello su juizio no alcançava, e a ella era muy liviana la declaración de dezir, que le pluguiesse de lo hazer. Celacunda se sonrió de gana e díxole:

"No es tan escura la significación, que según vos sois entendido con poco que della os declare no seáis al cabo de todo —mas yo quiero cumplir vuestra voluntad. El gran campo que vistes significa este mundo —que es, como vos sabéis, assaz grande; el león muy valiente y hermoso sois vos, en quien estas dos cosas están muy complidamente; los lobos negros que lo combatían, mordiéndolo por todas partes, son las grandes cuitas e mortales desseos de qué vos sois combatido e atormentado —que a los lobos más que otros animales algunos son devoradores e derramadores de sangre se pueden comparar. La resplandesciente lúcida que a lueñe de allí en las huertas estava es vuestra señora Gradamisa, ante cuya hermosura todas las otras son como la noche con el día claro, e sobrellas resplandece como haze la lúcida de noche. El león, que muy aquexado de los lobos negros, en ella ponía los ojos e iba desapoderado contra allá —no defendiéndose dellos aunque mucho lo aquexavan— tanto que a vos hazía dolor, diziendo 'allí guaresceré' —bien podés conoscer que assí hezistes vos, que después de passada la fuerça del encantamento del agua tornado en vuestro ser atormentado de mortales cuitas e pensamientos, no cessando de amar, ni apartándolos de vos, mas [CXCVv] holgándoos con ellos, endereçado vuestro pensamiento a ir a mi castillo — que por ser tan vicioso; aquellas grandes huertas donde la lúcida estava significa allí con la vista de vuestra señora entendíades dar descanso a vuestros desseos, e cuanto más a ella os acercávades tanto érades menos fatigado de vuestros pensamientos, assí como el león era menos guerreado de los lobos acercándose a la lúcida. La oveja que encontraba muy fieramente balando, la cual le mostraba un dragón muy espantoso que con sus alas bolaba que le tenía tomados sus hijos en su cueva —claramente podés entender que ésta es la dueña que vos encontrastes, que venía haziendo gran duelo; e assí como la oveja es mansa e, de poco poder, assí era ella; que aunque algunas mugeres son bravas en el coraçón, no lo pueden ser en las obras de las manos por la flaqueza de su naturaleza. El dragón era aquel espantoso jayán. La barca que, tendidas las velas con el viento, navegaba por la mar es comparada a las alas con que los dragones buelan. Los hijos que a la oveja tenía tomados: eran aquéllos sus hermanos, hijo e los otros de su compaña; e tomó el león con duelo de la oveja e vergüença de muchos animales que en el campo eran, dexando de ir donde guarescer entendía, volvía con ella por le dar vengança, consintiéndose por ello ferir de los lobos —que entonces más lo aquexaba.

"Assí vos, habiendo duelo de la dueña e por vergüença que entre los caballeros que en el mundo son no se dixesse que habíades fallecido de darle acorro por ningún peligro que dello se esperasse, dexando de ir donde entendíades recebir holgança, sufriendo todas aquellas cuitas e trabajos que más se acrecentaban, cuanto más nascía cosa que os estorvase de vuestro camino, volvistes con ella a le dar vengança del gigante. Llegando a esta ínsula la vistes como el gigante traía a mí e a Gradamisa: que a la corneja que es negra y escura soy comparada yo, porque mi sabiduría es honda y escura. La donzella muy hermosa, que dando bozes dezía aquellas palabras al león: ésta es la virtud, que no hay cosa más preciada ni hermosa, la cual entonces claramente en vuestro coraçón mostraba el galardón de Dios: que a tal tiempo os traxo allí para que librássedes aquella que todo descanso a vuestras cuitas podría dar. Esto fue por la piedad que vos de la dueña e de otros muchos habés habido emendando las fuerças que a ellos se hazían. Todo lo demás de vuestro sueño por ello podéis sacar la figura al pie de la letra hasta lo que dize que la lúcida se subía a un árbol, e que los lobos guerreaban entonces al león; e guiándolo la corneja entre unos árboles lo ponía ante la lúcida rogávale mucho que partiesse la contienda de entre él y ellos, e hazía tanto sobre ello que la lúcida con su pico les afferraba los dientes, e cortaba las uñas, e dezía al león: 'Ya destos nunca tanto como hasta aquí serás combatido, ni tienes de qué temer dellos hasta que los dientes e las uñas les crezcan; como quiera que de tu compañía no se partirán': esto como sea por venir en las tales cosas no se debe la persona hablar muy abiertamente; mas si vuestra señora satisfiziesse a vuestros desseos entonces serían cortadas e afferradas las crueles asperezas e fatigas de vuestra cuita, e nunca seríades guerreado como agora, ni terníades de qué os temer dellas sino fuesse viéndoos alongado de quien tanto amáis como quiera que nunca se partiría de vos los pensamientos y desseos. Si esto se hiziesse quedaríades en toda holgança, aunque no dexariades jamás de amar tan ardientemente como fasta aquí: que éstos eran los rayos que al león del coraçón le salían; e si de tal fecho como éste recibiéssedes gran gloria e deleite como soñábades, a vos pongo por juez. En lo de la corneja —que por mí se toma— pues a ello me constriñen assí costelación de planeta como obligación de razón, dexadme el cargo: que en esto quiero que veáis cuánto por vuestra gran bondad —sin me vos haber visto ni conoscido— os amo y precio, e como yo parte de lo que adelante será se me entiende, e conozca vuestras intenciones, no pienso quedar en cargo a Dios, ni al emperador mi hermano, de lo que en este fecho fiziéramos ser causa que amor {no} satisfaga, y de el más fermoso galardón que jamás dél salió."

Cuando por don Clarián fue oída la grande esperança que al remedio de [CXCVIr] su tan sobrada cuita —que aquella sazón acerca de muerte lo tenía llegado— Celacunda daba, bien se puede considerar el plazer que su ánimo sintió; e queriéndole besar las manos por ello díxole: "O mi buena señora: escusado es —a mi pesar— de poder serviros esto que aquí habés dicho, e siempre supe por nuevas que vos, señora, sin avéroslo servido me amávades mucho; e assí yo tenía y tengo en coraçón de serviros en todo mi poder, y en esto que en fecho de remediar mi cuita habláis, yo no sé ál qué dezir sino que remediarés el más cuitado e atribulado caballero del mundo; que gran maravilla sería más con esta cruel passión sostener la vida, e si de aquí a delante por vuestra intercessión, señora, ésta me fuere dada, bien podés pensar si tanto vuestro como mío debo ser." Cuando él esto dezía no podía tener las lágrimas que por la faz le caían.

Celacunda ovo dél piedad, e confortándolo mucho díxole: "Mi buen amigo e señor: creed que por mucho que buscárades no pudiérades hallar otro mejor ayudador en este vuestro fecho que a mí; que si a Dios pluguiere, esperança tengo que vos no os hallaréis peor de mi conoscencia que yo de la vuestra." Con tanto lo dexó e se volvió para la princesa Gradamisa. Como ya fuese hora de dormir, don Clarián se salió de aí e con ellas no quedó sino la dueña madre de Felorfes e una donzella natural de Colonia. Don Clarián, mandando a Manesil e Carestes que con véinte hombres armados velassen ante la puerta de la cámara de su señora, e haziendo poner buena guarda en el castillo, se fue acostar en su lecho.

Celacunda habló con la princesa Gradamisa sobre el fecho de don Clarián, diziéndole que no solo con el amor que le tenía entendiesse que remediaba su dura e cruel passión —que era tan grande que casi a muerte lo tenía llegado— que pues ella —assí como ella misma— sabía su coraçón e conoscía que por su voluntad toda cualquier cosa, por grave que fuesse, haría por amor dél, no dexándolo por otro sino por su honestidad e por miedo de ser descubierta: que pospusiesse todo aquello; porque lo uno, bien mirado el merescimiento de don Clarián y el muy verdadero amor con que la amaba, ninguna culpa le era de echar por cuanto por él hiziesse, mas antes por lo que dexasse de hazer debría ser de todo el mundo tenida por la más desagradescida muger que nunca fue: que en lo que tocaba a encobrir sus amores ella pornía buen remedio, e díxole: "Tened por cierto que si más en esto tardáis, que aunque después queráis remediar, por ventura no habrá lugar: que don Clarián es a tal estrecho llegado que será maravilla si no pierde la vida, e vos, después de su muerte, no creo que vivirés mucho."

Gradamisa, puesto que en su coraçón no menor pena e cuita que su buen amigo don Clarián tuviesse, como el empacho de su honestidad duro freno le pusiesse considerando ser a ella muy grave que su tía dello assí fuesse sabidora, e respondió:

"Ay, mi señora, que si yo no temiesse —como no pudiendo nos abstener de nuestros amores, e continuando en la corte del emperador mi padre seríamos descubiertos, por donde nuestra muerte o mi perdimiento no se podría escusar— bien haría lo que dezís: mas este inconveniente me refrena mucho; e también tener confiança —si a Dios pluguiere— las grandes proezas de don Clarián e los muchos servicios por él fechos al emperador e a la emperatriz, mis padres, podrán bien merescer que con voluntad dellos dos yo sea a él juntada, conforme al servicio de Dios, como desseo."

"En esso ya os he dicho," respondió Celacunda, "que yo porné remedio, y en lo ál muy aína essa esperança que dezís os podría fallecer e salir al contrario: que vuestro padre con su grandeza, no mirando a lo que habés dicho, os querrá buscar el más alto hombre del mundo, y esto podría ser lo más cierto." Hablando en estas cosas passaron gran parte de la noche.

E venido el día, levantáronse al punto del alva, e fue adereçada la barca en que el jayán las traxera de muy ricos paños, donde entraron don Clarián e aquellas dos señoras, con ellos Manesil e la dueña e la donzella natural de Colonia e otros algunos sirvientes e hombres que guiassen la barca; e luego movieron la vía del Castillo Deleitoso.[90] Yendo con [CXCVIv] gran plazer allí, Celacunda traxo a la memoria a don Clarián de cuando estaba en la fuente del valle, diziéndole que ella fuera aquella donzella que le dixera las palabras escuras que no entendiera, que por lo ver se apartara de su compaña; e como quiera que de lo que tocaba a él e al rey Lantedón, su padre, no quiso hablar, diole a entender que lo que más dixo era por la entrada que fizo en la gruta de Ercoles, e assí mesmo contó todo cuanto aí a él aviniera, como si a todo presente se fallara. De oír estas tan espantables cosas por que don Clarián había passado Gradamisa estaba toda turbada, no pareciéndole que ante sus ojos lo tuviesse. E después que todo lo ovo contado Celacunda, maravillándose don Clarián cómo lo supiera sin que ninguno dicho se lo oviesse, miraron la espada de la esmeralda, que a todos muy estraña paresció.

Como buen viento les hiziesse, en breve fueron a tierra firme llegados, e vieron estar en la ribera del mar gran gente armada, adereçando muchos navíos. Allí era don Felisarte de Jaffa, don Danirteo de Gueldres, don Laurgel Dariscón, Monbeldán e Calidor de Venarde, Briseles, sobrino del duque de Lorregne, e los otros caballeros que de la prisión de Rián de Aquer fueran libres. Estos que aquí se ha dicho estaban sobre todos más tristes e desconsolados por la pérdida destas dos señoras, porque sobre ellos como más principales caía el mayor cargo. Hizieran venir esta gente de tierra de Celacunda, e aún esperaban ayuntar mucha más de villas e lugares del señorío del emperador para passar en la ínsula de Codania, e no partir della ni volver a la corte fasta morir o cobrar la princesa Gradamisa e a Celacunda. Empero muy poco les valiera esto si Dios no traxera en aquella parte a don Clarián que las accorrió: que el castillo de la ínsula tanto era fuerte que no temía de todo el mundo. Celacunda, volviéndose a Gradamisa, díxole: "Mi buena señora, tarde nos iba este accorro si él de don Clarián

---

[90] deleytaso

antes no viniera."

"No cale dezir," dixo ella, "sino que todas las buenas andanças están guardadas para él."

"Señora," dixo don Clarián, "bien assí lo debo yo creer, pues que en ésta me hallé donde se cumplió toda mi bienaventurança." Como cerca de tierra llegassen pusiéronse al borde de la barca, e luego fueron de todos conocidos.

Gran plazer e admiración había entre todos de ver aquesto, mas don Felisarte dixo: "No nos maravillemos, que en todas las cosas estrañas do esperança dé remedio no se tiene quiere Dios que por mano de don Clarián lo haya para que más su gran fama se estienda."

Salidos don Clarián y estas señoras en tierra todos los recibieron con muy gran grita e alegría, diziendo: "Bendito sea Dios, e bien aya el buen caballero que tales dos señoras ha librado." No se podría dezir el gran plazer que todos allí mostraron; e después que Celacunda les ovo contado en qué guisa don Clarián las librara, acogiéronse al castillo, donde las infantas Resinda, Lindamira e Liscedra, con Aleranda e Casilda e las otras damas estaban, que todas otra cosa no hazían sino fazer gran duelo creyendo que para siempre estas dos señoras fuessen perdidas. Mas cuando las vieron, su gozo e alegría fue tan grande que mayor no pudo ser. Todas estaban en torno dellas, besándoles las manos e la ropa, llorando con el sobrado plazer como con la demasiada tristeza hizieran, e dezían contra don Clarián: "Ay señor, bendito sea el día en que vos fuistes engendrado que para tanto bien nacistes." Sobre todo era mayor el gozo de Casilda: que a ésta el muy crescido amor que a su señora Gradamisa tenía no le daba esperanca de poder vivir sin ella. Pues tornada aquella gran tristeza aun en mayor alegría que antes tenían, embiaron luego con estas tan plazenteras nuevas un caballero al emperador.

E cuando éste llegó falló toda la corte en la mayor confusión e tristeza del mundo, no oyéndose otra cosa que bozes e llantos en el palacio y en todas las casas de la ciudad, que todos grandes e pequeños estaban en gran angustia por la pérdida de su princesa: que dellos era más amada que nunca otra alguna fue de los suyos. El sentible dolor que la emperatriz mostraba era cosa de gran lástima. El emperador —que otro no menor que el suyo, como noble y esforçado varón, en el coraçón encubría— hazía aparejar [CXCVIIr] muy gran caballería para embiar sobre la ínsula de Codania, mas con la venida deste mensajero todo fue buelto en gran alegría, e bendizían todas las gentes el día en que don Clarián naciera. El emperador hizo grandes mercedes al caballero que estas nuevas traxera, e mandó hazer muy gran fiesta por toda la ciudad. En la corte se hizo —por más la acrecentar— un maravilloso torneo entre los caballeros della, que de ambas partes fueron dos mil.

Pues tornando a los que en el Castillo Deleitoso estaban: Celacunda, que mucho se trabajaba en buscar todo plazer a don Clarián, hazíale mucha fiesta e honra, e díxole que pues él no había visto las sabrosas moradas de su castillo que otro día se las quería mostrar, e assí lo hizo: que después de haber oído missa todos aquellos caballeros e señoras fueron a comer a la huerta de la rica cámara, e como ovieron comido, Celacunda, tomando por las manos a don Clarián e a la princesa Gradamisa, fuéronse ante todos, passeando por la huerta, mirando las cosas maravillosas della. Ella no podía partir los ojos dellos, diziendo entresí que jamás en el mundo fueran tales dos beldades de caballero e donzella. Hablando en muchas cosas todos tres de consuno anduvieron una pieça, mas después Celacunda dio lugar a que entramos, apartados de todos los otros entre aquellos árboles, con mucho descanso de sus coraçones una gran pieça pudiessen hablar. D'aí fueron ver la rica cámara, e queriendo entrar do el rico lecho estaba, Celacunda dixo: "El que traxere alguna cosa que tenga virtud de encantamento déxelo porque aquí perderá la fuerça."

"Yo traigo un anillo," dixo don Clarián, "que precio mucho," e sacándolo del dedo diolo a Manesil que lo guardasse. Gradamisa, que el estraño chapeo traía en la cabeça, quitándoselo púsolo sobre una columna de alabastro que cerca de la fuente había, y entraron dentro. Don Clarián, mirando la maravillosa obra de toda esta cámara, dezía no la haber visto tal en su vida sino era la muy estraña sala de la gruta de Ercoles, que ésta era mucho mejor.

Estando ellos aí un pequeño donzel —que de fuera vino— entró dando grandes bozes, diziendo que un león de Celacunda andaba suelto por la huerta e todos los caballeros acudieron allá; mas el león se tornara ya a la leonera. Con este rebato Gradamisa fue puesto en gran turbación, e no se le acordando, tornó a meter el chapeo dentro en aquel apartamiento: el cual luego perdió la virtud, por manera que el resplandor de las piedras artificiales que tenía fue ninguno, sino él de aquellas que naturales eran, e de aí adelante cada uno lo podía traer en la cabeça. A ella pesó mucho de haber assí perdido este chapeo aquella virtud, mas no lo dió a entender. Assí passaron aquel día con gran plazer. Y en la noche después de haber cenado todos se recogeron a sus aposentos.

Celacunda, haziendo retraer a todas las otras señoras donde habían de dormir, tomando por la mano a Gradamisa con no más compañía de una donzela que con una antorcha las alumbraba, la llevó por una grande sala que hasta allí ella no viera, e metiéndola en la rica cámara que por maravilla relumbraba, donde ante aquel muy estraño lecho que en ella había ardían dos estadales de cirios, e aquella fuente hazía un muy sabroso son de oír. Celacunda le dixo: "Mi señora, aquí quedarés esta noche a dormir, aunque cierto si vos no viniérades, otro alguno jamás durmiera en este lecho."

"Por Dios, señora tía, a mí me paresce que sería mejor que assí quedasse que por mí no se quebrasse la costumbre que fasta aquí se ha tenido."

"No curés de esso," respondió ella, "que no la puede quebrar otra tan alta e tan hermosa como vos sois, e si a Dios pluguiere, en él holgarés más que en otro ningún lecho de cuantos habés durmido." E dexándola que se desnudasse sus paños, salióse fuera sola; fuesse para la cámara donde era aposentado don Clarián: e hallólo que estaba hablando con Manesil. Cuando él assí sola la vio venir bien conosció que no sería sin causa e salió contra ella a la rescebir.

Celacunda le dixo: "Buen señor, quien a tal hora os visita bien paresce que os ama." Llegándose a él, le dixo: "Venid comigo, e yo os haré esta noche el más alegre que nunca fuistes: que yo no os amo tan poco que os tenga olvidado." Cuando don Clarián e [CXCVIIv] sto oyó fue todo lleno de gozo e alegría: quísole besar las manos, mas ella las tiró a sí.

El le dixo: "Ay, mi señora ¿cuál caballero pudo ser tan bien andante como yo? —que por intercessión de tan alta e tan noble persona, como vos, sea mi cuita remediada, e si esto es con voluntad de mi señora, no sé cómo puedo alcançar tan gran bienaventurança."

"Esso no os cale agora de lo saber," dixo ella riendo, "que de gran valentía ha de ser ella si por nosotros no fuere vencida." Don Clarián, tomando su espada debaxo de una ropa de seda que vestía, se fue con ella, que por la mano lo llevó a la rica cámara. E cuando llegaron Gradamisa ya era despojada, que no tenía sobre la camisa sino una saya de xamete morado; Celacunda le dixo: "Mi buena señora, este caballero os terná aquí compañía si vos querés cumplir la mayor deuda que en este mundo debés, e cosa que para la vida de vosotros dos mucho haze menester: que gran razón es que goze de vuestra hermosura aquel que la quitó de gozar a un tan feo e bravo jayán." Cuando la princesa Gradamisa asní vio venir a don Clarián, estando allí aquella donzella, fue toda turbada, mas Celacunda, que bien lo entendió, díxole: "No temáis desta donzella, que yo proveí antes en ello: y ella es tal que jamás terná memoria de aquesto ni entiende que lo hablamos, ni ella sabe dónde es, más que si fuesse durmiendo."

"Buena señora," respondió Gradamisa, "bien conozco ser derecha razón lo que me dezía, e no menosprecio que la vida me va en ello —porque no es menor la cuita que yo por él padezco que la que él por mi sufre— mas por el peligro que delante se espera se aventura mi vida —que mi final destruición sería, yo creo que por mi amor él se sufrirá por agora —como yo me sufro— fasta que haya mejor e más conviniente forma de cumplir nuestros desseos."

"Mas a Dios e al mundo conforme todo lo podés agora hazer," respondió Celacunda, "que yo os lo loaría pues es una cosa tan razonable, e para traer vuestros amores encubiertos yo porné tal remedio en ello que vos seáis contenta." Sobre esto passaron muchas razones, empero Gradamisa se escusaba con amorosas palabras e razones conformes a honestidad.

Celacunda le dixo: "Pues que porfiáis en defenderos de nosotros, que con armas de justa razón con vos combatimos, daros-emos por quita si de aquí podés salir." Tomándola por la mano le dixo: "Agora lo provad." E como Gradamisa fue a salir por la puerta; fue muy reziamente lançada hasta cerca del rico lecho. Entonces Celacunda se salió de aí con la donzella, e dixo riendo: "Aquí no cumple hazer otra cosa, que ninguno de vosotros saldrá de aí esta noche, e assí habrá lugar de se remediar la cuita que esse caballero tanto tiempo por vos ha sufrido, pagándovos con aquello que sin ello satisfazer no podríades," —fuese sin más dezir.

Gradamisa se volvió a mirar a don Clarián, e viole que no alçaba los ojos de tierra, ni la osaba catar; y echándole sus muy hermosos braços al cuello con un gracioso riso le dixo: "Si yo rehusaba, mi verdadero amigo, no con falta de amor de daros el galardón que tanto me tenéis merecido, e si remediando vuestra cuita no pornía remedio en mi vida —que con la que yo por vos padezco en breve a la muerte podría ser llegada— Dios es el sabidor; e assí, mi señor, os ruego que vos lo creáis. Mas yo recelaba lo que adelante podría venir, e pues yo quiero dar descanso a vuestra pena e trabajo, assí tengo por bien que en nuestras voluntades quede assentado aquello que de peccado e infamia lo puede sacar, encubriéndolo en nuestros coraçones, esperando los tiempos como adelante subcederá: que si sola mi voluntad en este caso oviesse de esperar, yo me ternía por bienandante en que a todos fuesse manifiesto."

Oídas por don Clarián aquellas tan amorosas e dulces palabras de su señora, e viendo como con sus braços lo tenía abracado fue tan atónito de plazer que no pudo responder cosa alguna; antes fincando los hinojos en tierra le quisiera besar los pies, mas ella no consintió e levantólo por la mano. El le besó las manos muchas vezes con el mayor gozo que nunca su ánimo sintió. Allí [CXCVIIIr] los dos amantes se dieron muy dulces e graciosos besos mezclando con ellos amorosas razones, e después de se haber despojado tomó entre sus braços a su señora y entró con ella en aquel rico lecho, e bien se le olvidaba de matar las candelas si ella no se le acordara. Donde agora se puede muy bien dezir que allí juntos los dos más hermosos amantes que nunca en el mundo fueron, los cuales con gran gozo e deleite de sus coraçones cumplieron sus mortales desseos aquella noche. Otro día antes que el alva rompiesse Celacunda vino a ellos, de que Gradamisa ovo gran empacho. Don Clarián se levantó, vistióse e tomó su espada, e guiándolo Celacunda se volvió a su cámara, donde no con poco plazer halló a Manesil sospechando lo passado; mas por entonces no demandó a su señor cosa dello. Don Clarián se acostó en su lecho e durmió hasta ser el sol salido. Aquel día Celacunda los llevó a comer a la gran huerta que cerca del mar era, e de cada día les mostraba cosas nuevas en aquel castillo.

CAPITU CXXXVI. CÓMO DON CLARIÁN E SU SEÑORA GRADAMISA CON TODA AQUELLA COMPAÑA PARTIERON DE ALLÍ PARA LA CORTE DEL EMPERADOR VASPERALDO.

Ansí estovieron en el castillo cuarenta e cinco días, donde don Clarián estaba al mayor vicio e plazer que nunca estuvo ni pensó tener, holgando todas las noches con su señora Gradamisa a gran deleite; e bien trocara él todas las cosas del mundo por esta tan sabrosa vida, mas considerando que de su estada si más fuesse, algo se podría sospechar, entre él e su señora acordaron de partir otro día. Durante este tiempo la princesa Gradamisa descubrió toda su hazienda a Casilda, e don Clarián a Manesil esso mesmo. Otrosí fueron venidos todos los más honrados hombres de la ínsula de Codania que le recibieron por señor, e de la corte vino un caballero con un testimonio que el rey Aurapis al emperador embió, sellado con su sello e con sellos de otros algunos caballeros de su casa, en que venían por escripto todas las cosas que a don Clarián en la gruta de Ercoles avinieran —que por más estender su fama el rey Aurapis había embiado lo mesmo por todas las cortes de los más principales cristianos, assí que por la mayor parte del mundo se divulgó este tan estraño fecho.

En este comedio Celacunda fizo fazer dos muy grandes leones de metal que de dentro eran huecos, e tenían bueltas las ancas uno contra otro, e allí sobre ellos era hecha del mesmo metal una pequeña cámara de labor muy estraña; cada uno dellos tenía un caño de oro en la boca, e por todo el cuerpo eran llenos de caños pequeños puestos por estraña manera. Los leones eran hechos por tal arte que tocándoles en los dientes —en la manera que Celacunda a don Clarián e a Gradamisa les enseñó— los cuellos dellos se podían abrir e torcer a una parte e a otra, y eran tan gruesos que por cada uno podían entrar dos hombres. E después que Celacunda un día a ellos amos secretamente les mostró —que de la obra y estrañeza dellos fueron maravillados— díxoles que aquéllos había hecho para los embiar al emperador su hermano que los mandasse poner en una gran fuente que en la huerta de su palacio estaba; que ella embiaría quien los asentasse allí en tal manera que por gran estrañeza los viniessen a mirar, e dixo a la princesa Gradamisa: "Vos demandad al emperador vuestro padre que encaxando en el muro de vuestra cámara uno de los cuellos destos leones os sea dada el agua que por aí fuere para vuestro baño. El emperador lo hará luego, e por aquí podrá don Clarián entrar a hablar con vos muy a salvo."

Otrosí les enseñó en qué manera, poniendo las manos en un artificio que aí era fecho, podrían muy bien hazer salir toda el agua que por los cuerpos de los leones ninguna no corriese, para que él pudiesse muy bien sin ser sentido entrar a su plazer; e también como estando don Clarián dentro podría cerrar el cuello del león e abrir la entrada por el otro león: lo cual todo ello era assí [CXCVIIIv] por tal maestría fecho que ninguno lo podría entender ni saber si no le fuesse mostrado. A la cámara se había de subir por escaleras; las paredes della eran muy gruessas e la puerta muy fuerte, e ninguno creería que a ésta se pudiesse entrar por los cuerpos de los leones, mas Celacunda les dio entender en qué guisa lo podrían hazer. Muy alegres fueron don Clarián e Gradamisa de ver un tan secreto aparejo para sus amores; agradeciéronselo mucho, e luego otro día partieron todos del castillo. Celacunda con muchos de los suyos los acompañó tres leguas, e de allí se despidió de Gradamisa, llorando ambas como aquellas que allende del deudo que se habían se amaban de verdadero amor. Assí mesmo se despidió de todos los otros. Don Clarián llegándose a ella le dixo: "Mi buena señora, pensar yo complir con servicios las grandes mercedes que de vos he rescebido sería locura, mas creed que después de mi señora Gradamisa no habrá persona en este mundo a quien tanto yo dessee servir con todas mis fuerças como a vos, señora."

"Yo me tengo con esso por muy bien satisfecha," respondió ella, "y tened por cierto, mi buen amigo señor, que no en esto solo emplearé el amor que os tengo, mas en todo lo de más que por mí podrá ser cumplido." Con tanto los encomendó a Dios e se tornó a su castillo.

Ellos siguieron su camino, andando pequeñas jornadas e tomando gran plazer.[91] E siendo llegados a cinco leguas de la ciudad de Colonia encontraron una donzella sobre su palafrén, la cual conosciendo a don Clarián fuesse luego para él; saludándole muy cortesmente díxole: "A Dios merced, señor, que a mejor tiempo no os pudiera haber hallado, e acuérdeseos del don que me prometistes: que agora soy en gran menester dél."

Don Clarián —que más la cató— conosció ser ésta la donzella que lo guiara cuando él libró a Manesil del poder de Liboragar, hijo de Rián de Aquer, e de los otros caballeros que preso lo llevaban. E como quiera que aquél tuviera por gran servicio,

---

[91] glazer

e con toda voluntad le prometiera el don, no le plugo de la encontrar a tal tiempo; díxole: "Donzella: bien tengo en memoria el don que os prometí, e yo lo cumpliré a todo mi poder; mas mucho os ruego que me dexéis primero acompañar a esta tan alta señora hasta la corte del emperado, que gran yerro sería si otra cosa hiziesse."

"Señor," respondió ella, "la necesidad[92] es tan grande que si luego no lo ponéis en obra después no aprovecharía nada, e yo perdería la cosa del mundo que más amo; e por Dios, señor, no me fallezcáis a tal tiempo, e venid comigo en este mi gran menester." Oído por don Clarián aquello, llegándose a su señora rogóle muy humildosamente que le pluguiesse darle licencia para ir con aquella donzella porque él no falleciesse de su promessa. Gradamisa, que desto gran pesar tenía, maldixo la encontrada de la donzella; e viendo que si él con ella no fuesse, que caería en gran falta, óvosela de otorgar, rogándole y mandándole que se volviesse lo más presto que pudiesse. Don Clarián se despidió della, y encomendando a Dios a todos los otros fuesse con Manesil e Carestes en compañía de la donzella, e de su partida desplugo a todos. La princesa Gradamisa e su compaña anduvieron aquel día hasta llegar a la corte do —por ser largo de contar— cuánto con gran fiesta e plazer fueron rescebidos del emperador e de la emperatriz e de todos los otros se dexa dezir, mas de tanto que a todos pesó de la partida de don Clarián que assí lo desseaban ver —después que aquellas tan estrañas e maravillosas cosas de la gruta de Ercoles habían sabido— como si lo nunca vieran. Mas en esta parte dexa la historia de hablar de todos ellos por contar de don Galián del Fuerte Braço, que por muchas tierras las aventuras iba buscando.

CAPITU CXXXVII. CÓMO DON GALIÁN ENTRÓ EN UN TORNEO DONDE POR SU GRAN BONDAD LOS DE SU PARTE OVIERON LA VICTORIA.

Partido don Galián de casa de la madre de la donzella —que él de poder de Arsipol librara— anduvo por muchas partes dando fin a muchas e muy peligrosas aventuras con mucho prez e honra, de las cuales aquí no se ha [CXCIXr] ze mención; mas de que un día la ventura lo guió ante un castillo, donde en un llano vio muchas tiendas armadas e gran gente que a un torneo aí era ayuntada; el cual basteciera el rey Onildo de la una parte, e de la otra el rey Sardanápolo: que amos tenían sus tierras comarcanas. El rey Onildo conoscía señorío al emperador Vasperaldo; venía algunas vegadas a sus cortes, e por él era llamado. El rey Sardanápolo no pudo venir en persona a este torneo, mas embió su gente con un hermano suyo con el conde Nasán, su primo. Cuando don Galián allí arribó el torneo era ya començado, e andaba muy rebuelto e ferido. De amas partes caían muchos caballeros de los encuentros de las lanças, e otros se ferían de grandes golpes de espadas assí bravamente que alueñe de allí se podría oír el estruendo e ruido de las feridas. El rey Onildo había menos gente, e un sobrino suyo hazía grandes caballerías; mas de la otra parte el hermano del rey Sardanápolo andaba haziendo tales cosas en armas que muy pocos de aquellos con quien justaba le quedaban en la silla: assí que todos le daban lugar por do passasse, que

---

[92] nessidad

en todo el torneo no había quién tan bien lo hiziesse.

Estando don Galián mirando las cosas que se hazían, arribaron donde él era tres caballeros, los cuales desque ovieron un poco mirado dixéronle: "Vos, caballero ¿de cuál parte serés?"

"Por Dios," dixo don Galián, "yo no tengo mucho en voluntad de tornear, mas si a ferir fuesse, sería de la parte del rey Onildo, que son menos gente e llevan lo peor del campo."

"Mejor haréis," dixeron ellos, "en ir a ferir con nosotros contra essos que dezís, que si los ayudáis no ganarés ál que ser uno de los vencidos."

"Todavía," dixo él, "yo lo ternía esso por mucha mengua pues que no soy el cabo deste fecho."

"Pues nosotros," dixeron ellos, " desta otra parte queremos ser, que tenemos en ella más amigos," —entonces fueron a ferir en el torneo.

En esta sazón el hermano del rey Sardanápolo justó con el sobrino del rey Onildo e derribólo del caballo, e los del rey Onildo perdían la plaça a más andar. Don Galián fue movido a gran voluntad de los ayudar e fazer allí todo su poder. Tomando la lança de su escudero firió su buen caballo, Veloce, de las espuelas, e moviendo muy rezio fue a encontrar un caballero que justa esperaba, tan bravamente que a él e al caballo metió por tierra. Quebrando en él la lança, puso mano a su espada e lançóse muy bravo donde vio la mayor prissa, firiendo a diestro e a siniestro e derribando muchos caballeros de las sillas: así que en poca de hora fueron tan temidos sus golpes que pocos había que delante se le quisiessen poner, antes le dexaban la carrera desembargada por do pasasse, diziendo muchos en altas bozes: "El caballero que nuevamente es venido haze grandes maravillas."

Como la gente del rey Onildo no fuesse tan estrechada de sus contrarios como antes, e mirando las grandes cosas que don Galián en su ayuda hazía, esforçáronse mucho al torneo. Con esto don Galián cobró mayor talante de bien hazer, e tomando una lança dexóse ir al conde Nasán, que otra tenía; firiólo tan duramente que lo lançó de la silla, e viendo que un hijo deste conde esforçaba mucho a los de su parte, fuelo ferir de un tal encuentro que sin detenencia alguna lo derribó del caballo. Allí fue tan gran grita en toda la gente, diziendo que el caballero de las armas verdes partidas con oro no hallaba quién justa le mantoviesse: así que con grandes maravillas de armas que don Galián hazía los del rey Onildo cobraron lo mejor del torneo, ca él fendía e passaba por medio de todas las prissas derribando e firiendo caballeros por todas partes socorriendo donde más era menester, e tales cosas hazía que todos a mal de su grado le hazían plaça.

Andando desta guisa vínose a hallar con el hermano del rey Sardanápolo, que pieça había que desseaba con él juntarse. Como amos tuviessen lancas endereçaron el uno contra el otro. E cuando todos vieron que estos caballeros querían justar hizieron les gran anchura. Ellos se fueron ferir al más correr de sus caballos, e diéronse tales encuentros que las lanças bolaron en pieças; juntáronse uno con otro tan bravamente que el hermano del rey Sardanápolo [CXCIXv] cayó del caballo. Don Galián se hizo un poco atrás con el suyo, mas quedó muy firme en la silla. El rey Onildo, que con su sobrino e otros cuarenta caballeros estaba aquella hora apartado, mirando el torneo para venir a ferir donde más necessario fuesse, dixo: "Agora veo el mejor caballero que jamás vi: no sea el Garçón de la Loba, que éste por su gran valentía me dizen que allá en Grecia —donde anda— no halla quién campo le mantenga."

"Si contra otra gente lo oviéssemos," respondió su sobrino, "muy aína pensaría yo, señor, que fuesse Revelón de Marfunda, su hermano; que el Garçón de la Loba mucho es más membrudo, que este caballero a Revelón de Marfonda no conozco yo."

Respondió el rey: "Mas ni el uno ni el otro no serían —aunque aquí estoviessen— contra la gente del rey Sardanápolo su padre. Mas dígoos que en buen punto este caballero para nos aquí arribó, que por su causa ganaremos hoy la honra del torneo." Entonces el rey Onildo movió con aquellos que con él eran, e fuesse a juntar con don Galián, que tales cosas en armas hazía como si entonces entrasse en el torneo: así que cometidos muy duramente los contrarios por él e por los de su parte les demampararon el campo e volvieron las espaldas desbaratando el torneo.

El rey Onildo —que a muchos de los suyos por don Galián hazía mirar porque no se fuesse sin le conocer— viole que se iba apartado de la gente; tomando consigo a su sobrino e otros algunos caballeros fuesse para él. Un caballero se adelantó e dixo a don Galián que atendiese, que el rey venía por fablar con él. Comoquiera que a él pluguiera más de se ir, volvió para el rey, e quisiera descabalgar de su caballo, mas el rey no lo dexó; antes lo abraçó e recibió muy bien diziéndole: "Por Dios, buen caballero, vos nos habéis ayudado hoy tanto que bien podemos dezir haber por vuestra causa llevado la honra del torneo. E para que yo os pueda hazer aquella honra que vos merecéis, en galardón de lo que hoy por mí habéis hecho, mucho vos ruego que no os partáis assí de nos sin que más nos conozcamos."

Don Galián le rindió muy humilmente las gracias por lo que dezía, e díxole: "Señor, si algún servicio os he fecho yo me tengo por tanto contento con vuestro buen agradescimiento, que mucho más os quisiera haber servido; e porque a mí conviene de ir en otras partes donde me es necessario, ruégovos que os plega darme licencia para ello."

A todos pesó mucho de lo que él dezía, y el sobrino del rey Onildo —que Pelsives había nombre— díxole: "Señor, si dexáis assí partir de vos un tan buen caballero, e que tanta honra os ha dado a ganar, no os será bien contado." El rey Onildo rogó tanto a don Galián que quedasse e se fuesse con él a una ciudad que una jornada de aí era, donde no le detenía más de cuanto a él pluguiesse: que aunque contra su voluntad,[93] él lo ovo de otorgar. Luego el rey mandó levantar las tiendas, e partieron de allí; e por el camino él iba fablando con don Galián de muchas cosas, mas no le quería demandar por su nombre, cuidando que dello le podría pesar. Todos lo preciaban mucho; iban hablando de las grandes caballerías que en el torneo hiziera, e dezían que él era una de los buenos caballeros del mundo.

Aquella noche fueron alvergar ribera de un río. El rey hizo sentar a la cena a don

---

[93] volnutad

Galián a par de sí por más honra le hazer, e todos los que allí venían se pagaban mucho de mirarlo como era muy apuesto y hermoso. Después que ovieron cenado el rey le echó algunos caballeros que le demandaban por su hazienda e cómo había nombre, mas él no quería ser conoscido; se encubrió lo mejor que supo. Como fue hora de dormir fuéronse todos a sus tiendas. Don Galián e Pelsives, el sobrino del rey, dormieron juntos en una tienda. Estos dos hermanos: el Garcón de la Loba e Rebelón de Marfonda —de quien aquí se ha fecho memoria— eran fijos del rey Sardanápolo, y caballeros de muy gran fuerça e valentía, especialmente el Garçón de la Loba: que éste era un tan estraño, bravo e valiente, y esforçado caballero que donde éste era conoscido no se creía que ninguno otro contra él en batalla pudiesse durar; era hermano bastardo de Rebelón [CCr] de Marfonda. De la razón porque se llamaba el Garçón de la Loba e e sus faciones y hechura en la segunda parte desta historia que dél cuenta se hará mención: porque no cumple que aquí se haga relación dello.

CAPI CXXXVIII. CÓMO UN GRAN CABALLERO E MEMBRUDO DERRIBÓ DE JUSTA ANTE EL REY ONILDO VEINTE CABALLEROS DE LOS SUYOS, E CÓMO DON GALIÁN Y ESTE CABALLERO APLAZARON BATALLA UNO CON OTRO E SALIERON AL CAMPO A SE COMBATIR.

Otro día por la mañana partieron de allí, e llegando acerca de una su villa el rey Onildo —porque hazía gran calor— mandó armar las tiendas ribera de un río donde comieron, e después que ovieron comido, Pelsives, el sobrino del rey, que en todo se trabajaba de hazer honra a don Galián, llevólo a la villa en tanto que el rey tenía la siesta. El cual levantándose de dormir, estando a la puerta de su tienda vio venir por el campo un caballero muy grande e membrudo: tal que a cualquiera que lo mirara paresciera de gran valentía; venía armado de armas negras pintados por ellas muchos dragones, en el escudo había un grifo figurado, e cabalgaba sobre un caballo morzillo. Este caballero embió al rey un escudero, demandándole que hiziesse a sus caballeros que le mantuviessen justa, e que vería mejores encuentros que viera en el torneo donde venía.

El rey respondió al escudero: "Dezid a vuestro señor que aquí hay muchos caballeros que de justa no le fallescerán, e que comoquiera que él en su talle e grandeza da bien a conocer que debe ser de linaje de jayanes, que mucho hará si muestra por obra lo que me embía a dezir." Desí mandó que fuessen a justar con él los que quisiessen. Luego se armó un caballero e cabalgó en su caballo;[94] tomando su lança e su escudo dexóse ir para el gran caballero e quebrantó en él su lança, mas no le hizo más que si con una peña encontrara. El gran caballero lo firió tan bravamente que dio con él e con el caballo en tierra de tal caída que todos cuidaron que amos fuessen muertos. Un hermano deste caballero fuesse con gran saña contra el gran caballero, e firiólo en el escudo mas no le movió de la silla. El caballero lo lançó en tierra tan bravamente que quedó tal como muerto. Al tercero que con él fue a justar derribólo

---

[94] callo

muy ligeramente por cima de las ancas del caballo; esso mesmo hizo al iiii. e al V, en el cual quebró su lança. Todos se maravillaron destos encuentros.

El rey Onildo dixo: "¿Dónde es el caballero que el torneo venció? que agora veremos una hermosa justa."

Un mayordomo suyo le respondió: "Señor, él es ido con vuestro sobrino Pelsives a la villa." Desto pesó al rey, que mucho quisiera que allí se hallara aquella hora; e como los caballeros del rey recelassen los duros encuentros del gran caballero ninguno había que se moviesse a ir contra él de allí adelante. El rey ovo de señalar los que fuessen a justar, e mandó embiar cinco lanças al caballero, el cual justó con el sexto, e derribólo muy bravamente. Bien assí derribó veinte caballeros, que los más dellos quedaron maltrechos, e al postrimero que con él justó derribólo muerto. Cuando por todos esto fue visto hiziéronse maravillados, diziendo que éste no podía ser sino el diablo según su grandeza e valentía. El rey ovo mucho pesar desto, teniendo por muy afrentado dello. E los parientes del caballero muerto lleváronlo a soterrar a la villa con gran duelo.

El rey, viendo que sería cosa escusada embiar más caballeros a justar para que el gran caballero mayor prez e honra ganasse, e conosciendo el temor que los suyos le habían cobrado defendióles que ninguno fuesse a justar con él, e dixo: "Agora vos digo que si este caballero se me quiere dar a conocer, yo podría dezir haber visto juntos los dos mejores caballeros del mundo con éste e con el que venció el torneo." Gran debate ovo sobresto entre los caballeros: que unos dezían que éste era de mayor fuerça e valentía que el que venció el torneo, e que aunque él aí se fallara también lo oviera derribado como los otros; e otros dezían que no hiziera, e que el rey debía atender hasta que viniesse por ver la experiencia dello. El rey respondió que lo no ha [CCv] ría pues que allí no se hallaba, que de la justa de entramos podía venir a batalla de que se podía recrecer mucho daño. Cabalgando en un caballo e con él muchos caballeros, se fue al gran caballero; rescibiólo muy bien, haziéndole mucha honrra e díxole: "Caballero, vos habéis hoy mostrado vuestra gran bondad e valentía; e como yo dessee hazer mucha honra a todos los buenos caballeros e traiga en mi compañía uno de los buenos que he visto: que con gran prez de su persona, desbaratando un torneo se nos dio a conocer. Mucho querría, si a vos pluguiesse, que comigo viniéssedes a mi corte para haber vuestro conoscimiento, e juntamente a los dos hazeros mucha honra todo el tiempo que en ella os pluguiesse estar."

El gran caballero respondió que él quisiera mucho que aquel caballero que él dezía justara con él, porque él con aquellos que más se preciassen se querría hallar; mas que le plazía de hazer lo que el rey le rogaba, e díxole: "Señor, pues que vos habéis tanto a voluntad de me conocer, sabed que yo he nombre Timadón de Caneroy, e otros me llaman Timadón el Valiente." Algunos ovo entonces que dixeron al rey haber oído grandes y estrañas cosas deste Timadón. El rey le hizo mucha honra e llevólo consigo a su tienda. Estandose él desarmado, llegaron Pelsives e don Galián, el cual —como las nuevas deste caballero había oído dezir— venía con gran talante de justar con él, e a todos pesó porque antes no fuera venido.

Después que Timadón el Valiente fue desarmado todos miraban su grandeza e fechura juzgándolo entonces aun por más valiente que antes hazían: que él era mayor que otro caballero que aí estoviesse más de dos pies. Los miembros había muy fuertes e gruessos, los ojos grandes, las narizes romas y el gesto assaz feroz e robusto; era de poca hedad e muy velloso; e de la grandeza que tenía no era mal fecho como los otros hijos de jayanes, mas bien proporcionado; los cabellos había negros e un poco crespos. Don Galián y él se cataban muy a menudo; e después de haber reposado el rey la siesta partieron de allí. Por el camino todos iban fablando de los dos buenos caballeros, e partíanse diversas afficiones; mas la mayor parte se acostaban a don Galián por ser cortés e apuesto e de graciosa habla: lo que en el otro no veían; antes en todo se mostraba muy orgulloso.

Aquella noche llegaron a la ciudad donde la reina e una hija suya —assaz fermosa donzella— e de todas sus damas fueron bien recebidos. El rey Onildo hizo sentar a su tabla los dos caballeros muy cerca de sí: el uno de una parte y el otro de la otra, e fueron muy bien servidos de muchos manjares. Desque una pieça de la noche ovieron estado en gran fiesta e solaz fuéronse todos a dormir. Pelsives, el sobrino del rey, e don Galián durmieron en una cámara, que éste le mostraba sobre todos grande amor e affición. E otro día, siendo a la mesa del rey los dos caballeros, Timadón no miraba de buen semblante a don Galián porque veía que con mayor affición se le allegaban todos que no a él. Don Galián, como era bravo de coraçón con los que veía orgullosos, e parasse en ello mientes, no estaba de buen talante contra él. Los manteles alçados, estando sobre la tabla, el rey Onildo traxo a la memoria los fechos de los buenos caballeros de quien entonces más se fablaba, e dixo:

"Siempre he oído dezir que don Clarián de Landanís, hijo del rey de Suecia —un caballero que está en la corte del emperador Vasperaldo— es aquel que más en virtud e fortaleza de caballería sobre todos los que en el mundo son hoy floresce. Assí mesmo se dize dél ser el más hermoso caballero que nunca se vio, e por cierto yo desseo conoscer a éste por las grandes nuevas que dél oigo dezir sobre todos los hombres que hoy sean. E de lo que más me hago maravillado de cuanto dél se cuenta es de un firme testimonio que el rey Aurapis, mi cormano, me ha embiado, en que está por escripto todas las espantosas cosas que en la gruta de Ercoles por él passaron; e como quiera que yo lo haya fecho leer ante toda mi corte, quiero que agora lo veáis, vosotros dos buenos caballeros, si lo nunca habéis oído; e creed que cuando lo oirés a gran pena podréis creer que por [CCIr] tales cosas pudiesse passar hombre humano." Don Galián —como quiera que ya esto sabía— dixo que no lo había visto porque el rey lo mandasse traer, lo cual él assí hizo.

Leído el testimonio, estrañamente se hazían maravillados, aun aquellos que otra vez lo oyeran, e loaban aquel caballero sobre todos los del mundo. Timadón el Valiente no hablaba palabra, e pesávale mucho de oír aquesto, mas tanto cuanto a él pesaba plazía a don Galián. Al fin Timadón, con la saña que en su coraçón tenía de oír tan altamente hablar de aquel que él tanto desamaba, no se pudiendo más sufrir dixo:

"Muchas vegadas caen en gracia de las gentes para ser loados, más por su ventura que por los buenos fechos que hazen. Y si en esta estima son una vez entrados, lo malo que hizieren es juzgado por bueno; dígolo porque este caballero que aquí nombráis ha muerto la flor de mi linaje falsamente e a traición: que en otra manera no tuviera el poder de lo hazer. E gran pesar tengo porque él, tanto a mi daño, por estos tales hechos con injusta razón es loado; e con éste mismo ando en contino dolor e trabajo buscando este caballero para tomar en él cruel vengança del daño tan grande que dél tengo recebido, e nunca mi ventura me lo quiere poner delante: que si en tal punto viniesse, yo daría por bien empleada mi vida por verme con él en batalla e agora al presente para que todos viéssedes si con su tan loada fama de mis manos podría guarecer de muerte en poca de hora: yo lo desamo a él e a todos los de linaje e amigos mortalmente e con gran razón."

Cuando don Galián en tal guisa oyó hablar de su cormano —por quien él como por sí mesmo se pornía a la muerte— ovo muy gran pesar, y encendido todo de mal talante dixo:

"Timadón, no dará mucho por vuestro desamor aquél que de todos es amado. Y escusado es a vos desloar al que todos loan: que os lo ternán a desmesura e falsedad; e si vos quisiéssedes mirar lo que buen caballero debe por los daños que de don Clarián habéis recebido no lo desamaríades tanto: porque vos también como otro alguno sabés que todo lo que él ha hecho ha sido a guisa de buen caballero. Assí mesmo por las buenas obras que dél habéis recebido debríades olvidar el desamor que le tenéis: que vos sabéis bien que cuando él mató a vuestro padre, Tarcón el Sobervio, a vos no hizo mal; antes mucha honra, e os dexó el castillo que para sí pudiera tomar con todo lo que en él había; e también se os debría acordar como hoy día tenéis la vida por él: porque cuando ante un castillo muchos caballeros eran sobre vos por mataros —donde os tenían en tal estrecho que por más que en vuestra fuerça e valentía os esforçárades, al fin no pudiérades escapar de muerte— él os acorrió e libró de sus manos. E bien creo que entonces le vistes obrar para conocer si él tendrá mucho temor de vuestras amenazas; e de vos haber dicho que ha fecho traición ante un tan noble rey e buenos caballeros yo tengo gran pesar, e os digo que si en ello vos afirmáis, que habláis muy falsamente, e si menester fuere yo porné mi cuerpo con vos sobre ello: que no lo dubdaré de hazer con la justa razón que tengo."

Cuando Timadón el Valiente —que antes de dezir amenazas que de las oír era usado— esto oyó, fue tan lleno de saña que tornó de muy fiero semblante e dixo: "¿Cómo? ¿Vos, don caballero, serés osado de entrar comigo en campo sobre esta razón? Dígoos que si lo hazés que yo os daré aquel pago que de mí habrán todos aquellos que tanto como vos mostráis amaren a ésse que dezís; e por vuestra boca os haré dezir que todo cuanto don Clarián por armas ha fecho en hombres de mi linaje ha seido falsamente e a traición, e allí mostraré a todos cuán poco os aprovechará vuestra bondad para comigo." Dichas estas palabras tendió sus luas contra él por gaje de batalla. Don Galián las tomó e respondió:

"Creed verdaderamente, Timadón, que con gran voluntad entraré con vos en esta batalla, porque yo tengo creído que Dios ayudará al derecho, y Este tengo yo de mi parte; e porque vuestra fuerça e valentía no debe ser tanto cuanto vos pensáis temida, por ser acompañada de tanta sobervia e braveza, yo espero en Dios de os hazer desdezir de la mentira que habéis dicho contra el mejor caballero del mundo, o de os tajar

[CCIv] la cabeça sobre ello."

Timadón se mostraba tan bravo e feroz, que temor ponía a algunos que lo miraban, e dixo: "Ora fuesses tú el mayor amigo que él tiene porque más me pluguiese de tu muerte."

"Sábete," dixo don Galián, "que assí creo yo que lo soy; e como quiera que hasta aquí del rey e de sus caballeros me haya encubierto, agora quiero que sepas que a mí llaman don Galián del Fuerte Braço. Soy hijo del rey Gedres de la pequeña Bretaña e primo cormano de don Clarián, e si tú me matasses no pensaría él que era pequeña la vengança que dél habías tomado, mas yo confío en aquel poderoso Señor —que tú tienes por estraño— que este pesar no le verná a él por tus manos." El rey e todos ovieron gran pesar de la batalla que estos caballeros aplazaran, salvo a algunos que les pluguiera de los ver combatir por que más no cresciessen las razones.

El rey se levantó de su silla, y haziendo grande honra a don Galián por su gran bondad e por saber quién era, tomólo por la mano e llevólo a su cámara, e por todo aquel día el rey e la reina, la infanta su fija, Pelsives, su sobrino y otros muchos caballeros entendieron entrellos por los poner en paz, mas no lo pudieron acabar: que si don Galián a ruego dellos se llegaba a la razón, Timadón salía dél todo fuera della, y dezía que don Galián no había coraçón de entrar con el en batalla, y que por él prosacaría dél por todo el mundo si no mantuviesse lo que había dicho. Desto fue don Galián tan sañudo que no fue más menester hablarle en concordia alguna; antes la batalla quedó afirmada para otro día. E como quiera que al rey pesaba mucho dello, visto que más no se podía hazer, otorgóles el campo, y mandólo cercar de gruesas cadenas.

Don Galián, considerando que este hecho era assaz de recelar, según las grandes cosas que de Timadón había oído dezir, acordó de poner su ánima con Dios; que bien conoscía que nunca él se hallara con caballero alguno en batalla tan fuerte e valiente como éste fuesse, y él antes había de pagar con la vida que con cosa que su deshonra fuesse. Por ende tres horas antes del alva, fue en pie e confessóse con un sacerdote; oyó su missa muy devotamente e rescibió el cuerpo del Señor, rogándole muy humilmente que en aquella batalla le ayudasse. Esto hecho cobró en sí tan gran esfuerço que ya quisiera estar en el campo e ver el fin que Dios en su batalla le plazería dar. El rey Onildo lo ayudó armar e su sobrino e otros buenos caballeros, e cuando fue armado cabalgó en su caballo Veloce. Pelsives le llevaba el escudo; un conde, primo del rey, el yelmo; e otro buen caballero la lança. El rey lo acompañó con otros muchos caballeros hasta lo poner en el campo. E cuando salía por la ciudad todos cuantos lo veían tan apuesto y bien encabalgante rogaban a Dios que lo ayudasse contra el otro diablo: que Este señorío tiene sobre las voluntades e aficiones de las gentes —los corteses e mesurados más que los argullosos e sobervios. Por otra parte caballeros del rey sacaron al campo a Timadón el Valiente; e cuando todos lo veían tan grande e membrudo, por muerto contaban a don Galián —de lo cual a cuantos allí eran mucho les pesaría. Mas don Galián ponía todo su fecho en Dios, y esforçávase mucho en la razón que tenía.

Toda la gente de la ciudad estaban en derredor del campo por mirar esta batalla;

el rey e la reina e su hija con otros caballeros dueñas y donzellas se pusieron en un miradero: todos cataban los dos caballeros; e muy apuesto y de hermoso continente veían estar a don Galián, mas Timadón el Valiente se mostraba de tan bravo semblante que gran temor pusiera a cualquiera que con él se oviera de combatir. El rey Onildo tenía gran pesar deste fecho porque creía que desta batalla no podía sino recrecerse gran daño, y érale a él muy grave que por los haber traído a su corte ninguno dellos muriesse; en especial si este tal fuese don Galián.

Estando desta guisa que los fieles andaban entre los caballeros, poniéndoles en el lugar que habían de estar, arribó ante el rey una donzella sobre su palafrén, que le dixo: "Señor, bien sé que vos tenéis agora gran [CCIIr] pesar por esta batalla que aquí se quiere hazer, e que la querríades partir si de derecho pusiéssedes."

"Querríalo tanto," dixo el rey, "que no hay cosa que dar pudiesse por los partir della que no la diesse."

La donzella le dixo: "Pues vos, señor, tenéis a mi padre preso en vuestra corte para le mandar tajar la cabeça: si me lo dais libre e quito yo escusaré esta batalla, que lo puedo fazer."

"¡Ay donzella!" dixo el rey Onildo, "que si tal vos hazéis yo os daré esso que pedís, e todo lo que más demandar quisierdes." La donzella no atendió más, antes se fue para los caballeros e haziéndolos juntar en uno, dixo contra don Galián:

"Buen señor don Galián ¿acuérdaseos de un don que me prometistes cuando yo os guié donde era un caballero que había tomado un falcón a una donzella que venía con mandado a la infanta Guirnalda, hija del rey de Panonia?"

"Donzella," respondió él, "bien me acuerdo, e si Dios vivo me saca desta batalla yo os aterné la promessa."

"Mas agora quiero," dixo la donzella, "que la cumpláis dexando esta batalla: que éste es el don que me habéis de dar; e fazeldo luego, pues que mayor sería la vergüenca e deshonra en que caeríades faltando de vuestra palabra que la honra que de batalla ninguna podríades ganar."

"Ay donzella, por Dios," dixo don Galián, "¿sufríos de me demandar don a tal tiempo? que si éste os otorgasse, quedaría desonrado para siempre; e aunque quisiese no lo puedo dar, que no está en sola mi mano dexarla."

"No cale que otra cosa hagáis," dixo la donzella, "que lo mesmo le conviene hazer a Timadón," e volviéndose a él díxole:

"Vos me prometistes un don por un caballo que yo os fiziera dar, aviéndose caído el vuestro muerto de tres feridas que traía ante un castillo: e agora vos ruego e pido que dexéis esta batalla, e no hagáis ál, pues tan buen caballero como vos no debe fallescer de lo que prometiere."

Cuando Timadón esto oyó mostró muy gran pesar, e dixo que en tal tiempo no era tenudo de cumplir el don. Mas el rey —que ya con muchos de sus caballeros[95] había cabalgado— se puso entre ello; e todos dixeron que los dones a la donzella prometidos

---

[95] cavalloa

se debían cumplir, e que pues la batalla se podía partir con derecho, que la no debían hazer, ni el rey se lo consintiría en manera alguna. E assí los ovieron de sacar del campo. Timadón mostraba gran pesar e saña por ello. E con muchas tropas e atabales los levaron al palacio donde se desarmaron. El rey cumplió con la donzella como ella lo quiso, e diole a su padre libre e quito. Timadón estuvo allí aquel día mostrando gran pesar del partimiento de la batalla, diziendo que le habían estorvado de no tomar alguna vengança del daño que había recebido e otro día partióse dende; mas a don Galián rogó tanto el rey que lo hizo quedar consigo ocho días, haziéndole él mucha fiesta e honra, en cabo de los cuales, despedido del rey e de la reina, e de la infanta su hija, y del buen caballero Pelsives, encomendando a Dios a todos los otros, entró en su camino.

CAPITULO. CXXXIX. CÓMO DON CLARIÁN DELIBRÓ A SU AMIGO DE LA DONZELLA A QUIEN EL DON PROMETIERA.

Partido don Clarián de su señora Gradamisa, yendo con la donzella —como ya se ha dicho— demandóle que le dixese qué era lo que quería que por ella hiziesse. "Yo vos lo diré, señor," dixo ella, "yo amo un caballero de muy gran amor, e tiénemelo preso un muy bravo caballero que ha nombre Pinorades. La razón porque en prisión lo tiene es ésta: un buen caballero de la corte del emperador Vasperaldo, llamado Flor de Mar —que vos bien conoscerés— yendo un día en compañía deste mi amigo encontraron un cormano de Pinorades, que justa les demandó. Flordemar justó con él e derribólo, e de aí vinieron a batalla donde Flordemar lo venció, escapando el otro con tantas feridas que murió dende a ocho días dellas; e Pinorades tomó preso a mi amigo, e juró de le cortar la cabeça si no hazía venir aquel caballero que mató a su cormano para se combatir con él, o a otro que fuesse de la corte del emperador Vasperaldo — que a todos los desama él mucho. Cuando [CIIv] yo, señor, os hallé, venía a buscar a Flordemar, e membrándome del don que me prometistes, acordé de os demandar éste, e no buscar a Flordemar por tener mucho más segura la vida de mi amigo; que Pinorades es de muy gran fuerça e braveza. E por Dios os ruego, señor, que aquel mi amigo me librés de poder de aquel que lo tiene; que ya sé yo que en el mundo no podría hallar otro que assí lo pudiesse hazer."

"Buena donzella," respondió don Clarián, "por cierto vos íbades a buscar a tan buen caballero que a mayor fecho que éste daría buen fin, mas pues assí es, vamos en el nombre de Dios; que yo cumpliré por él en cuanto mi fuerca alcançare." Assí anduvieron por sus jornadas hasta que al sexto día llegaron a media legua del castillo de Pinorades. Esto era a hora de tercia, y el plazo que Pinorades había puesto al caballero preso cumplíase de aí a tres días, e a caso encontráronlo cerca de una fuente, que cabalgaba armado e traía consigo un escudero.

La donzella, como lo vio, dixo a don Clarián: "Señor, vedes aquí el que tiene preso a mi amigo."

"Pues agora le dezid," respondió don Clarián, "que vos no habéis hallado a Flordemar, mas que traéis otro caballero, su amigo, que por hazer libre al vuestro se combatirá con él."

Pinorades, como llegó antes que la donzella hablasse, le dixo: "¿Es este que viene con vos el caballero que mató a mi cormano?"

"No," dixo la donzella, "mas es otro caballero, su amigo, que sobre este fecho se viene a combatir con vos, si dais segurança que si él os venciere o matare, que mi amigo será libre."

"Luego quiero la batalla," dixo Pinorades, "que si cualquiera dessas dos cosas él haze, este escudero por mi mandado lo hará soltar; mas antes creo que él dexará su cabeça en mis manos."

"A la prueva estamos," dixo don Clarián: "mas yo no me combatiré con vos sin que primero hagáis poner al caballero preso en el campo en aquella guisa que lo prendistes."

Pinorades, como era grande e membrudo, bien pensó que don Clarián en lo ver había cobrado gran pavor dél, e que se quería escusar de la batalla; e cobrando mayor orgullo por ello dixo: "Vos, don caballero, ya os arrepentís de haber venido con esta donzella, mas por cosa que digáis no se os escusará mi batalla si no os otorgáis por vencido e os volvéis de aquí, que yo os levaré ante mi castillo e allí cumpliré lo que demandáis."

"Por Dios," dixo don Clarián, "esso yo no lo haré tan ligeramente sino que me lastiman más vuestros golpes que me espantan vuestras palabras; por ende vamos luego allá."

Yendo por el camino Pinorades le dezía muchas villanías, haziendo dél escarnio; mas don Clarián riéndose de lo que dezía le respondía mesuradamente porque una vez pusiesse en el campo al amigo de la donzella. Llegados antel castillo Pinorades lo hizo sacar e traer allí sus armas e caballo, cuidando muy ligeramente acabar aquel fecho. Luego los caballeros abaxaron las lanças e se fueron ferir muy de rezio. Pinorades quebró su lança en don Clarián. Mas él lo encontró tan duramente que falsándole el escudo e las otras armas lo llagó en los pechos: lançólo del caballo en tierra muy gran caída, e como sobrél volviesse, Pinorades se levantó, e metiendo mano a su espada dixo: "Venid a la batalla, don mal caballero, que en ella tomaré vengança deste encuentro que me habéis dado."

"Presto se parecerá," dixo don Clarián. E descabalgando de su caballo embraçó su escudo e puso mano a su espada e dexóse ir a él. Pinorades lo firió de un gran golpe en el escudo. Mas don Clarián, alçando el braço, firiólo por cima del yelmo assí dura e asperamente que la espada le hizo llegar a la cabeça: dio con él aturdido a sus pies, e quitándole el yelmo díxole: "Muerto eres si no te otorgas por vencido e juras de nunca hazer mal ni daño a caballeros de la corte del emperador Vasperaldo."

Pinorades, con miedo de la muerte lo otorgó assí todo. Mas ya vino tiempo que no lo mantuvo, como adelante será contado en la segunda parte desta historia. Entonces vinieron ante don Clarián la donzella y su amigo e puestos de hinojos en tierra le agradescieron mucho lo que por ellos había [CCIIIr] hecho. Luego cabalgaron todos, e dexando a Pinorades con gran pesar e tristeza por lo que le aviniera —siendo él tan preciado en aquella tierra— se partieron de allí e fueron alvergar aquella noche a un castillo de un caballero, tío del amigo de la donzella, donde mucho servicio e honra hizieron a don Clarián; e otro día encomendándolos a Dios partióse dellos.

CAPITU CXL. CÓMO DON CLARIÁN SE COMBATIÓ CON UN DONZEL MUY VALIENTE QUE SIN SER CABALLERO HAZÍA ARMAS, E PROMETIERA DE NO RECEBIR ORDEN DE CABALLERÍA SINO POR MANO DE AQUEL QUE EN BATALLA LE SOBRASSE.

Cuenta la historia que un día llegando don Clarián en un valle donde, ribera de un gran río, un fermoso castillo estaba assentado, vio estar colgado de un arco de cristal un escudo: el más rico y estraño que en su vida viera, el cual había todo el cerco de oro guarnido de piedras de mucho valor, e la correa dél era estrañamente labrada. El escudo había el campo de color de sangre e figurados en él dos caballeros armados de armas doradas, que uno con otro hazían batalla. Alderredor dél había letras escriptas que dezían: "*Este es el escudo de la contienda: e no se debe preciar poco quien de aquí lo osare llevar ca le será bien demandado.*"

Don Clarián aunque una pieça mirasse el escudo, no cató por las letras, ni se acercó tanto que las pudiesse leer, e no curando más dél, movió por su camino. Entonces un enano —que el escudo guardaba— le dixo: "O señor caballero, cómo es gran vergüença, que por lo que dizen las letras que en este escudo están lo dexáis de llevar —siendo tan rico y hermoso que a cuantos por aquí passan mueve cobdicia dél— e si vos lo ossades levar e pudiéssedes ir con él hasta aquella hermita —que en aquel otero paresce— vos os podríades preciar por uno de los mejores caballeros del mundo."

Don Clarián volvió entonces e díxole: "Por Dios, enano, yo pensara hazer cosa desaguisada en tomar lo que no era mío, ni me hazía menester, e a mí no me paresce que haya mucho que hazer en llevar este escudo; mas si tú me dixesses la causa por qué es aquí puesto, ya podría ser que yo de aquí lo levasse si hazer se debiesse."

"Esso, señor caballero," respondió el enano, "a vos no haze menester de lo saber, ni os lo diré más de que tanto. Sabed que este escudo es aquí puesto para conoscer entre los caballeros cuáles han en sí esfuerço e ardimiento, o cuáles tienen esto al contrario; e si vos supiéssedes cuán gran fecho es llevar este escudo de aquí no lo terníades en poco."

"Cierto, enano," dixo don Clarián, "tú me has dicho cosa por donde si lo dexasse de levar me sería vergüença." Tomando el escudo leyó las letras que en él había, e dándolo a Carestes dixo: "Por buena fe yo os llevaré comigo, que por temor de lo que aquí está escripto ni de lo que avenir me podrá no os dexaré," e movió por su carrera. Assí como él[96] se iba el enano tocó un cuerno muy fuertemente. Entonces don Clarián estuvo quedo por atender lo que avernía.

No tardó mucho que vio salir del castillo un caballero armado de unas armas blancas, sembradas por ellas coronas de oro, en su escudo había figurado un león atado con una cadena; venía sobre un caballo blanco muy hermoso. Tan apuesto e bien encabalgante paresció a don Clarián como ninguno de cuantos en su vida oviesse visto, con él venían tres escuderos e una donzella; como se fue acercando a don Clarián començólo de catar, después díxole: "Señor caballero, en poco tuvistes las letras del escudo, pues assí lo osastes tomar."

---

96 el el

"Cierto no las tuve en tanto," dixo don Clarián, "cuanto se precia el que allí las hizo poner, e por lo que aí estaba escripto yo no me debía espantar; antes me paresció que me conbidaba a fazer lo que hize si en vergüença no quería caer."

"Pues si vos el escudo querés levar," dixo el caballero, "aparejaos a la batalla, o me los volved e dadme el vuestro que ponga con él donde vos le quitastes por espacio de una hora: que assí es la costumbre."

"Escusado es esso," dixo don Clarián, "que aun este que llevo de aquí no dexaré en ma [CCIIIv] nera alguna fasta lo llevar a aquella hermita y de aí a donde fuere alvergar esta noche, si viere que se debe fazer."

"Pues en la batalla sois," respondió el caballero.

"Aún mayor peligro que ésse cuidé que me había de venir cuando tomé el escudo," respondió don Clarián.

"Cierto," dixo el caballero, "de vuestra honra yo creo que por aventura no os habrés visto en mayor." Entonces se arredraron el uno del otro cuanto un tiro de piedra, e abaxando las lanças cubriéronse de sus escudos; cada uno dellos movió muy fermosamente e diéronse tan vigurosos e duros encuentros que se falsaron los escudos e todas las otras armas. Hizieron quebrar en muchos troços las lanças, e de tal guisa se juntaron uno con otro que el caballero e su caballo cayeron por el suelo. El fue ferido ya cuanto en los pechos; e don Clarián fue en tierra, llevando la silla entre las piernas. Cuando él se vio assí, fue muy sañudo. Levantándose muy prestamente; metió mano a su buena espada de la esmeralda, y embraçando su escudo fuese a gran passo contra el caballero que ya se levantaba, no menos maravillado que él: que en su vida no rescibiera otro tan fuerte encuentro. Allí se començó entre ellos una tan dura e brava batalla que quien la viera pudiera bien dezir no haber visto jamás su par: que tan gran estruendo hazían, firiéndose como si diez herreros martilleassen; los golpes que se daban eran tan fuertes e vigurosos que grandes llamas de fuego hazían saltar de las armas.

Comiénçanse a cortar de aquellos escudos grandes pedaços, e a desmallar las lorigas e sembrar el campo dellas, renovando los golpes con doblada fuerça cada hora más; y no semejaban que fuesse sino aves, tan ligeros andaban el uno con el otro; e sus golpes para una peña aún fueran duros de sufrir. Mas ellos meneaban tan a menudo las espadas que no parescía que se tocassen; y como se fueron conosciendo, cada uno dellos començó de se aprovechar de su saber e destreza. Y de aquella primera batalla malpararon tanto sus armas que los que los miraban espantados estaban de los ver ferir. Manesil dezía a Carestes que a su parecer en su vida no viera a su señor en tan fuerte batalla con caballero alguno, e que con gran razón el enano encaresciera mucho el fecho del escudo. Los caballeros como gran prissa se oviessen dado ovieron por bien de holgar.

Don Clarián, que maravillado estaba de haber hallado un tal caballero, dezía consigo: "Agora os digo yo que la honra desta batalla está dubdosa, porque si Dios me ayude encontrado he el que no pensaba: y aquí me haze menester mostrar mi valor si nunca lo he mostrado."

El caballero del castillo no se hazía poco espantado, que jamás se combatiera con caballero de quien no oviesse llevado la honra, e assí creyera que en ninguna parte apenas se hallara su par; mas entonces dezía consigo: "Ay Dios, que quién a mí me dixera que caballero vernía por aquí que en tan grande estrecho me pusiesse, yo no se lo creyera; mas agora puedo dezir que o he hallado al diablo, o al más fuerte hombre que se nunca vio."

No ovieron mucho holgado cuando se acometen el uno al otro con desigual ardimiento e braveza, començando la segunda batalla tan cruel e peligrosa que dezir no se podría. E no era maravilla, que en el campo eran los dos mejores e más esforçados caballeros del mundo. El caballero del castillo era mucho mejor armado que don Clarián, y esto le tenía mucha pro; mas por fuertes que eran sus armas, la espada de la esmeralda cortaba en ellas a sabor de don Clarián. Assí mesmo tenía el caballero una muy buena espada y tajadora, porque siendo los caballeros ambos a dos de sobrada fuerça e valentía, despedaçando las armas se cortaban las carnes en muchos lugares de donde mucha sangre les corría: mas ellos andaban tan bravos e tan ligeros que cada hora parescía que de nuevo començassen la batalla. Agora se pudiera muy bien ver como se daban golpes muy ásperos e fuertes, más rezio uno que otro, haziéndose abaxar las cabeças muchas vezes contra los pechos. El reteñir de las espadas era tan grande que se oyera muy a lueñe de allí. La porfía crecía entre ellos, e avivábase mucho la bata [CCIIIIr] lla sin tomar folgança alguna, e cada uno fallaba en el otro dura resistencia de su orgullo.

Ya tenían tan despedaçados los escudos e abollados los yelmos, e rotas las armas; que si no fuesse por su gran saber y destreza, mortal daño recibieran en sus cuerpos, e assí eran ambos assaz mal llagados; mas como cada uno quisiesse morir o dar a conoscer al otro su fuerça e ardimiento, no mostraban más flaqueza que al principio hazían. Assí se combatían tan cruelmente que piedad era de los ver. Ya eran en el campo pieça de dueñas e donzellas e de otra gente del castillo, los cuales de ver una tan espantosa batalla se santiguaban muchas vezes. Los del castillo lloraban a su caballero, creyendo que fuesse venido al fin de sus días; e sobre todos hazía gran lástima una dueña muy hermosa, la cual dixo a una donzella: "Corre, ve a mi madre e dile que se levante del lecho e venga acá si quiere ver vivo a su nieto." Manesil e Carestes hazían gran duelo por su señor que en tal batalla veían. Mas los caballeros no miraban por ál que por llegarse a muerte, e mayor era el espanto que amos tenían según lo que cada uno de sí conoscía, que no él que mostraba la gente que los miraba. Tanto anduvieron firiéndose que les convino arredrarse de cansados.

Al caballero del castillo le crecía gran saña de oír el llanto que por él hazían, e tenía en su coraçón gran dolor de su madre —que era aquella dueña hermosa que muchas vezes amortecida caía— e dezía: "¿Qué me presta a mí tener orgullo? que ya he hallado quien me lo quebrante. O Señor del cielo, no quieras que assí fenezcan mis días sin recebir orden de caballería; e si no me ayudas, mi escudo, que yo nunca pensara ser por fuerça llevado, lo será agora, e yo seré muerto en este campo o quedaré con deshonra. Que este caballero, o diablo —si es— a mal de mi grado le debo yo conoscer ventaja, pues veo que no me aprovecha para él fuerça ni ardimiento alguno, que cada hora lo hallo más fuerte."

Don Clarián, que miró a tierra e vio de sí correr mucha sangre e oyó el duelo de Manesil e Carestes hazían, creyendo que esto fuesse por el peligro en que lo veían, ovo muy gran pesar, e dixo contra sí: "Agora querría yo que estuviessen aquí aquellos que mucho me suelen preciar para que conosciessen cuánto contra derecho lo hazen, pues que un caballero en tanto estrecho me pone. E por Dios, más me valdría ser muerto, pues que puedo dezir que cuanta honra he ganado en las armas, hoy en día es abaxada." Esto diziendo encendióse de ira e saña que cobró en tal guisa que no sabía dó estaba. La estrella de los pechos e la frente se le pusieron ardientes como fuego; assí que agora entra en su coraçón toda braveza, que nunca se vio más sañudo.

Dexando de folgar, dexóse ir para el caballero e diole tales tres golpes por cima del yelmo, que haziéndole perder gran parte de su fuerça casi de su acuerdo lo sacó. Mas él se esforçó e diole el galardón lo más rezio que pudo; pero como don Clarián en tanta saña fuesse encendido que la fuerça y el ardimiento la parecía haber doblado, començólo de cargar de tan graves y esquivos golpes que fuera de todo tino e fuerça le sacaba. Assí que dende en adelante no daba golpe que mucho empeciesse; ante procuraba de se guardar de la espada de don Clarián, que sus carnes trastornaba, haziendo salir dél tanta sangre que el campo tiñía. E si don Clarián lo conosciesse no lo debría assí cruelmente ferir; mas él estaba tan sañudo que por ál no trabajaba que por lo llegar a muerte. En tanto desfallecimiento e pérdida de sangre lo había traído que otro caballero alguno no pudiera estar en pies ni mantenerse contra él: y él assí se mamparaba lo mejor que podía, e fería a don Clarián algunas vegadas en guisa que él se maravillaba mucho como hombre que tal estaba tales golpes pudiesse dar. Viendo que tanto le duraba, echó el escudo atrás, e tomando la espada a dos manos firiólo por cima de aquello que del escudo tenía, en guisa que dél un canto al otro lo cortó; la espada decendió al yelmo, e aunque era muy fuerte, entró por él hasta llegar a la carne; e como don Clarián con fuerça tirasse, llevóselo de la cabeça. Dando un golpe, con él en tierra, sacó dél su espada, e mirando por el caballero fue todo espantado: que vio que aunque del [CCIIIIv] trabajo estaba desfigurado, propiamente parescía al rey Lantedón su padre.

En esta sazón una dueña vieja —su abuela— e su madre con otras donzellas venían, dando grandes bozes diziendo: "O caballero, no le mates; que matarás un donzel, e irás contra orden de caballería," e assí se metieron en medio.

"¿Cómo?" dixo don Clarián, "¿con un donzel me he combatido?"

"¡Sí, sin falla!" dixo la dueña vieja.

"Por Dios," dixo él, "aunque esso fuesse, yo no soy culpante sino él; que no siendo caballero haze armas, por donde ha perdido orden de caballería. Mas aunque esto me dezís, yo por caballero lo tengo, e no lo dexaré en manera alguna si no se otorga por vencido e me dize su nombre e cúyo hijo es; que yo le veo parescer tanto a un muy noble rey, que si de tan tierna hedad no fuesse en cosa alguna no le dessemejaría."

"¿Quién es ésse que dezís?" dixo la dueña.

"Este es el rey Lantedón de Suecia," respondió él.

"Ay caballero, por Dios," dixo la dueña, "vos no metáis mano en él, que yo os digo de cierto que es donzel; e sabed que ha nombre Riramón de Ganayl, e cúyo fijo es, no os lo sabría él ni otro alguno dezir sino yo y esta dueña, mi hija, que es su madre. E como quiera que por este gran tiempo a ninguno lo entendía descubrir, yo os lo diré a vos por tal pleito que me digáis vuestro nombre e dexéis toda esta contienda; que si vos sois él que yo cuido, con más razón que otro lo debéis amar."

Don Clarián, oyendo aquello, e viendo que lo mismo que la dueña vieja le dezía le rogaban las otras llorando, fue movido a mayor voluntad de saber quién era, más de no le hazer mal ni daño, hora fuesse donzel o caballero, ca lo preciaba más que a otro ninguno de aquéllos con quien se oviesse combatido; e respondió: "Buena señora: por amor de vos e de su madre yo dexaré esta batalla, puesto que de otro caballero alguno nunca tanto daño recebí; e también os diré mi nombre porque vos me digáis lo que os demando: mas el escudo conviene que lo lleve comigo, porque assí lo dixe de antes, e porque si él donde primero estaba se tornase no podría dello venir sino gran daño. E sabed que yo soy don Clarián de Landanís, hijo del rey Lantedón de Suecia, de quien de antes os hablé."

"¿Cómo, señor?" dixo la dueña, "¿vos sois aquel de quien tan altamente todos hablan? Agora os digo que en pocas partes podríades arribar donde más que aquí con vos plazer oviessen; e si vos pluguiere, vos vernés con nos a nuestro castillo —que muy seguramente lo podéis hazer— donde os será fecha toda honra e servicio, e sabréis toda la hazienda del donzel, que mucho os plazerá —del escudo e de todo lo ál faréis a vuestro plazer."

"Dueña," dixo don Clarián, "yo no me partiré de aquí sin saber cúyo hijo es este caballero o donzel, que tanto parece al rey mi padre."

La dueña no se lo quisiera dezir aí, mas viendo que Riramón de Ganayl tenía su yelmo enlazado e quería ante morir que dexar levar el escudo, e no quería fazer nada por amor de su madre —que muy piadosamente le rogaba que dello no curasse— dixo contra don Clarián:

"Ay buen caballero, dexad este fecho, e no lo lleguéis más a fin, que haríades gran pecado; que todo el daño que a este donzel hezistes lo habéis fecho a vuestro hermano propio: que assí lo es él."

"¿Cómo puede ser éste mi hermano?" dixo don Clarián, "pues no se sabe que el rey mi padre tenga otro hijo varón sino a mí: esto no lo digo porque yo rehusaría de tener tal hombre por hermano, antes, si Dios me ayude, sería el más alegre del mundo por ello, mas porque lo tengo por maravilla esto que me dezís."

"Señor don Clarián," dixo ella, "sin dubda alguna podéis creer que éste es fijo del rey Lantedón, vuestro padre e desta dueña, mi hija; e de amas partes deciende de reyes. Por ende, una vegada conosceldo por hermano, que suso en el castillo os contaré toda su hazienda." Cuando don Clarián esto oyó fue muy alegre, e díxole:

"Por Dios señora, no podría yo dezir cuánto es el plazer e gozo que siento en haber fallado un tal hermano; e mucho me hago maravillado como siendo donzel toma armas: que ha perdido por ello orden de caballería."

"Señor," dixo la dueña, "cuando en el castillo seamos os contaré enteramente la razón [CCVr] de todo."

Tomando por la mano a Riramón de Ganayl díxole: "Fincad los hinojos ante este caballero e demandalde perdón porque con él os combatistes; e teneos por bien andante en ser hermano del mejor caballero de cuantos en el mundo se podrían hallar." Ellos se quitaron entonces sus yelmos.

Riramón de Ganayl, con gran gozo de su coraçón —por saber cúyo fijo era e tener tal caballero por hermano— fincó antél los hinojos, e quísole besar las manos diziendo: "O mi señor hermano, por cierto yo he alcançado tanto bien en haber sabido esto aunque mañana muriesse me debría tener por bien andante."

Don Clarián lo alçó, abraçándolo muchas vezes en la faz díxole: "Bendito sea Dios, mi buen hermano señor, que le plugo que os conosciesse; e si en el gesto parecéis mucho a vuestro padre, en las obras mostráis que con justa razón os podéis llamar su fijo." Tanto plazer e alegría mostraban allí los dos buenos hermanos uno con otro que no se acordaban de las llagas que tenían.

Assí mesmo todos habían muy gran plazer en ver atajada aquella batalla, e haberse assí conoscido tales dos hermanos que eran flor y espejo de toda caballería. Los del castillo —que a su donzel por el más fermoso del mundo tenían— se fazían estrañamente maravillados de la gran apostura y fermosura de don Clarián, que otra semejante no habían visto ni pensaran ver, e bendizían a Dios que tales los fiziera. Don Clarián, tocando a sí e a su hermano las llagas que tenían con aquel anillo que la Dueña Encubierta, tía del rey, su padre, le embiara, la sangre que dellas corría fue luego restañada: de lo cual todos se fizieron maravillados salvo la dueña vieja, que en esta arte muy sabia era. E por cierto muy gran daño fue aquel día que don Clarián perdió este anillo, que mucho pesar le vino por ello —como adelante en la segunda parte desta historia se dirá.

Pues todos con muy gran plazer se fueron para el castillo donde de toda la gente dél con trompas e atabales e otros muchos instrumentos, e con gran fiesta e alegría fueron recebidos: que estas dos dueñas eran muy ricas e señoras de buena tierra. La madre de Riramón de Ganayl había nombre Lesanda, e su avuela Nolesta. Allí fueron los dos hermanos desarmados e curados de sus llagas e convino que Riramón de Ganayl —que estaba malferido— fuesse echado en un lecho e don Clarián se echó en otro; mas luego dende a dos días se levantó. Nolesta e su fija Lesanda con caballeros e dueñas e donzellas estaban entre dos lechos, sirviéndolos de todo lo que convenía.

CAPITULO CXLI. DE CÓMO NOLESTA CONTÓ A DON CLARIÁN EN QUÉ MANERA RIRAMÓN DE GANAYL ERA SU HERMANO, E POR QUÉ RAZON SIENDO DONZEL, HAZÍA ARMAS.

Levantado don Clarián del lecho luego quiso saber la hazienda de su hermano Riramón de Ganayl. Y estando con su madre e avuela e otra mucha compaña donde Riramón estaba llagado, rogó a Nolesta que le contasse e diesse a entender en qué guisa Riramón de Ganayl fuesse su hermano, pues nunca fasta allí él lo supiera.

"Buen señor," dixo ella, "a mí plaze de os lo dezir," e mandando salir a todos los otros, solamente quedando con ellos Lisanda, su hija, díxole: "Mi señor, yo os quiero contar el linaje de dónde desciende por parte nuestra este vuestro hermano, que si la ventura no le oviera sido contraria en reino había de subceder, e assí mesmo os daré a entender en qué manera es hijo del rey vuestro padre. Agora sabed que en el reino de Dacia no ha mucho tiempo que ovo un rey el cual fue llamado Donitro, e ovo dos hijos: al mayor llamaron por nombre Gades, e al otro Sirispán. Este fue de gran bondad de armas, e acaesció assí que Gades murió en vida de su padre sin dexar heredero alguno. Assí mesmo murió su padre dende a poco tiempo; quedando niño Sirispán, un hermano del rey —Nitropandino llamado— viendo que este su sobrino era de pequeña hedad, e que no había alguno que tornar quisiesse, por él atraxo a sí con dádivas e promessas; e con que de todos era muy temido los ricos hombres del [CCVv] reino; e alçóse con la tierra, dexando a Sirespán desheredado. El cual, como fue caballero, vino en la corte del emperador Goliano, padre del emperador Macelao e abuelo del emperador Vasperaldo. Allí estuvo algún tiempo; después con favor del emperador Goliano, volvió en su reino con gente que él le dio. Hizo gran guerra, mas al fin, como su tío estuviesse muy apoderado en el reino, no le pudo echar dél, por donde ovo de hazer con él sus partidos: donde le dieron gran tierra en qué viviesse e casó con una hermana de la muger del rey, su tío, de la cual ovo un hijo que dixeron Lidamán de Ganayl.

"Sirispán murió a cabo de algún tiempo e algunos que no le amaran e temían de Lidamán de Ganayl, su hijo —que era muy buen caballero en armas y en toda bondad— consejaron al rey Pandino que lo no tuviesse en su reino porque de cada día se iba apoderando más en él e ganando las voluntades de las gentes, e que podría ser que lo despojasse y echasse dél. El rey Pandino, considerando ser éste ál que de derecho el reino pertenescía, dio lugar a la sospecha e habiendo temor de aquesto hízolo assí: ca le tomó toda su tierra por engaño. A Lidamán de Ganayl, desposseído de toda su tierra, le fue forçado salir del reino de Dacia; e vino en casa del duque de Narmante, mi padre, que no tenía más hijo de a mí; el cual sabiendo como este caballero fuesse de tan alta guisa e bondad, e que assí era por la contraria fortuna de todo lo suyo desheredado, ovo gran duelo dél: casólo comigo —de que yo fui muy más contenta e alegre que de cosa del mundo. Después de los días de mi padre succedimos en aquel señorío, donde no queriendo la fortuna ser contenta con lo que contra él había hecho; un caballero, cormano de mi padre, de quien el duque Lidamán, mi marido, e yo fiávamos todos nuestros castillos e governación de nuestro señorío, con concierto de otros traidores que con él fueron, mató al duque Lidamán yendo un día a caça. Como toda la tierra estuviesse en su poder e fuesse natural della, y el duque, mi marido, estranjero, con poco trabajo quitándolo a mí e a esta hija —que dél tenía— se la pudo tomar para sí. Entonces yo con esta mi hija vine huyendo a esta tierra que aquí tenemos, la cual heredé por parte de mi madre.

"Aquí he estado lo más del tiempo con muy gran trabajo e contino dolor de la muerte del duque, mi marido, que yo sobre todas las cosas amaba. Desta tan gran traición e fuerça muchas vezes por mi parte fue demandado derecho al emperador Macelao; empero como aquel traidor tuviesse muchos parientes e amigos que lo ayudaban, deshazían mi razón e derecho por muchas formas e maneras, e favorescían la parte dél: assí que nunca pude alcançar justicia.

"Acaesció un día que ante este mi castillo, arribando el rey Lantedón, vuestro padre, alcançáronlo cuatro caballeros que empós del venían, el cual ovo una gran batalla con ellos; al fin mató los tres dellos y el otro le fuyó. Yo —que miré su batalla— viendo que quedaba algo herido metílo en mi castillo; hízele mucha honra e servicio, e supe dél quién era. Esta mi hija —que entonces era muy hermosa donzella— por la bondad y hermosura del rey, vuestro padre, fue presa de su amor en tal manera que a la muerte la llegó. Encubrióse de mí hasta que fue partido, mas después que yo lo supe, viendo a mi hija en tan gran cuita que para ella consejo ni castigo no aprovechaba, díme a pensar sobre este fecho; y alcancé por mi sabiduría —de que yo algo me precio— que si mi hija había un hijo del rey Lantedón, que éste sería de muy gran bondad de armas, e que vengaría al duque su avuelo. Yo dixe a mi hija lo que en mi juizio se me demostraba. Buscando manera cómo esto se pudiesse hazer, supimos como el rey Lantedón era ya partido desta tierra, yendo a subceder en su reino por la muerte del rey Tanabel su padre; e assí quedó este fecho que no le pudimos dar fin por entonces. Mas ya después que el rey Lantedón casó con vuestra madre e vos érades nascido, yo, desseando más que otra cosa alguna que este fecho se cumpliesse: assí por la esperança que tenía que el fruto sería, tal como por alcançar vengança de aquel traidor que mató al duque, mi marido; partí de aquí con mi hija e alguna compaña.

"Fuimos en Suecia, llegados cerca de la ciudad de Landanís, donde el rey vuestro pa [CCVIr] dre estaba; fize armar dos tiendas en una floresta donde yo sabía que él venía los más días a caça. E como él un día viniesse, fize que un venado trás que él corría lo guiasse donde nos éramos. Allí llegó perdido de toda su compañía; matando cerca de nuestras tiendas el venado, como en tal lugar las vido fuesse para ellas, demandándonos qué gente éramos e dónde íbamos. Yo le dixe que éramos de tierra estraña, que íbamos a la corte del rey de Frisa; no dándosenos a conocer conbidámosle a comer. El lo otorgó; entrando en mi tienda yo lo encanté en tal modo que de ninguna cosa del mundo se le acordaba. Allí lo tuvimos dos días, en los cuales holgó con mi hija: la cual de allí quedó encinta deste hijo. Yo, sabiendo la cuita con que lo andaban a buscar los suyos, hize levantar mis tiendas; dexélo allí con todo su aparejo como viniera. Cuando a dos millas de aquel lugar fuimos apartados deshize el encantamento e assí se volvió a su corte; mas de otra cosa no supo dar razón sino de cómo entrara en la tienda —comoquiera que ya sé yo que se acuerda de todo lo que aí passó; nosotras nos venimos acá a nuestra tierra.

"Cuando mi hija parió a Riramón todos ovimos gran plazer; crióse en este castillo sin que persona alguna sino yo e su madre supiesse quién era su padre. Mi hija, por amor del rey Lantedón nunca quiso casar, e como el donzel fue criado era tan hermoso e apuesto que con la alegría que con él teníamos todos los pesares passados poníamos en olvido, no acordándonos de la vengança del duque, mi marido. E por temor de algún peligro que a Riramón le podría recrecer, cosa deste fecho no le queríamos dezir, ni tampoco dalle a entender cúyo hijo era porque le no moviesse cobdicia partirse de nos. Muchas vegadas que él oía —aquí donde estaba— hablar de vuestras grandes caballerías, dezía que vos érades aquél cuya conoscencia sobre la de todos los hombres del mundo él desseaba.

"En esta guisa que, señor, os he dicho es Riramón de Ganayl vuestro hermano, aviéndoles sido la fortuna tan contraria a sus antecessores por donde han venido en pobreza; e porque más enteramente creáis lo que os digo, quiero hazer lo que agora veréis."

Entonces mandó traer un libro de los sanctos Evangelios donde madre e hija juraron que assí era verdad como se le había contado. Otrosí Lisanda juró que nunca otro varón conosciera sino al rey Lantedón. Don Clarián estaba con muy gran plazer de oír esto. Mas el gozo e alegría que Riramón —que aún en el lecho estaba— dello sentía, no se podría dezir.

Don Clarián, porque ellas lloraban trayendo a la memoria aquellas cosas passadas, las consoló diziéndoles: "Señoras, no os deis pesar por las fortunas passadas; que cuando aquel todo poderoso Señor le plaze en un momento haze de los tristes alegres, y él ha hecho tanto bien e merced a mi hermano en lo hazer tal, que esto debe él estimar más que ningún señorío, por grande que fuesse. En lo del ducado de Narmante: pues es en el señorío del emperador Vasperaldo, a quien yo sirvo e amo mucho —él, creo que lo remediará, no le plaziendo de una tan gran traición como la que me avéis contado. E si él no lo hiziesse aí, nos quedaría nuestro lugar de lo demandar; mas del reino de Dacia —pues derechamente a él pertenesce— Dios, si le pluguiere, no querrá que tan gran tuerto passe; e cuando tiempo fuere assaz tenemos de parientes, amigos, vasallos, con que tomar la empresa de lo quitar al que lo tiene. Mas agora os ruego que me digáis por qué razón Riramón de Ganayl, no siendo caballero, haze armas: que me hago mucho maravillado dello, e tengo gran pesar porque por derecho ha perdido[97] orden de caballería."

"Señor," dixo ella, "yo os lo diré a vos solo ante su madre," llegándose más cerca dél, le dixo: "Sabed, mi señor, que como yo a este nieto sobre todas las cosas deste mundo amasse, díme a escudriñar e saber lo que dél podría ser, e si mi sabiduría no me mintió, yo alcançé que después que fuesse caballero viviría poco tiempo, e que sería muerto a gran traición. Yo, como esto entendí, fui[98] puesta en muy gran dolor; e por lo estorvar —si pudiesse— demandéle un día un don ante muchos hombres buenos. El me lo otorgó —cualquier que fuesse— e [CCVIv] puso por condición que si assí no lo hiziesse que lo tuviessen todos por falso e desleal.

"Yo le demandé entonces que passasse de veinte y ocho años no rescibiesse orden de caballería porque en este tiempo corre gran peligro su vida. El, cuando esto oyó, quisiera más ser muerto que haber otorgado el don, e dixo que si se hallasse por derecho entre caballeros que lo juzgassen que lo debía cumplir, que él lo haría, mal de su grado: mas que en otra manera no era tenudo de lo guardar, porque era una cosa mucho contra su honra. Este fecho quedando assí, sabiendo yo que el rey de Frisa hazía una gran fiesta en su corte, llevélo aí donde se ensayó con muchos donzeles de los que allí se hallaron: derribándolos a todos de los caballos justaba tan bien que todos lo tenían como por maravilla. Yo le demandé antel rey e sus caballeros que me

---

[97] perpido
[98] fue

confirmasse el don que me prometiera: él dio allí sus escusas porque no era obligado
de lo tener; cada uno de nos alegó de su derecho lo mejor que supo. Yo rogué mucho
al rey que me ayudasse en ello, el cual entró en consejo con muchos de sus caballeros
sobre ello, donde ovo gran debate: que los más dellos desseaban que fuesse caballero
en aquella sazón, creyendo que sería de los buenos del mundo; mas al fin el rey, salido
del consejo, díxole: 'Riramón de Ganayl, por una parte se me haze grave que no seáis
al presente caballero, viendo que es gran daño que hombre que tan bien como vos obra
caballería esté tanto tiempo sin usar dello: e por otra hallo por derecho que sois
obligado de cumplir el don que promestistes. Mas yo espero de alcançar tanto con el
emperador Vasperaldo que con vos se haga lo que nunca con otro donzel se hizo: y
esto es que yo os embiaré un privilegio sellado del emperador y de todos los más reyes
e príncipes sus súbditos y de los de su consejo en qué se dispensará con vos, que no
matando caballero por tuerto ni villanía que os haga, ni buscando por otras tierras las
aventuras, estando en un castillo de vuestra abuela podáis hazer armas con todo
caballero: mas si se os provasse que caballero matássedes por vuestra voluntad, que
perdáis por ello orden de caballería; e cuando la viniéredes a recebir si no oviere quien
os la quiera dar, venid a mí: que yo os armaré caballero, habido el privilegio que digo;
e si en este tiempo muriesse, yo dexaré mandado a quien lo haga.'

"Riramón le besó las manos por la merced que le hazía, e díxole: 'Señor, pues que
es assí yo torno a confirmar el don que prometí, e prometo otrosí de no ser caballero
antes ni después sino por mano de aquel que en batalla me sobrare; aunque sepa estarlo
todo el tiempo de mi vida —después de lo que tengo offrecido— sin tomar armas. E
assí será contenta mi abuela, que tanto ha trabajado de me quitar honra; mas si tal
caballero durante este tiempo viniesse que por armas me sobrasse, que no sea obligado
de esperar más sin rescebir orden de caballería: y en esta guisa lo otorgo.'

"Yo," dixo Nolesta, "dime por contenta con aquello, e tornéme con él para mi
tierra. El rey de Frisa embióle el privilegio – que aquí tenemos— en la guisa que
dixera. Riramón, tomando plazer ante este castillo ensayávasse muchos días con
caballeros e donzeles, donde hazía maravillas en armas. Desque llegó a hedad de diez
e nueve años fizo poner aquel rico escudo en aquel lugar que lo hallastes para que con
más legítima causa pudiesse combatir con cualquier caballero que lo quisiesse llevar:
e sobre esto ha hecho tan grandes caballerías que nos teníamos creído que en el mundo
se hallaría su par. El escudo ha estado allí tres años, que nunca por aquí vino caballero
que lo pudiesse llevar. Por Dios, señor," dixo ella, "que aunque grave se os haga que
vos le roguéis e mandéis que de aquí no se parta ni reciba orden de caballería hasta
passado aquel tiempo; que si assí no lo haze creo que de su muerte averná como os
dixe."

"Buenas señoras," dixo don Clarián, "de saber que mi hermano Riramón puede
haber orden de caballería so yo muy alegre; e todo lo que dél se dixere podré creer yo
bien dexado que vosotras lo digáis por la gran bondad que en él hallé. En lo demás que
dezís la vida o la muerte de todo hombre en las manos de Dios está, e si él tiene
ordenado que dél haya de ser, no sería cordura de ninguno pensar de lo estorvar; e de
antes [CCVIIr] que yo, señoras, supiera ser Riramón de Ganayl mi hermano, bien le

rogara aquesto por vuestro amor. Mas agora, si Dios pluguiere, nunca a quien tanto debo amar consejaré que por temor de la muerte haga cosa que contra su honra sea, pues por otras menores que ésta se ha de poner muchas vezes a ella cuando sea caballero: e aun assí me parece que lo ha hecho hasta aquí, e creído tengo que aunque yo se lo dixesse él no lo haría." Oído esto por ellas ovieron muy gran pesar, mas no hablaron más en ello.

Después que los dos hermanos fueron guaridos, la fiesta e alegría que en el castillo cada día se hazía era muy grande. Allí traxo don Clarián un día a la memoria aquellas dos señoras e Riramón cuanto les había quedado qué dezir a don Galián e a Girarte de Yrlanda: de cómo e en qué guisa los hizieron partir de aquel castillo mal de su grado por encantamento —de que Riramón de Ganayl reía mucho acordándose dello.

Don Clarián tomando, un día, aparte a su hermano le dixo: "Yo querría, mi buen hermano, que llevando este privilegio que vos tenéis nos fuéssemos a la corte del emperador Vasperaldo para que por su mano recibiéssedes orden de caballería."

Riramón, que por las grandes cosas que don Clarián de la alteza e nobleza desta corte le había dicho, tenía gran desseo de ser en ella e ser salido de aquel castillo, donde tanto tiempo contra su voluntad estuviera, respondióle: "Señor, yo no dexaría de ser caballero por vuestra mano por lo ser de la de ningún otro hombre nascido; cuanto más que si assí no fuesse, quebraría la promessa que tengo hecha."

"Pues que assí es," dixo don Clarián, "yo os haré caballero, aunque no sea por cuya mano vos prometistes de lo ser." Assí Riramón de Ganayl veló aquella noche las armas en una capilla, donde se puede muy bien dezir que nunca en el mundo fue novel que tanto como el con ellas oviesse obrado cuando viniesse a ser caballero. Otro día recibió orden de caballería por mano de don Clarián con gran fiesta e honra. Luego acordaron de se partir dende al tercero día, de lo cual todos ovieron gran pesar, e mucho mayor su madre e aguela de Riramón.

Pues venido el día que habían de partir, oyeron missa; después armáronse e cabalgaron en sus caballos. Riramón llevaba las armas de coronas como siempre hasta allí truxera: que esta devisa le agradaba mucho; mas al león —atado una cadena— que en el escudo traía, mandó quitar e hiziera poner un halcón que bolaba en campo verde. Cuando ellos se vinieron a despedir de Nolesta e de Lisanda ellas lloraban muy agramente. Nolesta sacando de su dedo un anillo diolo a Riramón de Ganayl, diziéndole: "Pues que assí es, mi amado hijo, que tú de nos te partas, Dios sea en tu guarda e toma este anillo: que ha tal virtud que cuando te quisieren hazer alguna traición essa piedra muy clara —que en él está— verás tornar muy negra si la mirares, e cuando del tal caso escaparés ella tornará en la color que agora tiene."[99] Tomando Riramón el anillo, encomendáronlos a Dios, e partiéronse de aquel castillo dexando muy gran duelo entre toda aquella gente.

---

[99] Such magic rings are a commonplace in the books of chivalry, and can be traced back to the medieval lapidaries.

CAPITULO CXLII. CÓMO RIRAMÓN DE GANAYL JUSTÓ CON BALAGÓN E NUEVE CABALLEROS DE SU LINAGE, DERRIBÁNDOLOS A TODOS DE LOS CABALLOS.

De muchas aventuras que a don Clarián e a Riramón, su hermano, vinieron, aquí no se cuentan; salvo que un día llegaron ante un castillo e sobre un gran río que al pie dél corría había una puente assaz ancha e muy fuerte. Allí estaban un caballero que había por nombre Balagón —que mucho en armas se preciaba— e dos hermanos suyos, e otros siete caballeros de su linaje. Estos eran aquí porque a dos leguas bastecían un torneo el duque de Rostoc, e de otra parte el conde Blaque. Este caballero Balagón no pudo ir al torneo porque del conde Blaque era desamado; acordó de estar con aquellos caballeros al passo de aquella puente para justar con cuantos del torneo viniessen, diziendo que en esta guisa ganarían más prez e honra que si allá fueran.

Como don Clarián e Riramón de Ganayl quisiessen passar la puente, [CCVIIv] un caballero armado —que de la otra parte estaba— le dio bozes que pues venía del torneo que no pensasse passar por ella sin justar.

"No venimos del torneo," dixo don Clarián, "mas antes vamos nuestro camino, e bien haríades si os pluguiere dexarnos passar."

"Todavía conviene," respondió el caballero, "que haya de justar cuantos caballeros por aquí hoy e mañana vinieren; e si vosotros no lo queréis hazer assí volveos por do venistes, que por aquí no passarés en otra manera."

Riramón de Ganayl, volviéndose contra don Clarián, díxole: "Señor, si os pluguiere vos me dexarés a mí solo hazer lo que podré." El se lo otorgó.

Entonces el caballero cabalgó en su caballo e algunos de los otros se començaron de armar. El les dixo: "No toméis vuestras armas por estos dos que aquí vienen, que yo os los meteré en tierra muy presto."

A essa hora Riramón de Ganayl movió para él; el caballero lo salió a rescebir; quebrando en él su lança no lo movió de la silla. Riramón lo firió tan duramente que lo lançó del caballo en tierra assí desacordado que de aí a gran pieça no tornó en su ser. Como Riramón assí lo viesse díxole: "Señor caballero, tomado habéis el lugar que nos queríades dar." Desí tornó se donde antes estaba.

Otro caballero que ya en su caballo cabalgara se dexó correr contra él, e firiólo en el escudo por manera que quebró su lança; mas Riramón de Ganayl lo encontró tan bravamente que dio con él e con el caballo en tierra muy gran caída. El tercero se vino para él, e Riramón lo firió en tal guisa que falsándole el escudo e las otras armas lo llagó en los pechos e sacólo de la silla por cima de las ancas del caballo. En éste quebró su lança, e tomando la de don Clarián movió contra uno de los hermanos de Balagón, que para él venía. Este le encontró por baxo del escudo, assí que le falsó las armas e rompió ya cuanto en la carne con la cuchilla de la lança. Riramón de Ganayl lo firió tan de rezio que falsándole el escudo le passó el braço siniestro, e dio con él piernas arriba en el campo: al caer torcióse el pescueço en tal manera que acerca fue de muerto. Bien assí derribó al quinto e al sexto fasta el noveno. Don Clarián —que de ver lo que hazía— tenía gran plazer; dezía que nunca viera caballero que tan hermosamente justasse: preciávalo en su coraçón sobre cuantos caballeros oviesse visto.

Balagón, que el postrimero de la justa quiso ser, mucho fue maravillado en ver que por un solo caballero todos sus compañeros fuessen derribados; cabalgando en su caballo tomó su escudo e su lança; mandando dar otra a Riramón —que no la tenía— le dixo: "Caballero que tan bien avéis justado, agora os guardad de mí que sin falla no os iréis de aquí alabando." Entonces se dexaron correr el uno para el otro; firiéronse por tan gran fuerça que las lanças rompieron en pieças; juntáronse el uno con el otro de tal guisa que Balagón fue en tierra de gran caída y el caballo de Riramón de Ganayl tomo gran revés, empero él quedó muy firme en la silla.

Balagón levantándose, Riramón le dixo: "Señor caballero ¿conviene nos más hazer para haber libre el passaje?"

"Por Dios no," dixo él, "que assaz habéis hecho porque vos digo que nos estávamos aquí para justar con cuantos del torneo viniessen, donde pensávamos ganar honra con todos: e agora vos solo la habéis ganado con nosotros en esta justa, por que más quisiéramos haberlo habido con esse otro vuestro compañero, aunque en su compañía truxera otros tantos caballeros como nos éramos e algunos más —con tal que vos aí no viniérades."

Riramón de Ganayl se sonrió de aquesto e dixo: "Cierto, caballero, vos escojérades muy mal partido, que por la fe que a Dios debo aí os digo que oviérades el trabajo doblado con solo él; por ende dezidnos si hay más que hazer, sino ir nos emos."

"¿Como?" dixo Balagón, "¿siendo vos tal, habláis tan altamente de esse otro? Agora vos digo que con vosotros no queremos contienda sino que os vais a buena ventura, que no sé cuál diablo juntó tales dos caballeros; e si Dios me ayude, por mí ni por mis compañeros no os será más estorvado el passaje a los que aquí vernán, pues que assí nos ha venido."

"Caballero," dixo Riramón de Ganayl, "el que nos juntó no fue sino Dios, que assí le plugo; [CCVIIIr] e mandad nos dar dos lanças, pues que las nuestras hemos aquí perdido."

"Poca cosa demandáis," dixo Balagón, "a quien tanto daría por veros de aquí partidos." Don Clarián e Riramón rieron mucho desto, e tomando los escuderos las lanças que les dieron, encomendáronlos a Dios e partiéronse de allí. Balagón e sus compañeros quedaron no poco maravillados de lo que les aviniera.

CAPITU CXLIII. CÓMO RIRAMÓN DE GANAYL SE PARTIÓ DE DON CLARIÁN SU HERMANO POR IR CON UNA DONZELLA A CUMPLIR UN DON QUE LE PROMETIERA.

Caminando assí los dos hermanos por el camino derecho de la corte del emperador Vasperaldo, don Clarián iba muy alegre: assí por tornar a ver a su[100] señora, cuyo desseos jamás de su coraçón se apartaban como por llevar consigo un tal hermano como había hallado; e tenía en voluntad que después de haber estado algún tiempo en la corte, demandaría licencia a Gradamisa su señora para ir en Suecia a ver al rey su padre e a la reina su madre; que gran tiempo había que los no viera, e dar a conocer al rey aquel hijo de qué el no sabía.

---

[100]   sus

Yendo assí pues un día encontraron en una floresta una donzella que los salvó, e
desque a Riramón ovo una pieça catado díxoles: "Señores, ruégoos por honra de
caballería que me digáis vuestros nombres."

"Donzella," dixo Riramón de Ganayl, "pues que tanto nos conjuráis yo os lo diré.
Sabed que éste es don Clarián de Landanís, mi señor y hermano, e yo he nombre
Riramón de Ganayl."

"¿Cómo, Riramón?" dixo la donzella, "¿vos sois hermano de[101] don Clarián?"

"Sí, cierto," dixo él, "que poco ha que nos conoscimos."

"A Dios merced," dixo ella, "porque vos sois hermano de tan buen caballero e hijo
de tan noble rey como su padre. Agora quiero ver vuestra bondad; que bien se os
acordará de haberme visto en aquel castillo —que vos estávades donde yo algunas
vezes estuve e os hablaba de un muy fuerte e bravo caballero que yo conozco que a mi
padre mató, e tiene presos dos hermanos míos bien ha cuatro años, e por las grandes
cosas que dél yo os contaba, vos me prometistes muchas vezes que en siendo caballero
—si os yo hallasse— que iríades comigo e me daríades vengança dél, e quitaríades una
mala costumbre que en su caballo mantiene: que es que ningún caballero ni escudero
arriba allí que no sea muerto o preso, ni dueña o donzella que no sea deshonrada. E
pues yo, Riramón, sé que sois caballero, por veros puesto en buscar las aventuras, agora
se parescerá cómo obráis caballería después que la orden della recebistes; e si yendo
comigo paresceréis al rey vuestro padre e a vuestro hermano don Clarián, que de quitar
semejantes sobervias y costumbres se han siempre trabajado y trabajan: porque os ruego
y pido que vais comigo si querés cumplir vuestra promessa." Riramón de Ganayl,
catándola más que de antes conoscióla, que ya otras vezes la viera.

E don Clarián le dixo: "Ay, donzella, por Dios dexadnos una vez llegar a la corte
del emperador porque este caballero sea en ella conoscido de muchos que habrán gran
plazer con él; que después él irá con vos; e yo también, si por bien lo tuviéredes."

"Luego cumple que vaya," dixo ella, "si quiere atener su promessa, porque yo no
podría atender tanto."

"Pues donzella," dixo don Clarián, "entrambos iremos con vos."

"Señor hermano," respondió Riramón de Ganayl, "pues la promessa que hize me
costriñe a que fuera de mi voluntad me haya de partir de vos. Por tanto os ruego que
me déis licencia para ir solo, porque si en vuestra compañía fuesse, podrían dezir que
con vuestro esfuerço acometía cualquiera cosa; e yo ha poco que soy caballero, e podré
—si a Dios pluguiere— hazer algo en esta jornada en que voy, por donde sea más
conoscido en esta corte donde agora ibamos; que en otra guisa gran vergüença sería
para mí entrar en ella, conosciéndome todos por vuestro hermano."

Cuando don Clarián vio que en tal guisa convenía, que de en uno se par [CCVIIIv]
tiessen, ovo muy gran pesar, e díxole: "Ay mi buen hermano, que en esso no cumple
hablar, porque según lo que yo de vos he visto, mayor cargo es para mí ser vuestro
hermano que vergüença para vos llamaros mío. Pues que assí os querés partir, e no

---

[101] de de

lleváis escudero, yo os doy a Carestes, que es uno de los buenos del mundo, para que os sirva e aguarde: que éste es el mayor servicio e plazer que él me puede hazer." A Carestes no pesó desto, ca él preciaba a Riramón de Ganayl más que a otro alguno después de su señor don Clarián, e de allí adelante siempre lo aguardó e sirvió muy bien e lealmente.

Los dos hermanos se abraçaron e besaron llorando, que a su grado por entonces no se quisieran partir. Don Clarián siguió el camino que antes llevaba; e Riramón de Ganayl con Carestes se fue por dónde la donzella lo guiaba. Al tercero día yendo por su carrera, vieron venir un caballero huyendo cuanto el caballo lo podía llevar; empós dél venía otro caballero muy grande e membrudo, la espada en la mano por lo ferir: éste era Timadón el Valiente, que con gran voluntad de lo matar lo siguía porque él con otros seis sus compañeros salieran contra él e contra otro caballero que con él venía; e Timadón endereçara contra éste, mas el otro —que gran pavor dél oviera— no lo osara atender. Pues como este caballero que huía, ante Riramón de Ganayl llegasse, díxole: "Ay señor caballero, acorredme por Dios e por honra de caballería, que este que empós de mí viene me quiere matar."

"Sí haré cierto, a todo mi poder," dixo él, "hasta saber si por aventura alguna traición habéis fecho." Como Timadón llegasse, Riramón de Ganayl le dixo: "Señor caballero: ruégovos por mesura que este caballero no resciba de vos daño, porque a mí se ha encomendado."

"Sí hará sin falla," respondió Timadón, "que yo lo desamo mortalmente, vos no os trabajés de lo amparar, que os verná gran mal por ello."

"Por mayor que viniesse," dixo Riramón de Ganayl, "yo no lo dexaré ante mí matar, e pues que por me hazer honra no lo queréis dexar, yo os lo defenderé por batalla."

"En mal punto la começarés," dixo Timadón.

Queriendo Riramón de Ganayl dexar la lança —porque el otro no la tenía— arribó allí un escudero que dixo contra Timadón: "Señor, si presto no acorrés el caballero e la donzella que con vos venían, {los} llevan presos al castillo."

Cuando Timadón esto oyó dixo contra Riramón de Ganayl. "Caballero, si vos queréis dexar esta batalla, yo la habré por bien."

El respondió: "Con tal que el caballero no reciba daño, yo la dexaré de buena voluntad, pues que ésta es la razón porque se hazía, e si el fecho en que vos agora vais es cosa justa, e para ello de mi ayuda tenés necessidad, yo iré con vos de buen talante."

Timadón no atendió más, e fue corriendo contra allá. Riramón de Ganayl —que con el caballero quedó— demandóle que le dixesse cuántos eran los que llevaban presos al caballero e a la donzella. El le dixo que seis caballeros.

"Pues vamos allá," dixo él, "e despartiremos esta contienda: que aunque yo me combatiera por amor de vos con aquel caballero, agora no me plazería de que recibiesse daño."

"Señor," respondió el caballero, "no queráis por Dios ir allá, que él es tan bravo e tan fuerte que a todos los matará, e assí hará a mí e después a vos, porque me queríades defender."

"Todavía," dixo Riramón de Ganayl, "yo querría —si pudiesse— escusar el mal que podría venir: mi escudero y esta donzella atenderán aquí, e vos venid seguramente en mi guarda, e no temáis de aquel gran caballero en tanto que yo aí fuere." E moviendo Riramón contra allá, el caballero, que gran pavor tenía, movió contra otra parte a todo correr de su caballo. Cuando Riramón de Ganayl cató por él, violo ir bien lueñe. No curando más dél traspuso un pequeño recuesto, e vio que Timadón el Valiente había derribado en tierra muertos dos de los caballeros, e los otros iban huyendo contra un castillo que aí cerca estaba, dexando en su poder al caballero e a la donzella que presos llevaban.

Como Riramón de Ganayl llegó, Timadon el Valiente le dixo: "Caballero, sin falla yo estaba contra vos tan sañudo porque aquel mal caballero me quesistes mamparar que agora tomara de vos la emienda, si no me [CCIXr] cayera en mucho grado la buena voluntad con que me offrecistes vuestra ayuda; e como quiera que della yo no había menester en mayor cosa que ésta, el offrecimiento que me fezistes escusará agora nuestra batalla; e dezidme qué se fizo el caballero."

"Huyóme veniendo yo contra acá," dixo Riramón de Ganayl, "e lo que por él hize obligado era de lo hazer pues se me encomendó, y plázeme de que entre vos e mí no haya batalla por tan pequeña causa; porque aunque fuese ligera de començar no se acabaría tan cedo como vos cuidades."

"Caballero," dixo Timadón, "vos os podés ir quito de mí a buena ventura, e será mejor para vos que haber contienda comigo."

"A Dios finquedes," dixo Riramón de Ganayl, "que escusadas son aquí más palabras," e con tanto se tornó donde Carestes y la donzella atendían, el cual como quiera que por la donzella le fuera dicho que fuessen a ver qué sería de su señor, no quisiera mover de allí ca él conosciera muy bien a Timadón el Valiente —en su escudo que había un grifo dorado en campo indio— e demás del temor que dél tenía acordó que era buen seso escusar a su señor de una tan peligrosa batalla; la cual no se pudiera escusar si Timadón a él lo conosciera: en lo cual Carestes lo hizo muy cuerdamente, porque si la contienda se començara entre tales dos caballeros no se pudiera partir sin gran daño.

E Riramón, tornando con ellos a su carrera: ya que una pieça de allí se ovieron alongado, Carestes dixo a su señor el nombre del gran caballero e cómo era uno de los más fuertes e valientes caballeros del mundo, e que éste era el mayor enemigo que don Clarián su hermano tenía, e contóle las causas por qué. Assí mesmo como él de primero aguardaba a Timadón, e por cuál razón lo dexara e viniera a servir a don Clarián. Riramón de Ganayl después de haber esto oído le dixo:

"Carestes, tú me has fecho gran pesar en no me haber dicho antes el fecho de Timadón; que si yo lo supiera combatiérame con él fasta tanto que o yo muriera o le hiziera perder el desamor que con don Clarián mi hermano tiene."

"Señor," dixo Carestes, "no me terné agora por muy culpante de haberos dado este pesar: que yo os digo por cierto que no hay caballero en el mundo que yo amasse que con él por cosa alguna quisiesse ver en batalla."

"Todavía," dixo Riramón de Ganayl, "yo lo volvería a buscar si esta donzella lo tiene por bien."

"Esso no harés vos," dixo ella, "si tuerto no me querés hazer, que por no faltar de vuestra promessa no os debés meter a otra aventura."

E comoquiera que Riramón de Ganayl mucho preciara poderse fallar aquella vez con Timadón, óvolo de dexar por lo que la donzella dezía. Con tanto anduvieron por su camino e al seteno día a hora de tercia llegaron al castillo de Ambarzón de Garança —que assí había nombre el caballero que el padre de la donzella matara e a sus hermanos tenía en prisión. La donzella dixo a Riramón de Ganayl: "Tomad agora vuestras armas de que aquí adelante no serés seguro, que por esta puente no conviene entrar dentro en el castillo, e agora quiero ver aquel gran valor que mostrávades, siendo donzel."

Riramón, que por cosa de aquesto no se espantaba, tomó todas sus armas e metiósse delante: passando la puente entraron por una gran puerta a una plaça del castillo sin hallar persona alguna a quién fablar. Como dentro fueron VIII hombres armados, trabaron de Riramón de Ganayl en tal guisa que antes que valerse pudiesse, lo pusieron en tierra del caballo e tomáronle la lança. El, que en tal estrecho se vio, esforçóse e con gran saña sacudiesse de dos dellos que por un braço lo tenían, tan reziamente que dio con ellos en el muro gran golpe, e metiendo mano por su espada començólos de ferir muy bravamente. Los hombres lo cercaron enderredor, e llegándose a él sin temor, feríanlo por todas partes con sus hachas y espadas; mas él dio a uno dellos tal golpe que lo fendió hasta los pechos. Firió a otro en el pescueço en guisa que la cabeça le echó muy lueñe, e dio a otro tal golpe en la pierna que se la derribó en tierra. Cuando los otros vieron tan esquivos golpes huyeron con gran pavor de muerte.

Riramón de Ganayl, cabalgando en su caballo, tomó su lança e dixo: "Y a Dios no me ayude si yo nunca en otro castillo entro en la guisa que [CCIXv] en éste entré; que en gran vergüença y deshonra me oviera visto por mi descuido."

Essa hora salieron por una puerta dos caballeros armados sobre buenos caballos, diziendo contra Riramón de Ganayl: "Don caballero, punad de defenderos: que en mal punto matastes nuestros hombres." E abaxando sus lanças movieron contra él, que muy bien los salió a recebir. Encontráronlo por manera que quebraron en él sus lanças, mas él firió a uno dellos tan bravamente que dio con él en tierra tal que no ovo menester maestro; quebrando la lança, metió mano a su espada; dexóse ir al otro e firiólo en el hombro derecho de un tal golpe que cortándole las armas e la carne con parte de los huessos le hizo caer la espada de la mano; el caballero tornó huyendo contra donde saliera.

Entonces aquellos que a las finiestras del castillo estaban dixeron a grandes bozes: "No os cale huir, don mal caballero, que en mal punto os defendéis tan bien, porque agora serés muerto a manos de quien no podrés escapar."

"Por cierto yo no huiré," dixo Riramón de Ganayl, "que aquí me hallará él que contra mí viniere." E catando contra donde el caballero se entrara vio salir otro caballero tan grande e desmesurado que un jayán parescía. Cabalgaba sobre un gran caballo castaño; era armado de armas verdes e jaldes con barras de oro y plata, en su escudo había tres cabeças de sierpes en campo indio, e traía en sus manos una gruesa lança; el cual en boz alta dixo contra Riramón:

"Gran pesar me has fecho, captivo caballero; mas agora me atiende e verás cómo sé tomar vengança de aquellos que desplazer me hazen."

La donzella —que conosció ser éste Ambarzón de Garança— dixo: "Ay, mi señor ¿cómo os fallece la lança agora en tal tiempo? —que sabed que éste es Ambarzón, él que yo os dezía."

Comoquiera que a Riramón de Ganayl mucho aquella hora le pluguiera {estar} con una lança, díxole: "Donzella, no temáis, que Dios me ayudará contra éste que tan soberviamente viene."

Ambarzón, abaxando la lança, movió para él muy rezio. Riramón de Ganayl se apartó lo mejor que pudo del encuentro, mas todavía Ambarzón lo prendió en el escudo e falsóselo, e assí mesmo todas las otras armas; e rompióle en soslayo ya cuanto de la carne sobre las costillas, e hizo su lança pieças, e quisiérase juntar con él con su caballo —que muy holgado e poderoso venía— mas no pudo e passó adelante. Riramón de Ganayl, sacando de sí un troço de la lança que le quedara metido por el escudo, dexóse ir contra Ambarzón, la espada en la mano, muy sañudo, e firiólo por dessuso del escudo en tal guisa que todo cuanto dél alcancó derribó en tierra. La espada decendió al cuello del caballo e cortó tanto que el caballo con su señor cayó en tierra. Riramón de Ganayl, que assí los vio, se tiró entonces afuera e dixo: "Ambarzón: en mí no habrá tanta villanía que te acometa de caballo, assí como tú contra mí veniste con lança sin yo la tener; mas decendiendo a pie entiendo, si a Dios pluguiere, dar de ti vengança a esta donzella de su padre que le mataste, e hazer libres a sus dos hermanos que aquí tienes presos tanto tiempo ha."

Ambarzón —que la cató más que de antes— conoscióla, e dixo: "Agora, doña mala donzella, no os escaparés de mis manos como otras vegadas, que este caballero que aquí traxistes nunca más se trabajará de tomar armas."

"A tiempo somos de lo ver," dixo la donzella, "e yo espero en Dios y en su gran bondad que en traer a él he traído tu muerte, que tan merecida la tienes; e si otra cosa fuere, en esta demanda quiero morir."

E como Riramón oviesse descabalgado, acometiéronse ambos muy bravamente haziendo entre sí una tan fuerte e cruel batalla que mucho se hazían maravillados cuantos la miraban: que ellos se ferían de tan duros e tan graves e pesados golpes que rajaban los escudos e despedaçaban las armas. Ambarzón de Garança fue metido aquella hora en gran pavor, que él no cuidara que tal caballero viniera a su castillo, porque él se tenía por tan fuerte e valiente caballero que él no pen [CCXr] sara que en el mundo había su par: assí combatieron de la primera batalla hasta tanto que les convino arredrarse por holgar. E no reposaron mucho cuando començaron la segunda muy brava e peligrosa, e anduvieron firiéndose por una pieça sin que se conosciesse quién había lo mejor; mas al fin como Riramón de Ganayl fuesse de mayor bondad e ligereza començó de cobrar gran mejoría, e cargaba a Ambarzón de tan ásperos e duros golpes que el otro se iba tirando afuera con gran miedo de la muerte. Riramón de Ganayl lo aquexó tanto que lo sacó de toda su fuerça e tráxole en tal estrecho que ya andaba por caer. Como assí lo viesse tomó la espada a dos manos e diole tal golpe por cima del yelmo que gran parte della le metió por la cabeça: dio con él a sus pies, e quitándole el yelmo vio que era muerto.

Dexándolo estar assí fuese empós de tres hombres que contra un palacio huían e lançóse dentro con ellos. Los hombres ovieron gran pavor de muerte, e bolviendo a él, puestos de hinojos por tierra le demandaron merced: "No hayades pavor de muerte," dixo Riramón de Ganayl, "que vosotros ni otra persona alguna del castillo no rescibirá mal de mí, mas conviene que yo haya las llaves donde son los presos que Ambarzón tenía." Entonces el uno de ellos fue para traer el carcelero que las tenía. En tanto Riramón de Ganayl se fue donde eran Carestes e la donzella: la cual, decendiendo de su palafrén, le quiso besar los pies por el bien que le había fecho. Luego fue traído el carcelero ante Riramón, y él mandó sacar todos los presos e traerlos en aquella gran plaça: esto fue luego fecho.

Los presos eran muchos, mas no había entrellos dueña ni donzella: que a éstas tanto que las deshonraban las dexaban ir del castillo. Todos éstos fincaron los hinojos ante Riramón diziéndole: "O buen caballero, de Dios seas bendito, pues por tu mano somos libres de una tan cruel prisión como teníamos." Riramón de Ganayl los recibió muy bien e rogóles que tanto que de allí partiessen se fuessen a la corte del emperador Vasperaldo; presentándose ante don Clarián de Landanís de parte de Riramón de Ganayl, su hermano, le dixessen que él trabajaría en cuanto pudiesse de hazer tales cosas que las gentes lo preciassen por su hermano, o si no, que con la vida satisfaría a este gran cargo. Todos los prisioneros prometieron de lo cumplir assí. Aí eran los dos hermanos de la donzella muy disfigurados de la larga prissión que tuvieran, los cuales con su hermana mostraban tan gran alegría que mayor no podía ser. Riramón de Ganayl quedando con ellos aquel día repartió entrellos los bienes del castillo, e no lo quiso tomar para sí —aunque pudiera; antes lo dexó a un sobrino de Ambarzón que le dixo que Ambarzón tenía tres hijos, buenos caballeros, que andaban por tierras estrañas a quien este castillo de derecho pertenescía.

E otro día, encomendándolos todos a Dios, metióse a buscar sus aventuras donde hizo maravillas en armas, de las cuales, aunque la presente historia no haze mención, en el segundo libro de *Espejo de Caballerías* largamente se cuenta. E Badulato de Bondirmagne, haziendo una exclamación contra la ventura de Riramón, dize: "O Riramón de Ganayl, qué áspera e dura planeta es ésta tuya, que en tú más floreciente edad con tan cruel muerte te amenaza. Por cierto tu muerte es daño que en largos tiempos no se debía olvidar, porque si tú luengamente viviesses, entre los vivientes como resplandeciente espejo de caballería serías mirado." Este Badulato, obispo de Corvera e coronista del emperador Vasperaldo fue primero auctor desta historia, como se ha dicho.

CAPIT CXLIIII. CÓMO DON CLARIÁN ACORRIÓ A FLORANTEL E A GASTANÍS EL HERMOSO EN UNA GRAN TRAICIÓN QUE CONTRA ELLOS FUE ARMADA.

Don Clarián, partido de Riramón de Ganayl, su hermano, anduvo todo aquel día; e al siguiente yendo por una vega llana encontró una donzella e salváronse ambos muy cortesmente. La donzella le dixo: "Señor caballero ¿por ventura sois de la corte del emperador [CCXv] Vasperaldo?"

"Sí soy," dixo don Clarián, "¿mas por qué lo preguntáis?"

"Demándooslo," dixo ella, "porque hoy en este día he sabido de una gran traición que es armada contra dos buenos caballeros dessa corte, donde serán en peligro de muerte si no han acorro o son avisados dello, e por cierto si yo agora no fuesse en un gran menester bien los avisaría; que ternía por muy gran daño que tales dos caballeros en tal guisa muriessen."

Cuando don Clarián aquello oyó díxole: "Por Dios, señora donzella, vos me dezid quién son essos dos caballeros e dónde les quieren hazer essa traición porque yo ponga en ello algún remedio."

"¿Vos solo?" dixo la donzella, "el remedio que podríades poner sería avisarlos, mas el término es tan corto que no podríades llegar a tiempo si yo allá no os guiasse. Quién son los caballeros que os he dicho, yo os lo diré con tal que me digáis vuestro nombre, e también os guiaré allá si cumpliéredes un fecho que os demandare que hagáis por mí, lo cual no os será mucha tardança."

"Donzella," dixo él, "por esso ni por ál que yo pueda hazer no quedará; e sabed que a mí llaman don Clarián de Landanís."

La donzella, mostrando gran alegría le dixo: "Ay, buen señor —pues que vos sois esse que dezís, gran ventura fue la mía en os haber encontrado, que lo que yo desseo será acabado; e sabed que los caballeros son Gastanís el Hermoso e Florantel de Nuruega, los cuales están en casa de la señora de Bolduque, que mucho a Gastanís el Hermoso ama e tiene un hijo dél. Ellos vinieron aí por hazer batalla con un bravo caballero llamado Dimonel, e con un su hermano que es otrosí muy valiente en armas, sobre razón que este Dimonel tiene en prisión una prima cormana de la señora de Bolduque."

Cuando don Clarián supo quién los caballeros eran, ovo muy gran plazer por una parte en haber sabido estas nuevas, e por otra fue metido en gran cuita por poner el remedio que convenía. Dixo: "Ay señora donzella, por Dios e por mesura guiadme agora allá; que si tales dos caballeros muriessen gran falta harían en el mundo, que después yo haré por vos todo lo que me mandáredes, si derecho fuere."

"Señor," respondió la donzella, "donde yo agora voy forçado es que me halle hoy, e de aquí allá no hay más de cuatro millas, porque assaz de tiempo habrá para que vuelva con vos si vos queréis venir comigo donde os guiaré."

"Pues que assí es," dixo don Clarián, "vamos en el nombre de Dios, e dezidme en qué demanda me lleváis." Entonces movieron por su camino.

La donzella le dixo: "Señor, yo os llevo al passo de un vado que lo guarda un caballero que ha por nombre Laconar, el cual quiere casar con una donzella mi cormana por consentimiento de sus parientes, mas a ella pesa mucho desto e ha sacado con él tal partido que guarde aquel passo un mes: si caballero por aí viniere por quien él sea vencido, que ella no haya de casar con él, e si no que della pueda hazer a su guisa. Yo, porque mi cormana me ha encomendado este fecho, demandé a un buen caballero —a quien un día mucho vi hazer en armas— un don: que fue que él oviesse de ser comigo hoy en este día en una hermita que es cerca de aquí para se combatir con Laconar. El me lo prometió assí, mas según Laconar es de gran bondad dubda tenía que pudiesse acabar lo que yo desseaba —la cual agora no tengo en vos, señor, ir comigo— porque de ir donde el otro me atiende no curaré."

"Donzella," dixo don Clarián, "vamos a gran prissa, que yo no querría hazer tardança alguna si ser pudiesse."

Apressurándose en el andar, en breve llegaron al passo del vado donde estaba Laconar, que tanto había hecho en armas que a cuantos caballeros por allí habían venido habían sido vencidos por él; y estaba con gran plazer porque aquel día se cumplía el término del mes donde él entendía haber aquella donzella que mucho amaba. Don Clarián, de fuera de toda su voluntad, venía contra él en este fecho, mas hazíalo porque la donzella lo guiasse para que él pudiesse socorrer a Florantel, su tío, e a Gastanís, su tan leal amigo. Pues como Laconar estuviesse adereçado de todas sus armas e los viesse venir, cabalgó luego en su caballo, e dixo contra don Clarián: "Caballero, si acá querés passar convie [CCXIr] ne os combatir comigo."

"Por esso no lo dexaré," respondió don Clarián, "que ya yo lo sabía antes que acá viniesse."

"Pues agora sabrés de vuestra deshonra," dixo Laconar. Don Clarián no curó de más razones; antes tomando la lança a Manesil, passó el vado, que era bien baxo. Laconar se dexó venir contra él e firiólo en el escudo por manera que se lo falsó, mas no le hizo otro mal. Don Clarián lo firió tan duramente que falsándole todas las armas lo llagó en el cuerpo, e metiólo en tierra tan bravamente que no se pudo levantar; antes estaba como muerto. Don Clarián hizo descabalgar a Manesil; mandóle que le quitasse el yelmo, e como el aire le dio en el rostro Laconar acordó ya cuanto.

Don Clarián le dixo: "Caballero ¿habéis más sabor de batalla?"

"No," dixo él con gran cuita, "que mucho soy mal trecho e de primero no pudiera yo creer que por un solo encuentro fuera assí tollido, e tengo muy gran pesar de que por ello he perdido la cosa del mundo que más amaba."

Don Clarián ovo duelo dél e díxole: "Por Dios, caballero, yo tuviera por bien de no haberos fecho daño, mas si aquella que vos amáis ha en sí bien e mesura no os dexará por aquesto." Entonces vinieron los sirvientes de Laconar que metieron a su señor dentro en una casa que allí había para curar dél.

Don Clarián dixo a la donzella que luego partiessen de aquel lugar, que temía que por su tardança viniesse daño a aquellos caballeros.

"Vamos," dixo ella, "que cedo sabrá mi cormana lo que aquí ha passado," e con tanto se partieron. Mas assí como Laconar por bien amar tenía merescida aquella donzella su amiga, no la perdió por lo que aquí le avino, porque sus parientes —que a voluntad tenían que con él casasse— dixeron que él había bien mantenido su promessa pues ningún caballero por aquel passo que guardaba viniera que le oviesse vencido, e que si don Clarián lo derribara que no lo venciera. E assí ovo de casar con ella.

Don Clarián yendo por su camino supo de la donzella todo el fecho de la traición que Dimonel e su hermano contra Florantel e Gastanís tenían ordenada, y era en esta guisa: este Dimonel amaba de grande amor mucho tiempo había a la señora de

Bolduque —que como ya en este libro se ha dicho era muy rica y hermosa— e todas vezes que aparejo hallaba le demandaba su amor. Ella, que dello no se tenía por contenta, estrañávalo mucho diziéndole que se partiesse de tal demanda, porque aunque él fuesse de mucho mayor guisa e bondad, ella no quitaría su amor donde lo tenía puesto —que era en Gastanís el Hermoso, hijo del rey de Panonia, uno de los buenos caballeros del mundo: que después que lo conosciera nunca más le pluguiera casar con otro alguno. Dimonel, cobrando desto gran saña díxole muchas vegadas que lo hiziesse venir, que él se combatiría con él delante della e le mostraría cómo era mejor caballero que no él. La señora de Bolduque no curaba de sus palabras. El tuvo manera cómo prendió a Serinda, prima cormana de la señora de Bolduque —que era aquella donzella que curó de las llagas a Gastanís el Hermoso e a don Palamís de Ungría cuando se combatieron e a punto de muerte se llegaron— e como la tuvo en su poder embió a dezir a la señora de Bolduque que si no hazía venir aquel caballero que tanto amaba para que por batalla dél e de otro caballero cual él traxesse, contra él e su hermano se librasse esta donzella, que en otra manera nunca la soltaría. La señora de Bolduque, con cuita de su cormana embió a rogar a Gastanís el Hermoso que por Dios e por mesura se doliesse de aquella donzella que tan bien lo sirviera cuando estuviera llagado e quisiesse venir a la librar.

Cuando este mensajero llegó a la corte del emperador, encontró cabalgando fuera de la ciudad de Colonia a Gastanís e Florantel de Nuruega. Después que Gastanís supo dél todas estas nuevas óvolas de dezir a Florantel que se las demandó; él le dixo que si él por bien tuviesse a él plazería mucho de ir con él en esta jornada. Gastanís se lo agradesció mucho e luego partieron amos de la corte. Llegados a casa de la señora de Bolduque, donde della fueron muy bien recebidos, aplazaron su batalla con Dimonel e con su hermano e fue concertado que se [CCXIv] hiziesse antel castillo de Dimonel. Ellos, aunque mucho se preciaban, temiéndose destos caballeros hizieron concierto con parientes e amigos suyos que estuviessen el día de la batalla armados dentro en su castillo, e que si ellos oviessen lo peor, que saliessen con la gente que allí había contra sus enemigos e los matassen.

Pues sabido esto por don Clarián apressuróse tanto en su camino que al tercero día a hora que era ya noche cerrada, llegó antel castillo de Dimonel, e la batalla se había de hazer otro día. La donzella que con él venía díxole: "Señor, vedes aquí el castillo de Dimonel, e de aquí a la villa de Bolduque no hay sino dos leguas, y éstas nos conviene andar esta noche porque seáis a tiempo de avisar aquellos vuestros amigos de la traición que les es ordenada."

"Donzella," dixo don Clarián, "pues que aquí somos arribados yo no passaré adelante; antes atenderemos hasta en la mañana e veremos la traición que éstos querrán hazer, y entonces seré a tiempo de los acorrer de todo mi poder."

"Por Dios, señor," dixo la donzella, "yo querría que en otra guisa los avisássedes porque tanta gente podría salir del castillo que vos y ellos fuéssedes en peligro de muerte."

"Avenga lo que aviniere," dixo don Clarián, "que assí tengo acordado de lo hazer."

Entonces descabalgaron en una casa yerma que estaba cerca de un río que por aí corría donde atendieron hasta la mañana. Después que el sol fue salido allegaron aí Florantel de Nuruega e Gastanís el Hermoso armados de todas armas cabalgando sobre hermossos caballos; los escudos, las lanças e yelmos les traían caballeros, dueñas e donzellas. Allí venía la señora de Bolduque sobre un palafrén blanco muy ricamente guarnido y ella vestida de paños muy preciados, e bien parescía muy apuesta e fermosa. Con ella venían hasta ocho dueñas e donzellas e assí se pusieron en el campo. Don Clarián —que con la donzella e Manesil entre unos árboles estaba encubierto— había gran plazer de mirar aquellos caballeros que tanto amaba. E no tardó mucho que dos escuderos sacaron del castillo a Serinda, la prima cormana de la señora de Bolduque, que assí estaba concertado entrellos. Dimonel e su hermano fueron en el campo e pusiéronse a un canto dél en semblante orgulloso, e de ambas las partes había dos fieles para que juzgassen. Gastanís e Florantel tomaron sus escudos, yelmos e lanças. La señora de Bolduque enlazó el yelmo a Gastanís.

Assí se pusieron donde habían de estar, e al son de las trompas que tocaron todos cuatro caballeros abaxaron las lanças e fuéronse a ferir al más correr de sus caballos. Gastanís e Dimonel se encontraron tan duramente que sus lanças fueron quebradas, Dimonel fue llagado en los pechos; juntáronse uno con otro en tal guisa que ellos e sus caballos cayeron por tierra. Florantel y el hermano de Dimonel se encontraron tan asperamente que los escudos e arneses fueron falsados, e quebrando en sí las lancas, juntáronse de los cuerpos de los caballos en tal manera que el caballero salió fuera de la silla, y el caballo de Florantel cayó de hinojos con él. Florantel saltó de pies en tierra muy ligeramente y metiendo mano a su espada fuesse para el hermano de Dimonel, que ya se levantaba, e començaron entrambos ados su batalla muy dura e fuerte, firiéndose de grandes y esquivos golpes por todas partes, de guisa que hazían caer por tierra muchas rajas de los escudos y pieças de las armas. Gastanis el Hermoso e Dimonel se combatían tan bravamente e cruelmente que maravilla era de los ver, tan ligeros andaban firiéndose de muy ásperos e duros golpes assí que en poca de hora malpararon mucho sus armas. Cada uno dellos pugnaba mucho por mostrar al otro toda su fuerça e ardimiento, e como quiera que Dimonel por uno de los buenos e valientes caballeros del mundo en armas se preciasse, cuando él entonces conosció el grande ardimiento e valor de Gastanís el Hermoso no quisiera haber començado aquella contienda ca mucho se temía dél, [CCXIIr] empero esforçabasse mucho con la traición que tenía ordenada. Assí se combatieron todos cuatro hasta tanto que les convino holgar, e arredráronse cada uno a su parte; mas los dos hermanos se sentían muy mal trechos e cansados, e como un poco ovieron descansado tornaron a se ferir muy duramente. Florantel cargaba de tan espessos e duros golpes a aquél con quien se combatía que lo hazía rebolver de acá e de allá, e llagándolo en muchos lugares sacávalo de toda su fuerça: assí que éste poco podría durar contra él. Gastanís el Hermoso —que ninguna vergüença quería para sí— traía tan aquexado a Dimonel que su fuerça ni valentía no le aprovechaba con él: habíalo ferido en seis lugares; e como assí lo viese, diole un tal golpe por cima del yelmo que la espada metió por él más de una mano, e tiró tan rezio por ella que le quebró los lazos e por poco no se lo llevó de la cabeça.

Entonces Dimonel se hizo afuera maltrecho, e a grandes bozes començó a dezir:

"¡Acorrednos, caballeros, e mueran nuestros enemigos!" Luego a essa hora salieron del castillo diez caballeros e diez e ocho hombres armados e venían diziendo en altas bozes:

"Aquí serés muertos, malos caballeros, que por ál no escaparés."

Cuando esto vieron Florantel e Gastanís temiéronse de muerte por estar en tal estado, e bien quisieran cabalgar en sus caballos por mejor se defender, mas no tuvieron lugar, e juntáronse uno con otro para hazer allí todo su deber fasta la muerte —que ningún acorro esperaban de los caballeros que con ellos vinieran, que todos eran desarmados. La señora de Bolduque con gran cuita que ovo cayó del palafrén amortecida.

Mas don Clarián —que apercibido estaba— salió de su encubierta e a gran correr del buen caballo Norartaque, bien cubierto de su escudo e la lanca baxa e venía sin fablar palabra. Cuando Gastanís e Florantel assí lo vieron bien cuidaron que contra ellos viniesse, mas él passó por ellos muy rezio endereçando contra los otros. Entonces ellos lo conoscieron en el escudo que tres coronas de oro había, e cobraron tan gran esfuerço que ningún temor ovieron. Don Clarián se lançó por medio de aquella gente sin recelo alguno, e firió a un caballero tan fieramente que dio con él en tierra tal que nunca más se levantó de aquel lugar: aquí quebró su lança, e comoquiera que a él encontraron cinco caballeros no lo movieron de la silla. El, metiendo mano a su buena espada de la esmeralda —que por la su tan estremada y gran fortaleza de coraçón en la gruta de Ercoles ganara— dexóse ir para dos caballeros que contra Florantel e Gastanis iban; firió al uno dellos por cima del yelmo de tan gran golpe que la espada le hizo decender a los ojos e dio con él muerto en tierra. Todos los otros vinieron allí sobrél, mas él se començó a rebolver por ellos en tal guisa que no parescía sino un león sañudo, tal andaba de una parte a otra firiéndolos de mortales golpes; assí que todos fueron metidos en gran espanto, mas como todos los hombres de pie llegaron cercáronlo en derredor firiéndolo por todas partes e trabajávanse de le matar el caballo. Mas éste era affán perdido; que antes él hazía en ellos muy grande daño, cortando cabeças, braços e piernas dellos: assí que en poco espacio mató seis hombres e derribó tres de los caballeros en tierra.

Cuando los otros vieron hazer tan esquivos golpes no atendieron más e fuyeron contra el castillo con gran pavor y espanto, diziendo que éste era el diablo que contra ellos había venido. Un cormano de Dimonel, que de los otros se apartara por ir contra Gastanís e Florantel —que a los dos hermanos en tierra tenían— no pudo llegar tan presto que Gastanís primero no cortasse la cabeça a Dimonel. Este caballero lo firió por las espaldas en tal guisa que poco faltó de lo haber muerto: llagólo mal, e fízole dar de manos por tierra. Gastanís se levantó muy sañudo por lo ferir, mas el cormano de Dimonel —que a todos los otros vio ir desbaratados— no atendió más e huyó contra el castillo. Don Clarián —que viera como a Gastanís firiera— fue contra él muy airado e alcançándolo luego firiólo de su espada en el hombro siniestro [CCXIIv] tan bravamente que el golpe decendió contra los pechos más de un gran palmo e derribólo del caballo muerto. Metiendo su espada en la vaina vínose contra los dos caballeros, e al hermano de Dimonel Florantel lo había tomado a merced. Ellos se hazían maravillados como don Clarián a tal tiempo allí se hallara, mas mucho más lo eran toda la otra compaña de le haber visto hazer tanto en armas.

Como don Clarián a ellos llegó, descabalgó del caballo; quitándose su yelmo diolo a Manesil —que ya aí era llegado— e fuéronse todos tres abraçar con gran plazer e alegría. Ellos le dixeron: "Por Dios, buen señor, en gran menester nos socorristes, e bendito sea Dios porque de una tal traición como ésta que a nosotros era encubierta vos fuistes sabidor."

"Mis buenos señores," dixo él, "yo le doy muchas gracias por[102] ello, e lo agradezco mucho a esta donzella que me lo hizo saber." Entonces les contó en qué guisa lo supiera, e todos tres se fueron para la señora de Bolduque —que era en sí tornada con gran alegría de su coraçón— e como ella a don Clarián mirasse mucho fue maravillada de su gran apostura e fermosura, que no cuidara que caballero oviesse en el mundo tan hermoso como Gastanís, e veía que éste le pesaba.

Humillándose a él le dixo: "Muchas gracias doy a Dios, mi buen señor, porque desseándoos yo conoscer sobre todos los caballeros que hoy son, os viesse en tiempo que tanto bien e merced de vos recibiesse como es haber librado de peligro de muerte a estos dos señores que por mi causa en él eran puestas, e a mí de grande affrenta e deshonra en qué me pudiera ver por me haber confiado en la seguranca de aquel traidor."

Don Clarián la rescibió con mucha cortesía e díxole: "Si Dios me ayude, mi buena señora, mucho era él desleal en querer hazer pesar a tal persona como vos, e puesto que la bondad destos dos señores pudiera bien escusar esse peligro que dezís, a gran ventura tengo ser en tal tiempo aquí venido. E si en algo, señora, vos pudiesse servir en pago dessa afficción que me tenéis, cierto yo lo pornía por obra con toda voluntad." La señora de Bolduque le agradesció muy humildosamente lo que dezía.

Como mirasse la mucha sangre que de Gastanís salía de la llaga que el cormano de Dimonel le hiziera, tornó tal como muerta, e dixo a Serinda: "Ay cormana, por Dios, mirad esta llaga que mi señor Gastanís tiene." Serinda la miró e ligó; después que la ovo ligado dixo que ningún peligro se esperaba dello. E todos aquellos que la conoscían lo tuvieron por cierto, porque como se ha dicho esta donzella era una de las que más en este menester sabían de cuántas en muy gran parte se podrían fallar. Luego cabalgaron todos e se fueron a la villa de Bolduque, llevando en prisión al hermano de Dimonel.

Allá llegados descabalgaron en el castillo donde los caballeros fueron desarmados, e fueles fecho mucho servicio e honra. Florantel e Gastanís fueron luego curados de sus llagas. Gastanís yugo en el lecho doze días por aquella llaga que en las espaldas tenía. E como en la villa supiessen que don Clarián —aquel de quien tantas e tan estrañas maravillas en armas se contaban— era aí, muy gran gente iba al castillo por le ver, e todos quedaban maravillados de su gran hermosura e apostura, diziendo que no se podría hablar de un tal caballero como éste en el mundo. Allí estuvieron estos

---

[102] pro

caballeros algunos días holgando mucho a su plazer. La señora de Bolduque era en gran gozo e alegría por los tener en su casa. El hijo que ella de Gastanís tenía, que había nombre Lindián de Bolduque, era tan apuesto y hermoso niño que mucho parescía a su padre.

E como quiera que Gastanís el Hermoso en este tiempo amasse de grande amor a la infanta Flordanisia, hermana de don Palamís de Ungria, y ella a él otrosí, él no podía escusar de holgar con esta señora de Bolduque: porque la conosciera antes, e tenía este hijo della, e también aunque muchos caballeros enamorados oviesse en la corte del emperador Vasperaldo, po [CCXIIIr] cos dellos mantenían amor lealmente; e los que con mayor firmeza e lealtad lo guardaban eran don Galián e don Felisarte, Leonistán de la Breña, don Palamís de Ungria e Honoraldo de Borgoña, Dantessor el Preciado e otros algunos cuyos nombres aquí no van espressados. Mas ninguno igualaba en fe de bien amar con gran parte con aquel noble caballero don Clarián: que éste antes ni después que a su señora Gradamisa conosciesse nunca tuvo otro amor, ni en hecho ni en dicho jamás erró contra ella —aunque por esta causa se vio en grandes peligros de muerte, especialmente con Daborea, hija del gran rey de Persia, que fue una de las más hermosas donzellas del mundo: la cual siendo muy encendida e cuitada de sus amores, teniéndole en su poder e viendo que por ella cosa alguna no quería hazer muchas vezes con desesperación era movida a lo mandar matar e después darse la muerte a sí mesma. Metíalo en crueles prisiones poniéndole otros muchos temores, mas nunca por cosas que hiziesse lo pudo traer a su voluntad —como más largamente en la tercera parte de historia será recontado.

Pues en tanto que estos tres caballeros estuvieron en casa de la señora de Bolduque, don Clarián tractó paz entre ella y el hermano de Dimonel; e para confirmarla más, hizo casar este caballero con Serinda su cormana. Hechas las bodas, don Clarián, Florantel, Gastanís el Hermoso se despidieron de la señora de Bolduque; armándose, cabalgaron en sus caballos y entraron en el derecho camino para se ir a la corte del emperador Vasperaldo.

CAPITU CXLV. CÓMO DON CLARIÁN E FLORANTEL E GASTANÍS EL HERMOSO LLEGARON A LA CORTE DEL EMPERADOR DONDE FUERON MUY BIEN RECEBIDOS.

Los tres caballeros anduvieron tanto que llegaron a la corte del emperador; e de aventura que les aviniese aquí no se dirá. Aquel día el emperador era ido a caça. Los caballeros se fueron a desarmar en la posada de don Clarián, e vestidos de muy ricos paños fueron a ver a la emperatriz donde della e de la princesa Gradamisa e de todas las otras señoras fueron con muy gran plazer recebidos, especialmente don Clarián, a quien todos gran desseo tenían de ver. Como él se vio ante su señora, todo el plazer del mundo estaba aquella hora en su coraçón, no pudiendo apartar sus ojos de mirar su crescida hermosura. Ella lo miraba muy affincadamente como aquella que en él estaba todo su gozo e deleite. Los que en ello paraban mientes pensaban que Gradamisa lo hiziese acordándosele de cómo la librara de poder de Danilón el Grande. Assí estuvieron una gran pieça con mucho plazer la emperatriz fablaba con don Clarián de muchas cosas. Todas aquellas infantas, dueñas e señoras lo miraban muy estrañamente:

que no cuidaban que hombre que oviesse entrado en la gruta de Ercoles tuviesse aquel parecer que de antes tenía.

Estando desta guisa llegó un donzel que dixo cómo el emperador venía ya de la caça. Don Clarián e Florantel e Gastanís, Flordemar, Roselao de Suevia, Telión de la Maça, Dantesor el Preciado, Argán de Fugel e otros algunos caballeros cabalgaron en sus caballos e fueron a rescebir al emperador. Saliendo por la ciudad todos se ponían a las finiestras e por otras partes por ver a don Clarián, que de todos era grandemente amado: la gente común dezía: "Por cierto éste es aquel que no solamente las cosas fuertes que los otros no osarían ensayar ensaya, mas aun aquellas que parescen fuera del poder de los hombres acomete y vence. Este es aquel que entró en la gruta de Ercoles e por ninguna de las cosas temerosas que por él pasaron en ella no le vemos mudado de su gran hermosura."

Pues como estos caballeros antel emperador llegaron, él los rescibió muy bien a todos, e abraçó a don Clarián con muy grande amor. Don Galián, Leonistán [CCXIIIv] de la Breña, don Palamís de Ungría, Honoraldo de Borgoña, Orlagis de Camper, Gastanís el Hermoso, con muy gran plazer e alegría, llegados al palacio —después que el emperador quedó en su aposento— todos se bolvieron con don Clarián a su aposento, que no había tal entre ellos que no procurasse mucho por le agradar e ganar su amistad. Allí cenaron todos ellos, e después estovieron hablando gran parte de la noche en hechos de armas y en otras cosas que a tales e tan preciados caballeros como ellos convenía de hablar; desí cada uno dellos se fue a su posada.

Otro día después de comer, el emperador —estando en aquella gran huerta de su palacio con el rey de Borgoña, el rey de Polonia, el rey de Zelanda, e otros muchos altos hombres— embió por don Clarián para le mostrar aquel maravilloso hedeficio de los leones que Celacunda le embiara, que ya en la fuente estaba armado. Don Clarián vino luego, e con él vinieron los más principales caballeros de la corte. Mirando aquel hermoso hedeficio como si nunca lo oviera visto, vio que el cuello del león era encaxado en el muro del aposento de Gradamisa, e por allí iba un gran golpe de agua a su baño. De ver esto assí adereçado como le cumplía, fue don Clarián muy alegre dando en su coraçón muchas gracias a aquella que lo embiara. El hedeficio era muy maravillosamente assentado: que el león que en la huerta estaba lançaba por la boca e ojos e narizes caños de agua que caían en pilas de plata e de alabastro, e de aí iba por sus caños a toda la huerta. Todos los otros caños delgados —que por los cuerpos, braços e cuellos de los leones estaban puestos— eran hechos por tal arte que les podían hazer lançar el agua assí espessa como la lluvia tan alta e tan lueñe cuanto por la huerta la quisiessen echar; e muchas vezes tomaban plazer con algunos que nuevamente aí entraban, mojándolos en tal guisa que en ninguna parte de la huerta podían guarecer, sino fuesse so cubierta. E cuando quisiessen podían hazer caer toda el agua en muy hermosas pilas que en torno de aquel hedeficio estaban, e de aí echando el agua que querían a la huerta, la otra tornaba a entrar por los braços e piernas de los leones; e otros caños había que subían arriba contra la rica cámara que sobre los leones estaba assentada, e de la cubierta della —que era obrada de oro e guarnida de ricas piedras— salían gran muchedumbre de caños sotiles de agua que subían contra arriba tan alto cuanto les quisiessen armar, e hazían su retorno abaxo sin dar empacho el uno al otro; antes cada uno por sí se podía muy bien ver e tornaba a caer por otros caños a la fuente sin derramarse cosa del agua fuera de su lugar. La puerta de la rica cámara fue abierta para que don Clarián la viesse: el agua andaba por toda ella por tantos e tan diversos caños hechos por tal arte que sin caer cosa alguna del agua dentro ella tornaba donde primero saliera. Todos estos caños eran en tal manera hechos que el agua se trasluzía muy claramente. Tan estraño e maravilloso era este hedeficio que cuanto más lo mirassen más se maravillaban de lo ver, e por mucho que en ello parassen mientes no podían alcancar a saber en qué guisa fuesse hecho.

Reduziendo en su memoria la manera que había de tener para abrir los cuellos de los leones don Clarián, e cómo podría echar el agua por parte que estorvo no le fiziesse y entrar en la cámara e salir della si menester fuesse, hallaba que lo sabría muy bien hazer todo ello: porque después que Celacunda se lo mostrara siempre estudiara su pensamiento en ello. En tanto que ellos andaban assí por la huerta, la emperatriz e la princesa Gradamisa con la reina Mirena, e las otras infantas e señoras de gran guisa lo estaban mirando desde las finiestras e corredores que sobre la huerta caían. Pues estando allí el emperador con toda aquella noble compaña entraron por la huerta todos aquellos que el esforçado ca [CCXIIIIr] vallero Riramón de Ganayl de la prisión de Ambarzón de Garauza librara. Hincándose de hinojos entorno de don Clarián se presentaron antél de parte de aquel que los embiaba, diziéndole su mandado como él les dixera. Don Clarián los recibió muy bien e haziéndolos levantar de tierra les dixo: "Donde está presente un tan alto e noble príncipe —como aquí vedes— no conviene hazer lo que hazéis a un caballero como yo."

El emperador, echándole entonces el braço al cuello, le dixo: "Mi buen amigo: ninguna grandeza de emperador ni rey que sea en el mundo puede ni debe quitar que no se haga a vos aquella honra que vuestro estremado valor merece."

Entonces un caballero viejo de los presos contó al emperador e a todos los otros en qué guisa Riramón de Ganayl los hiziera libres. E como los que aí eran oyeron dezir que este tan preciado e buen caballero —de quien antes oyeran hablar— fuesse hermano de don Clarián, mucho fueron maravillados. El emperador le dixo: "Dezidme mi amigo ¿hermano tenéis vos de quién nosotros no sepamos?"

"Sí señor," respondió él, "que poco tiempo ha que con él me conocí." Entonces contó en qué guisa lo había hallado, e cómo se viera con él en gran peligro en una batalla que con él oviera, e cómo ambos ados venían juntos a la corte e se partieran por una donzella que lo llevara a cumplir un don que le había prometido —que don Clarián fasta entonces no había hablado de la hazienda de su hermano con persona alguna sino con don Galián, su cormano— e dixo al emperador: "Creed, señor, que Riramón, mi hermano, es uno de los buenos caballeros del mundo, e si vive no habrá alguno que con más razón pueda ser loado: el parece en todo tanto al rey Lantedón, mi padre, que lo juzgarían ser él sino fuese por la hedad."

Entonces Girarte de Yrlanda se acordó cómo él lo viera juntamente con don Galián e dixo: "Por Dios, don Galián e yo vimos a este caballero —siendo donzel— ante un castillo donde le vimos justar maravillosamente que treze caballeros e donzeles derribó sin fallescer encuentro." Don Galián dixo que assí era verdad, e que aquél mesmo era. Entonces Girarte de Yrlanda contó al emperador cuánto con él les aviniera y en qué guisa fueron encantados. Todos ovieron muy gran plazer de lo oír.

El emperador dixo: "Ya pluguiesse a Dios que esse tal caballero estuviesse ya en mi corte en compañía de su hermano e de sus parientes."

"Cierto señor," dixo don Clarián, "yo lo traía a vuestro servicio sino nos partiera aquella donzella que dixe: que por cierto él venía de muy buena voluntad de estar al vuestro mandado por las buenas nuevas que de vos había oído dezir: mas por cumplir lo prometido no fue más en su mano; e yo tengo esperanca de lo ver en vuestra corte muy presto, si a Dios pluguiere, para que os pueda servir; e si mucha tardança hiziere yo mismo lo iré a buscar." Con tanto el emperador se fue para su palacio. Don Clarián, dando licencia a todos aquellos que Riramón de Ganayl de la prisión librara para que se fuessen a donde ellos más quisiessen: hizo dar algunos dellos armas e caballos que les fallescían.

CAPITULO CXLVI. CÓMO DON CLARIÁN ENTRÓ A FOLGAR CON SU SEÑORA GRADAMISA POR LA FUENTE DE LOS LEONES QUE YA OS HABEMOS CONTADO.

No dando lugar de reposo el muy sobrado amor en los coraçones de don Clarián y de su señora la princesa Gradamisa, donde sus encendidas llamas tan grandemente ardían, aquexávalos tanto el desseo de poderse veer y hablar sin empacho alguno, junto con la membrança de la saborosa vida que en el castillo de Celacunda tuvieran, que para reparo desta su tan gran cuita fue concertado entrellos que don Clarián viniesse de noche a la hora que la gente estuviesse en [CCXIIIIv] sossiego y entrasse por la fuente de los leones, assí como Celacunda le mostrara. Venida la hora don Clarián fue en aquel lugar, trayendo consigo a Manesil, su muy leal escudero, cuya compañía para cosa alguna no estrañaría, abriendo don Clarián muy prestamente el cuello del león, hizo ir el agua en guisa que empacho no le diesse. Luego ambos entraron dentro, tornándolo don Clarián a cerrar, fue de parecer una vegada que Manesil quedasse en la rica cámara —que sobre los leones era armada— mas temiendo que por aventura podría ser visto o sentido, acordó de que entrasse con él, creyendo que a su señora no le desplazería dello. Entonces abrió el cuello del otro león, que estaba encaxado en el muro de la cámara de su señora Gradamisa, y entraron dentro.

La princesa lo atendía sentada en un estrado, ardiendo ante su lecho dos antorchas que toda la cámara alumbraban, estando con ella Casilda, su camarera, que ninguna otra dueña ni donzella sabía de su hazienda sino aquésta —comoquiera que en algunas cosas que menester le hiziera dar parte de su secreto a otras algunas personas por lo encubrir padesció fatiga e trabajo. Gradamisa era vestida de unos muy preciosos paños guarnidos de muchas piedras e perlas de gran valor, sobre sus muy hermosos cabellos, que por los hombros le caían, tenía aquella rica guirnalda que Orlagis de Camper le diera cuando la ganó de la donzella que con Litedras viniera —como ya se ha contado— en la cual Gradamisa pusiera una piedra muy estraña e resplandeciente que le diera su tía Celacunda cuando della se partiera. Sus pechos —que a su hermosura ninguna cosa en el mundo se podía igualar— tenía descubiertos, con tal beldad cual a ella otra igualar no se pudiera, se levantó a rescebir a don Clarián, que de mirar su tan crecida fermosura no menos turbado fue que si de nuevo la viera. Fincando los hinojos en tierra, contra voluntad della, estovo assí hasta besarle las manos. Desí ella lo levantó; echándole los sus muy hermosos braços al cuello se besaron muy dulcemente el uno al otro, recibiéndose con muy alegres coraçones y amor muy sin engaño.

Gradamisa le dixo: "Ay mi verdadero amigo: cuán desagradable me fue vuestra partida con la donzella, e mucho más la tardança que allá avéis hecho como quien sin vos no puede tener plazer cumplido."

Don Clarián, besándole las manos por lo que dezía, le respondió: "Mi verdadera señora, pues el sobrado gozo que yo siento de me ver ante vos, el cual todos mis sentidos turba, bien debe dar a conoscer la cruel e mortal cuita que en vuestra ausencia padezco: la cual aunque no puede ser mayor, yo bien querría que lo fuesse o pudiesse ser, porque me hiziesse más digno y merecedor de tan gran bienaventurança como alcanço en vos, mi señora, tenerme por vuestro, y de tantas e tan grandes mercedes como por vos me son hechas." Desta guisa passaban entre los dos amantes muy sabrosas razones.

Viéndolos Casilda tan embebecidos uno con otro que de sí no se acordaban, llegóse a ellos diziéndoles: "Acuérdesevos, señores, que es gran pieça de la noche passada; que en otra parte habrá lugar para essas razones," e retrayéndose ella a una cámara, Manesil quedó en un apartamiento que junto al baño se contenía, donde la princesa Gradamisa se bañaba.

Don Clarián después que él e su señora fueron despojados mató las hachas; tomándola entre sus braços entró con ella en el lecho donde holgaron aquella noche con muy gran gozo e deleite, como aquellos que más razón tenían para lo haber el uno con el otro de cuantos había en el mundo, por ser los dos más hermosos amantes y que más lealmente se amaban de cuantos fueron ni habían sido. E porque a esta tan noble princesa por los que esta historia leyeren no le sea dado cargo de que hiziesse cosa que su consciencia y honestidad en escurecimiento pusiessen, en esta primera parte es razón que se diga lo que en las otras más claramente se con [CCXVr] tara: y esto es que desde aquella hora que por intercessión de Celacunda don Clarián fue juntado a ella, ellos ante una imagen de Nuestra Señora —que allí había— se prometieron fe de matrimonio: porque al gran merecimiento e servicios deste caballero no con sola su persona, mas con todos sus reinos e señoríos que esperaba tener quiso dar esta princesa galardón e pago en aquella forma que más sin cargo de su ánima e fama fuesse. E por mayor firmeza e desculpa antes de que aquel castillo partiessen en presencia de Celacunda e de Casilda e Manesil por ellos dos fue este matrimonio confirmado, de lo cual más adelante por entero se hablará. Pues antes que el alva rompiesse don Clarián se vistió, tomando licencia de su señora, él e Manesil se salieron por donde entraron e se bolvieron a su posada.

CAPITULO CXLVII. CÓMO DON CLARIÁN CON OTROS PRECIADOS CABALLEROS DE LA CORTE DEL EMPERADOR FUERON EN ACORRO DEL REY LANTEDÓN, SU PADRE, QUE EN GRAN MENESTER ESTABA.

Venido el tiempo en que gran discordia había entre los reyes de España e Francia, assí que los godos e franceses cruelmente exercitaban la guerra unos con otros, e también algunos otros príncipes cristianos en contienda se movían. Assí mesmo se hazían grandes movimientos, aparejándose grandes armadas entre los príncipes paganos. El emperador Vasperaldo, teniendo algún recelo de aquesto, ayuntó sus cortes en la ciudad de Colonia para tomar en ellas aquel consejo e orden que más a la conservación de su gran señorío cumpliesse: porque él tenía creído que todos estos ayuntamientos que se hazían de gentes paganas las hazía hazer Cosdroe, el gran rey de Persia, para venir sobre su tierra. E bien assí era ello: que este rey Cosdroe ordenaba para la cristiandad tal revuelta donde no solamente pensaba destruir al emperador, mas aun a toda ella poner en gran estrecho. A estas cortes vinieran los reyes de Frisa, Suevia e de Dignamarca, el duque de Baviera y él de Autarrixa, el conde de la baxa Borgoña, el duque de lo Regne e otros muchos altos hombres. Embió a llamar el emperador para que a ellas viniessen al rey Garsides e al rey Geraldín, e a los otros altos hombres que don Clarián a él presos embiara. Todos ellos pusieron sus escusas, no veniendo, salvo Centilán, duque de Nalfe e Canoquín, su hermano. Pues como todos fueron venidos, muy gran corte fue ayuntada en la ciudad de Colonia.

El emperador entendió allí en dar orden como todos los de sus señoríos estuviessen adereçados de guerra y en proveer en todo lo necessario. Don Clarián se trabajaba en todo de agradar e honrar al rey de Frisa porque sabía que este príncipe lo amaba mucho, e assí era ello verdad, que por la grande afficción que el rey de Frisa a don Clarián tenía había mandado y encargado mucho a Armaleo de Laque, su hijo, que en todo siguiesse la voluntad e querer de don Clarián, dexando por ello de seguir la de otros príncipes e caballeros con quien él en aquella corte gran parentesco tenía. Pues como fuesse venido el duque de Estampalia a esta corte por embaxador de Eraclyo —que nuevamente en el imperio de Grecia había succedido— el cual quería formar sus amistades e alianças con el emperador Vasperaldo. El queriendo responder a este duque a la embaxada —que de parte del emperador Eraclyo le truxera— mandó juntar en el palacio todos los principales de su corte donde vinieron tantos príncipes e altos hombres e caballeros de gran cuento: que estraña cosa era de mirar tan alta e noble caballería como allí había e assí de la ver el duque de Estampalia, embaxador del emperador de Grecia, se hazía grandemente maravillado.

El emperador Vasperaldo, tendiendo los ojos a una parte e a otra, mirando aquella tan escogida e noble compaña de qué era acompañado, daba entresí muchas gracias a Dios considerando que si la fortuna muy contraria e adversa no le fuesse, no debía temer de ser puesto en tal estrecho que de su hora fuesse abaxado por grandes e pode [CCXVv] rosos que fuessen aquellos que contra él se quisiessen mover: e bendezía el hora que don Clarián a su corte viniera, que su gran bondad, fama, e nombradía acarreaba e traía a su servicio la flor de la caballería del mundo más que otra cosa alguna. Assí que por sola la causa deste tan extremado e valiente caballero claramente conoscía que su corte era puesta en mayor alteza que de primero, e assí tenía creído que don Clarián era bastante con su esfuerço e alta proeza conquistar e señorear todo el mundo. Estando assí en este gran ayuntamiento entró por la puerta un caballero armado de todas armas fueras el yelmo e las armaduras de las manos, e con él venían dos escuderos que lo aguardaban. Este caballero era Olvanor, hijo de un rico hombre de Suecia e de Guiralda —aquella de quien en esta historia ya se ha hecho mención— que fue aquella donzella con quien el rey Lantedón, siendo caballero novel, passó en Nuruega, como al principio deste libro se ha contado. Olvanor, después de haber hecho su acatamiento al emperador, fuesse para don Clarián: que a un balcón de aquel gran palacio estaba con Genadís de Suecia e Argán de Fugel hablando: los cuales se querían dél despedir para ir a ver al rey Drumesto, su suegro e a las infantas sus mugeres. Olvanor hincó los hinojos ante él. Don Clarián haziéndolo levantar lo abraçó e rescibiólo muy bien, e luego le dio el coraçón que no sin algún gran mysterio era su venida. El, sacando de la buelta de un chapeo[103] —que sobre su cabeça traía— una carta, diola a don Clarián: la cual dezía assí:

CARTA DEL REY LANTEDÓN DE SUECIA PARA DON CLARIÁN DE LANDANÍS, SU HIJO.

Pues en las mudanças de la variable fortuna de muchos de aquellos que vencieron e señorearon enxemplo tenemos haber venido a ser vencidos e sojuzgados los que en más prosperidad su vida mantienen, menos se deben espantar ni desfallecer por venir en alguna premia y estrecho; antes con la esperança del muy Alto Señor esforçarse al remedio de todo ello. E assí este reino de Suecia —a quien la fortuna por muchos e largos tiempos con gran triumpho de fama, más para favorecer a otros sus comarcanos que para recebir ayuda dellos conservado, es venido agora en tanta necessidad e apretura que los enemigos de la fe en gran muchedumbre en él arribados, assolando e derribando villas e castillos passan por la tajante espada muchas gentes dél, los clamores de las cuales al cielo se endereçan donde el mayor e mejor remedio se espera. E después con gran angustia llaman e piden el acorro de su tan valeroso e esforçado príncipe e caudillo, teniendo por firme esperança que con el esfuerço de su presencia e con la gran fortaleza de su poderoso braço serán libres de toda subjeción e fatiga e alcançarán victoria de sus enemigos. Por ende tú, muy caro e amado hijo, don Clarián, pornás en tu venida aquella orden e diligencia que la necessidad de acá demanda; e de lo demás que por Olvanor, caballero de nuestra corte, te será dicho, podrás dar entera fe y creencia.

C Como don Clarián ovo leído esta carta no mostró mal semblante por ello; antes con alegre continente dixo contra Genadís de Suecia e Argán de Fugel: "Mayor inconveniente es venido a vuestra partida del que pensáis, según que por esta carta veréis. Dígolo porque de vosotros, mis buenos señores e amigos, tengo conoscido que ninguna otra necessidad os escusaría de ponernos es ésta que al presente nos ocurre." Entonces les dio la carta para que la leyesen.

E después que Genadís de Suecia e Argán de Fugel la ovieron leído, le dixeron:

---

[103] cha

"Señor, pésanos del enojo e trabajo en qué el rey Lantedón, vuestro padre e nuestro señor, debe estar, e del daño e pérdida del reino assí como esta razón; mas si esto no fuesse a nosotros no nos puede de cosa más plazer que de que se ofrezcan casos en qué os podamos servir a él e a vos como desseamos en cuanto las vidas nos duraren."

"Entre nos," dixo don Clarián, "pues la obligación, amor e parentesco es tan grande por bien ciertas se pueden tener las profiertas, e assí son menester nuevas gracias a ellas; por ende [CCXVIr] dexando esto, sepamos más de las nuevas de allá," —entonces dixo a Olvanor que se las contasse: él dixo como el rey Arcibán de Luconia y el rey Zoboar de la ínsula de Golandia, y el duque Jarbin de Exilia, sus hijos, juntamente con el rey de las Insulas Altanas— eran venidos en Suecia con grandes poderes de gentes, entre los cuales había muy esquivos e bravos jayanes e valientes caballeros; que habían tomado e derribado muchas villas e castillos, e que el rey Lantedón oviera con ellos dos batallas, mas que con la gran sobra e demasía de gentes que ellos tenían —comoquiera que muy gran daño en sus enemigos fizieran— que mucha de la caballería del rey su padre fuera muerta e que le fuera necessario recojerse con su gente en la ciudad de Landanís, donde atendía a su hermano, el rey Gedres de la pequeña Bretaña, que venía en su ayuda: que del rey Polister de Nuruega, su suegro, no la esperaba; antes él estaba en su reino a gran recelo, esperando que se moverían a venir sobrél de la provincia de la baxa Sicia el rey Tracifar y el rey Canandigo, los cuales aparejaban grandes huestes: mas que según el poder destos reyes que sobre Suecia vinieran era grande, que bien era menester mayor acorro de aquél. E assí les contó todas las nuevas que de allá sabía.

Don Clarián comoquiera que mucho le pesasse de oír el daño que el rey su padre en sus gentes e reino había recebido, e por muy grande tuviesse este negocio, considerando cuánto prosperamente aquel reino de Suecia a todos sus contrarios había resistido —donde por todo el mundo más triumphante fama que otro alguno tenía— e queriendo escusar —si pudiesse— que no se dixesse que por el acorro de gentes estrañas fuera libre de poder de aquellos que conquistarlo pudieran; demás en tiempo de un tan noble rey como su padre, a quien Dios tantas victorias había dado, o siendo él vivo; encomendando este fecho a Dios acordó de no llevar en esta jornada sino algunos parientes y amigos suyos, no tomando gente del emperador aunque dársela quisiesse, porque cuanto mayores servicios por él le fuessen hechos e menos cargo dél tuviesse más agradable le sería. E fizo ir a Olvanor a su posada para que se desarmasse e reposasse. Assí como el emperador Vasperaldo ovo despachado al duque de Estanpalia de su embaxada —que fue aceptado todo lo que el emperador Eraclio embiaba a demandar— el duque, tomando licencia dél, se partió. Salieron con él mucha de la noble caballería de la corte que en su costumbre habían de honrar mucho a los estrangeros que a ella viniessen, demás con semejantes negocios. Con este embaxador embió sus encomiendas don Clarián a Lantesanor, hijo del rey de Tracia, e bolviéndose para la ciudad, llegados con don Clarián a su posada muchos caballeros, él tomó aparte a Leonistán de la Breña, Florantel de Nuruega, Gastanís el Hermoso, don Galián, Orlagis de Camper, Argán de Fugel e Genadís de Suecia, e díxoles:

"Mis buenos señores: a vosotros como aquellos que yo más amo e a quien antes daría parte de cualquier bien o mal que me viniesse, quiero dar cuenta de las nuevas que me son venidas." Entonces les mostró la carta que el rey su padre le embiara, la cual leyeron; e después él les contó el gran menester en qué estaban. Todos aquellos caballeros se refirieron a Leonistán de la Breña e a Gastanís el Hermoso que por ellos respondiessen, pues que conoscían bien sus voluntades, e a ruego de Gastanís el Hermoso, Leonistán de la Breña le dixo:

"Buen señor don Clarián: del daño del rey vuestro padre nos pesa a todos como del nuestro propio, mas los nobles y esforçados reyes como él no se deben afligir ni espantar —por pérdidas que hagan— e assí creemos que haze él, pues sus propios ojos pueden ser buenos testigos de haberlas visto hazer mucho mayores a otros príncipes sobre quien Dios le ha dado victoria, y pues por otras cosas mayores sabemos haber passado a su honra, assí debe creer que fará desta si a Dios pluguiere. E cierto no debe recelar éste ni otro mayor fecho quien espera vuestro acorro, demás que todos nosotros ansí por obligación [CCXVIv] de parentesco como de amistad —que no en menos grado se debe estimar— ternemos a gran bien e honra poner en ello nuestras personas con todos aquellos que por nos han de hazer: por ende ved lo que ordenáis, que aquello pornemos en obra."

Don Clarián, siendo muy contento de su respuesta, se lo agradesció mucho a todos e respondióles: "Buenos señores, assí como lo dezís lo tengo yo bien creído, mas porque se podría hazer gran tardança en ayuntar gentes dexarnos hemos dello por agora; e los que aqui estamos —con algunos otros que creo que deste camino no se querrán escusar— podremos ir allá; e según el gran valor de vuestras personas esperança tengo en Dios que nuestro fecho irá bien."

Pues esto assí acordado, las mesas fueron puestas, e queriéndose sentar a comer llegaron aí donde Felisarte de Jaffa, Armaleo de Laque, Ermión de Caldonga, Telión de la Maça e Arceal, hijo del duque de Colandia: los cuales como destas nuevas fueron sabidores dixeron que por manera alguna ellos no dexarían de ir con don Clarián en aquel fecho. El se lo otorgó, agradesciéndoselo mucho, e con tanto se assentaron a comer, donde estuvieron con gran plazer; e demandando a Olvanor que les contasse algunos de los fechos de armas que en aquella guerra se habían fecho e que assí mesmo les dixesse los nombres de los más principales e esforçados caballeros de los contrarios. Allí les contó él muchas destas cosas por entero, diziéndoles los nombres de algunos dellos, e loando mucho entre todos de gran fuerça e valentía al rey Zoboar de la ínsula de Golandia, diziendo que en todos los de su parte no había hombre que jayán no fuesse que de fuerça e bondad de armas le passasse.

Esta Golandia dize la historia que fue la primera ínsula al septentrión donde la pérfida secta de aquel falso propheta Mahoma, segundo engañador—semejante al diablo— de natura humana, fue predicada; el cual dende a poco tiempo se levantó e convertió tantas gentes assí de cristianos como de paganos, que la mayor parte del mundo atraxo a sí: por donde la sancta fe cathólica rescibió gran detrimento.

Pues como estos caballeros ovieron comido llegó aí un donzel de parte de la infanta Resinda, hermana de don Galián, e de Casilda, hermana de Genadís de Suecia: el cual dixo a don Clarián como ellas le rogaban mucho que les embiasse a Olvanor para que les contasse nuevas del rey Lantedón e de la reina Damabela e de la infanta Belismenda, por que supiessen los hechos de allá: en qué guisa estaban; ca ellas tenían gran cuita después que ante la emperatriz oyeran dezir del gran menester en qué el rey Lantedón su tío e señor estaba. Don Clarián rogó a Olvanor que fuesse allá e que las cosas de Suecia contasse muy templadamente porque él assí lo entendía hazer para tener mejor escusa de no llevar gente del emperador ni de otro príncipe de su corte; y embió con él a Manesil, mandándole que dixesse a Casilda que toviese manera con su señora Gradamisa como él pudiesse entrar a fablar con ella para dalle más enteramente cuenta de todo este fecho e haber licencia della de ir en este viaje. Olvanor e Manesil se fueron luego para el palacio del emperador.

Don Clarián, tomando aparte a Florantel de Nuruega e a don Galián, su primo, dixo a Florantel: "Buen señor tío, vos quedaréis en esta corte si os pluguiere, porque assí cumple a vos e a todos nosotros."

"¿Cómo, señor sobrino?" respondió él, "¿acá quedaré yo e dexaré de ir en un tan gran fecho como éste donde el rey vuestro padre es en tal menester? —y el mío se espera también ver en gran necesidad. Si Dios me ayude tal razón como ésta, yo no la quisiera oír de vos."

Don Clarián lo tomó por las manos e con alegre semblante le dixo: "Buen señor, cuando vos oirés la razón porque os lo digo no me lo ternéis assí a mal. Y esto es porque teniendo, como tiene, el emperador recelo de la venida del gran rey de Persia, no sería cosa justa que todos nosotros lo dexássemos en tal tiempo, lo cual no se podría dezir quedando vos aquí: que la falta de los de vuestro linage muy bien podréis suplir. E assí os ruego, buen señor tío, que lo queráis hazer: que si del hecho del rey mi padre va bien, de la hazienda del rey mi avuelo, vuestro padre, no irá si a Dios pluguiere mal, porque todos seremos allí para lo ser [CCXVIIr] vir."

Florantel, viendo que aquélla era la voluntad de don Clarián e que se endereçaba en razón, díxole: "Pues que assí os plaze, como quiera que lo que habés dicho más derechamente por vos e por otros que por mí se pueda dezir, yo quedaré; no de mi voluntad, mas por complir vuestro ruego."

Don Clarián estuvo en su posada hasta que Olvanor e Manesil vinieron del palacio del emperador. Manesil dixo a su señor cómo quedaba concertado: que aquella noche oviesse de ir a folgar con la princesa Gradamisa, e cómo ella tenía gran cuita por este apartamiento que les venía, mas que conoscía que por ninguna razón se debía escusar. Don Clarián, habiendo oído esto, mandóle que adereçasse todas las cosas necessarias para la partida; desí fuesse con todos aquellos nobles caballeros al palacio del emperador e después de le haber contado la necessidad en que el rey su padre estaba, él y aquellos que con él habían de ir le demandaron licencia para ir en su ayuda. El emperador, puesto que en el coraçón mucho le pesasse de los ver partir de su corte, otorgósela.

Don Clarián le dixo: "Señor, yo mucho quisiera escusar esta ida si el hecho lo sufriera, porque no querría hallar me fuera de vuestra corte si caso se offreciesse en que mi servicio os pudiesse aprovechar; mas yo creo que en tan breve no succederá cosa que no haya lugar para que estos caballeros e yo podamos con tiempo venir a serviros."

"Ay, mi buen amigo," dixo el emperador, "que dexado aparte lo dellos, a vos no sé yo con qué os pueda galardonar los grandes servicios que por vos me han sido hechos; e ruégovos que en esta jornada queráis llevar de mis gentes: que yo en breve las mandaré aquí ayuntar tantas cuantas vos quisiéredes, e si más fuere menester, en esto porné todo mi estado, porque el daño vuestro debo yo tener por mío."

Don Clarián, fincando los hinojos en tierra, le quisiera besar las manos, mas el emperador las tiró a sí; él le dixo: "Señor, Dios me dé lugar para que yo pueda serviros esto que agora habés dicho, e las otras muchas mercedes que de vos tengo recebidas, mas yo he sabido deste caballero —que el rey mi padre a mí embió— que allá no hay tanta necessidad que no se pueda remediar sin ponerse en ello el estado de un tan alto príncipe como vos: que esto, señor, se debe guardar para otros menesteres mucho mayores."

Mucho le pesaba a toda la corte la partida destos caballeros; los más de los preciados caballeros della offrecían a don Clarián con gran afficíon su compañía en esta jornada. E los que más voluntad de ir mostraban eran: Don Palamís de Ungría, Girarte de Yrlanda e los dos primos cormanos, Honoraldo de Borgoña e Roselao de Suevia, Flordemar, Dantesor el Preciado, Guirlaniz del Boscaje, Radiarte de Monrís e otros algunos; mas él se escusaba dellos lo más graciosamente que podía, diziéndoles que era mucha razón que ellos con los otros buenos caballeros no se apartassen del emperador ni desamparasen la corte en tal sazón: pues quedando ellos allí ella no quedaría despojada de aquellos que mucho en honra la mantenían. Esso mismo rehuso don Clarián de llevar gente de algunos príncipes e altos hombres que se le offrecían, diziendo al rey de Frisa que muy afincadamente en esto le hablaba e a otros algunos: "Señores, yo no pienso que llevo pequeño acorro al rey mi padre, pues caballeros de tan gran valor e tan alto fecho de armas van en su ayuda que por muy grande se debe estimar, e que assí lo terná él cuando los conocerá: porque yo tengo esperanca en Dios que muy bien delibraremos allá nuestra hazienda."

Pues passada una pieca de la noche, don Clarián, entrando por aquel secreto lugar de la fuente de los leones —como ya otras vezes hiziera— holgó con la princesa Gradamisa, su señora, a gran deleite e plazer; mas al tiempo que della se ovo de despedir, muchas lágrimas del uno e del otro fueron mezcladas con los dulces e graciosos besos. Gradamisa, llorando de sus muy fermosos ojos, le dixo que le rogaba y encargaba mucho por aquel verdadero amor que le tenía que assí como en Suecia sus fechos oviesse delibrado que no fiziesse allá más tardança, porque en tanto que ella no le viesse no po [CCXVIIv] dría tener descanso ni alegría consigo. Don Clarián, besándole las manos, le dixo: "Señora, no hay necessidad de mandarme esso porque aun lo que yo allá estuviere siendo mucho, menester no será sin gran cuita e fatiga para mí," y despidiéndose della encomendó a Dios a Casilda e tornóse a su posada.

E otro día por la mañana se fue a despedir de la emperatriz en compañía de todos aquellos buenos caballeros que con él habían de ir, donde tomaron licencia de la emperatriz e de la princesa Gradamisa, de la reina Mirena e de todas las otras infantas e señoras, que mucho les pesaba de su partida —mas a unas se les hazía más grave que a otras. Aquel día fueron a comer a la posada de don Clarián los más de los principales

caballeros de la corte, e después que ovieron comido, los treze caballeros que a Suecia
habían de ir se armaron e cabalgaron en sus caballos; los cuales eran éstos: Don
Clarián, Leonistán de la Breña, don Galián del Fuerte Braço, Gastanís el Fermoso,
Orlagis de Camper, don Felisarte de Jaffa, Ermión de Caldonga, Armaleo de Laque,
Telión de la Maça; Arceal, hijo del duque de Colandia; Argán de Fugel, Genadís de
Suecia, Olvanor: que por cierto se puede bien dezir que en el mundo mejores caballeros
que ellos no se podrían fallar, ni aun tales que a la bondad de ninguno de los que allí
iban igualassen. Pues como don Clarián aquellos preciados caballeros mirasse vínole
gran desseo al coraçón aquella hora de tener consigo a Riramón de Ganayl, su
hermano, para lo llevar en aquella jornada. El rey de Frisa y el rey de Polonia con
todos los más caballeros de la corte, cabalgando desarmados en sus caballos, vinieron
aí para los acompañar, e assí passaron por delante del palacio del emperador donde la
emperatriz, con gran compaña de dueñas e donzellas, estaba a las finiestras por los ver
partir. El emperador —que con muchos altos hombres ya cabalgara para ir a caça—
salió con ellos por más los honrar. Assí começaron a salir de la ciudad. E todas
aquellas señoras los miraban con gran afficción desde las finiestras, que a maravilla los
preciaban mucho, e algunas había que el coraçón tenían desmayado. La princesa
Gradamisa los estaba mirando desde una finiestra secreta con assaz cuita e pena en su
coraçón, ca veía partir de sí aquel que en este mundo más amaba. Todas las gentes de
la ciudad habían gran sabor de mirar a los treze caballeros.

Algunos dellos dezían por don Clarián: "Ay Dios, que agora quedará el buen
caballero en su tierra; que más no nos verná a ver, porque el rey su padre e los de su
reino —que mucho lo aman— no lo dexarán acá venir: e assí fallescerá desta corte el
mejor caballero que nunca fue." Mas comoquiera que ellos esto dixessen, en el
pensamiento de don Clarián muy en contrario era: que ya él quisiera ser de buelta
porque cosa alguna no tenía por tan gran aventurança como estar donde pudiesse ver
e servir a su señora Gradamisa. El emperador fue con ellos una pieça fuera de la
ciudad, e allí se despidieron dél. El, encomendándolos a Dios, a todos abraçó: a don
Clarián con mucho amor e algunos de los otros; desí fuese a la caça. El rey de Frisa
y el rey de Polonia con todos los otros acompañaron a los treze caballeros, una legua
de aí se partieron los unos de los otros. Algunos había que los abraçaban, llorando
como si más no los oviessen de ver. Los treze caballeros entraron en su camino con sus
escuderos que las armas les llevaban. E de aventura que les viniesse aquí no se haze
mención mas de que anduvieron tanto que allegaron a una ciudad de Olanda, llamada
Dosdrec, donde entrando en una nao muy bastecida de armas e vituallas alçaron velas,
navegando la vía de Suecia con muy próspero viento que les hazía.

Fin

Aquí fenece, illustre señor, la primera parte de la historia del muy noble e valiente
caballero don Clarián de Landanís, de cuyos famosos hechos tan dignos de memoria,
pues en otras partidas noticia se tiene, fue [CCXVIIIr] cosa justa e conveniente trabajar
porque en nuestra España también manifiestos fuessen, para que de las cosas ya
passadas en ellos tomen enxemplo y espejo de virtud e disciplina de caballería todos

aquellos a quien pertenece. Y es debido de lo hazer assí, como al presente lo pueden tomar en el grande e muy claro dechado de las altas e notables obras de vuestra illustre señoría, e la mayor gloria e honra que a las extremadas hazañas deste noble príncipe mi pequeña facultad pudo dar fue endereçar e presentar la tradución dellas a vuestra señoría, como a quien también arma e pertenece aplicarle los casos en el hábito militar más hazañosos e más ennoblecidos en virtud e grandeza de coraçón: pues desto e de todo lo ál, tan cumplida e perfectamente la divina essencia le proveyó. Porque a vuestra señoría suplico —como en el prólogo de la presente obra ya otra vez he suplicado— que della le plega ser servido— que puesto que el servicio —por hazerse a quien se haze— sea muy pequeño, yo bien lo debo de estimar por ser a gran cargo e costa mía en dar a conocer la simpleza e rudeza de mi ingenio a muchos que por aventura dello assí no tenían noticia. Empero el defecto e falta mía no puede para con los discretos offender a las grandezas, virtudes y excellencias de vuestra illustre señoría, que si en aquello que en ellas mi pobre juizio ha tocado, la lengua como convenía no las ha sabido explicar e muy bien considerar y entender, se pueden por ellos: cuanto quedan conoscidas e imprentadas en los registros de los claros entendimientos, de muchos que hoy son: los cuales, assí como al presente para en lo venidero, las deben divulgar por escripto para que en perpetua memoria queden. La segunda e tercera parte serán assí mesmo por mi traduzidas —mediante la divina gracia— porque toda la obra haya entera conclusión.

Deo gratias

A gloria e alabança de Nuestro Señor Jesu Christo la pre
sente historia del virtuoso y esforçado caballero Clarían de Landanís fue
impressa en la muy noble e imperial ciudad de Toledo por Juan de Vi
llaquirán impressor de libros: a costa del honrado Gaspar de Avi
la mercador de libros, con previlegio del rey don Carlos nuestro
señor: que ninguno lo pueda imprimir so la pena en el di
cho privilegio contenida. Acabóse a quinze días
del mes de Noviembre. Año del nascimien
to de Nuestro Salvador Jesu Christo de
mil e quinientos e diez e ocho
años:::::::::
+